U0877181

2014
永嘉年鉴

YONGJIA YEAR BOOK 2014

永嘉县地方志编纂委员会 编

方志出版社
Publishing House of Local Records

图书在版编目（CIP）数据

永嘉年鉴.2014 / 永嘉县地方志编纂委员会编.—北京：方志出版社，2014.12
ISBN 978-7-5144-1493-6

Ⅰ.①永… Ⅱ.①永… Ⅲ.①永嘉县—2014—年鉴 Ⅳ.①Z525.54

中国版本图书馆CIP数据核字（2014）第296825号

永嘉年鉴（2014）

编　　者：永嘉县地方志编纂委员会
责任编辑：罗　滔
出 版 人：冀祥德
出 版 者：方 志 出 版 社
　　地址　北京市朝阳区潘家园东里9号（国家方志馆4层）
　　邮编　100021
　　网址　http://www.fzph.org
发　　行：方志出版社发行中心
　　（010）67110500
经　　销：各地新华书店
印　　刷：温州市北大方印务有限公司
开　　本：889×1194　1/16
印　　张：33.75
字　　数：1004千字
版　　次：2014年12月第1版　2014年12月第1次印刷
印　　数：0001～1000册
ISBN 978-7-5144-1493-6/K·1222　定价：180.00元

·版权所有 翻印必究·

永嘉县地方志编纂委员会

主　任　姜景峰
副主任　林小露　胡明凯　周俊武　厉明富
委　员　陈剑林　黄天集　汪少超　陈立新　谷胡方
　　　　谢向荣　麻久燎　吕银显　陈光銮　冯学夫
　　　　王传旺　陈芝双　董群策　潘剑永　胡佐光
　　　　黄振才　金叶森　王晓峰　应海龙　郑顺益
　　　　虞建远

永嘉县地方志编纂委员会办公室

主　任　应海龙
副主任　孙小芬

《永嘉年鉴》编辑部

主　审　周俊武
主　编　应海龙
副主编　孙小芬（常务）　徐逸龙　高　远
编　辑　（以姓氏笔画为序）
　　　　孙小芬　孙天永　李昌贤　应海龙
　　　　金建秋　柯孙强　徐逸龙　高　远
编　务　金建秋　柯孙强
摄　影　叶新仁　叶卫周　李昌贤　汪雪琼
　　　　金建国　黄中文
目录英文翻译　康丽跃

编辑说明

一、《永嘉年鉴》是中国共产党永嘉县委员会、永嘉县人民政府主办的具有公报性质的综合性地方年鉴。它记载永嘉县经济和社会发展的主要情况，收录年度性主要文献，具有汇集资料、信息、史实等功能。为各级党政机关、研究部门和社会各界人士及中外投资者了解、认识、研究永嘉提供较全面、系统的信息资料，并为永嘉积累史料。《永嘉年鉴》每年出版一部，由永嘉县地方志编纂委员会承办。

二、《永嘉年鉴（2014）》以邓小平理论和“三个代表”重要思想为指导，以党的十八大精神为指针，深入贯彻落实科学发展观，全面、客观地记载2013年永嘉人民积极投身改革开放和深入实施“大都市核心区、大生态旅游区、大统筹示范区”三大战略以及着力推进“三生相融·幸福永嘉”建设中所取得的新成就、新经验，以及在前进中所遇到的新情况和新矛盾，使年鉴既能为现实服务，又能为后人提供借鉴。

三、《永嘉年鉴》框架按类目、分目、条目设计，以条目为主要载体。2014年卷共设39个类目，依次是彩图、特载、特辑、大事记、总情、机构、中国共产党永嘉县委员会、中国共产党永嘉县纪律检查委员会（监察局）、永嘉县人民代表大会、永嘉县人民政府、中国人民政治协商会议永嘉县委员会、民主党派·社会团体、政法、武装、社会事务、农村经济、工业经济、永嘉企业、交通·邮政·信息产业、城乡建设、国土资源、环境保护、旅游、重点工程建设、商务、市场、财政·税务、金融·保险·证券、经济管理、教育、科学技术、文化·新闻、体育、卫生、功能区·镇（街道）、荣誉录、人物、重要文件和索引。除内文外，特留若干篇幅，刊载反映永嘉自然生态环境、人文景观、经济社会发展、人民生活、当年举办的大型活动和突发事件等照片资料。

四、《永嘉年鉴》所刊内容由永嘉县各有关部门、单位指定专人负责撰写。经供稿单位领导审核后由《永嘉年鉴》编辑部定稿。

五、《永嘉年鉴》所采用的数据，除国家统计部门正式公布的外，均由永嘉县各有关部门和行业协会提供，并经供稿单位领导审核。由于数据来源、统计方法、使用角度等方面的原因，如遇同一数据不相一致的情况，以县统计局的数据为准。

六、《永嘉年鉴（2014）》收录范围，以永嘉县现有行政区划为界，以2013年1月1日至12月31日为限，个别事物不受时间、地域限制。

七、《永嘉年鉴》的编纂工作在中共永嘉县委、永嘉县人民政府的领导下，得到各部门、社会各界的关怀和支持，以及一些离退休老领导、老同志、专家学者的热情帮助，在此一并深表谢意。由于任务重、时间紧、人手少、水平有限、经验不足，疏漏、失误之处恳请广大读者批评指正。

《永嘉年鉴》编辑部

2014年10月

类　目

楠溪江风光（李昌贤 摄）

2013年8月6日，国家安全生产监督管理总局党组成员、总工程师黄毅（左二）到永嘉调研企业安全文化建设工作

2013年8月9日，中共中央政法委员会研究室巡视员何君健（中）到永嘉调研政法工作

2013年9月9日，国家人力资源和社会保障部副部长王晓初（右二）到永嘉县调研人力社保工作

2013年9月9日，全国政协副秘书长、民进中央副主席朱永新（右）到永嘉调研民办教育工作

2013年2月22日，中国工商银行浙江省分行行长沈荣勤（右二）到永嘉调研

2013年11月20日，中共浙江省委书记夏宝龙（右四）在永嘉考察农村污水治理情况

2013年5月16日，中共浙江省委常委、温州市委书记陈德荣（右五）到永嘉专题调研美丽乡村建设工作

2013年12月5日，中共浙江省委常委、浙江省公安厅厅长刘力伟（前右二）到永嘉调研公安工作

2013年1月26日，浙江省人民政府副省长朱从玖（前中）到永嘉县调研

2013年10月31日，浙江省人民政府副省长黄旭明（前右二）到永嘉调研美丽乡村建设情况

2013年2月26日，中共浙江省委宣传部常务副部长胡坚（左二）到永嘉调研文化旅游产业发展情况

2013年7月24日，中共浙江省委宣传部副部长唐中祥（右二）到永嘉开展基层"走亲连心"活动，中共温州市委常委、宣传部部长胡剑谨（右一）陪同

2013年12月3日，中共浙江省委组织部副部长、老干部局局长王文序（前左一）到永嘉调研老干部工作

2013年11月13日，中共浙江省委副秘书长、省农办（扶贫办）主任章文彪（前中）到永嘉调研美丽乡村建设工作

2013年11月7日，浙江省经济和信息化委员会主任张金如（左三）到永嘉调研工业经济发展情况

2013年10月13日，浙江省住房和城乡建设厅副厅长沈敏（前左二）到永嘉督查省农房改造示范村工程建设情况

2013年5月8日，浙江省旅游局副局长朱红炜（前左三）到永嘉调研旅游发展和创国家AAAAA级景区工作

2013年9月24日，澳大利亚梅尔顿市市长凯西·乌底里克（左二）到永嘉调研

2013年11月8日，中共温州市委书记陈一新（前左三）到永嘉调研民间力量办学情况，参观温州翔宇中学

2013年7月1日，中共温州市委常委、组织部长诸葛承志（左二）到永嘉调研

2013年4月10日，安吉县委书记单锦炎（前左二）率安吉县党政考察团到永嘉考察环境综合整治和美丽乡村建设

2013年4月10日，象山县委副书记、县长叶剑鸣（前右一）率象山县党政代表团到永嘉考察环境综合整治和美丽乡村建设

2013年6月16日，中共永嘉县委书记盛秋平（左二）在岩头镇蹲点，夜访农家调研美丽乡村建设工作

2013年3月12日，中共永嘉县委副书记、县长娄绍光（左三）下基层督查“四边三化”工作

2013年1月23日，永嘉县人民政府与翔宇教育集团举行合作办学签约仪式，
图为县长娄绍光（左一）和翔宇教育集团董事长王玉芬（右一）签约

7月26日，中共永嘉县委副书记姜景峰（前右二）督查美丽乡村建设

2013年1月17日，中国景观村落年会在永嘉县召开

2013年8月15日，“抗日英雄吴超征烈士纪念馆”落成典礼

永嘉县遥感卫星影像图

目 录

特 载

特 辑

大事记

总 情

机 构

中国共产党永嘉县委员会

中国共产党永嘉县纪律检查委员会(监察局)

永嘉县人民代表大会

永嘉县人民政府

中国人民政治协商会议永嘉县委员会

民主党派　社会团体

政　法

武　装

社会事务

农村经济

工业经济

永嘉企业

交通　邮政　信息产业

城乡建设

国土资源

环境保护

目录

旅 游

重点工程建设

商 务

市　场

财政　税务

目录

金融　保险　证券

经济管理

目录

教　育

科学技术

文化　新闻

体　育

卫　生

功能区　镇（街道）

荣誉录

人　物

重要文件

索　引

Contents

SPECIAL DOCUMENTS

SPECIAL REPORTS

CHRONICLE OF EVENTS

GENERAL CONDITIONS

ADMINISTRATIVE ORGANS

YONGJIA COMMITTEE OF THE COMMUNIST PARTY OF CHINA

FIGURES

IMPORTANT DOCUMENTS

INDEX

特 载

深入开展“两提两争” 奋力推进赶超发展

——2013年8月28日在县委十二届五次全体（扩大）会议上的报告

中共永嘉县委书记 盛秋平

同志们：

这次县委全会的主要任务是，深入贯彻落实党的十八大、省委十三届三次和市委十一届四次全会精神，总结上半年工作，部署下半年任务，审议通过《关于全面实施创新驱动发展战略加快建设创新型县的意见》，动员全县各级党组织和广大党员干部群众，进一步统一思想、振奋精神、狠抓落实，奋力推进永嘉赶超发展。

下面，我代表县委常委会向全会作报告，请大家审议。

一、干字当头，全力抓好上半年工作，转型发展取得阶段性成效

今年以来，我们按照中央和省市委的决策部署，围绕建设“三生相融·幸福永嘉”目标，深入实施“三大”战略，扎实开展“两提两争”主题实践活动，全力抓好各项工作，经济社会保持了平稳发展态势。1～6月，全县实现地区生产总值116.64亿元，同比增长6.1%；财政总收入21.38亿元，其中公共财政预算收入11.57亿元，分别增长5.2%和11.6%；规模以上工业总产值168.49亿元，增长3.8%；限额以上固定资产投资85.17亿元，增长41.8%，其中工业投资19.46亿元，增长30.2%；全社会消费品零售总额47.42亿元，增长12.4%；城镇居民人均可支配收入14753元，农村居民人均现金收入7361元，分别增长7.3%和8.4%。

（一）实体经济实现提质增效。组织开展“服务企业、服务基层”和“千名干部进千村入千企解千难”等专项活动，制定出台扶工兴贸、总部经济等系列优惠政策，全力服务实体经济发展。大力实施“科技强县”和“品牌强县”战略，完成个转企1001家，3家企业入选中国品牌500强，我县被评为全省工业强县（Ⅲ档）综合评价先进单位、全省党政领导科技进步工作目标责任制考核优秀单位。深化金融综合改革，建立首家民间借贷服务中心，全县金融生态环境保持良好。启动国家AAAAA级旅游景区创建工作，成功举办2013中国（温州）森林旅游节、全国养生与长寿永嘉高峰论坛等活动，上半年共接待游客179.8万人次，同比增长35.9%；实现旅游总收入13.3亿元，增长36.2%。

（二）招商投入力度持续加大。深入实施招商选资“一号工程”，创新实行招商项目审批倒逼提速机制，上半年共签约永嘉世贸中心等16个总投资195.1亿元的项目，开工建设楠溪云岚养生度假村、桥头维多利广场等一批招商项目，实到资金20.68亿元，其中省外到位资金16.97亿元，我县招商选资工作继续走在全市前列。以三江商务区、楠溪江风景旅游区等平台建设为重点，深入开展“项目建设攻坚年”活动，继续深化拔钉清障和“剿黑恶·护发展”专项行动，23个项目成功列入省“411”重大项目计划和省重点工程计划，4个项目进入省重大产业项目预选名单，诸永高速公路温州段延伸工程、瓯北大桥、41省道南复线、41省道上塘至九丈段、市消防综合基地、金珠瀑文化休闲中心等一批工程项目加快推进。

（三）美丽永嘉建设强力推进。以水环境治理为突破口，积极开展垃圾河、黑臭河整治，完成菇溪一期、三期治理工程，楠溪江中上游水质保持在Ⅰ、Ⅱ类，并被评为浙江省十大“养生福地”、浙江省十佳嬉水胜地。深入开展两轮环境综合整治百日攻坚，全力推进“四边三化”、“三改一拆”、青山白化治理、“清理河道清洁乡村”等专项行动，1～6月，拆除违章建筑110.3万m^2，“四边”区域绿化里程191千米，面积102万m^2，完成坟墓生态化改造近7000座，我县“四边三化”考核位居全市前列，成功承办了全市第一次“互看互学”活动，“三改一拆”工作和以环境整治倒逼转型发展的做法两次得到省委夏宝龙书记的批示肯定。精心打造美丽乡村精品线，加快推进楠溪江文化园和“六个一”工程建设，我县省级美丽乡村创建先进县工作顺利通过省级验收。

（四）城乡统筹发展扎实推进。加快城镇保障房建设，推进城中村改造和农房集聚改造，在各县（市、区）中率先出台“四策合一”政策，上半年城中村改造开工6个项目、竣工1个项目，旧厂区改造3个项目，总建筑面积69万平方米。大力推进农村土地综合整治工作，积极促进土地规模流转，1～6月，全县共完成土地流转2.76万亩。加大农业招商选资力度，上半年成功签约农业招商项目37个，协议利用资金17.97亿元，实到资金4.06亿元。进一步优化社区布局，全面完成社区便民服务中心规范化建设，“幸福社区”建设扎实推进。

（五）民生幸福水平有效提升。深入推进“两护两强”工程，一批信访和历史遗留问题得到妥善解决，刑事案件发案数、“两抢”发案数、入户盗窃案件数和安全生产事故数明显下降，成功实现“平安四连创”，我县作为唯一的县，在今年全省平安建设会议上作典型发言。深化民办教育综合改革，引进了全国一流民办教育机构——翔宇教育集团来我县合办温州翔宇中学。狠抓教育教学质量，今年高考再创佳绩。积极推进“三县三城联创”，成功举办2013中国·温州国际山地户外运动挑战赛，县公共文化活动中心、农村文化礼堂等文化设施项目建设加快推进，全省公共文化服务体系建设推进会在永嘉召开，我县在会上作了典型发言。积极推进医药卫生体制改革，率全市之先开展省级卫生强县创建，“市县医院合作示范基地”建设成效明显。深入实施“强基创优”工程，人口计生工作取得明显进步。关注关爱社会弱势群体，成功获评第三批省级“扶残助残爱心城市”。

（六）干部创业热情全面激发。深入开展“两提两争”主题实践活动，比学赶超、创先争优的氛围日益浓厚。认真贯彻落实中央“八项规定”、省委“28条办法”、市委“1+8”实施细则，扎实开展“中国梦”主题宣传教育实践、“转作风、破难题”蹲点调研月和镇街干部联系群众“鱼水情”等活动，干部作风进一步转变。试行干部人事制度改革“1+8”立体工程，组织开展“百名干部激情创业”攻坚活动，干部干劲进一步激发。扎实推进基层服务型党组织创建工作，基层党组织战斗堡垒作用进一步发挥。认真落实党风廉政建设责任制，大力深化“勤廉永嘉”建设，扎实推进“农村基层党风廉政建设年”活动，反腐倡廉建设取得新成效。充分发挥“一个党委、三个党组”作用，人大、政协工作得到进一步加强。发挥各民主党派、工商联、无党派人士的作用，加强党管武装、工会、共青团、关心下一代、妇联、民族宗教、对台、侨务、老干部等工作，形成了抓改革促发展的良好氛围。

在肯定成绩的同时，我们也要清醒地认识到工作中存在的问题和不足：在经济建设方面，我县经济规模总量偏小，发展速度相对缓慢，要素制约比较明显；在城乡环境方面，污染整治任务较重，脏乱差、违章建筑等问题依然存在；在社会发展方面，影响社会和谐稳定的各类矛盾纠纷仍大量存在，公共服务供给相对滞后，社会管理压力较大；在干部作风方面，一些干部思想解放力度还不够大，服务意识淡薄，工作责任心不强，工作作风不扎实，破难攻坚的勇气和决心不够等等。这些都需要我们在今后的工作中切实加以克服和解决。

二、克难奋进，扎实推进下半年任务，进一步加快赶超发展步伐

当前，经济社会发展机遇与挑战同在，希望与困难并存。从国际看，世界经济好转迹象增多，但隐患和风险犹存，短期内出现明显好转的可能性不大。从国内看，我国经济企稳回升的基础尚不牢固，经济下行压力和产能过剩的矛盾进一步加剧，尤其是出口增速下滑、企业经营成本上升等，使得国内经济平稳运行的难度加大。但同时也要看到我国宏观经济政策的取向和基调没有改变，随着党中央和国务院相继推出加快推进城镇化进程、激活货币存量、放开利率限制、暂免征收小微企业税收等系列稳增长、扩内需的组合拳，下半年我国经济仍将保持总体平稳发展态势。从我省看，省委十三届三次全会作出了全面实施创新驱动发展战略、加快建设创新型省份的决定，把科技创新摆在了更加重要的战略位置，特别是省委对温州发展提出了新目标、新要求，将给我县发展提供难得的政策机遇。从我市看，刚刚召开的市委十一届四次全会，认真贯彻了省委夏宝龙书记在温州视察时的重要讲话精神，充分肯定了温州的历史地位，深入分析了温州发展面临的机遇和挑战，全面部署了“赶超发展、再创辉煌”的战略目标和“十大举措”，进一步明确了全市下步工作思路和重点，也为我县发展指明了方向、提供了动力。

下半年，我们要认真贯彻党的十八大和习近平总书记一系列重要讲话精神，按照省委干好“一三五”、实现“四翻番”和市委“赶超发展、再创辉煌”的决策部署，清醒认识“标兵渐远、追兵渐超”的严峻形势，进一步增强发展的紧迫感和责任感，牢牢把握“稳扎稳打、急而不躁”的工作方针，突出“保增长促转型”工作主线，深入实施“三大”战略，不断深化“两提两争”主题实践活动，凝心聚力，奋力拼搏，确保圆满完成全年各项目标任务，全面开创永嘉“赶超发展、激情跨越”新局面。

（一）全面实施创新驱动发展战略，打造永嘉经济“升级版”。以正本立纲抓经济、固本强基抓企业为总方向，以科技创新为动力，加快发展方式转变和产业结构调整，进一步提高经济发展质量和效益。

1.加快工业转型升级。对接瓯江口产业集聚区建设，扩容提升永嘉工业园区，推进高新技术产业基地建设，拓展利用乌牛、桥头、罗东等工业发展空间，加快重大工业项目建设，全面推动块状经济向现代产业集群转变。切实加快小微企业园建设，制定小微企业园建设三年规划和扶持政策，公开合理保障用地需求，促进产业链延伸和服务，走出一条具有永嘉特色的小微企业集聚集约发展新路子。深入实施“四换三名”工程，坚决淘汰一批高耗能、重污染产业，大力培育发展流程装备、新材料等战略性新兴产业，推动全产业链式发展。改造提升泵阀、鞋服、教玩具、纽扣拉链四大传统产业，推动传统轻工产业时尚化、智能化、品牌化、电商化。坚持把发展网络经济作为加快转型升级的“一号新产业”来抓，完善扶持电子商务发展的政策措施，推动线上与线下、品牌与网络融合发展，力争我县网络经济走在全市前列。加快推进“三转一市”工作，积极引导龙头骨干企业做大做强，大力推动个体工商户和小微企业提升发展，确保完成“个转企”1500户、企业改制规范37家，力争新增上市企业2家。同时，要大力推进都市现代商贸集聚区建设，积极发展生产性服务业，促进先进制造业和现代服务业协调发展。

2.深入推进科技创新。以创建省级科技强县为抓手，全面实施创新驱动发展战略，注重发挥市场导向、企业主体、政府引导和创新人才主力军作用，着力提升企业自主创新能力和产业核心竞争力。大力推进产学研用深度合作，全面整合国家阀门质检中心、兰州理工大学泵阀工程研究院、兰州理工大学温州研究生分院等资源，成立温州流程装备科学研究院，努力打造国家级公共创新服务平台。充分发挥科技企业孵化器作用，引导企业加大研发经费投入，建立高水平研发中心，开展技术、制度、管理和商务模式创新，积极培育创新型企业。深入实施国家和省“千人计划”，创新人才政策，推进招院引所、招才引智，培育和引进一批高层次人才和特殊紧缺专业人员，着力打造人才高地。

3.加大企业帮扶力度。按照“企业创造财富、政府营造环境”的要求，完善领导干部“九联系”等服务机制，探索建立驻企服务员制度，深入开展“千名干部进千村入千企解千难”“双百攻坚”“服务保障实体经济发展”等专项行动，全力帮助企业解决发展难题。继续深化行政审批制度改革，全面启动新一轮事权审批下放和流程再造，努力打造全市服务最优、环节最少、效率最高的县。积极落实国务院关于暂免征收部分小微企业增值税和营业税的政策，切实减轻小微企业税费负担。建立完善节约集约用地机制，抓紧启动低效用地再开发试点，扎实推进耕地垦造和土地清理工作，全力争取土地增减挂钩指标和重点工程计划指标，努力拓展产业发展空间。进一步深化金融综合改革，全面落实“双十条”措施，着力化解企业经营风险，确保经济金融平稳运行。积极搭建政银企合作平台，拓宽直接融资渠道，缓解企业资金困难。

4.推动旅游创新发展。坚持把旅游业作为“一号服务业”来抓，围绕创建楠溪江国家AAAAA级风景旅游区、国家级旅游度假区目标，探索建立旅游投融资、开发建设、宣传营销新机制，努力把楠溪江打造为全国旅游休闲度假胜地。积极开展世界自然与文化双遗产地申报工作，认真组织世界遗产本底价值研究。高标准编制沙头环湖生态园、楠溪江文化园游客中心、楠溪江国际房车露营公园等规划，大力引进楠溪江流域时尚旅游创意示范区等大项目，开工建设石桅岩AAAAA级旅游景区提升项目，加快推进“三中心六酒店”、珍溪旅游文化综合体等项目建设。围绕“吃住行游购娱”六要素，积极推进楠溪江省级智慧旅游试点景区建设，加快完善生态停车场、旅游交通绿道、集散中心等基础设施，大力发展楠溪江特色民宿餐饮和特色购物，积极引进一批旅游管理的高端品牌和专业人才，切实提升旅游接待能力和服务水平。围绕“永远的山水诗，最美的桃花源”主题，切实深化旅游宣传推介，办好中国楠溪江山水文化旅游节，提高楠溪江旅游的美誉度和知名度。

（二）全力打好招商投入大会战，打造持续发展“新引擎”。牢固树立“招商投入工作是经济工作‘生命线’”的理念，一手抓有效投入，一手抓招商选资，切实把项目投资转化为明天的产出、后天的发展。

1.加快推进平台建设。以大项目引进和建设为抓手，加快推进重点平台建设，确保取得新突破、展现新形象。坚持把三江商务区作为新型城市化建设的主战场、现代服务业集聚的主平台，按照产城联动、综合配套的要求，进一步优化规划设计，切实加强基础设施、生活设施和公共服务体系建设，高质量推进诸永高速公路温州段延伸工程、三江标准堤等项目建设，真正把三江商务区打造成温州都市区新地标，建设成温州的“陆家嘴”。充分利用区域交通枢纽优势，积极推进黄田现代物流区建设，加快构筑集铁路网、公路网、道路网、轨道网和公交网络于一体的集疏运体系，打造温州主城区北部交通门户。抓紧启动对台特色平台建设，努力创新对台合作机制。

2.加大项目攻坚力度。按照“明确责任、排出时序、挂图作战、及时考核、定期通报”的要求，健全完善县领导挂钩联系、重大项目协调推进等机制，着力破解项目建设难题，确保完成年度投资任务。对接全市扩大有效投资考核，突出工业投资、实体投资重点，促进投资结构整体优化。深化“项目建设攻坚年”活动，强化资金、土地、人才等要素保障，完成41省道上塘至九丈段工程建设，加快推进三塘隧洞分洪应急工程、瓯江治理工程、41省道南复线等项目，开工建设甬台温天然气管道永嘉段、104国道西过境永嘉段、41省道沙头至福佑段改建等工程项目，着力深化上塘至瓯北公路、上塘至大若岩公路、七都北汊桥、楠溪江河口大闸等交通水利工程的前期工作。认真做好项目谋划，高质量、高规格地包装一批能够支撑经济发展的大项目，进一步增强发展后劲。

3.全力抓好招商选资。充分利用在外永商这“第一资源”优势，把“永商回归”作为永嘉赶超发展的“一号工程”，认真总结我县招商选资工作的成功经验，大力推行“三招一优”工作制度，加快建立成熟的招商工作机制，着力推动人才回乡、项目回归、资金回流、总部回迁，努力掀起招商选资二轮热潮。坚持“走出去”和“请进来”，继续赴永商集聚地开展系列招商活动，在重点引进一批工业、总部经济、现代服务业、现代农业等“高大实新”项目的基础上，积极引导在外永商投身家乡社会公益事业和美丽乡村建设。坚持签约项目抓落地、落地项目抓开工、开工项目抓投产，健全完善重大招商项目“一事一议”、审批倒逼提速等机制，全力加快三江生态立体城、永嘉世贸中心、温州国际商贸中心、桥下智能教玩具产业科技园等一批项目落地，确保完成招商选资实到资金40亿元以上，使我县招商选资工作继续走在全市、全省前列。

（三）深入开展环境整治大攻坚，打造美丽永嘉“新样板”。以水环境治理为突破口，全力打好环境综合整治组合拳，切实加大美丽乡村建设力度，不断优化城乡发展环境。

1.加快推进美丽乡村建设。以创建省级美丽乡村先进县为契机，紧抓我县被列为全国“一事一议”美丽乡村建设试点县的难得机遇，按照规划全域化、全域景观化、景观生态化、生态产业化、产业现代化和精细节点、精品线路、精致环境的要求，大力推进“五大提升工程”，全面提升美丽乡村建设水平。围绕成功举办全省美丽乡村建设工作现场会目标，加快推进三江农房集聚点、“六个一”等参观点建设，努力打造美丽乡村精品线，着力构建“两轴四带”空间布局。推动文旅融合，加快省级楠溪江文化园建设，加强历史文化村落保护与利用，加大古民居、古建筑流转力度，让农民的生活资料变成生产资料，把历史文化村落培育成与现代文明有机结合的美丽乡村。

2.大力推进治水治污工程。坚持把水环境治理作为倒逼转型发展的重要抓手，全面实施水环境综合整治三年行动，修复水生态，美化水环境，提升水功能，储备水资源，保障水安全，强化水管理，弘扬水文化，全力打造“美丽浙南水乡”。加快推进截污纳管工程和污水处理厂建设，加大楠溪江、菇溪、西溪、永乐河等河道及支流治理力度，加快鹅浦河、罗浦礁河等城市内河治理，全面完成垃圾河、黑臭河整治任务。加强对沿河各类污染源的执法监管，严厉打击偷排污水和违法采砂行为，尽快还百姓洁净的河道环境。健全水资源配置、饮用水源保护、水资源管理等机制，强化治水制度保障。

3.大力推进环境综合整治。以“三县三城联创”为总载体，深入开展环境综合整治攻坚行动，大力推进“三改一拆”“四边三化”“清理河道清洁乡村”“青山白化”治理和城市交通拥堵治理等工作，努力以城乡环境的大提升，推动经济社会的大转型。加大“三改一拆”推进力度，注重“拆建用”结合，在确保超额完成市定年度拆违任务的基础上，突出抓好拆后土地利用、城中村改造、旧住宅区改造、旧厂房改造等工作，努力推动治标向标本兼治转变。同步推进坟墓禁新改旧和生态公墓建设工作，防止“白化”回潮。深入推进生态文明建设，加大环保基础设施建设力度，大力推进节能减排工作，切实保护好天蓝水清地净的生态家园。坚持规划、建设、管理、疏导并举，切实解决交通拥堵问题，提升老百姓的交通安全感和出行满意率。

（四）扎实推进城乡一体化发展，打造统筹发展“示范区”。坚持以新型城市化为引领，加强城与乡、沿江与山区“两大统筹”，加快推动城乡一体化发展。

1.增强中心城区承载力。以全面融入温州大都市为契机，不断完善大城区规划，加快构筑以上塘—瓯北一体化为中心、三江—乌牛和桥头—桥下为两翼的大城区格局，突出抓好城市亮点区块建设，全力打造生态化、组团式、智慧型的温州大都市北部中心。加快建设瓯江南北新通道，积极争取市级公共项目布局我县沿江地区，主动承接市区产业和功能转移，努力实现瓯江两岸城市功能互补、融合发展，着力推动县域经济向城市经济、都市区经济转变。推进瓯北大桥、瓯江北岸景观大通道等城市重大基础设施项目建设，完善市政管网、城市公园等配套设施，提升城市能级。同时，要进一步理顺功能区、镇街管理运行机制，着力推进桥头全国发展改革试点镇和桥下省级中心镇的建设，深化中心镇扩权改革，加快特色产业集聚区建设，全面提升中心镇的辐射集聚能力。

2.加快山区跨越式发展。坚持“绿水青山就是金山银山”理念，充分发挥山区生态、旅游等资源优势，努力探索一条“不搞工业化也能实现现代化”的新路子，实现绿色发展、生态富民、后发崛起。以农业“两区”建设为抓手，大力发展都市农业、休闲观光农业、高效生态农业，积极推进土地流转，深入开展农业招商选资，加快推动农业转型发展。进一步完善扶持政策，积极发展养生保健、乡村旅游、“农家乐”和来料加工等产业，让更多群众吃上“生态饭”，走上致富路。完善生态补偿和沿江反哺山区机制，切实增强欠发达地区的“造血功能”。

3.不断深化统筹城乡综合配套改革。以深化农村产权制度改革为核心，着力打破城乡二元结构，切实发挥农村产权交易和流转服务平台作用，加快实现城乡要素自由流动和资源优化配置。以人口集聚、要素集中、资源集约为导向，以“四策合一”为原则，统筹推进农房集聚改造和城中村改造。

（五）不断加强以保障和改善民生为重点的社会建设，打造幸福和谐“新家园”。按照“老百姓想什么，我们就干什么”的要求，加强和创新社会管理，加快健全公共服务体系，切实提升民生幸福指数。

1.办好民生实事增民利。全面落实就业帮扶各项政策措施，积极拓宽城乡居民增收渠道，不断提高居民收入水平。健全劳动协调机制，加强劳动保障监察和争议调解仲裁，构建和谐劳动关系。统筹推进城乡社会保障体系建设，加快新农合与城镇居民医保整合，逐步提高城乡居民实际报销比例。发挥“中国长寿之乡”品牌优势，加快引入社会资本参与社会养老，推进低保提标和城乡一体化，全面发展养老保健、社会救助、社会福利和慈善事业。继续办好“十大民生实事”，让群众享受更多看得见、摸得着的实惠。

2.繁荣社会事业惠民生。着力推进教育现代化，进一步深化民办教育综合改革，加快兰州理工大学温州研究生分院、温州职业技术学院永嘉学院建设，努力办好让人民满意的教育。坚持以推行优质医疗资源双下沉为契机，深化院院合作机制，建立健全三级医疗卫生服务体系，不断提高医疗服务与医疗保障水平，确保创成省级卫生强县。推进文化惠民工程，加强文化遗产保护和传承，加大文化基础设施建设力度，推动文化产业发展。加快县体育“两馆”建设，大力发展体育事业。深入实施“强基创优”工程，切实加强出生人口性别比治理，不断提升人口计生工作整体水平。

3.创新社会管理保民安。坚持“一手拿经济报表、一手拿平安报表”，继续深化“两护两强”工程，确保实现“平安五连创”。注重源头预防治理，深化社会稳定风险评估机制，不断完善社会“大调解”体系和信访接访机制，及时预防化解社会矛盾，维护社会稳定。强化社会管理创新，不断整合网格资源，健全“一张网”管理模式。积极构建立体化社会治安打防控体系，严厉打击各类刑事犯罪活动。进一步完善流动人口服务管理体制，深化流动人口“以房管人”管理模式，不断提高流动人口服务管理水平。认真做好宗教工作，依法制止和打击非法宗教活动，依法开展违建宗教场所和民间信仰场所整治，维护正常的宗教生态。全面贯彻中央和省市关于加强网络舆论引导工作的要求，以坚守“七条底线”为准则，切实完善网络舆论导控平台和舆情信息反馈处置工作机制，加强政务微博建设，管住负面舆论，凝聚正能量。引导党员干部遵守政治纪律，严守国家保密制度，决不在网上散布有悖国法党纪政纪的不当言论。健全完善安全保障体系，严格落实安全生产责任制，强化食品药品安全监管，确保人民群众生命财产安全。深化“法治永嘉”建设，推进依法治县进程。

三、两提两争，全力抓党建促落实，为赶超发展提供政治保证

党的建设是各项事业取得成功的根本保证。我们要坚持以提高党建科学化水平为目标，全面加强党的思想建设、组织建设、作风建设、反腐倡廉建设和制度建设，努力为永嘉“赶超发展、激情跨越”提供坚强政治保证。

（一）不断强化思想解放的力度深度。深入学习贯彻党的十八大精神，广泛开展社会主义核心价值体系学习教育，切实加强党员干部思想道德建设，坚定党员干部理想信念。大力推进学习型、服务型、创新型党组织建设，通过理论学习中心组、“楠溪讲坛”等学习平台，不断开阔党员干部眼界、思路和胸襟，切实提升工作本领。加大思想解放力度，大力弘扬“义利并举、敢为人先”的永嘉人精神，按照“出于公心、不谋私利、为了发展”和“三个有利于”的要求，坚决破除思想懈怠，克服路径依赖，打破条条框框，大胆改革创新，努力以思想新境界推动发展新提速。高度重视对外宣传工作，不断提高对外宣传质量和水平，凝聚正能量，唱响好声音，努力塑造永嘉良好形象。

（二）全力打造堪当重任的干部队伍。树立培养选拔好干部的鲜明导向，建设一支过得硬打胜仗的干部队伍，是发展所需、群众所盼。要以选拔“狮子型”干部为重点选好配强“一把手”，以增强领导班子整体功能为重点建设“好班子”，以加强后备干部队伍建设为重点培养“好梯队”。深入开展

‘争做最美全科镇街干部”系列活动，关心、关爱镇街干部成长，引导镇街干部“用脚步丈量民情”，树立基层干部的良好形象。深化干部人事制度改革，认真做好有关政策和做法的“学、清、调、改、停”工作，加大发现、培养、选拔好干部力度，切实调整不称职领导干部，着力形成“能上能下、能进能出”的用人机制，不断激发干部干事创业热情。着眼结构服从功能，改进和加强年青干部、女干部和党外干部队伍建设，切实增强干部队伍的生机和活力。

（三）着力构建坚强有力的基层堡垒。基础不牢，地动山摇。要按照“书记抓、抓书记”的要求，全面落实党建工作责任制，不断提升基层组织建设科学化水平。以“争锋创星”为主抓手，全面推行“双服务一认领”活动，积极开展“百家支部结对、万名党员牵手”行动，进一步深化基层组织星级管理，扎实推进服务型党组织创建。认真做好村级组织换届各项准备工作，切实打牢基层基础。全面推行农村党员先锋指数考评管理，探索完善党员发展“差额遴选”和不合格不作为党员处置等办法机制，强化党员队伍发展管理。以“青春党建”为主载体，全面推行红色直通车、“一企一品、一域一群”党建示范创建等系列活动，加大异地商会党组织组建力度，推动两新党组织更好地服务党员、服务实体经济发展。认真总结基层党建品牌，以可看、可学、可推广为目标，努力打造一批基层党建品牌。

（四）大力弘扬真抓实干的工作作风。省委夏宝龙书记说，事业是干出来的，不是说出来的。面对当前形势和艰巨任务，我们必须把心思和劲头放在实干上，把工作重心和着力点放在抓落实上，以具体扎实的硬招实招，积极破解难题、推动发展。坚持领导带头，大力践行“一线工作法”，继续深化领导干部“九联系”制度，常态化推进蹲点调研活动，摸实情、接地气，努力以领导干部的身体力行带动全县干部工作作风的转变。始终保持干事创业的激情，以“功成不必在我”的精神境界，以“人一之、我十之”的拼劲韧劲，切实深化“百名干部激情创业”攻坚活动，真正干出特色、干出水平、干出实效。完善目标责任考核机制，建立群众评议机制，出重拳治理“小鬼难缠”“中梗阻”，严格执行“落实事故”责任督考、影响执行力行为责任追究等制度，层层落实责任，有效传递压力，真正让想干事的有机会，能干事的有舞台，干成事的有地位。

（五）切实营造清廉为民的良好氛围。深入开展“两提两争”主题实践活动和“中国梦”宣传教育实践活动，持续推进镇街干部联系群众“鱼水情”行动，不断密切党群干群关系。提前做好党的群众路线教育实践活动准备工作，组织开展“先学、先查、先改”活动，为明年教育实践活动顺利开展奠定扎实的思想基础和工作基础。认真落实中央和省市作风建设各项规定，切实解决干部队伍作风方面存在的突出问题，坚决扫除形式主义、官僚主义、享乐主义和奢靡之风，努力以作风建设的实际成效，为赶超发展营造良好氛围。严格落实党风廉政建设责任制，严肃查处各类违法违纪案件，制定出台《永嘉县2013～2017年惩治和预防腐败体系实施意见》，全面深化“勤廉永嘉”建设。

同时，要以凝心聚力干事业为要求，强化各方面的合力。要发挥县委的领导核心作用，充分调动县四套班子及其成员的积极性，支持法院、检察院独立公正地开展工作。充分调动各民主党派、工商联和无党派人士的积极性，贯彻落实党的民族、宗教、对台、侨务和外事政策，巩固和壮大最广泛的爱国统一战线。加强党管武装工作，巩固军政军民团结，支持工青妇等人民团体开展工作，高度重视老干部工作，充分调动人民群众和基层的积极性、创造性。

同志们，下半年各项工作任务重、时间紧，全县上下务必把思想和精力集中到抓落实、破难题、促发展上，以敢为人先的魄力，敢谋新篇的勇气，敢于担当的作风，开拓创新，实干进取，确保完成全年各项目标任务，为开创永嘉“赶超发展、激情跨越”新局面、建设“三生相融·幸福永嘉”作出更大的贡献！

永嘉县人民代表大会常务委员会工作报告

——2013年1月6日在永嘉县第十五届人民代表大会第二次会议上

永嘉县人大常委会主任　谢崇福

各位代表：

我受永嘉县第十五届人民代表大会常务委员会的委托，向大会报告工作，请予审议。

过去的一年，常委会坚持以邓小平理论和“三个代表”重要思想为指导，深入贯彻落实科学发展观，在中共永嘉县委的正确领导下，紧紧围绕“三大”战略，履职为民，务求实效，认真履行宪法和法律赋予的各项职责，共召开了9次常委会会议，听取、审议工作报告14个，开展执法检查7次，作出决定决议13项，依法任免国家机关工作人员156名，为全县经济社会发展发挥了积极作用。

一、坚持服务大局，促进经济社会发展

紧扣中心工作。常委会着眼于县委重大决策、政府重点工作和群众关注热点开展各项履职活动，助推经济社会发展。围绕固定资产投资大会战，常委会精心组织，周密安排，分别对41省道永嘉段改建工程、县三塘隧洞分洪应急工程、县垃圾焚烧发电厂、瓯北高级中学、瓯北中心卫生院迁建等重点工程进行视察，并召开全县重点工程建设情况汇报会，全面了解建设进度、资金筹措、政策处理等工作进展情况，分析问题和困难，研究对策和措施，督促整改和落实，推进重点工程建设。生态是我县长远发展的潜力所在、希望所在，常委会通过听取和审议生态县创建情况的报告，加强对生态保护和生态经济发展的调研，督促政府落实生态保护措施，扎实开展生态县创建工作。高度关注旅游产业发展和旅游资源保护，开展了古村落保护和利用、楠溪江疏浚工程、旅游项目建设专题督查，推进旅游经济发展。为提高农业现代化水平，开展了粮食生产功能区、现代农业园区、土地垦造情况调研，督促有关职能部门加强协调，强化监管，加快建设进度，确保工程质量。常委会围绕县委“九联系”工作，进村入企、调查研究，摸实情、解难题，抓开工、促投产，支持政府落实经济转型发展的政策措施，扶持实体经济发展。

重视要素保障。常委会高度关注资金保障，认真听取和审议县政府关于财政决算、预算执行、审计工作等报告，深入分析财政运行存在的问题和财政的可承受能力，批准了县级财政决算和地方政府债券预算调整方案。重视投融资平台建设和政府性债务管理，出台了政府重大投资项目监督试行办法，加强对政府性投资项目的监督，强调政府融资项目既要充分考虑偿还能力、风险可控性和抵押物的保值增值，又要衡量建设项目的经济效益和社会效益。土地是制约发展的关键要素之一。常委会把挖掘存量土地，提高土地使用率作为破解用地瓶颈制约的突破口，

开展了土地清理专题督查，助推政府盘活存量土地、提高闲置土地的利用率。

助推环境优化。常委会坚持维护最广大人民群众的切身利益，重视政策处理、征地拆迁、旧城改造、农房集聚等过程中出现的矛盾和问题，反映群众的呼声和诉求，督促县政府完善政策，维护特殊群体的合法利益。高度关注“剿黑恶、护发展”专项行动，对项目进场、施工建设环境等开展调研，支持公安部门依法打击破坏工程建设的黑恶势力，保障工程建设有序进行。

二、坚持履职为民，推动民生改善

关切民声诉求。常委会把事关全县发展大局和群众切身利益的建议意见作为监督重点，列入年度监督计划，通过征询代表反馈意见，组织代表小组评议，再次交办不满意办理件，约见承办部门负责人，督促代表建议的落实。完善代表建议办理考核机制，实行主办单位和协办单位捆绑式考核，着力增强承办单位的责任意识和主体意识，使代表建议“重答复、轻办理”的状况明显好转。重视发挥人大代表的主体作用，要求代表把倾听群众呼声、反映群众诉求、维护群众合法权益贯穿履职全过程，作为参政议政的重点，充分发挥代表在畅通群众与党委、政府沟通的桥梁纽带作用。县十五届人大一次会议期间收到的246件代表建议和闭会期间收到的1件代表建议，已全部办理完毕，其中经济转型升级、楠溪江开发利用、三江国际商务区建设和食品安全监管等事关全局的建议引起县政府的高度重视。

关注民生问题。农房集聚建设事关老百姓切身利益。常委会把农房集聚作为统筹城乡发展的重要抓手，就政策处理、建设进度、资金筹措等问题深入督查，助推县政府加快农房集聚建设进度。食品安全事关人民群众的身体健康和生命安全。常委会针对食品安全问题多、监管难度大、群众反映强烈的现状，认真开展食品安全“一法两规”执法检查。通过县镇人大联动，人大政府互动，代表专家广泛参与，听取和审议报告，深入分析食品安全分段管理体制存在的问题，督促县政府制定了加强食品、药品安全监管等政策措施，开展了食品安全“百日大行动”，建立了联席会议、联合执法、信息共享等工作机制，明确了动物屠宰、食品摊贩、保健食品等重点领域的监管职责，加强了食品监管机构和队伍建设，初步形成了食品安全监管的新格局。

关心干群关系。认真总结桥头镇人大代表工作站倾听民声、反映民意的做法，增设岩头镇、鹤盛镇两个工作站，使人大代表工作站成为化解矛盾纠纷、宣传党委政府政策主张的窗口，深受广大人民群众的欢迎。重视人大信访工作，共受理群众来信92件，接待群众来访300余人次，协助做好重大节庆活动期间的信访工作。

三、坚持依法治县，推进法治永嘉建设

认真开展执法检查。常委会先后开展了食品安全法、水污染防治法、工会法、残疾人保障法、城市绿化条例和浙江省企业民主管理条例、集体合同条例落实情况执法检查，通过现场视察、明查暗访、召开座谈会、听取和审议报告，督促有关部门保障法律法规的贯彻实施。继续开展《省人大常委会关于加强检察机关法律监督工作的决定》落实情况的跟踪监督，促进了信息共享和监督机制的完善。重视法律草案修改意见的收集，多次召开各界代表座谈会，分别就环境保护法、特种设备安全法、畜禽养殖污染防治条例等收集修改意见，为完善法律法规建言献策。

推进法治环境优化。为加强法治政府建设，常委会全力支持政府加快行政审批制度改革，健全行政复议、行政应诉和行政过错责任追究等制度建设，逐步规范行政处罚自由裁量权，从制度和机制上保障依法行政。认真开展民事审判、行政审判、侦查监督等系列监督活动，加强对“一府两院”的法律监督和工作监督，促进依法行政、公正司法和社会矛盾化解，为经济社会发展创造良好的法治环境。重视“六五”普法工作，倡导全社会树立尊重法律、信仰法律、敬畏法律的观念，形成崇尚法治的良好氛围。加强规范性文件备案审查，促进政府文件的规范化。

推动民主政治建设。人大代表是推进民主政治建设的重要力量。常委会把密切联系代表、增强代表履职能力、充分发挥代表作用，作为经常性和基础性的工作来抓，通过邀请代表列席常委会，参加调研、视察、执法检查和议案、建议督办等活动，扩大代表参与的广度。同时，采取发放常委会会刊、组织代表活动，拓宽代表知情咨政渠道，保障代表的知情权。坚持和完善常委会组成人员联系代表、代表联系原选区制度，增进代表与人民群众的密切联系和相互沟通，提高代表参政议政水平。

四、坚持传承创新，增强监督实效

试行专题询问。为推进人大监督的规范化、制度化，常委会组织了楠溪江旅游项目建设和滨江工业园区建设专题询问。常委会组成人员分别就芙蓉山庄、金珠瀑文化休闲中心等项目建设进度，滨江工业园区基础设施建设、企业进场等20多个问题进行询问，县政府及其有关部门一一回答，并对照常委会审议意见，认真研究，落实整改措施。目前，楠溪江旅游项目建设进度加快，滨江工业园区13家企业于去年9月份集体进场开工建设。

开展系列督查。常委会注重提高人大监督的效果，围绕“三县三城”联创，开展了省级文化先进县、省级卫生县城和省级森林城市创建情况督查，对照标准找差距，抓薄弱环节促提高，助推创建工作扎实开展。围绕县委“三大”战略，有机结合重点工程建设遗留问题议案办理，分别对交通、水利、旅游、教育、卫生、文化、招商选资项目开展督查，梳理出34个遗留问题，并形成审议意见，要求县政府采取有力措施，认真加以落实。围绕环境建设，组织了造林绿化、拆违美化、坟墓禁新改旧等系列督查，全力支持县政府落实各项工作任务。

实施联动监督。楠溪江流域的发展和保护，全县人民高度关注。常委会围绕楠溪江的保护、开发、利用，有机结合“和谐建设楠溪江大生态旅游区”议案办理、生态县创建视察、水污染防治法执法检查等监督载体，综合运用代表视察、主任会议听汇报、常委会审议等监督手段，分别对产业导向、管理体制及发展保护等重大问题进行研究，并就楠溪江的疏浚、畜禽养殖、工程建设、开发利用等提出建议意见，积极为楠溪江的开发式保护献计出力。

五、坚持自身建设，提高履职能力

着力提高代表素质。常委会以学习实践科学发展观活动为主题，组织全体代表特别是常委会组成人员通过理论中心组学习会、专家报告会和各种培训会，学习十八大精神和中央、省、市重要会议精神、法律法规知识以及方针政策，提高理论和政策水平，增强人大代表的履职能力。以创建学习型机关为目标，坚持集中学习和自学相结合，努力提升自身综合素质。通过学习，把广大代表的思想统一到县委的决策部署上来，行动统一到凝聚人心、增进共识上来，目标统一到建设“三生相融·幸福永嘉”上来。

着力加强制度建设。常委会以完善制度、规范行为为着力点，出台了《关于开展询问和质询的试行办法》《关于政府重大投资项目监督暂行办法》《关于对法律法规实施情况检查的试行办法》《关于听取和审议专项工作报告的试行办法》等工作制度，完善了《永嘉县人民代表大会常务委员会组成人员守则》等工作规则，进一步推进人大工作的制度化、规范化。

着力改进工作作风。常委会把深入基层、调查研究作为改进作风、提高效率的有效途径，对执法检查、专题调研、视察督查等履职工作，要求事前有计划、事中有调研、事后有建议，务求事事有交代，件件抓落实。加强与“一府两院”的沟通互动，寓支持于监督之中，努力提高人大常委会的工作效率。注重发挥各工委的作用，形成分工负责、密切协作、高效有序的工作格局。

着力加强与镇（街）人大的工作互动。组织镇（街）人大干部参加温州市人大工作培训班学习，分批邀请镇人大主席列席常委会会议，分别召开镇、街道人大工作联席会议，通过上下联动，加强对基层人大工作的指导。

过去的一年，县人大常委会各项工作都取得了新的成绩，这是中共永嘉县委正确领导、常委会组成人员和全体代表共同努力的结果，是县政府、法院、检察院积极配合的结果，也是全县人民以及社会各界大力支持的结果。在此，我谨代表县人大常委会，表示衷心的感谢！

在肯定成绩的同时，必须清醒地看到，常委会工作还存在许多不足，主要是：如何督促审议意见的落实，进一步增强监督的针对性和有效性；如何提高建议办理的质量，进一步做好代表服务工作；如何加强学习培训，进一步提高人大代表的整体素质；如何加强制度建设和机关服务保障，进一步提升常委会的履职能力等，都需要我们认真研究，努力加以解决。

各位代表，党的十八大确定了全面建成小康社会的奋斗目标，对建设社会主义市场经济、民主政治、先进文化、和谐社会、生态文明作出了一系列战略部署，县委十二届四次全会进一步明确了今后一个时期永嘉经济社会发展的目标和思路。站在新的历史起点上，我们要牢牢把握人大工作的正确方向，明确人大工作的主要任务，全面履行宪法和法律赋予的职责，在服务大局、推进科学发展上取得新突破，在保障人民当家作主、发展社会主义民主政治上取得新进展，在发挥代表主体作用、维护人民群众根本利益上取得新成绩，在促进依法行政和公正司法、维护社会和谐稳定上取得新成效，为推进我县经济、政治、文化、社会和生态文明建设作出新的更大贡献。

今年是贯彻落实党的十八大精神的开局之年，也是实施“十二五”规划承前启后之年，做好今年的工作意义重大。今年人大常委会工作的总体要求是：坚持以科学发展观为指导，全面贯彻落实党的十八大和县委十二届四次全会精神，在中共永嘉县委的坚强领导下，紧紧围绕“三大”战略总体部署，弘扬务实作风，促进转型升级，服务科学发展，全面履行职能，推动人大工作不断向前发展。

一、围绕县委中心，推进重大决策落实

围绕县委中心是人大工作大局。要坚持“抓大事，重实效”的原则，围绕三江国际商务区、高新技术产业园区、楠溪江风景旅游区、都市现代商贸集聚区、黄田现代物流区、现代农业园区等重大决策部署，开展调研督查，着力促进产业转型升级和新型城市化建设。围绕招商选资项目落地、重点工程建设，开展专题视察和“十二五”规划实施情况中期评估、投资环境等专项调查。围绕环境建设，开展省级园林县城、文明县城和文化先进县创建以及造林绿化、美丽乡村建设等工作的督查，努力提升监督实效。加强对“一府两院”的工作监督，听取和审议县政府专项工作报告，抓好《科技进步促进法》《禁毒法》《饮用水水源保护条例》执法检查。认真行使重大事项决定权，推进决策的科学化和民主化。加强规范性文件备案审查。

二、践行为民履职，保障民生福祉

履职为民是人大工作的出发点和落脚点。要积极推进公共财政改革，认真听取和审议计划、预算、决算及审计工作报告，细化财政预决算审查监督，推进部门预算特别是水利、教育专项资金细化试点和“三公”经费公开，促进财政资金重点向民生倾斜，更好地体现民意。要加强对社会保障、社会救助等政策贯彻落实情况的监督，维护弱势群体的基本权益。高度关注社会事业建设，强化对文化事业、教育卫生、食品安全、农村饮用水安全等民生工作的监督，努力推进基本公共服务均等化，让全县人民共享改革发展成果。跟踪监督保障性住房建设和旧城改造工作，推进城乡统筹发展。开展民间信仰管理工作调研，规范民间信仰场所建设。更加关注征地拆迁、政策补偿、坟墓禁新改旧等引发的社会矛盾和特定群体的利益诉求，保障公民的合法权益。

三、强化服务保障，发挥代表主体作用

人大代表来自于人民，服务于人民。要充分调动代表履职的积极性和主动性，丰富闭会期间代表活动内容，加强专题视察和调研工作，邀请代表参与专项工作报告审议、执法检查等重点工作，拓宽代表参政议政渠道，发挥代表在参与管理地方事务中的重要作用。坚持常委会组成人员联系代表、代表联系原选区群众、定期开展代表小组活动等制度，广泛听取代表和人民群众的意见建议。坚持重点建议领办和督办制度，做好代表议案建议办理，努力解决群众反映的热点难点和事关切身利益的民生问题。继续完善和推广人大代表工作站，发挥人大代表工作站在反映诉求、化解矛盾、凝聚民心等方面的作用。加强代表履职的服务和保障，健全代表履职激励和约束机制，加强人大代表培训工作，不断提高代表的履职能力。

四、加强自身建设，提高人大履职水平

要以学习、贯彻党的十八大会议精神为契机，组织广大代表和常委会组成人员学习十八大会议精神、宪法法律以及人大业务知识，不断提高政治素质和工作水平，增强做好人大工作的责任感和使命感。加强人大机关作风建设，引导机关干部发扬求真务实、奋发进取、团结拼搏精神，恪尽职守，勤廉为民。高度重视机关制度建设，严格执行各项规章制度，切实做到用制度规范行为，提高效能。继续加强对基层人大工作的联系指导，进一步提升全县人大工作的整体水平。

各位代表，历史赋予我们的使命光荣艰巨，人民对我们的期待殷切厚重。让我们紧密团结在以习近平同志为总书记的党中央周围，高举中国特色社会主义伟大旗帜，在中共永嘉县委的领导下，团结和依靠全县人民，满怀信心，开拓进取，扎实工作，为建设“三生相融·幸福永嘉”而努力奋斗！

政府工作报告

——2013年1月5日在永嘉县第十五届人民代表大会第二次会议上

永嘉县县长 娄绍光

各位代表：

现在，我代表永嘉县人民政府，向大会作工作报告，请予审议，并请县政协委员和其他列席人员提出意见。

一、2012年工作回顾

2012年，面对复杂多变的发展形势和艰巨繁重的工作任务，我们在中共永嘉县委的正确领导下，坚持以科学发展观统领全局，深入实施“三大战略”，全力以赴优环境强投入、兴实体促转型、抓统筹推改革、重服务惠民生，较好地完成了县十五届人大一次会议确定的年度目标任务，经济社会保持平稳健康发展。预计全县实现地区生产总值270亿元，同比增长9%以上；财政总收入35.42亿元，其中公共财政预算收入18.02亿元，分别增长10.4%和10.7%；完成限额以上固定资产投资176亿元，增长58%；社会消费品零售总额89.6亿元，增长12%；外贸出口总额7.1亿美元，增长15%；城镇居民人均可支配收入27860元，农村居民人均纯收入11710元，分别增长9.6%和13%。

（一）*突出抓项目促投资，经济发展后劲增强。*大投资格局得到巩固。深入开展固定资产投资大会战，全力抓好基础设施、工业、房地产三大领域投资，新增限额以上投资项目407个，争取列入省重点建设项目8个，全县生产性投资比重达到40%，民间投资比重稳定在75%以上。重大基础设施建设加快，楠溪江供水工程正式向乐清通水，瓯北西段标准堤主体工程实现闭合，县垃圾焚烧发电厂点火运行，110千伏龙桥变和小京变二期扩建工程竣工投运，诸永高速公路温州段延伸工程、41省道上塘至九丈段改建、41省道南复线岩头至大若岩段、雁楠公路永嘉段、三塘隧洞分洪应急、菇溪河道综合整治等项目超额完成年度计划投资，瓯江治理、南岸水库、41省道九丈至福佑段改建等重大项目前期进展顺利。大招商体系初步形成。大力实施“百项千亿招商”和永嘉人经济回归工程，全方位优化招商体制，大力度落实优惠政策，多领域促进对接招商，全年签约重点招商项目29个，签约资金432.55亿元，实现省外回归项目到位资金29.35亿元，完成率居全省前列。大要素保障措施有力。全面推进土地开发提速，创新实施造地、征地和土地整理等系列政策，完成耕地垦造6700亩、标农提升3646亩，争取城乡建设用地增减挂钩指标1660亩，转而未供用地净减少量居全市第一。完善政府投融资平台，组建运行六大国有投资集团，积极开展与金融机构的战略合作，全年融资到位资金7.08亿元。着力破解人才瓶颈制约，兰州理工大学温州研究生分院落户永嘉，与温州职业技术学院合作共建永嘉学院，实现“省千”人才引进“零突破”，我县被评为全省人才工作考核优秀单位。

（二）突出抓平台促转型，产业结构不断优化。坚持以六大产业平台建设为抓手，全面落实振兴实体经济各项措施，产业转型升级步伐加快。工业转型成效明显。瓯北罗东、上塘岭口、桥下八里一批企业实现集体开工，建成科技企业孵化器一期工程，成功举办中国（永嘉）第四届泵阀博览会，创成中国服装辅料出口基地、省级泵阀产品出口基地、教育装备及助教游乐设备省级高新技术特色产业基地，泵阀产业集群列入省级区域国际品牌试点，我县被评为全省科技进步考核优秀单位，新增上市和拟上市企业各1家、高新技术企业8家，2家拟上市企业如期实现报会目标。现代服务业加快发展。启动楠溪江国家AAAAA级旅游景区创建，金珠瀑文化休闲中心、楠溪山居酒店、芙蓉山庄等项目建设顺利推进，成功举办2012中国（温州）森林旅游节开幕式、首届中国楠溪江山水文化旅游节，楠溪江文化创意产业园入选省重点文化产业园区，新增中国景观村落、省级工业旅游示范基地各1个，接待游客数和旅游总收入均增长20%以上。加快完善现代商贸流通网络，瓯北商务中心建设加快推进，桥头商务中心、金三角大酒店顺利落地，新增四星级酒店1家，改造提升农贸市场6家，行政村便利店实现全覆盖。稳步推进金融综合改革，新增小额贷款公司1家，全县金融机构新增贷款创历史新高，金融生态环境总体良好。农业基础更加稳固。创新基层农业公共服务体系，建成县、镇（街）两级农合联组织，出台农业转型升级组合式政策，建成粮食生产功能区2.31万亩，新增土地流转面积1.93万亩，乡土花卉苗木产业化项目列入国家富民强县计划。

（三）突出抓统筹促改革，城乡一体进程加快。强势推进核心城区建设，县行政中心、县公共文化活动中心、阳光大道西段延伸、永建路北段A区旧城改造等工程顺利开工，仁堂凹通道、环城北路永嘉中学段、园区大道北段等城区主干道建设进度加快，县前东路浦东段、环城东路、张堡东路、江北大街等一批交通卡口全面打通，建成数字城管平台。三江国际商务区顺利奠基，瓯北大桥、三江安置房和吹砂回填工程建设加快推进，三江生态立体城、黄田城市商业广场项目顺利签约。稳步推进城乡统筹综合改革，桥头、桥下分别跻身全国发展改革试点镇和省级中心镇，顺利完成社区调整优化，全县股改、地改、林改均超额完成年度任务，新增农房集聚率8.08%，实现邮政普遍服务全覆盖。深入开展“三县三城”联创，全年拆除违法违章建筑373.3万平方米，完成绿化造林2.82万亩，建成97千米绿道，建成区人均公用绿地面积达到13.52平方米，创成省级生态县、省级卫生县城和全省首个“中国长寿之乡”，省级森林城市顺利通过验收。楠溪江河道整治和殡葬改革取得阶段性成效，垃圾污水处理体系进一步健全，建成压缩式垃圾中转站10座，新建和改建污水管网11.92千米，城乡垃圾无害化处理率达到97.8%。全面落实节能减排各项措施，突出抓好电镀行业整治，全县单位生产总值能耗下降4%，氨氮、二氧化硫排放量分别下降3.1%和3.6%。

（四）突出抓民生促民安，社会保持和谐稳定。社会各项事业协调发展。坚持教育优先发展，制订实施民办教育综合改革“1+6”政策，全面取消义务教育阶段学校择校费，完成国有民办学校清理改制，县职教中心建设前期工作进展顺利，瓯北高级中学、永嘉电大二期工程建设加快推进，建成33所标准化学校、2所公办幼儿园，高考成绩再创历史新高。启动县级公立医院综合改革，成功建立“温州县市医院合作示范基地”，县中医院住院大楼建成并投入使用、综合医疗大楼顺利开工，创建三级乙等医院1家、二级乙等医院3家，省级规范化社区卫生服务中心7家。扎实推进省级文化先进县创建，建成4个镇综合文化站、3个镇图书分馆、20个社区文化服务中心，创成文化强镇4个。成功举办第一届全国山地户外运动技能挑战赛，通过省级体育强县验收。社会保障体系不断完善。新增各类社会保险7.06万人次、城镇就业岗位9778个，失业人员再就业1911人，城乡居民养老保险参保率达到90.8%，城乡居民医保基本实现应保尽保，住房公积金扩面稳步推进。建立健全新型社会救助体系，进一步提高重度残疾人和高龄老人补助标准，低收入农户人均收入提高到6500元，创成全国白内障无障碍县。社会管理不断加强。全力推进“平安四连创”，安全生产总体态势平稳，社会治安形势明显好转，妥善化解一批历史遗留问题，圆满完成“十八大”安保任务。开展食品安全大整治，食品安全监管体制不断健全，被评为百日攻坚行动省级先进单位。加强人口和计生工作，实行新居民积分制管理，出生人口性别比持续下降。妇女、儿童、慈善、红十字等事业继续发展，人民武装、人防、民族宗教、外事、侨务、台务、统计、档案、地方志等工作取得新成绩。

（五）突出抓服务促效能，政府建设得到加强。进一步规范政府运行，完善县政府工作规则和各项制度，大力精简会议和文件，积极做好政府信息公开和政务公开。坚持向人大及其常委会报告工作，依法接受人大法律监督、工作监督，自觉接受政协民主监督，人大代表议案建议、政协委员提案办结率均达100%。完善政府民主决策机制，建立招投标、国有土地出让等七大重点领域联席会议制度，政府法律顾问体系进一步健全。深化行政审批制度改革，全面落实重大招商选资项目审批“直通道”和基本建设项目现场办公制度，全县行政许可和非行政许可事项集中度分别达到94.3%和86.9%。深入开展“进村入企大走访”“进万企解难题”“互看互学”等活动，集中解决了一批热点难点问题，政府执行力得到提升。全面推进“勤廉永嘉”建设，强化审计监察和行政监督，严格落实公务接待“三严四禁”规定，完成县级机关公车改革，惩治和预防腐败体系建设工作扎实推进。

各位代表，在去年环境多变、挑战多重的情况下，我县发展取得上述成绩来之不易。这是县委正确领导的结果，是全县人民团结奋斗的结果。在此，我代表县人民政府，向在各个领域辛勤劳动、做出贡献的全县人民和外来建设者，向给予政府工作支持和监督的人大代表、政协委员，向各民主党派、工商联、各人民团体和社会各界人士，向驻永部队、武警官兵，向关心和支持永嘉发展的海内外朋友们，表示衷心的感谢和崇高的敬意！

在充分肯定成绩的同时，我们也清醒地看到我县经济社会发展还存在不少矛盾和问题。经济总量不足和质量不高的问题仍然突出，大平台建设进度缓慢，产业“低小散”格局尚未有效改变；城乡统筹发展水平不高，公共服务、民生改善与人民群众的期待仍有较大差距，城乡人居环境还不尽人意；影响社会稳定的因素仍然较多，社会管理创新面临新的考验；机关作风建设还存在薄弱环节，效率效能和服务水平仍需进一步提高。对此，我们一定高度重视，认真整改，决不辜负全县人民的重托和期望。

二、2013年的主要任务

2013年是全面深入贯彻落实党的十八大精神的开局之年，也是推进“十二五”规划顺利实施的关键一年，总体上机遇和挑战并存，机遇大于挑战。从外部环境看，全球经济仍处在危机后的调整期，国际环境充满复杂性和不确定性；国内经济运行处在寻求新平衡的过程中，经济运行有望在复杂环境中保持基本稳定；全省正在加速推进“两富”现代化浙江建设，对山区经济强县扶持的力度前所未有；温州借助“两海两改”国家战略推动发展模式创新，以城乡统筹为统领的“1650”大都市建设向纵深推进。从内部情况看，我县“三大”战略深入实施，大投资格局已全面形成，大平台框架已初步确立，生态宜居的优势进一步凸显，内外永嘉人互动掀起新一轮高潮，为经济社会转型发展注入了强大动力。我们必须坚定信心决心，牢牢把握发展先机，全力推进攻坚克难，努力在新一轮争先创优中实现跨越式发展。

根据县委十二届四次全会精神，今年政府工作的总体要求是：以科学发展观为指导，全面贯彻落实党的十八大、中央和全省经济工作会议精神，坚持稳中求进总基调，深入实施“大都市核心区、大生态旅游区、大统筹示范区”三大战略，强化城乡统筹统领作用，突出扩大有效投资工作主线，更大力度打造产业平台，更大力度优化发展环境，更大力度改善民计民生，加快“三生相融·幸福永嘉”建设，努力开创科学发展新局面。

按照上述总体要求，今年我县经济社会发展的主要预期目标是：地区生产总值增长9%左右；公共财政预算收入增长10%；全社会固定资产投资超过220亿元，力争248亿元；研究与试验发展经费支出占地区生产总值比重达1.8%；社会消费品零售总额增长13%；外贸出口总额增长10%；城镇居民人均可支配收入增长10%，农村居民人均纯收入增长12%；人口自然增长率控制在8‰以内；城镇登记失业率控制在4%以内；完成上级下达的年度单位生产总值能耗和污染物减排任务。重点抓好六个方面工作：

（一）加快产业平台建设，全力推进实体经济振兴

一是提升发展先进制造业。

坚持工业强县战略不动摇，大力推进永嘉工业园区扩容提升，实质性启动桥头林福、乌牛岭下两大新区建设，加快形成10平方千米产业集聚发展空间，努力创建永嘉高新技术产业园区。全力抓好国家商标战略实施示范县和省级质量强县示范县、知识产权示范县创建，加快建设省“两化”深度融合试验区，率先打造泵阀国际区域品牌，加快推进桥下教玩具产业园前期工作，积极办好中国（永嘉）泵阀博览会等特色展会，引领战略性新兴产业崛起和传统优势产业改造，新增高新技术企业3家，高新技术产业产值增长6.5%以上。深入开展“亩产论英雄”专项行动，全力推进企业上市和整合重组，争取新增上市企业2家，培育一批亩产效益标杆企业。全面落实扶优帮困汰劣措施，开展工业企业出租厂房专项整治，深入推进“百星企业”培育，实现个体工商户转企业100家以上，小微企业上规模20家以上。大力推进企业自主创新，深化产学研合作，建设县科技企业孵化器二期工程、省级教玩具和纽扣拉链检测中心，建成国家阀门质检中心，支持大院名校驻永机构和企业研发中心建设，重点引进一批海内外创业创新人才。

二是加快发展现代服务业。以全面推进三江国际商务区、都市现代商贸集聚区、黄田现代物流区三大平台建设为引领，以现代城市综合体建设为带动，制订实施扶持总部经济发展等服务业政策，加快推进瓯北商务中心、桥头商务中心、上塘商业步行街、红蜻蜓物流中心、金三角大酒店等标杆项目建设，大力发展研发设计、商贸物流、时尚购物和电子商务等现代服务业。继续抓好农贸市场改造提升，确保完成改造5个，争创省文明示范3个。深化金融综合改革，筹建永嘉农村商业银行，新增小额贷款公司3家，全县金融机构新增贷款50亿元以上。

三是优先发展休闲度假旅游业。坚持与雁荡山景区联动开发，启动楠溪江世界文化和自然双遗产申报工作，推进国家AAAAA级旅游景区创建，整合石桅岩景区、重点古村落群和优势漂流资源，加快打造精品核心景区。全力破解旅游发展瓶颈，积极引进大企业大集团投资旅游项目，开工建设楠溪江（枫孤溪）旅游度假区、浙南电力培训中心，加快推进金珠瀑文化休闲中心、楠溪山居酒店建设，建成九丈甸园、芙蓉山庄并对外营业，提升和新建民宿床位600个。发挥“中国长寿之乡”品牌效应，促进旅游和文化、生态、养生产业融合发展，争取开工楠溪江山地生态景区、红岩湖休闲度假中心、楠溪江休闲农业观光园和大若岩养生保健中心等项目。全力举办2013中国（温州）森林旅游节开幕式、全国养生高峰论坛、第二届中国楠溪江山水文化旅游节，全年日均接待游客超?万人次，力争旅游总收入超过27.5亿元。

四是积极发展现代农业。深化农业“两区”建设，新建粮食生产功能区2万亩，建成主导产业示范区、休闲观光园各1个，精品园5个。加快发展休闲观光农业，发挥楠溪江南陈生态休闲园、温州香李生物科技园、原野铁皮石斛培育基地等项目示范作用，每个中心镇以垦造土地为平台，包装落实2～3个农业示范园区招商项目，引导鼓励工商资本投资现代农业。创新“三位一体”农业基层服务体系，推进农合联（农业公共服务中心）建设，加快培育现代农业经营人才。

（二）突出重大项目攻坚，全力推进有效投资增长

一是大力优化投资结构。强化政府投资的主导作用和杠杆效应，进一步完善民间投资管理服务机制，确保民间投资比重稳定在75%以上，生产性投资比重超过40%。坚持以基础设施建设为引领，3月份开工建设瓯江治理工程、西溪河道治理三期工程，6月份开工建设41省道九丈至福佑段改建工程，11月份开工建设220千伏清水变、110千伏桥头变，争取年内开工建设上塘至瓯北公路、瓯北三江标准堤三期工程、110千伏中塘变，加快推进104国道西过境公路、104国道三江至李浦连接线、菇溪河道治理、县行政中心等工程建设，争取主汛期前发挥三塘隧洞分洪应急鹅浦排洪工程效益，建成41省道上塘至九丈段改建、雁楠公路、永缙线巽宅至金溪段改建等工程，全面跟踪南岸水库、楠溪江河口大闸、乌牛溪治理、49省道至永缙线连接线、41省道南复线上塘至大若岩段和七都北汊桥永嘉段连接线等重大项目前期进度，完成投资78亿元以上。全面开展工业投资挖潜行动，重点推进瓯北罗东、上塘峙口、桥下八里等工业区块建设，引导鼓励企业实施“低产田改造”“零土地技改”，开工建设工业项目20个竣工投产23个，确保投资超过46亿元，技改投资占工业性投资比重超过60%。继续完善房地产市场调控政策，促进房地产市场稳健发展，完成投资97亿元

以上。

二是全面推进招商选资。深入实施"百项千亿招商"和永嘉人经济回归工程，坚持以外引外、以商招商，着力巩固大招商格局。突出抓好休闲旅游、现代商贸、先进制造业等重点领域招商，完善重大招商项目生成和推进机制，切实加强与央企国资、高端外资和优质民资的对接，引进一批高精尖项目引领转型发展。更大力度抓好签约项目落地，严格落实招商选资主体责任，全面提升招商项目资金到位率、开工建设率和竣工投产率，确保全年实际到位资金超过40亿元，完成年度外资利用任务。

三是强化项目建设保障。着力破解土地要素瓶颈，针对用地各个环节落实有效措施，完成耕地垦造5000亩、高标准基本农田建设2万亩、标准农田建设6400亩，转而未供、供而未用、用而未尽土地总量进一步减少。做大做强政府投融资平台，加大国有资产整合盘活力度，大力推广EPC、BT、BOT等建设模式，争取发行政府企业债券10亿元、中期票据13亿元。强化项目组织协调，整合投融资平台和工程建设指挥部力量，健全重大项目领导挂钩联系制度，完善政策处理考绩体系，进一步理顺项目建设保障机制。

（三）深化统筹综合改革，全力推进城乡一体发展

一是强势推进核心城区建设。坚持以新型城市化为引领，树立产城融合发展理念，高标准编制上塘–瓯北中心城区近期建设规划，推动城市由单一功能单体发展向综合功能联体发展转变。确立三江国际商务区新型城市化建设主战场和现代服务业集聚主平台地位，按照"基础建设先行、标杆项目引领、滚动开发保障"的要求，全力推进诸永高速公路温州段延伸工程、三江安置房、吹砂回填等项目建设，争取开工三江大道、港头中心河、长梅山体开采工程，确保6月份三江生态立体城项目落地，跟踪签约永嘉世贸中心等一批大项目好项目，全面形成大开发的良好态势。强化黄田温州北部交通枢纽定位，结合杭温城际铁路、温州至乐清湾货运专线、市域铁路S3线永嘉站点规划布局，编制实施黄田高铁新城规划，促成黄田城市商业广场成功落地，加快高铁站前广场及周边高品质住宅建设，提高人口和产业的集聚承载能力。进一步拉开上塘、瓯北城市框架，按照上塘"西进南延"的思路，建成环城北路西向延伸、临城南路一期和下塘片区道路网，加快建设县城体育"两馆"、永嘉广场二期、仁堂凹通道和中塘片区、路口片区道路网，3月份开工建设新永嘉宾馆，促进新老城区联动发展；按照瓯北"东连北拓"的思路，推动城市空间沿阳光大道向东延伸、跨104国道向北拓展，6月份开工建设阳光大道东向延伸工程，加快建设瓯北大桥、楠瓯大道和东片道路网，推进三江、江北、乌牛一体化发展。同时，要按照培育和发展小城市的目标，抓住桥头、桥下发展改革和城乡统筹试点的机遇，掀起新一轮的城市化和工业化热潮。

二是全面推进美丽乡村建设。以"五大工程"建设为抓手，按照"四美、三宜、两园"目标，坚持以农村环境综合整治带动农村发展，结合重点历史文化村落街区保护和开发利用，深化和提升"十百工程"，大力推进"垃圾处理、污水治理、卫生改厕、村道硬化、村庄绿化"五大基础项目建设，全面做好"六个一"文章，完成30个省级整治村和岩头、北城整镇整街整治，建成1个省级重点培育示范村、5个美丽乡村精品社区，改造重点历史文化村落（街区）民居建筑外立面1.3万平方米，打造1条美丽乡村精品线，力争获得省级美丽乡村创建先进县称号。

三是着力增强城乡发展活力。深化城市有机更新，联动推进"三改一拆"和中心城区"退二进三"试点，编制实施城市地下空间利用规划，大力推进1～2个旧城区重要区块开发利用。实行"四策合一"，推动保障房跨区域、连片集聚，新增农房集聚率5%以上。深化"三分三改"，开展股改、地改工作"回头看"，基本完成户改任务，有序推进农业转移人口市民化。积极引导鼓励整村、整组土地流转，确保20亩以上土地规模流转率达到5%以上。推进林地地改工作，新增林地流转1.5万亩以上。深化农村产权制度改革，全面建立三级农村产权交易平台。制定新一轮山区经济发展规划，完善沿江反哺山区机制，强化政策倾斜、基础配套和要素保障，大力支持山区中心镇发展。实施新一轮"低收入农户倍增计划"，不断拓宽农民就业增收渠道。

（四）优化区域人居环境，全力推进生态文明建设

一是深化"三县三城"联创。按照今年创成省级文明县城和省级园林县城的目标，编制实

施主城区户外广告设置规划，加强对城市色彩的研究运用，启动建设上塘、瓯北汽化站，建成20千米燃气管网，完成中塘溪公园、鹅浦河公园及高层建筑亮化工程。优化城乡公共交通网络，规划设置一批城区交通单行线，持续抓好“四小车”整治，着力破解“出行难”问题。巩固省级森林城市和省级生态县创建成果，开工建设温州北郊城市公园，建成乌岩山城市公园一期工程，完成造林绿化1.55万亩，新增省级森林城镇1个、森林公园6个。超常规推进污水垃圾处理设施建设，开工建设乌牛–三江污水处理厂、黄田污水处理厂，建成桥下污水处理厂，投运桥头污水处理厂，启动沙头以上8个镇截污工程建设，建成4座污水泵站和21个压缩式垃圾中转站，新建和改建污水管网38.2千米，确保城镇污水处理率达到85%以上，行政村垃圾收集率、无害化处理率均达100%。

二是推进“四边三化”行动。以城区、景区、沿路、沿溪为重点，全面加大拆违控违力度，大力推进视觉污染整治，抓好拆后土地二次开发利用，努力构筑彰显永嘉特色的景观线。大力开展坟墓禁新改旧，开工建设生态公墓18座，消除“三沿五区”视线范围“青山白化”现象。全力打好楠溪江非法采砂整治战，全面推行疏浚与经营分离机制，加强河道的生态修复，切实保护楠溪江自然遗产资源。积极推进内河水质综合治理，启动上塘下堡浦南段、永中浦和瓯北新浦等河道整治，切实改善城区水环境。

三是抓好重点领域节能减排。建立健全节能监管体系，严格执行重点耗能行业能耗限额标准，整体推进建筑、交通运输和公共机构节能，确保完成节能降耗“双控”目标。强化重点区域、重点行业和重点企业监管，巩固提升电镀行业整治成果，全面完成造纸、印染、合成革、化工四大行业污染整治。深化楠溪江畜禽禁养区专项整治，生态化改造规模畜禽养殖场2家以上。

（五）谋求民计民生改善，全力推进社会事业发展

一是加快教育现代化进程。启动省级教育现代化县创建，进一步加大教育投入，建成永嘉电大二期工程，开工建设大若岩镇中学迁建工程、崇德实验学校、县职教中心，做好县职业中学扩建工程前期工作。深化民办教育综合改革，全面落实配套政策，全力打造优质民办教育品牌，努力把瓯北高级中学办成全市领先、全省一流的特色品牌学校。推进教育均衡优质发展，创建省级标准化学校11所，改造农村薄弱学校20所，创成省级义务教育均衡县。大力发展学前教育，积极发展社区教育，力争高等职业教育发展取得重大突破。

二是促进文化事业繁荣发展。按照今年创成省级文化先进县的目标，完善公共文化服务体系，2月份开工建设县职工活动中心，6月份开工建设县图书馆–档案馆大楼，加快建设县公共文化活动中心，全面建成镇（街）综合文化站、图书分馆和社区文化服务中心，创建文化强镇4个。深入实施文化惠民工程，开展送书送戏下乡和文化走亲活动，加快《永嘉县志》二轮修编。大力发展文化产业，打响永昆、瓯瓷品牌，抓好桥下乐智谷、楠溪江文化创意产业园建设，启动第一次全国可移动文物普查，全面完成数字电视整体转换工作。

三是提升全民健康水平。大力开展省级卫生强县创建，深入推进县级公立医院综合改革，支持和促进社会资本办医，开工建设县人民医院急诊综合楼、县计生指导站，加快建设县中医院医疗综合大楼，建成瓯北中心卫生院迁建工程和乌牛卫生院住院大楼，加快推进县人民医院、县二医、桥下镇中心卫生院的迁建和东瓯街道社区卫生服务中心建设前期工作，力争创成省饮用水卫生管理示范县和省卫生应急示范县。广泛深入开展全民健身运动，大力发展学校体育，办好第二届楠溪江全国山地户外运动技能挑战赛。创新人口计生工作机制，夯实基层工作基础，推进出生人口性别比综合治理，进一步提高人口素质。

四是努力办好十大惠民实事。1.开展城乡居民重大疾病医疗保险。2.实现每个中心镇至少建有1所公办幼儿园。3.城乡居民低保标准分别提高10%和13%。4.培训注册红十字救护员3000人，普及救护知识1万人。5.完成桥头、桥下、沙头和8个街道建成区范围内的路巷亮牌工程。6.建成石桅岩景区生态停车场、大若岩大东停车场和一批中心城区公共停车场，新增公共停车位1000个。7.新增社会治安动态视频监控500个。8.建成绿道网286千米，其中市、县级交通绿道133千米。9.解决和改善4万城乡居民饮用水安全问题，开工建设上塘水厂扩建工程。10.完成大学岭、溪口、双岙、响山等公路隧道照明设施建设。

（六）围绕社会和谐稳定，全力推进社会管理创新

一是加快构筑大社保体系。深入开展充分就业社区创建，新增就业人员7500人以上，帮助失业人员再就业1500人以上。加快建立覆盖城乡、惠及全民的社会保障体系，完善被征地农民社会保障政策，拓展市民卡功能，新增社保五大险种参保人数4万人次，确保城乡居民养老保险和医疗保险参保率均达到95%以上。加快构建居家养老、社区养老、机构养老“三位一体”的社会养老新格局，健全居家养老政府购买服务制度，开工建设县福利中心。大力发展残疾人事业，创成省级扶残助残爱心城市。

二是全力推进“三社”互动发展。按照“两平台一家园”的目标定位，全面开展“幸福社区”创建，理顺社区运行机制，稳妥推进社区选举，构建民主自治的城乡社区建设新格局。推进社会组织管理体制创新，引导社会组织参与社会管理服务，大力发展家政、养老、托幼、水电维修等便民服务，建立覆盖全县的“96345”社会服务平台。深入实施社会工作人才“125”培养计划，发展壮大专业队伍和志愿者队伍，新增专业社工50人。

三是切实维护社会公共安全。健全综治、信访维稳工作机制，推进社会治安立体防控体系建设，严密防范和依法打击违法犯罪活动，集中化解一批信访积案。严格落实企业安全生产主体责任，有效防范和坚决遏制安全生产事故发生。开展食品药品安全示范县创建，健全食品药品安全体系，严厉打击“无证无照”经营和制假售假行为。扎实推进地质灾害防治、防汛防台、森林防火等工作，建立全县社会应急联动指挥平台，开工建设市（县）救灾物资储备中心。加强用工劳动合同管理，着力构筑和谐劳动关系。强化新居民积分制管理，促进流动人口合理流动、有序迁移。继续做好民族宗教、人民武装、台侨、外事、人防、双拥、外宣、慈善等工作，切实维护妇女、未成年人的合法权益。

各位代表，面对新的形势、新的任务，我们将始终践行为民服务宗旨，把对人民负责作为第一准则，让人民满意作为第一追求，努力建设负责任、敢担当、办实事、有作为的政府。一是既要统筹兼顾又要重点突破。一方面，要牢固树立全县“一盘棋”理念，统筹谋划大都市核心区、大生态旅游区、大统筹示范区发展路径，联动推进经济转型、城乡统筹、民生保障等各项重点工作，促进土地、资金、人才等要素资源优化配置。另一方面，必须始终把解决问题作为推进发展的重要抓手，强化政府绩效管理和量化考核，深入开展破难攻坚行动，集中解决一批发展中的重点难点问题，坚决克服有头无尾、有令不行、有禁不止现象。二是既要坚持原则又要大胆创新。一方面，要坚持用制度管权、管人、管事，健全行政管理体制，完善政府规章制度，规范行政自由裁量权，建设学法、懂法、用法的干部队伍。另一方面，必须坚持把解放思想、锐意创新贯穿于政府工作的全过程，探索建立改革创新容错免责机制，在更大范围、更广领域、更高层次上推动创新，努力创造经验、打造亮点、形成特色，激发全县干部干事创业的激情。三是既要注重程序又要高效服务。一方面，要自觉接受县人大及其常委会的法律监督、工作监督和县政协的民主监督，主动接受社会监督和舆论监督，严格执行县人大常委会询问和质询、政府重大投资项目监督等制度，认真办理人大议案建议和政协提案，进一步提升依法行政水平。另一方面，必须围绕有利便民服务、增强基层功能的要求，深化行政审批制度改革，实行中介机构一站式服务，加快中心镇行政执法体制改革试点，进一步推进事权下放，切实提高政府服务的质量和效率。四是既要勤政为民又要廉洁自律。一方面，要牢记为民服务宗旨，大力弘扬“五加二”“白加黑”精神，深化领导干部“九联系”制度，切实为基层、企业和群众解决实际问题。另一方面，必须全面落实党风廉政建设责任制，严格重点领域和关键岗位监管，严肃查处违法违纪案件，认真执行公务接待“三严四禁”、党政干部因公出国、领导干部操办婚丧喜庆等各项规定，巩固公车改革成果，加强机关事务统一管理，从严控制行政经费和一般性支出，树立政府良好形象。

各位代表，永嘉正处于转型提升的关键时期，全县人民寄予很高的期望。让我们在中共永嘉县委的坚强领导下，依靠全县人民的智慧和力量，振奋精神，开拓创新，抢抓机遇，跨越发展，为加快建设“三生相融·幸福永嘉”而努力奋斗！

名词解释：

“省千”人才引进：即浙江省海外高层次人才引进“千人计划”，主要是指面向海外引进具有

国际国内领先学术技术水平，或拥有自主知识产权、富有产业化发展潜力的科研成果，能够突破关键技术、发展高新产业、带动新兴学科的学科带头人、科技领军人才和高层次创业创新人才。

数字城管：指用信息化手段和移动通信技术手段来处理、分析和管理整个城市的所有城管部件和城管事件信息，促进城市管理现代化的信息化措施。

新居民积分制管理：指对在永嘉居住，持有《浙江省居住证》，且符合相关要求的新居民自愿申请按其所得积分高低进行分类排名，并根据积分情况享受相应的服务和管理待遇，利用高积分换取高待遇的行政行为。

重大招商选资项目审批“直通道”：指招商项目审批采取“规划编制先行、技术审查提前、同步集中审批、全程代理服务”的高效服务方式，从快从优为投资业主提供全方位审批服务。

“勤廉永嘉”建设：按照“1+3+5”模式，围绕建设“机关清廉、干部勤廉、社会崇廉”的总目标，建立健全“制度化建设”“社会化推进”“项目管理化”三大工作体系，深入开展“勤廉机关”“勤廉镇街”“勤廉站所”“勤廉社区（村居）”“勤廉干部”五项创建评选活动。

“两富”现代化浙江：指物质富裕精神富有的现代化浙江。

两海两改：指温州市当前正在实施的四大国家战略举措，“两海”指的是海峡西岸经济区发展战略和浙江海洋经济发展示范区战略；“两改”指的是全国农村改革试验区战略和金融综合改革试验区战略。

两化：指信息化和工业化的深度融合，以信息化带动工业化，以工业化促进信息化。

民宿：指利用自用住宅空闲房间，结合当地人文、自然景观、生态、环境资源及农林渔牧生产活动，以家庭副业方式经营，提供旅客乡野生活的住宿处所。

“三位一体”农业基层服务体系：即生产、供销、信用“三位一体”的新型社会化服务平台。

低产田改造：指对“亩产论英雄”中的帮扶类企业，通过技术改造、优质项目引进等方式，提高企业单位土地产出。

EPC：即“设计－采购－建设”的英文缩写，指工程总承包企业按照合同约定，承担工程项目的设计、采购、施工、试运行服务等工作，并对承包工程的质量、安全、工期、造价全面负责。

BT：即“建设–移交”的英文缩写，是BOT模式的一种变换形式，是政府利用非政府资金来进行基础非经营性设施建设项目的一种融资模式。

BOT：即“建设－经营－转让”的英文缩写，是基础设施投资、建设和经营的一种方式。

债券：指政府、金融机构、工商企业等直接向社会借债筹措资金时，向投资者发行，承诺按一定利率支付利息并按约定条件偿还本金的债权债务凭证。

票据：指按照一定形式制成、写明有付出一定货币金额义务的证件，是出纳或运送货物的凭证。广义的票据泛指各种有价证券，如债券、股票、提单等等。狭义的票据仅指以支付金钱为目的的有价证券。

五大工程：即规划提升、环境提升、产业提升、服务提升和文化提升工程。

四美、三宜、两园：是浙江省美丽乡村建设行动计划中提出的目标要求。“四美”指科学规划布局美、村容整洁环境美、创业增收生活美、乡风文明身心美；“三宜”指宜居、宜业、宜游；“两园”指农民幸福生活家园、市民休闲旅游乐园。

六个一：指在楠溪江重点历史文化村落打造一条绿道、建设一个游客接待和文化创意中心、建设一批文化展馆、建设一批特色餐馆酒店、开发一条旅游文化商业街、推出一套文化大戏。

城市有机更新：指把城市作为一个生命体来对待，使城市的“生命基因”更新、重组，绽放出“生态、文化与和谐”的特色内涵。主要包括对建筑物等客观存在实体的改造，以及对各种生态环境、空间环境、文化环境、视觉环境、游憩环境等的改造与延续。

三改一拆：“三改”指改造旧城区、旧厂区、城中村；“一拆”指拆除违章建筑。

四策合一：指拆迁房、城中村改造房、农房改造集聚房和中低收入市民保障房一律称为保障房，政策进行统一。

四边三化：指在公路边、铁路边、河边、山边等区域开展洁化、绿化、美化。

三沿五区：指沿铁路、沿公路（高速公路、国道、省道、县道）、沿通航河道两侧及保护（水源、文物、自然、森林公园）区、住宅区、风景名胜区、开发区、耕种区。

三社：指社区、社会组织和社会工作人才队伍。

两平台一家园："两平台"即创新社会管理平台和强化公共服务平台，"一家园"即群众共建共享家园。

幸福社区：指以社区居民主观感受为社区建设指向，社区的居民对社区建设的满意度高、对社区生活的幸福感受度强，经济繁荣、生活富裕、环境优美、服务完善、管理规范、稳定有序、法制健全、民主公平、诚信友爱、守望相助、人与自然和谐共生的社区。

"125"培养计划：指通过社会工作专业人才培养，到2013年末我县每万人口拥有社工数超1.25人。

"九联系"：指每位县领导联系1个重点工程、1个农房改造集聚建设项目、1个招商项目、1家企业、1个工业项目、1个技改项目、1个商会、1个社区、1家农户。

中国人民政治协商会议
第九届永嘉县委员会常务委员会工作报告

——2013年1月4日在政协第九届永嘉县委员会第二次会议上

永嘉县政协主席　陈建灵

各位委员：

现在，我代表政协第九届永嘉县委员会常务委员会，向大会作报告，请予审议，并请列席人员提出意见。

2012年工作回顾

刚刚过去的2012年，全县人民在中共永嘉县委的正确领导下，紧紧围绕建设“三生相融·幸福永嘉”的战略目标，克难攻坚，砥砺奋进，各项工作取得显著成效。一年来，县政协常委会高举中国特色社会主义伟大旗帜，牢牢把握团结和民主两大主题，认真贯彻中共永嘉县委的一系列决策部署，坚持以服务科学发展为第一要务，以促进民生改善为履职之本，以维护社会和谐稳定为重要责任，紧紧团结和依靠政协各参加单位和广大政协委员，真情履行政治协商、民主监督、参政议政职能，致力协调关系、汇聚力量、建言献策、服务大局，为我县经济发展和社会文明进步做出了积极贡献。

一、发扬民主、广开言路，政治协商规范有序

发展协商民主政治是政协履职的首要任务。一年来，我们围绕县委、县政府中心工作，就许多关系改革发展稳定的重大问题组织进行协商，努力帮助党委、政府实行决策的科学化民主化。

（一）全体会议广泛协商。在全会期间，对“一府两院”工作报告、国民经济和社会发展计划、财政预算等内容组织委员充分进行协商讨论，提出不少中肯的意见和建议；在小组讨论、大会发言时精心选择议题，同县委、县政府领导及有关部门负责人面对面协商交流，共谋发展之策。

（二）常委会议重点协商。重点就中心镇规划建设、重大水利工程建设、电镀行业污染整治、民办教育发展、文化产业发展等课题进行了认真的协商，并形成了《关于加快民办教育发展的建议》《关于加快文化产业发展的建议》《关于实行“院院合作”提高医疗技术水平的建议》等建议案、提案，为县委、县政府提供了重要的决策参考，使许多重大决策部署在出台之前得到充分的酝酿和讨论，形成融洽和谐、生动活泼的政治局面。

（三）主席会议专题协商。先后就拆违绿化、财政收支的审计、小城镇改革发展试点、高效生态农业发展、经济转型升级、楠溪江生态保护、平安永嘉建设等方面进行了认真协商，在一定程度上反映了社会各界的期盼。很多建议得到县委重视，如《关于精简会议的建议》最终成为县委的决策部署。

（四）界别组委对口协商。各专门委员会、各界别组委与党政有关部门保持经常性的沟通联系，就政协建议案、提案的办理，有关公共政策和重大建设项目的可行性研究不定期进行协商。

二、拓宽领域、创新形式，民主监督成效显著

始终把民主监督与协商议政有机结合起来，积极探索民主监督的科学方法，进一步增强民主监督的针对性。

（一）民主评议工作取得实效。针对国土资源监管和食品安全工作开展了民主评议。在评议过程中，通过召集相关单位不同层面的干部进行座谈，走访相关功能区、镇（街道）和部门了解情况，深入社区、企业倾听群众的呼声和愿望，比较全面的掌握了我县国土和食品安全工作的成绩、经验以及存在的问题，并提出整改意见，收到了良好的效果。

（二）提案工作质量有新的提高。把提案工作作为全局性工作来抓，坚持“抓质量、重办理、求实效”原则，推进提案工作由数量型向质量型、答复型向落实型转变。为促进提案成果转化，我们出台了《政协永嘉县委员会提案工作规则》《永嘉县政协委员提案办理考核评分细则》等文件，明确了提案的交办流程、办理时限、办复要求和委员满意度评价标准。积极开展提案办理协商，加强办理督查，进一步提高办理的质量。经过有关方面的共同努力，全年提案答复率100%，办结率100%，委员满意度100%。

（三）社情民意工作迈上新的台阶。着力畅通群众联系渠道，完善信息网络，及时地反映社会的真实情况和群众的意见呼声，为党委、政府科学决策提供真实的信息支持。全年编发反映社情民意的信息57期，其中被全国政协采用4期，省政协采用4期，市政协采用24期。无论在数量上还是质量上，均实现新的跨越，考核得分在全市政协系统11个县（市、区）和34个界别中排名第二，在全省政协系统也产生了较好反响。许多社情民意信息得到各级领导的重视，获得市委主要领导批示2期，获得县委、县政府主要领导批示17期。

（四）民主监督渠道有新的拓展。与有关方面就破难攻坚七大任务开展联查。建立统一选派特约监督员制度，向政府、政法部门选派了一批政协委员担任特约监督员。使特约监督员的监督行为由个人意志变为组织意志，个体监督变为集体监督。组织委员参与对政府部门和基层站所的政风行风民主评议，参与“互看互学”“互学互比”活动的考核与监督，有效提高了民主监督的组织化程度。

三、集中民智、建言献策，参政议政积极有为

抓住我县经济社会发展中的重点、热点问题，深入调研和视察，汇聚各界智慧积极建言献策，充分履行参政议政职能。

（一）围绕中心助推“三大战略”实施。利用班子领导“九联系”、工业项目“一联二挂四促”、后进村“晋位升级”、美丽乡村建设等活动载体，直接参与74个挂钩联系单位、项目的工作，切实履行掌握情况、出谋划策、协调关系、督查落实的职责。精心参与城乡统筹改革发展，为农房改造集聚建设、“三分三改”、农村新社区建设的统筹规划、政策制定、项目落实倾情献力。

（二）突出重点领域广泛组织视察。有计划地组织委员就固定资产投资、城乡统筹发展、经济转型升级、民生服务保障、“三县三城”联创、民族宗教政策落实等中心工作开展系列视察活动，协助县委、县政府把各项工作落到实处。除班子成员经常性组织开展视察活动外，常委会分别以拆违与绿化、投资与重点建设、经济转型与楠溪江保护为主题，3次组织全体委员开展大规模的视察活动，视察范围覆盖所有镇（街道）、重点工程指挥部和有关部门。通过广泛的视察活动，让委员了解政情民意，创造参政议政平台；让群众感受大建设大发展的氛围，营造奋发有为的社会风尚；让一线工作者感受鼓舞与使命，起到鞭策作用。

（三）选取前瞻性课题开展调研。以党政所需、群众所盼、政协所能为着力点，以中观的视角为切入点，确定了一批调研课题，并分工负责，限期完成。经过各课题组的努力，取得了许多调研成果，发表了《县级政协履职的若干关键问题》《发挥新时期县级政协界别作用的思考》《关于促进泵阀产业转型升级的建议》《关于加快培育桥头镇为现代化宜居宜业小城市的建议》等14篇调研报告和理论文章。许多建议被县委、县政府采纳，成为决策的重要依据。

（四）创造良好平台让委员建言立论。全会期间举行的大会发言和专题座谈是委员与党政领导面对面交流的重要平台。为提高大会发言质量，我们精心筹划，专人负责大会发言与专题座谈议题的收集、筛选及文稿审核工作。九届一次全会12位委员的口头发言，内容涵盖各行各业的热点问题，具有较强的针对性和可操作性，在一定程度上显示政协人才荟萃的优势。此外，我们在历次常委会、专题会议和组委活动中都鼓励委员踊跃发言，就全县经济、政治、文化、社会和生态文明建设的大政方针及具体问题畅所欲言，营造知无不言，言无不尽的民主氛围。

四、增进团结、汇聚力量，政协优势得到彰显

认真做好团结各方、凝聚人心、协调关系、汇集力量的工作，充分激发各方面的智慧和力量，为我县经济社会科学发展发挥独特作用。

（一）加强合作，充分发挥民主党派、工商联、人民团体和无党派人士的重要作用。认真贯彻“长期共存、互相监督、肝胆相照、荣辱与共”的方针，邀请民主党派、工商联、人民团体和无党派人士参加政协的调研、座谈、视察和民主监督活动，认真交办、承办他们的提案和意见建议，及时报送他们提供的社情民意信息，支持他们就经济社会发展中的重大问题提出建议，为他们在政协中充分发挥作用创造良好条件。

（二）注重传承，强化文史资料的挖掘征集、编辑出版工作。挖掘健康向上、和谐进取的永嘉文化精髓，以先进文化凝聚发展动力，增添发展活力。编辑出版了《楠溪石头记》《戴岩梁古诗词吟唱片》等书籍资料，得到了较好的社会评价；呼吁恢复楠溪舴艋舟，提出多条相关建议，并取得良好效果；配合市政协做好史料永嘉部分的征集，传承永嘉地域文化，弘扬永嘉人精神。认真组织浙江省“兰亭奖”中小学书法大赛永嘉赛区比赛，发动广大学生踊跃参赛，总成绩位列全市前茅。发起成立茶文化研究会，促进茶文化与茶产业的发展。

（三）关注民生，推进有利社会和谐稳定的慈善工作。坚持以人为本，时刻关心山区老区特别是低收入群体的生产生活，鼓励广大委员特别是企业家委员回报社会，积极开展捐资助学、扶贫济困及各种挂钩结对活动，为困难群众送温暖。据不完全统计，全年县政协委员通过各种形式捐献的资金总额达2000多万元。

五、完善制度、改进作风，自身建设不断加强

积极创新自身建设的新举措，不断拓展履行职能的新思路，提升政协工作科学化水平。

（一）加强理论学习。坚持理论联系实际的学风，利用党组会议、常委会议、主席会议、机关读书会、委员学习会等各种载体和形式，深入学习十八大精神、党的路线方针政策、人民政协理论、各级党委的决策部署以及上级领导的重要讲话精神，不断深化对中国特色社会主义道路、理论体系和制度的认识和把握，努力提升自身的理论修养和能力素质，用科学的理念、发展的眼光和创新的思维指导政协工作。

（二）完善工作制度。按照规范化、制度化、程序化的要求，出台了《永嘉县政协常委会议规则》《永嘉县政协主席会议规则》《永嘉县政协领导联系常委、委员制度》《永嘉县政协信息和社情民意工作考核奖励办法》等一系列文件。以创建“五型”机关为目标，不断加强机关思想建设、组织建设、作风建设和廉政建设，努力营造团结、风清、气正、实干的工作氛围，机关的整体精神状态进一步改善。

（三）发挥委员主体作用。把发挥委员主体作用作为自身建设的重点，不断激发委员履职的积极性、主动性和创造性。着眼于提高委员履职水平，组织了对新任委员的专题培训，帮助新委员尽快适应角色，同时实行委员履职情况考核，建立委员履职档案，完善委员履职激励机制，调动委员的积极性。

各位委员！县政协一年来的各项工作成绩，是中共永嘉县委正确领导的结果，是县人大、县政府大力支持的结果，是政协各参加单位和广大政协委员共同努力的结果，是有关部门单位和社会各界积极配合的结果。在此，我代表县政协常委会表示衷心的感谢！

回顾一年来的工作，我们深刻地体会到：只有坚定不移地坚持党的领导，认真及时地学习领会、贯彻落实中共中央和县委的决策部署，才能使我们围绕中心、服务大局把握得更到位、体现得更充分；只有认真开展调查研究，广泛了解世情国情县情，深入把握党情政情民情，才能使我们更好地服务主题主线、服务和谐稳定；只有坚持惠民富民思路、亲民爱民作风，才能真正体现以人为本、做到履职为民；只有坚持科学理论指导、科学制度保障、科学方法推动，才能不断提升政协工作科学化水平；只有坚持继承与创新相结合，在继承中创新，在创新中发展，才能始终保持政协工作的生机和活力；只有切实增强履职的责任感使命感，始终保持锐意进取的精神状态、求真务实的工作作风，才能不断开创政协工作新局面。

同时我们也清醒地认识到，工作中仍然存在缺点和差距，政治协商的内容不够丰富，民主监督力度不够有力，参政议政的质量还有待进一步提高；在如何提高服务委员的水平，进一步调动委员履职积极性、主动性和创造性；如何根据履职内容，丰富履职方式，进一步增强履职成效和推动履职成果转化等方面，都需要进一步研究探索。真诚希望广大委员对常委会工作提出意见建议，帮助我们提高完善。

2013年工作任务

2013年是全面贯彻党的十八大精神，在中华民族伟大复兴的征程上承前启后、继往开来的开局之年。做好今年工作意义重大。我们要认真贯彻党的十八大精神，坚持以邓小平理论、“三个代表”重要思想、科学发展观为指导，认真履行政治协商、民主监督、参政议政职能，以高度的政治责任感和饱满的精神状态竭力服务“大都市核心区”“大生态旅游区”“大统筹示范区”三大战略，为实现“三生相融·幸福永嘉”建设目标贡献智慧和力量。

一、重视理论学习，着力巩固共同的思想政治基础

要把深入学习贯彻中共十八大精神作为重大政治任务，摆在政协工作的首位。周密部署、精心安排，及时开展各类学习研讨和宣传教育活动，切实把各参加单位、广大委员、各界人士的思想行动统一到中央和县委的决策部署上来。始终坚持用科学的理论武装头脑，更加坚定走中国特色社会主义道路的共同理想和政治信念。把智慧力量凝聚到中央和县委确定的目标任务上来，特别要围绕永嘉县第十二次党代会确定的重大决策和工作部署，共同致力于中国特色社会主义在永嘉的实践。

二、认真履行职能，着力服务改革发展稳定大局

我们要立足全局，围绕县委总体战略部署，发挥政协优势，积极为科学民主决策服务，为经济发展、社会文明进步竭智尽力。一是加快协商民主政治的发展。认真贯彻《中共中央关于加强和完善人民政协政治协商促进科学民主决策的意见》。在县委的领导下，逐步有序扩大政治协商范围，拓展政治协商渠道，完善政治协商程序，提高政治协商水平。切实通过政治协商为党政领导科学民主决策提供民意支持、民利协调和民智参考。要围绕事关永嘉发展大局的重大问题深入群众、体察民情、倾听民声、吸纳民智，把政治协商建立在充分了解民意的基础上，使协商建言科学务实。努力营造党政领导与各党派团体、各界人士平等议事、互动交流、充分协商的民主氛围，探索改进专题协商会议的组织方式，使不同意见通过协商达成共识，使各方利益通过协商得到关切、兼顾、协调，为决策的贯彻落实奠定基础。二是加大民主监督的力度。从制度上、载体上下功夫，着力营造民主监督氛围，优化民主监督环境，保障委员民主权利。坚持民主监督以理服人的特征，确保反映的问题真实可靠，阐述的观点清晰明了，提出的意见务实管用，努力做到监督有力有效。充分运用好政协建议案、提案、社情民意信息、报告、视察等载体，使监督的形式灵活多样。坚持开展专项民主评议工作，选择涉及面广、社会关注度高、与群众利益关联度大的重点领域认真开展民主评议，创新方式方法，力求评议结果客观公正，整改意见切实可行。三是提高参政议政水平。在国有资产经营、加快企业兼并重组与产业转型升级、发展生态高效农业、推进美丽乡村建设、启动公立医院改革、加强和创新社会管理等方面选取一批课题进行充分调研，着力提高调研质量，勤献务实之策，善谋创新之举。积极促进调研成果的转化落实，将重要的意见建议转化为建议案、提案、信息，依靠建议案、提案的办理机制促进成果转化。四是完善提案工作机制。通过征询党政部门意见，听取人民群众的反映，运用现代信息工具等方式，广泛征集提案线索。着眼于提高提案的针对性、合理性、可行性和可办性，进一步完善重点提案的遴选制度。深入研究提案办理机制，改进和加强督办工作，推动提案的办理落实。五是强化社情民意的反映。围绕创先争优目标，加强信息队伍建设，拓宽信息渠道，进一步提高采编水平，尽可能及时反映各界群众的呼声愿望和真知灼见，为党政领导的决策提供更多的信息支撑。

三、坚持以人为本，着力维护人民群众根本利益

维护人民群众根本利益，既是维护社会和谐稳定的重要保障，也是人民政协履职的出发点和落脚点。要把履职为民落实到政协工作的各个方面，融入到政协工作的各个环节，贯穿于政协工作的全过程。一是关注热点。重点关注教育、就业、社保、医疗卫生、食品安全、社会治安和环境保护等与人民群众切身利益密切相关的领域，加强调查研究，通过提案、信息等载体反映民意、建言献策，协助党委、政府把准社会脉搏，优化政策措施，做暖人心、稳人心、得人心的工作。二是融入群众。主动沉下基层，深入企业、社区，紧密联系群众，关注群众生产生活，充分发挥智力扶贫的优势和作用，广泛动员政协委员和社会力量，积极参与扶贫救灾、社区服务等公益活动，为基层、为群众排忧解难，发挥政协组织在促进和谐、维护稳定中的独特作用。三是凝聚人心。多做增进了解、加深理解、达成谅解的工作，广泛集聚力量，扩大各方共识，营造政通人和、团结稳定的政治局面，为深化改革、加快发展、维护稳定增加动力、减少阻力、形成合力。

四、弘扬团结民主，着力巩固发展爱国统一战线

人民政协作为最广泛的统一战线组织，知情渠道多，联系面广，位置超脱。我们要在协调关系、化解矛盾、理顺情绪、汇聚力量、促进和谐上发挥重要作用。一是加强宣传。高举爱国主义、社会主义两面旗帜，以旗帜引领方向、凝心聚力，宣传、引导、动员广大委员和各界群众，始终与党委同心同德、同向同行。积极协助党委和政府宣传、落实党的民族宗教政策，及时了解和反映新情况、新问题。以政协例会为平台、调研视察为载体、界别活动为纽带，充分发挥政协委员中民族宗教界人士的重要作用，促进民族团结、宗教和谐。二是加强合作。加强参加政协的各党派合作共事，坚持民主协商、平等议事、求同存异、体谅包容原则。完善例会制度，健全联动调研、联合监督、联谊座谈等工作机制，保障民主党派知情、参与、表达、监督的权利，营造宽松、融洽、活跃的环境，充分体现人民政协的多党合作性质，巩固发展和谐政党关系。三是加强联谊。扎实开展港澳台侨工作，加强对外交流交往，充分发挥港澳台侨界的作用。

五、加强自身建设，着力提高政协工作科学化水平

健全完善推动政协工作科学发展的体制机制，为有效履行职能、充分发挥作用提供更加有力的保障。一是加强常委会建设。进一步健全常委会制度，加强常委会组成人员的理论学习与交流，拓展工作领域，创新工作方式，努力提升常委会议和常委专题协商会议的质量。二是加强委员队伍建设。运用委员培训班、政协通报会、学习交流会、专题报告会等多种形式，帮助委员拓宽视野、增加知识，提高委员的履职水平。多领域、多角度、多形式组织委员视察、调研、评议监督，创新委员履职平台，增加委员履职机会。强化委员参与调研提案、反映社情民意的任务刚性，实行委员履职情况的总结、述职和评优制度。不断改进委员服务与管理工作，努力建设一支综合素质好、政治热情高、议政能力强的委员队伍。三是加强机关建设。按照"五型三化"机关建设要求，既严格教育管理，又热情关心培养干部，着力提高政协机关全体干部的全局观念、服务意识和理论政策水平，着力加强思想、组织、作风、制度和信息化建设，不断提高政协机关组织、联络、协调的综合能力，更好地为政协工作服务、为委员服务。

各位委员，在社会主义现代化建设的伟大征程中，人民政协使命更加光荣、责任更加重大。让我们紧密团结在以习近平同志为总书记的党中央周围，在中共永嘉县委的领导下，高举中国特色社会主义伟大旗帜，以更加强烈的责任意识建言献策，以更加亲民的工作作风履行职能，以更加严谨的工作态度服务大局，为加快建设"三生相融·幸福永嘉"作出新的更大贡献！

2013年永嘉县国民经济和社会发展统计公报

2013年，全县人民在县委、县政府的正确领导下，紧紧围绕市委、市政府的决策部署，坚持以科学发展观为指导，深入开展“两提两争”主题实践活动，继续加大投资力度，着力加快产业转型发展，促进城乡统筹改革，经济发展后劲有所增强，民生持续得到改善，社会事业全面进步。

一、综 合

初步核算，2013年全县生产总值为291.91亿元，按可比价格计算，比上年增长8.0%。其中，第一产业增加值9.63亿元，下降1.1%；第二产业增加值179.24亿元，增长8.7%；第三产业增加值103.04亿元，增长7.5%；三次产业的结构由上年的3.7：61.1：35.2调整为3.3：61.4：35.3。按户籍人口计算，全县人均生产总值为30216元，比上年增加3091元，增长11.4%。

全年居民消费价格总水平比上年上涨2.7%，涨幅比上年上升0.4个百分点。其中，食品类价格上涨5.9%，涨幅比上年上升0.2个百分点；医疗保健和个人用品价格上涨2.5%，涨幅比上年上升1个百分点；居住类价格下降0.1%，涨幅比上年回落1.6个百分点。工业品出厂价格指数下降1.6%，原材料购进价格指数下降2.4%。

二、农 业

2013年，全县实现农业总产值15.47亿元，与上年相比下降0.7%，扣除价格因素实际下降

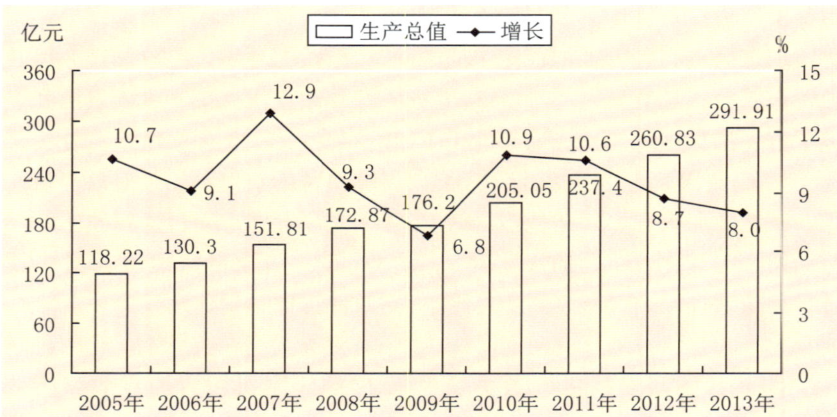

图一 2005~2013年全县生产总值及其增长情况

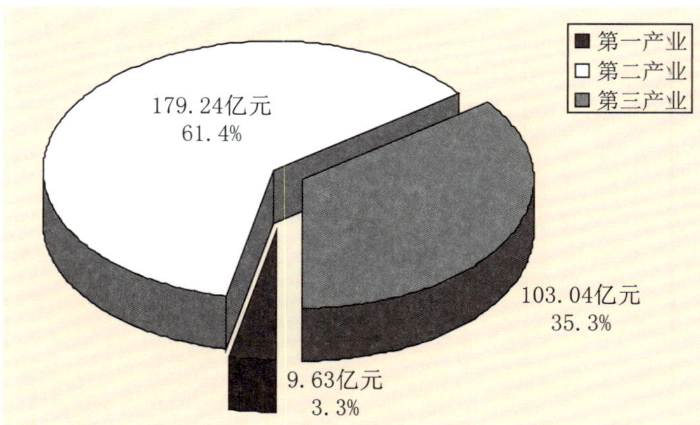

图二 2013年全县生产总值构成情况

2.1%。其中，农、林、牧、渔业产值分别为8.98亿元、1.12亿元、4.46亿元、0.68亿元，同比分别增长6.3%、-6.4%、-14.2%、-9.2%。

全年播种总面积31027万公顷，比上年增加207公顷，增长0.7%。其中，粮食作物播种面积20873公顷，比上年增加200公顷，增长1.0%；粮食总产量11.42万吨，比上年增长1.2%。油料作物播种面积2893万公顷，比上年增加60公顷，增长2.1%。蔬菜播种面积5093公顷亩，比上年增加13.33公顷，增长0.3%；蔬菜总产量10.0万吨，比上年增长2.5%。茶园总面积3087公顷，其中可采摘茶园2827公顷，全年茶叶总产量593.8吨，比上年下降5.0%。果园总面积5927公顷，比上年增加60公顷，增长1.0%；水果总产量6.36万吨，比上年增加0.07万吨，增长1.1%。

全年造林面积1133公顷，共完成零星植树55万株，新增育苗面积5公顷。主要林产品中，板栗产量2788吨，比上年增加16吨；笋干产量144吨，比上年减少34吨。木材采伐量为2.11万立方米，比上年减少0.37万立方米；毛竹采伐量为46.40万根，比上年增加16.8万根。

2013年末，全县生猪存栏11.95万头，同比减少11.4%；羊存栏4.66万头，减少2.5%；家禽存栏140.18万只，同比减少9.7%。全年，生猪出栏16.32万头，比上年下降12.4%；羊出栏3.49万头，比上年下降7.4%；家禽出栏208.42万只，比上年下降28.3%。全年肉类总产量为1.86万吨，比上年下降14.3%。蜂蜜产量1259吨，同比下降12.3%。

全年渔业水产品总产量3183吨，比上年减少373吨，下降10.5%；其中，鱼类产量2984吨、甲壳类96吨、贝类43吨。全年淡水养殖面积7067万公顷，其中稻田养殖面积5373万公顷；田鱼产量1394吨。

三、工业和建筑业

2013年，全县工业总产值为585.88亿元，比上年增长7.5%，增幅比上年上升6.4个百分点。其中，规模以上工业产值393.77亿元，同比增长3.3%，增幅比上年回落2.2个百分点。在规模以上工业产值中，重工业产值为175.17亿元，比上年增长3.8%，轻工业产值为218.60亿元，比上年增长2.8%；皮鞋、泵阀、服装、纽扣拉链产值分别为122.47亿元、96.97亿元、61.63亿元、13.76亿元，皮鞋、泵阀、服装、纽扣拉链产值比上年分别增长4.6%、1.6%、2.5%、2.6%。规模以上工业全年实现主营业务收入378.55亿元，比上年增长2.6%；利税总额44.35亿元，下降1.0%，其中利润总额28.09亿元，下降1.6%。年末，规模以上工业企业应收账款净额88.91亿元，增长5.4%；产成品存货22.30亿元，增长20.9%。

2013年末，全县共有资质建筑企业36家。全年建筑企业签订合同额114.45亿元，比上年增长了22.1%，其中本年新签订合同额64.67亿元，比上年增长53.5%。全年共完成建筑业产值52.14亿元，比上年增长了19.9%，当年竣工产值23.13亿元，比上年增长47.3%。施工企业全年房屋建筑施工面积266.7万平方米，比上年增长12.5%，房屋竣工面积68.08万平方米，比上年增长79.2%，竣工房屋价值10.85亿元，比上年增长了26.6%。

四、固定资产投资和房地产业

2013年，限额以上固定资产投资完成额为206.31亿元，比上年增长17.0%。其中，工业投资、基础设施投资完成额分别为47.18亿元、58.67亿元，比上年分别增长39.7%、5.6%。

在限额以上固定资产投资完成额中，第一产业投资10.26亿元，比上年增长102.7%；第二产业投资47.18亿元，比上年增长

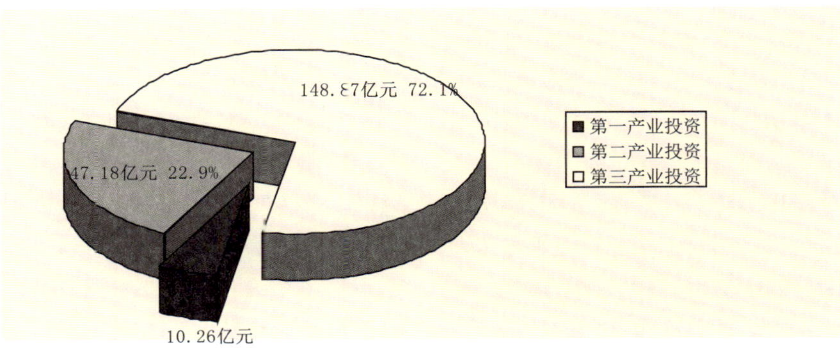

图三 2013年全县限额以上固定资产投资各产业比重情况

特辑

39.3%；第三产业投资148.87亿元，比上年增长8.3%。全年限上投资项目792个，其中，当年新开工项目510个，当年完工项目502个。

2013年，共安排新开工县重点工程建设项目10个，分别是桥下镇西溪三期防洪工程、瓯江治理工程、大若岩养生保健中心、桥头国际商务中心、110KV输变电工程、甬台温天然气管道永嘉段工程、楠溪江重点历史文化村落“六个一”项目、瓯北阳光大道东向延伸工程、104国道温州西过境公路永嘉段改建工程、楠溪江石桅岩AAAAA级旅游区创建项目。

2013年末，全县共有房地产开发企业53家，全年实际完成投资71.76亿元，比上年下降9.1%。全年房地产施工面积420.01万平方米，比上年增长14.0%；竣工面积10.35万平方米，比上年下降55.2%；销售面积19.39万平方米，比上年增长144.2%，销售额32.3亿元，比上年增长89.9%。

五、国内贸易

2013年，全社会消费品零售总额102.67亿元，比上年增长14.9%，增幅比上年上升3.2个百分点。其中，城镇消费品零售额97.49亿元，增长15.3%；乡村消费品零售额5.18亿元，增长7.7%。批发零售贸易业零售额91.43亿元，增长15.4%；住宿和餐饮业零售额11.24亿元，增长11.1%。

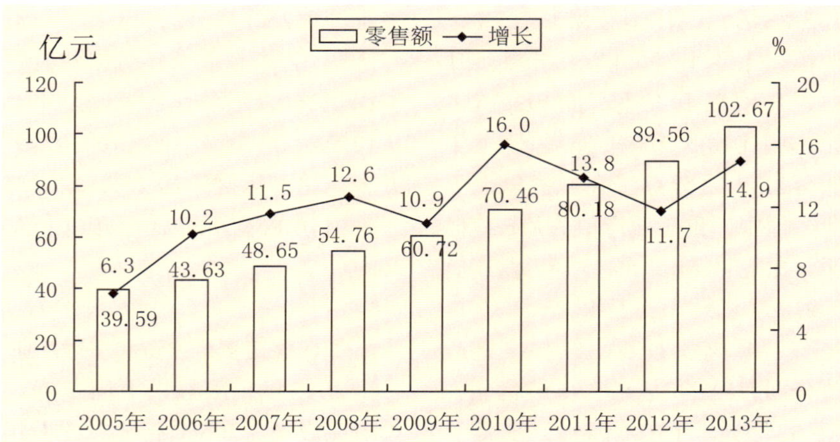

图四 2005~2013年全县社会消费品零售总额及其增长情况

年末，全县有各类商品交易市场共13个，其中超亿元市场1个，消费品市场11个，生产资料市场2个。全年累计成交额21.83亿元，下降21.4%。其中，消费品市场成交额20.40亿元，下降19.3%；生产资料市场成交额1.43亿元，增长42.6%。

六、对外经济

2013年全县进出口总额7.71亿美元，比上年下降2.4%，其中出口总额6.63亿美元，下降4.5%；进口总额1.08亿美元，增长12.5%。外商直接投资合同项目2个，当年实际使用外资额2316万美元。

七、交通、邮电和旅游业

2013年，交通运输邮政仓储业共完成增加值3.37亿元，比上年增长5.3%。水陆货物运输周转量105446万吨千米，比上年增长0.4%；其中公路99377万吨千米，与比上年基本持平；水路6069万吨千米，比上年增长5.4%。公路旅客运输周转量166026万人千米，比上年下降3.7；全县沿海港口货物吞吐量109.83万吨，同比增长18.7%。年末，全县境内公路总里程为2477千米，其中高速公路102千米；民用汽车拥有量13.73万辆，比上年增加1.68万辆。全年邮政业务量6481.6万元，比上年同比增长15.8%。

全年电信业务总收入9.25亿元，比上年增长5.9%。年末，固定电话用户19.37万户，同比减少0.5万户；移动电话用户90.98万户，同比增加3.34万户；国际互联网宽带用户16.65万户，同比增加2.38万户。

2013年，全县旅游总收入30.15亿元，比上年增长31.2%。全年接待游客415.17万人次，比上年增长32.6%。其中，国内游客412.60万人次，增长32.6%；接待境外游客2.57万人次，增长31.8%，旅游外汇收入828.72万美元。

八、财政、金融和保险业

2013年，全县财政总收入38.64亿元，比上年增长7.5%，其中公共财政预算收入20.85亿元，增长13.0%。全县公共财政预算支出40.20亿元，同比增长15.7%。其中，教育支出11.48亿元，增长13.8%；科学技术支出0.79亿元，增长27.6%；社会保障和就业支出3.22亿元，增长64.3%；医疗卫生支出3.90亿元，增长32.3%；节能环保支出0.19亿元，下降57.4%。在公共财政预算支出中，公共安全、教育、科学技术、文化体育与传媒、社会保障和就业、医疗卫生、节能环保、城乡社区事务、农林水事务、住房保障支出等十大类民生支出共29.84亿元，同比增长20.8%，占总支出74.2%，比2012年提高3.1个百分点。

2013年末，全县金融机构本外币各项存款余额440.03亿元，比上年增加47.07亿元，增长12.0%。其中，城乡居民储蓄余额276.41亿元，增加36.26亿元，增长15.1%。全县金融机构本外币各项贷款余额381.84亿元，比上年增加44.13亿元，增长13.1%。

全年保险机构保费收入8.82亿元，比上年增长6.4%。其中财产险保费收入3.84亿元，增长15.0%；人身险保费收入4.98亿元，增长0.6%。已决赔款2.61亿元，比上年增长18.1%。

九、教育、科技和人才

2013年末，全县共有幼儿园214所，在园幼儿3.03万人；小学75所，在校生6.45万人，小学学龄人口入学率达100%；普通中学53所，在校生4.40万人，其中普通初中43所，在校生2.85万人，初中学龄人口入学率99.9%，初中毕业生升学率96.0%，比上年提高2个百分点。全县幼儿园教职工2858人，比上年增加24人。其中专任教师1620人，增加3人；小学专任教师3457人，增加43人；中学专任教师3344人，比上年减少3人。

小学体育运动场面积36.74万平方米，电脑9719台。其中教学用电脑8552台，各类图书147.82万册；初中体育运动场面积28.78万平方米，电脑6945台。其中教学用电脑5343台，各类图书110.23万册；高中体育运动场14.47万平方米，电脑2814台，其中教学用电脑2205台，各类图书41.25万册。

2013年，全县财政科学技术经费支出7200万元，增长16.8%。全年共下达县级科技计划项目3批共192项，安排科技经费3570万元。其中工业部分49项 ，安排经费1040万元；农业部分89项，安排经费789万元；社会部分9项，安排经费73.7万元；卫生部分21项，安排经费362.3万元；综合部分3项，安排经费42.5万元；科技创新奖励部分6项，安排经费765万元；计划生育部分1项，安排经费49万元；创新平台建设部分5项，安排经费288.5万元；专利部分9项，安排经费160万元。

全年新增市级以上科技计划项目64项，其中列入国家级科技中小型企业创新基金项目6项、国家级火炬计划项目5项、国家级重点新产品项目1项；省级重大科技攻关项目1项、省级新产品试制计划项目19项、省级科技特派员13项、省级团队科技特派员3项、省级科技成果转化项目1项；市级科技富民强县项目1项、市级科技特派员项目13项、市级种子种苗项目2项。共争取上级补助经费690万元。全年新增高新技术企业3家，省科技中小企业15家、省级农业科技企业2家，市级科技（创新）企业19家、市级专利示范企业5家。

全县共引进各级各类人才2770人。其中引进硕士研究生24名；引进国（境）外智力项目17项，聘请外国专家17人次；引进高层次人才和特殊紧缺专业人员32人；高技能人才培养1294人。

十、文化、卫生和体育

2013年，全县建成镇综合文化站5个、图书分馆5个；成功创建桥下镇、巽宅镇2个省级文化强镇、20个县级文化示范村、25个社区文化服务中心；申报2个省级、4个市级文化示范村和5个市级文化强镇。开展“书香永嘉”系列主题讲座等活动26场，参与4.2万余人；昆剧团送戏进校园、进农村80场，民间剧团送戏90场；“2131”工程电影放映6348场，成功创建14个室内固定示范放映点。

年末，县图书馆藏书总量25.91万册（件），比上年增加1.95万册（件）。全县拥有调频广播电台4座，广播覆盖率为95.3%；电视台1个，电视覆盖率为99.0%。年末全县有线电视用户21.5万户，入户率为74.8%。国家、省、市级非物质文化遗产分别为2个、8个、40个。

年末，全县共有各类卫生机构513家。其中，医院10家、卫生院（社区卫生服务中心）37家、个体诊所68家、门诊部34家、医务室10家、社区卫生服务站57家、卫生室296家。卫生机构实有床位1465张，执业医师和执业助理医师1609人，每万人拥有医生数17人，注册护士1033人。2013年基础免疫接种率分别为：乙肝疫苗99.9%，卡介苗99.9%，糖丸99.8%，百白破99.7%，麻疹99.7%。

2013年，开展县级群体体育活动22次，对3000人进行国民体质监测；成功承办了“中国·温州国际山地户外运动挑战赛”和中国“楠溪江杯”决战名山全国象棋冠军挑战赛总决赛。共新建篮球场28个，篮球场亮灯工程2个，安装健身器材1087套，镇（街道）室内体育健身房3个，体质监测点1个。永嘉县输送的运动员，在全运会上屡创佳绩，共获得5枚铜牌；394位运动员参加了市运会，共取得奖牌205枚，总积分1832分，总积分和奖牌数全市排名第六位，比上一届提升1个位次。

十一、城镇建设、生态建设和环境保护

2013年末，城镇建成区面积6.87平方千米，城镇维护建设资金支出1.32亿元。城镇道路面积162.2万平方米，排水管道长度31.0千米，公园绿地面积115公顷，供水综合生产能力4万立方米/日。建成1308个生态停车位、4个城市山体公园。

全年创成315个市级生态村，东城街道、北城街道获省级生态街道命名，岩头镇、岩坦镇、鹤盛镇等3个镇创建国家级生态镇。全县环境空气质量优良率95.6%，楠溪江中上游水质常年保持在I、II类。

全县完成餐饮企业污染整治60多家，有机废气治理试点1家，有机废气重点项目整治3个，淘汰小燃煤锅炉35台。电镀行业整治提升通过市级核查验收，建成2个电镀基地（48家企业入园生产）和6家园外标杆企业，依法关闭电镀散户企业42家，停产、关闭未列入整治提升造纸企业22家，淘汰印染企业1家，化工企业3家，合成革企业1家。

十二、人口和计划生育

2013年末，全县户籍总户数28.73万户，总人口96.95万人，其中非农业人口10.87万人，女性人口45.40万人，年平均人口96.61万人，60岁及以上老年人口占14.3%，比上年上升0.6个百分点。2013年全县出生人口13326人，其中女婴6019人，人口出生率为13.8‰；死亡人口4473人，死亡率为4.6‰；人口自然增长率为9.2‰，比上年降低1.8个千分点。年内出生婴儿男女性别比为121：100，上年为118：100。

全县计划生育率82.8%，比上年提高0.3个百分点。全县节育率为82.0%，比上年降低1.9个百分点。

十三、人民生活和社会保障

2013年，城镇居民人均可支配收入30116元，比上年增长8.6%，扣除价格因素实际增长6.2%；城镇居民人均消费支出19867元，同比增长7.3%，增幅较上年下降0.3个百分点，扣除价格因素后，实际增长4.9%；恩格尔系数为37.2%。城镇居民每百户拥有家用汽车32辆，家用电脑99台，空调124台，移动电话225部。城镇居民人均住房建筑面积46.89平方米。

农村居民人均纯收入12704元，比上年增长10.0%，扣除价格因素实际增长7.5%；人均消费支出

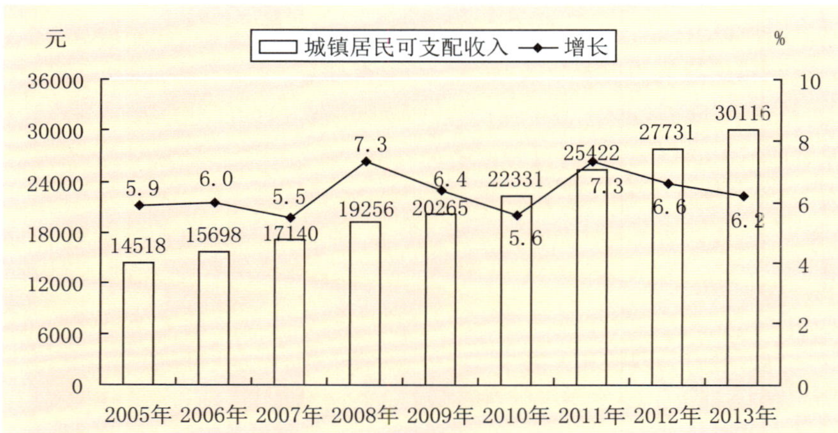

图五　2005~2013年全县城镇居民可支配收入及其增长情况

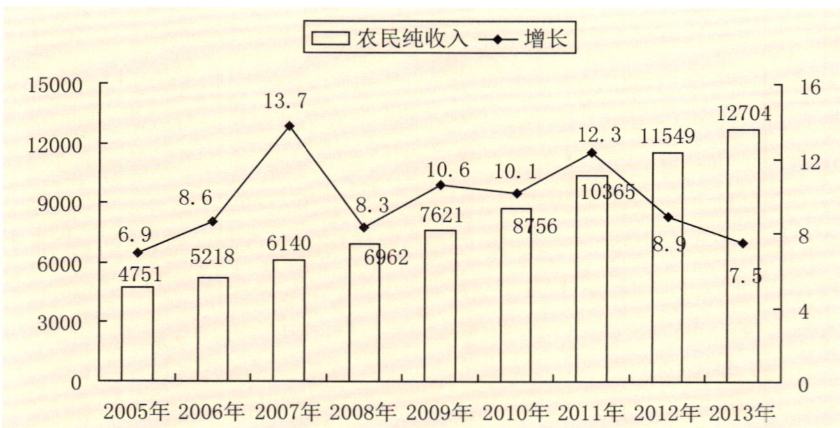

图六　2005~2013年全县农村居民纯收入及其增长情况

为9264元，同比增长8.4%；恩格尔系数为49.9%。农村居民每百户拥有家用汽车21辆，家用电脑33台，空调62台，移动电话182部。农村人均住房居住面积51.27平方米。

全年实现新增城镇就业岗位14521个，比上年增加1397个，增长11.9%。年末，城镇登记失业人数2231人，城镇登记失业率1.85%。

年末，城镇基本养老保险参保人数21.68万人，比上年增加1.44万人；城镇基本医疗保险参保人数9.84万人，增加0.70万人；失业保险参保人数8.10万人，增加0.68万人；工伤保险参保人数22.13万人，增加1万人；城乡居民养老保险参保人数37.73万人，增加5.62万人；新型农村合作医疗保险参保人数79.0万人，增加9.08万人。

年末，全县社会福利机构35家，床位数4029张。纳入最低生活保障人数2.11万人，比上年增加0.03万人，其中农村居民低保人数2.03万人。全年发放低保金5559万元，比上年增长11.6%。其中，城镇年人均低保金补助3640元，增长13.6%；农村年人均低保金补助2593元，增长29.3%。全年慈善总会获捐赠收入3361万元，同比增长83.9%；累计专款支出2614万元，同比增长59.5%。

（孙宏豪）

注：

1、本公报部分数据为初步统计数据。

2、全县生产总值和三次产业增加值绝对数按现行价格计算，增长速度按可比价格计算。

3、由于个别数据四舍五入，可能会导致与合计数不一致。

大事记

2013年大事纪要

1月

1日　中共浙江省委常委、温州市委书记陈德荣到永嘉县瓯北城市新区督查“祛疤栽花”及绿化工作。

4日　中国人民政治协商会议第九届永嘉县委员会第二次会议在永嘉县人民大会堂开幕，会期3天。

5日　永嘉县第十五届人民代表大会第二次会议在永嘉县人民大会堂开幕，会期3天。

7日　永嘉县在瓯北城市新区开展“铁拳1301”无证无照集中整治活动，全面推进县“查无保安促稳”百日攻坚行动。

8日　永嘉县四套班子领导率县党政考察团赴瓯海区牛山工程建设点、龙湾区万达广场、乐清城区考察，学习城中村改造、拆违工作、项目建设等先进经验。

同日　永嘉县上塘中心城区北城街道银场村扶贫资金互助会成立。

10日　浙江省交通厅副厅长、省公路局局长李良福到永嘉县开展全省公路规范化管理工作目标检查考核。

同日　温州市委副书记、市长陈金彪到永嘉县瓯北城市新区开展拆违专项督查。

同日　永嘉县人民法院举行永嘉县首例非法采砂处罚强制执行听证会。

12日　香港永嘉同乡会在深圳成立，香港中伦纺织集团有限公司董事局主席胡忠华当选为第一届会长。

14日　中共永嘉县委副书记、县长娄绍光率永嘉县党政考察团赴广东省清远市、中山市走访考察。

16日　永嘉县首个反邪教主题公园在江北街道阳光社区开园。

同日　全县财税工作会议召开。

同日　永嘉县召开安全生产第一季度例会暨“除隐患、保安全”消防专项行动及春运工作和渡口安全工作会议。

17日　2012年中国景观村落年会在永嘉县召开。

18日　中共永嘉县桥下镇第十三届代表大会第三次会议召开，为永嘉县全面试行镇党代会年会制积累经验。

20日　永嘉县首家景区“生态文明图书室”暨龙湾潭环保志愿者分会在龙湾潭红岩湖成立。

22日　永嘉县举行“情暖永嘉，红十字博爱公益活动”启动仪式。

23日　永嘉县瓯北高级中学与翔宇教育集团合作办学签约仪式在永嘉县电业大楼举行。

同日　全县公安工作会议召开。

同日　永嘉县留学人员和家属联谊会成立。

25日　温州市公安局、温州市扶贫办、温州日报报业集团等单位负责人到鹤盛镇开展挂钩帮扶活动，送上帮扶资金108万元。

同日　中共永嘉县委书记盛秋平率队到沙头镇、大若岩镇、岩头镇督查“美丽乡村”建设工作。

同日　永嘉县举行民族宗教界十八大精神宣讲暨迎春茶话会。

26日　全县教育工作会议召开。

28日　永嘉县荣膺“浙江省森林城市”称号。

29日　永嘉县卫生系统“护卫生命、天使血缘”爱心献血活动在县文化中心广场启动。

是月　永嘉县人民医院、永嘉县中医院启动县级公立医院综合改革，所有药品实行零差价销售。

是月　永嘉县开展农民工工资支付情况专项检查。

是月　育才控股集团有限公司申报的“育才YC及图”被国家工商总局行政认定为驰名商标，实现永嘉县教玩具行业驰名商标零的突破，是永嘉县获得的第8枚行政认定驰名商标。

是月　永嘉县荣获全国“全

民健身活动先进单位”称号。

是月 永嘉县人民政府通令嘉奖永嘉县民政局成功申报“中国长寿之乡”。

是月 永嘉县举行第十二届县名牌商标暨涉农商标创牌先锋评定活动。

是月 永嘉县人民法院首次将涉诉的2处厂房搬上淘宝网司法拍卖网络平台进行拍卖前公示。

2月

2日 桥头维多利广场和大若岩镇华中楠溪云岚养生度假村分别举行开工奠基仪式。

4日 中共永嘉县纪律检查委员会十二届三次全体(扩大)会议召开。

同日 永嘉县党建工作会议召开。

同日 全县武装工作会议召开。

6日 永嘉县2013年度文化、科技、卫生“三下乡”集中服务活动现场会在岩头镇苍坡村举行。

7日 温州市人大常委会主任陈笑华到永嘉县慰问青岛温州商会会长吴旭峰家属。

8日 桥下镇西溪社区瓯渠村举行“瓯渠休闲中心”落成仪式。

16日 2013世界永商新春恳谈会在温州江心海景大酒店举行，全国各地的在外永嘉籍商会会长，工商界、侨界知名人士，本地知名企业家和国内500强企业代表等400余人与会。

同日 世界永嘉人联谊总会理事会一届二次会议在温州江心海景大酒店召开，潘瑞吉、朱清益、陈光中、黄建南等永嘉籍知名人士出席会议。

同日 中共温州市委常委、温州市公安局长黄宝坤走访报喜鸟集团、红蜻蜓集团。

17日 永嘉县“两提两争”（两提：以群众在干部心中的分量来提高干部在群众心中的分量，以干部的辛苦指数来提升群众的幸福指数；两争：争当克难攻坚先锋，争创一流发展环境）主题实践活动动员大会召开。

18日 中共浙江省委防范办副主任金国华率队到永嘉县开展“深化双服务，助推开门红”活动调研。

19日 中共永嘉县委书记盛秋平和县委副书记、县长娄绍光率县财政、经信、国土、金融办、规划、国税等部门一把手30余人到奥康、报喜鸟等企业现场办公。

同日 县政协主席陈建良率部分县政协委员到瓯北城市新区视察城市河网治理情况。

同日 中共永嘉县委副书记姜景峰到东城街道专项督查“四边三化”工作。

21日 中共永嘉县委书记盛秋平和县委副书记、县长娄绍光率队专题督查“四边三化”工作。

22日 中国工商银行浙江省分行行长沈荣勤到永嘉县调研。

同日 中共永嘉县委副书记、县长娄绍光率队到三江片督查指导。

26日 中共浙江省委宣传部常务副部长胡坚到永嘉县调研文化旅游产业发展情况。

同日 浙江省禁毒办副主任周联盟到永嘉县调研禁毒工作。

27日 中共永嘉县委副书记、县长娄绍光率队到桥下镇、桥头镇调研333省道（原49省道）改建和“四边三化”工作。

同日 岩头镇举行2013年重点项目集体开工奠基仪式。溪山大街工程、芙蓉古村综合管道工程、岩头镇中心幼儿园工程、岩头镇影视文化中心工程进场动工。

28日 全县政法信访工作会议召开。

同日 永嘉县城乡统筹综合改革暨农业农村工作会议召开。

同日 “百名干部激情创业”专项活动动员大会召开。98名领导干部分成7个“尖刀班”攻坚组，分赴全县七大重点工程一线，攻坚克难，确保这些工程在300天内建成。

是月 芙蓉村和屿北村入选第一批中国传统村落。

是月 中共永嘉县委书记盛秋平到县国土资源局、发改局、财政局、环保局、住建局、交通局等部门开展新春走访活动。

是月 永嘉县岩坦镇商会成立。

是月 中共永嘉县委副书记姜景峰到104国道温州西过境永嘉段改建工程开展“九联系”调研。

3月

4日 中共永嘉县委书记盛秋平率永嘉县教育考察团到江苏省苏州市实地考察苏州工业园区职业技术学院，就强化战略合作进行交流。

同日 中共永嘉县委副书记、县长娄绍光率队到沙头镇和大若岩镇督查2013中国(温州)森林旅游节活动沿线环境整治情况。

同日 “万朵鲜花送雷锋”活动走进永嘉县，永嘉县“弘扬雷锋精神 争做最美永嘉人”活动正式启动。

5日 中共永嘉县委书记盛秋

平率永嘉县党政考察团到上海市考察在沪永商企业。

同日 永嘉县中小学“弘扬雷锋精神，争当美德少年”主题实践活动在县实验中学举行。

同日 永嘉县庆祝“三八”国际妇女节103周年暨“贯彻十八大 唱响新永嘉”妇女大合唱比赛在县人民大会堂举行。

6日 永嘉县首个全封闭干部继续教育培训班在永嘉县人武部民兵训练基地举行开班仪式。

6～7日 永嘉县政协组织部分委员到桥下、桥头、东瓯街道及上塘中心城区开展“四边三化”工作视察活动。

7日 永嘉县人大常委会调研《禁毒法》贯彻实施情况。

同日 永嘉县召开城乡统筹基本建设业务培训会。

同日 永嘉县人民检察院联合永嘉县妇女联合会开展“幸福快车”进社区暨“关爱妇女儿童权益”法律宣传活动 。

8日 中共永嘉县委书记盛秋平主持召开楠溪江文化园重点历史文化村落保护利用“六个一”（一条乡间绿道、一条旅游文化商业街、一批文化展馆、一个旅游接待中心、一批特色酒店和民宿、一台文化大戏）工作督查会，全面推进“六个一”工程的建设进度。

同日 永嘉县法学会正式成立并举行第一届会员大会，选举产生会长和理事会，县委副书记姜景峰当选为会长。

同日 永嘉县新闻宣传工作会议召开。

同日 永嘉县召开2013年安全生产工作年度会议暨“打非治违”五大专项行动动员大会。

9日 2013年春季公益性就业促进会在瓯北劳动力交流市场举行。

12日 中共永嘉县委副书记、县长娄绍光率队到桥头、桥下、东瓯、黄田、三江、乌牛、江北等镇街督查“四边三化”工作，即公路边、铁路边、河边、山边的洁化、绿化和美化工作。

13日 永嘉县召开省级文明县城和省级文化先进县创建再动员大会。

14日 浙江省残联副理事长吴一农率队到永嘉县对创建省级扶残助残爱心城市工作进行检查验收。

同日 永嘉县创建省卫生强县动员会召开。

15日 中共永嘉县委书记盛秋平督查旅游项目建设暨“美丽乡村”“三改一拆”工作。

同日 永嘉县个体经济、小微企业及农贸市场提升发展工作会议召开。

同日 2013年国际消费权益日宣传纪念活动在永嘉广场举行。

19日 以“山水情缘、相依共荣”为主题的大若岩镇埭头村与台湾阿里山乡山美村结对联谊和合作交流活动在埭头古村楠风营地隆重举行，现场签订合作备忘录。

20日 中共永嘉县委召开全县领导干部会议，传达贯彻全国“两会”精神。

同日 永嘉县开展“扫黄打非”集中统一行动。

21日 全国政协文史和学习委员会副主任、中国国际茶文化研究会会长周国富率中国国际茶文化研究会有关人员到永嘉县考察茶业产业情况和茶文化。

同日 中共永嘉县委副书记、县长娄绍光率有关部门负责人到永嘉中学调研教育发展情况。

23日 永嘉县两新组织党建工作会议召开。

25日 永嘉县召开水利暨防汛气象工作会议。

26日 2013中国（温州）森林旅游节永嘉系列活动新闻发布会暨楠溪江旅游推介会召开。

27日 2013年度县(市、区)、市级功能区“互看互学”活动第一场专题活动现场会在永嘉县举行。中共浙江省委常委、市委书记陈德荣和中共温州市委副书记、市长陈金彪带领“互看互学”考察团到永嘉县察看各地的发展情况。

同日 永嘉县人民法院与伯特利阀门集团有限公司、凯奇集团有限公司、天胜阀门集团有限公司签订帮教基地协议，宣布成立永嘉法院首批青少年帮教基地。

29日 永嘉县召开部门纪委书记工作例会暨“互学互比”活动汇报会。

同日 永嘉县首批涉改公车公开拍卖，总成交额120.5万元。

30日 永嘉县老年学会、永嘉县长寿文化研究会成立并召开第一届会员大会。

同日 永嘉县围棋协会成立。

是月 永嘉县红蜻蜓集团党委、育才集团党支部作为温州市AAAAA级两新党组织受到了表彰。

是月 永嘉县公路管理段更名为永嘉县公路管理局。

是月 永嘉县出台《投资项目模拟审批操作细则(试行)》。

是月 新时期“永嘉精神”征集揭晓：义利并举 敢为人先。

是月 浙江AAAA级景区旅游满意度调查揭晓，楠溪江风景名胜区获综合品质“十佳”。

是月 永嘉县再获“省粮食生产先进县”称号。

是月 永嘉县“百万”造地保障工程启动，首批8个项目通过立项。

是月 永嘉县开始县域古道普查。

是月 永嘉县开展幼儿教育机构消防安全大检查。

是月 永嘉县交警大队“挂牌招才”招“治堵能手”。

4月

1日 2013中国(温州)森林旅游节在永嘉开幕。32个“中国长寿之乡”代表、海内外百余名客商、全国近百家媒体和众多嘉宾共聚楠溪江。国家林业局总工程师陈凤学和省人大常委会副主任程渭山在开幕式上致辞。

同日 温州市22个森林公园在永嘉县大若岩镇五星潭森林公园举行集体开园仪式。

同日 全国养生与长寿永嘉高峰论坛在瓯北梦江大酒店举行。

同日 “百名永商·台商踏青团”活动举行。

2日 永嘉县四套班子领导到沙头革命烈士陵园开展悼念活动。

同日 “中医与养生”永嘉高峰论坛暨2013年浙江省中医药学会营养与食疗分会学术年会在永嘉县召开，浙江省中医药学会会长肖鲁伟出席会议。

同日 中共义乌市委副书记葛国庆率队到永嘉县考察农房改造集聚建设，先后走访考察三江街道和桥下镇农房改造集聚项目。

同日 枫林传统武术节举行。

3日 永嘉县瓯江治理工程开工仪式在黄田街道雅村举行。

同日 桥下镇举行西溪主河道三期防洪工程开工仪式。

同日 鹤盛镇商会成立。

6日 岩头镇商会成立。

6日～7日 中共永嘉县委书记盛秋平赴杭州市西湖区青芝坞、桐庐学习考察“三改一拆”工作和“美丽乡村”建设。

8日 中共永嘉县委书记盛秋平到上塘中心城区调研地方经济社会发展情况。

同日 中共永嘉县委副书记、县长娄绍光到瓯北城市新区、东城街道、三江就“四边三化”和三江开发建设工作进行督查指导。

同日 “亲情中华”侨乡行十八大精神文艺宣传巡演活动在永嘉县举行。

同日 永嘉县华侨联合会召开七届七次全会，会议选举王萍萍为新一届侨联主席。

同日 大若岩镇埭头村“生态文明图书室”落成。

9日～10日 安吉县党政考察团到永嘉县考察环境综合整治和“美丽乡村”建设工作。

10日 象山县党政代表团到永嘉县就“三改一拆”环境综合治理工作进行交流考察。

同日 中共永嘉县委常委、纪委书记章寿禹到黄田街道、东瓯街道、枫林镇、岩头镇督查指导“村务公开日”活动。

同日 中共温州市委政法委副书记、综治办主任姜迪清率调研组到永嘉县调研社会管理创新和平安建设工作。

12日 中共永嘉县委书记盛秋平，县委副书记、县长娄绍光率队督查“四边三化”和“美丽乡村”建设工作。

同日 永嘉县第一个“微慈善·小额冠名基金”——“示意小额慈善基金”设立。“示意老人”是一位年届七旬的退休职工，基金规模为每年捐赠人民币壹万元，按捐赠者的意愿用于助残、助孤、助医、助学等慈善救助项目。

13日 2013中国温州国际山地户外运动挑战赛开幕。

16日 浙商银行永嘉支行在瓯北开业。

同日 中共永嘉县委副书记、县长娄绍光到桥下镇督查调研“四边三化”和中心镇工作。

17日 中共永嘉县委书记盛秋平率队到三江商务区专题调研三江开发建设情况。

18日 永嘉县召开楠溪江流域污水处理方案专家论证会，特邀浙江大学水环境研究院副院长史惠祥等多名专家学者进行研讨分析，并形成专题论证意见。

19日 诸永高速温州段延伸线瓯江特大桥主桥合拢。

同日 永嘉县门球协会成立。

21日～22日 中共永嘉县委书记盛秋平率永嘉县党政考察团赴宁波东部新城、鄞州区参观考察，重点学习先进地区在新区建设等方面的经验。

23日 中共永嘉县委书记盛秋平，县委副书记、县长娄绍光，县人大常委会主任谢崇福，县政协主席陈建良率县党政考察团到绍兴市会稽山旅游度假区、迪荡新城考察旅游发展和城市建设等方面的经验和做法。

同日 2013年县中青年干部培训班（总第十七期）开班。

同日 永嘉县举行世界读书日系列活动。

24日　《人民日报》前副总编辑、中国社科院博士生导师周瑞金作“历史视角看十八大：中国进入常人政治时代”专题报告。中共永嘉县委理论中心组成员，县委讲师团成员，各功能区、镇（街）班子成员和县直属各单位中层以上干部参加报告会。

同日　浙江省政协副主席张鸿铭率调研组到永嘉县开展“进一步扩大有效投资”课题调研。

25日　“奥康杯”中国鞋都第二届皮革创意设计大赛颁奖。

26日　中共浙江省委督查室副主任陈可标到永嘉县对支持浙商创业创新工作进行专项督查调研。

同日　永嘉县召开楠溪江风景旅游资源保护专题讲座，特邀原浙江省建设厅副厅长胡理琛作题为《楠溪江风景旅游资源的保护和利用》的专题讲座。

27日　湖州市南浔区委书记叶理中率南浔党政代表团到永嘉县考察交流环境综合整治工作。

同日　中共浙江省委副秘书长、省农办主任章文彪到永嘉县调研新农村建设情况。

28日　永嘉县召开　“五一”国际劳动节庆祝大会，表彰永嘉县经济社会发展中涌现出来的劳动模范和模范集体。

是月　永嘉县开展“两提两争”思想解放大讨论。

是月　永嘉县公共资源交易平台远程电子招标投标系统上线，实现全市首次试行远程异地电子评标。

是月　永嘉县开展创建“文化礼堂”思想解放大讨论。

是月　永嘉县获“浙江省体育强县”称号。

是月　永嘉县文物部门在岩坦镇与仙居县交界处永仙古道附近海拔900米的山上发现了面积约40平方米的岩画。这是永嘉县首次发现岩画。

是月　永嘉县推出楠溪江团队游客招徕奖励办法。

是月　浙江报喜鸟服饰股份有限公司与华中农业大学、东北农业大学、哈尔滨商业大学和齐齐哈尔大学等确立校企合作新模式，建立“报喜鸟班”，为报喜鸟量身定制人才。

是月　永嘉县入选“浙江省十大养生福地”。

是月　国务院公布第七批全国重点文物保护单位名单，永嘉县2处古建筑和1处近现代重要史迹榜上有名，分别为明代金昭牌坊和宪台牌坊、明清楠溪江宗祠建筑群以及红十三军军部旧址。

是月　永嘉县设立500万元的“小微企业规范升级工作专项资金”。

5月

2日　永嘉县社区文化节暨“青春·梦”主题月活动在城北社区鹅浦公园启动。

同日　由共青团永嘉县委主办的永嘉县青少年微舞台社区文化节拉开帷幕。

3日　温州市教育局印发温教民函〔2013〕56号《关于同意设立温州翔宇中学的批复》，并向翔宇教育集团发放了“办学许可证”。办学地点在瓯北高级中学新校园。

6日　中共温州市委副书记、市长陈金彪到永嘉县督查防汛工作。

6日～7日　浙江省园林城市考核专家组对永嘉县创建省级园林城市工作进行预审指导。

8日　永嘉县开展纪念国际红十字运动150周年大型公益宣传系列活动。

同日　浙江省旅游局副局长朱红炜率调研组到永嘉县调研旅游发展和创国家AAAAA景区工作。

同日　浙江省公安厅副厅长华远平带队到永嘉县督查指导“公安三所”基地建设。

9日　中共永嘉县委书记盛秋平率队调研全县城乡统筹工作。

同日　温州市政协副主席戴祝水率温州市委督查组对永嘉县加强人民政协和统一战线工作进行督查。

同日　永嘉县开展第五个“防灾减灾日”宣传活动。

11日　中共永嘉县委副书记、、县长娄绍光牵头召开文明县城创建工作督查推进会。

12日　中共永嘉县委书记盛秋平率队专项督查全县“美丽乡村”建设工作。

14日　中共龙泉市委书记蔡晓春，市委副书记、市长季柏林率龙泉市党政代表团到永嘉县考察旅游发展、“三改一拆”、项目推进等工作情况。

同日　永嘉县政协主席陈建良率县国土、水利等部门负责人到鹤盛镇对低产林改造暨耕地开垦工作进行实地督查。

15日　浙江省农村文化礼堂建设工作调研指导组到永嘉县调研农村文化礼堂建设工作。

同日　永嘉县举行“515”打击和防范经济犯罪宣传日活动。

16日　中共浙江省委常委、温州市委书记陈德荣和温州市领导仇杨均、陈宏峰、任玉明、章方璋等到永嘉县专题调研“美丽乡村”建设工作。

17日　永嘉县人民政府廉政工作会议暨民主评议政风行风动员大会召开。

同日　由省人大代表、市人大常委会副主任李步鸣率队的省人大代表温州中心第二小组到永嘉县视察现代农业发展情况。

同日　永嘉县第二届干部职工运动会在县体育场开幕，全县79个代表队的1500多名运动员参加比赛。

同日　永嘉县举行纪念《地方志工作条例》颁布实施七周年座谈会暨《永嘉壁画》评审会。

18日　诸永高速公路温州段延伸工程瓯江特大桥的主桥右幅正式合拢，重要通道水上部分全部贯通。

20日　中共永嘉县委副书记、县长娄绍光率有关部门负责人赴瓯北、黄田、三江等地督查污水处理设施建设情况。

同日　永嘉县人大常委会主任谢崇福协同省市县三级人大代表到县公安消防局视察消防工作。

21日　永嘉县举行党外人士之家共建活动启动仪式。

同日　永嘉县宣传思想文化工作会议召开。县委常委、宣传部长林小露参加会议。

同日　永嘉县农村文化礼堂建设工作现场观摩会在岩坦镇屿北村举行，永嘉县首个农村文化礼堂——屿北村文化礼堂正式投入使用。

同日　永嘉县举行楠溪江创建国家AAAAA级旅游景区培训会。

22日　由中共温州市委宣传部、温州市社科联和中共永嘉县委、县人民政府主办的“温州再创新——楠溪江时尚旅游创意产业开发研讨会”在市人民大会堂永嘉厅举行。温州20多名专家学者为楠溪江流域时尚旅游创意产业发展建言献策。

同日　温州市人民政府副市长陈浩到永嘉县调研交通建设发展工作。

同日　永嘉2013年防汛防台综合演练活动在渭石大桥和越江大桥之间的楠溪江江面上举行。参与演训的应急抢险队伍成员约110余人，分别进行了“冲锋舟水上编队”和“水上救生”等演练。

23日　永嘉县召开创建省级“美丽乡村”先进县暨“三县三城”联创动员大会。

同日　绍兴市人民政府决策咨询委考察团到永嘉县考察新城开发和旅游发展情况。

28日　永嘉县举行县委理论中心组（扩大）会，邀请著名文化学者余秋雨作永嘉文化专题讲座。

同日　永嘉县召开“美丽乡村”建设和环境综合整治专题研讨会。

同日　浙江省综治办副主任徐樟清到永嘉县督查“排查整治、强基促稳”专项活动及“进企入户”走访宣传排查活动开展情况。

同日　永嘉县餐饮服务食品安全监督量化分级管理暨示范创建动员大会召开。

同日　上塘永建路北段A区旧城改造工程中最后一间房屋被依法执行强制搬迁和拆除，这是永嘉县启动旧城改造后第一例司法强制执行案例。

29日　永嘉县召开新居民服务管理专题协调会，讨论起草加强新居民服务管理的1+X政策文件。

30日　永嘉县召开“排查整治、强基促稳”暨“进企入户”走访宣传排查活动动员大会。

同日　永嘉县金融综合改革工作暨现代化企业制度建设推进会召开。

同日　温州市工会集中组建月行动现场会在永嘉县召开。

31日　中共永嘉县委副书记姜景峰率县委办、县府办、瓯北城市新区、楠溪江风景旅游区等相关部门负责人督查全县“美丽乡村”建设工作。

同日　永嘉县消防安全“户籍化”“网格化”管理工作现场推进会以及全县消防工作会议暨第二季度安全生产工作例会在江北街道召开。

同日　永嘉县召开文化礼堂建设策划案集体评审会。

同日　台湾南投市市长许淑华带队到永嘉岩头举行永嘉·南投合作村(里)结对联谊。

是月　永嘉县首个垃圾焚烧发电项目特种设备通过验收。

是月　永嘉县发布《关于应对H7N9禽流感影响保护家禽业生产的紧急通知》。

是月　永嘉县完成方言语音建档。

是月　第九批温州市企业技术研究开发中心名单出炉，永一阀门、开诚机械、新蓝天电器、球豹阀门、麦得机器、精嘉阀门、良精集团、特技阀门等8家永嘉企业的技术研发中心挂上“市级”称号。

是月　永嘉县获评2012年度全省工业强县建设先进单位。

是月　永嘉县正式建立新闻发布月度例会制度，每月定期向公众发布政策、经济发展等相关信息。

6月

2日　西安市浙江永嘉商会成立大会在陕西省西安市举行，仇周荣当选为首任会长。

3日 中共永嘉县委书记盛秋平赴河南省修武县的云台山学习考察景区旅游发展情况。

同日 浙江省红十字会党组书记、常务副会长王冬梅率调研组到永嘉县调研红十字会工作。

4日 公安部信访工作调研组到永嘉县调研指导公安信访工作。

同日 永嘉县召开第一期新闻发言人培训会，全县各镇（街道）、各职能部门有关负责人接受了培训学习。

同日 纪念世界环境日暨“服务‘四边三化’，建设‘美丽乡村’”微环保行动在县文化广场举行。

5日 永嘉县第一家流动党员党工委成立大会在北京召开。中共永嘉县委书记盛秋平到会并致辞。兰州军区原副司令员兼兰州空军原司令员朱清益，北京装甲兵工程学院教授徐宗昌，县领导陈建良、陈志斌、林乃排等出席会议。

6日 浙江省卫生厅副厅长张平率队到永嘉县调研医疗卫生事业发展情况，指导永嘉县省级卫生强县创建工作。

同日 浙江省人大饮用水水源执法检查组到永嘉县检查饮用水源保护相关工作。

同日 浙江省名中医院永嘉分馆在县中医院揭牌，同时邀请浙江省名中医馆专家姚新苗、高祥福、陶四青、胡炜、吕立江、马睿杰等坐诊，为永嘉的病患提供颈椎病、腰椎间盘突出症、胸椎病、慢性肾功能衰竭、糖尿病肾病、风湿免疫病、乳腺、甲状腺疾病、内科常见病、多发病、神经系统疾病等诊疗。

7日 中共温州市委常委、统战部长陈作荣率队到永嘉县调研统战工作。

8日 文成党政代表团到永嘉县考察走访永嘉县的“四边三化”、“美丽乡村”建设、项目推进等工作进行了考察和交流。

同日 永嘉县特邀中国传媒大学校长助理、原中央电视台著名主持人王志作“如何与媒体面对面”专题报告会。

同日 永嘉县首场“中国梦”主题宣传教育实践活动走进育才控股集团有限公司，企业员工和企业老板就“中国梦、企业梦、员工梦”展开了互动交流，畅谈个人梦想和企业发展。

9日 中共永嘉县委书记盛秋平主持召开县级领导包案件督办会议，督查督办了5件影响社会稳定和涉及群众利益的信访案件。

同日 中共温州市委副秘书长、信访局局长章公华率队到永嘉县调研信访工作。

同日 永嘉县福利企业安全生产暨消防演习现场会在浙江芙蓉印务纸业有限公司举行，全县21家福利企业负责人和芙蓉印务全体员工参加了培训和演练。

12日 永嘉首届茗岙梯田开犁节开幕。

13日 中共永嘉县委书记盛秋平率队到瓯北城市新区专题调研科技创新与转型发展工作。

14日 永嘉县举行地质灾害点监测员培训会，全县500多名地质灾害点监测员参加培训。

同日 永嘉县开展第十个“6·14世界献血者日”活动。

16日 盛秋平、姜景峰、章寿禹、胡宝锋等县领导到岩头镇开展蹲点调研活动，走访慰问群众、会商交流交谈，了解当地社情民意，研究解决问题的具体办法。

同日 沙头镇商会成立。

17日 永嘉县在岩头镇召开“美丽乡村”建设民情恳谈会。

同日 浙江省泵阀行业协会一届四次会员大会在瓯北召开。

18日 台湾工商团体“三三企业交流会”会长、台经院董事长江丙坤率台湾工商界人士到永嘉县参观考察楠溪江旅游。

同日 永嘉县召开永嘉耕读文化传承与发展座谈会，邀请省社科院博士王宇等7名专家学者就如何传承与发展永嘉耕读文化进行探讨。

19日 中共永嘉县委书记盛秋平组织召开“美丽乡村”项目攻坚问题分析会，听取各工作组情况汇报。

20日 永嘉县公安局交警大队交通勤务机制改革启动，在县城上塘试点，实行数字勤务室和路面交警共同协调处理警情。

23日 楠溪江石桅岩景区AAAAA提升规划评审会在杭州举行，经过评审专家组提出修改完善意见后通过规划评审，标志着楠溪江石桅岩景区创建国家AAAAA级旅游景区工作取得阶段性成果。

24日 温州城市大学永嘉学院授牌仪式隆重举行。

25日 浙江省人大常委会副主任厉志海率省人大调研组到永嘉县实地走访和座谈交流，调研社会养老服务体系建设情况。

同日 永嘉县开展2013年生产安全事故应急救援综合演练。

30日 中共浙江省委宣传部常务副部长胡坚到永嘉县调研楠溪江文化园建设情况。

是月 中共浙江省委书记夏

宝龙批示，肯定永嘉县以环境整治倒逼转型发展创新发展工作思路正确，效果明显。

是月 永嘉县保卫楠溪江团队喜获全国“十大绿色推动者”殊荣。

是月 “永昆”进京参演2013年非遗演出季。

是月 永嘉县出台社会科学普及示范基地管理、学术著作出版资助、规划课题等办法。

是月 永嘉县设立“道德讲堂”，总堂地址设在永嘉县公安消防局，每2个月选取1个“道德讲堂”建设先进行业承办专场，向全社会公开宣讲。道德讲堂主要内容包括社会公德建设、职业道德建设、家庭美德建设、个人品德建设等，以友善为核心，主要包括友善互助、正直宽容、明礼守信、热情诚恳、自强自立等。通过传播凡人道德故事，推动先进道德理念入脑入心，营造“讲道德、做好人、树新风”的浓厚氛围，深化群众性精神文明创建活动，推进省级文明县域创建。

是月 县泵阀行业成立1亿元的“县泵阀行业银行转贷基金互助会”和“中小企业互助金”。

是月 永嘉县被命名为第三批“浙江省扶残助残爱心城市”。

是月 楠溪江获评“浙江十佳嬉水胜地”。

是月 浙江红蜻蜓鞋业股份有限公司荣获2012～2013年度全国企业文化优秀成果奖。

是月 永昆《金印记》入选省第十二届戏剧节首批名单。

7月

1日 中共永嘉县委召开“中国梦”宣教实践活动动员大会。同日，温州市委宣讲团到永嘉县举行“中国梦”报告会。温州市发展和改革委员会主任方勇军应邀作宣讲报告。

同日 中共温州市委常委、组织部长诸葛承志到永嘉县开展“七一”走访慰问活动，看望慰问新中国成立前老党员和生活困难党员，并就加强社区建设和服务型基层党组织建设进行调研指导。

同日 永嘉县启动“红七月·服务月”系列活动。

同日 2013永嘉县第二届杨梅节暨杨梅擂台赛在岩坦镇屿北村公园举行。25个样品参加含糖量和单果重两个类别的角逐。岩坦镇王山村王彩凤选送的杨梅以13.2%的含糖量荣获糖度组第一名，岩坦镇垟降村谢林永选送的杨梅以32.68克的成绩拿到了单果重冠军。

3日 中共永嘉县委书记盛秋平到桥下镇茗岙社区开展“红七月·服务月”活动。

同日 永嘉县委农办（农业局）联合中国人民财产保险股份有限公司永嘉支公司举行稻田养鱼农业政策性保险试点签约仪式。

5日 永嘉县召开旅游品牌建设对接会。开元旅业、安缦、世贸君澜等知名旅游企业代表和永嘉书院、楠溪云岚养生度假村、芙蓉山庄、九丈甸园等县内重点旅游项目业主单位代表围绕永嘉旅游发展现状、存在问题及应对措施等展开探讨，就双方感兴趣项目进行品牌对接。

同日 永嘉县召开“美丽乡村”建设座谈会，邀请中国人民大学、中国社科院、浙江大学法学院、中国恒天集团的专家学者就永嘉县如何建设“美丽乡村”进行座谈。

同日 人人国际大酒店举行荣膺四星级酒店揭牌仪式。

11日 温州市“廉政书架”开架仪式在永嘉县图书馆举行。市文化广电新闻出版局局长吴东，永嘉县委常委、纪委书记章寿禹为“廉政书架”开架揭牌。

11日 永嘉县三塘隧洞分洪应急工程最长隧洞贯通。

11日～12日 浙江省卫生厅专家组到永嘉县检查省级卫生强县创建工作，着重对卫生监督与食品安全、医疗改革、疾病预防、社区卫生等工作进行检查。

13日 中共温州市委常委、公安局长黄宝坤到永嘉县检查防台抗台工作。

15日 中共温州市委副书记、市长陈金彪到永嘉县调研工业经济发展情况，先后到育才控股集团有限公司、温州联友特种瓶盖有限公司、浙江迦南科技股份有限公司及国家阀门质量监督检验中心调研，察看了桥头镇白垟工业园区、桥下垟湾小微企业创业园和桥下梅岙轻工业园区。

17日 永嘉县召开平安永嘉建设领导小组成员暨综治委（扩大）会议。

同日 中共永嘉县委书记盛秋平到岩头镇开展蹲点调研回访活动，查看当地“美丽乡村”工程建设进度，并召开座谈会与当地干群共同探讨“美丽乡村”建设发展大计。

同日 以“诚信做食品、理性看安全”为主题的食品安全宣传周启动仪式暨大型现场宣传活动在县文化中心广场举行。

同日 中共温州市委副秘书长、市直机关工委书记白楠生率市督查组到永嘉县督查调研《中国共产党党和国家机关基层组织工作条例》及省市实施意见贯彻落实情况。

18日 温州市人口计生委主任朱云华率队到永嘉县调研人口计生工作。

19日 中共永嘉县委书记盛秋平到大若岩、碧莲、巽宅调研经济社会发展情况。

同日 永嘉县人民政府副县长何莉平率队排查食品药品医疗器械安全风险。

20日 永嘉县碧莲镇第二届“乱弹”文化节在应界坑村举行。

21日 国务院安委会浙江督查组第三组到永嘉县检查指导企业安全生产、旅游区安全等工作。浙江省安全监管局副局长徐洪军，温州市人民政府副市长胡纲高，县领导娄绍光、陈志斌陪同调研。

22日 国家发改委基础产业司巡视员李国勇率考察团到永嘉县考察楠溪江文化旅游工作。浙江省发改委副主任赵彦年、中共永嘉县委书记盛秋平陪同。

同日 2013文明出行全省巡回宣传月大型公益活动走进永嘉县，县领导姜景峰、胡明凯、周俊武、厉明富观看了演出。

23日 中共永嘉县委副书记、县长娄绍光到瓯北城市新区督查黑臭河、垃圾河治理和污水处理工作。

24日 中共温州市委书记陈一新到永嘉县调研经济社会发展情况。

同日 中共浙江省委宣传部副部长唐中祥到永嘉县开展基层“走亲连心”活动，到岩头、岩坦等地村居实地走访察看、召开座谈会，就文化礼堂建设、文化产业发展、文化思想宣传等工作进行调研。

同日 “永远的山水诗·最后的桃花源”——楠溪江原创歌曲演唱会在永嘉广场举行。

25日 浙江省“公共文化服务体系建设提升年”工作推进会在永嘉县举行。浙江省文化厅副厅长柳河参加会议。

同日 浙江省人口计生委党组成员、副主任姜建鸿率队到永嘉县开展党的群众路线教育实践活动调研。

同日 永嘉县村级(社区)便民服务和“三务”公开信息平台建设工作会议召开。

26日 浙江省“公共文化服务体系建设提升年”工作推进会在永嘉县举行，中共永嘉县委书记盛秋平出席会议并作典型经验发言。浙江省文化厅党组书记、厅长金兴盛，省文化厅副厅长柳河，温州市副市长郑朝阳，县领导林小露、周俊武参加会议。

29日 中共永嘉县委书记盛秋平，县委副书记、县长娄绍光率县拥军慰问团到温州军分区慰问。

同日 永嘉县四套班子领导盛秋平、谢崇福、陈建良、姜景峰等到县人武部体检中心，检查指导征兵体检工作。

30日 温州市首条森林滑道——龙湾潭森林滑道正式投入使用。

同日 中共永嘉县委书记盛秋平，县委副书记、县长娄绍光到永嘉中学看望慰问教育工作者。

8月

1日 国务院发展研究中心发展战略和区域经济研究部副部长刘培林率队到永嘉县调研城镇化工作，了解三江商务区的开发建设情况，听取永嘉县推进新型城镇化的做法、经验以及存在问题等。

2日 永嘉县第一支基层食品药品安全综合执法队在桥头镇挂牌成立。

同日 南城街道禁毒志愿者服务队成立。

6日 国家安监总局党组成员、总工程师黄毅到永嘉县调研企业安全文化建设工作。

同日 温州市人大常委会副主任卓高柱率市食品安全督查组到永嘉县开展食品安全监督检查。

同日 国家阀门质量监督检验中心二期能力建设研讨会在瓯北召开，中国通用机械工业协会阀门分会秘书长宋银立以及中国石化、中国石油等企业的知名泵阀行业专家、企业家代表就如何提升永嘉县泵阀行业检验检测水平、促进泵阀产业转型升级等进行研讨。

同日 “幸福温州·欢乐职工”文艺秀活动走进永嘉县，为部分企业员工演出。

8日 省高级人民法院党组副书记、副院长刘合华率队到永嘉县人民法院开展工作调研。

同日 中共永嘉县委书记盛秋平到岩坦镇调研，了解岩坦村岷牛山公园坟墓生态化改造工程和岩坦村农房集聚点工程推进情况。

同日 永嘉县开展全国第五个全民健身日系列活动。

同日 永嘉县开展“八八诚信日”主题宣传活动。

9日 中央政法委研究室巡视员何君健率队到永嘉县调研政法工作。

同日 永嘉县召开消防安全紧急会议，通报瑞安“8·8”火灾事故情况，部署全县消防安全工作。

12日　永嘉县启动抗旱Ⅳ级应急预案。同日，中共永嘉县委副书记、县长娄绍光到水务集团调研指导防旱抗旱工作。

12日～13日　浙江省农办副主任高启华率省“美丽乡村”先进县创建核准组到永嘉考核“美丽乡村”先进县创建工作情况。

13日　永嘉县人大常委会主任谢崇福率县人大视察组到三江街道视察在建的县重点工程建设情况。

同日　中共浙江省委副秘书长、省直机关工委书记施利民率省调研组到永嘉县调研机关党建工作，并到大若岩镇开展“走亲进心”活动，考察基层机关党建工作。

14日　浙江省供销联社党委书记、理事会主任马柏伟率队到永嘉县调研供销社工作。

15日　“抗日英雄吴超征烈士纪念馆”在桥下镇韩埠村龙山头落成。

16日　中共浙江委政法委副书记、维稳办主任刘树枝率队到永嘉县督查调研政法工作，重点了解重大不稳定问题摸排化解情况。

17日　2013“楠溪云岚”杯楠溪江旅游形象大使选拔赛在原野园林拉开序幕。

18日　宣达集团国家核电重大专项启动及研发大楼项目、红蜻蜓集团研发配送中心项目和温州一立高新科技有限公司项目分别举行开工奠基仪式。宣达集团国家核电重大专项启动及研发大楼总投资约1.2亿元，红蜻蜓集团研发配送中心项目总投资约1亿元，温州一立高新科技有限公司项目总投资2.5亿元。中国通用机械工业协会主席团主席隋永滨，国家能源局能源节约和科技装备司副司长黄鹂及县领导盛秋平、郑焕东、傅朝宗出席奠基仪式。

同日　永嘉县举行中国(永嘉)泵阀产业高端发展研讨会。中国通用机械工业协会主席团主席隋永滨，国家能源局能源节约和科技装备司副司长黄鹂及县领导盛秋平、郑焕东、傅朝宗参加会议。

20日　浙江省人民政府副省长毛光烈到永嘉县调研流程装备产业省级高新科技园区创建工作，先后视察了大众阀门集团有限公司、迦南科技集团有限公司、宣达实业集团有限公司和国家阀门质检中心等。

21日　永嘉县发布台风橙色预警，启动防台III级响应，预防12号台风“潭美”。

22日　温州市政协在永嘉县奥康集团开展“委员活动日”活动，市政协主席包哲东、副市长胡纲高、市政协副主席余梅生、徐育斐、章方璋、戴祝水、夏克栋、王益琪、潘长旺、王振滔，秘书长陈伟光及中共永嘉县委书记盛秋平、县政协主席陈建良参加活动。

同日　永嘉县召开审计整改工作联席会议暨2012年度财政“同级审”整改落实会议。

28日　中共永嘉县委十二届五次全体（扩大）会议召开，中共永嘉县委书记盛秋平代表县委常委会向全会作了题为《深入开展“两提两争”　奋力推进赶超发展》的工作报告。

同日　永嘉县举行文化与自然遗产传承保护发展基金项目签约仪式，永昆精品《谢灵运》创作、永嘉瓯瓷征集、永嘉乱弹《徐定超》剧目打造、永嘉长寿之乡研究获得首批扶持资金420万元。

30日　浙江省发展和改革委员会主任谢力群率省发改委调研组到永嘉县调研工业企业运行和重大项目建设情况。先后到奥康集团有限公司和过江通道项目工程现场调研。

同日　永嘉县人民政府召开第三次全体（扩大）会议。

是月　苍坡村入选第二批中国传统村落名录。

是月　国家质检总局发函批复，同意永嘉县筹建“全国泵阀产业知名品牌创建示范区”，是温州首个获准筹建的“全国知名品牌创建示范区”。

9月

2日　永嘉县民办教育改革试点学校——温州翔宇中学全校1300多名师生举行开学典礼。

同日　永嘉在县文化中心广场举办以“防止滥用成瘾性药物”为主题的“全国用药安全月”宣传活动。

3日　由永嘉县阀门龙头企业伯特利集团和永嘉县第三职业学校共同发起的定向培训协议在永嘉县第三职业学校签约，首届“伯特利班”同时开班。

4日　中共永嘉县委书记盛秋平到温州翔宇中学调研。

同日　中共永嘉县委副书记、县长娄绍光到岩坦镇督查学生营养餐落实情况。

同日　三江立体生态城市一期项目土地使用权成功挂牌出让，北京万通立体之城投资有限公司与永嘉县政府签订一期278亩的土地出让确认书。标志着永嘉迄今为止最大的招商投资项目——三江生态立体城成功落地。

5日　第十二届全运会男子50

米步枪三种姿势决赛中，朱启南以456.0环的成绩收获该项目金牌。

6日 2013"楠溪云岚"杯楠溪江旅游形象大使暨亚洲小姐中国区网络大赛永嘉选拔赛总决赛在县文化中心举行，晋级的16名佳丽参加总决赛，楠溪女孩章珉夺得桂冠，宁波的王菲和瑞安的黄瑞津分获亚军和季军。

9日 国家人力社保部副部长王晓初到永嘉调研人力社保工作，实地走访了县人力社保局瓯北分局和中国奥康集团，了解了市场的招聘会和职业介绍等工作运行情况，同招聘企业和求职者进行交流。

同日 全国政协副秘书长、民进中央副主席朱永新到永嘉县调研民办教育工作，

同日 永嘉县召开庆祝第二十九个教师节暨先进表彰大会，表彰县尊师重教、教坛新秀等先进集体和个人。

11日 永嘉县举行2013年度新兵入伍欢送仪式。

12日 中共浙江省委组织部村级组织换届调研组到永嘉县大若岩镇调研。

同日 北城街道城北社区举行文化礼堂开馆仪式，并为社区居民献上首场演出。

15日 桥下镇龙头文化礼堂和剩庄文化礼堂开馆。

16日 兰州理工大学温州研究生分院在永嘉县科技大楼成立，副市长孔海龙、兰州理工大学校长王晓民为温州研究生分院成立揭牌。

同日 温州市副市长孔海龙到温州翔宇中学调研学校发展建设情况。

17日 中共永嘉县委召开浙江省2013年"百名法学家百场报告会"永嘉县专场报告会暨县委理论中心组学习会，邀请中国政法大学法学院院长、博士研究生导师薛刚凌教授作《化解社会冲突，建设和谐社会》专题报告。

同日 永嘉县村级组织换届工作领导小组召开第一次成员会议。

同日 永嘉县召开台胞台属暨港澳同胞海外侨胞中秋茶话会，台胞台属、港澳同胞、回乡办企华侨等100余人共迎佳节。

18日 永嘉县举行"中秋茶话会"暨招商项目推介会，全国各地100多位永嘉籍企业家参加推介会。同日，永嘉县举行"百名会长中秋圆月行"活动，全国各地100多位永嘉籍商界骄子考察多个商业综合体项目和旅游项目。

19日 永嘉县首个长寿研究所在大若岩镇五星潭挂牌。

23日 "中国长寿之乡"永嘉百岁老人图片展在北京金仕德国际会议中心开幕，摄影展以百张作品展现了永嘉县百岁老人风采和他们生活的真实场景。中直机关工委、国家老龄委、全国总工会、国家旅游局、国家林业局等部门有关负责人以及永嘉县副县长周俊武出席开幕式并为图片展揭幕。

同日 中央电视台七套《乡村大世界》栏目到永嘉楠溪江狮子岩景点录制节目。该期节目以"美丽乡村"为主题，展现当地的风土人情、特色产业以及"美丽乡村"建设。

24日 中共永嘉县委书记盛秋平会见澳大利亚梅尔顿市市长凯西·马底里克一行，就两地的经济贸易、环境保护、旅游发展进行探讨与交流。

同日 中共永嘉县委副书记、县长娄绍光率有关部门负责人到三江商务区调研三江开发建设情况。

25日 龙湾区委副书记阮云富带队到永嘉县考察"美丽乡村"建设，走访考察苍坡古村、丽水街和下日川村等。

同日 永嘉县举行立功运动员座谈会，表彰在各类比赛中取得优异成绩的运动员、教练员。县政府对徐崇峰、陈卢宁宁、滕孙燕、金优飞、何新燕、戴娟娟等6位在第十二届全运会上取得佳绩的运动员及汤海斌、邹晓阳、胡网英等3位教练予以通令嘉奖。

27日 中共永嘉县委书记盛秋平率队到枫林、岩头督查"美丽乡村"建设工作，查看山水文化旅游节准备情况。

同日 永嘉县民间信仰文化研究会正式成立。

同日 以"传递爱心，放飞梦想"为主题的县残疾人文化艺术周暨文化进社区大型文艺晚会在南城街道城南社区举行。

28日 2013中国·楠溪江山水文化旅游节开幕式在中国历史文化名镇岩头镇举行。省委宣传部常务副部长胡坚，市、县领导胡剑谨、郑朝阳、盛秋平、娄绍光、谢崇福、陈建良、姜景峰及参加"再识楠溪江"全国知名作家采风活动人员、全国知名媒体"走·读"永嘉活动人员等出席开幕式，30余家知名新闻媒体记者对活动进行采访报道。

同日 在楠溪江岩头丽水街，20个各具特色的文化展馆举行集体开馆仪式。中共浙江省委宣传部常务副部长胡坚，市、县领导胡剑谨、郑朝阳、盛秋平、娄绍光为文化展馆群揭幕。楠溪江文化园展

馆群总投资3450万元，由永嘉旅游投资集团出资建设。包括了农村改革馆、清正园、昆剧馆、林曦明书画馆等20个展馆，分布在芙蓉、苍坡和岩头3个古村。

同日 33个文化礼堂在枫林集体开馆，中共浙江省委宣传部常务副部长胡坚，中共温州市委常委、宣传部长胡剑谨，县四套班子领导出席开馆仪式。

同日 楠溪江文化园岭下园区举行项目启动仪式。省、市、县领导胡坚、胡剑谨、盛秋平、娄绍光共同开启项目启动球。楠溪江文化园岭下园区位于沙头镇岭下村，总规划用地107公顷，总投资30亿元，项目包括楠溪新天地、IT科技、动漫、文化创意园、度假养生农庄、楠溪江通用航空起降点、楠溪江旅游集散中心、万和九丈甸园、生态游艇码头9个子项目。

同日 永嘉县在九丈大桥举行“中国山水诗摇篮”揭幕仪式，诗碑上的“中国山水诗摇篮”7个字，由现任中国书法院院长管峻题写。

同日 第二届楠溪美食节在县楠溪江游客服务中心举行。经评选，楠溪酱香鸽、乡村特色芋艿、萝卜烩溪虾等10个菜荣登楠溪江名菜榜。

29日 永嘉县人民法院“当事人之家”投入使用。

是月 永嘉县举办“再识楠溪江”全国知名作家采风创作活动，邀请全国名家20人到楠溪江风景区采风创作。

是月 三江街道计生办开通温州首个“阳光计生·优质服务”微信公众服务平台，以文字、图片等形式向居民手机上发送计生办事流程、优惠政策、法律法规、优生优育等信息。

是月 百强阀门集团有限公司、浙江九康电气有限公司、浙江志远阀门配件有限公司被评为国家高新技术企业。至此，永嘉县累计有国家级高新技术企业50家。

是月 由省新农村建设促进会和浙江广电集团主办的首届美丽浙江最美乡村评选揭晓，共选出20个“浙江最美村庄”、10个“浙江最美乡镇”。温州市1个镇2个村入选，永嘉县大若岩镇获得“浙江最美乡镇”称号。

是月 永嘉县被国务院农村综合改革办公室确定为“一事一议”美丽乡村建设试点县，是温州市唯一入选的县，是浙江省5个试点县之一。

是月 大若岩镇埭头村和岩坦镇林坑村被评为“温州十大最美生态村”。

是月 报喜鸟集团与中国国家台球队在北京举行‘报喜鸟&国家台球队战略合作新闻发布会”，报喜鸟成为中国国家台球队礼服行业唯一官方合作伙伴。

10月

7日 永嘉县受第23号强台风“菲特”影响，受灾人口3.15万人，30177人紧急转移，倒塌房屋38间，没有人员伤亡。全县因灾直接经济损失达8677万元，其中农林牧渔业损失3502万元、水利设施损失1723万元、工业交通运输损失3010万元。

同日 温州市召开防汛抗台视频会议，就各地防汛抗台进行部署。随后，永嘉县召开镇街视频会议，就抗台救灾工作进行再部署。

同日 温州市人大常委会副主任陈宏峰到永嘉县枫林、岩头、鹤盛等地察看灾情，检查指导防汛救灾工作，走访慰问部分受灾群众。

同日 中共永嘉县委副书记、县长娄绍光率队到上塘、瓯北检查指导灾后救助工作。

8日 中共永嘉县委书记盛秋平到县国土资源局专题调研国土资源工作。

9日 中共温州市委书记陈一新到永嘉企业调研督查，访一线、入车间，听建议、解难题，要求合力振兴实体经济，助推温州赶超发展。

同日 温州铂尔曼酒店顺利结顶，是为永嘉县最大的浙商回归酒店招商引资项目。

同日 永嘉县率温州市之先设立网络经济服务局，负责网络经济实际运作和日常工作，推动网络经济发展。

9日～11日 永嘉县四套班子领导分别走访慰问全县各地的百岁老人。

11日 41省道改建上塘至沙头段主体工程完工。

同日 永嘉县第三次全国经济普查的入户核查工作全面启动，全县2000多名普查员佩戴统一证件上门走访全县区域内从事经济社会活动的全部法人单位、产业活动单位和个体户，进行“地毯式”核查，为2014年的正式登记做好准备。

12日～13日 中共永嘉县委书记盛秋平率县考察团到世界长寿之乡——广西瑶族自治县巴马县，就长寿健康产业和旅游产业等进行考察学习。

13日 永嘉县首次举办事业单位法定代表人培训会。

同日 温州市民艺术团成立

仪式暨“走亲连心”文艺汇演走进永嘉。

同日 浙江省住房和城乡建设厅副厅长沈敏率督查组到永嘉县督查省农房改造建设示范村工程建设情况。

14日 中共永嘉县委副书记、县长娄绍光率队到大若岩镇督查41省道南复线工程进展情况和小楠溪保洁工作。

15日 中共温州市委常委、统战部长陈作荣率市有关部门负责人到永嘉县调研统战工作。

同日 楠溪江国际房车露营公园奠基仪式在岩头镇桃花源景区举行，国际露营与房车露营协会（FICC）主席佩雷拉，县领导盛秋平、胡宝锋、罗晴军、曹启峰等出席奠基仪式。

同日 永嘉县古建筑协会成立。

18日 中央电视台《乡约》栏目走进永嘉，在太平岩景区录制节目。

同日 中共温州市委组织督查组分两组对永嘉县的实体经济回归和温商回归等内容进行专项督查。

同日 以“发展面向职场的专业教育 为社会培养各层称职人才”为主题，由联合国教科文组织产学合作教席理事会主办、浙江亚龙教育装备股份有限公司承办的联合国教科文组织产学研合作教席理事会2013年工作会议在瓯北城市新区召开。温州市副市长孔海龙、永嘉县副县长周俊武出席会议。

20日 永嘉县第二届早香柚节暨早香柚擂台赛在碧莲镇举行。碧莲、巽宅、大若岩等地46户种植户参赛。大若岩镇白泉村陈甘宁夺得桂冠，陈贤和徐国富并列第二名。

21日 永嘉县“美丽乡村”建设集中攻坚动员大会在县文化中心召开。

同日 中共永嘉县委书记盛秋平，县委副书记、县长娄绍光会见了兰州理工大学党委书记李贵富一行，并就校地合作情况进行座谈交流。

23日 中共永嘉县委副书记、县长娄绍光率县党政考察团到广州考察永商企业，邀请永商积极回乡投资创业，共同推进永嘉发展。

同日 浙江省人大常委会视察组到永嘉县视察瓯江治理工程建设情况。

同日 永嘉县首个文化学习班——东城街道社区学校文化学习班在岵口村开班，70多位农村妇女参加学习。

同日 世界温州商会副主席黄建南到温州翔宇中学参观讲学。

24日 由市委常委、公安局长黄宝坤，副市长孔海龙，政协副主席王益琪率队的市委督查组到永嘉县督查实体经济和招商选资工作情况。

同日 永嘉县新生代企业家联谊会成立并举行第一届第一次会员大会，浙江迦南科技股份有限公司总经理方正当选会长。

25日 温州市政协副主席夏克栋率队到永嘉县调研指导传统戏剧艺术文化保护工作。县政协主席陈建良陪同。

同日 中共温州市委常委、公安局长黄宝坤率队到永嘉县督查平安建设工作情况。县委副书记姜景峰，县委常委、公安局长徐志宏陪同。

25日～26日 中共永嘉县委副书记、县长娄绍光率县党政考察团及珍溪文化创业园投资商到友好城市云南丽江古城进行考察学习。先后到云南省丽江、昆明等地考察永商企业发展情况，向在外企业宣传家乡建设情况和回归创业优惠政策。

26日 2013卢浮宫中国书画艺术邀请展暨城市文化展浙江预展在中国银行浙江省分行会议中心启幕。由国家一级美术师吴立民创作的《楠溪江景图》国画长卷受到好评。中共浙江省委常委、宣传部长葛慧君，浙江省人大常委会副主任王永昌，香港文汇报副社长冯瑛冰，县领导盛秋平、林小露等出席活动。

27日 中共永嘉县委副书记、县长娄绍光率队到岩头下日川驿站及社区、苍坡村和丽水街等地开展“美丽乡村”环境督查。

28日 温州市冬修水利暨美丽浙南水乡建设现场会在永嘉县召开，全市11个县（市、区）组成的考察团实地查看走访了永嘉县的水利工程建设情况。

28日～29日 中共永嘉县委书记盛秋平率调研组到岩头镇蹲点调研，夜宿农家与群众共谋致富经。

31日 浙江省人民政府副省长黄旭明率队到永嘉县调研指导“美丽乡村”建设和现场会准备情况。

同日 奥康集团联合金融机构“中新力合”成立的新型金融组织——奥康力合民间资本管理公司开业，这是永嘉县首家民间资本管理公司。

同日 永嘉首届木雕艺术展在县档案局开展，70多件木雕作品均出于永嘉县民间艺人之手，其中《追日》《龙观音》《释迦如来》等作品曾获全国省市展会奖项。

是月 由永嘉县总工会、永嘉县摄影家协会共同举办的首届文化艺术摄影大赛落下帷幕，金春箫作品《高空绝活》获一等奖，吴刚作品《你追我赶》和杨爽作品《安全从小做起》获二等奖，陈胜豪等5位摄影爱好者的作品获三等奖。

是月 红蜻蜓有限公司获评"浙江省中小学质量教育基地"。

是月 报喜鸟服饰股份有限公司高级工艺师兼量体师尤博特·阿迪佐恩获浙江省"西湖友谊奖"。

是月 大若岩镇获2013中国最美村镇"景观奖"，岩头镇苍坡村、丽水街入选温州十大最美历史文化村落，岩头镇下日川村、大若岩镇埭头村入选温州市十大最美村庄。

是月 永嘉县医疗纠纷人民调解委员会被司法部授予"全国模范人民调解委员会"称号。

是月 永嘉县荣获浙江省"服务浙商回归发展创业创新组织奖"。

11月

1日 永嘉县组织各民主党派、无党派人士代表40余人，对岩头镇文化工程、旅游项目和古村落保护开展专项督查活动。

4日 浙江省文化厅党组成员、副厅长柳河率省考核验收组对永嘉县创建省级文化先进县工作进行考核验收。

6日 《数字永嘉地理空间框架建设》项目通过专家组评审，数字永嘉城市地理空间框架建设全面启动。

7日 永嘉县召开基本侨情调查工作会议，部署基本侨情调查工作。

同日 浙江省经济和信息化工作委员会主任张金如到永嘉县调研工业经济发展情况。

8日 中共温州市委书记陈一新到温州翔宇中学调研。

9日 中共永嘉县委书记盛秋平到上塘、岩头、鹤盛等地调研农村生活污水处理设施建设及运行情况。

同日 北城街道城北小区开展社区"垃圾分类"宣传活动，成为永嘉县首个生活垃圾分类处理试点社区。

10日 中央督导组到永嘉县考察"美丽乡村"建设，市、县领导诸葛承志、盛秋平、林乃排陪同考察。

同日 楠溪云岚作品鉴赏暨途家品牌签约发布会在温州香格里拉大酒店举行，楠溪江旅游管委会与国内最大的度假公寓托管平台途家网正式签署战略合作协议，共同打造具有楠溪特色的高端休闲养生度假品牌。

11日 温州医科大学附属第一医院瓯北院区专家门诊开诊，该院区设在县中医院。

同日 永嘉县首批PM2.5空气自动监测站在瓯北城市新区、上塘中心城区建成并通过验收。

12日 由中共温州市纪委、温州市监察局、温州广电传媒集团、人民网温州频道联合举办的"清廉温州"走基层活动走进永嘉，中共永嘉县委副书记、县长娄绍光率27个职能部门主要负责人，接听群众来电，听民声、解民忧、连民心。

同日 永嘉县召开三江商务区控规专家评审会，邀请浙江省规划院总规划师陈伟明、杭州市规划院总规划师汤海儒等8位专家对三江商务区的控规调整方案进行评审。

13日 中共浙江省委常委、省军区政委王新海少将到永嘉县调研武装工作和后备力量建设情况。

同日 浙江省委农办主任章文彪到永嘉县调研"美丽乡村"建设工作。

14日 浙江省食品药品监督管理局副局长邵元昌到永嘉县调研食品药品监管工作。

15日 永嘉县首届旅游农产品博览会暨丽水街开街仪式举行，丽水街正式开街迎客，再现永嘉古村的风情和丽水街的繁华。

同日 永嘉县开展"美丽乡村"建设"互看互学"活动，县四套班子领导率130余人的观摩团，通过现场看变化、找不足，为举办"美丽乡村"建设现场会做准备。

15日 永嘉县召开基本侨情调查工作业务培训会议。华东师大教授吴瑞君为永嘉县各镇街统战委员、统战干事以及各村（居）调查员进行基本侨情调查工作业务培训。

16日 沙头镇赤岩下隧道贯通。

同日 第五届报喜鸟新锐艺术人物颁奖晚会在耕读小院举行。

18日 中共温州市委书记陈一新到永嘉县调研农村综合改革工作。

19日 浙江省委农办副主任高启华到永嘉督查"美丽乡村"现场会筹备情况。

20日 全国市级广播电视工作人员40余人到岩头考察永嘉县"美丽乡村"建设。

20日～21日 浙江省"深化千万工程 建设美丽乡村"现场会在温州举行，中共浙江省委书记夏宝龙等与会领导和代表到永嘉县苍坡村、岩头村、下日川村等地，考察永嘉县农村生活污水治理、历史文化村落保护等情况。

22日 温州市政协副主席余梅生一行到永嘉县调研政协工作。

同日 浙江省第三批青少年集邮活动示范基地命名大会暨经验交流会在永嘉县召开，永嘉县瓯北第二小学等11所学校共同被命名为“浙江省青少年集邮活动示范基地”。

25日 永嘉县召开作风效能建设大会暨党风廉政建设汇报会。

28日 台湾区观光旅游总会会长苏佳男率台湾民宿参访团到永嘉县考察。

29日 “96345”社会(社区)服务热线开通，可以为市民提供生活各方面共计18类120多项中介服务。

同日 国家阀门质量监督检验中心正式通过国家质检总局验收。

同日 国务院农村综合改革办公室主任王卫星率队到永嘉县调研农村综合改革工作，重点了解永嘉县岩头镇苍坡村、丽水街、下日川等多个“美丽乡村”建设示范点的建设工作。

同日 历时4天的“楠溪江杯·决战名山”全国象棋冠军挑战赛总决赛在楠溪江畔落幕，北京代表王天一摘得桂冠，黑龙江代表赵国荣获得亚军，北京代表（来自永嘉县的选手）蒋川及浙江代表赵鑫鑫等4名选手排名第三。

30日 雁楠公路正式通车。雁楠公路连接楠溪江和雁荡山两大风景名胜区，让两大景区的行车距离缩短60多千米。

同日 县博文学会正式成立，戴晓青当选县博文学会第一届会长。

是月 永嘉县发布《永嘉县重大(突发)气象灾害预警信息全网发布实施细则》。

是月 奥康集团董事长王振滔获评胡润百富最高规格的奖项“2013年最受尊敬企业家”殊荣，是鞋服行业唯一一位获此殊荣的企业家。

是月 永嘉县民间环保人士、县绿色环保志愿者协会常务副会长杨建南入选“自然环境保护传播奖”。

是月 永嘉县稻鱼共生标准化示范区建设项目通过省专家组验收，成为国家级农业标准化示范项目。

是月 浙江省卫生厅副厅长王国敬率浙江省创建卫生强县考核组到永嘉县进行检查验收。

是月 永嘉县红十字海鹰救援服务中心成立，海鹰救援服务中心有队员37人，是一支可以从事交通、消防、灾害等公益性救援工作的民间队伍。

是月 永嘉县乌牛早茶业有限公司的乌牛早茶在省农博会评选中获优秀奖。

是月 永嘉县荣获全省第十九届水利“大禹杯”银杯奖。“大禹杯”是全省水利系统最高荣誉的奖项，竞赛活动每年举行一次，永嘉县曾于1998年荣获该奖项铜杯奖。

12月

1日 2013楠江集团杯千人万米长跑邀请赛在江北街道举办，温州市16支代表队1000名长跑运动爱好者参加比赛。

同日 永嘉县第十三届寒兰博览会在县文化中心举行。

2日 中共永嘉县委理论中心组召开学习会，邀请云台山风景名胜区管理局局长、全国风景名胜区协会副会长韩跃平和绍兴高新技术产业开发区党工委委员、管委会副主任金斌分别就旅游品牌塑造与推广、新型城市建设作专题报告。

3日 中共浙江省委组织部副部长、老干部局局长王文序率队到永嘉县调研老干部工作，县委书记盛秋平陪同。

4日 临安市委书记邵毅率临安市党政考察团到永嘉县考察旅游发展、环境整治情况。

5日 中共浙江省委常委、公安厅长刘力伟率队到永嘉县调研公安工作。

同日 永嘉县人民政府与中国轻工工艺品进出口商会举行中国教玩具出口基地签约暨揭牌仪式，并为中国教玩具出口基地龙头企业授牌。

同日 楠溪江大若岩段溪流第三轮渔业经营权举行公开招投标，10个标段共吸引了180多名村民参加竞投，其中2个标段流标。最后，8位村民以80多万的总价获得楠溪江大若岩段近15千米溪流5年渔业经营权，比第二轮渔业承包的中标价高出50多万。

5日～6日 浙江省人民政府副省长朱从玖到永嘉县就金融如何更好服务“三农”发展进行考察调研。

6日 温州市农村文化礼堂文化礼仪展示在桥头镇梨村文化礼堂举行。中共浙江省委宣传部副部长唐中祥、中共温州市委宣传部部长胡剑谨、中共永嘉县委宣传部部长林小露等省市县领导出席活动。

10日 永嘉县举行“美丽浙南水乡”建设志愿服务行动暨楠溪江志愿保洁“段长制”启动仪式。楠溪江沙头境内的28千米流域首推志愿保洁“段长制”，每段河流都有专门的志愿“守护人”。

11日　云和县委书记张建明率考察团到永嘉县考察“美丽乡村”建设，并就“美丽乡村”建设和历史文化古村落保护等工作进行了交流。

同日　新家园党代表工作室在瓯北城市新区成立。

12日　温州市残疾人联合会理事长夏克潘到永嘉县调研残疾人工作。

13日　中共永嘉县委副书记、县长娄绍光到桥下镇调研教玩具产业发展情况。

16日　永嘉县通过市级消除疟疾工作考核评估。

20日　乌牛街道居民林锦池诉永嘉县住房和城乡规划建设局不履行信息公开法定职责案在县人民法院开庭。这是永嘉县第一件涉及政府信息公开行政诉讼案。县法院与县政府法制办、信息公开办会商确定此案为“府院互动”活动的观摩庭和座谈会。全县各功能区管委会、各行政机关代表，律师代表和市民代表参加了旁听。

同日　首届“永嘉杯”全国阀门创新设计大奖赛评审会在国家阀门质量监督检验中心正式启动，18名权威专家对来自全国各地的56件作品进行评审，并最终确定24件入围名单。

25日　全省系统流程装备产业技术创新综合试点与高新技术产业化基地创建启动工作会议在永嘉县召开，全省首个系统流程装备省级高新技术产业化基地正式落户永嘉县。浙江省人民政府副省长毛光烈出席会议并作重要讲话。

同日　浙江省消防总队副总队长吕照明到永嘉县视察调研消防培训基地建设和民宿消防工作。

同日　温州市人大常委会调研组到永嘉县调研国民经济和社会发展计划执行情况。

同日　永嘉农商银行举行创立大会暨股东大会第一次会议，选举产生第一届董事会、监事会成员，标志着永嘉农商银行正式成立。

同日　台湾新竹苗栗教育考察团到永嘉县上塘城西小学开展考察交流活动。

26日　永嘉县举行“荣耀与梦想”桥头纽扣市场创办30周年系列活动。

同日　首届中国·桥头历史文化品牌展举行。

27日　永嘉县召开全面深化改革报告会，邀请中共浙江省委政研室副主任朱卫江作党的十八届三中全会专题讲座。

28日　首届“永嘉杯”全国阀门创新设计大奖赛落下帷幕，“煤气化装置水煤浆球阀”项目获一等奖。

同日　永嘉县姓氏文化研究会成立。

30日　中共永嘉县委十二届六次全体（扩大）会议召开。

是月　永嘉县出台《永嘉县农业产业化项目管理实施细则》。

是月　县政府通报表彰2013年度永嘉县“十佳最美计生人”——毛淑珍、刘晓昀、刘青聪、朱家忠、吴显才、周月娥、陈秀芬、陈然艳、徐翔、潘丐束等。

是月　2013年浙江省企业管理现代化创新成果获奖企业名单公布，浙江奥康鞋业股份有限公司的管理创新成果——《制鞋龙头企业抗辩欧盟反倾销的策略与实施》获一等奖。

是月　第四届“浙江慈善奖”获奖名单公布，永嘉县2企业、2个人荣登3个奖项榜，其中浙江奥康鞋业股份有限公司董事长王振滔被评为“个人捐赠奖”，报喜鸟集团有限公司、蜘蛛王集团有限公司被评为“机构捐赠奖”，永嘉县慈善总会义工分会会长杨建南被评为“慈善工作奖”。

是月　县政府下发《永嘉县住房公积金贷款支持农房改造建设工作实施意见(试行)》，正式启动公积金贷款支持农房改造建设工作，解决农改房建设融资困难问题，加快推进城乡一体化、新型城镇化和新农村建设。

是月　首届“发现‘最美永嘉人’争做‘最美永嘉人’”评选结果揭晓。倪赛棋、杨云敬、魏玉献、董平西、郑晓舞、李坤武、刘彭、周海琴、叶连海和李滢夫妇、徐娟娟当选“最美永嘉人”。

是月　永嘉县荣获全国科技进步考核先进县称号，这是永嘉县连续9次通过全国科技工作先进县考核。

是月　永嘉县出台《永嘉县楠溪江旅游文化商业街招商隆市扶持办法》。

是月　永嘉县出台《关于扶持分布式光伏发电的若干意见》，旨在扶持发展战略性新兴产业，优化能源结构，加快推进永嘉县分布式光伏发电示范项目建设。

是月　第二届国际华媒大奖在深圳揭晓，永嘉县以及甘肃敦煌、云南普洱、湖南武陵源、江苏昆山、黑龙江双城、四川都江堰、北京昌平、山西平遥、广东开平入围“中国十大魅力城区”。

（徐春晓）

央视《乡村大世界》邂逅狮子岩

汪雪琼／摄

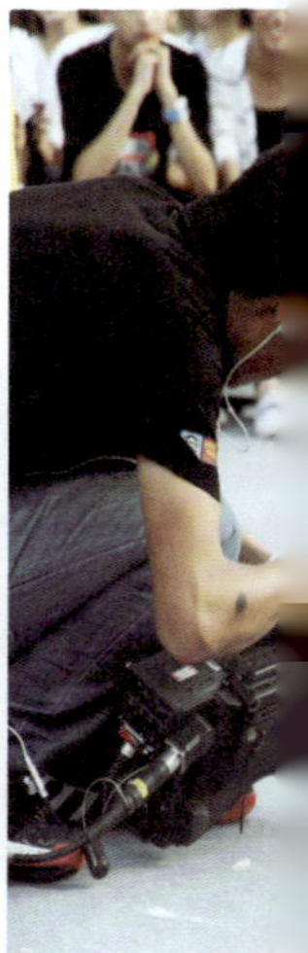

总 情

历史沿革

永嘉县历史悠久。1953年，罗浮、上塘、永临等地陆续出土的石器、陶器、青铜器，证明县境内早在新石器时代晚期就有先民在这里生息繁衍。

唐、虞、周三代属扬州之域。少康封庶子无馀于会稽以奉禹祀。周敬王时，无馀二十余世至句践称王。显王三十五年（前334年），“楚威王兴兵而伐之，大败越，杀王无彊，尽取故吴地至浙江，北破齐于徐州。而越以此散，诸族子争立，或为王，或为君，滨于江南海上，服朝于楚。”秦始皇二十六年（前221年），置三十六郡，最后使尉屠睢平百越，废为君长，以期地置闽中郡，治东冶（今福建省福州市），属闽中郡。

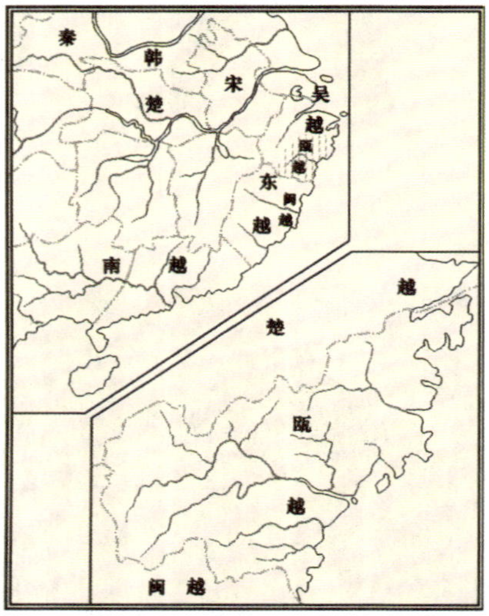

春秋时期的瓯越

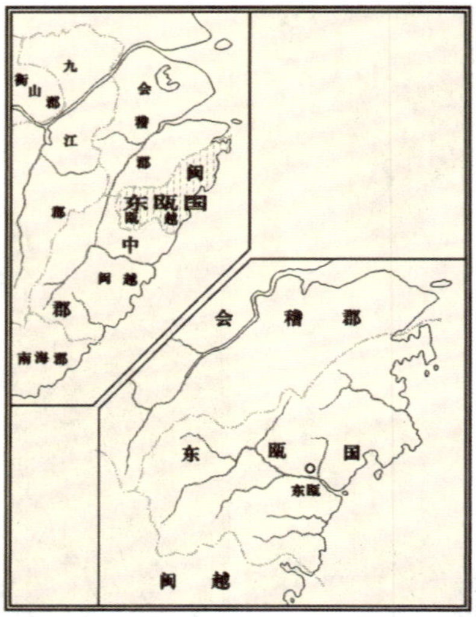

西汉时期的东瓯

东汉时期的章安县

汉初，越王句践后裔驺摇佐汉有功，汉惠帝三年（前192年）封为东海王，建都东瓯（今永嘉县境内），俗称东瓯王。汉武帝建元三年（前138年）闽越王发兵攻东瓯，东瓯被围，派人向西汉中央求援，汉武帝遣庄助持节发会稽兵，取海道救援东瓯，但是援兵未至，闽越已引兵而去。东瓯解围后，请求迁居内地，武帝允其请，东瓯王驺望率族属吏卒4万余人内迁至江淮间庐江郡（今安徽省西南部地区），东瓯国除。其地为闽越控制。建元六年（前135年），闽越王郢被杀，闽越分越繇和东越两部，东瓯故地属东越。元封元年（前110年），汉王朝以越人经常互相攻击，再诏东越闽越两地吏民迁江淮间，东越地遂虚。汉昭帝始元二年（前85年），以东瓯地设回

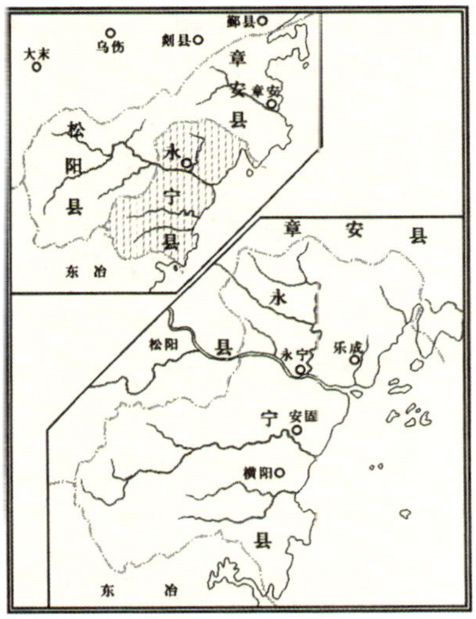

东汉时期的永宁县

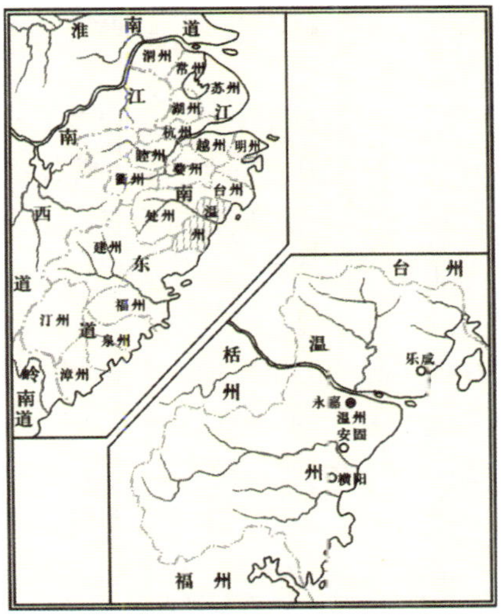

唐宋时期的温州

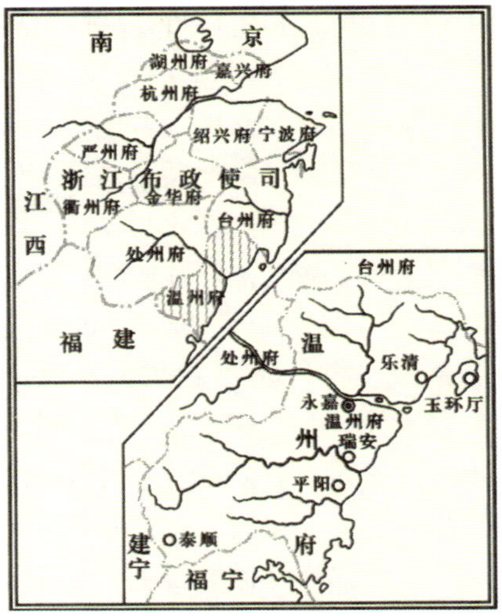

明清时期的温州府

浦县，县治设回浦（今台州市椒江区章安镇）。辖地兼有今温州市、丽水市、台州市三个市的区域总面积，属扬州会稽郡。东汉初，回浦县并入鄞县。东汉章帝章和元年（87）以回浦县地设章安县，治所不变。顺帝永和三年（138）（一作顺帝永建四年），析章安县东瓯乡置永宁县，县治设在贤宰乡（今瓯北城市新区境内）。永宁县地兼有今温州市、丽水市两地，属扬州会稽郡。

三国吴大帝赤乌二年（239），析永宁县大罗山以南地置罗阳县，是时永宁县地仅有今乐清市、永嘉县、鹿城区、瓯海区、龙湾区之地，会稽王太平二年（257）以会稽郡东部地为临海郡，永宁县改属临海郡。

东晋明帝太宁元年（323），析临海郡南部地永宁、安固、松阳、横阳置永嘉郡，永宁县属永嘉

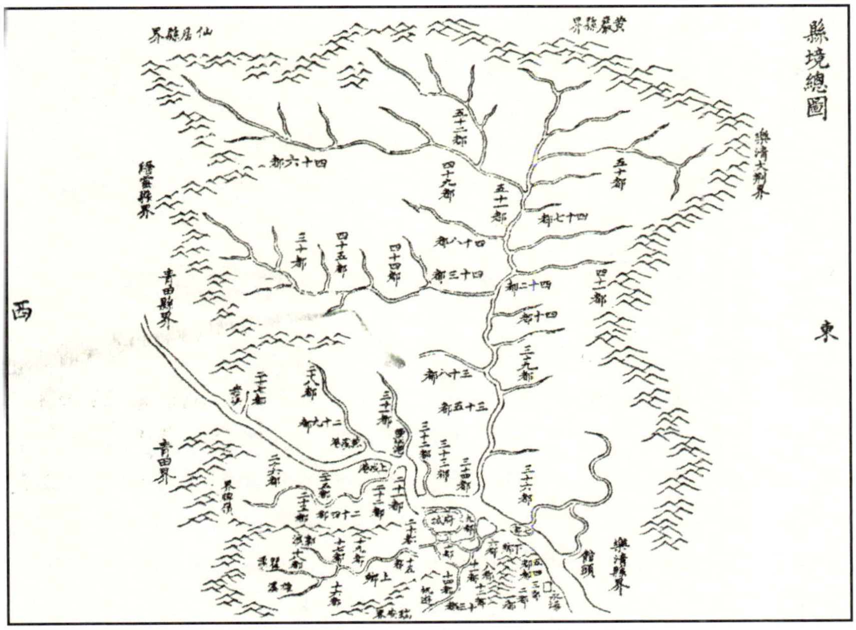

清永嘉县境总图（清光绪《永嘉县志》）

郡，“永嘉”作为郡名自此始。郭璞卜筑郡城，郡治设城中，永宁县治亦随之从瓯江下游北岸迁入城中。孝武帝宁康二年（374），析永宁县地置乐成县，是时永宁县境与今永嘉县、鹿城区、瓯海区、龙湾区同。

隋文帝开皇九年（589）平陈后，罢天下郡县制，以州统县，改永宁县为永嘉县，撤安固、横阳、乐成入永嘉，是时永嘉兼有今永嘉、乐清、瑞安、平阳、苍南、文成、泰顺、洞头、鹿城、龙湾、瓯海等二市、六县、三区之地。县治在今温州市鹿城区，县沿郡名，“永嘉”作为县名自此始，属处州，郡治括苍。十二年（592）处州改称括州，属括州。隋炀帝大业三年（607）改州为郡、恢复永嘉郡，郡统括苍、永嘉、松阳、临海四县，县境仍与文帝开皇九年同，属永嘉郡，永嘉郡治仍驻括苍。

唐高祖武德五年（622），以永嘉县地置东嘉州，析辖永宁、安固、横阳、乐成四县，此时永嘉分为永嘉、永宁二县，今瓯北城市新区境内当时有地名新城，相传为唐

初立县之所，属东嘉州，隶括州总管府。武德七年（624），改永宁县为永嘉县，乐成县入永嘉县，属东嘉州、隶括州都督府。太宗贞观元年（627）废东嘉州入括州，撤横阳、永宁二县，是时永嘉县境犹吴大帝时之永宁县境，以永嘉县属括州，隶江南道越州都督府。高宗上元二年（675），析括州地永嘉、安固二县置温州，州治设永嘉县城区（今鹿城区），属温州，隶江南道都督府，“温州”得名自此始。唐武后载初元年（689），复置乐成县，从此县境兼有今永嘉县、鹿城区、瓯海区、龙湾区一县三区之地，属温州、隶江南道都督府。玄宗天宝元年（742），改温州为永嘉郡，改刺史为太守，永嘉县属永嘉郡，县境未变。肃宗乾元元年（758），复为温州，永嘉县属温州，先后隶浙江东、西道。

唐末，温州先后为朱褒兄弟交替割据达22年，至哀帝天祐四年（907）三月，钱镠命子元瓘率兵讨伐，四月攻占温州。于是，温州为吴越王地，设温州制置使，永嘉县属之，上隶东府。后晋天福四年（939），升温州为静海军节度州，永嘉县属之。县境均同武后载初元年复置乐成县之后地同。

北宋太宗太平兴国三年（978），吴越王钱俶纳土降宋，温州节度州降为温州军事州，属温州军事州，隶两浙路。徽宗政和七年（1117）温州军额为应道军节度，升温州军事州为应道军节度州，永嘉县属之。南宋高宗建炎三年（1129）罢应道军军额，温州由节度州又降为军事州，永嘉县属之，隶两浙东路。度宗咸淳元年（1265），以度宗潜官邸升温州为瑞安府，永嘉县属之，县境仍前未有变动。

元世祖至元十三年（1276）七月，在扬州设立行中书省，称江淮行省。同年，改瑞安府为温州路，隶江淮行省。二十一年（1284）二月，江淮行省治迁杭州，称江浙行省。二十三年（1286）七月，忽必烈同意江浙行省官员奏议，改江浙行省为江淮行省。二十八年（1291）十二月，又改江淮行省为江浙行省，治仍在杭州。成宗大德三年（1299）二月，置福建行省，以其地属江浙行省。永嘉县属温州路，隶江淮行省、江浙行省。县境与宋同。

明太祖洪武元年（1368）废路置府，温州路改为温州府，永嘉县属温州府，隶浙江行省，洪武十五年（1382）改隶浙江布政使司。成祖永乐年间（1403～1424），布政使司下设道，永嘉县隶温处道。至明末，其名称隶属和县境无变。

清世祖顺治三年（1646）春，清军入浙，七月下温州，入清版图。清沿明制，永嘉县属温州府，隶浙江布政使司分巡温处道，县境无变。

民国元年（1912），实行省、县二级制，永嘉县直属浙江省。民国3年（1914）5月23日，颁发《道官制》，归瓯海道管辖，隶浙江省，道尹行政公署设永嘉县城（今鹿城区）。民国16年（1927）4月，南京国民政府成立，继而废除《道官制》，再实行省、县二级制，隶浙江省政府，先后归浙江省第十县政督察区、第四特区、第三特区、永嘉行政督察区、第八行政督察区、第五行政督察区管辖。专员公署设永嘉县城（今鹿城区）。民国37年（1948）8月，石染、西岙、温溪3个乡划归青田县管辖。

1949年5月，永嘉县全境解放，瓯江以北地置双溪县，治设岩头镇。8月，永嘉县城区及城郊、梧埏、永强、三溪、藤桥、西岸5个区划出设立温州市，直属浙江省人民政府。双溪县属浙江省人民政府第五区专员公署，隶浙江省人民政府。9月21日，双溪县复称永嘉县，移治枫林镇，翌年6月迁治罗浮龙桥，12月21日迁治温州市九山。1950年5月，梧埏、永强、三溪、藤桥4个区复归永嘉县。1958年8月，永嘉县治由温州九山迁上塘。9月1日，经浙江省人民委员会批准，将永强、梧埏、三溪、藤桥4个区和永中、瞿溪2个镇划归温州市管辖。1961年，青田县的西岙、石染、上横3个公社划归永嘉县管辖（上横公社划归后并入石染公社）。2001年7月，七都镇划归温州市鹿城区管辖。2013年底，县境东至乐清市，南至瓯江与鹿城、瓯海、龙湾三区为邻，西至青田县、缙云县，北至仙居县、黄岩区，总面积2674.3平方千米。先后归温州专员公署、温州地区行政公署（温州地区革命委员会）、温州市人民政府管辖。隶浙江省人民政府。

地理环境

永嘉县位于浙江省南部，瓯江下游北岸。东邻乐清市，南与鹿城区、瓯海区、龙湾区隔江相望，西接青田县、缙云县，北连仙居县和黄岩区。县境位于北纬27°58′40″～28°36′54″，东经120°19′34″～120°59′19″之间。最长直线距离，南北69.5千

明万历三年温州府境

清乾隆二十七年温州府境

清光绪八年城池坊巷

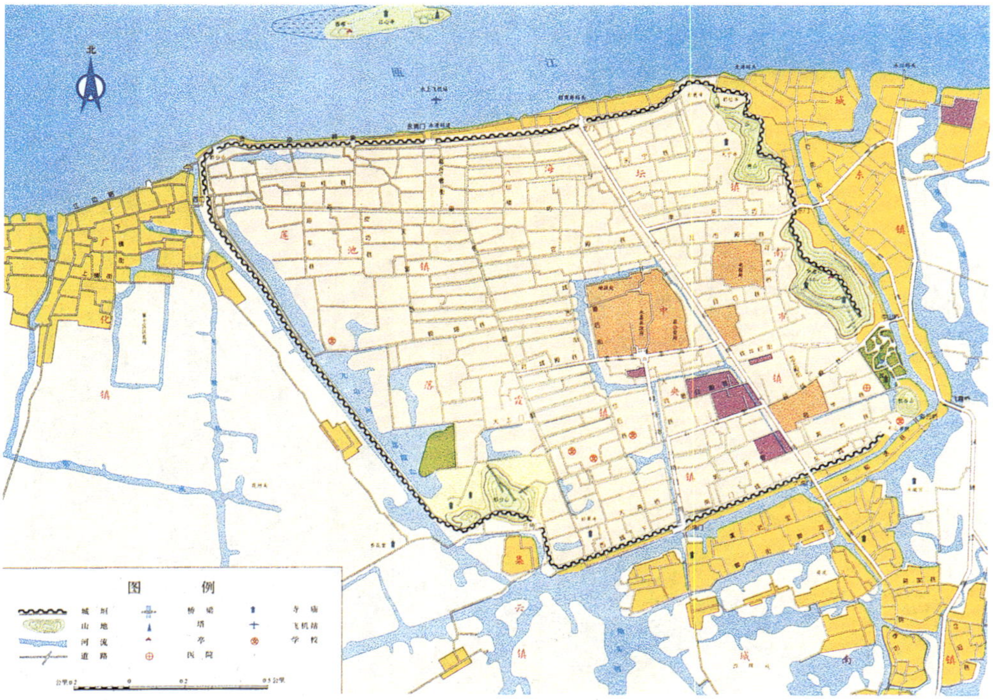

民国二十六年城厢街巷

米，东西61.3千米，总面积2674.3平方千米。2013年末，永嘉县辖3个功能区、10个中心镇、8个街道，904个建置村，总人口96.95万人。永嘉县人民政府驻上塘中心城区，距省会杭州约240千米。

永嘉县属中国东南沿海丘陵地形区，境内有山地丘陵2308.5平方千米，占全县面积的86.32%，平原265.0平方千米，占全县面积的9.91%，河流湖泊100.8平方千米，占全县面积的3.77%。北部、西部括苍山脉盘踞，东部北雁荡山脉伸延，地势自北向南倾斜。北部山地属括苍山脉，起自溪下乡和仙居县交界的鸭坑岭，逶迤向东至张溪乡和黄岩区接壤的大寺尖与北雁荡山脉相接。构成县境北部一天然屏障，成为楠溪江与灵江上游永安溪的分水岭。东部山地属北雁荡山脉，起自岭头乡的高尖岩，逶迤向南至乌牛镇境内破岩埄以南，成为楠溪江与乐清市境内诸溪流的分水岭。西部山地属括苍山脉，起自溪下乡的大青岗，逶迤向南至瓯北镇的大坟山，成为楠溪江与缙云县、青田县境内诸溪流的分水岭。县境内海拔1000米以上的山峰有123座，1271米的大青岗为最高。楠溪江自北向南纵贯，注入瓯江。县境南部和楠溪江两岸为低丘宽谷、盆地、冲积平原，其中的岩头、枫林河谷平原为最大，平原东西长10千米，南北宽10.5千米，总面积27.0平方千米。上塘、黄田、江北、乌牛、桥下、桥头、三江等平原为沿江工业经济带，是永嘉县的经济发达地区。

永嘉县地势自北向南倾斜，随着括苍山脉、北雁荡山脉的延伸，形成楠溪江、西溪、菇溪、乌牛溪四大水系。大小溪流百余条，呈南北—东南、东北—西南走向，“两山四水汇瓯江”是永嘉县的山川大势。楠溪江最大，干流长139.8千米。发源于溪下乡的罗垟岭西侧，东流至溪口乡溪口村纳岩坦溪后蜿蜒南下，沿途纳张溪、东皋溪、五鹓溪、孤山溪、花坦溪、小楠溪、古庙溪、陡门溪、路口溪、中塘溪、横溪诸溪流，在瓯北城市新区清水埠注入瓯江。支流成扇形分布，东岸支流河短流急，西岸支流河长湾多。流域面积2489.97平方千米（包括县境外的212.3平方千米），平均比降7.41‰，中、上游平均河宽50米，下游平均河宽375米，平均年径流量28.6亿立方米，根据石柱水文站实测最大流量发生在1965年8月20日，为9430立方米/秒，最小流量发生在1967年10月7日，为1.03立方米/秒，属山溪性河流。流域境内“水秀、岩奇、瀑多、村古、滩林美”，1988年8月1日，被国务院列为第二批国家重点风景名胜区，划分为楠溪江及沿江农村文化景区、大若岩景区、石桅岩景区、北坑景区、水岩景区、陡门景区、四海山景区，共有800余个景点，其中价值较高，被列为一、二级景点的有70多个。为了更好地促进风景资源和生态环境的保护，适应旅游和社会经济发展的需求，保护特色、挖掘潜力、发挥优势，实现风景区的协调发展和综合效应，2009年浙江省建设厅、永嘉县人民政府委托北京大学世界遗产研究中心和中国对外建设总公司城市规划设计院对《楠溪江风景名胜区总体规划（修编）》再次修编。2011年5月23日经国务院批复通过。《楠溪江风景名胜总体规划（修编）》共分为规划文本、规划图集、规划说明书、专题考察报告、基础资料汇编五个部分。把楠溪江风景名胜区分为大楠溪、大若岩、石桅岩、四海山、太平岩、岩坦溪源头、珍溪等景区。西溪发源于巽宅镇外宕村西北，由西北向东南流经桥下镇，在垟垮附近入注瓯江。主流长32.5千米，平均比降29.90‰，流域面积166.05平方千米，上游源短流急，谷深滩险。下游从西岸村至河口是感潮河段，长5.9千米，可通小货轮至温州。流域境内有西溪景区，与楠溪江相类似，兼具岩奇、水秀、瀑多等特点。较具代表性的有红岩漈、吊坦漈、娄川漈和石柱岩、小天池等。菇溪发源于青田县峰山村东侧，流经青田县吴坑乡后进入永嘉县，由西北向东南，斜贯桥头镇，在朱涂村附近注入瓯江。主流长35.15千米，平均比降25.10‰，流域面积为153.29平方千米（包括县境外面积）。桥头镇驻地至河口，为感潮河段，可通小货轮至温州。乌牛溪发源于乌牛街道境内北部的乌岩村东北面，为永嘉、乐清两县市的界河，由北向南流，在乌牛街道码道村附近注入瓯江。主流长21.1千米，平均比降26.11‰，流域面积87.63平方千米（包括县境外面积）。

永嘉县山水奇丽，环境优美。楠溪江、西溪水质基本符合二类水标准，乌牛溪、菇溪水质有所下降，仍属良好。绝大多数的山涧溪流没有受到工业污染，80%以上地面水质属国家一、二类水质标准。全县大气环境质量稳定，一般达到国家二级标准。

气象特征

概　况　永嘉地处浙江省南部，瓯江下游北岸，属于亚热带季风气候，温暖湿润，四季分明，无霜期长，年温差较小，雨水充沛，热量丰富，十分利于农作物生长。根据常年历史记录，年平均气温18.5℃。一年中1月最冷，月平均气温8.2℃；7月最热，月平均气温28.6℃。极端最高气温42.1℃，出现在2003年7月15日；极端最低气温-4.8℃，出现在1999年12月23日。春季日平均气温稳定通过10℃的平均回暖初日在3月18日，平均终日出现在12月2日。平均无霜期281天，平均初霜日在12月5日，平均终霜日在2月22日。年平均降水量1743.9毫米，并且年际间差异特显著。1973年最多达2592.7毫米，1986年最少仅有1193.6毫米。一年中8月平均降水量最多，高达278.0毫米，6月次之，主要是受台风和梅雨的影响；12月最少，仅45.2毫米，其次是1月。年平均雨日171.1天。年平均日照1775.7小时，其中以7月和8月最多，分别高达225.2小时和211.9小时；而2月和3月最少，分别为92.0小时和103.9小时。年平均蒸发1421.9毫米。年平均相对湿度77%。主要灾害性天气有暴雨、冰雹、干旱、台风、洪涝、雷电和大风等。

气候特点　2013年，永嘉县年平均气温偏高，年降水量偏少，年日照略偏多，年蒸发量偏多，雨日明显偏少。2013年2月出现连续阴雨天气，日照明显偏少，严重影响了蔬菜的产量；6月梅雨降水明显，日照偏少，对早熟品种杨梅生产略微不利，7月上旬高温不明显，有利于晚熟品种的杨梅生成；7月和8月的干旱天气给农业生产尤其是水稻、蔬菜及渔业带来巨大的不利影响。10月的台风给农业生产带来不利。总体来说，2013年的气候对农业生产有利有弊。

温　度　2013年，永嘉县年平均温度19.2℃，正常偏高0.7℃，全年气温基本上处于偏高趋势，其中8月气温明显偏高2.0℃，打破了2010年29.6℃的历史记录，创历史新高，3月和7月明显偏高，居历史同期第三高值，2月、5月、6月、9月、10月偏高；11月和12月偏低，其中12月气温居历史同期较低值；而1月和4月气温正常。年最高气温41.8℃，出现在8月8日，居历史第二高值；年最低气温-2.4℃，出现在12月28日。春季稳定通过10℃的回暖初日出现在3月4日，比常年平均回暖初日早14天；秋季稳定通过22℃的终日出现在10月16日，比常年平均晚38天。终霜日2013年1月28日，初霜日2013年11月29日，全年无霜期278天，比常年平均略偏少2天。

降　水　2013年，年降水量1624.0毫米，比常年平均明显偏少119.9毫米。年降水日数149天，比常年平均明显偏少22.1天。纵观全年，1月、3月、4月、7月、8月、9月都明显偏少，其中1月和4月居历史同期较低值，5月略偏少；6月、10月和12月明显偏多，2月和11月略偏多，其中10月居历史同期第三高值，6月和12月居历史同期较高值。2013年最大日降水量154.1毫米，出现在10月7日。

连阴雨　2013年2月日照36.4小时，明显偏少，月雨日18天，且4日至19日持续阴雨天气，6日至19日累计日照仅有0.7小时。由于持续的阴雨天气，日照明显偏少，大棚蔬菜减产明显，冬种作物长势较差，给农业生产带来极大不利。

梅汛期　2013年，永嘉县梅汛期特征（6月7日至6月30日）明显，累计雨量229.5毫米（本站），全县面雨量237.1毫米，比去年偏多，比历年梅汛期雨量偏多，最大降雨量出现在桥下站325.4毫米。梅汛期降水日数21天，其中6月8日降水量最大，日降水量36.4毫米，6月29日次之，雨量33.6毫米。2013年梅雨期降水雨强不大，但持续时间较长，上半月日照偏少，对水果生产尤其是杨梅不利。

高温干旱　2013年7至9月，月平均气温偏高，7月和8月均出现持续高温天气，7月1日至12日以及8月3日至13日均为持续35℃以上的高温天气，8月3日至9日连续6天气温均在38℃以上，且有3天最高气温在40℃以上，且7月1日至12日累计降雨量仅有3.5毫米，8月3至13日累计降水量0.4毫米，早稻容易出现高温逼熟现象，影响千粒重，不利于植树幼苗成活。

大暴雨　2013年8月30日，永嘉县西北部发生大范围的短时大暴雨，据统计8月30日12时至19时累积雨量超过100毫米的有11个站，其中黄南高达164.3毫米，表山151.6毫米，山坑139.7毫米，碧莲135.6毫米；累积雨量超过50毫米的有9个站。此次短时大暴雨发生在永嘉西北部，而东南部降水不大，上塘本站降水10.6毫米。受此次短时大暴雨影响，永嘉县受灾人口1.8万，倒塌房屋35间，转移人口1840人，直接经济损失736万元；农林牧渔业受灾面积21公顷，其中粮食作物13.33公顷，水产养殖损失70公顷，农林牧渔业直接经济损失410万元；损坏护岸6处，损坏灌溉设施8处，损坏机电井3眼，水利设施直接经济损失30万元。

雷　灾　4月份至9月份，由于受副热带高压边缘影响，频繁出现强对流天气，雷阵雨天气频发。6月1日晚上，我县各地遭遇强对流雷暴天气，顷刻间电闪雷鸣，由于持续雷雨袭击，永嘉电网碧莲变茗岙664线最早出现跳闸现象，随后，全县电网18条10千伏主线和10条支线相继发生跳闸。雷击最严重的沙头古庙765线一处高压电缆分支箱发生爆炸，经过两天时间才完成抢修作业，恢复正常生活用电。另外，县城多条人行道旁的树木因遭受大风和雷击而枝折叶落。9月14日下午，永嘉县上塘镇陡门巷的一居民房遭受雷击：农村家用电子电器设备损坏55件，直接经济损失6.2万元，间接损失0.4万元。

台　风　2013年，第7号台风“苏力”于7月13日16时前后在福建省连江县黄岐半岛沿海登陆，登陆时中心最大风力12级（33米/秒）。登陆后减弱为强热带风暴，穿过福建进入江西省境内，于14日上午逐渐减弱消失。永嘉县过程（7月12日20时～7月14日14时）面雨量为74.7毫米。降水量超过100毫米的站点有6个，最大的为鹤盛142.8毫米。永嘉县15个站点出现8级以上大风，其中上塘本站9级大风，桥头站10级大风。“苏力”导致永嘉电网10多条10千伏线路接连受到影响，枫林906线故障跳闸，造成8000多用电户断电；桥下镇桥下社区尤山村村民尤陈欢1户2间民房倒塌，经济损失大约3万元；茗岙社区茗上村一条民间道路30米长塌方，经济损失大约4万元；鹤盛镇上日村的一个灵芝基地棚受灾，受灾面积2公顷。第12号热带风暴“潭美”于8月22日2时40分前后在福建省福清市沿海登陆，登陆时中心气压958百帕，近中心最大风力12级（35米/秒）；“潭美”登陆后一直向西北偏西方向移动，强度逐渐减弱，受“潭美”影响，永嘉县过程（8月21日08时～8月22日20时）面雨量为178.4毫米。降水量超过300毫米的站点有3个，分别为鹤盛385.8毫米、黄南349.7毫米、枫林307.2毫米、降水量200毫米以上的站点有11个，占全部区域站的27%，降水量大于100毫米的站点有38个，占93%。永嘉县9个站点出现8级以上大风，其中3个站点出现9级大风。受其影响，永嘉县岩坦镇倒塌房屋125间，洪涝直接经济损失30万元，公路中断3次，供电中断25次，工业、交通运输业直接经济损失25万元，农林牧渔业直接经济损失300万元。枫林镇枫二村损坏机电井1眼，旧房倒塌汤岙村1间，镜架山损坏1间，洋山头损坏2间，渠口旧房倒塌3间；西溪旧房倒塌5间。热带风暴“菲特”于10月1日在西北太平洋生成，于7日1时15分在浙闽交界处（福鼎沙埕镇）登陆，登陆时强度为强台风，近中心最大风力42米/秒（14级），中心气压955百帕。登陆后快速减弱为热带风暴。“菲特”是1951年以来10月份登陆我国大陆强度最强的台风。受强台风“菲特”影响，永嘉县普降大暴雨，局部特大暴雨，过程（10月5日8时至10月8日8时）面雨量为195.0毫米。降水量超过300毫米的站点有3个（鹤盛425.9毫米、黄南403.4毫米、西源324.1毫米），降水量超过200毫米的站点有18个，全县所有正常运行的区域站过程累计降水量均大于100毫米。全县范围内有10个站点出现8级以上大风，4个站点出现9级大风。受灾统计：全县18个乡镇受灾，受灾人口13.15万人、倒塌房间38间、转移人口3.02万人，直接经济损失8677万元。农林牧渔业受灾面积2341公顷，成灾面积1969公顷，绝收面积256公顷，减产粮食2910.5吨，死亡大牲畜87头，农林牧渔业直接经济损失3502万元；停产工矿企业68个，公路中断52条次，供电中断32条次，工业、交通运输业直接经济损失3010万元；损坏堤防35处，长度2.9千米，堤防决口6处，长度0.16千米，损坏护岸75处，水利设施直接经济损失1423万元。

（周　佳）

行政区划

2013年，永嘉县设3个功能区（上塘中心城区、瓯北城市新区、楠溪江风景旅游区），10个中心镇（桥头镇、桥下镇、大若岩镇、碧莲镇、巽宅镇、岩坦镇、鹤盛镇、岩头镇、枫林镇、沙头镇），8个街道（东城街道、南城街道、北城街道、乌牛街道、三江街道、黄田街道、江北街道、东瓯街道）。下辖81个城乡社区（其中城市新区9个，城郊社区4个，农村社区68个），904个村民居委会。

2013年永嘉县行政区划示意图

基本数据

2013年永嘉县县情数据

项　目	单　位	合　计	项　目	单　位	合　计
土地面积	平方千米	2674.3	限额以上固定资产投资额	亿元	206.31
山地面积	平方千米	2308.5	社会消费品零售总额	亿元	102.67
平原面积	平方千米	265.0	进出口总额	亿美元	7.71
河流湖泊面积	平方千米	100.8	出口总额	亿美元	6.63
农作物播种面积	万公顷	3.1	进口总额	亿美元	1.08
粮食种植面积	万公顷	2.09	接待游客	万人次	415.17
粮食总产量	万吨	11.42	接待境外游客	万人次	2.57
总户数	万户	28.73	旅游总收入	亿元	30.15
总人口	万人	96.68	财政总收入	亿元	38.64
人口自然增长率	‰	9.2	公共财政预算收入	亿元	20.85
人口密度	人/平方千米	363	公共财政预算支出	亿元	40.20
全县生产总值	亿元	291.91	教育事业费支出	亿元	11.48
第一产业增加值	亿元	9.63	科技事业费支出	亿元	0.79
第二产业增加值	亿元	179.24	社会保障和就业支出	亿元	3.22
第三产业增加值	亿元	103.04	医疗卫生支出	亿元	3.90
全县人均生产总值	元	30216	环境保护支出	亿元	0.19
工农业总产值	亿元	601.35	年末金融机构本外币各项存款余额	亿元	440.03
工业总产值	亿元	585.88	年末金融机构本外币各项贷款余额	亿元	381.84
农业总产值	亿元	15.47	城镇居民人均可支配收入	元	30116
用电总量	亿千瓦时	22.69	农村居民人均纯收入	元	12704
工业用电量	亿千瓦时	14.03	年末城乡居民储蓄存款余额	亿元	276.41

2013年度行政区划数据

镇（街道）名称	驻　地	行政区域面积（平方千米）	人　口（户籍）	建置村（个）
上塘中心城区	环城北路（老电大）	232	134804	114
东城街道	浦东村办公楼	102	44811	41
南城街道	繁华路16号	67	54237	31
北城街道	嘉宁街123号	63	35756	42
瓯北城市新区	双塔路1028号	213	183554	81
乌牛街道	王宅村	77	42143	37
黄田街道	千石北路571号	33	27828	18
江北街道	双塔路1028号	33	65005	16
东瓯街道（浙江永嘉工业园区）	堡二村园区大道	20	19050	10
三江商务区（三江街道）		60	29528	28

续上表

镇（街道）名称	驻　地	行政区域面积（平方千米）	人　口（户籍）	建置村（个）
桥头镇	桥西村	91	71907	57
桥下镇	桥下村	277	127538	138
大若岩镇	大箬村	91	29755	36
碧莲镇	碧莲村	175	44857	43
巽宅镇	巽宅村	254	44670	56
岩坦镇	岩坦村	554	72450	92
鹤盛镇	鹤盛村	263	55407	58
岩头镇	岩头村	219	85127	83
枫林镇	枫　林	74	42959	45
沙头镇	高浦村	184	73742	72
国营场圃	——	47.3	——	——
合计		2674.3	966770	904

注：全县合计面积2674.3平方千米，其中国营场圃47.3平方千米。

机 构

县级机构

中共永嘉县第十二届委员会

书　记　盛秋平
副书记　娄绍光　姜景峰
常　委　陈志斌
　　　　林乃排
　　　　金丐旦
　　　　章寿禹
　　　　林小露（女）
　　　　徐志宏
　　　　胡宝锋
　　　　陈瑞亮（～2013.05）
　　　　罗晴军（2013.05～）
　　　　曹启峰（挂职，2013.07～）

中共永嘉县纪律检查委员会

书　记　章寿禹
副书记　夏宗明
　　　　章　明
常　委　麻久燎（～2013.09）
　　　　胡寿旺
　　　　陈智勇
　　　　徐志光
　　　　金亦山（2013.09～）

中共永嘉县委工作部门

办公室
主　任　王晓雄
副主任　李成良
　　　　刘丐武
　　　　李　敏（女）
　　　　李圣积（兼）
　　　　李晓平（女，兼）
　　　　陈洪恩（兼）
　　　　李世鹏（兼）
　　　　李庆孟（兼）
　　　　林建杭（兼，2013.06～）
　　　　林久区
　　　　应旭明（2013.02～）

县委机要局（县密码管理局）
局　长　黄　薇（女，2013.01～）

考绩委员会办公室
主　任　李成良
副主任　应旭明（～2013.08）
　　　　陈双义
　　　　胡文聪（2013.02～）

政策研究室
主　任　李　敏（女，2013.02～）
副主任　胡文显（兼，2013.09～）

政策研究中心
主　任　叶圣义（2013.08～）

接待办
主　任　李　敏（女，～2013.09）
　　　　叶卫周（2013.09～）

组织部（社会工作委员会）
部　长　林乃排
常务副部长　陈立新
副部长　缪士毅
　　　　潘教逊（兼）
　　　　邵秋莲（女，兼）
　　　　吴中枢（兼）
　　　　潘　健（兼）
　　　　汤光胜（兼，～2013.08）
　　　　陈晓平（女）

非公有制经济组织和社会组织工作委员会
书　记　潘　健（2013.09～）
副书记　潘　健（～2013.09）
　　　　郑　力（兼）
　　　　郑琳友（兼）
　　　　李　锋（兼）
　　　　麻九龙（兼，～2013.09）
　　　　刘大力（兼，2013.09～）

组织员管理办公室
主　任　李丁俊（2013.04～）

人才工作办公室
主　任　陈　忠

宣传部

部　长　林小露（女）
常务副部长　谷胡方
副部长　谢向东
谷铁荣
徐志勇
吕银显（兼）
陈希瑜（挂职，2013.05～2013.11）

统战部

部　长　周星柱
常务副部长　王澄荣
副部长　谢承宇
黄少林
谢永青（兼）
郑　力（兼）

台湾工作办公室

主　任　谢承宇

侨务办公室

主　任　黄少林

政法委员会

书　记　姜景峰（兼）
副书记　陈志斌（兼）
徐志宏（兼）
麻伯崇（主持）
徐学多
叶建勇
郑连松（2013.01～）
政治处主任　麻晓彬（2013.02～）
专职委员　胡建平（～2013.11）

县社会治安综合治理办公室

主　任　叶建勇
副主任　郑光明（2013.04～）

610办公室

主　任　叶云飞（～2013.09）
徐　翔（2013.11～）

县委维护稳定工作领导小组办公室

主　任　徐学多
副主任　徐　翔（～2013.09）
胡建平（2013.11～）

直属机关工作委员会

书　记　吴中枢
副书记　叶欣灿
第一纪工委书记　朱立新

老干部局

局　长　潘教逊
副局长　尤银平（女）
陈忠德

农村工作办公室

主　任　徐贤博
副主任　林建杭（2013.02～）
陈继平
金贤贵
汤志远
金连顺
叶圣光

信访局

局　长　陈洪恩
副局长　金少伟
陈建松
刘大力（兼）
王　云（兼）
麻九龙（兼，～2013.09）

编委办

主　任　汤光胜（～2013.08）
戴德明（2013.08～）
副主任　刘晓丽

县委党校(县行政学校)

党校校长　林乃排（兼）
行政学校校长　陈志斌（兼）
常务副校长　徐朝新
副校长　潘洁容（女）
陈　剑

党史研究室

主　任　缪士毅（兼）
副主任　徐李送（～2013.02）
谢向荣（2013.02～）

档案局（馆）

局（馆）长　麻荣妙（～2013.09）
麻久燎（2013.09～）
副局（馆）长　谢李忠
全岳多

精神文明建设指导委员会办公室

主　任　李圣积
副主任　盛定海
胡志杰

广播电视台

台　长　吕银显
副书记　郑焕益
副台长　郑焕益
徐胜勇
马荣邦
纪委书记　徐银良

新闻信息中心

主　任　徐建强
副主任　施建静
王志书
叶圣义（～2013.08）
谷小东（2013.09～）

永嘉县第十五届人民代表大会常务委员会

主　任　谢崇福
副主任　潘浪国
吕庆行

王国强
潘统龙
胡明凯
季健中

县人大常委会工作部门

办公室
主　任　陈剑林
副主任　陈继楼
刘聪雷（～2013.09）
麻永锋（2013.09～）

办公室信访办
主　任　朱千俊（～2013.09）

代表工作委员会
主　任　谷胡坚
副主任　黄徐芳（女）

法制工作委员会
主　任　李炳建
副主任　叶见克（～2013.04）
潘长建（2013.02～）

财政经济工作委员会
主　任　胡中平
副主任　林剑英

科教文卫工作委员会
主　任　鲍福星
副主任　戴建枢（～2013.08）
朱千俊（2013.09～）

农村和资源保护工作委员会
主　任　朱清岩
副主任　金晓平

城乡建设环境保护工作委员会
主　任　林增丰（～2013.09）
戴银良（2013.09～）

副主任　叶见克（2013.04～）

永嘉县人民法院
院　长　陈卫国
党组副书记　吴孙程
副院长　吴孙程
徐建宁
徐晓琳
徐蓬勇
县纪委驻院纪检组组长　胡忠忞（2013.01～）
政治处主任　徐立众
执行局局长　邱新楚
审判委员会专职委员　陈小成
城郊人民法庭庭长　谢玉平（女，2013.02～）
瓯北人民法庭庭长　潘志尧
桥头人民法庭庭长　盛向光（2013.02～）
岩头人民法庭庭长　李学通
碧莲人民法庭庭长　戴康强（2013.02～）

永嘉县人民检察院
检察长　林长汉
党组副书记　叶朝勇
副检察长　叶朝勇
林　森
潘长建（～2013.02）
单振乐（2013.02～）
陈　哲（2013.02～）
县纪委驻院纪检组组长　单振乐（～2013.02）
叶确健（2013.02～）
政治处主任　陈　哲（～2013.02）
祁胜道（2013.08～）
反贪局局长　徐同良
反渎职侵权局局长　李　聪
检察委员会专职委员　戴德华
祁胜道（～2013.08）
瓯北检察室主任　张华满

永嘉县人民政府
县　长　娄绍光
副县长（常务）　陈志斌
副县长　曹启峰（挂职，2013.08～）
郑焕东
戴晓勇
何莉平（女）
周俊武
林建波
刘辉文（女，挂职）
吴荣花（女，挂职，2013.04～）
瓯北城市新区管委会主任（副县长级）　徐孟鹤（～2013.01）

县人民政府工作部门
办公室（法制办）
主　任　黄天集
副书记　刘超军（兼，～2013.03）
张家强（兼，2013.03～）
副主任　刘超军（兼，～2013.03）
张家强（兼，2013.03～）
李　平（兼）
李金星
徐浙南（兼）
陈丐法
周凌力
邹淑龙（兼）
黄大善
戴德明（兼，～2013.08）
李晓平（女，兼）
林雪艳（女）
徐建斌
唐红专
汪庆珍
戴元兴（兼）
朱建权（兼，2013.05～）

卢银林（兼，2013.08～）
林增丰（兼，2013.09～）
县城乡建设综合治理协调中心主任
麻海涌（2013.01～）

法制办
主　任　黄天集（兼）
副主任　邹淑龙
周智发

人民防空办公室（县民防局）
主　任　周凌力

发展和改革局（粮食局）
局　长　陈光銮
副局长　吴德安
叶建平
金成龙
县纪委驻局纪检组组长
潘永胜（～2013.01）
邵赴明（2013.02～）
重大项目前期工作办公室主任
徐宗钦
服务业发展办公室主任
陈胜前（2013.02～）
重大项目建设稽查特派员
王　琛（2013.09～）

粮食局
局　长　陈光銮
副局长　王　健（女，～2013.01）
金　一（2013.02～）

经济商务和信息化局（网络经济服务局）
局　长　冯学夫
副局长　郑碧碧（女，～2013.01）
叶长志
王林海（～2013.02）
周望佐
陈建夫（2013.02～）
县纪委驻局纪检组组长　朱海峰
总经济师　葛志武
二轻工业服务中心主任　厉进荣
（2013.01～）

网络经济服务局
局　长　叶长志（兼，2013.09～）
副局长　柯一杭（2013.09～）

教育局(政府教育督导室)
局　长　王传旺
副书记　朱旭东
副局长　朱旭东
陈益杰
翁志奔
周丏亮（兼）
余承宽
县纪委驻局纪检组组长　郑志雄
县教师发展中心主任　陈会众
（2013.08～）

政府教育督导室
主　任　周俊武（兼）
副主任　王传旺（兼）
季建波

科学技术局
局　长　潘宏雷
党组副书记　郑玉眉（女）
叶　武
副局长　郑玉眉（女）
叶　武
陈三豹

民族宗教事务局
局　长　谢永青
副局长　谷华鲁
金京明

公安局
局　长　徐志宏
政　委　吴肖峰
党委副书记　吴肖峰
谢黎明
常务副局长　谢黎明
副局长　郑连松（～2013.01）
谢黎明
陈久辉
胡伯枢
黄逸蓬
陈成辉
林　光（兼，2013.01～）
林　峰（挂职，2013.11～）
纪委书记　陈时巨
政治处主任　叶国赛

监察局
局　长　夏宗明
副局长　麻久燎（～2013.09）
胡寿旺
汪金琰
陈智勇（2013.09～）
直属机关第一监察分局局长
朱立新（2013.04～）

民政局（老龄委办）
局　长　周功巨
副局长　吕川云
郑琳友
周崛华
周益国
县纪委驻局纪检组组长
潘微微（女，2013.02～）

老龄委办
主　任　吕川云（兼）
副主任　吴祖党

社工办
主　任　周功巨（兼）
副主任　李旭林

司法局

局　长　　戴银良（～2013.09）
　　　　　金翎翼（2013.09～）
副局长　　孙　明
　　　　　卢小飞（女）
　　　　　金郁杰
　　　　　徐招龙（兼）
纪检组长　麻荣庆（～2013.01）
　　　　　侯国省（2013.02～）
政治处主任　邹爱妙（女）

财政局（地税局）

局　长　陈芝双
党委副书记　叶雀媚（女，～2013.09）
　　　　　柯温临（2013.08～）
财政局副局长　叶雀媚（女，～2013.09）
　　　　　谢纯定
　　　　　徐忠诚
　　　　　叶显勇（2013.09～）
县纪委驻局纪检组组长　谢选年
总会计师　叶玉庭
财政瓯北分局局长　叶加瑜
预算局局长　叶强忠（2013.01～）
预算执行局局长　潘来毅（2013.01～）
预算监督局局长　戴锦鸥（2013.01～）
地税局副局长　柯温临
　　　　　李　业
地税局总会计师　林贤武
地税稽查局局长　戴晓明
地税局瓯北税务分局局长　叶加瑜
地税局上塘税务分局局长　徐建斌
地税规费管理局局长　叶加春

人力资源和社会保障局

局　长　　邵秋莲（女）
党组副书记　张文广（2013.09～）
副局长　　叶显勇（～2013.09）
　　　　　张文广
　　　　　陈晓明（2013.09～）
　　　　　虞秀建
县纪委驻局纪检组组长　陈建光
瓯北分局局长　周伟峰
社会保险事业管理中心主任　林正茂

国土资源局

局　长　　董群策
党委副书记　董品杰（～2013.11）
　　　　　陈亚忠（2013.12～）
副局长　　董品杰（～2013.11）
　　　　　陈亚忠
　　　　　陈献锋
　　　　　王志煦（2013.12～）
　　　　　郑依群（2013.12～）
纪委书记　王志煦（～2013.12）
　　　　　金国飞（2013.12～）

住房和城乡规划建设局

局　长　　潘剑永
党委书记　周洪熙（～2013.03）
　　　　　吴荣贵（2013.03～）
副局长　　卢少敏
　　　　　邵永吉
　　　　　胡兴旺
　　　　　周成钿
　　　　　周耀东
　　　　　周　涛（女）
县纪委驻局纪检组组长　徐顺儒
总工程师　朱建权
县政府房屋征收办副主任　李乐峰（2013.01～）
农村住房改造建设办公室副主任　陈文勇
　　　　　胡培通（2013.02～）

交通运输局

局　长　　郑文荣
党委副书记　叶圣敏（2013.04～）
副局长　　叶圣敏
　　　　　汤光漫
　　　　　吴理俊（2013.09～）
　　　　　郑　锋
　　　　　胡国凑（～2013.09）
　　　　　杨立勇（～2013.08）
　　　　　徐李喜
　　　　　林　峰（兼，2013.08～）
　　　　　麻九龙（2013.09～）
县纪委驻局纪检组组长　周建飞
总工程师　郑　锋（兼）
县交通项目前期工作办公室主任　徐李喜

水利局

局　长　　戴本石
党组副书记　汪志新
　　　　　周寿宪（2013.02～）
副局长　　汪志新
　　　　　周寿宪（2013.02～）
　　　　　金建宙
　　　　　周雪梅（女，～2013.09）
　　　　　曾　理（～2013.01）
　　　　　黄金锡（兼，～2013.09）
　　　　　蒋小浦
　　　　　汤文斌（2013.04～）
　　　　　胡国凑（2013.09～）
县纪委驻局纪检组组长　刘鹤鸣
总工程师　蒋小浦
县水利项目前期工作办公室主任　谢清华

农业局

局　长　徐贤博
副书记　林建杭（2013.02～）
副局长　林建杭（2013.02～）
陈继平
金贤贵
汤志远
金连顺
杨胜运
叶圣光
县纪委驻局纪检组组长　麻益宪
总工程师　戴成新

林业局

局　长　李佩瑶
副书记　王长江（～2013.09）
副局长　王长江（～2013.09）
徐贤喜
邹寿锡
周吉省（兼）
胡培春（2013.11～）
县纪委驻局纪检组组长　邵赴明（～2013.01）
胡培春（2013.02～2013.11）
朱清东（2013.11～）
总工程师　吕裕通（2013.04～）

文化广电新闻出版局

局　长　胡佐光
副局长　戴华章
程爱兴
陈文若
县纪委驻局纪检组组长　陈凤娇（女）

卫生局

局　长　周　伟（～2013.08）
黄振才（2013.08～）
副局长　邵永呈
潘德朔
汪盈杰
黄贤琴
林长寿（兼）
县纪委驻局纪检组组长　胡　铿

人口和计划生育局

局　长　刘招贤
党组副书记　周爱芬（女，～2013.02）
副局长　周爱芬（女，～2013.02）
李世鹏
潘齐忠
胡益智（2013.02～2013.04）
施秀跃（2013.08～）
陈贤锋（2013.02～）
县纪委驻局纪检组组长　施秀跃（～2013.08）
柯彩玲（女，2013.08～）

审计局

局　长　汪显华
党组副书记　胡兴招
副局长　胡兴招
吕金满
纪检组长　胡兴招
总审计师　夏尧来
经济责任审计局局长　吴　勇（2013.01～）

统计局

局　长　金叶森
党组副书记　谢小和
副局长　谢小和
戴明峰
吴进光
纪检组长　戴明峰
总统计师　吴晓仙（女）

环境保护局

局　长　黄振才（～2013.08）
周　伟（2013.08～）
党组副书记　施旭顶（2013.08～）
副局长　施旭顶
虞金定
王银海
县纪委驻局纪检组组长　王　舒
总工程师　阮泽永
瓯北分局局长　刘晓勇

安全生产监督管理局

局　长　王柏青
党组副书记　蒋孔助
副局长　蒋孔助
叶长河
戴海浪
总工程师　刘伟都（2013.01～）

食品药品监督管理局

书　记　陈建国
局　长　陈建国（～2013.09）
林增丰（2013.09～）
副书记　周启德
副局长　周启德
徐聪男（女）
县纪委驻局纪检组组长
周忠明（2013.01～）

食安办

主　任　林增丰（兼，2013.09～）

楠溪江风景旅游管理局

局　长　王晓峰

副局长　李　埃
　　　　王　贵
　　　　夏益平

体育事业发展局
局　长　潘教勤
副局长　李建寅（～2013.09）
　　　　叶龙飞
　　　　朱景多（兼）
纪检组长　李建寅（～2013.09）

经济技术协作办公室（招商局）
主　任　李晓平（女）
副主任　陈定洲
　　　　陈晓明（兼，～2013.09）
　　　　谢纯武
　　　　周　陈（2013.02～）
　　　　戴章云（2013.02～）

县级机关事务管理局
局　长　孙少峰
党组副书记　张建荣
副局长　张建荣
　　　　王中林
　　　　汪益新

移民安置办公室
主　任　李　平
副主任　谷中旭
　　　　柯彩玲（女，～2013.08）

供销合作社联合社（农合联）
主　任　滕强授
副书记　潘荣荣（女）
副主任　潘荣荣（女）
　　　　邵亦军
　　　　朱　捷（女，兼）

农合联
主　任　滕强授（兼）
副主任　潘荣荣（女，兼）
　　　　邵亦军（兼）
　　　　朱　捷（女）

行政审批管理办公室
主　任　刘超军（～2013.03）
　　　　张家强（2013.03～）
副主任　高哲熙
　　　　季东升

县政府金融工作办公室
主　任　陈丐法
副主任　吴凤菇（女）
　　　　周小巧（女）
　　　　杨忠源（挂职）
总经济师　胡文显

科技开发服务中心
主　任　郑玉眉（女）
副主任　钱建文（～2013.02）
　　　　李国算（2013.01～）

地方志编纂委员会办公室
主　任　应海龙
副主任　孙小芬（女）

公共资源交易管理委员会办公室
主　任　徐浙南
副主任　潘康容（～2013.01）
　　　　季益良
　　　　朱书贤（女，2013.08～）

三江开发建设指挥部
（2013年4月，撤销永嘉县三江片开发建设指挥部）
常务副指挥　张家强（～2013.03）
副指挥　汤文斌（～2013.04）
　　　　金世炊（～2013.04）
　　　　胡利生（～2013.04）

重点工程建设总指挥部
总指挥　陈志斌（兼）
副总指挥　陈光銮（兼）
常务副指挥　叶建平

新居民服务管理局
局　长　戴德明（～2013.08）
　　　　卢银林（2013.08～）
副书记　林　光（2013.01～）
副局长　林　光（2013.01～）
　　　　钱建山
　　　　余承宽（兼，2013.01～）
　　　　虞秀建（兼，2013.01～）
纪检组组长　朱志坚

县国有资产管理办公室
主　任　胡国强（～2013.02）
党组副书记　王林海（2013.02～）
副主任　王林海（主持，2013.02～）
　　　　钱文锋
　　　　林文胜（2013.09～）

南岸水库项目前期办
主　任　徐霖森
副主任　潘永胜（2013.01～）
　　　　梅银富（2013.01～）

罗东科教园办公室（温州职业技术学院永嘉学院建设工程领导小组办公室）
主　任　李庆孟
常务副主任　潘建胜（2013.09～）
副主任　陈　凯（2013.01～）
　　　　谢韦斌（2013.01～）
　　　　陈雷振（2013.01～）

永嘉投资集团有限公司
董事长　胡国强（挂职）
总经理　叶玉庭（挂职，～2013.09）
　　　　陈献锋（挂职，2013.09～）

副总经理　钱文锋（挂职）

水务集团有限公司

董事长　王建新
总经理　王建新（～2013.02）
郑碧碧（女，挂职，2013.02～）
副书记　吴晓辉（挂职）
副总经理　潘伯仓
汪建仲
张贤权
杨立俭
纪委书记　徐　晓（挂职，2013.08～）

县交通投资集团有限公司

董事长　汤光漫（挂职）
副总经理　赵利国（挂职）
汤锡曼（挂职）
陈　斌（挂职，2013.09～）
金晓波（挂职，2013.04～）
廖　勇（挂职，2013.09～）
总工程师　陈　斌（挂职）

县城市投资集团有限公司

董事长　胡克祥（挂职，～2013.02）
郑寿侃（挂职，2013.02～）
总经理　胡朝曦（挂职，2013.09～）
副总经理　汪　帆（挂职，2013.09～）

永嘉旅游投资集团有限公司

董事长　王　贵（挂职）
副总经理　潘统才（挂职）
郑志勇（挂职）
徐晓红（2013.09～）

县水利投资开发有限公司

董事长　蒋小浦（挂职）

交通警察大队

大队长　季建康（～2013.11）
金一洋（2013.11～）
教导员　戴建林

县政府驻杭州办事处

主　任　王　云
副主任　吴振生

县政府驻上海工作处

主　任　陈晓明（～2013.09）
叶云飞（2013.09～）
副主任　黄道森

农村能源办公室

主　任　黄　楠（～2013.09）
叶　帆（2013.09～）

县道路运输管理局

局　长　黄天真
书　记　黄天真

县公路管理局

（根据永编〔2013〕7号，永嘉县公路管理段更名为永嘉县公路管理局）
局　长　胡志衡
书　记　胡志衡

县港航管理局

局　长　林　峰（2013.08～）

县长运公司

经　理　黄晓东
书　记　黄晓东

永嘉中学

校　长　周丐亮
书　记　周丐亮

浙江电大永嘉学院

院　长　金秀容（女）
书　记　赵崇真

教师进修学校

（根据永编〔2013〕27号，撤销永嘉县教师进修学校、永嘉县教育局教研室和永嘉县教育科学研究室，设立永嘉县教师发展中心）
校　长　陈会众（～2013.08）
书　记　朱书贤（女，～2013.08）

县人民医院

院　长　徐聪琴（女）
书　记　徐聪琴（女）

畜牧兽医局（动物卫生监督所）

局（所）长　金连顺（兼）

四海山林场

场　长　徐定其
书　记　徐定其

正江山林场

场　长　周吉省
书　记　朱家飞

政协永嘉县第九届委员会

主　席　陈建良
副主席　周星柱
厉明富
金美秋（女）
金　盾
傅朝宗
钱金波（兼）
秘书长　郑向明
专职常委　林建光

县政协工作部门

办公室
主　任　汪少超
副主任　朱琳哲（女）

提案（港澳台侨）委员会
主　任　徐时聪

文史（学习）委员会
主　任　徐崇统

社会发展法制（教文卫体）委员会
主　任　周万青

经济科技（人口资源环境）委员会
主　任　陈晓平（女）

委员工作委员会
主　任　刘一春

军事机构

县人民武装部
部　长　　许文宝
政治委员　罗晴军

县公安消防局（县消防大队）
局　长　　林香茂
政治委员　余才福
副局长　　徐晓青

武警永嘉中队
中队长　邓炬敏
指导员　倪赛棋

金融系统及垂直管理单位

中国人民银行永嘉县支行
行　长　宋征威（～2013.02）
　　　　周荣俊（2013.02～）

银监会温州监管分局永嘉办事处
主　任　陆　平

中国工商银行永嘉县支行
行　长　刘华锋

中国农业银行永嘉县支行
行　长　卢立楚

中国银行永嘉县支行
行　长　刘其先

中国建设银行永嘉县支行
行　长
副行长　李文勇（主持）

交通银行永嘉支行
行　长　金圣努

永嘉农村商业银行
董事长　苏加标
行　长　郑朝霞
监事长、纪委书记
　　　　陈建华（～2013.01）
　　　　项世芳（2013.01～）

中国农业发展银行永嘉县信贷组
主　任　方崇伟

中国邮政储蓄银行永嘉县支行
行　长　潘修武

浦发银行永嘉支行
行　长　潘小甫

温州银行永嘉支行
行　长　周元辉

兴业银行温州永嘉支行
行　长　钱春苗

招商银行永嘉支行
行　长　叶丐达

华夏银行永嘉支行
行　长　郑　孩

永嘉恒升村镇银行
董事长　朱爱萍

中国人民财产保险公司永嘉支公司
经　理　朱宁远

中国人寿财产保险公司永嘉县支公司
经　理　金建满

中国太平洋财产保险公司永嘉县支公司
经　理　徐胜武

中国人寿保险公司永嘉县支公司
经　理　洪　震

中国人民人寿保险公司永嘉支公司
经　理　刘轩宏

国家税务局
局　长　沈余枢（～2013.11）
　　　　陈海洪（2013.11～）
副局长　陈伟建
　　　　夏次文
　　　　朱　斌
　　　　董礼敏
纪律检查组组长　林志祥

工商行政管理局
局　长　　王少敏
副局长　　徐柏东
　　　　　林　操
　　　　　叶兆荣
　　　　　李　锋
纪委书记　张维员

局长助理　王金瓯（2013.08～）
瓯北分局局长　邵　展（2013.08～）
上塘分局局长　邵　展（～2013.08）
　金新南（2013.08～）
桥头分局局长　应永久
桥下所所长　林向阳
乌牛所所长　戴金强

质量技术监督局
局　长　金家彪
副局长　金志国（～2013.04）
　李飞云
　林轶群（2013.04～）
纪委书记　林轶群（～2013.04）
　林　哲（2013.04～）
瓯北分局　叶　升（～2013.04）

国家统计局永嘉调查队
队　长　金建华

气象局
局　长　吴　群（～2013.03）
　侯球锋（2013.03～）

温州市住房公积金管理中心永嘉分中心
（2013年4月，建立中共温州市住房公积金管理中心永嘉分中心党组）
主　任　潘丽川（女）
副主任　胡永暖

邮政局
局　长
副局长　麻纯斌（主持）

中国电信股份有限公司永嘉县分公司
总经理　缪新飞（2013.11～）
书　记　周立仁（2013.11～）
副书记　周立仁（～2013.11）
副总经理　周立仁（主持，～2013.11）
　王晓峰
　徐　鸿（～2013.11）

中国移动永嘉分公司
总经理　蔡湘微（女）
副总经理　赵晓亮

中国联合网络通信有限公司
总经理　裘文杰（2013.11～）
副总经理　项海勇（主持，～2013.11）

国网浙江永嘉县供电公司
总经理　阮朝国（～2013.09）
　陈　浩（2013.09～）
党委书记　李建宇
党委副书记　阮朝国（～2013.09）
　陈　浩（2013.09～）
　潘志强
副总经理　李建宇
　汪慧斌
　李世林
　金维灶（2013.09～）
　温建阳
纪委书记　潘志强
工会主席　戴贤棋（～2013.09）
　李世林（2013.09～）

烟草公司永嘉分公司
局　长　陈兴明
副局长　胡胜岳
副经理　潘　明

中石化永嘉分公司
经　理　陈继光

盐务管理局
局　长　胡瑞昌
副局长　金　梅

人民团体

县总工会
主　席　郑顺益（2013.04～）
书　记　郑顺益
副主席　郑顺益（～2013.04）
　郑新平（～2013.02）
　汪庆幸（2013.03～）
　陈典妮（女）

共青团永嘉县委员会
书　记　胡月珍（女）
副书记　单飞杰
　汪传标（2013.01～）
　叶克慧（挂职，～2013.03）

县妇女联合会
主　席　陈晓芬（女）
副主席　章春爱（女）
　徐青青（女）

县科学技术协会
主　席　叶太琴
副主席　胡忠杰（～2013.01）
　曾　理（2013.01～）

县工商业联合会（总商会）
主　席　钱金波（兼）
党组书记　郑　力
副主席　郑　力
　邵玉平（女）

县文学艺术界联合会
主　席　陈伟峰
党组书记　杨大力
副主席　杨大力
　胡佐光（兼）

郑　阳（兼）

县归国华侨联合会

主　席　王萍萍（女，2013.02～）

副主席　王萍萍（女，主持，～2013.02）

王珊珊（女）

县残疾人联合会

理事长　郑文杰

副理事长　陈雪明

虞道存

县红十字会

会　长　何莉平（女，兼）

常务副会长　刘永万

党组书记　刘永万

副会长　卢玲玲（女）

县社会科学界联合会

主　席　虞建远

副主席　余桂芳（女）

县关工委

主　任　林乃排（兼）

专职副主任　金光明

办公室主任　金光明

办公室副主任　刘　华

民主党派

农工民主党永嘉县委员会

主委　傅朝宗（兼）

副主委　杨　丕（兼）

陈伟峰（兼）

陈丐良（兼）

（蔡旭琼）

功能区　镇（街道）

上塘中心城区

书　记　虞绍榜

副书记　胡克祥

金建军（2013.09～）

纪委书记　金建军（～2013.09）

胡永樟（2013.09～）

党委委员　金建军（～2013.09）

胡永樟

金卓民

郑寿侃（兼）

麻曙明（兼）

陈贤立（兼）

陈炳华（2013.09～）

黄国飞

胡朝曦（～2013.09）

胡朝曦（兼，2013.09～）

周俊晓

陈海州（兼）

邵瑜英（～2013.09）

主　任　胡克祥

常务副主任　金卓民（2013.09～）

副主任　胡永樟（～2013.09）

金卓民（～2013.09）

陈炳华（2013.09～）

邵瑜英（～2013.09）

黄国飞

胡朝曦（～2013.09）

总工程师　周俊晓

瓯北城市新区

第一书记　金丐旦（2013.03～）

书　记　金丐旦（～2013.03）

戴源涌（2013.03～）

副书记　徐孟鹤（～2013.02）

朱佩珍（2013.03～）

张家强（～2013.03）

傅道碎

李庆孟（兼）

杜国平（2013.03～2013.08）

尤建夏（2013.03～2013.08）

林　光（兼，～2013.01）

纪委书记　杨　瑛

党委委员　杨　瑛　陈东勇

李小攀　谢建胜

应国华　戴晓智

吴荣贵（兼，～2013.03）

金翎翼（兼，～2013.04）

朱佩珍（兼，～2013.03）

胡宋孝（兼，～2013.03）

尤建夏（兼）（2013.08～）

陈群锋（兼）（2013.09～）

郑有龙（2013.09～）

潘建胜（～2013.09）

主　任　徐孟鹤（～2013.02）

朱佩珍（2013.03～）

常务副主任　徐时斌（～2013.03）

陈东勇（2013.09～）

副主任　张家强（～2013.03）

李小攀

陈东勇（～2013.09）

谢建胜

应国华

朱贤泽（兼）

戴晓智

潘建胜（～2013.09）

郑有龙（2013.09～）

总工程师　叶劲彤

楠溪江风景旅游区

第一书记　胡宝锋

书　记　施宏光

副书记　王晓峰

李　埃

戚永东（～2013.09）

纪委书记　戚永东（～2013.09）
党委委员　王　贵
夏益平
谢　静
郑建南（兼）
汤森海（兼）
季洪海（兼．2013.01～）
叶胜杰（兼．2013.01～）
何学考（兼．～2013.08）
戴春光（兼．2013.09～）
黄鹤楼（兼．2013.09）
李永绍（兼．2013.09～）
主　任　王晓峰
副主任　李　埃
夏益平
谢　静
邹光远
总工程师　胡旭明

三江商务区（三江街道）

第一书记　金丐旦（2013.03～）
书　记　张家强（～2013.03）
胡宋孝（2013.03～）
副书记　徐时斌（2013.03～）
吴理俊（～2013.09）
胡益智（2013.04～）
滕建辉（2013.04～）
周成钿（2013.04～）（挂职）
金世炊（2013.04～）
郑光明（～2013.04）
李金杰
张　允（市下派）
纪（工）委书记　周娟娓（女）
党（工）委委员　胡利生（～2013.09）
周娟娓（女）
黄胜览
陈　晓
戴建波
郑晓天
谢纯武（兼）（2013.04～）
汤裕铨（2013.04～）
谢永长（2013.04～）
麻向华（～2013.04）
金立斌（～2013.04）
人大工委主任　汪庆幸（～2013.03）
吴理俊（～2013.03）
胡利生（2013.09～）
人大工委副主任　郑建良
吴建勇
主　任　吴理俊（2013.03～2013.09）
徐时斌（2013.03～）
常务副主任　黄胜览
副主任　谢纯武（兼，2013.04～）
全正超
周小卯（2013.04～）
陈　超
两新工委书记　张家强（～2013.03）
胡宋孝（2013.03～）
两新工委副书记　谢永长（～2013.04）
金立斌（2013.04～）

桥头镇

书　记　戴源涌（～2013.03）
何学考（2013.08～）
副书记　卢银林（～2013.08）
徐浙忠（～2013.08）
黄鹤楼（2013.09～）
胡程远
谢一蓬（2013.09～）
金绯宇（～2013.09）
李新聪（2013.09～）（挂职）
朱晨霞（～2013.02）
纪委书记　吕淑平（女）
党委委员　谢一蓬（～2013.09）
吕淑平（女）
谢　琼（女）
吴万洲
徐胜飞
潘崇相
朱众和（2013.09～）
梅银富（～2013.01）
郭　建（市下派）
黄红光（派出所所长，2013.01～）
人大主席　施正文（2013.08～）
邹锡琴（～2013.08）
人大副主席　周秀杰
廖大锡（～2013.11）
潘海峰
镇　长　黄鹤楼（2013.09～）
卢银林（～2013.08）
常务副镇长　谢　琼（2013.09～）
谢一蓬（～2013.09）
副镇长　朱晨霞（～2013.02）
徐建光
梅银富（～2013.01）
全海驰
黄品辉（2013.02～）
廖远新（2013.02～）
两新工委书记　何学考（2013.08～）
戴源涌（～2013.03）
两新工委副书记　陈小娥

（~2013.02）
叶丽华（女）
（2013.02~）

桥下镇

书　记　董庆标
副书记　周望欣
徐　彻
周　智
屠霁霞（挂职）
胡　凡（市下派）
卢玲玲（县下派）
纪委书记　滕显峰
党委委员　滕显峰
杜亦游
季巧云（女）
申建华（女）
王天强
谷　利
郑钟南
叶不凋
（派出所所长，2013.01~）
刘泰龙（兼）
李　淼（兼）
卢徐伟（兼）
朱众和（兼）
（~2013.09）
人大主席　周福巧
人大副主席　李国忠
麻永国
金可群
镇　长　周望欣
常务副镇长　杜亦游
副镇长　屠霁霞（挂职）
王天强
周淑苗（女）
厉　化
陈伯聪（2013.02~）
陈贤锋（~2013.02）
两新工委书记　董庆标
两新工委副书记　吕包琬

岩头镇

书　记　戴春光（2013.09~）
何学考（~2013.08）
副书记　戴春光（~2013.09）
沙定锚（~2013.02）
黄金锡（2013.09~）
汪国勇
周旭亮（2013.04~）
纪委书记　王富强（~2013.11）
党委委员　周旭亮（~2013.04）
王富强
章海鸥
王贤芬（女）
戴建武
徐贤友（2013.04~）
张晓松（2013.09~）
周庆利（2013.09~）
陈小纯（派出所所长，2013.01~）
金国勇（兼）
陈鲜庭（兼）
朱清化（~2013.09）
陈列重（~2013.09）
人大主席　金新益
人大副主席　李修林（~2013.02）
方寿弟
朱陈敏（2013.02~）
镇　长　戴春光（~2013.09）
黄金锡（2013.09~）
常务副镇长　章海鸥（2013.04~）
周旭亮（~2013.04）
副镇长　汤晓雅（女）
章海鸥（~2013.04）
金云平（2013.04~）
张晓松（~2013.09）
吕巧锋（2013.09~）
徐贤友
镇长助理　林丐眉（市下派）

沙头镇

书　记　季洪海（2013.01~）
副书记　金哲旺（2013.02~）
瞿晓敏
朱文广
季洪海（~2013.01）
纪委书记　吴志远（~2013.02）
周公理（2013.02~）
党委委员　吴志远（~2013.02）
周公理（2013.02~）
叶集成
麻菊棉（女）
郑玉乾
潘海闯
李　敏
包　雷（2013.09~）
邵胜进（派出所所长，2013.01~）
徐利星（兼）
金　磊（~2013.09）
陈天荣（兼，~2013.04）
人大主席　李忠勇（~2013.09）
人大副主席　周金桃
叶宝益
王顺利
镇　长　季洪海（~2013.02）
金哲旺（2013.02~）
常务副镇长　叶集成
副镇长　郑玉乾
王建光
卓成春（女）
廖海东
两新工委书记　季洪海（2013.01~）
两新工委副书记　刘文表

枫林镇

书　记　叶胜杰（2013.01~）
副书记　林　杰
金文达
吴学龙
叶胜杰（~2013.01）

	王　渊（市下派）
	叶　武（县下派）
纪委书记	王利友
党委委员	王利友
	戴光辉
	李春敏
	潘良民
	叶升川
	潘　怡（2013.02～）
	周　浩（派出所所长，2013.01～）
人大主席	林　杰（～2013.02）
	沙定锚（2013.02～）
人大副主席	谷建坤
镇　长	叶胜杰（～2013.02）
	林　杰（2013.02～）
常务副镇长	戴光辉
副镇长	陈敏坚
	王和静（女）
	卢苍忠
	吴介甫

岩坦镇

书　记	郑建南
副书记	徐　翔
	郑建国
	戴立敏（～2013.02）
	林建杭（～2013.02）
	王镇强（省下派）
纪委书记	朱海兵（2013.09～）
	王天龙（～2013.09）
党委委员	朱海兵
	麻云平
	谢月微（女）
	潘理民
	谢殿忠
	陈建静（2013.02～）
	何海静（2013.09～）
	王天龙（～2013.09）
	林光益（兼）
	谢益浩（兼）
	廖朝阳（兼，～2013.09）
	吕巧锋（兼，～2013.09）
	金成友（兼，～2013.02）
人大主席	徐　翔（～2013.02）
人大副主席	廖朝阳（2013.09～）
	邹姗姗（女）（2013.09～）
	金郑献（～2013.09）
	谷舜斌（～2013.09）
镇　长	徐　翔（2013.02～）
	林建杭（～2013.02）
常务副镇长	麻云平（2013.09～）
副镇长	金郑献（2013.09～）
	郑利雨
	戴建方
	朱海兵（～2013.09）
	麻云平（～2013.09）
	何海静

大若岩镇

书　记	汤森海
副书记	钱建文（2013.02～）
	周旭丹（女）
	潘陈一（～2013.02）
	陈光仲
	王建荣（市下派）
	季益良（县下派）
纪委书记	周公理（～2013.02）
	麻炳彪（2013.02～）
党委委员	麻炳彪（2013.02～）
	周公理（～2013.02）
	胡高丰
	郑寒虎
	刘昌东
	陈武鹤
	张仁谦（2013.02～）
	丁晓平（2013.02～）
	邵登宽（派出所所长，2013.01～）
	吴　敏（～2013.02）
人大主席	钱建文（2013.02～）
	潘陈一（～2013.02）
人大副主席	李秀嫦（女）
	谷舜斌（2013.09～）
镇　长	周旭丹（女）
常务副镇长	胡高丰（2013.09～）
副镇长	胡高丰（～2013.09）
	张仁谦
	李秀华
	李海朋
	程忠义（2013.02～）

碧莲镇

书　记	徐良明
副书记	周寿宪（～2013.02）
	朱晨霞（女）（2013.02～）
	汤志远
	麻光胜
	潘竹旺（市下派）
纪委书记	汤向阳
党委委员	汤向阳
	刘庆贵
	金艳艳（女）
	胡永相
	李理民
	胡黎民（2013.02～）
	潘　书（2013.09～）
	刘建群（兼）
	周庆利（～2013.09）
	谷常有（兼，～2013.09）
人大主席	孙　锋
人大副主席	谷常有（2013.09～）
	沙　静（女）（2013.09～）
	杨星枢（～2013.08）
镇　长	朱晨霞（女）（2013.02～）

周寿宪（～2013.02）
常务副镇长　刘庆贵
副镇长　李理民
陈光旭
郑　岳
麻永丰

巽宅镇
书　记　周宁国
副书记　金哲旺（～2013.02）
刘　建
潘陈一（2013.02～）
肖良建
杨忠源（省下派）
陈开亮（省下派）
纪委书记　陈国忠
党委委员　陈国忠
汤小巧（2013.02～）
张海鸥（女）
陈吕好
徐大林（2013.09～）
包　雷（～2013.09）
陈　静（2013.09～）
杨　义（兼，2013.09以后不再兼任西畲社区书记，改任统战委员）
王海业（派出所所长，2013.01～）
汤凌毅（市下派）
金锡矿（～2013.09）
胡永存（兼，～2013.09）
李　革（～2013.02）
人大主席　刘　建
人大副主席　吴伯友（～2013.02）
金锡矿（2013.09～）
吕伯相（2013.09～）
镇　长　金哲旺（～2013.02）
潘陈一（2013.02～）
常务副镇长　汤小巧（2013.02～）
李　革（～2013.02）
副镇长　汤小巧（～2013.02）
徐大林
金锡矿（～2013.09）
胡永存（2013.09～）
吴伯友（2013.02～）
陈　义

鹤盛镇
书　记　李永绍（2013.09～）
黄鹤楼（～2013.09）
副书记　李永绍（～2013.09）
全旭东
王长江（2013.09～）
周俊雅（2013.02～）
胡培春（～2013.02）
朱　捷（县下派）
纪委书记　邹显义（2013.04～）
周俊雅（～2013.04）
党委委员　邹显义
戴建光
朱建平
周红权
池兴荣
胡　琼（女）（2013.02～）
周俊雅（～2013.02）
吴若平（女）（2013.04～）
金衍孟（派出所所长，2013.01～）
郑乐海（兼，～2013.02）
金爽爽（兼，～2013.02）
人大主席　周星锋（～2013.02）
全旭东（2013.02～）
人大副主席　陈苍环
镇　长　李永绍（～2013.09）
常务副镇长　戴建光（2013.04～）
邹显义（～2013.04）
副镇长　王长江（2013.09～）
汪　扬（～2013.02）
吴若平
李志正（2013.04～）
蒋建聪
张　克（2013.02～）

东城街道
书　记　陈贤立
副书记　周聘磊
张建国
陈继平
郑照明（市下派）
季东升（县下派）
纪工委书记　陈光荣
党工委委员　陈光荣
周献华
周红光
陈婷婷（女）
卢跃明
王海欧
汪　扬（2013.02～）
厉建淼（兼）
人大工委主任　谢纯意
人大工委副主任　汤奥姆
潘光梯
主　任　周聘磊
常务副主任　周献华
副主任　周红光（2013.02～）
徐　聪（～2013.02）
汤嗣强
林圣洁（2013.02～）
两新工委书记　陈贤立
两新工委副书记　郭丽芝（女）

南城街道
书　记　麻曙明
副书记　刘惠芬（女）
张金文（2013.02～）
侯国省（～2013.02）
陈炳华（2013.09～）
纪工委书记　罗一相

党工委委员　罗一相
张金文（～2013.02）
潘珊瑚（女）
李建林
鲍顺利
叶丽珍（女）
胡建武（2013.09～）
陈列重（2013.09～）
徐巧贵（～2013.09）
人大工委主任　王兴郎
人大工委副主任　王新育
郑金海（～2013.09）
徐巧贵（2013.09～）
主　任　刘惠芬（女）
常务副主任　张金文（～2013.02）
副主任　叶少军
朱清化（2013.09～）
胡建武
叶丽珍
两新工委书记　麻曙明
两新工委副书记　周灵芬（女）

北城街道

书　记　陈海州
副书记　麻智慧
徐银周
叶　帆（～2013.09）
程志勇（省下派）
纪工委书记　陈永华
党工委委员　陈永华
苏　勇
王建忠
麻益领
徐建胜
袁守谦
金建生
邵方仕（兼）
人大工委主任　李培熙
人大工委副主任　陈志尧
谷国华
主　任　麻智慧
常务副主任　苏　勇
副主任　郑　阳
陈伯聪（～2013.02）
金巧娇（女）（2013.02～）
两新工委书记　陈海州
两新工委副书记　陈洪达

江北街道

书　记　尤建夏（2013.08～）
吴荣贵（～2013.03）
副书记　尤建夏（～2013.08）
陈志华（～2013.09）
胡龙德
徐立众（县下派）
纪工委书记　谢品东
党工委委员　谢品东
金玉寿
叶云山
谢连忠
戴建波
张建昆
陈海国（2013.09～）
金一洋（派出所所长，～2013.09）
毛秀星（派出所所长，2013.09～）
人大工委主任　汤光胜（2013.08～）
刘太东（～2013.08）
人大工委副主任　汤胜忠（～2013.08）
周倩倩（女）
主　任　尤建夏
常务副主任　金玉寿
副主任　陈素华（女）
章厚臣
两新工委书记　尤建夏（2013.08～）
吴荣贵（～2013.03）
两新工委副书记　戴凌云

乌牛街道

书　记　李月道（2013.09～）
金翎翼（～2013.09）
副书记　李月道（～2013.09）
金绯宇（2013.09～）
陈苍良
张德周
纪工委书记　徐飞平（女）
党工委委员　徐飞平（女）
周耀明
王　俊
滕玲玲（女）
余钢梁
陈苍国（2013.04～）
金教育（2013.04～）
吕裕通（～2013.04）
人大工委主任　徐浙忠（2013.08～）
施正文（～2013.08）
人大工委副主任　陈中奇
周星金（2013.04～）
主　任　李月道（～2013.09）
金绯宇（2013.09～）
常务副主任　周耀明（2013.04～）
副主任　金教育
夏岳良
李晓明
陈　北（2013.04～）
两新工委书记　李月道（2013.09～）
金翎翼（～2013.09）
两新工委副书记　陈　北（～2013.04）
麻向华（女）（2013.04～）

黄田街道

书　记　朱佩珍（女）

（～2013.08）
陈群锋（2013.09～）
副书记　陈群锋（～2013.09）
董小平（～2013.09）
戚永东（2013.09～）
戴普查
纪工委书记　吴臣浩
党工委委员　吴臣浩
戴国光
陈岩斌
郑爱聪（女）
吴活机
李　坤
王天龙（2013.09～）
滕晓南（派出所所长，2013.01～）
汤裕铨（～2013.04）
人大工委主任
刘聪雷（2013.09～）
董小平（～2013.09）
人大工委副主任　郑玄生
郑岩标
主　任　陈群锋（～2013.09）
戚永东（2013.09～）
常务副主任　戴国光
副主任　郑道福
胡永杰（～2013.09）
金　磊（2013.09～）
两新工委书记
陈群锋（2013.09～）
朱佩珍（～2013.08）
两新工委副书记
胡永杰（2013.09～）
周星金（～2013.04）

东瓯街道（浙江永嘉工业园区）

（2013.04浙江永嘉工业园区与东瓯街道合署办公，成立浙江永嘉工业园区党委、浙江永嘉工业园区纪委）

书　记　刘超军（2013.04～）
胡宋孝（～2013.03）
副书记　杜国平
徐建峰
潘朝阳
纪工委书记　滕建辉（～2013.04）
党工委委员　滕建辉（～2013.04）
胡永久
汪奇芬（女）
金建敏
谢云多
黄世和（派出所所长，2013.01～）
徐文武（～2013.02）
周小卯（2013.02～2013.04）
徐　聪（2013.09～）
余澄宇（2013.09～）
人大工委主任　黄华生
人大工委副主任　郑玉准
陈丐良
主　任　杜国平
常务副主任　胡永久
副主任　周小卯（～2013.02）
徐　聪（2013.02～2013.09）
汪远增
叶晓孝（2013.09～）
两新工委书记
刘超军（2013.04～）
胡宋孝（～2013.03）
两新工委副书记　邹有才

（李永贵）

中国共产党永嘉县委员会

综　述

2013年，中共永嘉县委坚持以党的十八大和十八届三中全会精神为引领，认真贯彻落实中央和省市委的各项决策部署，全面实施“三大”战略，深入开展“两提两争”主题实践活动，扎实抓好各项工作，经济社会保持平稳发展态势。全县实现地区生产总值291.9亿元，同比增长8%；公共财政预算收入20.88亿元，增长13.2%；全社会消费品零售总额突破100亿元，增长12.5%；城镇居民人均可支配收入超过30000元，农村居民人均纯收入12600元，分别增长8.3%和9.3%。

“两提两争”主题实践活动　2013年，以党的十八大精神为引领，深入贯彻中央和省市委重大决策部署，紧紧围绕“三生相融·幸福永嘉”建设目标，扎实推进“四大活动、五大攻坚、六大行动”，争当克难攻坚先锋，争创一流发展环境，切实以群众在干部心中的分量来提高干部在群众心中的分量，以干部的辛苦指数来提升群众的幸福指数，着力助推永嘉赶超发展、激情跨越。扎实开展党的十八大精神学习、以“两提”为主线的群众路线教育实践、新一轮解放思想大讨论、“互看互学互比”等系列活动，激发干部干劲。全力开展招商投入、平台建设、产业转型、环境整治、城乡统筹等五大攻坚，重点工作取得新突破和新进展。切实深化干部、政策、要素、服务、社会、舆论等六大环境优化行动，有效改善干部作风和县域发展环境。

产业转型升级　2013年，制定出台扶工兴贸系列优惠政策，组织开展“千名干部进千村入千企解千难”和3轮“企业服务百日攻坚”活动，建立驻企服务员制度，全力服务实体经济发展。大力推进“三转一市”和“四换三名”工作，完成个转企2078家，3家企业入选中国品牌500强，技改投入同比增长49%，全面启动省级系统流程装备产业技术创新综合试点与高新技术产业化基地创建，建成全省首家国家级阀门质检中心。率全市之先成立网络经济服务局，每年安排不少于500万元专项资金用于扶持电子商务发展，培育了全市首个“淘宝村”——桥下西岙村，奥康、红蜻蜓等龙头企业网络销售额成倍增长，永嘉被评为全国网购第四潮县。深化金融综合改革，建立首家民间借贷服务中心，完成永嘉农村合作银行股改，全县不良贷款率为0.75%，金融生态保持良好。新启动楠溪慢城、楠溪江国际房车露营公园等一批重大旅游项目，建成并开放丽水新街、古村绿道和6个森林公园，成功举办中国（温州）森林旅游节、中国·楠溪江山水文化旅游节等活动，游客接待数和旅游总收入均增长30%以上，是年获得全省“旅游发展十佳县”称号。大力发展现代农业，建成1个产业示范区、1个休闲观光园和7个精品园，新增土地流转面积0.19公顷，农业招商实到资金6.79亿元。

招商选资　2013年，永嘉县充分利用永商“第一资源”，深入实施招商选资“一号工程”，创新实行目标群体分析法和审批倒逼提速机制，全力助推永商回归和项目落地。2013年，总投资210亿元的三江生态立体城成功落地，奥嘉铂尔曼酒店顺利结顶，温州维多利广场、楠溪云岚养生度假中心等重大招商项目开工建设，全年共签约永嘉世贸中心等招商项目17个，实到资金62.45亿元，其中浙商回归到位资金54.45亿元，完成率居全市前列，获第二届世界浙商大会“浙商回归创业创新组织奖”，招商选资工作连续2年走在全市、全省前列。

扩大有效投资　2013年，深入开展“项目建设攻坚年”活动，大力实施项目建设“百日攻坚”和“剿黑恶·护发展”等专项行动，扩大投资总量，优化投资结构。全县23个项目列入省“411”重大项目计划和省重点工程计划，4个项目进入省重大产业项目预选名单，12个重点工程提前完成年度投资任务，雁楠公路和41省道上塘至沙头段实现全线通车，三江吹砂回填二期工程完工，诸永高速公路温州段延伸工程、瓯北大桥、41省道南复线岩头至大若岩段等项目加快推进。全年完成限上固定资产投资206.3亿元，增长17%，其中工业投资47亿元，增长39.7%。

美丽乡村建设 2013年，大力推进历史文化村落保护利用，建成20个文化展馆和33个文化礼堂。成功打造“楠溪古韵寻踪轴”精品线，完成全省“深化千万工程、建设美丽乡村”现场会任务。中央电视台、《光明日报》、《浙江日报》等国内主流媒体分别以专栏、头版和头条对此作了报道，百度相关搜索次数超过100万条，永嘉获得全省农村文化礼堂建设先进县和“省级美丽乡村创建先进县”称号，被国务院农改办列为全国“一事一议”美丽乡村建设试点县。全力推进水环境治理，严格执行楠溪江中上游不发展工业决策，在全省率先开展刑事立案打击非法采砂行为，不惜牺牲13亿元的GDP，关停并转了134家重污染企业，成功整治黑臭河、垃圾河73条，楠溪江被评为全省“十佳嬉水胜地”。“十二五”以来，全县共投入水利建设资金26亿元，项目和资金数均排在全省前列，首次获得了全省水利“大禹杯”银杯奖。全面启动国家级生态县创建，连续开展3轮环境综合整治百日攻坚，统筹推进“三改一拆”“四边三化”“双清”等专项行动。全年共拆除违章建筑316.73万平方米、旧住宅区168.94万平方米、旧厂区46.51万平方米、城中村526.06万平方米，造林绿化0.16万公顷，坟墓生态化改造7000余座。

平安建设 2013年，深入实施“两护两强”四大工程，扎实推进平安“五连创”，大力开展“大走访、大排查、大化解、大整改”活动，有力维护全县大局和谐稳定。社会治安、安全生产和信访维稳等各项主要指标持续好转，平安年度考核获全市B类县（市、区）第一名，“平安三率”取得了满分，顺利实现“平安五连创”目标。全面推进重大事项社会稳定风险评估，群众来信来访总量进一步下降，妥善化解一批历史遗留问题，顺利完成党的十八届三中全会、全国和地方“两会”、全省美丽乡村现场会期间的信访安保任务。

社会民生事业 2013年，扎实推进“三县三城联创”，成功创成省级文化先进县、省级文明县城和省级卫生强县。深化民办教育综合改革，成功引进江苏翔宇教育集团创办温州翔宇中学。积极推进医药卫生体制改革，县中医院与温州附一医实现托管合作，市级标准化社区卫生服务中心实现全覆盖。深入推进民政综合改革，全面创建“六统六分”养老服务新模式。加快公共文化服务体系建设，县公共文化活动中心、县城体育“两馆”等项目建设进展顺利，全省公共文化服务体系建设推进会在永嘉召开，成功举办2013中国·温州国际山地户外运动挑战赛、全国象棋冠军挑战赛总决赛。深化“强基创优”工程，计生“两非”案件查处工作走在全市前列。

党的建设 2013年，以“两提两争”主题实践活动为总纲，全面落实县四套班子“九联系”和“一周一督查、半月一协调、一月一排名、一季一问责”制度，深入开展“领导干部蹲点调研”“百名干部激情创业”“千名干部鱼水共融”系列活动，营造了干事创业的浓厚氛围。试行干部人事制度改革立体工程，推行一般干部末位离岗培训、中层科室干部聘任和督考交流、副职一把手提名和一把手重点工作问责，对32名干部进行了离岗培训，对6名中层干部进行了跨部门交流，同时加大对优秀干部的激励和褒扬力度，通过抓两头带中间，激发干部活力。扎实推进基层党组织“争锋创星”工程，深入开展“双服务一认领”活动，基层基础进一步夯实，党群、干群关系明显改善。率全省之先打响村级组织换届“整风肃纪”第一枪，全面顺利地完成904个村的村级组织换届选举，实现“负面因素明显减少、当选质量明显提高”。深入开展“让网络空间清朗起来——当战士、不当绅士”学习讨论实践活动，全面启动“红色细胞工程”，多措并举激发组织和肌体青春活力，努力净化虚拟空间和基层精神环境。切实深化“勤廉永嘉”建设，深入开展“农村基层党风廉政建设年”活动，党风廉政建设取得新成效。

（汪锦波）

主要会议

全县党建工作会议 2013年2月4日下午召开。会议主要内容：深入贯彻中央和省市有关党建工作的部署要求，回顾总结2012年党建工作，部署2013年组织、宣传、统战工作，动员全县各级党组织和广大党员干部围绕中心、服务大局、创新实干，努力开创党建工作新局面。县委书记盛秋平出席会议并作重要讲话。县四套班子有关领导，各功能区党委书记、分管领导，各镇（街道）党（工）委书记、分管组织、宣传和统战的党（工）委委员、两新工委副书记，县直属各单位主要负责人，先进代表参加会议。

中共永嘉县第十二届纪委三次全体（扩大）会议 2013年2月4日下午召开。会议主要内容：贯彻落实十八大精神，按照中央和省、市的部署要求，加强反腐倡廉建设，转变干部作风，打造“勤廉永嘉”。县委书记盛秋平出席会议并作重要讲话。县四套班子党员领导，县纪委委员，各功能区党委书记、纪委书记、副书记、监察室主任，各镇（街道）党（工）委书记、纪（工）委书记、副书记、监察室主任，县直属各单位主要负责人，县直属各单位纪委书记（纪检组长）、副书记（副组长）、监察室主任，未设纪委（纪检组）单位分管纪检工作领导临时机构及工程建设指挥部负责人，县纪委监察局机关全体干部参加会议。

全县人口资源环境暨城乡统筹工作会议 2013年2月6日下午召开。会议主要内容：回顾总结2012年全县人口资源环境和城乡建设工作，对2013年工作做出具体部署，动员全县上下认清形势，明确任务，推进全县人口资源环境和城乡建设各项工作。县委书记盛秋平出席会议并作重要讲话。县四套班子领导，各功能区党委书记、管委会主任，各镇（街道）党（工）委书记、镇长（主任），县直属各单位中层以上干部，县属企业单位主要负责人，工程建设指挥部及临时机构负责人参加会议。

2013年世界永商新春恳谈会 2013年2月16日下午召开。会议主要内容：弘扬永商精神，凝聚永商力量，传承永商文化，联络永商感情，服务永商回归，推动永嘉转型发展，建设全世界永商共享的“幸福永嘉”。县委书记盛秋平出席会议并作重要讲话。县四套班子领导，各功能区、各镇（街道）及有关部门主要负责人，世界永嘉人联谊总会第一届理事会全体成员，在外永嘉籍商会会长及知名人士，侨界人士，工商界知名人士，县内功勋企业、重点行业代表负责人，签约单位，先进集体与先进个人，特邀人士参加会议。

全县“两提两争”主题实践活动动员大会 2013年2月27日下午召开。会议主要内容：表彰2012年度全县各类先进，部署2013年全年各项工作任务，推进“四大活动、五大攻坚、六大行动”，营造大干快上、争先恐后的浓厚干事创业氛围，激发干部克难攻坚的豪情，确保完成2013年各项目标任务，努力实现赶超跨越。县委书记盛秋平出席会议并作重要讲话。县四套班子领导，各功能区、各镇（街道）班子成员，县直属各单位中层以上干部，全年重点工作涉及村居党支部书记和村委会主任，规模以上企业负责人，先进代表参加会议。

“百名干部激情创业”活动动员大会 2013年2月28日下午召开。会议主要内容：动员攻坚组上下，振奋精神，坚定信心，直面挑战，以开放的思维、创新的理念、无畏的勇气、科学的方法，奋力拼搏，扎实苦干，为全县加快发展、转型发展作出积极贡献。县委书记盛秋平出席会议并作重要讲话。县四套班子有关领导，各攻坚组成员，项目所在功能区、镇（街道）主要领导，被抽调人员所在单位主要负责人，“百名干部激情创业”活动协调组成员参加会议。

全县城乡统筹暨农业农村工作会议 2013年2月28日下午召开。会议主要内容：贯彻省市有关农村工作会议精神，正视困难，把握机遇，解决存在突出问题，突破重点难点，开创全县城乡统筹和“三农”工作新局面。县委书记盛秋平出席会议并作重要讲话。县四套班子有关领导，各功能区党委书记或管委会主任，各镇（街道）党（工）委书记或镇长（主任），分管社区工作、保障房建设工作、农业农村工作领导，县直有关单位主要负责人，县委农办（县农业局）、县林业局班子成员，县农房办、县社工办有关人员参加会议。

2013年第一季度经济形势分析暨功能区（镇街）“互看互学”活动汇报会 2013年4月11日召开。会议主要内容：分析全县第一季度经济运行情况和全年经济工作总体形势，谋划全年经济运行工作思路，凝聚广大乡镇干部的正能量，坚定信心，乘势而上，确保永嘉经济平稳健康发展。县委书记盛秋平出席会议并作重要讲话。县四套班子领导，各功能区党委书记、管委会主任，各镇（街道）党（工）委书记、镇长（主任），县直属有关单位主要负责人，督查专员、专家学者代表，“两代表一委员”代表，媒体代表参加会议。

全县平安建设总结表彰暨“平安五连创”动员大会 2013年4月28日上午召开。会议主要内容：贯彻落实省市平安建设有关会议精神，总结工作，分析形势，部署2013年度平安建设任务，再接再厉，克难攻坚，实现平安永嘉“五连创”目标。县委书记盛秋平出席会议并作重要讲话。县四套班子有关领导，各功能区党委书记或管委会主任，各镇（街道）党（工）委书记或镇长（主任）、分管领导、综治办主任，县直属各单位主要负责人，先进代表参加会议。

创建省级美丽乡村先进县暨“三县三城”联创动员大会 2013年5月23日上午召开。会议主要内容：总结前阶段美丽乡村建设、环境综合整治和“三县三城联创”工作，部署下步任务，推进城乡环境的全面优化。县委书记盛秋平出席会议并作重要讲话。县四套班子领导，美丽乡村建设领导小组成员、单位中层以上干部，各功能区、镇（街道）中层以上干部，岩头镇全体干部，美丽乡村建设沿线企业负责人，美丽乡村建设沿线重点村党支部书记和村委会主任参加会议。

中共永嘉县委十二届五次全体（扩大）会议 2013年8月28日上午召开，会议主要内容：贯彻落实党的十八大、省委十三届三次和市委十一届四次全会精神，总结上半年工作，部署下半年任务，动员全县各级党组织和广大党员干部群众，统一思想、振奋精神、狠抓落实，推进永嘉经济社会赶超发展、转型发展。同时，审议通过《关于全面实施创新驱动战略 加快建设创新型县的意见》。县委书记盛秋平出席会议并作重要讲话。县委委员、候补委员，县纪委委员，县人大常委会主任、副主任，县政府副县长，县政协主席、副主席，县人武部部长，县法院院长、县检察院检察长，担任过副县级实职以上的党员老干部，县人大办各委（办、室）主要负责人，县政协秘书长、各委（办）主要负责人，县直属各单位党委（党组）主要负责人，各功能区党委书记、管委会主任，各镇（街道）党（工）委书记、镇长（主任），金融系统主要负责人，临时机构及工程建设指挥部负责人，部分县第十二次党代会代表，全县重点企业负责人参加会议。

全县振兴实体经济、促进永商回归大会暨“双百攻坚”活动推进会 2013年9月22日下午召开。会议主要内容：贯彻全市振兴实体经济动员大会和全市温商回归动员大会及县委十二届五次全会精神，以开展第三轮“双百攻坚”活动为抓手，动员全县上下坚定信心、齐心协力、全力开展破难攻坚，全面优化发展环境，加快推动永嘉赶超发展、转型发展。县委书记盛秋平出席会议并作重要讲话。县四套班子领导，各功能区党委书记、管委会主任、分管工业、服务业、建设领导，各镇（街道）党（工）委书记、镇长（主任），分管工业、服务业、建设领导，县直属各单位主要负责人，金融系统主要负责人，县属企业主要负责人，重点工程建设指挥部主要负责人，重点部门中层以上干部及基层站所负责人，驻企服务员代表，各攻坚组组长、副组长，重点企业负责人，回乡投资永商代表，行业协会负责人，有关中介机构负责人参加会议。

全县作风效能建设大会暨党风廉政建设汇报会 2013年11月25日下午召开。会议主要内容：贯彻落实十八届三中全会和全市作风效能建设大会精神，结合中央和省市开展党的群众路线教育实践活动要求，部署全县加强作风效能和党风廉政建设的各项任务，营造良好的发展环境，努力为永嘉赶超发展提供强有力的政治纪律保障。县委书记盛秋平出席会议并作重要讲话。县四套班子领导，各功能区、镇（街道）班子成员，县直属各单位中层以上干部，县重点工程建设指挥部主要负责人，县政风行风监督员参加会议。

中共永嘉县委理论务虚会 2013年12月2日下午召开。会议主要内容：学习贯彻十八届三中全会、省委十三届四次全会、夏宝龙书记在温考察指导重要讲话和市委常委扩大会议精神，盘点当年工作，理清下年工作思路。县委书记盛秋平出席会议并作重要讲话。县委理论中心组成员，各功能区党委书记、管委会主任，各镇（街道）党（工）委书记、镇长（主任），县直属有关单位主要责任人参加会议。

永嘉县桥头钮扣市场创办30周年座谈会暨全面深化改革报告会 2013年12月27日下午召开。会议主要内容：总结回顾永嘉县改革开放35周年的光辉历程，抓住机遇，把握全面深化改革的前进方向，明确任务，以党的十八届三中全会精神为引领，解放思想、改革创新、勇于担当、敢为人先，开创全县改革开放新局面。县委书记盛秋平出席会议并作重要讲话。县四套班子领导，各功能区、镇（街道）班子成员，县直属各部门中层以上干部，金融系统主要负责人，县属投资公司主要负责人，重点工程建设指挥部负责人，工业功勋企业、农业龙头企业、行业协会负责人，在外永商代表，永嘉总商会副会长、基层商会会长，改革开放35年代表性人物参加会议。

中共永嘉县委十二届六次全体（扩大）会议 2013年12月30日上午召开。会议主要内容：贯彻落实党的十八届三中全会、中央经济工作会议和省市委全会精神，回顾总结2013年工作，研究部署2014年任务，审议通过《中共永嘉县委关于认真学习贯彻党的十八届三中全会精神，全面深化改革的实施意见》。县委书记盛秋平出席会议并作重要讲话。县委委员、候补委员，县纪委委员，县人大常委会主任、副主任，县政府副县长，县政协主席、副主席，县人武部部长，县法院院长，县检察院检察长，担任过副县级实职以上的党员老干部，县人大各委（办、室）主任，县政协秘书长、各委（办）主任，县直属各单位党委（党组）主要负责人，各功能区党委书记、管委会主任，各镇（街道）党（工）委书记、镇长（主任），金融系统主要负责人，县属投资公司主要负责人，重点工程建设指挥部负责人，部分县第十二次党代会代表参加会议。

（王晓森）

组织工作

概　况 2013年，县委组织部以“十大重点工作项目”为主抓手，力求“更实、更稳、更好”，围绕中心，服务大局。干部人事制度改革重点探索“能上能下”选人用人机制，打造过得硬打胜仗队伍；基层党建重点服务型基层党组织创建主题，牢牢抓住村级组织换届这项中心任务，着力激发基层党组织和党员队伍活力；人才工作着力抓好“双千”引才工程，重点实施“百人计划”，为创新驱动发展提供智力支持和人才保证。

基层组织建设 一是深入开展“双服务一认领”活动。针对基层党组织缺乏活动资源和载体、党员作用发挥难等问题，推行“组团认领、契约履诺”工作法和“百家支部结对，万名党员牵手”活动。全县7890名党员到村社报到登记，认领服务项目1230个，开展各类志愿活动8900多次，受益群众20万余人次。二是扎实推进基层党组织“争锋创星”工程。推行“镇街服务指数、基层党组织堡垒指数、党员先锋指数”三大指数捆绑式评星定级工作。全县245个五星党组织培育成“五星级”服务型党组织示范群；55个无星党组织全部实现晋星升级。狠抓农村党员队伍管理。实行入党积极分子群众推优制，组织开展“发展党员差额遴选”试点。全面实行农村党员先锋指数考评管理，对4520名农村任职党员、19903名农村普通党员和2205名农村外出流动党员分类分标考评，进一步强化党员管理。三是积极做好两新党建相关工作。探索推行“青春党建”，组建了跨支部、跨区域的“青春星光联盟”，聚集优秀青年群体，激活青春正能量。全面推行“驻企服务员”制度，全县3630名机关干部与9051家企业结对，109位“退二线”干部担任驻企专职服务员，组建6个专项组和545个攻坚组，实现结对全覆盖，累计帮企业梳理化解各类问题5287个。四是稳步推进村级组织换届各项工作。组织启动重点村、难点村三轮“包干攻坚”方案，严把三级联审关，实行人选酝酿，确保不合格人选零当选，从严从重打击违法违纪行为，以铁的纪律树清风严选纪，顺利完成全县904个村村级组织换届任务，实现了“负面因素明显减少、当选质量明显提高”。五是积极开展群众路线教育实践活动筹备工作。永嘉作为第二批开展活动的单位，不等不靠，积极行动，“先学先查先改”，开展“机关干部基层走亲连心”等活动，进村入企、约访下访、蹲点调研、到社区报到，为全面启动群众路线教育实践做好基础性工作。

干部队伍建设 一是实施“百名干部激情创业”行动。开辟一线砺才新战场，探索启用干部培养的“项目化”模式。选派118名干部组成八大攻坚组，咬定城中村改造、美丽乡村建设等县委重点工作项目，组团包干，限时攻坚。建立“攻坚组日碰头、功能区（镇街）周会商、协调组半月谈、书记县长每月听汇报”工作机制，实行赛跑式的竞争方式，确保项目有序推进。同步启动专项考察，动态跟踪干部实战表现，挖掘一批实干型、狮子型干部。二是开展镇街干部联系群众“鱼水情”行动。包括全员驻社联村到户、干部行踪全程公示、民情定期沟通分析、“岗位赛诺”办事以及值班住夜“四夜”（夜学、夜访、夜议、夜谈）等多项活动，《浙江卫视》等多家媒体连续跟踪报道。配套出台《领导干部日常管理反向“计分预警、抄告提醒”制度》，成立“鱼水情”专项行动督查小组，对“鱼水情”行动中作风不实、重点工作推进不力的干部，予以1～12分不等的反向计分和三色预警提醒，结果与干部评先评优、提拔使用直接挂钩。2013年，有67名领导干部和167名一般干部被反向计分登记，其中黄色预警6人，橙色预警2人，17名干部被诫勉谈话，起到较好提醒警示效果。三是推进一般干部“继续教育”行动。通过教育惩戒的方式，统一安排2012年考绩排名靠后单位、重点中层科室督考排名靠后科室以及行风评议排名靠后等6类人员共计32人，参加为期50天的离岗集中培训，破解“小鬼难缠”“中阻梗”等队伍管理难题，引发社会各界广泛关注，《中国组织人事报》等主流媒体相继进行正面宣传报道。四是开展组织工作“学、清、立、改、停”对照检查活动，对组织工作中存在的一些不符合、不适应新形势新要求的文件、制度、办法，包括干部考核评价办法、民主推荐办法、竞争性选拔工作等，结合永嘉实际，进行全面梳理，调整12项，改进22项，叫停9项，并制定出台引领赶超发展干部队伍建设系列制度。

党管人才工作 一是完善“引才”机制。实行高层次人才引进工作责任制、亲属联络常态制、项目审批全程代理“一条龙”服务等机制，发布《2014年产业人才引进百人计划公告》，新华网、《浙江日报》、浙江海外人才网等媒体对永嘉“产业百人计划”进行了报道。2013年，海外高层次人才引进完成率居全市第一，入选省“千人计划”3人，入选市“580精英计划”4人，引进海外工程师7人、国外专家智力项目19个，高技能人才培养1262名，完成率157.75%。二是实施“留才”政策。制定出台党管人才工作意见，率全市之先实施“人才考绩法”和“项目管理法”。制定出台《关于补充调整<永嘉县产业创业创新人才引进“百人计划”实施办法（试行）>有关规定》。根据《关于进一步加强人才工作的若干规定》，全面落实人才的政策待遇和专项奖励。2013年累计放发各类资助、奖励等240余万元，进一步激发了人才干事创业热情。三是搭建“育才”平台。推进院士专家工作站、博士后工作站、省重点企业研究院人才平台建设，人才平台建设排名全市第一，创建国家级博士后工作站1家，市级博士后工作站3家，省重点企业研究院2家。深化“十支团队·百名人才”培育工程，首轮10支团队入选省重点创新团队1家，市重点创新团队4家，团队累计完成省级以上专业课题24个，发表省级以上论文92篇，获专利111项，制定国家、行业标准37个，团队效用明显。人才工作全市考评第一。

（柯云强）

宣传工作

概　况　2013年，全县宣传思想文化工作取得新进展。精心组织重大主题报道，深入开展多种形式的监督活动和形势政策宣传教育活动。落实1000万元文化发展基金；投入1.8亿元，作为文化与自然传承保护发展基金。举办了第二届中国楠溪江山水文化旅游节，成功创建省级文化先进县。与浙江日报、温州日报建立战略合作关系，央视《乡村大世界》《乡约》等栏目相继走进永嘉。精神文明建设有了新的起色，成功创建省级文明县城。道德模范人物不断涌现，入选“浙江骄傲”和“中国好人榜”人数名列全市前茅。永昆《金印记》参加省第十二届戏剧节，获“新剧目奖”第三名。首次组建的女子合唱团晋级“美丽中国——2013年浙江省经典歌曲合唱大赛”总决赛，并获得二等奖。

党员干部思想教育　2013年，深入宣传贯彻党的十八大和十八届三中全会精神，加强党委理论中心组学习，邀请余秋雨等专家到永嘉授课。精心组织“两提两争”思想解放大讨论，开展“三学四讲五进”等系列活动，举办16场“重点专题大讨论”、90场“部门科（室）长质询评议”、130多场“座谈讨论”和29期“党政部门一把手对话网民”网络问政活动。策划制作“永嘉方言说唱十八大”“中国梦·永嘉梦”宣讲光盘，不断提高党员干部群众的思想觉悟。

社会舆论引导　2013年，开设“让网络空间清朗起来”等专题活动，集聚网上正能量。在全市率先出台《网络舆情处置工作细则》和《互联网宣传管理属地责任考评办法（试行）》，实行网络舆情“日报周结”制，全年编发《永嘉县网络舆情抄告单》101期，处理网络舆情200多件，构建了高效、科学的舆情应对管理机制。发挥“市民监督团”和“记者帮帮团”作用，关注社会焦点和工作难点，全年集中开展舆论监督活动29次，推动了工作进展，平息了负面舆论。

开展主题宣传 2013年，集中开展“美丽乡村”“四边三化”“三改一拆”“两江开发”等重大主题宣传，在全县营造克难攻坚、激情跨越的良好干事创业氛围。精心安排月度新闻工作例会，建立并推行月新闻发布制度。投入1000万元外宣专项基金，出台《永嘉县外宣基金使用管理办法》和《永嘉县外宣奖励办法》等制度。主动对接中央和省市主流媒体，与浙江日报、温州日报等主流媒体建立战略合作关系，有力提升永嘉知名度和美誉度。

创建省级文明县城 2013年，以创建省级文明县城为目标，大力开展群众性精神文明创建和公民思想道德建设活动，组织开展“社区邻里文化节”“义利并举，敢为人先”永嘉精神主题宣讲和“最美”系列评选，策划“厉行节约请您光盘”“雷锋日”便民服务等公益活动。加强统筹协调，加大财政投入，深化城区洁化、绿化、亮化工程，有效提升城市品位。在全省宣传思想工作会议上被授予省级文明县城称号。

创建省级文化先进县 2013年，以创建省级文化先进县为目标，成功承办全省“公共文化服务体系建设提升年”工作推进会并在会上作典型发言。加大财政投入，县公共文化活动中心、体育馆、游泳馆、职工活动中心、图书馆等一批重大公共文化设施建设进展顺利。广泛开展群众性文化活动，在全县营造浓厚文化氛围，年底顺利通过省文化先进县创建考核组验收。

创建省级文化礼堂工作先进县 2013年，以创建省级文化礼堂工作先进县为目标，通过体制机制、方式方法创新，全年财政投入410万元并带动民间资金3000多万元用于全县文化礼堂建设，提前4个月在全省率先建成33所文化礼堂，走在了省市前列。

培育文化产业亮点 2013年，结合古村落保护利用“六个一”工程和美丽乡村建设现场会，加快推进楠溪江文化园建设和文化产业项目招商落地。委托中国美院完成文化创意中心规划，建成一批文化展馆、一条文化商业街、一条园区交通绿道和一批特色酒店民宿，成功引进国泰安—嘉桥教玩具科技产业园、中国艺术研究院温州创作基地和“温州慢城”等一批重大文化产业项目。教玩具产业逆势飘红，产值在GDP中的比例不断攀升，成为全县的支柱产业之一。

培育节庆品牌 2013年，大力开展对外宣传和文化交流活动，精心举办第二届楠溪江山水文化旅游节，推出《索面人家》微电影、《楠溪恋曲》歌曲、《天真之水画永嘉》画册和出版《魅力永嘉》第三版等一批外宣作品。在北京、杭州举办“中国长寿之乡”永嘉百名百岁老人摄影展，开展“再识楠溪江”全国知名作家采风、全国知名媒体“走·读”永嘉、全国知名书画家“书画永嘉”等一系列活动，塑造并输出永嘉的良好形象。

宣传美丽乡村建设 2013年，围绕全省美丽乡村现场会这一重要工作，精心策划开展“我心中的最美永嘉”摄影比赛、“最美永嘉人”评选等活动。加强城乡环境治理，引导社会资金在枫林、峙口和岩坦高速出口处各立高清大型电屏。央视《乡村大世界》《乡约》等栏目相继走进永嘉，《半月谈》《光明日报》《浙江日报》等主流媒体在重要版面宣传永嘉美丽乡村建设。“牧童耕读”“鱼塘捞鱼”等创意稻草人在县内外引起广泛关注，得到农业部肯定。

（池张成）

统战工作

民主党派和党外知识分子工作 2013年，在乌牛街道开展协商民主试点工作，出台了《乌牛街道基层协商民主实施办法（试行）》。明确协商民主主体、内容、程序，对协商民主形成的重大事项决策、执行情况，向参与协商的党外人士反馈。全面深化协商通报、谈心交友、约请人员、对口联系、重要内外事活动、调研考察等六项制度，全力推动多党合作制度化、程序化、规范化进程。1月～11月，共召开协商通报会6次，县四套班子党外领导参加县内外重大事项活动19次。组织党外人士开展实事督查活动，参与人数45人。11月14日，召开全县对口联系和特约人员工作会议，继续深化对口联系和特约人员工作，将对口联系和特约人员工作列入部门统战考核内容。2013年，在全县党外人士中继续开展“同心共筑中国梦”宣传教育主题实践活动，在非公经济人士中开展理想信念主题教育实践活动。9月上旬，组织同心考察团赴贵州毕节开展“走同心路、筑中国梦”学习教育活动。11月25日，组织世界永嘉人和60名党外代表人士参加北京大学高级研修班。2014年，指导县无党派人士联谊会成功换届并更名为县党外知识分子联谊会。协助建立知联会瓯北分会、罗浮中学知联小组、人人国际酒店知联小组。建立网络界代表人士统战工作领导小组和联席会议制度，通过调查摸底，掌握网络界代表人士基本数据和思想动态。县新联会会长李星涛被评为温州市“百名党外人士建功工程”先进人物。

非公经济领域统战工作 2013年1月15日，成立了永嘉县文化与自然遗产传承保护发展基金会，全县25家非公企业共认捐1.8亿元作为该基金会本金。8月28日，县委书记盛秋平参加文化与自然遗产传承保护发展基金项目签约仪式，永嘉昆剧《谢灵运》创作、永嘉乱弹《徐定超》创作、永嘉瓯瓷征集、永嘉长寿之乡研究等4个项目获得首批扶持资金420万元。2013年，促成华中楠溪云岚养生度假村工程、香港中伦纺织集团有限公司总部回归工程等4个项目签约，引进永商投资额达25亿元，已到位12.3亿元。2013年，在统战部（工商联）和金融办等多部门的积极努力下，池光辉等在大庆创办的阀门企业回迁永嘉，注册资金2000万元，成立了“浙江冠正阀门股份有限公司”，进而完成股改，走上规范化的发展道路。工商联新增党组成员1人，新增事业编制2人。18个镇（街道）全部建立商会，并有条不紊地推进基层商会规范化建设。2013年，建立“两个健康”领导小组，加强对非公经济代表人士教育培训工作，1月15日召开永嘉县工商联（总商会）第十届执委会第二次会议，开展党的十八大精神专题学习教育活动；在世界永嘉人暨党外代表人士高级研修班上对数十位非公经济代表人士进行国情培训；12月4日，借县海外联谊会换届和县侨商会成立之机，邀请黄建河先生给到会的内外企业家讲授《企业与哲学》。组织开展第三届“优秀中国特色社会主义事业建设者”评选活动，周巨俊、周星建等24人参评。10月24日，召开县新生代企业家联谊会成立大会，选举产生第一届新生代企业家联谊会理事，迦南科技股份有限公司总经理方正当选为会长。

民族宗教工作 2013年，建立了少数民族户籍人员数据库、少数民族帮扶对象数据库和少数民族代表人士数据库。开展了民族团结进步宣传月活动，育才集团民族团结进步创建工作被《浙江民族与宗教》（2013年第5期）专版刊登，举行了“红色七月、放飞梦想”为主题的少数民族子女夏令营、少数民族美食节、少数民族文艺表演等活动，在沿江各镇（街道）举办少数民族群众劳动力技能培训班10期，参训500余人次。对小长坑民族村创建省级民族团结进步小康村工作加强指导，投入资金170余万元，进行溪流整治、墙立面改造等基础设施建设，创建工作取得圆满成功。2013年，全市民族宗教系统信息平台建设在永嘉试点，已取得初步成效。首届中国温州道教文化节在乌牛街道东蒙山天然道观举办，温州市道教协会玄门讲经交流会在岩头镇“龙瀑仙洞”举办。东蒙山天然道观被评为四星级场所。对苍峰宫、五岳观被承包进行整治，全力打击非法宗教活动。首次完成宗教团体及负责人年度述职评价工作。积极配合市民族宗教事务局开展基督教两会换届工作，县基督教“两会”主席朱礼斌牧师当选为市基督教两会主席。继续开展民间信仰“四个一批”工作，全省民间信仰工作座谈会在永嘉召开。成立永嘉县民间信仰文化研究会。在全市率先提出“美丽场所”创建活动，全年共创建“美丽场所”22所。

港澳台及海外人士工作 2013年12月4日，县第四届海外联谊会顺利换届，并成立了县侨商会。12月7日，香港永嘉同乡会年会顺利召开。紧密联系海外侨（社）团，支持海外侨（社）团自身建设和规范管理，意大利普拉托华人华侨联谊会、温州旅美同乡会、荷兰华人总会、阿根廷浙江同乡工商联谊总会、希腊华侨华人总会等先后换届，县民族宗教事务局发电祝贺。通过各种方式，联系沟通30余个海外侨（社）团，并加大对他们的宣传，海外侨（社）团的凝聚力和影响力进一步加强。建立了由专家学者、侨（社）团负责人等52人组成的港澳台海外代表人士数据库，安排25名港澳台海外代表担任县政协委员或列席会议。经侨办牵线，英国陈建飞和加拿大杨香娇2位博士入选省“千人计划”。选派12名港澳台海外代表人士参加在北京大学举办的“世界永嘉人暨党外代表人士”高级研修班。7月，组织60余名海外华裔青少年开展“中国寻根之旅”走进楠溪江夏令营活动，感受永嘉山水文化和古朴民风，进一步提升海外青年对祖国和家乡的认同。2013年，组织开展了涉侨联谊交流活动70批次429人，永台基层交流24个批次303人。开展了“浙台基层交流周”永嘉站活动，台北温州同乡会“乡亲返乡之旅”、永台民宿“结亲”等重点基层交流活动。接待了“三三会”会长江丙坤、南投市市长许淑华、荷兰和西班牙等海外永嘉侨领等海外重要人士。在对台合作交流中，开展“台商看永嘉”等招商引资活动，引进台湾高雄医学大学附设中和纪念医院，签订温州东方医院合作办医项目和枫林镇原废弃校舍改建公寓式养老机构项目，打造对台农业经济特色园区、浙江台湾农业合作示范基地、对台旅游经济特色园区。

党外人士队伍建设 2013年，县委统战部积极做好党外骨干人员培养工作，安排党外科级干部8名，其中安排政府工作部门正职1名，全县8个政府工作部门共安排了9名党外领导干部，7个镇（街道）安排了党外领导干部。全县共有党外科级后备干部68人，占全县科级后备干部的13.6%。协助出台《永嘉县政协委员履职考核暂行办法》。是年政协届中调整，提名安排党外人士政协委员10人，党外委员占委员总数60.06%，提名安排党外政协常委6人，党外常委占常委总数64%。认真把关做好统战团体的人事安排，海联会换届后安排党外人士理事25人，侨商协会安排党外人士理事22人。7月9日和9月4日，县委分别印发《中共永嘉县委关于建立党外代表人士（党外干部）培养选拔联席会议制度的通知》（永委发〔2013〕117号）和《关于加强新形势下党外代表人士队伍建设的实施意见》（永委发〔2013〕136号）。要求组织部和统战部在党外干部选拔任用工作机制方面形成共同制定规划、共同物色选拔、共同培养教育、共同考察人选、共同讨论研究、共同督促检查等“六个共同”的工作格局。8月，组织部、统战部召开了联席工作会议。要求实施县党外代表人士队伍建设“321工程”和“563党外后备干部工程”，镇（街道）和政府部门至少各配备1名党外正职，在人民团体和群众团体中应有2个以上团体配备党外领导干部，功能区、镇（街道）应按各中层职数的10%以上比例配备党外中层干部，政府工作部门中层职数较多的，应按中层职数的10%以上比例配备党外中层干部。

联谊交友工作 2013年4月9日，县委出台《关于加强新形势下党员领导干部与党外代表人士联谊交友工作的实施意见》（永委办发〔2013〕82号），要求县级党政领导干部至少与2名以上党外代表人士开展联谊交友，同时要求功能区、镇（街道）、党外代表人士较多的政府部门均建立联谊交友制度，构建了全方位、多层次、立体式的联谊交友格局，促进党外代表人士管理工作。全县联谊交友党外代表人士共936人，其中县级党政领导16人联谊56人，4个重点部门领导班子联谊47人，18个镇（街道）领导班子463人联谊788人，统战部干部15人联谊37人。同时共建19个县乡两级“党外人士之家”，为党外人士搭建沟通交流服务平台，推进党外代表人士实践锻炼基地建设。

省委统战专项督查工作 2013年，省委开展了对各县市区统战专项督查工作。永嘉将专项督查内容任务细化分解成129条，做出限时限人完成工作任务，逐条抓好整改落实。县委常委会专题研究部署，于5月6日发文成立由县委副书记担任组长、县委组织部部长和县委统战部部长担任副组长的全县党外代表人士队伍建设领导小组，并召开了领导小组会议。5月31日专门召开24个有关单位（部门）参加的协调落实会。建立健全举荐机制、组织部统战部联席会议制度、党外代表人士培养选拔工作督查机制等统战工作相关制度。认真做好新形势下党外代表人士队伍建设，加强和改进新形势下工商联工作和基层统战工作等三方面工作内容，顺利完成省委统战专项督查工作。

统战信息宣传工作 2012年，成立统战信息中心。2013年8月，3名编制人员全部到位，统战信息宣传工作量和质快速提升。到11月底，共编辑信息556条（市统战网录用315条），其中《浙江省永嘉县成立县镇（街道）两级“党外人士之家”》《基层党外代表人士队伍建设的新路子》被《中国统一战线》录用；《永嘉县成立全省首个县级统战信息中心》《永嘉创新建设“党外人士之家”》《永嘉建立统战委员述职考核制度》《永嘉.南投13个村（里）开展“一对一”结对》被省委、市委统战部录用。在全市统战信息考核中排名第四。

（谷军先）

信访工作

概　况 2013年，县信访局共受理群众来信来访2384批次（包括中央、省、市转交来件），同比下降9.2%。其中来信1375件，同比下降2%，来访1009批2106人次，同比批次下降7%，人次下降12%；越级集体访35批347人次，批次人次均有明显下降。全年应报结1765件，已报结1765件，报结率100%，已化解1606件，化解率91%。全年要信要访11件，报结11件，报结率达100%；网上信访件302件，办结298件，办结率98.6%；收到复查件15件，受理13件，不予受理2件，其中办结13件，2件中止办理。

信访积案化解 2013年，采取各种措施，扎实推进信访积案化解工作。省级挂牌交办件9件化解8件，化解率88.8%；市级挂牌交办件28件化解27件，化解率96.4%；县级挂牌交办件11件全部化解，化解率100%。先后化解6个长达9年以上的信访积案。

领导干部下访约访 2013年，县委、县政府下发《关于深入开展领导干部接访下访活动的通知》（永委办发〔2013〕139号），要求各级领导干部按照“属地管理、分级负责，谁主管谁负责”的原则，认真落实领导干部定点接访、重点约访、专题接访、带案下访和领导包案等“四访一包”制度。是年县级领导干部下访约访191次，共接待群众来访276批次587人次；排查矛盾纠纷203件，成功化解167件，化解率82.3%；全县18个镇（街道）领导干部下访约访1534次，共接待群众来访2413批次5132人次，排查矛盾纠纷1902件，成功化解1783件，化解率93.7%。

信访维稳工作 2013年，顺利完成党的十八届三中全会、纪念“枫桥经验”50周年大会、全国“两会”等敏感时期的信访维稳任务。党的十八届三中全会期间，实现了零进京非正常访。全省“深化千万工程，建设美丽乡村”现场会期间实现了零非访、零闹访、零滋事，温州市信访联席会议专门发函表扬永嘉进京劝返工作。

责任追究 2013年，共对33名进京非正常访对象进行训诫谈话，对15名重点非正常访对象予以行政拘留，对5名涉及危害社会稳定的重点信访对象予以刑事拘留，震慑了非正常访对象。县委、县政府对5位镇（街道）领导给予通报批评，对1位镇（街道）分管领导进行效能告诫，对1位镇（街道）领导给予约谈训诫，对枫林镇、沙头镇、碧莲镇、岩坦镇、江北街道、南城街道、东城街道等7个单位党委、政府主要负责人和信访分管领导由县委主要领导或委托其他县级领导出面进行了领导约谈。

信访工作基层基础 2013年，先后举办了信访接访培训班、办理信访件培训班、信访内网操作培训班等，为全县140多信访干部、信访内网网络操作员、信访分管领导进行了培训。在财政非常紧张的情况下，拿出100多万元用于购买电脑、打印机、扫描仪等设备，把全国信访信息系统专网延伸到3个功能区、18个镇（街道）及29个信访重点考核部门。全县18个镇（街道）成立了5人～8人的进京劝返应急小组，党委主要负责同志为组长，分管副书记为副组长，并抽调精干力量参与，应急小组都能在30分钟之内动身启程，确保第一时间开展劝返处置工作。

（吕内欲）

老干部工作

概　况 2013年，全县老干部工作围绕中心、服务大局，按照“全面做好离退休干部工作”的要求，以学习宣传贯彻党的十八大精神为主线，完善机制，破解难题，提高服务管理水平，推进全县老干部工作科学发展，为永嘉“赶超发展、激情跨越”做出新贡献。到12月31日，全县在册离退休干部约6400人，其中离休干部239人（2013年亡故28人）。离休干部中属抗战时期14人，享受地厅级待遇3人。离退休干部中享受副县级以上政治待遇95人，担任过副县级以上实职29人（离休7人）。县委老干部局领导班子成员3人，设办公室、教育服务科、组织宣传科个3科室，另有县老年大学、县老干部活动中心2个下属单位。全县离退休干部根据行政区划和居住地的分布情况，划分为16个老干部学习片，106个学习小组。全县共有58个离退休干部党支部，有老干部艺术团、老干部书画协会、老干部摄影协会。县老年大学联系指导多所功能区、镇（街道）的基层老年大学。各地区各单位均配备有专兼职老干部工作人员。县委、县政府重视老干部工作，多次召开相关会议，听取专题汇报、研究部署工作、破解发展难题；县主要领导和分管领导保持经常性关心和过问老干部工作，并帮助解决老干部工作中的困难和问题。

老干部政治待遇 2013年，继续坚持行之有效的好做法好经验，抓好老干部政治待遇落实；以老干部思想政治教育为首要任务，加强离退休思想政治建设和党支部建设。坚持离退休干部参加政治理论学习、阅读文件、听报告、参加重要会议和重大活动、参观考察、走访慰问老干部等制度，让老干部及时听到党的声音，了解地区的发展动态，从而坚定政治立场，坚守理想信念，理性看待问题，服务社会发展。抓好以党的十八大、十八届三中全会和习近平总书记系列重要讲话精神为主要内容的学习教育活动，引导老干部坚定“三个自信”，凝聚思想共识，在思想和行动上与党中央保持高度一致。开展“中国梦”宣传教育实践活动，引导发动广大离退休干部争做最美老干部，“同心共筑中国梦”。积极通过短信、微博、微党课等信息新手段，传递组织的关怀，传播时代正能量。采取财政拨款、单位支持、企业赠阅等方式，为老同志订阅《温州日报》《浙江老年报》《共产党员》等报刊7200多份，丰富其精神食粮。

“学习贯彻党的十八大精神”主题教育活动 2013年，县委老干部局把握工作主线，在广大离退休干部中掀起学习党的十八大精神的热潮。充分利用广播、电视、网络、报刊、学习资料等载体，通过读与讲结合、学与研结合、谈思想与促行动结合等方式，借助辅导报告、座谈会、报告会、读书班、送学上门等活动，把十八大精神学习活动引向深入。开展了5次“送课下基层”，举办了2期老干部学习十八大精神读书班，发动老干部参加全市以“看发展变化、促三生融合、建幸福温州”为主题的十八大精神征文活动和知识竞赛，邀请县委宣传部、党校的专家和离休干部作十八大精神主题宣讲，组织老干部开展书画摄影展览，诠释十八大精神。在全县老干部中开展“同心共筑中国梦”主题宣传教育实践活动，积极贯彻十八大精神。8月6日，召开2013年上半年全县经济社会发展情况通报会暨全县离退休干部“中国梦”宣教实践活动动员大会，动员全县老干部积极投身“中国梦”。通过局班子走基层、专家辅导讲座、图片展览、座谈交流等方式，让每一个老干部都知晓“中国梦”，了解中国梦的基本内涵和精神实质，并自觉将个人的梦想融入到伟大中国梦中。开展“走基层、看变化、促发展”活动，组织担任过副县级以上实职的离退休干部参观考察桥下镇、鹤盛镇、翔宇中学和岩头美丽乡村建设，感受中国梦的时代魅力，激发筑梦的热情。在广大离退休干部中寻找最美老干部，向他们分发倡议书，倡议鼓励他们“争做最美老干部，同心共筑中国梦”。

老干部生活待遇 2013年，强化生活保障，加强关怀照顾，全面落实生活待遇，进一步提升老干部的幸福指数。进一步健全离休干部“三个机制”，保障“两费”落实到位。在《2013年全县老干部工作考核细则》中，明确要求各地各单位认真贯彻落实十七大以来中央和省市县关于提高离休干部生活待遇和医疗待遇的各项政策，巩固完善共享改革发展成果机制。5月9日～6月21日，县财政拨款260多万元，老干部局组织全县4819名老干部进行健康检查，为10位卧病在床、行动不便的离休干部组织上门检查。调整增加了同型半胱氨酸、β2-微球蛋白、糖化血清蛋白3个检查项目，看望生病住院离休干部51人，做好28位亡故离休干部的善后和家属慰问工作，为155名退休干部发放回农村住房修缮补助费85.88万元。投入老干部医务室保障经费近160万元，方便3167人次看病取药，建立88位离休干部健康日记档案，同时加强规范化管理，积极为老干部提供日常医疗保健服务，引导他们科学养生、健康生活。10月12日，为全县15位80周岁、90周岁的离休干部进行集体祝寿。12月，县财政专列20多万元预算，老干部局分组分片对全县270多名离休干部及副县级实职离退休干部逐一上门家访慰问。春节前夕，县委书记盛秋平和县长娄绍光分别带领县四套班子成员集体慰问了永嘉、温州市区副县级实职离退休干部。慰问期间，落实省县特殊困难离休干部帮扶经费20多万元，帮扶全县离退休干部和亡故离休干部遗属80多名。坚持深入调研、重点推进，江北街道创新社区市级“四就近”服务示范社区顺利通过验收。完善了“一键通”服务平台和网格化管理，方便离休干部居家养老。

县老干部活动中心和县老年大学建设 2013年，县老干部活动中心和县老年大学围绕“文化养老、精神富有”，以先进文化为先导，不断加强老干部工作文化建设。一是加强阵地建设。县老干部活动中心进一步巩固省级“满意家园”创建成果，增添部分活动器具，加强活动安全防范，延长工作时间，加强老干部医务室药品规范化管理，积极帮助社区开展“四就近”工作，为老干部活动创造良好环境。县老年大学进一步巩固教学管理先进单位创建成果，积极抓好第一课堂、拓展二三课堂，将教学落到实处；充分示范，具体指导，促进基层老年大学建设，构建起县、镇两级老年教育网络。二是开展丰富多彩的文体活动。其中包括：庆祝“三八”妇女节（3月8日）、离退休干部钓鱼比赛（4月12日）、离退休干部象棋比赛（9月17日～18日）、门球比赛（10月29日），组织摄影沙龙讲座、书画摄影比赛及展览等。三是打造文化品牌，推进文化养老。重点打造“永嘉老干部红歌汇”、永嘉老干部艺术团和老干部书画、摄影协会等一批有影响的老干部工作的文化品牌，积极为老干部融入时代、服务社会创造条件。1月30日，开展送春联下乡活动，在岩头镇屿根村送出春联近200幅；9月16日～17日，开展送文化进企业活动，以“迎中秋庆国庆”为主题，给奥康企业千石工业园、三桥工业园的员工送去传统文化大餐；10月24日，开展送戏下乡活动，老干部苍松艺术团到岩坦镇开展“携手共建新农村、同心共筑中国梦”文艺演出。四是广大离退休干部积极参加全国及省市县组织的各类比赛，其中：郑九宣在“纪念毛泽东同志诞辰120周年全国书画作品大赛”中获金奖；陈玲玲和周莲娣的《楠溪姐妹乐》获“盛世欢歌巡演走进宝岛台湾”活动金奖；徐朝恭的摄影作品《楠溪江田园风光》和徐宝聪的书法作品《老骥伏枥》入选全省书画摄影作品集《同心共筑中国梦》。

老干部工作队伍建设　2013年，县委老干部局深入开展“两提两争”主题实践活动，加强服务文化建设，落实好老干部的各项待遇，进一步提高老干部的满意度。局机关全体工作人员深入学习贯彻十八大、十八届三中全会和习近平总书记系列重要讲话精神，以先进理论武装思想和头脑；开展思想解放大讨论，积极参加业务知识培训和实践锻炼，进一步开阔视野，增进学识技能，提高服务能力。深化“五心”服务品牌创建，精心打造“五型”机关，以“八大项目”为载体，强化责任意识，转变工作作风，狠抓任务落实，形成领导负责、科室落实、个人执行的工作格局，进一步提高了工作效率，保障了服务质量。密切与老干部的联系，及时掌握老干部的动态，强化老同志的思想政治分析研判能力，做好情绪化解、思想稳定工作，2013年没有发生大的信访案件。认真贯彻落实省市老干部工作部门信息宣传调研工作会议有关精神，在2012年的基础上进一步完善信息调研制度，将信息工作纳入全县老干部工作考绩内容。进一步总结经验，深入基层调查研究，形成了多篇具有一定指导作用的调研文章。12月2日，省委老干部局局长王文序到永嘉调研，实地查看了县老年大学，并肯定了永嘉的老干部工作。12月18日～19日，成功承办温州市第四次老干部局局长例会。

“两提两争”主题实践活动　2013年，县委老干部局开展“两提两争”主题实践活动，切实提高老干部的幸福指数。一是开展思想解放大讨论。局机关全体工作人员就如何“结合工作大局、突出群众路线”“结合岗位职责、突出解放思想”“结合工作实际、突出干事创业”三方面的内容开展了认真讨论，破除思想藩篱，牢固树立“以人为本、服务为先”的工作理念，进一步明确岗位职责，抓好老干部待遇落实。二是积极开展“转作风、破难题”蹲点调研活动，局领导班子带队深入碧莲、巽宅、枫林、鹤盛等地，和老干部面对面座谈，拉近与老干部的距离，了解老干部的思想动态和期盼诉求，为老干部解难释惑。三是深化“五心”服务品牌创建，按照“让党放心、让老干部满意”的服务标准，对老干部做到政治上尊重、生活上照顾、思想上关心、情感上贴近，为老干部提供多样化、个性化、亲情化的服务，为老干部办实事、做好事、解难事。四是认真做好驻企服务员工作。从10月起，局机关全体工作人员深入结对企业，了解企业现状，帮助企业解决困难。

（黄晓琼）

关心下一代工作

概　况　2013年，县关心下一代工作委员会（简称关工委）围绕县委、县政府工作中心，服务全县经济发展、社会稳定大局，以主题教育、组织班子建设、“五老”队伍优化、“五好”关工委创建为抓手，充分发挥“五老”作用，积极参与创新社会管理，深入调查研究，积极向党委建言献策，为教育培养青少年健康成长做了大量工作，取得较好成绩。

组织建设　2013年，根据中共温州市委、温州市人民政府《关于进一步加强和改进新时期关心下一代工作的意见》的通知（永委发〔2010〕93号）精神，继续推进有机构、有队伍、有场所、有制度、有载体、有经费、有台账的“七有”工作。2013年，全县功能区、镇（街道）、社区、公立学校、公立医院关工委组织建立达到100%，行政村达到95%，重点规模民营企业建立关工委150家，覆盖功勋企业、巨龙企业、明星企业，实现“纵向到底，横向到边”的目标。

人员配备 2013年，根据市关工委班子“3-2-1”配备要求，全县各级关工委班子通过调整充实，到年底实现了县级31人，镇（街道）21人，村级11人的人员配备目标。11月，县委办公室、县政府办公室下发《关于进一步加强镇（街道）关心下一代工作委员会专职副主任队伍建设的通知》（永委办发〔2013〕191号），进一步明确了镇（街道）驻会专职副主任聘任办法、经费补贴和办公室人员选配等问题，从体制机制上落实解决了制约镇（街道）队伍发展的瓶颈问题。

队伍建设 2013年6月26日，召开“五老护苗”志愿大队第一次会议暨骨干培训会，决定建立县级“五老”护苗志愿大队，功能区、教育系统建立支队，镇（街道）、教育学区建立中队，下属村居（社区）学校建立分队，并进行授旗仪式。到年底，全县有“五老护苗”志愿大队1支，下属“五老护苗”志愿支队3支，中队64支，分队723支，“五老护苗”队伍网络遍及全县城乡社区和绝大多数农村以及10个县直属单位。“五老护苗”志愿者7893人，占全县60岁以上老年人口的5.6%。同时，不断加强“五老”人员培训学习，县关工委下拨各功能区、镇（街道）培训经费4.4万元，县大队组织培训2次，培训骨干100多人，下基层上课6次，培训1600多人，协助基层指导培训30多场次，参加培训5200多人次，为提升“五老”业务水平和工作能力打下了基础。

制度建设 2013年，县关工委建立了学习、例会、调研、信息传递、经验交流、绩效考核、总结表彰等七个常规工作制度。组织、宣传、政法、老干部、教育、财政、文化、卫生、工青妇等相关部门紧密配合，不断完善领导体制和工作机制。在加强社会主义核心价值体系方面，建立由县关工委牵头、教育局唱主角，政法、宣传、文化、卫生等有关部门积极参与的工作联合机制。

“五好”关工委创建 2013年，按照省市三年基层年“五好”关工委创建总体规划，年初下达“五好”创建目标。4月，分片区召开全县“五好”创建汇报会。5月，分别在瓯北城市新区、岩头镇召开“五好”推进会，各地创建工作相继推进。6月，印发《“五好”关工委创先争优考核细则》，要求各地对照标准，深入开展创建工作。各地各部门党政领导高度重视，部署创建工作任务，县“五好”创建调研指导组分赴各示范点进行全方位指导。经过各方努力，桥头镇被评为全国“五好”基层关工委先进集体；桥下、岩头、鹤盛、北城、县教育局、卫生局等21家关工委被市关工委评为“五好”基层关工委先进集体，其中镇（街道）4个、县属部门2个、村5个、社区3个、企业2个、学校4所、医院1所；瓯北城市新区、枫林镇、大若岩镇、碧莲镇、巽宅镇等50家关工委通过县级“五好”关工委验收达标，其中功能区1个、镇（街道）6个、社区4个、村18个、企业3个、学校10所、医院4所、直属部门4个。另有创建先进单位33家。

主题教育 2013年，围绕“弘扬雷锋精神，争做最美永嘉人”这一主题，深入学校、社区、农村、企业，开展百场报告会活动，宣讲150多场次，受教育青少年11.7万人次。常态化推进“弘扬雷锋精神”“理想信仰”“文明美德”“法制安全”四大主题实践活动。其中，县关工委联合5个单位在枫林镇举办的“同一片蓝天，同一个梦想”主题活动以及沈国华、白武明、张厚英3位专家讲座，教育效果良好。

关爱帮扶 2013年，县关爱分会筹资20多万元，组建“五老”主题宣讲、心理辅导、法制安全、网吧监督、文明美德等各种类型的专长团队43个，开展“大手牵小手”、关爱结对、助学、助教、助残、助困、心理疏导、科技指导、健康体检、义务网吧监督等活动。全年“五老”与青少年完成各类结对2500多对；给枫林小学400多名留守儿童送温暖，红包礼品价值3.9万元；关爱留守儿童1.7万多名；县本级慈善助学200多名，争取市关工委“福彩助困”资金帮助贫困学生圆大学梦20名，慈善助学10名，经牵线搭桥个人长期结对助学10多对；争取市老年卫生工作者协会“五老”专家到瓯北群英文武学校义诊，受诊学生1500多名；配合“交通之声”，圆梦100多个，争取企业家为五鹈中学学生送校服482套，价值4万余元。

基地建设 2013年，继续完善五鹈红十三军革命传统教育基地、大若岩镇埭头村青少年素质教育实践基地、岩头镇下日川科普教育基地，带动镇（街道）创建地方特色教育基地。到年底，瓯北七小关工委建成了兰花文化教育基地（中国关工委主任顾秀莲亲笔题词），政法委关工委在伯特利集团有限公司等3家企业关工委设立青少年法制教育基地、刑释解救人员安置过渡基地，特色基地教育价值逐渐显现。

信息调研 2013年，县关工委《关心下一代》简报全新改版发行，市关工委主任、原市人大常委会副主任韩文德亲笔题写报头；调研课题《永嘉县关爱留守儿童问题的思考与对策》顺利完成，为做好留守儿童工作提供理论依据；《戒毒康复人员就业安置问题初探》获市禁毒委论文奖；廉政作品《指标》获"勤廉永嘉"微故事大赛一等奖。

（胡国平）

党校工作

办学质量评估 2013年，中共永嘉县委党校(县行政学校)（简称县委党校）牢牢把握"党校姓党"的根本原则、改革创新的办学理念和统筹兼顾的工作方法，加快构建具有鲜明时代特征、党校特色、永嘉特点的教学布局和课程体系，充分发挥党校培训轮训党员干部的主渠道作用。12月，县委党校以最高分通过温州市委组织的党校办学质量评估，获得温州市党校系统先进单位、科技进步奖和后勤服务质量奖等荣誉称号，并增挂了温州市委党校分校（市行政学院分院）牌子。

干部培训 2013年，县委党校根据干部教育培训需要，精心设计教学计划、培训内容和教学形式，教育培训能力进一步提升。共举办各类培训班39期，受训4196人次，其中举办主体班12期，参训2040人次；与有关部门联合办班27期，受训2156人次，位居全市县级党校（行政学校）前列。率全市之先开办待岗人员继续教育班，并招收优秀农村干部大专班学员141名。开设生态和文化建设等特色专题研讨班。在教学计划上体现科学性和规范性，每期培训班都制定培训计划，包括教学目的、内容、方法、组织管理、教材资料、日程表、研讨主题等要素，充分保障教学有序开展。在培训内容上突出时效性和针对性，围绕县委县政府中心工作，实施干部教育培训"解题工程"，做到县委中心工作和重点安排到哪里，"解题工程"就延伸到哪里。在教学形式上采取传统与创新相结合，改变以往"满堂灌"教学方法，综合运用讲授式、案例式、研讨式、体验式等教学方式。拓展古村落等17个现场教学基地，全年开展现场教学20场次。在浙江大学开展专题培训，组织中青班赴沂蒙山区接受党性教育。

教学管理机制 2013年，县委党校加强了教学管理制度建设。一是进一步规范课程研发流程，通过问卷调查、学员座谈、走访相关单位等方法，及时更新教学内容、创新教学方式；在主体培训班结束时，向学员发放满意度调查表，充分征求意见，提高教学质量。二是严格学员管理，建立班级管理、学员管理、考核等制度。在中青班中实行双百分制考核，要求学员撰写党性分析材料和学习总结。对研讨班学员要求撰写研讨提纲和调研报告，并进行评比表彰，汇集成册，全年共汇编了3册。三是积极选派专兼职教师到高校和省、市委党校学习进修，全年达39人次。开展新专题试讲活动，课后进行评课。组织开展互评教学、交流会和集体备课活动，提升教师教学能力。选聘党政领导干部、企业管理人员、专家学者担任兼职教师，有162人进入了师资储备库。

科研咨政 2013年，县委党校加强对现实问题的调查研究，建立健全《理论科研奖励实施办法》，科研成果显著。全年完成调研论文23篇，其中有2篇论文在全省党校系统理论研讨会上分别获一等奖和三等奖，1篇论文获优秀奖，3篇论文在市委党校系统学术研讨会上获三等奖。精选5篇调研论文参加2013年省委党校调研论文评选，其中3篇获优秀奖。编发领导参阅性理论季刊《探索与思考》4期，得到4位县领导批示和相关部门好评；积极参与相关部门课题研究，5人次分别参与县政协、组织部、社科联等单位课题项目，2个课题获得二等奖。

政策理论宣讲 2013年，县委党校组建宣讲团，鼓励和支持教师到机关、社区开展十八大、"两会"精神、"中国梦"和十八届三中全会精神宣讲，在全县开展政策宣讲累计38场次，进一步提高了干部群众的党性修养、思想觉悟和贯彻政策的自觉性。

后勤保障 2013年，县委党校继续加强对人、财、物方面的支持和保障。进一步完善招待所社会承包制度，全年提供学员食宿服务3050人次；加强食堂招待所精细化管理，发挥了后勤保障作用。启动县委党校信息化建设一期项目，总投资320万元；完善网站建设，及时更新信息，每月平均6条以上，拍摄本校教师教学片2部。

党风廉政建设 2013年，县委党校扎实开展以“两提两争”为主线的群众路线教育，开展“两提两争”解放思想大讨论，提振精神，创新教学。认真开展党风廉政建设宣传活动，落实廉政课程教学安排。完善校务内部议事和决策机制，进一步建立健全考勤、公车管理、“廉政灶”等廉政配套制度，精简文件和会议活动，切实改进学风、会风、文风。继续深入推进“进村入企”大走访活动和领导干部蹲点调研活动，走访行政村17个，访问群众115人次，排摸矛盾问题12个，解决重点问题4个。落实驻企服务员制度，将57家结对企业落实到人，组织干部职工到企业开展难题排查和化解工作。

（李丰丰）

党史研究

《中国共产党永嘉历史》（第二卷）编写 2013年，中共永嘉县委党史研究室对照中央与省二卷，对“永嘉二卷”初稿的结构与提纲作进一步调整，并启动新一轮的第一手资料的全面征集。先后到相关部门征集资料、查阅档案400多人次，调阅档案8000多件。健全领导班子，落实专人负责，搞好分工协作，办公室人员全力投入工作。先后召开7次老干部和专家座谈会。编写进度不断加快，卷本质量大幅提升，已形成基本定型的征求意见稿。

党史专题研究 2013年2月，党史研究室编写的《农业生产责任制的伟大实践》一书，荣获“全国党史部门党史优秀成果奖”资政成果类一等奖；按时完成了《永嘉红色印记》《不能忘记的历史》2个民主革命时期重大专题；同时完成了温州市社会主义革命时期党史专题（第二批选题）、永嘉专题《“永假”风波》的编写工作。

党史宣传教育 2013年，以永嘉革命历史纪念馆为主平台，认真开展经常性的党史教育。该馆全年接待各大、中、小学校师生、机关事业单位和社会各界人士10万多人次，讲解190多场次。1月，永嘉革命历史纪念馆被省委、省政府命名为省级爱国主义教育基地。在全县组织开展以“学党史、知党情、跟党走”为主题的党史知识竞赛活动，党史宣传方式更加多样化。2013年，接待上海市新四军研究会浙东浙南分会和浙江省新四军研究会浙南分会共60多人到永嘉交流党史、参观永嘉红色胜迹等活动，迎接省新四军历史研究会合唱艺术团赴浙南革命老区慰问演出。2013年，共编写工作动态信息33条，编辑出版《永嘉党史》通讯2期，并加强党史研究成果的转化利用工作。

党史胜迹保护利用 2013年，下基层走访调研党史胜迹保护工作60多人次，积极协助做好谢文锦烈士故居、黄皮寺、徐岙革命烈士陵园等胜迹的保护工作，并列入项目争取上级资金支持。积极参与县委、县政府推进红色旅游发展的有关工作。2013年，全县共投入3000多万元，用于党史胜迹的保护与开发利用。以中国工农红军第十三军军部旧址群为依托，再次投资1000多万元，打造楠溪江红色旅游核心区；投资2000多万元，扩建永嘉县革命烈士陵园。红十三军军部旧址被列入国家级文物保护单位名单。2013年，牵头或参与完成了岩头镇苍坡村的县农村改革展馆、桥下镇的84村农民大暴动展览室和吴超徵烈士纪念馆等场馆的布展工作，并积极参与永嘉县革命烈士陵园扩建后的布展前期工作。

荣誉录 2013年，中共永嘉县委党史研究室获全市史志工作优秀单位、全省革命遗址保护工作先进集体和全省党史信息工作先进集体等荣誉称号；下属事业单位永嘉革命历史纪念馆被省委、省政府命名为省级爱国主义教育基地。

（汤开銮）

县直机关工作

概 况 2013年，中共永嘉县直机关工委编制9人，下辖部门机关党委26个、党总支19个、党支部497个，共有党员7994人；功能区、镇（街道）机关党委21个。

思想政治建设 2013年，中共永嘉县直机关工委实施三大举措加强思想政治建设。一是实行“1+X”的学习模式，即每星期一指定1人作半个小时的中心发言，其他人对中心发言进行点评，开展讨论，是年共授课20次。基础较好的课件及时向上级机关投稿，共有3篇文章在省工委杂志《机关党建》上发表，《永嘉县：“大服务”机制激活机关服务力》经验材料在国家机关工委杂志《紫光阁》上发表。二是开展“每月阅读一本书、每人推荐一本书”的读书会活动。每月召开一次读书会，每人至少推荐一本自己本月阅读的书籍，并说明推荐理由，让大家共同分享个人阅读的收获和乐趣。选购《把权力关进制度的笼子里》《党员干部的幸福在哪里》《干在实处，走在前列》等优秀书籍供党务干部学习。三是实行“轮值书记”制度。机关工委的书记在本委中层以上干部中轮流，每人担任一个月，“轮值书记”享有《三定方案》中的一切职权和义务，主持工委内部的全面工作，负责策划和部署工委的全月工作。

基层组织建设 2013年，中共永嘉县直机关工委实行了一系列制度，加强基层组织建设，包括选好配强党组织负责人，增加专职党务干部的行政编制，配备好机关党委专职副书记；严格机关党委专职副书记的考察、审核、任命程序，努力为服务中心提供组织保证和人才保证。加强对机关党务干部的培训教育工作，4月，举办入党积极分子培训班；7月，召开全县功能区、镇（街道）机关党建工作经验交流会，各镇（街道）的机关党委书记进行述职，互相参照、借鉴和交流；9月，举办党务干部培训班。实施党员发展“八项机制”严把“入口三关”，即实行公推优选制、政治审查制、镇村党组织意见征询制、入党预审制、全程公示制、全程票决制、责任追究制和不合格党员清退制，把好入党积极分子确定关、发展对象确定关、预备党员接收关，坚决维护发展党员工作的严肃性。是年，共发展党员91名，否决不符合条件的对象19名。畅通党员出口，坚决处置不合格党员，党内警告1名，开除党籍4名。

党风廉政建设 2013年，将原县直机关纪工委、监察室改组为县直机关第一纪工委、监察分局，其受县纪委、监察局的授权，全面履行政府系统21个单位及7个国有企业的纪检和监察两项职能，负责对28个单位领导班子、领导干部和权力运行的监督，负责28个单位的党风廉政建设和办信、办案等工作，确保政令畅通。坚持以“勤廉永嘉”为总抓手，继续开展“勤廉机关”“勤廉站所”等建设，出台“勤廉国企”创建实施意见，扩大勤廉创建范围。牵头举办“勤廉永嘉”微故事大赛，共收到全县机关单位、镇（街道）312篇参赛作品，对28篇优秀作品进行表彰，其中7篇在全市获奖（1篇获一等奖），获奖作品占全市的1/4。

执行力专项督查 2013年，以贯彻落实县委中心工作、严格执行党纪政纪、认真落实工作制度为重点，以打击庸懒散、中梗阻、小鬼难缠为目标，采取定期或不定期督查方式，不断深化执行力专项督查。进一步整合机关和社会资源，充分发挥政风行风监督员、机关纪委书记、市民监督团的作用，以抓执行力推进工作作风转变。机关工委牵头和配合纪委开展行动13次，共出动38组129人次，追责31人，其中停职检查1人，书面效能告诫处理4人，行政警告处分1人，通报批评13人，口头效能告诫12人。共开出《影响执行力行为督办函》9份，要求所在单位作出处理并抄报机关工委。通过督查，机关作风效能、执行力明显改善。

创先争优活动 2013年3月，组织开展“贯彻十八大，唱响新永嘉”妇女大合唱比赛，机关队荣获银奖。5月，在全市率先举办“学习十八大、铸就幸福梦”主题辩论赛，挑选优秀辩手参加全市的党员干部辩论赛，先后淘汰市城管局、市审计局等单位，获得优秀组织奖。7月～10月，在全市首创性开展机关党建“挑刺行动”，进一步整合和凝聚机关党建资源，抽调机关单位党组织的20名“精党务、懂业务”的党务干部，组成5个督查组，借助专家型党务工作者的独特视角和犀利眼光，历时4个月对全县机关单位进行全覆盖挑刺。挑刺内容包括党员发展是否规范、党建经费是否落实到位、党务工作者是否配齐配强等等。针对挑出的107个突出问题、12个共性问题，采取定期曝光、整改跟进等形式，将活动的结果转化为压力和动力，切实提高机关党建规范化水平。

党内关爱活动 2013年7月，开展了建党92周年“红七月·服务月”系列活动，组织全县机关单位100个党支部与镇（街道）100户低保残疾家庭爱心结对，累计为残疾家庭送去慰问金132500元、大米102袋、食用油95瓶。是年共募捐556950元党内关爱基金，机关党内关爱基金（包括下属基金会）总额达242.6万元，不论规模和金额都居全省前列。利用“七一”、春节等节日，对生活特别困难的机关党员进行走访慰问，给予每人2000元～5000元的慰问金，累计慰问支出272000元，切实增强了党组织的凝聚力和号召力。

（王培培）

精神文明建设

概　况 2013年，县文明办以省级文明县城创建为统领，突出美丽乡村建设、基层文明创建、公民思想道德建设和未成年人思想道德建设等工作重点，精心策划、开拓创新、强势推进，力促全县精神文明创建工作再上新台阶。

省级文明县城创建 一是构建强势创建格局。2013年，调整创建省级文明县城办公室成员，完善创建工作机构，制定下发《永嘉县创建省级文明县城实施意见》，明确责任分工，有序推进创建工作。二是营造浓厚创建氛围。召开再动员大会，运用报纸、电视、网站、宣传栏等载体深入宣传发动，开展“争做美德少年，共创文明县城”签名、“社区文化节暨青春梦主题月”、文明出行宣传等一系列活动，扩大创建工作的社会普及面和影响力。先后3次组织创建业务培训，积极指导上塘中心城区及城区三个街道创建工作，不断提升创建水平。先后7次牵头召开创建工作推进会，突出抓好“五小行业”、建筑工地、交通秩序的整治提升，强力推进“六大工程”建设和“四大整治”活动。三是全力以赴做好迎检工作。加班加点完成创建工作汇报材料、视频、图册、手册等资料，收集整理有关台账300盒（卷）。积极建议县政府、县人大、县政协定期开展省级文明县城创建专项督查行动，确保实地考核项目失分最小化。2013年10月中旬，永嘉顺利通过了创建省级文明县城工作考核测评。

美丽乡村建设 一是加大文明村镇创建力度。2013年，不断深化农村种文化、乡风评议、十星文明户评选等活动，大力宣传健康文明的生活方式，培育和评选了一大批先进典型。全年新增省级文明镇（街道）3个、文明村2个，市级文明村75个、文明街道4个、文明镇加星1个，县级文明镇3个、文明村296个，镇（街道）文明户1590户。是年全县共有县级以上文明村454个，占全部行政村的50.4%，达到了美丽乡村建设考核要求。二是大力整治城乡公共环境。拆除户外违建广告牌876个（包括境内4条高速沿线的99个高炮及12个大型山体广告牌）；投入450万元，对41省道黄田段沿线、瓯北城市新区、岩头镇下日川村、岩头镇丽水街等790个店招店牌进行整治改造和美化，达到整齐划一、规范有序的目标。按照《永嘉县镇（街道）市容环境考核办法》要求，县文明办以随机暗访的形式，每季度对全县18个镇（街道）洁化工作进行考核，同时排查全县十大最脏村、最脏河道，并将结果进行通报和媒体公布，有效改善了城乡环境面貌。三是开展农村文明礼仪教育。借助农村文化礼堂，积极开展文明礼仪教育活动55场次，开办道德讲堂41场次，全年共有10000余人次接受了道德教育。

基层文明创建 一是组织文明创建互看互学活动。2013年，先后举办“道德讲堂”培训会、“省级文明单位、镇（街道）、村、社区创建工作座谈会”、群众性精神文明创建工作推进会和市级文明单位申报评选集中展示评审会，观摩创建成效，交流创建经验，不断提高基层文明创建水平。二是深化行业文明建设。在文明单位中广泛开展以“道德讲堂”、志愿服务队、“遵德守礼”牌、文明餐桌、网络文明传播为主要内容的“五个一”创建活动，提升文明单位创建质量，推进公民道德建设。2013年，全县共建设“道德讲堂”65个（总堂设立在县公安消防局），开展道德宣讲活动达200余场次。指导文明单位组建志愿服务队，建立由市级以上文明单位工作人员组成的网络文明志愿者队伍，设立“遵礼守德”提示牌，用道德文化感染人、熏陶人、培养人。全年新增省级文明单位3家，市级文明风景区4个、服务示范点4个，县级文明单位12家、文明示范点4个，文明单位创建势头良好。三是推进“双百结对共建文明”活动。组织和指导新创文明单位参与结对共建活动，保持百分之百的结对共建率。2013年，结对双方共同开展文体活动300余场次，建设书架子72个，修建文体场所85处，举办教育培训班114期，累计落实共建帮扶物资资金达500多万元，大大提升了农村的文明程度。四是加大幸福社区创建力度。制定下发幸福社区创建实施方案，成立领导小组，县财政提供预算经费200余万元。5月，在城南、城北等4个社区组织了试点工作；7月，组织36名社区干部分三批到鹿城、龙湾考察学习，并在江北街道举办了业务培训会；文明办分组每月进驻社区指导2天以上。同时，组织开展社区生活摄影大赛、社区厨艺大比拼、文艺广场秀、社区好青年评选等系列社区文化节活动，进一步繁荣社区文化，融洽社区邻里关系，推进幸福社区创建。五是倡导非公企业“诚信做产品”。在企业文明单位中深入宣传“诚信做产品”理念，大力加强企业思想道德建设，强化企业“做好产品、奉献社会”的责任意识，弘扬企业诚信文化，提高企业文明创建水平。推荐浙江红蜻蜓鞋业集团公司在全市“诚信做产品”现场推进会上作经验介绍。

公民思想道德建设 一是开展“最美”系列评选活动。完善工作机制，将“最美”系列宣传活动、“我们的节日”、志愿服务活动等宣传教育工作内容明确纳入镇（街道）和县直机关的年度工作目标考核，并将活动经费纳入县财政预算。组织开展“最美永嘉人”评选表彰活动，20位“最美人物”受到表彰；积极组织第四届温州市道德模范评选推荐活动，3人最终入围；组织开展“身边的好人”推荐活动，周洪驮等5人入围“中国好人”月度候选，邵忠勇等10人入选“温州好人”专题。二是组织“我们的节日”主题活动。精心策划“红红火火过大年”、春节“光盘行动”、元宵灯谜、清明“祭英烈”、端午埭头民俗风情节及“学雷锋献爱心”、中秋、重阳敬老志愿服务等活动，取得了良好的社会效果。三是开展志愿服务活动。以“弘扬雷锋精神·共建幸福社区”为主题，开展广场便民服务、文明出行劝导、关爱弱势群体、文明县城创建宣传等志愿服务活动，共计300多（场）次。其中由县文明办主管的县义工联和县义务宣讲团，全年开展活动200场次，发挥了很好的社会作用。四是做好公益广告宣传活动。在县电视台、广播电台黄金时段及《今日永嘉》重要版面刊播（登）“讲文明树新风”公益广告达130条次、24版面，在瓯北、上塘等地制作文化墙15000平方米。五是开展文明餐桌活动。2013年2月启动“光盘行动”，全县500多家餐饮企业积极响应，印发“文明餐桌、光盘行动”提示牌6000个，城区所有餐饮企业大厅及餐桌均设置了有关提示牌和提议书。

未成年人思想道德建设 一是加强校外教育阵地建设。2013年，建成“学校少年宫”21所，实现镇（街道）全覆盖，其中19所自建乡村学校少年宫共评出一类示范1个，二类示范14个，达标4个，分别奖励5万元、3万元、2万元。枫林福和希望小学、岭头中心小学等2所中央专项彩票公益金建设的乡村学校少年宫分别给予5万元、2万元的配套资金。全县乡村少年宫建设初具规模、特色鲜明，深受家长、学生喜爱。拨款10万元改造提升未成年人实践基地——楠凤营地，年接待未成年人4万余人次。落实“春泥计划”专项经费135万元，实现“春泥计划”83个社区全覆盖，建成示范社区35个，达标社区44个，示范率42.2%，达标率95.2%。各实施社区积极组织开展形式多样的活动，丰富了未成年人校外文化生活。2013年，永嘉“春泥计划”工作获省先进县提名。二是组织系列教育活动。充分发挥志愿者作用，打造“缤纷假日”，牵头组织以服务新居民子女和留守儿童为主要对象的“快乐暑期”夏令营活动12场，参与活动未成年人700多人。组织高校志愿者深入农村社区，为山区留守儿童开展安全、趣味辅导互动活动；组织开展2013年“弘扬雷锋精神，争当美德少年”“弘扬雷锋精神，争做最美永嘉人”等主题实践活动150余场次；组织开展“网上祭英烈”等网上签名寄语活动，参加者达70余万人次，参与率达89%；组织编写县地方课程《经典诗文诵读》，举办永嘉县中小学学生中华经典诗文诵读活动暨“我的中国梦”诵读大赛，全面开展经典诵读和“童心向党”歌咏活动。组织第八届“新华杯”中小学生暑假读好书活动，开展好书推荐及征文活动，共收到学生参赛作品5500多篇；组织开展8场大型活动的流动少年宫文明科技行活动，投入经费10余万元，参与未成年人达10000人次；组织开展“百场优秀电影进校园”活动，惠及全县18个镇（街道）、103个学校、43800未成年人。三是净化文化环境。建立校园“警灯工程”，推进“护校安园”防护网建设，建立280所学校治安联防岗亭，加强校园周边环境整治工作；破获各类涉黄刑事案件54起，刑拘涉黄犯罪嫌疑人117人；捣毁销售侵权盗版物窝点69个，清查印刷、复印等企业5家，收缴非法出版物77711张（册），侦破侵犯著作权案69起；检查网吧180家次，取缔无证经营黑网吧27家，有效地净化文化市场；检查出版物市场经营单位35家，收缴非法音像制品300张、书刊220册、电子游戏机30多台，取缔非法游戏点3个；加强对网络游戏服务单位的信息安全监督管理，加大引导青少年安全文明上网宣传力度，有效促进网络游戏健康发展，进一步保护未成年人的健康成长。

（谷　穗）

2013年度永嘉县群众性精神文明创建成果一览表

2013年度省级文明镇（街道）、文明社区、文明单位、文明村

浙江省文明镇（街道）（3个）
永嘉县桥头镇
永嘉县南城街道
永嘉县江北街道

浙江省文明社区(1个)
永嘉县江北街道滨江社区

浙江省文明单位（3家）
永嘉县邮政局
永嘉县烟草专卖局（分公司）
永嘉县上塘自来水有限公司

浙江省文明村（2个）
永嘉县鹤盛镇西炉村
永嘉县三江街道开垟村

2013年度市级文明镇、文明街道、文明景区、文明服务示范点、文明村

温州市二星级文明镇（1个）
岩头镇

温州市文明街道（4个）
永嘉县黄田街道
永嘉县北城街道
永嘉县东城街道
永嘉县东瓯街道

温州市文明景区（4个）
楠溪江风景旅游区大若岩景区
楠溪江风景旅游区石桅岩景区
楠溪江风景旅游区狮子岩景区
龙湾潭森林公园

温州市文明服务示范点（4个）
永嘉县公安局出入境管理大队
温州银行永嘉支行营业厅
中国移动永嘉分公司黄田营业厅
中国移动永嘉分公司桥下营业厅

温州市文明村（75个）
永嘉县桥头镇龙根村
永嘉县桥头镇董岙村
永嘉县桥头镇连岙村
永嘉县桥下镇小京岙村
永嘉县桥下镇平川村
永嘉县桥下镇潘宅村
永嘉县桥下镇剩庄村
永嘉县桥下镇双垄村
永嘉县桥下镇塘上村
永嘉县桥下镇茗下村
永嘉县桥下镇坐凳村
永嘉县桥下镇瓯渠村
永嘉县桥下镇郑山村
永嘉县岩头镇垮里村
永嘉县岩头镇山结村
永嘉县岩头镇岙底村
永嘉县岩头镇港头村
永嘉县沙头镇水岩村
永嘉县沙头镇花一村
永嘉县鹤盛镇谷山村
永嘉县鹤盛镇黄坑村
永嘉县鹤盛镇上垮村
永嘉县鹤盛镇南陈村
永嘉县鹤盛镇蓬三村、
永嘉县鹤盛镇下岙村
永嘉县鹤盛镇英岙村
永嘉县鹤盛镇鹤垮村
永嘉县岩坦镇石阵村
永嘉县岩坦镇霄岭村
永嘉县岩坦镇潘塘村
永嘉县岩坦镇李庄村
永嘉县岩坦镇碧油坑村
永嘉县岩坦镇潘二村
永嘉县岩坦镇西鸟头村
永嘉县岩坦镇岩龙村
永嘉县岩坦镇黄南村
永嘉县岩坦镇上宅岸村
永嘉县岩坦镇永坦村
永嘉县枫林镇西优村

永嘉县枫林镇内档村
永嘉县大若岩镇黄岙村
永嘉县大若岩镇埭头村
永嘉县大若岩镇陈岙村
永嘉县大若岩镇蒋山村
永嘉县巽宅镇石染村
永嘉县巽宅镇巽宅村
永嘉县巽宅镇郭坑村
永嘉县巽宅镇沙埠村
永嘉县巽宅镇西岙村
永嘉县碧莲镇应一村
永嘉县碧莲镇山坑村
永嘉县碧莲镇澄田村
永嘉县碧莲镇应二村
永嘉县碧莲镇金益村
永嘉县碧莲镇大柏村
永嘉县东城街道大溪村
永嘉县东城街道潘垟村
永嘉县东城街道全安村
永嘉县东城街道嶂岙村
永嘉县东城街道陡门村
永嘉县南城街道中联村
永嘉县南城街道屿门村
永嘉县南城街道金平村
永嘉县南城街道栗一村
永嘉县北城街道路口村
永嘉县北城街道后村村
永嘉县北城街道朱寮村
永嘉县北城街道朱岙村
永嘉县北城街道银场村
永嘉县江北街道浦二村
永嘉县江北街道江北岭村
永嘉县乌牛街道洪山村
永嘉县三江街道长岙村
永嘉县东瓯街道河田村
永嘉县黄田街道凤屿村

2013年度县级文明镇、文明单位、文明服务示范点、文明社区、文明村

县级文明镇（3个）
大若岩镇
巽宅镇
鹤盛镇

县级文明单位（12个）
县公路管理局
沙头镇花坦卫生院
大若岩镇中学
浙江永嘉农村合作银行瓯北支行
浙江永嘉农村合作银行东瓯支行
浙江立信企业管理有限公司
浙江红草帽鞋业有限公司
育才控股集团有限公司
奇特乐集团有限公司
华夏游乐有限公司
南方投资集团有限公司
大众阀门集团有限公司

县级文明服务示范点（4个）
永嘉县瓯北公路管理站
永嘉县公路路政管理大队岩头中队
永嘉县公路路政管理大队三江中队
楠溪江游客服务中心

县级文明社区（1个）
永嘉县江北街道双塔社区

第二十批县级文明村（31个）
桥头镇荷塘村
桥头镇詹岙村
桥下镇八里村
桥下镇六龙村
桥下镇埠头村
岩头镇口上村
岩头镇大坵田村
岩头镇协岙村
岩头镇河二村
岩头镇福佑村
岩头镇里岙村
枫林镇龚埠村
枫林镇福田村
岩坦镇田龙村
岩坦镇潘坑村
岩坦镇佳溪村
岩坦镇白岩村
大若岩镇田垟村
大若岩镇下岸村
大若岩镇银泉村
大若岩镇荆州村
大若岩镇桐州村
碧莲镇大岙村
碧莲镇半坑村
鹤盛镇南岸山村
南城街道桥头村
北城街道江山村
北城街道横溪村
乌牛街道鸭鹅村
三江街道宁浦村
黄田街道下白岩村

第二十一批县级文明村命名名单（265个）
桥头镇东行村
桥头镇垟头村
桥头镇前下村
桥头镇夏园村
桥头镇坦头村
桥头镇石埠头村
桥头镇闹水坑村
桥头镇新华村
桥头镇金窑村
桥头镇胜丰村

桥头镇石马岙村
桥头镇桥西村
桥头镇新浦村
桥头镇谷联村
桥头镇溪西村
桥头镇龙头村
桥下镇光华村
桥下镇徐山村
桥下镇西江村
桥下镇西溪下村
桥下镇尤山村
桥下镇垟塆村
桥下镇霞岙村
桥下镇下斜村
桥下镇泰山村
桥下镇岩山村
桥下镇外徐村
桥下镇章岙村
桥下镇茗上村
桥下镇马界山村
桥下镇底岙村
桥下镇茗后村
桥下镇石田坑村
桥下镇胜山村
桥下镇章一村
桥下镇向阳村
桥下镇龙头村
桥下镇里村村
桥下镇黄山村
桥下镇茶二村
桥下镇茶一村
桥下镇黄村村
桥下镇阮山村
桥下镇湖庄村
桥下镇金园村
桥下镇周山村
桥下镇朱山村
桥下镇坦头垟村
桥下镇瓯山村
桥下镇里斜村
桥下镇吴山村
桥下镇吊坑村
桥下镇邵山村
桥下镇前山头村
桥下镇西村村
桥下镇双坑村
桥下镇东村村
桥下镇梅坑村
桥下镇金仓村
桥下镇昆岭村
桥下镇桥上村
桥下镇山联村
桥下镇延寿村
桥下镇廿四垄村
桥下镇银坑村
桥下镇蒲瓜墩村
桥下镇金加了村
桥下镇黄麻垟村
桥下镇西尖村
桥下镇六岙村
桥下镇林山村
岩头镇芙蓉村
岩头镇岩头村
岩头镇霞美村
岩头镇陈家坪村
岩头镇西岸村
岩头镇郑岙村
岩头镇小港村
岩头镇中美村
岩头镇方巷村
岩头镇陈岙村
岩头镇杏岙村
岩头镇高山村
岩头镇内胡村
岩头镇季家山村
岩头镇小茅垟村
岩头镇里塆潭村
岩头镇杨山村
岩头镇林山村
岩头镇五上村
岩头镇水东村
岩头镇下龙村
岩头镇岭外村
岩头镇抱岙村
岩头镇葵坑村
沙头镇龙潭下村
沙头镇珍岙村
沙头镇珍溪村
沙头镇龙益村
沙头镇古一村
沙头镇霞川村
沙头镇庙活村
沙头镇花三村
沙头镇石埠村
沙头镇珠岸山村
沙头镇岭垟村
沙头镇渠口村
沙头镇东光村
沙头镇廿四堰村
沙头镇花二村
沙头镇樟树鸟村
沙头镇霞山村
沙头镇廊三村
沙头镇朱垟村
沙头镇石公田村
沙头镇码砕村
沙头镇北山村
沙头镇乌龙川村
沙头镇下浦村
沙头镇陈住起村
沙头镇九丈村
沙头镇高浦村
枫林镇枫五村
枫林镇东升村
枫林镇大门台村
枫林镇外垟村
枫林镇金山村
枫林镇老庵村
枫林镇徐家塆村
枫林镇枫一村
枫林镇镬炉村
岩坦镇岩坦村
岩坦镇坦一村

岩坦镇闪坑村
岩坦镇东岙村
岩坦镇大岭村
岩坦镇黄一村
岩坦镇茶山村
岩坦镇马上山村
岩坦镇金山村
岩坦镇陈坑村
岩坦镇溪一村
岩坦镇溪二村
岩坦镇陈寮村
岩坦镇水景村
岩坦镇（张溪）林坑村
岩坦镇小长坑民族村
岩坦镇黄界坑村
岩坦镇南正村
岩坦镇毛竹村
岩坦镇里上坑村
岩坦镇福山村
岩坦镇岙头村
岩坦镇大学村
岩坦镇深龙村
岩坦镇王山村
岩坦镇西山村
岩坦镇道基村
岩坦镇后坪村
岩坦镇前溪村
岩坦镇前山村
岩坦镇北山村
大若岩镇石岙村
大若岩镇玉泉村
大若岩镇大东村
大若岩镇下榴湾村
碧莲镇地凑村
碧莲镇下岭根村
碧莲镇东边村
碧莲镇碧莲村
碧莲镇应岙村
碧莲镇上村村
碧莲镇汤店村
碧莲镇新宅村
碧莲镇新岙村
碧莲镇章进岙村
巽宅镇坭坑村
巽宅镇白石坭村
巽宅镇中山村
巽宅镇山霞村
巽宅镇野骨村
巽宅镇谢山村
巽宅镇后坑村
巽宅镇川岙村
巽宅镇柴皮村
巽宅镇界坑村
巽宅镇坑口村
巽宅镇杨庄村
巽宅镇饭盘尖村
巽宅镇信岙村
巽宅镇坭坑口村
巽宅镇麻埠村
巽宅镇下二村
巽宅镇石垟村
巽宅镇小溪村
巽宅镇里山村
巽宅镇麻庄村
鹤盛镇罗川村
鹤盛镇上日川村
鹤盛镇垟京村
鹤盛镇山南村
鹤盛镇中源村
鹤盛镇红枫村
鹤盛镇山根村
鹤盛镇炉山村
鹤盛镇岩峰村
鹤盛镇塘村村
鹤盛镇上埠村
鹤盛镇大山头村
乌牛街道西叶村
乌牛街道岭下村
乌牛街道仁家垟村
乌牛街道金合村
乌牛街道孙宅村
乌牛街道水对头村
乌牛街道横岚岙村
三江街道后江村
三江街道行禅村
三江街道龙头村
三江街道启灶村
三江街道仙客村
三江街道仙山村
三江街道龙下村
三江街道芦田村
东城街道绿嶂村
东城街道西林垟村
东城街道仁里村
东城街道河岙村
东城街道焦坑村
东城街道牛伦村
东城街道平坑村
东城街道浦东村
东城街道上庄山村
东城街道溪头村
东城街道翁山村
东城街道金竹垟村
南城街道观下村
南城街道新民村
南城街道大了埄村
南城街道中西村
南城街道下堡村
南城街道前一村
南城街道东华村
北城街道三元堂村
北城街道阮家埄村
北城街道枫树下村
北城街道十二盘村
北城街道水碓湾村
北城街道东山下村
北城街道杭郭村
北城街道外寮村
北城街道大亨村
江北街道王家坞村
江北街道珠岙村
江北街道塘头村
江北街道东方村

江北街道花岙村
江北街道罗浮村
江北街道白水村
黄田街道黄浦村
黄田街道池头村
黄田街道东联村
黄田街道外窑村
东瓯街道堡一村

2013年度“春泥计划”达标（示范）村（社区）

一类示范村（社区）（4个）
桥下镇章当村
南城街道城南社区
北城街道城北社区
江北街道阳光社区

二类示范村（社区）（36个）
桥头镇：城中社区、前庄村
桥下镇：方岙口社区、茗岙社区、潘宅村、上村村
岩头镇：岩头村、抱岙村
沙头镇：高浦社区、石公田村
枫林镇：孤山社区
岩坦镇：溪口社区、张溪社区、石阵村、源头村、霄岭村
大若岩镇：白泉社区
碧莲镇：新岙村、汤店村
巽宅镇：西岙社区、小坑村
鹤盛镇：东皋社区、蓬一村
东城街道：陡门社区、全安村
南城街道：城西社区、黄屿社区
北城街道：鹅浦社区、路口村
乌牛街道：西垟村
三江街道：罗东社区、龙下村
黄田街道：千石社区、东联村
东瓯街道：东瓯社区、张堡社区

达标村（社区）（26个）
桥头镇：坦头村、朱涂村
桥下镇：小京岙村、徐岙村、金仓村
岩头镇：岩头社区、南垟村、口上村
沙头镇：九丈村、陈住起村
枫林镇：孤山村、宊垟村
岩坦镇：西鸟头村
大若岩镇：石岙村、玉泉村
碧莲镇：碧莲社区
巽宅镇：界坑村、横彭村
鹤盛镇：鹤盛村、西炉村
东城街道：绿嶂村
江北街道：清水埠社区、襟江社区
乌牛街道：埭头社区、河口岙村
三江街道：仙山村

（谷　穗）

2013年度县(市、区)、市级功能区“互看互学”活动第一场专题活动现场会

中国共产党永嘉县纪律检查委员会（监察局）

重要会议与活动

省纪委到永嘉考核调研信访举报工作 2013年1月8日，省纪委信访室副主任卢理明一行在市纪委常委许映霞的陪同下，对永嘉县纪检监察信访举报工作进行考核调研充分肯定了永嘉县纪检监察信访举报工作取得的成效，对永嘉县纪委（监察局）推行全员参与抓信访、农村重要信访件办理一体化、处置越级访的“五步工作法”、“五包”领导包案、镇（街道）纪检工作排名赋分的考核机制等做法高度赞赏，并要求发挥信访举报主线索渠道作用，健全网上举报机制，进一步提高实名举报办理反馈基本满意率。

县纪委十二届三次全体（扩大）会议 2013年2月4日下午，县纪委召开十二届三次全体(扩大)会议，总结2012年成绩和经验，部署2013年工作任务。县委书记盛秋平参加会议并作重要讲话，强调全县各级纪检监察组织和纪检干部要深入贯彻落实党的十八大精神，以对党和事业高度负责的态度，以奋发有为的精神状态和真抓实干的工作作风，推动反腐倡廉建设迈上新台阶，为建设“三生相融·幸福永嘉”作出新的更大贡献。县委副书记姜景峰主持会议。县委常委、纪委书记章寿禹作工作报告。县人大常委会主任谢崇福、县政协主席陈建良等县四套班子领导参加会议。

省农村基层党风廉政建设检查组到永嘉督查工作 2013年3月12日，省农村基层党风廉政建设检查组到永嘉督导检查农村基层党风廉政建设示范点创建工作。县委常委、纪委书记章寿禹汇报了全县农村党风廉政建设相关工作的开展情况，并就当前基层党风廉政建设工作中存在的问题与检查组进行了深入探讨。检查组到南城街道黄屿村、东瓯街道张堡社区实地调研，通过召开座谈会等形式详细了解村务监督委员会和社区居务监督委员会的建设情况。在听取汇报和实地调研之后，检查组对农村基层党风廉政建设取得的成绩给予充分肯定。检查组组长关笑丹指出，永嘉农村基层党风廉政建设任务部署规范有序、工作措施细化多样、体制机制健全完善、组织运行有规有矩，取得了良好的社会效果，并希望大家继续重视基层党风廉政建设，以更大的工作成效取信于民。

纪委书记工作例会暨“互学互比”活动汇报会 2013年3月22日，召开一季度功能区、镇(街道)纪(工)委书记工作例会，听取有关2013年勤廉创建、廉政风险防控机制建设、行风效能建设等工作思路与创新亮点汇报，并研究部署下一步重点工作。县委常委、纪委书记章寿禹参加会议。全县纪检工作将以“勤廉永嘉”建设为载体，积极做好构建惩防体系、深化作风效能建设、推进农村基层党风廉政建设、党员干部党风廉政教育、查处违法违纪案件等方面的工作。章寿禹在会上强调，全县纪检监察系统要进一步解放思想，多思考，多研究，创造性地开展工作。要围绕重点，深入研究当前反腐工作的特点和规律，注重培育典型，展现特色，推广好的经验。各地纪检监察组织都要有一至两项工作拿得出、叫得响，并要求整理出一至两项创新项目。

全县第二个“510思廉日”警示教育大会 2013年5月10日，召开全县第二个“510思廉日”警示教育大会，县委常委、纪委书记章寿禹以及县纪委(监察局)全体干部，各功能区、镇(街道)、部门纪检干部，各镇(街道)村账镇代理中心负责人及各镇(街道)部分行政村干部参加了会议。与会人员观看了“安置房背后的腐败”廉政教育警示片。另外，邀请市纪委常委、监察局副局长韩建海作“学习贯彻‘十八大’精神，加强党风廉政建设”的专题讲座。章寿禹在会上要求，各地各部门要切实增强廉洁自律意识，用好手中权利，自觉接受监督，真正做到勤政廉政，争做保持党的纯洁性的表率；要全力推进“农村党风廉政建设基层年”活动，重点抓好村级“三资”管理、村监会规范化建设、村务公开、村账镇代理中心工作规范化管理等工作，不断开创农村基层党风廉政建设新局面。

县政府廉政工作会议暨民主评议政风行风动员大会 2013年5月17日，召开县政府廉政工作会议暨民主评议政风行风动员大会，县委副书记、县长娄绍光在会上强调，转变政府职能、规范权力运行、建设廉洁政府，事关政府自身形象、群众切身利益和社会和谐稳定，各地各部门要进一步统一思想、深化认识，开拓创新、狠抓落实，全力推进政府廉政和政风行风建设再上新台阶。县委副书记姜景峰主持会议。县领导吕庆行、戴晓勇、何莉平、周俊武参加会议。姜景峰通报了2012年民主评议政风行风工作情况，并全面部署2013年的工作任务。

“清廉温州”行风热线走进永嘉 2013年11月12日，由温州市纪委、市监察局、温州广电传媒集团、人民网温州频道联合举办的“清廉温州”行风热线走基层活动第四站走进永嘉，县委副书记、县长娄绍光率27个职能部门主要负责人，接听群众来电，听民声、解民忧、连民心。FM94.9、AM666温州新闻广播、温州电视台瓯江先锋频道和人民网温州频道对活动进行同步直播。当天共有20名市民监督团成员全程参加实况直播。听完娄绍光对一个个民生问题的答复，他们在现场露出了笑脸。市民监督团成员还就楠溪江优质水源保护、江北街道王家坞段“黑臭河、垃圾河”整治等问题进行现场发问。

作风效能建设大会暨党风廉政建设汇报会 2013年11月25日下午，召开作风效能建设大会暨党风廉政建设汇报会，吹响作风效能建设攻坚战的号角。县委书记盛秋平在会上强调，抓好作风效能建设和党风廉政建设，是一项重要的政治任务，各地各部门要立即行动起来，抓紧抓实抓好作风效能和党风廉政建设，向全县人民交出一份满意的答卷，为永嘉“赶超发展、激情跨越”作出新的更大贡献。县委副书记、县长娄绍光主持会议。谢崇福、陈建良等县四套班子领导参加会议。会议通报了10起违反规定损害发展软环境的典型案例。县教育局、岩头镇负责人分别作党风廉政建设典型发言，县住建局、鹤盛镇负责人分别作作风效能建设表态发言，会议还就2013年度全县重点中层科室干部督考进行千人评议。

廉政建设

“勤廉永嘉”建设 2013年5月2日出台《关于深化“勤廉永嘉”创建活动的工作意见》，探索建立“勤廉指数”测评体系，完善定期例会、公开公示、督查通报等创建工作制度，确保创建工作取得实效。通过开设勤廉大课堂、举办勤廉大讨论、开展勤廉大走访、深化勤廉大评比等系列活动，不断创新勤廉创建活动载体。把创建活动向校园、工程、国有企业等社会领域延伸，不断拓展“勤廉永嘉”创建领域。命名县委党校等6个单位为“2013年度勤廉机关”，命名岩头镇等4个单位为“2013年度勤廉镇街”，命名上塘税务分局等23个站所为“勤廉站所”，命名桥头镇梨村等42个村（社区）为“勤廉村（社区）”，评选出单飞杰等10名干部为“2013年度十佳勤廉干部”。

落实党风廉政建设责任制 2013年，严格执行“三书两报告”制度，把党风廉政建设任务落实到17位县党政领导班子成员和24家牵头单位，层层签订责任状，落实到岗、到人，形成了“横向到边、纵向到底”的责任网络和齐抓共管的良好局面。认真对接市《考绩法》，对功能区和镇（街道）党风廉政建设责任制考核实行排名赋分，县直属单位实行分项分组分档次赋分，县属企业和工程指挥部实行达标制。强化日常动态考评力度，设置“动态督查情况评价”，建立动态考核信息库，实行全年跟踪量化评分。7月上中旬对县财政局、水利局、沙头镇、乌牛街道等单位开展重点巡查，跟踪做好巡查结果的整改、处理和运用，督促落实党风廉政建设责任制各项工作。12月中下旬，对全县116个单位，就2013年度推进惩防体系建设和落实党风廉政建设责任制情况进行年度考核，对发现的问题及时进行汇总、反馈，要求认真研究整改。并依据考核结果，评选出12家先进集体和14名先进个人，予以通报表彰，切实增强各级领导干部履行'一岗双责'意识。建立健全责任追究的领导体制和保障机制，对上年度市责任制考核发现的问题进行认真分析研究，落实责任给县领导和责任部门，制定整改措施，明确时间进度，确保整改落实到位；对上年度县责任制检查发现的情况逐一反馈，责令2家考核排名末位单位作出书面检查，对班子成员进行诫勉谈话，并要求限期整改。严格执行《永嘉县党风廉政建设"一票否决"实施办法（试行）》《永嘉县党风廉政建设责任追究实施办法（试行）》等规定，全年共否决了各类评先评优、晋职晋级21个集体和24名个人，对5家责任不落实、工作不到位的单位班子成员进行了诫勉谈话。

作风效能建设 2013年，牵头开展作风建设系列工作，采取有效措施，坚决贯彻落实"八项规定"。开设"作风建设曝光台"，播出作风建设公益广告，印发《作风建设提醒卡》和《作风建设50个反面案例》，营造浓厚的舆论氛围。推行公务接待"廉政灶"制度，建立"两色两级"预警机制，开展"厉行节约清风行动"，公务接待费用同比下降44.5%。按时完成车改工作，进一步强化公务用车监督管理，对全县留用759辆全部喷涂标识和安装车载GPS终端，对17个单位违规使用问题进行了处理。5月29日出台了《永嘉县党政机关外出学习参观考察管理五项制度》，遏制无实质意义的外出考察活动，公费外出（不包括党团活动）同比下降22%。认真落实操办婚丧喜庆纪律要求，对1名违反规定的干部进行责任追究。开展全县党政机关干部会员卡专项清退活动，全县7972名在职干部职工做到"零持有、零报告"。健全一般干部末位待岗继续教育和重点中层科室干部督考制度，大力整治"小鬼难缠""中梗阻"等现象，倒逼干部作风转变，2013年共对32名干部开展了2个月的封闭式离岗培训，对6名中层督考落后的科室负责人进行了刚性岗位交流。深化效能"挑刺"行动，共追责66人次．其中免职1人、调离工作岗位2人、停职检查2人、书面效能告诫13人。进一步推进审批制度改革，督促落实"两集中两到位"、事权下放和全程代办服务等工作，清理非行政许可审批事项50项，整顿依附行政审批强制提供服务、强制收费行为7项，取消镇（街道）、社区、村居无依据前置盖章事项98项，优化有依据前置盖章事项56项。创新招商选资项目审批倒逼提速工作机制，筛选出34个重点招商选资项目，实施"五倒逼"提速措施（以目标倒逼执行、以时间倒逼进度、以排名倒逼提速、以督促倒逼提效、以问责倒逼落实），约谈了14个后进单位，有力推进招商选资项目审批提速提效。出台服务保障振兴实体经济优化发展环境的实施意见，严厉打击损害经济软环境行为。

反腐倡廉宣传教育工作 2013年，把党性党风党纪教育和廉洁从政教育纳入全县干部教育培训工作大局进行统一部署，利用"510思廉日""勤廉微博"等活动和平台，通过廉政专题学习、发送廉政短信、组织党员干部参加法院庭审旁听、开展党风廉政建设巡回宣讲和新录用公务员廉政教育实践活动等方式，提高全县党员干部的廉政意识。深入挖掘永嘉特色廉政文化，精心打造"一园一书一戏"（"一园"即"清正园"，"一书"即《耕读清风 永嘉正气》，"一戏"即《徐定超倡廉惩恶》）廉政文化精品项目，有效加强了廉政教育的针对性和有效性。全年在《今日永嘉》"永嘉廉潮"栏目推出报道20多期，广播"楠溪廉潮"栏目播出200多条，中央级媒体8篇，省级媒体11篇，市级媒体39篇，其中《永嘉县对受处分人员实施继续教育》一文得到市纪委书记陈晓明的批示。《热点100度》栏目制作的专题片《大刀阔斧改革公务接待 永嘉公务接待费用下降明显》被温州电视台录用，温州电视台反腐纵横栏目制作的专题片《最严村规 让权力在阳光下运行》被省台及多家中央级媒体采用。

农村基层党风廉政建设 2013年，深入开展"农村基层党风廉政建设年"活动，不断夯实基层基础。6月28日，出台了《关于进一步规范村级非生产性开支的若干规定》，创新"5+4+3"监管模式（5项约束规定，4项追责措施，3大监管网络），规范村级非生产性支出，全县904个村非生产性开支明显下降。扎实推进村级便民服务和"三务"公开信息平台建设工作，共录入信息3万多条，全县2.9万户电信用户和12万户广电用户实现信息平台全覆盖。开展“阳光村务”督查，通报曝光“三务”公开和村账代理工作不规范情况，对14名村主要负责人和5名镇、社区工作人员进行问责。全面推行村级“勤廉指数”预警评价机制，把廉政风险防控工作向村级延伸，实施“三色预警”，是年共有332个村次被预警，相关村干部受到了提醒谈话、限期整改或诫勉谈话处理。完成镇、社区（村）便民服务中心规范化建设，完成率100%；建成了市、县、镇（街道）、社区四级行政审批联网工程，覆盖率100%。加强对村监会换届工作的指导，选优配强904个行政村村务监督“当家人”。加强村（居）务监督委员会规范化建设，落实2012年度村（居）务监督委员会基本报酬491.95万元。

执法监察　2013年，加强对振兴实体经济、美丽乡村建设、“五水”共治、招商选资、“三改一拆”等县委、县政府重大决策部署监督检查力度，对有令不行、有禁不止、执行相关制度不力的29名责任人员进行追责。加强对重点建设项目的保障，全面深化“五大员”制度，安排三江生态立体城等16个重点项目作为服务保障对象，全年共协助解决各类难题37个。出台政府投资项目管理办法，在全市首创远程异地评标方式，开展政府投资项目标后管理专项执法，制定工程变更和概预算调整审批措施，进一步规范建筑市场秩序；制定政府投资小额工程简易招标办法，有效预防围标串标现象。全年共参与招标文件审查52次，审查招标文件31个；牵头组织镇级招投标中心实施情况的监督检查，检查镇级招投标中心12个，发现问题58个，提出整改措施6条，整改问题58个；认真做好招投标领域的投诉处置工作，牵头处置招投标投诉7起，澄清5起，纠正2起。开展了全县绿化项目专项执法检查，共检查镇（街道）绿化项目43个。开展工程标后管理专项执法检查，共检查项目18个，发现存在重大问题的工程项目6个，存在安全隐患3处，对2个项目的施工单位和监理单位进行了约谈。对沙头镇西垟村原支部书记陈剑非法占地建设问题、周卫村低产林改造项目和枫四村违法占地建设等热点问题进行调查，对16名责任人员进行责任追究。对14个安全生产事故开展专项调查，对5名责任人员进行责任追究。开展违规发放津贴补贴和最低生活保障工作落实情况的监督检查。建立行政败诉案件责任追究联席会议制度，加强对行政败诉案件的责任追究工作，全年共对5件行政败诉案件6名责任人进行追责。

纠风与执纪

纠风治乱　2013年，开展“纠风惠民”活动，召集县教育局、卫生局、公安局、住建局、交通运输局、食品药品监管局、民政局、环保局等8个部门，筛选确定九大民生难题，督促责任单位集中破解，落实长效机制。大力推行阳光招生，实现义务教育阶段零择校，开展短期培训机构和教师“三乱”治理工作，全年查处有偿辅导补课4起，处分3人，确定年度考核不称职4人；全年共完成经济责任审计项目11个，涉及金额1.69亿元，纠正损失浪费资金80余万元、违规资金63万元。深化医药回扣专项治理工作，全年上缴“581”廉政账户55400元，医务人员拒收红包55600元；加强卫生系统内部审计工作，对13家卫生院进行经济责任审计，涉及金额达31154.70万元，查处违规资金97319.20元，发现问题40个，提出整改意见47条。开展“纠风助企”活动，4月25日印发《全县纠风助企行动实施方案》，在全县范围内筛选出30家中小企业作为“纠风助企行动”挂钩联系企业和减轻企业负担监测点，建立QQ群，搭建了沟通交流的平台；深入开展企业减负行动，减免小微企业行政事业性收费项目41项，努力减轻企业负担。认真组织开展部门科（室）长及基层站所负责人质询评议和民主评议政风行风工作，创新评议方式，评出6个满意和3个不满意单位、9个群众满意和7个群众不满意基层站所（办事窗口）。6月24日，印发了《关于全县银行系统民主评议行风活动“回头看”工作的实施意见》，进一步巩固2012年全县银行系统民主评议行风活动成果，扎实推进全县银行系统行风建设。

执纪办案　2013年，开展“信访积案化解年”专题活动和“阳光信访”活动，建立信访举报、效能投诉、网络舆情“三位一体”的投诉反馈平台，全年共化解信访积案25件。坚持依法依纪、安全文明办案，全年共立案182件，结案182件，给予党政纪处分182人，移送司法机关处理7人。加强对村级组织换届纪律执行情况的督查，率全市之先打响村级组织换届“整风肃纪”第一枪，查处岩坦镇马上山村等换届选举违法违纪案件，以铁的纪律确保村级组织换届工作有序进行。着力提高案件审理工作质量，纠正党政纪处分决定执行不到位36起。

2013年度推进惩防体系建设和落实党风廉政建设责任制先进集体和先进个人名单

先进集体（12个）

县委农办（农业局）
县人民检察院
县教育局
县民政局
县财政局（地税局）
县交通运输局
县审计局
上塘中心城区
三江商务区
岩头镇
大若岩镇
北城街道

先进个人（14人）

陈　泉（县纪委）
邹姿化（县纪委）
朱立新（县直机关工委）
吕银显（县广播电视台）
金建武（县人民法院）
陈群翔（县公安局）
陈建光（县人力社保局）
徐顺儒（县住建局）
陈凤娇（县文广新局）
徐蓓蓓（县国税局）
戴源涌（瓯北城市新区）
吕淑平（桥头镇）
陈国忠（巽宅镇）
陈光荣（东城街道）

2013年度"勤廉永嘉"系列创评先进名单

勤廉机关（6个）

县委党校
县文明办
县民政局
县司法局
县财政局
县审计局

勤廉镇（街道）（4个）

岩头镇
大若岩镇
北城街道
三江街道

勤廉站所（23个）

上塘中心城区：县地税上塘税务分局、上塘环境管理所
瓯北城市新区：县地税局瓯北税务分局、县国土资源局瓯北分局
三江商务区：三江路政中队
桥头镇：桥头劳动保障所、县国税局桥头税务分局、县质量技术监督局桥头质监所
桥下镇：桥下劳动保障所、桥下住建所
岩头镇：岩头水利管理所、岩头派出所
枫林镇：枫林供电服务站
岩坦镇：岩坦国土资源管理所、岩坦住建所
大若岩镇：大若岩国土资源管理所
碧莲镇：碧莲派出所
巽宅镇：四川中心卫生院
鹤盛镇：鹤盛住建所
乌牛街道：乌牛劳动保障所、乌牛供电所、县国税局乌牛分局、乌牛工商所

勤廉村（社区）（42个）：

桥头镇：梨村、桥头村、溪心村、桃湾村
桥下镇：邵山村、塘上村、章当村
岩头镇：河二村、葵坑村、石匣村、芙蓉下村、四联村
沙头镇：泰石村、花三村、庙活村
枫林镇：东升村
岩坦镇：上宅岸村、水景村
大若岩镇：白泉村、九房村、垟坑村、黄潭村
碧莲镇：上村、石湖村、澄田村
巽宅镇：沙埠村
鹤盛镇：山根村、上垮村、藤家垄村、霞岭根村
东城街道：嶂岙村
南城街道：城西社区
北城街道：江山村、枫树下村
江北街道：创新社区
乌牛街道：金合村、洪山村、河口岙村
三江街道：启灶村
黄田街道：池头村、新寿湾村
东瓯街道：东瓯社区

十佳勤廉干部（10人）：

单飞杰（团县委）

虞建远（县社科联）

叶蔓蔓（县经信局）

郑志雄（县教育局）

叶际巨（县公安局）

潘李克（瓯北供电所）

叶晓光（三江商务区）

麻永梅（岩坦镇）

陈光仲（大若岩镇)

李玉环（东瓯街道）

（李益峰）

永嘉县人民代表大会

永嘉县第十五届人民代表大会及其常委会会议

县十五届人大二次会议 2013年1月5日至1月7日举行。大会应出席代表313人，实出席309人，列席244人。会议听取和审查县人民代表大会常务委员会和县人民政府、县人民法院、县人民检察院工作报告；审查永嘉县2012年国民经济和社会发展计划执行情况与2013年国民经济和社会发展计划草案的报告，批准永嘉县2012年国民经济和社会发展计划执行情况的报告、2013年国民经济和社会发展计划；审查永嘉县2012年预算执行情况和2013年预算草案的报告，批准永嘉县2012年预算执行情况的报告和2013年预算。共举行3次全体会议、2次主席团会议、1次计划预算审查委员会会议、1次代表议案审查委员会会议。大会收到代表10人以上联名提出的议案36件。其中，政治法制方面2件，工交财贸方面15件，农林水方面10件，教科文卫体方面2件，城建环资方面7件。大会主席团决定将邹锡琴等18位代表提出的《关于对工程招投标实行全过程监督的议案》（第1002号），交由县人大常委会审议，审议结果报告印发县第十五届人民代表大会第三次会议。其他35件代表议案，拟转作代表建议、批评和意见，连同大会期间收到的145件代表建议、批评和意见，由县人大常委会办事机构交有关机关、组织研究处理并负责答复代表。县委书记盛秋平致闭幕词。

县第十五届人大常委会第十次会议 2013年3月21日举行，主要议题是：1.听取和审议县政府关于美丽乡村建设情况的报告；2.听取和审议县政府关于土地清理工作审议意见落实情况的报告；3.听取和审议县人大常委会执法检查组关于科技进步法在永嘉彻实施情况的执法检查报告；4.人事任免。会议经过审议，任命潘长建为永嘉县人民代表大会常务委员会法制工作委员会副主任，单振乐、陈哲为永嘉县人民检察院副检察长；免去潘长建的永嘉县人民检察院副检察长、检察委员会委员、检察员职务。

县第十五届人大常委会第十一次会议 2013年5月16日举行，主要议题是：1.听取和审议县政府关于学前教育落实情况的报告；2.听取和审议县人大常委会执法检查组关于《禁毒法》在永嘉贯彻实施情况的执法检查报告；3.听取和审议县人大常委会调研组《关于对工程招投标实行全过程监督的议案》的调研报告；4.人事任免。会议经过审议，决定任命吴荣花为永嘉县人民政府副县长；任命吴理俊为永嘉县人大常委会三江街道工作委员会主任，叶见克为永嘉县人民代表大会常务委员会城乡建设环境保护工作委员会副主任，周星金为永嘉县人大常委会乌牛街道工作委员会副主任；免去汪庆幸的永嘉县人大常委会三江街道工作委员会主任职务，叶见克的永嘉县人民代表大会常务委员会法制工作委员会副主任职务。

县第十五届人大常委会第十二次会议 2013年7月30日举行，主要议题是：1.对许可县第十五届人大代表麻建静、戴志杰采取强制措施的批复给予确认；2.审议通过《永嘉县预算审查监督办法》；3.听取和审议县人大常委会执法检查组关于浙江省饮用水源保护条例在永嘉贯彻实施情况的执法检查报告；4.审查批准县2012年财政决算；5.听取和审议县政府关于2012年度本级预算执行及其他财政收支情况审计工作的报告；6.听取和审议县政府关于提请审议诸永高速公路温州延伸工程项目融资有关事项的议案及说明；7.听取和审议县政府关于殡葬改革工作情况的报告；8.听取和审议县法院关于案件执行情况的报告；9.听取和审议县检察院关于反贪污贿赂工作情况的报告；10.人事任免。会议经过审议，通过了《永嘉县预算审查监督办法》；通过了永嘉县人大常委会关于批准永嘉县2012年财政决算的决议；通过了永嘉县人大常委会关于批准诸永高速公路温州段延伸工程项目融资的决定；通过了永嘉县人大常委会关于县第十五届人大代表麻建静依法采取强制措施的批复给予确认的决定；通过了永嘉县人大常委会关于县第十五届人大代表戴志杰依法采取强制措施的批复给予确认的决定；决定任命曹启峰为永嘉县人民政府副县长。

县第十五届人大常委会第十三次会议 2013年9月26日举行，主要议题是：1.对许可县第十五届人大代表朱春华采取强制措施的批复给予确认；2.听取和审议县政府关于2013年上一阶段国民经济和社会发展计划执行情况的报告；3.听取和审议县政府关于2013年上一阶段县财政预算执行情况的报告；4.审查批准2013年地方政府债券预算调整草案；5.听取和审议县公安局关于公安工作情况的报告；6.听取和审议县政府关于食品安全法执法检查审议意见落实情况的报告；7.听取和审议县政府关于农房改造集聚建设工作审议意见落实情况的报告；8.补选温州市第十二届人民代表大会代表；9.人事任免。会议经过审议，通过了永嘉县人大常委会关于县第十五届人大代表朱春华依法采取强制措施的批复给予确认的决定；通过了永嘉县人大常委会关于批准2013年地方政府债券预算调整的的决议；通过关于同意增加人民陪审员名额的决定；通过了永嘉县人民代表大会常务委员会关于接受林增丰请求辞去永嘉县第十五届人民代表大会常务委员会委员职务的决定；通过了永嘉县人民代表大会常务委员会关于接受刘聪雷请求辞去永嘉县第十五届人民代表大会常务委员会委员职务的决定；补选诸葛承志、徐建新、沈利明为温州市第十二届人民代表大会代表；任命戴银良为永嘉县人民代表大会常务委员会城乡建设环境保护工作委员会主任，朱千俊为永嘉县人民代表大会常务委员会教科文卫工作委员会副主任，麻永锋为永嘉县人民代表大会常务委员会办公室副主任，刘聪雷为永嘉县人大常委会黄田街道工作委员会主任，汤光胜为永嘉县人大常委会江北街道工作委员会主任，徐浙忠为永嘉县人大常委会乌牛街道工作委员会主任，胡利生为永嘉县人大常委会三江街道工作委员会主任，徐巧贵为永嘉县人大常委会南城街道工作委员会副主任；决定任命黄振才为永嘉县卫生局局长，周伟为永嘉县环境保护局局长，金翎翼为永嘉县司法局局长，林增丰为永嘉县食品药品监督管理局局长；免去林增丰的永嘉县人民代表大会常务委员会城乡建设环境保护工作委员会主任职务，刘聪雷的永嘉县人民代表大会常务委员会办公室副主任职务，戴建枢的永嘉县人民代表大会常务委员会教科文卫工作委员会副主任职务，吴理俊的永嘉县人大常委会三江街道工作委员会主任职务，董小平的永嘉县人大常委会黄田街道工作委员会主任职务，施正文的永嘉县人大常委会乌牛街道工作委员会主任职务，刘太东的永嘉县人大常委会江北街道工作委员会主任职务，汤胜忠的永嘉县人大常委会江北街道工作委员会副主任职务，郑金海的永嘉县人大常委会南城街道工作委员会副主任职务；决定免去黄振才的永嘉县环境保护局局长职务，周伟的永嘉县卫生局局长职务，戴银良的永嘉县司法局局长职务，陈建国的永嘉县食品药品监督管理局局长职务。

县第十五届人大常委会第十四次会议 2013年11月12日举行，主要议题是：1.审查批准2013年公共预算收支调整和发放机关事业单位机关工作人员年度目标考核奖有关事项；2.审查批准2013年GDP计划目标调整；3.听取和审议县政府关于“十二五”规划纲要实施中期评估情况的报告；4.听取和审议县政府关于代表议案审议意见落实情况的报告和代表建议办理情况的报告；5.审议通过代表辞职事项。会议经过审议，通过了永嘉县人大常委会关于批准2013年公共财政预算调整及相关事项的决议；通过了永嘉县人大常委会关于批准2013年GDP计划目标调整的决议；通过了永嘉县人大常委会关于接受林增丰、董群策、邹锡琴、周寿宪、戴元兴、周星锋、刘太东、汪庆幸、吴理俊、卢银林、林建杭、李忠勇、董小平等辞去永嘉县第十五届人民代表大会代表职务的决定。

县第十五届人大常委会第十五次会议 2013年12月4日举行，主要议题是：1.审议主任会议关于县第十五届人民代表大会第三次会议日期、议程（草案）的议案；通过关于召开永嘉县第十五届人民代表大会第三次会议的决定；

2.听取和审议县政府关于2012年县级财政预算执行及其他财政收支情况审计报告整改意见落实情况的报告。会议经过审议，通过了关于召开永嘉县第十五届人民代表大会第三次会议的决定。

县第十五届人大常委会第十六次会议 2013年12月16日举行，主要议题是：1.审议县人大常委会、县政府等工作报告；2.审查县2014年国民经济、社会发展计划草案和财政预算草案；3.审议通过关于补选代表的资格审查报告和代表变动情况的报告；4.审议通过关于召开县十五届人大三次会议有关事项。会议经过审议，通过了关于补选代表的资格审查报告；通过了关于代表变动情况的报告；决定委托县人大常委会主任谢崇福为县人大常委会工作报告人；通过了关于召开县十五届人大三次会议有关事项。

监督工作

法律监督 2013年，常委会先后开展了《科技进步法》《禁毒法》和《浙江省饮用水水源保护条例》执法检查，通过调研视察、明查暗访、召开座谈会、听取和审议报告，督促法律法规的贯彻实施。特别是饮用水水源保护执法检查，常委会精心组织，周密部署，发动各级代表500多人，开展了“关心母亲河，查找污染源，恪尽代表职责”活动，视察溪流267条，发现污染源721处，提出整改意见324条。重视收集法律草案修改意见，多次召开各界代表座谈会，分别就环境保护法和消费者权益保护法的修正案收集修改意见，为完善法律法规建言献策。

工作监督 2013年，常委会认真听取和审议预算执行、财政决算、审计工作和投融资情况报告，批准县政府财政决算和地方政府债券预算调整方案，为重大基础设施建设筹集资金创造条件。开展耕地垦造、低产林改造情况视察，督促落实土地清理工作审议意见、盘活存量土地、开发低丘缓坡地等来缓解土地要素制约。常委会针对招投标市场存在的议标随意、串标挂靠普遍、招标代理监管不严、标后管理不到位等问题进行调研，提出规范招投标行为、健全监管机制、加大打击力度等整改建议。县政府专题部署招投标市场整治行动，公检法依法从严打击招投标领域的违法犯罪，有效维护了市场秩序。常委会紧紧围绕县委“三大”战略，以“十二五”规划纲要的实施为抓手，深入调研视察，加大力度督查现代商贸区、三江商务区、楠溪江生态旅游区等产业平台建设，坚持可持续发展，注重有效投入，增强发展后劲，支持县政府出台振兴实体经济、改革创新等政策措施，与企业共克时艰、共谋发展。高度重视重点工程建设，对政府重大投资项目逐个进行视察，要求各指挥部切实做到建设进度、工程质量、安全生产“三兼顾”，政策处理和解决遗留问题“两同时”，千方百计筹集建设资金，努力保障重点工程建设顺利进行。高度重视招商选资工作，强调招商、选商、安商并重，招商项目、产业导向与区域规划对接，发展速度、资源开发与环境承载相匹配，真正做到招大商、招真商、引优资。高度重视楠溪江的保护和发展，综合运用视察、评议、询问等手段，对楠溪江工程建设、招商选资项目、旅游开发等开展全方位监督，力求形成以保护谋发展、以发展促保护的良性循环，实现生态建设和群众致富双赢。高度重视农业农村工作，开展农业“两区”建设情况视察，助推生态农业、设施农业、休闲观光农业发展。听取县政府改善投资发展环境情况的报告，督促有关部门改革审批制度，简化办事程序，减少审批环节，优化服务质量，为实体经济发展提供宽松环境。常委会不断强化对司法机关的工作监督。听取县法院案件执行情况的报告，要求加强执行队伍和执行体系建设，加大执法力度，切实保障当事人的合法权益。听取县检察院反贪污贿赂工作情况的报告，提出加大查案力度，提高办案能力，规范执法行为，预防职务犯罪。听取县公安局工作情况汇报，围绕社会治安，公安队伍建设，交通秩序管理等问题提出建议，切实增强人民群众的安全感。重视普法教育工作，倡导全社会树立尊重法律、信仰法律、敬畏法律的观念，形成崇尚法治的良好氛围。

财政预算监督 2013年，常委会认真贯彻落实县委《关于加快推进公共财政预算改革的实施意见》文件精神，制定出台《永嘉县预算审查监督办法》，建立预算审查批准、预算执行、预算调整、决算审查批准和预决算公开等制度，涉及民生的重大项目预算和重点部门预算可举行听证，并吸收社会公众实行参与式预算，接受社会公众的监督。加大部门预算审查监督力度，成立预算审查咨询小组，首批对公安、财政等12个政府部门预算进行审查，总计核减年度预算732万元，并提交人代会同步审查。通过预算审查，提高了政府部门理财规范化和精细化水平，初步形成了公共财政预算审查监督新机制。

监督议题选择 2013年，常委会按照“党委重视、政府关注、群众关切、人大可为”的原则，精心选择监督议题，适时组织调研视察，及时预警，敢于揭短，勇于挑刺；县政府借助人大监督力量，对涉及全局性、长远性、根本性问题的审议意见，采取出台政策、专项整改、纳入考核等举措进行转化落实，初步形成了政府重视人大监督，人大监督助推政府工作的良性互动。是年，人大实施的20多个监督议题，其中8个县政府出台政策，4个开展了专项整治，2个纳入工作考核。对工程招投标的审议意见，县政府出台《政府投资小工程建设项目招标投标暂行规定》；饮用水水源保护执法检查意见，县政府开展了农村饮用水源安全隐患专项排查，编制了农村供水安全应急预案。

人事任免 决定重大事项与代表工作

人事任免和决定重大事项 2013年，县人大常委会坚持党管干部和人大依法任免相结合的原则，密切与党委组织部门和提请任免机关的联系。2013年，共依法任免国家机关工作人员49人次。在充分调查研究和常委会审议的基础上，适时就事关全局的重大事项做出决议、决定，作出决定决议8项，把县委的重大决策和全县人民的共同意愿转变为国家意志，推进全县中心工作的顺利开展。

代表工作 2013年，常委会加大代表建议督办力度，在征询代表反馈意见、组织代表小组评议、交办不满意办理件的基础上，采取承办部门约谈制、解决问题加分制等措施，有效改进了代表建议办理工作。县十五届人大二次会议期间收到的180件代表建议，得到解决或部分解决的66件，占总数的36.7%，解决率同比提高8%。精心筛选代表建议反映集中的热点问题，列入年度监督计划，开展了食品安全、医疗卫生、学前教育、殡葬改革、社会保障和社会救助等专项监督，听取县政府相关工作情况报告，提出审议意见，督促有关部门抓好落实。常委会把密切联系代表、增强代表履职能力、充分发挥代表作用，作为经常性和基础性的工作来抓。首先是组织代表学习，通过举办培训会、免费为代表征订相关报纸杂志，普及宪法、代表法、组织法等人大代表履职基本知识，为代表依法行使职权创造条件。其次是拓宽代表履职渠道，广泛邀请代表参与调研、视察、评议等履职活动，搭建代表与党委、政府沟通的平台，使代表知情知政，正确履职。再次是保护代表履职积极性，认真办理代表建议，健全代表联系制度，建立人大代表履职服务网络平台，为代表履职提供全过程服务。重视对镇（街道）人大的工作指导，组织镇（街道）人大干部参加人大工作培训班学习，分批邀请镇（街道）人大主席列席常委会会议，保持与镇（街道）人大的经常性联系互动。做好人大信息宣传工作，认真总结人大工作的经验和教训。密切与兄弟县人大的工作交流，借鉴各地人大的成功做法，努力推动人大工作上新台阶。

代表工作站建设 2013年，常委会总结推广桥头镇人大代表工作站建设经验，坚持成熟一个发展一个，积极稳妥推进工作站扩面工作，新设桥下、岩头、大若岩、鹤盛4个工作站，并在工作中涌现出了许多新亮点。桥下镇人大代表工作站在各社区设立分站，成了人大贴近群众的最前沿窗口；鹤盛镇人大代表工作站会同党代表、政协委员召开“两代表一委员”咨询会，对事关群众切身利益的民生问题进行协商理政。同时，人大代表工作站还为群众办事提供“保姆式”服务，是当地党委政府理顺民情、化解矛盾、解决纠纷的好帮手，也是构建和谐社会的重要力量。

视察调查研究

视察调查研究活动 2013年，常委会按照树立一线意识，发挥一线作为的要求，深入基层一线做实事、解难题。围绕振兴实体经济、美丽乡村建设、“三县三城联创”、招商选资项目落地、城中村改造、“四边三化”等工作，深入农村、企业、学校开展调研视察，协助县委、县政府抓好重点工作的落实。深入开展“九联系”“转作风、解难题”“千名干部进千村入千企解千难”等主题活动，加强对挂钩联系重点工程、企业、村居、城中村改造项目的经常性指导，协助解决了一些工程建设中的难点问题。加强对村级组织换届工作的指导，深入重点难点村蹲点调研，积极为村级组织换届献计出力。

信访工作 2013年，重视人大

信访工作，共受理群众来信78件，接待群众来访300余人次，协助做好重大节庆活动期间的信访工作，使一些群众反映的热点难点问题和合理要求得到妥善处理，维护了广大人民群众的合法权益，为促进社会和谐稳定发挥了积极作用。

规范性文件备案审查工作

规范性文件备案审查工作 县人大常委会严格执行监督法和有关规范性文件备案的规定，加强备案审查工作。2013年，共审查备案县政府规范性文件15件，促进了法治政府建设，维护了国家法制统一。

（徐贤好）

永嘉县人民政府

综　述

永嘉县总面积2674.3平方千米，下辖4个功能区、10个镇、8个街道，81个城乡一体新社区，其中农村新社区68个、城市社区9个，城郊社区4个。2013年末，全县总户数28.73万户，总人口96.95万人，人口自然增长率为9.2‰，比上年降低1.8个千分点。2013年，全县生产总值291.91亿元，按可比价格计算，比上年增长8.0%。其中，第一产业增加值9.63亿元，下降1.1%；第二产业增加值179.24亿元，增长8.7%；第三产业增加值103.04亿元，增长7.5%。三大产业的结构为3.3：61.4：35.3。按户籍人口计算，全县人均生产总值为30216元，比上年增加3091元，增长11.4%。财政总收入38.64亿元，其中公共财政预算收入20.85亿元，分别比上年增长7.5%和13.0%。全县公共财政预算支出40.20亿元，同比增长15.7%。全社会消费品零售总额102.67亿元，比上年增长14.9%，增幅上升3.2个百分点。全县进出口总额7.71亿美元，比上年下降2.4%。其中出口总额6.63亿美元，下降4.5%；进口总额1.08亿美元，增长12.5%。外商直接投资合同项目2个，当年实际使用外资额2316万美元。

农　业　2013年，全县实现农业总产值15.47亿元，比上年下降0.7%，扣除价格因素实际下降2.1%。其中农、林、牧、渔业产值分别为8.98亿元、1.12亿元、4.46亿元、0.68亿元，同比分别增长6.3%、-6.4%、-14. 2%、-9.2%。全年播种总面积3.10万公顷，比上年增长0.7%。全年造林面积1133公顷，共完成零星植树55万株，新增育苗面积5公顷。全年肉类总产量1.86万吨，比上年下降14.3%。蜂蜜产量1259吨，同比下降12.3%。全年渔业水产品总产量3183吨，比上年减少373吨，下降10.5%。推进农业“两区”建设，建成1个主导产业示范区、1个休闲观光园和7个精品园，验收粮食功能区1593公顷，新增三星级以上农家乐7家，实现土地规模流转1867公顷，农业招商实到资金6.79亿元。是年被命名“浙江省养鱼稳粮增收工程示范县”。

工　业　2013年，全县工业总产值585.88亿元，比上年增长7.5%，增幅上升6.4个百分点。其中，规模以上工业产值393.77亿元，同比增长3.3%，增幅比上年回落2.2个百分点，利润总额28.09亿元，下降1.6%，完成工业性投资47.18亿元，同比增长39.7%。皮鞋、泵阀、服装、纽扣拉链产值分别为122.47亿元、96.97亿元、61.63亿元、13.76亿元，比上年分别增长4.6%、1.6%、2.5%、2.6%。产值超亿元的企业82家，比上年增加4家，全县新组建集团企业2家，完成14个小微企业创业园规划布局，实现“个体转企业”2078户，“规下转规上”44家，“限下转限上”35家，11家企业完成“股改”，3家企业入选中国品牌500强。获批建设全国泵阀产业知名品牌创建示范区，建成国家阀门质检中心、中国教玩具出口基地。新增省著名商标5枚。

建筑业　2013年末，全县共有资质建筑企业36家。全年共完成建筑业产值52.14亿元，比上年增长19.9%，当年竣工产值23.13亿元，比上年增长47.3%。施工企业全年房屋建筑施工面积266.7万平方米，比上年增长12.5%，房屋竣工面积68.08万平方米，比上年增长79.2%。

旅　游　2013年，全县旅游总收入30.15亿元，比上年增长31.2%。全年接待游客415.17万人次，比上年增长32.6%。其中，国内游客412.60万人次，增长32.6%；接待境外游客2.57万人次，增长31.8%，旅游外汇收入828.72万美元。成功举办2013中国（温州）森林旅游节、第二届中国·楠溪江山水文化旅游节，楠溪江国际房车露营公园顺利奠基，开工建设楠溪云岚养生度假中心、红色旅游经典景区二期等项目，成功打造“三古村一漂流”精品线路。楠溪江入选（中国国家地理）《理想国》特刊，楠溪江风景名胜区获省AAAA景区旅游满意度调查综合品质十佳景区，楠溪江入选全省“十佳嬉水胜地”，龙瀑仙洞入选大世界基尼斯中国之最。

金融业 2013年末，全县金融机构本外币各项存款余额440.03亿元，比上年增加47.07亿元，增长12.0%。全县金融机构本外币各项贷款余额381.84亿元，比上年增加44.13亿元，增长13.1%。全年保险机构保费收入8.82亿元，比上年增长6.4%。建立首家民间借贷服务中心。

房地产业 2013年末，全县共有房地产开发企业53家，全年实际完成投资71.76亿元，比上年下降9.1%。全年房地产施工面积420.01万平方米，比上年增长14.0%；竣工面积10.35万平方米，比上年下降55.2%；销售面积19.39万平方米，比上年增长144.2%，销售额32.3亿元，比上年增长89.9%。

项目建设 2013年，共安排县级重点工程52项，年度计划投资45.50亿元，全年累计完成投资49.86亿元，完成率109.59%。共安排新开工县重点工程建设项目10个，分别是桥下镇西溪三期防洪工程、瓯江治理工程、大若岩养生保健中心、桥头国际商务中心、110KV输变电工程、甬台温天然气管道永嘉段工程、楠溪江重点历史文化村落“六个一”项目、瓯北阳光大道东向延伸工程、104国道温州西过境公路永嘉段改建工程、楠溪江石桅岩AAAAA级旅游区创建项目。2013年，限额以上固定资产投资完成额206.31亿元，比上年增长17.0%，民间投资比重提高到78%。全年新增省重点项目8个，限上投资项目792个，其中当年新开工项目510个、当年完工项目502个。招商选资工作走在省市前列，新签约招商项目17个，41个浙商回归项目履约38个，全年实际到位内资62.45亿元，实际利用外资2316万美元，获得第二届世界浙商大会“浙商回归创业创新组织奖”。

城乡建设 2013年，完成中心城区近期建设、地下空间利用等规划编制，实现中心城区和中心镇区范围控规全覆盖。推进上塘-瓯北城市建设，上塘商业步行街开工，县行政中心改建、县公共文化活动中心、瓯北西段标准堤、瓯北阳光大道西向延伸等工程进展顺利，县排涝应急鹅浦工程提前发挥防洪效益，建成上塘乌岩山一期、瓯北塘头山等城市公园，完成上塘至瓯北城区公交一体化改造，打通断头路3条，省级文明县城创建通过验收。三江生态立体城顺利落地，永嘉世贸中心成功签约，瓯江过江通道、瓯北大桥、三江安置房等项目建设加快推进。完善城乡基础设施，瓯江治理工程、西溪主河道三期防洪工程、110千伏桥头变和仁溪变顺利开工，菇溪河道整治、41省道南复线岩头至大若岩段等项目建设加快推进，乌牛新闸顺利建成，41省道上塘至沙头段改建工程和雁楠公路实现通车。全县拆违316.73万平方米、“三改”813.05万平方米，生态化改造坟墓7000余座，“三改一拆”、环境整治倒逼转型的做法得到省委书记夏宝龙2次批示肯定。年末，城镇建成区面积6.87平方千米，城镇维护建设资金支出1.32亿元。城镇道路面积162.2万平方米，排水管道长度31.0千米，公园绿地面积115公顷，供水综合生产能力日均4万立方米。建成1308个生态停车位、4个城市山体公园。

环境保护 2013年，启动国家级生态县创建，完成绿化造林16公顷，新建和改造污水管网44.4千米，农村生活垃圾集中收集处理率、城乡生活垃圾无害化处理率均达100%。坚持全域整治、全域旅游，持续推进“三改一拆”“四边三化”“双清”等行动，整治黑臭河、垃圾河73条，完成岩头、枫林镇全面整治。创成315个市级生态村，东城街道、北城街道获省级生态街道命名，岩头镇、岩坦镇、鹤盛镇创建国家级生态镇。全县环境空气质量优良率95.6%，楠溪江中上游水质常年保持在I、II类。完成餐饮企业污染整治60多家，有机废气治理试点1家，有机废气重点项目整治3个，淘汰小燃煤锅炉35台。电镀行业整治提升通过市级核查验收，建成2个电镀基地（48家企业入园生产）和6家园外标杆企业，依法关闭电镀散户企业42家，停产、关闭未列入整治提升造纸企业22家，淘汰印染企业1家、化工企业3家、合成革企业1家。全县单位GDP综合能耗下降4.3%，化学需氧量、氨氮、二氧化硫和氮氧化物排放量分别下降3.5%、3.1%、3%和4.1%。

教　育 2013年末，全县共

有幼儿园214所，在园幼儿3.03万人；小学75所，在校生6.45万人，小学学龄人口入学率100%；普通中学53所，在校生4.40万人，其中普通初中43所，在校生2.85万人，初中学龄人口入学率99.9%，初中毕业生升学率96.0%，比上年提高2个百分点。全县幼儿园教职工2858人，比上年增加24人，其中专任教师1620人，增加3人；小学专任教师3457人，增加43人；中学专任教师3344人，比上年减少3人。启动教育现代化县创建，组建温州城市大学永嘉学院，建成瓯北高级中学、永嘉电大二期工程，新建中心镇公办幼儿园7所，创建标准化学校39所，改造农村薄弱学校20所，高考成绩再创历史新高。推进民办教育综合改革，成功创办温州翔宇中学，“政府提供硬件、民间提供服务”的做法在全省典型交流。

科学技术　2013年，全县财政科学技术经费支出7200万元，增长16.8%。全年共下达县级科技计划项目3批计192项，安排科技经费3570万元。全年新增市级以上科技计划项目64项。其中，列入国家级科技型中小型企业创新基金项目6项、国家级火炬计划项目5项、国家级重点新产品项目1项；省级重大科技攻关项目1项、省级新产品试制计划项目19项、省级科技特派员项目13项、省级团队科技特派员项目3项、省级科技成果转化项目1项；市级科技富民强县项目1项、市级科技特派员项目13项、市级种子种苗项目2项，共争取上级补助经费690万元。全年新增高新技术企业3家，省科技型中小企业15家、省级农业科技企业2家，市级科技（创新）企业19家、市级专利示范企业5家。全年获得专利授权1445件，发明专利40件。获批筹建全省第一个系统流程装备产业技术创新综合试点与高新技术产业化基地，获评全国科技进步先进县、全省科技进步考核优秀单位，创成省级科技强县、教育装备及助教游乐设备省级高新技术特色产业基地，国家火炬计划永嘉特种泵阀产业基地通过科技部复核，启动省级知识产权示范县创建。

医疗卫生　2013年，在全市率先创建省级卫生强县并通过验收，深化医药卫生体制改革，全面实现公立医院药品零差价销售，县中医院与温州附一医实现托管合作，县人民医院与市中心医院合作成效明显，完成瓯北中心卫生院迁建工程，建成乌牛卫生院住院大楼，创建二乙中心卫生院2家，市级标准化社区卫生服务中心实现全覆盖。年末，全县共有各类卫生机构513家，其中医院10家、卫生院（社区卫生服务中心）37家、个体诊所68家、门诊部34家、医务室10家、社区卫生服务站57家、卫生室296家。卫生机构实有床位1465张，执业医师和执业助理医师有1609人，每万人拥有医生17人，注册护士1033人。

文　化　2013年，创成省级文化先进县，创建桥下镇、巽宅镇2个省级文化强镇，20个县级文化示范村，25个社区文化服务中心；申报2个省级、4个市级文化示范村和5个市级文化强镇；建成文化展馆20个、文化礼堂33所；建成镇综合文化站5个、图书分馆5个。开展“书香永嘉”系列主题讲座等活动26场，参与4.2万余人；昆剧团送戏进校园、进农村80场，民间剧团送戏90场；“2131”工程电影放映6348场，成功创建14个室内固定示范放映点。年末，县图书馆藏书总量25.91万册（件），比上年增加1.95万册（件）。全县拥有调频广播电台4座，广播覆盖率为95.3%；电视台1个，电视覆盖率为99.0%。完成数字电视整体转换，年末全县有线电视用户21.5万户，入户率为74.8%。国家、省、市级非物质文化遗产分别为2个、8个、40个。

体　育　2013年，开展县级群众体育活动22次，对3000人进行国民体质监测；成功承办了“中国·温州国际山地户外运动挑战赛”和中国“楠溪江杯”决战名山全国象棋冠军挑战赛总决赛。新建篮球场28个，完成篮球场亮灯工程2个，安装健身器材1087套，建成镇（街道）室内体育健身房3个、体质监测点1个。永嘉籍运动员在全运会上共获得5枚铜牌；394位运动员参加市运会，共取得奖牌205枚，总积分1832分，总积分和奖牌数排名全市第六，比上一届提升1个位次。

居民生活　2013年，城镇居民人均可支配收入30116元，农村居民人均纯收入12704元，扣除价格因素实际分别增长6.2%和7.5%；城镇居民人均消费支出19867元，农村居民人均消费支出为9264元，扣除价格因素后，实际增长4.9%和8.4%；恩格尔系数分别为37.2%和49.9%。年末，城乡居民储蓄余额276.41亿元，同比增加36.26亿元，增长率15.1%。

劳动就业　2013年，新增城镇就业岗位14521个，比上年增加1397个，增长率11.9%。年末，城镇登记失业人数2231人，城镇登记失业率1.85%。

社会保障 2013年，全面建设大社保体系，新增各类保险参保人数18.52万人，建成公共租赁、廉租住房和经济适用房550套，完成农村困难群众住房救助1400户，住房公积金超额完成扩面任务，创成省级扶残助残爱心城市。年末，全县有社会福利机构35家，床位数4029张。纳入最低生活保障人数2.11万人，比上年增加0.03万人，其中农村居民低保人数2.03万人。发放低保金5559万元，比上年增长11.6%。其中，城镇年人均低保金补助3640元，增长13.6%；农村年人均低保金补助2593元，增长29.3%。慈善总会共获捐赠3361万元，同比增长83.9%；累计专款支出2614万元，同比增长59.5%。

政府服务 2013年，坚持向人大及其常委会报告工作，依法接受人大法律监督、工作监督，自觉接受政协民主监督，按时办结人大代表建议287件（其中市人大代表建议11件）、政协提案216件（其中市政协委员提案3件），人大代表议案建议、政协委员提案办结率均达100%。全面建立行政机关合同管理和行政规范性文件“三统一”机制，深化府院联席会议制度，行政复议办结率100%，以县政府为被告的行政诉讼案件实现“零败诉”。深化行政审批制度改革，创新模拟审批、审批倒逼提速等工作机制，基本建立三级联动审批服务体系，基层便民服务中心实现全覆盖。深入开展领导干部“九联系”、蹲点调研月和“百名干部激情创业”等活动，积极推进公共财政预算改革，加强政府性投资项目及专项资金审计，全面加强“三公”管理，“勤廉永嘉”建设进一步深化。

永嘉县人民政府常务会议

概　况 2013年，永嘉县人民政府共召开12次政府常务会议，形成常务会议纪要12份，讨论研究196个重要议题，主要涉及产业发展、重点工程建设、城乡建设、新农村建设、计划生育、社会保障、教育卫生等关系全县经济社会发展以及民生福祉方面的重要问题。

县人民政府第15次常务会议 2013年2月1日召开。会议审议了《关于进一步做好景区（点）和公路环境卫生保洁工作的通知》。会议讨论了交警指挥中心等设施建设有关事项。会议听取了县经信局关于2012年度重点企业评选情况的汇报、县府办关于楠溪江供水工程进度情况和指挥部处理意见的汇报、县教育局关于对原上塘镇中塘坑小学等闲置校舍处置情况的汇报。会议听取并原则同意县招商局关于2013年招商选资工作目标任务分解方案的汇报、县人力社保局关于碧莲农械厂职工要求享受精减下放对象生活补贴待遇问题处理意见的汇报、县经信局关于永嘉县犁锅机械厂关闭清算方案的汇报、县发改局关于2013年固定资产投资任务及分解情况的汇报。会议讨论并原则同意《永嘉县加快基层水利服务体系改革试点方案》《关于永嘉县村级水利员队伍建设的实施意见》《2013年度永嘉县拆违工作考核办法》。会议审议并原则同意《关于加快推进公共财政预算改革的实施意见》《永嘉三江国际商务区设置方案》《乌牛街道管理体制变更的建议》。会议审议并原则同意《关于开展全县行政事业单位办公用房制度改革的意见》《关于加快总部企业、重点商务楼宇与总部经济产业园发展的若干意见》《关于推进低效利用建设用地二次开发的实施意见》《永嘉县保障性安居工程（四策合一）建设管理暂行办法》《永嘉县违法用地违法建设管理责任追究办法》《永嘉县村（居）计划生育服务员管理办法》《永嘉县人民医院县市医院合作示范基地奖励基金管理办法》。会议原则同意2013年县政府行政规范性文件立项计划。

县人民政府第16次常务会议 2013年3月11日召开。会议审议并原则同意《永嘉县2013年造林绿化和四边绿化补充方案》《永嘉县2013年度镇（街道）人口计生目标管理责任制考核办法》等5个文件和《关于进一步推进扶工兴贸工作的实施意见》《关于下达全县个体经济及小微企业提升发展工作任务的通知》《关于进一步明确2013年永嘉县农贸市场改造提升工作有关事项的通知》《关于规范我县道路照明设施管理的通知》。会议讨论并原则同意《关于岩坦岩门酒店项目有关问题专题协调会议纪要》，县教育、卫生系统直接赴高校招聘紧缺人才有关事项。会议听取了县国土资源局重点工作专题汇报。会议讨论研究了瓯北罗马城东侧中国电信永嘉分公司已征地块收回用于罗浮村“三产”返回地安置有关问题。会议讨论了阳光大道东向延伸一期工程采用BT模式融资建设相关事宜、给予县人力资源和社会保障局工作表彰相关事宜。

县人民政府第17次常务会议 2013年4月7日召开。会议审议并原则同意《关于进一步扶持再生资源回收利用企业发展的通知》《关于加快建立现代企业制度推进区域资本市场建设的指导意见》《永嘉县已定编国资营运公司工作人员招用、流动暂行办法》《关于已定编国资营运公司工作人员薪酬管理试行办法》。会议审议了《2013年永嘉县招商选资工作考核办法》。会议讨论了关于永嘉中学外聘学科竞赛金牌教练有关事宜。会议讨论并原则同意全县高中在实施绩效工资的基础上增加超工作量补贴和高考奖励及《永嘉县体育代表团参加温州市第十五届运动会奖励方案》。会议讨论研究了关于给予王旭雄、王利燕行政开除处分有关事宜。会议听取了县财政局关于融资工作的专题汇报。

县人民政府第18次常务会议

2013年4月27日召开。会议讨论并原则同意《永嘉县省级科技强县创建工作实施方案》《全县垃圾户集、村收、镇（功能区、街道）运资金管理补充办法》《2013年永嘉县功能区、中心镇城镇绿化和城区绿道工作考核细则》《2013年永嘉县功能区、镇（街道）污水处理工作考核细则》《2013年永嘉县功能区、镇（街道）生活垃圾无害化处理工作考核细则》《永嘉县土地征收与房屋征收补偿工作奖励办法》《永嘉县越剧团体制改革方案》《永嘉县遏制与防治艾滋病行动计划（2012～2015年）》、县交通运输局关于对上塘至瓯北客运线路实行全面公交化改造的方案、《关于应对H7N9禽流感影响保护家禽业生产的紧急通知》《关于推进社会组织培育发展的实施意见》《永嘉县自然灾害救助应急预案（修订）》《104国道和41省道、49省道及雁楠公路两侧视线内坟墓生态化改造实施方案》《永嘉县政府投资项目BT融资建设管理方案实施细则》《永嘉县政府投资项目融资工作联席会议制度》《永嘉农村合作银行股改拟定股本总额及募股初步计划》《永嘉县乌牛街道码道村旧村改造工程房屋征收与补偿安置实施细则》。会议听取了县招商局关于2013年招商选资签约项目审查情况的汇报。会议审议并原则同意《关于加快推进社会资本举办医疗机构的实施意见》《永嘉县瓯江治理工程建设征收安置补偿实施细则》。

县人民政府第19次常务会议

2013年5月28日召开。会议讨论并原则同意《永嘉县突发公共卫生事件应急预案》《永嘉县突发公共事件医疗卫生救援应急预案》《永嘉县重大传染病疫情应急预案》《永嘉县食品安全事故应急预案》等4个文件；会议讨论并原则同意《永嘉县创建浙江省园林城市任务分解实施方案》《温州三江生态立体城项目投资协议》《温州城市大学永嘉学院组建方案》《永嘉县国民经济和社会信息化发展“十二五”规划》《2013年固定资产投资考核办法》《2013年安全生产目标责任制考核办法》《永嘉县政府投资项目工程变更和概预算调整实施意见》《关于进一步加强审计整改工作的意见》。会议审议并原则同意《楠溪江河道疏浚管理实施细则》《关于进一步明确安置补偿有关政策规定的补充说明》《永嘉县保障性安居工程建设未登记房屋认定办法》《永嘉县保障性安居工程建设可计算人口安置面积的认定指导意见》。会议讨论了关于给予县林业局工作表彰相关事宜和给予县招商局工作表彰相关事宜。会议讨论研究了关于给予李云坚开除公职处分有关问题。

县人民政府第20次常务会议

2013年6月20日召开。会议讨论并原则同意《关于贯彻国家侨务工作发展纲要（2011～2015年）的实施意见》《2013年度永嘉县社会保险缴费调整标准》《永嘉县公务车辆购置审批管理办法》《关于<永嘉县质量与品牌奖励资金管理办法>中政府诚信荣誉等奖项适用说明》《永嘉县大气复合污染防治实施方案》等系列文件、《关于加强电镀行业长效管理的实施意见》《永嘉县瓯北大桥及阳光大道东向延伸工程房屋征收安置补偿实施方案》《永嘉县瓯北城市新区码道村城中村改造补偿安置实施方案》《永嘉县瓯北城市新区清水埠地块城中村改造实施方案》《永嘉县上塘中心城区下塘片A、B、C地块城中村改造房屋征收与补偿安置实施方案》《永嘉县义务教育设施布局专项规划》《永嘉中学与温州翔宇中学合作协议书》《关于加强公共文化服务体系建设的实施意见》《永嘉县食品安全工作考核办法》《永嘉县镇（街道）食品药品安全综合执法体系建设实施方案》《永嘉县中医医院托管协议书》《支持永商创业创新促进永嘉发展工作三年规划》《温州三江生态立体城项目投资补充协议》。会议审议并原则同意《永嘉县县长质量奖评审管理办法》《永嘉县县长质量奖评审管理实施细则》。会议听取了县发改局关于楠溪江流域污水处理对接会讨论意见的汇报、瓯北城市新区关于斯多纳“退二进三”项目有关问题的汇报、县国土资源局关于浙江宝泰机器有限公司土地异地置换后续工作有关问题的汇报、县金融办关于进一步明确农房抵押贷款有关问题的汇报。会议讨论了永嘉县金色嘉园项目（黄田街道东联村地块）开发主体有关问题。

县人民政府第21次常务会议 2013年7月22日召开。会议讨论并原则同意《永嘉县村邮站建设和运营管理办法（试行）》《关于调整人口和计划生育年终考核办法和预警指标的通知》《温州市创建国家环保模范城市（永嘉县）工作方案》《2012年冬季退役士兵安置方案》《关于组建县住房和城乡规划建设局上塘、瓯北分局方案》《永嘉县广播电视有线网络整合发展实施方案》、2014年永嘉县预算编制定额标准、《永嘉县重大决策社会稳定风险评估实施办法（试行）》和《永嘉县重大建设项目社会稳定风险评估实施细则（试行）》、县审计局《关于2012年度县本级财政预算执行情况和其他财政收支的审计结果报告》。会议分别听取了县招商局、县国土资源局关于三江生态立体城项目建设有关问题的汇报。会议听取了瓯北城市新区关于河田村在三桥西出让地块的安置地落实有关问题的汇报、县法制办关于半年度法治政府建设工作情况的汇报，并组织学习了《中华人民共和国旅游法》。会议讨论了关于给永嘉中学嘉奖的有关事项。

县人民政府第22次常务会议 2013年8月19日召开。会议审议并原则同意县国土资源局《关于规范农村无房户危房户地质受灾户宅基地审批的通知》《关于进一步明确征地前期基础工作的通知》《关于进一步加强全县物业管理工作的意见》《永嘉县国有土地上房屋征收与补偿暂行办法》《永嘉县城市桥梁安全事故责任追究办法》《关于加强新居民服务管理促进人口结构优化的实施意见》《关于全面实施创新驱动发展战略加快建设创新型县的若干意见》《关于鼓励企业整合重组的实施意见》《关于加快促进电子商务发展的实施意见》《关于鼓励分布式光伏发电应用的实施意见》《关于规范设施农用地管理的通知》《永嘉县农村工作指导员管理办法》《永嘉县农业招商选资项目扶持暂行办法》《政府投资小工程建设项目招标投标暂行规定》《政府投资项目监督检查实施办法》。会议听取了县质量技术监督局关于国家阀门质检中心、兰州理工大学温州泵阀工程研究院以及兰州理工大学温州研究生分院三家机构整合建设有关问题的汇报、桥下镇关于深圳国泰安信息技术有限公司投资国泰安—嘉桥教玩具科技产业园有关问题的汇报、县金融办关于永盾服饰有限公司厂房“退二进三”有关问题的汇报。

县人民政府第23次常务会议 2013年9月16日召开。会议听取了关于桂裕鹏博士到永嘉创业政策落实有关问题的汇报、乌牛街道关于乌仁大道工程建设涉及祥池村部分拆迁安置户未批先建有关问题的汇报、县招商局关于瓯北金三角大酒店项目一二期整体规划建设有关问题的汇报、上塘中心城区管委会关于三元堂2009-23＃地块有关问题的汇报、县交通投资集团有限公司关于41省道永嘉福佑至沙头段公路工程项目投资建设框架协议书有关事项的汇报。会议审议并原则同意《永嘉县农村供水安全应急预案》《永嘉县城市绿线管理办法》《关于印发永嘉县2013年度鼓励开放型经济发展若干扶持措施的通知》。会议听取并原则同意县招商局关于新永嘉宾馆招商有关问题的汇报、县级机关事务管理局关于县行政中心项目和县公共文化活动中心项目建设有关问题的汇报。会议讨论研究了关于给予王鹏、陈玉书开除处分有关事宜。

县人民政府第24次常务会议 2013年10月17日召开。会议审议并原则同意《永嘉县农业产业化项目管理实施细则》《永嘉县创建省级质量强县示范县实施方案》《永嘉县推行乡镇财政国库集中支付制度改革方案》《关于加强乡镇财政建设的实施意见》《关于促进农民持续普遍较快增收的实施意见》《永嘉县金融突发公共事件应急预案》《永嘉县重大（突发）气象灾害预警信息全网发布实施细则》《永嘉县养老服务补贴制度实施意见》《永嘉县内部审计工作规定》《永嘉县规范行政机关合同管理实施办法》《关于推行行政规范性文件“三统一”制度的意见》。会议听取了沙头镇政府关于沙头镇高浦农房改造集聚项目有关问题的汇报、县国土资源局关于土地利用总体规划实施评估工作的汇报、县财政局关于2013年预算调整方案的汇报、楠溪江风景旅游区管委会关于楠溪江申报世界文化与自然双遗产有关情况的汇报、县民政局关于最低生活保障标准调整的汇报、永嘉县职教中心投资及办学主体公开招标有关问题的汇报。会议听取并原则同意县国土资源局关于永嘉县2012年基准地价更新评估工作的汇报。会议审议了瓯北城市新区清水埠地块城中村改造项目投资意向书。

县人民政府第25次常务会议 2013年11月11日召开。会议审议并原则同意《永嘉县品牌酒店扶持奖励办法（试行）》《三江商务区房屋拆迁补偿安置若干补充规定》《温州北部综合交通枢纽规划》《关于医疗救助工作有关补充规定的通知》《永嘉县加强新居民服务管理工作方案》《永嘉县创建省级科技强县规划实施方案》《关于深入实施国家民办教育综合改革试点加快教育改革与发展的若干意见》《永嘉县国民经济和社会发展第十二个五年计划规划纲要》中期评估报告。会议听取了永嘉旅游投资集团有限公司关于美丽乡村建设相关工程招投标有关问题的汇报、县交通投资集团有限公司关于石埠坑采矿点采矿方案的汇报、县人力社保局关于2014年度城乡医保工作方案的汇报、县招商局关于温州铂尔曼酒店项目要求落实全县招商选资工作推进会纪要精神有关事宜的汇报。会议听取并原则同意县民政局关于桥下镇林山村规模调整有关事宜的汇报、县发改局关于2013年永嘉县GDP计划目标调整情况的汇报、县财政局关于发放机关事业单位工作人员年度目标考核奖等有关事项的汇报。

县人民政府第26次常务会议 2013年12月9日召开。会议审议并原则同意《永嘉县林地保护利用规划（2010～2020年）》《关于下达今冬明春（2013～2014）造林绿化任务的通知》《永嘉县建设美丽浙南水乡实施意见》《永嘉县创建国家级生态县实施方案》《永嘉县楠溪江旅游文化商业街招商隆市扶持办法》《关于全县国有旅游企事业单位及资产整合重组的实施意见》《永嘉县居住房屋出租整治工作实施方案》《永嘉县政府投资信息化建设项目管理暂行办法》《永嘉县住房公积金贷款支持农房改造建设工作实施意见（试行）》《上塘中心城区永建路北段A区三期旧城改造工程房屋征收与补偿安置实施方案》《上塘中心城区永建路北段C区旧城改造工程房屋征收与补偿安置实施方案》《关于全面创建统分结合养老服务新模式的实施意见》《关于切实加强“三改一拆”行动拆违工作的通知》《全国泵阀产业知名品牌创建示范区筹建规划》《浙江永嘉、辽宁阜新、河南郑州泵阀（液压）产业区域质量对比提升报告》《关于进一步加强工业用地履约管理的通知》《温州市浙南公证处体制改革实施方案》《永嘉县医学重点学科建设和医学人才奖励基金管理办法（试行）》《永嘉县县级公立医院绩效考核奖励补助资金管理办法（试行）》《永嘉县县级公立医院院长目标管理责任制实施办法（试行）》《永嘉县名医名院长评选管理办法（试行）》《永嘉县慢性病防治工作规划（2013～2015年）》和《永嘉县创建省级慢性病综合防控示范区工作方案》《永嘉县中心城区交通拥堵治理实施方案（2014～2016）》。会议审议了《关于扎实推进农村生活污水治理的实施意见》。会议听取了县经信局关于永嘉县纸箱机电厂房地产征收及关闭清算有关问题的汇报、县招商局关于“上塘星级酒店”项目投资协议的汇报、县交通运输局关于撤销鲍江等15个渡口有关情况的汇报、县质监局关于2013年县长质量奖和县长质量奖提名奖评审有关情况的汇报、县教育局关于温州翔宇中学引进部分公办教师有关事宜的汇报、县交通投资集团有限公司关于104国道永嘉段改建项目第三合同段施工方案赔有关问题的汇报。会议听取并原则同意县监察局关于全县公车借用等问题处置意见的汇报。

重要政事

创办温州翔宇中学 2013年1月23日，采用“政府提供硬件，民间提供服务”的合作模式，县人民政府和翔宇教育集团正式签署合作办学协议。此举被誉为中国民办教育改革中的标志性事件。瓯北高级中学属省重点工程，是政府投资的县“十大民生工程”项目之一，共占地16.7公顷，建筑面积10万平方米，办学规模90个班级，总投资约4亿元，按照省一级重点中学标准设计建设，是目前温州市规模最大的高中之一。2012年10月，县委、县政府研究决定，把瓯北高级中学作为民办教育改革试点学校，面向全国公开招标办学主体，符合条件者可享受温州民办教育的各种优惠政策，如此办学规模和公开招标合作办学方式在浙江省属首例。经过两个多月的报名、审核、考察，翔宇教育集团胜出。江苏翔宇教育集团总部设于上海浦东，集团学段涵盖小学、初中、高中和高等职业技术学院。

举办2013中国（温州）森林旅游节 2013年4月1日，一年一度的森林盛宴—2013中国(温州)森林旅游节开幕式在楠溪江畔隆重举行。永嘉县是浙江省第五大林区县，全县森林覆盖率达73.1%，龙湾潭、四海山等山区负离子每立方厘米含量达60000个，素有“天然氧吧”的美誉，全县拥有国家级森林公园1个、省级森林公园2个、市级森林公园5个，生态环境十分优越。本届森林旅游节由国家林业局、省政府主办，省林业厅、省旅游局、市政府承办，市林业局、市旅游局、县政府具体执行。期间在永嘉楠溪江举办首届中国温州山地户外国际挑战赛。

创成省级扶残助残爱心城市 2013年6月18日，浙江省政府印发《关于命名第三批浙江省扶残助残爱心城市(区)的决定》(浙政发〔2013〕31号)，正式命名永嘉县为第三批“浙江省扶残助残爱心城市”。按照“爱心城市(区)”创建办法和省政府残工委相关工作部署，永嘉于2011年5月启动“浙江省扶残助残爱心城市”申报创建工作，按照“政府主导、部门配合、社会参与、资源共享”的原则，以实施残疾人共享小康工程为抓手，不断加大对残疾人事业的投入，加快残疾人工作机制体制创新，不断完善残疾人社会服务保障体系建设，切实解决残疾人的生产生活困难，残疾人的生活质量和社会参与水平有效提升。

温州城市大学永嘉学院挂牌 2013年6月24日上午，在浙江电大永嘉学院举行温州城市大学永嘉学院授牌仪式。温州城市大学永嘉学院以浙江电大永嘉学院为基础，依托温州城市大学资源，立足成人继续教育，整合永嘉成人教育资源，构建县、镇（街道）、社区三级架构在内的开放式、全天候、网络型教育体系。温州城市大学永嘉学院为市民搭建了终身教育平台，标志着永嘉的教育事业走向了新的阶段。

获批筹建“全国泵阀产业知名品牌创建示范区” 2013年8月14日，国家质检总局正式批复，同意在永嘉阀门产业集聚区的基础上，筹建“全国泵阀产业知名品牌创建示范区”，这也是温州市第一个获准筹建的国家级知名品牌创建示范区。园区共有阀门生产企业517家，企业员工3.1万人，规上企业80家，规模超亿元企业21家，已形成分工专业化、生产规模化、管理科学化、营销网络化的良好格局。

成为“一事一议美丽乡村建设试点县” 2013年9月11日，永嘉县被国务院农村综合改革办公室确定为“一事一议美丽乡村建设试点县”。“美丽乡村”建设是“一事一议”财政奖补政策的转型和升级，2013年起，国家选择部分省以省为单位开展美丽乡村建设试点，其他省选择2～3个县开展试点，中央财政给予适当补助。11月20日，全省美丽乡村建设现场会在永嘉召开，来自全省各地的领导和专家参观考察永嘉美丽乡村建设。2012年，永嘉启动了以“山水灵韵、桃源楠溪”为主题的美丽乡村建设，按照理念新颖、布局合理、功能齐全、可操作性强的要求，依托良好的生态环境、优越的旅游资源、丰富的本土文化等优势，科学编制了《永嘉县美丽乡村建设总体规划(2013～2020)》，着力构建“一镇一特色，一村一景观”的建设格局和“两轴四带”的美丽乡村空间布局。对照《浙江省美丽乡村创建先进县评价办法(试行)》，永嘉县在规划、环境、建设、经济等7大类25项指标上均已达到美丽乡村量化考核标准。是年获得“省级美丽乡村创建先进县”称号

挂牌成立兰州理工大学温州研究生分院 2013年9月16日，兰州理工大学温州研究生分院揭牌成立，这是兰州理工大学与温州市政府、永嘉县政府合作建立兰州理工大学温州泵阀工程研究院后的又一个服务温州市产业发展平台，将为温州地区培育高层次创新人才，提升温州泵阀产业的创新能力和科技竞争力。兰州理工大学温州研究生分院由兰州理工大学、温州市政府、永嘉县政府三方共建，以全日制学历教育为主，同时开展在职工程硕士等培养，兼有科学研究、技术开发、企业扶持的功能，是兰州理工大学主管的科研型事业机构。分院实行全国统招，其中温州籍学生优先录取，毕业后颁发与校本部相同的毕业证书和学位证书。

省级文化先进县创建通过考核验收 2013年11月4日，永嘉创建省级文化先进县工作通过省考核验收组考核验收。根据省委省政府关于文化强省建设的总体部署，永嘉于2011年全面启动省级文化先进县创建，深入实施先进文化引领战略，大力推进公共文化服务体系建设，全县文化事业、文化产业和群众文化发展都得到长足进步。已创成省级文化强镇1个、市级文化强镇2个，形成了“耕读文化”“昆曲之乡”“山水田园”“红色热土”等地方特色文化品牌，基层公共文化服务评估排名从2008年的全省末位上升到了全省中等位置。

获全省第十九届水利“大禹杯”银杯奖 2013年11月5日，省政府办公厅下发关于表彰浙江省第十九届水利“大禹杯”竞赛活动优

胜单位的通报，永嘉县获得“大禹杯”银杯奖。这是继1998年获得省水利“大禹杯”铜奖后，在水利改革与发展领域获得的最高奖项。

建成国家阀门质检中心 2013年11月29日，坐落在瓯北五星工业园区的国家阀门质量监督检验中心正式通过国家质检总局验收，成为全省第一家、全国第六家国家级阀门质量监督检验中心，将有效解决全省及周边地区95%以上阀门产品的检测、研究和开发等共性技术难题。

过江通道瓯江特大桥全线贯通 2013年12月10日，过江通道瓯江特大桥实现全线贯通。瓯江过江通道工程起于永嘉县三江街道北岙村附近，连接温州绕城高速公路北线，终点位于市区矮凳桥路北侧，与民航路相接，全长约8.1千米。其中，跨瓯江的特大桥长约4.7千米，跨江长度为2.3千米，是迄今为止瓯江江面上距离最长的桥梁。桥梁全线贯通之后，从永嘉三江匝道上桥，到市区江滨路下桥，用时只需5分钟，比走其他线路节省半小时。

获批筹建全省首个省级系统流程装备产业技术创新综合试点与高新技术产业化基地 2013年12月25日，浙江省系统流程装备产业技术创新综合试点与高新技术产业化基地创建启动工作会议在永嘉召开，会议宣读了浙江省政府同意创建永嘉系统流程装备高新技术产业化基地的批复，标志着全省首个系统流程装备省级高新技术产业化基地正式落户永嘉。永嘉是系统流程装备产业起步较早、基础扎实、技术研究实力较强的县，已形成以泵阀为主，塔设备、执行器、管件、控制器等为辅的系统流程装备产业集聚区。拥有与产业相关的企业1187家，其中规上企业117家，高新技术企业35家，约占全县工业总产值的30%，占国内系统流程装备中泵阀市场的20%以上，区域块状经济优势突出。

召开桥头钮扣市场创办30周年座谈会 2013年12月27日，县委、县政府召开桥头纽扣市场创办30周年座谈会。上世纪80年代初，以王碎奶为代表的桥头人从沿街兜售外地厂家的积压次品纽扣开始，以几何速度扩张发展，于1983年成立了全国第一个专业小商品批发市场—桥头纽扣市场，成为了“温州模式”的典范，被誉为“东方的布鲁塞尔”。之后的桥头人开始创办生产企业，把桥头发展成为一个以纽扣、拉链为主导，集化工、钟表、布胶、喷漆、电镀于一体的经济重镇，同时3万多人远赴全国乃至全球各地经商创业，代理经营着600多个国际著名商标和品牌，年销售额达100多亿元，使桥头成为全国知名的“国际品牌代理第一镇”，为“温州模式”注入了新的活力。

（陆　业）

国民经济与社会发展

概　述 2013年，永嘉县实现地区生产总值291.91亿元，同比增长8.0%；完成限额以上固定资产投资206.31亿元，增长17.0%；财政总收入38.64亿元，增长7.5%，其中公共财政预算收入20.85亿元，增长13.0%；社会消费品零售总额102.67亿元，增长14.9%；城镇居民人均可支配收入和农民居民人均纯收入分别为30116元和12704元，各增长8.6%和10.0%，城乡居民收入比调整为2.37。全县金融机构年末存款余额435.78亿元，比年初增长12.5%，贷款余额380.85亿元，比年初增长13.3%。

统筹城乡 2013年，城镇设施不断完善，上塘、瓯北中心城区功能逐步提升，全县城乡客运一体化率达到78%；完成33个省级整治村、29个市县级整治村，农村生活垃圾无害化处理率和水治理行政村覆盖率分别达到100%和71%，农村卫生户厕改造率达84.26%；环境综合治理成效显著，累计拆除违章建筑316.73万平方米，“三改”813.05万平方米。

农业发展 2013年，大力发展生态农业和观光农业，推进13个现代农业园区“十个一”项目建设，建设完成1个主导产业示范园区，1个休闲观光园和7个农业精品园。

工业发展 2013年，工业增长态势良好，规模以上工业总产值进一步扩大；产品销售渠道更趋多样化，积极搭建电子商务平台；企业技改和自主创新得到加强，多家企业引进高端设备和管理理念，创建省级企业技术中心11家、市级23家。

服务业发展 2013年，全县服务业增加值完成103.04亿元，同比增长7.8%。金融业健康平稳发展，货币金融服务企业保持较快增长；全县旅游总收入大幅增长，楠溪江古村游开始升温，民宿业发展速度加快；网络经济迅速崛起，电商网络销售市场迅猛扩大。

固定资产投资 2013年，继续扩大有效投资，完成基础设施投资58.67亿元、工业投资47.18亿元、房地产投资71.76亿元、重点工程投资49.86亿元，完成年度投资计划的109.6%。一般政府投资项目199个，已完成投资11.25亿元。

美丽乡村建设 2013年，美丽乡村建设取得阶段性成果，村庄环境迅速改善，成功举办全省美丽乡村建设工作现场会，创成省级美丽乡村先进县。

对外开放 2013年，外贸出口需求受抑制，全县外贸出口总额6.63亿美元，同比下降5.5%。

社会事业发展 2013年，省级文明县城创建全力推进，基层文化设施建设加快进度，各功能区和镇（街道）均建成综合文化中心；义务教育均衡发展，民办教育综合改革进一步深化，与翔宇教育集团合办“温州翔宇中学”，积极创建教育现代化县；医疗改革不断深化，进一步完善公共卫生服务体系和基本药物制度。计生工作有力推进，努力控制人口自然增长率。“平安永嘉”创建成果进一步巩固，安全生产三项指标保持稳定，社会治安综合治理不断强化。科技、体育、扶贫、妇女、儿童、残疾人等工作都取得了较大成效。

公共保障 2013年，新增“五险”参保人数19.3万人，全县城乡居民合作医疗参保率95%以上；就业形势良好，全县城镇新增就业1.13万人，城镇失业登记率在4.0%以下。

综合改革 2013年，加快农房集聚建设，新增农房集聚率5.5%以上，居全市前列。“三分三改”有序推进，股改地改按期完成。浙商、民生、温州银行在永嘉成功设立支行，民间借贷登记服务中心“双平台”顺利运行，小额贷款公司增至5家。城乡体制改革、金融综合改革、审批制度改革不断深化。

（杨 璐）

体制改革

概 况 2013年，永嘉县经济体制改革研究中心深入贯彻落实党的十八届三中全会、省委十三届三次全会和市委十一届四次全会精神，以“两提两争”主题实践活动为契机，紧紧围绕县政府的中心工作，扎实有序，抓重点，促落实，积极稳妥地推进各项体改工作，提出经济社会可持续发展的意见及建议。

城乡统筹改革 2013年，根据《国家发展改革委办公厅关于公布第三批全国发展改革试点城镇名单的通知》，桥头镇被列为第三批全国发展改革试点镇。按照城乡统筹要求，探索小城镇又好又快发展的新途径，努力把桥头镇打造成现代化宜居宜业小城市。桥头镇、桥下镇申报全国重点镇材料已报请省相关部门审核，同时积极争取桥头镇列入浙江省小城市培育试点镇。

民生领域改革 2013年，继续深化医药卫生体制改革，明确全县医改工作任务，加强社区卫生服务网络体系建设。全面指导公立医院、社区卫生服务工作，永嘉为公立医院改革第三批县，为此切实做好公立医院改革，组织成立领导小组，召开协调会，明确并落实相关部门的职责。

政策性涉农保险 2013年，政策性农业保险完成数额位列全市前茅。预定参保费1145万元，实收1189万元，完成率104%。到11月，总理赔金额615万元。市委书记陈一新批示的政策性农业保险项目“永嘉县稻田养鱼”已列入省政策性保险试点品种。2013年政策农房保险全县参保农户202804户，参保率达100.3%，参保费收入3042060元，达到全覆盖的工作目标。到11月，农村住房政策性保险赔款350笔，赔款金额约295万元。

（邹微霞）

人力资源和社会保障

人才开发与智力引进 2013年，永嘉县引进各类人才2770人，其中刚性引进2423人、柔性引进347人。引进高层次和特殊紧缺人才26人，国外智力项目17项，入选浙江省“151”人才3人，温州市“551”人才近30人。建成中国工程院院士专家工作站1家，省级博士后科研站3家，省级以上企业技术研发中心16家，7名外国专家入选“海外工程师”，2位外国专家入选温州市第十一届“雁荡友谊奖”，1位外国专家入选省“西湖友谊奖”。进一步强化人才培养，扎实推进以泵阀、服装等行业为重点的高技能人才培养1262人，大力推进校企合作，“量体式、定单式”培养技能人才，报喜鸟集团在华中农业大学、东北农业大学等4所高校设立了“报喜鸟班”，90%以上的毕业生直接留用。选拔第二批学术技术骨干团队10个，首次创建“永嘉县周道真焊工技能大师工作室”等5家县级技能大师工作室，其中2家获市级称号，1家获省级称号。

国家机关人员队伍建设 2013年，严把考试录用关，面向社会组织2次大型考试，共录用事业单位工作人员100名。联合教育局、卫生局等部门分别招考教师258人、医务人员179人、大学生村官8人。

完成正江山林场55人、县运管局57人、港航管理局8人、公路管理局202人、县住建局系统123人、县工商局后勤服务中心6人、城管执法机构265人、县苗圃18人转为全额事业单位工作人员的审查、考试、考核工作。完成234人的事业单位管理八级的任职工作。依法按程序办理录用公务员153人。公务员初任培训一期，共126人，学法用法培训3047人。深入开展公务员在线培训，全县公务员“网络课堂”注册人数2653人，合格2584人，通过率97.40%。完成2012年度非领导职务任职工作，任命主任科员25名（其中享受待遇3名），副主任科员65名。完成7家事业单位参公有关工作，上报登记42人；审核上报22家事业单位参公材料。完成省部级劳模调查统计工作，全县共41人。完成公务员登记59人，2012年考录公务员按期转正73人，转任90人。

职称评审 2013年，全县聘任各类技术职称人数260名，核定教育系统106所学校中级职数322人、高级职数249人。做好高级专业技术人员资格审查工作，其中高级工艺设计师4名，高级审计师1名，高级会计师3名，高级工程师13名，高级农艺师2名，二级律师1名，二级公证员1名，副研究员1名；做好不备具学历工程系列职称评审工作，共资格审查推荐76名；做好160名企事业单位专技人员申报高级和中级职称评审资格审查工作；做好外延职称评审工作，评审泵阀专业中初级任职资格253人，教玩具专业40人。

工资福利管理 2013年，严格按工资政策办理职务（职称）晋升、学历变动增资等14648人，办理机关事业单位人员退休手续239人，办理抚恤金核定和遗属生活困难补助149人；完成公安机关执法勤务机构人民警察警员职务工资套改773人次；办理工龄认定202人。对全县100多个事业单位2014年度工资总量申报进行核定，对60多个单位2013年度工资总量调整申报进行核准。组织优秀公务员健康休养5期共201人；认真解决机关特困工作人员的生活困难问题，审核、发放2012年度机关特困补助金47万元，补助对象240人。

大中专毕业生就业 2013年，办理高校毕业生报到1473人，接收档案2877件，高校毕业生就业协议书登记1114份，2013届永嘉籍毕业生初次就业率为91.24%。办理农转非证明228份，新增人事代理323人，收取代理费17.2万元。按照规定的条件，做好申请受理、人事档案审核等工作，办理就业情况证明9531份。确定宣达实业集团和县中医院等35家企事业单位作为高校毕业生就业见习制度试点单位，909名高校毕业生参加见习，见习基地数和见习人数都名列全市第一。其中国家级大学生见习基地奥康鞋业，每年留用见习生比例在70%以上。举办网上公益性人才招聘会4期，参加企业共763家，提供岗位4564个，参加应聘人员1860人，基本落实815人。举办2013年高校毕业生就业促进会，吸引了64家企业参会，提供岗位3173个，达成意向189人。

军转干部安置 2013年，安置军队转业干部2人，分别安置到县台办和北城街道。做好企业退休军转干部思想政治工作：召开企业退休军转干部春节团拜会、重阳节座谈会，完成春节、八一和特困慰问工作，按省市要求完成企业军转干部思想政治工作调研工作和相关统计工作，确保军转干部情绪稳定，在重大节庆日等敏感时期未发生赴省进京上访现象。

就业与再就业 2013年，全县城镇新增就业14521人，完成目标任务的200.29%。其中，失业人员实现再就业人数3016人，就业困难人员实现就业人数986人。失业保险净增6751人，完成目标任务的157%；城镇登记失业率为1.85%。全县就业困难人员公益性岗位安置就业887个，进村数865个，进村率95.9%，发放公益性岗位补贴290.85万元；累计审批小额担保贷款80笔，银行累计发放贷款贴息43.72万元。就业失业登记总人数118297人，办理《就业失业登记证》1448人。充分就业社区（村）创建工作深入开展，全县82个充分就业社区和902个充分就业村全部创建完成。每个社区基本做到有人员办事、有服务场所、有办公设备和经费保障，促进就业对接和就业服务基层化、一体化。实现劳动就业情况调查入库41.95万人，转移就业37.08万人，有劳动能力和就业愿望低保家庭劳动力546人，实现就业422人。失业保险扩面工作稳步开展，累计参保8.1万人，领取失业金2584人次，计27.53万元。基层服务平台硬件设施经费投入达10.54万元，其中桥下镇桥下社区电子屏支出5万元，各个社区电脑、打印机配备5.5万元。招聘了一批协管员，2013年全县共有协管员71人，其中城镇社区17人，农村社区54人，基层服务平台人员逐步充实，队伍结构趋于优化。社区协管员各项经费支出达276.36万元，其中岗位补贴90.24万元，工作经费支出94万元，社保补贴60.12万元，考核奖励支出32万元。

职业培训 2013年，开展各类职业技能培训16075人次，完成目标任务的146.1%。开展职业技能鉴定共11033人，完成目标任务的183.9%；农村劳动力转移就业培训2737人次，完成目标任务的130.3%，培训后实现转移就业2638人，转移就业率达96.4%；完成企业务工人员职业技能提升培训7013人，完成目标任务的280.5%；开展高技能人才培养1262人，完成目标任务的157.8%；开展创业培训共445人，完成目标任务的445%。做好工人技术等级申报评审工作，组织公路养护、驾驶员、文字录入、防疫员等职业培训考试40人，其中高级技师10人，技师28人，高级工2人。加强对已审批设立培训机构管理和建设，对全县22家民办培训机构进行年度评估工作，评估结果为：先进单位2家，合格11家，限期整改4家，未参加年检3家和单年度批准设立不需年检的2家。整改后，4家限期整改的培训机构评估合格。

劳动争议案件处理 2013年，全县共受理投诉案件516件，涉及劳动者1521人，涉及金额446.88万元，其中处理拖欠工资案件509件，比上年同期580件下降12.25%；另外处理10人以上的群体事件42件，涉及劳动者1443人，涉及金额760.62万元，其中欠薪逃逸2件，全部案件处置结案率达100%。移送司法部门欠薪逃匿和拒不支付劳动报酬案件10件，7人已被依法追究刑事责任。书面审查用人单位8201家，企业合同签订率达91%。全县18个镇（街道）、82个社区、341家已经建立工会的规模以上企业建立了劳动争议调解委员会，在全省率先推行基层调解简易文书，促进提高调解普及率。共受理立案并处理争议案件447件（调解结案252件，裁决结案122件，撤诉73件），全部得以妥善调处。深化“两金一卡”制度，健全工资支付保障体系继续推动工资支付保障金制度建设。在已有建筑、市政园林、交通、水利等行业实施工资支付保障金制度的基础上，建立租赁企业工资支付保障金制度。督促建筑施工企业落实记工卡制度，建立职工花名册，有条件的实行电脑考勤，在建筑施工企业实行两牌一证。2013年，共为1家企业垫付欠薪应急周转金184.19万元。欠薪应急周转金一旦有支付垫付，县财政即刻予以补足，使应急周转金常年维持在500万元水平，同时在沿江镇（街道）设立应急周转金专户。

劳动用工检查 2013年，积极开展各项专项行动，维护劳动者合法权益。联合全县8个部门开展农民工工资支付情况为主的“春雨”专项检查，共检查用人单位91家，涉及职工6785人，要求企业支付拖欠的农民工工资15.7万元。开展清理整顿人力资源市场秩序“春雷”专项行动，共检查职业介绍机构11家，查处未经许可和登记擅自从事职业中介活动三人次，没收非法广告牌十余块，有效打击了非法职介活动，规范了人力资源市场，畅通了企业招工渠道。开展用人单位遵守劳动用工和社会保险法律法规情况检查，共检查用人单位137家，其中企业95家，个体42家，涉及劳动者8237人，补签劳动合同697份，查处非法使用童工1名，并清退童工1名，未对未成年工体检1件，未参加社会保险登记的企业5家，责令整改8家，行政处罚2家。开展防暑降温规定执行情况专项检查行动，共检查18家用人单位，涉及劳动者近4000人，对多家尚未按规定向劳动者支付高温津贴的企业，提出整改意见，要求其按时足额发放高温津贴。开展劳务派遣情况专项检查行动，共检查劳务派遣单位2家，涉及职工1700人，劳务用工单位7家，涉及职工620人。

社会保障概况 2013年，全县新增各类保险参保人数15.3万人，其中：新增养老保险6.8万人、医疗保险4.9万人，完成425.1%和1176%；新增失业保险6751人、工伤保险9945人、生育保险10938人，全部超额完成市县目标任务。城乡居民养老保险参保人数37.7万人，城乡居民医疗保险参保人数79万人，参保率均达95%以上。累计征缴各类社会保险基金19.9亿元，按时准确发放离退休干部、机关事业退休人员、企业退休人员、城乡居民等各类对象的待遇基金13.7亿元，结余6.2亿元，历年累计结余35.3亿元。市民卡新增发卡26万张，完成173.9%，总发卡39万张。积极开展社保基金稽核检查工作，强化社保基金监管工作，对120家企业进行了企业征缴情况的稽核工作，超额完成既定目标。全年定期稽核定点药店和定点医院每月不少于1次，全面完成本年度稽核任务。查处定点药店私存医保专用证卡1人，追回600元门诊费；查处挂床人员1人，追回3804.21元，冒领供养金5人，追回59332元，城镇养老金23284.32元，查处城镇企业职工养老保险与城乡居民养老保险93人，追回城乡居民养老保险基金116337.2元。

基本养老保险 到2013年底，全县参加机关事业养老保险2.5万人，比上年末净增加633人，离退休人员共计6075人，比上年末净增加112人；参加企业职工基本养老保险19.2万人，比上年末净增加13730人，离退休人员2.1万人，比上年末净增加2194人。基本养老保险（包括企业、机关事业）当年收入12.2亿元，当年支出8.7亿元，当年结余3.5亿元，累计结余24.2亿元。根据浙人社发〔2013〕70号文件精神，对全县企业退休人员20333人进行调资，从2013年1月起人均增资每月223 元。2013年，全县离退休人员应参加年度健康验证19930人，已参加19372人，年检率达97.2 %。认真贯彻省人力社保厅〔2011〕221号、222号、223号文件精神，妥善解决社保历史遗留问题。

基本医疗保险 2013年，全县参加基本医疗保险9.8万人，比上年末净增加7075人，参加公务员医疗补助保险2.1万人。全年完成医保零售结算6387份，转外就医、异地安置、特殊病种、公务员慢性疾病等各类登记审批件2309份；基本医疗保险基金当年收入3亿元，当年支出1.9亿元，当年结余1.1亿元，累计结余4.9亿元。全县职工医保门诊统筹最高限额平均达到6000元以上、政策内住院报销比例稳定在85%以上。新认定医疗保险定点医疗机构5家、定点零售药店10家，全县已审批的定点零售药店35家，定点医疗机构28家，覆盖全县所有的镇（街道），基本满足老百姓就医和购药的需求。对两定机构费用审核实行专人负责制，严格后台结算数据的审核工作，并将与两定机构的费用结算周期缩短在2个月内，全年共审核两定机构交易数据105万笔，有效提高了医保基金的使用效率。

失业保险 2013年，坚持把非公有制企业作为失业保险的扩面重点，切实提高失业保险参保率。全县参加失业保险8.1万人，比上年末净增加6751人，本年度享受失业保险待遇409人次，累计享受失业保险待遇2584人次。失业保险基金当年收入4484万元，当年支出979万元，当年结余3505万元，累计结余1.9亿元。

工伤保险 2013年，参加工伤保险22.1万人，工伤保险净增人数达到9945人，完成目标任务数的140.07%；工伤保险基金当年收入3458万元，当年支出3296万元，当年结余162万元，累计结余7711万元。全年完成工伤认定2102件（其中工亡案件11件），比上年增长22%；全年开展劳动能力鉴定11期，申请劳动能力鉴定624人次，评定劳动能力鉴定624人次，比上年增长12.23%。出台《关于永嘉县机关工作人员参加工伤保险有关问题的通知》，于2013年7月1日正式实施。因工作遭受事故伤害或者患职业病的国家机关工作人员可依法享受工伤保险待遇。

生育保险 2013年，参加生育保险5.6万人，新增生育保险1.1万人，完成目标任务数的135.03%；生育保险基金当年收入593万元，当年支出699万元，当年结余-106万元，累计结余568万元。

被征地农民社会保障 2013年，被征地农民基本生活保障参保人数创历史新高，全年新参加被征地农民生活保障7914人，同比增加411%。其中参加被征地农民基本生活保障4857人，比上年增加3830人，同比增加473%。收缴被征地农民基本生活保障基金共计1.24亿元。新参加被征地农民基本生活补助3053人，同比增加339%。累计完成被征地农民养老保险5.3万人。被征地农民养老保险基金当年收入1.7亿元，当年支出1亿元，当年结余0.7亿元，累计结余2.2亿元。做到即征即保，养老金发放率100%，准确率100%，健康年检率100%。

城乡居民养老保险 到2013年12月底，全县参加城乡居民社会养老保险共37.7万人，比上年末净增加5.4万人，城乡居保待遇享受人员11.2万人。全年城乡居保养老金累计收入1.9亿元，当年支出1.4亿元，当年结余0.5亿元，累计结余1.2亿元。全年城乡居保待遇终止3039人，一次性丧葬费支出472万余元，全年城乡居保参保终止4482人，个人账户全年支出147万余元，办理待遇核定人员9000多人，调整城乡居民退休人员80周岁以上高龄补贴3536人。

城乡居民医疗保险 2013年，城乡居民医疗保险共参保79万人，比上年末净增加4.2万人，参保率连续三年达95%以上。筹资标准为每人520元，其中个人100元，政府补助420元，全县全年个人筹资7823万元，财政补助3.4亿元，总筹集资金达到4.2亿元。城乡医保报销待遇进一步提高，城乡医保政策范围内住院费用报销比例达到75%，平均提高了5个百分点，结合重大疾病保险，参保群众最多可达到16万元的报销金额。全年办理城乡医保报销7万多件，累计住院和门诊报销支出4.6亿元。全县城乡居民免费健康体检人数达25万人，超额完成目标任务。

荣誉录 2013年，永嘉县人力资源和社会保障局获全省人力资源和社会保障宣传工作先进单位、全省劳动人事争议案件处置质量优秀单位、永嘉县考绩工作先进单位、县信访工作先进集体、县老干部工作先进集体、县老龄工作先进单位、县首届“敬老文明号”、县“五好”基层关工委、县应急救护培训工作先进单位等荣誉称号。永嘉县社会保险事业管理中心获2011～2013年度全省人力社保系统优质服务窗口、永嘉县劳动保障监察大队获全省劳动保障监察工作目标管理成绩突出单位荣誉称号。董海冰被评为全省人力资源和社会保障宣传工作先进个人、陈建光被评为永嘉县推进惩防体系建设和落实党风廉政建设责任制先进个人、林正茂被评为县信访工作先进个人、吴昊被评为县老龄工作先进个人、陈谦被评为全县维护社会稳定工作先进个人。

（刘　庚）

机关事务管理

县公共文化活动中心与县行政中心建设 2013年，已完成县公共文化活动中心桩基施工、压顶梁和周边地面硬化施工，土方挖掘和地下室施工即将开始，工程投资额8650万元，完成率101.23%。已完成县行政中心总承包单位招标和桩基工程，土方挖掘和地下室施工已到后半段，工程投资额7500万元，完成率为116%。

耕读小院改造工程和美丽乡村现场会 2013年，用48天完成了一期工程1幢1362平方米、2幢499平方米的装修和附属工程约500平方米，以及户外园林景观2800平方米的布置；完成“森林旅游节”、全县“互学互比”现场会、创国家AAAAA级风景区汇报会等重要接待任务和会务工作。用3个月完成了3号、5号、6号、7号楼建筑总面积3500平方米，户外花园景观25800平方米的布置以及长达390余米的一期、二期管道联网等附属工程，并实现对外营业。用将近1个月时间打造美丽的乡村公园。圆满完成现场会议接待工作。

国有资产管理 2013年，进一步深化国有店面出租管理，实行招标出租，采取多种措施催讨拖欠租金，全年共收取公有店面租金626.84万元，实现国有资产的增值。对出租店面开展安全检查，及时排查安全隐患，落实整改措施，确保无事故发生。开展办公用房的清理整顿工作，草拟《中共永嘉县委、永嘉县人民政府关于开展全县行政事业单位办公用房制度改革的意见》，结合本地实际，深入调研、精心谋划，做了大量调查摸底工作，摸清全县在建楼堂馆所和自有自用、出租出借、租用借用办公用房情况，并登记造册，为下一步工作打下良好基础。

公共机构节能降耗 2013年，组织结构进一步健全，各单位成立了领导小组，确定专人负责。联络员队伍更加稳定，考核办法更加科学合理，机关干部节能的意识进一步加强。出台了《2013年度永嘉县公共机构节能工作考核办法》《永嘉县2013年度公共机构节能工作考核评分细则》等文件和节电、节水、节油等制度。开展“全国节能宣传周暨6.17全国低碳日”“‘光盘行动’，从你我做起”等活动，开展联络员培训，提升联络员业务素质。加强监督检查，确保节能各项措施落实到位。全县280家列入市局能源资源消费统计单位，圆满完成各项节能指标。2013年，全县公共机构节能情况完成较好，人均能耗下降3.7%，单位建筑面积能耗下降3.8%。

机关大院和大会堂管理 一是加强物业管理，实行定时巡查和卫生检查制度，进一步改善大院的卫生、绿化、消防、安全等工作。卫生检查每周2次、消防检查每半月1次，维修水电650人次。二是打造绿色健康食堂，完善就餐环境、丰富菜品种类、确保食品安全、提升服务质量，严把环境食品卫生关、从业人员体检培训关；定期召开食堂监督管理委员会会议，对食堂的饭菜质量、价格、卫生等进行动态监管。三是强化领导休息房和大会堂的后勤服务管理，确保领导休息房舒适安全，大会堂各项会议、演出活动顺利开展，全年大会堂共举行会议和各类活动62场次，开展消防安全检查6次。

公务用车与临时驾驶员管理 2013年，强化全县260余名临时驾驶员的日常管理，每季度开展安全行车知识培训，提高安全驾驶意识。进一步完善节约型公务用车管理制度，按照“三统一两定点”原则，实行一车一台账、一季一核算管理模式，采用ETC、GPS等技术管理措施，控制经费支出。截至11月，30余辆公务用车共安全行驶95万千米，无重大事故发生。

公车改革和公务用车服务中心 2013年，县机关事务管理局加强组织领导、健全工作体系、制定实施方案、开展动员部署、全面组织实施、有序推进车改。1月30日前分3批收缴涉改车辆共计246辆；3月29日，完成车辆拍卖工作，车改处置与公开拍卖车辆共85辆，其中拍卖62辆，起拍总价21.5万元，总成交额120.5万元；5月开始严格按市政府规定标准，完成车贴发放工作；7月，各未涉改单位已安装GPS764辆，喷涂标识938辆，建立了公务车辆统一监管体系。2013年1月，公务用车服务中心开始试运行，车改后中心可用驾驶员60人，县机关事务管理局克服人员紧缺、单位性质未确定、资金周转困难、临时驾驶员情绪波动较大等困难，实行24小时值班制度，保障70余家涉改单位公车租派工作正常运行。已累计派车10822次，最多一天派车77次，平均每天派车49次。

永嘉宾馆管理 2013年，由于硬件设施陈旧、县府大院搬迁、酒店业竞争力加大等原因，永嘉宾馆运营受到较大影响。永嘉宾馆通过推进新永嘉宾馆建设、拓宽营销渠道、创新菜品、优化服务等手段弥补硬件的不足，以提高经营效益。截至11月，客房出租率74.42%，营业收入865万元，餐饮营业收入5704万元，总营业收入6827万元，较上年同期增加542万元，增长8.6%，创经营利润612.9万元。

党建工作 2013年，县机关事务管理局结合“创先争优”“两提两争”等活动，加强理论学习，提高政治素养，以党的十八大精神为学习重点，多次召开学习部署会、推进会，开展“制定一个学习计划、上好一期专题党课”等“六个一”活动；严格把关党员发展工作，履行入党手续，把握发展党员工作中培训、政审、考察、审批、转正等各个环节，是年预备党员转正1名，发展入党积极分子2名；开展“四千”行动、驻企服务员活动，实行不脱产结对，抽调局机关中层以上干部16人、永嘉宾馆4人，共结对企业43家，收集反映企业问题29个；开展困难户走访慰问、爱心捐款等各类志愿者服务活动，拉近了干部群众间的距离，搭建了与群众沟通的桥梁。

（陈　雷）

国有资产管理

概　况 2013年，根据机构编制“三定方案”（永编〔2013〕57号）文件正式组建永嘉县国有资产管理办公室（简称国资办），内设4个职能科室，人员编制15人。2013年，紧紧围绕县委、县政府工作重心，深入开展“两提两争”主题实践活动，努力加快“三生相融·幸福永嘉”建设，开拓创新，锐意进取，不断加强国资基础管理，创新国资监管方式，强化国资队伍建设，提升国资管理水平，整合资源，强化发展，实现国有资产的增值保值。

国企国资总情 2013年，全县共有93家国有企业，行业包括经贸、交通、粮食、旅游以及其他投资类国有企业，共有企业职工3570人，人工成本合计12096万元。国企资产总额1253345万元，负债总额432564万元、所有者权益总额820782万元、国有资产总量较上年增加288937万元，全县资产负债率34.5%，较上年降低15%。是年，成立水利投资、旅游投资、交通投资、城市投资等4大县属投资集团公司，资产总额330000万元。企业汇总营业收入72056万元，较上年增长1.52%，总资产周转率6%，呈现企业销售能力较弱，资产利用效率偏低状况。成本费用总额82160万元，实现净利润 –7934万元，亏损原因主要是企业的银行贷款费用以及人员工资等管理费用的支出，其中粮食系统亏损498万元，经贸系统亏损410万元，交通系统亏损313万元，水务集团因调整账务亏损5670万元。

国资清查 2013年3月开始，县国资办大力开展国有资产清查工作，清查摸底、清产核资、清晰产权，推进国有资产管理规范化和科学化。到12月底，完成全县31处行政事业单位房产、土地双证办理工作，合计清查土地面积2万平方米，房产面积3万平方米。

国资整合 2013年7月，县国资办成功整合县公安局下属企业永嘉县保安公司和驾驶员协会的资产，重新组建永嘉县保安服务公司和永嘉县安保机动车检测有限公司并划入“永投集团”，实现人、财、物的有效过渡。是年，经县政府批准，永嘉县国有资产经营公司由县财政局下属事业法人变更为县国资办下属的国有独资公司，成立永嘉县国有资产经营有限公司，注册资金1.29亿元。国有资产的归集整合，有效防止国有资产流失，实现国有资产保值增值。

国企业绩考核 2013年，县国资办组织实施县属国有企业的考绩工作。多次与市国资委、县考绩办、苍南国资办和6大国属国有企业进行沟通和交流，出台县属国有企业绩效考核实施意见及细则。考核对象包括永嘉投资、交通、旅游、水务集团、城市投资、水利投资有限公司等6家县属国有企业。根据全县投资融资、交通道路、旅游设施、市政建设、水利治理等29个涉及国计民生的重点项目的完成情况，固定资产投资完成情况，以及安全廉政综合评议等指标，评定优秀国企和确定企业负责人绩效年薪标准。实现考核考绩工作的科学化、合理化与制度化，逐步建立国有企业激励与约束机制，充分发挥考核工作的导向激励作用。

国企培训 2013年，针对国企投资风险、地方性政府债务、财务管理不规范等问题，县国资办联系厦门大学、厦门国家会计学院等培训机构分期、分批举办经理人、财务人员培训班，全年共培训60余人次，大力提高国企风险投资的控制力，促进财务人员理论知识的更新，完善了国资监管体制和财务制度。

勤廉国企建设 2013年，县国资办根据县纪委"勤廉永嘉"建设要求，加强国企的党风廉政建设和反腐倡廉工作，组织开展关于贯彻落实"三重一大"决策制度情况、落实《国有企业领导人员廉洁从业若干规定》情况、领导人员落实"利益冲突回避制度"情况、落实资产租赁管理制度和作风建设情况的监督检查。建立健全完善国企的民主生活会、述职述廉、党员评议、职工代表大会以及廉政谈话、诫勉谈话、询问质询等制度，全面加强民主监督，扎实推进党务公开、厂务公开。开展"正风肃纪"专项行动，从快从严整治"庸懒散慢奢"等阻碍企业发展的行为，为永嘉经济发展创造优良的环境。

队伍建设 2013年，县国资办组织认真学习十八大和十八届三中全会精神，深入开展"两提两争"主题实践活动。不断强化对干部的思想教育，提升干部的责任意识、宗旨意识、服务意识和创新意识，通过一系列的奖惩措施提升干部的内在素质。完善和健全内部各项规章制度，以制度保证纪律，规范办事程序，优化服务质量，提高办事效率，强化服务国企的力度，树立良好社会形象。

（张立坚）

金融管理

机构沿革 永嘉县人民政府金融工作办公室（简称县金融办）于2007年12月经县编委批准设立，属县府办内设机构。2012年5月，经市编委批准从县府办独立出来，成为县政府直属正科级事业单位，编制12名，参照公务员管理。2013年7月，县金融办增设2个事业科室，事业编制6名；人员总编制18名，在岗14名。

工作职能 总体职能推进金融发展，加强金融监管，维护金融稳定。具体工作有：一是协调人行永嘉支行、温州银监分局永嘉办事处加强对全县银行、保险、证券等金融业发展服务的指导和监督；二是协调县经信局等经济管理部门加强企业现代制度建设，推进企业直接融资，为实体经济发展服务；三是大力推进村镇银行、小额贷款公司等地方金融组织建设，促进地方金融业发展；四是加强地方类金融组织的监督管理；五是做好打击和处置非法集资工作，维护地方金融稳定。

金融组织建设 2013年，明确金融发展功能定位，发挥瓯北双塔路金融服务"一条街"集聚作用，浙商银行永嘉支行、温州银行上塘小微企业专营支行、民生银行永嘉支行、平安银行永嘉支行相继开业，广发银行永嘉支行筹备工作顺利开展。积极推进农村合作银行股改工作，浙江永嘉农村商业银行第一次股东大会已召开，进入工商登记开业阶段；新设自动取款机80台。2013年，完善了金融机构设置布局，银行服务能力明显提升。7月，永嘉海星、长诚小额贷款公司开业，注册资本各2亿元；瑞丰小额贷款公司完成第二次2亿元增资扩股工作。年末5家小额贷款公司注册资本达13亿元，在空白镇（街道）新设小额贷款公司服务点6个，5家小额贷款公司贷款余额15.75亿元，全年上缴税收超0.55亿元；开设民间借贷登记服务中心，截至12月20日，成功撮合交易132笔，累计3.10亿元。由奥康主发起，引入杭州中新力合，注册1亿元设立奥康力合民间资本管理公司。2013年，大力开展金融招商引资和项目建设。全年招商引资6个项目，签约引资8.93亿元，到位资金7.96亿元，名列全市第一。巴菲特以5180万元，挂牌取得国有出让土地0.67公顷，兴建瓯北金融大厦；科信小额贷款公司以1600万元，挂牌取得国有出让土地0.33公顷，兴建办公用房，为全市第一家。

创新金融服务 遵照《2013年度永嘉县鼓励和支持金融业发展改革与创新业绩考核办法》，以全县银行系统民主评议行风活动“回头看”工作为契机，认真落实县委、县政府决策部署，坚持服务实体经济、防范金融风险并举，加强社会信用体系建设。推进中小企业和农村信用体系建设，改善地方信用环境，提升全社会诚信意识。认真调整信贷结构，增加对“三农”信贷投放力度。加大政银企对接力度，举行2次政银企合作签约仪式，9家银行对13个企业和项目集中授信91.7亿元。截至12月31日，全县银行业金融机构人民币存款余额440.31亿元，比年初增加47.03亿元；贷款余额381.84亿元，比年初增加43.81亿元；不良贷款3.2亿元，不良率0.86%，为全市最低。全县7家商业银行为8个工程项目融资15.01亿元，有力促进了重点工程项目顺利建设。全县20家保险机构以金融改革综合试验为契机，大力发展涉农保险，以完善政策性农业保险和农房保险为重点，扩大农业保险覆盖面，政策性农业保险率全市之先做到全覆盖，推动保险纳入农业灾害防御和防疫体系。积极发展责任保险，探索商业保险参与小额贷款保证保险。财险保费收入3.56亿元，赔付1.9亿元，发挥了保险机构在全县经济和社会事业发展中的作用。证券交易额341.42亿元。全县金融生态环境总体良好。

建立健全现代企业制度 2013年，成立以县长为组长、相关部门“一把手”为成员的企业股份制改造工作领导小组；制订出台《关于加快建立现代企业制度推进区域资本市场建设的指导意见》等一系列文件；筛选试点企业，开展业务辅导，温州宇通商贸（个转股）、浙江连成电机、海星小额贷款、长诚小额贷款、奥康力合民间资本管理、浙江柏禾游乐设备、浙江飞力电器、浙江百佳游乐设备、浙江大亚电器智能设备、瑞特消防、冠正阀门等11家企业完成股改，永嘉农村商业银行、永盾置业、凯奇游乐设备、德盛游乐设备、康龙游乐设备、浙江嘉龙机械、群臻科技等7家股份有限公司完成企业股改工商受理核名。2013年，迦南、红蜻蜓公司首发申请材料报会审核受理，亚龙公司已基本完成企业内部上市筹备工作，增选育才公司为拟上市企业。永嘉投资集团有限公司作为发债主体，拟发行私募债10亿元，已上报国家发改委审核待批。2013年，科信小贷公司在温州股权交易中心托管，嘉隆、凯奇、楠江科技公司在浙江股权交易中心挂牌，对企业价格发现、股权流动、规范管理、上市培育、扩大知名度等发挥积极作用。

加大企业帮扶力度 2013年，针对企业资金链、担保链断裂风险，开展多层次帮扶工作。召开协调会16次，化解企业资金等问题21个，督促银行保持信贷额度的平稳投放，做到不抽贷、不压贷。继续实施《永嘉县企业应急转贷专项资金管理办法》，为百兽鞋业有限公司等6家企业提供周转22笔1.14亿元，解决了企业资金转贷困难。40家组建联合永嘉县中小企业转贷资金互助会，为40家企业提供周转48笔1.1亿元。以“千名干部进千村入千企解千难”活动、驻企服务员制度为载体，实现7名干部与17家企业结对，结合股改、帮扶、结对等活动，走访调研企业425家，扎实帮助企业化解融资难、股改难等问题。

加强地方金融监管 2013年，完善政府监管、行业自律、企业内控和社会监督“四位一体”的地方金融风险监管体系。防范和化解民间金融风险，规范民间金融秩序。根据全省统一部署，配合县纪委有效开展13家商业银行行风民主评议活动，促进商业银行服务经济和社会的主动性和自觉性。成立打击和处置非法集资工作领导小组，并在各镇（街道）建立相应领导小组，形成县、镇（街道）二级防范和处置网络，切实维护金融市场秩序稳定，形成较为完备的处置化解体系。加大非法金融打击力度，坚持“打击促清退”方针，严厉打击非法金融活动。截至12月31日，县公安部门共立案非法集资案14起（其中2013年2起），已陆续进入审判阶段，后续资产处置工作依法有序推进。陈某某非法集资案，经协调已100%兑现，为全市非法集资案首例全额兑付案。楠溪江啤酒厂、农业集团，东日、犀牛等4个困难企业已依法进入破产程序，正依法开展清算重组工作，牵头做好楠溪江啤酒厂、农业集团等企业债务危机维稳处置工作。2013年，按照“属地管理”和“谁主管谁负责”“谁审批谁负责”的原则，建立新型金融机构非现场监管体系，强化对小额贷款公司、民间资本管理公司、民间借贷服务中心、农村资金互助会等新型金融机构规范运营、金融风险管控。开展对48家民间投资公司等专项检查工作。2013年，完成15个“温州指数”监测点数据采集，及时有效地为指数出炉提供准确的数据样本。配合做好省人大关于温州民间融资管理条例的调研工作，结合永嘉实际，提出多条建议意见，受到省、市人大等领导的肯定。大力开展有关处理非法集资的宣传，制作防范和打击非法集资宣传画报5000份，开展“12.4”法制宣传日活动，分发宣传手册1500册，提高了广大群众对非法集资的危害认识及防范意识。

加强队伍建设 2013年，坚持把加强领导班子和干部队伍建设放在工作的首要位置来抓。一是贯彻落实《理论中心组学习制度》精神，坚持落实领导干部自学理论制度，坚持落实领导干部理论法律知识考核制度，开展以“中国梦”为主题的中国特色社会主义宣传教育活动，深入学习十八届三中全会精神，积极组织干部参加省市县各类培训班，提高领导班子和干部队伍的理论和业务水平。二是坚持民主集中制原则，提高科学决策能力。完善各项工作制度，体现集体领导和个人分工相结合，明确班子成员、科室、干部个人的职责，完善沟通协调机制，形成推进金融业稳健发展的合力，保障金融改革顺利实行。重点抓好民主生活会制度落实，实事求是地开展批评与自我批评。三是加强作风建设，提高班子和干部队伍的自律意识。开展作风建设工作，严格落实廉洁自律各项规定，控制“三公”消费，严肃整治“庸懒散奢”现象。认真抓好检查落实，自觉接受上级和广大群众的监督。廉洁自律意识不断强化，从政行为更加规范。开展全员绩效考核，建立“千斤重担人人挑、人人身上有指标”的传导机制和工作格局。建立一般干部日常管理反向“计分预警、抄告提醒”制度（试行），进一步加强干部的日常管理监督。开展“两提两争”主题实践活动，充分调动全体干部的积极性和创造性，成功实现全县金融工作在全市排名中争先进位。四是开展“创先争优活动”，加强机关党建工作。贯彻落实“三会一课”制度，提高党支部战斗堡垒作用。认真开展党员干部“红七月、服务月”活动，推动党员干部深入社区，开展志愿者服务，进企开展帮扶活动，到江北街道开展帮扶困难户和老党员活动，发放慰问金2万元，党员干部的公仆意识、责任意识得到提高。引导各金融机构强化社会责任意识，民生银行永嘉支行开业当天向巽宅镇扶贫资金财政专户捐款40万元。五是严格干部选拔任用制度，执行领导班子集体讨论决定干部选拔任用人选。严格按照有关规定认真履行干部任职程序，做好干部选拔任用调配工作，打造一支全心全意想事业、谋发展、干实事、比贡献的金融干部队伍。

（胡忠慰）

侨务工作

概　况 2013年，永嘉县人民政府侨务办公室（简称县侨办）本着“为侨服务”的宗旨，围绕县委、县政府的中心工作，紧盯市侨办交给的工作任务，坚持为大局服务和为侨服务相统一，与时俱进，开拓创新，侨务工作取得显著成绩。

基本侨情调查 2013年11月，省委、省政府统一部署安排的全省基本侨情调查工作在永嘉全面展开。在县委副书记姜景峰、县政府副县长周俊武的具体领导下，县侨办牵头，联合县侨联、县统计局成立了“全县基本侨情调查工作办公室”，各镇（街道）也按要求制定方案，建立组织，设立办公室。12月1日，进入调查实施阶段，计划于2014年4月基本完成全县的调查工作。

内外互动交流 2013年，县侨办先后主办或协办了“世界永嘉人大会”“永商新春恳谈会”“永嘉侨界新春茶话会”“永嘉侨界元宵宴会”“香港同乡会周年庆”“（台港澳侨）中秋茶话会”“海外侨胞美丽乡村行”等重大涉侨活动10多次；先后接待会晤了法国华侨华人会、荷兰永嘉同乡会、新加坡温州会馆等20余个侨团和考察团，全年接待涉侨人士近1000多人次。是年1月20日，促成香港浙江永嘉同乡会在深圳顺利成立；7月，“中国寻根之旅”夏令营走进永嘉，60余名海外华裔青少年体验和感受永嘉古朴民风；11月，组织12名知名华侨参加首届“世界永嘉人暨党委代表人士培训班”；12月初，永嘉侨商协会成立暨永嘉县第四届海外联谊会换届大会在永嘉瓯北梦江大酒店圆满举行，县四套班子领导到场祝贺，县委书记盛秋平在会上作重要讲话。是年，县侨办还建立了“永嘉县侨商协会”和“天下永嘉人”2个微信平台，推进与侨界沟通交流的日常化、生活化。同时，县侨办牵线内外友好学校结对4对，其中永嘉县瓯北第七小学还为结对的奥地利维也纳中文学校开展捐书活动，建立“蒲公英图书室”；永嘉有关领导出访拜会了美国、加拿大、奥地利、罗马尼亚、匈牙利、捷克等国的华侨华人及其社团，内外交流活跃。

涉侨引资引智 2013年，县侨办继续实施“永商回归工程”。4月26日，率先在全市推出“侨商投资项目全程无偿代办”服务，并积极开展“为侨资企业服务月”和“万名侨商进百区”等活动，全年举办各类涉侨招商活动20多次，走访服务侨资企业和项目35次。积极促成温州中伦实业投资有限公司增加旧厂房提升改造、温州益森园艺科技有限公司等4个侨资项目签约，总投资额约15.35亿元，共引进资金6.35亿元。在2012年协助引进首位入选省“千人计划”陈昂博士的基础上，继续加强与国外高层次人才的接触，促成美国原商务部助理部长黄建南等高层次华人华侨人才到永嘉讲课；再次成功引进英国爱丁堡大学陈建飞教授和加拿大麦吉尔大学终身教授杨香娇，2人全部入选省“千人计划”。

爱侨护侨 2013年，县侨办继续实施亲侨、爱侨、护侨的关爱工程。通过上门拜访、电话沟通、寄送贺卡、小聚品茶、农家聚晤等多种方式与侨联系，走访慰问侨企人士、重点人士、专业人士、华裔新生代、困难归侨侨眷等共计400余人次，发送贺卡和各类信件500余封，发放慰问金（品）合计价值约6万余元；及时妥善处理涉侨各类来访来信来电求助100余件，其中来访30余件，来信11件，来电60余件；帮助原籍黄田的马来西亚华人陈国光一家找到失散多年的国内亲人；6月，县侨办实行“工作联系卡”制度，制作了800余张联系卡片进行发放，大大提升了县侨办联系方式的知晓度，方便了国内外侨胞侨属的沟通联系，接受各类咨询和联系电话达1000余人次。是年，县侨办大力开展侨法宣传工作，发放宣传资料200多份，并积极开展侨务宣传工作，全年共撰写发表侨务新闻信息160余篇，为永嘉历年之最，信息多被《浙江侨网》《浙江侨声报》《中国侨网》、国侨办官网以及中国新闻网、新华网等国内知名媒体转载。

侨爱工程 2013年，县侨办继续深入实施侨爱工程，引导爱国华侨支持地方建设。实现“百侨助百村”帮扶活动结对3对：80后加拿大华侨青年企业家黄东海捐资3000万元（当年到位300万元），成立全市首个民企捐资的“美丽家园”基金，结对帮助大若岩镇大箬村周边环境建设；意大利侨领叶嘉珍捐资100万元，帮助桥头镇桥一村修整沿河南路；2013年底刚成立的永嘉县侨商协会向岩坦镇霄岭村捐资10万元建立水果专业合作社。2013年，开展了“送医送药送侨爱”“助学圆梦”等活动。其中包括：县侨办联合市慈善总会侨爱分会和温州市中心医院到黄田镇埭头村为240余名村民开展义诊，并赠送价值1万多元的药物；旅法华人金大中捐2.4万元结对帮扶12名鹤盛小学的贫困学生；香港七好有限公司董事长周建云捐15万元帮助桥头七小建电脑多媒体教室。2013年，华侨共计捐赠891万余元。旅加著名华侨黄长顺为永嘉社会公益事业捐赠2000余万元，继2009年被省政府评为“爱乡楷模”后，2014年2月再次被浙江省民政厅授予“浙江慈善奖”，这是温州侨界唯一获奖的个人。2013年，华侨积极参政议政，“两会”期间，侨界代表共提案20件。

审批服务 2013年，根据新实施的《中华人民共和国出境入境管理法》，在“三侨生”考试政策加分、“三侨生”入学、涉侨身份界定、华侨捐赠备案、侨坟审批5项审批服务的基础上，又新增了“华侨回国定居办理”事项。全年“三侨生”身份认定办理85件，其中高考加分13人，中考15人，小学就读57人，数据比上年有大幅提高。界定华侨身份并出具证明46份；审批侨坟保护8件。10月20日全市统一开始办理“华侨回国定居”工作，全年共办理33件。

自身建设 2013年，县侨办努力加强自身建设。7月，县侨办起草的永嘉历史上首个侨务工作发展规划——《永嘉县人民政府关于贯彻落实国家侨务工作发展纲要（2011～2015）的实施意见》经县政府第20次常务会议通过并印发。是年，县侨办积极拓展社区侨务工作，延伸侨务工作臂膀，2月17日正式挂牌成立江北街道、三江街道和南城街道3个基层侨务工作站；8月，召开了全县社区侨务工作会议。到年底，全县共有11个镇（街道）建立侨务工作站，另有9个村（社区）建立爱侨、护侨分站。11月，根据实际工作需要，县编委批准县侨办增加2名劳动合同工作人员。积极开展“两提两争”实践活动，全面提升服务能力，在当年温州市侨办的年度考核中，县侨办多项工作指标名列全市前茅。其中县侨办获全市侨办系统“先进单位”和“信访工作先进单位”称号，杨文彬获市侨办“侨务工作先进个人”，郑庆马获市侨办“信息工作先进个人”称号，成为全市唯一一个囊括所有4个奖项的单位。

（郑庆马）

台湾事务

概　况　2013年，坚持以科学发展观为指导，深入学习贯彻党的十八大精神，按照中央海峡西岸经济区国家战略总要求和市委“形成东引台资的强大优势，努力提高对台开放层次和水平”精神，积极发挥本地的特色和优势，全面加强对台经贸合作，提高对台开放水平，服务永嘉“三大战略”部署。

交流合作　2013年，永嘉与台湾之间的交流合作更加频繁密切，台湾先后共组团17个243人到永嘉。3月19日，台湾阿里山乡山美村与永嘉大若岩镇埭头村在楠风营地开展“山水情缘”结对仪式，并签约农业旅游合作备忘录。台湾区观光旅游总会理事长苏佳男、温州台商协会会长许灿欣、山美村村长庄信义、永嘉县委书记盛秋平等出席；5月19日，台湾阿里山乡乡长陈明利等10人组成的乡民代表团参观考察了大若岩镇埭头村，达成了农业旅游合作意向；5月31日，南投市市长许淑华率南投市13个里与永嘉13个村举行了“一对一”结对仪式，签署农业旅游合作备忘录；6月18日，台湾工商团体“三三企业交流会”会长、台经院董事长江丙坤率台湾工商界人士到永嘉参观考察楠溪江旅游，国台办常务副主任郑立中、省台办主任邱小玲等领导陪同；6月20日，台湾区观光旅游总会会长苏佳男到大若岩镇埭头村对接农业旅游洽谈项目，市县旅游局、县台办等领导陪同；8月2日，“浙台基层交流周”永嘉站在楠溪江举行，台湾基层访问团一行65人先后考察了奥康集团和岩头丽水街，与当地负责人进行了深入的交流；8月18日，台湾教育、培训5人参访团到永嘉考察；9月18日，台北温州同乡会26名老乡在理事长陈继枢的带领下到永嘉楠溪江开展“乡亲返乡之旅”活动，完成重走故乡路。2013年，永嘉组团7次共85人赴台考察交流，另有20人跟随省市级团组赴台。其中包括：3位永昆代表受邀赴台演出，国家一级笛子演奏家黄光利赴台讲座、交流长达半个月；2位茶商参加台湾茶业博览会；县长娄绍光赴台期间，永嘉楠溪江风景旅游区管委会与台湾区观光旅游总会举行了旅游合作备忘录签订仪式，内容包括加强旅游、民宿、文化、农业、村镇管理等方面的合作交流。

平台创建和基地开发　2013年，由县海西办牵头，将乌牛街道杨家山村作为示范点和交流基地，打造“乌牛早茶”等温台绿色农产品合作交流综合平台，并成立温台合作交流绿色农业的示范样板、现代农业科技的应用展示平台、新型农民的培训场所、农业经营主体的创业创新平台、农业休闲观光场所、两地花卉苗木园林园艺展示交流平台。已完成平台总体规划和大部分基础设施建设。2013年，永嘉原野园林公司与台湾源茂园艺公司合作开发“浙台农业合作示范基地”，引入台湾农业的先进理念、管理经验、高新技术和珍奇品种，并以“龙头+基地+农户”的形式，带动周边农业合作社或农民联合开发花卉苗木和绿色食品等生态产业，打造一个集农业生产、生态旅游、保健休闲、科技示范、素质培训、文化娱乐等于一体的上规模、高档次、多元化的示范园。该项目已经报批，年底完成创建和认定工作。

招商引资　2013年，通过“台商看永嘉”等招商引资活动载体，共接待经贸考察团11批135人次。4月，结合永嘉县“百名温商踏春行”活动，开展“台商看永嘉”活动，15名台商考察了永嘉投资现状；5月，与台商戴昌朝达成初步意向，将废弃的校舍整理后，供对方用于投资养老项目；6月底，台湾南仁湖董事长李清波率考察团到三江、瓯北，实地考察拟议中的“幸福庄园”项目；6月，在浙江台湾合作周中，温州东方医院与高雄医学大学附中和纪念医院就温州东方医院在资本运作、管理模式导入、医疗技术培训、医疗技术设备引进、服务培训等签订合作意向书。该项目定位为三级综合医院，选址于瓯北104国道珠岙口，用地面积10公顷，投资约6.0亿元，杭州市台协会长孙玮等组成的台湾经贸考察团一行65人先后考察了奥康集团和岩头丽水街，与当地负责人进行了深入的交流；8月，台湾职业教育培训考察团到永嘉考察，成员包括朝阳科技大学教授林均烨、台湾职业训练交流发展协会理事长蒋震夷、中教工业有限公司董事长张光辉等5人；9月，温州市台湾同胞投资企业协会副会长林茗歆一行3人在县台办主任谢承宇和县招商局负责人的陪同下到县十五中考察合作办学事宜；10月，副县长何莉平率温州东方医院考察团赴台考察台湾高雄医学大学，双方就合作办医进行交流协商，并表达了较高的满意度；11月3日，台湾区观光旅游总会理事长苏佳男率考察团8人到永嘉考察丽水街民宿；11月25日至28日，台湾民宿参访团到永嘉考察交流，参访团由台湾区观光旅游总会会长苏佳男、台湾民宿协会副理事长刘宁源等10名民宿代表组成。同月27日，在永嘉—台湾民宿发展交流合作洽谈会上，楠溪江风景旅游区管委会与台湾嘉义县民宿协会签订了合作协议书。

对台宣传 2013年1月30日，举行台胞台属迎新春茶话会暨十八大精神学习宣传会，深入学习党的十八大精神，宣传对台知识，有130余人参加；2月27日，在台胞台属联谊会上宣传对台知识，探讨对台形势；5月27日上午，市台办副主任张振宇在永嘉县对台教育基地为中青班学员上课，共100余人参加。

其他事项 2013年，出台《中共永嘉县委、永嘉县人民政府关于全力推进海峡西岸经济区国家战略全面加强对台合作交流的实施意见》(永委发〔2013〕6号)、《中共永嘉县委、永嘉县人民政府关于成立永嘉县对台暨海峡西岸经济区工作领导小组的通知》（永委发〔2013〕3号），成立了永嘉县对台暨海峡西岸经济区工作领导小组办公室（简称海西办）；出台台商权益保障实施方案，成立领导小组；增加县台办工作人员1名、县台联工作人员1名，以加强对台工作；各镇（街道）都成立了对台工作领导小组和相应科室，实行对台工作全县“一盘棋”管理。年初，副县长周俊武一行到瓯北慰问当地的困难台胞台属，给他们送去慰问金、慰问品。1月，县台办协助知名人士刘岩星解决建设政策问题；2月7日，县台办一行赴鹿城、瓯北、上塘等地，慰问3名在台陆生；2月17日上午，县台办一行携带慰问金、慰问品走访慰问部分县台联理事；2月27日，县台胞台属联谊工作座谈会在县委统战部会议室召开，县委统战部部长周星柱与15位代表参加；4月，县台办走访台资企业—温州长裕五金工具制造有限公司，详细了解企业生产经营销售状况，企业当前所面临的困难，并要求台资台属企业在遇到困难时，及时与县台办沟通交流，以取得政府的支持；同时赴岩头镇五潈、表山，探访台胞故居，寻访台胞亲属，挖掘涉台新资源；9月，召开台胞台属中秋茶话会，50名代表参加；10月9日，县台办走访5家小微企业，了解企业发展情况。

（全文通）

招商选资与经济技术协作

概　况 2013年，永嘉深入实施招商选资“一号工程”和永嘉人经济回归工程，全力构建大招商格局，圆满完成市定、县定招商引资工作目标任务。全县招商选资实际到位资金62.45亿元，完成县定全年目标任务（40亿元）的156.13%，同比增长80.7%。其中，完成省外回归引进实际到位资金54.45亿元，完成市定全年目标任务（26.9亿元）的202.42%，同比增长 85.52%；外资到位2315.79万美元，内资完成率全市第一。2012年至2013年，共签约44个重点招商选资项目，协议资金共566亿元，其中41个为浙商回归项目，履约39个，履约率88.64%，开工23个，开工率52.27%。2013年，招商项目温州铂尔曼酒店、楠溪江国际养生度假中心（一期）已经结顶，楠溪云岚养生度假村、维多利广场工程、红蜻蜓科研配送中心开工建设进展顺利，瓯北金融大厦成功挂牌。2013年，按照“优势互补、互惠互利、合作双赢、共同发展”的协作原则，广泛开展国内经济合作交流，发挥永嘉县在技术、管理、资金和体制等方面的优势，参与基础设施、市政公用设施和其他项目的建设，促进区域协调发展。

推进招商机制建设 2013年3月，专门出台了相关部门、功能区、镇（街道）捆绑考核机制，实行“一月一通报、一月一排名”，把招商选资任务分解落实到各功能区、中心镇，同时对县直属有关单位及街道办事处的招商服务工作进行考核评价，形成全员参与招商的考核氛围。4月，县纪委牵头联合县考绩办、县审管办、县招商局出台《永嘉县招商选资项目审批倒逼提速实施方案》（永委办发〔2013〕79号），从44个签约项目中确定了34个三年内可实施的攻坚项目，分别由县四套班子挂钩联系。7月，编制出台《永嘉县支持永商创业创新促进永嘉发展三年规划（2013～2015年）》，作为永嘉县支持永商创业创新工作的指导思想和发展纲要。

创新招商方式方法 2013年，县府主要领导分别率队赴台湾、深圳、广州、清远、昆明、丽江、中山、上海、苏州、西安、北京、郑州、成都、青海、西藏、新疆、贵州等地探访商会、企业19次，召开招商项目对接或洽谈会议106次。接待海外华侨、国内外知名企业代表、浙商、温商等193批次1820人，陪同客商实地考察98次。以引进世界500强、央企、国资为目标，采取“重点锁定、主动出击”的推介方式。与万通集团、新希望集团、上海世贸中心、香港嘉里集团、广东忠华集团进行洽谈对接。举办世界永商新春恳谈会；清明节举办“百名温商、台商踏春行”活动；中秋节举办“百名会长中秋圆月行”活动。在春节、中秋、重阳等传统节日，县四套班子领导、世界永嘉人联谊总会领导和招商局领导开展走访慰问商会会长及其家属达700多人次，向异地永嘉商会会长邮寄项目推介手册、慰问信，用真情召唤永商回乡创业。

重视“一会一网两库”建设 2013年，成立“世界永嘉人之家”，举办各类活动，逢年过节向在外永嘉人传递问候、邮寄贺卡、慰问亲属。永嘉招商网及时发布招商信息，成为在外永商了解家乡招商情况的窗口。2013年，编制《永嘉县重点招商项目推介手册》，项目涵盖五大领域共计79个项目。通过在外商会逐个排摸，健全在外永嘉人信息库。入库人员共计25305人分13大类，其中包含在外重点企业家410名，异地商会（永嘉籍）副会长以上人员1500名，形成金字塔型全覆盖。全县信息库建设工作走在全市前列，于6月9日在全省浙商回归引进工作会议上做典型发言并在全省推广，成为永嘉招商选资的又一大工作亮点。

经济技术协作 2013年，组织企业参加“西洽会”“哈洽会”“义博会”等活动，完成业务订单4270万元，取得较好成效。2013年，申报浙江大昌金属制品有限公司争取省山海协作财政贴息项目，获得财政贴息补助34万元；群众增收合作项目23个，到位资金792万元；新农村建设和社会事业合作项目9个，到位资金1506万元；加强人力资源培训，1至11月，培训转移就业840人。2013年，根据市府相关文件精神，落实双对口帮扶资金重庆涪陵区龙桥街道15万元，支援该区新农村建设。

山海协作工程 2013年，按照“政府引导、企业参与、市场运作、互惠双赢”的原则，永嘉县和瓯海区进行高层互访，加强横向联系，加大工作力度，也增进了彼此间的友谊。2013年2月，县招商局局长李晓平率队赴瓯海招商局对接山海协作具体工作。4月23日，瓯海区招商局局长率队到永嘉举行交流座谈会，并讨论山海协作结对相关事宜。10月30日，瓯海区一行12人到永嘉考察山海协作结对村，两地就进一步深化山海协作进行座谈交流。截至11月，签约山海协作合作项目8个协议，总投资61.15亿元（其中与瓯海方签约4个，总协议投资18.65亿元），到位资金8.84亿元（与瓯海方签约4个到位5.63亿元）。12月30日，瓯海区委书记厉秀珍率团到永嘉开展山海协作对口帮扶活动，共捐赠180万元用于支持永嘉美丽乡村建设和开展扶贫帮困活动。

作风建设 2013年，县招商局切实加强自身作风建设。一是修订和完善各项制度，坚持用“制度管人、制度管事”。重点加强了对人、财、物的管理和关键岗位的监督，特别是针对机关党员干部的岗位职责和廉政职责，制定岗位责任制、政务公开和服务承诺等规章制度，健全目标管理责任体系，强化对工作目标的管理。同时，进一步落实和严格控制公务接待，厉行节约，严禁铺张浪费，通过对制度的改革和完善，规范权力运行，堵塞滋生腐败的漏洞。二是以抓好服务为中心，进一步增强服务部门的工作职能，强化党员干部的责任意识。3月，县招商局局长李晓平率全体工作人员赴鹤盛镇南陈生态农业观光园开展义务植树活动；6月、7月，县招商局局长李晓平多次到蹲点村大若岩镇双岙村调研，慰问该村老党员，帮助群众解决实际困难；7月，县招商局组织干部职工到儿童福利慰问活动院开展慰问活动，到东城街道河岙村开展助残扶残活动；8月、9月，县招商局驻企服务领导多次到各企业调研指导工作；10月，组织人员到城东社区开展志愿者活动；12月，与城东社区联合开展法制宣传活动。通过开展结对共建和帮扶活动，增强了机关干部的社会责任感，密切了与困难群众的感情，促进了与共建单位的友好关系。三是定期组织学习，积极开展廉政教育活动。通过党风廉政建设、学习型机关创建、中国梦宣传、周一夜学等活动，邀请党校、宣传部领导参与讲座，有力推动机关作风建设的深入开展。对本单位全体职工进行量化考核，将考评结果与评优评先结合起来，为客商提供优质服务，努力提高引资质量。

荣誉录 2013年，永嘉获“浙商回归发展创业创新组织奖”、支持温商创业创新促进温州发展工作先进集体等荣誉称号。县招商服务局获县工作绩效考核先进集体、县招商选资工作先进集体、县党务信息工作先进集体、县统战工作先进单位等荣誉。

（徐时良）

永嘉县人民政府驻上海工作处

为企业排忧解难 2013年，永嘉县人民政府驻上海工作处（简称驻沪工作处），把帮助企业解决困难、做好相关工作作为一件大事来抓，对永嘉在沪企业进行了全面的排查摸底：发展态势良好、年产值超30亿元的有凯泉集团、飞科集团；超20亿元的有连成、东方、熊猫、安信等企业；超10亿元的有双高、茂德、开利、沙驰、世贸、全球通等企业；年产值超亿元的有凯尼、一统、旅友等50家企业。驻沪工作处积极为他们搭建平台。民生银行上海分行为永嘉在沪的超市流通业和阀门企业共授信3.8亿元；调处企业纠纷1起，标的额180万元；上海世贸控股集团在三江国际商务区的建设项目总投资超100亿元；凯泉集团在瓯北三桥工业区的建设项目正在进行，总投资超5亿元。

做好后勤服务 2013年，永嘉县职能部门有关领导多次到上海联络工作，驻沪工作处全力做好后勤服务保障工作，接待因公来沪210人次，走访了沙驰服饰、斯尔丽服饰等多家永嘉在沪企业，考察了上海有关区县智慧城市、国际人才交流中心、资本市场、“金山区退二进三”二点五模式、上海规划馆、金山明清商业街，为两地政府的沟通搭建桥梁。同时，驻沪工作处积极为永嘉人民到上海求医治病提供便捷，在巩固和加强与上海多家特色三甲医院友好关系的基础上，有效解决了永嘉人民来沪看病就医难的问题，一批病人得到了医治。对于家庭比较困难的群众，想方设法筹措资金，确保看得起病回得了家。全年共计安排就医就诊52人次。此外，成立上海永嘉青年联谊会筹建领导小组，为在上海的“永二代”搭建沟通交流的平台。

做好信息传递 上海作为国际经济中心、国际金融中心、国际贸易中心、国际航运中心，有许多先进的理念、经验值得家乡人民学习借鉴。驻沪工作处及时收集信息，及时传递信息，以促进永嘉发展。2013年，努力做好简报编辑，将上海的先进经验介绍给家乡，同时牵头组织各行业的洽谈会，通过各种渠道向上海有关人士宣传永嘉经济社会发展情况，积极推介楠溪江丰富的风景旅游资源，扩大永嘉的知名度。

提高自身素质 2013年，驻沪工作处全体人员认真学习政治、经济、法律、政策，积极参与上海市有关方面组织的各项活动，积极参与浙江省驻上海办事处有关会议和浙江省驻沪联谊会各类活动，并加强与全国各地办事处及各类商会沟通交流，以取长补短，完善自身，努力为永嘉经济社会的发展，为永嘉在沪企业的发展做出新的贡献。

（叶云飞）

永嘉县人民政府驻杭州办事处

后勤服务 2013年，县委书记盛秋平、县长娄绍光多次率县机关职能部门有关领导到省委办公厅、省政府办公厅、省发改委、建设厅、林业厅、旅游局、水利厅、交通厅等部门联系工作，永嘉县人民政府驻杭州办事处（简称驻杭办）全力做好后勤服务保障工作。县委书记盛秋平与县相关领导分次分批考察了西湖区青芝乌农房改造休闲旅游项目、绿城集团、杭州中顺房地产公司。驻杭办为顺利完成业务签约提供有效后勤服务。元旦、春节期间，驻杭办代表县委县政府拜访省政府与省机关部分领导，看望住院省老领导，送去永嘉人民的热情与温暖。同时，驻杭办积极协助，认真做好县领导在杭州其他各方面的服务。

联姻牵线 2012年12月22日，驻杭办积极协助杭州永嘉商会在三立大厦开好一年一度的团拜会，应邀的省级机关公务员、市级机关副处级以上领导干部、企事业单位副高以上职称的专家及商会会员350人汇聚一堂，共叙乡情，县委书记盛秋平致辞并汇报工作。6月29日，召开杭州永嘉商会庆祝中国共产党建党92周年大会，驻杭办主任在会上作“两新”组织党员思想教育专题辅导报告。2013年，驻杭办带领杭州永嘉商会骨干到江苏淮安、山东菏泽、海南三亚进行商务考察，为永嘉籍企业家拓展视野搭建了平台。驻杭办积极配合县委、县政府在杭州宣传“长寿之乡”活动，12月在省府大院成功举办了“长寿之乡”图片摄影展。

信访维稳 2013年，在省“两会”召开期间，驻杭办派专人协助县信访局做好有关工作。平时同省信访局保持经常联系，及时掌握信访动态，配合属地政府做好信访工作。妥善处理东城街道陈岙村41省道改建涉及水利问题出现的群访事件。

宣传永嘉 2013年，驻杭办通过各种渠道，积极向杭州有关人士宣传永嘉经济社会发展情况，发

“永远的山水诗，最后的桃花源”这张金名片，推介楠溪江丰富的风景旅游资源。县委书记盛秋平做客“浙江卫视”“浙江之声”，介绍永嘉美丽乡村建设，驻杭办积极提供服务。2013年，驻杭办成立了基层工会，开展多种形式的活动，丰富了职工的业余文化生活。

（孙建华）

法治政府建设

完善机制 一是编制工作规则体系。制定《2013年永嘉县法治政府建设工作要点》，明确2013年度全县法治政府建设工作六大目标22项工作任务。发布《关于印发永嘉县2013年度县级行政执法单位和镇（街道）法治政府建设考核评分标准的通知》（永政办发〔2013〕55号），同时将法治政府建设工作考核指标同考绩指标相衔接，进一步完善考核指标体系。二是完善规范性文件管理。出台《永嘉县人民政府关于推行行政规范性文件“三统一”制度的意见》（永政发〔2013〕267号），对县政府及其部门的行政规范性文件全面推行统一登记、统一编号、统一发布，并在中国·永嘉公务网上设立行政规范性文件公布专栏，有效解决了行政规范性文件制定程序不统一、公众查询不方便等问题。对县政府及县府办在2013年10月31前制定的475件行政规范性文件进行清理，清理出继续有效的行政规范性文件441件、失效6件、废止28件，并提出废止、失效或者修改等进一步处理意见。三是强化政府合同管理工作。重视政府合同管理，切实维护公共利益，出台《永嘉县规范行政机关合同管理实施办法》（永政办发〔2013〕180号），建立行政机关合同引导管理机制，有效预防和减少合同纠纷，保证国有资产安全。对县政府与温一医医院托管合作协议、与兴业银行继续协作开展永嘉中小企业专项信用贷款协议、县职教中心项目投资办学相关协议等政府合同进行审查。

依法决策 一是切实保障依法决策。做好县政府常务会议议题内容的合法性审核工作。凡提交县政府常务会议审议的议题内容均先提交县法制办进行合法性审核，对县政府200余项议题进行法律审核，把好重大决策法律关。积极协调处理县政府重大涉法事务。以科学发展观为指导，围绕“大都市核心区、大生态旅游区、大统筹示范区”三大战略，积极开展总部经济发展政策讨论、违法用地违法建设责任追究办法研究讨论、拆迁安置政策讨论会、企业难题解决推进会、民办教育综合方案改革讨论等政府重大涉法事务的研讨；出台《永嘉县国有土地上房屋征收与补偿暂行办法》《永嘉县城市绿线管理办法》《政府投资项目监督管理实施办法（试行）》《永嘉县农业招商选资项目扶持暂行办法》《永嘉县楠溪江河道疏浚管理实施细则（试行）》等改善民生文件。围绕“三改一拆”工作，对县住建局、县征收办、“三改一拆”办公室有关违法建筑认定和处理办法的意见与政策措施，根据法律法规并结合永嘉实际予以指导，推动“三改一拆”工作顺利开展。二是扎实推进阶段性重点任务。组织开展依法行政示范单位培育及验收工作，结合验收标准，永嘉县国税局、永嘉县质量技术监督局被确定为温州市依法行政示范单位，推荐永嘉县国税局为省级示范单位。

化解社会矛盾 一是认真办理行政复议和诉讼工作，全年行政复议申请13件，均已按期办结。积极参加行政诉讼，做好矛盾化解工作，2013年全县行政诉讼案件48件（含3件上年结转），经法院审理，原告撤诉18件，判决驳回原告诉讼请求18件、撤销具体行政行为9件，确认具体行政行为违法1件，中止1件。二是全面提升行政复议工作水平和规范化程度。制定《永嘉县行政复议、应诉案件统计工作制度》《行政复议接待立案工作规则》，进一步规范行政复议案件办理流程，确保各类行政争议及时解决。在出台制度的基础上，设置行政复议接待室，在中国·永嘉公务网上开设行政复议专栏，公开流程图、复议办理工作制度。通过广场法制宣传活动发放行政复议宣传资料，提高社会公众对行政复议这一救济渠道的理性认识，引导行政争议当事人通过法律途径维护自己的合法权益。三是继续深化行政与司法互动工作。10月16日，联合永嘉法院召开全县预防和化解行政争议工作联席会议，县长娄绍光就行政争议预防和化解工作作重要讲话。深入开展“三率”检查活动，切实提高行政首长、行政机关工作人员出庭应诉率、司法建议和行政复议意见反馈率，有效降低行政案件败诉率和纠错率。深化与监察部门联动工作，进一步落实败诉追责制度，召开2次全县行政败诉案件责任认定与追究工作联席会议，开全市先河邀请县检察院反渎职侵权局列席会议，建立全县行政败诉案件责任认定与追究工作常态化机制，已将一起败诉案件中出现滥用职权的工作人员移送司法机关处理。

行政执法监督 一是切实提高行政执法效能。全面推进规范行政许可裁量权工作。下发《关于开展行政处罚结果网上公开工作回头看活动的通知》，全县行政执法部门开展自查自纠，县政府定期或不定期开展专项督查，将检查结果作为法治政府建设年度工作考核依据。开展以行政强制案卷（包含强制措施和强制执行内容的行政处罚案卷、听证内容的行政许可案卷）为重点的行政执法案卷评查工作。二是不断深化日常监督管理工作。做好全县行政执法人员资格管理工作，组织全县200余人参加行政执法人员综合法律知识培训，300余人参加更新知识培训；对1000余件执法证件申领和换证进行资格审查，新制和换证801件；年审证件2000余件。配合省法制办进行执法系统专业法律知识联合培训考试工作，开通相关部门专业执法证件申请绿色通道，应急审核县安监局、县级机关事务管理局、县体育局参加省法制办与部门对应系统的专业法律知识培训考试人员的资格审查和提交申报工作。三是加强政府法制机构建设。是年增设了行政调解指导中心机构，增加2名事业编制，并下发《关于各镇（街道）党政办公室增挂法制工作室牌子的通知》，切实加强机关内部管理和专业人才队伍培育，为法治政府建设工作提供保障。

（陈 鹣）

行政审批

行政服务中心建设 2013年，县行政服务中心按照“两提两争”主题实践活动的要求，不断深化行政审批制度改革，加大审改审管力度，积极开拓创新，为永嘉的实体经济发展提供了强有力的服务保障。1月，开展了“两集中、两到位”再落实工作，要求各审批职能部门严格按照“两集中、两到位”改革要求，落实审批职能归并、集中审批以及对审批科授权工作。全县具有审批职能的单位39个，进驻县行政服务中心有38个单位，部门进驻率97.4%；单设审批科的职能单位21个，成建制进驻县行政服务中心100%；进中心行政许可事项316项，非行政许可事项365项，事项集中度占97.29%（全县共700事项）；既受理又办理审批事项651项，比例达到93%；窗口在编人员130人，比例达78.32%。1月～12月，中心共受理各类审批事项140884件，已办结140093件，按时办结率达100%。1月～12月，共收表扬信137封、锦旗32面，共有16个部门受到群众书面表扬。从电子评价和民意征询测评结果看，群众满意度为99.82%。

落实优化再造投资项目审批流程 2013年，根据市“1+8”文件精神，对县投资项目审批流程进行优化，贯彻执行2012年底制订出台的《永嘉县优化投资项目审批的实施办法》“1+8”体系文件，全面落实可研报告和项目建议书合并、规划设计方案和初步设计合并、施工合同备案、开工安全生产条件审查和建设工程质量监督合并，实施施工图预审查制度等做法，进一步压缩审批时限，提高审批效率。2013年，出台《创新审批服务、切实振兴实体经济发展实施意见（试行）》，对工业项目审批流程进一步优化升级，减少合并环节6个，取消前置审批9项，减少申报材料（或由审批单位内部提供）17项，纯生产性工业项目审批时间由25个工作日减少至11个工作日。

创新审批服务方式 一是全面开展“模拟审批”。3月份制定出台实施细则，全面开展“模拟审批”。2013年共对45个项目实施模拟审批，其中模拟到工程许可阶段的有12个，初步设计阶段的23个。二是推行“直通道”审批。按照“规划编制先行、技术审查提前、同步集中审批、全程代理服务”的高效服务方式，采用行政审批与技术审查分离的运行模式，对招商选资34个项目推行“直通道”审批，将相关审批工作要件集中到专人，实行专人负责和专人联络。到年底，全县有10多个项目通过“直通道”完成审批，开工建设。三是全力做好投资项目无偿代理。对全县范围内招商选资、温商回归、侨商投资和重大建设、民生项目的审批实行无偿代理。2013年全程代理项目41个，涉及投资额约98.31亿元，总建筑面积658192平方米。四是实行企业登记“四联一体”联合办证。全面开展工商、国税、地税、质监、统计“五部门四证”联合集中“一窗式”办理，企业注册登记审批时间从原21个工作日减少为5个工作日，审批时间压缩76.19%；个体注册登记审批时间从原17个工作日变为即办制，审批时间压缩100%。到年底，共办理企业注册登记1905件，个体4300多件。五是规范开展“六个联合”审批。2013年共组织联合会商12次、联合踏勘23次、建设条件联合审查24次、联合会审165次，施工图联合预审查21次，联合竣工验收21次，涉及290多个项目。六是实行县领导现场办公制度。为有效破解基建项目审批过程中的“程序繁琐、人难找、沟通协调难”等问题，加快推进项目审批进度，实行《基本建设项目周二三要领导现场办公制度》。每周二由县常务副县长牵头、各部门分管领导参与，在县行政服务中心现场办公。2013年共组织了50场次县领导现场办公，现场审批225个项目，促开工32个项目，促验收23个项目。同时由县领导亲自带队，到镇街现场办公，当场拍板解决审批问题，已先后组织了11次。

功能区、镇（街道）和社区便民服务体系建设 2013年，全县12个功能区、镇（街道）行政服务中心，76个社区便民服务中心均按规范化要求建设提升。功能区、镇（街道）行政服务中心，社区便民中心直接办理事项分别为287和110项，管理服务事项纳入率达92.7%，基层站所入住率达83%。2013年，全县12个功能区、镇（街道)行政服务中心受理办结各类申办事项共计251877件，76个社区共计办理件82138件，办结率为100%。

四级联网体系建设 2013年，以市级网上审批系统为基础，以县（市、区）行政服务中心为枢纽，组织制定市、县、镇、社区上下对接的行政服务业务流程和数据交换标准，进一步推进四级联动审批和同步电子监察，实现四级行政审批服务无缝隙互联互通。截至2013年8月，全县12个功能区、镇(街道)行政服务中心、76个社区便民服务中心实现四级联网平台全覆盖。

审批服务督查考核 2013年，继续将审批服务工作纳入年度绩效考核和党风廉政责任制考核，继续开展办事对象服务电子评价、日常审批档案内审、集中检查、重点项目跟踪督办、行政审批电子监察、年终考绩等多种监督方式，重点做好月审批办理案卷内审工作，全年档案内审273件次。同时随机抽选当事人进行回访，每月进行汇总，对查到的问题，要求有关单位落实整改。通过全面开展办件预登记制度，推行招商选资项目审批倒逼提速制度，开展重点中层科室督考，积极组织开展联合督查，强化对中介服务机构的规范管理等措施，进一步强化督考力度，达到服务提速提效的目的。

（邵福珍）

中国人民政治协商会议永嘉县委员会

综　述

2013年，中国人民政治协商会议永嘉县委员会（简称县政协）在中共永嘉县委的正确领导下，高举中国特色社会主义伟大旗帜，认真学习贯彻中共十八大和十八届三中全会精神，牢牢把握团结和民主两大主题，紧紧围绕“三大战略”建设目标，深入贯彻落实县委的各项决策部署，切实履行政治协商、民主监督、参政议政职能。一心一意谋发展，齐心协力促改革，尽心竭力惠民生，凝心聚力创和谐，各项工作取得新成效，为全县经济社会平稳发展作出积极贡献。

县政协九届二次会议

2013年1月4日至6日在上塘召开，会期3天，应到委员302人，实到委员275人，列席150人。会议听取县委书记盛秋平的重要讲话；审议通过政协主席陈建良所作的常务委员会工作报告和副主席金盾所作的常务委员会关于九届一次会议以来提案工作情况的报告；列席永嘉县第十五届人大二次会议，听取并讨论县长娄绍光所作的政府工作报告及其他报告。大会共有14位委员代表各自界别就永嘉经济社会发展中的重大问题积极建言献策，反映社情民意，大胆为民代言，为推进全县经济社会科学发展提出许多真知灼见。大会共收到提案229件，经提案委员会审查，立案201件，另有25件作为委员来信转送有关部门研究参考，与提案者协商后并案、撤案3件。

常务委员会会议

县政协九届六次常委会议　2013年1月6日下午在钱塘世纪大酒店三楼世纪厅召开。政协主席陈建良主持会议，副主席厉明富、金美秋、金盾、傅朝宗，秘书长郑向明和常委出席会议；各活动组组长及县政协办公室正副主任列席会议。会议审议讨论了政协九届二次会议决议（草案）；审议讨论了政协九届县委提案委员会关于九届二次会议提案审查情况的报告(草案)；听取了各组讨论情况汇报。

县政协九届七次常委会议　2013年3月20日下午在永嘉宾馆四楼多功能厅召开。县政协副主席周星柱主持会议；县政协主席陈建良，副主席厉明富、金美秋、金盾、傅朝宗、钱金波，秘书长郑向明和常委出席会议；县委副书记姜景峰应邀出席会议；部分在永的市政协委员及县政协办公室正副主任列席会议。会上，陈建良部署县政协下步工作，姜景峰作重要讲话，会议还表彰了提案承办先进单位、优秀提案及积极分子。

县政协九届八次常委会议　2013年7月15日下午在永嘉宾馆四楼多功能厅召开。县政协主席陈建良主席主持会议；县政协副主席厉明富、金美秋、金盾、傅朝宗，秘书长郑向明和常委出席会议；常务副县长陈志斌应邀出席会议；部分在永的市政协委员，县政协办公室正副主任，经信局、财政局等相关单位负责人列席会议。会议听取县政府关于上半年工作情况和下半年主要工作任务的通报、县经信局关于当前工业经济形势运行情况的报告、县财政局关于政府融资工作情况的报告。与会人员就以上内容开展协商讨论，陈建良作重要讲话。最后，会议还审议通过《永嘉县政协委员履职考核办法（试行）》。

县政协九届九次常委会议　2013年9月30日在永嘉宾馆四楼多功能厅召开。县政协主席陈建良主持会议；县政协副主席周星柱、厉明富、金美秋、金盾、傅朝宗，秘书长郑向明和常委出席会议，县委常委、公安局局长徐志宏应邀出席会议。部分在永的市政协委员、县政协办公室正副主任及县住建局中层以上领导干部等列席会议。会议听取县委常委、公安局局长徐志宏关于县公安局工作情况汇报；对县住建局进行了民主评议；审议通过了2013年县政协建议案。

县政协九届十次常委会议 2013年12月11日下午在永嘉宾馆四楼多功能厅召开。县政协主席陈建良主持会议；县政协副主席周星柱、厉明富、金美秋、金盾、傅朝宗，秘书长郑向明和常委出席会议；常务副县长陈志斌应邀出席会议；部分在永的市政协委员，县政协办公室正副主任，县府办、县纪委、县发改局、县财政局等单位负责人列席会议。会议听取县纪委关于2013年以来工作情况的通报、县政府关于县政协建议案和提案办理情况的通报，听取并讨论《县政府工作报告》（征求意见稿）、《关于2013年永嘉县国民经济和社会发展计划执行情况和2014年国民经济和社会发展计划草案的报告》（讨论稿）、《永嘉县2013年财政预算执行情况和2014年财政预算草案的报告》（讨论稿）；审议讨论政协第九届永嘉县委员会常务委员会工作报告（讨论稿）和政协第九届永嘉县委员会常务委员会关于九届二次会议以来提案工作情况的报告（讨论稿）；审议通过有关人事任免事项；审议通过关于召开政协第九届永嘉县委员会第三次会议有关事项。

配合中心工作

政治协商 2013年，以政协例会为协商的主要方式，通过全体会议对"一府两院"工作报告、国民经济和社会发展计划、财政预算等内容进行审议，对县域发展中的重大问题广泛开展协商；通过常委会对全县二业经济转型升级、政府融资、国有资产盘活、企业宗地分割、公共交通发展、城中村（旧村）改造等事项开展专题协商；通过主席会议对"十二五"规划中期评估、县城近期建设规划、治水、消防安全、重点工程建设和重点行业的污染治理等工作开展重点协商；召开系列专题座谈会、协商会，深入讨论经济结构调整、资源合理配置、生态环境建设、民生改善维权、城乡统筹发展、交通组织优化等问题，建睿智之言、谋创新之举，为县委、县政府科学民主决策提供重要参考。

民主监督 2013年，跟踪全县重点工作的推进步伐，通过开展民主监督，协助县委、县政府抓重大决策的落实，促成一些问题的解决。一是开展系列视察。根据县委、县政府各个阶段的工作重心，有针对性地对产业集聚平台、重点民生工程、美丽乡村建设、文明县城创建、"三改一拆"、"四边三化"、安全生产、耕地垦山和职业教育等方面工作开展视察，并提出问题和整改意见。二是开展民主评议。针对原规划建设局与房管局合并后队伍庞大、任务繁重、同群众联系紧密等情况，对"住建"部门的工作开展了为期4个月的民主评议。通过深入调研、全面掌握情况，召开多个层面的座谈会，充分听取各界的意见建议，最后进行满意度测评。通过评议，达到了肯定成绩、激励干劲、发现问题、鞭策整改的目的。三是联合相关部门开展监督工作。选派政协委员配合纪检部门开展监督活动。参与中央"八项规定"和机关效能"四条禁令"执行情况的明察暗访，围绕全县改革发展稳定大局和群众聚焦的热点问题，对机关重点科室和基层站所存在的问题和不足进行评议，进一步推进政风行风建设，优化全县发展软环境。

参政议政 2013年，充分发挥政协智力密集、联系广泛的优势，认真组织调查研究，形成了一系列调研成果，共提交17篇调研报告，调研内容集中在两个方面。一是涉及永嘉长远发展的课题。针对永嘉产业转型升级遇到要素制约的问题，选取教玩具产业发展作为重点课题，赴教育部了解相关政策，形成《关于教玩具产业与教育事业整合提升的建议》，建议将教玩具产业打造成全县的支柱产业和新的经济增长点；针对交通网络、城中村（旧村）改造、生态环保、工业转型等方面的实际情况，调研撰写《关于支持确有需要的企业对宗地进行分割确权的建议》《关于进一步加快公共交通发展的建议》《关于加快城中村（旧村）改造的若干建议》等调研报告，作为县政协建议案提交党委政府。这些调研成果，引起了县委、县政府领导的关注，一些意见建议被吸纳落实到有关的发展规划、政策措施和具体工作之中。二是针对现阶段发展中遇到的紧迫性问题，通过"九联系"、"四千行动"、美丽乡村建设、村级组织换届等载体，直接参与230多个挂钩联系单位、企业、村居和工程项目的工作，在切实履行掌握情况、出谋划策、动员协调、督查落实等职责的同时，对倾向性问题组织调研，掌握了大量第一手资料。在企业走访中发现铸造行业发展严重滞后，制约了泵阀行业的发展，根据调研成果，编报了《突破铸造业瓶颈、促进泵阀行业发展》的社情民意信息，引起了县委主要领导的高度重视，并作出具体批示。

关注民生

提案工作 2013年，认真贯彻落实中办、国办《关于进一步加强人民政协提案办理工作的意见》，积极发挥提案在解决民生问题中的重要作用。九届二次全会以后共立案提案206件，其中涉及民生的147件，占全部提案的71.4%，内容涵盖医疗卫生、环境保护、食品安全、教育公平、文化生活、社会养老和交通保畅等各个方面，提案已经成为反映民生诉求的重要渠道。同时，通过强化提案办理，响应民生诉求，把一批群众关注度高、涉及面广的提案列为重点提案，由政协领导领衔督办。把《关于加快推进瓯北城市新区河道生态环境综合治理的建议》确定为重点提案，在春节长假后上班的第二天，由政协班子成员率部分委员视察罗浦礁河治理情况，提出治理思路，督促瓯北城市新区和相关部门加快治理步伐。通过河泥清淤、河面保洁、河岸治理等一系列措施，取得初步成效。在各方共同努力下，提案所提建议得到解决或基本解决的占68%，部分解决或列入计划准备解决的占24.8%。

社情民意 2013年，进一步畅通信息反映渠道，完善信息报送网络，加强信息员队伍建设。召开了反映社情民意信息工作会议，把反映信息作为委员履职的重要任务，把《社情民意》刊物作为反映民声、表达诉求的重要渠道和载体，为县委、县政府了解民意、科学民主决策提供社情民意信息支持，并协助做好解疑释惑、协调关系、化解矛盾的工作，一些信息反映的问题引起党政领导的高度重视，并得到较好的解决。针对楠溪江东向供水生态补偿费偏低问题，报送了《关于提高楠溪江东向供水生态补偿金的建议》，引起了市政府主要领导的重视并作出批示。市水利局为此专门赴永嘉和乐清进行调研，对调整生态补偿金问题开展论证。是年共编发社情民意信息66期，向上级政协编报社情民意信息56条，被市政协采用31篇，被省政协采用7篇，被全国政协采用8篇，多数信息获得市、县主要领导批示，信息工作考核名列全市前茅。

扶贫济困 2013年，开展促进低收入群体增收的课题调研，呼吁解决贫困群众生产生活中的困难。挂钩联系贫困山区，帮助当地理清思路、筹集资金、办好实事。县政协班子成员和机关干部深入开展“千名干部进千村入千企解千难”活动，协调解决一批企业和农村社区发展中的难题。组织有专业技能的委员开展“三下乡”活动，在桥下、岩坦、巽宅等地开展计生知识宣传、义诊、医学讲座，并送优质教育课程下乡。发动委员开展公益慈善、捐资助学、扶贫济困及各种帮扶活动，为困难群众送温暖。是年，县政协委员通过各种形式捐献的资金总额达3000万元以上。

协商与交流

民主协商 2013年，充分发挥政协优势，切实加强与民主党派、人民团体和各界人士的沟通交流，营造民主协商、联合议政的合作氛围。支持和鼓励各界人士在政协各种会议上发表意见建议，组织他们参与政协的调研、视察、民主评议和各种形式的民主监督活动，把他们提出的合理化建议及时报送给党政领导或转交相关部门。制定和完善界别活动实施办法，开展界别活动24次，通过界别渠道团结各界人士，密切与群众的联系，协助党委政府解决好人民群众最关心、最直接、最现实的问题。

史料征集 2013年，积极开展乡土文化挖掘、整理、出版和文史资料征集工作。一是做好第25辑《永嘉文史资料》的征集与编辑工作。这部20万字的文史资料，内容包括永嘉知青回忆、公社干部工作手记、援非干部访谈、永嘉干部与外地名人的交往，真实地再现了大量的历史情况。二是启动《追忆票据时代》课题的前期工作。和县新闻信息中心合作，开展联合征稿，征集到文字资料20000多字。三是认真组织开展浙江省“兰亭奖”中小学书法大赛永嘉赛区的工作。组织参赛选手进行书法培训，选拔一批优秀选手参加全市比赛并取得了优异成绩，有17名选手获奖，其中2人荣获一等奖。四是配合市政协做好有关文史资料的征集编撰工作，配合政情民意中间站录制《永嘉的古村落保护与美丽乡村建设》节目，经温州电视台播出后引起较好反响。

交流联谊 2013年，加强与上级政协、兄弟县（市、区）政协的联系和交流，安排各级领导、来宾考察楠溪江生态保护、古村落文化、永嘉经济社会发展等方面情况，增进友谊、宣传永嘉；认真承办省政协扩大有效投资工作座谈会、市政协信息工作会议、市政协教文体卫工作交流会等7次会议的会务工作，并在各次会议上认真介绍“三生相融·幸福永嘉”建设情况，扩大永嘉知名度。不定期深入政协参加单位、委员所在单位开展调研、视察活动，促进横向交流、共同提高。关心在外永嘉人的发展，政协班子成员外出调研考察时注重拜访在外永嘉商会，看望在外政协委员和知名人士，宣传永嘉投资环境和永商回归政策，提高永嘉美誉度。

自身建设

加强理论研究 2013年，通过理论中心组、主席读书会、委员培训会、政协讲坛等各种形式，组织学习中共十八大和十八届三中全会精神、人民政协与统一战线理论。把社会主义协商民主理论与政协工作实际结合起来，用理论武装头脑、指导实践、推动工作。加强人民政协理论研究，以人民政协民主监督为主题，组织开展理论研讨活动，在省级以上报刊发表理论文章多篇，在市政协理论研究会征文评比中，获优秀奖1篇。

加强委员队伍建设 2013年，出台委员履职“十个一”任务和《永嘉县政协委员履职考核暂行办法》，细化了委员履职要求，对委员参加会议、提交提案、撰写信息和参加调研、视察等方面情况进行综合评分，并把年度考核结果通报给委员所在单位和推荐单位，作为政协委员调整的重要依据。对考核优秀的委员给予表彰鼓励，对考核不合格委员视情况给予通报批评、诫勉谈话，情节严重的劝其辞职或撤销委员职务。邀请相关委员列席常委会议、主席会议，参加调研视察、民主监督、提案办理协商及各种参政议政活动。认真组织开展界别组委活动，并要求做到主题明确、内容丰富、务实高效。有关界别在电子商务发展、生态墓改造、楠溪江截污管网建设等方面开展了调研和视察，取得较好效果。把委员工作提上县政协重要议事日程。精心组织委员活动日，邀请知名专家作经济形势讲座，安排丰富的文体活动，开拓委员视野，增进委员感情。

发挥专委会作用 2013年，建立健全了专委会与对口部门联系制度，加强与党委、人大、政府对口部门的经常性联系和沟通。让专委会当好委员履职的服务员，有计划、有目的地组织委员开展各项履职活动，为推动政协事业发展发挥基础性作用。

完善工作制度 2013年，推进县政协机关制度化、规范化、程序化和科学化建设，增强服务意识，提高机关效能，不断提升机关整体形象。及时修订完善有关制度，严格抓好各项规章制度的落实，促进政协机关建设再上新台阶。

（潘滔滔）

永嘉县第十五届人民代表大会第二次会议

中国人民政治协商会议
第九届永嘉县委员会第二次会议

民主党派 社会团体

中国农工民主党永嘉县委员会

概　况　2013年，中国农工民主党永嘉县委员会（简称农工党永嘉县委会）在中共永嘉县委、农工党温州市委会的领导下，在中共永嘉县委统战部的指导和帮助下，深入学习贯彻中共十八大、十八届三中全会和农工党十五大精神，切实履行参政党职能，大力推进参政议政、民主监督、自身建设，开展社会服务，各项工作取得较好成绩。

参政议政　2013年县“两会”期间，农工党永嘉县委会6名市县人大代表、17名市县政协委员围绕经济建设和社会发展的热点、难点问题，建言献策，提交提案、议案17件，集体提案3件，人大议案2件，大会发言3次，其中《盘活国有资产存量，提高政府投资能力》及《关于永嘉县公立医院人事制度创新的建议》被县政协列为优秀提案，《合理配置教育资源，促进永嘉教育优质》《关于加强全县医疗机构污水处理的建议》《关于加快建立城乡医保市内异地刷卡结算报销的建议》被县政协列为重要提案。

考察与调研　2013年，农工党永嘉县委会发动各支部围绕“三生相融·幸福永嘉”建设以及人民群众普遍关心的问题开展专题调研。《整合要素资源、实现赶超发展——探索装备产业与教育事业融合发展，寻找学前教育产业发展新路子》及《大力发展电子商务，增强实体经济竞争力》等调研报告得到县领导批示肯定。《寻找发展新路径，做强做大泵阀业——关于促进温州泵阀产业转型升级的几点建议》获2013年度市委统战系统“诤友建言”一等奖。《民主党派党内监督滞后影响党外代表人士队伍质量需引起重视》被全国政协采用。人民医院支部的“关于永嘉100岁老人长寿原因调查与分析”课题项目，对全县百岁老人进行健康养生调研，为永嘉“长寿之乡”的品牌效应、政府经济发展提供科学依据。组织部分县委会委员随县党外代表人士考察团赴贵州省开展“走同心路·筑中国梦”考察活动，取经智力支边的“毕节模式”。组织新老委员及支部主委赴丽水浙西南革命根据地参观，接受革命传统与廉政文化教育。8月，部分党员参加《县委十二届五次全会报告》征求党外代表人士意见座谈会，并就环境整治、抓好教育卫生及城乡发展、加快推进美丽乡村建设等内容提出具体修改意见和建议。12月，部分党员就《县委十二届六次全会报告》建言献策，对永嘉的“赶超发展、激情跨越”蓝图提出意见。特约监督员、政协委员参加“互看互学互比”“四边三化”“美丽乡村”督查、公安消防视察、部门民主评议及县党风廉政建设考核等活动。

思想建设　2013年，农工党永嘉县委会重视思想建设，认真学习中共十八大、十八届三中全会精神及农工党十五大会议精神，开展“同心共筑中国梦”宣传教育实践活动，设立农工党永嘉县委会东瓯街道同心服务基地，开展系列“走亲连心”服务活动。

组织建设　2013年，农工党永嘉县委会新增补2名支部主委，吸收新党员6名。加强农工党永嘉县委会代表人士队伍建设，向中共党委部门推荐党外代表人士15名，为多党合作事业持续发展输送人才。新增县人大常委1名，县政协常委1名，增强参政议政力量。永嘉瓯北支部被农工党浙江省委授予“2012～2013年全省先进基层支部”称号。

组织活动　2013年，农工党永嘉县委会赴东瓯同心服务基地开展“走亲连心”活动，搭桥牵线育才集团向民工子弟学校——群英学校捐赠3万元，帮助购置一批电脑设备；向河田村农家书屋捐赠各类图书320多册，价值5000余元。

社会服务 2013年，农工党永嘉县委会始终把群众受益作为出发点和落脚点，开展社会服务工作。先后到巽宅镇、桥下镇、岩坦镇、东瓯街道、岩坦溪口社区、瓯北乌水漈麻山村、东城街道峙口社区、县福利中心等地开展义诊、送教、扶贫等同心服务活动共12次，诊治病人2000余人次，赠送药品价值共计2万余元，开展医疗讲座6次，送教下乡5次，全年用于社会服务的资金及捐助的各类扶贫款、慈善款134.6万余元。建立农村社区定点义诊服务站，人民医院支部与瓯北支部的党员志愿者在江滨社区文娱中心举办"关爱老人"送医惠民活动，开设内科、儿科以及常规体检等医疗项目7个，就诊群众200余人次，免费派送药物价值1.5万元，发放医疗常识宣传资料480多份；教育支部的教坛新秀、学科带头人给群英学校送去6节高质量公开课，并开展互动评课、心理辅导专题讲座等提高教学质量。4月，医药卫生支部联合市附二医医疗专家到东城街道峙口社区开展义诊活动，接诊群众约200余人次，赠送价值3000多元药品。5月，县人民医院支部到县福利中心院开展"敬老爱幼献爱心"活动，为50多位老人（平均年龄85岁以上）检测血压并进行健康指导，为残疾儿童进行全面体检，退休老党员黄本笃医生给老人们上"健康长寿四大基石"讲座，慰问4位老红军。10月，县人民医院支部医疗队联合温州市中心院，协助县政协开展"三下乡"服务基层活动，分别在巽宅、桥下、岩坦镇开展健康知识讲座，500余人次参加讲座；在岩坦溪口社区服务站开展义诊活动，诊治300余人次，赠送价值6000元药品。县人民医院支部党员积极参与两院合作义诊等服务，开设绿色通道，及时双向转诊，为筹划农村市、县、乡三级医疗网络建设等打下坚实基础。

个人慈善 2013年，农工党党员陈德星的南方投资集团为支持永嘉慈善事业认捐1000万元，建立"永嘉县慈善总会南方慈善基金"，用于扶贫、助医、助学等公益事业，另捐助贫困大学生4名，向东城街道潘垟村捐资60万元用于乡村道路等建设。党员叶克连的温州长城拉链集团有限公司积极参与慈善事业，向县文化光彩事业基金认捐200万元，2013年捐公益事业与慈善款16万元，个人向教育基金捐款10万元，其它社会捐资3.6万元。党员金哲新的日泰集团公益捐款45万元，其中捐资25万元用于"美丽永嘉楠溪江建设"。

党员业绩 2013年，永嘉农工党党员获国家级荣誉1人，省级荣誉1人，市级荣誉5人，县级荣誉3人；国家级刊物发表论文3篇，省级刊物发表论文4篇，市级刊物发表论文3篇。党员叶克连当选为中国拉链协会理事长。党员余晗的《急性脑卒中并发肺部感染的临床调查分析》在《中华医院感染学杂志》发表。党员胡益浩的《运用乡土特色资源拓展农村美术教学新思路的研究与探索》在《教育学文摘》发表。党员李建森的《对企业信用体检平台建设的初步研究》在《中国工商管理研究》刊登。党员戴本顺获2013年全省政法系统"百佳办案能手"称号。党员陈丽被永嘉中学评为"高考功勋教师"。党员卢松凤出书《楠溪石韵》，被温州电视台的"百晓讲新闻"栏目报道。

（周索奇）

永嘉县总工会

概　况 2013年，永嘉县各级工会以"两提两争"为主线，以服务职工为抓手，以建设"三生相融·幸福永嘉"为动力，锐意进取，勇拓新局，各项工作取得新成绩，圆满完成全年工作任务。

服务经济 2013年，永嘉县总工会动员全县广大职工开展"当好主力军、建功'十二五'"主题活动，实施职工经济技术创新工程，把提高职工技术素质、开展岗位技能竞赛作为职工经济技术创新工程的核心内容。与县发改局、重点办联合出台《永嘉县重点工程竞赛活动实施意见》，指导全县20个省级、19个市级、12个县级重点工程开展立功竞赛活动。组织企业开展"安康杯"竞赛，报名参加企业共148家，参赛职工共计7923人，国有、国有控股及规模以上非公企业参赛率100%。在全县1200多家企业开展技能比武合理化建议活动。认真组队参加全市的职工创新创业成果交流展，组织开展名师带徒、首席技师命名、技能大师工作室和职工科技创新等活动，涌现了如奥康的计步鞋设计、超达阀门的2500高压止回阀、联友瓶盖有限公司的连体式酒瓶盖等职工技术创新产品。开展小革新、小发明、小创新、小窍门等活动，激发职工群众的创新活力和创新潜能，推动企业转型发展、科学发展。引导广大职工积极参与创新实践，争做“创新能手”，争当“创新标兵”，涌现出了永嘉县公路局的戴建平、超达阀门有限公司的邱晓来、奥康集团的蒋武虎、楠溪江·甸园山庄的滕杰等一批杰出职工代表。开展工人先锋号的评选活动，创建2个职工高技能人才（劳模）创新工作室，与县人力资源和社会保障局联合开展职工技能培训活动，培训职工2000余人。

劳模工作 2013年，永嘉县总工会组织开展永嘉县第二届劳动模范评选活动。共评出劳动模范24名、模范集体5个。召开永嘉县第二届劳模表彰暨纪念“五一”国际劳动节大会。按照市总工会要求，开展劳动模范调查和开展市级及市级以上劳动模范、模范集体和“五一”劳动奖章和奖状的评选活动。在永嘉电视台、《今日永嘉》《永嘉网》等新闻媒体开展劳动最美专题宣传，努力营造崇尚劳动、劳动光荣的理念。召开劳模座谈会，听取劳模意见和建议。组织22名劳模赴省总工会劳模休养基地疗养，对全县13名困难劳模进行慰问。

工资协商 2013年，永嘉县总工会与县人社局、经信局、工商联等部门召开2次推进会议，部署工资集体协商工作。县人社局、经信局直接到街道、社区、企业现场检查指导协商工作2次。5月28日，县总工会联合县人社局在瓯北东瓯工业园区举办了“企业关爱职工、职工热爱企业”大型咨询宣传活动。活动共发放《浙江省集体合同条例》1500份。接受咨询156人次。开展集体合同工资集体协商要约行动月活动，大力推进集体合同工资集体协商工作进程。全县独建的1856家企业工会全部签订集体合同、工资协商、女职工专项集体合同。11大工业行业工会建立了行业性集体合同、工资协商、女职工专项集体合同。81个城乡社区全部建立区域性集体合同、工资协商、女职工专项集体合同。

维权维稳 2013年，永嘉县总工会加强与政法委、公安等部门衔接，出台了“八位一体”联合维权实施意见，开展联合维权大行动。劳动争议调解组织建设全面推进，提出新建工会的企业必须同时建立劳动争议调解委员会要求，进一步扩大劳动争议调解组织的覆盖面。全县共有劳动争议调解组织123家，促进了劳动关系和谐。县职工维权帮扶中心成功向县职工服务中心转变，并顺利通过市总工会的达标验收。2个镇(街道)、3个社区建立职工维权帮扶站，形成县、镇（街道）两级维权帮扶体系，畅通职工维权帮扶渠道，维护职工合法权益。

互助互济 2013年，永嘉县总工会组织开展两节送温暖、金秋助学和高温慰问活动，共筹款物折合人民币41余万元，慰问困难企业9家，慰问困难职工326人。加强职工互助医疗保障制度建设，全县建立职工医疗互助单位55个，职工7200人，保费25万元。

职企文化 2013年，永嘉县总工会组织举办永嘉第二届干部职工运动会，全县70个机关企事业单位1548名运动员参加比赛。与县摄影家协会联合开展“永嘉县首届职工文艺摄影大赛”，共评出金奖1名、银奖2名、铜奖5名、优秀奖50名作为省总工会的职工摄影大赛的参赛作品。开展“欢乐职工艺秀永嘉专场”活动，全县12家职工文艺团体在8月6日开展专场汇演。其中红蜻蜓的“红色梦想” 节目代表市总工会参加全省的文艺汇演，获得金奖。组织参加县文明办道德模范推荐、最美永嘉人的评选活动，开展“五一”系列宣传活动，在全社会形成了“劳动光荣、创造伟大”浓厚氛围。县职工文化活动中心场地“三通一平”完成。职工书屋和三位一体职工文化乐园建设有序推进。全县累计培育市级三位一体职工文化乐园3家，县级示范点8家，县级职工书屋30家。

基层组织建设 2013年，永嘉县总工会为了摸清全县工会组织基本情况，部署开展工会组织基本情况大调查活动。查清了全县7104家企业的分布、经营和工会组织建设情况，为工会开展工作提供了坚实的基础保障。校对企业法人数据库、工会经费收缴名册，掌握企业工会组建基本情况。出台《关于在全县社会组织中全面开展工会组建工作的通知》，召开了社会组织工会组建业务培训会，全县166家社会团体、277家法人非企业组建工会，涵盖非公企业7104家，实现了工会组织的二次覆盖。全县18个镇(街道)全部建立了总工会，82个社区、25个行业协会全部建立工会联合会。全县镇(街道)、产业、行业和基层工会的三级组织网络全面构建，工会组织基础性工作全面完成。委托市总工会培训工会干部113人，在省总工会干部培训学校轮训基层工会干部101人，邀请市总工会工运专家轮训基层工会干部100人。

民主管理 2013年，全县6家企业化管理的事业单位，61家国有、集体及其控股企业，55家集体企业，158家学校，57家医院全部进行了厂务、校务和院务公开，覆盖面100%。321家规上企业按照非公有制企业厂务公开的要求进行公开。加强职代会规范化建设，编印《企事业职工代表大会规程》，制定《永嘉县企事业单位厂务公开民主管理考核评分细则》，召开非公企业职代会制度建设专题座谈会，推荐2家市级厂务公开民主管理工作示范单位。探索建立以镇(街道)、村(社区)为单位的区域性、行业性职工代表大会制度。全县新增非公有制企业职代会会企业20家。

和谐镇（街道）企业创建 2013年，县政府出台了《关于开展劳动关系和谐镇、企业创建工作的实施意见》，完善了劳动关系和谐镇（街道）、企业的考核评价体系。11月，县总工会、县人社局组成工作组，对工业企业集中的3个镇8个街道进行工作考核，推动了劳动关系和谐工作的深入开展。

（陈鸣旭）

共青团永嘉县委员会

概　况 2013年，共青团永嘉县委员会（简称团县委）以党的十八大、十八届三中全会和团的十七大、十七届二中全会精神为指导，以构建共青团枢纽型社会组织为统领，进一步加强青少年思想引领、创业建功、志愿服务、维权关爱、组织保障五个工作体系建设，各项工作取得新进展。截至2013年底，全县共有团员5.5万名，县直属团工委4个，镇（街道）团（工）委18个，社区团工委82个，村级团组织902个，学校团组织500多个，企业团组织451个（其中2013年新建83家），新社会组织团组织46家（其中2013年新建9家）。获得了2013年度温州市未成年人思想道德建设工作先进单位、2013年浙江省大学生志愿服务西部计划和浙江省欠发达地区计划"优秀组织工作奖"、温州市首届阳光体育嘉年华优秀组织奖等荣誉称号。

青少年思想引领 2013年，团县委组建宣讲团，开展党的十八大、团的十七大精神和"中国梦"宣讲活动，全年共开展各类活动100余场次，多媒体覆盖人数7000余人次。打造"青少年微舞台"，采取团委主导、企业赞助、志愿承办的运行模式和"1+X"的演出模式，全年开展演出活动17场次。以"和谐新邻里·幸福新社区"为主题，开展社区文艺广场秀、社区生活摄影大赛、幸福生活征文比赛、社区厨艺大比拼、新居民青年达人秀等"社区文化节"系列活动。开展首届"牵手青春"青年文化节活动和"五四""青春·梦"主题月活动。开展"青春榜样"系列活动，评出"青春榜样"10名、"青春榜样"集体1个，并通过青春榜样在线交流、青春榜样大课堂、青春榜样志愿服务等形式，让青少年与"青春榜样"面对面。实施"社区好青年"人才发展计划，在全县82个社区选拔培养"好青年"82名，并推荐16名"好青年"参加市级评选，推荐省基层一线优秀青年候选人13名、市级优秀大学生村官候选人2名、最美永嘉人中的志愿者典型3名。充分运用网站、微博、微信、飞信、手机报等新媒体开展团的宣传工作，开通"永嘉青年"手机报和微信公众平台，发起"中国梦·我的梦""赶超发展·青年争先"等17个微博话题，全年共发布微博3800余条，编发手机报8期、简报10期。

青年创业就业服务 2013年，团县委联合县人力社保局、县财政局、县科技局、县科协、人行等相关部门，建立青年就业见习基地21个，组织见习上岗90人次，开展业务技能培训2034人次，实现就业957人；开展农村青年创业服务月活动，共包含农村青年创业创新项目竞赛、农村青年致富带头人推荐评选、农村青年信用示范户评定、"青年创业导师带徒制"等活动。开展在外青年永商回乡考察、永商成年子女寻根之旅、永商未成年子女夏令营活动，助推青年永商回乡创业。加大青年创业资金扶持，全年累计向1397名农村青年发放创业小额贷款9870万元，带动就业3024人。

助推美丽乡村建设 2013年，团县委以"共青团主导，志愿者参与"的方式，成立"青春共建美丽乡村"宣讲团，聘请11位志愿者为宣讲团成员，深入社区、企业、学校开展生态环保宣讲，全年开展宣讲活动11场，分发宣传物资价值1万余元。以"服务'四边三化'打造美丽乡村"为主题，出动志愿者3000余人次，开展植树造林、卫生整治、保护母亲河等志愿服务活动100余次，共建立共青林8个，护绿区4.43公顷，栽种树苗10000余株，卫生整治8000余平方米。以"企社联动·青年先行"为主题，从全县选择18家企业与18个社区团工委进行结对，开展义剪、捐赠爱心书屋等结对帮扶活动组织全县46家“号手岗队”创建单位开展“‘号手岗队’牵手美丽乡村”集中示范行动月活动。

志愿服务活动 2013年，团县委成立县志愿服务工作指导中心，确定了2个事业编制，出台《进一步加强志愿服务工作的实施意见》，明确了县志愿服务工作委员会工作制度和成员单位工作职责，落实了10万元的经费保障。成立永嘉县志愿者培训学校，完善志愿者注册登记制度，全年全县新增注册志愿者2931名。实施“1+4+10+X”社区志愿服务活动，分别在苍坡村、城南社区、县行政审批中心建立3个“幸福志愿站”，推出志愿者派遣行动，9支志愿队与14个社区结对后共开展活动10余场次，确立了如心理辅导、环保宣传、感恩教育、读书分享、助学扶贫等志愿服务项目。以文明县城创建为契机，组织志愿者走访慰问了县城5个社区100余名孤、老、残、弱人群。结合第15个“温州志愿节”，发动志愿者700余人次，开展“植绿护绿”“党员服务”“红烛行动”“中秋关爱”等志愿服务活动。留守儿童心理援助志愿服务项目获得温州市“春芽计划”志愿项目资助活动A级志愿服务项目，“志愿者低碳补偿林”基地项目获得AA级志愿服务项目，“1+4+10+X”社区志愿服务项目获得AAA级志愿服务项目，传播绿公益文化获得AAAA级志愿服务项目。开展青年社团创意项目评选、青年社团公益沙龙等青年社团文化季活动。

青少年维权关爱 2013年，团县委联合公检法司等职能部门，录入闲散、流浪等五类重点青少年数据信息11407条。组建维权服务志愿者队伍10支，分别针对五类青少年群体和新居民青年，开展平安自护、亲情陪伴、结对帮扶、社区矫正、文化宣传等活动40余次。开展第六批“青少年维权岗”创建活动，组织“维权岗”进学校、社区、企业活动6场次，青少年心理、法律专家咨询日活动3场次。通过“六个一”（设立一个“心灵驿站”，确定一个周开放日，保持一部服务热线，开通一个服务微博，成立一支导师团队，建立一批工作制度）工作法，即打造“心灵驿站——青少年心理阳光工程”，开展“请进来、走出去”的心理咨询服务，并成功得到省级创新项目立项。

学校共青团、少先队 2013年，团县委完善新任辅导员培训班、骨干辅导员培训班、高级辅导员研修班的培训体系，举行少先队活动课研讨会，提升辅导员业务技能水平。启动少先队科研项目，邀请少先队专家深入桥头第二小学等3所学校指导少先队科研工作。首届少先队队长学校活动完成12期课程。开展“流动青少年宫”进校园、“家乡美景我描绘”书画比赛、“弘扬雷锋精神·争当美德少年”主题教育活动、“手拉手，安全文明出行”实践活动、“微心愿，微公益——‘六一’圆梦在社区”圆梦行动、“快乐成长，阳光体育进社区”活动、“中国梦·话成长”演讲比赛、“红领巾相约中国梦”建队日、主题队课等活动，引导青少年树立正确的人生观、价值观。配合做好“中国梦·社区梦·青年梦”大中学生暑期社会实践活动，温州大学9支和县第十五中学3支暑期社会实践队，分别到12个社区开展暑期社会实践活动。以关爱留守儿童、新居民子女和少数民族子女为重点，开展“欢乐童心 美丽中国梦”夏令营活动11场，共673名少年儿童参与活动。

“希望工程”活动 2013年，团县委建立特困生动态数据库，录入中小学特困生信息498条，整合各方资源，引导社会爱心人士成功结对中小学贫困生403人，资助中小学贫困生231人。开展“情系永嘉 圆梦大学”助学活动，发放助学金106.57万元，成功结对特困学生220名，同时提供生源地助学贷款27.8万元，资助贫困生47人。以“喜迎祥和春节·共建幸福社区”为主题，筹集各类物资价值531万元，开展“三下乡”等活动，为永嘉山区和新居民送去新春温暖。建立首个“心灵书屋”，开展“流动少年宫”“城乡手拉手”“后备箱计划”“健康巴士进校园”等助医助困活动，联合爱心企业、个人，为贫困儿童送去了童装、书包、书籍等礼物。参加“百所希望小学百个心愿”活动，为3所基层小学配备希望书库、专业电脑室、梦想操场、体育器材等软硬件设施。

基层组织格局建设 2013年，团县委深入开展第二轮基层团组织“达标创优”分类定级工作，全县达标以上的基层团组织1549个，其中优秀基层团组织557个。全面开展“双网互动”团建工作，确定“一镇一街道”为示范点（山区中心镇岩头镇，沿江街道乌牛街道），全县共划分网格198个，其中农村网格108个，城市网格90个；共有1602个团组织、65个青年社会组织纳入“双网互动”格局；组建青少年专业服务队25支，网格日常管理服务团队165支，分别服务86次5450人次；建立网络阵地70个，培育网格青年骨干133人。全面开展“一团一品”创建，全县共评出A类项目3个，B类项目9个，C类项目6个。各镇（街道）均形成了团建品牌，如岩头镇以红色教育和耕读文化相结合的校外教育项目，岩坦镇以才艺扶贫和营养餐工程为特色的留守儿童关怀项目。动员两新组织进行团组织建设，全县新增非公企业83家，新增新社会组织9家。开展企业团组织标准化建设，共评出三星级团组织21个，四星级团组织18个，推荐五星级团组织7个。以保一集团团委和宣达集团团委为示范点，召开“中国梦·青春行”现场推进会，全面开展“青春党建·青年先行”主题月活动，不断巩固党团在两新组织的群众基础。以大若岩镇中学无职团员设岗定责制为试点项目，以点带面推进团内民主建设。桥头镇被评为“全国农村基层团建示范乡镇”。县级层面共举办如团干部脱岗培训班、督办系统操作培训会、双网互动推进会、一团一品研讨会等各类培训11期，覆盖人员426人次。

其他团属组织统战工作 成立企业团工委，共有51家企业团组织纳入团县委和企业团工委的双重管理。成立全县第一家驻外团工委——驻义乌团工委，增强了永嘉与义乌团员青年的双向互动交流。根据工作需要，调整了金融团工委和机关团工委成员名单。召开青年企业家振兴永嘉实体经济座谈会，开展青企协会员单位走访调研和青联委员走进青年等系列活动，进一步发挥了团属组织联系、团结全县各界青年的纽带作用。

（汤雯雯）

永嘉县文学艺术界联合会

概　况 2013年，永嘉县文学艺术界联合会（简称县文联）深入学习贯彻党的十八大精神，充分调动全县广大文艺工作者积极性、主动性和创造性，推进各项活动的开展，为推进“三生相融·幸福永嘉”和文艺大发展大繁荣作出应有努力。

展览活动 2013年4月25～29日，县文联组织民间文艺家参加在浙江国际展览中心举行的第三届中国·浙江工艺美术精品博览会。永嘉民间文艺家获得了4金6银3铜的好成绩。其中汪庆升的黄杨木雕《佛法无边》、郑国地的黄杨木雕《牛背的童年》、叶春定的黄杨木雕《李白醉酒》、高生顺和高仁荣的黄杨木雕《永嘉四灵》获金奖；叶春定的黄杨木雕《春满人间》、冯高峰的黄杨木雕《龙凤飞天》等6件作品获银奖；孙显秋的《楠溪风俗》等3件作品获铜奖。10月9日，永嘉县首届民间传统文化艺术节开幕。以“发展民间艺术，繁荣永嘉文化，增进人民幸福”为主题，展示永嘉传统民间艺术的创新成果。在县人民大会堂大厅开展为期2天，10月9日～10日的展览，安排了36个节目进行展示，以静态展览和动态演出同时进行，静态展览以木雕、石刻、绸塑、米塑、泥塑、根雕、剪纸、竹丝盘景、树叶并画、蛋壳雕、纸扎等为主题；动态演出以永嘉道情、楠溪花鼓、溪山撞歌、永嘉木偶、舞蹈快板、京剧、越剧、乱弹等节目。

美丽乡村场馆建设 2013年，县文联按照县委、县政府关于加强重点历史文化村落保护利用“六个一”工程建设要求，承担了“美丽乡村现场会”摄影馆武术馆建设任务。摄影馆工程预算175万元，武术馆工程预算135万元。8月收集完成有关文字、图片等资料上报审定，11月中旬完成建设任务。配合“美丽乡村现场会”的顺利召开，于11月15日、20日组织美术、摄影人员共60余人次前往狮子岩景区开展创作活动；组织民间文艺人员、精心筛选泥塑、漆画作品60余件，在岩头丽水街（3间店铺）展览。

赛事活动 2013年3月～5月，县文联与县安监局联合举办安全生产摄影比赛活动，共收到参赛作品185件，评出获奖作品28件。组织县美协与湖南湘西凤凰美协开展联谊写生交流活动。县美协主席金少敏、副主席吴恩慈等10人组成美术采风团，到湖南湘西凤凰古城写生采风交流，创作20多幅美术作品。湘西凤凰美协主席符长春、副主席滕树良等组成的美术采风团，深入楠溪江林坑、屿北、苍坡等地进行美术写生采风创作交流。组织召开季度工作例会暨文艺家读书会，全县11个文艺家协会负责人和各党支部书记共40余人参加会议。4月13日，为打造楠溪区域摄影群体与风格，县摄影家协会邀请中国著名摄影家解海龙、赵大督作摄影文化相关专题讲座——希望篇。讲座以“艺术尊严、文化赋值、社会效益”三位一体为旨趣，以“拓展渠道、交互融合”为策略，努力挖掘摄影的广泛文化渗透力与影响力，努力为文艺事业的发展发挥应有的作用。全市各县（市区）摄影家和摄影爱好者共300多人参加了专题讲座。5月28日，县委、县政府邀请著名文化学者余秋雨先生，在永嘉人民大会堂作永嘉文化专题报告会。各文艺家协会会员300余人聆听了报告会。8月29日，邀请原温州市戏剧学校翁彩秋、温州市瓯剧团杨玉喜、县进修学校麻小菊、永嘉乱弹名家杨玉福4位老师分别作乱弹唱腔、表演基本知识、乐理基本知识等培训，50多名戏剧会员和戏剧爱好者参加为期3天的培训。

“再识楠溪江” 2013年，为进一步提升楠溪江的知名度和美誉度，让全国人民甚至全世界人民都知道楠溪江美丽的风光、美丽的古村、美丽的滩林、美丽的舴艋舟。由浙江省作家协会、温州市文学艺术界联合会、中共永嘉县委县政府主办；由中共永嘉县委宣传部、永嘉县文学艺术界联合会承办的“再识楠溪江”全国知名作家采风活动于9月24日举行了启动仪式。浙江省作家协会主席麦家致辞，散文家马叙代表作家作了发言。中国作协副主席叶辛、八一电影制片厂副厂长柳建伟、辽宁省作协副主席鲍尔吉·原野、浙江省作协主席麦家、省作协副主席王手和袁敏、市作协副主席马叙等18位知名作家出席“再识楠溪江”全国知名作家采风活动。作家们深入岩北、林坑古村、红十三军旧址、石桅岩、十二峰等进行实地采风考察，采风活动为期4天，通过作家的笔、作家的视角，让楠溪江的美景融入他们的小说、散文。作品结集出版《再识楠溪江》。

文艺下乡 2013年，县文联为丰富群众文化生活，组织送戏下乡等文化活动。分别于4月26日、6月3日、6月28日送戏到瓯北浦一村、岩头西下村、南城街道浦口村文化活动中心。以“党在我心中、共筑中国梦”为主题。以京剧、越剧、宫廷舞、快板等精彩节目为广大群众送去精神食粮。1月29日联合县老干部局组织老干部书画爱好者18人，为岩头屿根村村民送去书画作品200多幅。2月6日，组织书协会员和美协会员在岩头镇苍坡古村入口为村民书写春联、字画300多幅。

阵地建设 2013年，县文联继续编《楠溪江》季刊，把《楠溪江》作为推动永嘉文学创作的有效载体。继续办好文联网站，将永嘉文艺活动开展情况和文学、书法、美术等作品在网站刊出，激发文艺爱好者的创作热情。着力推进文艺工作上新台阶，把文艺作品成果转化为广大干部群众的共享资源。协调好县诗词与楹联学会、县摄影家协会的换届工作。

自身建设 2013年，县文联发挥组织、联络、服务、协调职能，团结带领各文艺家协会和广大文艺工作者开展各项文艺活动，突出弘扬“百花扎根沃土、艺术奉献人民”的优秀传统，着力塑造文艺活动品牌，立足本土，进一步提升永嘉文艺影响力和楠溪江美誉度。

（郑国多）

永嘉县妇女联合会

概　况 2013年，永嘉县妇女联合会（简称县妇联）坚持以科学发展观为指导，围绕市妇联工作目标，按照县委“两提两争”要求，以奋发有为的精神状态凝聚力量、真抓实干，团结带领全县广大妇女同胞在“四大活动、五大攻坚、六大行动”中建功立业。

促进妇女就业创业 2013年，县妇联以促进妇女创业就业为重点，做强“巾帼创业支持行动”，坚持抓发展促转型，抓培训促提升，抓服务促创新。实施女性素质提升工程，广泛开展城乡妇女“六学”活动，组织培训13000多人次。巩固各行业协会、职业学校的教育培训阵地，开展妇女职业技能培训工作，举办家政服务、稻田养鱼技术、粮食作物种植技术培训班等，培训妇女2700多人次。深化县级巾帼文明岗创建和“巾帼建功”标兵评选活动，引领职业女性岗位建功。继续宣传女企业家、创业女能人、最美女性等优秀妇女典型，发挥示范作用，促进更多妇女实现创业。搭建妇女就业创业服务平台，联合多部门举办“春风送岗位”招聘会，帮助200多名乡村妇女实现了就业。创新创业帮扶平台，对来料加工行业进行大力帮扶，帮助低收入农户家庭妇女拓宽增收渠道，实现家门口就业。

文明家庭创建 2013年，县妇联围绕“家庭”这一社会细胞，挖掘和拓展家庭文化建设内涵，引导家庭成员进一步提高思想素质、文化素质和文明程度，助推社会和谐。以“六在家庭”文明行动为载体，推进各类文明家庭创建。5月28日，在岩头鲤溪中学成功举行温州市“平安禁毒宣传月”主题宣传活动暨“文明家庭文明行”启动仪式，提高新一轮“不让毒品进我家”活动的主动性和积极性，增强广大学生、家长的文明素养和法制意识。参与省级文明县城创建，广泛组织巾帼志愿者开展“服务家庭”活动。开展“十万家长进家校——家长素质提升行动”，举办以“牵手两代，共同成长”为主题的家庭教育公益大讲堂34场。

家庭教育阵地建设 深化家庭教育阵地建设，规范家长学校日常管理，新增社区家长学校41所、企业家长学校5所，瓯北第三小学、瓯北第六小学家长学校被认定为浙江省示范家长学校。注重家庭教育队伍建设和理论研究，选派家庭教育工作骨干参加家庭教育培训班等，推广家庭教育新理念、新方法。开展“建美丽浙南水乡·展瓯越巾帼风采”主题活动，引导广大妇女积极参与省级美丽乡村示范县创建活动，为浙江省“深化千万工程、建设美丽乡村”现场会贡献力量。以全国首个低碳日为契机，联合有关单位组织参加全国低碳日广场活动、发送低碳公益信息、推行低碳“光盘”行动等，使每一个家庭都成为低碳城市的宣传者、美丽乡村的推动者、美丽家园的实践者。县妇联被评为温州市家庭教育工作先进集体。

关爱妇女儿童 2013年，县妇联以解决妇女儿童发展中的重点难点问题为抓手，整合力量、创新平台，不断优化妇女儿童发展环境。深入实施永嘉县妇女儿童发展规划，通过网络、微博等新兴媒体广泛征求意见，完成规划中期监测评估工作。深入实施先进性别文化宣传行动，推进男女平等基本国策宣传进学校、进企业，举办16场男女平等基本国策培训会。深入实施妇联系统“六五”普法规划，在“三八”、反家暴维权周期间，各级妇联共开展法律宣传活动60多场，普法妇女人数2万多人，有效提高妇女学法、守法、用法的意识和能力。实施“幸福快车”四进活动，结合“平安家庭”创建，为2000多名社区妇女提供了法律咨询、纠纷调处、心理疏导等服务，增强社区妇女安全感。开展感恩母亲行动，在5月12日“母亲节”，与永嘉时代新名剪形象店联合举办“给母亲洗一次头”“给母亲设计发型”等活动，并慰问“英雄母亲”“十大母亲”等各类优秀母亲代表，借此唤起社会对母亲的关爱和感恩。开展关爱儿童活动，在“六一”期间，县四套班子主要领导协调有关部门，先后慰问特殊儿童、新居民儿童、外来务工人员子女等2200多人，结对农村贫困留守儿童36位，其中春蕾女孩20位。开展“两癌”免费检查活动，全年免费筛查乳腺癌5000多人次；免费筛查宫颈癌3500多人次。

妇女维权服务 加强妇女维权服务站规范化建设，全面完成维权服务站进入社区便民服务管理中心，成功创建2个温州市首批社区妇女维权服务站标准化示范点，东城、东瓯、三江街道被评为“温州市妇女权益保障工作先进集体”。结合“转作风 破难题”蹲点调研月活动，有效提升妇联系统信访接待工作水平，共接待处理来信来访52件。开展以“齐心协力反家暴·同心共筑中国梦”为主题的反家庭暴力周主题宣传活动，唤起全社会对家庭暴力问题的广泛关注，切实增强妇女维权意识。加强预防和制止家庭暴力委员会和婚姻家庭纠纷人民调解委员会的人员配备和培训工作，夯实基层维权基础。

提升妇女参与社会管理能力 2013年，县妇联坚持争取党政资源、整合社会资源、用好妇联资源的原则，切实加强各级妇联自身建设与发展。推进基层组织网络建设，不断探索提高机关事业单位妇委会的覆盖率和“两新”组织妇联组织的创建率。开展社区妇联组织示范创优活动，强化“1+X+Y”社区妇联组织管理模式，深化“六在社区”活动。抓住村级组织换届的重要契机，推进农村妇女参与村级事务管理和决策，全年产生女党支部书记28人，女党支部委员231人，女村委会主任7人，女村委会委员293人，村妇代会主任进“两委”168人。加强村妇代会组织建设。加大妇女干部培训力度，组织3名正科级女干部参加温州市第七期女干部学习培训班；组织各镇（街道）妇女干部开展学习培训72人次，切实发挥妇女干部在社区（村）建设中的作用。

“妇女之家”与“儿童之家”建设 提升“温暖之家”规范建设，深化“妇女之家”示范创优活动，充分发挥“妇女之家”示范点的辐射作用，切实把“建家”和“服务”有机结合，将妇联工作落实在社区（村居），有3500多名妇女，从“妇女之家”的各种活动中切实受益。依托“妇女之家”成功建设经验，共新建示范“儿童之家”18所，其中8家被命名为温州市示范“儿童之家”。5月29日，在东城街道渭石村举行了首批示范“儿童之家”授牌仪式。

女性社团组建 根据永嘉县委《关于加快推进社会组织培育发展的实施意见》，按照先试点再铺开的方式，指导各镇（街道）组建

“贯彻十八大 唱响新永嘉”妇女大合唱

贯彻十八大 唱响新永嘉

以女性为主体的社团，实现以女性为主体的社团全覆盖。将有影响力的女性组建为跨地域、跨单位的妇联团体会员，扩大其在女性社会组织中的影响力。3月8日，组织全县女政协委员、女企业家举办联谊会，进行座谈交流。多元化组建巾帼志愿者队伍，全方位拓展服务半径。5月7日，成立温州市妇联妇女关爱基金下的首个微基金——“时代新名剪关爱母亲基金会”。在该微基金会的运作下，时代新名剪的员工都加入了基金捐助志愿者队伍，多次组织志愿者下社区、送服务。全年全县荣获市优秀巾帼志愿者3名，市巾帼志愿服务工作先进工作者3名，市巾帼志愿服务工作先进集体2家。

（杜晓伟）

永嘉县工商业联合会

概　况　2013年，永嘉县工商业联合会（简称县工商联)坚持以加强和改进新形式下工商联工作为主线，围绕“三生相融·幸福永嘉”总体部署，服务非公经济发展和非公经济人士成长，为助推民营企业加快转型发展凝聚广泛社会力量。

组织队伍建设　2013年1月，县工商联召开第十届执委会第二次会议，新增执委14名（总116名）。5月，工商联机关增设办公室和经济服务中心2个科室，新增事业编制2个，增加2个中层职数，增强了机关干部队伍力量。全年新建岩坦、岩头、鹤盛、沙头等4个镇商会，使18个镇（街道）商会组建率达100%，基层商会组织增加到19个，镇、街道商会18个，镇级联合商会1个。做好第二代永商健康成长引导工作，与县委统战部联合筹建了“永嘉县新生代企业家联谊会”。对照相关政策要求对县域内近20个工商经济领域的行业协会和商会的业务指导、业务管理职责进行协调落实，明确了工商联业务指导的工作职能。

“两个健康”工程　2013年，县工商联根据新形势下非公有制经济健康发展和非公有制经济人士健康成长的需要，加强宣传教育引导，维护永嘉非公有制经济的健康平稳发展和非公经济人士的健康成长。4月，县委、县政府成立了以县委副书记为组长的“两个健康”领导小组，加强对非公经济和非公经济代表人士教育引导工作。在工商联（总商会）第十届执委会二次会议期间，开展了“党的十八大”精神专题学习，聘请复旦大学国际关系与公共事务学院博士、教授蒋昌建就《价值·财富·幸福》做引导阐述，与4名永嘉企业代表互动开展了“明日永嘉·你我共担”主题论坛。7月，召开党外代表人士“同心共筑中国梦”宣传教育实践教育活动暨非公经济人士理想信念教育实践活动动员会，分别在商会、企业中组织开展思想大讨论、回报社会、推进和谐劳动关系构建、企业化建设等实践活动。推荐执委代表参加党情、国情、社情和社会经济形势等各类讲座。11月，14名工商联执委到北京大学参加为期6天的“世界永嘉人暨党外代表人士研修班”学习，拓宽发展思路和坚定经济发展信心。在永嘉县新生代企业家联谊会成立大会上，特邀美国前商务部部长助理黄建南为永嘉县新生代企业家做主题演讲《企业传承与发展》，帮助新生代企业家树立正确的发展理念。

服务会员工作　2013年，县工商联组织开展与全国各地工商联的交流沟通工作，配合完成上级相关调研工作，接待省外工商联考察团4批次近60人，组织工商联代表外出考察学习1次，多次接待和组织回乡在外永商进行交流活动，为汇聚内外永商团队智慧和力量发挥桥梁作用。编制印发5000册《永嘉总商会》和2000册《嘉人生活》，推荐非公经济代表人士参加市县组织的各类学习培训及主题演讲活动，组织开展永嘉县第三届优秀中国特色社会主义建设者评选活动，挖掘非公经济各行业典型人物，宣传永嘉非公经济代表人士先进典型事例，发挥优秀人物示范带头作用。

参与社会共建　2013年，县工商联和商会组织倡导“义利兼顾、德行并重”，配合县委、县政府做好内外永嘉商人参与支持永嘉社会建设，通过村企结对、社企结对、贫困生帮扶、支持救灾和公益事业建设、安排就业等载体为永嘉社会经济建设服务。引导工商联执委积极参政议政和参与社会监督，特别注重发挥40多位省、市、县“两会”代表带头示范作用，鼓励他们为永嘉经济社会发展多提意见建议，在做好企业的同时关注和参与社会共建。在做好日常帮困同时，完成了“光彩事业”温州革命老区行活动永嘉350万元资金30个项目的扫尾工作；引导新生代企业家联谊会向革命老区捐款3万元。在工商联执委中启动了“永嘉县文化与自然传承保护发展基金会”资金筹集工作，全年筹集到账资金600万元。永昆精品《谢灵运》创作、永嘉瓯瓷征集、永嘉乱弹《徐定超》剧目打造、永嘉长寿之乡研究等4个项目获得了首批扶持资金420万元。发挥助手作用，履行工商联职责。参与企业和谐劳动关系、“两新”组织党建、企业文化建设、进村入企等活动，开展了永嘉县“十万浙商进百区”专项活动，参与活动永商720人次，服务在外永商回乡投资。镇、街道商会发挥自身优势，参与当地社会建设，引导在外永商回归，为公共设施、社会稳定和谐建设出资出力；参与政策处置、资助学生、服务老人等服务社会活动，在各镇、街道商会有效开展，取得良好的社会效益。大若岩商会支出“爱心款”计20万元，乌牛商会为企业建立创新发展大学堂，桥下商会组织外出学习考察取经，岩头商会组织收集红色党史资料等活动，为美丽乡村建设发挥作用。

（戚婉静）

永嘉县归国华侨联合会

概　况　2013年，永嘉县归国华侨联合会（简称县侨联）在县委、县政府的领导下，在市侨联和县委统战部的指导下，以科学发展观为指导，深入贯彻党的十八大和十八届三中全会精神，建立侨联三大平台，开展八大项目，凝聚侨心、汇集侨智、发挥侨力、维护侨益，全力建设“三生融合·幸福永嘉”。获得省侨联系统年度先进单位称号。叶显东荣获全国归侨侨眷先进个人。

“两提两争”主题实践活动　2013年，县侨联以“两提两争”主题实践活动为载体，切实加强“五型”机关建设，营造积极向上的创业氛围，确保完成全年目标任务。发起侨界“思想大解放及价值观”讨论活动。围绕“两提两争”主题实践活动，完成三大平台建设和八项工作。通过制度管人、活动促人等形式打造五型干部队伍。全年召开全委会2次、常委会3次，主席会议3次，学习党的十八大和十八届三中全会精神。县侨联干部驻企15家，全年走村入企50多次，解决财税、法律、用工、金融等实际问题8个，并通过牵线搭桥为侨商创造商机，促动侨商回乡投资兴业。

基层规范化建设　全年新建北城街道侨联、沙头镇侨联（共建立镇（街道）侨联12个），实现了沿江镇街侨联全覆盖。社区（村居）侨联新建7个（共14个）。东城街道侨联、江北街道侨联、南城街道侨联实现了各村级侨联联络员全覆盖。认真做好基层侨联规范化建设。借助省市侨联平台，创建省级示范性基层侨联7个，基层侨联均达到“有组织、有队伍、有经费、有阵地、有活动”的五有要求。

“双招双引”　举办侨界新春茶话会和中秋三胞茶话会等大型侨界联谊活动，组织部分华侨参加世界永商新春恳谈会和世界温州人大会、温州德国华侨联合会成立暨温州市招商引资签约仪式。开展“侨商回家”系列活动，全年累计接待了20余个侨团300人次。侨界成功引资项目共计6个。侨资企业投资额达39.17亿元，到位10.725亿元。

招才引智　成立永嘉县留学人员和家属联谊会及县留学人员创业活动基地，与鹿城区留联会在楠溪江开展联谊活动。邀请海外高层次人才回乡服务。邀请黄建南、陈昂等国际知名教授同留学生及家属、企业座谈12场；侨界人士服务家乡活动5场。协助县委组织部申报引进省级“千人计划”人才，英国博士陈建飞、加拿大博士杨香娇初步入选。完善和成立了县留学人员和家属联谊会、县侨联帮扶企业发展中心、永嘉县侨联归国华侨投资法律服务联络中心“三大平台”，搭建永嘉县侨联桥头会所、永嘉县留学人员创业活动基地、永嘉县侨界留守老人之家、永嘉县侨界留守儿童快乐营、永嘉县政协侨联组等5个活动基地。侨联帮扶企业发展中心专家组队伍进一步壮大，结对企业12家，以多元化形式帮扶12家企业实现了计划销售同比增长10%的目标。

为侨服务　2013年，县侨联开展为侨服务系列工作，启动以关爱为主题的“爱侨”“护侨”“引侨”工程，提升归侨和侨眷的“幸福感”。统筹各方面资源，努力编织社会、学校、家属三位一体的关爱网络。7月份在乌牛街道开展由50名侨界留守儿童参加的为期20天的第三届侨界留守儿童暑期快乐营活动。成立侨界留守老人之家，结合社会志愿者、义工服务和社区服务，为“空巢老年”提供“一周”服务，并灌输健康知识。服务侨界重点困难人员，定期开展侨界困难群众“送温暖”活动，全年慰问近400人次。

参政议政　2013年，全县15名永嘉籍侨界人士参加“两会”，15名海外委员列席，提交提议案15件，其中涉侨2件。全年组织政协委员开展学习、调研等活动3次。参与社会管理，帮助基层解决政策处理、产权纠纷、法律援助等近

100件。侨界人士为家乡捐赠折合人民币3542.7万元，其中用于教育事业250万元。

（詹苗芳）

永嘉县老龄工作委员会

概　况　2013年，永嘉老龄事业坚持以人为本，按照“党政主导、社会参与、全民关怀”的老龄工作方针，以实现“五个老有”为工作目标，进一步建立健全覆盖城乡居民的养老保障制度，健全城乡居民医疗保险和医疗救助制度，城乡为老卫生服务设施得到加强，完成基层老年活动设施建设、规范化老协会建设、星光老年之家的创建任务；做好高龄老人津贴的发放工作；加强涉老政策的宣传和涉老服务人员的培训；认真做好老年事业统计工作；老年体育文艺卫生事业蓬勃发展。老龄事业呈现出健康、协调的良好局面。永嘉县老龄工作委员会（简称县老龄委）连续第三年被评为省级老龄工作先进单位。

全国“养生与长寿”高峰论坛　2013年4月1日，全国“养生与长寿”高峰论坛在永嘉成功举办。作为“中国温州森林旅游节”开幕式系列活动之一。会议邀请中国老年学学会、浙江省老年学学会以及温州市老年学学会的领导、全国32个“长寿之乡”的部分代表，兄弟县市有关领导以及在卫生、生态、养生、旅游等领域的著名专家学者共同探讨长寿奥秘，解读养生之道，为各“长寿之乡”经济社会文化旅游的发展出谋划策，为各兄弟县市提供了可借鉴经验。

县老年学学会和长寿文化研究会成立　2013年，县老龄委召开了老年学学会、长寿文化研究会成立大会，同时召开第一届会员大会。省老年学学会副会长黄永正、市县有关领导以及全县各系统的会员近200人出席会议。会议表决通过《永嘉县老年学学会、永嘉县长寿文化研究会章程》，选举产生以胡明杰同志为会长的第一届理事会成员。

县级老协会换届　2013年，县老龄委召开县老年人协会第六届一次会员会，表彰了2012年度先进集体和先进个人，审议通过了《永嘉县老年人协会第五届理事会工作报告》《永嘉县老年人协会第五届理事会财务报告》和《永嘉县老协会关于修改章程的报告》。会议选举产生了以周崇蕊同志为会长的新一届理事会。

“三项创建”活动　2013年，县老龄委以创建“美丽乡村”示范点工作为重点，筹备创建“老年友好型城区”相关工作。9月，完成了江北街道清水埠社区、岩坦镇黄南社区、大若岩镇桐州社区做为永嘉县首批“老年宜居社区”的申报工作。开展首届　“敬老文明号”评选活动，评选出县社会保险事业管理中心等13家单位为首届“敬老文明号”。

老龄宣传　2013年，县老龄委下发《关于学习宣传贯彻<中华人民共和国老年人权益保障法>的通知》，为确保各镇（街道）、各部门认真领会新法精神、切实维护老年人合法权益提出指导性意见。协调各成员单位，应用各种载体在全县范围内开展宣传活动，多次邀请专家、律师为基层老协会和老年电大辅导员进行新法培训和解读，为推进新法进机关、学校、社区、农村创造了条件。继续办好《永嘉老年人》报纸。专门召开《永嘉老年人》编辑部成员会议，吸收新成员，扩大阵容，宣传新《老年法》和《关于进一步加强老龄工作的意见》。全年在“老龄视窗”栏目、东方老龄网、浙江老龄信息、温州民政网、温州老龄网、永嘉民政网上发表老龄工作新闻信息共68篇，在浙江省“人口高龄化与长寿社会”研讨会上，县老龄委选送的4篇论文1篇获二等奖，3篇被录用。多篇论文参加市级评比并获奖。调研性论文《打响“长寿之乡”品牌，推进永嘉各项事业再上新台阶》受到县委县政府的重视。

城乡老龄服务　2013年，县老龄委继续加强老年活动中心（室）建设。历时2个多月，对上报的135家老年活动中心（室），逐一走访检查验收，根据验收结果制定补助方案，确定补助金额。共下拨100万元专项资金对通过验收的74家老年活动中心（室）进行补助。根据省、市老龄委对二星级老年活动中心（室）创建的有关文件精神，经验收合格，全年新命名20家二星级老年活动中心（室）（共有二星级老年活动中心253家），老年活动中心（室）的管理走上了规范化轨道。

“3587”工程和“银龄互助”工作　2013年，县老龄委按照省、市老龄办的要求，继续抓好“3587”工程和“银龄互助”深化、完善、提高工作。江北街道创新社区进一步健全了社区老龄组织，建立了党员帮困助老队、助老结对队、青少年助老队。桥下镇桥下村、江北街道清水埠社区、江北街道浦二村、黄田街道千石社区等开始“3587”工程，并成立了养老服务中心。东城街道浦东村、乌牛街道码道村等先后开展“银龄互助”活动，建立了上门探望、集体过生日、维权调解、重大节日慰问等制度，开展了多种形式的结对帮扶活动，取得了较好的效果。实行基层老年协会分类管理，提高了基层老协会规范化建设水平。全县社区老龄协会进行社团登记注册的有3家，其余725家因受村居换届选举的影响，暂时达不到登记条件在镇街进行备案。

老有所学 2013年，县老龄委本着“丰富知识、陶冶情操、健康长寿、服务社会”的办学宗旨，积极开展老年办学工作。老年电大从100多所5000多学员发展到272所19150多学员。占全县老年人口数的13.73%。其中有12所老年电大教学班实现多媒体教学。组织老年电大辅导员和讲师团成员进行专业培训，选派优秀辅导员和老协会长赴外学习培训，定期安排辅导员和讲师团成员用本地方言到基层各老年电大教学点（班）轮流辅导授课。国家、省、市领导多次到黄田街道千石教学点和江北街道浦二村教学点进行调研，对办学理念、规范管理给予高度评价。多家老年电大教学点被授予省级或市级教学示范点。

养老服务体系建设 为贯彻落实《永嘉县人民政府关于加快完善社会养老服务体系建设的意见》精神，县政府及时下发《关于下达2013年度养老服务体系建设项目任务的通知》，完成对全县29家日间生活照料中心进行验收。实现了城市社区全覆盖和农村社区覆盖60%的任务。在北城街道完成了为老信息服务建设的试点工作。加大力度落实《永嘉县优待老年人实施意见》，提高了优待水平，老年人优待工作和老龄信访工作全年零投诉。

敬老爱老 2013年10月10日，县老龄工作会议暨省第26个老人节庆祝大会召开。会议对获得“全国孝亲敬老之星”“老龄工作先进单位和先进个人”、县级“敬老文明号”和县“十佳风采老人”等单位和个人进行表彰。敬老月期间广泛开展敬老慰问活动，由县委县政府四套班子主要领导带队，慰问所有百岁老人。在全县范围内开展“济贫助困·情系永嘉”大型慰问活动，共支出慰问经费35.4万元，受益老年人数600多位。组织“夕阳红”艺术团开展22场的送戏下乡活动，丰富老年人的精神文化生活，促进了老年人的身心健康。协同各成员单位拓展宣传阵地，提升宣传效应，深入开展孝文化“三进”活动和“送温暖、送光明、送文化”活动。

高龄津贴发放 2013年，县老龄委根据《永嘉县人民政府关于加快完善社会养老服务体系建设的意见》（永政发〔2012〕117号）精神，高龄津贴发放对象和发放金额创历史新高。90岁以上老人，除每人每月领取110元基本养老金外，90～94周岁老人每月还可以领到100元的高龄津贴，95～99周岁老人每月还可以领到300元的高龄津贴，百岁及以上老人每月还可以领到800元的高龄津贴。全年为90～94周岁老人发放高龄津贴8524人次，95～99岁1782人次，100岁及以上379人次，全年共发放高龄津贴507.05万元。所有款项全部直接打到老人自己的账户上，做到安全高效。高龄津贴发放金额居全省前列。

老年优待证 2013年，县老龄委进一步规范《老年优待证》办证程序，提高办证效率，全年免费办理《浙江省老年人优待证》12300本，其中60岁以上6520本、70岁以上5290本。老年人凭优待证可以享受交通、旅游、商业、电信、通讯、邮政、金融、就医、饮食等服务行业的优惠、优先服务。

（朱祖理）

永嘉县科学技术协会

概　况 2013年，永嘉县科学技术协会（简称县科协）深入贯彻科学发展观，积极开展科普和学术交流活动，在农村实用人才培训、科普服务“三农”、城镇居民和青少年科学素质提升等工程建设中发挥积极作用。

全民科学素质纲要实施工程 2013年，县科协牵头召开《全民科学素质纲要》工作领导小组会议，部署工作任务。制定全民科学素质实施方案，分解细化各成员单位任务，强化措施。县考绩办将全民科学素质工作纳入到乡镇街道考核目标。

农村实用人才培训工程 2013年，县科协培训农函大一年制学员1766名，完成农村实用人才培训806名。培训全县农村会计人员262人，组织全县中高级农民技术职称人员65名开展为期2天的继续教育培训。11月份，举办温州市第33期农村实用人才花卉苗木专业培训班，全县兰花和苗木种植户212人参加了培训。开展农民技术职称评定工作，共评定农职称初级219名、中级农民技师14名。

城镇居民素质提升工程 2013年6月份和9月份，县科协邀请中科院老科学家科普报告团教授潘习哲、陈洪等6人到永嘉做科普报告，科普报告团为600名机关公务员和永嘉中学、城关中学、碧莲中学等13个学校3000多名中小学生开展了“遥感卫星知识”“地球三极”等科普讲座。全年在城镇社区举办了6期科普健康大课堂，受到了社区居民的普遍欢迎。

科普服务“三农”工程 2013年，永嘉县科协组织科技人员开展11次科技下乡活动，发放科普资料6万多份。组织开展科技活动周活动和科普日活动。5月份，联合县卫生局、盐务管理局、北城街道开展科普活动周大型科普活动。9月份，协同城南社区、浙江中医药大学医疗服务组共同开展“共筑城南梦·健康科普知识进社区”活动。加强农村科普志愿者队伍建设，在各镇（街道）、学会和企业科协中建立和充实科普志愿者队伍，总数达365名。

青少年科学素质提升工程 2013年，永嘉县科协开展第二十一届全县青少年科技创新大赛，共有2000多名中小学生参与这项活动，获得省一等奖1个、三等奖1个。开展科普进校园活动，在瓯北第五小学、瓯北第六小学、岩坦小学、瓯北金瓯小学、上塘路口小学等学校开展科普活动。开展科技馆活动进学校，联合温州市科技馆于11月～12月在桥头、桥下7个中小学校展出科技馆特色展品和科学家等系列展板。瓯北第五小学为被评为温州市科普教育特色学校。

科普示范培育工程 2013年，永嘉县科协开展县级科普示范基地和示范户评定，共评选出10个科普示范基地、10户科技示范户。开展鱼苗送山区活动，从丽水引进田鱼夏花鱼种100万尾，赠送给科普示范村和示范基地。永嘉县五井农业开发公司基地和大洋山农业公司基地被评为温州市农村科普示范基地，永嘉县气象台被评为市级科普教育基地，五井农业开发公司基地被评为市级农村科普惠农兴村示范基地，浙江三五旱农业开发公司基地被授予市级农函大教学实践基地。

学会建设 2013年3月和11月，永嘉县科协分别召开全县学会工作会议。指导县兰花协会组织永嘉县第十三届寒兰博览会，统计学会开展《小微经济现状及思考》课题研究，会计学会开展800多人次会计人员培训，林学会参与国家森林建设项目《100村经营方案》编制，质量技术监督协会开展质量服务宣传活动和“永嘉县稻鱼共生标准化示范区”项目工作，医学会开展医疗义诊活动。

科技评价表彰工程 2013年，永嘉县科协组织全县科普征文活动，获市一等奖1篇，二等奖2篇，三等奖4篇。开展全县青少年科技辅导员论文评选活动和全县青少年科普征文比赛，评出一等奖7篇，二等奖10篇，三等奖14篇。开展永嘉县第十二届优秀科学论文评选活动，共评选出91篇论文为县第十二届优秀科学论文。对在科普工作上实绩突出、成效明显的20名科普工作者予以表彰奖励。

科普资源开发共享工程 2013年，永嘉县科协结合永嘉县“长寿之乡”编印了《全民科学生活方式》科普书籍，包括合理膳食、适量运动、戒烟戒酒、心理平衡、永嘉长寿之乡等内容，书籍分农村群众、社区居民和公务员3个版本。联合县林学会编印《绿色觉醒与林业绿化简明知识》科普书籍。

公众科普宣传工程 2013年，永嘉县科协在《今日永嘉》开办科普园地栏目，栏目每半个月刊出1期。7月1日，由县科协主办的科普暨庆祝建党92周年文艺晚会在瓯北创新社区举行，现场发放了《全民科学生活方式》科普读本2000多份。

自身建设 2013年2月21日，县科协召开五届四次全委会，会议同意胡忠杰同志辞去县科协副主席职务、黄少林同志辞去县科协五届委员会常委，会议选举曾理同志为县科协五届委员会委员、常委、副主席，选举叶武同志为县科协五届委员会委员、常委。5月，县编委批准县科协内设办公室，核定1名中层职数。批准设立永嘉县科普活动中心，为县科协隶属股级公益一类事业单位，与农函大合署办公，确定1名领导职数并增加1名全额拨款事业编制，增加后县科普活动中心（农函大）共有事业编制3名。11月份，经中国科协批准、县政府同意，县科协购置1辆依维柯科普大篷车，为科技下乡工作提供保障。

（陈胜利）

永嘉县台胞台属联谊会

概　况 2013年，永嘉县台胞台属联谊会在县委、县政府的领导下，深入学习贯彻十八大精神，以海峡西岸经济区国家战略为目标，坚决贯彻落实中央对台工作的基本方针和决策部署，牢牢把握两岸关系和平发展主题，加强联谊，深入推进交流合作，扎实开展对台工作。

双向交流 2013年，永台之

间的交流合作达到了一个新高度，台湾到永参访交流团组共17个243人。3月19日，台湾阿里山乡山美村与永嘉大若岩镇埭头村开展“山水情缘”结对仪式，签约了农业旅游合作备忘录。台湾区观光旅游总会理事长苏佳男、温州台商协会会长许灿欣、山美村长莊信义、县委书记盛秋平等出席。5月19日，台湾阿里山乡乡长陈明利等10人乡民代表团考察大若岩镇埭头村，达成了农业旅游合作意向。5月31日，南投市长许淑华带领南投市13个里与永嘉13个村举行“一对一”结对仪式，签订农业旅游合作备忘录。6月18日，台湾工商团体“三三企业交流会”会长、台经院董事长江丙坤率台湾工商界人士参观考察楠溪江旅游，国台办常务副主任郑立中、省台办主任裘小玲等陪同。6月20日，台湾区观光旅游总会会长苏佳男到大若岩镇埭头村对接农业旅游洽谈项目。8月2日，“浙台基层交流周”永嘉站在楠溪江举行，台湾基层访问团一行65人先后考察了奥康集团和岩头丽水街，与当地负责人进行了深入的交流。8月18日，台湾教育、培训5人参访团考察永嘉。9月18日，台北温州同乡会26名老乡在理事长陈继枢的带领下到永嘉楠溪江开展“乡亲返乡之旅”活动，重走故乡路。11月3日，台湾区观光旅游总会理事长苏佳男率考察团8人到永考察丽水街民宿。11月25日至28日，台湾民宿参访团到永嘉考察交流。11月27日，永嘉—台湾民宿发展交流合作洽谈会召开，楠溪江风景旅游区管委会与台湾嘉义县民宿协会签订合作协议书。永嘉全年赴台交流7个团组85人，主要考察经贸、城市建设、民俗、绿道、农业、旅游、养生、教育、科技、文化等产业发展状况，拓展交流领域，深化交流实质，推动经贸合作，实现具体项目落实生根。3位永昆代表受邀赴台演出交流，国家一级笛子演奏家黄光利赴台作讲座。县长娄绍光赴台期间，永嘉楠溪江风景旅游区管委会与台湾区观光旅游总会举行旅游合作备忘录签订仪式，内容主要包括加强旅游行业合作，互相输送游客；交流旅游业发展管理经验，探讨民宿发展模式；积极参加对方举办的旅游活动，互相做好推广促销和提供便利及协助；开展两地旅游业人士考察培训等互动，进行台湾文化与楠溪江文化交流对接活动；开展农业旅游合作交流，交换现代农业、休闲农业管理经验做法等内容。

招商引资　做好“台商看永嘉”等招商引资活动，共接待经贸考察团11批135人次。4月，结合永嘉县“百名温商踏春行”活动，开展“台商看永嘉”活动，15名台商参加活动，考察永嘉投资现状。5月，与台商戴昌朝达成初步意向，由永嘉县整理废弃的校舍，提供给戴先生投资养老项目。6月，在浙江台湾合作周中，温州东方医院与高雄医学大学附设中和纪念医院就温州东方医院在资本运作、管理模式导入、医疗技术培训、医疗技术设备引进、服务培训等方面签订合作意向书。该项目位于瓯北104国道珠岙口，用地面积150亩，预计投资6亿元人民币，定位为三级综合医院。7月5日，台湾南仁湖企业董事长李清波到永嘉三江、瓯北进行考察，拟投资“幸福庄园”项目。9月，温州市台湾同胞投资企业协会副会长林茗歆一行3人到永嘉县十五中考察合作办学事宜。投资2.2亿元建设浙台农业合作示范基地项目，永嘉原野公司和台湾源茂园艺公司按照60%、40%的份额出资共建。

大事记　2013年初，永嘉县副县长周俊武一行到瓯北慰问困难台胞台属，给他们送上慰问金、慰问品。1月30日，举行台胞台属迎新春茶话会暨十八大精神学习宣传会，学习探讨党的十八大精神，宣传对台知识，与会人员130人。2月27日，永嘉县台胞台属联谊工作座谈会召开。2月17日，走访慰问部分县台联理事，走访20多位台胞台属，了解生活生产情况，并给多位生活困难、急需帮助的台胞台属送上慰问金，切实帮助他们解决实际困难。4月，走访台资企业温州长裕五金工具制造有限公司，听取企业生产经营销售状况。4月22日，赴岩头镇五澌、表山探访台胞故居，寻访台胞亲属，挖掘涉台新资源。5月27日，市台办副主任张振宇在永嘉县对台教育基地为中青班学员上课，共100余人参加。9月17日，中秋三胞茶话会上，开展对台知识宣传讨论，共120余人参加。10月9日，走访5家小微企业，了解企业发展情况。10月14日和15日，赴15个与台结对村，开展走访活动，策划结对后续事宜。

（叶晓锄）

永嘉县红十字会

概　况　2013年，永嘉县红十字会立足《永嘉县红十字事业“十二五”发展规划》实际，把握历史机遇，沿着“一年打基础，三年强业务，五年创品牌”的目标，扎实开展核心业务，不断夯实基础工作，全力提升公信力建设。积极发挥党和政府人道主义工作领域的助手作用。

宣传传播 2013年，永嘉县红十字会创新宣传载体，加大媒体互动合作，提升宣传能力建设。全年共策划举办宣传活动19场，制作特色宣传品3种，各类媒体刊登发表县红十字相关宣传报道75篇，播出电视新闻16条，基本做到月月有活动，周周有信息。

救灾救助 2013年，永嘉县红十字会全年共募集款物价值141.7万元，支出款物价值195.9万元，受益1455户，参与特大救援救灾活动2次。联合6家部门单位开展春节大型博爱送万家活动，为966户困难群众发放救助款物价值85.44万元。支援四川芦山地震灾区，为灾区共募集捐款7.69万元。设立了“红十字爱警基金”“红十字海鹰救援博爱基金”，成立首个镇级（桥头镇）红十字救助基金，进一步拓宽募捐工作平台。开展半年度集中救助活动，为全县32户困难对象，发放救助金7.7万元。落实康恩贝健康之旅项目，为400名困难心脑血管病人免费发药（被省红十会选为样板推广）。成立永嘉县红十字海鹰救援服务中心，全年海鹰救援队开展重要救援31次，搜救人员350名，参与4.20芦山地震、7.22甘肃地震、苍南14岁少年峡谷失踪案等现场救援；在“菲特”台风中，“海鹰救援队”驰援余姚，成为救援的重要力量。

救护培训 2013年，永嘉县红十字会组织应急救护培训14264人次，其中培训救护员3697名，普及性培训10567人次。开展专项救护培训工作督查、县救护培训师资教学大赛，联合县泵阀协会开展行业性培训，联合教育局开展普及培训，同时通过参加市师资教学大赛、市救护技能大赛、选拔人员参加救护师资培训等一系列活动，完善基层工作网络，提升师资能力建设，夯实硬件基础。制定专门工作计划和实施方案，结合培训工作开展专题社科研究，开发“应急救护培训信息管理系统”等措施提升培训工作的科学管理水平。全年超额完成应急救护培训工作任务，被省红十字会评为2013年度民生实事项目工作先进单位。

关爱生命 2013年，新加入造血干细胞捐献志愿者队伍112例（参加采样人数119人），新加入器官、遗体、组织捐献志愿者队伍20例（其中：器官8例，遗体4例，眼角膜8例）。5月 “红十字博爱周”活动期间，造血干细胞捐献工作出现“百人”集中血样采集登记热潮。春节期间，出现登记器官（遗体）捐献的小高潮，首次出现新居民、残疾人等人群参与捐献登记。联合县卫生局开展3次活动，积极推动无偿献血工作。在楠溪江4个重要风景区设立了4个红十字博爱救护站，及时应对旅客及公众在风景区发生的意外伤害事故。

活动开展 2013年，永嘉县红十字会联合县两办、妇联、新居局、团县委、文明办、卫生局、旅游局、体育局、教育局、社科联、公安局、县直工委等单位，开展了“3.5雷锋日”“护卫生命·天使血缘”“户外运动挑战赛”“红七月·服务月”“青少年自救互救知识竞赛”“5.8红十字日”“社会科学课题研究”“中国梦·社科知识竞赛”“省级文明县城创建”“最美永嘉人评选”等活动。

大事记 2013年1月，“红十字应急救护培训”列为县政府“十大惠民实事”之一。1月22日，启动2013年博爱送万家活动。3月13日，召开首次基层红十字会业务培训会议。3月19日，省红会到永嘉调研应急救护培训惠民实事项目。4月，开展支援四川芦山地震灾区一系列活动。5月8日，开展纪念国际红十字运动150周年活动。6月3日，省红十字会党组书记、常务副会长王冬梅到永嘉调研工作。7月1日，启动“红七月”一系列活动。7月26日，永嘉首个景区红十字博爱救护站在岩头镇狮子岩景区成立。8月4日，主办首届红十字救护培训师教学大赛。8月26日，出题参与“中国梦·永嘉梦”知识竞赛活动。9月12日，启动2013年“世界急救日”主题宣传活动。10月8日，因台风“菲特”引发特大洪灾，永嘉县海鹰救援队驰援宁波余姚市开展救援工作。10月24日，市红十字会党组书记、常务副会长高玉凤到永嘉调研工作。11月28日，永嘉红十字会代表队荣获市首届“康力迪杯”应急救护技能大赛团体一等奖。12月4日，永嘉县红十字海鹰救援服务中心正式挂牌成立。

（杨　首）

永嘉县社会科学联合会

概　况 2013年，永嘉县社会科学界联合会（简称县社科联）充分发挥社科联的桥梁纽带、组织协调、咨询服务、宣传普及作用，有力促进永嘉社会科学事业的繁荣发展。全县社科组织出现了活力增强、内力提升、影响力扩大的喜人局面，社科普及工作成效显著。

课题研究管理 2013年，县社科联立足自身实际，围绕永嘉经济社会建设过程中面临的重大理论和实践问题，组织社科规划课题研究。年初，会同县财政局，联合制定《永嘉县社会科学规划课题管理办法》，开展首次永嘉县社科规划课题研究立项申报和研究工作。根据有关单位推荐申报，组织专家评审，确定了集中攻关课题2项，一般立项课题45项。6月，为确保社会科学规划课题正常进行，按时高质量地完成课题研究任务，制定印发了《永嘉县社会科学规划课题中期管理细则》，对课题进行中期监督和管理。全年共收到课题47项，上交率达100%。经过评审鉴定，最后评出课题成果一等奖3项，分别是县委组织部承担完成的《干部队伍建设双向激励机制的实践与探索》、县直机关工委承担完成的《永嘉县直机关党内激励关怀帮扶机制的实践与探索》、县委农办（农业局）承担完成的《永嘉县稻田养鱼发展思路研究》。县委党校承担完成的《永嘉县生态旅游资源SWOT分析与开发对策研究》等5项课题成果获得二等奖，县规划设计研究院承担完成的《关于永嘉特色美丽乡村建设规划的思路研究》等11项课题成果获得三等奖。

社科普及周活动 2013年，县社科联根据省市社科联的统一部署，于10月底至12月初举办了以“弘扬最美精神、共筑中国之梦”为主题的永嘉县2013年社会科学普及周活动。水利、环保、医疗卫生、食品药监、司法、安监、科协、工商、统计等部门和南城等街道、有关学会（协会、研究会）和县社科普及示范基地共同参与，组织活动30多个，发放社科普及资料1000多份，展出展板40多块。根据各自实际，深入各镇（街道）以及居民社区、学校、企业等单位，围绕文艺演出、展览观摩、广场咨询、社科下乡、专家讲座、理论研讨等方面，广泛开展各具特色的社科宣传普及活动，形成了“统一部署、联合行动、各展所长、办出特色”的工作格局。12月1日，“社科杯”县第十三届寒兰博览会在县文化中心举行。

社科平台建设 2013年，县社科联致力于传承永嘉文化，弘扬永嘉精神，提升广大民众的文化素养，满足全县精神文明需求，促进浓郁人文氛围的形成和聚集的工作内容，继续打造“永嘉人文大讲堂”和《永嘉社会科学》刊物两大重要社科普及平台。先后邀请省社科院哲学研究所所长王宇、温州市瓯窑学会会长陈景炜、省中医药学会会长肖鲁伟、杭州师范大学副校长何俊分别主讲《永嘉耕读文化的传承与发展》《瓯窑文化与永嘉精神》《自然养生观》和《永嘉学派的当代意义》等4场专题讲座，受众近2000余人。在《永嘉社会科学》办刊内容上加强约稿、选登、编辑、栏目的设计工作。在《永嘉社会科学》杂志中开辟“中国梦·永嘉梦”专栏。编创、征集一批生动解读“中国梦”理论文章和研究成果，向读者展示“中国梦”的内涵。全年共刊发《永嘉社会科学》3期。

社科基地建设 2013年3月，县社科联制定出台了《永嘉县社会科学普及示范基地管理办法（试行）》，对全县社会科学普及示范基地申报范围、条件、方法、认定、职责、经费使用与管理，以及社会科学普及示范基地管理等作了进一步明确的界定。并将社科基地建设纳入了县委宣传部对功能区、镇（街道）宣传思想文化工作考核内容。启动了新一轮社科普及示范基地申报评估工作。5月底，共收到了桥下镇吴超征纪念馆、桥头镇钮扣文化展示厅、城北小学摄影基地、瓯北第七小学红领巾兰苑、岩坦镇屿北古村、永嘉烈士陵园等20多个单位的申报材料，完成了对申报材料的审核。6～8月份对全县社科工作基地进行实地考察，命名21家第三批永嘉县社科普及示范基地。11月开展对各基地验收工作。12月开展基地创建评优工作，评选出6家县级先进社科普及示范基地。吴超征故居被命名为市级社会科学普及示范基地。

社科社团建设 2013年，县社科联加强同社会各界的联系，更好地促进社会科学的开展。探索新形势下加强学会管理的新方法和新途径。进一步加强学会的管理和协调工作，推广先进学会的经验，督促学会加强自身建设，参与指导学会的业务工作。9月，县社科联召开永嘉县社科工作会议，对《学会管理办法》进行了阐释。11月，成立了永嘉县博文学会、永嘉县家庭心理学会、永嘉县姓氏文化研究学会和永嘉中共党史学会等4家社科类直属学会，并对学会成立给予经费补助。

社科专题座谈会 2013年，县社科联组织邀请省市县社会科学界的专家学者等40余人，围绕“永嘉耕读文化的传承与发展”展开讨论，多元多维度解读耕读文化。会上，李作勤、陈景炜、张强、虞若飞、杨建南等与会的社科协会负责人和青年社科专家提出了许多真知灼见。11月，邀请全县社科理论界20余名专家学者和社科工作者，座谈学习党的十八届三中全会精神，交流学习体会，凝聚改革共识。陈伟峰、胡文显、林白茹、朱永华等专家学者结合自身研究背景，从经济体制改革、文化体制机制创新、教育领域综合改革、反腐败体制机制创新、城乡发展一体化、医药卫生体制改革、法治建设、社会保障等多个方面，多角度阐述对十八届三中全会精神的理解与感悟。

“中国梦·永嘉梦”知识竞赛 2013年，县社科联联合县委宣传部举办“中国梦·永嘉梦”知识竞赛活动。全县200多个机关、企事业单位踊跃参与，广大市民积极响应。共收到答题卡3073份，其中满分答题卡855份，95分以上答题卡2948份。通过现场抽奖形式，在满分答题卡中随机抽取一等奖3名、二等奖5名、三等奖20名，在95分以上答题卡中随机抽取优秀奖30名。上塘中心城区等10家单位获优秀组织奖。

理事会议 2013年9月，县社科联第一届理事会第二次会议在钱塘世纪大酒店召开，60多名理事参加了会议。会议增选余桂芳为县社科联副主席。

荣 誉 2013年，县社科联被授予全国先进社科组织荣誉称号，县社科联主席虞建远被评为全国先进社科工作者。

（陈 群）

政　法

综　述

2013年，永嘉县大力推进平安“五连创”，狠抓“平安永嘉”“法治永嘉”和过硬政法队伍建设，全县大局保持和谐稳定，年度考核位列全市B类县（市、区）第一。县法院认真履行审判执行职能，全年共受理各类案件10571件，同比上升13.30%；办结9882件，同比上升15.09 %。被评为全省法院“三个一百”主题实践活动先进集体、全省法院刑事审判工作先进集体和全省立案信访工作先进集体。县检察院以执法办案为中心，不断强化法律监督和防腐斗争，检务工作得到有效落实。全年共受理移送审查逮捕案件1018件，受理移送审查起诉案件1462件。被评为全市先进基层检察院。县公安局以“三确保、三创优、三创特”为总目标，深化“4+1”队伍管理模式，推进“六防”工程建设，开展铁腕治乱，全县刑事案件同比下降19.21%，“两抢”案件同比下降39.85%。被评为全省破获重大外汇违法犯罪先进集体和全省公安机关打击侵财犯罪专项行动优胜单位。县司法局以社会管理创新为抓手，扎实开展矛盾排查化解和普法依法治理，大力推进基层司法所规范化建设和社区矫正工作，法律服务水平和法律援助能力进一步提升。同时，率全市之先推出“司法行政职能进社区”工作，填补了新社区法治工作的空白。2013年，县医疗纠纷人民调解委员会荣获“全国模范人民调解委员会”称号。

维护社会稳定　不断完善重大不稳定因素排查化解机制，全年共排查重大不稳定因素287起，化解率100%。实行“警情、信情、舆情”“三情日报”制度和“零报告”制度，严格落实“网格化”“人对人”专班稳控举措，圆满完成了全国“两会”、党的十八届三中全会、全省“实施千万工程、建设美丽乡村”现场会等重大敏感时期的安保维稳任务。进一步健全“六人小组”研判、处置机制，坚持“周研判、月分析”、重大突发问题实时研判和维稳责任交办督办，成功处置了一批涉稳案（事）件。进一步完善网络舆论导控平台和舆情信息反馈处置机制，成功处置了一批负面网络舆情。突出抓好“全能神”等邪教人员教育转化工作，开展“无邪教镇（街道）”“无邪教村（社区、学校）”创建，江北街道阳光社区被命名为省级无邪教社区。

护航经济社会发展　深入开展“排查整治、强基促稳”专项行动，排查化解各类不稳定因素，针对“三改一拆”、村级组织换届等重点工作，依法查处了一批严重阻碍公务、寻衅滋事违法犯罪行为。大力推进“进村入企”大走访活动，开展“零距离”服务，积极帮助企业有效预防和应对各类涉企矛盾纠纷。深化“拔钉清障”和“剿黑恶·护发展”专项行动，严厉打击涉黑涉恶违法犯罪活动，打掉涉黑涉恶团伙50个，破获各类涉恶刑事案件212起，抓获犯罪嫌疑人387人，为经济社会健康发展提供了有力保障。

基层平安创建　优化评价导向，完善考核体系，推行“月督查、月评分、季排名”制度，健全明查暗访和约谈工作机制，不断深化“十杯·十佳”基层系统创安，进一步形成了常态化、全局抓的工作格局。积极探索新形势下动员、组织、发动群众参与平安建设的方法、载体，深入开展平安宣传活动，落实“平安三率”包干责任，推行“面对面”教育引导模式，对全县13万固定电话用户全部进行了电话宣传和抽查，做到不留盲点、不留死角。在省民意民调中心抽查测评中，永嘉县“平安三率”取得满分。积极推进群防群治队伍规范化建设，发展壮大各类平安志愿者队伍，加大政府购买服务力度，充分激发社会组织活力，发挥社会组织参与社会治安防控、基层矛盾调解、特殊人群管理服务等平安创建作用，进一步形成了共建共享平安永嘉的良好社会氛围。

化解矛盾纠纷 健全完善“大调解”体系，大力开展镇（街道）矛盾纠纷联调中心建设，承接各类人民调解衔接机构向镇（街道）层面延伸。全年共调处矛盾纠纷4992起，成功调解4944起，调处成功率达99.04%。积极推广桥头镇人大代表工作站试点经验，建立基层信访调处人才储备库，引导社会力量参与社会治理，有效化解社会治理难题。创新推进重大事项社会稳定风险评估，将维稳风险评估纳入行政审批环节，为全市提供了样板。全年社会稳定风险评估的所有项目均未发生不稳定问题，实现应评尽评、行之有效。

维护公共领域安全 深入开展“平安13”攻防行动、“打盗抢保民安”“扫毒害保平安”“除恶治乱”等系列专项行动，实现社会治安平稳可控。不断完善治安重点地区排查整治长效机制和重点场所滚动式排查机制，抓好重点要害部位和易发案部位的动态视频监控系统建设，切实提高社会治安动态防控能力。坚持“打非治违”的高压态势，不断加大重点区域、重点单位和重点行业领域安全隐患集中整治，各类安全生产事故数、死亡数和直接经济损失同比分别下降22%、11.3%和37.5%。强化出租房管理，率全市之先推出“以房东管人”的全新模式，实现从管理25万多新居民到管理5万多户出租房房东的转变。深入开展“彻查整治火灾隐患百日大会战”等专项行动，扎实推进消防安全“网格化”“户籍化”建设，全年未发生较大以上火灾事故。持续推进交通畅通工程建设，大力开展“四小车”整治，强化交通运输管制，全年主要交通道路未发生重大堵塞事件。

政法队伍建设 坚持以政法文化引领队伍，通过举办政法文化节、政法文化向基层延伸等活动，进一步优化政法人文环境。不断强化执法监督，积极开展专项执法检查和案件评查活动，化解积案38件，有力地促进司法公正。集中开展“以案为镜、正风肃纪”警示教育活动，认真查找和整改存在的问题，强力推进政法队伍作风建设。深入开展“大走访、大排查、大化解、大整改”活动，着力解决好群众反映强烈的突出问题，以实际行动树立政法队伍形象、赢得口碑。

（董建群）

社会管理综合治理

概　况 2013年，永嘉县社会管理综合治理工作紧紧围绕“创平安、保稳定、促和谐”这一主题，立足建设“平安永嘉”和“三生融合·幸福永嘉”的总体目标，有效推进各项工作向纵深发展，确保全县社会政治稳定。

综治基层组织规范化建设 2013年，永嘉县社会管理综合治理委员会积极开展综治示范点培育活动，评选出桥头镇等3个镇（街道）社会服务管理中心、溪口社区等17个社区社会服务管理中心、朱涂村等35个网格管理单元（村）、中国育才控股集团等17个企业服务管理室（综治室）为县级综治示范点。按照省平安县评审条件中对综治组织建设的新要求，通过倒排时间进度、严格建设标准、分工督导考核等措施强化企业、社区（村）综治组织建设，建成企业社会服务管理室134个，新建主要交通沿线和建城区所在地村社会服务管理室312个。

多元化大调解体系 2013年，永嘉县社会管理综合治理委员会不断健全完善“大调解”体系，开展镇（街道）矛盾纠纷联调中心建设，承接各类人民调解衔接机构向镇（街道）层面延伸。全面推进行业性、专业性调解组织建设，劳动争议、医疗纠纷、交通事故、婚姻家庭纠纷等重点领域和教玩具、旅游与餐饮行业协会、拉链协会等重要行业全部建立专业人民调解组织。全面推进社区调委会建设和镇（街道）专职调解员聘任工作，建成68个社区调委会，聘用43名镇（街道）专职调解员，并完善了18个精品村（居）调解室建设。全面开展司法所和各级人民调解组织网络信号的联通工作，组织调解员进行系统操作培训，人民调解信息化管理系统在辖区内的司法所（镇街人民调解委员会）、行业性专业人民调解组织的使用率达100%，社区人民调解组织网络信号覆盖面达40%以上，人民调解信息化管理系统在社区使用率达30%以上，为开展人民调解工作奠定了坚实的组织基础。2013年，共调处4992起，调处成功4944起，调处成功率99.04%。

社会治安防控体系 坚持多维防控，采取人防、物防、技防相结合方式，加快构建攻防兼备的社会治安打防控体系，2013年建设完成500个政府视频监控、1379个社会视频监控。本着“警力有限，民力无穷”的理念，深入推进以“五统一”（统一吸收、统一培训、统一着装、统一指挥、统一考核）为主要模式的群防群治队伍规范化建设，全面提升永嘉县民力护安水平和能力。并通过开展夜间巡逻背靠背检查和实地明查的方式，评出82支优胜队伍并给予表彰奖励。大力推进社区警务实体化运作和警力囤积街面，有效预防和控制现行犯罪。大力整治治安乱点，对城镇繁华街区、城乡结合部、景区景点、铁路公路沿线等治安案件多发地区以及企业、校园周边地区开展集中整治，严防出现治安热点和治安死角。

深入推进网格化管理 大力推行“一张网”工作模式，实行多网整合、一网覆盖，不断推进管理服务下沉到网格，实现了资源有效整合和功能作用的发挥。2013年，网格直接输入比达98%，网格化平台中矛盾纠纷和治安安全隐患等有效信息占比达47%，比上年提高27%，信息采集工作位居全市前列。进一步完善建立了“网格化”问责制度，以网格为基本单元，实行重点工作菜单式项目化管理，逐项明确任务要求、完成时限、牵头领导和承办人员等，作为分解任务和倒查问责的依据，真正做到“建网格、动真格”。

重点人员管理 建立完善刑满释放人员、吸毒人员、社区矫正人员及有危害社会倾向的精神病人等特殊群体的常态化联动管控机制，切实减少现实危险。结合“排查整治，强基促稳”专项活动，共排查重点人员2576人，并及时录入网格化信息平台，做到底数清，情况明，确保将每一名有危险的重点人员都纳入工作视线。继续加强对易肇事肇祸精神病人的排查和管控力度，重点做好对已出院病人的跟踪回访，共将26名复发对象重新送入医院救治。2013年，共救助精神疾患者496人次，投入治疗资金1125万元，截至2013年底，在院治疗精神病患者有271人。以减员提质为目标，切实加强流动人口管理，逐步给予流动人口“新市民待遇”，全面提升流动人口管理水平。截至2013年底，全县登记在册流动人口数250343人，同比下降11.59%；在册高危流动人口数1550人，同比下降30.77%。

重点领域管理 高度重视安全生产和食品药品安全工作，严格落实安全措施，切实防范各类安全事故的发生。2013年，永嘉县各类安全生产事故数、死亡数和直接经济损失同比分别下降22%、11.3%和37.5%。消防领域未发生较大以上火灾事故，一般火灾事故较上年呈下降趋势，未出现人员死亡。加强网络管理工作，着力抓好网络专业管理员队伍、新闻发言人队伍、网络评论员队伍建设，切实提高网络舆情应对处置能力。截至2013年底，全县60个县级部门、18个镇（街道）设立了网上发言人，有网络信息联络员80多名、核心网络评论员15名。

出租房屋安全综合整治 2013年，永嘉县在江北街道试点的基础上，探索建立安监、消防、新居民“三网合一”工作新机制，按照“镇街负责、部门共责、统一管理”的原则，全面形成由镇（街道）属地主抓、相关职能部门全力配合的出租房消防管理工作新格局。截至2013年底，全县登记在册出租房51251户，与2012年同期相比登记总量上升8.8%，并按居住人数分类造册管理，做到底数清，情况明。同时，永嘉县在全市率先推出“以房东管人”管理模式，实现从管理25万多新居民到管理5万多户出租房的转变，外来人口发案同比下降明显。2013年，通过出租房屋安全综合整治倒逼近3万外来人口回流原籍，受理刑事案件同比下降19.18%，“两抢”发案数下降40.06%，入户盗窃案件下降26.32%，群众的安全感满意度明显提升。

“排查整治·强基促稳”专项活动 2013年，永嘉县社会管理综合治理委员会根据省、市统一部署，围绕“平安永嘉”建设，创新方法，主动把开展“排查整治·强基促稳”“进企入户”走访宣传排查活动与干部联系群众“鱼水情”“三改一拆”“四边三化”等活动紧密结合，强化领导、周密部署，明确目标、分解任务，推进县、镇（街道）、社区（村）三级联动，深入基层排查化解矛盾纠纷，开展重点督办件化解工作，切实把矛盾纠纷化解在基层，化解在萌芽状态，实现社会和谐稳定。

（李长生）

公 安

概 况 2013年，永嘉县公安局围绕“正本立纲强队伍、创先争优强工作”的“两强”总体思路，以“三确保、三创优、三创特”为总目标，不断深化实践创新、手段创新、体制创新，全面推动公安工作和队伍转型升级。各项重点工作稳步推进，实现了全县社会政治和治安秩序总体稳定。全年全县没有发生影响重大的恶性案件，命案发案降到历史最低处，刑事发案、“两抢”发案、盗窃发案同比分别下降19.21%、39.85%和12.44%，降幅居全市前列，“两抢”发案连续三年均以20%以上的幅度下降。全年全县发生道路交通事故次数、死亡人数、受伤人数和直接经济损失数同比分别下降22.13%、下降7.04%、下降33.03%和下降36.99%；共发生交通拥堵类警情同比下降29.22%；查处八类交通违法行为10.6万起，其中酒后驾驶、醉酒驾驶分别同比增长21.15%和154.37%；查处“四小车”同比增长了149.09%。全年全县尚未发生涉及一票否决的重特大案（事）件。2013年，永嘉县公安局有19名民警获个人三等功以上，14个集体和221名民警获县局嘉奖，136个集体和188名个人获省、市、县级各类表彰奖励。

维护社会政治稳定 2013年，永嘉县公安局全力落实各项维稳措施，圆满完成县“两会”“十八届三中全会”“美丽乡村”现场会等55次安保任务，妥善处置2起全国涉军群体在永非法聚会事件，成功应对“3.19”等网络舆情，坚决查处“9.15”“10.29”非法群体串访案件，刑事拘留5人，行政拘留20人，训诫126人，排查化解了一大批信访事项，确保了全县政治大局稳定。

信访工作 2013年，永嘉县公安局以公安信访“抓源头、打基础、强机制、促规范”专项活动为抓手，制定《民警日工作规范》，实行首问和首接责任制，完善出台《永嘉县公安局伤害案件办理规范》，对伤害类案件实行“五个一律”制度，实行信访案件责任倒查“两个凡是”制度。全年收到群众来信来访与上年同期相比下降42.27%，初信初访案件办结率94.37%，化解疑难信访积案46件（其中公安部、省厅、市局交办27件），化解率100%。永嘉信访工作经验先后被公安部、省公安厅、市公安局发简报交流推广。永嘉县公安局控告申诉科因信访工作成绩突出，被浙江省公安厅评为2013年省级优秀公安基层单位，记集体三等功；被温州市委市政府评为2013年度信访工作先进集体；被浙江省公安厅评为2013年度全省公安信访工作县级考评优秀单位；被温州市公安局评为2013年度信访工作先进公安局。

“剿黑恶·护发展”专项斗争 2013年，永嘉县公安局持续推进“警务进项目”机制，严厉打击涉黑涉恶势力阻挠工程建设的违法犯罪活动。全年共打掉涉恶团伙48个，涉黑团伙2个，破获各类涉恶刑事案件212起，抓获犯罪嫌疑人387人，其中打掉阻碍重点工程项目建设涉恶团伙3个，破获刑事案件11起，抓获犯罪嫌疑人22人。强力侦破三江浦东敲诈勒索案、枫林自来水管网强迫交易案、巽宅农房集聚损坏公私财物案，有力保障了重点工程建设进度。

严厉打击民生热点案件 2013年，永嘉县公安局以民意民生为导向，全面出击、重拳打击各类侵犯知识产权、制售假冒伪劣商品犯罪和食品犯罪，切实维护人民群众切身利益，护航经济发展。全年全县破获“打假”案件43起，捣毁制假窝点13个，抓获犯罪嫌疑人68名，移送起诉49名，涉案价值1亿余元；破获食品案件23起，刑事处罚35人；查处楠溪江流域非法采砂案件6起；进一步加大对集资诈骗、非法吸收公众存款、拒不支付劳动报酬等犯罪在逃人员的缉捕力度，积极构建良好的社会信用体系。全年共抓获“治赖”追逃对象13名，并成功破获戴某某非法吸收公众存款案、尤某某非法吸收公众存款案、余某某非法吸收公众存款案等系列集资类大要案。

严厉打击突出犯罪 2013年，永嘉县公安局始终坚持“以打开路、以打立警”的严打方针，以系列行动为抓手，强化专业打击和专项打击，坚持打防管控并举，全力遏制突出犯罪案件高发态势。全年全县命案发5起破5起，破案率为100%，发案绝对数同比上年少发2起，下降了28.57%，控案成效取得历史性突破；侦破命案积案2起；五类案件发15起破14起，破案率为93.33%，发案数与上年同比下降25%；共破侵财型刑事案件1521起，移诉侵财对象522名，刑拘侵财型对象612名，抓获逃犯545名。

狠缴枪爆工作 2013年，永嘉县公安局本着“标本兼治，重在治本”的原则，坚持严管、严防、严打相结合的方针，采取有效措施，积极开展治爆缉枪专项行动，最大限度地预防和遏止了涉危涉爆事故的发生，确保社会治安稳定，在治爆缉枪专项行动中取得优异成绩。全年共破涉枪涉爆刑事案件25起、涉危刑事案件4起、涉危行政案件147起、涉及烟花爆竹案件12起，缴获爆炸物品900千克、剧毒6000多千克、收缴枪支111支、缴获美制炮弹2枚、缴获烟花爆竹19692箱、收缴刀弩等管制器具500多把。

禁赌扫黄工作 2013年，永嘉县公安局以“破大案，打团伙”为主线，针对聚众赌博、山头赌博、“六合彩”及涉黄等重点问题，广辟情报来源，深入排摸提线，特别是对重大黄赌案件线索，及时开展专案经营，严厉打击幕后者、获利者、“保护伞”等四类人员，确保不形成治安热点问题。全年全县共打处“六合彩”涉赌对象60余名，破获省厅挂牌督办案件1起，涉案金额超2亿，逮捕涉黄涉赌对象316名，移诉428人，全市排名第一。

警卫工作 2013年，永嘉县公安局始终坚持“严之又严、细之又细”的工作要求和“无缝对接”的工作标准，牢固树立“警卫工作无小事”和“从零开始”的理念，认真学习落实市局警卫打防控勤务考评细则，以提高勤务质量为主线，进一步规范勤务操作流程，做到任务前有部署，任务中有督察，任务后有点评总结，确保警（保）卫任务无安全事故隐患、无混乱现象、无上访请愿干扰，确保安全有序。注重警卫形式的改进，最大限度的减少对社会的干扰和影响，努力维护中央、省领导的政治形象，努力实现政治保卫与安全保卫的高度统一。全年圆满完成2月16日世界永商新春恳谈会、4月1日森林旅游节开幕式系列活动、2013国际山地户外运动挑战赛、9月23日CCTV中央电视台《乡村大世界》栏目走进永嘉、9月28日中国楠溪江山水文化旅游节开幕式、全省“深化千万工程、建设美丽乡村”现场会等安保任务55批次，全面提升了永嘉县公安局的警卫安保水平。

村级换届选举安保工作 2013年村级换届选举时间紧、任务重、难度大，永嘉县公安局精心组织、紧急部署，成立了由县委常委、公安局长徐志宏担任总指挥的指挥部，设立专门办公室进行专班运作负责日常上传下达，汇总协调，先后制定了《永嘉公安局村级换届安保工作方案》等4个安保工作方案。落实专门措施，明确工作要求，发动全警迅速进入实战状态。根据选情采取等级管理，对症下药，对风险高的重点村、重点事、重点人实行一村一专班，一事一方案，一人一对策，做到科学安排警力，采取有针对性的措施，确保选情平稳。采用梯次用警、渐次推进的方法，从最坏处着想，向最好处努力，紧扣重点环节，充分研判，做足预谋，确保各片平衡推进。为使现场不出大事，少出小事，依据排查研判信息采取事前警告、事中监控、事后倒查等手段，对重点人进行资格审查、警告性谈话、行政处罚等综合手段，做到教育和处罚相结合，使重点人员不敢动。针对高风险现场，以大兵压境之势高压威慑，使重点人员不敢动。在村级换届选举安保工作中，查获8起破坏干扰选举的案件，刑事拘留5人，行政拘留8人，罚款1人。在查处马山上村社会力量介入选举村党支部书记的过程中，治安拘留3名对象，是全市乃至全省第一次查处干扰选举案件，为平稳有序推进永嘉县的村级换届工作发挥积极作用。

校园安保工作 2013年，永嘉县公安局认真贯彻落实公安部“护校安园”工作要求，全面摸排校园周边重点人员，对肇事肇祸精神病人等高危人员，逐一成立管控小组，落实管控和教育安抚措施，加强帮教帮扶，并加强重点校园治安整治活动。通过常态检查、滚动排查、交叉检查的方式，对校园内部安全管理、周边治安问题、涉校矛盾纠纷、涉校重点人员开展全面深入排查，并对发现的内部安全隐患，采取下发隐患整改通知书、责令当场整改、限期督促整改、明确专人整改等方式，逐项逐条予以整治。全年共出动警力1082人次，发现安全隐患52处，当场提出整改50处，做出限期责令整改2处，排查化解涉校矛盾纠纷12起，严密管控校园周边肇事肇祸精神病人31名。

消防工作 2013年，永嘉县公安局依据永嘉县政府出台的《永嘉县消防工作岗位职责说明书》，组织召开全县消防工作会议和消防安全工作季度例会，对工作滞后的镇（街道）进行通报和约谈，签订工作责任书，印制并下发镇（街道）消防工作手册。开展了对镇（街道）定期督察、考核工作，并下发通报。全年县政府召开消防专题会议10余次、由县领导带队检查10余次、督导镇（街道）6次，并由县考绩办发文对消防工作开展不力的镇（街道）予以通报。开展对市、县、镇（街道）三级挂牌重大火灾隐患单位的督改，确保在时间节点内得以整改销案，有力推动消防安全责任的刚性落实。联合教育局、民政局、旅游局、卫生局、住建局等主管部门，对全县私立幼儿园、养老院（敬老院）、医院、“农家乐”、在建工程等进行了专项服务指导，消除了大批隐患。邀请省、市、县三级人大代表、政协委员进警营，主动听取意见，提升服务水平，使消防工作更贴近民生更利于发展。全年共接警出动1103起，其中火灾798起、抢险救援223起、社会救助82起，出动车次2220辆次，出动警力12662人次，保护财产价值约6000万元，抢救被困人员27人，疏散受困群众200余人，检查单位16007家，发现火灾隐患5584处，督促整改5411处，责令“三停”30家，临时查封10家，行政拘留6人，罚款173.45万元。

交通安全专项整治 2013年，永嘉县公安局以平安建设“五连创”为目标，以道路交通安全大检查活动和遏制重特大交通事故“大排查、大整治”百日活动为载体，牢牢抓住事故预防的关键环节，全力预防和减少道路交通事故。通过加强重点车辆和驾驶员源头监管，完成了重点车辆监管系统建设，强化了重点车辆和驾驶人的信息采集，将全县1651辆重点车辆及1729名驾驶人录入“六合一”重点对象管理模块；共深入重点车辆单位125次，检查重点车辆1725辆，排查重点驾驶人1748人，组织开展宣传教育125场次。通过加强路面交通违法查处，加强重点时段、重点路段酒后驾驶、无证驾驶、三超一疲劳的处罚力度。深入开展了“闪电”禁酒（毒）驾、“零点”行动等专项行动。全年全县道路交通事故四项指数全面下降，其中统计上报道路交通事故190起，死亡66人，受伤148人，直接经济损失116682元，事故四项指数同比分别下降22.13%、下降7.04%、下降33.03%、下降36.99%；共查获各类交通违法182406起，同比下降2.58%，其中现场纠违38410起，同比上升67.47%；非现场纠违143996起，同比下降12.36%。

交通治堵工作 2013年，永嘉县公安局以交通治堵为首要任务，致力于破解“行车难、停车难”民生问题，从交通需求管理入手，注重广泛调研，深化勤务机制改革，创新交通管理举措，道路交通环境明显好转。率先在上塘、瓯北中队开展勤务机制改革，下沉警力，进行辖区网格化管理；开展排堵保畅挂牌招才活动，对9条严管路进行挂牌整治。大力推进治堵社会化工作，其中瓯北安丰路护村队排堵点、上塘建行口夕阳红排堵点等社会化治堵运作良好。持续加强对中心城区、集镇以及国省道公路、农村道路的交通秩序管理，严厉查处各类重点交通违法行为。全年全县共查处八类交通违法行为78081起。对道路标志、标线、信号灯及隔离设施等交通安全设施进行了全面梳理排查，及时完善、规范交通基础设施。全年全县共更新交通标线10500余平方米，更换交通标牌43块，新增隔离护栏1000余米，更换870米，新增停车位292个，完成2处路口改建，增设交通信号灯和电子警察4处。不断加大科技设施投入，在原有数字警务室基础上升级改造成指挥室，建设集重点车辆监管、交通指挥调度和交通违法抓拍等六大功能为一体的数字勤务指挥系统，并将卡口、监控系统和无线对讲机等三大建设纳入指挥室。

交通基础工作 2013年，永嘉县公安局充分发挥考评工作的激励、监督和导向作用，交通管理重点工作及专项整治工作进一步提升。全年全县“禁酒驾”工作共查获酒后驾驶683起、醉酒驾驶262起，同比增长21.15%、154.37%，排名八个县市大队第五；“三个率”非现场违法未处理五次以上、十次以上和客运车辆处理率分别排名八个县市大队第三、第七和第一；查处“四小车”5318辆，同比增长了149.09%。

禁毒工作 2013年，永嘉县公安局以推进“铁锤”、“扫毒害、保平安”、“猎火”禁毒大会战、“肃毒害、创平安”为载体，深化涉毒违法犯罪打击，取得了较好成绩。全年全县共查获涉毒案件1000起，其中破获涉毒刑事案件170起，抓获贩毒犯罪嫌疑人241名，缴获各类毒品4327.24克；移诉毒品犯罪嫌疑人231名；查获吸毒人员830人次，处置强制隔离戒毒239人次，破获3人以上团伙贩毒案件15起， 6人以上团伙贩毒案件6起，破省目标案件5起，市目标案件4起。

出入境管理工作 2013年，永嘉县公安局出入境受理大厅新增面积300余平方米，重新划分了大厅整体布局，新增服务窗口3个，改建了人像采集室。9月，经公安部批准，开始试行部分短期赴港澳审批业务，成为全市第三个获得短期赴港澳业务审批点的县，审批点开通后，短期赴港澳证件申请审批环节大为简化，办理时限缩短一半，极大地方便了群众和企业人员赴港澳地区旅游、生活。全年全县共受理因私出国（境）共38521 人次，上年同期共受理32599人次，同比上升18.17%。其中受理公民因私出国申请17119人次，受理公民因私申请港澳台21402人次。登记境外人员到永嘉临时住宿2547人次，三资企业和涉外宾馆没有发生涉外案件和各类重大事故。

监管场所工作 2013年，永嘉县公安局按照“两防一退”工作要求，继续深入推进隐患排查工作、积极推进看守所管理机制创新，以监管信息化、勤务实战化、队伍正规化、执法规范化为目标，努力建设和谐、安全、稳定的监管场所，圆满完成2013年服务诉讼、惩罚刑事犯罪、教育被监管人员的工作任务。

行政审批工作 2013年，永嘉县公安局始终坚持从服务民生着手，从群众最关心的问题抓起，深入开展为民服务创先争优活动，牢固树立为人民服务的宗旨意识，全面提升窗口规范化建设水平，以优质、高效的服务倾力打造窗口亮点，做到为民、便民、亲民、惠民，不断提升审批效率，逐步实现目标承诺。全年共办理居民身份证52373个，办理临时居民身份证14470个，审批各类户口迁移1074件，变更更正1463件，补登落实户口388件，华侨回国定居185人，5周岁以上小孩申报户口1355人，华侨姓名出生日期认定26人，退补材料581件，为相关部门个人提供户口信息查询出具户籍信息证明2000余份。审批民用爆炸物品使用许可2家，审批购买炸药240528吨、非电管13.23万发，易制毒购买运输证20份，发剧毒化学品购买凭证1761张，印章刻字备案1657枚，接受金融机构行政许可登记24家，审批网吧变更3家，审批旅馆6家，审批典当业3家。做到审批事项无延期、无投诉，办结率和服务对象满意率均保持了较高水平。2013年，永嘉县公安局行政审批服务科取得全市重点督考单位审批类第二名；获得2012～2013年度永嘉县“十佳优秀政法单位”称号；获“永嘉县巾帼文明示范岗”荣誉称号；全年四个季度均被评为县行政服务中心红旗窗口；全年共收到锦旗16面、感谢信29封。

“警灯工程” 扎实推进“六防”工程建设，实行四色预警三级勤务指挥棒，“警灯工程”打防管控效能逐步提高，战果不断提升。2013年，共建校园“警灯工程”280家，重点单位“警灯工程”107家；破刑事案件43起，刑拘41人，抓获逃犯23名；查处治安案件111起，治安处罚155人；调解纠纷1158起，接受群众求助1348起；核查采集信息83411条；查获枪支1支（无主）、管制刀具26把、摩托车2辆、电动自行车15辆，“警灯工程”战绩列全市各县第一。“警灯工程”值守时间段派出所辖区有效接警6703起，同比下降15.46%。5月27日晚，江北三桥岗亭民警及时制服1名现行杀人犯，防止了一起凶杀命案的发生，受到了市委常委、公安局长黄宝坤的嘉奖。

“警调衔接”工作 2013年，永嘉县的“警调衔接”工作步入常态化，通过人民调解组织与公安机关协作，利用人民调解的优势，有效地缓解了公安机关工作任务重、警力不足的问题。派出所民警逐步适应“警调衔接”工作模式，其主要做法是：一是现场调解不成的民间纠纷，尽量移送、引导到驻所调解室调处。二是遇有重大问题和疑难纠纷案件，民警与调解员形成联动工作机制，共同探讨解决办法，在调解工作的“质”与“量”上有新的突破。三是当民警在接到非警务纠纷，就移交给驻所调解室解决，尽量把矛盾纠纷解决在萌芽状态。全年全县8个“警调衔接”驻所制派出所、7个移送制派出所共移交纠纷案件1011起，办结1009起，办结率99.80%。

旅馆业等级化阳光管理 2013年，永嘉县公安局创设了“永嘉县公安局旅馆业四色四级阳光管理办法”，开通“永嘉县公安局旅馆业阳光执法平台”门户网页，把各旅馆业主所关注的各类问题及有关旅馆业管理的法律法规、规章制度通过网络渠道公开，真正实行了全透明的阳光执法。一是精心指导旅馆业相对集中的江北、上塘两所成立专业基础队伍，实行专职、专业化管理。二是以省厅、市局等对旅馆业“四实”登记明查暗访为契机，对暴露出来的问题予以严厉整治和处罚。通过四色四级动态管控措施，突出“管得越好、查得越少”原则，倒逼业主加强自管自律，着力于规范管理、提升“四实”登记率。三是出台配套“积分信息化”管理机制。四是实行一月一通报制度。每月对各所辖区旅馆的检查次数的到位情况和旅馆的“四实”登记情况进行严格的考核，并在县局网页及“永嘉县旅馆业阳光执法平台”网页上予以通报。四色四级阳光管理办法坚持四色四级动态管控和阳光管理信息公开原则，使旅馆业“四实”登记率明显提高。全年全县旅馆日常检查7328次、治安处罚136人次，通过旅馆业系统上传旅客信息102.5万条，抓获网上逃犯28名，取缔无证旅馆1家，治安拘留1人，停业整顿1家，擅自装修责令改正1家。全县旅馆共226家，其中有宿夜浴室1家，2013年暂停营业5家、新审批5家。根据《永嘉县公安局旅馆业四色四级阳光管理办法》规定划分：一等治安单位13家，二等治安单位193家，三等治安单位12家，四等治安单位3家。

“征兵政审”工作 2013年夏秋季征兵政审工作紧紧围绕提高新兵政治质量这个核心，扎实有效地做好征兵政审工作，成立征兵政审工作领导小组，以加强对征兵政审工作的领导严格把好政治质量关，圆满完成了上级下达的新兵征集任务。

户口登记清理整治 永嘉县公安局严格按照省厅和市局《关于开展户口登记清理整治工作的通知》要求，清理整治工作在全县公安机关全面铺开。成立全县户口登记管理专项清理整治工作领导小组，负责全县户口登记管理专项清理整治工作的组织实施。从强化自查、培训、宣传、督导等措施入手，扎实推进清理整治工作。建立定期的户口管理检查制度，扎实推进人口管理信息采集常态化，有效提高人口管理信息准确度，确保人口信息数据质量。全年完成30356人的核查任务，注销重复户口1771个。

流动人口管理 2013年，永嘉县公安局流管工作多措并举，创新管理体制，健全工作机制，开展专项活动，强化宣传教育，全面加强对基层派出所流管工作的指导、督促、检查工作，同时加强与县新居民服务管理局日常工作的衔接、协调、配合，强化流管队伍建设。流管工作多项考核指标全市第一，在全市流动人口基础信息采集“春季行动”中被评为先进单位。2013年全县登记在册流动人口数(包含携带儿童)比2012年同期同比下降11.07%；全县在册高危流动人口数比2012年同期同比下降42.22%；全县登记在册出租房数比2012年同期同比上升7.37%。

深化“4+1”队伍管理模式 深入实施“4+1”队伍管理模式，积极推进干部人事制度改革立体工程，不断创新，强抓落实，全力集聚推动公安工作的正能量。2013年，共提拔、交流中层干部224名，有19名民警获个人三等功以上，14个集体和221名民警获县局嘉奖，136个集体和188名个人获省、市、县级各类表彰奖励。继续实施民警岗位聘任制，有4名民警落聘，该4名民警为了续聘纷纷写承诺、表决心。

开展全警轮训工作 2013年，永嘉县公安局根据《全市公安机关“提升能力创新管理服务发展”专题轮训工作方案》和《2013年全市公安民警训练工作实施方案》要求，从6月28日起正式启动了“轮训轮值、战训合一”暨“提升能力创新管理服务发展”专题全警轮训工作，确定每期36人，为期5天，总计15期的培训规模，邀请局领导以及业务骨干担任授课教官，结合授课内容编制考核试题题库，实测培训效果。实行半军事化管理，采取日学昼巡，战训合一的方式。每晚安排二分之一警力参加巡逻，在江北、上塘辖区重点部位公开巡逻，对案件多发季节的治安防控工作起了关键作用。

文化育警 2013年，永嘉县公安局坚持以培育有永嘉公安特色的文化核心精神为出发点，以提升民警队伍凝聚力为核心，大力开展警营文化建设，全局呈现出整体有发展、局部有亮点的发展态势。组织了廉政文化书画摄影比赛，丰富了民警的警营生活，陶冶了情操，切实增强了队伍凝聚力和战斗力。组织成立永嘉县前卫体育协会，按照《公安机关人民警察训练条令》的要求，组织民警开展体育活动，开展各项警营文化活动，认真组队参加市、县各类竞技比赛，进一步丰富和活跃了公安民警业余生活，提高了队伍的体能和技能素质，增强了队伍的凝聚力和战斗力，促进各项公安工作任务的完成。前卫体育协会乒乓俱乐部、篮球俱乐部、骑行俱乐部、足球俱乐部等参加了各级部门各类比赛，取得了优异成绩。

从优待警 2013年，永嘉县公安局严格落实爱警惠警举措，设立警官医务室、警官理发室、警官洗衣房；逐步提高民警（职工）的职级待遇，力推派出所长进当地党委班子，为部分高配单位中层干部争取职级高配待遇，为转岗职工增加福利。

从严治警 2013年，永嘉县公安局始终坚持从严治警，继续开展大督察活动，狠抓队伍建设和执法规范，有力地推动了公安工作和队伍建设。全年，全局被记分的民警（职工）840人次，总分值790.5分。以“零容忍”为导向，狠抓各项规章制度的落地实施，做到对违法违纪行为，发现一起查处一起。全年共受理涉警信访举报、投诉件13起，办结13起。查处违纪民警3人（记大过1人、记过1人、行政警告1人），与前三年平均数相比，下降50%。切实维护民警合法权益，理直气壮地为规范执法的民警撑腰壮胆，保障民警执法安全。全年，共受理查处维权案件25起，因侵害民警正当执法权益被刑事拘留

8人，被行政拘留23人，切实有效的维护了民警合法权益。不断深化政风行风建设，在全局15个派出所中，有13个派出所行风评议成绩名列前三，其中10个派出所排名并列第一。

宣传工作 2013年，永嘉县公安局抓住宣传工作服务中心工作主线，围绕大宣传工作格局，切实起到激励警心、树立品牌的良好效应。完善随警作战机制，健全通讯员队伍，强化了《楠溪警界》、公安门户网站和公安微博等阵地建设，围绕“警灯工程”、打击成效等方面广泛开展正面报道。全年在市级以上主流媒体刊播各类稿件790多篇（条），其中中央级270多篇，省级90多篇。

执法规范化建设 2013年，永嘉县公安局提出了“逢案必评、逢疑必商、逢违必究、有功必奖”十六字工作意见，优化了执法监督的效能，做到了“打击处理和规范执法”双提升，并积极研究探讨伤害案件办理的共同规律，广泛征求各执法单位的意见，7月6日成功制定出台《永嘉县公安局办理伤害案件规定（试行）》，对伤害案件的立案、调查取证、鉴定、案件处理、明确责任、责任追究等各个执法环节作了详细规定。深入开展“评差促改、评优促学、强化规范”活动，制定了《永嘉县公安局优质、劣质案件评选暂行规定》，抓大放小，重点监督该立案不立案、该办案不办案、执法不作为、乱作为等问题，同时鼓励“多办案，办好案”，积极营造“又多又好”执法办案氛围。

参谋协调工作 2013年，永嘉县公安局加强局办公室、指挥中心参谋协调工作，围绕平安建设“六年连创”和全市排名“保六晋三”的总目标，以“服务满意”工程为主线，积极发挥服务、参谋、调研、协调、督查（考）等各项工作职能，从办文、办会、办事三方面入手，积极辅助局党委重大决策的贯彻落实。全年共编发县局公安简报34期，市局工作动态74篇，被《温州警学》录用调研文章3篇，被《温州公安简报》录用4篇，被省厅《工作动态》录用9篇，被省厅《公安简报》录用1篇，被公安部《公安简报》录用1篇。进一步强化情报信息职能，做好各类情报信息的搜集汇总、分析报送和管理考核。以“两考一通报”（打防控信息考核、指挥中心信息报送工作考核和通报制度）为抓手，根据重大案事件信息报送规范，不断健全和完善考核激励机制，进一步提高信息报送的质量、数量和实效。加强与县两办联系沟通，与相关业务部门、各级公安机关之间建立高效、顺畅的情报信息及研判成果的互通共享机制，为科学决策和支撑警务提供翔实的第一手资料。全年全县共编发各类信息快报415期，预警信息139篇，警情研判363篇。上报市局信息327条，上报县委、县政府信息317条。

后勤保障工作 2013年，永嘉县公安局以扎实服务基层为抓手，准确把握公安装备财务工作的职能定位，创新工作思路，细化工作措施，努力在提升警务保障能力和效能上下工夫，形成了以保障助推公安信息化发展、以保障规范执法规范化建设、以保障促进核心战斗力提升的工作格局，为推进永嘉公安工作创新发展提供了强力支撑和保障作用。2013年公安经费预算总收入18945万元，其中本级财政安排经费18584.90万元，省补资金360万元，预算总额比2012年增加了1934万元。全面落实了本年度的民警职工健康体检，顺利开展了对符合条件人员的年度疗休养旅游活动，国家、省级规定的津贴补贴均按要求标准足额发放，全部到位。全年共更新汽车27辆，更新电脑近100台；电脑、打印机、数码相机、复印机、传真机等均按需发放配备。

（洪　渊）

检　察

审查批捕和起诉 2013年，永嘉县人民检察院对危害社会稳定、影响群众安全感的严重刑事犯罪和破坏市场经济秩序的严重经济犯罪保持高压态势，依法、准确、严厉打击。与法院、公安机关密切配合，积极参与“平安13攻防系列”“打侵财、防盗骗”等专项行动。全年共受理移送审查逮捕案件1018件1342人，受理移送审查起诉案件1462件2195人，经审查后批准逮捕932件1222人，提起公诉1438件2018人，报送上级检察院审查起诉15件53人。其中批准逮捕杀人、强奸、绑架等严重暴力犯罪案件25件25人，提起公诉25件26人；批准逮捕“两抢一盗”等多发性侵财案件271件414人，提起公诉327件487人；批准逮捕黄、赌、毒案件272件380人，提起公诉291件518人。

查办职务犯罪 2013年，永嘉县人民检察院加强对工程建设审批、环境保护等领域及关系民生环节的职务犯罪案件的惩治力度，突出打击破坏永嘉经济社会发展环境、影响党群关系的大要案，努力打造风清气正的永嘉政务环境。全年共立案查处贪污贿赂犯罪案件13件19人，渎职侵权犯罪案件6件6人。其中查处国土、规划、环保等行政执法部门案件13件15人；查处贪污贿赂犯罪涉案金额5万元至10万元的案件7人，10万元至100万元的11人，占全部查处案件的95%。

预防职务犯罪 2013年，永嘉县人民检察院充分发挥预防职务犯罪警示教育基地的教育引导功能，通过典型案例展示、法制教育讲座等，加强职务犯罪预防工作。全年共对1080余名新提任干部、一线执法人员、村居干部进行警示教育。建立完善短信、QQ、门户网站、官方微博、公益广告等平台，拓宽宣传渠道，扩大受众范围，提高教育效果。积极开展职务犯罪专项预防，对全县12个重点工程建设项目实施项目化管理，防范于未然。

规范执法办案 秉持“理性、平和、文明、规范”的执法理念，严格落实程序要求，切实保障侦查办案工作依法合规。严格执行讯问犯罪嫌疑人询问重要证人全程同步录音录像、审录分离和侦查终结随案移送审查、讯问和看管分离等制度，规范传唤、讯问、查询、扣押、冻结等侦查行为，杜绝非法证据和瑕疵证据进入诉讼程序。严格执行“一案双卡”“一案一评查”制度，加强内部监督制约。

打击和预防危害民生犯罪 2013年，永嘉县人民检察院突出加强对侵害食品安全、卫生安全、环境资源、生态资源等危害民生案件的打击。首次以涉嫌非法采矿罪对在楠溪江非法采砂的刘某某追究刑事责任，后刘某某被法院判处有期徒刑三年六个月，并处罚金15万元，以涉嫌环境污染罪批准逮捕4人，提起公诉1人。注重对危害民生刑事案件的预防，对楠溪江非法采砂治理、涉农资金管理使用、非法行医等问题开展专项预防调查，提出预防建议。其中《楠溪江风景名胜区非法采砂情况专项预防调查报告》获县委书记盛秋平重要批示，对规范楠溪江河道疏浚管理起了重要的推动作用。

社会管理创新 一是坚持把化解社会矛盾贯穿于执法办案全过程，强化检察机关办案与人民调解工作对接机制，全年共移送调解37例，和解20例，和解后依法不批准逮捕19人、不起诉6人。二是坚持惩治与保护并重，在打击犯罪行为的同时，注重对被害人合法权益的保护。如在审查范某某、陈某某非法吸收公众存款一案过程中，176名被害人情绪激动，多次来访要求范、陈两人归还1.75亿元借款。综合考虑案情及多方意见后，永嘉县人民检察院适时召集被害人、犯罪嫌疑人家属进行协商，促成还款协议，最大限度地减少被害人的经济损失。三是进一步加强逮捕案件社会危险性和捕后羁押必要性审查工作，对构成犯罪但无逮捕必要的87人不批准逮捕，占6.5%；捕后无继续羁押必要而变更或建议变更强制措施22件26人，占批捕人数的2.1%；对主观恶性不大、情节较轻的初犯、偶犯等，作出相对不起诉49人，占起诉人数的2.4%。四是坚持教育为主、惩罚为辅的原则，审慎处理未成年人犯罪案件，共对12名涉案未成年人依法做出构罪不捕、相对不起诉或附条件不起诉处理。加强对未成年人的保护，共逮捕并起诉强奸、猥亵未成年人的犯罪嫌疑人8人。

法律监督工作 一是加强侦查监督。认真贯彻落实新刑事诉讼法，强化证据意识、程序意识，重点监督纠正有案不立、违法立案、违法取证等问题，共监督立案10件14人，监督撤案5件6人。对公安机关提请批捕的案件，因证据不足不捕27人，罪轻不捕87人，无罪不捕2人，不捕率8.6%。因事实不清、证据不足不起诉11人，不构成犯罪不起诉10人；增捕增诉22人，纠正侦查违法行为28件次，发出检察建议3份。全面落实听取嫌疑人、被害人意见等制度、注重客观证据审查、非法证据排除，努力杜绝冤假错案发生，发现并纠正了叶某涉嫌抢夺等错案。二是加强审判监督。坚持实体与程序并重，强化对重罪轻判、轻罪重判及审判程序的监督，保障国家法律统一正确实施，维护司法公正。2013年，对认为确有错误的判决、裁定，共提出刑事抗诉4件，市中级法院直接改判3件，发回重审后改判1件。通过抗诉、检察建议等方式，加强对已生效民事判决、裁定、调解书，民事审判程序中审判人员违法行为和民事执行活动的检察，不断加强民事诉讼监督工作。三是加强刑罚执行监督。重点监督违法减刑、假释、监外执行、留所服刑及保外就医等执法行为。共审查监督呈报减刑案件201件，纠正不符合减刑条件或不宜减刑案件4件。加强对监管行为的日常监督，开展执法检查、专项督察，切实维护监管秩序和在押人员的合法权益。加强对社区矫正活动的监督，建立社区矫正管理平台，及时发现并纠正脱管漏管等现象。

涉检信访工作 2013年，永嘉县人民检察院共受理来信来访304件次（涉检信访45件），其中控告类来信来访166件次，举报类来信来访138件次。立案复查刑事申诉案件17件，办结17件；办理赔偿案件4件；办理刑事被害人救助案件6件，共受理初核案件14件，办理市院交办案件1件，初核后息诉息访6件，初核后移送县纪委做党政纪处分案件2件4人次。通过落实领导包案、首办责任制等方式，化解涉检信访43件，化解率95.6%。在省为率先推出涉检信访《九步工作法》，规范群众来信来访的接待、受理、处理、反馈等工作。

强化自身监督 密切与两代表一委员、人民监督员、特约监督员、社区检察官代表的联系，通过汇报专题工作、信息通报、综合评议、上门走访、邀请相关人员列席检委会、现场监督侦查办案等方式，增强检察工作透明度，主动接受监督。强化内部监督制约机制，严格执行职务犯罪案件审查批捕权上提一级的改革部署，共向市检察院提请批准逮捕职务犯罪嫌疑人14人，批准逮捕12人，不批准逮捕2人。建立健全案件评查、错案责任追究机制，对所有自侦案件、20%的刑事案件展开全面评查，发现问题及时整改。全面落实检务督察制度，按季度分专题检查执法办案情况，并不定期开展院风院貌督察工作。

检察队伍建设 一是强化队伍教育培训。深入开展十八大、十八届三中全会精神学习讨论活动，提高检察人员政治理论修养。加强新两法的专题学习及岗位技能培训，加强业务骨干、业务尖子培养及干警轮岗辅岗工作，提升队伍整体业务水平。深入开展“以案为镜、整风肃纪促规范”主题教育活动，结合党的群众路线教育实践活动前期准备工作，践行检察职业道德，强化职业精神、职业责任、职业纪律、职业礼仪的教育和磨练，进一步规范检察干警的行为。二是强化基层基础建设。坚持“发展中规范、规范中发展”的理念，推进瓯北检察室建设。充分履行检察职能，加强对辖区内行政执法部门和“两所一庭”的监督，促进依法行政、公正执法。积极参与社会矛盾化解，加强法制宣传教育，努力营造和谐社会环境，推进平安瓯北建设，服务当地经济发展。推行检察统一业务应用系统，建立统一受理、流程管理、动态监督、业务考评、服务办案的案件管理体系，实现对案件流程完整性、办案程序合法性、法律文书规范性的全程动态监督，确保执法办案依法、规范、公正、廉洁。

（陈琪琪）

审　判

概　况 2013年，永嘉县人民法院围绕“司法为民公正司法”工作主线，以“三争三进三服务”活动为抓手，认真履行审判执行职能，完善工作机制，不断加强队伍建设，各项工作取得了新的进展。全年共受理各类案件 10571件，办结9882件，同比分别上升 13.30%和15.09 %；未结案689件，同比下降7.39%；法官人均结案150.8件。

刑事审判 共审结刑事案件1368件，判处罪犯2092人，同比分别下降7.37%和9.63%。审结故意杀人、故意伤害、绑架、抢劫、强奸等严重暴力犯罪和盗窃、抢夺、诈骗等多发性侵犯财产犯罪以及毒品犯罪案件共591件838人。其中判处五年以上有期徒刑 173人。审结危险驾驶犯罪案件262件262人，其中被判处实刑的 209人。依法严惩贪污、贿赂、挪用公款等职务犯罪，审结18件，判处罪犯 18人。在依法从严惩处的同时，对355名具有从宽情节的初犯、偶犯、从犯、未成年人犯等，依法判处缓刑，16人免于刑事处罚。获评“全省法院刑事审判工作先进集体”。

民商事审判 共受理一审民事、商事案件4763件，审结4376件，同比分别下降1.46%和 上升0.21%，涉案标的额18.2亿元。审结一审民事案件2326件，调撤率为78.11%。审慎应对房地产新政策出台后引发的房地产涉案问题，审结“铂金嘉园”等房屋买卖合同纠纷案件196件。审结商事案件2053件，其中民间借贷纠纷案件 1187件，金融借款合同纠纷案件 132件，解决诉讼标的共12.6亿元，维护了金融安全和金融秩序。

行政审判 共受理一审行政案件 49件，同比上升4.25%；审结38件，同比下降9.52%。行政机关败诉率为15.79 %。47.37 %的行政案件经法院协调，原告与行政机关达成和解后撤诉。共审查非诉行政执行案件 336件，准予执行285件。与县政府联合召开2013年度府院联席会议，深化府院良性互动，共同推进法治建设。

执行工作 推进执行工作整合改革，着力解决法庭执行工作中存在的问题，合理调配执行力量，提升执行效率。推进执行查控系统规模化、规范化建设，与辖区内四大国有银行及农村合作银行建立集中查询、冻结、划扣工作机制。全年共通过网上“点对点”查控系统累计发送查询8071人次，将890名失信被执行人报送人行征信系统，通过各种媒体曝光“老赖”1084人，向公安机关移送拒执案件4件。共执结执行案件3756件，执结金额46970万元。

服务经济转型升级 部署开展“三争三进三服务”活动，把“进金融、进企业，服务银企、服务大局”作为全年工作的重中之重，保障加快转型升级、建设幸福永嘉的核心任务。建立金融审判与金融监管联席会议机制、率先全省推行金融担保物权直接实现机制、部署“清理金融债权执行案件专项活动”，共执结民间金融借贷案件1731件，到位金额2.4亿元维护金融秩序稳定。出台“服务保障实体经济发展十大举措”，努力为振兴实体经济、促进永商回归营造优质的法治软环境。成立专门的破产审判合议庭，引导产能落后企业走市场化、法治化破产道路，促进企业转型升级。共受理破产案件9件，审结7件，收案数和结案数均创历史新高。

参与社会治理 积极参与平安永嘉建设，认真做好社区矫正、回访帮教、特殊人群帮扶等工作。与3家民营企业共建涉罪未成年人帮教基地，创新加强对青少年罪犯的帮教管理。建立人民法庭与村居、司法所的良性互动机制，开展“进社区、服务基层”活动，共走访村（居）59个，排查化解基层矛盾63件。出台《关于为“三改一拆”工作提供司法保障的实施意见》，与县国土局就落实“裁执分离”强制拆迁模式达成工作共识，保障“三改一拆”工作依法有序推进。联合县检察院、县法制办、县监察局召开行政败诉案件责任认定和追究联席会议，推动依法行政倒逼机制建设。

便民诉讼服务 开展立案接待窗口规范化建设，改造完善诉讼服务中心，增设网上查阅诉讼卷宗电子档案、委托评估鉴定、诉讼费退费等窗口，便民服务功能更加齐全。建成300余平方米的“当事人之家”，为当事人等候诉讼、缓和矛盾、午休避暑等提供舒适场所，最高人民法院刊发简报予以肯定推广。打造在线诉讼服务平台，完善网上立案、联系法官、审务信息查询等在线诉讼服务。获评“全省法院立案信访工作先进集体”。

审判管理 开展“争当办案能手”活动，建立以鼓励办案为主要导向的干警业绩评价机制，将办案能手与学习培训、评先评优和晋级晋职挂钩，鼓励干警多办案、快办案、办好案。建立长期未结案督办机制，有效推动审判质效的均衡化管理。以法庭例会、民商事审判例会、执行例会和上诉案件二审改判及发回重审质量分析交流会为平台，定期集中研判通报审执态势，解答审判难题，提升审判质效。获评“全省法院审判管理工作先进集体”。

司法网拍 扎实开展网络司法拍卖试点工作，在淘宝网成功拍卖包括车辆、厂房、商业用房、家用电器等在内的拍品共19件，成交率达100%，总成交额为6433.02万元，为当事人节省佣金104.5万元。在全省率先编制司法网拍工作手册，规范司法网拍工作流程，得到省高院院长齐奇的批示肯定。

法院文化建设 以凝聚法院干警、形成共同价值追求、树立法治信仰、推动工作发展为目标，全面深化法院文化建设。坚持举办每年一度的“法院文化周”活动，编辑《楠溪法苑》《我们是法治的信使》等文化丛书，用心累积软环境，发扬光大法文化，得到最高人民法院的刊文推广。

队伍建设 招录公务员9人，事业编制4人，招聘辅警6人，任命人民陪审员4人。提任基层法庭庭长3人，任命助理审判员6人。重视干警司法能力培养，组织开展“自查自纠、互看互学”庭审观摩评议、书记员案卷装订比赛、速录竞赛、法官结对传帮教、青年法官沙龙等活动，提升司法实务能力。开展争当“文明标兵”“廉政模范”活动，召开“律师座谈会”“干警家属座谈会”，多渠道听取意见建议，改进司法作风，确保廉洁司法。

基层基础建设 完成桥头法庭新建工程，5月28日搬迁启用。碧莲法庭完成土建施工，进入内部装修阶段。在公安“三所”内兴建刑事审判专属大楼，预计2014年投入使用。按照《人民法庭统一标识设置规范》要求，对瓯北法庭和岩头法庭进行统一标识设置改造。

（郑财生）

司法行政

概　况 2013年，县司法局围绕“和谐永嘉”“法治永嘉”“平安永嘉”“幸福永嘉”的建设大局。以年初确定的八大重要项目为抓手，深入推进七大工程建设。全面履行司法行政职能，为构建“三生相融·幸福永嘉”做出积极贡献。

人民调解和谐工程 一是继续深化调解组织网络建设。在巩固传统人民调解网络的基础上，加强区域性、行业性人民调解组织建设，进一步提高调解工作规范化程度。2013年，永嘉县有人民调解组织1126个，其中镇（街道）调委会18个，村（居）委调委会925个，社区调委会81，企业调委会92个，行业性专业调委会10个。形成了横向到边、纵向到底、依托基层、多方参与的“大调解”组织网络。二是优化人民调解队伍建设。继续推行调解队伍职业化。2013年，永嘉县有人民调解员3824人，其中专职调解员86人，兼职调解员3738人。同时通过单位推荐，从不同领域、不同专业的党代表、人大代表、政协委员中聘任210名各级“两代表一委员”担任特邀人民调解员。三是健全矛盾纠纷排查调处制度。建立社会矛盾定期排查、矛盾纠纷通报分析、受案登记与分流、考核与责任追究等制度，准确把握社会稳定整体态势和影响社会和谐稳定的突出矛盾纠纷，强化分析研判和工作指导。2013年，永嘉县各级人民调解组织共受理矛盾纠纷4992件，调处成功4944件，调处率达100%，调处成功率达99.04%。四是推进人民调解信息管理系统应用。投入10余万元用于调解组织硬件设施建设，实现三级调解组织网络信号的联通，网络覆盖率达100%。全县各类人民调解组织和人民调解员基本信息规范录入，录入率达100%；人民调解信息化管理系统在镇（街道）、社区使用率达100%，村居的使用率逐步提升。

普法依法治理近民工程 一是建立普法依法治理考评体系。制定出台县直部门、镇（街道）普法依法治理工作考核评分细则，积极召开全县普法依法治县领导小组扩大会暨“六五”普法中期检查督导动员会议，并对各镇（街道）、重点部门开展“六五”普法中期督查。二是深入开展“法律六进”活动。组织全县领导干部和公务员共计3300余人参加网上法律知识考试。举办县委理论中心组学法培训2次，举办副科以上领导干部法制培训2期。深化法律进乡村活动，利用“浙江法治宣传月”“12·4全国法制宣传日”以及各类专项行动，创新宣传阵地开展普法教育活动。同时，在全县81个社区建立学法制度，广泛开展青少年法制宣传教育。邀请普法讲师团成员、法制副校长等在全县各中小学校开展法制巡回讲座。针对企业负责人及员工，通过开展“法宣护航，服务永商”“法宣进千企”等活动，促进企业诚信经营。5月，在东瓯街道张堡社区召开 “社会诚信体系建设座谈会”。9月，联合县工商局评选出全县“十佳诚信典范企业”和“十佳诚信典范个体工商户”。并在北京、宁波、昆明、义乌、上海5个城市建立在外永嘉商会普法联络点，签订法律服务框架协议。三是深化基层依法治理工作。完成2012年度县级民主法治社区的考核验收。2013年，落实南城街道、江北街道的“法治文化区域”建设，积极创建县级民主法治社区16个，市级民主法治社区2个，并将东瓯街道张堡社区确定申报为2013年省级民主法治村（社区）。

特殊人群管理平安工程 一是巩固社区矫正“电子围墙”。升级温州市社区矫正信息管理系统，落实定位手机50%最低配备率。2013年，全县共有511名社区矫正人员配备定位手机，18个司法所已全部完成指纹（脸部）识别系统安装。同时，积极筹建社区矫正信息监管中心。二是健全和完善执法责任制度。严格执行《温州市司法局社区矫正工作责任追究制度》，明确责任分工，出台《永嘉县司法局社区矫正执法情况内部通报制度（试行）》，进一步规范社区矫正执法监督工作。三是加强日常监管及帮扶矫治。不断强化日常管控力度，严格把握“三关”（入矫关、在矫关、解矫关）管理，积极开展与公、检、法社区矫正联合执法检查。全面落实“心理矫治”工程。7月，邀请专业心理咨询师为全县900多名社区矫正人员举办“心灵矫治”讲座。同时，强化司法所日常心理矫治工作。8个司法所90余名社区矫正人员接受各类心理咨询。四是加强社区矫正队伍建设。组织司法所工作人员开展《社区矫正实施办法》的专题学习，指派8名科室和基层司法所工作人员分别参加省、市心理咨询师培训班，通过统一考试，6人取得三级心理咨询师资格。五是加强社区矫正阵地建设。11月，在岩坦镇屿北村成立全省首个“社区矫正人员思想道德教育”基地，并在永嘉县看守所成立“社区矫正人员警示教育”基地。截至12月底，参观“思想道德教育”基地共有100余人次，到“警示教育”基地接受警示教育共计200余人次。六是深化和推进安置帮教工作。严格执行刑释解教人员分类管理制度，定期上门回访。不断巩固安置帮教基地，联合部门给予帮扶救助。10月，组织政府帮教团赴金华女子监狱、十里坪监狱和十里丰监狱开展“送希望、筑梦想、促改造”的探监帮教活动。此外，完成全县村支部换届候选人资格审查以及在监服刑人员网上信息核查工作。

法律服务利民工程 一是全面落实社区法律顾问。全县城乡社区法律顾问覆盖率达100%。社区法律顾问到社区服务中心坐班1700余人次，走访社区600人次，电话联系800余人次，共接受咨询5680人次。二是建立健全政府法律顾问体系。落实县政府法律顾问团并实行县政府领导一对一服务，聘请法律顾问24家，聘请率达92.3%。16个镇（街道、功能区）落实法律顾问，聘请率达80%。同时，组织法律工作者参与每月15日的县政府信访接待日活动，引导群众依法信访，并为政府“三改一拆”专项行动提供法律保障。三是组建“重点工程”法律服务团。举办各类法律知识讲座和咨询活动，出台《关于开展“法律服务进重点工程”活动的通知》。为4个重点工程落实法律顾问。四是组织规模以上企业“法律体检”专项服务。为部分中小企业及317家规上企业开展一般性法律服务。为86家企业（市局分解任务32家）开展“法律体检”专项活动。同时创新服务形式，推进法律服务进商会。6月3日，以市律协永嘉县联络组名义与宁波永嘉商会签订一份法律服务框架协议，编印“法律进商会”宣传书籍5000册，赠送异地永嘉商会成员。五是深入开展律师规范化执业服务管理工作。3月，县委县政府出台《关于进一步加强和改进律师工作的实施意见》，率全市之先争取到支持青年律师发展的财政经费。11月，出台《关于申报2013年度实习律师补助的通知》，共发放实习律师补助1.8万元。同时，加强对律师队伍的培养，狠抓职业道德和执业纪律教育，树立良好品牌形象。2013年，全县律师事务所共办理案件939件，担任法律顾问125家、社区法律顾问46家，办理法律援助305件，参与调解61件；法律咨询2000多人次，为当事人挽回经济损失约8000万元，办案收费1072万元。全县法律服务所共办理案件696件，担任法律顾问19家、社区法律顾问36家，办理法律援助132件，调解97件，法律咨询7700余人次，代书353份，共收费263万元，挽回经济损失约3000万元。

法律援助惠民工程 坚持“应援尽援，便民利民”的工作原则，深入开展法律援助便民服务主题实践活动。充分发挥35个法律援助工作站和81个社区法律援助联络点的作用，下放申请初审权，切实提供一站式法律服务。同时，拓展援助渠道，提升法律援助知晓度。在巩固健全“12348”热线电话、QQ群、ECP视频通道、楠溪江法治网咨询平台的基础上，拓展援助宣传渠道，建立“永嘉法律援助”官方微博。全年通过微博解答法律咨询近50次，原创微博达100条。此外，健全援助工作制度，更新信息录入硬件设施。出台《永嘉县法律援助工作情况内部通报制度（试行）》，实施援助案件“全程跟踪监督制”，有效提高办案质量。全年办理法律援助案606件（同比增长3.59%），解答来电、来访咨询1340件（同比增长2.06%）。

司法行政固本强基工程 一是全力推进司法所规范化建设。2013年，全县司法所外观形象标识创建率达100%，标牌设置规范、醒目；2012年申报的5个星级规范化司法所于2013年9月份通过验收；三江、东城、岩头3个司法所完成司法所规范化建设任务，鹤盛司法所正处于装修阶段；司法所人员专编数占全县司法行政在编人员总数的61.8%。二是深化司法行政职能进社区工作。2013年6月启动司法行政职能进社区工作，依托全县社区社会服务管理中心平台，积极协调落实办公场地，开展制度上墙。整合人力资源，推行定期坐班制度。筛选出条件比较成熟的第一批28个社区，全面推进司法行政服务进社区。三是有效落实公证服务社会经济发展。一方面根据《温州市合作制公证处体制改革实施方案》要求，协调有关部门，稳妥推进公证处机构编制、人员安置、资产处置等各项工作，并于12月底基本完成浙南公证处体制改革；另一方面，加大对公证处的管理督查，围绕全县中心工作积极组织服务“三改一拆”“四边三化”等公证服务。继续深化公证“进村入企”活动。全年共办理公证10334件，其中涉外公证3081件。走访村居146个、企业57家。

队伍素质提升工程 从严抓班子，从严带队伍，认真贯彻中央政治局八项规定，建立执法情况通报监督制度。开展“510思廉日”系列宣教活动，提高党员干部拒腐防变的能力。结合“十八大”精神主题思想教育和“中国梦”宣传教育活动，确定了“开展四大交流、五大推进、六大调研”的活动内容。同时，完善全员绩效考核，积极开展教育培训。5月，举办司法行政干部、社区矫正协理员和专职人民调解员业务培训班。8月，组织新录用公务员、人民调解员、社区矫正协理员开展为期4天的岗前培训。2013年，永嘉县司法局共招录公务员10人，协理员12人，调解员6人。此外，在东城、三江、岩头司法所积极融入司法行政文化，打造良好的品牌形象。

（陈仙仙）

武 装

人民武装

概 况 2013年，永嘉县人武部坚持以科学发展观为指导，着眼有效履行历史使命，加强职工队伍建设和思想政治建设，认真学习贯彻党的十八大和十八届三中全会精神。探索转变战斗力生成模式和作战准备，提升民兵预备役部队的作战能力。配套完善作战方案计划，严格落实按纲施训，大力推进信息化建设全面发展，确保在信息化条件下局部战争和反恐维稳、抢险救灾、森林防火等行动中拉得出、用得上。着眼履行国防动员使命的基本要求，按照“军队提需求、国动委搞协调、政府抓落实”的工作格局和思路，有效落实国防动员机构设置。

思想政治建设 2013年，永嘉县人武部始终坚持思想政治建设不放松，着力强化军魂意识、使命意识、安全稳定意识和党委的领导核心意识，高标准推进人武部各项建设和工作。按照《党委工作条例》的原则要求，深入贯彻民主集中制，认真学习党委议事的“八个程序”“七项原则”，不断增强践行“十六字”方针的自觉性，进一步增强党委凝聚力和战斗力。贯彻省军区“九学”措施，采取中心组集中学与个人自学相结合的方式，组织全文学习十八大报告；针对热点进行剖析，解疑释惑，促进学透悟透；开展读经典学哲学活动，结合军分区“5．5”读书节和“9．9”读书日，在网上自学基础上，利用交班会等剖析身边人身边事，引导大家认清哲学就在身边，激发学习兴趣；结合每周一夜学，引导大家业余时间多读书、读好书，充实精神，通过组织《军营理论热点面对面》《苦难辉煌》《忠诚》《论语心得》《庄子心得》《三十六计新解》等学习，拓宽知识面。深入开展工作“四知”活动，切实做好干部职工一人一事思想工作，把握工作主动权。在民兵整组和民兵训练等时机，加强弘扬爱国主义和革命英雄主义为重点的国防教育；利用县委县政府、镇（街道）党员干部过军事日活动时机，开展国防法规、国防业务课培训。组织干部职工和部分民兵走上大街、走进社区、走入企业发放国防教育宣传单，通过电视、广播、手机短信进行全民国防教育、征兵宣传教育。组织承训全县普通高中高一新生军训工作，以实际行动强化青年学生国防观念。响应“慈善一日捐”活动，组织全体干部职工捐款捐物，被县慈善总会评为先进单位。“七一”前夕，走访慰问老党员，为挂钩村的困难群众送去慰问金。拥军优属工作有效落实，安置驻军随军家属2名，维护军人合法权益申请3起。8月，联合县司法局开展“军人军属维权月”活动，向军人军属宣传维权的法律和法规。

军事训练 2013年，永嘉县人武部按照严下先严上的思路，严格落实首长机关训练，按照计划安排，先后组织首长机关共同课目、参谋业务知识、体能等课目训练。结合民兵组织结构调整实际，着重抓应急队伍的处突维稳、抢险救灾等非战争军事行动训练，抓支援队伍的补差和接口训练，落实对接训练和协同演练，落实储备队伍的单兵课目训练。开展“六训法”“跨区联训”“训练月”活动。4月，全面展开专武干部、民兵连长集训。5月，重点组织应急队伍训练、重要目标警戒分队对抗演练、人防分队训练和水上抢险分队训练等。8月，组织人员参加省军区组织的民兵重要目标防卫分队骨干跨区联训。

国防动员 2013年，永嘉县人武部按照上级演练计划，在县国防动员成员单位抽调素质高、有演练经验的人员组成演练筹备组，精心制定演练方案，规范演练程序。按战时要求围绕动员的组织实施，突出解决动员行动指挥、协调与控制等衔接问题，进一步提高永嘉国防动员应急应战能力。深入国防动员潜力调查，采取专项普查和重点进行人民武装动员、交通战备动员、信息动员、政治动员等方面的潜力调查，切实掌握基干民兵、预编预备役人员、退伍军人、地方与军事专业对口人员和预备役军官数量质量情况；切实掌握道路交通运输能力、维护抢修保养能力和交通控制能力；切实掌握科技信息人才队伍、公共通信网络、重要通信枢纽等数量和分布情况；切实掌握各种宣传、教育、组织、心理咨询机构及其人员、设施和设备等情况。从而为国防动员潜力转化为战争潜力提供可靠支撑。

安全教育 2013年，永嘉县人武部以“一点小事都不能出”为标准，以人、车、枪弹为重点，以严格落实制度为保证，注重从基础抓起，从点滴做起。采取专题教育、播放录像、收看电视、制作专栏等多种形式，深入开展“四反”“预防职务犯罪”、预防事故案件、安全保密等教育，使干部职工更加懂安全、重安全，从而增强大家的安全意识，形成“我的安全我负责，单位安全我尽责，他人安全我有责”的良好氛围。全体干部职工签订岗位安全责任书、制作了安全责任明细表，将责任明确到人，严格涉密载体的全过程管理，使保管、使用、归还等各个环节都受到严格管控；严格落实文件收发、传阅、借阅、复印、留存、归档等程序规定、严格执行涉密资料专人保管、专柜存放等相关规定，坚持预防为先，严格控制知密范围，尽力消除泄密隐患。做到每月党委安全分析、每周安全排查、每日安全点评制度。部署“暑期百日安全竞赛活动”，科学统筹，细化工作任务，明确责任措施，对安排的工作，做到有部署、有检查、有验收、有讲评，真正做到逐级、逐人、逐项落实到位。对分析和检查到的可能发生安全隐患问题，坚持原则，贯彻执行，实现单位安全稳定。

征兵工作 2013年，是征兵体制改革第一年，永嘉县人武部贯彻落实省市征兵工作电视电话会议精神，坚持以兵役法规为依据，以兵员质量为核心，以廉洁征兵为重点，高标准高质量完成上级赋予新兵征集任务。加大宣传力度，充分挖掘红色资源，制作电视宣传片，在黄金时间播放，激发青年的从军热情，县广播电视台播放征兵宣传片100多小时；根据征兵调整改革，结合兵役登记宣传，主动走进校园，大力开展国防教育，共发放征兵宣传资料4500多份，悬挂宣传图片110多幅；通过悬挂横幅和发送手机短信，让青年家长鼓励支持孩子到部队锻炼；利用春节、清明外出青年回家时机，向适龄青年发送传单宣传征兵政策，收效明显。协调县民政局适时提高义务兵优待金（义务兵优待金提至10100元），组织退役士兵免费职业技能培训，为青年入伍、退役消除后顾之忧。依托县职业技术学院举办2期退役士兵职业培训。严把廉洁征兵关，采取设立意见箱、公布举报电话、公示兵员名单、发放廉洁征兵意见卡、组织专项督查等办法，确保征兵工作人员公正用权，做到依法征兵、廉洁征兵、和谐征兵。

抢险救灾 2013年，永嘉县人武部在抗击“菲特”台风过程中，积极响应县委、县政府号召，精心部署，果断决策，率领机关全体干部职工和1个民兵应急连共100余人，参与抢险救灾。县人武部党委立足全县应急抢险实际，提前展开抗台抢险各项准备工作，及时修订应急方案，购买补充各类应急抢险器材。结合民兵整组，对各民兵连和应急分队逐个进行点验，突出了快速集结、紧急出动演练，有效提高应急能力。在此基础上，组织应急分队实行定人、定地段、定各种保障物资的“三定”责任制。进入汛期后，组织水上抢险分队集训，为完成抢险任务打下良好的基础。接到抢险救灾任务后，做到快速反应、快速出动、快速抢险。

大事记 1月26日，省军区安全检查组到永嘉县人武部进行安全检查。2月4日，永嘉召开党管武装扩大会议，各镇（街道）党委书记、人武部长、县国动委成员参加会议。2月22日，省军区副司令员徐云法少将在温州军分区参谋长张年进的陪同下考察永嘉人武部。4月8日，永嘉县人武部政委陈瑞亮转业到地方工作；县人武部部长罗晴军转任县人武部政治委员，许文宝任永嘉人武部部长。4月11日，温州军分区司令员任明龙大校带工作组到永嘉人武部调研工作。8月27日，省军区副政委马加利少将到永嘉人武部检查指导工作。11月1日，省国动委综合办副主任朱云忠大校到永嘉人武部考评县国防动员工作，常务副县长陈志斌陪同。11月13日，省委常委，浙江省军区政委王新海少将一行，在市委常委、温州军分区政委雷林的陪同下，到永嘉调研武装工作和国防后备力量建设情况，县委副书记、县长娄绍光，县委常委、县人武部政委罗晴军和县人武部长许文宝陪同。11月28日，省军区司令员傅怡少将带安全检查工作组到永嘉人武部检查指导工作。

（郑林余）

预备役炮兵

概　况　2013年，永嘉预备役炮兵营以科学发展观为指导，以军事训练为中心，以整组点验、营连“六个规范”正规化建设、“四会”教学骨干集训、现役营连长及预任官兵训练、指挥所演习及室内战术作业、100迫击炮连成建制训练、首长机关业务基础技能强化训练等大项任务为牵引，以建设全面先进营为目标，探索新时期预备役部队建设特点与规律，完成上级赋予的各项任务，确保营队建设又好又快发展。

思想政治建设　2013年，永嘉预备役炮兵营党委始终把学习科学发展观理论和践行当代革命军人核心价值观作为第一政治任务，坚持高起点、高标准、严要求，加强思想政治建设，按照团总体计划，参加四个季度党委中心组理论学习，就“如何加强部队党的建设和抓好党建落实”和“如何推进部队学习型党的组织建设，提高党员领导干部的能力素质”展开讨论。帮助连队支部提高“三个能力”建设水平。3月，永嘉炮兵营召开党委会议，教导员陈志斌对营队工作进行全面总结和部署。营党委坚持“有岗位就有地位，有活动就有活力”的宗旨，投身地方“四个文明”建设。上半年全营共出动兵力200多人次，出色完成上级各项任务。特别是双37高炮连和82无座力炮连的整组点验抽查，参点率100%。

军事任务　按照团2013年度军事训练任务工作指示，完成了整组工作和“三个现地”演练、“六个规范建设”、新入队人员训练、“四会”教学法骨干集训、现役营连长及预任官兵训练等大项工作。及时拟制兵员整组工作计划表，召开营党委扩大会，成立兵员整组工作领导小组，明确分工，责任到人。明确每个工作时段工作标准和完成时限，确保全营兵员整组工作按时展开。完成各连的整组点验和“三个现地”演习，到点率98%。各连均做到点验程序规范，部队着装整齐，精神饱满。同时将任务明确到连、排、班，并组织了演练。在组织过程中，检查组对人员到点率、兵员相识情况、“三证”、通用装备和战备物资情况进行检查。依据各项管理规定，营党委统一规范，细化补充，形成更健全的安全管理“六个规范”。从预备役现役干部到民兵预备役人员，在“六个规范”中有着明确的责任和义务。依据每个人的岗位签订《重要岗位安全责任书》，形成逐级抓落实责任体系。4月，组织入队训练，利用15天的时间由永嘉炮兵营依托永嘉县民兵训练基地进行成建制训练，主要安排条令学习、队列训练、政治教育、轻武器操作、实弹射击、战术基础动作、手榴弹投掷、防护、卫生与救护、心理战常识等10个科目的训练。共动用步枪10支，消耗弹药450发，营队整体执行任务的能力有了一定的提高。全营现役干部和12名预编班长参加了团组织的“四会”教学骨干集训。在教学方法、程序上相互借鉴，共同提高，确保训练落实的情况下提高自己的教学能力。5月，现役营连长参加了团组织的首长机关作业训练，7月初，参加了首长机关战术作业。协调地方预任编官兵参加上级组织的各项军事训练，6月，预任编官兵参加了省军区组织的侦察情报员集训。

战备工作　2013年，永嘉预备役炮兵营党委定时召开战备工作形势分析会，理清战备工作思路，完善作战方案。按照“上下衔接，相互配套、精确具体”的要求，修订和完善配套方案。进一步完善《快速收拢方案》《疏散方案》《协助地方维护社会稳定方案》《抗洪抢险方案》。针对基层正规化建设中存在问题，加强战备设施建设。进一步规范营连两级战备库室，调整应急和完善图片、资料。调整应急分队人员。结合兵员整组工作对各连应急分队进行调整，按照“平时服务，急时应急，战时应战”的目标，担负起抢险救灾、治安执勤、维护社会稳定等任务，狠抓应急分队建设，着力打造服务与积极保障社会稳定的应急分队。3月份，师团先后对炮兵营应急分队进行拉动，每次到点率100%。全年采购救生衣100件、铁锹镐70把、手电筒40只。规范战备建设，配齐战备作业箱、军政作业箱、班用帐篷、野战桌椅等多种战备物资。

安全保密管理　2013年永嘉预备役炮兵营党委重视安全保密工作，定期与不定期召开安全保密分析会议。落实保密制度，建立战备资料室各类资料出入库登记统计，做到当日借当日还。抓好八小时外的人员管理，纯洁“三圈”。抓好节假日和军事训练中的安全保密工作，提高现役干部执行规定的自觉性，积极参加上级组织的各种安全保密教育。

后勤装备保障 在永嘉国防动员委员会的帮助下与县交通局对接完成通用装备征用协议签订，确保营装备的保障。同时严格落实武器的“三化管理”，加强武器管护工作，修订完善火炮定期检查、维护、保养制度。火炮安全有专人管理，坚持对火炮进行每周一小擦，每月一大擦。

抢险救灾 2013年10月7日，第23号强台风“菲特”期间，永嘉预备役炮兵营积极做好前期准备工作，检查冲锋舟性能，落实托运车辆，落实应急抢险人员和物资，现役干部24小时值班，检查连队准备情况，主动询问了解地方准备情况，做到随时能出动抢险救灾。积极参与清明火灾防范和地方的山火扑救。

（戴　枫）

人民防空

概　况 2013年，永嘉县人防办以“发展大融合、能力大提升”为目标，以加快人防发展方式转变为主线，以提升应急应战能力为核心，狠抓落实，取得较好成绩。

指挥通信建设 2013年，永嘉县人防办同步开展各指挥通信体系模块建设，推动人民防空体系升级，人民防空工作逐步向基层延伸拓展。讨论制定并下发《关于基层人防（民防）规范化建设工作实施方案的通知》，明确各重点镇（街道）及社区的建设标准。召开基层规范化建设任务部署会，召集有创建任务的重点镇（街道）及社区，下达建设任务，增强各重点镇（街道）的行动力和责任感，完成创建实施工作。北城、江北、乌牛街道的民防应急指挥中心设计方案通过专家组评审，进入招投标阶段。逐步扩大警报覆盖范围，完善防空防灾警报网，确定乌牛街道办事处为防空警报建设点，完成安装调试。检验警报设施性能，增强市民防空防灾意识，开展“5.12”“9.18”试鸣工作。分别于5月3日、9月11日召开警报管理员培训会议，对警报管理员进行认真细致的理论灌输、技术讲解、指导和模拟操作培训。指派人防指挥信息中心抽调精干技术力量组成检修小组，奔赴各个警报安装点逐台检修，对各个点的警报管理人员进行一对一复训，2次试鸣鸣响率均达到100%。加强人防教育基地建设，开展广泛选址，先后实地走访调研全县多个预选建设场所，经多方综合考虑，确定三江商务区永嘉县学生综合实践学校为永嘉人防教育基地建设点，与教育局及该学校签订三方建设协议，采取以教育局为建设主体，学校为具体建设单位，人防办一次性资金补助的形式进行建设。

人防工程建设 2013年，永嘉县人防办在结建工程管理中，突出工程质量监管，加大施工现场检查力度，有效提高结建工程质量。直接派员到现场进行施工质量监管，参与工程施工前的技术交底会议，将施工过程中容易出现的技术问题及注意事项向各方建设主体进行讲解，争取防患于未然；在结建工程底板、墙体、顶板等隐蔽工程隐蔽前到施工现场检查，发现问题及时要求整改；在中间验收与竣工验收中，均邀请人防专业质量监督站参与，严格按照施工规范进行验收。对瓯北城市新区范围内的项目，要求瓯北城市新区管委会建设局人防工作人员严格按照县人防办的标准进行管理。全年共派员下8个工地（瓯北城市新区除外）进行检查及技术指导40次，组织人防专项竣工验收1次。完成人防工程平时使用情况专项检查等三项普查工作。

人防行政审批 2013年，永嘉县人防办开展行政审批事项规范化建设。对现行实施的行政许可、非行政许可类审批项目进行全面清理，重新梳理行政审批事项规范表。减少行政许可事项3项，简化人防行政审批流程，减少行政许可审批环节1道。简化、精确化人防行政审批要件，将部分要求模糊的审批要件明晰化。与上级主管部门及县级相关审批部门做好衔接，为建设单位解决政策问题，并提供技术咨询。所有审批事项集中到窗口，审批人员集中到窗口办事，审批件收发均在窗口办理。指导瓯北城市新区建设局开展人防审批规范化及工程施工监管规范化工作，随时提供政策咨询与技术指导。行政审批提前办结率94%，平均审批时间1.5天。

人防（民防）宣传 2013年，永嘉县人防办以“3.1国际民防日”为契机，主动牵头联系县公安消防局、卫生局、林业局、电信局等应急救援职能单位，整合各系统各类型应急救援队伍及器材，共同建立“大民防”应急救援平台，在大会堂广场共同举办各系统各种类特种应急救援设备和车辆的展示体验活动，由各系统各设备的一线操作人员向市民讲解各自器材和车辆的功能、特点和使用方法，指导帮助市民对部分设备进行体验和应急操作演练。设立咨询台和签名墙，向群众发放印有二维码的人防民防政策法规及应急救援知识宣传单等材料，详细讲解应急救援及防灾减灾的相关知识，累计发放宣传资料4000余份，接受咨询500余次。组织瓯北城市新区江北街道永宁社区骨干、民防志愿者及社区女子军鼓队，在瓯北码头等人流密集场所进行主题宣传。以上塘城西中学为起点，开展为期2周的初级中学人防（民防）知识图片巡展。与人防工程、人口疏散场所、人防工程平战结合开发利用情况等三项普查相结合开展宣传。5月9日，县人防办与县应急办、县公安消防局、县新居民服务管理局在瓯北城市新区东瓯街道蜘蛛王集团有限公司开展“5.12”应急疏散演练。

（吴林锋）

武装

消　防

概　况　2013年，永嘉县公安消防局紧扣永嘉经济和社会发展脉搏，以党的十八大精神为引领，传承“爱队、爱兵、爱人民”优良传统，全力构建消防安全新秩序，各项工作任务稳步推进，确保火灾形势和部队建设“两个稳定”。

建队40周年　2013年，制定《永嘉消防建队40周年文化年活动暨2013年大队典型培养目标细则》，印制展示永嘉消防部队40年辉煌历程纪念邮票集，编印以回首永嘉消防40年成长历程为内容的画册，筹划了“119”消防宣传日暨建队40年“寻找最美消防人”活动启动仪式，邀请多名永嘉消防老领导重回部队，共同回顾，共谋发展，积极营造团结友爱、催人奋进的良好氛围。

“双拥”工作　2013年，永嘉县公安消防局始终以“创建人民满意消防”为目标，以创建青年文明号、文明局为契机，开展了多种形式的拥政爱民活动。拍摄的红色文化建设展播视频在温州市公安局红色文化现场展示会展出，增进了群众对消防部队的了解。多次走访慰问了驻地老红军。

抢险救灾　2013年，永嘉县公安消防局成功处置了“4.18”瓯北龙桥卡特尼鞋业火灾、“4.23”瓯北液化气槽罐车事故处置、“8.26”山洪爆发和“10.23”岩坦祠堂坍塌等事故。全年共接警出动1103起，其中火灾798起，抢险救援223起，社会救助82起，出动车次2220辆次，出动12662人次，保护财产价值约6000万元，抢救被困人员27人，疏散受困群众200余人。

管理创新　2013年，永嘉县公安消防局继续落实“全警消防”机制，联合公安机关各警种多次开展行动，明确各警种消防工作职责，完善“双挂”制度（“双挂”，即消防分局参谋挂职担任派出所副所长，派出所消防专兼职民警挂职消防分局参谋）。出台《2013年度永嘉县公安局派出所消防工作考核办法》，对派出所工作进行定期考评、通报，形成了公安全警抓消防常态工作机制。提请县公安局出台《永嘉县公安消防局、刑侦部门协同调查火灾工作机制》，及时查明起火原因和侦破刑事案件，明确消防、刑侦部门协同调查火灾工作的职责和要求，提高工作效能。

消防责任落实　2013年，永嘉县公安消防局依据《永嘉县消防工作岗位职责说明书》，组织召开全县消防工作会议和消防安全工作季度例会，对工作滞后的镇（街道）进行通报和约谈，签订工作责任书，印制并下发了镇（街道）消防工作手册。开展对镇（街道）定期督察、考核工作，并下发通报。全年县政府召开消防专题会议10余次、由县领导带队检查10余次、督导镇（街道）6次，由县考绩办发文对消防工作开展不力的镇（街道）予以通报。由县领导及相关部门领导带队，开展了对市、县、镇（街道）三级挂牌重大火灾隐患的督改，确保在时间节点内得以整改销案，有力推动消防安全责任的刚性落实。

民生建设　2013年，永嘉县公安消防局结合“进村入企”“执法回访”工作，全面深化消防服务制度。局党委成员分片包干，对全县镇（街道）和重要社区进行走访、调研服务企业65家。参与县委“千名干部进千村入千企解千难”行动，帮助9个企业解决难题。坚持对微小企业的扶持，解决了方圆纽扣集团等一大批隐患老大难问题企业整改。联合教育局、民政局、旅游局、卫生局、住建局等主管部门，对全县私立幼儿园、养老院（敬老院）、医院、农家乐、在建工程等进行了专项服务指导，消除了大批隐患。邀请省、市、县三级人大代表、政协委员进警营，主动听取意见，提升服务水平，使消防工作更贴近民生更利于发展。

基础建设　2013年，永嘉县公安消防局提请县政府下发消防安全“户籍化”管理方案和办法，在局、村（居委会）全面推进消防安全“户籍化”管理“四级”监管模式。在江北街道试点创新性地开展“三网合一”工作，整合基层力量，把消防协管员、流口协管员和安监协管员进行整合，明确工作职责，使基层工作真正有人抓、有人管。多次组织镇（街道）相关负责人到乐清、鹿城参观网格精细化及户籍化管理，在江北街道召开永嘉县消防安全“网格化”“户籍化”现场推进会，明确网格人员，夯实社会消防基础。

消防执法 2013年，永嘉县公安消防局围绕“三生相融·幸福永嘉”建设，以服务地方经济建设为目标，牢固树立对火灾隐患“零容忍”理念，先后部署开展除隐患、保安全、大排查大整治、百日大会战、今冬明春等系列专项行动，常年保持对火灾隐患的高压严打态势。全年共检查1610家，发现火灾隐患或违法行为2305处，督促整治火灾隐患或违法行为2259处，责令“三停”27家，临时查封10家，罚款164.82万元，拘留6人。

消防宣教 2013年，永嘉县公安消防局本着“务实阵地、正面宣传”的原则，依托消防安全“网格化”“户籍化”管理工作，提请县政府对全县18个镇（街道）的904个行政村的村两委干部、驻村干部进行消防安全“网格化”“户籍化”管理工作培训。深入学校、企业、村落、敬老院等各个层面进行宣传活动，共印发消防宣传袋和宣传手册各2万份，推进“进村达户”消防宣传活动全面开展。筹划开展了“寻找最美消防人”活动，树立社会消防工作者典型。举办了“119”消防宣传月启动仪式以及联合电视台录制“119”局长访谈录，拓宽消防宣传渠道。在节假日等时间节点，利用手机短信、微信、微博、论坛等形式为群众传递消防警示短信及消防知识。共开展消防安全“网格化”“户籍化”管理工作培训39场2895人次，社会消防宣传36次。

（余才福）

武　警

概　况 2013年，永嘉县武警中队依照年初提出的争创先进中队的目标，喊响了“抓队伍强素质、严管理正风气、抓末端夯基础，出精品树形象”的口号，以科学发展观为指导，围绕总部、总队的总体思路和工作部署，抓经常性基础性工作落实，圆满完成中心任务，部队全面建设呈稳步上升、整体推进、健康发展态势。

思想政治教育 2013年，永嘉县武警中队共开展政治教育课127次，主题教育19次，随机教育36次，执勤、形势任务教育、保密教育、安全教育、法纪教育、卫生教育、管装爱装教育以及条令法规等8次。着重抓好经常性思想工作。坚持每季培训思想骨干，每月官兵思想分析，每周开展谈心活动，干部坚持轮流驻班制度。开展“坚定信念、铸牢军魂、永远做党和人民的忠诚卫士”和强军目标主题教育，从思想上打牢官兵的政治信念，确实保证官兵做党和人民忠诚卫士的政治热情。在支队集中统一授课的基础上，中队重点开展好补课、班排讨论、串讲环节，通过干部带头参与班排讨论帮助战士理解消化，通过串讲进一步理清教育内容。通过黑板报、宣传栏、警营之声、小广播等激发官兵做党和人民忠诚卫士的热情。开展好笔记评展、心得体会文章展评、组织演讲等活动深化教育效果。注重发挥大学生士兵的特长，转变带兵理念和方法。

执勤教育 2013年，永嘉县武警中队支部在抓中心工作上始终保持清醒的头脑和清晰的思路，圆满完成了上级赋予的各项任务。针对2013年社会和部队形势的严峻性，中队及时做好执勤战备教育，统一官兵的思想认识，明确保中心的重要性。进行执勤教育14次，形势政策教育10次。开展讨论活动，定期邀请看守所领导作狱情报告，搞好警示疏导，不断增强官兵遵纪守法的自觉性和抵制腐朽思想侵蚀的“免疫力”。深入开展“小哨位连着大使命”教育实践活动，以上海哨兵枪袭事件为案例，联系任务实际，在“6·4”“7·5”等敏感期和重大节日前，有针对性的开展形势任务教育，提高官兵战备意识，克服麻痹思想，不断强化“哨位就是战场，执勤就是战斗”的使命意识。结合支队暑期百日安全活动，加大与目标单位联系力度，着力整治各类执勤隐患。支部坚持每月分析中队安全形势，官兵人人开展自查，形成自查自纠材料；发动官兵排查中队各类隐患，共查出各类隐患12项。对查找出的隐患及时制定措施，定人定时落实整改，新购买更换了岗楼探照灯，整改监区照明灯，整理营区内外露线路等10项安全隐患。

军事训练 2013年，永嘉县武警中队贯彻落实总队提出的加强“军事训练工作”的指示精神，加强军事训练，能力不断提升。突出抓两官队伍训重点，在人员上紧紧扭住干部、骨干训练这一重点，在内容上突出对干部基础体能训练，对士官组训和教学能力的培养。坚持周会操月考核，训练分析深入扎实。分阶段组织军事训练普考，以考促训，班排进行竞争。每次会操评比都要颁发流动红旗，并给予一定的物质奖励，调动了官兵训练积极性。针对勤训矛盾突出的问题，组织利用“五小练兵”，开展好小练兵活动，有效时间内提高训练效果。训练方法上，在大队的指导下，积极探索欧美科学体能训练方法，体能训练效果明显。

安全管理 2013年，永嘉县武警中队先期整改司务长室、作战勤务值班室，警用器材室、网络学习室、多功能俱乐部等硬件库室场所建设。对各项设施、库室管理、物品摆放和人员着装、礼节、形象等软件方面逐项进行规范，提升部队正规化建设水平和部队精气神。中队支部狠抓“两手”问题治理不放松，对符合条件人员进行严格把关，上报支队审批。结合“两手”问题专项治理活动，重点加大对“身边人、放心人”以及中士以上士官、本地兵的管理教育。结合安全教育和隐患排查治理工作，扎实搞好暑期百日安全活动，定期分析安全工作形势，实行安全工作责任制。加强枪弹管理，严格落实各项规章制度，坚持“双人双锁”“同进同出”。加强对中士以上士官和身边人的管理力度，严格请销假制度和一日生活制度管理，突出给养员、本地士兵、无职务士官的管理，特别是八小时外的管理，做到不失控不失管。日常管理中，从干部自身做起，以干部良好的形象为战士做好榜样。

后勤保障 2013年，永嘉县武警中队立足自身实际，围绕学习实践科学发展观和争创优活动的要求，下大力解决官兵的实际问题，确保以执勤为中心的各项任务圆满完成。结合官兵生活抓保障，后勤综合保障水平明显提高。以“七个咸菜的故事”为镜子，扎实搞好伙食保障工作。经济民主组每周征求官兵意见，科学合理制定食谱。在经费管理上，严禁无计划无预算开支，落实主官联签制度。严格落实武器保养、双人双锁、日检查制度。对后勤人员严格管理，注重思想政治教育，规定除炊事员外都要参加下午的政治教育课。

（邓炬敏）

社会事务

民　政

概　况　2013年，永嘉县民政局坚持以“贴心民政”创建为载体，坚持把关注民生、保障民生、服务民生、改善民生作为第一要务，充分发挥好民政在加强社会建设中的保底作用、基础作用、支持作用、支撑作用，着力解决人民群众最关心、最直接、最现实的利益问题，努力构建“现代大民政”工作格局，推动各项民政事业的健康发展，促进社会和谐稳定。2013年，永嘉县民政局获全省民政工作先进县、全省福利企业管理工作优秀单位、全市民政工作目标责任制考绩优秀单位、全市殡葬改革先进单位和全县政风行风民主评议满意单位等荣誉。

低保救助　2013年，永嘉县民政局完善救助政策，健全工作机制，对低保工作的七大方面机制进行不断完善，实现低保工作创新、科学、规范发展，科学救助困难群众。全年退出低保 295 户539人，死亡注销276人，调整变更1038户2615人，总共退出低保1425人。截至2013年底，全县有低保对象11995户21123人，享受重度残疾人生活补助金1566人，占全县总人口的2.36%，每月支出低保金（包括重残补助金）519.93万元，年支出低保金约6489万元，资金投入比上年度增长20%。全年发放动态物价补贴156.5万元，各类慰问金719.5万元。

医疗救助与临时救助　2013年，永嘉县民政局支出医疗救助资金1159.1万元，受惠1879人，其中医中救助精神病人539人次，支出救助资金约153万元，在民康医院和康宁医院住院治疗312人。下发《关于进一步加强重特大疾病救助工作的通知》和《关于调整医疗救助工作有关规定的通知》，重特大疾病救助比例从50%提高到70%，一般救助对象的封顶额从3万元调整到4万元。全年救助外来流浪精神病人、流浪乞讨人员共823户1230人，支出临时救助资金约162万元。投入经费15万元，在清水埠、城东、城西和城南4个社区根据不同的需要设立不同救助项目的爱心驿站，首家以企业注资方式冠名的爱心驿站在城南社区落户。健全精神病人救助体系，创新特殊人群救助管理，对家庭困难无力承担治疗费用的精神病人开展“解锁行动”，得到省、市政法委的充分肯定。

慈善救助　2013年，永嘉县民政局通过认捐慈善“冠名基金”、开展“慈善一日捐”活动、推行“微慈善”传递正能量等善款募集形式，全年累计慈善募捐收入3392.10万元（含物资非现金捐赠收入112.23万元），比上年增长94.2%，实现了慈善募捐“逆势”增长。同时，加大慈善救助力度，开展包括助医、助学、助残、助孤、助老、助困、救灾等多方面的慈善救助活动，全年累计支出慈善救助资金约2723万元(含物资非现金支出112.23万元)，比上年增长66.86%。在巽宅镇石垟村设立“村（社区）慈善帮扶基金”，募捐资金30.5万元，是继下堡村、底岙村、埭头村之后设立的第四个“村（社区）级慈善帮扶基金”。

集中供养　2013年，永嘉县共有农村五保老人和城镇“三无”人员511人，其中新增五保老人35人。有503人在全县14个敬老院里集中供养，其中户院挂钩41人，集中供养率达98%，全年投入集中供养资金390余万元，人均年供养金9192元，达到上年度农民人均年收入（11549元）的79.6%，超过浙江省民政厅规定标准的60%，较好地满足了农村五保和城镇“三无”人员的吃、穿、住、医、葬等方面的保障需要。

灾害救助　全年共应对台

风、暴风雨等自然灾害6起，下拨自然灾害救济金415万元，帮扶受灾群众1.3万人。修订《永嘉县自然灾害救助应急预案》，紧紧围绕主题“识别灾害风险，掌握减灾技能”，在大会堂广场开展“512”“国际减灾日”防灾减灾周宣传活动，发放宣传纸杯6万余个，宣传手册3000份，宣传挂图30多幅。全年共对70起农村民房火灾户（519户，472间，1628人）进行救助，共下拨火灾救济款65.94万元，救灾大米19吨，救灾棉被350床，食用油298瓶，确保灾民有饭吃、有水喝、有衣穿、有房住、有病能医治，及时恢复生产、重建家园，维护社会稳定。

老年人福利　2013年，永嘉县民政局在加强公办养老机构建设的同时，大力扶持民办养老机构建设，充分发挥社区、农村星光老年之家的作用，全面提升生活服务、日间照料、医疗卫生、文化教育等养老服务能力，建成了养老服务机构38家（其中公办敬老院14家），镇街养老服务中心21个，农村星光老年之家309家，居家养老照料中心29家，老年活动室798个，全县拥有机构养老床位3373张，每百名老人拥有床位数2.4张。在北城街道开展了为老信息服务平台建设试点工作，认真开展了“白内障复明工程”，实施手术31例；全年为2799人发放了高龄津贴，共发放资金507万元。投入资金约3万元，实行政府购买居家养老服务，对具有永嘉县户籍的低收入家庭中60周岁以上的失能、失智、高龄、独居等养老困难老年人，经评估采取政府补贴的形式，为他们接受居家养老服务或者入住养老机构提供支持。

儿童福利工作　2013年，福利中心共收养社会弃婴及孤儿32名，在院23名，家庭寄养9名，办理社会私自收养登记32件，现有11名儿童就读，为9位社会散居孤儿发放基本生活费11.34万元。完成“明天计划”儿童康复手术3例，包括裂唇、自闭症等。对13名儿童先天性心脏病和儿童白血病患者实施特殊救助，支出救助资金约25.2万元。以“这是我们共同关心的家”为口号，发动社会力量开展儿童福利工作，共接待社会团体、义工组织、学校、企事业单位、部队慰问以及爱心活动60余次。

残疾人福利工作　2013年，永嘉县有福利企业18家，共安置职工1239 人，比上年减少443 人；其中安置残疾职工413 人，比上年减少176 人。资助福利事业51万元，同比下降10%，残疾职工平均年参保额为8142.72万元，同比增长12%；残疾职工平均月工资为2043元，同比增长13%。全县残疾职工保险总额336.2万元，在保证残疾职工标准工资 1 200元的前提下，个别企业还额外每月加给残疾职工不等的补助金，春节回家给予车船费报销和节日补助。投入经费16.63万元，对18家福利企业改造或添加无障碍通道，无障碍厕所，优化残疾职工生产生活无障碍环境。

优抚工作　2013年，永嘉县民政局根据相关政策，对烈士遗属、因公牺牲军人遗属、病故军人遗属和孤老、解放和新中国成立后在乡老复员军人、带病回乡退伍军人、有工作单位的残疾军人、无工作的残疾军人等优抚对象，进行核对并调整标准，按时足额发放各类优抚对象抚恤补助金及义务兵家庭优待金。为2009名优抚对象发放优抚补助2348.76万元，为1232名重点优抚对象缴纳医疗保险和发放医疗补助179.57万元，为各类优抚对象支出慰问金和临时性生活困难补助金270多万元。做好二等功对象的调查和残疾军人的复查工作。做好部分退役残疾军人更换假肢工作，复退军人的信访和维稳工作，开展精神病残疾军人的免费体检工作。完成沙头烈士墓改造第一期工程并顺利通过验收。

双拥安置　2013年，永嘉县民政局做好2012年冬季367名退役士兵自主就业和18名转业士官的安置工作；完成2012年冬季退役士兵的档案整理和385份档案移交工作。努力做好退役士兵职业技能教育培训工作，给2012年冬退役士兵发778份培训指南和公开信。120位退役士兵免费参加职业技能教育培训，支出培训费99.43万元。春节、“八一”期间，组织拥军慰问团走访慰问温州军分区及驻永部队全体官兵，为官兵们送去慰问金32万多元，慰问品价值10.1万元；给1140位重点优抚对象发放慰问金57万元，发放年画挂历2.3万份，慰问信1942封，慰问品价值7.29万元。开展纪念延安双拥运动70周年征文活动，被温州市民政局评为优秀组织奖。

丧葬陋习整治　全年对严管区丧事实施全程监管251例，发出整改通报12份（次），责令公开道歉20例，成功劝阻违规行为64例，对全县花车、礼炮车、LED电子花车等非法改装车辆经营户进行整顿，发放限期整改通知书15份，联合交警等执法部门取缔非法改装车辆10台次。全年支出包括遗体接运、五保户、困难低保户火化补助、基本费用免除等惠民经费490.85万元（其中遗体接运200万元，骨灰里程补贴74.15万元，基本费用减免216.7万元），受益群众4560人。

坟墓整治绿化 2013年，永嘉县民政局坚持以坟墓生态化改造强化“青山白化”治理，率全市之先投入资金2450万元，完成诸永、绕城、金丽温、高铁两侧沿线和沙头、大若岩镇重点区块及104国道，41省道、49省道和雁楠公路两侧沿线近7000多座坟墓的生态化改造，改造数居全市第一。

生态墓地建设 2013年，永嘉县民政局审批墓区28处，投入使用9处，可向社会提供墓位近5200穴，涉及16个镇（街道），占历年审批生态公墓总数的31%。新审批骨灰寄存设施25处，全县总数达到82处（其中公墓80处，骨灰楼2处），已启动建设40处，行政村覆盖率80%以上。

婚姻和收养登记 2013年，永嘉县共办理结婚登记8358对，离婚登记1558对，补领婚姻证件4174本，出具无婚姻登记记录证明10875份，查阅复制婚姻档案2100余件次。整理2012年婚姻档案488盒（卷），办理收养登记40件。

社会组织管理 2013年，永嘉县新增社会组织187家，其中民非143家，社团44家，撤销登记3家，注销登记4家。完成287家社团、民非年检工作，年检率为100%；部署“社会组织服务社会”主题实践活动，积极引导社会组织参与社会管理，有126家社会组织安排服务社会的项目；全面完成1354家社团类社区社会组织民主选举工作，登记备案的社区社会组织总量达3691个。按照“政府扶持、社会参与、专业运行、项目合作”的模式，建立了三级社会组织服务平台，成立了永嘉县社会组织服务中心、18个镇（街道）邻坊中心指导站、81个社区邻坊中心，并建立了社会组织QQ交流群和短信群发平台，编印《永嘉社会组织简报》12期。

地名工作 2013年，永嘉县民政局贯彻落实《浙江省地名管理办法》和《温州市地名管理办法》，按时报送全县第二次地名普查的成果图和成果表，编撰出版200册改区大典永嘉篇，逐步完善地名数据库，入库数据5985条，其中道路435条、小区和建筑物98条。完成温台线和温台丽三交点联合检查界线工作；毗邻12个边界镇（街道）签订共建平安边界协议书32份。投入资金40余万元，完成3个镇8个街道的亮牌工程，共设置路牌368个（T型牌358个，A型牌10个）。

社区建设 2013年，永嘉县民政局对照温州市“社区常住人口2万以上要拆分”的要求，对桥下镇西溪社区、岩头镇岩头社区、东瓯街道张堡社区进行了拆分。对江北街道原有15个社区的“插花现象（居中有村、村中有居）”进行调整合并为9个社区，经过社区优化调整后，全县共有城乡社区81个（其中城市社区9个，城郊社区4个，农村社区68个）。同时，对照《温州市城乡社区建设情况每月一报》中的4大项18小项内容，逐项细化分解、分析，制定出《永嘉县城乡社区建设情况每月一报表》，加强指导督查和协调，采取“一月一排名”制度，对每月社区建设考评情况、每月排名情况分别制成《社区简报》送给县四套班子领导参阅。以幸福社区、五星级示范社区创建为载体，指导全县81个社区开展规范化建设，达标率95%。顺利开通96345社会服务热线。

社工人才 2013年，永嘉县民政局组织召开全县社会组织建设工作会议，举办社会组织工作系列培训活动，对已持证社工进行继续教育，全县已取得全国或市级社会工作者职业证书人数增加至194人，其中新增87人，成立了社会工作协会及首家民办专业社工机构。

村务管理 2013年，永嘉县民政局制定《永嘉县村民委员会“自荐直选”试点工作方案》，编印《永嘉县第十届村民委员会选举工作材料》，对村委会选举的总体要求、工作原则、工作步骤等内容作了详细规定。截至2013年底，全县904个行政村圆满完成换届选举，换届完成率100%。指导全县村级组织先后于1月10日、4月10日、7月10日、10月10日开展村务公开活动并进行通报。

老龄工作 2013年，成立全省首家长寿文化研究会和“永嘉县老年学学会”，成功举办全国“养生与长寿”高峰论坛，邀请中国老年学学会、浙江省老年学学会以及温州市老年学学会的领导，全国32个“长寿之乡”的部分代表，兄弟县市有关领导以及在卫生、生态、养生、旅游等领域的著名专家学者共150多人参加。认真做好新《老年人权益保障法》的宣传工作，刊发《永嘉老年人》12000份，成功申报中国老年学学会和浙江省老年学学会2个长寿文化研究基地，获评浙江省十大养生福地。出台《永嘉县敬老文明号评选办法》，全县5家单位被评为省级敬老文明号，8家单位被评为市级敬老文明号，13家单位被评为县级敬老文明号；县四套班子主要领导在重阳节期间，向百岁老人送牌匾、慰问金等，各社区、老协等开展一系列的尊老敬老活动，全县形成浓厚的尊老敬老氛围。2013年，继续对74家新建、扩建、维修的老年活动中心（室）进行补助，进一步促进基层老协会规范化建设。到年底，永嘉县有二星级老年活动中心222家，乡镇老年大学18所，村居老年学校260所，共有学员1.92万人，老年电大学员人数占全县老年人口数的1.23%。

（潘修多）

新农村建设

“十百”工程 2013年，围绕“村庄绿化、村道硬化、污水治理、垃圾处理、卫生改厕”等5个项目进行村庄整治，创建了省级整治合格村33个、市级整治合格村18个、县级整治合格村20个，镇（街道）全面推进2个，培育了9个中心村。

历史文化古村保护和利用 2013年，全面开展对苍坡村、芙蓉村、屿北村、林坑村、埭头村、岩头丽水街等6个古村古街的维修，村庄绿化和民宿改造得到提升。开展对暨家寨、五鹲、林坑（张溪）、茶园坑、岩龙等5个古村的规划编制。完成陈虞之墓、霞山汪氏节妇墓、白泉大房小宗祠等25个文物点的修缮工程。南垟金顺连宅、郑氏宗祠、邵氏大宗等3处省级文物点的修缮正在进行中。

美丽乡村建设 2013年，编制了《永嘉县美丽乡村建设总体规划（2013～2020）》，确立了楠溪古韵寻踪轴、瓯风新貌品鉴轴、星火红游追忆带、仙峡秀水揽胜带、山田春意醉闲带、溪源古道探幽带等空间建设布局。成功创建全省美丽乡村建设先进县，成功打造自三江到岩头的美丽乡村精品线，并成功举办全省美丽乡村建设现场会。

低收入农户奔小康 2013年，深入实施低收入农户奔小康工程，落实省、市、县扶贫资金1597万元，建设项目近970个，全县低收入农户人均收入达8100元。加大金融扶持力度，完善扶贫小额信贷制度，发放扶贫小额贷款1350万元。促成岩坦镇岩门下等27个村级资金互助组织放贷371.59万元，带动441户农户发展农业生产。

来料加工业提升 2013年，发展479家来料加工经纪人，带动8万农户创收，全年发放来料加工工资12500万元，新增就业2500人，有效带动了区域经济发展和低收入农户增收。

扶贫对象认定和下山移民 2013年，启动新一轮扶贫对象调查认定，完成290个村52046户137539人的扶贫调查认定工作。2013年，以整村搬迁与插花移民为主要形式，引导436户1492人下山移民，促进了人口集聚和公共服务资源共享。

农业转型升级 2013年，永嘉原野园林工程有限公司获省级农业龙头企业，永嘉阿布拉食品有限公司等5家企业获市级农业龙头企业，永嘉元惠生态农业有限公司等8家企业获县级农业龙头企业，加速了农业转型升级。

农家乐提升 2013年，依托楠溪江优越的自然资源与人文资源，大力发展“农家乐”休闲观光游业，全年累计接待游客311.8万人次，营业收入达1.4亿元，同比增加40%。

农村劳动力培训 2013年，加大农村劳动力培训工作力度，强化培训指导，全年共培训3918人次，其中农村实用人才1665人，农民转移就业技能培训2253人，培训后转移就业2160人，转移率为89.49%。

（吕内巧）

残疾人工作

组织建设 2013年，永嘉县残疾人联合会（简称县残联）开展镇（街道）残联理事长培训工作，对全县18名镇（街道）残联理事长进行业务知识培训，并前往杭州、绍兴等地参观考察。指导各协会开展活动：组织县肢残协会为雅安地震灾区募捐，并组织前往宁波残疾人扶贫基地考察学习；指导县聋人协会和枫林镇残联志愿者到枫林镇兆潭村的楠溪江边进行“清洁环境”活动，以此庆祝第56个“国际聋人节”；组织盲人开展消防安全培训。开展上门办证服务，为12位瘫痪残疾人提供上门登记、检查、鉴定，并办理残疾证。

年度会议 2013年4月12日，召开永嘉县残疾人事业发展大会暨县残联第六届主席团第二次全体会议，落实省市残疾人工作会议精神，总结2012年残疾人工作，表彰2012年度县级残疾人工作先进集体和先进个人，部署2013年全县残疾人重点工作。县残联理事长郑文杰作题为《抢抓机遇、创新发展，努力推进残疾人事业再上新台阶》的工作报告，残联第六届主席团成员、残工委成员单位负责人、各镇（街道）残联专职理事长等参加会议。

自身建设 2013年，县残联开展系列活动以加强自身建设，荣获“县级文明单位”称号。开展“双百结对，扶残助残”活动，在全县范围内选取100户困难残疾人家庭，与100个党支部结对，开展走访慰问、解决生活难题、制定帮扶计划、开展政策宣传、建立长效机制等。开展“两提两争”主题实践“十个一”活动，建立一套长效机制、细读一本好书、编印一本便民惠残政策汇编、结好一批帮扶对子、上好一堂专题党课、走访一批残疾人、组织一次思想大讨论、举办一场学习讲座、开展一次谈心活动、撰写一篇调研文章等。开展 “书香四月”读书月活动。开展“服务与服从”思想解放大讨论活动，做到人人发言、逐个点评。开展“四千”企业结对走访行动，县残联全体工作人员走访飞和电器有限公司、和三维橡塑有限公司等17家企业，了解企业动向，掌握企业发展困难。制定《残联会议议事制度》，完善《永嘉县残疾人联合会规章制度汇编》，积极营造事事有标准、人人守规则的良好工作环境。开展“重温入党誓言”党员活动，县残联全体党员前往五鹓乡红十三军军部旧址，在纪念碑前重温入党誓言，庆祝党的生日。

文体宣传 在“爱耳日”“全国助残日”等节日开展讲座、广场宣传、媒体宣传、走访慰问、制发《永嘉县惠残便民手册》、群发扶残助残公益短信等活动，营造“时时处处有爱心”氛围。继续做好电视台一周要闻双语节目。广播电台开播残疾人专题节目，并每天在黄金时段播放残疾人事业公益广告。文艺活动踊跃开展:参加市第七届残疾人艺术汇演，荣获大赛团体总分第一名和组织奖；积极开展残疾人文化五进活动，举办“传递爱心 放飞梦想”残疾人文化艺术周暨文化进社区文艺晚会；承办“温州市残疾人艺术周——走进永嘉县武警中队”文艺晚会。残疾人体育事业蓬勃发展：举办县残疾人体育锦标赛，选拔优秀体育人才备战市残疾人体育锦标赛；组团参加市残疾人体育锦标赛，获大赛“团体总分第二名”“金牌总数第二名”“组织奖”。2013年，县残联被温州市人民政府授予“温州市群众体育先进单位”称号。

残疾人康复 实施免费白内障复明手术137例，免费助听器验配167台，免费装配假肢20例，赠送其他基本辅助器具260件。肢体残疾社区康复117人，智残儿童康复训练64人，康复机构服务达3000人次，为36名0周岁～6周岁残疾儿童提供抢救性康复项目服务。投入资金20多万元，新建7个社区康复点，购买康复器材214件。共完成残疾人“无障碍设施进家庭”213户，助残日期间为260名残疾人赠送260件轮椅和病床餐桌等辅助器具等。开办第二期盲人定向行走培训班和第四期社区残疾人康复协调员培训班，71名盲人和各镇（街道）卫生院、村（居）的53名社区康复协调员参加培训。投入资金15.7多万元，给予精神病住院和吃药补助72人次。 给予11名住院医疗、康复治疗的残疾人支付医疗康复救助，共支出救助金49495元。

残疾人助学 正式施行贫困残疾人家庭子女和残疾学生的助学政策，实现了残疾人家庭子女和残疾学生在各个就读阶段补助的全覆盖。其中学前教育助学6人，补助资金1.8万元；义务教育阶段助学268人，补助资金12.95万元；高中及以上助学243人，补助资金35.43万元。

残疾人就业培训 2013年，县残联科学安排残疾人就业培训计划，安排12人参加就业指导员远程培训，4人参加盲人按摩培训，1人参加手语专（兼）职翻译，21人参加手语初级培训，并在岩坦等镇（街道）分别举办了3期总计222人参加的职业技能培训。全年完成就业创业帮扶242户，补助资金77.82万元。申报了2家省级、2家市级残疾人扶贫示范基地，争取省级补助资金18.2万元，市级补助资金9万元，安置一批残疾人就近参加生产劳动，并充分利用残疾人扶贫示范基地的辐射作用，解决部分残疾人家庭参与生产劳动，改善残疾人的生活，提高了残疾人的收入；完成县级残疾人扶贫示范基地AA级 2家，A级5家。开展实地调研走访全县残疾人扶贫示范基地，帮助解决残疾人示范基地创建中碰到的一些问题，了解残疾人在工作中遇到的难题以及规范残疾人扶贫示范基地的运行情况和扶贫资金的使用情况。回访2012年就业创业补助对象，了解补助对象的生产及经营状况，确保专款专用。加强对民政福利企业的审验，确保残疾人的合法权益。

残疾人“共享小康工程” 2013年，县残联完成并录入重度残疾人最低生活保障2807人，集中托养342人，其中一级230人、二级112

人；居家安养1861人，其中一级1569人、二级240人；无固定收入1889人，发放重度残疾人托（安）养经费725.85万元，发放无固定收入人员补助113.34万元。5月，对全县8所残疾人托养服务机构进行安全隐患大排查，对有问题的机构要求及时做出整改，确保永嘉县残疾人托养服务机构内残疾人及残疾人工作者的生命财产安全。

“爱心品牌”创建 2013年6月18日，浙江省人民政府下发《关于命名第三批浙江省扶残助残爱心城市（区）的决定》，正式命名永嘉县为第三批浙江省扶残助残爱心城市。2013年，县残联另外开展“爱心镇街”“爱心村居”“爱心单位”创建工作。东城街道、桥下镇等4镇（街道）被市政府命名为市扶残助残爱心镇（街道），另有11个村（居）申报创建县级“爱心村居”，2个单位申报创建县级“爱心单位”。

信访维权 2013年，县残联重视信访和维权工作，热情接待残疾人，妥善处理永嘉县残疾人机动轮椅车车主各类信访问题。做到事事有回音，件件有落实，积极与司法部门合作，建立残疾人法律援助站，聘请律师无偿为残疾人解答法律相关疑问，形成扶残维权长效机制。

（戴才掀）

民族宗教事务

概　况 2013年，永嘉县民族宗教工作坚持以党的十八大精神为指导，认真贯彻全省民族宗教工作电视电话会议和全市民族宗教工作会议精神，把握大局，突出重点，求真务实，开拓创新，较好地完成了上级有关部门和县委、县政府交办的各项工作任务，确保永嘉县民族宗教领域的和谐稳定。

宣传教育 2013年，永嘉县民族宗教事务局开展多种形式的宣传教育活动：借民族宗教界迎春茶话会之机开展十八大精神宣讲，参会200余人；利用各季度民族宗教团体例会，开展十八大、全国“两会”精神宣讲，共4期培训120人次；指导各民族宗教团体举办民族宗教政策培训班，开展十八大、全国“两会”精神及“中国梦”宣讲共5期，参会1000余人；开展宗教界人士暑假读书班活动，参会60余人。

民族团结进步小康村建设 2013年，永嘉县民族宗教事务局继续重视小长坑民族村建设，共投入资金170余万元，由县规划设计研究院进行专题设计，完成小长坑民族村溪流整治、墙立面改造、路灯、污水处理等基础设施建设。小长坑民族村的软硬件设施得到大幅度提升，被评为省级民族团结进步小康村。

少数民族基本情况数据库建设 建立3个资料翔实的永嘉县少数民族基本情况数据库，对少数民族情况实行动态管理。建立少数民族户籍数据库，录入少数民族人口1284人；建立少数民族帮扶对象数据库，录入帮扶对象158人；建立少数民族代表人士数据库，录入少数民族代表人士73人。

城市民族工作 2013年，育才集团民族团结进步创建工作被2013年第5期《浙江民族与宗教》专版刊登。朱涂中学组织少数民族运动队，有队员20多人，备战2014年全省少数民族运动会。黄田社区民族团结进步主题公园建设有序推进。开展各类民族团结进步交流活动，举行“红色七月 放飞梦想”为主题的少数民族子女夏令营、少数民族美食节、少数民族文艺表演等活动。在上塘、桥头、桥下、岩坦、黄田、乌牛、东瓯等镇（街道）举办少数民族群众劳动力技能培训班10期，共培训人员500余人次。

民间信仰事务管理 2013年，永嘉县有民间信仰场所1300多处。是年，投入大量的人力、财力和物力，以开拓创新的精神，推进民间信仰事务管理。同各民间信仰场所签订一份安全责任书，每季度开展一次安全隐患大排查。7月，开展一次安全警示教育。11月，开展民间信仰场所安全演练活动，邀请县消防官兵现场指导，全县宗教界200余人参加观摩。承办浙江省民间信仰工作座谈会。成立永嘉县民间信仰文化研究会，并出《永嘉民间信仰文化》期刊。创新民间信仰场所规范化建设，在全市率先提出“美丽场所”创建活动，全年共创建民间信仰“美丽场所”22所。

宗教事务管理 2013年，永嘉县民族宗教事务局继续重视宗教事务管理，促进宗教文化建设。12月5日，温州市道教协会玄门讲经交流会在岩头镇龙瀑仙洞举办。12月8日，在黄田千石召开温州市宗教场所财务监督规范化管理现场会。12月10日，首届中国温州道教文化节在乌牛街道东蒙山天然道观举办，东蒙山天然道观被评为四星级场所。12月11日，龙瀑仙洞被上海大世界基尼斯评为世界“最大的人工悬空景观洞穴群”。全力配合市基督教两会换届工作，永嘉县基督教“两会”主席朱礼斌牧师当选为市基督教两会主席。

宗教团体及负责人管理 2013

年，永嘉县民族宗教事务局在全市率先出台《永嘉县宗教团体及负责人年度述职评价实施办法》，以加强对宗教团体负责人的监督约束，不断提高宗教团体负责人的综合素质。12月4日，召开年度述职评价会议，加强宗教团体内部建设，不断提升宗教团体自主自办能力。

（朱立仁）

人口和计划生育

概　况　2013年，永嘉县人口计划生育工作坚持"高度重视、重点突出、扎实推进"的工作方针，继续保持"求真务实、攻坚克难、千人动员、齐抓共管"的工作态势，紧紧抓住社会管理创新与民生幸福改善两个着力点，强化基层基础建设、优化公共服务能力、深化利益导向机制，着力解决工作中的突出问题，取得了长足的进步。2013年，永嘉县在各季度的全市计生重点指标预警排名分别是第五、三、三、二名，年度计生工作考核荣获全市C类第一名。全县上报当年含往年出生12031人，其中计划内出生 9964人，计划生育率82.82%；出生人口性别比，卫生国统报表为122.13:100，户籍当年含往年为119.99 :100，户籍当年为124.48:100；当年生孕掌握率为90.02%。社会抚养费当年征收率72.14%，高出市定责任制指标 7.75个百分点；兑现率80.25%，高出市定责任制指标15.25个百分点；往年社会抚养费征收率48.20%，比市定责任制指标高3.2个百分点，往年社会抚养费兑现率78.81%，比市定责任制指标高33.81个百分点；一孩长效节育措施落实率62.15%，二孩及以上长效节育措施落实率76.06%，二孩及以上违法生育长效节育措施落实率91.86%；优生检测率98.63%，社区计生服务中心建设率100% ；党员干部违法生育查处率100%。2013年，县财政投入计生事业经费4862万元，人均计划生育事业费投入达44.8元。

组织领导　2013年，永嘉县委、县政府高度重视人口和计生工作，多次召开计生工作千人大会、县委常委会、县政府常务会议研究部署全县人口和计划生育工作，全县各级干部抓人口计生的责任感和紧迫感进一步增强；连续开展载体活动，全年相继开展了"春季服务月活动""宣传教育周""人口和计划生育工作暨强基创优工程推进会""计生数据核查暨工作督查""人口资源环境千人大会""关爱女孩、幸福家庭""人口计生行政执法规范化创建""计生家庭幸福生活促进行动""流动人口均等化服务阵地建设""人口计生知识进校园""计划生育家庭创业工程"等系列活动，全面形成合力攻坚氛围。县四套班子每位领导联系挂钩一个镇（街道），定期下镇（街道）督促落实工作，帮助解决困难，部门单位切实履行挂钩联系职责，继续实行部门联动，齐抓共管。

长效机制　2013年，永嘉县人口和计划生育工作强化过程管理，完善六大机制，着眼长效管理。完善考核机制，实行按月考核，"三色预警"指标同市每月动态排名指标相对接，实施综合计分排名。完善联动机制，为强化各部门齐抓共管人口计生工作，对县直属各单位进行人口和计划生育目标管理责任制考核，并将公安、卫生、计生、流管、药监等部门列入性别比治理"一票否决"考核。完善督查机制，推进明查暗访的常态化，明确由县领导亲自带队到镇（街道）、村居，采取进村入户暗访的方式进行督查。完善奖惩机制，调整《计生若干规定》等指导性文件，进一步健全目标管理先进奖、分类管理先进奖、工作升位奖及预警累计惩戒等奖励处罚机制。2013年，永嘉县将计生工作考绩结果运用到干部任用上，3名干部因计生工作表现突出得到提拔使用，4名转任重要岗位。调整充实5名计生工作相对落后镇（街道）领导干部。完善追责机制，在明查暗访活动中对相关责任人予以通报批评并扣发绩效奖金29人次；共立案查处计生案件75件，其中给予开除党籍68人；对4个镇（街道）党委、政府进行书面通报批评。同时，将计划生育工作作为《领导干部反向"计分预警、抄告提醒"制度》重要内容，共对4名分管计生工作镇（街道）领导干部予以计分。完善利益导向机制，落实《永嘉县人民政府办公室关于将计划生育失独家庭父母纳入社会养老保险的通知》文件精神，加大对独生子女死亡伤残家庭的公益金补助力度。

政策宣传　开通温州市首个"阳光计生·优质服务"微信公众服务平台，以文字、图片等形式向居民手机上发送计生办事流程、优惠政策、法律法规、优生优育等信息。开展人口计生文化进校园活动，全部中小学开设了计生知识和生殖健康知识课，设立咨询点；与人民网合作，开辟了永嘉人口计生专栏；与温州晚报（新瓯北报）合作，开辟了阳光计生新栏目，每两周一期；与平安视频公司合作，在全县主要干道、公园、银行、社区、电梯等每天滚动播出计生宣传内容，不断加强计划生育宣传阵地建设。全县建有19个生育文化园、90个生育文化图书室、2个“三优”基地；举行了“拒绝两非·珍爱生命”签名活动暨“树婚育新风·建幸福家庭”主题巡演活动，共巡演16场次，约有1.8万名群众观看了演出。各镇（街道）分别组织开展了新春“面对面”宣传教育、“婚育新风进万家”、“树婚育新风·建幸福家庭”等主题宣传活动，推动了永嘉县计生宣传工作不断向纵深发展，努力转变群众生育观念，逐步树立科学、文明、进步的婚育新风尚。

干部培训 2013年，永嘉县高度重视人口计生干部队伍的培训工作。3月15日，召开全县社会抚养费征收执法人员培训暨案卷评比会议，各镇（街道）征收执法人员130多人参加培训。4月16日～20日，举办2013年第一期全县人口计生干部素质提升培训班。副县长何莉平、县人口计生局局长刘招贤等出席开班仪式，内容涵盖人口理论知识、人口计生和工作形势任务、2013年目标考核责任制、政策法规与依法行政、再生育审批、性别比治理、信息统计、基层基础、优质服务、利益导向、流动人员管理服务等，全县各镇(街道)150名人口和计划生育干部参加培训。7月2日～5日，举办镇（街道）人口和计生分管领导素质提升培训班，共30多人参加省人口计生委组织的素质提升培训，内容涉及人口理论基础、计生工作形势任务、政策法规、信息统计、基层基础、优质服务、流动人口管理服务等。7月4日，率县计划生育指导站、县妇幼保健院和计生局科技中心干部一行10人，到宁波余姚县计划生育指导站参观、学习国家免费孕前优生健康检查项目的运作情况。7月15日～21日，举办镇（街道）流管办（中心）负责人与业务骨干人员素质提升培训班。组织40多人参加省人口计生委组织的素质提升培训，内容涉及人口理论基础、计生工作形势任务、政策法规、信息统计、基层基础、优质服务、流动人口管理服务等。8月7日，聘请县纪委领导和县宣传教育讲师团成员开展“中国梦”主题教育培训会，结合永嘉实际就中国梦的渊源、影响等展开讲述。8月9日，召集各镇（街道）计生办负责人及负责做报表人员召开上半年人口和计划生育形势分析会，分析全县上半年计生指标执行情况及通报二次明查暗访情况，随后各镇（街道）计生办负责人汇报了本镇（街道）上半年计生指标执行情况，局分管领导就下步计生工作进行了部署。8月12日～16日，组织开展第三批信息网络延伸村(居)计生员培训会，共分5期。培训内容涉及计算机网络应用基础知识、计生业务知识以及省市县人口计生信息系统的管理应用技巧等，全县近500名村（居）计生员参加了培训。10月24日，组织单位全体人员到县检察院预防职务犯罪警示教育基地接受反腐倡廉警示教育。11月28日，组织各镇（街道）计生办负责人召开2013年的网格责任人考核和村居分类考核评估业务培训会，就2013年村居和网格责任人评估考核有关工作进行部署指导。12月9日，举办全县计生服务站人员业务培训会议，集中全县所有服务站人员60余人进行相关业务知识培训，内容包括避孕药具管理知识、国家免费孕前优生健康检查项目等相关知识。

计生执法 2013年，永嘉县继续开展人口计生行政执法规范化创建工作，18个镇（街道）人口计生行政执法规范化创建工作全部通过市级验收，东瓯街道获国家级人口和计划生育依法行政示范单位。进一步加大党员干部违法生育案件查处力度，共立案查处计生案件75件，其中给予开除党籍68人；工作人员失职责任追究2件，其中给予党政纪处分2人。根据省市县人口和计划生育“一票否决制”实施办法规定，审核计划生育“一票否决”把关7008次，共否决先进个人365人，否决先进集体151个。实行行政审批“三统一”，规范行政许可行为，全年共审批再生育2926件，特批再生育164件。重视信访调处工作，受理群众信访97件，其中上级转办31件，办结97件，办结率100%。不断完善部门联动机制和跨区域协作方式，加大举报奖励力度，发现“两非”线索，坚决一查到底，全年共查获“两非”案件84起，其中B超类案件26起，非B超类案件25起，取消二胎再生育指标33例；其中刑事案件13起。处理执业医师7人、其他人员44人。罚款44人65.44万元。

利益导向 2013年，继续完善以农村计划生育家庭社会养老保险为主的利益导向机制，贯彻落实《关于将计划生育失独家庭父母纳入社会养老保险的通知》，凡是符合条件的计生失独家庭父母参加职工基本养老保险15年的全部费用由县财政承担；男性年满60周岁、女性年满55周岁的，按参加职工基本养老保险缴费年限15年的待遇标准直接领取养老保险金，直至亡故。2013年，永嘉县有享受领取职工基本养老保险金的失独家庭人员44人，每月每人可领取1141元。加强对计生家庭子女享受中考加分的审核工作，共使计生家庭农村独生子女、双女户子女享受中考加分487名，新增计生家庭养老保险2104名，累计使3.16万名农村计生对象直接受惠1.84亿元。开展“计生家庭幸福生活促进行动”，包括健康促进行动、助学成才行动、关爱留守儿童3项内容，共为389户计生困难家庭资助113万元。县人口和计划生育局联合农业、科技等部门，实施“计划生育家庭创业工程”，加大对计划生育家庭的扶持力度，共扶持93个计生家庭创业项目。

基层基础　2013年，永嘉县强势推进人口和计划生育“强基创优工程”建设。认真组织实施分类管理制度，根据各镇（街道）、村居完成人口和计划生育工作情况，对各镇（街道）、村居进行了综合评定，全县创优镇（街道）3个、合格镇（街道）13个、整治镇（街道）2个，创优村居113个、合格村居557个、整治村居261个。全面实施网格化管理，全县共建立了3122个计生网格，进一步明确驻村干部、村两委、村计生服务员等网格责任组、责任人的职责和网格考评制度，并将育龄妇女分格到位，确保人员到格，任务到户，责任到人。全年各镇（街道）共组织网格责任人培训36次、督查72次，按考核得分进行补助和奖惩。年初，对2012年村（居）计生强基创优工程网格责任人履职情况进行了考核评估，评出优秀网格责任人一等奖276人、二等奖281人、三等奖276人，兑现村级计生网格人员补贴奖金701.13万元，并对履职不到位的235名网格责任人进行调整。同时，在日常管理中各镇（街道）对片、村都实行月排名季考核制度。积极利用村级组织换届选举的契机强化村级计生责任，出台《关于在村级组织换届选举中涉及人口计生工作若干问题的意见》，从严把关村支部委员竞选资格和支部书记任职资格。明确连续3年被列为计生整治村（居）的原村（居）两委主要干部当选为新任村（居）党支部书记的，不得再担任党支部书记。将4种情况作为自动辞职承诺写入参选竞职承诺书，包括在任期间连续3年被列为计生整治村（含重点列管村）的；在上级考核、明查暗访中出现严重问题，造成重大负面影响的；由于工作不到位，造成本村计生工作严重滑坡的；在镇（街道）月排名中，1年内连续5个月被预警的。并细化候选人（自荐人）任职资格条件计生否决政策遵循原则。全县共审核村两委自荐候选人7767人次，因计生问题共否决村两委自荐候选人397人。严把项目和资金补助审核经济关。各功能区、各镇（街道）和部门在办理村级、企业和个人项目立项和资金补助时，严格把好“一票否决”关，取消所有整治村居（社区）和个人计生任务未完成对象的项目和资金补助。全年共审核立项和资金补助项目922个，其中97个项目被否决，否决资金补助372万元，暂缓下拨资金1630多万元。严把村居干部报酬和评比否决责任关。对被列为整治村居的村居责任人扣发其次年度30%以上工作、生活补助金和基本报酬，对第二年仍未退出整治村居（社区）名单的村居责任人，扣发其年度50%以上工作、生活补助金和基本报酬，全年共捆绑2012年度村居责任人522人次，扣发总金额180.7万元。修订出台《永嘉县村（居）计划生育服务员管理办法》，加强村级计生员队伍建设；组织各镇（街道）对村级计生员工作情况进行考核，评出93名县级优秀村计生服务员；辞退不合格计生服务员7人。开展第四批村（居）计划生育服务员公开选聘工作，经过笔试、面试，选录158位村计生服务员，由各镇（街道）对新任计生员进行业务培训，提高其业务水平和工作能力。

优质服务　按照“机构标准化、理念人性化、服务规范化、队伍职业化”的要求，18个镇（街道）服务站全部完成标准化建设；所有社区完成卫生计生服务中心建设。全面开展计生“六免”工作，对婚检、孕检、健康检查、发放叶酸、病残儿家庭产前筛查、儿童唇腭裂治疗等均实行免费。县维权中心成立法律援助站，积极为计划生育户特别是女儿户提供法律援助，维护其合法权益，全年为21户计划生育户维护了权益。加强流动人口均等化服务工作，开展均等化服务阵地建设，全县18个镇（街道）流动人口均等化服务阵地建设都顺利通过市级验收；开展流动人口计划生育公共服务一体化“百日攻坚”专项行动，建立流动人口个案登记、档案管理制度，落实流动人口实行一证式管理一卡式服务，发放《流动人口技术服务免费卡》《生殖健康服务卡》。2013年，全县免费服务办理流动人口第一个子女生育服务登记172人，免费服务查验及发放限期补办《流动人口婚育证明》65215人次，免费享受计划生育技术服务58445例，免费办理流动育龄妇女外出务工《流动人口婚育证明》45622例。

（王崇巧）

移民安置工作

职能职责 2013年，永嘉县移民安置办公室（简称县移民办）有工作人员4名，其中主任1名，副主任1名，参公管理。工作职能是管理和监督移民安置后期扶持工作及全县小型水库移民解困工作。主要职责是贯彻执行国家、省、市、县有关大中型水利水电工程移民工作的方针、政策、法律、法规。负责永嘉县水利水电工程移民动迁安置工作，研究移民动迁安置政策，起草有关永嘉县移民工作的规范性文件。负责全县新开工建设的水利水电工程移民安置规划的指导和审核（查），监督和管理移民安置规划的实施工作。负责和指导全县水利水电工程移民后期扶持政策的实施工作和移民工作档案的建立与管理。指导、审核全县水利水电工程移民后期扶持规划、库区和移民安置区基础设施建设和经济发展规划的编制以及实施工作。督促移民开发项目的编制、评估、审查和落实工作。负责指导、协助各镇（街道）处理好移民遗留问题和发展中的热点、难点问题；受理移民来信来访，协助库区和安置区政府及有关部门调处移民纠纷，化解移民矛盾，促进移民和谐稳定；负责对全县移民开展科学文化知识和实用技术的培训工作。负责县级移民经费的管理，指导并监督各镇（街道）移民资金的管理和使用，协助审计部门做好移民资金的审计工作。负责开展移民动迁安置的评估工作；组织全县移民安置工作人员参加政治和业务培训。负责大中型水库移民后期扶持和小型水库移民解困工作。承办县人民政府和上级业务主管部门交办的其他事项。

工作概况 2013年，县移民办承担着北溪、金溪、水毁工程新开垟及珊溪水库部分移民的后扶工作和76座小型水库解困工作。全年累计投入移民专项资金650余万元，加大对各移民村（点）的扶持力度和小型水库项目解困工作，努力解决移民热点、难点问题，促进库区和移民安置区经济快速稳定发展，构建和谐移民村居。

移民后扶工作 投入移民专项建设资金111万元，完成金塘村排污一期工程、外垮村机耕路建设、金溪移民点道路等后扶项目建设。完成年度人口复核和直补资金发放工作。按照核减相关政策要求，做好大中型水库移民年度人口复核工作，自觉接受移民群众的监督。经年终复核，共核减大中型水库移民直补对象17人（其中死亡17人，服刑1人，补登1人）。并按照规定程序及时、准确地向符合条件的3289人发放直补资金246.3万元。

小型水库解困 2013年，永嘉县共有小型水库76座（其中小（一）型15座、小（二）型61座），占全市小型水库的26%左右。一是全县首批12个小型水库移民解困项目全部竣工，累计投入项目建设资金517万元，其中下拨扶持补助资金177万元，直接受惠群众1万余人。二是加快小型水库解困项目建设步伐。确定小型水库解困项目17个，项目总投资1679万元，补助资金275万元。建设完成渠口村安全饮用水工程、巽宅村环村道路项目建设、泰石村机耕路、桥头镇蒋山村村内道路路面硬化、岩坦镇西山村文化活动中心、潘二村环境治理及巽宅村村内后山道路等7个解困项目建设。

“三赛三评”活动 继续开展移民致富带头人、移民专业合作社、移民产业基地“三赛”和移民贴心人、移民后扶优质工程、移民和谐社区“三评”的移民创业致富活动。2013年度，永嘉县金塘农业专业合作社和永嘉县奇针办公设备厂分别被评为市级移民先进合作社和市级移民产业基地。

技能培训 2013年 3月，邀请有关农业专家赴移民村开展蔬菜种植培训活动，为农户讲解蔬菜选址、品种选择、移苗、科学用药、施肥浇水及病虫害防治等有关知识，为农户解决生产过程中遇到的一些实际问题。5月，开展移民后扶政策业务培训活动，组织移民村干部赴周边县（市、区）参观、学习、调研。投入资金2.52万元，举办各类移民培训5期，培训移民200余人，提高移民就业创业能力和移民干部的政策业务水平。

信访维稳 一是解决金塘社区移民两证问题。北溪水库移民集体搬迁至金塘村居住时，部分移民自行将安置房从单间改成套间，致使移民两证无法办理，移民反应强烈。经协调，县政府形成会议纪要，同意办理擅自改造套间两证。二是协调解决金瓯社区遗留问题。1995年金溪水库移民移迁到金瓯社区，共788人；2013年常住人口1300多人，原规划道路宽30米，并盖有规划局印章图纸。近年来，因土地增值，规划变动较大，原规划道路建设无法实现。经多方协调，同意将原规划道路用地改建为农贸市场，马岙村和政府占55%股权，金瓯社区占45%股权，在审批建设中。三是协调解决了没有及时办理人口登记手续的陈玉平直补资金补助问题。四是坚持“属地管理、分级负责”的原则，规范移民来信来访的接待处理工作，健全和完善了移民集体访机制、重要情况上报制度和领导包案制度，做到移民信访事事有回音，件件有落实。2013年，共接待移民来信来访15批50余人次，信访报结率100%。

慰问与救助 开展新春、“七一”等节日困难慰问活动，发放移民助学资金1.48万元，补助珊溪移民农村医疗补助25280元，珊溪水库移民农村医疗保险率达到100%。继续开展珊溪水库小额贷款贴息补助，鼓励移民自主创业，发展生产，增加收入。2013年，发放珊溪水库移民小额贷款贴息补助10.23万元，

作风效能建设 一是加强领导、明确责任，扎实推进党风廉政建设工作。年初及时制定党风廉政建设学习教育计划、工作计划及各项规章制度，成立党风廉政建设领导小组负责单位纪检监察工作，落实半年一次的班子成员责任专题汇报制度和“三书两报告”制度。进一步加强领导班子建设的制度化、规范化、科学化。通过加强制度建设和严格按制度办事，使党风廉政建设和反腐倡廉工作在日常各项工作管理中得到较好地贯彻落实，增强移民干部向心力、战斗力和凝聚力。二是创新形式、强化学习，开展形式多样的反腐倡廉宣传教育活动。开辟党风廉政建设网上专栏，认真组织学习党章和十八大报告精神、《廉政准则》内容及有关法律知识，组织职工观看《周恩来的四个昼夜》等电教片，做到用正面典型引路，不断增强干部职工的纪律意识和法制观念，使干部职工在行政勤政过程中自重、自警，身体力行，自觉依法行政和廉洁从政，增强拒腐防变能力。三是健全制度、强化措施，做好领导干部廉洁自律工作。领导班子带头执行《中国共产党党员领导干部廉洁从政若干准则(试行)》《中国共产党党内监督条例（试行）》《中国共产党纪律处分条例》《廉政准则》和廉洁自律的各项规定，制止奢侈浪费行为发生，严格执行“四大纪律、八项要求”，严格执行“十条禁令”。不断完善《服务承诺制度》《首问负责制度》《一次性告知制度》《限时办结制度》等制度。四是强化监督、健全机制，严肃查处各种违规违纪行为。重大事项安排和大额度资金的使用，都通过党组集体讨论决定；干部的提拔任用认真按照《党政领导干部选拔任用工作条例》要求，分管纪检监察全程参与，坚持民主推荐，党组审议，用前公示，做到公正、公开、公平；公务接待坚持“定点、定量、定标准，对口接待、减少陪客人数、统一安排，一支笔审批、勤俭节约”原则。

（陈王友）

新居民服务管理

概　况 2013年，永嘉县新居民服务管理局全面落实《浙江省流动人口居住登记条例》，不断提升新居民服务管理工作能力和水平。2013年度被评为温州市新居民服务管理先进集体。

完善新居民政策 制定出台《关于做好2013年度参加积分制管理新居民子女申请入读辖区指定优质公办学校工作的通知》《关于加强新居民服务管理　促进人口结构优化的实施意见》《关于印发永嘉县加强新居民服务管理工作方案的通知》《流动人口服务管理工作区域合作框架协议书》。

调整隶属关系 2013年10月，永嘉县新居民服务管理局努力理顺新居民服务管理体制，将实行垂直管理的8个新居民所划归所在功能区、镇（街道），新增三江新居民所。完成基层所人事划转，明确机构设置和运行机制等问题。

安全管理 截至2013年11月，排查出租房44072户，其中存在安全隐患的1850户，整改率为33%；新居民子女入学18628人，入学率100%，占义务教育学校在校生人数的20%；加强企业和生产经营单位安全生产管理，已排查26578家，其中存在安全隐患14564家，整改14328家，查封107家；劳动维权举报投诉案件结案率100%，劳动人事争议案件结案率96%；加强计生属地管理，查验、发放限期补办流入育龄妇女《流动人口婚育证明》65215人次，流入已婚育龄妇女登记管理率92.02%。2013年，永嘉县有登记在册新居民256629人（不包括市内流动人员），同比下降10.26%。

基础信息工作 通过开展新居民基础信息采集专项行动，全县新居民管理各项考核指标与上年同

期相比都有大幅度提升，名列全市前茅。截至11月底，新居民登记率为95.48%，人户一致率95.23%，及时注销率97.02%，出租房屋登记备案率100%，出租房屋治安责任书签订率100%。

管理模式创新 率全市之先推行“以房东管人”工作模式，明确房东为出租房责任人，通过签订出租房责任书、发放新居民登记簿、打造“出租房严管区”、交流安全信息制度，着力提高基础信息精准化，为永嘉县社会综合管理提供数据信息，实现从管理新居民到管理房东的转变。

计生信息工作 开展新居民和县内“人户分离”人口计划生育信息排查百日攻坚专项行动，研发开通“永嘉县‘人户分离’计划生育信息系统”。截至11月，向计生、卫生部门汇总抄告历年排查登记的县内“人户分离”人口信息41891条；排查登记省外流入已婚育龄妇女出生婴儿信息1908条，温州流入已婚育龄妇女（包括县内“人户分离”已婚育龄妇女）在孕信息1437条，县内“人户分离”已婚育龄妇女未落实长效措施信息187条。

网格化管理 按照县政府统一部署，对各所辖区内的企业（行业）、出租房屋实行“网格化”管理，对网格内的安全生产、消防安全、新居民和出租房等开展隐患排查、信息采集并抄告相关单位。排查企业2756家，抄告安全隐患860条。

推进新居民均等化服务 积极开展新居民“就住、就业、就医、就学、文体、素质、信息、维权、创先、爱心”等十大民生项目建设。全年开展20场送电影“进村入企”活动，惠及新居民近4000人次；举办新居民篮球赛、防灾减灾应急疏散演练等活动，1500多新居民参加。相继开展“冬送温暖·情系困难新居民”“夏送清凉·情系务工新居民”“爱心相伴·快乐暑期”等活动，共计27场次。组织新居民志愿服务月活动，开展多种形式的志愿服务活动13场，共发放慰问品300余份，各类宣传资料500余份。开展“以新调新”的矛盾纠纷调处工作，截至11月，调解各类矛盾纠纷155起，涉及金额302万元。

新居民积分制管理 2013年，永嘉县新居民服务管理局根据《永嘉县新居民积分制管理实施细则》，全面开展参加积分制管理新居民子女入读辖区指定优质公办学校工作，全县参加积分制管理新居民子女入读的辖区指定优质公办学校为8所小学和7所初中，其中小学入学指标16名，初中入学指标20名，全部落实到位。

新居民劳动就业 举办2013年春季和秋季公益性就业促进会，吸引308家企业参会，提供5565个就业岗位，共有1510人达成就业意向。截至11月底，全县共培训新居民6.7万人次。

（郑晓娟）

水务管理

概　况 2013年，永嘉县水务集团围绕县委、县政府提出的“实施‘三大’战略、打造幸福永嘉”的总体目标，按照“比学赶超，争先进位”要求，以创先争优为动力，各项工程项目建设顺利推进，规范化管理逐步加强，行业服务水平不断提高，保证了永嘉县沿江城镇居民生活生产安全用水，较好地完成了年度工作任务。2013年售自来水3025万吨，原水供应11205万吨（其中向乐清6812万吨），实现销售收入11209万元（不包括向乐清供水水费收入）；完成污水处理和污水输送1040万吨；完成固定资产投资7963万元。

供、排水服务 2013年，水务集团提升行业管理水平，促进服务水平进一步提高。永嘉县供水区域部分供水管网陈旧，漏损严重，供水回收率低，成为企业提高经济效益和长远发展的瓶颈，水务集团加强供水管网检漏工作，委托专业机构对管网进行全面体检，并制定《集团公司管网检漏实施办法》，建立管网巡查的长效管理机制，着力培育管网检漏专业队伍。继续加强安装队伍建设，整合瓯北水司安装队，分流和清退富余人员，努力打造“高效、精干”的安装队伍。加强行风建设，制订供水即办事项服务制度、首问责任制、承诺服务制、文明服务标准等。报批统一立户安装收费标准，规范收费行为，防止乱收费。进一步完善水务集团管理目标责任制考核，并配套制定《水务稽查管理办法》和《水务稽查管理项目与记分标准》，加强制度的可执行性。重视用户信息收集与反馈，全面推广银行代扣水费业务，建立用户短信平台，畅通服务热线，完善集团网站功能，拓宽了与用户的沟通联系渠道。积极开展“创优争先”“互学互比”和“五型”机关创建活动，各窗口服务单位纷纷开展互比互学、服务承诺、争创党员示范岗等活动。2013年，上塘水司被评为省级文明单位，瓯北水司被评为2012年度温州市“双千结对共建文明”先进单位。

工程建设 2013年，共完成工程建设投资7963万元，是年度投资计划的112.2%。主要工程建设如下：一是楠溪江供水工程，2013年主要完成拦河闸上部钢结构、玻璃幕墙钢结构及电气设备的安装，管理房室内装修，输水系统通过阶段蓄水及通水验收，全年完成投资3028万元，是年度投资计划100.9%。二是黄田水厂及配套管网一期工程，主体工程土建及设备安装全部完成，11月7日开始通水运行，全年完成投资880万元，是年度投资计划的110%。三是桥头水厂，主体工程土建、工艺管道安装、附属工程和设备安装全部完工，12月底通水运行；安装供水管道13.5 千米，全年完成投资1268万元，占年度计划投资的253.6%。四是桥下水厂一期工程，完成综合池、综合楼、食堂、机修仓库、V型滤池等的土建浇筑，安装供水管道3.6 千米，全年完成投资2002万元，是年度投资计划的100.1%。五是上塘水厂扩建工程，净水厂部分初步设计已审批，因征地工作未完成，年内未开工，完成主管网5千米，全年完成投资785万元，是年度投资计划的157%。六是完成10个管网改造工程，包括桥头镇底新村、桥西路、桥头大厦小区、商贸城小区给水管网改造，上塘三元堂村、嘉宁街、华泰小区给水管网改造、中塘片应急管网工程，瓯北东方村、安丰村给水管网工程等；在建管网工程10个，其中桥西村、朱涂村、千石村、上塘至沙头等管网工程接近完工。2013年累计完成DN100mm以上的管网建设35千米，其中市政主管网6千米。七是污水处理厂工程，桥下污水处理厂完成招投标，12月中旬进场施工；桥头污水处理厂在工程扫尾阶段，排水公司及时介入，帮助和指导当地政府做好调试运行、验收及交接的有关工作；上塘污水净化站二期工程11月完成招投标，12月中旬开工。黄田、江东污水处理厂及楠溪江流域污水处理厂均完成可研报告的编制，其中黄田、楠溪江流域污水处理厂完成初步的选址、土地定界等工作。

安全生产 2013年，水务集团坚持“安全第一，预防为主”的生产方针，实施平安水务建设。全面落实安全生产责任制，逐层签订安全生产责任书，进一步加大安全生产目标责任考核力度。建立供排水应急预案体系，并组织应急救援预案演练，进一步提高供排水安全应急处理实战能力。加强工程管理和文明施工，保证施工安全和工程质量。做好设备的日常巡检和定期维护保养工作，排除安全隐患，保证设备完好率100%。加强水质检测和运行管理，保证水质安全和供水调度安全。开展安全生产宣传月活动，组织职工学习安全生产知识技能，开展应急救援演练，强化职工安全生产意识。做好工程政策处理工作，化解各种复杂矛盾，妥善处理群众信访群访事件。7月～8月，水库水位一度处于较低水平，制订应急方案，适度控制水库供水流量，顺利度过旱期，确保正常供水。2013年未发生安全生产责任事故。

产业拓展 2013年，水务集团顺应城市化发展趋势，争取有利于集团长远的发展政策环境，逐步拓展产业链条。一是做好融资工作。集团充分发挥企业融资平台的作用，确保永嘉县各项工程项目的顺利进展，推进幸福永嘉建设，近两年共为永嘉县融资4.5亿元。二是逐步理顺排污水管理和建设体制。县政府决定由水务集团作为沿江镇（街道）的污水处理厂项目的业主单位，负责各污水工程的建设和运营。集团承接了桥下、三江、黄田等地污水处理厂和楠溪江流域污水处理工程等建设任务。三是受让浙江北溪水电开发有限公司股权，已办理好股权转让的有关手续，正逐步介入经营管理。

队伍建设 2013年，水务集团以深入学习十八大和十八届三中全会精神为契机，加强党风廉政建设和企业文化建设，构建文明水务、和谐水务基础。全面完成所属党支部换届选举工作，强化党建工作领导，切实增强党支部的创造力、凝聚力、战斗力。认真贯彻落实习近平同志关于厉行勤俭节约、反对铺张浪费的重要批示精神和省、市“六个严禁”的要求制定《车辆管理补充规定》《公务接待规定》，落实廉政灶制度，严格控制经费支出。全面推进党风廉政和廉政风险防控机制建设，制定《集团公司物资采购管理办法》，加强对物资采购、入库等环节的管理。坚持公开、公正、公平、择优的选人用人制度，2013年公开招聘员工15名。组织开展了十八大精神专题讲座、“两提两争”解放思想大讨论、“红七月、服务月”主题学习会、党员公开承诺活动、“中国梦、水务情”主题宣讲活动等主题教育活动，不断增强干部职工队伍素质。

（王好好）

农村经济

农　业

概　述　2013年，永嘉县农业部门全面贯彻落实中央、省、市、县有关农业和农村工作的各项决策部署，在农村改革、产业提升、农民增收、政策保障等方面克难攻坚。全县实现农业生产总值15.46亿元，农业增加值 9.72亿元，同比略有下降。农村人均纯收入12074元，增幅10%。

农业生产　2013年，落实专项资金2650万元，全面推进农业“两区”建设。全年共建成1个主导产业示范区、1个农业休闲观光园和7个特色农业精品园。完成63个总面积0.16万公顷粮食生产功能区建设，启动76个面积1.4万公顷粮区建设，建成水稻“千亩”示范方3个，合计面积180公顷。建成晚稻“百亩”示范方5个，合计面积106.7公顷。碧莲镇邵园村粮食专业合作社创建的单季晚稻“百亩”示范方产量最高的亩产达875.3千克，刷新永嘉历史记录。2013年，全年农作物播种总面积3.08万公顷，粮食播种面积2.05万公顷、总产量10.56万吨，平均亩产344千克，比上年均略有减少。蔬菜种植面积0.52万公顷，总产量9.6万吨。大棚蔬菜种植面积450公顷。2013年，建立2个“万亩”以上测土配方施肥示范区、5个“千亩”以上示范片、10个“百亩”以上示范方，完成测土配方施肥面积3.18万公顷。2013年，在上塘、瓯北、乌牛、桥头、桥下、岩坦等16个镇（街道）完成农药减量控害增效工程0.7万公顷；在乌牛、罗东建立了2个统防统治示范基地，有38家专业合作社从事水稻病虫害统防统治工作。全县实施水稻统防统治面积2266公顷，其中早稻统防统治面积762公顷，单季晚稻和连作晚稻统防统治面积1504公顷，茶叶试点统防统治面积669公顷。

农业产业　2013年，新增永嘉县原野园林工程有限公司1家省级农业龙头企业；新增永嘉阿布拉食品有限公司等5家市级农业龙头企业；新增永嘉县元惠生态农业有限公司等8家县级农业龙头企业。2013年，举办早茶节、杨梅节、早香柚节等各类农业特色节会，有力提升特色农产品的市场知名度。发展杨梅、白枇杷、蓝莓等名优特果茶基地227公顷。2012年度获浙江省茶树良种化先进县。2013年，创建县级标准化示范基地5个、市级2个、省级1个。新增无公害农产品10个（累计55个），绿色食品1个（累计7个）。2013年，全面实施“百项千亿招商”工程和永嘉人经济回归工程，落实农业招商选资共签约56个，实际吸引社会工商资本6.79亿元，协议利用资金28.6亿元。

农业科技　2013年，完成8个市级示范性农业公共服务中心建设、2个省级示范性农业公共服务中心建设、4个省级基层农业公共服务中心建设。新增农业科技示范户450户。2013年，加大农业科技示范户的培育力度，全年培育科技示范户600户，辐射带动农户1万户。组织32名专业合作社、农业龙头企业专业大户骨干优秀分子报考温州农民学院，招收农广校中专班农业观光专业生54人。2013年，利用农民信箱买卖信息平台，发布买卖信息609条，发送每日一助信息152条，实现成交和意向金额近300万元。在网上农博会设立摊位364个，展示展销产品559个。2013年，积极参与岩头镇苍坡村、丽水街和枫林镇等地的科技下乡活动，赠送有机肥、蔬菜、甜玉米等农作物种子，并组织相关农业科技人员开展技术培训、指导和咨询活动，现场咨询400多人次。

农业执法　2013年，以“绿剑执法”集中行动为载体，出动执法人员504人次，检查生产经营单位140家，查处问题15起，立案15件，移送司法机关4起，追究刑责人员6人，罚没金额14592元。定量监督抽检279批次，查出4批次非法添加物。定性动态抽查1403批次，合格率达98%。2013年，联合开展农机安全生产专项整治，组织安全执法检查26次，检查行驶拖拉机118台次，纠正违法拖拉机24台次；检查其他农业机械57台次，共纠正违法、违规操作行为63起；检查农机维修点9家，纠正违法、违规行为51起；补检拖拉机62台、联合收割机5台；年检拖拉机753台，有效地遏制了重特大事故的发生，减少了一般事故发生。2013年，完成楠溪江第三轮渔业承包工作。增殖苗种香鱼、田鱼、河蟹、甲鱼、鳙鱼、鲢鱼等255万尾（只），其中香鱼23万尾、田鱼5000余千克。严厉打击电鱼、毒鱼、炸鱼和无证捕捞行为，对楠溪江、瓯江、西溪、菇溪等溪流巡查250余次，查处各类渔业违法案件63件，没收渔具7副，罚款3万余元，有力遏制非法捕捞蔓延势头。2013年，全县共计铲除柑橘黄龙病病株1372株，病株处理合格率达到100%。铲除加拿大一枝黄花计3.60公顷，普查黄瓜绿斑驳花叶病毒1886公顷，有效防止植物疫病的传播蔓延。

农村改革　2013年，完成股改村902个、地改村827个。新增土地流转1800公顷，整村流转17个，有效破解农村发展要素困局。2013年，大力推进标准农田建设，抓好19个村总面积约670公顷的标准农田补建项目，其中439公顷进入标准农田储备库，为城乡土地占补平衡发挥重要作用。

畜牧畜医管理　2013年，因全县环境大整治建设所需，畜禽养殖规模有所缩小。生猪年末存栏12.2万头，出栏17.8万头，同比略降；家禽年末存栏102万羽，同比约降32%，家禽出栏220万羽，同比约降28%；全县羊、牛存栏分别为4.8万头、1.08万头，羊、牛出栏分别为4.2万头、0.3万头，与上年同期基本持平。兔存栏6万只，出栏9万只，较上年同期略降。畜牧总产值为4.68亿元。2013年，全面打赢H7N9禽流感疫情。全年共使用猪、牛、羊口蹄疫疫苗109.66万毫升、高致病性禽流感疫苗213万毫升、高致病性蓝耳病疫苗48.6万毫升。规模养殖场的牲畜口蹄疫、猪瘟、禽流感免疫密度达到100%，春秋两季散户集中免疫密度达到100%。监测家禽血清2511份、家畜血清1940份，集中送市检测家禽血清60份、牲畜血清80份、家禽肛喉拭子60组。查出并无害化处理布病阳性奶牛2头。2013年，全县屠宰检疫生猪16.9万头，检出病死猪467头、无害化处理病害猪内脏1.2万千克。产地检疫生猪16万头，检疫家禽87.18万羽。并对畜禽调运户资质进行核查确认，全年调入前备案615批次，调入后报验613批次，调入生猪3.2万头，报验率100%。2013年，建成5个市主导产业示范区、精品园和县级标准场项目。新建规模养殖场无害化处理池34个、公益性无害化处理设施6个，合计1622立方米，无害化处理设施实现县域全覆盖。完成“桥下镇下徐潘碎光养猪场”等7家规模化畜禽养殖场排泄物综合治理项目的整治建设。

（吕内巧）

林　业

林业生产概况　2013年，永嘉县林业部门紧紧围绕“林业增效，农民增收”的根本性目标，积极维护、发展林业生态体系和林业产业体系。深入贯彻温州市创建“国家森林城市”战略部署，继续推进“森林永嘉”建设。根据省、市“四边三化”行动和“美丽乡村”建设要求，结合全县1000公顷的冬春造林绿化和“现代农业园区”产业建设任务，突出“四边绿化”工作，林业发展的速度、质量和效益不断提高。2013年，全县共完成人工造林面积491公顷；更新造林面积771公顷；低产低效林改造面积400公顷；四旁（零星）植树55万株；年末实有封山育林面积71535公顷；当年苗木产量452.4万株；育苗面积71.36公顷（其中当年新增育苗面积5.16公顷）。主要木材产品产量21126万立方米，主要林产品竹笋干138吨，板栗2788吨，油茶籽198吨，箬叶137吨，松脂5吨，毛料5吨，竹壳25吨，杨桐74万束。2013年，林业总产值14.59亿元，较上年增加产值0.79亿元，增5.72%，其中第一产业为4.58亿

附：林业三类产业年产值情况分析表　（单位：亿元）

项　目	2012年	2013年	比上年增减	
			产　值	百分比
第一产业	3.9342	4.5784	0.5942	14.91
第二产业	7.9566	8.0021	0.0455	0.57
第三产业	1.8541	2.0039	0.1498	8.07
合　计	13.7949	14.5844	0.7895	5.72

元，占31.39%；第二产业为8.00亿元，占54.87%；第三产业为2.00亿元，占13.74%。林业行业总产值保持稳定增长态势。

林业企业改制 2013年1月，根据浙江省人民政府〔2008〕32号文件精神，县委书记盛秋平亲自主持召开协调会议，国有正江山林场增挂生态公益林保护所牌子，林场的性质从差额转为全额，将森林旅游服务业转交给县旅游投资公司，林场从服务型转为管理型。林场55名在职工、48名退休职工全部转为全额，主要工作职责为保护林场森林资源、野生动物、林木药材植物，森林防火，病虫害防治，森林旅游开发监管和指导，林业技术推广，现代林场建设等。2013年下半年，县林业局制定《关于县苗圃转为全额事业单位的建议方案》，启动县苗圃的企业改制工作。9月永嘉县机构编制委员会发文（永编〔2013〕65号），撤销县苗圃，独立设置县林业技术推广站，隶属于县林业局的正股级公益一类事业单位，将县苗圃在编在岗差额事业人员全部划入县林业技术推广站，县苗圃18名在编在岗职工按程序通过县林业局考核合格后全部转为全额事业人员。

植树绿化 2012年下半年，市林业局下达永嘉冬春植树绿化37千米、727公顷的任务，为此印发了《永嘉县人民政府办公室关于下达今冬明春（2012～2013）造林绿化任务的通知》，召开了绿化推进会，与各成员单位签订绿化工作责任状，建立“一周一督查一通报”制度。到10月底，完成89.8千米、面积1655公顷，完成率227.5%，投资金额1.21亿元。2013年，完成山地人工造林面积1304公顷，其中一般造林771公顷、景观林400公顷、重点防护山地造林133公顷，完成率为217.3%，总投资额258万元。2013年，河岸绿化任务22千米、22公顷，实际完成22.7千米、22.3公顷，完成率100%，总投资额3674万元。2013年，海岸基干林带绿化任务47公顷，实际完成51.3千米、224.9公顷，完成率为482%，投资额130万元；农田林网绿化任务15千米、6.7公顷，实际完成15.7千米、面积14.1公顷，完成率为211.5%，投资额140.5万元。2013年，平原片绿化任务13.3公顷，实际完成14.1公顷，完成率为105.9%，成活率在85%以上，投资额745.5万元。村庄绿化任务13.3公顷，实际完成18.7公顷，完成率为140.3%，投资额401.5万元。2013年，城镇绿化任务20公顷，实际完成37.7公顷，完成率为188.7%，投资额为3924.07万元。完成岩头镇的森林城镇创建，通过省林业厅的初步验收。完成37个省市级森林村庄创建和县级验收。城市绿化任务5公顷，实际完成19.5公顷，完成率为390.7%，投资额为2800万元。2013年，共完成森林通道建设219.4千米，计193.8公顷，为市下达任务的201.9%。2013年，下发《关于加强美丽乡村现场会沿线村庄绿化工作的函》《关于永嘉县美丽乡村现场会沿线村庄绿化考核办法的函》等文件，落实7个功能区、镇（街道）共27个村庄的绿化工作，到7月底，共完成村庄绿化17.7公顷，投资3938.7万元。

森林抚育 2013年，根据省林业厅要求，在确保国有林场面积的基础上，森林抚育试点扩大到集体林，发动造林队工作闲暇时间上山搞抚育，结合森林病虫害防治，合理搭配抚育方式。到年底，全部完成试点任务，73333公顷森林抚育通过验收。

林业产业 2013年，根据现代林业总体部署和要求，上半年完成新项目入库申报12项，产业涉及林业园区、产业化基地、森林防火、森林病虫害防治、林业种苗、林区道路和森林旅游等。建成五星潭林业休闲区并通过验收，完成现代林业精品园项目2个，面积103.3公顷，申请中央立项木本油料产业提升项目（油茶）1个，面积74.7公顷。申请森林食品基地3个（其中复认1个），食用林产品已抽样检测26批次，环境抽样检测2组。2013年，利用山场广阔、低效林面积较大的优势，增加200公顷油茶提升项目，计划于2014年底进行竣工验收。针对杨桐资金投入少、产出高、适应林下种植等特点，利用本土优质苗木，引导造林队和村居开辟杨桐基地113公顷，完成中央立项木本油料（油茶）产业提升项目74.7公顷土地整理。2013年，根据市、县招商引资要求，充分利用工商资本，抓住永商、温商返乡时机，鼓励他们反哺林业，经过多次商洽，红岩湖休闲度假中心、南陈生态农业休闲园、永嘉红梅观光休闲园、温州香李生物科技园、永嘉巽宅石斛繁育科技园5个项目达成初步意向，拟合作方式采用独资或股份制，项目涉及森林旅游、休闲观光、花卉苗木、药材、生物科技等，项目选址龙湾潭森林公园、鹤盛镇南陈村、东城街道梅岙村、巽宅镇小溪村和霞嵊村。2013年，要求建设一镇一园，对已建游步道进行提升改造，投入少量资金完善标牌、标识。五星潭省级森林公园一期基础设施建设完成，已开园接待游客。北郊森林公园规划设计已完成，正在实施基础设施建设，鹤山、壶山、南崖、埠头山等森林公园建设任务大部分已完成，年内可以达到开园要求。2013年计划建设65千米森林绿道，已基本完成。2013年，完成上塘屿山、鹅浦河公园和永嘉原野园林观光园3个森林生态科普知识教育基地建设，并获得温州市森林生态科普知识教育基地命名。永嘉原野园林观光园还通过省级森林生态科普知识教育基地验收。

生态公益林建设 2013年，全县共有各级公益林7.1公顷，公益林管理已步入轨道。根据省厅要求，生态公益林补偿基金提高到每亩21元，按照每亩17元的林农损失性补偿标准，对全县6.59万公顷省级以上公益林损失性补偿资金发放清册进行变更、核对、编制，并在各村进行公示，进而在网上进行公示。2013年，申请并足额发放省财政补助的公益林补偿资金2015万元。其中林农损失性补助1679万，管护支出费用336万元。完成公益林变更调整2起，调整面积16.7公顷。

古道普查 2013年，县政府专门召开关于开展永嘉县古道普查工作的会议，成立了永嘉县古道普查与整修规划编制工作领导小组，围绕“保持古道特色、传承传统文化、打造优美环境、营造健身之路”的总体要求，制定《永嘉县古道普查工作方案》。各功能区管委会，各镇（街道）人民政府（办事处）按照会议要求，组织人员，把普查工作具体落实到各责任人，由专人具体负责古道普查工作的数据收集工作，数据收集经校核无误后，上报县古道普查办公室。县政府直属有关部门各司其责，做到领导分管明确、普查内容明确、普查分工明确，建立了完善的工作体系，确保古道普查工作按时保质完成。为提高工作成效，专门选配了文化水平高、工作能力强、身体素质好的林业工作人员和县登山协会人员参与普查。举办了2次古道普查培训班，对普查工作人员进行专业培训，县古道普查办公室具体指导古道普查工作，对古道地名资料反复进行比对，确保了古道数据库的资料翔实、无重复现象。同时，建立了联络员制度，由专业人员定期指导、督促普查工作，解决普查中的疑难问题。对已上报格式不正确的地名数据，经专业人员详细解说后，退回重新填报，确保古道普查数据的准确无误。县财政部门积极配合，使古道普查的各项经费有了保障。

林区道路网络建设 2013年，根据《浙江省林区道路建设规划》和省林业厅、财政厅《关于下达2013年林区道路建设计划的通知》（浙林计〔2013〕48号）要求，计划建设林区道路150千米。经县财政局、林业局和相关镇（街道）的联合验收，全县共完成林区道路建设48条158.67千米，下达林区道路建设补助资金952.02万元，完满完成了年度建设任务。

林木火灾保险 2013年，县林业局联合县发改局、财政局印发《永嘉县政策性林木火灾保险实施意见》（永发改综〔2013〕114号），全面开展政策性林木火灾保险，保费由财政全额拨付，列入财政年度预算，理赔资金用于更新造林、恢复植被。根据《实施意见》要求，全县政策性公益林和商业林林木火灾保险面积为19.1万公顷，保费263.30万元，总保额17.55亿元。

林权制度改革 2013年，完成2012年剩余的22村林改任务，林地纳入地改完成率100%；办理林权流转手续10件，面积1008.9公顷；共成功勘界20起，面积2443.7公顷；共登记新发放林权证33本，山场65处，面积3093.7公顷。

林业行政许可和审批 2013年1月至10月，县林业局共受理林业行政许可4549件，其中即办件4072件、承诺件477件，办结4549件，承诺件按时办结率达100%，其中提前办结率93.87%，群众满意率保持100%。参加县政府、审管办及相关部门组织的联合审批、联合审查、联合踏勘、联合会商等共计200多次。2013年，省林业厅下达永嘉年度林地定额70公顷，是年共办理征占用林地批件52件，面积92.7公顷，预收森林植被恢复费185.28万元。其中省厅、市局审核永久占用林地8件，面积31.0公顷，占省厅定额数44.3%；省厅审批林业生产服务设施占用林地1件，面积1.3公顷；市局审批临时占用林地1件，面积5.1公顷；县林业局批准林业生产服务设施占用林地42件，面积55.4公顷。共办理省一般野生动物驯养繁殖许可证4家，办理省一般野生动物经营利用核准证2家，发放狩猎证7个，核发木材经营加工核准证2份。

森林经营试点 2013年，在2012年完成县级可持续森林经营规划、编制完成2个国有林场森林经营方案的基础上，编制完成了《永嘉县100村森林资源可持续经营简易方案》，该方案已通过专家评审，完善后可付诸实施。

野生动物保护 2013年，全县共有野生动物驯养繁殖和经营利用单位113家，其中野生动物驯养繁殖17家，经营利用96家，兼而有之的4家。林业局资源林政、森林公安及各林政所严格落实野生动物保护管理措施，严厉打击乱捕滥猎滥食和非法经营野生动物行为。一是加强对餐馆饭店等野生动物及其产品经营较集中场所的巡查，严格查处非法经营野生动物及其产品的行为，全年共查处无证无照经营3例、非法狩猎2例。二是排查野生动物驯养繁殖场所存在的各种问题和隐患，严查违规经营野生动物产品等行为，严防野生动物逃逸事件。三是加强野生动物保护，全年共出动救护野生动物15次，救护野生动物15例，其中国家二级保护动物14例，外来物种1例。

猎区乡镇调整 2013年，根据省政府《关于重新划定猎区乡镇的通知》（浙政发〔2010〕67号）和温州市林业局、公安局《关于开展猎区乡镇调整的通知》（温林〔2013〕72号）要求，开展猎区乡镇调整工作。调整后，原38个猎区乡镇调整为瓯北、上塘、乌牛、桥头、桥下等13个猎区镇(街道)，狩猎人员311人。相关材料已上报省林业厅和省公安厅。

林地专项检查 2013年，根据国家林业局森林资源管理司《关于开展2013年全国森林采伐和林地管理情况检查工作的通知》（资监函〔2013〕25号）的要求，国家林业局华东调查规划设计院于9月13日至9月18日对永嘉的林地管理情况进行了专项检查。县政府和县林业局高度重视，认真开展自查自纠，及时完善造林设计，全力配合实地检查，按时完成项目自查，积极应对国家林业局检查组的林地专项检查。县林业局印发了《关于开展征占用林地自查自纠工作的通知》（永林〔2013〕69号），认真开展了一次征占用林地自查自纠行动，对全县的违法违规征占用林地进行全面预查，认真分析，掌握情况。根据县政府《关于低产林改造暨耕地垦造项目林木种植设计有关问题专题协调会议纪要》（〔2013〕131号）要求，将已通过验收的24个低产林改造暨耕地垦造项目，委托华东设计院进行造林更新作业设计，并严格按照作业设计方案，组织实施林地垦造后的林木种植和必要的农作物套种。成立了检查协调小组，配合此次检查工作；县林业局组织相关职能部门积极参与，及时完整地提供相关材料，并安排各林政所所长陪同配合进行现场调查；各相关镇（街道）也由主要领导或分管领导陪同检查组开展检查。经过6天的外业实地调查，共检查低产林改造暨耕地垦造项目62个，其中违法开垦公益林项目8个，违法采伐林木项目6个，超出立项界线项目6个；抽查判读图斑12块，检查图斑外项目6个，其中非法占用林地项目3个，无证采伐林木项目2个。9月19日至24日，县林业局组织了林政科和上塘、瓯北、岩头、碧莲4个林政资源管理所技术人员，对国家林业局检查组交办的66个图斑及2012年来审核审批的征占用林地情况进行了自查，其中违法违规占用林地图斑4个。

林业执法 2013年，森林公安共出警92次，受案31起，立刑事案件26起（滥伐案件6起、火灾案件20起），破19起，撤销案件1起。取保候审11人，监视居住2人，刑拘3人，拘传3人，网上抓获逃犯3人。立行政案件3起，破3起，罚款73700元。处理信访案件20起，办结14起。2013年，根据温森公〔2013〕3号文件精神，开展了代号为“清火行动”的侦破森林火灾案件大会战的专项行动。在积极组织扑救森林火灾的同时，严肃查处违反规定烧荒、烧田坎草、烧焦泥灰、炼山等生产性用火行为，查处上坟烧纸钱、燃放鞭炮、点蜡烛等易引发森林火灾的野外用火行为和其他各类森林火灾案件。行动期间，立刑事案件12起，查处12起，破9起。县级媒体报道2次。2013年，开展了“天网行动”，对各种违法行为进行了严肃处理。同时发放加强野生动物疫源、疫病监测、预防疫病发生和传播等宣传资料1000多份。5月10日至6月30日，在全县范围内组织开展代号为“亮剑二号”的林区禁种铲毒专项行动。多次召集4个林政资源管理所的工作人员进行禁毒知识的培训，并联合县禁毒办、县农业局进行联合执法，对禁毒工作进行督办。11月开始，县森林公安联合林政资源管理所在全县范围内开展保护森林专项治理行动。到11月7日，共出警2次，出动执法人员45人次，捣毁非法炭窑2座。同时向林区群众宣传法律知识，讲解非法烧炭的法律后果，分发护林爱林宣传手册200余份，宣传受众500余人次。2013年，县林业部门在全县范围内开展打击破坏森林资源违法犯罪行动。牢牢抓住影响林区治安的突出问题和群众反映强烈的治安热点，严厉打击各类破坏森林资源的违法犯罪活动，确保林区治安大局稳定和生态安全。

森防检疫 2013年，森防检疫工作严格执行上级文件精神，分解落实工作任务，认真开展林业有害生物的监测、防治和检疫等工作，超额完成林业有害生物防治目标管理“四率”指标。全县共防治林业有害生物面积476.9公顷，其中有效防治面积223.5公顷，预防面积253.4公顷，防治率100%；无公害防治面积476.9公顷，无公害防治率100%。年初预测林业有害生物发生面积220公顷，实际发生面积223.5公顷，测报准确率为98.42%，超过市局下达的87%的测报准确率指标。全县应施种苗产地检疫面积20公顷，实施种苗产地检疫面积20公顷，检疫率100%。2013年，认真开展了“绿盾护林一号”和“绿盾护林二号”检疫执法专项行动。

林木种苗管理 2013年，全县25个育苗单位共计育苗46.2公顷，其中新育苗面积6.1公顷。总产苗量460.22万株，其中容器育苗74万株。主要苗木品种有木荷、枫香、杉木、红楠、香樟等。对东城街道岭口村“永嘉县富华园艺场”等6个申请单位，发放林木种苗生产和经营许可证各1份。与县科协、科技局联合组织举办育苗生产单位科技培训班和花卉培育管理培训班各1期，组织参加培训人员200余人，获得良好的教学效果。

森林消防和火灾防控 2013年，全县共发生森林火灾11起，过火面积256.7公顷，受害森林面积85.8公顷，损失林木蓄积1377立方米，森林火灾发生率5.7次/10万公顷，森林火灾受害率0.4‰。发生次数、过火面积、受害面积分别比上年上升57%、上升21%、下降22%。2013年，县委、县政府高度重视森林消防工作，主要领导多次在有关会议上部署森林消防工作措施。元旦、清明、国庆等重要节假日期间，县政府及时下发文件落实镇（街道）和有关部门森林消防工作责任，并要求全县18支森林消防队伍分区域开展巡防工作。8月，面对严峻的森林消防形势，县政府发布了禁火令。在加强宣传、火源管理、科学扑救等方面都做了大量卓有成效的工作。2013年，推出《永嘉县森林消防队伍工作考核办法》，根据队伍的扑救巡查、队伍建设、安全管理等情况，县森林消防办公室对队伍进行量化考核，队伍间进行了满意度测评。评出上塘森林消防第一中队等5支先进队伍、胡绍弟等39名扑救先进个人，并由县政府、县森林消防指挥部分别予以通报表彰。2013年，各级财政共投入县级骨干队伍和护林员队伍建设经费500多万元（县财政投入317万元），森林消防队伍基本建设经费得到初步保障。2013年，通过加强平时督查、严格工作考核、强化责任追究等措施，有力促进森林消防工作。

山林纠纷调处 2013年，坚持“调防结合”的原则，共调处山林纠纷案件10起（其中地、市际山林纠纷案件1起），落实山场面积200多公顷；配合市山林办调查信访案件2起。热情接待群众来信、来访，按立案要求及时立案查处。全年共接待群众来访300余次，有力地推进了林区社会稳定和经济发展。

林业队伍建设 2013年，认真学习、深刻领会、全面贯彻党的十八大和十八届三中全会精神，保持和发扬林业系统团结拼搏、能打硬仗的良好作风，着重在提高干部队伍的凝聚力、战斗力上下工夫。以筑牢反腐倡廉思想防线为核心，以建立健全惩防体系为抓手，不断加强党风廉政建设和机关效能行风建设，努力打造一支“勤勉、廉洁、务实、高效”的干部队伍，切实提高林业科学发展水平。坚持从实际出发，扎实开展学习教育活动，重视党建工作，发挥党组织的战斗堡垒作用，凝聚人心，鼓舞斗志，有效促进全县林业工作顺利开展。

荣誉录 2013年，永嘉县人民政府获浙江省人民政府授予的“浙江省沿海防护林建设先进集体”荣誉称号；永嘉县林业局获国家森林防火指挥部授予的2010～2012年“全国森林防火先进单位”荣誉称号。王长江、叶银强获浙江省人民政府授予的“浙江省沿海防护林建设先进个人”荣誉称号。

（费万辛）

水 利

概 况 2013年，县水利部门科学应对流域性大洪水，全面战胜45天的严重高温干旱，成功防御密集登陆的台风袭击，获市抗台救灾先进集体称号；完成水利年度投资10.1亿元，占计划的103.3%，同比增长8.84%；争取上级资金补助4.57亿元，数量居全省各县首位；水政执法工作取得重大性突破，刑事打击非法采砂经验在全省范围内推广，在全市水政工作考核中获第1名，创历史最佳成绩；创成浙江省农村饮用水工程长效管理达标县；获得永嘉有史以来水利工作最高荣誉——浙江省第十九届“大禹杯”银奖。此外，获得全国水利安全生产知识网络竞赛集体奖，成绩居全市第一；

水利工程建设 2013年，立足生态文明建设，突出民生水利重点，注重两个结合。一是与省市重大水利工程相结合。2013年，在建省重点水利工程8个，总投资49.34亿元，计划完成年度投资6.75亿元。到12月底，实际完成投资6.64亿元，占计划的98.32%，其中三塘隧洞分洪应急等工程超额完成年度投资计划任务的30%以上，并发挥排涝与生态环境效益；瓯北西段标准堤、楠溪江供水、乌牛新闸工程顺利完工。此外，2个省级预备重点项目乌牛溪治理和楠溪江河口大闸分别完成项目项建批复和项建待批工作，争取2014年列入省重点项目。二是与改善民生相结合。围绕市县政府“为民办实事”，着力推进惠及民生的水利基础建设。全年解决了6.5万农村人口饮水问题，占计划任务的164.56%，并成功创成农村饮用水工程长效管理达标县。完成10座山塘综合整治续建项目，完成率100%；18座新开工山塘综合整治项目完成80%（年度计划70%），山塘部分累计完成投资2500万元，远超年度计划任务；同步完成水库大坝安全技术认定8座，水库竣工验收8座。

平安水利建设 2013年，突出以防汛保安全为主线，以非法采砂、信访维稳为主抓手，成功抵御了“苏力”“菲特”等台风的袭击，县城历史上首次未出现受淹，直接经济损失不到“罗莎”台风的1/3，防汛防台抗旱工作取得全面胜利。率全省之先对盗采砂石违法所得超过5万元的、已立案调查或受到行政责令后仍继续偷采的人员移送司法机关立案处理。到12月底，共移送案件7起，刑事拘留6人，判处有期徒刑3人，取保候审3人。在全省水政执法骨干业务培训会议上推广永嘉采砂管理模式。通过铁腕整治，全县24处违法采砂加工点全部取缔，拆除违规违章建（构）物21155平方米，占年度计划的132.22%。同时，认真做好来信来访等各项工作。全年共接到各类举报、网络舆情、信访41件，转办1件，回复处置率100%。同时积极办理人大建议政协提案共计25件，主办建议提案共计16件，会办9件，答复满意率100%，获2013年度县人大和政协议案、提案办理先进单位。

水利改革 2013年，抓住全省基层水利服务体系改革试点县契机，在水利基层服务体系改革、工程管理体制改革、楠溪江疏浚采砂改革等领域进行重点探索实践。一是健全村级水利员队伍。通过层层推荐、选拔，组建了一支有710名水利员组成的年富力强、经验丰富、适合本地实际的村级水利员队伍，负责全县基层水利工程管护和防汛防台等任务，改变农村水利工程有人建、无人管的局面，确保工程长期发挥效益，为建设现代新型农村水利奠定基础。二是成立农民用水户协会。按照“政府引导、民主管理”的原则，发展农民用水户协会。在条件相对成熟的大若岩镇开展试点工作，鼓励当地有威望、有技术、愿为水利做出贡献的人员担任用水户协会负责人；充分发挥协会作用，将工程的所有权、使用权、管理权和用水决策权交给农民，调动了农民“自己事情自己办、自己工程自己管”的积极性。三是完成区域化管理试点工作。结合基层水利服务体系改革，积极探索“以大带小、小小联合”区域化集中管理的模式。落实桥头镇、大若岩镇和东城街道小型水利工程管护主体，健全工程管护规章制度，明确安全管理和运行管理责任，建立小型水利工程长效管理机制，为全省小型水利工程运行管理体制建设创立示范，提供经验，拟在全县范围内推广。

行业管理 2013年，坚持“以德为先，德才兼备”的用人标准，强化片区干部轮岗制，大力推进指挥部和局机关人员干部交流机制，提拔能干事的人、重用干成事的人、限制不干事的人。2013年提拔中层干部16名（中层正职1名，中层副职15名），交流轮岗10名。抓好水利系统廉政风险防控管理工作，在改进工作作风、预防腐败发生、加强廉政教育等方面，采取了一系列新举措，迈出了新步伐。大力弘扬“马上就办，必须办好”的优良传统，全面提升工作效能和服务质量。着力推进水利行政审批制度改革和审批窗口规范化建设，进一步简化和压缩审批流程和时限，行政许可事项由27项减少至22项，对保留的审批事项制订了详细的服务规范和标准；全年共受理各类审查审批项目135项，办结135项，办结率100%。首次将纪检监察职能向一线执法、水利工程建设和管理单位延伸，确保廉政制度在基层落地生根。明确选取在建政府投资和使用国有资金，特别是工程总投资在500万元以上的水利建设项目，纳入工程建设效能监察范围，以与项目实施有关的工作人员为监察对象。以中央八项规定精神为动员令，严格“三公”经费预算与管理，强化领导责任、细化工作措施、严格执行制度，坚决抵制奢靡之风。2013年，公务接待费共支出11.69万元，同比减少15.5%。

（陈安宁）

农村能源

畜禽养殖场沼气工程 2013年，根据省政府“811”环境治理工作目标规定，对生猪存栏500头以上的规模养殖场进行治理。永嘉县农村能源办公室(简称县能源办)对永嘉安泰农业养殖开发公司、永嘉上塘新兴养殖场和永嘉四通养殖场进行了治理，建成3处沼气工程，总池容1135立方米，年产沼气1.26万立方米，年处理养殖场污水2.04万吨。

沼气集中供气项目 2013年，省农业厅分配给永嘉140户供气的任务，县能源办选择5家已完成沼气工程并离村落不远的养殖场投入沼气集中供气项目建设。到10月，工程圆满完成，每年可产沼气7.56万立方米，折合标煤约54吨，可为村民节省燃料支出约14万元。

生活污水沼气净化工程 2013年，县能源办积极实施生活污水沼气净化工程，圆满完成列入市农村能源生态建设项目的岩头镇陈家坪村、沙头镇岭下村等7个行政村的生活污水净化处理任务，建造沼气净化池合计池容960立方米，处理农村生活污水8.52万吨。在实施沼气净化工程中，县能源办严把施工质量关，保证每项工程质量合格，经处理后的生活污水达到国家规定的排放标准。

推广太阳能节能产品 2013年，县能源办以示范为手段，继续抓好太阳能热水器和太阳能路灯推广工作。全年共推广太阳能热水器5100平方米，节煤510吨；太阳能路灯62盏，总功率2.108千瓦，在全县起到了较好的示范作用。

（厉和平）

2013中国(温州)森林旅游节开幕式

汪雪琼 / 摄

2013中国（温州）森林旅游节
2013 China (Wenzhou) Forest Tourism Festival

开工仪式

中国（温州）森林旅游节系列活动
温州市森林公园集体开园仪式
永嘉县五星潭省级森林公园

工业经济

泵阀工业

行业概况 2013年，永嘉县实现泵阀工业总产值250.96亿元，其中规上泵阀企业销售值96.97亿元，同比增长1.6%；5亿元以上企业2家，1亿元以上企业24家；被评为县功勋企业8家；被评为县巨龙企业17家；被评为县明星企业11家；被评为县优秀企业20家。新增浙江出口名牌产品企业2家，新增省级重点研究院2个。

外贸出口 2013年，泵阀出口27191万美元，同比增长−12.28%，其中12月份出口2642万美元，环比增长−2.34%，同比增长16.85%。

科技创新 2013年，永嘉县泵阀行业协会组织开展系列培训，为促进和提升产业发展夯实了基础。6月17日，召开省一届四次会员大会，邀请国家阀协秘书长宋银立作《国内外阀门产业发展形势报告》。通过国家级行业领导现场讲述，使会员了解国内国际产业发展最新动态，认清面临的形势。7月5日与7月28日，与县红十字会、超达阀门集团共同举办泵阀行业救护培训，全行业共有40多家企业56位员工获得省红十字会救护员证书。8月2日，与温州龙德设备有限公司举办了APIQ1第九版温州区第一期培训班，50多家阀门企业派员参加学习培训，取得了省泵阀行业协会颁发的证书。8月17日，与宣达实业集团联合举办“中国（永嘉）泵阀产业新材料高级专家报告会”。8月18日，组织召开“中国（永嘉）泵阀产业高端发展研讨会”，特邀中国通用机械工业协会主席团主席隋永滨、国家能源局能源节约和科技装备司副司长黄鹂等权威专家莅临永嘉，介绍国家产业政策及国内国际行业发展形势。9月23日至11月8日，协助县科技中心举办泵阀工程师培训，通过笔试、面试和评审，148人获得工程师资格、56人获得助理工程师资格、14人获得技术员资格。11月1日，与县质量技术监督局共同举办了“全县泵阀企业产品法律责任、质量管理培训班”，共有80多家企业近100人参加了为期1天的培训。11月17日，与兰州理工大学泵阀研究院共同举办“温州泵阀行业阀门技术培训班”，在工程师和专业技术人员的基础上开展为期2个月的培训，重点提升阀门企业技术人员的专业知识和创新设计能力。

平台建设 2013年，永嘉县泵阀行业协会努力提升永嘉泵阀产业的知名度，打造区域名牌，收集编辑永嘉阀门产业集聚区材料向国家质监总局申报“全国知名品牌创建示范区”。5月15日在北京参加项目申报答辩会；8月14日，国家质监总局发函同意永嘉筹建“全国泵阀知名品牌创建示范区”等区域品牌金名片，进一步提升泵阀产业的竞争力。通过省质监局三年一度的永嘉阀门浙江省区域名牌的复评考核工作。9月16日，兰州理工大学温州泵阀研究生分院挂牌成立，为培养高层次人才，推动泵阀产业向着高科技方向发展创造了条件。11月30日，浙江省阀门质检中心通过国家质检总局的专家组验收，成为国家级的质检中心，对夯实永嘉泵阀产业创新基础、提升产业在国内外的知名度与影响力、促进产业转型升级等方面具有重要意义。12月25日，全省系统流程装备产业技术创新综合试点启动工作会议在永嘉召开，浙江省副省长毛光烈参加会议，批准永嘉泵阀产业创建浙江省首个系统流程装备高新技术产业基地，提出泵阀产业要围绕系统流程装备智能化、成套化、网络化总体目标，建设系统流程装备重点企业研究院，实现工业化与信息化深度融合。

组织企业参展 2013年3月6日，永嘉县泵阀行业协会组织会长、秘书长、永嘉分管工业副县长、工业园区主任、质监局长及相关企业和政府工作人员等参观考察老牌阀门国有企业北京阀门总厂。9月11日，苏州召开2013阀门世界亚洲博览会暨研讨会，永嘉县首次与全球最具实力的阀门贸易展览机构及全球阀门贸易成交最大博览会的举办方——荷兰《阀门世界》合作，在苏州开展永嘉泵阀集群示范区区域国际品牌试点主题活动，成功组织召开了“2013阀门世界亚洲博览会永嘉泵阀行业品牌国际化拓展研讨会”。9月12日，由永嘉县主管工业部门领导和永嘉县泵阀行业协会主要会员企业负责人共计60余人组团考察了国内知名阀门企业——中核苏阀科技实业股份有限公司和苏州纽威阀门股份有限公司。10月10日～12日，组织30多人考察了辽宁鞍山工业园区并参展参观了鞍山高端阀门展览会。

建言献策 2013年4月2日，永嘉县泵阀行业协会向永嘉县委县政府提交《关于“永嘉泵阀大厦”规划建设的建议报告》；5月20日，提交《关于永嘉泵阀产业现状及迫切需要解决问题的报告》；6月16日，提交《关于采取强有力措施全面推进泵阀产业联合重组的报告》，详细分析全行业面临的问题与困难，提出了未来发展思路与解决方案，有效发挥协会桥梁作用，推动产业健康发展。

建融资平台 2013年，永嘉县泵阀行业协会先后与华夏银行、平安银行、中国银行、交通银行、杭州银行、民生银行等合作，共获得贷款13.6亿元，其中华夏银行和平安银行均需协会秘书处盖章推荐才能获得贷款。与永嘉民间借贷服务中心筹备建立泵阀行业银行转贷金项目，努力解决企业银行短期还贷难题，截至年底，共有50家企业累计获得3亿元转贷基金支持。

人才培育 2013年，永嘉县泵阀行业协会秘书处起草《泵阀行业中高级人才流动自律公约》，制定中高级人才公约，筹备建立行业性自律机制。6月8日，在一届五次理事会上审议通过，有效遏制行业中的恶意“挖人”现象。9月1日，由永嘉县人民政府与省泵阀协会联合主办，县泵阀协会与县经信局、科技局、质监局等联合承办的“2013首届‘永嘉杯’全国阀门创新设计大奖赛”拉开帷幕，全国各地的知名泵阀企业、相关专业高校和研究院共68个团体和个人报名参加。邀请全国泵阀领域知名专家做技术顾问、评委，制定参赛规则、评审程序，参与初评、复评和终评。12月28日，评选出一等奖1名、二等奖3名、三等奖10名，共计发放奖金46万元。

宣传工作 全面开展宣传活动，维护区域品牌，提高产业影响力。全年共编辑出版《泵阀纵横》杂志3期，《中国泵阀之乡》报纸4期，《产业外贸预警》简讯4期，更新网站信息880条。

（陈文荣）

鞋革工业

经济运行概况 2013年，在温州市鞋革行业普遍低迷的情况下，永嘉县鞋革行业稳中趋好，据55家规上鞋革企业统计，2013年完成工业总产值123.37亿元，同比增长3.11%；其中瓯北城市新区完成工业产值116.94亿元，同比增长4.10%；乌牛街道完成工业产值6.42亿元，同比下降12.05%。全县工业产值超亿元的鞋企共16家，完成工业总产值107.7亿元，同比增长4.11%，占全县规上鞋企产值87.3%，全县外贸出口鞋企下滑速度放缓，据22家外贸企业统计，共完成工业产值11.76亿元，同比增长2.19%。全县规上鞋企全年缴纳国税、地税合计4.53亿元，同比增长28.02%。

经济运行特点 2013年，永嘉县鞋革业普遍受到严峻挑战，呈以下运行特点：一是发展速度逐季放缓，一、二、三、四季度的增速分别为22.17%、11.72%、7.13%、3.11%。二是品牌企业发挥强力支撑作用，带动了全县鞋革业稳步发展，全县亿元产值以上的鞋企共16家、全年总产值占全县规上鞋企87.3%。品牌企业对全县鞋革业的发展起到了支撑作用，充分发挥品牌优势和多渠道开拓创新营销模式，以品牌优势增强市场影响力。据奥康、红蜻蜓、蜘蛛王3家品牌企业统计，全年完成工业产值73.49亿元，占全县规上鞋企产值60%。三是电商产业迅速崛起，线上线下双向运行，拓宽市场营销力度，奥康、红蜻蜓、日泰、杰豪、超雷等10家企业分别进军电子商务市场，销售业绩成倍增长。全年电子商务销售额约8.7亿元，其中奥康线上销售达4.3亿元，红蜻蜓线上销售达3亿元，分别入选温州市电子商务示范龙头企业。四是线下销售网点改革创新继续加大，据不完全统计，奥康等7家企业增设营销网点约2000家，品牌企业加大连锁经营模式的创新改革力度，如奥康推出“A+体验计划”，从研发战略、产品战略、品牌战略、渠道战略等方面提升终端销售。红蜻蜓对集成店加大时尚化力度，蜘蛛王每年投千万聘请知名营销专家、学者到全国各地对一线员工进行“营销战略实战”培训，日泰改革营销模式变代理商为老板，杰豪对营销网点进行服务质量培训等。

品牌影响力持续提升 继续发挥《浙江省鞋革商标品牌基地》和《中国鞋都·男鞋生产基地》的产业集群优势，在严峻的国内外经济形势下，广大鞋革企业注重实业发展，专心自身品牌建设，在历届全国真皮标志排头品牌评选中，均领先全国同行。3家企业被评为“中国真皮领先鞋王”，1家企业评为“中国真皮鞋王”，2家企业评为“中国真皮名鞋”。由世界品牌实验室公布的《中国500最具价值品牌榜》中，奥康、红蜻蜓上榜，“奥康”品牌价值继2011年首超“百丽”后，2013年品牌价值上升到147.85亿元，再次蝉联全国鞋革行业榜首，红蜻蜓儿童品牌，经10年发展已跻身国家10强，分别获得“中国十大童鞋品牌”“中国十大童装品牌”等荣誉称号，红蜻蜓皮具被授予皮具行业“中国致敬品牌”。在出口品牌建设方面取得佳绩，奥康获评出口信用管理最高等级“全国出入境检验检疫信用管理AA级企业”和“省出口名牌”称号，爱玛鞋业获“市出口名牌”称号。

优势企业实力持续增强 永嘉县鞋革行业共建企业集团5个，奥康于2012年4月成功上市，红蜻蜓正处于上市培育期，奥康蝉联《2013年中国民企500强》《2012中国绿色公司百强》《2013年度全国男鞋销量第一》，入选《2013年度浙江省百强企业》。奥康、红蜻蜓、蜘蛛王3家企业被评为《2013年度温州市综合评价百佳工业企业》，红蜻蜓被评为《温州市第一批科技创新百强企业》。多家鞋革企业被评为2013年度永嘉县重点企业，奥康、红蜻蜓蝉联永嘉县“功勋企业”称号。

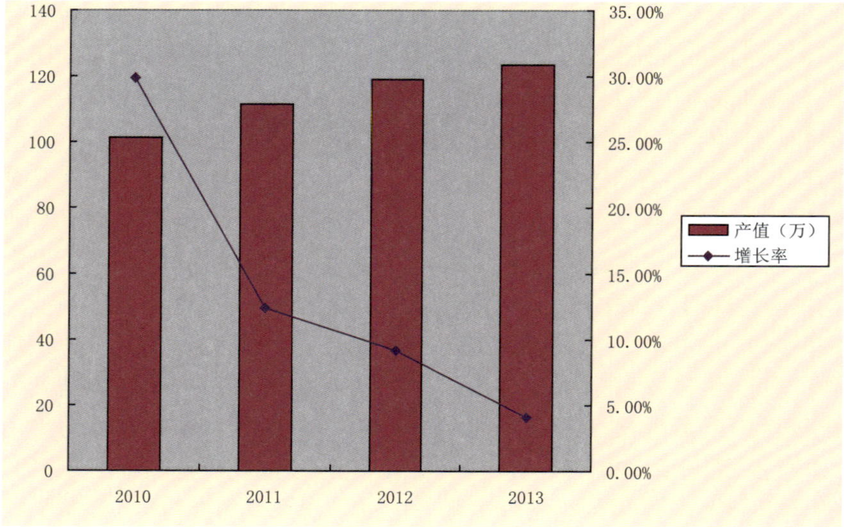

图七　2010～2013年永嘉鞋革工业产值及增长情况

科技创新和技术进步 永嘉县鞋革行业重视科技投入，努力开展院企校合作，以技术改造和设计创新为抓手，努力提高产品的技术含量和时尚度，倡导科技制鞋、环保制鞋，以提高产品品质为目标，努力提升品牌影响力。奥康与多家院校建立长期合作关系，以“省级科技研究院”和“高科技数字化研发中心”为平台，全方面开展制鞋科技和研发工作，大力引进国际先进设备，对生产线进行技术改造，以“机器换人”为手段，提高生产水平、生产效率和经济效益，花巨资引进意大利先进生产设备对生产线进行技术改造，建立国际水平的生产样板车间，新建立的样本车间“时尚流水线”于2013年年底正式投用。经国家人力资源和劳动保障部批准，“博士后科研工作站”落户红蜻蜓，红蜻蜓成为省内首家拥有博士后工作站的制鞋企业，并获准招收博士后。红蜻蜓在全国轻工业科技大会上获“十一五”科技创新先进集体奖，成为国内唯一获此殊荣的制鞋企业。

（柯国杰）

钮扣工业

钮扣行业概况 2013年，永嘉县桥头钮扣商会取得一定成效，截至年底，桥头镇共有钮扣企业289家，其中重点企业49家，规模以上企业16家，年工业产值达20亿元，从业人员超过28000人，拥有中国驰名商标1个、省著名商标5个、市知名商标7个、县名牌商标11个。在品牌意识引领下，桥头钮扣产业规模日益扩大，逐步完成由商贸型经济向工贸型经济、由有形市场向无形市场、由区域经济向全球经济承接的转变。

服务会员企业 2013年，永嘉县桥头钮扣商会积极与各级政府部门沟通交流，争取得到最大支持和帮助。努力帮助会员企业办实事、解难题。探索新时期工作的新途径，充分利用商会工作平台，加强与兄弟商会的沟通交流，开展各类考察参观活动，引导会员企业开展自主创新、实施品牌战略，增强质量兴企、品牌强企的意识。以人为本，引导会员企业关爱员工、服务员工，帮助会员企业构建和谐的劳动关系。

钮扣工艺师培训 2013年，永嘉县桥头钮扣商会重视专业技术人才的培养，指导钮扣工艺师培训基地坚持以服务为宗旨、以技能提升为导向的培训方针，进一步密切学校与社会的联系，加强与企业的合作，实行理论和实践相结合的培训模式，推进学校教育教学持续健康发展。2013年，钮扣工艺师培训基地将培训重点转至提升企业在职员工的劳动技能，开展企业在职员工提升培训，参加培训者达570人次，通过考试发证者达500多人次，为桥头钮扣事业的后续发展提供有力的人才支撑。

宣传钮扣文化 2013年，永嘉县重视提升“中国钮扣之都”的金名片效应，永嘉县政府牵头组织桥头钮扣商会创办丽水街“钮扣博览馆”，12月份投入使用，展示了丰富的桥头钮扣文化和桥头人精神，大大地提升了桥头钮扣产业的知名度。12月26日，以“荣耀与梦想”为主题的桥头钮扣市场30周年庆祝活动在桥头钮扣城举行，国内外桥头企业家和知名人士齐聚桥头，共同探讨桥头发展的“昨天、今天和明天”，桥头钮扣商会会员与大家一同回顾了桥头钮扣市场的光辉历程和桥头人民敢为人先的市场精神。

行业污染整治 桥头镇钮扣行业污染整治属温州市7个污染整治市政府挂牌督办项目之一，是永嘉县生态县建设的重要内容。桥头镇钮扣协会组织桥头各钮扣企业共同努力，污泥处理厂建设进入验收阶段，将有效实现生产与生态的良性循环，推动行业节能减排工作更上新台阶。

非公党建 2013年，永嘉县桥头钮扣商会党支部发挥核心作用，积极吸收企业骨干加入党组织，为企业培养和输送优秀党员，为非公党建做出积极贡献，2013年被评为“永嘉县五星级党支部”。

履行社会责任 2013年1月，桥头总商会会长王春桥和桥头钮扣商会会长孙永亮到桥下镇昆阳社区南村，慰问困难村民，奉献桥头钮扣商会一份爱心。“六一”期间，桥头钮扣商会组织浙江迈利发服饰有限公司、浙江新城钮扣饰品有限公司、温州金科轻工制品有限公司、温州市方圆金属钮扣有限公司分别与朱涂小学、桥头镇第二小学、桥头镇第六小学、井大小学进行授牌结对，并携带礼物进校园，与师生共度节日。

（王成新）

拉链工业

概　况 2013年，永嘉县拉链商会本着做好行业自律、加强自身管理和一切为会员企业服务的宗旨，不断完善自身组织建设，提升凝聚力和导向力，充分发挥政企之间的桥梁纽带作用，提升了“中国拉链之乡”区域品牌。截至2013年年底，永嘉县有拉链行业配套企业280余家，拥有中国驰名商标1枚、省名牌商标3枚、市名牌商标10枚，从业人员约2万人，全年实现产值约24亿元。

服务会员企业 2月12日，组织召开理事会新春开工会议，规定工资工价，倡导企业坚持诚信经营。3月，建立永嘉县拉链商会产品检测中心，整体提升品质质量。4月，在浙江迈利达集团举办企业劳动争议调解组织建设座谈会与劳动法宣讲等知识培训。6月，组织“长城”“迈利达”2家企业参加永嘉县消防安全知识竞赛暨全民消防安全教育活动。

非公党建 “七一”前夕，商会党支部组织党员积极参加温州长城拉链集团与和合拉链公司携手举办的庆党建活动，拉链行业50多名党员深入海霞基地、洞头县女子民兵连纪念馆学习党建文化知识，接受传统教育。在洞头召开中国共产党诞辰92周年座谈会，推进非公有制企业基层党建工作，不断增强非公企业党组织活力。

考察与交流 9月，中国拉链会员大会在江苏省常熟市召开，永嘉县拉链商会组织会员100余人参加了大会。10月，组织42名会员到越南胡志明市进行市场考察，考察胡志明市内的拉链辅料市场及各方面资讯。10月23日，组织会员企业到北京参加中国鞋服名品展示会，提高永嘉拉链的知名度与影响力。12月，组织会员企业集体参加温州拉链行业四届二次会员年会。12月26日，组织会员企业参加桥头钮扣市场创办30周年庆典活动。

拉链文化展示 11月，在岩头丽水街布置拉链文化展馆，并参加楠溪江文化“美丽乡村”展示，通过文化搭台、经济唱戏、展馆展示等方式对永嘉县拉链产品进行了集中展示。

（常 梅）

教玩具工业

概 况 2013年，温州教玩具行业协会在行业内部实行“自我管理、自我教育、自我服务、自我发展”的方针，本着“一服二同”（一服务于企业，二和政府同步、企业同心）的服务理念，为企业的新产品创新维权，协调企业间的关系，为产业树立形象、拓展市场、促进特色经济的发展。2013年，由中国轻工工艺品进出口商会与永嘉人民政府共建“中国教玩具出口基地”。基地有教玩具企业490多家，会员企业380家，从业人员15000多人，产值同比增长约25%，拥有“永浪”“奇特乐”“凯奇”“育才”等一批中国驰名商标、省市著名商标和企业。桥下教玩具市场是浙江省唯一的教玩具专业市场，在全国各地设有1300个办事机构，产品占国内教玩具市场的60%以上，30%出口欧、美、中东、澳大利亚、东南亚等国家与地区，形成了独特的区域文化产业，是永嘉支柱产业之一，占桥下镇工业总产值50%以上。2013年销售收入 1326.00万元，同比增长42.86%，上缴税收4376.91万元，同比增长99.02%。12月5日，中国轻工工艺进出口商会和永嘉县人民政府共建“中国教玩具出口基地”的揭牌仪式在新世纪酒店举行，永嘉县成功摘取“中国教玩具出口基地”这一国家级金名片，对温州市教玩具行业发展起到积极的作用。

教玩具产业整治 2013年，温州教玩具行业协会积极配合质检和工商对桥下镇玩具产业进行整治，促进产业转型升级，全面提高桥下镇教玩具产业质量水平和市场竞争力。5月31日，《温州晚报》报道称桥下镇教玩具产业存在生产、销售无3C认证的六类玩具及无产品质量检验合格证明等情况。温州教玩具行业协会协同县质检局和县工商局联合制定《永嘉县桥下镇玩具产业整治方案》，分宣传动员、集中整治、检查验收三个阶段，发挥县工商局、县质监局、桥下镇政府、温州市教玩具行业协会的合力，对生产条件恶劣又不主动整改的教玩具加工小作坊依法给予严厉打击，对质量安全隐患严重的教玩具加工小作坊采取关停并转措施，对恶意违法的玩具加工小作坊依法予以取缔，坚决杜绝不合格产品流向市场。9月5日，邀请新闻媒体、用户消费者代表和有关部门代表，参观教玩具生产、销售企业和教玩具市场，见证整治成果。

编写《永嘉教玩具》 2013年6月，温州教玩具行业抽调人员，历时2个多月完成《永嘉教玩具》的编写。内容包括：历史沿革、产品特色、工艺流程、产业优势、发展前景和温州市教玩具行业协会开展的工作等6项内容，系统阐述了永嘉教玩具的发展历程和发展前景。

教玩具专业培训 2013年11月28日，聘请浙工大专家教授到永嘉进行教玩具设计、工艺专业技术职称培训，共有57名玩具专业人员获得了教玩具设计师、助理设计师、设计技术员、工艺师、助理工艺师、工艺技术员等职称。

教玩具设计比赛 2013年，教玩具协会和浙江工业大学联合举办第三届“立本杯设计大奖赛”，历，6个月的评比工作，最后评出110余人的设计作品，发放奖杯和奖品价值19多万元。

编辑《中国教玩具之都目录大全》 2013年10月中旬，一年一度的《中国教玩具之都目录大全》编辑工作开始，温州教玩具行业协会编委会收集整理目录稿件，在上年目录的基础上补充新产品目录，使一批新产品通过目录找到客户，给企业带来直接的经济效益。

组织教玩具企业参展 2013年，温州教玩具行业协会组织会员企业参加各种重要的玩具展。4月8日～10日，组织19家企业60个摊位参加广州第25届国际玩具展。10月15日～17日，参加上海第十二届国际教玩具展，充分利用展会平台向国内外客户宣传与展示“中国教玩具之都”。

教玩具产业存在问题 桥下镇玩具产业生产、流通、销售各环节需要加强监管，以确保教玩具产品质量安全。教玩具行业用地量少，一直以来无标准厂房，政府拆除违章建筑行动对行业发展带来一定影响。

（吴立敏）

电镀工业

概 况 2013年，永嘉县电镀行业协会坚持以科学发展观为指导，贯彻上级及有关部门的指示，充分发挥协会的桥梁和纽带作用，团结会员、同心协力、攻坚克难，为永嘉县电镀工业的改造、提升和发展而努力。2013年，永嘉县经环保部门批准允许生产的电镀企业

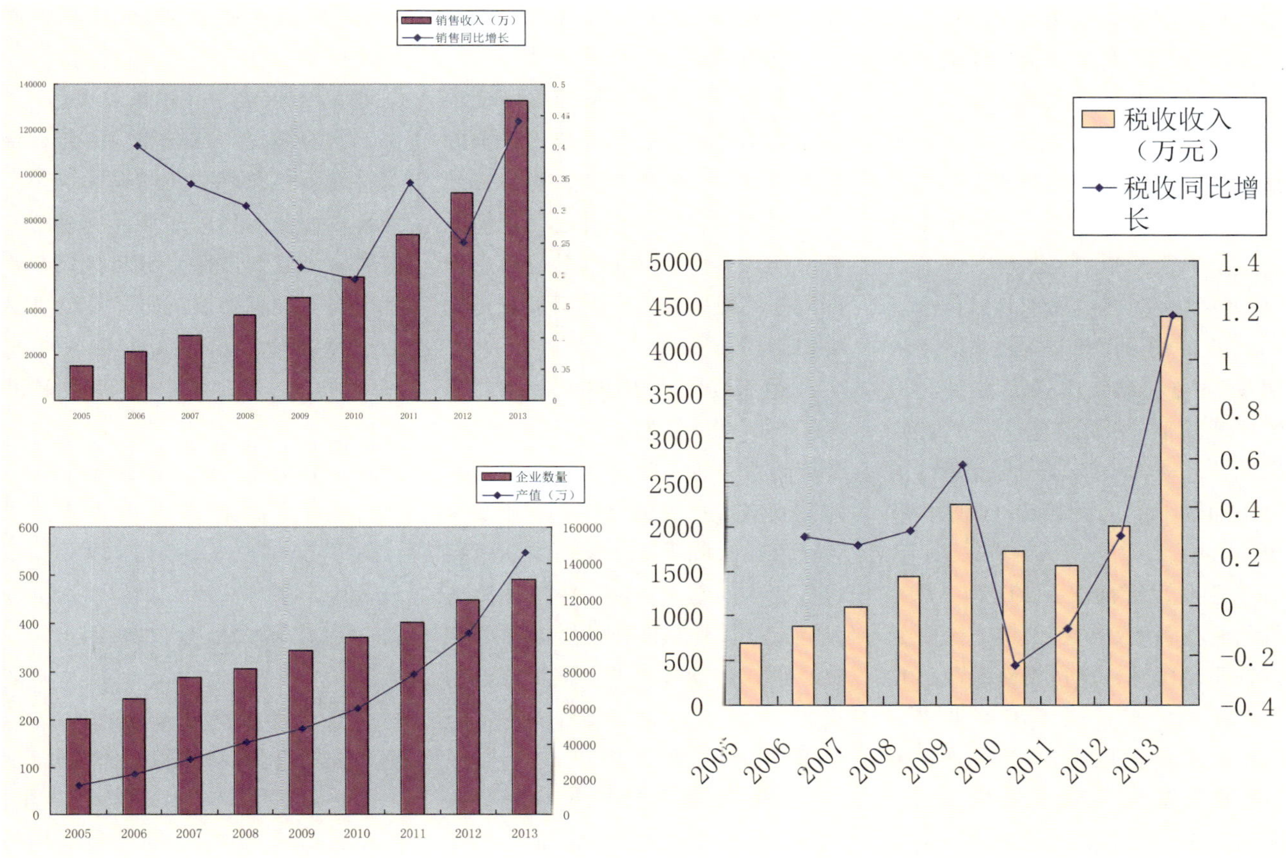

图八　2005～2013年永嘉教玩具工业增长情况

共有89家，被整合成2个电镀基地（瓯北五金基地、桥头基地）和5个园外标杆企业（永嘉县广义表面处理有限公司7万容升，永嘉县尊宝铁丝有限公司15万容升，永嘉县禾益实业有限公司22万容升，永嘉县乌牛永乐五金美工厂10.2万容升，永嘉县振鑫表面处理有限公司35万容升），以中、小型企业为主，电镀车间200多间，电镀行业生产总容量为300多万升，镀种以镀镍、镀锌、镀铜为主，普遍为传统电镀工艺。永嘉县电镀行业是永嘉县经济主要配套产业之一，为永嘉县经济发展做出重要贡献。电镀行业作为传统污染行业，新增及遗留污染问题较多，每年排放含有铬、氰、铜、锌、镍等有毒物质的废水320万吨左右，同时排放酸雾，严重危害周围大气、水源、农田及人体的健康。

电镀行业污染整治　2012年～2013年间，永嘉电镀行业协会协同永嘉县政府积极开展电镀行业污染整治。2012年7月12日，召开电镀行业污染整治动员大会，要求各地各部门按照《电镀行业污染整治攻坚方案》要求，确保2012年年底前全面完成电镀行业污染整治任务。2012年12月23日，在《今日永嘉》上刊登公告，要求电镀企业在2013年1月1日零点前，未入园生产且不作为园外标企业的电镀企业必须断电、断水，全部拆除生产设备和违章建筑并及时清理，县有关部门发放的与电镀生产相关的所有证照全部予以吊销。拟搬迁入园生产但未迁入的电镀企业必须断电、断水，并吊销原址上与电镀生产相关的县有关部门发放的所有证照。未能完成整治并通过验收的园外标杆电镀企业和园区内未完成整治验收的电镀企业，必须停产进行整治。搬迁入园但未完成环保“三同时”验收的电镀企业，不得擅自开展生产。县政府组织相关单位切实加强督查，对在“零点”行动后继续生产的电镀企业，一律从速、从严、从重处罚，予以曝光，对情节严重的当事人采取行政拘留。2012年12月27日，召开电镀行业污染整治“零点”行动推进会，要求经信、环保部门必须严格对照上级产业政策和整治要求，选准关停对象。2013年

1月1日，副县长戴晓勇率环保、公安、卫生、工商、经信、安监、供电、水务等部门赴上塘、瓯北、桥头、桥下等地开展电镀行业污染整治“零点”行动，对49家不作为园外标杆且未迁入电镀产业园的电镀企业全部实施断水、断电，终止供电与供水合同，倒逼拟入园但未迁入的企业尽早入园。通过整治，初步解决永嘉县电镀企业存在的生产规模小、技术工艺差、产业档次低、环境污染重、安全隐患多等突出问题，优化了电镀行业结构和布局。

企业运行情况 2013年3月，瓯北五金基地和桥头电镀基地开始试营业；10月，通过市级验收；12月，正式生产。5个标杆企业中，乌牛永乐五金美工厂在试营业，桥下永嘉县振鑫表面处理有限公司未成功并留下遗留问题，其他3个标杆企业于12月份验收合格。另外，永嘉县政府采纳电镀行业协会意见，拟新增瓯北林垟村的永嘉县长江洁具制造有限公司4万容升为园外标杆企业（在试营业待验收）。

服务企业 2013年，永嘉电镀行业协会配合环保部门做好电镀行业污染整治工作，宣传环保政策，鼓励会员企业兼并重组，组建标杆企业。鼓励小规模的业主转行升级。召集被整治的全县电镀企业负责人30余人，灌输上级对重金属污染大整治政策与决心。全程跟踪并协助瓯北五星基地建设污水处理公司，使其成为永嘉县电镀重金属环保整治的先进典型。协助永嘉县黄田电镀一厂办理入驻瓯北五星基地手续，协调永嘉县长江洁具制造有限公司保留为园外标杆企业。协会被温州市民政局评为AAAA级协会，有效期限2013年~2017年。

协会换届 2013年9月12日，经协会领导班子研究同意由副会长厉益忠主持协会工作。11月，根据协会章程第二十条规定，协会召开了二届理事会议，百分之九十理事赞成换届。协会又报请县经信主管部门与民政监管登记部门同意，批准协会提前换届。

组织培训 2013年，协会积极配合劳动、安监、消防部门组织开展安全培训，使会员企业真正意识到安全生产的重要性，企业安全生产事故大幅下降。邀请温州市疾病控制中心专家讲解卫生法律法规及制定《职业病防治法》的重要意义，讲解劳动者的卫生保护权力和义务、企业法人的责任和义务、卫生等常识。

公益事业 2013年，协会在“八一”前夕，组织会员企业慰问永嘉县公安消防局官兵，受到了人民子弟兵的热烈欢迎，召开双拥交流会，深刻了解消防四个能力建设。多次组织会员企业人员开展扶贫帮困活动。发动会员企业自愿捐资4万元，购置电动执法车1辆，赠给当地公安治安联防队，加强公安联防。

联谊交流 2013年，协会积极参加市协会组织的市县（区）协会的工作交流促进会、汇报会，及时了解了本地区同行协会的相关信息，特别是国家环保新政策的出台，新技术的推广，新任务的落实等。关于电镀行业转型升级，采纳有关企业呼声，邀请市电镀行业协会常务副会长何壮正到永嘉县参加指导。12月25日，在市电镀协会组织下赴台州市等地学习考察。

行业专业职称评定 2013年，永嘉县电镀行业中涌现出许多电镀专业技术人才，其中工程师11名，助理工程师6名，技术员若干名。

自身建设 2013年，协会不断完善理事会和秘书处的规章制度，结合本行业实际，加强自身建设。按照协会章程规定，定期召开常务理事会与理事会议，研究决定协会活动以及重大事项。重视人才发展，对热心电镀事业的企业会员，发现一个推选一个，进入协会领导班子。对副会长以上的领导干部，实行能者上庸者下。

（汪祥吾）

五金饰扣工业

五金饰扣行业概况 永嘉县五金饰扣行业在全国五金饰扣行业中占主要地位，五金饰扣工业园区占地面积33公顷多，有龙头企业70多家，是国内五金饰扣产品型号最齐全、产量最大、影响力最深、产业链最完善的五金饰扣生产基地。主要分布在“中国五金饰扣之都”（2011年7月被命名）——黄田，小部分分布在三江、江北等地。全县有五金饰扣企业1000多家（包括家庭作坊），其中年产值1亿元以上的有2家，年产值5000万元以上的有10家，从业人员2万余人，年度总产值30余亿元，其中规模以上企业产值约占1/3，占国内市场份额60%以上。五金饰扣产品有鞋扣、服装扣、箱包扣和鞋花等；按功能分有装饰作用扣类和功能性扣类，产品种类和规格达到20多万种。

五金饰扣行业协会概况 永嘉县五金饰扣行业协会成立于2007年8月22日。2012年12月21日，二届一次会员代表大会召开，选举产生第二届领导班子，温州美莉达装饰扣有限公司董事长黄美勇当选为会长，连任第二届，徐光华、金中原、陈孙通、李昌道、程雄剑为常务副会长，徐建翩（兼秘书长）、范陈友、汪永华、贾益建、潘建仁、柯杰盛、柳毅、郑春微（女）、施剑武、柯永年、黄志隆为副会长，聘任黄鸟（女）为协会副秘书长。2013年协会被评为AAAA级社会组织（有效期2013年1月～2017年12月）。

搭平台抓宣传 2013年，永嘉县五金饰扣行业协会全力服务会员企业，积极做好产业的广告宣传。“中国五金饰扣之都”落户永嘉后，协会投入资金在黄田千石十字路口专题制作“中国五金饰扣之都”情况宣传广告，提升产业知名度。

服务会员企业 永嘉县五金饰扣行业协会秘书处定期对会员企业发放月刊简报信息。每周2次向会员企业发布行业原材料价格信息和新工艺、新设备更新情况。牵头组织行业内成立“企业互助基金”，解决部分企业季节性资金周转困难问题。

技能培训 2013年，永嘉县五金饰扣行业协会有计划地做好本行业技术技工上岗专业培训，全年组织培训3次，分别对抛光、压铸、点钻专业技术进行培训，培训320人次。

安全生产 2013年，永嘉县五金饰扣行业协会重视安全培训和安全责任落实。8月29日，组织五金龙头企业邀请永嘉县公安消防局专家做消防安全讲座。10月30日，组织开展劳动安全生产培训，使企业老板对劳动安全和消防工作重要性有新的认识。动员企业做好消防工作自查自纠，要求企业和公安消防机关签订安全责任书。排除“中国五金饰扣之都”园区内的安全隐患，保障企业财产与人身安全。

组织参展 2013年8月29～31日，第18届中国（温州）国际鞋材鞋革展览会上，永嘉县五金饰扣行业协会美莉达、步步鑫、登宝、惠尔达、双蝶、嘉挺、海洋五金代表“中国五金饰扣之都”在展览会展示自己创新的产品，利用这个平台和相关配套行业相互交流，洽谈业务，签订交易合同。

学习交流 2013年3月13日，中国五金制品协会日用分会在浙江永康市召开第五次换届会议。永嘉县五金饰扣行业协会积极开展相互交流，虚心学习别人先进创业经验，改变观念，提高自我创新意识，在会上交流经验，并提出五金饰扣产业的发展方向和目标。

定行规促和谐 2013年，永嘉县五金饰扣行业协会针对本行业企业催收应收款难等问题，起草拟定“行约行规”，要求业务往来双方遵守“行约行规”，重合同守信用，保持双方友情合作，取得一定效果。

（汪祥吾）

铸造工业

概　况 2013年，永嘉县共有铸造企业104家，其中会员企业65家，非会员企业39家。2013年1月～12月，企业累计实现工业总产值13.81亿元，比上年同期的14.45亿元减少0.64亿元，增长率为-4.43%。全年累计缴纳各项税费8103.15万元。2013年永嘉县铸造行业产销不旺，市场发展缓慢，各种不利因素依然存在。其主要原因是国内外总体经济发展形势不够理想，市场缺乏信心；由于自然条件的限制，铸造企业做强做大难度较大，规模上企业不足6家；应收账款逐年增加，造成流动资金紧缺，迫使铸造企业扩大再生产困难重重；铸造行业先天不足，戴着“高能耗、重污染”的帽子，政府政策支持力度不够，在发展和壮大等方面受到制约；铸件产品单位成本提高，市场占有率减少。

协会工作 2013年，铸造行业协会认真分析2013年行业经济运行情况，按时参加了县经信局组织的经济运行会。根据民政局下发《关于开展“社会组织服务社会”主题实践活动的通知》的精神，于4月25日组织协会相关工作人员到枫林中学捐赠一批价值10200元的书籍。5月，参加民政局举办的永嘉县社会组织工作培训会暨工会组建与住房公积金建制业务培训会。6月，参加泵阀协会年会。7月，参加经信局组织的公共服务平台评审并获得10万元的补助。7月16日，召开铸造协会常务理事会议，传达政府有关部门的文件精神，讨论铸造行业的发展对策，讨论协会2013年换届选举工作及会费收取标准，以及各会员单位对协会工作的要求以及建议。9月3日，参加由永嘉县经济商务和信息化局在县三职举办的伯特利集团定向培训协议签订暨伯特利班开班仪式。10月17日，召开协会常务理事会议，讨论协会换届选举有关工作安排。12月10日，在瓯北梦江大酒店召开永嘉县铸造行业协会三届一次会员大会。换届选举产生新理事会理事21名，余胜存当选为会长、余胜忠当选为秘书长、胡金林当选为常务副会长，潘

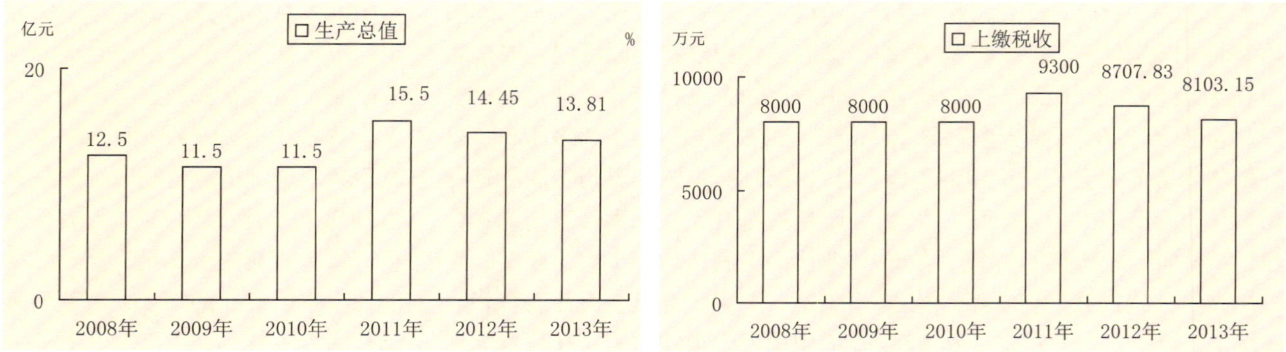

图九 2008～2013年永嘉铸造工业增长情况

建华、余胜海、何挺、余心春、陈繁强、陈时西、余秀弟、黄良光、陈志龙、陈显忠等10人为副会长。并聘请县人大主任谢崇福为永嘉县铸造行业协会三届理事会高级顾问；瞿建银为永嘉县铸造行业协会名誉会长；谢德怀、徐海光为三届理事会顾问。

组织培训 2013年3月21日，协会开始动员会员企业一线生产技术人员参加2013年度永嘉理化检验人员培训班。3月29日，组织会员企业参加经贸局举办的“百星企业”培训计划之生产现象管理专题讲座，有15家会员企业参加。6月7号，动员会员企业参加由经信局主办的永嘉县电子商务培训。7月31日，组织会员企业参加由永嘉县经济商务和信息化局举办的《形象与礼仪》和《心态胜于能力》讲座。

服务企业 2013年4月，与经信局讨论分析铸造行业的现状以及发展难题。8月，根据《关于开展行业自律与诚信创建活动的通知》精神，将《关于开展行业自律与诚信创建活动的通知》转发给各会员单位，要求各会员单位结合实际，积极参与到“行业自律与诚信创建活动”中去，健全各项生产与服务制度，制定行规行约，促使产品质量与服务质量同步推进。

宣传工作 2013年，永嘉县铸造行业协会重视宣传工作，努力加强信息沟通，扩大协会影响力。开展对外交流，建立产品展示平台，努力将永嘉县的优质铸造产品推向市场。5月，组织永嘉县工力铸造有限公司分别参加上海第四届铸件展览会和上海宝马展。全年共刊出《铸造简报》6期。

（徐海光）

工艺美术行业

概　况 2013年，永嘉县工艺美术行业协会有会员102人，大多从事木雕行业，人才队伍基本分布在瓯北城市新区、上塘中心城区的广大乡村。有木雕企业数十家，工艺传承人数3000多人。产品以佛像、仕女、名人、民俗题材等为主。产品远销日本、欧美、东南亚等80多个国家和地区。日本最著名工艺美术企业“翠云堂”有相当部分佛像就在永嘉生产。全年销售收入1.2亿元，同比增长3%，上缴税收840万元，同比增长3.6%。其中8家同时具备出口、内销条件的木雕工艺品企业总产值9000万元，同比增长4.2%，其中工艺品出口产值4000万元，同比下降10%，占总产值44%；内销工艺品产值5000万元，占总产值56%，同比增长10%。占全县木雕行业总产值75%，全行业外贸出口产值呈负增长趋势。

协会会议 4月12日，在瓯北人人国际酒店按时召开三届二次全体会员大会，会长夏瑞分总结了过去一年所取得的成绩，讨论如何打响品牌，创作有永嘉特色的工艺美术作品，提出提高工人工资问题和下一年的工作思路。大会新增会员7名，新增理事3名。

作品获奖 2013年，全年率团参加的大型展览会3次，取得不菲成绩。在2013年4月25日开幕的“第三届中国杭州精品博览会”上共取得金奖4枚（叶春定的木雕作品《李白醉酒》、汪庆升的木雕作品《佛法无边》、郑国地木雕作品《牛背的童年》、高生顺（高仁荣）木雕作品《永嘉四灵》）；银奖6枚（叶春定木雕作品《春满人间》、冯高峰木雕作品《龙凤飞天》、夏海木雕作品《观音》、孙继才木雕作品《苦行僧》、高敏洁木雕作品《大山家园》、高敏渊木雕作品《四大美女》）；铜奖3枚（汪庆升木雕作品《自在观音》、孙显秋木雕作品《楠溪风俗》、孙开毅木雕作品《昆沙门天》）。9月25日，叶小鹏带着多件艺术珍品参加上海黄杨木雕精品展，展期1个月。在2013年11月7日开幕的“第八届中国(东阳)木雕竹编工艺美术博览会”上获金奖3个（周宝亮的树叶拼画《楠溪风情》、叶小鹏木雕作品《洛神》、郑国地木雕作品《家的呼唤》）；银奖3个（陈民安木雕作品《和谐家园》、叶春定木雕作品《天问》、孙继才木雕作品《文殊普贤》）；铜奖4个（夏呈西木雕作品《收获》、叶圣善木雕作品《补天》、陈林荣木雕作品《好年头》、陈建仁木雕作品《丰收》）。

永嘉县首届木雕艺术展 2013年10月31日～11月6日，“县首届木雕艺术展”在永嘉县档案馆一楼大厅举行，展出木雕作品63件。温州工艺美术行业协会会长周锦云一行到永嘉参观、指导，县四套班子领导分批观赏，提高了永嘉木雕艺术的知名度。

协会荣誉 2013年，永嘉县工艺美术行业协会在永嘉县经贸领域行业协会商会工作评价表中，以90分的高分顺利通过主管部门的各项考核，获得行业协（商）会发展项目补助资金，并获得了“AAA社会组织”称号。

会员个人成绩 郑国地、李毅由初级工艺美术师晋升为中级工艺美术师。汪庆升、叶春定被评为2012～2013年度浙江省工艺美术优秀人才。

（张千红）

发夹工业

产业概况 永嘉县发夹产业发源地在碧莲镇，1982年创办，有30余年历史，是碧莲镇的支柱产业。2013年，碧莲镇的发夹产业已经初具规模，有生产发夹经营户35户，拥有发夹生产机350余台。发夹经营户分散在碧莲镇所在地及周边村庄，产品主要通过义乌小商品市场销往全国各地以及中东、欧美国家，占义乌小商品市场发夹总量的70%，小小发夹已“夹出”了大大市场。

协会概况 永嘉县发夹行业协会成立于2012年3月，有会员企业35家，协会对本行业进行了规范化管理，制定了行规行约；同时加强宣传，提高会员意识，实行科学管理文明经营；倡导企业创建自己的品牌，在提高产品质量上下工夫，转变依赖别人商标争市场的旧观念。截至2013年底，永嘉县发夹行业拥有品牌7个（‘红芙蓉”“彩云”“牡丹仙子”“雅兰诗”“莲花”“楠江”“荷花”）。

行业管理 永嘉县发夹行业协会积极发挥职能作用，稳定钢丝价格，各厂共享利益。通过发夹协会的影响力，使钢丝厂主动保持与协会的紧密联系，通过协商定价，使供货稳定、价格合理，改变以往钢丝原料乱涨价现象，保护了会员企业的利益。统一货物运输，维护厂商权益。由协会代表会员企业同运输户签订合同，制订统一运输里程价格，统一的服务方式，改变了小厂运输难、运费高的现象，同时通过货运保险保证厂商权益。规范用工制度，完善用工体系。协会发扬团结互利精神，统一合理定价工人工资，规范用工制度，消除各厂工人间相关疑虑和工厂间的不正当竞争，改变了用工混乱状况。

交流合作 2013年12月5日，永嘉县发夹行业协会组织会员11人到昆阳乡发夹厂就自动化发夹生产流水线等进行考察，发现引进全自动设备能大大提高产品质量和生产效率，取得良好经济效益，吸引了考察队的眼球。

协会联络服务 配合劳动部门开展协会劳动法培训，进一步提高会员企业主的法律意识。11月3日～4日，组织行业各单位负责人参加劳动法培训，学习劳动法有关知识。完善用工合同，落实各项保险任务（包括工伤险），保护企业自身利益，维护职工合法权益。配合税务部门落实税收任务，提高会员纳税意识。12月上旬，会同国税部门召集全体会员会议，落实应征任务。5月25日，全体会员参加卫生部门举办卫生职业病预防知识培训会，提高会员卫生安全意识，认真落实防范措施，顺利通过了检测程序，确保职工健康安全。

（汤嗣直）

旅馆与餐饮行业

协会概况 永嘉旅游资源的全面开发，带动了永嘉旅馆与餐饮业的蓬勃发展和日趋繁荣。2011年11月12日，永嘉县旅馆与餐饮行业协会成立，有理事会成员39名，会员93名，永嘉县人人国际酒店董事长潘祝平当选为会长。永嘉县旅馆与餐饮行业协会的成立，标志着永嘉县旅馆与餐饮行业进入崭新的起点，行业的管理将走向完善与规范。2013年，中央八项规定和“六条禁令”出台后，旅馆与餐饮行业面临一场新的洗礼和考验，经营影响较大，高星级饭店营业额下降幅度明显。永嘉县旅馆与餐饮行业协会积极发挥自身职能，在县食品药品监督管理局、县民政局和县经贸局等有关部门的指导下，以服务会员单位、增强行业凝聚力、扩大旅馆与餐饮行业影响为工作目标，指导会员单位找准市场定位，采取更贴近消费者需求的营销手段，提供更精细化的服务。健全行业管理，开展专业培训，组织多样化活动，加强会员企业间的学习交流与沟通联络，与会员单位同呼吸共患难，促使永嘉县旅馆与餐饮行业健康有序发展。

行业管理 2013年，永嘉县旅馆与餐饮行业协会根据《永嘉县质量与品牌奖励资金管理办法》和协会《章程》制定行业规范，制定年度工作计划。12月25日，第一届五次理事会讨论通过《永嘉县旅馆与餐饮行业协会行为规范》《永嘉县旅馆与餐饮行业协人事管理制度》《永嘉县旅馆与餐饮行业协会财务管理细则》《永嘉县旅馆与餐饮行业协会五年发展规划》。针对行业专门制定了《人民调解委员会工作制度》《人民调解委员会工作任务》等行业规约。召开专题研讨会，研究当前经济形势行业动向、面临困难，提出有建设性建议，为行业排忧解难。配合食品安全检查和旅馆业安全检查活动，引导会员单位对存在的问题及时整改。配合县食品安全管理部门开展《浙江省实施（中华人民共和国食品安全法）办法》等法律法规宣传活动。

服务会员 为永嘉县志办提供1991年～2010年永嘉县旅馆、餐饮的相关材料。联系商家为会员单位安装电子证照扫描仪，解决旅馆业境外人员住宿登记难问题。及时上报2013年春节、“十一黄金周”等节日的营业情况。组织会员单位参加县经信局举办《高效执行力》专题讲座。配合县食品药品监督管理局做好全县餐饮服务企业食品安全管理档案工作。按时报送县民政局、县财税局和县经信局对协会的年度考核材料和县民政局关于永嘉县社会组织服务社会活动的情况。落实县经信局关于特色美食街沿街45家企业基本情况的调查，配合上级管理部门做好特色美食街信息互通、工作互动和督促安全防范等工作。协助做好县经信局关于降低永嘉县餐饮住宿企业相关税费协调会的请示和温州市星级特色餐馆认定办法。指导会员单位调解与消费者的矛盾纠纷、员工劳动合同签订、职工辞退职等工作。同时帮助会员企业做好省、市、县相关文件的转发工作，使会员企业能及时了解政策导向。

专业培训 2013年，永嘉县旅馆与餐饮行业协会联合县公安局、食品药品监督管理局等管理单位组织培训学习5次，培训人员820人次。4月23日，配合县公安局瓯北派出所联合召开江北片旅馆业管理工作会议暨培训会，102家旅馆业270余人参加培训，与县公安局签订了《经营场所禁毒责任协议书》《永嘉县公安局旅馆业等级化评定审批表》。5月11日，举办会员单位财务人员培训会，50多家会员单位58名财务人员参加了培训。5月28日，联合县食品药品监督局动员组织全县餐饮企业参加餐饮服务食品安全监督量化分级管理暨示范创建动员大会。10月11日，与县公安局联合召开全县旅馆业阳光执法管理动员大会暨“四色四级”业务培训会。10月23日，永嘉县旅馆与餐饮行业协会调委会召开全行业人民调解员专题培训会，邀请县司法局调解行家到会讲解《人民调解法》，协会全体调解员参加了培训，副会长单位派员参加了培训会。会上，为新聘任的调解员颁发聘书。11月24日，联合公安外事大队开展旅馆业前台服务员（外事）学习培训会，邀请外事专家对境外人员登记工作做了讲解，40家102名前台（外事）服务接待人员参加培训会，与会人员进行现场考核。指导部分企业开展多种形式的职业技能培训。

餐饮比赛 国庆节前夕，配合县委县政府的旅游活动在楠溪江举办永嘉县第二届美食节，10家会员单位参赛，近200人参加，楠溪江十大名菜（楠溪田鱼、楠溪江香鱼干、楠溪豆腐糟、有机羊肉、木瓜猪手、清炖甲鱼、三鲜砂锅、脆皮风沙鸡、金汤萝卜丝煮溪虾、老鸭烧板栗）一一亮相，让来楠溪江旅游的客人饱了口福。

倡导节约文明 与永嘉县文明办等单位在餐饮行业开展“光盘行动”，提倡“文明用餐，倡导节约”，在餐桌上摆设文明餐桌温馨提示牌和文明用餐告示牌， 张贴宣传海报，多方位宣传节约、反对浪费。引导会员单位和消费者自觉节约一度电、一滴水、一粒米、一分钱。在行业内实施“绿色客房”“文明餐桌”行动。关注旅馆与餐饮行业节约用电、用水、用气难题，5月24日，组织37家上规模企业研讨节能减排，听取钱塘世纪大酒店经验介绍，现场参观钱塘世纪大酒店节能减排设施。

组织慰问活动 2013年“六一”儿童节，协会随同县委书记参加慰问活动，为温州市特殊学校孩子们带去蛋挞、牛奶等礼品，部分会员单位在各自所在区域组织慰问献爱心活动。“八一”建军节，组织慰问驻永消防部队官兵并送上慰问品慰问金。

学习交流 2013年，永嘉县旅馆与餐饮行业协会通过各种途径为会员单位提供学习培训资料，打造行业交流平台、提高抵御风险能力、增强安全生产意识、创造平安和谐共同发展的行业氛围。组织会员学习党的一系列会议精神，及时了解中央的决策部署。为会员单位办理《今日永嘉》免费征订，使会员能及时了解永嘉经济社会发展动态。为协会理事以上会员单位征订《民主与法制》报刊。编写简报18期，使会员单位及时了解协会工作活动情况、行业情况和国家有关行业政策法规。编印《最高人民法院、最高人民检察院关于办理危害食品安全刑事案件适用法律若干问题的解释》相关条文，提高业主们食品安全责任意识。印发《禽流感预防知识》，让业主了解禽流感预防知识。“五一”期间转发公安部消防局《五一假期消防安全知识提示》，及时警示会员单位做好消防安全工作等。摘录《食品药品安全重在监管》方面的知识，使业主们明确食品安全事关基本民生问题。5月份，动员本行业微小型企业参加转型提升座谈会，了解转型提升后县政府给予的相关优惠政策。协会党组织召开2次学习会，学习党章、党的十八大精神、非公企业党建工作、研究党员活动、探讨党建工作安排及其他事项。

会员单位荣誉 2013年，永嘉人人国际酒店荣获“四星级”旅游饭店、第五届中国酒店业“金樽奖”、中国商务首选最佳酒店等荣誉。温州市梦江大酒店荣获2013中国优秀品质饭店、2013中国绿色旅游饭店（银叶级）、“浙江省第九届消费者信得过单位”称号和省级餐饮服务食品安全示范单位等称号。会长潘祝平被评选为瓯北建镇20周年最具影响力人物、永嘉县优秀企业家、永嘉县十佳女性并荣获温州市“三八”红旗手称号。

（翁晓峰）

电力工业

供电公司概况 2013年7月，永嘉县供电局更名为国网浙江永嘉县供电公司（下称县供电公司），下设8个职能部门：办公室、发展建设部、人力资源部、财务资产部、安全监察质量部、党群工作部、乡镇供电所管理部和电力调度控制分中心。设2大业务支撑机构：运维检修部、营销部；下辖东城、瓯北、桥头、桥下、乌牛、黄田、岩头、岩坦、碧莲9个供电所和西溪、峙口、沙头、枫林、鹤盛、大若岩、四川和大岙8个供电服务站。

全年供电概况 2013年，县供电公司围绕“打好基础、用心务实、争先进位”的工作思路，落实企业文化“用心”工程，深入推进企业管理方式、电网发展方式“两个转变”，各方面工作取得一定成绩。截至2013年12月31日，永嘉县辖区内有220千伏变电站2座，110千伏变电站10座，35千伏变电站12座，总变电容量182.17万千伏安。累计建成902个电气化村和18个电气化镇（街道），实现县电气化、镇镇电气化、村村电气化。2013年全社会用电量22.69亿千瓦时，同比增长1.75%，其中第一产业用电量642.2万千瓦时，同比增长2.23%；第二产业用电量147146.53万千瓦时，同比增长-2.86%；第三产业用电量24587.37万千瓦时，同比增长10.15%；居民生活用电54516.65万千瓦时，同比增长12.26%；售电量21.24亿千瓦时，同比增长1.41%。

用电安全管理 坚持“以防为主”，落实安全责任，严格风险管控，营造良好的电网安全运行环境。加强现场安全管理，强化日常安全监督和稽查，检查作业现场3267个，查纠违章99起，排查整改事故隐患105个。配置3G视频监控17个，监控现场279处。积极配合地方政府开展“打非治违”“四边三化”专项整治活动，查处违章用电112起。将公司配网抢修指挥职能纳入电力调度控制中心，实现公司电网调控运行、抢修指挥业务一体化运作。逐步完善大应急联动机制，强化总值班室功能，积极开展应急演练和营销安全系列活动。推进安全“无差别”管理，将主业安全管理全面延伸到集体企业。全年安全生产保持平稳态势，未发生各类责任性安全事故。

供电网络建设 县供电公司根据政府及上级电力主管部门的要求，紧抓农网建设改造的机遇，积极进行城乡电网建设与设备改造，构造了沿江片以110千伏变电所布点为主、山区片以35千伏变电所布点为主的供电网架，为永嘉县经济发展和工农业生产提供坚强的电力保障。投运110千伏龙桥输变电工程、菇溪变、岩头变二期改造工程和35千伏黄屿变扩建工程，新增变电容量16.6万千伏安。110千伏河垟变扩、东瓯2等工程前期工作取得重大突破，具备开工条件；220千伏清水输变电、110千伏桥头输变电、龙桥变扩等工程开工建设。加快配网改造升级，新建10千伏线路81.8千米，公变布点103台。安装智能电能表6.6万只，用电信息采集系统累计覆盖17.95万户，实现上塘、瓯北集抄全覆盖。稳妥推进农村农用电力线路改造接收、路灯接管工作，全面完成美丽乡村建设中相关村落电力线路迁改工作。

人财物经营管理 稳步推进企业管理提升和供电所管理提升工程，持续深化人力资源、财务、物资集约化管理和“大规划”“大建设”“大运行”“大检修”“大营销”五大体系建设，完成机构人员优化调整。深化同业对标工作，完善精益绩效管理模式。全面完成供电所机构优化设置。注重全面计划全面预算管理，动态衔接项目和预算，全过程监控分析执行情况。上线运行电子报账系统。推进配网物资“统调统配”，深化物资盘活利库，公司库存金额较年初下降75%。完成覆盖35千伏变电所SDH通信网络、终端通信接入网通信设施基础数据清查。升级改造调度防误操作系统，建成投运调控一体自动化OPEN3000系统。完成配网调度管理延伸。

供电服务能力提升 创新管理模式，提高服务效率。积极探索表后服务模式，深化全程引导和标准化服务，切实开展供电服务突出问题排查治理，全面提升供电服务水平。深化台区经理制和客户服务“三零”活动，完成基层站所与35个村级便民服务中心无缝对接。落实5522户“两保户”每月15度免费用电工作，返还免费用电电费58.43万元。更换超载过载配变110台。开展配网带电作业1315次，减少停电时户数78561，多供电量757.2万千瓦时。安装智能型剩余电流动作保护器54只，累计集抄覆盖用户181141户，实现县城区集抄全覆盖。圆满完成春节、“两会”、美丽乡村现场会等35次重大节日和重要活动的保供电任务。实现属实投诉零记录目标，供电服务“无投诉”劳动竞赛位列市电力公司系统第二。

依法治企 坚持依法合规，强化重要领域、关键环节风险管控，完善问题防范长效机制。顺利通过新上划县供电企业综合检查、依法治企综合检查，圆满完成企业更名、供电企业供电工作自评价、集体企业重组整合等工作。严格落实中央八项规定，持续开展纠正“四风”的监督监察，厉行勤俭节约，全面压减文件、会议和业务招待。全面开展房屋资产、往来账及历史技改、大修项目清理。严格落实关键岗位人员定期轮换制度，完成关键岗位轮换交流7人。充分运用监察审计成果，完成专项审计11项、工程审价207项。推行车辆集约化管理模式，严格实行协同办公流程审批，统一调控，集中管理。加强信访处置和舆情管控，全年信访件下降68.75%，未发生纪检

2013年永嘉县用电分类情况

项目名称	用电量（万千瓦时）	同比增长（%）
全社会用电总计	226892.75	1.75
一、产业用电合计	172376.1	−1.17
（一）按一二三次产业分		
1.第一产业	642.2	2.23
2.第二产业	147146.53	−2.86
3.第三产业	24587.37	10.15
（二）按行业用电分		
1.农、林、牧、渔业	642.2	2.23
2.工业	140345.79	−4.28
3.建筑业	6800.74	40.28
4.交通运输、仓储和邮政业	2193.33	6.31
5.信息传输、计算机服务和软件业	2975.21	7.4
6.商业、住宿和餐饮业	8053	5.99
7.金融、房地产、商务及居民服务业	3295.64	6.03
8.公共事业及管理组织	8070.19	19.01
二、城乡居民生活用电合计	54516.65	12.26
城镇居民	17857.15	9.81
乡村居民	36659.5	13.5

类信访件；舆情下降46.34%，处置率均达到100%，有效维护企业和谐稳定。

企业文化建设 严格贯彻党的十八大、十八届三中全会和中共中央总书记习近平系列重要讲话精神。按照“早学、早查、早改”的要求，全面做好党的群众路线教育实践活动准备阶段工作。落实企业文化“用心”工程，开展“用心之美”系列活动，传递正能量，提升凝聚力。公司获得全国“五一”巾帼标兵岗、全国模范职工之家等荣誉称号。在人民日报、新华社、国家电网报等权威媒体发稿159篇，品牌外联工作位列市电力系统第一。

先进技能开发 “计算机USB接口挡板”和“一种带电更换接地连接装置及避雷系统”2项科技项目获得国家使用新型专利，USB接口挡板在青海省、山东省多家单位推广使用。

（黄立挺）

永嘉企业

知名企业

浙江奥康鞋业股份有限公司 浙江奥康鞋业股份有限公司是中国领先的皮鞋品牌运营商及零售商，是中国最大的民营制鞋企业之一，于2012年4月26日在上海证券交易所A股主板正式挂牌上市（奥康国际603001）。2013年，浙江奥康鞋业股份有限公司连续4年位列中国工业行业效益十佳企业第一位。

内部管理　2013年，浙江奥康鞋业股份有限公司积极推进组织变革，通过优化组织体系、强化全面预算管理、完善考核机制、提升财务管控能力、实施终端“人才再造”、加大审计问题整改力度等，增强公司软实力建设。全面开展职能系统服务营销一线工作，实现研产销与行政联动作战，提升了销售业绩。继续开展“双增双节”工作，从强化执行细则着手，规定“租赁、装修、人工、社保、差旅”等19类费用标准，出台21个《费用管控制度》，有效控制不合理支出。

发展电商　2013年，浙江奥康鞋业股份有限公司继续加大对电商渠道的投入，打造差异化的多品牌运营体系，在产品类别多样性、物流配送与售后服务等方面提升客户购物体验，保持业绩稳定增长，形成自身核心竞争力。全年电子商务销售2.46亿元，增幅12.84%。11月11日，电商渠道销售达9000多万元。

创新模式　2013年，浙江奥康鞋业股份有限公司推出奥康国际馆，全新的渠道模式引领终端变革，第一家“奥康国际馆”在温州五马街开业，实现销售额和销售利润的同步增长。4月至7月，与央视《舞出我人生》栏目合作，成为“红舞鞋百万公益基金”的独家赞助商，再度掀起鞋业品牌娱乐营销的浪潮。9月，上海国际皮革展上，推出全球第一家无鞋科技体验馆，开创线上线下体验消费模式的先河。

制造升级　2013年，以国际标杆工厂为标准，完成车间的全部硬件改造及部分软件改造，建立了现代化生产车间，在提升效能的同时，为员工营造了良好的工作环境。通过实施星级评选、建立队长机制等举措，有效提升全员积极性。对供应商资源进行有效整合，推行生产精细化管理，提高生产效率，提升产品品质，缩短了补货周期。

关爱员工　2013年，浙江奥康鞋业股份有限公司继续全方位关怀员工生活，让员工有以企业为家的温馨归属感。建成面积800平方米的员工活动中心，涵盖图书馆、健身房、乒乓球室、台球室、舞蹈室、网吧等。7月10日，奥康第四届员工子弟夏令营开营，共有232名奥康员工子弟参加为期40天的夏令营生活。为奥康员工子弟提供学习、娱乐的平台，解决员工的“夏之忧”。

企业荣誉　2013年，浙江奥康鞋业股份有限公司荣获温州市质量立市功勋企业、第二十届国家级企业管理现代化创新成果二等奖、浙江省企业管理现代化创新成果、高新技术企业、永嘉县信用管理示范企业、温州市百佳工业企业、省级先进企业等荣誉称号。2月15日，董事长王振滔当选世界温州人联谊总会第三届理事会副会长；9月，董事长王振滔获得全国关爱员工优秀民营企业家、中国皮革行业杰出贡献奖；10月，根据第十九届中国最有价值品牌研究报告，奥康品牌价值达147.85亿元，位列第二十八位，居国内鞋业品牌第一位。

（徐杨磊）

报喜鸟集团 报喜鸟集团有限公司是一家以服装为主业，涉足地产和投资领域的综合性现代化企业集团。集团下属有1家服饰上市公司、2家地产开发公司和2家创业投资公司，拥有5个原创服饰品牌、5个国际代理品牌、3个服装生产基地及1000多家销售网点。2013年，集团有员工6000多人，总资产70亿元，年销售收入逾30亿元，上缴税收6741.58万元，连续16年进入全国服装行业销售收入及利税双百强前列。

客户与市场　2013年，公司全面引入商品企划概念，将原来的计划部改为商品企划部。紧密围绕"顾客需求为中心"，多部门协同合作，逐步建立以商品企划为桥梁，打通研发与供应链、研发与市场、研发与销售体系，建立全新商品企划流程，实现报喜鸟2013春夏、秋冬季产品产销率均提高6个百分点。终端进一步强化精细化管理，推出VIP专员认证，推进终端绩效改革，加强业务培训，优化终端人员，改造大店量体区及VIP服务区，并组建管理型分公司，加大对代理商的扶持力度。在整体低迷的市场环境中，直营成功打造兰州1000万元标杆店和江苏5000万元标杆市场；加盟市场新开店28家，品牌运营质量指标明显上升，不变店业绩及VIP销售占比进一步提升。

品牌与产品　2013年，进一步聚焦核心优势品类——正装，推出型尚3D、潮尚等新版型西装，新一代正装广告登陆央视二台，全力塑造"正装专家"品牌形象。围绕"正装大师"主题，成功举办第五届新锐人物评选、喜阅先生评选，推广终端量体定制、代言人古天乐巡店，冠名国家台球队，荣膺CCTV财经频道唯一指定品牌服饰。为进一步确立"正装专家"的市场定位，报喜鸟顺势推出全品类定制业务，由西服、衬衫等产品定制拓展至大衣、羊绒衫、皮带、皮鞋等新业务，形成全品类私人定制能力，引领个性化着装新体验，全面挺进"全品类"私人定制时代。

后台与服务　为推进"3+1"战略（"3"指高档商务板块、中高档板块、年轻时尚板块，"1"指高档职业装板块）规划实施，报喜鸟及时调整运营结构，成立了凤凰尚品事业部和宝鸟&圣捷罗事业部。打造资源共享平台，做到供应链平台、经营平台和职能管理平台的共享协同，实现了后台系统大统一，极大提高了组织效率。面对外部竞争挑战，公司内部提出"降本增效""提升内动力"的号召，优化资源效率、提高组织效率、推动个人效率，以整合资源达到最大效益。2013年，共实施消除浪费方案205项，涉及辅料类节约、人员优化、物资类节约及供应链类节约共7个方面，其中81项可统计金额，总计节约2100多万元。

关爱员工　公司努力构建和谐企业，营造"快乐工作，快乐学习"的良好氛围。将"惟人、惟实、惟新、惟美"作为企业的核心价值观。尊重劳动、尊重人才、尊重知识、尊重创造。投入600多万元的食堂补贴用于改善员工膳食；尊重和维护本企业员工的合法权益，生产车间和职工宿舍安装空调，改善劳动生活条件；建立免费的职工活动中心；组织员工旅游、体检，举办运动会、元旦晚会、员工演讲比赛、新年宴会；启动报喜鸟爱心基金，为多位家庭困难的职工送去慰问金。

奉献社会　2013年，本着"回报社会"的企业宗旨，报喜鸟积极参与各种社会公益活动。继续实施捐资助学计划，全年新增捐助3位贫困大学新生，继续捐助14位历届大学在校生，8年累计资助金额达108万元，惠及38名贫困大学生；捐赠江西九江涌泉村希望小学24万元，用于改善教学设施；捐赠永嘉慈善协会152万元，用于各类慈善事业；继续开展扶贫结对活动；"八一"期间慰问人民子弟兵及退伍老兵；为永嘉县消防退伍兵送去报喜鸟精品西服；每年开展无偿献血活动，为构建和谐社会贡献力量。

荣　誉　2013年，报喜鸟致力于员工福利改善及社会公益慈善事业，先后荣获"浙江慈善奖""温州市百强企业""温州市质量立市功勋企业""永嘉县功勋企业""永嘉县纳税大户""永嘉县工业产值十强""永嘉县税费十强"等荣誉称号。

（童　芸）

红蜻蜓集团有限公司　红蜻蜓集团有限公司创建于1995年，位于温州永嘉瓯北东瓯工业园区，是一家以研发、生产、销售皮鞋、童鞋童装、皮具及服饰为一体的现代化企业。拥有浙江红蜻蜓电子商务有限公司、温州儿童用品有限公司和红蜻蜓广东尚品服饰实业有限公司等全资子公司。在温州、广州、重庆建立了鞋类研发与生产基地，年产皮鞋1000多万双。2013年，红蜻蜓集团年产值32亿元，上缴税金3亿余元。系国家中型企业、中国皮革工业协会优势企业、全国民企500强、全国行业百强、浙江省重点民营企业、浙江省"五个一批"企业。

"快时尚零售店"　2013年8月，红蜻蜓在永嘉瓯北双塔路开出全国首家“快时尚零售店”，随后在广州、杭州、安徽等地陆续开出“快时尚零售店”。与专卖店相比，快时尚零售店根据数据订货更理性，改变以往经验订货模式，有助于减少库存；根据消费者的购物行为、竞争对手的差异化等因素，提前规划好产品分类，使品类聚焦、凸显，让消费者购物更快捷更方便，变被动销售为主动销售。

质量季活动　7月2日至9月28日，红蜻蜓在广东、重庆和温州生产基地举行第二届质量季活动，营造全员全过程全方位参与质量管理的氛围，提升产品质量、服务质量和质量管理水平，建立质量诚信体系，提升企业竞争力。活动以“恪守质量诚信，践行社会责任”为主题，分为宣传动员、活动展开和总结表彰3个阶段，期间开展了质量季活动宣传动员、教育培训、质量大检查、技能比武大赛、产品质量调研活动等7项内容。质量季活动中，由红蜻蜓精品事业部QC小组研究的“提高成型线生产效率”QC项目获得温州市QC成果一等奖和浙江省QC成果的最高奖项；由红蜻蜓二分厂QC小组研究的“降低成型车间空气甲苯浓度”QC项目获得温州市QC成果二等奖。

岩头红蜻蜓品牌馆　红蜻蜓以“传承鞋履文化，创造顾客体验”为企业使命，多年如一日挖掘、研究、传播中华鞋履文化，连续开创多项全国第一（成立首家鞋文化研究中心、编辑出版第一部《中国鞋履文化辞典》、出版发行第一部鞋履文化丛书——《东方之履》、召开首届全国鞋文化学术研讨会、建成首家国家级鞋文化博物馆——中国鞋文化博物馆、建成制鞋工艺技术和鞋类研发科技的鞋科技馆），打造企业文化软实力，实现了传统文化与现代产业的完美结合。2013年，全省“深化千万工程建设美丽乡村”现场会在温州永嘉召开之际，楠溪江文化园的红蜻蜓品牌馆如期开馆。红蜻蜓品牌馆占地150平方米，以“时尚与自然”为主题，分为品牌区、鞋文化区及鞋科技区，分别展示了红蜻蜓企业文化和年度主题、各历史时期的鞋履藏品和工艺鞋、制鞋工具及固特异定制鞋。在品牌区，通过大量实物、图片和文字资料，以及声、光、电等高科技手段，充分展示了红蜻蜓企业发展历程；在鞋文化区，近百件历史鞋履、金莲鞋、少数民族鞋和工艺鞋藏品，展现了红蜻蜓在挖掘、研究和传播中华鞋履文化所做出的突出成果；在鞋科技区，各种手工制鞋工具和材料再现了手工制鞋工序，让参观者直观体验到红蜻蜓产品的精良做工。红蜻蜓首次尝试把“浓缩版中国鞋文化博物馆”搬进楠溪江文化园，为进一步传承中国鞋履文化开辟了新途径。

关爱员工　2013年，红蜻蜓通过系列举措深化关爱员工行动，进一步增强了企业凝聚力和向心力。5月10日至18日，红蜻蜓举行了第四届员工运动会，公司总部、驻外各个生产基地以及全国销售分公司组织员工参加各个项目的角逐。7月5日至8月5日，红蜻蜓与社会专业培训机构合作，举行第三届员工子女夏令营；100余名员工子女学习语文、数学、音乐、DIY手工课、特长培训、学说温州话等课程，让孩子们做文明、环保和懂得自我保护的小勇士。8月，红蜻蜓投入100余万元在总部浦西和五星园区安装300多台无噪音排风机和7000多平方米“水帘”，降低车间温度，为员工提供清凉舒适的环境。8月12日，红蜻蜓举办“我是讲师”首届内部讲师选拔赛，全国各地40余名参赛选手参与选拔，6名选手成为首批内部讲师。红蜻蜓成立读书会，举行数期公开课。

企业荣誉　2013年6月26日，世界品牌实验室在北京召开第十届世界品牌大会，发布“2013年中国500最具价值品牌排行榜”，红蜻蜓第九次进入该榜单，品牌价值连年提升；7月，以“提升文化软实力，推动企业新发展”为主题的第十届全国企业文化年会在北京召开，浙江红蜻蜓鞋业股份有限公司荣获全国企业文化优秀成果奖；12月，红蜻蜓荣获“浙江省企业文化建设示范单位”“2013年浙江省卓越绩效模式先进企业”等称号。

（李晓平）

伯特利阀门集团　伯特利阀门集团创办于1998年，是国家火炬计划重点高新技术企业、浙江省工业行业龙头骨干企业和浙江省泵阀行业协会会长单位。2013年，实现销售产值6.18亿元，同比增长5.82%；销售收入5.15亿元，同比增长13.6%，出口创汇2361万美元，同比增长6.69%。企业综合实力居全行业前6名，被评为温州市工业百佳企业、永嘉县功勋企业。

技术创新　2013年度，公司在管理、技术研发方面取得丰硕成果。公司管理体系认证方面，新增和换证8项。省级科技项目8项通过验收。先后获得省、市、县荣誉9项。其中一体式无阀盖高参数截止阀、上装式超低温固定球阀、密封力变换式硬密封球阀列入省级工业新产品。

人文管理　2月2日，公司召开年度总结表彰大会，对优秀员工和党工团员进行表彰。3月12日～16日，举行“健康一周行”义诊活动。4月25日，公司五届工会第二次会员代表大会召开。5月2日，伯特利工会组织会员开展楠溪江一日游活动。5月，伯特利篮球队参加2013年永嘉县新居民篮球赛并获第二名。5月，公司出资4万元赴绍兴组织了“伯特利杯”羽毛球邀请赛暨室内滑雪秀。6月，公司工会联合东瓯新居民服务管理所等企事业单位共同举办了2013东瓯新居民象棋联谊赛。“七一”期间，党工团组织赴平阳南麂岛开展红色之旅。7月18日，公司邀请健康专家作以“珍惜生命、关爱健康”为主题的科普讲座。8月，举行“中国梦”主题教育宣讲辅导座谈会。8月25日，党支部参加第七届新温州人“中国梦、温州梦、我的梦”主题演讲比赛。10月，组织37名打磨工、电焊工到医院参加健康体检，并建立了健康档案。11月13日和28日，公司关工委顾问朱学忠等人分别到永嘉第三职业学校伯特利班和罗浮中学授课，加强未成年人思想道德教育。12月29日，公司举行元旦晚会。投入10多万元为员工配发安全鞋等劳保用品，投入20多万元用于安全设施和工作环境改造，继续开通厂区音乐广播系统、启动实施职代会制度，不断优化人文环境，推进民主管理。

公益事业　2013年，公司通过伯特利慈善基金向社会捐助资金100多万元，为新农村建设、贫困大学生入学、困难群众解决生活难题等承担了社会责任。先后参加了县红十字会情暖永嘉博爱公益活动，赴大若岩开展“红色暖心”行动，慰问新中国成立前入党的农村困难老党员，捐献10万元用于永嘉县医疗救助事业，向全县困难员工家庭发放年终补助11万元，到温州市特殊教育学校开展“夏送清凉”活动，出资贫困大学生冠名基金3万元支持教育事业，“八一”开展拥军优属慰问市委警卫局官兵，捐献情系永嘉圆梦大学助学金资助5名大学生。挂钩联系大若岩镇大元下村，合力挖掘休闲美丽乡村，参与历史文化村落保护利用。公司董事长黄胜丰获温州市2013年爱心使者称号。

企业荣誉　2013年2月，公司获温州市工业百佳企业（综合排名65位）。8月，由温州市经济和信息化委员会征集汇编的《温州市“两化”融合经典案例》出版发布，伯特利阀门集团入选“两化”融合经典案例。9月，公司通过三级安全生产标准化企业评审。获省级绿色企业、温州市信用企业、专利示范企业、温州市五好关工委、温州市宣传报道先进单位、永嘉县功勋企业等荣誉。

大事记　2月19日，县委书记盛秋平、县长娄绍光一行走访伯特利，现场办公解决企业发展难题。3月14日，温州市副市长胡纲高率市科技局、市质监局等部门负责人到公司调研。5月3日，市关工委常务副主任沙高利到公司调研。6月17日，省泵阀行业协会一届四次会员大会在梦江大酒店召开，协会会长、集团董事长黄胜丰作泵阀产业发展年度总结报告。7月18日，市委组织部“两新”处副处长朱启发到公司调研“一企一品”党建工作。9月3日，伯特利集团与永嘉县第三职业学校举行校企合作签约仪式暨伯特利班开班仪式。10月31日，温州市“教育环温行”新闻采风团采访伯特利班，报道新型校企合作办班模式。11月7日，省经信委主任张金如到公司考察。

（黄永赞）

超达阀门集团股份有限公司　浙江超达阀门集团股份有限公司创建于1984年，注册资金13688万元，公司主要生产金属硬密封球阀、低温阀门、波纹管阀门、对夹止回阀、高压耐磨调节阀、组合三通阀、井口阀等特色产品以及符合ANSI/API、BS、DIN、JIS和GB标准的球阀、闸阀、止回阀、截止阀和蝶阀等。产品广泛应用于石油、石化、天然气、煤化工、多晶硅、冶金、电力等行业，并出口欧美、亚太、中东等国家和地区，公司先后被英荷壳牌石油公司、阿曼国家石油公司、伊朗南方石油公司、韩国SK等大型国际终端客户批准为合格供应商。2013年阀门销售收入4.71亿元，其中出口1.09亿元。

集团运作　2013年4月15日，经国家工商总局批准，浙江超达阀门股份有限公司更名为超达阀门集团股份有限公司，并核准以该企业为核心企业组建“超达阀门集团”，简称“超达集团”。2013年，公司先后通过ISO9001、ISO14001、OHSAS18001和CE换证，通过了AAA省级标准化良好行为认证复审。TS顺利换证，并增加了调节阀，低温闸阀、低温球阀、低温截止阀、低温蝶阀，压力等级提高到PN420，阀门口径扩大到DN1800。4月，在东京成立“株式会社超达JAPAN”，开拓日本市场。10月9日，成立“超达阀门集团丽水有限公司”，注册资金1亿元，购置土地12.8公顷，建设年产1.5万吨高质量阀门生产基地。在丽水开发区租用2个车间，共8000多平方米，专业生产API闸阀、止回阀和截止阀。成立了镇海超达、江苏超达、内蒙古超达阀门维修服务有限公司，专业维修高参数阀门。在高雄成立台湾超达阀门有限公司，为台湾市场提供阀门检测、维修和销售服务。

创新团队与人才　浙江超达高参数高性能阀门研究开发学术技术骨干团队有国家级3项、省级7项、市级2项、县级4项获科技进步奖。有中国机械科技奖4项、省级科技奖8项、市级科技奖5项、县级科技奖5项等。申报了88项专利，其中发明专利38项；获授权专利48项，其中发明专利5项。获得市级以上论文奖6项。制订国家标准15项和国家机械行业标准9项。获得人才称号7人，提升高、中级技术职称7人。被评为永嘉县优秀学术技术骨干团队。取得阀门工程师职称5人，助理工程师2人。继续和开封大学进行人才培养合作，定向培养阀门专业技术人才。10月，邱晓来被聘为浙江省技术性贸易措施应对专家。11月，邱晓来荣获温州市优秀科学技术工作者称号。12月，创建了“温州市博士后科研工作站”，为公司技术创新和管理提升创造条件。12月5日，黄明金车工技能大师工作室被评为永嘉县技能大师工作室。

科技创新　2013年，公司共申报国家专利27项，其中发明专利9项；获得国家专利16项，其中《带有蝶形弹簧复合体的球阀阀座结构》获得发明专利。加快了技术改造，全年购置新设备29台，主要是龙门数控镗铣床、数控立车、镗床、数控车床、试压机等，加工精度有了提高，阀门高压测试有了保障。作为浙江省系统流程装备产业技术创新综合试点企业，12月25日公司与省、市、县政府签订了责任书，组建超达阀门集团系统流程装备研究院，有力地推动企业向高端化、智能化、成套化阀门和系统流程装备方向发展。1月，荣获永嘉县自主创新突出贡献三等奖。2月25日，浙江省重大科技专项“高参数特种耐磨球阀”通过省级项目验收，该项目已申报49项专利，其中发明专利22项，获授权发明专利4项和实用新型专利27项。4月，“钢制管法兰系列国家标准”荣获浙江机械工业科学技术二等奖。公司全年参与修制定与阀门相关的国家标准和机械行业标准17项。5月，超达省级技术中心创新能力建设项目通过省级验收。深海海底取样装置及阀门荣获温州市机械工业产品创新成果一等奖和永嘉县科学技术进步一等奖。8月，灰水、黑水及煤浆用特种金属硬密封球阀获浙江省科学技术二等奖和省级优秀工业新产品三等奖。9月，煤气化装置用锁渣阀荣获国家重点新产品。10月，邱晓来论文《深海海底取样阀门及装置的研制》获第十五届温州市自然科学优秀论文奖。10月25日，大口径无外漏波纹管闸阀获中国机械工业科学技术三等奖。12月，超达被国家能源局和中国机械联合会确定为煤炭深加工关键阀门国产化重点企业，为公司开拓煤化工等高参数阀门市场创造有利条件。荣获温州市科技创新百强企业。内装式无外泄漏对夹式止回阀荣获浙江机械工业科学技术三等奖和温州市机械工业产品创新成果二等奖。大口径高压无外泄漏波纹管阀门荣获温州市科学技术三等奖。邱晓来获温州市科学技术协会、温州市总工程师研究会举办的“温州市科技创新争优贡献奖”活动优胜奖第一名。12月24日，高参数特种耐磨球阀荣获浙江机械工业科学技术一等奖。12月28日，叶建中、潘建瓯、叶建伟、吴寿敬荣获由永嘉县人民政府举办的首届全国阀门创新设计大赛唯一的一等奖。

信息化管理　办公室和信息中心规划了集团总部与分公司的信息化管理流程，依据规划的管理流程设计调整好信息化系统。2013年，完成PDM、销售、采购、生产工单、生产工艺、质量、仓库和财务等系统的软件测试和流程模拟，完成了超达丽水公司的产品BOM、产品工艺、质量检验标准等基本数据，完成各模块的培训工作。

铸造基地　青田超达铸造有限公司实现了不锈钢铸件和中温蜡铸件的流水线生产，实现产值7596万元，铸造网站www.Cast.CD继续更新中文产品信息，ChaodaCast.com铸件英文网站将在2014年上线。铸造公司质量体系运行基本良好，ISO9001、CE、AD2000、TS证书顺利更换。铸造模具全部经过浇注系统模拟仿真。10月铸造二部试制10寸600磅英科镍尔合金（Incone625）球阀，经拍片符合标准要求。11月，大口径砂铸闸阀的阀体和阀盖由木模改铝模，精铸闸板和支架开到32寸，铸件单重从

320千克增加到408千克。

党团工会　2013年，超达党支部被评为永嘉县先进基层党组织，共有党员41人，按照“坚持标准、保证质量、改善结构、稳定发展”的方针做好党员队伍发展工作。超达团委共有团员117名，超达工会共有会员280名，工会组织在会员生日当天送上蛋糕券，送去生日祝福。“三八”妇女节，公司女工委组织43位女员工去海南三亚活动。耗资20多万元组织“超达春节联欢团拜会”，丰富了员工文化生活。

公益事业　公司重视扶贫帮困工作，超达爱心基金会共有会员434人，2013年发放爱心基金款35748元。继续资助永嘉山区贫困大学生，全年共资助36人（累计资助100余名）贫困大学生，发放助学金40余万元。设立了资金规模为1000万元的“超达慈善基金”，全年用于人道主义救助金20万元、贫困助学款15.8万元、大病救助10万元，其他9000元，总计46.7万元。继续在《阀门》杂志上发起了“超达”杯全国阀门优秀论文评奖活动，由超达公司提供专项奖金鼓励国内科技人才进行技术创新和学术交流。

企业荣誉　公司连续6年被评为永嘉县功勋企业，连续8年被评为劳动保障信用A级企业，连续14年被评为永嘉县纳税大户。1月，“超达”商标荣获浙江省著名商标。3月，荣获“2012年度永嘉县纳税三十强”称号。4月，荣获招投标资信等级AAA级证书。10月，获得“温州市专利示范企业”称号。11月，荣获“温州市首届百佳企业”和“温州市百佳诚信企业”称号。12月，“超达”牌球阀再次荣获“浙江名牌产品”称号，首次荣获“浙江省出口名牌”称号。被茂名石化评为年度优秀服务供应商。荣获“温州市质量立市功勋企业”称号（是全市唯一的阀门企业）。荣获“永嘉县安全文化建设示范企业”称号。

（三云达）

蜘蛛王集团　蜘蛛王集团始创于1996年3月15日。公司注册资金2.6亿元，占地面积2.68公顷，建筑面积20340平方米。主导产品为“蜘蛛王”皮鞋，拥有多家子公司、分公司。依照ISO9001标准和ISO14001标准管理体系和环保管理体系分别实施科学管理。曾获得中国皮鞋协会颁布的“中国真皮领先鞋王”称号，先后荣获市县“百强企业”及“功勋企业”。拥有国家免检产品2个（蜘蛛王；蜘蛛王+图形）。拥有中国名牌产品1个（蜘蛛王牌皮鞋），拥有国家驰名商标1枚（蜘蛛王+图形），省著名商标1枚（蜘蛛王+图形）。2013年，销售产值6.44亿元，上缴税收0.52亿元，利润0.32亿元。董事长许承建获得“2013年度温州市优秀企业家”称号。

公益事业　截至2013年底蜘蛛王集团累计向社会捐资2000多万元，多次被温州市政府授予“博爱使者”称号。坚持赞助中华慈善奖“最具影响力慈善项目”——“爱心温州·善行天下·明眸工程”。2013年11月，蜘蛛王集团走进贵州，向“明眸工程”再次捐款30万元（累计捐款400多万元），帮扶贵州雷山县等地的贫困白内障患者复明。2013年蜘蛛王集团获得浙江省第四届慈善大奖。

新闻纪事　2013年6月，蜘蛛王2013“培智励志·全面学习”营销年会隆重召开，安排1000多万元重奖全国100多名营销精英，鼓励市场一线人员士气，进一步开拓蜘蛛王品牌。中秋期间，蜘蛛王举行“我快乐我运动”大型职工运动会，丰富员工业余生活。

（徐雄亮）

亚龙教育装备股份有限公司　亚龙教育装备股份有限公司，创始于1983年，占地面积4.53公顷，建筑面积66000多平方米，员工800多人，其中专家、硕士、博士（其中享受国务院特殊津贴专家1人）、高级工程师共26人。亚龙产品连续8年被教育部等部门指定为全国职业院校技能大赛专用设备。2013年度，销售收入3亿元，上缴税收2950万元。公司董事长陈继权。

亚龙30周年庆　2013年5月3日是亚龙创办30周年的纪念日，亚龙坚持“反省”和“捐赠”的主题，向社会传递正能量。亚龙凭借诚信、创新、团结、拼搏的艰苦奋斗经历，成为中国教育装备行业的龙头企业之一，成为中国第一个教育装备走向东盟技能大赛技术标准的企业，拥有中国驰名商标。公司顺利通过ISO9001质量认证体系、14001环境安全管理体系认证、公司先后获得8项国家发明专利，参与多项行业标准制定，拥有200多项专利。

国家火炬计划　作为国家火炬计划重点高新技术企业，亚龙自动化系列产品在专业领域具有标杆地位。2013年，YL系列自动化实训系统研究与产业化荣获国家火炬计划，自动化生产线实训考核装置获国家中小企业创新基金。同时，凭借着自动化、机电一体化、电工电子等专业领域的行业标杆地位的巩固，亚龙立志在工业机器人、物联网、轨道交通、新能源技术等新领域内树立新标杆，成为教育装备行业的标志性、旗帜性企业，荣登“温州市百佳企业”榜，排名第69位。

亚龙“质量年”　亚龙将2013年定位为公司“质量年”，重点主抓产品质量和服务质量。“抓管理、促质量”，亚龙召开第一届质量大会，对评选出的2012年度亚龙十大营销质量奖、十大工程质量奖、十大产品质量奖给予隆重表彰。亚龙秉承亚龙对产品质量和服务质量高要求的原则，2013年荣获永嘉县“县长质量奖”。2013年4月27日，温州市委、市政府在市人民大会堂隆重召开纪念“五一”国际劳动节暨劳动模范表彰大会，亚龙荣获温州市劳动模范30个劳模集体之一。亚龙董事长陈继权代表企业致辞。

慈善事业　2013年，亚龙教育装备股份有限公司荣获“永嘉县首届最具爱心捐赠企业”荣誉。截至2013年底，亚龙累计捐资3000多万元用于社会基础设施建设、抗震救灾、资助贫困大学生等公益事业。2010年出资1000万元设立“亚龙慈善基金”，每年资助多名贫困大学生圆梦大学。曾获“中国儿童慈善突出贡献奖”。

荣誉榜　2013年4月27日，亚龙荣获温州市劳动模范30个劳模集体之一。浙江亚龙教育装备股份有限公司是中国教育技术装备主要生产基地之一，拥有中国驰名商标，是中国教育装备行业龙头企业、联合国教科文组织产学合作教席常务理事单位、联合国教科文直属世界教具联合会理事单位、国家863计划项目企业、财政部产业化重点支持项目、国家火炬计划项目企业、国家高新技术企业、国家工商局授予“光彩之星”企业；是浙江省创新型试点企业、浙江省省级企业技术中心、浙江省教育装备工程技术研究中心、浙江省教育厅的重点骨干企业；是温州市五个一批重点骨干企业、温州市成长型中小企业、温州市创建信用企业、永嘉县功勋企业和纳税大户，荣获温州市重大发明奖，温州市工业百龙企业，温州劳动模范集体单位。

（郑　章）

宣达实业集团　宣达实业集团有限公司创建于1990年，总部位于浙江温州东瓯工业区，是一家集研发、生产、销售、服务于一体的国家重点高新技术企业。注册资金10009万元，有员工600余人。集团旗下共有10家子公司，分别在温州、上海、江苏拥有研发和生产基地。主要经营工业泵阀、化工设备、特种金属材料以及环保工业的总承包等产业板块。主要产品有：闸截止阀、球阀、蝶阀、旋塞阀、隔膜阀、节流阀、调节阀等通用阀门；石油、石化、硫酸、冶炼、电站、钢厂、煤化工等系统专用阀；金属衬塑阀门及特种金属材料阀门；金属和非金属耐腐蚀泵、流程泵；特种不锈钢管道和钢塑复合管及配件；金属容器、工程塑料和特种不锈钢衬里塔、釜、罐、槽等各类容器；硫酸化工成套设备等。是中国阀协常务副理事单位；泵协副理事长单位；中石化、中石油以及中核集团等大型企业的网络供应商；是省著名商标、省知名商号、省名牌产品。2013年度产值5亿元，销售额3亿元，上缴税收3000万元。

科技创新　坚持“宣品质之本，达双赢之举”的发展理念，在行业内率先建立首个民营耐腐蚀特种金属材料研究院（浙江省宣达耐腐蚀特种金属材料研究院），2013年12月被浙江省科技厅认定为重点企业研究院。与清华大学、浙大、北科大以及日本材料和环境试验公司、世界腐蚀协会等国内外高校、科研院所开展长期合作，确保产品技术领先，推动企业创新，构筑企业核心竞争力。先后通过了ISO90001、ISO14001、GB/T28001管理体系认证；获特种设备制造许可证TS；通过美国石油协会API 6D、API600、API6FA、API607审核；通过欧盟压力指令CE认证。

新产品专利　公司拥有5项国家级新产品，12项浙江省级新产品，有64项国家专利产品，3项国家火炬计划项目，2个国家创新基金项目，多项产品获省级科技进步奖。设计完成具有世界先进水平、拥有自主知识产权的中国第一套低温余热回收系统，使中国硫酸制造设备成套化和硫酸工程设计跻身国际先进水平；集团公司先后研发出多种耐高温、耐磨、耐腐蚀金属新材料和近百种泵阀与环保设备新产品。解决用于石油、石化、化工及电力等行业苛刻工况的材料和设备难题，宣达（XDS）镍基、高硅、六钼、双向、铁素体等系列的特种不锈钢填补了国内技术空白。

大事记　2013年1月，集团获得县“发展强、党建强”先进企业称号。1月9日，集团PCCC产品顺利通过监督审核。1月10日，集团耐森公司举办“迎2013 庆元旦 促安全”趣味知识竞赛活动。1月25

日，集团举办“美丽宣达·中国正能量”之先进员工表彰大会暨感恩2013新年联欢晚会。2月19日，中共永嘉县委书记盛秋平、县长娄绍光到集团公司考察。3月，集团蝉联永嘉县功勋企业。3月8日，集团全体女同胞赴福建福鼎太姥山共度“三八”妇女节。集团第十四次获评永嘉县“纳税大户”。3月16日，集团开展春季消防演练。3月22日，集团2013年度新招高校毕业生再教育培训班开班。4月8日，集团顺利通过“三合一”管理体系认证复审。4月23日，集团组织支援雅安灾区募捐活动。5月，集团《宣达报》荣登浙江省企业报优秀税收宣传专版。5月10日，集团荣膺“浙江省进出口诚信企业”。5月24日，集团获评永嘉县2012年度五星级基层党组织。6月5日～9日，董事长叶际宣出席中国硫酸工业协会技术交流会并发言。6月15日，集团蝉联永嘉县“纳税三十强”。6月17日，中国阀门协会秘书长宋银立到集团考察。7月6日，集团顺利通过CE认证复审。8月1日，集团组织人员到永嘉县人武部、洞头先锋女子民兵连驻地慰问。8月12～16日，集团协办第33届中国硫酸工业技术交流年会。8月18日，中国（永嘉）泵阀产业高端发展研讨会在宣达实业集团召开。8月20日，浙江省副省长毛光烈到宣达实业集团考察。8月28日，与《今日永嘉》合作举办2013年“真情100”小学生助学结对仪式。10月9日，温州市委书记陈一新考察调研宣达实业集团。10月，荣膺温州市专利示范企业。11月4日，全国工商联副主席沉建国莅临宣达实业集团调研。11月，通过国家高新技术企业复审。12月，集团荣获“全国防腐蚀行业二十强”称号。12月25日，集团跻身首批系统流程装备技术创新综合试点企业。

（厉早子）

凯泉集团　凯泉集团位于永嘉东瓯工业园区，前身是1988年9月创立的“瓯北水泵厂”，1994年5月更名为“浙江凯泉泵业制造公司”，2002年7月，公司迁移到新工业园，并更名为“凯泉集团有限公司”。凯泉集团是集设计、生产、销售泵、给水设备及泵用控制设备于一体的大型综合性泵业公司，是中国泵行业的龙头企业。总资产25亿元，在上海、浙江、河北、辽宁、安徽等省市拥有7家企业、5个工业园区，总占地面积近66.67公顷，生产性建筑面积35万平方米。有员工5000多人，80%员工具有大专以上学历，其中工程技术人员750多名。2013年集团销售额30亿元，连续9年名列全国泵行业销售额第一。上缴利税1161.85万元。董事长林凯文。

观念创新　2013年，公司提出“务实深耕、勤勉高效”八字方针，倡导主动服务，加快流程的高效化。保证产品的外观质量、喷漆质量、包装质量，保证产品备件、资料的配置符合订单，力求把合格、美观、完整的产品交付给客户，并高效地提供各种售后服务，寻求改进。二线主动服务一线，上道工序主动服务下道工序，做事不拖拉，流程不停滞，不无故卡和停，今日事今日毕，压缩工作时间，提高工作效率。

服务客户　2013年，集团非常注重服务与技术、服务与业务的结合，实现增值服务，300名技术支持工程师为客户提供专业的全方位的方案支持。运用先进的ERP系统和电子商务系统快速响应用户需求，全程控制订单执行流程。拥有覆盖全国的服务网络，32个销售分公司、361个办事处，实施“蓝色舰队”服务和4小时快速反应机制，随时响应客户需求。凯泉自始至终为客户着想，满足客户个性化的需求，打造性能可靠的世界精品。凯泉集团顺利通过质量、环境和职业健康安全管理体系“三体系”认证和美国RAB多边国际认证。生产的产品涵盖建筑、市政、电力、石油、化工、矿山、核电等，近100个系列，“凯泉”产品遍布南水北调工程、巴基斯坦恰希玛核电站、大唐宝鸡热电厂、魏桥长山电厂、北海电厂、黄岛油库、中石化天津100万吨乙烯项目、淮北矿务局、安钢、酒泉卫星发射中心、世博园、毛主席纪念堂、东方明珠电视塔、浦东国际机场、上海磁悬浮、北京地铁等全国重点工程。

先进装备　先进完备的研发制造装备体系是凯泉发展的强大保障。凯泉集团拥有力学研究室、水利研究室、材料应用研究室3个先进的基础研究室。建立了热冲击试验台、高精度闭式试验台、大型水利测试中心3个国内领先甚至达到世界先进水平的测试平台。凯泉拥有国内最先进、最完备的制造装备体系，装备了1200台/套先进的生产和检测设备。其中进口设备56台，大型加工设备240台，数控加工设备300余台/套。全面进军核电、火电用泵领域，投资1.5亿元，建造1万平方米的重型车间，厂房轨高24米，单钩起吊150吨行车，具备了核电主泵装配能力。投入3亿元进口大批最先进Profimill4000/100-T六轴五联动龙门镗铣加工中心、九轴五联动落地镗铣加工中心、AC46TM-4000重型高精立式车铣中心、TRT314HS六轴五联动加工中心、2.5米重型高精立式车铣中心等具备国际先进的加工制造设备，保证核电、火电用泵等高端产品的品质。

企业荣誉　凯泉集团获“中国质量信用AAA级”“全国合同信用等级AAA级”“质量、信誉、服务三优企业”“全国企业文化建设先进单位”等称号。获2013年度永嘉县“巨龙企业”“纳税大户”等荣誉。凯泉集团总裁林凯文荣获2013年度世界永嘉人公益慈善奖。

（杨繁荣）

永一阀门集团　永一阀门集团是国内集设计、制造、检测、销售于一体的无区域企业集团，是全国安全阀龙头企业，营销网络遍布全国100多个大中型城市及中东国家，永一工业园占地面积1.80公顷，建筑面积1.60万平方米，有员工480人，2013年实现工业总产值2.8亿元，创税1506万元。董事长赵春岳。

人才队伍建设　2013年，永一阀门集团提倡尊重知识，尊重劳动，勇于创新，重视人才培育，优化人才结构，实行能上能下的用人制度，为有真才实学的人才营造施展才华的空间和平台。2013年有中高级职称的技术人员和管理人员36人，本科以上18人，大中专毕业生59人。

科技创新　2013年，永一阀门集团有限公司投入360万元，添置弹簧数显拉压试验机、红外流碳分析仪、超声波探伤仪、超声波测厚仪、大口径安全阀定压校验台、双座式安全阀定压校验台、阀门质量测试台、直读光谱仪、络氏硬度计、数显镗床、数控车床等专用设备。自主研发新型软密封安全阀、在线调节机构安全阀、蝶形安全阀、新型抽气式安全阀等4项新产品，获国家新型专利，技术水平达到国内同类产品领先水平。

体系认证　公司坚持“振兴民族工业　实业图报中华”的崇高理念。通过ISO 9001-2008国际质量管理体系认证，国家质量技术监督检验检疫总局特种设备TS认证，美国石油学会API-6D认证，欧共体压力装备PED指令的CE认证，ISO14001环境管理体系和OHSAS18001职业健康安全管理体系认证。是中国化工装备总公司定点生产单位，中石化资源市场成员，是国家电力电站配件供应网络成员，加入中国石油能源一号网，拥有中国石油天然气集团公司物资供应商准入证、赛鼎工程有限公司合格供货入网证书、兖矿鲁南化肥厂供应商会员企业证书。2013年，被评为温州市诚信示范企业和永嘉县专利示范企业。

党工团建　集团建有党支部委员会、工会委员会和团支部，党员分布在企业决策层、管理层和生产一线，参与企业各大重要问题决策，有效构建企业同党组织的和谐关系，同时把各部门的优秀员工列入培养考察对象，加大对模范骨干员工的培养力度。7月1日，党支部组织全体党员参观红十三军军部旧址，在烈士纪念牌前举行入党宣誓。2013年，永一阀门集团有正式党员23人，入党考察对象2人，团员10人。

品牌建设　永一阀门集团有限公司重视品牌的培育、保护和宣传，在内部树立品牌意识，强化产品质量，实行产品质量责任制，从设计开发、过程控制、工艺要求、材料理化到装配过程控制、检验和试验等，层层抓落实。开展品牌讲座，通过内部报刊、网站、杂志和宣传栏等宣传品牌形象，切实提高品牌的有效性。经过多年的品牌建设，永一阀门品牌在石油、化工、冶炼、电力、锅炉、压力容器等领域均赢得广大用户认可。“YOY”商标荣获中国驰名商标和浙江省名牌产品，永一阀门集团有限公司被定为国家火矩计划项目单位和国家高新技术企业。2013年，永一阀门集团的安全阀在全国同行销售量排名第一，是县功勋企业和纳税大户，是中国泵阀之乡二十强企业。

（项忠祥）

浙江红黄蓝服饰股份有限公司　浙江红黄蓝服饰股份有限公司成立于2008年6月，注册资金5000万元，董事长叶显东。2013年11月乔迁新园区——东瓯工业园区，占地2.87公顷，是中国童装行业龙头企业红黄蓝集团有限公司的控股子公司，共有员工248人，系永嘉县第一批、温州市第三批拟上市企业。2013年企业产值55057万元，上缴税收868.46万元，利润总额2079万元。

企业荣誉　浙江红黄蓝服饰股份有限公司是中国童装行业的龙头企业，多次跻身国家纺织品服装行业竞争力500强，被评为浙江省绿色企业、温州市百龙企业、永嘉县巨龙企业。旗下品牌“红黄蓝童装”先后荣获“中国名牌产品”“中国驰名商标”“中国十大童装品牌”“国家免检产品”等荣誉。是2008年北京奥运会童装特许生产商，多次参加国家及纺织品行业标准制订，享有较高的品牌知名度和荣誉度。主导或参与制订《儿童服装、学生服》《婴幼儿服装》等国家标准5项、行业标准4项、部颁标准1项。公司董事长叶显东兼任国家服装标准化技术委员会委员、温州市人大代表、温州市政协委员、温州市华商会副会长、温州服装商会副会长、温州市贸促会副会长，永嘉县政协常委、永嘉县工商联副主席、永嘉县侨联副主席等职务。

营销宣传　红黄蓝童装和法国、意大利服装设计权威机构长期合作，公司内部建有市级技术研发中心，年开发新产品1000余款，在全国设有品牌专卖店（柜）800余家，市场占有率居行业前列，被评为“中国纺织服装企业竞争力500强”“中国服装行业百强企业”“浙江省信用管理示范企业”“浙江省标准创新型企业”。1999年，开始多品牌经营：在保证“金少爷”生产的同时，运作一个新的品牌——红黄蓝，正式确定“金少爷”和“红黄蓝”携手发展的战略。公司请专业机构进行“红黄蓝”CIS策划。2000年推出了品牌连锁专卖体系，冠名赞助温州电视台《红黄蓝男孩女孩》栏目，举办温州市首届“红黄蓝杯”儿童模特大赛，被国家服装质监检验中心评测为“优等品”。2012年3月，由浙江电视台少儿频道、浙江红黄蓝服饰股份有限公司主办的浙江省第二届少儿模特电视大赛在杭州、宁波、绍兴、金华、温州、台州6大赛区同时展开海选以及复赛，赛事融汇全省各地的童年色彩，共同打造绚丽多彩的少儿时尚文化盛会。为配合线上推广，公司又在线下开展“红黄蓝时尚课堂”“浙江省首届红黄蓝杯少模大赛”“小小时尚学院”等系列推广活动。公司在淘宝网、百纷网开设官方网店，借助网络进行快速拓展和扩张，形成规模经济和品牌效应。

内部管理　2013年，浙江红黄蓝服饰股份有限公司在招聘配置、福利待遇、培训开发、制度建设、团队文化建设等方面采用专业人员设立的管理系统，形成良好的环境氛围，为企业高速发展打下基础。全年公司员工参保率接近100%，公积金参保85%。

党团工会　2013年，浙江红黄蓝服饰股份有限公司工会、共青团、妇联各项工作有序开展。6月，公司联合浙江省服装行业协会童装分会开展“迎六一，送温暖”爱心活动，在“六一”前夕为浙江残疾儿童康复中心的儿童送去节日慰问；与永嘉县人民法院合作到枫林沙岗圣雄希望小学开展“六一”助学活动，共同呵护留守儿童的健康成长；7月，为纪念中国共产党建党92周年，红黄蓝集团党支部组织公司全体党员到永康刘英纪念馆拜谒烈士陵园。8月，到武警温州市消防支队永嘉县消防大队开展“警民共建 共叙警民鱼水情”慰问活动。

（徐伊丽）

海星海事电气集团　海星海事电气集团总部位于永嘉县乌牛工业区，2006年1月11日经国家工商行政管理总局核准为无区域性集团，是专业生产各类船舶灯具、电气、船用阀门和救生/消防设备的配套企业，是中国船舶工业集团公司定点配套企业，是国内外航运、造船、海洋设计、海军装备等单位理想的合作伙伴，是船用商品的优质供应商。拥有三大生产基地，下辖海星海事电气集团有限公司、苏州海星海事电气有限公司和江苏海欣船用阀门有限公司3家控股子公司、12家国内销售分公司和1家进出口公司。厂房建筑面积85000平方米。职工800余人，专业技术人员90余人。2013年，工业总产值18219.69万元，上缴税金1190.07万元。董事长兼总裁傅文隆。

技术创新　海星海事电气集团每年拿销售额的5%作为科技研发经费。海星海事电气省级技术研究开发中心所研发的产品共取得68项国家专利，多项科技成果和产品获得永嘉县科技进步二等奖、温州市科技进步三等奖、省高新技术产品、国家重点新产品，TG27-A自动探照灯产品被国家科技部列入“国家火炬计划项目”。潜水航行信号DQ系列产品在潜水深度、绝缘电阻、耐电压强度、密封件老化耐油等方面的性能均填补国内和国际空白；海洋工程平台防爆照明配套设备项目被列入省船舶工业转型升级重点项目；多项科技项目列入省市县科技计划项目。

产品认证　2013年，海星海事电气集团产品均通过国家灯具质量监督中心和上海电科所船用电工产品验证站检测合格，并获得中国船级社“CCS”型式认可和中国渔检“ZY”认可；国家防爆电气检测中心防爆合格证；通过ISO9001国际质量体系认证和GJB2001B国军标质量体系现场审查、欧盟“CE”认证、日本海事协会“NK”认证、德国船级社“GL”认证、法国船级社“BV”

认证、英国船级社“LR”认证、挪威船级社“DNV”认证、意大利船级社“RINA”认证、俄罗斯船级社“RS”认证、欧洲“MED”认证、挪威AEMKO公司ATEX防爆认证等。

党工团建设　集团设有党支部、团支部和工会委员会。党员分布在企业的决策层、技术研制开发层、管理层和生产一线，参与企业各项重大问题决策，积极为企业的发展建言献策。把各部门的优秀员工列为入党组织考察的重点对象，加大对年青骨干员工的培养力度，充分发挥党员先进作用。被温州市委、市政府和永嘉县委、县政府列为市活力和谐企业先进工作单位、市劳动关系和谐企业、县活力和谐企业和县劳动关系和谐企业及县“发展强、党建强”企业。集团党支部被县委组织部命名为五星级党组织。

企业文化　2013年，公司继续加强企业文化建设，共出版、发行12期《海星报》，寄发《海星报》36000余份。宣传栏出刊共12期。在第十六届船舶新闻奖、第五届船舶新闻先进（优秀）企业报刊评选中，《海星报》再次获得全国船舶新闻先进报刊，有3篇文章获得船舶新闻奖三等奖。

组织活动　2013年，集团公司多部门联合举办庆祝“五一”活动，共有300余人次报名参加了4个项目的比赛，各部门、车间的互助与协作，增强了企业的凝聚力。组织党员开展“双聚”主题教育实践活动；组织开展“喜迎十八大”歌唱比赛；开展“开源节流、降本增效”活动；开展篮球友谊赛等。

培训教育　2013年，共组织开展培训62场次，参训人数达980人次，平均每人参训时间为4.5个课时，针对班组长及以上管理人员的培训8次。组织规范合同的签订与管理、销售、行政礼仪、ERP物流管理、产品性能及外购件技术知识、商务礼仪、赢在创新胜在执行、产品防护细则、职业道德与犯罪、CAXA软件、销货退回及返修处理流程、消防安全知识、计算机实操、防爆知识、检验标准统计与工具应用和数控车床技能等培训，提高员工的工作技能、知识层次、工作效率和品质。

荣　誉　海星海事电气集团是高新技术企业、国家火炬计划、国家重点新产品、中国渔船渔机行业质量信得过企业。拥有浙江省高新技术研发中心，是浙江省重点建设项目企业、浙江省诚信企业、浙江省工商企业信用AAA级“守合同重信用”单位、浙江省信用管理示范企业、浙江省专利示范企业、浙江省著名商标、省市名牌产品、温州市知名商标、温州市文明单位、温州市工业百龙企业、温州市工业百佳企业、温州市科技创新示范企业、温州市知识产权重点联系保护单位、温州市活力和谐企业创建工作先进单位、温州市劳动关系和谐企业、温州市先进职工之家荣誉称号、市县技术中心、AAA级纳税信用企业、AAA级资信企业、永嘉县活力和谐企业、永嘉县劳动关系和谐企业、永嘉县“党建强、发展强”企业、永嘉县功勋企业、永嘉县纳税大户、永嘉县诚信民营企业等。

（刘玉山）

环球阀门集团有限公司　2013年，环球阀门集团拥有9家专业公司、15家持股企业、50多家专业协作厂的阀门行业最大产销企业之一。拥有电站阀、通用阀、蝶阀、球阀、控制阀、锻钢阀、不锈钢阀、防腐阀、呼吸阀等专业生产线，能提供满足高温、高压、抗硫、耐腐蚀、耐冲刷等各种复杂工况的阀门产品，广泛应用于核电、火电、石油石化、煤化工等能源工业。2013年，销售收入4.99亿元，上缴税金为1912万元，同比增长3.3%。董事长吴光华。

管理变革　2013年，环球阀门集团企业转型升级持续深入，调整集团组织结构，将集团划分为4个中心和9个专业子公司。将经营宗旨（集团公司整体资本效益最大化）、经营理念（逐步提高公司的投资回报率，培养公司产业经营能力和资本运营能力）和经营方式（通过专业化经营与专业化管理有效控制投资风险，逐步培育投资公司的核心竞争力，完成向战略管理型投资公司的转型）的核心思路在集团上下做了深入探讨，并制定了详细的战略规划和经营计划。4个中心在集团公司董事会的指导下，以独立公司的形式初步模拟运行（从管理思路逐步向经营思路转变）。

安全生产　2013年2月，环球阀门集团取得安全生产标准化三级企业（机械）证书。6月21日，特邀永嘉县消防大队专业人员为全体员工进行系统的消防知识培训，现场讲解新型消防器材及设施的使用方法。6月24日～27日，特邀温州市特种设备检测中心专业人员为公司所有生产一线员工进行系统性地行车安全技能培训，其中27名员工取得桥梁式起重机（行车）的特种设备人员操作证，进一步落实安全生产工作。11月，组织全体员工进行“平安永嘉”建设宣传会，宣传安全知识，提高员工安全意识。

绩效管理　2013年，环球阀门集团在目标绩效管理的基础上，重新审视和调整了管理重点，细化目标绩效管理。营销中心明确核心理念（以战略为导向，以客户为中心），每个区域制订目标市场。每年10月份各自区域进行评估，明确每个区域目标，根据销售预测确定销售产值、销售目标、销售渠道，最终经过董事会确定的职能战略。通过集团公司制订发展战略、方向、目标、细节等，确定经营计划，制定出年度工作计划（一级指标），再分解到子公司（二级指标），子公司再分解到每个岗位。集团公司战略经营指标一层一层分解，从上到下，分解落实，共同努力。

营销网络　环球阀门集团是中国石油天然气集团公司一级供应网络成员、中国石化物资资源市场成员、国家电力总公司电站配件供应网络成员和电力规划设计院推荐单位。2013年，集团公司通过资源整合，坚持“以战略为导向，以客户为中心”，强化了以“服务”为核心内容的系列规范化体系，把服务延伸到售前、售中、售后，做到“全员服务，全程服务”，将服务的管理标准化、程序化、规范化。战略目标市场锁定在3大石油公司、5大电力集团、2大核电市场。每年定期召开代理商大会，通过了解市场动向，及时调整公司的营销政策，确保产品的销售持续稳增。通过参加世界知名的阀门展览会、客户拜访、阀门杂志刊登、集团网站（www.haqun.com）等完善相关信息，有效提升环球阀门集团市场知名度。

信息化办公　环球阀门集团选择协同办公OA系统，加强工作流程管理，减少各种办公用品损耗，提高工作效率，实现日常办公电子化，将项目研发过程、产品生产过程、管理过程中大量的文档与数据，进行有效地整合与管理，为其他工作的开展提供帮助。在即时通讯方面的管理，实现了高度集成，统一收发邮件，实现即时通讯，可通过PDA或手机直接登录系统，进行工作指示和流程审批，提升了工作办理的方便性和时效性。在决策信息化方面的管理，通过对内部信息的总结与整理，以报表的形式展现给相关管理层，让决策层从宏观上把握公司的情况，实现对公司的管理流程、公司的发展做正确的判断。实现集团和下属生产工厂两级用户和应用系统的协同，提高办公效率；按照“一套系统、一个平台、一个门户、二级应用”的总体建设思路，构建了一个基于互联网的、电子一体化的、覆盖环球阀门集团的、统一的现代化办公协同平台和企业信息门户，满足了环球阀门集团跨时间、跨区域、跨部门的集团化协同办公要求；根据不同的业务，建立分类的企业知识库，形成企业的知识地图，将人员、流程和业务知识紧密集成在一起，促进信息的有效利用和科技创新。通过企业信息门户的建设实现了各大业务系统的集成，用户通过一个统一访问入口就能使用所有办公、业务管理系统，系统之间打破物理边界，成为以用户为中心的大工作平台。

技术研发　2013年，环球阀门集团的技术研发中心进一步转型升级，转换设计思路，主动交流，依据主导产品确定新产品开发方向，识别用户和市场对新产品需求情况，确定研发课题，分析产品技术参数，重点研发阀门国产化一些新产品，并进行有效的对接，交给用户试用，积极反馈用户试用情况，改进设计上不足之处，解决研发中存在的问题，使新产品更加完善，更好地服务用户。2013年，技术研发中心成功的普光高压油气田的阀门新产品和神华煤制油的新阀门产品，取得了“低噪音管线蝶阀”“平行双闸板真空隔离阀”“Y型保温截止阀”“一种防火固定球阀”“高温耐磨硬密封浮动球阀”“自密封闸阀”“消声止回阀”“防冲蚀小口径锻钢截止阀”“高温高压锻钢截止阀”“多级调节式恒流阀”“高温高压平板闸阀”等11项实用新型专利，研发能力明显提升，提高了品牌影响力及知名度。

大事记　2013年2月，取得安全生产标准化三级企业（机械）证书；3月，环球阀门集团被确认为“市特色产业科技园永嘉样本”之一；6月21日，特邀永嘉县消防大队专业人员为全体员工进行消防知识培训；6月24日～27日，特邀温州市特种设备检测中心专业人员对公司所有生产一线员工进行行车安全技能培训。7月下旬，环球阀门集团和二园区新厂房正式投产运行。9月25日，公司通过测量管理体系认证的换证审核；11月14日，公司通过了标准化良好行为认证的换证审核，并达到了“AA”级；12月，环球“HQ”商标通过省著名商标的延续确认。取得实用新型专利11项，荣获永嘉县“巨龙企业”称号。

（张　锋）

良精集团　良精集团有限公司是一家以阀门铸造、设计开发、制造销售服务为主体的多元化大型企业，公司位于永嘉县瓯北镇三桥工业区，占地面积10公顷，建筑面积8万平方米，有员工700余人，其中高中级职称工程技术人员120名，公司董事长余胜者。2013年，公司泵阀制造年产值5.4亿元，为国家创造利税近2000万元。

科技创新　2013年，公司与兰州理工大学温州泵阀工程研究院、合肥通用机械研究院合作研发低温阀门项目结出硕果，公司低温阀门在国内多个大型项目实际运用中均受到用户好评，公司低温阀门研发中心被温州市科技局认定为“市级企业技术研发中心”。董事长余胜者与山西煤炭设计研究院酝酿合作下一步的“智控瓦斯阀门系列项目”研发工作，为进一步开拓阀门市场，为市场创造高新产品奠定基础。公司技术研发中心自主研发的高新产品《自压式截止阀》《内置油缸缓闭式止回阀》《上装式蝶阀》《卡箍上闸阀》等通过各级科研机构的验证和确认，并获得国家知识产权局授予的实用新型专利。

技术改造　2013年，投资近100万元，配置全自动低温冲击试验处理系列设备、现代化热处理工艺设备、无损检测设备、试验压力达到70Mpa以上的水压试验设备、材料理化实验设备等，满足公司生产和检验试验的要求，提升公司的技术研发能力。

人才战略　2013年，公司派出了近100人次参加了国家、省、市、县各级专业技术培训，为公司培养了一批质量管理、技术研发、工艺创新、焊工焊接、无损检测等实用专业技术人员。从复旦大学延聘了经济学教授参与公司的经营管理；礼聘享受国务院津贴的国家级阀门技术专家担任公司的技术顾问；聘请有着丰富企业管理经验的MBA担任公司的执行总监。合理的用人机制保证了公司健康的发展。

品牌管理　“良精”牌阀门是浙江省名牌产品；“良精”商标是浙江省著名商标。公司内部严格的质量管理保证了“良精”牌阀门的品质；而第三方权威机构对公司产品的审核、验证和确认，提升了顾客对“良精”牌阀门的信赖。2013年1月，公司通过了欧盟CE认证换证审核；5月，通过了美国石油协会API-6D换证审核；6月，公司产品通过了浙江省泵阀检测中心型式试验和消防检测中心阀门耐火型式试验；10月，通过了国家质监局（压力管道元件）特种设备制造许可的换证审核；年底通过了标准化管理体系认证和测量管理体系认证换证审核及公安部消防产品合格评定中心的CCCF认证审核。

党团工会　2013年，公司领导十分重视企业内部党群活动的开展，公司党、团支部利用正确的舆论导向引导员工积极向上，利用企业报刊《良精报》倡导先进的企业文化，宣传正能量。公司工会、职代会经常性的开展活动，帮助困难员工解决实际困难。公司董事长亲自帮助员工子女联系入学事务。公司领导关心员工、帮助员工在公司内部产生了积极的影响，在公司供职3年以上老员工占员工总数的70%以上。

（张保国）

日泰集团　日泰集团，位于永嘉县东瓯工业园区。其前身为永嘉金泰利鞋服有限公司（始创成立于1989年），并先后更名为浙江金泰利鞋业有限公司、浙江日泰鞋业有限公司、日泰鞋业有限公司。2006年3月升格为集团公司。集团下设5个子公司，涉及皮鞋、鞋材、服饰等多个行业。集团总占地面积3.33公顷，建筑面积35000余平方米。有员工2000余人，30多个分公司、近2500家销售终端（专卖店、商场专厅）。2013年销售7.03亿元人民币，纳税1000多万元。董事长金哲新，法人代表金哲敏。

认证和标准　集团系全国无区域企业、全国制鞋业重点骨干企业、中国鞋都功勋企业、浙江省皮革工业协会副理事长单位等。先后通过 ISO9001质量管理体系认证和ISO14001环境管理体系认证。中国皮革工业和制鞋研究院合作成立了第一家鞋科研中心（在全国鞋企中尚属首次），承办了国家级项目《中国人群脚型规律的研究》华东区域脚型测量，独家承担了新“国标鞋”的试制工作，共同研发环保型鞋用胶粘剂（水性聚氨酯大底胶粘剂、高物性环保型光亮剂）的研制。被温州市政府认定为首批企业科研中心，成为全国唯一一家获得中国生产力促进奖的制鞋生产企业。是全国制鞋标准化技术委员会委员单位，参与起草国家标准GB 28011-2011《鞋类钢勾心》、行业标准《工艺鞋》（2010-3019T-QB）、《鞋类弹性材料试验方法抗疲劳性》（2012-0281T-QB）等3个标准的制定工作。2013年参与起草2012-1260T-QB《鞋类组合内底和半托底》《鞋类和鞋类部件中存在的限量物质邻苯二甲酸酯的测定》2个国家行业标准制定。

品牌管理　公司主导经营产品为“日泰”牌男女皮鞋，销往全国各省市，产品曾荣获“全国制鞋标准化中心监制产品”、国家鞋类质量监督中心抽检优等品、全国制鞋标准化中心跟踪产品，连续多年荣获全国“真皮标志杯”皮鞋设计一等奖。2001年获得“浙江名牌产品”称号。2005年获国家免检产品、“浙江省三优企业”称号并入选“浙江省皮革行业科技进步优秀企业”，入选“中国皮革和制鞋行业科技示范企业”，获“2010中国鞋类行业最具价值百强品牌”和“中国十大真皮鞋企业”称号，2012年获中国真皮名鞋（复评），2013年被认定为“浙江省名牌产品”（复评），2013年度获浙江省皮革行业建功立业明星企业；2013年荣获“浙江省知名商号”（复评）。2013年，获温州市首批商标战略实施示范企业。2013年，公司聘请影视明星张歆艺、李晨为日泰品牌的公司形象代言人，增加品牌知名度。

诚信经营　2013年，获工商银行AAA级企业信用资信、温州市资信百佳，是浙江省诚信示范企业、浙江省三优企业（优秀企业、优秀产品、优秀经营者）。2012年度获浙江省国家税务局和省地方税务局AAA级企业纳税信用资信。

安全生产　2013年6月“全国安全生产活动月”期间，公司与永嘉县安全生产技术协会、东瓯街道共同承办以“强化安全基础，推动安全发展”为主题的大型安全生产综合应急救援演练，县安全生产技术协会全体会员派代表参会观摩。2013年度公司通过安全生产标准化认证，获温州市安全生产监督管理局颁发的安全生产标准化三级企业（轻工）证书，获2013年度永嘉县级安全文化示范企业、永嘉县安全生产A级企业、永嘉县青年安全生产示范岗集体和2013年度永嘉县“十杯十佳”竞赛平安企业创建工作先进企业。

公益事业　日泰集团有限公司出资10万元，支持县红十字会建立“红十字关爱新居民项目资金”，用于救助遭遇重特大疾病、火灾、车祸等不幸的新居民；捐赠40万元参与“美丽乡村”建设；扶贫捐资结对贫困大学生5人；参与“八一”拥军、情暖永嘉红十字博爱公益项目等众多公益活动。获温州市文明单位、温州市第四届“非公企业十佳精神文明活动创新奖”、温州市红十字博爱功勋奖先进集体。

企业文化　公司秉承“太阳文化”，积极、乐观、坚持、向上，以“追求无止境”为企业理念，以“太阳每天都是新的”为企业发展理念，不断挑战自我。

（李凯胜）

浙江流遍机械润滑有限公司　浙江流遍机械润滑有限公司系国家高新技术企业，国家火炬计划骨干企业，国内数控机械集中润滑系统专业配套厂家。企业注册资金2042.01万元，拥有总资产13633万元，厂房占地面积2.38公顷，建筑面积29012平方米，职工180人，其中大中专毕业生62人，专业技术人员45人。2013年度，实现销售6875万元，较上年同比增长3.6%；利润798万元，同比增长2.57%；上交税金773.6万元，与上年基本持平；年度投入研发资金355.61万元，占销售产值5.17%。全年发放职工工资总额892.92万元，较上年同比增长6.5%。董事长柯周列，总经理余强光。

技术创新　2013年，公司拥有温州市级技术中心与永嘉县级研发中心，专业技术人员24人，完成AMO-H型集成化电动稀油润滑泵、TT型定比分流式稀油润滑装置、JPQ型微量递进分配器、GPZ型微量油脂喷射装置等新产品试制。KHB型中高压车辆底盘集中润滑装置产品经过浙温科签字〔2013〕第023号省级技术签订。全年获得实用新型专利5项（证书号分别为第3034631号、3171992号、3216764号、3279277号、3279725号）。和江苏省机械研究设计院开展产学研合作，委托设计自动卸压插装阀、定比分流阀、AMO-H型集成化电动稀油润滑泵、TT858型定比分流式稀油润滑装置等4项新产品技术。

质量管理　2013年，公司KHB-J20/08EK车辆底盘集中润滑装置产品经过国家机动车质量监督检验中心（重庆）检验合格；GPZ-2-0.0AAAAA型微量油脂喷射装置、JPQ-L0.05型微量递进分配器、TT858型定比分流式润滑装置、AMO-H500S型电动稀油泵、XHZ3-I2.8Y630型数控机床恒温液压润滑站、KCB-H250/3.0E型底盘低中压润滑装置、G1736型稀油润滑装置等7项产品经过国家铸造锻压质量监督检验中心检验合格。ISO9001：2008质量管理体系工作运转正常，并逐步得到改进。

市场开拓　2013年，公司增设武汉流遍、合肥流遍、郑州流遍3家销售分公司（合计设立销售分公司16家），销售网络不断完善，从事分公司销售人员约为220余人。参加国家级、省级机床、纺机、工程机械、汽车行业、风电行业等展览会12次，投入展览会、杂志及广告宣传费用82万元，市场知名度进一步提高。

节能减排　2013年，浙江流遍机械润滑有限公司努力节能减排，控制用电量。对车间用电、办公用电、生活用电都规定控制管理，及时关电拉闸。对7部电梯实行有效管理，职工生活区按室独立安装电表结算。使万元产值能耗标煤控制低于全县机械工业平均用电水平线以下。

党建工作　2013年，浙江流遍机械润滑有限公司党支部有正式党员8名，预备党员1名，入党积极分子1名。党支部有管理制度与工作计划，党员活动工作正常开展，发挥先进模范作用。党支部及时发现进步青年，鼓励进步青年入党，有效增强了员工队伍的凝聚力。

关爱员工　公司建有员工集体宿舍、员工食堂，并设有员工活动场所，场所内有乒乓桌、台球桌、电视、羽毛球等娱乐活动设施，基本能满足员工业余活动。全体职工享有假期工资、开门红包、夏令补贴、中秋节礼品等福利发放，工作服、工作鞋、卫生用品配备齐全，员工队伍相对稳定。鼓励职工参加自学专升本考试、职称评定、专业技术、安全生产、电梯运行、电焊操作等培训工作，培训费由企业负担。

企业荣誉　浙江流遍机械润滑有限公司为国家高新技术企业、国家火炬计划骨干企业、浙江省国税局、地税局AAA级纳税信用企业、永嘉县明星企业、纳税大户、安全生产标准化先进单位、ISO9001：2008质量管理体系认证、部分产品CE认证、“YONGJIA”市级知名商标、温州市专利示范企业，KHB型中高压车辆底盘集中润滑装置获得浙江省科技厅科学技术成果登记。获得“中国道路运输杯”2013年度最佳客车零部件奖。

（柯周列）

杰豪集团　杰豪集团创办于1992年，集团总部坐落于永嘉县乌牛工业园，在永嘉县乌牛工业区、永嘉工业园区均设有生产基地。集团系温州市鞋革工业协会副理事长单位、温州市青年企业家协会副理事长单位、浙江省皮革行业协会副理事长单位、中国皮革协会常务理事单位，是中国制鞋行业龙头骨干企业之一。2013年，集团在全国共有销售分公司30多家，销售终端近3000家。

模式突破　遵循市场发展规律和企业发展实践，杰豪对研发、商品、订货、运营、人才等方面进行整合梳理和提升，打破原有模式的束缚，增强了企业发展活力。切实提高，注重口碑，形成贴近消费实际的研发设计模式，大胆改革、创新，打造有杰豪特色的商品组织模式，拓展各营销分公司的区域订货模式，打造高效率的终端运营模式，培养管理为核心的人才梯队模式。

商业变革　围绕打造专业零售团队和专业零售服务运营商的战略目标，杰豪积极探索商业模式的升级和突破。2013年，立足消费需求，掌握消费心理，顺应消费趋势，引导消费潮流，升级商业模式，推动企业从销售模式到零售模式的转变。把杰豪打造成专业零售服务运营商，是实现企业发展的内在要求。产品研发、渠道推广、品牌服务、价值管理、消费体验、团队建设就是杰豪推进商业变革所要构建的核心内容。

战略峰会　2013年7月28日至7月31日，杰豪集团2013年度新梦想战略营销峰会在洞头金海岸开元度假村召开，全国200多名营销精英参加此次峰会。此次峰会开展了正能量团队建设训练营、杰豪重要干部年度业绩目标考核责任书签订仪式、全国分公司年度销售目标合同签订仪式、杰豪商学院揭幕仪式、营销年度颁奖仪式等活动。杰豪总裁戴德利在主题营销报告上分析未来市场发展趋势，对微时代营销、商业模式创新、快时尚生活、资源聚焦等方面进行了重点规划，并号召全体杰豪人迸发更大的创造活力和激情，把杰豪打造成专业零售服务运营商。

尚品生活　2013年6月，杰豪G+1尚品生活馆正式推出。以“复古+时尚”为设计思想，崇尚“越自然、悦自然”的理念，融合潮流鞋品、服装、皮具、童装，从体验生活的理念出发，突破传统的门店设计，充分调动颜色、灯光、空间、标记、装饰等元素的力量，打造一站式购物平台，致力于让终端成为顾客生活的一部分。杰豪G+1尚品生活馆正是杰豪对于终端模式的一种求新求变的探索，代表着一种快时尚的潮流生活方式。

培训学习　2013年，杰豪强化培训，推进内部讲师团运营，建立杰豪网络商学院，引进培训师，制定培训计划，与中研国际、台湾健峰培训机构等建立合作关系，从文化、技能、素质等多方面，对全体员工开展终端新进员工培训会、正能量团队训练营、全国终端主管特训营、高效商品组织管理、法律知识讲座等多批次的培训活动。在QQ群、官方微博、集团网站、宣传栏、企业内刊等宣传载体基础上，开设了微信学习平台，不断加强学习的沟通和分享，推动学习载体创新。

安全生产　2013年6月25日，由永嘉县人民政府主办，县安监局、县公安消防局承办，县委宣传部、县公安局、乌牛街道、杰豪集团协办的永嘉县2013年安全生产事故应急救援综合演练在杰豪集团成功举行。县公安局、县卫生局、县公安消防局、县交警大队、县供电局、县水务集团、电信永嘉分公司、乌牛街道以及杰豪集团等单位参加演练，县府办、部分街道和镇分管领导、安监中心主任及消防管理站站长、驻村干部、重点村居、企业负责人等参加了观摩。

团队建设　杰豪注重人才的引进和建设，重视职业经理人团队建设，一批职业经理人通过岗位的历练，脱颖而出。全年，杰豪经理人屡获殊荣：杰豪集团副总裁黄晓丹获"浙江省皮革行业巾帼标兵"荣誉称号，店铺运营部经理叶菊仙被授予"浙江省皮革行业先进女职工"荣誉称号，办公室主任周如忆、注塑部经理胡芳云、男鞋部经理李德洲被授予"中国鞋都优秀员工"荣誉称号，企划部经理刘业丛被授予"中国鞋都十大宣传经理"荣誉称号等。

企业荣誉　2013年，杰豪荣获浙江省知名商标、浙江省信用管理示范企业、浙江省皮革行业建功立业明星企业、温州市精细化管理示范企业、温州市精细化管理试点企业、永嘉县巨龙企业、永嘉县信用管理示范企业、永嘉县十佳诚信典范企业、永嘉县社科普及示范基地等荣誉，入围温州市市长质量奖，通过ISO9001质量管理体系复审。先后荣获浙江省名牌产品、浙江省著名商标、中国驰名商标、中国真皮鞋王等荣誉。

（刘业丛）

温州长城拉链集团　温州长城拉链集团是永嘉县重点企业，是中国拉链协会理事长单位，是一家集产、销、贸服务为主体的多元化股份制集团企业。2013年实现销售1.5亿元，上交税收近1000万元。保持着中国驰名商标、国家免检产品、中国十大拉链知名品牌、浙江著名商标、浙江名牌产品等荣誉称号。2013年被评为中国拉链知名品牌。

技术更新　2013年，公司以"机器换人创效益"为目标，通过技术改造、设备更新，减少生产人员，提高生产效率，解决"民工荒"难题，降低生产成本，提升产品品质，使机器换人换出了"机器红利"，换出了"人口红利"，加快推进企业转型升级步伐。

服务员工　公司始终以服务员工为宗旨，不断提高员工的劳动报酬，增加员工福利，改善员工伙食，丰富员工业余生活。在上年的基础上，2013年增加了员工的休息日与休息时间。首次设立员工基金会，为支持困难员工提供资金帮助。

公益事业　2013年，公司继续与贫困山区结对，慰问山区老党员。继续支持文化传承与教育事业，向县文化传承基金认捐200万元，向桥头中学教育基金捐赠20万元。

环保意识　2013年，公司积极执行省市关于环境整治58条条款要求，整治环境污染，对涉及整治的问题严格检测，严格预防，顺利通过突发环境事件紧急预案验收，通过清洁生产审核，通过安全生产验收，通过县疾控中心员工职业病体检，通过环保58条总验收。

党　建　2013年，公司党支部切实组织领导全体党员为公司发展服务，设立党支部接待室，了解员工心声，及时解决员工矛盾与困难，听取员工的合理化建议与宝贵意见。加强党员的思想教育，使每个党员都乐意为企业稳定发展作贡献。2013年，公司党支部被县组织部评为"五星级"党支部。

（邹招余）

2013世界永商新春恳谈会

汪雪琼 / 摄

交通　邮政　信息产业

交　通

概　况　2013年，永嘉县交通运输“十二五”规划全面铺开、深入实施，交通运输工作亮点纷呈、成绩喜人。永嘉交通运输局认真贯彻落实科学发展观，深入开展“两提两争”主题实践活动，强化措施，狠抓落实，固定资产投资超额完成，交通项目建设势头良好，项目前期工作稳步推进、公路养护管理成绩显著，城乡客运改造取得突破，物流配送网络初步成型，依法行政工作逐步强化，工程质量监管全面到位，安全生产形势保持平稳，部门自身建设不断加强，全市交通运输系统年度综合目标考核排名第一，全县年度考绩优秀。

交通工程建设　2013年，永嘉县交通固定资产完成投资13.68亿元，占年度计划的123%。其中列入县考核的交通重点工程共有10个，完成投资12.25亿元，完成率为133%；列入市考核的交通重点工程共12个，完成投资9.89亿元，完成率为120%。诸永高速公路温州段延伸线工程完成投资4.44亿元，占年度计划的127%；41省道沙头至上塘段改建工程完成投资1.58亿元，占年度计划的316%；永缙线巽宅经金溪至界坑公路改建工程完成投资0.37亿元，占年度计划的74%；104国道永嘉三江至李浦连接线工程完成投资0.82亿元，占年度计划的136%；41省道南复线岩头至大若岩段公路工程完成投资2.61亿元，占年度计划的130%；沙头镇石埠至西垟公路工程完成投资0.3亿元，占年度计划的101%；104国道温州西过境公路永嘉段改建工程完成投资0.98亿元，占年度计划的65%；永缙线碧莲过境改建工程完成投资0.08亿元，占年度计划的51%；瓯北大桥工程完成投资2.08亿元，占年度计划的148%；雁楠公路永嘉段工程已完工验收。农村公路大中修工程完成投资2952万元，联网公路工程完成投资3408万元，分别是年度计划的101%、170%。顺利完成危桥改造、隧道照明工程、农村公路标志标线、25.9千米市级交通绿道和107.4千米县级交通绿道等建设任务。

项目前期工作　认真制定交通项目前期工作计划，加强项目进度目标节点控制和进展情况汇报分析，及时启动和加快推进10个前期项目：顺利完成了寺蕂段应急工程前期工作；上塘至瓯北公路、上下线上塘至路口段工程初步设计已审待批；41省道福佑至九丈段改建工程施工图已批；缙云至苍南公路巽宅至桥下段水环境功能调整方案已论证待批；壬黄线改建工程工可在编，49省道（S333）永嘉桥下至桥头段、岩表线岩头至五鹈段工程均已完成工可编制；大若岩至上塘公路工可已通过审查；碧莲至徐岙公路工程已完成上报项建书。同时，积极向省、市交通部门做好汇报对接，争取加强县域西北干线公路布局，进一步完善“十二五”大路网构架规划。

公路养护管理　实行“责任主体单一化、管养方式社会化、绿化工作专业化、考核机制长效化”等措施，部署开展“公路绿化大提升、沿线垃圾大清除、违法建筑大清理、非公路标志大整治”等行动，实行每月一督查一排名一通报。公路“三化”工作目标完成率达150％，实现直观范围内无违建、无垃圾、无非法无序广告牌，“三拆一改”及公路“三化”工作得到省厅肯定并被推广，公路建控区内保洁及绿化管养在全市率先推行。公路养护工程质量管理和施工规范化建设成效明显，名列全省国省道公路养护管理前茅，在全市公路年终检查考核中名列第一。

站场建设　积极推进枫林客运站和农村港湾式停靠站建设，

分别完成投资670万元和120万元，建成农村港湾式停靠站20个。温州北部综合交通枢纽规划获市政府审批，红蜻蜓物流基地正在加快建设，乌牛客运站客货运一体站改造完成。启动瓯北客运中心物货基地项目改造、物流专线整合和信息化建设，着力打造物流信息和物流电子商务平台。在全县范围内建8个配送点，物流配送网络进一步完善。水上货物运输发展良好，全年共完成港口吞吐量94.45万吨；水运运力达2.78万吨，单船平均吨位比上年提高6.5%。

交通安全管理 出台交通运输行业目标管理考核办法、道路运输安全生产事故责任追究规定等措施，督促企业完善安全生产管理制度，不断加强对承包车主、驾驶员的安全教育和监控管理，加大对超速超载等违法违章行为的整治力度。深入推进“平安工地”建设，加强在建工程和养护施工安全管理。部署开展全县渡口安全整治，撤销15个乡镇渡口，加强对13个乡镇渡口的安全监管。圆满完成瓯江三桥封道维修期间瓯北渡运和公交客流量剧增的运输任务。全年全县道路运输行业9座以上营运客车发生同责以上事故3起、死亡3人，同比分别下降40%、45.45%；没有发生水上交通和交通建设工程、养护施工事故，行业安全生产形势总体平稳。

路政运政管理 建立行政执法领导小组和议事分析、报送备案等制度，加强对交通运输行政执法的统一领导。加大督查和错案责任追究力度，加强执法队伍建设，不断提高交通执法水平。全年共查处公路违法案件191件，超限超载车辆467辆；道路运输共投入稽查力量5340人次，检查车辆2445万辆次，查处违章车辆644辆，共收取罚没款98.96万元，行政处罚准确率100%。

工程质量监管 认真抓好公路工程质量行政执法检查，加强科技力量运用，积极推广先进施工工艺，质量监督覆盖率、造价监控范围均达到100%。重点督查涉及结构安全和使用功能的隐蔽工程、关键环节、重要部位、专业设备安装等情况，对三李公路、沙头镇石埠至西垟公路、珍溪口二桥、环城南路等工程局部不按设计要求施工的问题予以严肃处理并限期整改到位。全年共发出质量安全检查意见书35份，监督通知书3份，办理工程质量举报3起。

城乡客运改造 推进上塘至瓯北公交经营体制改革，成功收购并淘汰上塘至瓯北农村客运班线34辆快巴车，顺利完成国有公交化改造；新增和优化公交班线、站点设置，实行规范经营、优质服务，成为2013年温州地区城乡公交一体化改造的成功典范。全县城乡客运一体化率达到84.62%，通行政村781个，客运班车率达86.59%。

交通行政审批 把交通行政审批提速提效作为创先创优项目实行改革，在全省率先进行行政审批窗口整合，在县行政服务中心设置交通运输行政审批服务窗口，统一办理县交通运输局、公路局、运管局、港航局等单位所有行政审批事项，成功实现交通运输项目“一站式”审批，有效整合了资源，规范窗口服务行为，方便办事对象，提高办事效率，优化政策服务环境。从2013年5月底运行至年底，交通运输综合窗口共收取审批件572件，其中行政审批事项50件，非行政审批项目522件，全部办结。

党风廉政建设 围绕交通运输中心工作，深入贯彻落实党风廉政建设责任制。年初就召开全县交通系统党风廉政建设工作会议，出台系列工作制度，部署全年党风廉政和反腐败工作。认真贯彻落实“一岗双责”工作制度，明确班子成员反腐倡廉责任分工和局机关各科室、局属各单位的具体工作任务，切实落实“三书两报告”制度，在全系统认真开展了党性党风党纪教育、“学思比创、纪检精神”和“两提两争”思想解放讨论会、“510思廉日”活动、局属新提任的21名中层干部任前廉政教育谈话、廉政文化进机关等系列活动，营造了较好的廉政教育氛围，分别被县委县政府和市交通运输局评为2013年度党风廉政建设先进集体。

政风行风建设 认真贯彻落实中央“八项规定”、省委“28条办法”、“六个严禁”、市委“1+8”实施细则以及县委贯彻实施意见，认真开展“两提两争”、驻企服务、基层走亲等系列活动，加强基层调研和服务力度，不断改进领导干部和机关作风建设。在全系统进一步深化开展“勤廉交通”建设，开展“勤廉机关、勤廉站所、勤廉先进科室（单位）、勤廉国企、勤廉干部”五大创评，把勤廉创建工作推向全系统的各个单位、各个层次。不断推进窗口服务创优，提高行业窗口服务能力和水平，2个省级、1个市级“群众满意基层站所”通过复评，新创建省级、市级“群众满意基层站所”

各1个、县级文明示范点1个。认真开展民主评议政风行风工作，通过多种形式，广泛征求社会各界和服务对象的意见和建议，突出公交营运、站点设置、出租车管理等问题，制定整改措施并贯彻落实，民主评议政风行风排名全县第三。积极开展人大、政协议提案办理，主办人大议案30件、协办6件；主办政协提案10件、会办6件；及时办结来信提议案3件，被评为2013年度政协提案先进承办单位。

纪检信访工作 健全“三公”监管机制，严格执行公务接待“三严四禁”规定，加强公务接待监督管理。积极支持配合公车改革，实行规范的租车管理，同时加强对下属单位执法车辆的监督管理。出台《关于加强交通运输队伍建设的通知》，强化机关效能建设，明确影响工作效能的行为和追责形式，全年共开展不定期效能督查11次，对10名违反效能管理规定人员予以责任追究。加强对本系统信访工作的领导，完善信访工作网络，建立健全信访工作机制，认真落实领导包案、领导干部信访接待日等制度，及时办理上级转办和群众举报投诉件。全年共接待群众来访46人次，收到信访信件33件，均已办结。县纪委转来的8件纪检信访件均及时办结上报。对1起检察院不予起诉案件的责任人予以立案查处，给予了党内严重警告处分。加强网络舆情管理，建立新闻发言人制度和网络舆情管理制度，及时回复永嘉网“百姓留言”栏目的23条网友提问贴和“温州纠风在线”栏目3条贴，拓展信访维稳和纪检工作渠道，提升永嘉交通部门形象。

（李建友）

港航管理

建制沿革 永嘉县港航管理局位于瓯江北岸的永嘉瓯北城市新区，前身为温州市港航管理局永嘉分局，根据温州市委办、市府办《关于调整市地方志编纂委员会办公室等机构设置的通知》和永嘉县府办《关于印发永嘉县港航管理局主要职责内设机构和人员编制规定的通知》精神，于2012年8月实行属地管理，为隶属于永嘉县交通运输局管理承担行政职能的财政全额拨款事业单位，其主要职责有港口、航道发展规划建设和港口行政许可，港航行政执法及行业监督管理，涉及航道建筑物、岸线使用审批等。

概　况 2013年，永嘉县港航管理局坚持以贯彻十八大精神活动为契机，狠抓干部职工队伍建设和行业管理，着力推进依法行政和改革创新，深入开展文明创建活动，构建和谐港航。以抓规划促发展、抓改革促完善、抓管理促规范、抓服务促提升、抓制度促保障为工作主线开展各项工作，为永嘉县的经济社会发展保驾护航。全年永嘉港航系统未发生安全生产事故。

“安全生产月”宣传 深入开展全国第12个“安全生产月”宣传活动，突出“强化安全基础、推动安全发展”活动主题，提升企业和公众的安全生产意识和安全管理水平。一是加强宣传力度，在码头、港区明显位置悬挂标语，开展《港口法》《国内水路运输管理条例》等法律法规的宣传，在“安全生产咨询日”印发500份以《港口危险货物安全管理规定》为内容的安全宣传手册。二是加大安全教育培训力度，不断提高执法人员安全管理水平和从业人员安全生产意识。利用培训班、以会代训、技术练兵、专家讲座等不同途径开展港航从业人员培训。全年港航系统参加不同类型的安全知识培训131人次。三是强化预案演习，努力提高应急处置能力。组织中石化长岙油库开展油罐区失火应急演练活动，组织永嘉县轮船公司开展消防演习和旅客应急疏散撤离应急抢险演练等活动，全年共有6家单位开展预案演练，进一步明确应急抢险方案程序，提高抢险队员应急事故处理技能，完善各项应急抢险机制。

“平安港航”创建 2013年，永嘉县港航管理局加强行业安全生产管理，全面实施“平安港航”创建活动，全面消除安全隐患。一是根据交通运输部《港口危险货物重大危险源监督管理办法（试行）》，推行重大危险源备案工作，组织企业重大危险源自我辨识，根据辨识等级实行登记建档，构建港口危险货物重大危险源安全监督管理体系。二是营造安全生产管理高压态势，开展“打非治违”、安全生产大检查大整治等一系列专项整治行动，加大隐患排查力度，及时反馈存在问题。要求三江客运站等存在安全隐患单位进行停业整顿，限期整改。配合县发改局、公安局、交通运输局、安监局等9部门联合开展石油化工企业安全专项检查，解决重大危险源隐患问题。全年开展港航企业安全检查117家次，出动检查人员288人次，出车45车次，责令限期整改3家。三是重视重大活动的监管和安保工作。在“天视”杯中国·温州国际山地户外运动挑战赛期间，提早确定安保工作方案，成立水上、陆上安全保卫组做好沿江布控和江面警戒工作。四是部署开展“三防”工作。2013年，永嘉县港航管理局针对“泰利”“苏力”“菲特”等台风对永嘉县构成的重大威胁，切实做好台风防御工作，早动员、早部署、早检查、早落实，强化全体干部职工防台责任意识，落实防台责任制，做到组织体系、工作机制、应急管理和保障措施“四到位”。明确预警程序和职责，将预警信息迅速传递到企、到船、到人。坚持“领导靠前指挥、干部坚守一线”，全面排查，做好人员、设施和船舶的撤离转移工作。灾后做好巡查和走访，发动并指导企业开展灾后生产自救，争取最短时间内恢复港口正常运营。

港口行政管理 坚持“规划领先、有序管理、高效服务”的原则，主动配合市港航局开展温州港总规修编前期调研工作，为温州港总体规划修编提供前期素材。抢抓温州港总体规划修编和瓯江中下游干流航运开发工程的机遇，在瓯江港区永嘉作业岸线利用规划的基础上，着手编制永嘉作业区控制性详规。4月，拟文上报县政府落实编制经费，并委托中交第三航务工程勘察设计院有限公司开展瓯江港区永嘉作业区乌牛沿江岸线港口开发综合经济研究编制（温州大桥至七都北汊大桥之间2.6千米沿江岸线），10月，编制方案通过内部初审。严把核查审验关，认真开展港口经营年度核查、危货作业认可证审验工作，依据有关规定审核申请企业的资质条件。2013年，永嘉航区有港口企业16家，其中客运企业2家，危险品企业7家（1家歇业、1家租赁、1家无经营），普货企业7家（2家歇业）。审核4家危货3家普货企业上报资料，结合现场检查情况，7家企业均合格。

服务港口企业技改工作 提供全方位、多层次的服务措施，完成港口企业技改前期准备工作。针对永嘉县新力石油化工有限公司要求扩大港口经营范围和提升泊位能力（500吨级提升1000吨级）技改项目工作，及时和市局相关处室衔接，邀请有资质的安全评价单位进行研讨和现场勘查，提出技改方案和明确审批程序，积极协助企业与县经信部门联系沟通，并顺利获批技改项目备案通知书（永经信投资备案〔2013〕10号）。

港口吞吐量 认真开展船舶验证工作，做好港口吞吐量分析统计。全年完成港口吞吐量944469吨，比上年同期减少5.63%。其中各货物流量中，石油天然气及制品进口1980吨，钢材7958吨，水泥970吨，煤炭及制品133998吨，矿建材料741000吨。

水运管理 2013年，永嘉县港航管理局切实做好春运和“两会”期间的水路运输工作。全面贯彻落实“安全第一、优质服务、客货兼顾”的工作方针，采取各种有效措施，狠抓安全生产和优质服务工作，合理统筹安排人员，强化现场监督、检查及指导工作，做到组织到位、责任到位、措施到位、服务到位、保障到位，圆满完成“两会”期间和春节运输安全的各项工作任务。2013年春运和“两会”期间永嘉航区共投入运输船舶9艘，2151客位，专业汽车渡5艘，60车位。安全运送旅客91.62万人次，周转量198.94万人千米。与上年同比减少7.76%和3.90%；专业汽车渡车流量为12.84万辆，周转量为19.26万辆千米，比上年减少8.68%。抓好东瓯大桥封闭施工和节假日渡运管理工作，保证中秋、国庆等节假日期间渡运通畅。2013年温州东瓯大桥封闭施工两个月期间，温州城区至永嘉的水路渡运压力激增，永嘉县港航管理局制订东瓯大桥封闭期间客渡（车渡）应对方案，明确工作要点，落实岗位责任，做好船舶运力优化配置，合理分派人员到辖区各重点部位进行现场驻点监控，加强对上下船旅客危险品携带检查、车辆安全检查，维护人流车流秩序，保证安全出行。

水路运输市场管理 2013年，永嘉县港航管理局规范水路运输市场管理，对辖区的水路运输业及水路运输服务业经营资质年度核查工作和船舶年度审验及营运证换发工作进行认真核实，从严把关，维护水运市场秩序。永嘉航区有5家运输（服务）企业：水运客运企业2家，服务业1家，瓯江水系砂石运输企业1家，温州沿海普货企业1家。经对5家港航企业上报资料的审核，结合现场检查情况，合格率100%。永嘉航区有客渡船5艘，计1797客位，专业汽车渡5艘（其中2艘光租经营管理），计60车位，高速客船3艘，计154客位，普通货物运输船舶149艘，计26702载重吨。经核查符合营运资质条件的船舶143艘，计26170载重吨，核查换证率为96%。

航道管理 2013年，永嘉县港航管理局认真抓好航道管理，坚持航道建、养齐抓，全面提高航道通航能力。针对龙桥客运航道和瓯北客运码头前沿水深严重淤积安全隐患，组织两大客运公司开展调研分析，并邀请专家进行座谈研讨，科学制定治理方案，落实专项补助资金用于航道疏浚。对辖区11座航标保持每月1次的巡查和养护，制定航标遥控遥测管理设计方案，启动智能化航标更新。参加瓯江中下游航运开发工程评审会、乐清湾港区铁路跨瓯江大桥通航影响论证会等各类涉航工程项目会议，提出合理化的意见和建议。利用车、艇加强对瓯江干线航道及楠溪江航道巡查，及时制止违法违章现象。全年巡查航道里程共计2540千米。

行政执法 强化监督管理措施，加大执法力度维护港口水运市场秩序。切实提高行政执法人员的法律素养和执法技能，派员参加《行政强制法》培训及各类法制培训会议，配合市局调整行政职权事项，明确行政许可、非行政许可审批事项。联合市区港航分局、县水利局等单位开展夜间联合打击行动，有效地遏制非法倾倒废弃土势头。依法查处港政、航政、运政各类违法违章行为，规范行政执法文书制作，落实案卷归档制度。全年开展执法检查191次，出车198次，出艇41次，出动执法人员772人次，处理行政执法案件3件，罚款金额共33700元。

文明创建 开展基层站所标准化建设，实现执法标志、执法证件、工作服装、执法场所外观的“四统一”，充分展示交通港航执法形象，彰显港航文化特色。切实巩固文明创建成果，顺利通过市级文明单位复评。深入开展“道德讲堂”活动，利用“道德讲堂”宣讲平台和各种宣传阵地，进行以社会主义核心价值体系为核心的思想道德文化建设，结合“学雷锋志愿者服务活动”，开展“慈善一日捐”活动，召集干部职工及退休老同志为贫困家庭献爱心。开展困难党员春节慰问活动，看望单位老党员和结对村7名困难老党员，并送上慰问金。走访文明结对村，帮助村委会理清全村发展思路。

廉政建设 贯彻落实《领导干部廉洁从政若干准则》，组织开展学习《温州市港航系统工作人员廉洁自律守则》和“我们的交通核心价值观”大讨论活动，一是认真坚持干部理论学习制度，全面宣传贯彻十八大精神，把报告提出的新思想、新观念、新目标、新要求与港航实际工作结合起来，围绕坚持科学发展观、构建和谐社会等重大课题，深入调查研究，增强工作创造性。二是引导干部职工学习先进人物，扎实开展“道德讲堂”活动，组织干部职工学习吴斌、李明素、唐清峰等先进人物的先进事迹，促使干部职工讲大局、讲团结、求大同、谋发展，学会做事，学会共处，使队伍综合素质进一步提升。三是深入开展“勤俭节约、从我做起”主题实践活动，严格推行“廉政灶”制度，控制非生产性成本支出，大力减少“三公”经费支出。

（陈　棠）

邮　政

概　况 2013年，永嘉县邮政局深入践行以信息化为引领，实现向加大创新驱动转变、向深化企业内控转变、向提供现代服务转变的总体思路，打好平台、民生、文化、交通、融合“五张牌”，调结构、增效益，促转型、强能力，惠民生、建和谐，扎实推进“信息引领、文化养人”战略落地，各项工作取得良好成绩。2013年，永嘉县邮政局有正式职工161名，其他用工186名，下设综合办公室、市场经营部、人力财务部3个管理职能部门，函件集邮分局、报刊发行投递分局、金融业务局、电商分销局4个专业局，下辖瓯北分局、城关、桥头、乌牛、黄田、永临、沙头、岩头、岩坦、碧莲、四川、枫林等12个分（支）局。

经营概况 2013年，永嘉县邮政局实现从注重规模到注重效益的转变，重点发展金融业务、国际小包和国内小包业务，各项业务收入持续平稳增长。完成业务总收入6487万元，同比增长15.86%，完成年计划的103.95%，在全省73个县市局排名第十九，比上年升了3位，总收入增长率、完成率都位列全市第二、全省县市局前十五名。实现金融业务收入3226万元，同比增长15.21%，其中储蓄余额首次突破15亿元，全年代理保险系统保费接近1亿元。函件业务实现收入1682万元，其中国际小包和国内小包业务初具规模，完成收入933.47万元。抓好邮政封片卡开发，结合安全生产月活动制作“文明出行共创和谐”主题日常贺卡8万枚；大力发展账单业务，制作并寄递社保账单18万份。培育电商和分销等新兴业务，举办“村邮网购”现场展销会3场，实现收入330万元。“收投合一”的报刊发行经营体系初步建立，包裹、集邮、代理速递等邮政业务稳步发展。

村邮站运营管理 2013年，永嘉县政府出台《村邮站运营管理办法》，建立村邮站运营管理长效保障机制。信息化村邮站建设运营管理逐步加强，影响日益扩大，作用渐入民心。共建成信息化村邮站169个、便民服务站188个。

邮政网络建设 完成全县邮政11个网点的装修改造，完成沙头低效网点的迁址工作。全县新增CRS机19台、ATM机1台，共有3处离行式自助取款机投入使用。完成10个网点的转型流程导入工作。完成全县25800个信报箱的招标工作。在瓯北建成首个新型报刊亭。

内控管理 立足信息引领、精细管理，出台深化内控执行年实施方案，确定12项重点内控项目，强化企业安全生产管理，确保全年平稳过渡。建成一支20人的专（兼）职理财经理队伍，实行投递人员、行政管理人员学习制度，推进企业资源的整合提升。

和谐建企 一是对外做好服务。不断加强邮政窗口服务，开展"文明服务提升年"活动，深化质量内控管理，全面推行从业人员违规行为积分考核，让客户享受邮政优质的商业服务水平，全年用户满意度达90分以上。同时融入社会服务，与巽宅镇进书村开展文明结对、扶贫活动。二是对内做好服务。积极宣贯"以信为本、韧者常青"企业文化核心理念，并结合"2013年，我要怎么做"主题思想大讨论，职能部室挂钩基层调研，大学生员工座谈会，"道德讲堂"等活动，持续推进企业文化在基层一线落到底接地气。深入学习十八大和十八届三中全会精神，加强党风廉政建设，县局领导干部带头做到勤俭节约、秉公用权、廉洁自律。运用丰富多彩的载体和活动方式，倡导"以信为本、韧者常青""辛勤工作、愉快生活"等理念，把员工的心态调整到积极的点上，凝聚释放正能量。

荣　誉 2013年，永嘉县邮政局被授予"浙江省文明单位"称号，荣获永嘉县年度"全县单位保卫工作先进集体"称号，四川支局先后被评为永嘉县、温州市首届"敬老文明号"，枫林支局被授予永嘉县"巾帼文明岗"称号。

（张新秀）

中国电信

公司概况 2013年，中国电信永嘉分公司（简称永嘉电信）持续深化企业转型，加快业务结构调整，盘活各种资源，拓展移动互联网等新兴业务领域，以创新和服务双领先推动规模发展和效益质量双提升，提高创新、服务、集约与运营四大能力，实现全业务转型发展新突破。2013年有正式员工300人，设有销售部、政企部、网络部、综合部、工会等5个职能部门和瓯北支局、上塘支局、桥头支局、黄田支局、桥下支局、乌牛支局、岩头支局、碧莲支局、沙头支局、四川支局、岩坦支局等11个生产经营单元。全年业务收入超过2.3亿元，年末拥有移动用户15万户，宽带用户8万户，固定电话用户7.7万户。

助推"三务"公开 2013年，永嘉电信是永嘉县村级(社区)便民服务和"三务"（村级党务、村务、财务）公开信息平台建设主要承建单位，全力为便民服务和"三务"公开信息平台建设提供支撑，促进永嘉县信息化工作建设再上新台阶。组建推进"三务"公开项目组，开展"三务"公开培训会议12场，开通"三务"公开信息员QQ群，服务和支撑到各村各点，全县18个镇（街道）所有iTV用户接入"三务"公开平台。

助推智慧旅游 2013年，永嘉电信全力参与智慧旅游项目，受楠溪江管委会、公安局委托，成立智慧旅游项目团队，与楠溪江管委会、公安局、交警队等单位一起到永嘉北部山区岩坦、岩头、枫林、大若岩等，走访41个风景旅游点，勘查设计，定点调研，起草可研建设方案等。项目建设分为景区监控、无线WIFI、LED屏幕、APP、云平台、停车及交通诱导系统等六

大内容。2013年项目已立项实施，一期投资3000万元 。

助推平安城市建设 2013年，新建“天翼看交通”6个点位，提供上塘、瓯北主要街口的交通路况实时视频，方便群众交通出行。完成民安工程3期卡口和4期卡口的验收工作。制定民安工程5期技术方案。优化全球眼维护体系，将全球眼的在线率提高到95%。民安工程1～4期治安全球眼监控点已安装3000个，遍布全县重点区域，全面提升全县社会治安管理水平和科技防控能力，有效地预防和打击犯罪，切实增强群众安全感。

优化网络 2013年9月27日，永嘉首个NEC程控交换母局——清水埠交换母局正式断电退网。永嘉电信成为温州市首个程控交换母局退网的县分单位，标志永嘉从全铜向全光技术的迈进走出历史性一步，是2012年9月份开始实施的“宽带瓯北・光网城市”上交的首份成绩单。清水埠NEC母局断电退网，在网络技术层面有质的飞跃，在节能减排、减成本增效益方面表现突出，电流实测负载从原先480A减到11AAAAA，全年节省开支约60余万元。完成4G基站建设，覆盖全县所有镇街的重点区域。扩容上塘中心城区、桥下镇、瓯北城市新区、碧莲镇等点城域网设备并优化升级。优化LAN小区的光纤覆盖。

为民服务应急保障 2013年，永嘉电信积极参与为民服务应急保障，为永嘉县政府应急抗台保障、消防应急保障、国防应急保障、县长热线直播、全省美丽乡村现场会等应急项目提供通信支撑保障，获得社会各界的好评。

群众路线教育 2013年7月9日，永嘉电信召开群众路线教育动员大会，认真学习贯彻落实中央精神，积极全面地接应集团、省市公司党的群众路线教育实践活动的部署与要求，有序推进教育实践活动各项工作要求及任务的落实，规定动作做到位，认真查摆“四风”“六聚焦”方面存在的问题，转作风促转型发展。深入开展学习提高认识、拓宽渠道广泛征求意见、对照要求认真查摆问题、撰写对照检查材料（各领导班子成员）和领导班子专题民主生活会（2013年12月6日召开）等活动，取得良好效果，达到预期目标。

企业文化与员工活动 参加市公司“赢在岗位”案例征集活动，收集3个企业文化案例上报市公司。组织公司全体党员参加永嘉县委组织的“中国梦・永嘉梦”知识竞赛活动，获得优秀组织奖。深化企业员工思想道德建设，有序开展“道德讲堂”活动、文明礼仪宣传活动，推进文明共建、文明志愿者网络建设。组织参加永嘉县第二届干部职工运动会，篮球、羽毛球等项目获奖。举办元旦、中秋员工登山比赛活动。参加永嘉县“快乐杯”职工篮球比赛并获得冠军。组织全体员工参加市公司“赢在岗位总经理在线有约”活动。

企业荣誉 2013年，永嘉电信获得浙江省“安康杯”竞赛优胜单位称号、温州市“三位一体”职工文化乐园示范单位称号、温州市技术支撑先进单位称号，获得温州电信2013“以人为本 聚焦安全”摄影大赛优秀组织奖。女工委获得温州市规范化建设先进单位。员工周立仁获得永嘉县劳动模范和浙江省电信公司“职工之友”称号。员工陈晓被推荐参加浙江电信“最美电信人”评选。连续16年保持省级文明单位称号，连续9年保持县级文明行业称号。

（陈荣坤）

移动公司

概 况 2013年，中国移动永嘉分公司以全面实现区域市场的领导者地位为目标，推进积极的能力建设，开展持续的市场策略，打造和谐的企业文化，围绕网络发展快赶超、市场大势强把控、流量经营促收入、渠道终端争份额、政企市场拓蓝海、客户满意寻突破、企业文化共和谐七项主导计划，智慧创新，超越平凡，推动公司全面、协调、可持续发展。2013年，实现运营收入5.81亿元。全年建设TD6.2期宏站218个、室分32个，有线宽带覆盖7.6万户，网络指标在全地区维持领先地位。至2013年底，中国移动永嘉分公司有员工238人，在永嘉县境内建有总基站1078个，用户70万。

网络工程建设 2013年，中国移动永嘉分公司网络部围绕“网络发展快赶超”的主导计划，重点通过对日常工作短板的跟踪解决，稳步提升网络建设和维护工作，进一步加强了无线和有线能力建设，通过基础管理夯实维护日常工作。计划重点针对网络质量与安全、网络用户感知、网络能力建设三方面通过多项措施继续深化网络运维管理能力。完善3G覆盖能力，全年完成TD6.2期宏站218个、室分32个，攻克难点站11个，以“一天一站”的速度完成村通以来最大工程量。全年已完成有线宽带覆盖7.6万户，并于8月底提前全部完成小区、商企覆盖目标；年底，全部完成10个工业区覆盖，覆盖广度进一步扩大。

客户服务 2013年，中国移动永嘉分公司深入开展“为民服务创先争优”活动。通过晨会、演练、内训等方式加强业务知识和岗位技能学习，通过不断自查、整改专项提升服务质量。“三亮三比三创三评”工作开展有序。公开服务事项和服务流程，公示服务标准，在相关营业窗口、生产部门设立党员示范岗等，亮出党员身份，亮明岗位责任，强化自我约束；通过设置公示牌、公示板等形式，公开承诺，接受群众监督。开展岗位明星、服务标兵评比，开展文明服务、诚信服务、优质服务竞赛，促进服务态度和作风进一步改进。争创巾帼文明岗、文明服务示范点、青年文明号、优秀服务标兵。通过设置意见本、聘请社会监督员、开展客户满意度调查等方式，开展群众评议，做好群众意见反馈和问题整改工作，以实际效果取信于民。以“315”“517”等现场活动为契机，以“便捷服务，满意100”为重点开展服务提升和企业形象的推广。从营业、渠道和集团三大窗口入手，切实改善触点服务质量，提升用户营销服务满意度，提升营销服务竞争优势。在营业层面，继续巩固原有的服务优势，强化服务基础规范；从用户感知出发，开展针对性营销，缩短单个用户的营销时间；采取“走出去”的方式，分流前台业务，真正实现营业从服务主导型向服务销售型转变。在社会渠道层面，积极拓宽社会渠道业务受理范围，特别是增加综合业务受理权限和终端销售权限等，在有效分流自营厅业务量、改善营业厅服务环境、缩短排队等候时长的同时，为用户提供便捷服务，提供更多触点。在集团客户层面，从全业务角度，全方面了解用户需求，给用户提供更个性化的产品，同时提高服务技巧，了解用户的服务诉求，灵活应对，第一时间予以响应。

投诉督办处理 优化投诉热点分析机制，重点提升投诉及时处理率与满意率，加强投诉专员的投诉处理质量，投诉及时处理率持续保持在99%以上。加强落地督导，每月开展业务服务规范性检查，提升窗口营销服务能力。注重业务培训效果，针对业务落后的营业人员进行业务培训并现场测试效果，加强内训师业务骨干培养，树立标杆，带动整体业务素质提升。优化投诉处理流程，宣传贯彻一线投诉处理指南，建立投诉案例库，实现信息共享；建立热点投诉责任关注机制，加强与市公司专业部门沟通，限时反馈处理进展或结果，快速处理响应；落实升级投诉预警机制、升级投诉跟踪监控和重大投诉督办处理；增加热点投诉处理进展及结果的每日跟踪通报，形成闭环；落实每月服务质量分析会制度，推动投诉深层次问题的彻底解决与流程的改造优化。

提升文化驱动力 以“超越平凡”的企业文化为统领，开展个人层面五大要素和组织层面四大要素的细化标准显性化宣传，开展企业文化抢答赛、“超越平凡—我与移动共成长”故事征集活动、“超越平凡—我的成长路”演讲比赛，获得省级企业文化示范单位。做好创新文化，常态化举行创新论坛，开展“节能减排、增收节支”和“五星网络、十分满意”主题活动。打造关爱文化，开展员工关爱互助活动，累计完成办公环境改造3个、活动环境2个。

提升队伍竞争力 深化主导计划，将其融入员工个人KPI考核，推动了自上而下的主导计划制定与实施。确立首席项目执行官制度，确定了18项主导计划项目的CEO，并将用户发展、宽带收入、流量经营、终端销售、综合接入等定为五大重点CEO项目，建立定期汇报与沟通制度。深入荣誉体系建设，选树典型，挖掘荣誉体系的正面效应，打造班组特色文化，形成员工自动自发行为，建立人人争先创优局面。强化安全生产，落实安全生产责任制，突出重点部门、部位和环节的安全管理。加强安全检查与整改力度，消除安全隐患。积极开展“安全生产月”各项活动，开展驾驶员“安康杯”知识竞赛和消防知识竞赛活动，加强员工安全教育，提高全员安全意识。成功抗击“菲特”台风带来的影响，实现全年安全生产零事故。

提高政治保障力 组织学习党的十八大、十八届三中全会精神，深入开展党的群众路线教育实践活动。加强党建工作，开展“七一红色之旅”活动，开展“红七月、服务月”活动，狠抓《廉洁从业十不准》等制度建设，落实“三重一大”集体决策制度。持续推进精神文明创建，开展“道德讲堂”活动，广泛开展“文明服务示范岗”“青年文明号”“巾帼文明服务示范点”等主题活动，进一步提高员工整体素质和服务质量，营造企业健康向上的文化氛围，提升企业形象。2013年桥头营业厅荣获省级巾帼文明岗，环城西路营业厅、黄田营业厅荣获市级巾帼文明岗，黄田营业厅、桥下营业厅荣获市级文明服务示范点，网络部荣获县劳动模范集体。

履行社会责任 围绕县委“转作风、优环境”工作主题，积极开展自身行风建设，深入开展挂钩联系工作。以建设“大家”为己任，积极开展结对共建。开展“慈善一日捐”、“爱心服务站”助力中考高考、国际禁毒日宣传、关爱儿童等公益活动，切实履行社会责任。参加“红七月、服务月”志愿者服务和“讲文明 树新风”公益广告宣传等。

（钱爱珠）

联通公司

概　况 2013年，中国联合网络通信有限公司永嘉县分公司有职工75人，内设综合支撑部、建设维护中心、客户服务中心。下辖瓯北黄田、乌牛、上塘、桥头等4个移网区域营销中心。建有上塘、瓯北、桥头、千石、龙桥等5个营业厅。9月底，公司主要负责人变动，市分公司市场营销部经理裘文杰任永嘉县分公司总经理，原副总经理（主持工作）项海勇调任市场营销部副经理。

经营概况 2013年，中国联合网络通信有限公司永嘉县分公司一季度力推流量王产品，二季度开始落实市公司渠道盈利模式转型，三季度略微止住收入下滑趋势，9月份开始受实名制以及竞争对手公司成本战术压制，渠道承销完成量下降，一定程度上导致2G收入下滑。四季度平稳发展。全年主营业务收入完成8044万元，同比增长7.4%；通服收入完成7853万元，同比增长5.26%。其中，公众移网完成5098万元，同比增长1.81%，集团业务完成840万元，同比增长21.7%，固网业务完成1915万元，同比增长8.62%。

集团业务 2013年，一卡通破零，一信通发展5家，年收入近30万元。拓展700人平安校园项目，签订永嘉电大班班通合作协议。ICT业务超额完成，同比增长732%。薄弱集团签约1家、意向用户2家。聚类市场成功承包80%。

固网业务 2013年宽带新增6055线、无线固话发展8400户、手机礼包发展652部、融合业务渗透率为17%。

渠道建设 多模式推进渠道建设，扩大渠道覆盖。新建合作渠道21家、便利型渠道34家。截至2013年底，全县有联通沃店9家、通讯店23家、有效便利店25家。组织代理积极参加市公司手机订货会、订卡会，通过这种订货压卡形式提高代理3G合约发展量和移网总体销量，提升渠道效能比。

工程建设和网络优化 2013年，中国联合网络通信有限公司永嘉县分公司新建移网基站32个，新建23个室内分部站点接入并全部开通投入使用。持续对乌牛区域、瓯北区域及瓯北阳光大道等专项优化，塔桅改造3个点，新增补网基站18个，大大提高网络覆盖率。加大FTTH驻地网工程建设，新增配线13520线，累计开通48084线，全部投入市场使用。加强能耗管理，通过日常查检，对高能耗基站做针对性整改，能耗完成率控制在市公司年初的预算指标范围内，低于时间进度5%。加强基站长链整治及改换防鼠光缆工作，陆续整治瓯北大甲至桥下、桥下到桥头、桥下至白泉等多段线路，更换50多千米防鼠光缆，提高网络安全性，故障量明显下降。

（胡乐乐）

城乡建设

综　述

2013年，永嘉县住房和城乡规划建设局（测绘与地理信息局）坚持以深化城乡统筹改革为抓手，以加快基础设施建设为重点，以优化城乡发展环境为保障，全力抓重点、破难点、创亮点，不断推动城乡转型发展，各项工作取得明显成效。

规划审批与监察

规　划　2013年，永嘉县以县域总体规划为基础，以控制引导规划和近期建设规划为主体，以专业专项规划为保障的规划体系基本形成，城镇化率达54%。稳步推进中心城区规划，中心城区近期建设规划（2012～2020）编制完成。不断加快与总体规划相应的控制性详细规划编制，中心城区及10个中心镇区控规覆盖率达100%，完成44个农村新社区建设规划编制，中心城区控规图集编制和控规一张图信息化管理系统基本建成。推进各类专项规划编制，顺利完成县域美丽乡村建设总体规划、县形象设计规划、给排水专业规划、城市燃气专项规划、主城区户外广告设置规划、电力设施布局专业规划、绿地系统专项规划、低效土地再开发专项规划等14个专项规划编制。

审　批　坚持“不说不能办、只说怎么办”的审批服务理念，着力完善“两集中两到位”，采取“三个一律”办理，即企业所需办理的许可项目一律移交到“窗口”办理，可授权委托的行政许可事项一律授权委托给基层办理，可压缩的审批时限一律压缩到最短时间办理，提供快捷高效的审批服务。精简优化审批流程，将串联审批改为并联审批、前置改为后置、分步公示改为同步公示，实现提速增效。统一梳理行政许可审批事项30项、非许可类事项43项、行政处罚280项，明确每项行政职权的名称、内容、办理主体、依据、条件、期限和监督渠道，并编制行政执法事项运行流程图。针对瓯北商业综合体、崇德实验学校、楠溪云岚、嘉华休闲度假村等24个招商选资、重点工程项目，审批时限从41天压缩到25天，在模拟规划设计条件、模拟建设用地规划许可原则上采取即办方式处理，从快从优确保早日落地。2013年，审查办理公建项目选址意见书23件，建设用地规划许可证65件，建设工程规划许可证112件，建设工程施工许可证65件，审批事项提前办结率达100%。

监　察　实行“5+2”监管模式，建立工作日、双休日及节假日全覆盖巡查机制，对责任片区进行拉网式巡查，对重点区域、重点部位进行全天候动态监控，突出主干道两侧巡查，有效防止违法建设行为发生。加强与镇街合作，借势借力，共同查处违法建设行为，有序推进城乡规划建设顺利实施。全年拆除违法建筑约316.73万平方米，超额完成拆违任务。全年查办违法建设案件12起，重点处理三江基督教堂等影响较大的违法案件。

城镇建设与管理

城镇道路建设　按照“路要成网，人车分流”的交通治堵规划建设要求，以片区建设为突破口，通过接断头、拓卡口，全面启动上塘、瓯北、桥头、桥下、岩头等22条主要市政道路及基础设施建设。2013年完成其中10条道路建设，增加城镇道路长度6524米（其中改造1900米）、道路面积11.6万平方米（其中改造新增加面积3.42万平方米）。截至2013年底，全县城镇道路面积625万平方米，城镇道路总长度1041千米。

污水处理　2013年，永嘉县转变污水处理设施建设体制，形成

"四架马车一起跑"的格局。将由各属地负责建设的污水处理厂站统一划归水务集团负责建设运营，属地负责厂站负责用地政策处理和管网建设，县住建局负责行业监管和业务指导，县环保局负责者标监督监测管理。根据省、市"五水共治"工作的统一部署，以打造美丽浙南水乡为目标，永嘉县按照从"重城市"向"城乡并重"、"重新建污水管网"向"重老城区截污纳管"、"一般处理"向"高标准处理"转变的原则，以治污为重点扎实推进"五水共治"。一是不断完善污水处理基础设施建设规划，全面完成县域各功能区、镇（街道）给排水专项规划和《楠溪江流域污水处理工程系统规划》编制工作。县域各功能区、镇（街道）给排水专项规划是以《永嘉县域总体规划（2006～2020）》和各镇总体规划为基础，并结合县域市政基础设施建设调研意见进行编制，明确了城镇给排水规划范围、布局、投资概算以及近期建设项目等内容，规划近期为2015年，中期为2020年，远期为2030年。规划建成"七厂七站"，即瓯北、上塘、江东、黄田、桥下、桥头、沙头响山7个污水处理厂，岩头、枫林、大若岩、碧莲、岩坦、鹤盛、巽宅7个污水处理站。其中岩头和枫林污水处理站待楠溪江污水总干管建设至沙头响山污水处理厂后，污水实行集中输送处理。城镇污水管网方面，规划2013年～2020年，全县建成城镇污水管网413千米，投资约5.1亿元。楠溪江流域污水处理工程系统按照集中和分散相结合的原则，实行分步实施。岩头、枫林和沙头的污水经截污干管引至沙头响山污水处理厂集中处理，大若岩、碧莲、巽宅、岩坦、鹤盛等5个镇采取相对集中或分散的模式就地建设污水处理站等方式进行处理。二是超常规推进污水处理设施建设。截至2013年底，完成上塘、瓯北、桥头等3个污水处理厂一期建设，建成城镇污水管网148千米，城镇污水处理率81.71%；启动上塘污水处理厂二期设备安装。投资1200万元的城市污泥半干化中心进入竣工收尾阶段。桥头污水处理厂一期进入调试阶段，桥下污水处理厂一期完成桩基施工。江东、黄田、沙头响山污水处理厂完成选址。山区其余7个镇的污水处理站（优于一级处理A标准）全部完成选址和工艺选定。污水管网建设方面，计划2013年～2015年新建城镇管网145千米，目标任务分别为2013年45千米、2014年55千米、2015年45千米。2013年45千米管网建设任务已完成。三是努力健全污水处理设施管理运营体系。

垃圾无害化处理 实施《永嘉县生活垃圾户集村收镇（功能区、街道）运县处理实施方案》《关于印发永嘉县垃圾运输市场化实施方案的通知》和《关于永嘉县散装垃圾运输资金使用与管理有关事项的通知》，全面开展压缩垃圾运输市场化和散装垃圾运输工作，城乡垃圾无害化处理率稳步提高，达到99.7%。建成投运压缩式垃圾中转站13座，建成村级垃圾收集点377个，拨付村居保洁补助1642万元。

园林绿化 深入实施"城乡绿化三年工程"，全面提升全县各城镇的主要街道、重要节点和县内主干道的绿化品质，向公园、广场绿化等高端绿化方向发展。2013年建成城镇绿化项目面积77.6万平方米，新增公园绿地面积13.88万平方米，新增人均公园绿地面积2.47平方米，建成区人均公园绿地面积达15.72平方米。新建一批城市或山体公园，上塘乌岩山公园一期建成雏形，瓯北塘头山公园、岩坦眠牛山、桥头壬田山公园建成并投入使用。

供水设施建设 截至2013年底，永嘉县有城镇自来水厂6座，铺设干线水管1338千米，日生产能力13.5万吨，年供生活用水4507万吨，城镇居民自来水普及率100%，人均日生活用水量97.41升。

供气设施建设 2013年，永嘉县有城镇市政燃气管线45.76千米（其中2013年新增加17.76千米），瓶装液化石油气配送中心23个，临时燃气瓶组间（站）11个（容量共计14立方/日），供应居民用户24万户，全县城镇燃气普及率90%。加快甬台温天然气管道工程永嘉段建设，管线总长约29.18千米，总用地约1.51公顷，总计划投资3.2亿元，建成后将全面惠及永嘉近97万群众。2013年7月，城市燃气专项规划批复实施。

燃气行业管理 加强对无证经营户的打击力度，扣留非法储存瓶装燃气钢瓶。积极做好辖区内的餐饮场所燃气使用安全专项整治工作，检查餐饮企业71家，存在安全隐患65家，整改到位45家，正在整改20家，整改资金约25万元，巡查人员255人次。抓好重大节假日和日常燃气安全管理工作，对燃气安全隐患进行排查和督查整改，发放整改通知书49张次，排除安全隐患48项。积极做好6月份"安全生产月"活动，制作燃气安全使用宣传手册4000册、广告横幅65幅、围裙8000条和环保袋5000条，发放给各储配站、各配送中心进行安全宣传，并在上塘、瓯北、桥头、桥下、岩头、碧莲等站点现场宣传发放。积极做好燃气行业人员资格证书的培训教育工作，培训送气工、检修工以及管理人员共207人次。组织4家储配站和主要配送站协商解决煤气价格过高问题，达成参考价格。例如进价为6200元/吨时，储配站批发给配送站为93元/瓶（每瓶30.5千克），配送站给送气工为103元/瓶，送气工运费5元/瓶，合计108元/瓶（楼层费另加），若储配站煤气进价升高，每升高100元/吨，提高2元/瓶。批发价和零售价基本上以此为参考价上下浮动，市场价格基本稳定。

建筑产业与市场秩序

建筑产业发展概况 全面落实鼓励建筑业发展政策措施，加大建筑企业扶植力度，新增施工总承包企业1家、增项企业2家、晋升二级资质2家，建筑企业实施质量强市试点1家，发放建筑工程施工许可证65个，建筑面积106.4万平方米。完成建筑业施工总产值50亿元，省外产值6万元。在建房地产类项目72个(包括村级安置房)，建筑面积418.9万平方米，全年完成房地产固定资产投资71.76亿元。积极做好墙材革新工作，不断加大新墙材宣传推广力度，新发展或引导墙材企业进行技术改造10家，拆除黏土砖瓦窑30余座，综合利用各种废弃物75.23万吨，节约土地68.07公顷，社会环境和经济综合效益良好。

建筑市场监管 启动建立建筑企业负面清单制度，严格执行《永嘉县县外建筑企业进永管理办法》《永嘉县工程建设招投标代理（咨询）企业进永管理办法》《永嘉县建设市场不良行为记录和公示办法》。强化项目招投标管理，完成招投标项目81项，公开招投标率达100%，查处重大招投标违法行为1起。首次进行远程异地电子评标试点，圆满完成“永嘉县瓯北电力调度中心大楼”等8个工程评标。认真做好建筑节能管理工作，新建民用建筑全面实施建筑节能标准，完成大型公共建筑用能管理示范工程1项、建筑应用地源（水源）空调热泵1.2万平方米，引导县文化中心创建用能管理示范工程。进一步加强城建档案管理，成功升省二级档案馆。加快数字化档案工作步伐，重点做好地下管线档案收集工作，全年共接收各类档案约2万卷。主动加强农民工工资专付保障监管，未发生因工资拖欠引发的群体事件。

工程质量与安全生产 不断完善监管机制，进一步整合相关站所监管力量，实行捆绑式管理，有效加强现场监管力量。积极开展工程质量安全大检查工作，共组织大规模施工质量安全生产大检查5次，有34个建设项目被列入重大安全隐患工程名单，以最严格的处罚措施落实2个发生安全生产事故的施工单位。全面开展文明标化工地创建，创市级标化工地4个、县级标化工地14个。落实工程质量责任终身制，并在竣工验收前设置了永久性责任标牌。全面推行住宅分户验收制度，积极开展通病防治，保证保障房工程和大中型工程一次验收合格率为100%。

房地产管理

房地产权属登记 严格依照《房屋登记办法》审核发证，进一步完善产籍档案管理与利用制度。全年审批房屋登记4993件，发放房屋所有权证8013本，计建筑面积191.63万平方米。全力推进房产档案规范化和数字化，装订档案6325件，插档6325件，受理查询25876人次，出具按揭证明1090份，完成11万宗档案的数字扫描工作，计划5年内完成30万余宗档案数字化任务。深化“绿色通道”建设，对因子女入学、户口迁移、短期回温办理房屋登记的侨胞、台胞、港澳同胞、外出经商人员、工作调动等急需办理房产证的，给予即刻办理。扎实开展农村集体土地房屋登记工作调研，解决一系列的历史遗留件及疑难件，进一步盘活住房存量。

房地产市场管理 严格执行国家、省市调控政策，认真执行商品房网上销售管理办法，同步实施现场监管。2013年，批准金色海岸、楠湾嘉园、时代花园、城西家园等预售商品房项目12个，总计预售面积43.8万平方米，共计3297套房源，未出现炒买炒卖、哄抬房价等现象。严格规范管理房地产市场秩序，对全县房地产开发企业、房地产估价机构、房地产经纪机构和相关从业人员进行检查，检查情况基本良好。积极做好房地产交易、抵押业务指导工作。2013年，全县共签订预售商品房买卖合同1676套，销售面积21.51万平方米，总销售金额33.36亿元；存量用房交易共计1374件，成交面积29.95万平方米，成交金额16.27亿元；办理抵押登记共计5538件，抵押面积312.57万平方米；《商品房买卖合同》备案登记1180套。

房屋安全管理 2013年，永嘉县住房和城乡规划建设局简化房屋安全鉴定程序，全面下放危旧房安全鉴定职能。按照“属地检查”原则，精心组织房屋安全鉴定专业技术力量，深入开展危旧房安全隐患清剿行动。2013年，开展巡查300余次，出具房屋安全鉴定报告860件，计建筑面积27.5万平方米，其中危旧房鉴定607件，计建筑面积16.64万平方米。鉴定危房（C、D级）431件，计建筑面积11.53万平方米。发放改危通知书420张次，排除安全隐患182处。进一步加强高层建筑消防安全管理，配合县消防大队对全县范围内的高层建筑进行消防安全检查。给紫金花园、香港城、瓯城花苑、玉兰花苑等7个存在消防安全隐患的住宅小区的相关的物业公司及业委会送达限期整改通知书，要求限期整改，确保消防安全。

房屋征收工作 随着当前房屋征收政策、形势的发展变化，县房屋征收管理办公室切实改变征收工作方式方法，重点抓好几项工作：一是重新调整县房屋重置价标准。明确将原有钢混结构900元/平方米调整为1200元/平方米，砖混结构由700元/平方米调整为1000元/平方米，砖木结构由500元/平方米调整为800元/平方米。大幅度的调整房屋重置价，为各工程项目的推进起到重要的促进作用。二是依据国务院590号令《国有土地上房屋征收与补偿条例》，参照《温州市区国有土地上房屋征收与补偿暂行办法》，结合永嘉实际出台《永嘉县国有土地上房屋征收与补偿暂行办法》。三是认真履行征收职能。启动上塘中心城区南城街道下堡村旧村改造、三江片诸永高速公路温州段延伸工程永嘉段、41省道南复线岩头至大若岩段公路工程征收程序。

房产行政执法 坚持依法行政，注重提高服务质量，完善房屋租赁备案、装修备案登记制度，继续加强对房屋装修和房屋租赁管理的力度，对住宅小区张贴房屋装修温馨提示牌，及时发放房屋装修管理通知及租赁备案宣传单。2013年，查处房屋装修违章行为2件。

规范物业管理 全县住宅小区71个，其中实行物业管理住宅小区（大厦）41个，管理面积总计104万平方米；2005年以后建设的非住宅小区的183个，其中实行物业管理的小区31个。2013年，“县、镇街、社区（居委会）”三级物业管理体系基本形成，创精细化管理试点小区3个，物业服务覆盖面不断扩大，住宅物业服务平均覆盖率超70%，旧住宅小区物业服务或准物业服务覆盖率超60%，新建非住宅物业覆盖率超40%，物业管理项目招投标监管到位率达100%。

服务行业工作 围绕“两提两争”主题，践行党的群众路线教育实践活动，全力提升行业服务水平。一是测绘业服务保障更加突出。严格按国家测绘法规从事测绘活动，认真抓好地理国情普查前期工作，大力开展普法宣传工作。永嘉县测绘与地理信息局获2013年浙江省国家版图意识宣传教育和地图市场监管工作先进集体、温州市第一届测绘与地理信息行业职业技能竞赛优秀组织奖。“瓯北三江测区1:500地形图测绘”项目获2013年浙江省优秀测绘与地理信息工程一等奖。基础测绘工作扎实开展，全年完成1：500数字地形图188平方千米、1：2000数字地形图850平方千米的基础地理信息数据采集、建库，完成上塘绿嶂片和碧莲镇1：500基本比例尺地形图测制共7平方千米，完成20个1：500地形图村庄测绘共5.45平方千米。数字城市建设进一步加快，2013年11月，“数字永嘉”地理空间框架建设项目设计书顺利通过评审，浙江省测绘与地理信息局、温州市测绘与地理信息局和永嘉县人民政府签署数字永嘉地理空间框架建设项目合作协议书，“数字永嘉”地理空间框架项目建设进入实质性的实施阶段。二是加强白蚁防治工作。坚持以“服务发展、服务社会”为宗旨，扎实做好房屋白蚁防治工作，规范防治行为，收到良好效益。全年完成白蚁灭治35户，建筑面积约1.2万平方米；签订新建房屋白蚁预防合同74份，合同面积239万平方米；新建房屋白蚁预防施药面积104万平方米，施药完工单位64个。开展“白蚁灭治无休日”活动，为6个单位、50多户家庭提供上门灭治白蚁工作。

城镇住房体制改革

保障性住房建设 严抓保障性住房工程质量和安全管理，把握工程项目建设进度，以公共租赁房为引领的保障性住房建设全面推进。瓯北和一村公共租赁住房648套，主体结构正在施工；县城三元堂经济适用房168套、廉租住房102

套工程建设顺利完工。

廉租住房工作 深入实施《永嘉县廉租住房保障办法》，研究制定《永嘉县廉租住房实施细则》，建立保障性住房申请、审核、公示、轮候、复核、退出制度，积极打造住房保障“阳光工程”。财政、国土、住建、民政、工商、社保、公安等部门单位形成联动机制，强化一线工作，切实解决低收入家庭住房困难，把惠民行动真正落到实处。2013年，顺利完成上塘三元堂一期18套廉租住房的分配工作，新增廉租住房保障家庭45户，发放廉租住房补贴83.4万元。截至2013年底，全县累计在保廉租对象有447户。

职工住房货币化分配 严格依据《永嘉县离退休干部住房货币化分配实施办法》抓好永嘉县退休干部住房补贴工作。2013年，完成全额事业单位退休干部住房补贴审批125人，发放补贴300万元。完成差额事业单位退休干部住房补贴审批522人，发放补贴1247万元，其中卫生系统399人，发放补贴966万元；正江山林场30人，发放补贴68万元；四海山林场61人，发放补贴132万元；县苗圃30人，发放补贴73万元；县种子技术推广站2人，发放补贴6万元。完成自收自支事业单位退休干部住房补贴审批2人，发放补贴19万元。完成企业退休干部住房补贴审批25人，发放补贴70万元。

农村困难群众住房救助 出台《永嘉县农村危房改造试点工作实施方案》，计划到2015年基本解决农村困难家庭危房改造。2013年，坚持“早落实、勤跟踪、严验收”的工作方法，严格申报材料审查机制，抓好项目建设动态跟踪，完成农村困难群众住房救助1400户，受益人口4823人。

公房管理工作 以纠风为重点，积极直管公房管理。进一步规范整顿公房承租行为，及时纠正公房失管、漏管、空置等现象，清退不符合条件承租户1户。加强公房安全维护管理，针对汛期以及其它恶劣天气带来的居住隐患，及时组织开展检修工作，确保公房住房安全。

（王灵芝）

住房公积金管理

概　况 2013年，温州市住房公积金管理中心永嘉分中心归集住房公积金4.29亿元，同比增长20.85%，归集余额达12.71亿元。全年发放个人住房公积金贷款320户，金额2.17亿元，同比增加61.94%。至12月底，贷款余额达7.16亿元，个人住房公积金贷款比率为59.12%。全县有5520人次办理住房公积金提取，提取住房公积金1.38亿元，同比增长46.81%。2013年继续采取各种措施强化贷后管理，住房公积金贷款风险控制较好，1月～12月份住房公积金贷款逾期率均为零。全年业务收入4589.08万元，增值收益1921.18万元。

住房公积金扩面 2013年，温州市住房公积金管理中心永嘉分中心继续重视住房公积金制度扩面工作，将扩面工作纳入重点项目内容。截至12月底，正常缴存人数为30650人，新增缴存人数4271人，净增2448人，完成年度任务的160%。一是强化组织领导。立足“早计划、早安排、早部署”，制定扩面实施计划，明确工作目标、主要措施和责任人员，并强化组织实施，确保计划落实到位。二是强化政府支持。把扩面工作列入对有关镇（街道）的考绩内容。三是强化部门协作。修订完善《温州市住房公积金管理中心永嘉分中心受托银行住房公积金制度扩面工作考核实施办法（试行）》（永公积金〔2013〕1号）文件，与银行签订扩面责任书，提高协办银行参与扩面的积极性和主动性。5月23日，联合县民政局、县总工会召开有280多家社会组织参加的“永嘉县社会组织工作培训会暨工会组建与住房公积金建制业务培训会”，部署安排社会组织建立住房公积金工作。8月16日，联合永嘉县卫生局召开民办医疗机构住房公积金建制动员培训会，全县300多名民办医疗机构负责人参加培训。四是强化政策宣传。结合基数调整和年度验审工作，6月21和6月25日，分两批次对全县700多名协办员进行业务培训。与《今日永嘉》联合推出“住房公积金业务告知”专题，宣传住房公积金相关政策。开展住房公积金宣传月活动，继续对住房公积金政策进行宣传，从10月8日开始多次到相关企业进行宣传。并将《住房公积金提取业务办事指南》《住房公积金缴存业务办事指南》《住房公积金贷款业务办事指南》《一次性告知单》通过经办人分送、柜台发放、银行窗口代发、进企业入社区开设咨询点分发等渠道，加大政策宣传面。

提升服务效能 2013年，温州市住房公积金管理中心永嘉分中心以打造群众“满意单位”为工作目标，以公积金缴存者满意为指导思想，将各项业务指标细化、量化在日常工作中，实现全年无一例有效行政投诉。开展“提质践诺求满意”活动，进一步完善、明确岗位职责和业务办理制度，落实AB岗制、政务公开制、一次性告知制、即办制、岗位责任追究制等制度，践行创先争优服务承诺，提升办事窗口的服务质量。积极落实惠民政策，积极推行公积金按月还贷业务，进一步减轻职工还贷压力。截至12月底，成功办理按月提取内转还贷476笔。认真开展住房公积金支持农房改造建设调研工作，制定《住房公积金贷款支持农房改造建设工作实施意见》，解决农改房建设融资困难，推进城乡一体化、新型城镇化和社会主义新农村建设。全面开展服务明星评选活动，完善《温州市住房公积金管理中心永嘉分中心办事窗口服务明星评选办法》（永公积金〔2013〕4号），认真开展服务明星评选活动，落实一月一评、一季一评、年终评选办法促服务提升。修订完善《温州市住房公积金管理中心永嘉分中心关于制定办事窗口服务承诺制度的通知》（永公积金〔2013〕12号），进一步深化阳光服务、限时服务、预约服务、延时服务、电子服务、文明服务等服务承诺制度，提高办事效率，提升服务质量。开展文明创建促服务质量提升。上半年申请创建市级“文明单位”、市级“青年文明号”，并在11月8日参加市级文明单位创建评审会，促进服务质量提升。9月，获得温州市“三八红旗集体”荣誉称号。完成业务指南自助系统开发，业务指南自助系统集单位介绍、政策宣传、业务告知为一体，方便办事群众查询。

内部管理 采取将日常工作与机关作风建设、效能建设等工作有机结合起来的措施，打造爱岗敬业、乐于奉献、勤奋工作和懂业务、守纪律、讲团结的员工队伍，努力塑造良好的公众形象。一是加强业务培训。8月13日，举行全体干部职工（包括各银行协办人员）业务岗位练兵即知识竞赛活动，提高工作人员办事能力，提升服务质量。积极参加省、市住房公积金中心举办的档案、信息等各类培训，提高干部职工业务技能。二是加强内控制度建设。梳理业务审批事项，强化窗口授权力度，严格落实即办制。制定贷款业务节点交接表，归档资料交接登记表，贷款抵押登记注销交接表，逾期还贷预警登记表等表格。根据业务规范化管理的要求，完善业务办理制度，强化事前、事中、事后审核工作，印发《进一步明确部分业务办理制度的通知》，制定业务办理事项现行制度一览表，进一步明确岗位分工职责。三是规范化水平逐步提高。按照温州市住房公积金管理中心的管理办法进行业务操作，规范操作流程。制定财务内控制度、机房管理制度等，全面推进规范化建设。四是全面梳理行政审批服务事项。进一步精简业务审批事项，打造审批项目最少、效率最高、成本最低、服务最好的服务环境，清理依附在行政审批中的收费行为。五是认真做好整改工作。认真配合做好温州市住房公积金管理中心统一安排的由浙江天平会计师事务所开展的2012年度住房公积金审计工作，积极配合做好由浙江同方会计事务所开展的住房公积金财政检查工作及温州市住房公积金管理中心的财务业务检查工作，针对温州市住房公积金管理中心印发的《关于2013年度业务检查情况的通报》及财务检查指出的问题，组织业务科财务相关人员进行讨论，经主任办公会议研究后进行了整改。

队伍建设 2013年，温州市住房公积金管理中心永嘉分中心采取一把手带班子，班子带队伍，努力打造一支政治过硬、作风优化、业务熟练、纪律严明的干部队伍。一抓班子建设。4月30日，成立中共温州市住房公积金管理中心永嘉分中心党组，任命党组书记和党组成员。班子成员认真撰写调研文章。撰写《永嘉县拟推出低收入困难家庭住房公积金贴息贷款政策的调研报告》《关于永嘉县住房公积金农房集聚的调研报告》。采取主任与班子成员、班子成员与分管科室负责人、科室负责人与科室成员谈话、谈心的方式，开展廉政谈话、谈心活动，落实“一岗双责”制度，形成层层有责任、层层抓落实的工作氛围。此外，坚持民主集中制，重大问题集体研究、共同决策，建立了严格的人、财、物管理制度，做到以制度管人管事，形成良好的工作氛围。二抓干部队伍建设。围绕“两提两争”主题实践活动展开工作，严格落实温州市住房公积金管理中心全员绩效考核工作，进一步明确责任分工，激发干部干事创业激情。强化学习，以党的十八大会议精神活动为主要载体，制定十八大精神集中学习活动文件，明确学习重点、步骤，制定学习计划表，采取自学和集中学相结合的办法，落实“一月一学”制度。认真组织开展“中国梦”宣讲。认真组织学习贯彻党的十八届三中全会精神，强调《中共中央关于全面深化改革若干重大问题的决定》中首次提出建立公开规范的住房公积金制度，改进住房公积金提取、使用、监管机制。三抓党团建设。7月24日，召开温州市住房公积金管理中心永嘉分中心支部第一次团员大会，选举产生第一届团支部委员。精心组织“红七月、服务月”系列活动。到县荣军院、儿童福利院开展党员敬老爱幼、济困扶弱志愿活动。参观革命历史纪念馆，重温入党誓言，切实增强党员宗旨意识。开展“慈善一日捐”活动，被评为永嘉县2013年“慈善一日捐”活动先进集体。组织干部职工参加永嘉县举办的“第二届干部职工运动会”。获得温州市“先进职工之家”荣誉称号。

大事记 2013年9月，获温州市“三八红旗集体”荣誉称号。截至11月30日，住房公积金缴存者达30584人。12月1日，搬迁至上塘嘉宁街21号（房管大楼）办公。12月3日，温州市住房公积金管理中心主任吴坚正到永嘉调研指导住房公积金管理工作。12月4日，新业务大厅正式对外受理住房公积金业务。12月10日，召开全体党员会议，选举产生新一届党支部委员会，胡永暖、林永康、徐秀严当选为支委会委员，胡永暖为书记。12月10日下午，永嘉县人大常委会副主任季健中到温州市住房公积金管理中心永嘉分中心调研指导住房公积金工作。12月10日，新版《借款人及其家庭成员住房情况申报表》启用，旧版停止使用。

（钱丽琴）

国土资源

综　述

2013年，永嘉县国土资源局紧紧围绕“振新实体经济，服务发展大局”的工作思路，以保护资源、保障发展为重点，不断强化责任意识，各项工作取得明显成效，为全县经济社会赶超发展、激情跨越做出积极贡献。2013年，永嘉县国土资源局根据设施配置标准化、日常办公数字化、管理工作制度化、为民服务优质化和全县国土资源管理“一张图”工程建设同步推进的要求，狠抓工作落实，成效显著，“一张图”系统建设获得市局领导好评。11月10日，温州市国土资源基层所规范化建设现场会在永嘉瓯北城市新区召开。

土地开发整理

土地开发垦造　2013年，永嘉县土地开发垦造耕地工作立项多、任务重，共发文立项2批27个低产林改造暨耕地垦造项目，拟新增耕地988.87公顷。全年有19个项目（预计新增耕地面积166.67公顷）开工建设，工程量达50%以上，其中5个项目已完工。项目工程质量突出，鹤盛岭南、岭北项目荣获省“百万”造地保障工程示范工程奖，永嘉县政府获得全省“百万”造地保障工程先进集体称号。

高标准基本农田建设　完成3个标准农田建设项目整改和地力提升，面积889.73公顷。县农业部门出具地力等级评定报告，评定永嘉县达到有2等以上的标田438.53公顷，顺利完成上级下达的280公顷任务数。结合县现代农业功能区、粮食主产区和中低产田改造项目建设，全力推进2000公顷的高标准农田建设。

土地清理　2013年，温州市下达给永嘉县土地清理任务为批而未供完成供地123.33公顷。通过倒排时间计划抢进度、专项督查指导强业务和用足用好消化利用一批批而未供土地、清理处置一批闲置土地、挖掘一批工业企业存量土地、盘活一批低效利用土地政策，截至10月31日，批而未供土地供地132.13公顷，供而未用促开工190.13公顷，提前超额完成年度考核任务。其中，转而未供用地清理已完成132.13公顷，清理率为107.1%，超额完成年初目标，完成率位列全市之首。

地产市场管理

建设用地报批　积极服务三江片开发项目。及时做好三江标准堤内地面填筑工程涉及土地利用总体规划局部调整和用地报批工作，争取到53.33公顷新增建设用地追加指标。全力服务重大招商项目。2013年上级下达永嘉县新增建设用地指标49.4公顷，另省厅追加新增建设用地指标53.33公顷，总计102.73公顷，有力保障了三江、报喜鸟、职教中心、崇德学校等4个重大招商项目的建设用地需求。及时做好土地利用总体规划局部调整。全年永嘉县招商项目比较多，涉及土地利用总体规划局部调整量较大，上级下达给永嘉县的调整额度只有113.33公顷。为了切实推进招商项目顺利落地，积极向上级争取倾斜政策，全年共调整项目40个，调整面积达162.67公顷，为永嘉县招商项目的顺利实施打下扎实基础。全力推进征地报批工作。为推进工程项目建设的顺利进展，2013年上报增减挂钩2个批次，涉及新增建设用地44.5公顷（耕地41.62公顷）；计划指标6个批次，涉及农用地39.59公顷，耕地34.84公顷。

国有土地出让　严格执行经营性用地招拍挂制度，截至2013年底，永嘉县挂牌出让39宗地块，出让面积58.47公顷，应收出让金37.79亿元，其中，出让工业用地

21宗，面积16.93公顷，收取出让金13006万元，商服用地16宗，面积28.53公顷，收取出让金36.11亿元，提早并超额完成县委、县政府下达的30亿目标任务。成功挂牌出让三江商务区6宗用地18.6公顷，收取出让金17.82亿元，有力推进三江商务区开发建设。

审批服务

以“两提两争”主题实践活动为载体，进一步转变作风，创新服务举措，对一个村在一个时间段内私人建房申请人达10户以上的，实行现场办公，变坐等审批为主动服务，努力实现让老百姓在家门口完成宅基地审批。全年审批农村私人建房6984户8684间，面积352811平方米，审批设施农用地20宗，面积10.88公顷。为各类重点工程项目审批临时用地21宗，面积20.7公顷。

地籍管理

集体土地所有权登记 2013年，永嘉县国土资源局全力推进农村集体土地所有权登记发证。全年完成农村集体土地调查面积256911公顷，调查宗数10188宗，发证宗数9622宗。面积、宗数总量约占全市1/4（全市共42979宗），并顺利通过省厅验收。

土地所有权确权 全年共办理土地使用权登记5708宗，面积5410117平方米，补收出让金319万元，土地收益金58万元，土地交易费66万元。集体土地使用权登记1901宗，面积136227平方米，集体土地使用权调剂315宗，面积18242平方米，通过深入调研，细心制定解决方案，解决上塘新世纪公寓、上塘永建路小堂三角、上塘裕达公寓和永嘉县减速机厂第一层仓库及73户土地登记难问题；摸清桥头万象底308户土地登记难问题的原因。解决方案在局办公会议通过，已拟报请县政府批准。

城镇数字地籍调查 有序推进瓯北、桥头城镇数字地籍调查工作。截至2013年底，全县城镇数字地籍调查完成17.73平方千米，完成率86.6%；村庄数字地籍调查完成13.66平方千米，完成率9.7%。

加强抵押融资服务 坚持顺位贷款登记做法，有效解决企业、个人融资难题，共办理抵押登记1186宗，面积约380万平方米，抵押金额127.22亿元。

土地执法

普法与治理 加大执法力度，通过拆除违占、复垦工作，加大整改力度，全年违法占用耕地比下降至3.42%，通过上海督察局验收，报国土资源部审核。切实加大依法行政、普法、学法、用法力度，把各项工作与普法结合起来，深入地开展法制宣传教育和“六五”普法宣传，积极推进依法治理，获得国土资源部先进单位称号。

涉土信访工作 认真落实重要信访件包案化解制度，全年共收到群众来信来访450批（件），比上年同期下降31.9%，其中受理各类信访177件，全部办结。全年省厅信访复核5件，全部维持，市局信访复查12件，9件维持。通过努力，到省国土资源厅、国土资源部信访的情况有所减少，信访秩序明显改善。

案件查处工作 2013年全年共立案156件，申请法院执行案件112件，法院作出裁决36件。组织开展1987年以来历史遗留违法用地清查工作。共排查出16195件违法用地，面积334.13公顷。深挖典型案例，评选出“十大典型案例”和“十大拆除案例”，对限期办案单位进行查处或拆除，利用电视台等新闻媒体进行跟踪曝光，营造良好氛围。

地质灾害防治

地质灾害治理概况 2013年，永嘉县计划开展3处地质灾害治理工程，共涉及资金1082万元，分别为桥头镇岩门废弃矿山治理工程480万元，沙头镇董岙底村泥石流治理工程550万元，乌牛街道十八垄村钱师坚屋后滑坡治理工程52万元。截至2013年底，完成了桥头镇岩门废弃矿山治理工程和沙头镇董岙底村泥石流治理工程。另完成东城街道柯师湾村滑坡、碧莲镇上村刘光崇屋后滑坡2处地质灾害治理勘查设计。

地质灾害预防和应急 落实汛期值班和村级监测员AB岗制度，实行由局班子领导分别带队开展定期巡查、实地检查，扎实做好台风期间的预防和应急工作，“菲特”台风期间实现零伤亡，将群众生命财产损失降到最低。永嘉县获2013年温州市地质灾害防治高标准“十有县”（有制度、有机构、有经费、有监测、有预警、有评估、有避让、有宣传、有演练、有效果）唯一提名，并报省国土资源厅验收。

矿产资源规划和管理

采矿权出让 顺利完成三江街道芦黄村的普通建筑石料采矿权挂牌出让工作，矿山总开采量1240万吨，收取出让金2196万元。完成压覆矿审查手续121件，并配合三李公路完成压覆矿产审查上报沟通工作。完成永嘉县无风险矿种采矿权设置方案调整论证报告的修编，将桥下镇上村坑底垅普通建筑石料矿区扩建纳入方案，委托价格评估机构完成采矿权评估。

“四边三化” 顺利完成县委县政府下达的“四边三化”及“美丽乡村”干道沿线废弃矿山治理任务。完成治理点21个，投入资金约750万元。对相应矿山进行动态监察，根据储量报告的结论向局监察大队移交案件2个。在全市“四边三化”考核中，矿山治理排名第一。

（孙辅来）

山水文化旅游节

汪雪琼／摄

2013'第二届

中国

环境保护

综　述

2013年，永嘉县环保工作坚持以科学发展观为指导，努力完成各项目标任务，全县生态环境质量继续保持良好势头，楠溪江中上游水质常年保持在I、II类，地表水水质达标率100%，跨行政区域河流交接断面（清水埠）水质达到良好以上，县级以上集中式饮用水源地（楠溪江引水工程）水质达标率100%，环境空气质量优良率95.6%。在2012年创成省级生态县的基础上，全面启动国家级生态县创建。全年创成315个市级生态村，全县市级生态村累计达459个；东城街道、北城街道被命名为省级生态街道；南城街道通过市级生态街道验收；岩头、岩坦、鹤盛等镇创建国家级生态镇。大若岩镇埭头、李大屋、大东等村开展农村环境连片整治，建成日处理100吨的污水处理设施和约6000米的管网，建成岩头镇下日川、丽水街等一批农村生活污水处理设施及管网示范工程，下日川村采用“4S-MBR”膜技术污水处理器处理生活污水，成为全省美丽乡村建设现场会的亮点，成为全省农村生活污水处理的样板工程。

污染源治理与管理

污染物减排　2013年，永嘉县人民政府印发《2013年永嘉县主要污染物总量减排计划》，切实加强对城镇污水处理厂的监管，瓯北、上塘污水处理厂运行正常，桥头污水处理厂投入试运行。深入开展大气复合污染防治“五大行动”，完成60多家餐饮企业污染整治，建成并投入使用瓯北五星集中供热项目和桥头电镀基地集中供热项目，淘汰小燃煤锅炉35台，完成有机废气治理试点1家、有机废气重点项目整治3个。经市减排办核算，2013年全县化学需氧量、氨氮、二氧化硫、氮氧化物四项指标分别比上年下降3.89%、3.11%、4.32%和6.86%，圆满完成年度减排任务。

污染整治　2013年，全县电镀行业整治提升通过市政府核查验收，建成2个电镀基地（48家企业入园生产）和6家园外标杆企业，元旦开展“零点”行动，依法关闭42家电镀散户企业。整治提升造纸企业7家，1家通过验收，1家开始试生产，5家厂房在建，未列入整治提升的22家造纸企业全部于9月底前停产关闭。化工、合成革、印染等行业共19家企业制订“一厂一案”，深入开展整治提升，关闭淘汰1家印染、3家化工和1家合成革企业。化工、印染行业基本完成整治提升。

环保日常管理　2013年，全年环境影响评价项目审批232个，“三同时”验收项目115个，排污许可证核发、换发343个，机动车环保标志核发61762个。完成62家重污染企业强制性清洁生产审核。启动刷卡排污系统建设，先行在浙江鸿发纸业有限公司开展试点。对118家A类许可证管理企业进行初始排污权核定并通过市环保局复核。按时完成全县地表水、饮用水水源、交接断面的常规监测和国控、省控企业的定期监测，重点工业企业、集中式污水处理厂监管和监督性监测达标率100%。菇溪黄坦、楠溪江饮用水源水质自动监测站和上塘、瓯北空气自动站运行正常。6月底完成城市空气质量监测站点改造并与省联网。全面完成1118家企事业单位和个体工商户的排污申报登记，征收637万元排污费。完成21套污染源在线监控系统建设，15套废水污染源自动采样站点通过网络实现远程即时获取和保留嫌疑水样。

环境日常监察　2013年，大力加强污染源日常监管，出动执法人员9280多人次，检查企业5870家次。全面开展三大排查工作，对全县533个农村饮用水源环境安全隐患点开展排查，对17个隐患点进行整治；对172家涉河工业企业排污情况开展检查整治；深入开展校园周边环境安全隐患排查整治行动，打击取缔非法排污企业9家，立案查处8家。全年未发生重大环境安全事故和因环境原因引发的群体性事件。

城乡环境综合整治

2013年，深入开展城乡环境综合整治。深入实施三轮“四边三化”百日攻坚行动，积极推行“身份证式”管理制度和“十大最差河道、十大最差道路、十大最差村庄”评选活动。全县“四边三化”行动累计拆除违法建（构）筑物5273处，面积245.6万平方米，拆除广告牌（违法无序非公路标志）1662处，面积13.47万平方米，清理垃圾、废弃物共2.33万处计46.13万吨，“四边区域”共绿化里程231.85千米，面积127.83万平方米。积极开展垃圾河、黑臭河治理，4月底前完成全县59条垃圾河的清理，全县44条黑臭河整治完成14条，其余30条全部进场施工，清理垃圾、废弃物6.95万吨，清理淤泥13.43万吨，累计投入资金7000多万元。

法制建设

2013年，严格执行《永嘉县环境保护行政处罚规范》和《永嘉县环保局行政处罚自由裁量权适用规则》，深入实施重污染企业专管员定期轮换制度和责任追究制度。不断健全环境行政执法责任制，充分发挥法制监督职能，严厉查处各类环境违法案件，全年共立案查处107件环境违法案件，处罚金额401.7万元，申请法院强制执行33件，移交公安部门5件，刑拘5人，判刑1人。全年无行政复议和行政诉讼案件。积极开展环境法律法规的普法工作。

宣传教育

2013年，积极开展“6.5”世界环境日、浙江生态日、温州生态文化月等系列专题宣传教育活动，启动“服务四边三化，建设美丽乡村”微环保行动，成立“服务四边三化，建设美丽乡村”市民监督团。启动“美丽浙南水乡”建设志愿服务行动，建立楠溪江志愿保洁“段长制”。深化“创绿”工作，城北社区率全县之先启动小区垃圾分类试点，并通过省级绿色社区验收，3座学校通过市级绿色学校验收。深入开展生态文明讲师团“五进”宣讲活动，举办10多场生态文明知识讲座。先后在国家级生态村埭头村等地建立3家生态文明图书室，捐赠1000多册环保图书。

环保专项行动

2013年，深入开展整治违法排污企业、保障群众健康、打击非法窝点、遏制污染转移等环保专项行动，切实加大对全县集中式饮用水源等重点区域的监督检查，积极开展打击无证无照违法排污企业行动，坚持“打早、打小、打了”的方针，发现一家，打击取缔一家，切实解决一些群众反映强烈的突出环境污染问题。共出动680多人次，打击取缔各种“十五小”企业81家次。

议案提案和信访办理

2013年，高度重视议案提案办理，召开座谈会、上门征求意见、深入调查研究，妥善办理6个代表建议和4个委员提案。切实加强环境举报投诉调查处理，巩固“环境举报零障碍、环境投诉零重复、环境信访零越级”的工作成果，全面畅通信访渠道，健全高效、快速反应的信访调处机制，深入开展信访隐患排查，实施领导信访接待日活动和“12369”环保热线24小时值班制度，全年共对302件环境信访件进行有效调处，处理率100%。

环境监测

监测站概况 2013年，共有在岗监测人员15人，学历全部大专以上，全部拥有专业技术职称，其中高级职称1人、中级职称4人。环境监测分析主要应用化学分析和仪器分析。有原子吸收分光光度计、红外测油仪、紫外分光光度计及气相色谱仪、带频谱分析的噪声仪、原子荧光仪等精密分析仪器和温湿度表、PB-10酸度计、电导仪等一般仪器，配备有计算机等相关辅助仪器。其中一般仪器33台，采样仪器12台，大型仪器14台，汽车1辆。

水质、大气自动监测站位 2013年，桥头黄坦地面水自动站运行稳定；上塘、瓯北环境空气自动监测站完成升级改造，运行稳定，并与浙江省环境空气质量指数发布

地表水监测站位

	站位	河流
省控	碧莲	
	沙头	楠溪江
市控	石柱	
	黄坦	菇　溪
县控	窑底	菇　溪
	桥下	西　溪
	乌牛	乌牛溪
	鹅浦	鹅浦河
	瓯北	新桥河

平台联网，对上塘、瓯北的空气质量实行日报制度。

监测项目及监测频次　地表水必测项目有水温、气温、PH值、溶解氧、悬浮物、挥发酚、氰化物、总砷、总铅、总镉、石油类、电导率、高锰酸盐指数、五日生化需氧量、氨氮、硝酸盐氮等；选测项目有：硫酸盐、氯化物、溶解性铁、总锰、总铜、总锌、总磷、氟化物等。全年常规监测6次，采样时间为每单月上旬。分析方法依据各项目国家标准及《水和废水监测分析方法》第四版。大气环境项目为二氧化硫、二氧化氮、臭氧、PM10、PM2.5等。逢雨必测的PH值、电导率、降水量，每月监测一次降水中的主要阴阳离子。

环境监测成果　2013年，永嘉县环境监测站共完成522次的委托性监测，包括换证监测、生态监测、监督监测、验收监测及一般委托监测，分别出具水、气、声监测报告385份、29份、79份；完成所有的例行监测任务。全年共获得监测数据近18000个（不包括自动站数据）。

大气环境质量状况　2013年，永嘉县环境空气质量陆续保持良好水平，全年空气质量达到二级标准以上的天数为全年天数的95.6%，环境空气质量监测三项主要指标中，二氧化硫、可吸入颗粒物、二氧化氮年平均浓度达到GB3095-1996《环境空气质量标准》（修改后）二级标准。城市空气的首要污染物是可吸入颗粒物，影响环境空气质量的主要原因为煤烟型工业污染和汽车尾气等非工业性污染。2013年，永嘉县瓯北镇PM10污染物指数比2012年有所上升，二氧化硫污染物指数略有上升；上塘镇二氧化氮污染指数有所上升，二氧化硫、PM10略有上升，上塘镇、瓯北镇首要污染物均为PM10。对209家重点工业企业统计汇总结果表明，2013年永嘉县工业废气排放总量45.92亿标立方米，比上年略有减少。工业废气中主要污染物二氧化硫、烟尘排放量分别为1171.17吨、467.74吨。工业废气主要分布于瓯北、上塘等区域，其中上塘的废气排放量最大，其次为瓯北。二氧化硫、烟尘主要排放区域为瓯北、上塘。永嘉县是国家确定的酸雨控制区，2013年共采降水样品94个，降水pH值范围3.60～8.09，其中pH值小于5.60的酸雨样品有84个，酸雨率达89.4%，比上年有所下降，年平均pH值为4.68，比上年有所上升。

水环境状况　2013年，永嘉县地表水体水质略有改善，但总体水质状况不容乐观，部分水体水质没有达到地面水功能区划的要求。境内主要为二江（楠溪江、瓯江）、二溪（菇溪、西溪）、四河（永乐河、鹅浦河、瓯北、黄田），其中楠溪江有碧莲、石柱、沙头3个监测点。依据《地表水环境质量标准》GB3838—2002，2013年境内主要地表水体水质状况如下：碧莲、沙头、石柱、桥下、乌牛、窑底、黄坦7个站位水质与2012年相比基本保持稳定，都达到功能要求类别。其中碧莲、沙头、石柱、桥下、黄坦、窑底的12项参评水质指标均达到《地表水环境质量标准》GB3838—2002中Ⅱ类标准，其水质定类主要污染因子为总磷、氨氮。乌牛溪和瓯北内河水质为劣Ⅴ类标准，其水质定类主要污染因子为氨氮、总磷。2013年，鹅浦河水质为Ⅳ类，定类主要污染因子为氨氮、总磷。楠溪江水环境状况基本不变，各断面都能满足功能要求。内河流域中乌牛、瓯北、鹅浦均不能满足功能要求，主要污染物为氨氮、总磷。沙头断面以上4千米的下盛岙是全县主要的生活饮用水源地，是楠溪江引水工程的取水口，以城市环境综合整治定量考核中饮用水源水质的12个项目来评价，饮用水源水质达标率为100%。

（陈支持）

旅 游

综 述

2013年，永嘉县累计接待游客415.14万人次，同比增长32.59%；门票收入首次突破2000万元，同比增长18.56%；实现旅游总收入30.57亿元，同比增长33.02%，占全县GDP比重达到10.7%。

景区规划修编

2013年，完成埭头、暨家寨、茶园坑等景观村落保护规划编制并批复。太平岩、大楠溪、大若岩景区详细规划通过省级评审，珍溪、岩坦溪景区详细规划和后九垟风景名胜区总规划经市、县级评审，着手楠溪江源头等3个景区详规。编制永嘉县历史文化村落保护利用规划初稿。

旅游资源管理与保护

2013年，开展“景区综合整治宣传月”活动，通过发放宣传资料、设咨询点等做好《风景名胜区条例》《浙江省风景名胜区条例》等有关法规政策的宣传。严格贯彻落实《风景名胜区条例》，与各管理所签订资源保护责任书，并制订森林防火处置预案。严格执行景区建设项目“一书两证”制度，严格依照规划审批和管理项目，共审批公建项目6件、私建项目工程许可证78件。加大规划管理力度，认真做好景区26个村私建项目审批职能的移交对接工作。加强资源巡查监管，加大违法违规案件的依法查处力度，依法查处景区违法违规案件，截至12月底，共出动巡查77次，拆除景区内违章建筑约35万平方米。

旅游基础设施建设

2013年，完成纯旅游项目固定资产投资7.71亿元，其中，社会投资4.79亿元，包括楠溪江金珠瀑文化休闲中心、芙蓉山庄等“三中心六酒店”及其他在建重大旅游项目；政府投资2.92亿元，包括大若岩崖下库基础设施四期及石门台黄山游步道项目、兆潭竹筏码头景观坝和太平岩停车场驳坎及码头加固工程、石桅岩景区AAAAA创建、楠溪江重点历史文化村落“六个一”项目等16个项目。主要是以石桅岩、大若岩和大楠溪等核心景区为重点，建设了一批游步道、栈道、休息亭、观景平台、旅游厕所、停车场等基础设施和建筑小品，搞好枫林、花坦、古庙3个高速路口等重要节点的绿化工作。引导和鼓励民宿发展，改造提升民宿床位600多个。完成楠溪江无线智能旅游系统（楠溪江旅游APP）验收，狮子岩、丽水街等8个景区（点）实现WiFi无线信号覆盖，着手建设首批智慧旅游体验点3个。强化旅游招商宣传推介和服务，签约楠溪江国际养生保健中心、枫林文化旅游接待中心等旅游项目9个，总投资额达87.8亿元。

旅游市场开发与管理

旅游市场开发 成功举办2013中国（温州）森林旅游节开幕式、第二届“中国·楠溪江山水文化旅游节”等节庆活动。加强与浙江卫视、香港文汇报、钱江晚报、浙江在线等强势新闻媒介和旅游创意策划单位的合作，制作旅游指南、楠溪江手绘地图，拍摄楠溪江专题片，开设楠溪江旅游专栏，投放楠溪江形象广告。开通对进入永嘉境内的外地移动手机楠溪江景区形象口号和欢迎短信发送，借助公交、出租车、动车站及户外广告平台，全面展示楠溪江丰富的旅游资源，全力推广“中国长寿之乡”品牌，打响“永远的山水诗、最后的桃花源”等主题口号，楠溪江先后入选“2013浙江十佳嬉水胜地”和“风景最秀丽的旅游景区”。持续推行楠溪江团队游客招徕奖励措施，有效拓展旅游市场空间。

旅游行业管理

旅游安全 组织开展安全生产检查59次，共检查经营单位136家，发现安全隐患43处，整改隐患43处。组织开展水上安全应急预案演练4次，消防安全演练2次，全年未发生安全生产事故。

景区管理 在岩头古村落等景区试行门票“双轨制”。加强旅游资源整合，大力打造“美丽乡村”旅游精品线路。加强旅游经营日常监管和旅游投诉处理，进一步规范旅游市场秩序。结合“美丽乡村”建设，大力开展景区“三化”行动，切实加大人力、财力、物力投入，景区日常保洁水平明显提高。新评特色旅游消费场所3家，验收通过信息化建设单位3家，创建四星级品质旅行社1家、银叶级绿色饭店1家、市自助旅游驿站3个、市乡村旅游客栈2家、市特色旅游购物场所2家。

（盛颖颖）

龙湾潭国家森林公园

概　况 2013年，随着雁楠公路的开通，龙湾潭森林公园抓住机遇，大力发展旅游基础设施。促进龙湾潭森林公园的深度开发、森林公园与旅游接待服务设施的融合。全年接待游客9万余人，门票收入288万元。

硬件建设 2013年，龙湾潭国家森林公园投资600万元完成悬空栈道1500米，石拱桥2座，路亭1座，落地游步道800米。投资80万元建造指示牌、警示牌、温馨提示、生态文化长廊等。建设龙湾潭森林公园最高点皇禄伞至红岩湖森林健身滑道600多米，让游客下山不走路，省力又好玩，是中国森林公园中第一条健身滑道。创建省级生态旅游区，经省旅游局、省环保厅和市旅游局环保局验收达标。

宣传活动 2013年，龙湾潭国家森林公园投资10万元，利用大楠溪70个中巴车体广告，宣传龙湾潭。编制“神奇的龙湾潭之歌”等3首，上传百度发表。在永嘉电视台单列龙湾潭区域天气预报，在温州地区各大报纸及刊物刊登广告和图片资料夹报宣传，扩大知名度。

（朱红蔓）

四海山森林公园

概　况 四海山森林公园位于永嘉北部，属于楠溪江七大景区之一。总面积25.54平方千米。因云如海、雾如海、雪如海、林如海而得名“四海”。地理环境独特、奇险，植被繁茂，古木参天，景观秀丽，环境幽静，气候宜人，有“清凉世界”“浙南绿色迷宫”“永嘉承德”之称。独特的奇峰怪石、壮丽的瀑布碧潭、林间飞泉、云海雾凇，具有“绿、奇、险、幽、静”的特色。公园地处永嘉北部丘陵地带，属括苍山脉，平均海拔750米左右，最高海拔1196米，海拔千米以上山峰10余座，绝大部分为山岩山体。垂直节理发育，形成峰岭突起、悬崖峭壁、奇峰怪石景观，著名的有蛙蟆岩、天主岩、园岩、焦岩降、外荡下洞等，似人似物，形象逼真，栩栩如生。2013年，累计门票收入18.3万元。

公园建设 2013年，投入750余万元，修建木屋别墅19幢（已建成9幢）。投入300余万元完成公园牌楼续建、门票厅续建、公厕续建、门票站道路硬化工程、七里林区管理房工程。投入约22万元完成上潘林区至山庄水库的引水续建工程、场部环境整治工程（山庄以及青龙谷新建垃圾场）。七里停车场扩建工程主体竣工。

（周玲锋）

“楠溪云岚”杯楠溪江旅游形象大使暨亚洲小姐中国区网络大赛永嘉选拔赛总决赛

2013

重点工程建设

综　述

2013年，永嘉县重点工程计划安排52项（新增重点项目13项），其中要求建成13项，新开工11项，续建28项，年度计划投资安排45.50亿元，财务支出45.96亿元，其中县财政27.50亿元（包括贷款），业主自筹15.73亿元，争取上级补助2.73亿元。分行业计划安排：交通项目11项，总投资97.05亿元，年度计划投资9.71亿元，占年度计划投资的21.34%，财务支出10.42亿元；农林水项目8项，总投资49.11亿元，年度计划投资6.75亿元，占年度计划投资的14.84%，财务支出6.75亿元；能源通信项目3项，总投资5.6亿元，年度计划投资0.1亿元，占年度计划投资的2.20%，财务支出0.1亿元；城建流通项目15项，总投资78.47亿元，年度计划投资18.85亿元，占年度计划投资的41.43%，财务支出18.61亿元；旅游项目6项，总投资14.23亿元，年度计划投资4.88亿元，占年度计划投资的10.73%，财务支出4.88亿元；社会事业项目9项，总投资19.04亿元，年度计划投资4.30亿元，占年度计划投资的9.45%，财务支出4.30亿元。

建设情况

诸永高速公路温州段延伸线工程　诸永高速公路温州段延伸工程（温州瓯江过江通道）起于诸永高速公路永嘉复合枢纽（瓯北镇北岙村），经三江，跨瓯江至南岸市区，终点在市区矮凳桥路北侧与民航路北段连接，路线全长约8.06千米。项目投资概算约26.47亿元，计划建设工期36个月。该项目于2010年12月份开工，截至2013年12月底，完成桥梁工程90%、路基工程91%、隧道工程90%。瓯江特大桥主桥已贯通，瓯江过江通道后江隧道右洞贯通，钢桥面铺装全部完成。

41省道沙头至上塘段改建工程　41省道永嘉上塘至九丈段改建工程全长15.1千米，总投资7.61亿元，路基工程投资3.7亿元，建设工期24个月，分3个标段施工建设。该工程按平原微丘一级公路标准，峙口大桥至上塘为双向六车道拓宽改建，九丈至峙口大桥为双向四车道拓宽改建，设计行车速度60千米/小时。该项目是温州、台州市公路网络的重要组成部分，对提高41省道的整体服务水平，完善温州市公路网络，加快区域经济社会发展具有重要作用，同时是缓解诸永高速公路封道后的重要疏散公路，经济社会效益明显。该项目2010年底破土动工，截至2013年12月底，路基总投资额完成率106.27%，路面总投资额完成率91.75%，桥梁总投资额完成率100.28%，隧道总投资额完成率95.45%。

雁楠公路永嘉段工程　起点乐清市芙蓉镇上塘村，终点永嘉县枫林镇徐家湾村，其中永嘉段工程主线长25.1千米，支线三级公路7.3千米，总投资5.45亿元，工期36个月，于2013年11月29建成通车。

永缙线巽宅经金溪至界坑公路改建工程　改建后路线全长20.4千米，比原公路缩短9.1千米，预计总造价1.26亿元，按重丘三级公路标准建设，工程分两期进行，一期11.11千米，二期9.29千米，总投资1.26亿元。截至2013年12月底，路基完成85%，路面完成15%。

104国道永嘉三江至李浦连接线工程　起点为三江片区与新建104国道相接，终点为上塘李浦村，与上塘越江大桥连接，二级公路14.90千米，设计时速60千米，路基宽10米，其中大桥长约500米/3座，隧道长约430米/1座，估算总投资2亿元。截至2013年

12月底，总体完成64.9%，完成路基93.86%、桥梁92.35%、隧道100%。

41省道南复线岩头至大若岩段公路工程 起点岩头镇楠溪江二桥桥头，终点接大若岩的永缙线，全长约15.04千米，一级公路标准，其中隧道长3560米/3座，设计时速60千米，整体式路基宽度为23米，分离式路基宽度为11.25米，总造价估算为9.03亿元。项目总用地63.33公顷。截至2013年12月底，总投资完成率79.52%，路基92.73%，桥梁95.477%，隧道89.7%，路面13.47%，其他70.9%。

104国道温州西过境公路永嘉段改建工程 全长7.18千米，双向六车道一级公路标准兼顾城市道路，其中特大桥2.3千米/座，桥面宽36米，主线路基宽50米，连接线路基宽32米。截至2013年12月底，完成可行性研究报告、初步设计等审批手续，瓯江特大桥于2013年12月28日进场开工。

瓯北大桥工程 全长1075米，主桥长265米，宽31米，江中引桥及东西岸引桥总长810米。立交匝道长675米，东岸地面道路长300米。总投资5.31亿元，截至2013年12月底，三江片陆上引桥、江中桩基部分完成，主塔浇筑完成，江中引桥在挂篮施工，江北片全面施工。

永嘉沙头镇石埠至西垟公路工程 二级公路5.66千米。其中隧道1480米1座，大桥351米1座，设计时速60千米，路基宽10米。截至2013年12月底，总体完成44.6 %，路基完成27.7%，隧道完成41%，桥梁完成25.5%。

甬台温铁路配套工程 站北大道全长1152.67米，城市主干道道路红线宽度32～38米，总用地面积4.13公顷；金田路道路全长471.70米，道路红线宽度22～28米，总用地面积1.36公顷，城市次干道；站前广场及停车场用地4公顷，停车位79个；金水路改河长约2千米。截至2013年12月底，瓯北镇万寿浦、雅林浦河道治理一期工程临时便道工程施工，永嘉火车站站房地下室消防工程设计变更施工，永嘉站配套设施站中路工程竣工验收。

楠溪江供水工程 设计输水流量12.34立方米/秒，输水线路17.92千米，其中隧洞长度16.9千米，拦水闸长204米，附属建筑物4处。截至2013年12月底，主体工程建成，正式向乐清供水。

瓯北西段标准堤工程 标准堤7.52千米，防洪标准50年一遇；新建5座水闸，加固水闸2座，防洪标准50年一遇，防涝标准20年一遇；开挖三闸河1.87千米。截至2013年12月底，主体工程全线闭合，完成绿化10万平方米，铺装2万平方米，完成2个单体建筑基础。

桥下镇西溪三期防洪工程 总长4.55千米，20年一遇防洪堤，左右两岸各2千米。截至2013年12月底，进行堤防灌注桩基础处理，累计完成土石方开挖7.46万立方米，松木桩4370根，灌注桩1305根，块石填筑14900立方米。

桥头菇溪河道整治工程 桥头大桥至梨村河道整治6.51千米，20年一遇标准。截至2013年12月底，一、三期工程完工，二期工程完成80%以上，四期工程开工建设。

瓯北三江标准堤工程 工程北起后江水库，终点为开垟水闸，总长12.12千米，总用地面积25.87公顷，沿线涉及重建及加固水闸共7座，拟定总投资11.8亿元，建设工期4年，其中5.8千米“强塘固房”工程建成后，三江片的防洪标准将提高到50年一遇。截至2013年12月底，1标完成后江水闸启闭机房内饰、门窗、楼梯栏杆等安装，完成水闸防腐涂料施工；2标完成栏杆预制、堤顶路面中砂稳定层及透水砖铺设约300米，完成宁浦水闸防腐涂料；3标因堤线外移停工；4标完成混凝土灌注桩192根，轻框顶板浇筑112米，底板浇筑168米，直立挡墙浇筑112米，承台梁168米，灌砌石挡墙196米，完成挂彩水闸水泥土搅拌桩146根。

三塘隧洞分洪应急工程 该工程校核防洪（潮）标准50年一遇，两条排洪通道总长8810米，新建节制闸3座，排水闸2座，隧洞进口闸2座，排涝泵站2座（排涝流量20立方米/秒），修建堤防和护岸3851米，工程总工期36个月，工程静态总投资7.13亿元。隧洞总长5772米，截至2013年12月底，完成全断面隧洞开挖5750米。累计总开挖5750米，横溪、乌岩山隧洞和下塘隧洞开挖完毕，完成堤防护岸2850米，完成暗渠（倒虹吸）418米。横溪、中塘和下塘3座水闸（2座泵站）主体上、下部结构浇筑完成，进行建筑施工，中塘管理房主体结构完成，下塘隧洞出口排洪口处41省道桥梁的沥青砼桥面浇筑完成并通车。

瓯江治理工程 黄田、桥下、桥头新建堤防及护岸18.52千米，主要包括：交叉建筑物排水闸12座，涵洞11座。截至2013年12月底，工程累计完成灌注桩2013根，抛石填筑46.5万立方米。

永嘉县西向供水工程桥头、桥下水厂一期工程 桥头水厂一期日供水3万吨，铺设管网41.2千米，总用地2.26公顷，建筑面积4420平方米。桥下水厂一期日供水2万吨，铺设管网52千米。截至2013年12月底，桥下水厂一期工程土建完成综合池底板和清水池浇筑，综合楼完成桩基工程，食堂、机修仓库、v型滤池完成基础工程和部分结构浇筑，供水管道完成3.6千米。桥头水厂主体工程土建各单体建筑已完成，工艺管道安装，附属工程和设备安装基本完成；安装供水管道13.5千米，累计27.6千米，恢复路面7千米。

瓯北镇黄田水厂及配套管网一期工程 水厂拆扩建规模4.5万吨/日，管网42千米。截至2013年12月底，项目主体工程土建全部结顶，进入设备安装及配套给水管网安装阶段，主体工程形象进度99%。

县城体育馆、游泳馆 用地4公顷，建筑面积18500平方米，其中体育馆9500平方米、游泳馆6000平方米、羽毛球馆3000平方米。截至2013年12月底，完成桩基施工工程，二层看台施工中。

县委党校及教育研训大楼 总用地0.72公顷，总建筑面积2.49万平方米，其中新建综合楼18929平方米，食堂2225平方米，架空层、地下车库、人防、设备用房等3743平方米，停车位107个。截至2013年12月底，主楼土建竣工验收。

乌牛新闸工程 孔数*单宽：5*8米，设计流量740立方米/秒，防潮标准50年一遇。截至2013年12月底，主体工程完成，管理房装修施工中，景观绿化工程施工中，下游护坡整理中。

县公共文化活动中心 地上建筑面积6.4万平方米，地下室2.1万平方米。总投资47680万元，截至2013年12月底，完成全部水泥搅拌桩、工程桩、围护桩、支撑桩、塔吊桩、加固桩，试桩检测完成29根；压顶梁施工完成、压顶梁外围场地硬化完成、塔吊基础施工完成；二期土方开挖、二期第一道支撑梁钢筋绑扎；基坑监测钻机钻孔，地源热泵地埋管施工完成70根；暖通工程、智能化工程、电梯工程招标完成。

瓯北商务中心 用地7.2公顷，总建筑面积20.59万平方米，其中商业5.8万平方米，办公写字楼2万平方米，公寓、住宅、餐饮等12.8万平方米，总投资近40亿元。截至2013年12月底，一号地块地下室施工，二号地块主体结构已结顶和景观附属工程施工，三号地酒店已结顶。

瓯北高级中学 占地面积16.66公顷，建筑面积9.69万平方米，总投资3.2亿元，办学规模90个教学班，4500名在校生。截至2013年12月底，第一标段学生宿舍与艺术楼室、第二标段、第三标段图书馆行政楼预验收并交付翔宇中学使用，风雨操场基础验收，附属工程道路、排水、配电已完成，运动场、河道、桥梁正在施工中。

县中医院综合医疗大楼工程 用地2.03公顷，建筑面积29983平方米，地下室5280平方米，层高13层，停车位178个。截至2013年12月底，桩基完成，地下室开挖。

220KV清水输变电工程 新建220KV清水变电所，24万KVA变压器2台，用地面积1.09公顷。截至2013年12月底，进行临时设施建设。

110KV输变电工程 共2座（中塘输变电工程、桥头输变电工程）。截至2013年12月底，中塘输变电工程初设批复开工建设，桥头输变电工程开工建设。

甬台温天燃气管道永嘉段工程 线路总长约30千米，其中隧洞约6.5千米，设阀室2座，分输站1座。截至2013年12月底，部分控制性工程开工建设。

楠溪江重点历史文化村落“六个一”项目 “六个一”项目即建设一条芙蓉、苍坡、丽水街交通绿道，一个游客接待和文化创意中心，一批展馆，一批特色酒店，一条旅游文化商业街，推出一套文化大戏。截至2013年12月底，基本完成历史文化村落“六个一”项目。

（董旭锋）

商 务

永嘉商贸

概　况　2013年，永嘉县经信局积极落实扩大内需刺激消费政策和措施，全县消费品市场运行保持平稳发展态势。实现社会消费品零售总额102.67亿元，同比增长14.9%，高于全市增速3.7个百分点。其中限额以上批发、零售、住宿和餐饮业实现销售额92.8亿元，比上年同期增长2.7%。

电子商务　2013年，永嘉县实现电商销售总额50亿元（其中B2B达35亿元）。被评为全国网购第四潮县，诞生全市首个“淘宝村”，跻身全国“电商百佳县”。出台《永嘉县人民政府关于加快促进电子商务发展的实施意见》（永政发〔2013〕214号），每年安排500万元财政专项资金用于电商发展。搭建泵阀电商联盟，筹建“特色中国——永嘉馆”，推进电子商务平台和物流配送平台建设。建设红黄蓝、泰利两大电子商务产业园，切实提升电商发展水平。

农村流通体系建设　2013年，为进一步改善农村消费环境，健全城乡商贸体系，继续实施“万村千乡市场工程”。会同全县各连锁超市对连锁便利店进行整合提升，加大配送率，扩大覆盖率，拓展服务范围，有效提高连锁便利店的市场竞争力。县供销超市有限公司和浙江十足商贸有限公司新发展25家村级便利店。加强农村流通体系建设，方便农村群众生产生活，保障农村消费安全，提高农村基本公共服务水平。

成品油市场　截至2013年底，全县共有33个加油站，其中中石化14个，中石油6个（其中租用5个），高速服务区4个，民营9个，全部通过年检。全年共销售各类成品油20.9万吨，同比增长4.8%，其中汽油10.7万吨，柴油10.1万吨，同比分别增长9.5%和0.3%，汽油需求保持稳定增长，柴油需求与上年基本持平。加油站的运营逐步向规范化、制度化方向发展。

典当行市场　2013年，永嘉县的典当行业规模进一步扩大，行业整体经营能力、社会贡献能力进一步提高，企业经营管理进一步规范，保持健康稳定发展态势。全县新增2家典当公司，注销1家分公司，累计有8家典当公司、1家分公司。全年发放当金总额5.9亿元，上缴税金140万元，主营业务收入1204万元，主营业务利润259万元。

二手车市场　永嘉县二手车交易市场，位于东瓯街道五星工业区，内有32户经营户，整个市场管理规范。2013年二手车交易量4300多辆，交易额1.1亿元。温州浙南汽车设备回收有限公司永嘉分公司2013年共回收报废汽车596辆，摩托车48辆，均按法定程序予以拆解。

生猪定点屠宰管理　2013年，全县进场屠宰生猪总量为166913头，检出病害猪476头，病害内脏13826千克，均进行无害化处理。对19028头待宰生猪进行瘦肉精检测，抽检比例为11.4%。撤并桥下屠宰点到桥头屠宰点。全年累计出动执法192次2821人次，接到举报投诉电话25个，奖励举报人1次，立案查处违法屠宰案件1起，没收非法屠宰产品365千克，销毁164千克，罚没金额1000元。取缔3个非法屠宰点，未发现屠宰病死猪、制售“注水肉”等违法犯罪行为。

特色商业街创建　2013年4月，岩头丽水街北段旅游文化商业街启动建设，10月底完成房屋修缮重建、沿线立面改造等所有基础设施建设。为继续做好招商隆市、业态布局等工作，县政府出台《楠溪江旅游文化商业街招商隆市扶持办法》，每年安排不少于1000万元的商业街建设专项资金，连续安排3年。主打旅游商品、特色文化商品等五大行业，让业主享受资金补贴、适当税费奖补等优惠政策，将旅游文化商业街打造成为集历史古迹、旅游观光、文化休闲、特色餐饮、名优特产及民俗特色于一体的历史文化特色商业街区。

商贸重点项目建设 截至2013年底，永嘉县重点商贸项目建设进度稳步推进，瓯北商务中心“以发展婚宴文化产业”为依托的五星级酒店永嘉奥嘉铂尔曼酒店主楼结顶，正在进行室内精装修，预计2014年年底开业；以打造集商业办公、餐饮住宿、休闲娱乐等于一体的桥头维多利广场已完成桩基建设，预计2015年年底开业；上塘商业步行街正在进行桩基工程。

市场监督管理 2013年，永嘉县经信局加强酒类流通及单用途商业预付卡备案的宣传工作，严格按照商务部《酒类流通管理办法》和《单用途商业预付卡管理办法(试行)》规定，对全县酒类经营者和发放单用途商业预付卡企业进行备案登记。加大酒类执法力度，进一步规范酒类市场秩序。严格落实购卡实名登记制度、限额发行制度、非现金购卡制度和发卡企业管理制度。

市场监测分析 2013年，市场监测与分析为引导生产、经营和消费提供服务，保证了对市场的适时监控和有效供给。全县14家企业、11种生活必需品纳入了永嘉县生活必需品应急管理平台，监测范围涉及鞋服、水泵、饮用水、猪肉、大米等。

（金双双）

供销合作社联合社

概　况 2013年，永嘉县供销合作社联合社秉持服务“三农”宗旨，进一步创新工作理念、转变服务方式、拓宽服务领域。全系统实现国内总购进5.23亿元，实现总经营收入5.56亿元，利润582万元。

农合联实体化工作 2013年，全面推进县级和镇（街道）农合联实体化工作。落实资金互助会组建任务，5家农村资金互助会正式开业，11家专业合作社提交筹建申请，共有会员1618人，入股资金1966万元。参与基层农业公共服务体系建设，创建沙头镇、大若岩镇等5家市级示范农合联（农业服务中心）和枫林镇、岩坦镇等4家市级先进农合联（农业服务中心）。完成县镇两级农合联“三部一处”机构设置，定人定岗，开展生产、供销、信用合作一体化服务，创建枫林镇农合联和南城街道农合联2家市级“三位一体”农合联。

“三社”建设 2013年，县供销合作社联合社继续做好基层供销社、综合服务社、农民专业合作社建设。加大网点改造力度，黄田供销社小商品市场、黄田供销社千石分社、乌牛供销社码道分社、桥头供销大厦、县社企业总公司和县日用杂品公司烟花仓储设施改造等年度县供销合作社改造提升财政扶持项目全部竣工，决算总金额128万元，财政补助资金120万元。以创建示范性专业社为目标，带动农户增收，全年新发展枫林镇湖东大棚蔬菜、岩头镇岭外农业、东城街道绍山茶叶、鹅浦农业、礁川农业、上埠山羊、增丰种植等7家专业合作社（累计发展43家）。与千石、黄屿、浦边、岩坦、梨村、朱涂、大岙、湖西等地利用基层供销社经营网点开办8家综合服务社，总营业面积2670平方米，总服务人口39600人。

农信担保 2013年，县农信融资担保有限公司提供贷款担保金额7578万元，担保户数433户。其中扶贫小额担保贷款金额1586万元，担保户数147户，带动户数1913户，切实发挥金融支农作用。县农信担保公司在县民间借贷登记服务中心开设窗口，尝试对非农“小微”企业提供担保业务，开展房产抵押、二次抵押、农房抵押和林权、股权、承包权等有效抵（质）押担保贷款业务探索。成立专项工作小组，开展小额贷款公司前期筹备工作。

农资及日用消费品经营 2013年，全县基层供销社和农资公司供应化肥30207吨，农药567吨。在春耕期间，各农资经营网点结合农民需求，普遍延长营业时间，实行早开门晚关门，继续开展免费送农资下乡活动，确保农业生产资料供应。开辟进货渠道，努力组织货源，为保障农业生产发挥积极作用。县供销超市有限公司新发展连锁网点23家（累计155家连锁店与加盟店），遍布全县街道、镇及主要村庄，2013年各直营店连锁销售额2.26亿元。

农产品电子商务 2013年，县供销联社学习借鉴“德清馆”“龙游馆”的经验和做法，牵头实施淘宝“永嘉馆”前期筹备工作。分派4个工作小组赴永嘉县各镇（街道）收集、挖掘永嘉特色农副产品，提高广大专业合作社、农业龙头企业主动申报的积极性。各部门共同联动，推动开馆进程，初步完成上线农副产品的筛选，落实经营场所、前期资金等。

体制机制创新 2013年6月21日，召开永嘉县供销合作社第四届社员代表大会，选举出第四届理事会、监事会。修订出台基层供销社绩效考核办法以及调整完善各公司责任制，与有关单位签订《2013年综合治理工作目标管理责任书》《2013年信访工作目标管理责任书》和《2013年安全生产目标管理责任书》等。强化社务公开及审计监察制度，要求重要事项必须公开，成立审计监察中心，加强社有资产的监管，完成对基层社和下属公司的审计监察。

作风建设与党建工作 2013年，县供销合作社联合社深入开展"两提两争"主题实践活动，全面推进"五型机关"建设，突出反腐倡廉制度建设，坚决落实党风廉政责任制，大力开展机关效能作风行风建设，做好"510思廉日""勤廉干部"评选等活动。县联社机关党委围绕服务中心、建设队伍、提升水平，开展先进基层党组织创建、优秀共产党员创先争优活动和党员结对工作，推动机关党员干部立足本职，服务基层，服务群众。进行驻企服务工作，为企业排忧解难，做好企业的服务员。完成县社机关党委下属9个支部和县供销联社机关党委换届选举工作。

（麻鹏巍）

永嘉县烟草专卖局

概　况 2013年，永嘉县烟草专卖局（分公司）围绕"外稳内精，整体创优"目标，落实"规范运作，优化运行"年度主题，各项工作取得较快进展。实现卷烟销售35093.8箱，同比下降0.85%；实现含税销售额111223.2万元，同比增长5.87%；单箱销售额3.17万元，同比增长6.78%；销售七匹狼（一二三类烟）566.41箱，增长10.48%；8mg以下（含）共销售726.42箱，同比增长21.96%；销售万宝路卷烟42箱，同比增长3.8%。实现利润20760.6万元，同比增长4.04%；实现税利25540.33万元，同比增长3.7%。

终端建设 2013年，永嘉县烟草专卖局（分公司）通过开设零售客户培训学校、举办客我互动交流会，提升零售终端经营能力。根据《现代卷烟零售终端管理办法》，对现代卷烟零售终端进行宣贯考核，引导客户规范经营，整体提高终端建设水平，共建成现代卷烟零售终端424户，其中三星49户，二星237户，一星138户。全面宣传"明码标价"，实现高价位卷烟明码标价率100%。

物流效率 2013年，永嘉县烟草专卖局（分公司）持续优化配送线路，行车总里程下降5504千米，有效提高配送效率，车辆修理费同比下降43%。强化各项配送指标、服务质量的评价，落实督导检查，物流客户服务满意度达100%。

打假破网 2013年，永嘉县烟草专卖局（分公司）加强公安经侦、技侦、特警、刑侦等多警种交流协作，利用各方资源，形成打假破网合力。建立健全涵盖现代终端客户、中小户、无证户的"情报网络"，向市场培养"情报员"，发挥市场自我监管的作用。完善卡口建设，加强与运管部门的沟通协作，提高对物流行业和站点的监管力度。强化涉烟互联网监管，形成3个工作流程、5个工作方法、9个工作制度的"359模式"。共查获各类违法涉烟案件180起，其中大要案12起，移送公安追究刑事责任6起，司法判决案件6起，判刑人数12人（其中判决"1.18"案件和"7.16"案件为国标销假网络案件）。

市场监管 2013年，永嘉县烟草专卖局（分公司）在"分类管理、重点检查"的基础上，多次开展专项检查，市场净化率98%以上。依法履行行政许可职责，加强许可证后续管理，以督促转化与强制停供相结合的办法，强化无证经营治理。截至2013年12月底，许可证数量4992个，同比净减129个，全年下降2.51%。加强专卖、内管、业务部门的协作沟通、信息共享，共布真烟外流防控网络。全年共监管发现异常信息5341条，共确认隐患和问题245个，信息点提供有效信息1条，查获案件1起。建立了"内部专卖监督管理集中分析会制度""专销联席会议制度"和"防控联系点"等监管长效机制。

安全管理 2013年，永嘉县烟草专卖局（分公司）坚持驾驶员月度安全学习例会，实行班子领导、中层干部、基层部门负责人跟车作业；制定时间表、落实责任人，及时整改安全隐患。并根据市局统一安排，按照国家安全二级标准进行标准化改造，进一步完善了安全设施，为连年保持安全无事故提供了强有力的支撑。安全标准化国家安全二级顺利通过验收。

文化建设 2013年，永嘉县

烟草专卖局（分公司）把握周月季年4个时间点，成立4个技能俱乐部，用足1支内训师队伍、1套培训管理标准、每月分条线进行1次考试，构建了“443”模式的学习型组织。共开展培训655次，培训5738人次，发放书籍11本211册。队伍素质得到了较大提升，在全市岗位技能大比武中，营销条线、专卖条线分别获得第一名、第二名，1人获得全市专卖管理岗位技能竞赛第二名，1人获得“质量管理卓越领导者”称号。3个QC成果分别获得浙江省质量协会、温州市质量协会、温州市局一等奖。1个QC小组获全国优秀质量管理小组称号，1个QC小组被评为浙江烟草系统“十佳QC小组”。

（刘乐鸣）

食盐专营

概　况　2013年，浙江省永嘉县盐务管理局(公司)全面贯彻全省盐业工作会议精神与总体思路，在调结构、促转型、强管理、增效益上下工夫，各项工作有序推进，确保全县食盐市场的有效供应。年度各类盐产品总购进5004吨，同比减少2.2%；各类盐产品总销售4792吨，同比下降6.7%；其中小包装食盐3118吨，与上年基本持平；工业用盐556吨，加工用盐1118吨。食盐计划完成率100%，碘盐合格率100%。销售收入1133万元，同比增加6.7%；创税利120万元，其中实现利润53万元，同比增加74%。

盐务管理　2013年，浙江省永嘉县盐务管理局(公司)盐政执法人员抓好“扎口”管理和源头管理，加大重点区域和重点领域的执法力度，严防外地食盐冲销。8月份，印制300份“温馨提示”宣传单发放给工厂食堂、餐饮店，告知需到当地盐业公司购买食盐。对全县加工用盐工厂进行登记巡防，确保做到专盐专用，严防小工业和工业副产盐流入口食盐市场。加强小包装碘盐市场的日常性检查和突击性监管力度，进行轮回巡查，严格控制大包装食盐审批机制，对食盐零售网点进行大排查，对无证无照营业网点进行登记、勘察，保障盐业流通市场的稳定。全年累计出动执法次数127次，执法人员计453人次。检查食盐转委批273家、零售店484家、用盐企业30家、食品加工户110家、食堂餐饮4家、农贸市场32个。

服务“三农”　永嘉是温州地区产销杨梅大县。2013年，浙江省永嘉县盐务管理局(公司)为杨梅种植户与杨梅干加工客户牵线搭桥，互通信息，向杨梅干加工客户提供方便，杨梅干坯腌制用盐及时调运到各收购加工点。组织各科室深入到全县各杨梅基地进行调研、走访当地果农，了解杨梅生长成熟情况以及杨梅大概的收成数量，以掌握第一手资料。在盐政巡查、监管杨梅加工用盐期间，根据杨梅采摘周期调整作休时间，严控加工用量，以防止加工用盐流入食盐市场。杨梅加工用盐325吨。

宣传活动　2013年，浙江省永嘉县盐务管理局(公司)会同县消保委、工商局、发改局、卫生局、药监局、农业局、旅游局等单位在永嘉广场开展3月15日国际消费者权益日大型宣传咨询服务活动，宣传引导广大消费者关注食品消费安全。开展“5.15”全国第20个防治碘缺乏病日宣传活动。5月14日和5月15日分别在北城街道和岩头镇中心街道开展以围绕“科学补碘，保护智力，成就梦想”为主题的宣传活动。发放活动主题宣传单和小册子，宣传碘缺乏病防治知识，并赠送小包装碘盐给前来咨询的群众。

党建工作　2013年，浙江省永嘉县盐务管理局(公司)认真对照上级要求，成立了党的群众路线教育实践活动领导小组，制定了党的群众路线教育实践活动实施方案。落实浙盐局党委发〔2013〕27号文件精神，开展群众路线教育，以“照镜子、正衣冠、洗洗澡、治治病”为总要求。集中解决“四风”方面存在的问题，着力破解转型发展难题和职工群众反映强烈的现实问题。围绕党的群众路线教育实践活动，结合实际，通过召开座谈会，与职工谈心交心，听取意见与建议，进一步完善公司内部规章制度。

股权转让　2013年3月26日，永嘉盐业公司两大股东（浙江省盐业集团有限公司55%股权和永嘉县供销社企业总公司45%股权）在永嘉县盐业有限公司召开股东董事会议，永嘉县供销社企业总公司自愿将其45%股权转让给浙江省盐业集团有限公司，并退出永嘉县盐业有限公司。股权转让协议完成后，浙江省盐业集团有限公司持有永嘉县盐业有限公司100%股权。永嘉县盐业有限公司也正式成为浙江省盐业集团全资子公司。

（郑华原）

粮油购销

概　况　2013年，永嘉县粮食局协同相关部门进行调查和研究，及时出台《关于切实抓好2013年度粮食产销工作的通知》。确定早籼谷收购价格每百市斤134元，种粮大户每交售50千克早稻谷奖励30元，每亩最高奖励240元；一般农户，每交售50千克早稻谷奖励20元，最高每亩不超过160元；晚籼谷收购价格每百市斤147元，政府补贴每百市斤9元。全年需轮换粮食7210吨（其中早籼谷5804吨、晚籼谷1351吨、食用菜籽油55吨）。到2013年12月底，圆满完成储备粮轮换补库任务。

粮食调研与统计　2013年初，永嘉县粮食局组织和抽调业务骨干对永嘉县11家粮油经营企业、2家加工企业、3家粮食转化企业及8个中心镇（街道）的20个行政村的粮食供需平衡情况、社会食用植物油及油料供需情况进行调查。摸清社会粮食、食用植物油及油料供需、粮油生产、外购粮油及人口流动等情况，完成相应的报表，为政府部门对2013年的粮油决策提供科学的依据。

仓储管理　2013年，永嘉县粮食局按季开展四次“一符四无”粮油检查工作和粮食库存检查工作，共检查9个粮食承储单位的20个库点86个仓间，仓容共20960吨，粮食18000吨，食用油55吨，“一符四无”合格率达100％。为保障粮食储存，全年共投入仓储设施修理资金85万元。

（叶际群）

物资购销

概　况　2013年，永嘉县物资系统销售收入1.8亿元，同比下降33.3%。销售数量方面，工业炸药3390吨，同比增长21.1%；工业雷管123万发，同比增长35.2%；工业导索121万米，同比下降4.8%；剧毒品388吨，同比下降54.8%；煤炭24.5万吨，同比下降21.5%；实现利税617万元。

安全管理　物资系统在加强对安全工作的常规检查之外，民爆仓库实行领导带班值班制度常态化，实行双安全员制度。6月，份在新民爆仓库举行了一年一度的常规安全演习，演习以单位员工在火灾情况下疏散逃生、消防灭火和现场救援为主要内容，检验化轻公司全体员工的应急处置能力和实际操作能力，通过演习提升企业员工应急处置水平。2次邀请专家到单位进行安全消防知识讲座，多次组织员工安全知识考试。全系统共计进行安全大小检查7次，发现安全隐患5起，及时落实整改。化轻公司新增安保人员3名，对民爆仓库实行24小时不间断的值班巡逻，加强了安保培训，提高了对日常发生事件的应急处置能力和应对歹徒的对抗暴能力。

内部管理　企业应收款催收工作通过责任制落实，企业应收款及时收回。化轻公司根据新的劳动法，修订了劳动合同书及岗位责任制，全体员工重新签订了新的劳动合同书和岗位聘任书。化轻公司和温州软件信息有限公司签订了网站系统开发合同，对公司原有的网络系统进行全面更新升级，提升了民爆管理服务平台，加速企业的无纸化办公。化轻民爆仓库投入30万元为职工宿舍全部安装了空调，仓库内配置了2辆电瓶车，改善了仓库工作人员的工作生活环境。盘活了停产企业2处闲置资产。

（徐益明）

对外贸易

概　况　2013年，永嘉外经贸事业采取积极稳妥的工作方针，以项目工作为核心，适应国际金融危机及国内宏观经济形势的变化，提升利用外资水平，加快转变外贸增长方式，促进永嘉县开放型经济持续健康发展。

外贸进出口　2013年，永嘉县共有进出口企业434家，其中自营生产企业340家，外商投资企业31家，外贸企业63家，开展出口业务的有321家。进出口总额77108万美元，同比增长-2.40%，其中出口总额66332万美元，同比增长-5.53%；进口总额10776万美元，同比增长10.7%。出口额超过1000万美元的企业共有15家，出口额在500～1000万美元的企业共有15家，出口额在100～500万美元的企业共87家。在自营出口的产品大类中，最大类产品为泵阀。2013年泵阀行业总出口27191万美元，同比增长-12.28%，占全县出口额的40.99%。鞋类行业总出口额为12640万美元，同比增长9.95%，占全县总出口额的19.06%，服装行业总出口额7199万美元，同比增长-8.41%，占全县总出口额的10.85%，教玩具行业总出口额5519万美元，同比增长18.17%，占总出口额的8.32%。在进口方面，2013年全县总进口额为10776万美元，同比增长10.7%，主要进口产品为原材料，主要进口企业有温州鹏程控股集团有限公司、永嘉县中宏工贸有限公司、浙江奥康鞋业股份有限公司等。

扶持政策 2013年，为鼓励开放型经济发展，出台《永嘉县2013年度鼓励开放型经济发展若干扶持措施》，预拨财政专项资金1500万元用于奖励企业扩大进出口贸易，鼓励发展加工贸易、服务贸易，加强公平贸易，积极开拓国际市场等。

服务平台建设 2013年，在四大出口基地的基础上培育和发展一批检测、技术研发、展示、信息等外贸公共服务平台，提高外贸公共服务平台建设水平，提升对外贸易发展质量和水平，并积极申请省专项资金的支持。共上报伯特利阀门集团有限公司的泵阀检测平台，宣达实业集团有限公司的耐高压耐腐蚀材料检测平台以及永嘉金鹰广告有限公司的泵阀展示平台 3 个项目。

服务外贸企业 在全县开展外贸企业服务活动，通过调查问卷和走访等形式及时了解企业在发展中遇到的各种困难，为企业出谋划策。通过每年度的全县外经贸工作会议和下基层、走企业之机，宣传国家有关外贸发展政策、法规和信息，提高外贸意识，激励企业的出口积极性。鼓励具备条件的私营企业和股份制企业申报自营进出口权，让更多的出口主体参与国际竞争。

外资企业管理 2013年，永嘉县有外商投资企业65家，分支机构6家，正常生产的有45家（包括分支机构5家），年度销售收入21.97亿元，利润总额381.68万元。香港奥嘉铂尔曼国际酒店管理公司在永嘉独资设立温州嘉途服饰有限公司，注册资本2250万美元；浙江九康电气有限公司增加注册资本，其中外资增资65.79万美元，超额完成了市委市政府下达外资任务。

外经工作 截至2013年底，永嘉县企业在境外建立办事处或分公司（仍在运营）共21家。全年审批4个项目共440万美元的投资额，分别为浙江超达阀门股份有限公司驻日本分公司（中方投资10万美元）、永嘉县奥里生物科技有限公司驻土耳其分公司（中方投资额30万美元）、楠江集团有限公司驻美国分公司（中方投资额200万美元），温州佳凯实业有限公司驻埃及分公司（中方投资额200万美元）、服务贸易方面，完成126.1万美元的服务外包合同金额申报以及140.82万美元的执行金额申报，超额完成市局下达目标任务。

（陈忠平）

“百名会长中秋圆月行”活动

汪雪琼／摄

咫尺可享的尊贵盛宴
维多利开元大酒店

市 场

综 述

概 况 2013年，永嘉县市场建设累计总投资11305万元，市场建筑总面积4万平方米。2013年全县市场交易总额达21.83亿元。成交额超亿元市场1个，其成交额达14.19亿元。至年末，永嘉县共拥有各类市场16个，其中消费品市场11个，生产资料市场2个，网上市场3个。

永嘉县市场情况及各（分局）所管辖一览表

序 号	名 称	负责人	分 类	成立日期
上塘分局:				
1	永嘉县城关菜市场(中心)	钱建龙	1986年2月8日	老证（过期）
2	永嘉县城关农贸综合市场(中心)	叶宇靖	1991年3月22日	老证（过期）
3	永嘉县城关水果批发市场（合作社）	黄天祥	1992年6月12日	只剩3～5家
4	永嘉县城关农贸市场（合作社）	黄建胜	2003年1月1日	功能改变（超市）
5	永嘉县粮食交易市场（粮食局）	谢长河	1999年3月	只剩5户左右
6	永嘉县旧非机动车交易市场	胡玉生	1996年5月13日	老证（过期）
瓯北分局:				
7	永嘉县瓯北机电阀门市场(中心)	钱建龙	1985年	无场无市、老证（过期）
8	永嘉县瓯北钢材市场（村）	钱建龙	1990年8月15日	改农贸（无证）
9	永嘉县瓯北木材市场（企业法人）	郑连升	1986年	老证（过期）
10	永嘉县瓯北双塔农贸市场（其他）	陈时泽	1996年4月30日	老证（过期）
11	永嘉县瓯北劳动力交流市场(中心)（其他）	谢银弟	2002年6月11日	老证（过期）
12	永嘉县废旧物资市场（其他）	玩龙江	1996年4月30日	无场无市、老证（过期）
13	永嘉县黄田小商品城(中心)	叶宇靖	1994年1月1日	老证（过期）
乌牛所:				
14	永嘉县乌牛农贸综合市场（村）	王木生	1992年11月23日	老证（过期）
桥下所:				
15	永嘉县桥下农贸综合市场（村）	钱建龙	1984年	老证（过期）
16	永嘉县洋湾木材市场(中心)	叶宇靖	1984年10月	老证（过期）
17	永嘉县梅岙教玩具市场(中心)	钱建龙	1993年9月15日	老证（过期）
桥头所:				
18	永嘉县桥头商贸城(中心)	金蒙弟	1993年1月30日	老证（过期）
19	永嘉县桥头镇桥一农贸市场（企业法人）	叶正平	1996年4月1日	老证（过期）
20	永嘉县桥头镇桃湾木材市场（企业法人）	全阿星	1992年3月	未换证
沙头所:				
21	永嘉县沙头农贸市场（其他）	钱建龙	1991年6月10日	老证（过期）
岩头所:				
22	永嘉县岩头农贸综合市场(中心)	钱建龙	1990年10月13日	老证（过期）
23	永嘉县枫林农贸综合市场（其他）	徐宝华	1994年1月20日	老证（过期）
24	永嘉县岩头小港埠木材市场（企业法人）	金学道	1983年8月	老证（过期）
25	永嘉县岩坦农贸市场（其他）	潘建武	1991年1月12日	老证（过期）
碧莲所:				
26	永嘉县碧莲农贸市场（其他）	钱建龙	1989年1月16日	老证（过期）
27	永嘉县大若岩综合市场（其他）	钱建龙	1993年9月10日	无场无市、老证（过期）

永嘉县已进行市场名称登记证登记的市场名单

序号	市场名称	举办单位	市场负责人	证　号	有效期限
1	永嘉县城关生产资料市场	永嘉县上塘镇浦口村经济合作社	黄天祥	3303072001	20131016止
2	永嘉县瓯北农贸市场	永嘉县市场开发服务中心	周福宝	3303071002	20150331止
3	永嘉县瓯北蔡桥农贸市场	永嘉县瓯北蔡桥农贸市场	葛智林	3303071003	20231107止
4	永嘉县巽宅农贸市场	永嘉县食品总公司	陈光宗	3303071004	20130611止
5	永嘉县上塘城西农贸市场	永嘉县市场开发服务中心	潘忠义	3303071005	20130611止
6	永嘉县瓯北龙桥农贸市场	永嘉县瓯北龙桥农贸市场	张大丰	3303071007	20130520止
7	永嘉县二手车交易市场	永嘉县浙南旧机动车交易市场有限公司	胡玉生	3303072005	20140513止
8	永嘉县教玩具网上交易市场	永嘉县中游贸易有限公司	章常义	3303074001	20121207止
9	永嘉县泵阀网上交易市场	温州中环信息技术服务有限公司	张家凯	3303074002	20130603止
10	永嘉县桥头钮扣网上交易市场	永嘉县桥头镇钮扣城开发有限公司	徐建清	3303074003	20141125止
11	永嘉县瓯北林垟农贸市场	永嘉县林垟农贸市场	林明光	3303071008	20221114止
12	永嘉县乌牛祥池农贸市场	永嘉县乌牛街道祥池村经济合作社	叶焜荣	3303071009	20221115止
13	永嘉县瓯北东方农贸市场	永嘉县江北街道东方村经济合作社	俞晓建	3303071010	20221129止
14	永嘉县瓯北千石农贸市场	永嘉县黄田街道千石村经济合作社	杨陈勇	3303071011	20221219止
15	永嘉县桥头镇中心农贸市场	永嘉县桥头镇坦头村经济合作社	郑加云	3303071012	20231121止
16	永嘉县桥头钮扣市场	县市场市场中心、桥头镇		老证	

市场管理　2013年，永嘉县共有在册农贸市场10个，其中，上塘1个，瓯北6个，乌牛1个，桥头1个、巽宅1个。2013年完成改造提升农贸市场5家（桥头中心、东瓯堡一、乌牛王宅、岩坦、碧莲农贸市场）。启动改造提升鹅浦河周边3家农贸市场、南城中西、桥下、沙头、枫林、巽宅农贸市场等8家，鹅浦河周边3家农贸市场整体改造为1家农贸市场暂定名称为东城前村农贸市场。创建省文明示范农贸市场4家（桥头中心、黄田千石、瓯北蔡桥、瓯北农贸市场）。创建省三星级文明规范市场1家（乌牛祥池农贸市场）。

食品安全检测　2013年，永嘉县工商局继续深入推进农贸市场的食品安全监管工作，注重安全检测技能的提高和食品安全检测。全年全县共检测22981个批次，不合格584个批次，不合格食品1220.18千克，合格率达96%，其中退市306个批次，涉及商品数量207.72千克，销毁278批次，涉及商品数量668.76千克。3月11日，在瓯北分局开展各工商所（分局）分管负责人、检测人员、农贸市场检测点等共20余人参加的定性检测培训会，并进行了书面和实际操作技能考试。

（金玉燕）

个体劳动者协会 民营企业协会

概　况　2013年，永嘉个体劳动者协会、民营企业协会（简称县个民协）按照“抓好工作联合，强化基础建设，推进红色试点，注重助动发展，建立机制体系”的思路，以“强基、拓面、提质、创新”为要求，采取多项措施，充分发挥协会服务职能。助力个体经济及小微企业提升发展，为市场主体转型升级服务，全程无偿代办“个转企”。积极探索非公企业党建标准化模式，形成有机工作系统，以“标准化建设工程”为载体，明确功能定位，开展个体工商户先锋指数评选活动和桥头镇钮扣城市场标准化建设试点工作，充分发挥党组织和党员的模范作用。认真贯彻落实温州市工商局“非公党建红色工程十大项目”重点工作，突出“红色教育”和“红色扫描”两大工程，着重抓好经营户党员的学习教育和党员基础动态数据实时更新，全面提升非公企业（个体）党建工作水平。不断强化服务会员力度，当好企业发展的服务员。紧紧把握工作目标，以服务增凝聚力，以活动增影响力，以学习增竞争力，以制度增战斗力，创新服务，创新机制，推进协会改革，促进诚信经营，努力提升整体工作水平和能力。

服务民企 2013年，县个民协以服务实体经济发展为第一生命力，实施政策服务，注重参谋服务，强化效率服务，深化信息服务，全力支持个体经济及小微企业主体转型升级，着力激发市场主体发展活力。一是服务市场主体升级振实业。利用短信平台、《永嘉民营经济网》和上门宣传等方式，发放各种宣传资料3000多份。制定个民协会“个转企”无偿代办流程和2013年“个转企”工作目标责任制考核办法，完善代理手续，并与税务局等单位协作开展质监局的组织代码证、国地税的税务登记证、统计局的统计证代办工作，全力助个体工商户升级为企业，共代办“个转企”1478件。二是开展会员“大走访”活动解难题。根据《关于进一步加快实体经济发展的意见》等有关文件，永嘉县个民协要求各分会落实到人，掀起“访一线、入车间，听建议、解难题”的热潮，深入车间看产品、问生产、话发展，派驻企业服务员、建立两家非公党建联系点，实行新办“个转企”企业回访制度，主动实地上门回访，全方位帮助“个转企”企业办理后续手续，打好服务“组合拳”，使会员企业真正感受到有“娘家”、有依靠、有服务，让会员集中精力抓经营、专心致志办实业。三是开展专项调研提对策。加强调研活动，撰写《永嘉桥头钮扣行业转型升级探索》《加强对永嘉人力三轮车营运监督管理的思考》《永嘉上塘铅封行业（企业）发展情况分析和对策》《永嘉桥下民营企业发展现状的调研与思考》等，形成调查文章以供行政决策参考。四是丰富教育活动方式抓学习。组织协会全体工作人员和广大会员积极开展党的十八大、红色教育学习，引导会员自觉融入“三县三城”联创热潮之中，组织各党支部全体党员召开以“学习十八大争创新业绩”为主题的“红色教育”大会，不定期地组织工作人员、党员、团员青年、妇女会员通过学习会、座谈交流会、送书下乡等多种载体开展十八大精神学习。五是多种活动载体促诚信。开展永嘉县“十佳诚信典范企业”和“十佳诚信典范个体工商户”评选活动，分别评选出“十佳诚信典范企业”和“十佳诚信典范个体工商户”；推荐会员企业负责人参加第四届温州市道德模范评选，永嘉县个协副会长徐丹媚被评为温州市道德模范——诚实守信模范，在企业界营造“诚实立身，信誉兴业”的良好风尚。

非公党建 2013年，县个民协多措并举，纵横发力，推进“非公党建”工作。一是开展党员经营户先锋指数考评。根据《关于进一步做好个体工商户和商品市场党建工作的意见》（浙两新〔2013〕5号）及《关于在全省开展个体工商户党员先锋指数考评工作的指导意见》(浙工商党委〔2013〕35号)等文件精神，在全县开展个体工商户党员先锋指数考评活动，对组织关系隶属于各个私协会党组织、基层分会党组织的个体工商户党员和县内各商品交易市场（含农贸市场）的经营户党员（含流动党员）进行考评，共评出个体工商户党员五星级7人、四星级17人、三星级40人。二是扎实推进市场党建工作标准化建设。认真对照标准要求，加强督促引导，做好多向沟通，在桥头钮扣市场开展党建工作标准化建设试点，在组织建设、制度建设、党建保障、党员作用发挥、教育管理等方面进行探索，以带动钮扣市场经济新的发展。制定实施方案，加强指导帮助，完善制度建设，拓展活动方式，加强工作对接求实效，党员指导员进企业帮扶，发挥作用服务发展。搭建“个转企”引领平台，发动、号召党员个体户带头“个转企”，形成以点带面的良好效应，加强企业党务工作者的培训，以把企业技术骨干培养成党员，把党员培养成技术骨干，把党员技术骨干培养成经营管理人员的“三培养”为目标，切实加强非公有制企业党务工作者素质培训教育。三是深入实施系列“红色工程”。开展“非公党建红色工程项目”工作，结合永嘉实际，着重推进红色扫描、红色教育两大工程，切实提高党组织在非公经济（个体）领域的战斗力与影响力，实施“125”红色教育模式：“1”是以建立完善一个红色教育基地为依托，“2”是以服务会员、引领发展两项职能为核心，“5”是重点发挥爱国教育、学习宣传、提振经济、帮扶结对、沟通纽带五大功能，积极探索非公党建工作红色教育新途径，发挥个体工商户、商品交易市场党组织实质作用，确保党建工作有效覆盖，为推动全县经济转型发展提供动力和组织保证。红色扫描工作紧紧围绕实现党员基础动态数据实时更新这一目标，结合永嘉实际，把党员、党组织基本情况的调查摸底与工商业务工作相结合，使调查摸底融入到责任区巡查监管、注册登记、验换照、商品交易市场监督管理等工作中，全面采集信息，全程指导督查，注重核实党员身份，强化与组织部门、当地政府的联系，实现党员、党组织信息无缝对接。依托省工商局基层管理软件，指定专人进行非公党建数据库更新与维护，建立信息采集、核实、录入的工作机制与信息使用、共享、反馈的工作制度。

就业再就业 搭建人力资源招聘平台替会员解忧，切实解决民营企业用工难和各类人员就业难问题。借温州市个民协在温州人才市场开展第十一次“就业再就业服务周”活动之机，积极争取招聘摊位，组织浙江顺利拉链有限公司、浙江巧巧实业有限公司等参加招聘。同县人事劳动和社会保障局组织32家民营会员企业在瓯北举行了就业促发展人才招聘会，2000余名务工人员前来应聘，达成就业意向500多人，有效缓和会员企业的用工困境。

扶贫结对 一是开展慰问送温暖活动。县个民协、各分会把慰问金和慰问品送到农村、社区，组织企业慰问困难职工的子女，走访慰问困难老党员。“八一”前夕慰问永嘉县武警中队的官兵，为他们送上慰问金及慰问品等。二是开展“雅安地震”爱心捐款活动。当雅安遭受地震后，县个民协立即组织会员开展“情系灾区、爱心捐款”活动，会员企业奇特乐集团响应号召，捐资100万元，专款用于支援雅安灾区。乌牛商贸城、上塘分会等纷纷开展捐款献爱心活动。三是开展巾帼志愿活动、青年志愿者活动等，深入街道、社区开展“党旗在飘扬，巾帼在行动”为主题的活动，200多人受到各类免费服务。开展“弘扬雷锋精神，争做最美永嘉人”志愿服务活动。四是开展党员服务活动。组织个体户党员开展以“服务大局、服务群众、服务党员”为主题的“红七月·服务月”党员志愿者服务活动，通过现场健康咨询、医疗义诊、急救知识讲解、“在职党员进社区”志愿者服务等活动，以实际行动贯彻党的群众路线。

基础建设 2013年，县个民协坚持以抓好协会系统内部改革、严格各项制度为突破口，有序推进协会转型提升工作。根据市工商局党委《关于批转印发进一步加快我市个民协会转型工作的实施意见的通知》，稳步推进协会转型，做好协会工作人员稳定工作，制定完善《个民协工作人员绩效考核办法》，推出工作人员绩效考核制度，全面加强协会队伍的素质建设，形成内部竞争机制。进一步加强对企业的县名牌商标认定、“重合同 守信用”企业评选、信用示范管理企业认定以及信用植入制度、个体户信用等级评定等会员企业的推荐把关工作，深化与工商部门职能对接。

（陈丽芬）

财政　税务

综　述

2013年，永嘉县财政地税部门积极履行财政职能，深入实践科学发展观，加快转变经济发展方式，秉承“依法治税、为民理财、务实创新、廉洁高效”的工作理念和“实、稳、优”的财税核心价值观，加大财政惠民力度，确保收入稳健增长，促进永嘉县经济社会持续健康发展。全年全县实现财政总收入38.64亿元，增长7.5%；其中公共财政预算收入20.85亿元，增长13.0%。上划中央“四税”收入17.79亿元，增长10.63%。地税部门共组织各项收入34.28亿元，增长12.0%。其中：税收收入18.50亿元，增长8.9%(含契、耕两税)，完成省局计划的100.6%；社保基金收入13.95亿元，增长18.8%。全县公共财政预算支出40.20亿元，增长15.7%。全年民生领域投入达29.84亿元，占县本级财政一般预算支出的74.23%。

财　政

财税征管　2013年，永嘉县财政局（地税局）加强综合税收分析，规范税源税种管理，优化税收收入结构，抓好重点税源监控，严控“三公经费”支出，财税征管工作取得一定成效。面对复杂的宏观经济形势，高度关注、及时跟踪企业经营变化，科学制定组织收入预案，认真落实收入调控措施。加强房地产、重点工程等项目的营业税管理。对多年未查的重点工贸企业开展辅导式检查。加强企业股权转让、厂房转让的征管。优化税收收入结构，全年公共财政预算收入占财政总收入的54.0%，较上年提高2.91个百分点；地方税入库11.23亿元，同比增长23.6%，地方税比重为60.7%，比上年提高7.25个百分点。扩大重点税源监控面，2013年有重点税源监控户1051户（新增8户），税收收入12.55亿元，占地税税收收入的67.9%，比省局要求高出7.87个百分点。严格执行上级有关规定，厉行节约，大力压缩“三公经费”，全年“三公经费”支出7384万元，同比下降24.5%，其中公务接待费同比下降44.5%。

扶持民生　2013年，永嘉县财政地税部门严格按照公共财政要求，进一步调整优化财政支出结构，集中财力支持教育、社会保障、医疗卫生等民生事业发展，确保新增财力三分之二以上用于民生。一是保障“美丽乡村”建设投入。推进村级公益事业建设一事一议财政奖补工作，被国务院综改办列为全国一事一议“美丽乡村”建设试点县，县本级支出942万元，争取上级资金补助3760万元。二是落实教育优先发展政策。落实教育支出11.48亿元，符合法定增长要求，健全教育经费保障机制，推进全县教育现代化建设进程；实施扶困助学政策，落实助学资金4937万元。三是保障基层文化投入。继续支持农村特色文化、电影公益性放映、农家书屋、舞台艺术送农民等文化活动。四是保障社保资金投入。提高新农合筹资标准，新农合人均财政补助提高到420元。五是保障重点工程投入。依据项目实际进度，累计拨付县内重点工程建设资金8.97亿元，支持诸永高速公路温州段延伸工程、41省道上塘至九丈段、41省道南复线岩头至大若岩段、雁楠公路、瓯北大桥等项目建设。

体制改革　2013年，永嘉县财政地税部门加快财税改革、监管和信息化建设步伐，逐步建立起运行有序、管理规范、约束有力、科学高效的财税运行机制。一是推进乡镇财政体制改革。从统一机构名称、规范人员配备、建立监管体系等方面入手制定《关于加强乡镇财政建设的实施意见》，组织实施工作全面铺开。做好国库集中支付改革。下发《乡镇国库集中支付改革方案》，提高政府宏观调控能力，将闲散资金与沉淀资金集中到国库，缓解财政收支压力。全面推行公务卡结算制度，全县累计发公务卡9554张。二是深化非税收入改革。自2013年10月1日起全面推广应用新版非税系统，新系统共设用票单位282个，办理业务13167笔，征缴金额31.73亿元。

服务社会 一是开展“走村入企”活动。结合“纳税大户”授牌、中小企业税收优惠政策辅导、浙商创业创新等活动和“走百企，解难题”工作部署，累计走访企业479户，召开座谈会17次，解决问题39大类。开展“税收政策送上门”行动，通过与纳税人面对面座谈会、举办新办企业办税人员培训班等形式进行税费政策宣传，听取纳税人意见。二是行政审批提速增效。推进涉税事项受理、审核、审批等环节向办税窗口前移，简化报送资料，缩短办税时间，涉税审批事项和涉税管理事项比2011年减少79项，缩短时限的有85项，总提速85.0%。169项涉税事项中，当场办理的有108项，限时办理的有61项，当场办理率63.91%。三是纳税满意度调查。在省地税局开展的2013年度全省地税系统纳税人满意度及需求调查中以88.4分的成绩位列71个县

2013年度永嘉县50家纳税大户名单

序号	企业名称	序号	企业名称
1	浙江报喜鸟服饰股份有限公司	26	永嘉中厦房地产开发有限公司
2	奥康鞋业销售有限公司	27	凯泉集团有限公司
3	浙江永嘉农村合作银行	28	红黄蓝集团有限公司
4	红蜻蜓集团有限公司	29	报喜鸟集团有限公司
5	浙江奥康鞋业股份有限公司	30	浙江红蜻蜓电子商务有限公司
6	国网浙江永嘉县供电公司	31	斯多纳集团有限公司
7	中瓯地产集团永嘉房地产有限公司	32	东蒙集团有限公司
8	中瓯地产集团温州房地产有限公司	33	永一阀门集团有限公司
9	温州市烟草公司永嘉分公司	34	方正阀门集团有限公司
10	伯特利阀门集团有限公司	35	浙江康亨服饰有限公司
11	蜘蛛王集团有限公司	36	浙江和一合成革有限公司
12	超达阀门集团股份有限公司	37	奇特乐集团有限公司
13	亚龙科技集团有限公司	38	良精集团有限公司
14	永嘉科信小额贷款股份有限公司	39	日泰集团有限公司
15	迦南科技集团有限公司	40	浙江永嘉恒升村镇银行股份有限公司
16	温州市大川房地产开发有限公司永嘉宣达分公司	41	上正阀门集团有限公司
17	浙江鲍斯高服饰有限公司	42	浙江麦得机器有限公司
18	永嘉县瑞丰小额贷款股份有限公司	43	海星海事电气集团有限公司
19	中国移动通信集团浙江有限公司永嘉分公司	44	中国电信股份有限公司永嘉分公司
20	浙江迷西仕服饰有限公司	45	浙江浦东电机有限公司
21	球豹阀门有限公司	46	永嘉县地方建筑工程有限公司
22	保一集团有限公司	47	大众阀门集团有限公司
23	方圆阀门集团有限公司	48	中国农业银行股份有限公司永嘉县支行
24	中泉集团有限公司	49	浙江诸永高速有限公司
25	宣达实业集团有限公司	50	永嘉奥康鞋业营销有限公司

（市、区）局第一，上塘分局、桥下分局、桥头分局分别位列256个分局的第三、第四、第七。

财税文化建设 在县局内网开辟读书专栏，定期推荐优秀书目或文章以供阅读。鼓励干部职工每季度至少读一本好书，并在永嘉财税网专栏中交流学习心得，全年共有53篇学习心得上网交流。开展“读经典·品书香”活动，推荐经典“红书”。定期举办“财税干部论坛”，先后组织多期中层干部论坛、财税妇女论坛等主题活动。组织参与义务植树、关爱山区教育助学、慰问困难群众、义务献血等各类公益活动。

廉政制度建设 制订《2013年度推进惩防体系建设和落实党风廉政建设责任制考核方案》《2013年度党风廉政建设和反腐败重要组织领导和责任分工》，签订《党风廉政责任书》，执行“三书两报告”制度，实行党风廉政建设一把手负总责和班子成员分工负责制。实施干部人事制度立体改革，提任高配3人、中层正职13人、中层副职23人（其中竞争上岗2人），对任中层正职满5年的干部，除5名接近退居二线外，全部实行轮岗交流。全系统共轮岗交流中层干部24人。开展岗位廉政风险防范工作，建立在岗财税人员廉政档案，在本系统开展社会关系调查，继续执行《干部职工工作任职回避暂行规定》，深化落实利益冲突回避制度。组织参观反腐倡廉成果展览、观看警示教育片、旁听法院庭审实况等警示教育活动。

（叶　帆）

国　税

概　况 2013年，永嘉县国税系统围绕国税中心工作，提高征管水平，优化纳税服务，深化干部队伍建设，顺利完成年度各项工作。2013年，永嘉县国家税务局有内设机构10个，下设直属机构（稽查局）1个，事业单位1个，基层征收单位3个（瓯北税务分局、桥头税务分局、乌牛税务分局）和税源管理二科(上塘)。主要负责全县14000多纳税户的税收征管工作。全年完成税收21.24亿元，增收1.62亿元，同比增长8.26%。

落实税收政策 2013年，永嘉县国家税务局围绕县委县政府决策部署，做好支持中小企业和实体经济、小微企业创业园建设平台的服务和调研。实施推进实体经济和永商“两大回归”专项行动，制定出台相关实施意见。积极开展“扶工兴贸”走访帮扶行动，搭建有效税收援助平台。全面落实各项结构性减税政策。2013年，全县共办理固定资产进项税额抵扣9078万元；减免高新技术企业所得税174万元；全县企业享受研发费用加计扣除额1233万元；对月销售额不超过2万元的小微企业免征增值税1063万元；减免小微企业所得税711万元。优化出口退税服务，完善自动审核系统，全年全县共办理出口免抵退（免）税6.08亿元。为11384户个体户免征增值税2358万元，为企业减免发票工本费63万元。

规范税收执法 一全面推进依法行政工作，被温州市政府授予2013年度依法行政示范单位。积极探索建立公职律师制度，配备1名具有法律执业资格的干部从事专职法制工作。积极主动开展税收优惠政策落实专项督查，深入开展“四合一”执法检查，继续开展ISO内审执法检查，探索建立税收管理员征管质量督查内审制度。大力加强行业税收专项检查和专项整治，加大重大涉税违法案件查处力度，严厉打击发票违法犯罪活动。全年共组织稽查入库税款总额763万元。

优化纳税服务 以办税服务厅标准化规范化建设为抓手，打造优质纳税服务平台，办税服务大厅通过标准化验收，获评第一批省级标准化办税服务厅。审批中心国税窗口连续12个月被评为“红星窗口”，连续4个季度获得“红旗窗口”称号。进一步规范简并审批事项，提高办事效率，深化“全程服务·阳光国税”品牌建设，进一步扩大同城通办事项范围。依托“在线访谈”“税企QQ群”进一步畅通与纳税人的沟通服务渠道。依托科技手段，认真开展2011～2012年度纳税信用等级评定、外资企业联合年检等工作。积极开展“千名干部进千企解千难”行动，深入行业协会、企业走访调研和服务，累计走访企业160余户。

创新税收管理 稳步推进税制改革，深化部分现代服务业和交通运输业“营改增”试点工作，广播影视业“营改增”试点顺利推行，铁路运输和邮政业“营改增”顺利启动。全县2238户“营改增”试点纳税人入库增值税2509万元，试点纳税人总体税负下降0.71%，试点开票方和受票方合计带来932万元的减税效应。深化税源专业化管理，扎实开展重点税源风险评估应对工作。深化网络发票综

2013年国税30强名单

所属时间：2013年1月~12月　　　　单位：万元

排名	企业名称	负责人	累计税额	上年同期数	增减率	地址
1	奥康集团	王振滔	15172.41	14264.98	6.36%	黄田街道
2	红蜻蜓集团	钱金波	8129.77	9321.87	−12.79%	江北街道
3	浙江永嘉农村合作银行	苏加标	8060.78	11641.20	−30.76%	江北街道
4	国网浙江永嘉县供电公司	陈　浩	6753.85	5430.25	24.37%	南城街道
5	浙江报喜鸟服饰股份有限公司	周信忠	6741.58	11680.00	−42.28%	江北街道
6	温州市烟草公司永嘉分公司	陈兴明	4210.44	4302.69	−2.14%	江北街道
7	伯特利阀门集团有限公司	黄胜丰	2450.03	951.25	157.56%	江北街道
8	超达阀门集团股份有限公司	王汉洲	1949.27	1340.04	45.46%	江北街道
9	蜘蛛王集团	许承建	1881.03	2715.15	−30.72%	东瓯街道
10	浙江鲍斯高服饰有限公司	陈进宝	1852.61	1711.30	8.26%	东瓯街道
11	亚龙科技集团	陈继权	1602.54	1824.96	−12.19%	东瓯街道
12	永嘉县瑞丰小额贷款股份有限公司	王振滔	1528 33	1340.52	14.01%	江北街道
13	方圆阀门集团有限公司	叶春年	1512.17	1054.09	43.46%	东瓯街道
14	东蒙集团	池慧杰	1498.72	1037.52	44.45%	乌牛街道
15	浙江科一合成革有限公司	徐长久	1221.20	730.84	67.10%	东瓯街道
16	宣达实业集团	叶际宣	1200.18	1180.24	1.69%	东瓯街道
17	斯多纳集团	蔡显静	1177.17	867.03	35.77%	江北街道
18	凯泉集团	林凯文	1161.85	1063.88	9.21%	东瓯街道
19	迦南科技集团	方亨志	1160.36	1665.65	−30.34%	东瓯街道
20	球豹阀门有限公司	余三豹	1155.70	426.17	171.18%	东瓯街道
21	中泉集团	吴永旭	1152.19	984.81	17.00%	江北街道
22	浙江迷西仕服饰有限公司	余强春	1102.31	327.00	237.10%	东瓯街道
23	永一阀门集团	赵春岳	1053.21	1076.45	−2.16%	东瓯街道
24	奇特乐集团有限公司	章莲芬	992.60	155.34	538.97%	桥下镇
25	保一集团	张晓东	966.95	542.76	78.15%	江北街道
26	浙江康亨服饰有限公司	康孝祥	887.38	732.64	21.12%	江北街道
27	红黄蓝集团	叶显东	868.46	861.34	0.83%	江北街道
28	浙江永嘉恒升村镇银行股份有限公司	朱爱萍	801.46	293.50	173.07%	江北街道
29	浙江科鼎阀门有限公司	卓育成	789.21	136.14	479.71%	桥下镇
30	开维喜集团	林炳春	733.53	295.42	165.22%	东瓯街道

注:30强企业税收79818万元，占全县税收（不含车购税）191419元的41.7%;较上年下降0.17%。

合应用，加强免税农产品发票信息和电力信息应用，推进发票查验工作。充分利用第三方信息，建立健全涉税信息分析应用机制。做好企业所得税汇算清缴工作，规范企业所得税涉税事项管理。加强反避税和非居民企业税收管理工作。完善制度规定，不断提升车购税科学管理水平。

干部队伍建设 深入学习贯彻党的十八大和十八届三中全会精神，分级、分层、分批开展学习，县局党组被评为2012～2013年度温州市“学习型领导班子”。加强文明创建工作，县局、税源管理二科、瓯北税务分局通过市级文明单位复评。纳税服务科获评市级“青年文明号”。创新选拔任用方式，开展竞争性选拔工作，全年选拔任用正股级干部2名、副股级干部5名。建立“学分制”培训制度，积极组织全员赴大专院校开展脱岗培训，大力提高干部素质。开展“道德大讲堂”活动，提高干部职工的道德素养。组织人员参加市局组织的演讲、征文、微电影等比赛和“身边好人”评选活动，着力营造重德律己的文明机关氛围，反映干部爱岗敬业的微电影《携手》获市局三等奖。

党风廉政建设 落实中央“八项规定”，进一步深化作风建设，严格执行总局、省局、市局各项规章制度，完善政风行风动态考核办法，建立督查联系会议，形成制度化、常态化的监督检查机制。深入开展廉政教育，组织开展利用涉税中介机构谋取不正当利益专项治理“回头看”工作，进一步提高广大党员干部廉洁从政意识。积极参与省局廉政知识竞赛、市局“清廉国税”电脑屏保程序设计比赛等活动，均取得优异成绩。全面加强民主评议政风行风工作，3个基层单位获得当地“满意单位”称号，税源管理二科获得当地行风评议第二名；瓯北税务分局、桥头税务分局均获得当地行风评议第三名。

（郑文龙）

金融　保险　证券

综　述

概　况　2013年，永嘉县金融机构认真贯彻稳健货币政策，存贷款余额实现双增，完成全年信贷投放计划。不良贷款率继续维持低位运行，好于温州市区以及温州其他县（市）区平均水平，信贷期限结构明显改善，金融生态环境日趋向好。

存　款　截至12月末，全县本外币各项存款余额440.03亿元，比年初新增了47.07亿元，增长12.0%，与上年同期相比多增了10.17亿元，金融形势相对较好。其中人民币单位存款余额153.31亿元，新增5.85亿元，同比增长3.97%，增量同比减少1.56亿元，增速同比回落1.33个百分点，单位通知存款增长明显，12月末余额6.52亿元，新增3.65亿元，同比增长127.22%。全县人民币个人存款余额273.07亿元，新增37.02亿元，同比增长15.68%，增量占比76.73%，同比多增7.02亿元，占本外币个人存款余额的98.79%，占比较年初上升0.51个百分点。

贷　款　2013年，永嘉县辖内各金融机构充分发挥金融主力军作用，加大信贷投放力度。截至年末，本外币贷款余额达381.84亿元，较年初增长43.81亿元，增长12.96%。农户贷款增长明显，全县涉农贷款309.06亿元，较年初增长38.36亿元，增长14.17%，高于同期人民币贷款增速；全县农户贷款余额128.30亿元，较年初增长21.82亿元，增速20.50%。中长期贷款增长明显，全县金融机构人民币短期贷款余额307.10亿元，新增14.28亿元，占全部新增贷款的32.26%，同比少增38.60亿元；中长期贷款余额72.24亿元，新增29.15亿元，同比增长67.65%，同比多增19.21亿元，占全部新增贷款余额的65.84%，高于同期人民币贷款增速。

贷款不良率　截至2013年末，永嘉县金融机构人民币不良贷款余额3.52亿元，较年初增长1.41亿元，不良贷款率0.92%，较年初增长0.29个百分点，低于全市平均水平。

证券业务　截至2013年末，永嘉县有证券营业部4家（浙商证券、申银万国、国泰君安、华泰证券），股民账户累计27312户，新增2078户，同比增长7.6%。全年股票交易额456.99亿元，同比增长63.37%。股民持股市值23.94亿元，同比增长59.85%。

保险业务　截至2013年末，永嘉县累计实现保费收入8.82亿元，同比增长6.4%，其中财险保费收入3.84亿元，同比增长15.0%；寿险保费收入4.98亿元，同比增长0.6%。2013年，永嘉辖内保险机构数量和从业人员变动较大，保险机构从20家减少到15家，从业人员从1351人减少到1053人，降幅达22.06%。

中国人民银行永嘉县支行

贯彻稳健货币政策　2013年，中国人民银行永嘉县支行加大信贷投放引导力度，出台《2013年度永嘉县货币信贷工作指导意见》，引导全县金融机构贯彻落实国家宏观调控。加大对重点工程建设、中小企业、“三农”等领域的信贷支持。完成绿色信贷、房地产信贷、金融创新等方面政策导向效果综合评价。坚持“有保有压”，限制对“两高一剩”行业的信贷投放。协助县政府举办银政企对接签约活动2场，9家银行对13个项目现场授信91.7亿元。截至11月末，全县本外币存款余额419.68亿元，新增26.68亿元，同比增长8.7 %。贷款余额379.36亿元，新增41.33亿元，同比增长12.9%。

货币政策工具运用　2013年，

中国人民银行永嘉县支行适时向辖内2家法人金融机构下达年度、月度贷款规模，严格控制地方法人机构信贷投放节奏，用足用活合意贷款额度。拓宽支农再贷款使用范围，积极发挥支农再贷款导向作用，完成对永嘉恒升村镇银行发放首笔支农再贷款业务，累计发放支农再贷款1.85亿元。开展支农再贷款现场检查，完成涉农信贷专项评估。组织开展法人金融机构监测考核，完成专项票据兑付后续监测考核和村镇银行经营财务状况监测考核。

窗口指导和调研分析 2013年，中国人民银行永嘉县支行组织开展金融支持实体经济转型发展服务年活动，引导金融机构合理把握信贷投放节奏。适时召开金融工作务虚会，定期召开全县金融机构行长（经理）联席会、信贷保险季度联席会议，建立永嘉金融形势分析专家小组，加强货币政策执行效果分析引导。落实行长信贷走访制，深入金融机构开展实地调研。做好县域贷款资金用途及流向调查，《县域政府融资发展特点、问题及对策》《对当前县域工业经济发展面临困难的调查与思考》《永嘉不良贷款防控化解情况调查报告》等调研报告被上级行刊物录用，为政府决策提供参考。

支持实体经济发展 2013年，中国人民银行永嘉县支行制订出台《关于加强银行业金融机构服务创新的意见》，引导金融机构灵活设计贷款期限和还款方式，鼓励银行业金融机构利用人民银行应收账款质押登记公示系统、银政合作平台等，创新抵押担保方式和信贷管理模式，推广银行授信与企业纳税情况直接挂钩的贷款创新模式，提高中长期贷款比重。截至2013年末，永嘉县中长期贷款余额71.6亿元，比年初增加28.6亿元，中长期贷款占比同比增加了6.34个百分点，区域贷款期限配置趋向合理。

支持涉外实体经济发展 2013年，中国人民银行永嘉县支行积极发展跨境人民币业务，跨境人民币业务总量1.32亿元，激活企业19家。简化企业结汇、购付汇手续，摸索服务企业的新方法和方式，出台《涉外企业辅导办法》，推进货物贸易外汇管理改革。实施现场核查和非现场核查相结合方式服务企业，全年现场核查企业13家，约见法人进行谈话13家，列入B类企业5家；非现场核查重点监测企业201家，对存在问题的企业进行温馨提示40家，新入名录企业69家，受理企业报告696份，受理辅导期企业报告45家。推进服务贸易外汇管理改革，成立服务贸易外汇管理改革领导小组，落实专人负责。开展新规出台后的宣传、解答和政策反馈工作。推进资本项目下各项改革，落实直投新政，组织人员参加总行举办的资本项目系统推广培训会，配合中心支行做好对个人境外证券投资进行调研工作和小额外保内贷业务试点工作，进一步提高跨境投融资便利化水平。全年实际利用外资2321.79万美元。

信用体系建设 2013年，中国人民银行永嘉县支行参与地方农村合作银行改制为农商行工作，延伸征信查询服务到永嘉民间借贷登记服务中心。完成2家小贷公司接入征信系统工作，指导永嘉恒升村镇银行接入征信系统。深化开展信用镇、信用村创建，枫林镇、沙头镇被认定为市级信用镇，孤山村等4个行政村被认定为市级信用村，并推荐参加全省联评。召开企业信用评级工作动员会，启动信用评级工作，并将企业信用评级工作纳入县委、县政府2013年信用城市创建的重要内容和金融机构支持地方经济发展业绩考核。截至11月末，全县企业信用评级签约率达90%，全市领先。进一步加强农户信息导入管理，截至11月末，累计导入农户信息57648户，占全市累计导入量的26.5%。

便农支付工程 2013年，中国人民银行永嘉县支行深化便农支付工程建设，指导金融机构优化调整助农取款网点，促进资源有效配置。启动永嘉农村地区手机支付试点工作，探索手机支付建设和推广。建立“网上支付应用示范区”，优化农村地区的支付环境。截至2013年末，建成助农取款点189个，实际取款6410笔，金额364.5万元。ATM机总数384台，同比增长160%；其中农村350台，同比增长148%。全县手机银行用户297147户，网上银行用户406467户。桥下镇小京岙村被评为市级网上支付应用示范区并报省里评选。

外汇业务宣传 2013年，中国人民银行永嘉县支行加大外汇非现场核查力度，确保数据的准确性和时效性。开展以“合规经营外汇、诚信发展经济”为主题的诚信兴商宣传月活动，发放宣传资料1万余份，悬挂横幅（电子显示屏）300余条，发送短信1万多条。开展外商投资企业联合年检和境外投资企业年检工作，参检率达100%。通过会计事务所年检率100%。境外投资企业7家，参检率100%。加大外汇调研信息反映力度，共上报调研信息17篇，其中被上级录用7篇，被总行录用2篇，领导批示1篇。

国库资金管理 2013年，中国人民银行永嘉县支行坚持以国库资金安全为基础，对内狠抓执行力建设，对外加强监督管理，切实提升国库经理水平，在中支国库会计核算业务竞赛中实现“零差错”。开展国库资金风险量化试评估，组织对3个国库经收处、2家国库集中支付业务代理行开展现场检查，加强国库资金风险管理。圆满完成TBS备用系统应急演练，提升突发事件处置能力。全年累计办理各级预算收入11.7万笔，金额114.01亿元；库款支拨29940笔，集中支付2万笔，金额132.96亿元；预算收入退库2338笔，金额7.24亿元。

内部管理 2013年，中国人民银行永嘉县支行组织开展内控安全教育，推动每季度非现场监督检查和“一岗双责”制度落实。推进领导干部与员工联系制度，完善内控风险防范长效机制建设。配合中支审计组开展离任审计、落实整改措施。畅通信息沟通平台，提高员工主人翁意识。征集干部员工在办公管理、干部管理、文明氛围、创先争优等方面的意见建议，逐一落实改善措施。推进科技安全标准化建设，组织开展涉密计算机清理。开展节能减排宣传周活动，提高全行员工的节能减排意识。深化社会治安综合治理，落实安全生产责任制，层层签订“三防一保”责任书，定期召开保卫例会和安全形势分析会。组织开展消防安全演练，规范安全管理制度。

廉政建设 2013年，中国人民银行永嘉县支行严格执行住房、车辆配备等有关工作和生活待遇的规定。大力精简会议、切实改进会风，全年会议费支出同比减少27.7%。精简文件简报，切实改进文风。着力规范权力阳光运行，坚持集体决策。围绕“权、钱、人”重点领域和关键岗位开展风险排查，严格执行公务接待“三严四禁”规定，强化公务用车使用管理。贯彻落实党风廉政建设“三谈三述二报告”制度，切实加强对全行员工的行为监督。关注干部员工思想动态，做好思想教育和引导。解决群众反映的突出问题，增强服务意识和宗旨意识。围绕廉政风险防控年建设，出台《支行岗位（廉政）风险预警防控暂行制度》《支行“廉政餐”监督管理暂行制度》《支行金融管理服务满意度调查制度》等制度，完善岗位廉政建设。通过组织开展纪检组长读书读报、编发15期《楠溪廉韵》刊物、制订“廉政餐”、完善公务卡使用等措施，严格控制“三公”经费开支，提高信息公开透明度。推进党务公开，设置党务、政务、行务公开意见箱和公开电话，切实加强监督。深化“转作风从我做起”活动，干部队伍执行力明显提升。

干部队伍建设 2013年，中国人民银行永嘉县支行支持2名优秀青年干部参与中支副科级职位竞争，1人竞聘成功，1人与中支机关双向挂职锻炼。认真按照要求做好1名副主任科员的推荐上报工作并成功获得聘任。切实加强干部队伍梯队建设，按照股级干部选拔任用工作实施细则有关规定，试用期满副股级干部考绩任职1名，确定主持副股级干部1名，新提拔副股级干部1名。

党　建 2013年，中国人民银行永嘉县支行坚持抓好理论学习和思想政治工作。深入学习贯彻十八届三中全会精神。通过召开党组会、党组扩大会议、股室例会等传达贯彻会议精神。制定职工教育培训工作长期规划。创办“永嘉金融讲堂”，为全县260余名金融从业人员举办“温州金融发展与创新”专题讲座。组织开展外汇服务、跨境人民币、文明礼仪、公文写作、计算机知识等专题培训，提高岗位履职能力和工作水平。

文明创建 2013年，中国人民银行永嘉县支行召开文明创建推进会，全面部署文明创建工作。顺利通过省级文明单位复评。出台“道德讲堂”实施方案，共举办“道德讲堂”6期，不断提升干部职工的思想道德修养。组织开展“创建学习型组织，争做知识型员工”和“创建文明股室，争当文明员工”活动。深化创建职工之家，采购职工活动室器材，丰富员工文体生活。建立爱心救助公德基金，鼓励员工践行社会责任。加强青年品牌创建，以金融团工委为平台，发起“光盘行动”倡议，以“学雷锋志愿者”“青年调研课题组”“十八大知识竞赛”“业务技术大比武”等活动为抓手，加强对金融系统青年团员的思想引领，取得一定成效。

（周　彪）

中国工商银行股份有限公司永嘉支行

概　况 2013年，中国工商银行股份有限公司永嘉支行认真贯彻落实国家金融法律法规和相关监管规定，围绕“控风险、拓市场、重创新、转作风”指导方针，扎实推进各项工作，实现平稳持续发展。截至2013年末，本外币各项存款余额50.38亿元，比年初增加1.68亿元，本外币各项贷款余额42.55亿元，比年初增长0.79亿元，不良贷款余额为零。全年实现利润16224万元，实现中间业务收入4260万元。

内控管理 2013年，中国工商银行股份有限公司永嘉支行定期召开内控委会议、防案分析会和员工行为动态分析会，讨论各项内控管理考核结果。制定《中国工商银行永嘉支行2013年内控管理工作意见》，明确全行内控管理工作目标、工作重点、工作措施和具体工作要求。完善《永嘉支行2013年内控管理考核办法》，继续执行《永嘉支行员工内控帮扶实施办法(试行)》《永嘉支行反洗钱客户信息维护考核方案》《中国工商银行永嘉支行网点运行专业管理综合考评规定》等一些考核措施，推动全行内控管理体系的完善和内控管理水平的提高。认真组织落实《员工违规行为处理暂行规定》及《中国工商银行温州分行违规积分管理实施细则》。开展“学习岗位规范，对照自我检查，实行承诺自律、开展全员评议”内控案防主题教育活动。实行全员参与，全员监督评价，树立队伍正气和营造良好氛围。2013年支行各部门共组织各类培训活动30多次。对全行员工开展了《员工行为禁止性规定》等内控文件、服务礼仪与技巧等培训，对一线员工、值班经理、网点负责人、内控员等开展了反洗钱业务知识培训，对运行主管、值班经理及部分柜员开展了人民银行机构信用代码、支付密码器、单位结算账户流程优化、管理信息专业违规积分标准、反洗钱等业务培训，对客户经理开展产品、制度等培训。

支持小企业发展 2013年，中国工商银行股份有限公司永嘉支行设立了小企业金融服务部，配备专职人员，组成强力专业营销团队。通过专营机构、专业人员、专项考核、专属产品、专用流程模式不断加强与专业市场、产业集群中的小企业联系，为其量身打造金融服务方案，全力为当地小企业提供便捷高效优质的金融服务，切实满足目标客户群的金融需求。截至2013年12月末，全年小微企业扩户83户，净增42户，累计新发放贷款25953万元，小企业户均贷款由年初的847.10万元下降到年末的614.90万元。全年扩户数稳居市分行第一名，列全省一级支行前三甲。

支持大项目建设 2013年，中国工商银行股份有限公司永嘉支行加大对一批事关当地重大基础设施建设项目的支持力度，综合运用中长期固定资产贷款、财产收益权信托产品等模式，重点支持了滩涂围垦、农田水利等项目，审批通过的重大基础设施建设项目贷款金额4.27亿元，切实满足大项目建设资金需求。

助民企转型升级 2013年，中国工商银行股份有限公司永嘉支行以温州入选全国首批科技金融试点为契机，支持科技创新型企业发展，为先进装备制造业等提供优质金融服务，助推当地民营企业的转型升级和科技创新。2013年审批的企业项目贷款达到3.3亿元。

发展绿色信贷 2013年，中国工商银行股份有限公司永嘉支行推行企业“环保一票否决制”，严格控制对高耗能、高污染、落后产能和过剩产能领域的新增信贷投放，对不符合国家产业规定、达不到市场准入标准、达不到国家环保和排放要求的企业和项目，严格限制任何形式的新增授信。实行名录制绿色环保政策，对环保违规企业贷款采取系统刚性控制。当年通过系统锁定环保等级为红色、黑色的环保违规企业4户，涉及贷款金额1840万元，督促企业积极进行整改，环保达标后才准许系统解锁。

金融产品创新 2013年，中国工商银行股份有限公司永嘉支行根据当地块状经济特色，推出“小额易捷贷”产品、抵押物余值项下信用贷款、小企业中长期固定资产项目贷款产品“固贷通”等。截至年末，办理纯保证小微型企业32户，累计发放贷款67笔，金额9328万元；成功发放3户共1600万元的抵押物余值项下信用贷款。

利率优惠 2013年，中国工商银行股份有限公司永嘉支行以“规范贷款行为、科学合理收费”为经营准则，落实银监会“七不准、四公开”工作要求，按照中国工商银行总行公布的2012版服务价目表实施服务收费，结合温州当地实际，执行优惠利率，让利给企业。在规定权限内，主动调整贷款定价政策，支持实体经济发展，新发放贷款利率明显走低。根据市分行利率反馈数据，2013年，各项贷款利率执行水平较上年明显降低，整体贷款利率执行水平处于永嘉四大银行最低水平，以实际行动落实了让利减费要求。

信贷风险 2013年，中国工商

银行股份有限公司永嘉支行加强贷款风险预警管理。对各种信贷隐性风险始终保持高度警惕，采取有效措施，积极防范，及时发现和化解信贷风险。分析当年新增不良贷款的产生原因和风险状况，根据每笔不良贷款的实际情况，采取合理有效的措施，及时清收，防止不良贷款反弹。结合实际，认真贯彻“三个办法和一个指引”，修订制度，并以此为契机，增强信贷人员对贷款的全流程管理和风险管理理念，严格落实信贷“三查”制度，强化用途管理和信贷资金流向的监测，确保信贷资金真正为实体经济服务，促使信贷业务健康有序发展。

荣　誉　2013年，中国工商银行股份有限公司永嘉支行四个季度在经营绩效考核中均列工行温州分行系统第一名，年度内控评价继续达到一级行，支行党总支荣获中国工商银行总行级先进基层党组织称号，乌牛支行被评为工行浙江省分行内控先进网点，支行被评为工行温州分行先进单位，上塘支行被评为工行温州分行先进集体。

（金晓文）

中国农业银行股份有限公司永嘉县支行

概　况　2013年，中国农业银行股份有限公司永嘉县支行（简称农行永嘉县支行）以“抓基础、促转型、精管理、提效益”的实干作风，促进各项业务转型发展和各项业务规模、速度、结构、质量和效益的协调统一，支持实体经济发展。年末，全行各项存款余额107.74亿元，比年初增加3.51亿元，存款总量继续居全县金融机构之首；各项贷款余额71.71亿元，信托融资后全年贷款实际增量达2.55亿元，新增贷款全部投放到实体经济领域；分别实现拨备前、拨备后利润、经济增加值3.99亿元、3.90亿元和2.35亿元，同比分别增加3842万元、5871万元和5041万元；获永嘉县“勤廉金融单位”“浙江省敬老文明号”及省农行先进集体等荣誉，并顺利通过全国农行文明单位复评。

服务“三农”　2013年，农行永嘉县支行围绕总行提出的“面向‘三农’，服务城乡”的宗旨，结合永嘉县域经济发展特点，加快构建“社保卡+惠农通机具”支付网络，提高空白金融区域的服务覆盖，增强了农村居民享受金融服务的便捷性，实现了农村地区电子银行、自助设备和助农取款服务的立体式覆盖，年末电子渠道金融性交易占比超92%，通过柜台办理的各项业务不足8%，农村居民在家门口就可享受农行的服务，金融服务范围明显扩大。

支持经济转型　2013年，农行永嘉县支行围绕县政府“百项千亿招商”和经济回归工程工作目标，贯彻落实县人行“金融支持经济转型升级服务年”活动及《2013年永嘉县货币信贷工作指导意见》精神，应对复杂的金融形势，开展金融支持经济转型升级活动。支持区域内的龙头、支柱及优质产业转型升级；主动帮扶小微企业，面对区域经济暂时性困难，主动追加信贷支持力度，坚决不抽贷、不压贷、不惜贷，解决永嘉县中小企业融资难问题。

行风建设　2013年，农行永嘉县支行以“反对‘四风’、服务群众”为重点，转作风，促行风。通过配置排队机、业务推介显示屏、大堂电视、防电信诈骗语音提示、在每个网点设立“爱心避暑点”等为客户提供轻松安全的服务环境。通过《员工行为守则》《文明标准规范化服务》等，推广6S管理和推行标准化服务，充分展现了高效的服务内涵。推广“走出去”服务，全年累计开展45次场外金融服务，为客户特别是农村客户办理银行卡、网银、市民卡、惠农通，代理水电费等业务，让更多农民在家享受金融服务。贯彻银行业“三严格、五禁止”和银监会“七不准、四严禁”要求，规范金融服务环境。贯彻落实党中央“八项规定”和农总行二十八条禁令，通过下基层听难题、入企业送帮助、扶贫结对帮困等措施，坚持自觉走群众路线，服务实体经济，有效解决业务经营中存在的问题。

企业文化　2013年，农行永嘉县支行全面推广总行统一的企业文化核心理念，传承和发扬好“五种优秀品质”，注入“唯实、拼搏、创新”三项新元素，引导全行员工坚持树立科学发展观和正确业绩观，以内涵丰富的职业文化助推发展，以互学互比的竞争文化熔炼团队。在经济转型发展的形势下，以“道德讲堂”和“中国梦”教育为契机，通过开展多样的文体、交流活动，引导员工树立爱岗敬业、恪守职业道德的意识，形成了“诚信立业，稳健行远”核心价值观；形成了“爱岗敬业、诚实守信、勤勉尽职、依法合规”的职业操守，从每一位员工身上提炼出一种“根植于内心的素养”，一种“处处为他人着想的善良”，一种“不需要他人提醒的自觉”，一种“以承认约束为前提的自由”，先进的企业文化得到诠释和发扬。

（肖　克）

中国建设银行股份有限公司永嘉支行

概　况　2013年，中国建设银行股份有限公司永嘉支行（简称建设银行永嘉支行）紧密结合地方发展实际，强化开拓创新，加快战略转型，深化结构调整，加大金融支持力度，同时强化全面风险管理和安全营运，推进和谐银行建设，实现各项业务持续健康发展。至年末，本外币存款余额50.29亿元，比年初新增4.26亿元；本外币贷款余额43.51亿元，比年初增加1.46亿元。存贷比86.52%，同比降低4.84个百分点。按五级风险分类统计，本外币不良贷款余额 3712万元，不良率为0.85%，不良额比年初增加1225万元。实现账面利润1.57亿元。（有关指标见下表）

信贷支持　2013年，建设银行永嘉支行继续重视支持地方经济建设和实体经济发展，聚合有效信贷资源，加大支持力度。开展服务实体经济专题活动。成立建设银行永嘉支行金融支持永嘉经济转型升级服务年活动领导小组，制定诚信建设项目子方案、不良贷款处置和企业帮扶项目子方案、绿色信贷、科技信贷项目子方案、金融支小支微项目子方案、金融支农项目子方案。开展“重塑信用品质 服务实体经济”主题活动。重点支持城镇化所涉及的基础设施建设、新农村建设。强化小微企业金融服务。以“成长之路”“速贷通”“善融贷”以及网络银行等小企业信贷产品为依托，以小企业经营中心和信贷工厂等专业化机构建设为重点，通过贷款担保、小额贷款和网络银行电子商务贷款等多种业务形式，支持绿色信贷、“三农”、民生、消费等领域小企业的发展。至年末，小微企业贷款余额160350万元，比年初增加337万元。涉农贷款余额506万元，比年初减少54万元。小微企业信用贷款累计发放6户425万元，年末余额105万元。

服务提升　2013年，建设银行永嘉支行开展“进区入企”走访宣传活动。开展“3·15”消费者权益保护、征信宣传、反洗钱、反假币、金融政策产品知识等宣传活动，接受市民咨询，走访了解客户金融需求，征求客户意见建议。在民主评议行风活动期间，共印发200份《民主评议行风活动征求意见函》，征求意见阶段收回问卷调查表122份，调查问卷中满意度汇总为98.36%。建立和完善服务承诺制度，公布便民服务平台，包括“个人贷款、企业网银、单位结算通、工商验资通”4项服务项目需提供的资料及要求、操作流程等。提升员工技能，开展营业网点服务质量调查工作，全年组织柜面业务技能竞赛活动4次，参加286人次。加快物理网点的建设和自助设备投入，优先投向交易量高、现金使用频繁的区域，推动综合型网点、综合柜员和综合服务队伍的网点“三综合”建设，深化前后台业务分离，提升网点服务能力。强化信贷配套服务。做好“个转企”配套金融服务，落实“个转企”金融服务工作，重点做好相关授信配套，拟定以“信用贷”“供应贷”“助保贷”产品为主体的服务方案。

合规经营　2013年，建设银行永嘉支行贯彻落实省政府关于银行业金融机构“三严格、五禁止”及省银监局“七规范、四原则”要求，公开收费项目，执行信贷政策，规范存贷款管理，严防信贷资金违规流入虚拟经济领域。落实党风廉政建设责任制，组织员工学习《银行业金融机构从业人员职业操守指引》《中国建设银行员工职业操守》等规定，强化廉洁从业意识。组织干部员工签订《2013年廉洁从业、安全运营责任书》，明确党风廉政建设的责任目标和要求、责任内容和措施，增强领导人员“一岗双责”意识，防范案件与风险意识。开展防抢、防盗、防骗、防火、防破坏和防治安灾害事故

建行永嘉支行主要业务指标情况表　（单位：万元）

项目	2012年末余额	2013年末余额	2013年新增	增长率
本外币存款	460258	502866	42608	9.26%
对公存款	207692	210386	2694	1.30%
个人存款	252566	292480	39914	15.80%
各项贷款	420492	435065	14573	3.47%
账面利润	17723	15732	1991	−11.23 %

等安全知识教育和安全警示教育。网点每月至少召开2次安全教育会议和1次防范金融风险分析会，通报治安形势，分析典型案例。全年截获冒名办卡、电信诈骗等事件5起。开展“坚守底线、合规发展”主题教育实践活动、“强化合规意识、规范业务经营”专项治理活动和“服务实体经济、强化信贷管理”活动等，促进全行员工廉洁合规从业。被省综治委评为2013年度省级治安安全示范单位、被县人行评为永嘉银行业金融机构综合评价A等行。

资产质量 2013年，建设银行永嘉支行每月月初定期召开风险防控分析会，讨论分析每个网点的贷款风险户，并提出具体的监测、化解或跟踪处置意见，开展“排雷”行动。对增量贷款，严把准入关，重点关注企业互保多、关联多和合作银行多的“三多”企业。优化信贷结构，完善不良贷款考核机制。加大公司类风险资产指标控制的奖罚力度，将网点负责人、经营人员与每一起发生的风险事项挂钩，按一定比例扣发绩效工资。同时做好每月扣息管理，对未及时扣息的客户经理，予以相应的扣罚，促使客户经理对每月的拖欠情况做到心中有数。

文明创建 2013年，建设银行永嘉支行强化组织领导，调整文明创建领导小组成员，2次召开文明创建工作专题研讨会，分析存在的问题与不足，研究部署创建工作重点。4月19日，召开文明创建工作推进会，对文明创建工作进行再动员、再部署。开展以“一堂、一队、一牌、一桌、一传播”为主要内容的“五个一”活动。举办2期“道德讲堂”活动。建立由56人组成的学雷锋志愿服务队，制定活动计划和实施方案，开展各类形式的志愿服务活动。发起“文明餐桌”倡议书，养成理性消费的饮食习惯。建立网络文明传播志愿服务小组，建立6个微博或博客，开展网络文明传播志愿服务活动。8月22日，到文明共建结对村岩坦镇潘二村召开座谈会交流结对共建工作，送上10000元结对共建资助款，给2位特困户送上各500元慰问金和1条棉被。开展军民共建活动，慰问公安消防局、县武警中队、县人武部，并送上慰问金。举办网络学习培训8次、员工业务技能测试4次，给新员工分发书籍，提高员工素质。在温州分行第十五届“劳动杯”业务技能比赛中，获团体第六名，4项团体项目和5项个人项目进入全市前六名。

信贷新产品 2013年，建设银行永嘉支行在支持小微企业方面重点推出“善融贷”“浙易贷”“小额贷”“助保贷”等贷款品种，主要以信用及小额担保为主，支持小微企业无抵押物而导致的融资困难。对已开户的无贷户客户群，通过后台批量筛选，由网点柜员等渠道重点推广“善融贷”，明确“善融贷”业务准入标准：即依据小微企业交易结算及结算账户活跃程度，对结算稳定并形成一定资金沉淀的小微企业，发放用于短期生产经营周转的、可循环的人民币信用贷款业务。在贷款额度有效期内随借随还、循环使用，循环额度有效期最长1年，且单笔支用贷款期限不超过1年，贷款额度最高为200万元。对风险缓释措施良好、持有效足额抵押物的客户群，主要推广“速贷通”；对有真实贸易背景和需求的大型核心企业的上下游客户群，着重推广“供应贷”；对有政府帮助筛选并承担风险的客户群，重点发展“助保贷”。

（张俊杰）

中国银行股份有限公司永嘉县支行

概　况 2013年，中国银行股份有限公司永嘉县支行（简称中国银行永嘉县支行）面对复杂的经济、金融形势，明确“效益惟上、加大授信风险防控、大力发展小微企业业务、加强内控精细化管理”工作主线，主动应对形势变化，直面困难和挑战。截至2013年底，实现账面利润10148万元，人民币存款余额229936万元，其中储蓄存款128136万元，比年初新增17798万元；外汇存款余额4852万美元，约占永嘉四大行外汇存款总额的60%；人民币贷款合计339541万元，比年初新增38427万元，其中公司贷款173421万元，比年初新增32545万元。传统优势业务国际结算和跨境人民币结算继续保持良好发展。累计为中小微企业发放贷款3.81亿元，比年初新增1.24亿元，小微企业发放贷款户数达106户，比年初新增20户。

不良资产防控 2013年，中国银行永嘉县支行全面配合市分行资产保全组相关工作，采取应急处置措施，调整工作机制，绩效倾斜，落实“四定”工作（定策、定人、定时、定额），深入实施“一户一策”“一把手”负责制和差异化管理，在公司部抽调专业人员设立“风险经理—资产监控”岗位，逐步实现专业化清收。清收化解不良住房按揭贷款3笔，合计407万元，年末授信资产质量保持良好。要求客户经理严格按照“四个必须”条例，密切关注风险企业经营状况和企业主个人动态，完善预警企业相关个人授信联动排查机制，强化风险管理分类，重点监控关注类贷款，切实规范贸易融资和保函业务管理，严格甄别贸易背景真实性。通过每周例会以及“金融知识小课堂”督促客户经理运用预警系统，及时掌握风险信息，及时风险排查与防控。

内控风险 2013年，中国银行永嘉县支行切实加强对重点业务、重点环节、重点产品及重点机构的监督检查，配合省行开展 “2013模范检查”行动、案件风险排查。坚持以“风险防范”为核心，以“强基础、保落实”为原则，结合“双十禁” “五个严禁”等规章条例，通过整合内部流程、重新进行业务分工、修改岗位职责等一系列措施，建立重大事项报告制度，并在辖内机构定期（每季1次）公布考核结果。共对网点现场业务检查30次，通过MIS系统、电子报表系统及监控录像加大非现场检查力度，检查覆盖面100%。严肃责任追究和管理问责，全年共下发责任追究通报6期，通报批评并扣减绩效工资9人次。6月，营业部成功堵截1起伪造银行承兑汇票事件。

外汇管理 2013年，中国银行永嘉县支行根据《国家外汇管理局永嘉县支行国际收支统计间接申报现场核查通知书》与《永嘉外汇管理局永嘉县支局现场检查通知书》要求，接受永嘉外汇管理局从6月5日至6月23日对上年度外汇业务进行合规性全面检查与国际收支申报专项检查。中国银行永嘉县支行成立国际收支间接申报自查小组，配合外管检查，及时整改发现的问题。

服务实体经济 2013年，中国银行永嘉县支行积极响应县委县政府及上级行相关政策，大力拓展资产业务，服务实体经济，支持小微企业发展。公司贷款累计发放19.78亿元，引入域外资金8.9亿元。清理收费项目8个，为企业减免负担100余万元。服务小微企业，累计为中小微企业发放贷款3.81亿元，比年初新增1.24亿元，小微企业发放贷款户数106户，比年初新增20户。主动下降利率10%，为企业节约成本200余万元。全年共安排200余人次深入企业，帮助企业解决实际困难。

企业文化 2013年，中国银行永嘉县支行高度重视文化服务，坚持“服务为善”理念，加强岗位练兵。通过市级文明单位复评。组织员工参加各类行内外文体活动比赛，在温州市分行第七届运动会中，合计参赛50余人次，在各项球类、田径类比赛中均取得较好成绩，多个项目进入半决赛、决赛。营业部员工金春苗获得“全国五一巾帼标兵”称号。中国银行永嘉县支行获得“2012年度省级治安安全示范单位”称号；中国银行永嘉县支行党总支获浙江省分行“优秀基层党总支”称号。组织员工观看红色人物纪录片《雨中的树》及《周恩来的三个昼夜》，专题学习党的十八大会议精神以及最新版《中国共产党党员章程》；定期开展党委班子对网点、部门负责人谈心谈话活动，及时了解业务发展中遇到的问题，强化正面激励和引导，激发基层党组织和广大员工“创先争优”内在动力，增强全体员工凝聚力和战斗力。

（胡宁宁）

浙江永嘉农村合作银行

概　况 2013年，浙江永嘉农村合作银行以“稳增长、强基础、控风险、优机制、提素质、塑内涵”为主基调，各项业务实现稳健发展。截至2013年末，各项存款余额107.24亿元，比年初增加19.22亿元，增长18.17%；市场占有率24.87%，比年初提高2.15个百分点。各项贷款余额77.79亿元，比年初增加10.86亿元，增长16.23%；市场占有率20.42%，提高0.52个百分点。涉农贷款余额77.56亿元，比年初上升10.38亿元，增幅16.97%，高出全部贷款的平均增幅0.74个百分点；小微企业贷款（含个人经营贷款）余额71.5亿元，比年初上升10亿元，增幅16.25%，高出全部贷款的平均增幅0.02个百分点。不良贷款余额3833万元，比年初下降1429万元，不良贷款率0.49%，比年初下降了0.3个百分点。信贷资产减值准备余额49583万元，比年初增加14008万元，信贷资产减值准备充足率2212.54%；拨备覆盖率1293.44%，比年初上升617.37个百分点；拨贷比6.37%，比年初上升1.05个百分点；资本充足率19.48%，核心资本充足率18.39%。2013年共招聘新员工44名，其中本科生40人、大专生4人。

股改工作 2013年，浙江永嘉农村合作银行组织召开2次股东代表大会，通过11项改制议案，确保各项股改议案公开、合法、合规。依规组织清产核资，确保清产核资结果公允、净资产分配公平公正、力求资产边界清晰、资产完整、不留后遗症。取消资格股，妥善处置历史遗留股金，并按照农商银行发起人资格条件，全面厘清原股金。兼顾中小股东的利益，科学合理制订增资扩股方案，扎实推进增资扩股工作，资本金增扩至5.44亿股，进一步优化股权结构，提高法人股东占比至39.60%，确保股权结构达到筹建农商银行的要求。及时向政府、省农信联社温州办事处、筹建工作领导小组、银监等股改相关部门及领导汇报股改情况及工作进度，取得支持，确保股改工作在符合法定要求的前提下快速推进。

渠道建设 2013年，浙江永嘉农村合作银行新发放丰收借记卡33.97万张（总量93.68万张），市民卡信息录入总量达到34.23万户，占永嘉县业务量的64.66%；新发放贷记卡5055张（总量8580张）；网银（手机银行）新开户22292户（总数36506户），增长156.83%；ATM机新设55台（总数109台），增长101.85%；新增POS机（电话宝）349台（总量1263台），增长38.18 %；6家离行式自助银行正式对外营业。电子业务替代率从35.25%提高到56.03%。独家代理乡镇财政国库集中支付业务，累计办理165笔404.20万元，深化住房公积金代理业务，累计拓展企业111家，客户数538户，新增存款9785万元，发放公积金委托贷款21笔，金额1230.90万元。推动“个转企”和“下转上”，“个转企”开户148笔，“个转企”（含企业主）贷款144笔，贷款金额5045万元。全面开拓各项代理业务，全年共代理代收付业务45项，累计发生笔数357万笔，资金发生额24.29亿元。

组合营销 2013年，浙江永嘉农村合作银行组织开展8次营销活动：开展“迎元旦、刷丰收卡、享红利”等刷卡消费活动3次；推出“2元看电影”“约惠阳光·乐享美食”等优惠活动，加快贷记卡的推广和附加值的提升；开展“金榜题名、丰收启程”活动，向全县高考录取新生推介丰收借记卡、支付宝卡通和网上银行；推出“个性对账单”，实现贷记卡账务信息与刷卡奖励活动、新业务推广等多方面相结合；推行“1+N”营销模式，开展“牵手薪人”让利活动。

内部管理 2013年，浙江永嘉农村合作银行在薪酬分配上按岗位分类考核，根据全员岗位配置分八大模块，并根据岗位职责制定相应的绩效考核办法，不同模块的考核重点不同绩效收入不同，相同模块业绩不同绩效收入不同。推行“上二休一”上班模式，提升人力资源效率；实施末位淘汰制，根据上年考核情况，对任务完成情况处于末2位并触发“淘汰线”的网点负责人予以退出。根据“八项规定”，出台改进机关作风7项规定，实施逐级负责制，强化“首问负责制”，细化限时服务制度，加强执行力建设，增强总部服务基层的能力。完善工作流程，实行灵活的“上收下放”，远程授权管理等集中总部专人办理，将信贷审批权、利率等权限下放，增强基层工作主动性、灵活性。提升科技支撑作用，完成自助回单打印系统的上线，建立数据交换平台，完成网点的“三网分离”工作。组织开展“百日大走访”活动，下基层办实事，听取基层意见和建议，更好地谋划工作思路，有效提升总部与基层的联动性。

风控能力 2013年，浙江永嘉农村合作银行坚持控大扶小和客户本土化。强化风险预警提示，下发各类风险提示、风险监测报告共4份，对存单挂失操作、抵押租赁共存、多头融资、不良化解、贷款分类真实性等进行提示。组织开展不良贷款化解专项行动，全年化解不良贷款3302万元，加强与法院沟通，配合开展金融债权专项执行活动，借助黑名单维护与管理，倒逼“老赖”客户主动还款。全面梳理内控制度，修订、完善各类制度55个。财会管理水平明显提升，推进会计基础等级创建，2家支行达二级，1家支行达一级，推广使用综合前端系统，完成了大总账系统上线工作，完成了5家支行的档案销毁工作，整合新版个人开户/综合服务申请书，出台特殊客户群体的个性服务。开展业务、合规、财会、安全保卫等条线检查，试点“替代式”检查，加大检查辅导力度。提升了科技支撑能力，加强网络系统建设，引入LANDesk（蓝代斯克）桌面管理系统，开发了自助回单打印、人力资源管理、客户拓展营销等七大系统，按月自动备份数据。审计监督效果显著，在控制和防范风险上充分发挥查错纠弊功能，全年共开展对公存款账户、贷款资金流向等审计项目16个，加强审计成果运用，建立审计约谈机制，督促审计整改落实，推进计算机辅助审计系统的应用，按季提取违规数据提交相关部室和支行，促进审计资源共享。开展廉政“五个一”活动，加强员工行为排查，开展2次警示教育。认真落实人事四项制度，岗位轮换202人，强制休假79人。向客户发送防电信诈骗信息30多万条，成功制止9起电信诈骗案件，避免客户经济损失20余万元。

企业文化 2013年，浙江永嘉农村合作银行出台总部机关人员下基层坐班制，开展“百日大走访”活动，促进总部管理人员更接地气。完善员工职业规划，出台柜员星级、客户经理等级、主办会计星级管理办法，将员工的工作业绩、贡献度等作为评定级别的依据，并与绩效考核挂钩。深入开展“学习十八大、农信惠民促发展”主题实践活动。组织开展知识竞赛、员工运动会和“汇聚青年新风采·传递青春正能量”主题活动。

（吕永攀）

中国农业发展银行永嘉县信贷组

概　况 2013年，中国农业发展银行永嘉县信贷组强化政策性银行职能，以优化结构为主线，以精细管理和作风建设为抓手，深入实施强行工程和素质提升工程，着力支持政府性项目贷款。全年各项存款余额15646万元，日均存款10731万元，比上年增加1701万元；各项贷款46745万元，比年初增加36823万元，增长率371%；中间业务收入90.6万元；不良贷款为零。较好的完成了市分行下达的各项任务，在全市年度绩效考核中获第二。

粮油信贷工作 2013年，中国农业发展银行永嘉县信贷组发放县级储备粮油贷款4661万元，收回县级储备粮油贷款4388万元。根据库存储备粮油的品种、生产时间和储存质量等要求，按时完成永嘉县政府下达的2013年县储备粮油抛售计划7210吨、补库计划7210吨任务。政府应急成品粮450吨，按实际需要轮换。

中长期信贷业务 2013年，中国农业发展银行永嘉县信贷组做好中长期项目的营销与报批工作，上报政府项目3个，通过上级行审批，累计发放贷款4.1亿元，分别为永嘉县粮食收储有限公司仓储设施建设贷款3400万元；永嘉县水利投资开发有限公司三塘隧洞分洪应急工程项目贷款2亿元；永嘉财融投资有限公司垦造耕地项目贷款6亿元。

信贷风险防范管理 2013年，中国农业发展银行永嘉县信贷组组织员工参加风险防范专题讲座，聆听报告会、风险条线通报会，学习风险管理等有关文件，增强员工风险防范知识，提高贯彻落实政策能力和风险控制能力，杜绝操作风险。采取定期检查、交叉检查等形式，积极开展业务大排查，及时查漏补缺，发现风险点，适时进行排查和整改。全年未出现客户贷款逾期，在上级行职能部门检查中无重大违规行为记录。

内部管理 2013年，中国农业发展银行永嘉县信贷组按上级行规定要求上报各种报表和检查资料，制定客户经理岗位规章制度，与企业签订了银企廉政共建协议书。提升客户贡献度、满意度和忠诚度。防控和化解金融风险，进一步加强思想政治工作，加大对员工职业责任、职业道德、职业纪律的教育力度。

（方崇伟）

兴业银行温州永嘉支行

概　况 2013年，兴业银行温州永嘉支行秉承“以人为本，同心兴业”的经营理念，按照“高起点、高标准、市场化、规范化、科学化”的办行方针，抓好核心负债业务拓展，推进业务发展模式和盈利模式的战略转变。截至2013年12月31日，总资产175133.62万元，比年初增4348.77万元，增幅2.5%；总负债169264.7万元，比年初增3568.59万元，增幅2.2%；本外币各项存款余额105714万元，比年初下降25225万元，其中公司存款余额81623万元，储蓄存款余额24090万元；各项贷款余额173289万元，比年初增加4494万元，其中公司贷款余额152050万元，个人贷款余额21239万元；实现账面利润5868.92万元，较年初增780.23万元，增幅15.33%；不良贷款率为零。

服务实体经济 2013年，兴业银行温州永嘉支行对所有存量客户进行走访，进行“一户一策”分析，对风险可控、合作空间较大的企业进行深入合作。通过调低票据业务保证金比例调低企业融资成本、将票据业务转为贷款减少客户资金压力等措施，努力帮扶企业渡过难关。进一步地提高科技型中小企业信用项目审批效率，为符合绿色金融贷款项目的科技型中小企业开通审批绿色通道。

特色项目 2013年，兴业银行温州永嘉支行继续发展与永嘉县政府合作推出的中小企业专项信用贷款项目。全年用于永嘉县中小企业信用贷款项目总额度2亿元。首家向市场推出自主研发个人旅游贷款，针对境内外旅游，以无抵押信用贷款为主，贷款项目包含保证金、团费和旅游消费，最高额度可达30万元。为老年客户群体打造专属金融方案，提供贴心、舒心的综合金融服务，集“产品定制、健康管理、法律顾问、财产保障”四项专业服务为一体，结合社区银行逐步为老年人提供高品质、专属化的金融服务和增值服务。

内部管理 2013年，兴业银行温州永嘉支行严格执行国家法律法规和本行规章制度，促进各级机构提高风险管理水平，保证全行发展战略和经营目标的实现，保证支行内部控制动态监督的及时性和有效性，坚持业务发展与内控管理并重的原则，根据监管部门和上级行的内控管理要求，确定并建立相关的内部控制制度。

（陈仁华）

温州银行永嘉支行

概 况 2013年，温州银行永嘉支行深入贯彻落实“金融支持经济转型升级服务年”活动精神，加强“支小、支微、支农”的理念，加大对小微企业和“三农”的信贷支持力度，有力支持永嘉小微企业和涉农户的发展。截至2013年12月31日，各项人民币存款余额170488万元，比年初新增90415万元。人民币贷款余额83291万元，比年初增加39554万元。实现中间业务收入135万元，实现账面利润2107万元。

“支小支农” 2013年，温州银行永嘉支行加强“支小、支微、支农”的理念，加大对小微企业和“三农”的信贷支持力度。截至12月末，发放小微贷款40014万元，比年初增加12309万元；发放涉农贷款7953万元，比年初增加3333万元，有力支持永嘉小微企业和涉农户的发展。成立了上塘小微企业专营支行，发挥特色信贷作用。截至12月末，上塘小微企业专营支行共发放小微贷款18笔，共计2206万元。

创新信贷产品 2013年，温州银行永嘉支行应市场需求，推出了“中期流动资金贷款”业务和“金鹿生意贷”，“中期流动资金贷款”业务是指与长期业务合作关系的客户，给予贷款最长期限为3年，还款方式可为分期还款的业务。“金鹿生意贷”指的是小微企业主，从事合法生产、经营的自然人发放的，用于解决中短期经营资金需求的贷款。借款人在不超过授信有效期和可用额度的条件下，可循环、多次申请资金需求的贷款业务。该产品灵活授信期限，一次申请，循环使用，长期额度，单笔贷款期限最长 5 年。共发放中期流动资金贷款19950万元。

诚信建设 2013年，温州银行永嘉支行开展“重塑信用品质·服务实体经济”主题活动，把诚信经营摆在突出位置，重点推进小微金融服务。开展了“第二届小微企业金融服务宣传月”“诚信兴商宣传月”“重塑信用品质·金融知识进万家”等活动，切实改善金融服务，打造优质银行。开展文体活动和道德教育，参加县妇联组织的“贯彻十八大，唱响新永嘉”大合唱、“幸福运动季”之乒乓球比赛等。开展道德讲堂和读书活动，努力培育“温润而泽、上善之行”的企业文化；开展情系雅安灾区活动。到鹤盛镇的圣雄希望小学开展“进校园·护成长”等活动。

（潘群希）

中国邮政储蓄银行永嘉支行

概 况 2013年，中国邮政储蓄银行永嘉支行围绕邮储银行改革和永嘉经济建设发展实际，坚持以“严密管理，高效服务，强力发展，加快转型”为核心推进各项工作，实现向全功能商业银行的转型和跨越。2013年，中国邮政储蓄银行永嘉支行在县域内有20个网点，自助机具46台。截至2013年末，各项存款余额25.14亿元，比上年增长11.14%。其中个人存款24.19亿元，增长8.67%；各项贷款余额11.19亿元，增长6.98%；净收入3743.08万元，比上年增长-12.7%；全年完成金融收入6566万元，同比增长15.54%。

内控管理 2013年，中国邮政储蓄银行永嘉支行贯彻执行《中国邮政储蓄银行浙江省分行员工违规行为处理办法》和《中国邮政储蓄银行浙江省分行员工轻微违规行为积分管理办法》，有效规范员工行为，强化内部管理建设，防范金融风险，促进企业持续、稳定、健康发展。按规定频次完成所辖各网点、公司业务、信贷业务、重要岗位等常规检查，开展岁末年初储蓄余额波动风险排查、公司业务内控风险排查、反洗钱专项审计、挂失业务专项审计、内控执行力突查暨现金和重要空白凭证专项检查、个人储蓄非实名账户相关风险排查等专项检查，未发现邮政金融资金和中间业务资金挪用和拆借现象。2013年获省级综合治理先进单位和永嘉县文明单位称号。

服务实体经济 2013年，中国邮政储蓄银行永嘉支行在温州金融改革形势下，努力降低企业融资成本，应对企业融资难问题，逐步下降贷款利率，对于特别困难的企业，推出"零上浮"的利率优惠政策。相继开展"进千家万户 助实体经济"专项活动和"走进乡镇，服务实体经济—2013·邮储阳光行动"活动，活动以走进乡镇、走进企业为切入点，旨在通过银政企合作，深入探索并建立金融支持实体经济发展的长效机制。活动期间，邮储银行通过实地走访、组织推介会、送贷下乡等多种形式，为小微企业提供服务。截至2013年12月31日，累计发放小企业贷款2.34亿元，结余2.25亿元，农户贷款1.84亿元，结余5310万元。

服务"三农" 2013年，中国邮政储蓄银行永嘉支行响应服务"三农"的政策要求，配合省银监局"浙江银行业金融支农深化年"活动，提高邮储银行服务"三农"的能力和水平，继续开展浙江省邮政储蓄"金融支农深化年"活动。推出农户小额贷款、集体土地性质房产抵押个人商务贷款，拓宽农民融资渠道，引导信贷资金投向农村市场。在永嘉上塘、瓯北、乌牛、桥头、永临等镇（街道）推出农房抵押贷款，解决了农民创业创新、生产经营等资金需求。持续开展"小额贷款下乡行，服务'三农'献真情"活动，上门为农户服务。

提升服务 2013年，中国邮政储蓄银行永嘉支行加强对服务渠道的战略研究和规划，加快网上银行、电话银行等电子银行客户的推广拓展力度，扩大电子渠道和自助渠道的覆盖面，提升自助服务能力，有效分流了物理网点的客户、业务，减轻了网点的人员、服务压力，将人员充实到客户营销服务队伍中去。优化服务手段、创新分层服务方式，促进网点转型，召开金融服务客户座谈会，有效解决排队难问题，增强网点服务能力，提高网点产能和效益，充分发挥物理网点的独特优势。协调好自营和代理网点布局，做到错位经营，差别定位，互补发展。2013年度在政府部门开展的民主评议行风活动中，位列全县银行业金融机构第二。

（朱乐敏）

永嘉恒升村镇银行

概　况 2013年，永嘉恒升村镇银行围绕"强基础、防风险、创效益、促发展"战略目标，坚持"支农支小"方针，坚守信贷风险底限，坚定差异化经营之路，实现各项业务稳定、健康发展。截至2013年末，各项贷款余额120139万元，比年初增加18516万元，增幅为18.22%；其中，涉农贷款余额为115087万元，占比95.80%。户均贷款47.32万元，比年初下降12.74万元，降幅为21.21%。存贷规模首次突破20亿元。全年各项收入突破1亿元大关，上缴各类税收986万元。

业务营销 2013年，永嘉恒升村镇银行以"三增三提"为主线，切实推进"重塑信用品质、服务实体经济"主题活动。通过各种途径、方式，帮助微小企业顺利渡过资金危机；通过全面落实小微企业金融服务的十九条指导意见，着力支持实体经济发展，加大小微企业信贷支持力度，继成功推出"旺铺贷""车易贷""便利宝"等产品后，2013年力推"微企贷""三年贷"等新业务，进一步丰富产品结构，满足客户各类金融需求；通过对合作村居的农户及企业开展业务宣传，并给予利率优惠，实现村银、银企共赢。

"支农支小" 2013年，永嘉恒升村镇银行深入推进金融惠农工程，以营销部为单位，持续开展"一村一规划""走村入户""走村入企"和"送金融知识下乡"等活动。开展"走村入户、齐心协力、谋求发展"业务营销竞赛活动，重点突出贷款任务指标考核。截至12月末，贷款总户数2539户，比年初增加847户，增幅达50.06%。

风险管控 2013年，永嘉恒升村镇银行有效维护客户的同时，坚持择优扶持原则，进一步完善信贷客户准入和退出机制，优化信贷结构。截至12月末，压缩1000万元（含）以上贷款户数3户，退出金额3615万元；户均贷款47.32万元，比年初下降12.74万元。按照贷款新规要求，严格落实贷款"三查"制度，不断完善不良贷款问责机制，持续加大"清非"工作力度。截至2013年末，共盘活不良贷款2户，金额1465万元；全额收回4户，金额316.57万元；通过司法手段起诉13户，金额786.53万元。年末五级不良贷款余额1637.18万元，占比比年初下降0.42个百分点，实现不良贷款"双降"的工作目标。2013年第四季度上线企业征信系统和个人征信系统，风险防控能力进一步加强。

平安建设 2013年，永嘉恒升村镇银行根据全年案防工作计划，严格落实上级部门有关工作要求，通过持续强化案防内生机制，加强员工行为规范教育，进一步筑牢全员风险意识，有效提升案件预防能力，使全员牢固树立起防范风险和案件的第一道防线。从执行各项规章制度细节入手，各部门深入机构网点防范案件和经营风险上找问题，对检查发现的问题积极整改，不断促进了案件防控工作。全年未发生一起刑事、治安案件。

团队建设 2013年，永嘉恒升村镇银行作为新型农村金融机构，承受着前所未有的市场冲击。作为温州市首家村镇银行，在提升抗风险能力和市场竞争力上需要迈出坚实的步伐。在团队建设方面采取了一系列新措施。启动内部竞聘机制和派遣制优化考核机制，有效构建员工职业发展通道，促进人才梯队建设；开展岗位大练兵、业务技能竞赛活动，在内部营造“比、学、赶、超”学习氛围；完善人才引进机制，全年主发起行调派管理干部1名，引进同业人才1名，社会招聘员工12名，基本满足业务发展的需求。发挥党工团组织的积极作用，营造温馨积极的企业文化氛围，不断健全内部管理机制，提高团队凝聚力和向心力，增强永嘉恒升村镇银行的综合实力。

（王裕杉）

华夏银行永嘉支行

概　况 2013年，华夏银行永嘉支行努力树立“中小企业金融服务商”形象，打造以小微企业客户、小微企业业务占主导的特色银行，集中优势资源为小微企业提供“小、快、灵”的金融服务。截至2013年末，各项存款余额82239万元，其中对公存款50911万元；个人存款31329万元，较上年末新增7219万元，增长9.62%；贷款余额174141万元，较上年末新增55019万元，增长46.19%；不良资产495.6万元。（有关指标见下表）

华夏银行永嘉支行主要业务指标情况表 （单位：万元）

项目	2011年开业时余额	2012年末余额	2013年新增	增长率
本外币存款	43154	75020	7219	9.62%
对公存款	30903	52478	−1567	−2.99%
个人存款	12230	22542	8187	36.32%
各项贷款	24514	119122	55019	46.19%

支持地方经济 2013年，华夏银行永嘉支行为促进永嘉县地方经济的发展，履行作为商业银行帮扶企业的义务，进行金融产品的创新，大力开发核心企业上下游合作关系，通过链式效应为企业提供更全面的配套服务。为浙江鸿鑫“鸿鑫花园”项目对接结构性融资1.7亿元，帮助企业解决项目开发所需资金。加大与政府背景项目三江标准堤建设提供1.4亿元融资服务。通过与地方支柱产业的相关行业协会的合作，有效帮助协会内小企业解决融资难题，为地方支柱经济添砖加瓦，促进其和谐发展。

信贷结构 2013年，华夏银行永嘉支行以小微企业客户、小微企业业务占主导，集中优势资源为小微企业提供“小、快、灵”的金融服务。建立小企业授信业务快速审批机制，通过向支行直接派驻专职审批人加快信贷业务审批流程。在贷款投放政策与额度上向小微企业倾斜，全力支持500万元以下规模的贷款要求，充分满足小微企业的融资需求。努力打造以对接工业园区管委会、行业协会、商业协会、专业交易市场管理方和核心企业等平台客户为主要模式的的合作和联系，搭建营销平台，创新客户互荐机制和退出机制，通过多种经营模式和服务渠道，实现批量开发，以更便利的方式服务更多的小微企业。

提升服务 2013年，华夏银行永嘉支行有效提升整体服务质量，取消公司客户经理与个人客户经理的划分，全面提升客户经理业务水平，为客户提供综合多样的全面服务。提升柜面服务质量，要求员工提升业务技能，减少客户办理业务所需时间。加大硬件设施的投入，设置拉卡拉便民刷卡机、叫号机、醒目的业务办理导向标志、简洁美观的公告栏等，并在醒目处明示服务项目内容与价格。注重员工礼仪、服务态度的培养，为客户提供良好的服务氛围。

风险管理 2013年，华夏银行永嘉支行建立完善的风险防范机制，定期及不定期进行风险排查，及时整改发现的问题，提高员工的风险防范意识。每年开展不少于2次的防火、防盗、防暴力抢劫等安全演习，配备了防爆毯等先进的安全设备，增加员工应对突发事件的能力。完善内控制度，规范信贷业务申报、审批、发放及贷后检查流程，提高信贷资产质量，严格加强对违规操作的处罚力度。积极举办与风险防范有关的讲座，召开风险防范管理会议，组织员工学习风险防范知识，提升员工的风险防范认知水平，从根本上杜绝操作风险隐患。

（厉显勇）

交通银行股份有限公司温州永嘉支行

概　况　2013年，交通银行股份有限公司温州永嘉支行（简称交通银行永嘉支行）坚持以存款业务为中心，以客户发展为抓手，主动调结构，全力控风险，齐心优服务，支持永嘉当地实体经济发展。截至年末，人民币存款余额64255万元，较年初增加5824万元；其中储蓄存款25788万元，较年初增加3126万元。实现账面利润6822万元，同比增加856万元。

内控管理　2013年，交通银行永嘉支行加强员工管理，做好员工失范行为排查，学习贯彻《交通银行浙江省分行“员工八小时”之外管理工作细则》，进行有效的引导和教育，有效控制“示范行为”的发展。对每位员工进行了家访，加强对员工案例教育、合规教育、警示教育，强化案件防控体系建设。根据经营目标考核办法，结合实际情况，制定激励考核办法，对员工实施无边界、全产品计价考核，按照以客户为中心，以产品营销、客户发展、战略转型、内控风险等指标为载体，指标到人、激励到位、约束到位。

风险管理　2013年，交通银行永嘉支行通过对各类内控制度细化，强化制度的执行力，严控各类信用风险、操作风险和政策风险。加强对人员的业务培训和指导，提高风险识别能力及合规操作水平，重点加强客户准入管理，从源头防范风险。加强员工风险教育，树立风险防控是信贷文化的核心、安全经营是商业银行发展根本保障的理念。加大风险排查力度，坚持实地查访，不搞形式主义，排查面100%，根据排查情况，对授信担保较弱的客户采取加固担保、减退额度等措施加强风险防控，着重抓好落实。

业务拓展　2013年，交通银行永嘉支行持续加大重点客户的营销力度，特别是对电力、医院、学校等客户的维护力度，稳定提升结算存款余额，增加个人储蓄存款。加大对外向型企业的营销，重点营销全额项下外汇理财产品，成功营销温州博德、方正阀门等企业。强化对私队伍的营销能力培养，加大“家易通”营销和维护力度，提升“家易通”对存款的贡献。大力营销理财产品，业务平均余额近9000万元，较年初增加了近5000万元。成功营销了永嘉农合行，同业存款余额1亿元。

业务创新　2013年，交通银行永嘉支行坚持创新信贷品种，服务永嘉经济和社会发展。主动调整对公信贷投向结构，降低当地民营企业担保链风险的冲击，及时调整政策，提升政府项目中长期贷款比重。创新信贷品种，成功推广专利权质押贷款业务，发放专利权质押贷款，减轻企业财务成本。发展零贷业务，利用上级行有关政策，加大个人经营性贷款及个人住房按揭贷款的营销力度，重点发展“沃德经营贷”“家易通经营贷”“个人中长期贷款”等个贷的“升级贷”产品。开展“加强执行力、提升大服务”主题活动，不断增强服务能力完善服务渠道，与电力部门合作，开通了电费代缴业务，通过代缴类业务，不断增加金融服务渠道，满足客户各类金融需求。

（陈明明）

中国人民财产保险股份有限公司永嘉支公司

概　况　2013年，中国人民财产保险股份有限公司永嘉支公司（简称人保财险永嘉支公司）遵循省公司“坚持一个前提，抓好两项重点，紧盯三个目标，提升四大价值”的工作方针，贯彻落实市公司“发展稳中求进、效益规模同步、管理精益求精、服务业内领先”的总体工作目标。实现保费收入13131万元，同比增长18.11%，未决赔款准备金提取充足，应收保费控制在较低水平，呈现稳步增长的良好态势。

渠道创新　2013年，人保财险永嘉支公司新设立业务管理部合署出单分中心，侧重赋予各项业务发展的组织、督导、促进的职能。通过发展过程的分阶段目标的统计、通报、督促，形成良好的竞赛发展氛围，促使人人积极参与，有效保证工作任务落实与业务发展目标的达成。加强保单生命周期管理，初步展开使用信息技术手段对续保业务的考核维护。推动车险电销的车店联呼、地空结合等方案的实施，加大次新车、零出险车的费用配置。挖掘车商渠道合作潜力，（新保率达32.38%，全市新保率29%），重点抓好合同执行管理、理赔资源的集中、业务发展的进程把握以及驻店员综合职能的发挥。加强政保合作，成功实现了小麦、水稻、林木等主要农业保险的政府统保，农险保费名列全市前茅。

业务结构改善 2013年，人保财险永嘉支公司启动车险渗透率工作方案，出台考核办法，策划投保组合方案，鼓励引导客户购买高额商业三者险，提升效益附加险的投保比例（50万三责提升了16.8%）。动态调整改善考核办法与承保方案，差异化配置财务资源，鼓励发展优质业务、效益险种，控制高风险、高成本业务。重点发展效益型非车险业务，通过目标分解、集中攻关等举措，在建工意外险、驾意险、随车险、农险等领域取得了较好的发展。加大对优质客户增值服务项目的投入，提升了公司优质业务获取能力和业务发展品质。

合规经营 2013年，人保财险永嘉支公司重点加强财务、业务、渠道等关键环节管控力度，完善各管理部门间的沟通协调，有效防范违规风险。开展法律法规培训教育，增强公司依法合规经营氛围，提升员工合规意识。参与永嘉县域行业自律协调工作，充分发挥组长单位作用，加强行业内部沟通，倡导行业理性竞争，努力维护车险自律放开以后的市场局面。制订并出台了客户信息真实性考核办法、劳动纪律管理办法、单证管理办法实施细则、同学习制度暂行办法等承保、理赔、队伍建设方面的各类规章制度，完善公司基础管理。

提升服务 2013年，人保财险永嘉支公司进一步优化营业厅柜面服务流程，提高服务标准化程度，整合柜面窗口服务资源，构建以外部客户体验为导向的标准化、专业化、亲情化的营业厅柜面服务界面，提升客户满意度。持续加大对硬件环境的改善力度，配置瓯北营业部叫号机系统。根据总公司统一的CI标准，对上塘、桥头营业场所进行全面修整，统一员工着装。

企业文化 2013年，人保财险永嘉支公司将员工学习交流作为企业文化建设的一项重要任务，为创造学习型公司做了大量工作。确定周一为例会日、周二为学习日、周三为大晨会日。顺利通过省公司工会关于“先进职工之家”验收工作。

（刘伯村）

中国人寿保险股份有限公司永嘉县支公司

概　况 2013年，中国人寿保险股份有限公司永嘉县支公司（简称中国人寿永嘉支公司）坚持以业务发展为中心，以队伍建设为重点，以基础管理为保障，面对区域内外复杂多变的经济金融形势，加快转型发展步伐，努力践行“责任、奉献、互勉、奋行”八字方针。全年实现总保费3.79亿元，市场份额85%，短期险赔款535万元，满期给付及生存金返还3500万元。按预算指标计算，实现长期险首年标准保费3600万元，预算完成率127.63%；新单保费（含短险）10558万元，预算完成率84.76%；短期险保费1988万元，完成率98.27%；首年期交保费5935万元，完成率101.70%；10年期及以上首年期交保费3843万元，完成率119.34%。荣获平安金融创建永嘉“十佳”单位荣誉称号。

个险渠道 2013年，中国人寿永嘉支公司以客户经营为中心，提升个险业务内涵价值，科学分析市场脉络，合理制定营销策略。全年3～5年期业务客户数增加15%，总保费提升7.8%，件均保费下降了2400元，6万元以下的保单占比提高了5个百分点。10年期较上年同比增长了31%，增加绝对值921万元，增量来自于1～3万元的投保客户，3～6万元的投保客户明显萎缩。

团险渠道 2013年，中国人寿永嘉支公司从口子业务、借贷险拓展、队伍建设方面对团险渠道工作进行全面分析。在巩固团险口子业务方面，村干部保险保费提高到81万元，比上年增加25万元，同比增长30%；旅游险新拓多家旅行社，保费增长12%；建工险大幅度下降；社保工伤已全面覆盖，保费进账31万元；秋季学生平安保险达成预定目标；补充工伤、新居民意外保险业务领先全市；卡式业务保费收入8万元；成功开拓法院、烟草全体员工意外保险；开拓了农合行借贷险业务，全年保费收入439万元；开拓了交通银行渠道，保费收入13.88万元。

队伍建设 2013年，中国人寿永嘉支公司队伍人数有所下降，劝退了一些不适合队伍发展的人员，新增3人。出台永嘉版的银保考核办法。上半年安排2名员工到龙湾学习一周，学习龙湾早夕会运作模式、学习龙湾客户经理在网点的经营理念。下半年带3位准主管到瓯海学习主管网点经营理念、兼职讲师的培养、主管带队的经验。邀请市公司银保部缪荣珠进行产品、理念、礼仪等培训，提升客户经理的销售能力及技巧。全年累计新增营销员258人，为全市增员总量第一，占全市增员总量17.5%，晋升主管35人。

内部管理 2013年，中国人寿永嘉支公司综合部完成乌牛营销服务部、桥头营业部、桥下营销服务部、黄田营销服务部的租赁工作和瓯北营业部扩租的意向工作，完成岩头和桥下营销服务部的迁址、撤销工作。完成黄田营销服务部的零星装修及上塘经理室的装修工作。完成银行账户上收工作，认真执行市公司财务工作会议精神，严格执行公司的管理办法和费用报销暂行规定。完成档案移送金华档案库工作，完成短期险档案整理工作。

两鸿给付和保单借款 2013年，中国人寿永嘉支公司共需给付满期金件数为171件，共计满期金637.7万元，给付152件，共给付556.5万元，处理95519二线会办单2853件，对存在异议的客户各柜面在第一时间做好客户的解释和安抚工作；对于大额给付件做好上门服务工作，通过各柜面的共同努力确保满期给付工作的平稳进行。对于公司产品、业务伙伴的服务不满意、分红少、销售误导和对理赔的不满投诉，上半年共处理了18件，对于每一个投诉都会给予高度的关注，对于重大疑难的案件，及时与业务部门做好沟通协调，尽可能的使客户满意，做到件件有答复。受借贷风波的影响，全年保单借款业务量快速增加，共办理保单借款3046件，借款金额1.1亿元，件数同比增长13%，借款金额同比增长9.5%。

提升服务 2013年5月，安排理赔人员到上塘、瓯北、桥头进行理赔知识进职场活动，在早会上把理赔资料优化项目逐一进行宣导。推出为期2个月的理赔服务月活动，业务员协助客户在治疗结束后15天内到柜面申请理赔。1月～11月，受理和录入长险新单6888件，处理借贷险7400余件；受理和处理3208个理赔案件，其中短期险3083件，长期险125件，生存、理赔调查310件，拒付2件，拒付金额50万元（不包括口头拒付）；处理保全业务75000余件，回访件数9525件。

（孙　文）

中国太平洋财产保险股份有限公司永嘉支公司

概　况 2013年，中国太平洋财产保险股份有限公司永嘉支公司（简称太平洋财产保险永嘉支公司）围绕“稳增长、重价值、促转型、增效益”的工作指导思想，开拓进取，锐意创新，实现入账保费9022万元，同比增长18.27%，市场份额为23.76%，上升1.01个点。实现了公司价值的持续提升，为超过3万客户提供全方位风险保障服务。

经营管理 2013年，太平洋财产保险永嘉支公司严格遵守法律法规以及监管部门各项管理规定，同时结合公司实际情况，不断完善公司治理结构。通过不断优化组织架构，整合内部资源，加强与资本市场的交流沟通，形成了较为完善、相互制衡、相互协调的公司治理体系。增加三方通话推广区域，持续优化服务流程，提高客户体验水平；深化人伤“一对一、全流程”服务举措，通过服务前置提高客户满意度。在理赔管控上，充分发挥3G理赔、智能核赔、理赔防渗漏等新技术的运用，结合专项案件调查工作，显著提升理赔减损成效。

风险管理 2013年，太平洋财产保险永嘉支公司全面开展防范打击非法集资宣传教育活动，切实落实反洗钱工作，对内部员工进行反保险欺诈宣传教育，进一步夯实合规基础，加强了风险抵御能力，切实防范经营风险。

社会公益 2013年，太平洋财产保险永嘉支公司秉持“做一家负责任的保险公司”的使命，长期关注贫困地区孩子及孤残儿童的成长，聆听真实的社会需求，直面教育资源地区分配不均、大量留守儿童家庭关爱缺失等迫切的社会问题，以自身的专业所长和核心资源寻求解决之道。组织开展“责任照亮未来”公益活动，组建专业而富有爱心的志愿者队伍，赴贫困校区，开展快乐助学、结对助学、文具捐赠等活动，给山区孩子带去爱和温暖。

队伍建设 2013年，太平洋财产保险永嘉支公司推进人力资源优化项目，完善组织架构与职位体系，加大优秀人才的引进、培育、交流等，建立“绩效导向、市场对标”的激励型薪酬体系，形成“精干高效、积极进取、公平和谐”的工作氛围。改善人力投入产出比和人均产能，推进各类员工培养计划，不断提升员工综合素质。组织开展多种形式文体活动，增强员工的归属感和凝聚力。

服务“三农”　2013年，太平洋财产保险永嘉支公司积极参与“三农”保险，探索保险业服务“三农”新途径，积极创新产品和服务，满足全县广大农民保险保障需求，切实履行社会责任，服务经济社会发展全局，发挥保险业在构建和谐社会中的积极作用。

（黄　鸣）

申银万国证券永嘉双塔路营业部

概　况　2013年，申银万国证券永嘉双塔路营业部根据温州分公司一体化运营试点要求，围绕机制与体制转型、组织架构与人员调整、工资与考核模式创新，形成了以业务团队为基础框架的组织架构。全年实现利润907 23万元，较上年增长9.84%；实现业务净收入1468.62万元。融资融券业务日均余额4112.59万元，全年增长31.47%。其中融资融券业务净收入占比19.3%。产品销售净收入完成6.21万元。

转型发展　2013年，申银万国证券永嘉双塔路营业部配合推进分公司一体化运营，根据转型发展的新形势，把握创新发展机遇，进一步加强融资融券、IB业务，持续保持领先优势。重点加强段权质押、约定式购回等类贷款业务的发展，加大资产证券化等创新类业务的发展，形成传统经纪业务、综合业务、创新业务并进的局面。

内控管理　2013年，申银万国证券永嘉双塔路营业部根据一体化运营实践，进一步完善内部控制制度以及操作流程，提升内部管理的效率及水平。以发展投资顾问为基础，通过初步的梳理、整合，进一步优化投资顾问及投资顾问助理客户服务的标准及流程，提升投资顾问服务的深度和广度，提高投资顾问服务与产品销售对接能力。

廉政建设　2013年，申银万国证券永嘉双塔路营业部扎实开展党风廉政建设，以党建工作带动和促进业务发展。完善党群组织，发挥党群组织作用。重视理论及业务学习，提高党员干部的思想认识和业务水平。以“双服务”、反“四风”活动为契机，着力提高党员干部的服务意识。

（蒋良策）

经济管理

工商行政管理

概　况　2013年，永嘉县有个体工商户37004户，同比增加7.7%；注册资金172643万元，同比增长9.79%。全年共新设立企业1734家，其中有限公司1068家，分公司100家，非公司企业法人8家，非公司企业法人分支零家，个人独资企业285家，个人独资企业分支机构2家，合伙企业76家，农民专业合作社192家。全年变更企业1793家。全县共有各类企业12698家，其中有限公司7008家，个人独资企业2383家，合伙企业572家，其他内资企业1737家，农民专业合作社998户。2013年度冠省名企业31家，无区域公司7家，组建集团2家。共有各类市场16个，全年成交额218340万元。

服务企业　2013年，成立永嘉县个体经济及小微企业提升发展工作领导小组；出台《转发温州市人民政府办公室关于印发大力支持个体工商户转型升级为企业若干政策措施的通知》《关于印发推进个体工商户转型升级为企业工作实施方案的通知》《关于进一步推进扶工兴贸工作的实施意见》等，全面推进“个转企”工作，完成“个转企”2078家，其中转有限公司276家，转股份有限公司3家。在工作推进中，县个体经济及小微企业提升发展工作领导小组专门召开会议对相关优惠政策和工作流程进行综合提炼，拟定和印刷15000份政策宣传小册子和工作人员服务手札；各基层单位开辟了“个转企”注册登记绿色通道，指定专人提供行政指导、实行全程跟踪服务；工商、税务各基层窗口安排专人解答“个转企”后企业遇到的问题，代表政府承诺优惠政策落实情况。

扶农措施　在扩大农村市场主体方面，放低市场准入门槛，为农民进入市场开辟绿色通道。引导提高农民市场主体意识，鼓励其因地制宜从事农产品加工、种植、养殖、服务等行业。全年集中3次开展专项整治行动，清查假冒伪劣农资商品，杜绝假冒伪劣农资商品流入市场，促进“红盾护农”工作扎实有效开展，为农民增收做好服务工作。处理农资处罚案件2起，维护人民群众利益。推进订单农业工作，全年共签订农业订单合同707份，合同金额149659.48万元，履约707份，履约金额149659.48万元。

品牌建设　有效整合多方资源，高起点创设品牌指导站，并不断创新思路完善软硬件建设，将夯实基础与拓宽服务面、提高工作对接度结合起来，刷新品牌指导站服务功能。2013年，品牌指导站建设卓有成效，全市品牌建设推进会在永嘉召开，永嘉做典型发言，瓯北品牌指导站被评为“全省示范品牌指导站”。全年新认定省著名商标5枚、延续省著名商标15枚；新认定温州市知名商标10枚、延续市知名商标8枚；新认定永嘉县知名商标16枚、延续县知名商标16枚；2家涉农企业被评为温州市第五届涉农企业（组织）商标创牌先锋单位。全年共查获各类商标侵权违法案件51件，案值56.07万元，罚没款62.27万元。涉外商标案件27件，案值10.34万元，罚没款25.92万元。没收、销毁侵权商品17万余件，没收、销毁侵权标识100件。移送公安机关1件，案值达31.5万元。

消费维权　2013年，共受理申诉举报1063起，其中申诉847起，举报216起，涉案金额168.6万元，为消费者挽回经济损失76.3万元。永嘉县工商局以“国际消费者权益日”、《食品安全法》宣传周为契机，通过“送法下乡”“消费维权进校园”“生态消费”等活动进行广泛宣传，使广大群众更多地了解消费维权法律法规知识。全年共组织各类宣传活动12场次，分发宣传资料3000多份，并开展消费维权“进课堂、进社区、进农村、进景区”等活动，为700多名群众和学生讲授科学消费和相关维权知识，提高全民维权意识。组织生态消费讲师团和宣传员采取多种方式开展生态消费教育宣教活动，营造良好的生态消费宣传氛围。加强消费维权律师团、专家团、生态讲师团建设，建立律师团、专家团、讲师团各1个。

信用监管 2013年，组织10家企业参加2013中国温州电子商务高峰论坛，奥康、中国泵阀网被市局评为十大诚信网商，同时奥康、红蜻蜓、中国泵阀网被评为温州市2012年电子商务示范龙头企业。制定《关于开辟优质信用企业年检“绿色通道”的通知》《永嘉县工商信用资产征集工作实施方案》《电子商务企业信用评定指标体系》《电子商务企业信用监督管理办法》《电子商务企业信用等级评定暂行办法》等，明确工商信用监管标准以及电子商务企业信用等级评定，为电子商务企业信用管理标准的研究提供参考。推荐40多家企业加入信用联盟，占AA级以上企业总数的35%，红蜻蜓、奇特乐、海星海事、红黄蓝、报喜鸟、杰豪等大型集团的加入，有效提高信用联盟的质量。加强与法院、公安等建立联络制，沟通征信情况，把因逃避年检等问题被依法吊销营业执照的424家企业函告给银行等部门。并将法院提交的7家问题企业录入信用系统。全年共征集企业信用信息30多万条。

食品安全监管 2013年，永嘉县工商局共立案查处食品案件68件，总涉案金额达78万元。其中移送工业松香、石蜡脱毛案件10起，销售有毒有害食品案件1件，移送商标侵权茅台酒1起。封存下架“美素丽儿”奶粉11.2千克。严把食品流通准入关口，进一步加强始业教育和从业人员继续教育。对于婴幼儿乳制品、酒类经营户和食品批发经营户，严格要求其配备电脑等硬件设施，懂得基本的电脑知识，一律安装食品安全电子监管软件。为一般的食品经营户快速办理食品流通许可1532件，累计办理食品流通许可6301件。继续落实食品批发“一票通”制度，将全县食品批发经营户100%纳入电子监管平台，完善食品流通溯源体系。根据温州市工商局对“百家企业十万平米”标准化仓库建设创建工作方案，对辖区内从事食品销售的大型商场、大型专业食品卖场、大型超市、专卖店和从事食品批发的食品经营单位及其仓库开展了调查摸底，开展食品标准化仓库建设，营造食品仓储良好环境。截至2013年底，永嘉县共有示范店625家，其中星级示范店73家（三星级示范店9家、二星级示范店25家、一星级示范店39家）。查处食品安全简易即时处罚案件229起，罚没金额5420元。

网络监管 2013年，完成省内市场主体“上网用网”发展目标任务数，上网企业达4038家，完成任务数101%，其中新建档企业2115家，清理无用建档网络市场主体637家，梳理或更新网站4935个；制定《网络交易平台规范经营行政指导项目实施方案》《永嘉县工商局网络经营行为典型案例汇编（2013版）》。以“铁网七号”“铁网八号”等专项行动为契机，加大网络违法案件的查处力度。检查经营者利用网络交易平台、网站、网店、百度推广等网络媒体实施销售假冒伪劣商品及侵犯他人注册商标专用权商品行为，查处网络违法案件37起，其中万元以上案件22起，自办案件4起，罚没（暂扣）款43.12万元。

市场监管 2013年，永嘉县工商局围绕十大项目，全面推进各项工作争先进位，认真履行自己的工作职责，切实保障民生，维护人民群众合法权益，净化消费环境，服务地方经济发展。全年办案491起，大要案208起（其中移送公安机关13起）。全年查处假冒伪劣案件153起，查处各类食品案件107起。针对食品、钢筋、汽油、液化气等行业，开展各类产品质量检测195个批次，查处24个批次的不合格食品案件，查处2起特大不合格钢筋案件，案值共计56.12万元，罚没合计28.3万元。

无照治理 坚持“安全第一、预防为主、综合治理”方针，通过开展无证无照经营情况大排查，生产领域“查无照、打非法、促规范”专项整治行动，以“打非治违”为手段，共排查发现无照4822户，销户5732户，其中已疏导登记3864户，关闭取缔1868户；查处无证无照经营案件305件，其中万元以上无证无照案件41件。同时加强基层管理系统管理，确保年度安全生产领域无证无照发现录入率达到100%、部门抄告率达到100%、及时反馈率达到100%。

基础建设 紧紧围绕“务实创新、外联内合”年主题，认真做好工商文化建设、干部教育培训、干部人事任免、人事日常管理、工老妇青、市级文明单位复评创建等各项工作，制定2013年干部教育培训计划、党委理论中心组学习计划、“红盾风采——优秀领导班子”创建计划、“清政风、提效能，强队伍、优服务”主题活动实施方案等。组织开展“道德讲堂”，引导干部职工提升思想道德修养。组织成立永嘉县工商局学雷锋志愿服务队。开展各类工商文体活动，提升队伍凝聚力。组织干部参加全市工商系统“学习十八大精神，践行工商价值观”演讲、征文、知识竞赛。组织员工参加全县第二届干部职工运动会。开展“生日送祝福”活动，给全体干部送去生日祝福。2013年，永嘉县工商局、桥头工商分局通过市级文明单位复评，乌牛工商所、沙头工商所创通过市级文明单位验收，桥头工商所荣获2013年度省级群众满意基层站所，永嘉县工商局党代表工作室被评为市级示范点。

（金玉燕）

物价管理

概　况　2013年，永嘉县发展和改革局加大规范市场价格收费秩序力度，以深入贯彻落实“两提两争”主题实践活动为契机，紧紧围绕“转作风、提效能、优环境、促发展”工作主线，积极推进价格收费改革，完善监督机制，认真解决关系群众切身利益的价格收费问题，为永嘉县经济又好又快发展和社会和谐稳定服务。

价格监测　2013年，永嘉县发展和改革局整合监测内容，增设农产品和饲料等价格监测点，调整工业、农业生产资料监测点人员。加强价格形势分析，科学分析研判市场价格走势，对市场价格动态进行分析，全年共完成13篇价格监测及动态分析。密切跟踪市场价格信息，台风“潭美”“菲特”“海燕”期间，及时启动农贸市场及相关救灾物资等商品价格应急监测。完善价格监测台账，完成价格监测台账的整理装订，指导帮助下属相关检测点台账登记。

价格巡查　加强市场价格应急监管，依法查处散布涨价信息、扰乱市场秩序的行为，加强春节等节日和H7N9禽流感期间相关商品市场价格巡查。规范商业促销价格行为，集中对商业促销中的各种不规范行为和用语进行整治和规范。建立明码标价工作长效机制，结合价格诚信单位的评选活动，在全县组织开展价格欺诈专项整治行动，重拳打击价格陷阱。出动30人次开展涉农涉企价格和收费专项检查。

收费年审　认真落实“清费减负”政策，规范旅游参观点门票和机动车停放服务收费行为，加强幼儿园和普通高中收费管理，积极做好温州翔宇中学等民办教育学校收费备案工作。认真贯彻实施水、电、油价格政策。出台简化水价分类政策，实现经营服务业用水与工业用水同网同价的目标；联合新闻媒体宣传有关调整销售电价分类结构政策，并与县供电局共同组织实施好2012至2013年电价执行情况调查；贯彻落实省成品油价格调整政策，全年省成品油价格调整14次，及时与县石化分公司取得联系，掌握调整执行情况。做好收费年审工作，全年实现年审收费35326.69万元，核发收费许可证正本65本，副本96本。

价格服务　开展价格服务进小微企业活动，制定《价格服务进小微企业活动方案》。按照县委“千名干部进千村入千企解千难”行动要求，开展涉企价格、收费检查和领导走访企业活动。开展《价格法》专题宣传活动，邀请司法局、工商局等部门领导，在县城屿山广场开展《价格法》实施15周年宣传活动。深化价格举报工作，全年共受理各类价格政策咨询和投诉举报21件，办结率100%。

价格认证　2013年，永嘉县发展和改革局扎实做好涉案财产价格鉴证，始终把公平、公正、守规、守纪放在核心地位，全年为公安机关受理价格鉴定397起，涉案标的额270多万元，有效打击了犯罪，改善永嘉投资环境。上半年，对第二职业中学、上塘中学、罗浮中学、永临中学等7所学校生均成本及五星潭森林公园门票成本等进行监审，共核减金额1843.8万元，核增金额1001.9万元，为政府科学制定商品或服务价格提供成本依据。

（邹微霞）

质量技术监督

概　况　2013年，永嘉县质量技术监督局主动融入地方经济发展大局，持续深入推进“质量强县”建设。以保一方平安为总目标，进一步完善质量安全风险监管体系，保障食品生产环节质量安全，强化特种设备安全监察，保持打假治劣的高压态势，避免发生区域性质量安全问题。全局上下创新工作方式，攻坚克难，扎实推进各项职能工作取得实效，为永嘉社会经济科学发展提供保障和服务。

名牌培育工作 2013年，永嘉县质量技术监督局全面推进“质量强县”建设，不断深化名牌培育质量提升工程，名牌培育体系日臻完善，保护地方优势产业业绩突出，质量管理政策推动作用明显。推出《永嘉县创建省级质量强县示范县实施方案》《永嘉县县长质量奖评审管理实施细则》等一系列政策文件，并在全市率先将县长提名奖列为表彰范围，进一步完善全县“质量强县”创建体系。牵头联合发改、环保、安监等部门联合开展“质量月”“质量安全进校园”等活动，分发宣传资料2000余份，市民参与质量知识有奖问答1000多人次，在电视台等新闻媒体滚动宣传20多次。对2012年度首次荣获“各级政府质量奖”“各级名牌产品”等奖项的先进企业和单位予以通报表彰奖励，奖励资金共计491万元。指导奥康鞋业获得“省先进质量管理孵化基地”称号，凯奇集团、红蜻蜓鞋业获得首批“省级中小学质量教育社会实践基地”称号，推荐上报的“QC小组在胸衬制作特殊工艺研发中的应用”项目被评为省质量管理创新项目。联合永嘉工业园区管委会、永嘉县泵阀行业协会强化永嘉阀门产业聚集区申报全国知名品牌创建示范区创建工作。8月，国家质检总局正式批复同意永嘉县工业园区管委会筹建“全国泵阀产业知名品牌创建示范区”，成为温州市唯一一个“全国知名品牌创建示范区”。组织发动企业积极参与各级政府质量奖评选，全县有省政府质量奖企业1家、市长质量奖企业2家、县长质量奖企业9家。2013年新增浙江省名牌产品3个、温州市名牌产品3个。截至2013年底，永嘉县累计拥有各级名牌产品总数68个，其中浙江名牌产品31个、温州名牌产品37个。

标准化计量工作 2013年，永嘉县质量技术监督局继续实施标准化战略，农业标准化示范工作有效推进，全年有2个农业标准化推广示范省级项目通过评估验收，1个市级项目获得良好项目，2个项目列入2013年市级农业标准化项目计划。积极帮助、引导企业牵头或参与上级标准制修订，永嘉县企业为主修订的《无动力类游乐设施秋千》《波纹管密封钢制闸阀》国家标准发布实施，南方阀门参与起草的《电站阀门》标准顺利通过全国锅容标委会专家审查，使超临界阀门有了产品标准。县质量技术监督局主导的《制定实施大型充气玩具（淘气堡）企业联盟标准》省级工业标准化项目，由省质监局立项。2013年，共完成企业标准备案50个，浙江报喜鸟股份有限公司顺利通过国家AAAA级标准化良好行为确认，4家企业通过省标协AAA级标准化确认、6家企业通过AA级确认，全年实现累计采标107家企业，规上工业企业共335家，采标率31.94%，比上年增长5.1%，其中采标确认1家企业1个产品。进一步强化民生计量、能源计量与法制计量工作，全面提高计量工作服务国计民生的有效性，充分发挥计量的基础保障作用。先后借助计量宣传日、质量宣传月、“诚信计量自我承诺”活动，广泛开展民生计量的宣传普及工作，全年共发放宣传资料1000余份。全年采取上门服务方式实施强制检定医疗机构、集贸市场、加油站等器具合计2235台件，合格2198台件，合格率为98.34%。大力推进块状行业能源计量应用管理。帮助指导县泵阀行业协会建立能源计量数据库、“阀门企业能源计量器具配备及数据管理”省级项目等工作。组织县经信局、工商局等部门开展全县范围的效能标识检查，督促落实效能标识制度，并进行通报。拆除重点用能单位浙江科一合成革有限公司所有合成革生产线，帮助企业实现转型升级。做好计量行政许可工作，强化证后监管。监督检查全县重点管理计量器具生产企业6家、非重点管理计量器具生产企业4家。对计量器具销售企业、计量技术机构、行政监督管理等单位进行计量风险隐患排查，未发现省级计量器具产品监督抽查不合格企业。加强对永嘉县计量检定所（唯一一家计量检定机构）监督管理、能力提升工作，顺利通过法定计量检定机构考核、血压计能力验证。以“文明示范农贸市场”创建为契机，进一步推进集贸市场在用衡器“四统一”工作，完成9个农贸市场改造提升。

食品质量安全监管 2013年，永嘉县质量技术监督局以市场准入为载体，对食品企业实行动态监管。继续强化生产许可、监督检查、监督抽查、风险监测、执法查处等监管措施，确保食品生产环节质量安全。全年新增获证企业7家，新增QS证书12张。共有食品、食品相关产品和化妆品获证生产企业122家。开展省市级风险监测、粉干米面制品等专项抽查工作。全年完成各项定检、专项抽查食品添加剂以及食品相关产品共179批次，合格112批次，不合格35批次，批次合格率为80.4.5%，安全指标合格率为86.6%，后处理率达100%。开展以“打击食品犯罪，保卫餐桌安全”专项行动为重点的17个方面专项整治活动和食品安全“强网清源”集中行动，出动执法人员380人次，检查食品企业和小作坊100家次，关停取缔无证无照食品小作坊25家，帮助提升、取证、整改、规范食品小作坊6家。制作《食品质量安全知识宣传手册》300余份，对全县重点食品生产企业进行约谈，进一步落实食品生产企业主体责任，切实提高全县食品生产企业质量安全保障能力和水平。

特种设备安全监察 2013年，永嘉县有特种设备8725台（其中锅炉270台、压力容器858台、电梯1839台、起重机械5489台、厂内机动车辆237台、游乐设施1台套、压力管道31条），另外，共检验液化石油气钢瓶38362只，其中氧气瓶257只，氩气瓶381只，总报废11696只，其中螺丝瓶报废9442只。开展中小学特种设备安全大检查、氨制冷企业专项整治、压力管道元件专项整治、特种设备领域安全生产等12次专项整治活动，出动人员1888人次，检查企业594家，设备2483台，发出监察指令书108份，整改隐患581处，超出年初350家的检查计划。严格落实特种行政许可，进行特种设备过户、停用、注销，作业人员发证等行政许可工作，全年共完成特种设备使用注册登记1347台，过户、停用、注销818台，作业人员发证634人，受理安装、改造、修理特种设备告知886台套。压力管道元件取证工作成效明显，全年新增取证企业51家、受理企业53家，开展TS取证单位现场全面评审19家，截至12月底，数据库内企业626家，已取证企业406家，已申请企业52家，承诺不生产压力管道阀门企业56家，停产、转产、合并企业95家。积极推进区域监管新模式，强化特种设备全过程安全监管，继续将特种设备安全工作列入镇（街道）目标责任制考核，形成“党委领导、政府监管、行业管理、企业负责、社会监督”的特种设备安全管理与安全监察常态工作机制。以“五主动、六有证、七落实”为核心，推进企业主体责任落实工作。全年参与自查自纠企业1420家，累计完成率达51.39%。突出对重点单位的监管，确定重点监控单位12家，重点监控设备40台，与重点监控单位分别签订安全管理责任承诺书，建立工作台账，明确监管责任人，对每个特种设备重点监控单位进行4次以上现场巡查，在节日期间加强对人员密集场所、旅游景区、娱乐场所和节日活动场所特种设备的检查。强化宣传教育，通过特种设备进社区、进学校、质量月、安全生产月活动，积极开展特种设备安全知识的宣传活动，全年发放特种设备警示手册2000余册，发送安全短信息600余条，提高广大群众安全意识。组织召开《特种设备安全法》《温州市电梯安全监督管理办法》等培训会，全年共培训特种设备从业人员1611人。

重点产品质量监管 2013年，永嘉县质量技术监督局不断强化重点产品质量监管，确保重点产品质量安全稳定。开展辖区内工业产品生产许可证获证企业巡查并建立档案，全年共受理13家企业14次申请（其中1家企业现场审查不合格），工业产品生产许可证新获证企业6家，需年审获证企业50家，证书52张，100%完成年审工作。全县累计有工业产品生产许可证获证企业68家，证书70张（已全部建档）。狠抓重点产品整治，2013年儿童服装产品被列为重点关注产品，年初制定重点关注产品整治工作实施方案及工作计划表，确保重点关注产品监管工作有序开展，对永嘉县儿童服装现状进行预测分析，联合县府办、县经信局、县公安局、县司法局、县财政局、县安监局、县工商局、县公安消防局、瓯北城市新区管委会、江北街道办事处等部门召开工作会议，研究部署整治工作方案，出台《永嘉县人民政府办公室关于印发永嘉县儿童服装产品质量专项整治实施方案的通知》。编制《永嘉县儿童服装产品质量专项整治工作计划推进表》《永嘉县儿童服装企业生产条件考核办法》《区域性质量问题企业自查表》等文件，确保整治工作有序开展。召集监督抽查不合格的39家纺织类企业负责人举办“产品质量不合格企业厂长（经理）学习班”。专项监督抽查阀门、泵、皮鞋等8类产品，全年监督抽查产品237批次，其中合格228批次，合格率为96.20%。定期开展阀门产品、压力管道元件、桥下教玩具、童装等重点产品专项整治，有力打击非法生产行为。

打假治劣 坚持“监管和服务并重、安全和民生优先、质量和效益统一”的理念，深入实施技术执法、专项执法和综合执法等执法模式，认真履行各项稽查职能，为确保执法工作对社会的有效性和贡献率，先后开展保“两节”的“蓝剑1号”、护农的“蓝剑2号”、保食品安全“蓝剑三号”“清新居室”“建材”“液化石油气充装站计量”等10多个专项行动。对阀门类企业进行全面排查，充分利用技术执法手段，现场快速测量阀门壁厚等产品质量指标，对涉嫌质量达不到国家标准的产品进行抽样送国家阀门产品质量监督检验中心进行专业检测。2013年，累计出动行政执法人员3862人次，检查企业（商店）1647家，查获假冒伪劣产（商）品总标值76.47万元，查处违法案件并立案67件，罚没款129.7万元，共受理解决关于食品、油品、家用电器等产品质量申诉案22件，质量申诉案件解决率100%，全年没有发生违法违纪、复议撤销、变更案件和行政诉讼败诉案件。

区域监管工作 2013年，永嘉县质量技术监督局对相关业务科室工作职能进行重新划分，构建以指挥协调、综合执法、技术保障、应急处置、行政调解、外部协作为主要内容的新型质监执法执行体系，初步形成“内部整合、纵向联动、外部协作”的立体式稽查执法工作新格局。加强基层站所工作制度建设，区域监管职能规定、日常检查制度、立案审批制度等制度在实际运用中得到完善，进一步加强12365举报处置指挥中心建设。加强质监网络建设，组建一支由168人的“三员”（其中镇（街道）质监员20人，村居协管员88人，企业质量安全员60人）质监队伍。

阀门质量监督检验 2013年11月30日，国家阀门质量监督检验中心正式通过国家质检总局验收，成为浙江省第一家、全国第六家国家级的阀门质量监督检验中心。有专业人员14名，其中高工4名，硕士生7名。聘请享受国务院特殊津贴的教授级高工邱晓来和中心主任林美共同担任学科带头人，聘请原兰州理工大学泵阀研究院博导担任技术顾问，形成由学科带头人、技术骨干、技术储备人员和实际操作人员四个层次组成的人才结构。投资132万元研制或采购了阀门抗扭弯性能试验装置、阀门试验机、低温及耐火法兰工装、减压阀试验台、DN80-300阀门寿命扭矩试验台等。全年完成投资200万元（累计总投资6333万元），使关键仪器设备达到国际先进水平，其他仪器设备达到国内先进水平。8月31日~9月1日，中国合格评定国家认可委员会组织专家对中心的阀门、金属材料、铁磁材料、化学检测及无损检测等项目进行监督审核和扩项审核，共有70个大项204个标准通过了国家“三合一”认证。9月18日，无损实验室顺利通过竣工验收。全年共完成90家企业258类别519批次的阀门型式试验，共发放105家企业302份型式试验证书，577批次型式试验报告。自2011年2月取得型式试验资质以来，国家阀门质量监督检验中心累计完成上海、北京、福建、江苏等全国16个省市279家819类别1260批次阀门型式试验，并对中国台湾、美国、德国、意大利、新加坡、日本等境外企业进行型式试验，与国际先进实验室接轨，促进中外、两岸阀门产业贸易和技术交流。完成永嘉、龙湾等地40家企业40批次阀门的出口阀门质量检验检测，与南德TUV、美国船级社ABS、挪威船级社DNV等6家国际先进实验室合作开展阀门防火、微泄漏试验后，共帮助60家264批次企业在家门口取得阀门出口通行证和用于国内石化行业的防火阀门准入证，13家企业76批次阀门取得微泄漏第三方检验报告。

法定计量检定项目 永嘉县计量检定所共有54个检定项目，59个校准项目顺利通过省质监局组织的法定计量检定机构考核，专业涉及长度、力学、电学等，共有474项检测项目/参数通过计量认证：其中轻工产品66项检测项目/参数；泵阀中心241项检测项目/参数；食品167项检测项目/参数。加强公共技术服务，全年完成各类委托检验3598批次，其中阀门942批次，包括阀门耐火试验（60家264批次）、微泄漏试验（13家76批次）、流量流阻试验、调节阀、减压阀；理化1377批次，包括焊接工艺评定、冲击试验、晶间腐蚀试验；水泵、电机189批次；皮鞋、服装、拉链委托检验1090批次。检定：合计检定校准测试计量器具3.63万台件，其中压力表13380只，游标卡尺8457件，深度游标尺2548件，千分尺2546件。成立泵阀、服装皮鞋2个帮扶小组，帮助110家企业解决技术难题和共性难题，培训人员200多人次。

教玩具产品质量检验 浙江省教玩具产品质量检验中心着手建设，完成ICP-MS实验室主体工程，完成燃烧试验实验室、成机械实验室、理化实验室的装修并投入使用；所有仪器设备均已到位，初步确定秋千动载试验仪、秋千防撞击试验仪的设计方案。与浙江方圆检测集团股份有限公司、温州市教玩具行业协会联合制定实施《大型充气玩具（淘气堡）》企业联盟标准，计划于2015年10月完成。

食品和农产品检测 2013年，食品和农产品检测中心成为独立法人单位，增加6个全额事业编制，人员全部到位。6月份开始对外检测，共完成质监、药监、工商、农业等部门监督抽查及委托检验230批次（肉制品54批次，茶叶31批次，饮料23批次，糕点64批次，乳制品23批次，休闲食品、酒类调味品等35批次），检测项目涵盖农药残留、重金属、微生物、食品添加剂及非法添加物等，检测共发现20批次不合格产品，占所检产品的8.7%，为相关部门执法及预警提供可靠依据。

科技管理创新成效 4月份，国家阀门质量监督检验中心获得《阀门抗扭、弯安全性能综合试验装置》实用新型专利。截至12月底，国家质检总局2013年科研项目《危害性逸散介质用阀门FE型式试验系统与检测技术研究》立项后已经完成前期设计、论证，部分设备采购已到位。2013年科研计划项目《阀门气动执行装置综合测试机研制》已立项，并签订合同。2012年国家质检总局科技计划项目《阀门防爆O型密封圈RGD检测装置与技术研究》完成设备研制及相关文件资料准备，并进行实验室装修与设备后期调试。2012年省质监局科技计划项目《阀门抗扭、弯安全性能综合试验装置》完成设备研制，并通过“三合一”计量认证与审查认可。2011年省局科研项目《阀门低温试验装置》完成验收。2012年申报的阀门产品质量评价项目通过省质监局质量评价与风险监控项目验收。

党风廉政建设 2013年，永嘉县质量技术监督局进一步推进惩防体系建设，强化廉政风险防控机制。完善“三书两报告”，制定出台2013年全县质监系统纪检监察工作要点、党风廉政建设和反腐败工作方案、反腐倡廉宣传教育实施方案。组织党员干部重点学习《廉政准则》和中央、省领导关于廉政建设方面的讲话，深刻领会精神实质和内容要求，坚定理想信念，增强自律意识，筑牢思想防线。永嘉县第二个“510思廉日”活动期间全局干部职工原创廉政短信100条，群发、互发廉政短信1000多条，召开廉政思想大讨论7场，赠阅思廉书籍100多本，组织中层以上干部参加县检察院防腐倡廉警示参观教育活动，特邀县纪委领导做反腐倡廉专题讲座。针对重点领域和重点环节，加强对廉政风险点的重新排查、分析、评估和监察。加强领导干部廉洁从政信息系统建设，对全系统的领导干部信息进行重新采集，录入系统进行动态管理。研究出台《建设“勤廉质监”，2013～2017年惩防体系建设实施方案》，形成具有永嘉质监特色的惩治和预防腐败体系。

效能建设 加快审批制度改革，促进提速提效。大力执行即办制，组织机构代码证从原来承诺件改为即办件，随到即办，联合工商等部门推出“五部门四证”联合集中“一窗式”办理，为企业打造办证各环节无缝衔接服务平台。全年共办理代码证6075个，（其中：四证联办1768个、小微企业4827个），注销代码证286个，年检3772份，小型锅炉房设计方案核准32个，计量标准考核3个，制造计量器具许可证3个。特种设备登记随到即办，当场办理登记，发特种设备使用证，后台补签（核准），在特种设备登记事项5天的工作时限当天办结，此项工作占办理行政审批总数的90%。全年办理各项事项总数11036件，其中：办理特种设备登记注册803件，1451台设备，比2012年增加1倍，二手设备转让16件，21台设备，作业人员发证39期706人，复审612人，补证45人。

法制质监建设 制定《永嘉县质量技术监督局行政调解工作制度》，成立永嘉县质量技术监督局行政调解工作领导小组。组织开展各类内部法制培训20余期，培训600余人次，培训内容涉及行政强制法、食品安全法、职务犯罪预防、行政执法程序、行政处罚新文书制作和使用等业务相关法律法规知识和业务知识，在系统内形成了学法、用法的良好氛围。制定并实施自由裁量权实施细则，严格规范自由裁量权的行使，结合上级自由裁量基准和日常案件办理中发现的各类情形，对部分不合理、不全面的裁量基准条款进行梳理并予以调整，使自由裁量基准能够更加合理。永嘉县质量技术监督局获得了市法治政府建设工作领导小组牵头开展的2013年度优秀说理性行政处罚决定书评比三等奖。

配合政府中心工作 结对徐岙社区开展“社区共建”，与潘宅村开展“双百结对、扶残助残”行动，与岩坦镇宵岭村继续开展“双百结对、共建文明”活动。精心部署“千名干部进千村入千企解千难”行动，深入结对企业开展新一轮的企业大走访，领导带队走访和调研企业42家、村居8个、农户3家，牵线搭桥解决企业难题。

文明单位创建 制定市级文明单位创建活动实施方案、年度创建推进计划和质监文化建设工作方案，建立党风廉政、行政效能、质监文化、文明单位等工作绩效监督考核体系，将文明创建工作纳入党委议事日程，先后召开5次专题会议，形成主要领导亲自抓、分管领导具体抓、班子成员共同抓的机制，组织全员参与创建工作。推进“五型机关“建设，完成机关大楼文化设计装修，开展党建文化、廉政文化建设和基层站所文明规范化建设、勤廉站所建设。设立道德讲堂，组织干部职工学雷锋事迹、诵读经典。设立“党员学习活动室”“文化小书吧”，打造“廉政文化”特色走廊，统一更新局机关各科室、各站所基层质监机构标识及各类指示牌、工作人员一览表及政务信息公开栏等。加强党建工作，同时发挥工青妇协同合力作用，深入开展党员、团员志愿者活动，下派农村指导员到挂钩乡镇桥下镇下斜村指导新农村建设，协助该镇开展扶贫结对、村级换届选举等工作。完善基层质监站所装备设施，提高基层质量安全监管能力和质量服务能力，围绕“优服务、严监管、强素质、上水平、争一流”方针，内修素质，外塑形象，进一步加强基层站所的建设，充分展现基层质监站所文明规范形象，使服务工作再上新台阶。2013年，永嘉县质量技术监督局被授予“第十六批温州市文明单位”“温州市卫生先进单位”等荣誉称号，国家阀门质检中心顺利通过国家质检总局验收，并受到永嘉县政府的通令嘉奖，桥头质监所获得“永嘉县勤廉站所”荣誉。多名员工在省市县组织的各类主题演讲比赛、书画摄影作品大赛、知识竞赛等比赛中获佳绩。

（谢向鸥）

食品药品监督管理

概　况 2013年，永嘉县辖区内有涉药单位763家，其中药品经营企业231家，医疗机构494家，医疗器械经营企业32家（经营隐形眼镜22家），医疗器械生产企业4家，药品生产企业1家，药品批发企业1家；有证餐饮服务单位2119家，其中餐馆719家，小吃店897家，快餐店86家，食堂（含学校、托幼机构食堂）236家，饮品店122家，其他餐饮服务单位59家。全年完成行政许可审批1132件，其中，完成药械行政许可200件（包括注销12件），不予许可1件；完成餐饮服务行政许可932件（包括注销4件），不予许可37件，不予受理28件。全年未发生重大食品药品安全事故，有效保障了全县人民的饮食用药安全。

体制机制建设 2013年5月，永嘉县食品安全委员会办公室（简称县食安办）调整为县食品安全委员会的常设办事机构，与永嘉县食品药品监督管理局合署办公，机构规格为正科级，核定1名专职副主任，1个食品安全综合科，县食安办主任兼任县府办副主任。在桥头镇开展基层食品药品安全综合执法队伍试点工作，成立由公安、城管、农业、林业、药监、工商、质检等部门组成的食品药品安全综合执法中队，并多次开展综合执法工作，有效地解决执法权属争议问题，提高执法效率。积极开展职能调整后新设基层所的筹建工作，截至12月底，6个基层所43名编制到位41人，办公场地、执法装备基本落实。

食品安全综合协调 全年组织召开全县食品安全工作会议2次、食品安全委员会联席会议3次、专题会议9次。深入开展食品安全工作调研，建立健全县乡二级食品安全领导协调机构和监管机制；健全食品安全联席会议机制，完善议事规则和程序，有效解决一批重大食品案件。建立食品安全联合执法机制，成立由公安、农业、质监、工商、经信、食品药品监管等主要食品安全监管部门组成的重大案件联络组，设1名股级中层干部为联络员。完善食品安全信息和应急管理机制，出台《永嘉县食品安全信息管理办法》《永嘉县食品安全舆情监测处置办法》《永嘉县食品安全事故应急预案》，12月份，联合相关部门开展永嘉县食品安全事故（Ⅳ级）应急演练。健全食品安全风险防控机制，出台《永嘉县食品安全风险监测实施方案》《永嘉县食品安全风险隐患排查整治工作制度》，按0.5件每千人口的要求安排风险监测样品450份，监测点涵盖75%以上的镇（街道），并设立3家监测哨点医院。全面实施食品安全检测“三整合”，出台《永嘉县食品安全检验检测资源整合提升工作实施方案》和《2013年度永嘉县食品抽样检测工作实施方案》，完成定量检验1899批次样品，查处案件45起，超额完成市定任务。建立食品安全考核督查机制，出台《永嘉县食品安全工作考核办法》，将镇（街道）和主要职能监管部门纳入年度绩效考核，全年开展督查14次，组织年中工作评估1次。加强食品安全统一投诉举报电话“96317”管理，实行24小时接听受理，受理食品安全举报201件，全部办结。

“千万学生饮食放心工程” 2013年，永嘉县食品药品监督管理局建立和完善校园食品安全监管长效机制，全县被列入“千万学生饮食放心工程”学校（含托幼机构）220家，食堂151家，持证学校食堂149家，已评或初评量化分级为A、B等级的88家，占学校食堂59.3%，大宗食品统一配送或者定点采购130家，占学校食堂86.1%；校园食品商店共有22家，其中品牌超市店8家，占36%；学校饮用水通过城镇管网接入率100%，学生食品安全知识知晓率80%。

食品安全专项整治 2013年，永嘉县食品药品监督管理局部署开展以“打击食品犯罪，保卫餐桌安全”专项行动为重点的17个方面的专项整治活动和食品安全“强网清源”集中行动。全年共出动各类食品执法人员9615人次，检查各类食品企业15628户次，查处各类违法违规行为1487起，责令整改1359户次，自动关停和取缔152家，行政立案122起，涉案金额达90万元，罚没金额达32万元。首次查获从外地调入的含莱克多巴胺（瘦肉精）生猪20头，查处一批非法使用工业松香脱毛等食品安全违法案件，由公安立案23起，抓获涉案人员达39人，摧毁食品犯罪窝点28处，判决1起，刑事判决2人，案件移送率100%。9月份开展的“强网清源”行动期间，组织开展联合执法17次，立案查处违法行为26起，公安自行立案1起，移送公安1起，取缔无证无照42家次，全力维护永嘉县食品市场秩序。

餐饮、保化安全监管 扎实推进餐饮服务量化分级工作，全年量化餐饮服务单位1910家，其中A级12家，B级174家，C级1724家。全县因量化分级餐饮服务单位公示率达100%，重点品种索证索票率达100%，小餐饮监督覆盖率100%，逐步建立“一户一档”监管档案和食品安全管理员数据库；深入开展全县小餐饮食品安全专项整治，先后开展“餐剑系列”专项行动、学校（含托幼机构）食堂食品安全专项整治、打击保健食品“四非”专项行动等。集中力量对江北街道开展餐饮无证无照专项整治，成功摘除了该街道“市级无证无照挂牌督办重点区域”的帽子。各专项行动期间，共出动执法人员3160人次，其中对餐饮单位检查出动执法人员2797人次，检查餐饮单位4525户次；对保健食品单位检查出动执法人员363人次，检查保健食品单位287家次；对化妆品单位检查出动执法人员335人次，检查化妆品单位193家次。积极参与“2013年世界永商新春恳谈会”“2013中国（温州）森林旅游节开幕式”“第二届中国·楠溪江山水文化旅游节开幕式”以及“浙江省美丽乡村现场会”等重大活动食品安全保障工作。

药械安全监管 2013年，永嘉县食品药品监督管理局扎实推进药品安全电子监管信息化工程建设，截至10月底，建成100%覆盖全县药品零售、连锁、生产、批发企业的药品监管信息化工程。对药品经营企业药品购进、存储等情况进行在线监管，在全省率先对药店安装无线温湿度采集仪，确保药店药品在符合标准条件下存贮养护；建立了以医疗器械管理软件为基础，覆盖企业生产、管理、销售各个环节的计算机网络系统，实现了数据互通。在浙江省首推医疗器械门户网站以及二维码查询管理功能，不断提升全县医疗器械规范化水平；进一步完善药品不良反应监测网络。2013年，共完成上报ADR报告850例（目标任务631例），MDR报告75例（目标任务63例）；完成药品零售企业GSP跟踪检查96家，清理回收家庭过期药品160多个品种，货值5000余元。12月，开展药品安全事故应急演练，市食品药品监督管理局副局长陈云源、副县长何莉平等领导出席并观摩整个演练过程。深入开展中药特药质量监管专项检查、定制式义齿生产使用监督检查、含麻黄碱复方制剂监督检查、终止妊娠药品监督检查、药品流通领域专项行动等监督检查。专项行动期间，对涉药单位检查出动执法人员2710人次，检查涉药单位1515家次，检查医疗器械单位430家次，进一步整顿和规范了药械市场秩序。

打假治劣 2013年，永嘉县食品药品监督管理局以开展打假治劣为重点，扎实开展涉及餐饮、保化以及药械安全违法违规行为的查处。全年共立案90件，收缴罚没款73.1万元（其中餐饮食品立案54件，收缴罚没款19.36万元，没收物品价值1.35万元；药械立案36件，收缴罚没款53.74万元，没收药械货值9.89万元）；移交公安部门4件，移交工商部门1件；当场处罚12件，自行关停和取缔餐饮无证经营133户，清理店堂违法广告牌113个，申请人民法院强制执行案件3件；配合温州市食品药品监督管理局药品快速检测车完成药品快检任务143批次（任务数140批次）。完成全年药品监督抽样121批次（任务数120批次）、药品评价性抽样20批次（任务20批次）、餐饮食品保健食品化妆品监督抽样85批次（任务数85批次）。

示范创建 完成年度餐饮服务食品安全“321示范工程”建设任务，共创成省级示范单位6家，市级示范街2条，示范单位44家；开展保健食品化妆品示范创建工作，部署省级创建单位29家，上报验收4家，全部通过验收；继续深入开展药品安全示范镇（街道）创建工作。在13个示范镇（街道）创建完成的基础上，2013年确定桥头镇、桥下镇、鹤盛镇、黄田街道、乌牛街道5个镇（街道）进行药品安全示范镇（街道）创建，经市药品示范创建办考核组验收，全部达标。

宣传教育 2013年，永嘉县食品药品监督管理局组织开展形式多样的宣教工作。制作食品药品安全宣传读本2万余册，借“进村入企”、广场宣传、药业餐饮培训之机发放给群众和食品药品从业人员，接受群众咨询2330余人次。完善信息沟通报送平台，借助电视、广播、网络等开展食品药品安全信息报送工作，信息被省局采用55条，市局采用257条，其他媒体采用30余条，发布政务微博2029条，发送短信16500余条。

组织培训 2013年，永嘉县食品药品监督管理局对全县177家餐饮单位负责人进行约谈，开展餐饮从业人员培训4140人次，发放食品安全管理员证书1500份；对全县各镇（街道）和县食品安全委员会成员单位食品药品工作分管领导和信息联络员80余人开展为期3天的专题业务培训；对全县基层药品不良反应监测人员开展知识更新培训200余人次；对系统内部监管人员开展药械、餐饮、行政许可、法律法规等业务培训310余人次。

组织活动 邀请县委讲师团成员作十八大精神主题教育和“中国梦”主题实践专题授课，开展新一轮思想解放大讨论和党的群众路线教育实践活动。组织开展“进村入户大走访”和党员到社区报到认领活动，领导干部走访了挂钩街道10个行政村35户农户，送去慰问金约2万元；26名党员到社区报到，认领服务30余项。开展餐饮服务环节“我执法，你参与”主题活动，通过当地媒体公布活动内容，主动邀请县人大代表、市民代表、群众监督员和新闻媒体记者参与找茬。积极开展行政相对人满意度调查摸底和政风行风民主评议问卷调查，收回问卷调查450余份，收集意见和建议10多条。

廉政建设 深入开展“勤廉药监”、第二个“510”思廉日主题实践活动，组织人员观看反腐倡廉教育片，参观预防职务犯罪警示教育基地，开展党风廉政建设征文评选活动，展开“纪检监察精神大讨论”，撰写廉政微故事。共收到廉政征文8篇，其中3篇分别获得全省食品药品监管系统党风廉政征文评选二、三等和优秀奖，廉政微故事《包裹》获得市县表彰。永嘉县食品药品监督管理局获得2013年度市级优秀说理性行政处罚决定书三等奖、2013年度温州市食品药品安全条线工作考核优秀单位。

（陈　雅）

统计工作

概　况 2013年，永嘉县统计局全体人员始终坚持统计为经济建设服务的理念，着力推进统计科学发展，树立统计行业新形象，当好参谋出思路，提升素质强服务，较好地完成各项工作任务。

统计专业水平提升 制定单位内各专业统计新的考核办法，把温州市统计局年度专业考核排名作为奖罚的重要依据，并与全年评先评优及年度绩效考核挂钩，调动专业工作人员积极性和主动性。要求排名市原前三位的专业要继续保持优秀水平，中等名次的专业要努力争取进入前三位，最后三位的专业要努力向中等水平移位，每季对各专业的各项工作进度及时进行通报。完成工业、能源、服务业、贸易餐饮、固定资产投资、农业、城乡一体化住户调查等15项专业统计的各类报表任务，各项统计年报数据按时上报、如期公布，客观真实地反映全县经济社会发展情况。及时评估分析GDP核算、固定资产投资和规上工业总产值等主要指标数据的匹配性，发现问题及时查询修正，确保数据真实。

经济普查准备工作 2013年，是全国第三次经济普查启动之年，永嘉县统计局扎实开展第三次经济普查各项准备工作。组建永嘉县第三次经济普查领导小组及办公室，抽调5名专业人员直接参与普查工作，落实人员、经费和办公场所，并将第三次经济普查纳入对各镇（街道）、部门年度目标考核内容，为经济普查顺利开展奠定坚实基础。开通县第三次全国经济普查网站，及时发布国家、省、市普查文件和本县经济普查工作动态，营造普查良好社会环境。联合工商、民政、编办、交通、住建等部门，做好基本单位名录库的核查、登记及查漏补缺等工作。完成普查试点、区域划分、地图绘制、清查摸底等准备工作。

服务政府 2013年，永嘉县统计局修改完善统计信息考核办法，围绕地方经济和社会发展，积极开发统计信息。全年共撰写统计分析52篇，提供各类统计信息动态267篇，比上年增加91篇。完成《科技进步对永嘉县经济增长贡献的实证分析》《全省地级市区近邻县（市）的经济比较分析与城市化建设路径探讨》《永嘉县城乡居民收入倍增路径》《永嘉小微经济现状及思考》等4篇课题调研文章，为县领导科学决策提供有力依据。按月汇编信息小卡片、《统计月报》等信息资料，及时编辑出版《2013年度统计年鉴》，便于各级各部门领导及时掌握经济发展情况。在采用传统纸质统计专报的同时，配以手机短信、QQ统计群、政务公开网、微博等现代手段传播统计信息，方便社会各阶层快速掌握统计信息。

服务企业 以服务企业为主体，扎实开展统计人员“进企业服务一套表”业务培训活动，分期分批组织业务骨干到全县“四上”企业开展业务指导和面对面培训，为企业提供网络维护和程序操作等服务。召开会议对各企业统计员进行知识培训，派专业人员多次深入企业指导，确保企业按时完成联网直报工作。认真开展企业联网直报“三查”工作，对企业的网报IP地址、基本单位名录库真实准确情况进行核对。

服务部门 对全县与统计有关各项主要经济指标发展情况及时跟进更新，确保统计数据的及时性，为永嘉县经济、社会、文化等事业发展提供数字服务。加强与部门的配合与沟通，树立大统计观念，与县相关主要职能部门建立良好的横向合作关系，做到信息资源共享，为相关部门的绩效考评、科技评选、生态强县创建等做大量的基础性工作。

统计基础管理 加大统计基层规范化建设力度，按照《2013年永嘉县统计局基层基础建设“四项推进行动”实施意见》，制订工作计划，明确责任分工，严格要求标准，抽调局机关骨干力量组成4个工作组，对2个功能区、18个镇（街道）、81家企事业单位，认真开展统计基层规范化创建和复评工作，有力保障统计源头数据质量。

统计巡查 大力开展统计巡查工作，根据《2013年永嘉县统计巡查工作方案》，研究确定县农业局、鹤盛镇、东城街道等单位为2013年度统计巡查对象，对执行统计法律法规、统计数据质量、统计资料管理、统计机构和人员配备、统计“六五”普法宣传等七个方面进行全面深入地检查，肯定成绩，指出不足，提出整改意见，落实整改措施，全面提高基层统计的整体水平。

名录库更新维护 及时动态更新维护名录库，细化镇（街道）维护节点对新增、变更等单位的维护工作流程。按照“先进库、后有数”原则，规范工作制度和流程，严格执行“四上”企业调查单位的新增、变更、退出审批流程。建立县有关部门协作共享机制，及时提供新增、变更和注销单位的名录资料。2013年，共完成规下（限下）转规上（限上）86家。

基层统计队伍建设 2013年，永嘉县统计局加强基层统计队伍建设，夯实统计基层基础。强化统计从业人员持证上岗制度和统计继续教育，全年有174名统计人员参加全国统计从业资格证书考试，204名参加统计继续教育培训。加强企业基层统计人员的业务培训，有效提高基层统计人员业务水平。

廉政建设及其他 深入学习党的十八大精神，认真开展“两提两争”活动。继续落实惩防体系和党风廉政建设、反腐败工作，严格遵守中央关于改进工作作风、密切联系群众的“八项规定”“六项禁令”，严格遵守工作纪律，大力精简会议和文件简报，坚持厉行节约，改进工作作风，形成严守工作纪律、争先创优、廉洁务实的良好风气。全年公务接待同比下降44.4%，公车使用下降14.8%。此外，以效能建设为中心，认真抓好党建、平安、计生和挂钩村等中心工作。

统计法制建设 根据“六五”普法规划，利用广场普法宣传、法制讲座、统计年报会议等多种形式开展统计“六五”普法，进一步提升全社会统计法制意识。并以第三次全国经济普查为契机，结合《统计法》颁布30周年宣传纪念活动，进一步加大《统计法》宣传力度，增强统计人员、调查对象及公众的统计法制意识，为依法统计创造良好的社会环境。组织骨干力量以工业、固定资产投资、能源、服务业、贸易业等专业为重点进行稽查，对企业的统计报表、原始凭证、统计台账、财务报表等基础资料进行认真的核对和检查，确保统计数据真实准确，做到数出有据、据之可查、查之可信。2013年，共对58家企事业单位按照有关规定进行稽查，其中对32家单位进行立案查处，警告并处罚款8.6万元，维护统计法律法规的尊严，有力推进统计基础规范化建设。

（孙宏豪）

审计工作

概　况　2013年，永嘉县审计局共有干部职工26人，内设办公室、法制科、经济责任审计局、财政金融审计科、行政事业审计科、基建外资审计科等6个科室，下辖2个事业单位。全年完成审计项目30个，审计查出违规金额3303万元，应上交财政1272万元，管理不规范金额104011万元；委托审计政府投资单项工程109个，送审资金29807万元，审定金额28820万元，核减资金1201万元，其中复核40.7万元。向纪检、司法部门移送案件8起。连续第六年获得省市审计机关考核优秀单位称号。

财政“同级审”　认真落实全部政府性资金审计有关要求，努力构建财政审计大格局，融合部门预算执行、转移支付、专项资金、工程投资等方面审计，逐步将全部政府性资金纳入审计监督范围，认真查找财政资金管理中存在的制度盲区和薄弱环节，并从体制、机制层面提出切实可行的建议，积极推进预算管理科学化、规范化和财政体制改革不断深化。在县本级2012年度财政预算执行情况与全部政府性资金审计和专项审计调查中，发现预算编制及管理不够规范、调剂使用专项资金弥补收支缺口、部门预算执行不严肃、部分预算资金使用效益不佳等问题，并有针对性提出审计建议，引起县人大、县政府的重视，促使县政府先后出台《关于加快推进公共财政预算改革的实施意见》《永嘉县预算审查监督办法》《永嘉县推行乡镇财政国库集中支付制度改革方案（试行）》等制度，对财政预算和收支进行全方位的监管，力求把“钱袋子”关进制度的笼子。根据上级审计机关的统一安排，组织了全县政府性债务审计工作，县政府成立以县长为组长的工作协调小组，有力推进各项工作进展，掌握全县政府性债务的基本情况，如实反映存在的问题，顺利完成审计任务。按规定将“同级审”报告及整改落实情况向县人大常委会、县政府常务会议作专题汇报。

经济责任审计　认真贯彻省《审计办法》，加强对权力运行的监督和制约，不断推进经济责任审计，促进领导干部廉洁从政。全年完成经济责任项目15个，审计查出违规金额727万元，应上交财政1273万元，管理不规范金额9712万元，清退津补贴68.5万元。进一步加强经济责任审计规范化、信息化建设，6月份，县长娄绍光主持召开全县经济责任联席会议，听取经济责任审计工作开展情况及审计发现的问题，专题研究下步经责审计有关工作，并讨论出台《永嘉县镇（街道）党政主要领导干部经济责任审计操作规程》。《永嘉县镇（街道）党政主要领导干部经济责任审计操作规程》出台后，永嘉县审计局马上推广使用，以“一观三化一廉”为核心，运用量化指标，统一评判尺度，对领导干部履行经济责任情况作出审计评价，切实提高审计质量与审计成效。

专项审计调查　2013年，专项资金审计调查主要围绕服务中心、关注民生、关注热点展开。在2012年度财政教育投入及资金使用情况专项审计调查中，发现教育资金拨付使用不及时（其中3年以上未拨付使用资金1878万元）、专项资金未及时安排使用、部分中小学校教育资源配置不均衡、学生营养餐安排不合理等问题，并督促教育主管部门实施整改。在水利资金投入及使用情况专项审计调查中，发现未及时拨付水利专项资金881.75万元，要求水利部门认真落实整改，上介财政260.57万元、拨付到位166.59万元，结余部分将于相关工程完工验收后给予拨付，不需拨付的进行清理上介县财政。首次开展的全县村级财务审计调查中，发现了村级财务管理中村账镇代理不到位、专项资金被挪用侵占、项目支出“白条子”多、非生产性支出大等一系列不规范问题，引起了有关领导和部门重视，县纪委出台《关于进一步加强村级非生产性开支监督管理若干规定》，被称为永嘉县“史上最严村规”。加大案件移送力度，向纪检、司法部门移送案件8起，在全县农村干部中引起强烈反响，有效促进农村基层廉政建设，为2013年村级换届选举营造良好环境。

基建审计　2013年，永嘉县

审计局根据永嘉县“大投入、大建设”的发展态势，加大对政府投资项目的审计力度，查找问题，提出建议，促进项目提升质量、控制成本、节约资金，为规范工程管理、提高政府投资效益把好审计关口。全年组织4个重点工程项目的审计和2012年度政府投资重点工程项目建设管理情况专项审计调查，查出违规资金1898万元，管理不规范资金3505万元。在“同级审”中突出工程项目审计，发现工程项目建设超工期、无概算或超概算、随意变更、未按时办理竣工手续等问题突出，向县政府常务会议作了专题汇报。县政府及时建立政府投资项目工程变更联席会议制度，出台《投资项目工程变更和概预算调整实施细则》《政府投资项目监督管理实施办法》《政府投资小工程建设项目招标投标暂行规定》等制度，有效加强政府投资项目各个环节的监管。借助中介机构加强审计力量，主动跟进项目实施过程，委托审计政府投资单项工程109个，核减资金1201万元。

内部审计 2013年，永嘉县审计局进一步加强内部审计队伍建设、制度建设和指导监督工作，不断提升各单位内部控制意识和自我管理能力，做到关口前移，防范在先。一是重视内审机构队伍建设。组织开展内审机构设置、人员安排、经费保障等情况调研，督促和指导符合条件的被审计单位建立内审机构，全年指导5个镇（街道）建立内审机构，迈出了镇（街道）内审机构建设第一步。二是加强制度建设。县政府在全市率先出台《内部审计工作规定》，使内审工作步入制度化、规范化管理轨道，保证内审工作有序和有效开展。三是加强内审工作的指导监督。建立审计机关与内审机构联动协作机制，开展内审工作挂钩联系、结对帮扶工作。举办全县内审人员业务培训，有效提升内审工作水平。

（陈继勋）

安全生产监督管理

概　况 2013年，永嘉县安全生产监督管理局坚持科学发展、安全发展的理念，以安全生产“十大工程项目”（即重大事故隐患挂牌整治项目、安全生产监察执法项目、安全生产监察执法规范化建设项目、安全生产宣传教育项目、安全生产培训项目、企业安全文化示范企业建设项目、安全生产行政审批服务优化项目、安全生产应急救援体系建设项目、工商贸行业主体安全分级提升项目、安全科技应用推广项目）为抓手，以“两提两争”主题实践活动为载体，深入推进安全生产各项工作，取得良好成效，全县安全生产持续稳定好转。

安全生产事故情况 2013年，永嘉县生产安全事故三项指标呈现下降态势，工矿、道路交通、水上交通三个重要领域共发生事故195起，死亡71人，直接经济损失211.67万元，同比分别下降22%、11.3%和37.5%；消防领域事故“零伤亡”。工矿商贸领域事故5起，死亡5人，直接经济损失200万元，同比均持平。道路交通领域事故190起，死亡66人，受伤148人，直接经济损失11.67万元，同比分别下降22.1%、7%、33%和37%。水上交通领域事故起数、死亡人数、受伤人数、直接经济损失均为零。消防领域事故31起，直接经济损失129.9万元，未出现人员伤亡。

安全生产责任制落实 坚持每季度召开安全生产工作例会，部署安全生产工作，落实安全责任，全年各镇（街道）、部门、企业、村居共签订安全生产责任书9千余份。不断完善考核方式，针对镇（街道）和重点部门工作实际，分A、B两类进行安全生产考核。强化领导带队的督促检查，不定期地深入一线抓督查、抓落实，全年开展安全生产大检查7次、工作督查6次，解决各类问题83个。严肃责任追究，全年审核一票否决事项6476项，其中单位3493项、个人2983项，共否决18项；对住建局实行红色预警，对上塘中心城区、岩坦镇、乌牛街道、江北街道、广播电视台、质监局等单位实行橙色预警，单位分管领导接受告诫谈话。

“打非治违”专项行动 坚持“严执法、除隐患、强基础”，积极开展安全生产领域“拆除违法建筑”“无证无照整治疏导”“规范供用电”“规范外协加工”专项整治和创建“无违法建筑、无非法生产、无重大安全隐患”示范村(简称“三无示范村”)等五大“打非治违”专项行动。全年共排查梳理无证无照单位5729家，关闭取缔2223家，疏导登记3506家，超额完成目标任务；安全生产领域17.03万平方米违法建筑，仅15990平方米未拆除；排查外协加工生产性单位120家，查处存在安全隐患的单位107家，关闭取缔39家；查处非法供用电单位69家；23个“三无示范村”全部通过验收。

“大排查大整治”活动 按

照“全覆盖、零容忍、严执法、重实效”的总体要求，多管齐下推进工作，全年出动检查组1281个共计9897人次，检查企事业单位和场所9119家，查处各类隐患、违法行为2238处，责令停产停业121家，关闭非法违法企业47家，罚款263.71万元。

重点行业领域专项整治 联合安监、住建、消防、工商等有关部门，先后开展危化品、烟花爆竹、机械制造、出租房“三合一”场所、液氨、燃气、油气及化工输送管道、餐饮场所、涉尘企业及有限空间作业等专项整治10次，收缴烟花爆竹18974件，集中销毁17061件；取缔存在安全隐患的涉尘企业132处；查处问题钢瓶3667只；查扣油漆等危化品2394件；巡查燃气管道310千米；消除火灾隐患1496处，切实清除一大批安全隐患。

重大事故隐患挂牌整治 严格落实重大隐患挂牌和领导跟踪督办制度，督促61家重大事故隐患挂牌单位开展隐患整改，其中工商贸市级挂牌2家、县级21家、镇级30家，道路交通省级挂牌4处，消防市县挂牌4家，全部按时完成整改并验收销号。

“两月一主题”执法行动 深入实施执法监察计划，全年开展专项执法6次，分别为烟花爆竹专项执法、企业教育培训专项执法、高危行业专项执法、高温汛期专项执法、事故单位和受行政处罚单位“回头看”以及在建工程与施工单位专项执法。全年立案111件，同比增加37%，全部及时予以行政处罚，案件数列全市前茅，罚款210.3万元。

培训与宣传 推进安全生产培训与宣传教育，强化安全生产“五进”活动、培训“机考”改革、安全文化示范企业创建等重点工作，全年共培训企业负责人1332人、安全管理人员1560人、特种作业人员740人以及企业员工124680人，超年度总任务28.3%；全年共印发《安全生产》6期1.35万份，发放各类宣传资料8.52万份，举办主题讲座3场，大型宣贯会11场；全年10家单位参建“安全文化示范企业”，全部通过县级验收，其中2家通过市级验收。“安全生产月”期间，全县共悬挂标语、横幅共2016条，张贴宣传画12905张，出动宣传车209台次，刊出黑板报435期，参观图片展览35863人次，发放宣传资料43565个，媒体报道近30条，召开安全会议51次，印发安全通知5683份，举办安全文艺宣传1场，培训企业主要负责人和安全管理人员823名，培训企业员工21500名，开展安全宣传咨询34次。

事故调查 联合公安、总工会等，邀请检察院，对2013年发生的浙江良能阀门有限公司浦二分公司“1·11”物体打击事故、永嘉县三江街道“3·22”高处坠落事故、永嘉县华仪阀门有限公司“4·29”触电事故、浙江瓯球阀门有限公司“5·25”物体打击事故等4起事故开展调查，并对涉及事故的4家单位和4名责任人予以处罚，共收缴罚款41.5万元。另外，3月4日发生的特种设备事故由县质监局牵头开展调查处罚。

行政审批 全年共受理行政许可案件101件，退件6件。其中烟花爆竹零售经营许可证地址变更3家，提前注销3家，批发企业换证1家；危险化学品经营许可证，甲类换证4家，乙类新办1家、换证2家，丙类新办5家、换证6家；危险化学品安全生产许可证换证1家、变更1家；安全评价报告备案54家，安全专篇备案6家，设计专篇备案3家；建设项目安全条件审查2家、设计2家、竣工验收1家。全年共退还烟花爆竹风险抵押金80万元。

应急管理 进一步整合全县安全生产救援资源，健全应急救援基础数据资料库，成立非煤矿山、危险化学品、烟花爆竹、燃气安全生产等18支应急救援队伍，共计应急人员223人，其中专属县级应急救援队伍5支，共计人数82人；企业应急救援队伍13支，共计人数133人。继续充实专家力量，聘任各领域应急救援专家9名。开展县级安全生产综合演练2次：6月25日上午，在杰豪集团举行永嘉县2013年安全生产事故应急救援综合演练；6月29日下午，在日泰集团有限公司举行生产安全事故应急救援综合演练。全年累计参与燃气、化工等专项演练指导20余次。

基层基础建设 创新基层管理模式，联动推进消防安全、安全生产、居住房屋出租管理和新居民服务管理，从源头和关键部位入手，坚决消灭安全隐患。全县共建立安全生产大网格18个、中网格111个、小网格1039个，全年检查并录入工矿企业基本信息5408家，查处隐患5763处，及时整改4494处，其中重大隐患整改率92.96%。建立健全执法工作制度，突出案本规范化、执法程序化、信息公开化建设，以“三懂五会”（即懂法制政策、懂执法程序、懂基本业务，会检查、会调查、会用法、会执法、会群众工作）为要求，定期开展执法大比武、案卷评查等，不断提升执法水平。2013年，县安全生产监察大队及3个安监中队通过市级安全生产执法规范化验收。实施“天网工程”，城区重要场所、交通要道、码头、渡口，非煤矿山、危化品和烟花爆竹企业重点部位全部安装视频监控；全县所有的长途客车、旅游车以及部分短途班线安装使用GPRS视频监控，其他车辆全部安装GPS动态监控，安装率100%。

企业安全提升 按照“统筹兼顾、典型带动、分步实施”的思路，坚持机制领路、典型带路、教育开路，全年指导督促294家企业通过安全生产标准化验收，创建率98.66%，获评2013年度市安监系统专项行动先进单位。紧盯涉尘、电镀、造纸等重点行业，实施“科技兴安”战略，结合全县进行的“三改一拆”“五水共治”等工作，打击取缔非法涉尘作业场所146处，关停高耗能和重污染企业76家次，将原29家造纸企业整合为7家，流水线由38条合并为7条。

（徐晨曦）

公共资源交易管理

概　况 2013年，永嘉县公共资源交易平台围绕永嘉县委、县政府中心工作，以“两提两争”主题实践活动为抓手，坚持服务与创新并举、优化与完善并进、监管与规范并重，着力推进重点项目破难攻坚、交易平台规范建设、维护交易市场有序高效，全力为永嘉经济又好又快发展保驾护航。

公共资源交易情况 2013年共成功进行建设工程、政府采购、国有土地、国有产权等交易项目1560宗，交易总额88.92亿元，总节约资金5.36亿元，增收资金5278万元。其中建设工程交易122宗，预算投资53.61亿元，实际中标价48.44亿元，为建设单位节约资金5.17亿元，节约率为9.64%，项目进场率达100%；政府采购1200宗，预算1.52亿元，实际中标价1.33亿元，节约资金1900万元，节约率为12.50%；国有土地交易39宗，起始价为37.78亿元，成交价为38.25亿元，增价4700万元，增价比为1.24%，出让成功率达95.12%；国有产权交易199宗，起始价为8431万元，成交价为9009万元，增价578万元，增价比为6.86%，出让成功率达73.7%。以上四大交易项目节约率和增幅全部超过年初目标，最大限度地实现了国有资产的保值和增值。

制度建设 2013年，永嘉县公共资源交易管理委员会办公室不断完善制度建设，加强招投标规范化管理。一是出台《永嘉县人民政府办公室关于印发政府投资小工程建设项目招标投标暂行规定的通知》（永政办发〔2013〕151号），采取简易方式操作，优化招投标中间环节，提速提质提效。对政府投资单项合同估算价在1000万元以下的房屋建筑工程及500万元以下的市政、园林等小项目，采用一年一次集中建立预选承包商库，固定下浮率，公开随机抽取的方法确定中标施工单位。二是出台《永嘉县招标文件审查细则》，规范市场各方主体行为，提高招标文件的透明度和精确度。对合同估算价为1亿元以上的工程项目（市政和园林项目5000万元以上、体育场地设施和电梯项目1000万元以上、智能化项目500万元以上）招标文件，严格按规定由纪委、发改、财政、住建、交通、水利、审计和资管办等部门联合审查。全年审查永嘉县公共文化活动中心工程、永嘉县公安“三所”迁建智能化工程等30多个重点项目。三是出台《领导审批事项AB岗代理制》，通过优化流程，提高办事效率，服务企业和群众。对交易过程中需要由领导签批的事项（公告发布、专家抽取、备案内签单、中标通知书和保证金退付等签批事项），如该分管领导因公不在办公室的，可以由相应的其他分管领导代为签批，保证每天至少要有一位领导坐班。

招投标监管 2013年，永嘉县公共资源交易管理委员会办公室继续加强与职能部门的横向沟通，形成监管合力，确保平台交易活动顺利进行。一是开展工程建设招投标和标后管理专项执法监察，9月10日～25日，联合县纪委、财政、住建、交通、水利等监管部门对2个功能区、10个中心镇招投标中心和18个政府投资建设项目进行检查，重点督查是否规避公开招标，操作流程是否规范，施工单位、监理单位履约情况和业主单位履职情况是否到位等内容。二是开展政府采购标后专项检查，10月23日～11月29日，联合县财政局有重点抽查各采购单位的项目审批、资金拨付、使用以及供应商合同履约、货物质量、售后服务等情况。三是协助主管部门共同开展招投标违法违纪案件的查处工作，全年共受理投诉件12件，取消中标资格、重新组织招标3件，投诉件处理率100%。并成功处置上塘前三村安置房招投标、浦口村旧城改造安置房拍卖、三江商务区地块出让等群访事件。

评标专家管理 2013年，永嘉县公共资源交易管理委员会办公室深化评标专家监管，确保招标成果公正合理。一是不断拓展专家聘任渠道，通过公开向社会聘请评标专家，新增建筑、市政、交通、园林等专家21名，使评标专家库扩容到216名，并建立精英专家库，集中有理论水平和实践经验的专家对一些重点项目进行评标；二是实现浙江省评标专家库在永嘉县内即可直接抽取，提高工作效率，保证专家评标公正；三是完善专家抽签智能电话通知系统，进一步提高专家抽取环节的保密性；四是规范专家补贴发放，实行专家费代付制，专家费一律交业务督查科代付，保证干部廉洁；五是加大评标专家行为监管，实行后评估制度，及时将专家评标情况记入电子档案，进行动态管理，并制定了《永嘉县进一步完善评标专家规范化管理规定》。

政府采购管理 2013年，永嘉县公共资源交易管理委员会办公室进一步规范政府采购行为。一是增强政府采购工作人员的业务水平，提高采购工作能力。7月19日，组织召开全县政府采购（招标）员专题培训会议，共计110余名专兼职采购员参加了培训；二是实施运行政府采购标前审批系统，简化采购人标前审批工作，提高政府采购效率。全年共完成180多项政府采购标前审批工作；三是制订永嘉县集中采购基本业务操作规程，规范流程，细化规章制度，完善政府采购程序。并以上墙上网方式把永嘉县集中采购基本业务操作规程向社会大众公开。

创新评标方式 2013年，永嘉县公共资源交易管理委员会办公室大力推进电子化招标投标工作，预防和打击围标串标行为。年初，在全市首创远程异地电子评标，利用先进的网络通讯技术、计算机技术和安全保障技术，构建多城市之间的建设工程异地远程评标网络。一是投入资金10万余元，开发系统软件、购买设备以及改建远程评标室；二是组织业务科室骨干赴杭州、桐庐借鉴先进经验；三是召开施工单位、招标代理和评标专家上机操作培训会；四是开展远程模拟测试，对存在的问题及时讨论和整改。4月7日，首个项目（永嘉瓯北电力调度中心大楼工程）与温州市平台顺利对接完成。5月17日，成功举办杭宁温远程异地电子评标专题研讨会。全年完成远程异地电子评标项目19个。

招标文件标准化 2013年，永嘉县公共资源交易管理委员会办公室积极编制各类招标文件示范文本，提高招标文件质量。年初，成立编制领导小组，组织单位业务骨干对资格预审和资格后审招标文件进行分析和整理，成功编制了适用于资格预审项目及房建、市政、园林、装修等资格后审项目的施工类招标文件范本。11月1日，智能化、电梯等资格后审项目招标文件范本也编制完成，并开始全面试行。通过对招标文件的统一规范，有效打击了围标、串标等违法行为，从源头上保证招标工作的公平和公正。

土地和产权出让 2013年，永嘉县公共资源交易管理委员会办公室服务全县重点工作，在招投标环节做到提质提速。3月29日，完成全县机关单位涉改车辆拍卖，共计62辆公车参与竞拍，起拍总价为21.5万元，成交总价为120.5万元，增价比达460%。9月4日，成功出让三江商务区6宗国有建设用地，以17.82亿元的成交价创永嘉全年挂牌成交金额最高记录，为全县招商引资工作保驾护航。10月30日，成功出让东瓯街道河田村和五星村2宗国有建设用地，总成交价达14.28亿元。11月15日，成功出让碧莲镇碧莲村1宗国有建设用地，起始价为2892万元，成交价为5802万元，增幅100.62%。

队伍建设 2013年，永嘉县公共资源交易管理委员会办公室根据“两提两争”主题实践活动精神，对照“互学互比”工作要求，确定赶超目标，落实赶超任务，开展学习交流。围绕“深入基层、深入群众，听呼声、摸实情、解难题”的要求，积极开展“转作风、破难题”蹲点调研月活动。通过召开座谈会、开展问卷调查、实地走访企业和农户等方式，走访乌牛街道、江北街道等46家结对企业，走访三江街道4个行政村15家农户，慰问7户老党员、困难户，并协助仙客村、芦田村、浦东村顺利完成村级组织换届选举工作。深化党风廉政建设工作，完善监督机制，开展案例警示、廉政承诺、现场旁听法院审理等多种形式的教育活动，全面推进廉政风险防控体系建设。建立健全党建工作责任制，认真开展扶残助残、慈善募捐、义务献血、社区服务等党员志愿者活动。

（李凌鹏）

教　育

综　述

2013年，永嘉教育工作在县委、县政府的正确领导和上级教育部门的悉心指导下，以“提高教育质量，促进教育公平，加快教育现代化建设，办好人民满意教育”为目标，在学校基础建设、义务教育均衡发展、民办教育综合改革、师资队伍建设、教育教学质量提升等方面取得明显进步，在全市教育科学和谐发展业绩考核中获一等奖，全年共获各类先进荣誉27项，其中，在“全国第四届中小学生艺术展演”活动中获优秀组织奖。

综合工作

教育宣传　2013年，永嘉教育局强化教育宣传，办好“一网两报一微博”（永嘉教育网、《永嘉教育》、《永嘉教育信息》、永嘉教育微博）。强化学校通讯员、信息联络员、发行导读员队伍建设，全年编发《永嘉教育信息》24期、《永嘉教育》报纸4期，刊出《今日永嘉-教育特刊》1期、永嘉电视台“教师风采”5期，发微博89条。在县级以上各类媒体发表新闻信息300多条，视频新闻50多条，温州“教育环温行”首站走进永嘉，《光明日报》等13家媒体专题采访永嘉民办教育综合改革、职业教育校企合作、瓯北第六小学童装文化等，刊发报道10多篇，其中瓯北第六小学童装文化专题报道在中国教育网络电视台播出。

党建工作　2013年，永嘉教育局加强思想理论武装，推行“1+X”学习模式，建立“月讲月评”制度，广泛开展十八大精神宣教、“我的中国梦”主题教育、“两提两争”主题实践、“红七月·服务月”、“社区报到·认领服务”、“扶残助残”献爱心捐款等系列活动，取得了显著的成效。1人被评为市党员“十大育人先锋”，4人被评为市教育系统党员之星，1人获市学习型标兵称号，在市“学习十八大、铸就幸福梦”辩论赛中，永嘉教育局汪琼芳被评为优秀辩手。加强基层党组织建设，完成机关党委所属支部的换届选举。严格党员发展，吸收预备党员11名，转正8名。在4所直属学校建立学生业余党校和团校。改善党员阵地建设，为构建学习型党组织创造良好环境，教育局党委荣获县“学习型党组织”称号。

平安校园　2013年，永嘉教育局充分利用班会、广播、墙报、讲座等宣传渠道，深入开展防溺水、交通、消防、用电、饮食卫生等安全常识教育。创新性组建了学校安全宣传教育信息平台，开展“一月一主题”宣传教育活动。组织“学生安全千万家”教师家访活动，家访率100%。全县15万师生参加了365场安全演练。投入“三防”经费1048万元，配备保安人员340人，新安装视频监控系统195套，视频探头1251个，110报警系统90套，配置物防器械198套。投入5500万元，对93处较大校园安全隐患进行了整改。联合相关部门开展10余次校园周边环境综合整治，重点解决了永临中学附近采石场、雅林校区附近电镀厂等老大难问题，切实净化校园周边环境。

学前教育

2013年，永嘉教育局大力发展公办幼儿园，新建、改建沙头镇中心幼儿园等公办幼儿园7所，提前两年完成“十二五”教育规划确定的建设任务。加快创建等级幼儿园，创建省等级幼儿园16所（其中省二级幼儿园2所、省三级幼儿园14所），全县18个镇（街道）等级中心幼儿园建成率100%，指导南城街道、乌牛街道成功创建学前教育达标街道。规范学前教育办园行为，加强动态督查，多次联合消防、卫生部门对164所整改园进行验收，首批通过消防合格验收61所。对17所无证园开展取缔整治行动，引导12所幼儿园进行重组，整合为6所。先后组织园长、教师参加《儿童发展与指南》全员培训，组织近500名幼儿教师参加资格证考前培训。

义务教育

2013年，永嘉教育局坚持把均衡发展作为义务教育的重中之重，全力推进义务教育发展基本均衡县创建工作。编制完成《永嘉县义务教育设施布局专项规划》，投入3570万元用于39所标准化学校创建，投入1469万元对24所农村薄弱学校进行改造。实施“12345+X”工程深化随班就读工作，组织56所学校结成28个共同体，开展强弱学校“3＋X”结对帮扶活动。继续实行“阳光招生”，保障适龄儿童依法入学，义务教育阶段公办学校实现零择校。5月，顺利通过省义务教育发展基本均衡县初审，11月初，自评报告和申报表完成上报。小学入学率、巩固率分别为99.99%、100%；初中入学率、巩固率均为99.98%；适龄“三残”儿童入学率、巩固率分别为98.23%、100%；妥善安排18628名新居民子女入学，其中符合条件的6262人安排在公办学校就读。

高中教育

2013年，永嘉高中招生更加规范，全年全县初中毕业生9822人，升入各类高中9430人，初升高比率为96%，普职比为54.7：45.3；优质高中招生名额分配到初中学校占公费生的比例为78.1%，择校生占公费生的比例为13.1%，远低于15%的上限。高考成绩再创新高，上重点线482人，比上年增加43人。总上线率79.63%，比上年提高1.94个百分点。永嘉中学第一批上线414人，总人数在全市8所省一级重点中学中名列第二。

职业教育

2013年，永嘉实施职业教育整合提升工程，实现“三调整、一提高”。通过调整专业结构、校网布局、办学模式，形成十大主体专业，中职学校从原来的7所整合成3所（永嘉县职业中学、永嘉县第二职业中学、永嘉县第三职业中学），调整专业2个（永嘉县职业中学增设物联网应用专业、永嘉县第三职业中学停招计算机平面设计专业）；创建省中等职业教育改革发展示范校1所（永嘉县职业中学），转评省一级职业学校2所（永嘉县职业中学、永嘉县第二职业中学），永嘉县职业中学被评为市艺术类公共实训基地；列入中央财政支持的职业教育实训基地建设项目1个（永嘉县第二职业中学电子技术应用专业），创建省特色专业1个（永嘉县第二职业中学超市经营与管理专业）。全县中职学校与63家企业进行深度合作，企业在学校建车间，学生在学校进行工厂化生产，学校与企业实行共同管理，极大地提高了全县中职学校办学水平。重点职校建设不断推进，永嘉县职业中学塑胶操场、艺术实训室已竣工使用，永嘉县第二职业中学广场已竣工，二期建设主体工程已结顶。永嘉县职业中学、永嘉县第二职业中学分别得到400万元的省财政补助和200万元的中央财政补贴。

社区教育

2013年，永嘉成人高中和“双证制”教育共招生1561人，毕业2074人，完成家政服务、脱盲、新型农民等培训70130人次；创建省标准化成人校2所（瓯北成人校、桥头成人校），市示范社区学校1所（江北街道社区学校），市一级社区学校1所（巽宅镇社区学校），市二级社区学校2所（岩坦镇社区学校、东瓯街道张堡社区分校），增挂成人校6所（南城街道成人校等），新建社区分校10所（东城街道社区学校陡门分校等），成功创评省级社区教育实验区。完善机构网络，挂牌成立温州城市大学永嘉学院，建成老年学习苑4个，实现镇（街道）社区学校、成人校全覆盖；优化队伍建设，有社区教育专职教师79人、兼职教师221人、志愿者1158人，组织专题培训近500人次；成功举办永嘉社区教育高峰论坛和县首届全民终身学习活动周；加大经费投入，在“双证制”教育、扫盲工作、村干部培训等方面共计投入453万元；扫盲工作扎实推进，共开办26个脱盲学习班，遍布10镇8街道，受惠群众1653人，共计扫除文盲4898人。

民办教育

2013年，永嘉深入推进民办教育综合改革，建立试点工作领导小组和联席会议制度，单独设立民办教育工作科，成立民办教育协会。修订完善与市委、市政府“1+14”文件相配套的政策体系，进一步打造具有永嘉特色的民办教育政策升级版，启动民办教育发展规划制定工作。确定上塘童真幼儿园等第二批试点学校30所，全部完成分类登记。创建市民办窗口学校2所（温州翔宇中学、黄田幼儿园）。分别落实民办教育专项奖补资金500万元和政府购买服务资金853.3万元。完成试点学校教师人事代理281人、事业保险290人、企业职工基本养老保险204人，参保率达96.5%。落实公、民办学校结对办学共8所，公办学校教师支教民办学校15人。在全省率先进行“政府提供硬件，民间提供服务”合作模式尝试，并成功创办温州翔宇中学，被社会各界誉为民办教育改革的破冰之举。

素质教育

2013年，永嘉不断增强德育实效。组建初中团委书记培训班、县少先队辅导员高级研修班以及德育骨干研修班等研修平台，先后举办初、高中和小学班主任德育工作论坛。开展行规达标学校、温馨班级和团队特色创建等活动，广泛组织“红领巾相约中国梦”建队纪念日主题队日活动、“弘扬与培育民族精神月”等系列活动，培养学生良好的文化情趣。1101名学生被评为省、市、县级优秀学生和优秀学生干部，其中7人被评为省级三好学生。97个班级被评为市县级先进班集体。成功创建省、市共青团示范学校3所，省红旗大队、中队各1个，省优秀少先队辅导员3名，省少先队先进工作者2名，省优秀少先队员2名，省美德好少年2名。贯彻执行省、市减负工作精神，修改完善各项减负规章制度，逐层签订责任书，设立监督电话和电子邮箱，开展定期巡查和专项检查，把减负工作作为教育规范化建设重要内容列入学校、校长年度考核项目。探索轻负高质有效措施，建立城西小学等12所市、县“轻负担高质量”联系校，加强调研和指导，培育典型和特色。引导全体教师在认真备课、精讲多练、精选作业、合作学习、加强课堂教学有效性研究等方面下工夫，着力打造“活力课堂”，促进减负提质工作落实。举办万名学生参加的艺术节，评出1032个奖项，有33人次和127个节目在省、市获奖。举办学生体育节，在县第35届学生运动会上15人次打破5项县记录，城西小学获市田径分龄赛小学组团体总分第一名，象棋代表队在市运动会上夺取男团金牌和女团银牌，永嘉县第二职业中学女子足球队在省中学生足球联赛中夺取三连冠；办好科技节，开展科技创新大赛、少儿“七巧科技”等系列活动，在全省科技创新大赛中取得好成绩，花坦小学被评为全国科技体育试点校；组织读书节活动，开展暑期读好书、“学习雷锋，与爱同行”演讲比赛、“走进家庭·共育新人”家访手记评比、县首届中学生汉字听写大赛等各项活动，学生素质进一步提高。

教学研究

2013年，永嘉深化普通高中课程改革。贯彻落实《浙江省深化普通高中课程改革方案》精神，各校制订各具特色的课改实施方案、校本选修课程开发方案和选课走班方案，鼓励教师开发课程，形成比较完整的课程体系，获省、市、县级奖的精品选修课程近100门。同时注重课程的二次开发，各校供学生选修的课程基本达到20：1或30：1的比例，各校选修课程严格按照省厅要求，开出总课时量20%的选修课，走班教学占选修课的70%以上。引领试点学校在座位安排、学案导学以及校本作业的研究等方面进行有效尝试，让学生面对面参与合作学习和探究学习，把传统教学中以教为主的课堂改变为以学生自主学习为主的课堂，切实减轻学生学业负担，提高教育教学质量。召开课改推进会议，进一步扩大课改范围。首次组织全县中小学教育质量综合评价工作，19所样本校的校长和教师、学生参加了抽测活动。分学段召开“两推进一分析”大会，全面推进“课堂有效变革”和“教育质量综合评价”工作，认真分析中小学教育教学存在的问题，寻找提高教育教学质量的切入口，确保教育质量稳中有升。

教育经费

2013年，永嘉预算内生均公用经费小学590元、初中790元，高于省定最低标准。落实了名师名校长培养、民办学校奖励、教师培训、社区教育等专项经费。实施非义务教育学校绩效工资，争取政策支持。落实了2009、2010和2013年义务教育学校山区教师生活补贴2196万元。结合薄弱学校改造和示范学校、合格学校、现代化学校等创建，投入3000万元用于学校设备添置和更新。完成招商引资7423.3万元，超额完成市定任务。

办学条件

2013年，永嘉教育系统实施续建和新开工项目41个，新建扩建校舍93736平方米，其中危（旧）房改造32299平方米。成功创建省义务教育标准化学校36所。固定资产投资任务3.47亿元，实际完成投资3.99亿元，完成投资率115%。瓯北高级中学新校舍于9月1日交付温州翔宇中学使用，永嘉电大二期工程学生宿舍、实训楼主体竣工。投入1800万元，新建、改建公办幼儿园7所；投入3570万元用于39所标准化学校创建；投入1228万元用于9个中小学校舍加固项目。

教育装备

2013年，永嘉教育装备投入2361.04万元，添置计算机1387台、多媒体小平台236套，完成校园网千兆入网工程。开展中小学五类标准化功能室和示范功能室创建，成功创建标准化音乐室51个、体育室39个、美术室42个、图书馆29个、实验室28个、示范功能室11个，完成市局下达任务。着力推进书香校园工程，投入359.67万元，添置图书269742册。书香校园示范校建设成效显著，永嘉外国语实验小学在市书香工程暨经典诵读推进会上做经验介绍。

信息化建设

2013年，永嘉成功创建市示范数字化校园4所（瓯北第一中学、永嘉实验中学、永嘉县第二职业中学、瓯北第二中学）、市数字化校园1所（永嘉中学）。全县45所学校完成统一用户认证及单点登陆。在温州教育资源平台上教师注册4475人、注册率61.3%，学生注册13131人、注册率11.7%；在温州教育影院教师注册3039人、注册率41.9%，学生注册13151人、注册率11.7%。在两平台上传各类资源2312个，注册率、上传率均全市领先。组织1600多名教师分4期参加教育技术能力培训，并完成乡土教材《永昆》拍摄任务。

教师队伍建设

2013年，永嘉幼儿园、小学、初中、普高、职高教师学历合格率分别为99.49%、99.78%、99.81%、98.22%、96.52%；小学、初中高学历率分别为92.98%、91.75%；幼儿园、小学、初中、普高、职高获得中学高级职称的比例分别为1.84%、0.78%、15.69%、28.06%、19.62%。继续实施人才强县战略，围绕建设德才兼备教师队伍的根本目标，规范教师职业道德考核，完善师德建设长效机制。参与市师德楷模等评选活动，深入开展教师职业道德教育和暑期师德法制培训，组织开展“我的中国梦”等系列主题实践活动，强化师德教育。建立师德师风建设检查制度，确定每学期第二个月为师德师风专项检查月，形成学校自查、学区督查、县局抽查的工作格局，并做好学校、家长、社会三位一体的师德考核评价工作，有力促进了全县师德师风建设。深入实施“561”人才培养行动计划，针对校长、教师培养路径图，举办骨干校长高级研修班、后备干部培训班和骨干教师高级研修班，设立第二批名师工作室13个，择优选派教师参加各级各类培训，全年教师培训达到586635学时，财政投入教师培训经费1400万元，达到省定占教师工资总额3%标准，县教师进修学校获市综合考核第一名。开展各类先进评比活动，共评选省农村教师突出贡献奖2名，省教坛新秀4名，市名师2名、市师德楷模8名、市终身班主任奖10名、市新闻奖教金优秀校长、优秀农村教师各6名、市级各类先进44名，县十佳校长10名、县三坛教师207名，其他县级各类先进213名。古庙学校校长杨云敬因勇救落水儿童被评为最美永嘉人和温州教育年度新闻人物。落实干部选拔任用相关文件精神，严格执行干部配备职数、任用条件、选拔任用原则和程序，全年校级干部交流31人、提任45人。研究制订县义务教育学校校长交流方案，18名校长实行交流，交流率为8.26%。

教育民生

2013年，永嘉关爱特殊困难师生。继续实施帮扶困难师生的“情系永嘉·烛光工程”和“帮困暖心”工程，开展教师“慈善一日捐”和学生“献爱心·共成长”募捐活动，共收到捐款178万元。安排慰问金121万元，慰问困难及优秀教师483人、学生285人。大力开展扶困助学活动，学前教育资助106人25.3万元，义务教育阶段学生享受营养餐20525人769.69万元，普通高中资助9235人932.2万元，中职学生享受国家助学金6254人401.28万元、全部免除学费2296.98万元。“楠溪情”教育基金、林凯文教育基金等结对255人，资助金额147.25万元。“楠溪情”教育基金获市政府颁发的“爱心集体”称号。实行以公办学校为主、民办学校为辅的招生政策，接受符合条件的新居民子女免费入学，100所公办学校和新创办2所民办学校（共8所）接受新居民子女入学。全年妥善安排18628名新居民子女入学，其中符合条件的6262人全部安排在公办学校就读，安排5849名未完全符合条件的新居民子女在公办学校就读，最大限度满足新居民子女共享优质教育资源需求。完善残疾学生和残疾人家庭子女助学政策，对498名持证残疾儿童开展调查摸底，进行分类安置入学，三类残疾儿童少年入学率为98.23%。落实随班就读生15倍生均公用经费，残疾儿童免费入学，住校生视困难程度享受生活补助。扩大随班就读试点学校网点，启动筹建仁溪小学、巽宅中心幼儿园资源教室建设，进一步实施随班就读12345+X工程，不断完善支持保障体系，在省第四次随班就读工作现场会上作典型经验介绍。

优质教育资源创建

2013年，永嘉创建（转评）办学水平一级学校1所、二级学校11所、三级学校21所，国家级消防教育示范学校1所（实验中学），毒品预防教育示范学校省级1所（永嘉中学）、市级1所（县第三职业中学）、五星级学校2所（上塘中学、乌牛中学）；绿色学校市级3所（城关中学、黄田中心幼儿园、枫林中心小学）、县级1所（瓯北太阳花幼儿园）；体育特色学校市级2所（黄田中学、瓯北第四小学）、县级2所（碧莲中学、桥下镇中心小学）；市级艺术特色学校2所（仁溪小学、城北小学）、县级3所（罗浮中学、实验中学、岩坦镇中心小学）；市级科普特色学校1所（瓯北第五小学）；市级文明学校3所（城关中学、瓯北中心小学、枫林镇福和希望小学）；市级五好关工委学校4所（永嘉第二中学、枫林镇中心小学、瓯北第七小学、桥头第六小学）。

教育改革

2013年，永嘉深入推进民办教育综合改革，出台“1+9”政策，在师资流动、大项目建设、高端品牌学校、民办学校准入和推出机制等方面均有所创新与突破。建立民办教育综合改革试点工作领导小组和联席会议制度，设立民办教育管理办公室，成立民办教育协会。在全省率先进行“政府提供硬件，民间提供服务”合作模式尝试，引进了全国一流民办教育机构——翔宇教育集团。实施职业教育整合提升工程，从调整校网布局入手，实现集团化办学，在数量上做减法，在规模上做加法，以优化专业结构为重点，面向市场需求设置和调整专业结构。加强与企业深度合作，实行“教学工厂”合作模式以及“订单式培养”合作模式，使永嘉职业教育发展迈上了新台阶。坚持实行“双线”工作目标责任制，把扫盲工作作为教育的“重中之重”来抓，制定工作方案，逐层落实责任，完善台账资料，根据各类对象开展形式多样的分类脱盲工作，按脱盲每人500元拨款，3年共安排专项经费750万元。

（李益文）

科学技术

综　述

2013年，永嘉县科学技术局以助推经济转型升级为目标，以推动战略性新兴产业和高新技术产业发展为重点，加强政产学研深度合作，组织实施重大科技项目，精心培育科技型企业，加快科技创新平台建设，推动经济转型升级，为永嘉“赶超发展、激情跨越”提供科技支撑。全年新增高新技术企业3家，省级科技（创新）企业15家、省级农业科技企业2家，市级科技（创新）企业19家、市级专利示范企业5家。成功创建全国首家系统流程装备省级高新技术产业化基地、11家市级特色产业科技园。永嘉县荣获“2013年全国县市科技进步考核先进县”称号。

重大科技项目

省级重大科技攻关项目　2013年，永嘉县科学技术局积极组织行业关键共性技术申报省级重大科技攻关项目，其中南方阀门制造有限公司的“激光熔覆铁基合金高密封阀门研究及产业化”列入省级重大科技攻关项目，获得省科技经费70万元。

市级以上科技项目申报　2013年，永嘉县科学技术局积极做好市级以上科技计划项目的申报工作，全年新增市级以上科技计划项目64项，其中列入国家级科技型中小型企业创新基金项目6项、国家级火炬计划项目5项、国家级重点新产品项目1项；省级重大科技攻关项目1项、省级新产品试制计划项目19项、省级科技特派员项目13项、省级团队科技特派员项目3项、省级科技成果转化项目1项；市级科技富民强县项目1项、市级科技特派员项目13项、市级种子种苗项目2项，共争取上级补助经费690万元。其中，浙江顺天减速机制造有限公司的“水下污水处理专用减速机”、浙江亚龙教育装备股份有限公司的“自动生产线实训考核装备”、罗托克执行器有限公司的“现场总线变频控制调节型执行机构”、浙江中孚流体机械有限公司的“平衡时污水电磁阀”、浙江德龙科教设备有限公司的“精密电子陶瓷薄膜流延机”、兰州理工大学温州泵阀工程研究院的“面向泵阀行业中小企业公共技术服务平台”列入国家级科技型中小型企业创新基金项目，共获得国家科技经费440万元；浙江亚龙教育装备股份有限公司的“YL系列自动生产线实训系统研究与产业化”、浙江迦南科技股份有限公司的“多功能制粒机”、保一集团有限公司的“超低温液化天然气阀门”、浙江顺天减速机制造有限公司的“水下污水处理专用减速机”、浙东高中压阀门有限公司的“在线取样双控旋塞阀”列入国家火炬计划项目；浙江超达阀门股份有限公司的“煤气化装置用锁渣阀”列入国家重点新产品。

县级科技计划项目　认真组织实施县级科技计划项目，全年下达县级科技计划项目三批共192项，安排科技经费3570万元。其中工业部分49项，安排经费1040万元；农业部分89项，安排经费789万元；社会部分9项，安排经费73.7万元；卫生部分21项，安排经费362.3万元；综合部分3项，安排经费42.5万元；科技创新奖励部分6项，安排经费765万元；计划生育部分1项，安排经费49万元；创新平台建设部分5项，安排经费288.5万元；专利部分9项，安排经费160万元。

高新技术产业

2013年，永嘉县科学技术局加强高新技术产业和战略性新兴产业的政策引导，制订《2013年度永嘉县科技计划项目申报指南》《关于加快系统流程装备产业发展的若干意见》《永嘉县系统流程装备产业发展规划（2013～2020年）》等政策文件，重点支持符合高新技术产业和战略新兴产业领域的新产品开发、新技术研究，以科技项目补助和奖励为抓手，引导企业积极开展高新技术产品的开发，促进高新技术产业发展。依据国家《高新技术企业认定管理办法》《浙江省创新型企业建设与管理办法》《浙江省科技型中小企业认定工作实施意见》《温州市科技（创新）型企业认定管理办法》开展高新技术企业、创新型企业和科技型中小企业的申报培训工作。全年新增高新技术企业3家，省级科技（创新）企业15家、省级农业科技企业2家，市级科技（创新）企业19家，县级科技（创新）企业13家、县级农业科技企业13家。9家高新技术企业通过复审，国家火炬计划永嘉特种泵阀产业基地通过复核。

创新平台和载体建设

平台建设　2013年，永嘉县科学技术局积极创建全国首家系统流程装备省级高新技术产业化基地。8月20日，浙江省副省长毛光烈到永嘉调研，要求永嘉明确产业主攻方向，将永嘉县打造成为全国重要的系统流程装备创新基地、成套装备设计基地、智能化高端装备制造基地。永嘉县科学技术局根据副省长毛光烈的讲话精神，积极做好相关申报工作。10月24日，永嘉县系统流程装备省级高新技术产业化基地创建申报材料上报省科技厅。11月5日，浙江省人民政府同意并支持永嘉县开展系统流程装备省级高新技术产业化基地创建。12月16日，制定《关于加快系统流程装备产业发展的若干意见》《永嘉县系统流程装备产业发展规划（2013～2020年）》等政策文件。12月25日，浙江省系统流程装备产业技术创新综合试点与高新技术产业化基地创建工作启动。

人才引进　2013年，永嘉县科学技术局重视人才建设，引进兰州理工大学建立温州研究生分院，培养符合永嘉泵阀产业升级需求的管理、研发人才。9月16日，在瓯北城市新区科技大楼隆重举行兰州理工大学温州研究生分院成立揭牌仪式。11月，承租浙江红黄蓝服饰股份有限公司的厂房4933.36平方米，做为校舍供研究生居住。强化科技企业孵化器一期建设，加强对13家入孵企业的引导、管理和服务工作。全年新增入孵企业2家，年技工贸收入增长45%，帮助温州京驰科技有限公司、温州市新奥科技有限公司、浙江日星电子科技有限公司等企业引进国外高端人才3名，并推荐申报省“千人计划”。

科技合作与交流

2013年，永嘉县科学技术局强化合作交流，引进浙江大学“科技成果转移平台”和浙江工业大学“工业设计创新服务平台”。全年与浙江大学累计达成项目合作9项，合同额达89.62万元，对接项目2项，发布网上技术成果信息22项。加强网上技术合作交流，实现全国技术合同网上登记项目8项，成交金额2517万元；竞拍项目3项，成交金额275万元；现场签约项目3项，成交金额500万元；网上签约项目42项，成交金额4016万元；网上提供研发经费2640万元，超额完成市定任务，并获得“先进单位二等奖”荣誉称号。先后组织企业参加慕尼黑上海光博会、科技金融政策与中小企业融资论坛、第一届温州国际激光加工应用技术研讨会、第十六届北京国际科技产业博览会等科技合作交流活动，并与相关大专院校科研院所开展对接活动，引进高科技成果15项。组织相关部门、企业的负责人参加在清华大学举办的第四期战略性新兴产业培育高级研修班，增进科技部门、高校科研院所和转型企业相互之间的交流。发挥省泵阀专家服务组的资源和技术优势，组织泵阀专家服务组对接活动，有效开展科技成果对接与技术咨询2次，组织实施科技成果转化3项，促进泵阀产业转型升级。

科技成果和科技服务

科技成果　2013年，永嘉县科学技术局积极组织申报省、市科技进步奖，浙江迦南科技股份有限公司的“模块化制药柔性生产线装备”获得省科技进步二等奖，永嘉县原野园林工程有限公司承担的项目“南方红豆杉丰产栽培及收获技术的中试与推广”、浙江超达阀门股份有限公司和浙江大学承担的项目“大口径高压无外泄漏波纹管阀门的研制”、浙江迦南科技股份有限公司承担的项目“药用料斗自动清洗机的在线清洗”、浙江亚龙教育装备股份有限公司承担的项目“YL-559数控实训设备”分别获市科技进步奖三等奖。认真组织永嘉县科技进步奖的评选工作，有47个项目申报永嘉县科技进步奖，认定“深海海底取样装置及阀门”等34个项目获得永嘉县2012年度科技进步奖。2013年，全县专利申请量达2205件，同比增长95.5%，其中发明专利申请量154件，实用新型1013件，外观设计1038件；专利授权量达1445件，同比增长51.5%，其中发明专利授权量40件，实用新型686件，外观设计719件，创历史新高。

农业科技成果转化　永嘉县农业科技立项以培育特色优势产业、提高科技含量、增加农民收入入手，精选农业科技项目，壮大农业新兴产业，促进了农业增效和农民增收。2013年，共安排县级涉农科技经费1006万元，占可用科技项目经费1/3以上，同比增长43%，创历年农业科技经费之最。带动农业科技投入经费6670万元，增加农民收入1.09亿元。培育了县级以上农业科技企业15家、省级农业企业技术研发中心2家。全年组织引进黄金茶、太子参、水蜜桃、大樱桃、鳜鱼、欧美白鸽等农业新品种19个，推广实施“铁皮石斛种苗组培快繁技术推广应用”“高效环保型生物有机肥生产技术集成与应用”“高山蔬菜周年供应生产技术应用与示范”“高山东魁杨梅效益提升技术示范”“全自动豆芽生产流水线引进与技术示范”等30多项农业实用技术，建立了铁皮石斛、黄金茶、水蜜桃、大樱桃、雪里开花等50多个科技示范基地，进一步放大农业科技示范效应，推动永嘉县农业科技成果的推广应用。

科技富民立体工程　2013年，永嘉县科学技术局重视农业科技富民立体工程的实施。组织召开科技富民强县领导小组成员会议，明确责任分工。组织领导小组成员到松阳、柯城学习考察科技富民强县专项实施、经费安排及项目管理等先进经验和成功做法，努力促进永嘉县科技富民强县专项工程的实施。制定出台《关于推进农业科技富民立体工程加快农业特色产业发展的实施意见》，通过实施农业科技富民立体工程（即国家、浙江省“科技富民强县专项行动计划”、温州市“科技富民强镇示范专项行动计划”、永嘉县“科技富民强村专项行动计划”、市级特色农业科技园创建和科技特派员创业示范工程）促进农业特色产业发展。全年实施国家科技富民强县专项子项目10项，安排上级科技经费176万元；县级富民强县配套项目6项，安排科技经费59万元。申报实施科技富民强镇专项1项，争取市级经费90万元。落实县级科技富民强村专项5项，安排科技经费100万元。国家富民强县项目“永嘉县乡土花卉苗木产业化开发”于8月8日通过国家科技部的中期检查评估，项目实施了乡土树种苗木繁育、寒兰种苗组培快繁等高效种植技术16项、科技示范项目38项，开发红楠、大叶桂樱等乡土树种50多种，建立乡土苗木基地面积近210公顷，培育苗木2076.5万株，营造景观林521.33公顷，苗木产值2.52亿元，辐射带动农民人均增收2000元以上。

科技下乡和培训活动　2013年，分别在枫林镇、碧莲镇、岩头镇苍坡村等开展科技下乡活动，期间举办“蔬菜优质高效栽培技术”培训、“早香柚品质提升与产业化开发”、十八大报告宣讲、科技成果展示、农业科技咨询和医疗专家义诊等活动，免费赠送科技书籍4100多份、种子1600多份、水果苗木3000多株、农业科技光盘120多张。邀请省兰花协会副会长、博士生导师张志涛教授，省亚热带作物研究所研究员陈秋夏等举办花卉苗木栽培技术培训，1000多人参加培训。委托县科协、县委农办（农业局）、县林业局多次开展花卉苗木、特色产业发展科技培训班，提高农民科技文化素质。

科技服务　全年共开展创新创业人才培训9期，受训人员共617人次，其中，举办高校毕业生、农村劳动力就业技能培训4期168人；企业在职工人技能提升培训3期145人；温州市泵阀专业技术职称评审1期，共有226人获得专业技术职称资格认证；SYB创业培训1期78人。完善了“永嘉远程教育平台”，以此扩大培训范围，增强培训效果。同时，组织新生代企业家赴北京、浙江宁波、江苏等地学习考察3次。系列培训考察，提高永嘉县产业人才的整体素质，逐步缓解永嘉县企业用工紧缺问题，并培养了一批具有开拓创新能力和发展引领能力的新生代企业家，为永嘉县各大产业发展提供人才支撑与保障。走访企业200多家，发放技术合作需求征集表200多份，征集到技术需求19项，配合浙大永嘉技术转移中心与企业开展各种技术咨询、对接工作。收集最新的阀门专利信息13515条，及时更新阀门专利数据库，创建阀门专利PDF电子文档库，包含专利集的摘要、权利要求书、说明书、图纸等，完善专利检索功能，新增年度查询数据功能，并改善对主流计算机的支持。同时，为浙江宝丰阀门有限公司、永嘉县戴维斯塑胶科技有限公司、浙江特一阀门有限公司等企业提供专利检索、咨询、申请、维权等基础性服务172次，申请产品专利13个。整理《国外阀门标准汇编结构长度篇》，编辑《2012版阀门标准汇编》5册，完成《特种阀门材料数据手册》初稿，刊出《永嘉技术创新》与《泵阀标准技术》各4期，刊出《泵阀制造商情》2期，设计蝶阀通用件标准图纸30套。

（章志容）

文化 新闻

文化工作

概　况　2013年，永嘉县文化广电新闻出版局内设4个职能科室（办公室、社会文化科、广播电视管理科、新闻出版和版权管理科），有直属单位4个（文化市场行政执法大队、文物监察大队、文化市场与产业管理办公室、非物质文化遗产保护中心），有下属单位6个（文化馆、文物馆、图书馆、永嘉昆剧团、文化展演中心、电影发行放映公司）。2013年，有职工200人，其中行政人员24人、事业人员176人，具有高级技术职务资格的15人、中级技术职务资格的54人。2013年，永嘉县文化广电新闻出版局以创建“省级文化先进县”为目标，抓重点、攻难点、出亮点，各项工作取得显著成效。

公共文化服务体系建设　2013年，永嘉县有镇综合文化站7个（桥头、桥下、枫林、碧莲、岩坦、岩头、上塘）、图书分馆7个（桥头、桥下、枫林、碧莲、岩坦、岩头、上塘），其中桥下镇综合文化站面积4000平方米以上，在建设规模、配套设施和服务功能等方面均处于全省前列。创建省级文化强镇2个（桥下镇、巽宅镇）、市级文化强镇3个（桥头镇、碧莲镇、枫林镇）、社区文化服务中心25个，实现省级文化先进县创建目标。全面完成33个农村文化礼堂建设。7月10日～11日，配合温州市文广新局在永嘉召开“文化先进县创建台账资料整理工作学习交流会”和“全市公共文化服务体系建设现场会暨2013年年度工作推进会”。7月24日～26日，配合省文化厅在永嘉召开“全省公共文化服务体系建设提升年”工作推进会。实施文艺人才培养“群星计划”，举办培训班16场，参与人员包括乡镇文化员、业务干部、文艺爱好者等，累计达1500多人次。

文化遗产保护　2013年，实施可移动文物普查工作，初步统计文物总量1191件。新增全国重点文物保护单位3处，全县总数量达4处（56个单体），位居全省前列。完成全县文物消防安全工作和28处文保点维修工作。开展非遗传承活动，组织举办非遗项目培训和传统文化展演，协助中央等电视台拍摄省、市级非遗名录定位专题。6月，央视科教频道《探索·发现》栏目播出以永嘉县手工弹棉技艺为专题的《炫舞飞花》。完成永嘉乱弹申报国家级非遗项目。永嘉剪纸、古庙拦街福、永嘉麦饼制作技艺、永嘉米塑、永嘉彩扎、永嘉武术节、永嘉白酒制作技艺、十字绣、徐定超传说、茗岙牛市和温州鼓词等11个项目入选第七批市级非遗名录；永嘉艺海佛像雕刻研制所被列入温州市第二批非遗传承基地；完成县第六批非遗项目申报工作。

永嘉昆剧　2013年，永昆精品剧目《金印记》参加省第十二届戏剧节比赛，参加浙江省“庆祝十八大召开优秀剧目展演”。12月，被文化部列为“十大昆曲经典剧目”之一的永昆《张协状元》，在北京梅兰芳大剧院汇报演出；完成文化部立项资助剧目《一捧雪》。《一捧雪》在舞台艺术方面注重简单大方，提倡传统“一桌二椅”的做法，保留了永昆最传统的本色。

文化产业发展　2013年，永嘉县文化广电新闻出版局规范和简化行政审批程序，强化服务职能，开展“千名干部进千企解千难”活动。深化文化体制改革，完成县越剧团体制改革，成立县文化展演中心。建成林曦明画馆、昆曲展览馆等一批文化展馆；新增1家影院（永嘉国大影院）；制定出台《永嘉县文化创意产业发展规划（2013～2020）》。

文化市场管理　2013年，永

嘉县文化广电新闻出版局办理审批事项35件，完成168家经营单位年检年审工作；完成县级19个党群机关部门办公软件正版化工作，共安装正版软件460台，投入资金219880元；完成广播电视安全播出工作，实现全年播出“零事故”。全面清查地面卫星接收市场，对全县的娱乐场所、宾馆和酒店进行清理检查，共检查经营单位25家，收缴非法地面卫星接收器46个。联合有关部门开展“扫黄打非”“净网行动”“清源行动”等专项行动，配合省级文明县城、文化先进县、平安建设等创建工作，实施文化市场网格化管理。全年出动执法人员1248人次，检查经营单位1198家。取缔18家“黑网吧”、35个无证演出大棚、17家无证电子游戏室等；联合工商部门取缔5家无证印刷厂，收缴非法书刊1060多本、非法音像制品10000多张；立案调查36件，办结36件。

群众文化活动 2013年，县昆剧团送戏下乡80场，民营剧团送戏下乡90场，观众达20万人次。“2131”工程公益电影放映6348场，观众达123万人次，行政村放映覆盖率达100%；2013年县图书馆总藏书量37.4万册，新增藏书10万余册，举办各类读者活动（含讲座、展览、辅导培训）26场次，参与42000余人次；新增读者借阅证1356个，制作一卡通读者证6200张；送图书下乡13000册，共接待读者28.3万人次。全县农家书屋添置图书13755册，被评为省五星农家书屋3家、四星2家，获省级先进集体1个、先进个人1名；创建室内固定示范放映点14个和室外示范放映点2个。1月，举办“群星计划”人才队伍建设培养对象成果会，展出2012年度以来举办的文艺活动、打造的精品、开展的各类服务等内容；6月，与多所学校联合承办“快乐童年、绚丽梦想”六一儿童美术展，展出70余幅学生美术作品；7月24日，在永嘉广场举办“永远的山水诗　最后的桃花源”楠溪江原创歌曲演唱会，演唱会分“秀·水韵楠溪、咏·风情楠溪、恋·印象楠溪”3个篇章，全面展示永嘉地域文化；国庆期间，举办“迎国庆摄影展—温州市第二届视觉艺术大殿摄影作品巡回展”，展出优秀摄影作品60余幅；10月20日，参加温州市首届市民文化艺术活动精彩团队大展演，在温州大剧院广场举办了“山水永嘉　诗画楠溪”原创歌曲演唱会，并获“精彩团队”大奖。

文艺精品创作 2013年，文艺精品创作在省、市比赛中获得良好成绩。共获得省级金奖8个、银奖9个、铜奖9个；获市级金奖9个、银奖13个、铜奖14个，以及其他优秀类、组织类奖项8个。创作舞蹈《楠溪娃》获北京国际青少年艺术交流全国金奖和温州市“阳光少年”舞蹈大赛铜奖；少儿排舞《国王的道歉》获浙江省万人排舞大展演金奖和首届温州市民文化节市第六届排舞大赛金奖；少儿舞蹈《我要飞》获首届温州市民文化节第十届城市社区舞蹈大赛少儿组金奖；群舞《楠溪梦》获首届温州市民文化节第十届城市社区舞蹈大赛银奖和首届温州市民文化节“百姓大舞台”圆梦奖。昆剧小戏《刘二嫂打呼噜》入选第十六届全国“群星奖”戏剧类复赛；戏曲《贵妃醉酒》获省外来建设者才艺展演活动铜奖；双簧《童言无忌》获首届温州市民文化节“百姓大舞台”最佳组合奖。创作歌曲《黄昏醉了》获浙江省新农村题材音乐新作展演活动暨第十二届音乐新作演唱（演奏）大赛表演金奖、辅导金奖、创作银奖，歌曲《把春光唱醉》获表演、辅导银奖；歌曲《黄昏醉了》获温州市第四届音乐新作演唱演奏（录音）比赛创作、演唱双金奖；歌曲《把春光唱醉》获创作金奖；独唱《你是我的眼》《善良的人》分别获温州市第七届残疾人艺术汇演一等奖、三等奖，并获得团体奖、组织奖；女声独唱《春天的芭蕾》获省外来建设者才艺展演活动铜奖；女声独唱《忘不了》获首届温州市市民文化节第六届声乐大赛演唱铜奖。选送30余幅艺术作品参加温州市第二届视觉艺术大展，获美术金奖1个、银奖3个、铜奖5个；书法金奖1个、银奖2个、铜奖8个；摄影金奖1个、银奖1个、铜奖2个。县文化馆获优秀组织奖。

（张西茶）

图书管理与公共服务

概　况 2013年，永嘉县图书馆有在岗工作人员31人，其中正式编制26名，临时合同工5名。工作人员大专以上学历28人，副研究馆员职称2人，中级馆员10人，初级馆员以上29人，馆舍总建筑面积3157平方米。在全国图书馆评估工作中被评为国家一级图书馆。

读者服务活动 2013年，永嘉图书馆有效发挥公共图书馆的社会服务职能作用，扩大馆藏规模，增加读者活动。永嘉图书馆总藏书量374483册，2013年全年入库编目（购置图书）102783册，新增入藏图书102783册，订阅报刊662种，接受社会各界捐赠藏书837册次；举办各类读者活动（含讲座、展览、辅导培训）23场次，参与人数4万余人次；全年共接待读者约28.3万人次，送书下乡1.2万册次。连续举办8届未成年人读书节活动，拓展了服务活动空间，丰富了服务内容。

总分馆建设 在永嘉县图书馆总分馆一体化框架下，永嘉县图书馆调整升级通借通还、读者证功能、业务内容等方面服务工作，加强文献采购，组织开展区域性图书馆馆际协作合作活动、提高业务人员综合素质；合理调整人员和部门科室岗位配置；加强地方文献资源数据库采集等工作。2013年，永嘉县有镇级分馆4家，分别为瓯北双塔分馆、沙头镇分馆、大若岩分馆、巽宅镇分馆；有社区（村）、学校、企业等基层图书馆（室）120家，总分馆借阅一卡通借通还。

文化共享工程 永嘉县图书馆按国家文化共享工程配置标准与电子阅览室配置标准购置设备，制定永嘉县文化共享工程建设规划、年度工作计划和管理制度。建成永嘉党员干部学习网，企业创新企业学习平台。利用共享工程电子阅览室、文化共享阅读平台、基层服务点开展社会服务活动，制作网上读者证、企业创业创新学习卡和党员干部学习卡，送共享视频进农村、进企业、进机关、进学校。对全县基层服务点进行上门安装指导，组织培训使用。2013年，全县有3个镇中心、20个社区服务点实行免费上网，设立电子阅读专区。定期更新永嘉党员干部学习网，企业创业创新学习平台内容，根据文化部相关规范要求建成信息安全管理平台，建立完善的资产、人员、服务、考核机制等管理制度；制定公共电子阅览室建设、服务管理和统计制度，并利用管理平台实现有效管理。2013年，永嘉县图书馆获永嘉县宣传思想文化工作创新奖、全省公共图书馆地方文献工作特色资源奖。

基础设施建设 2013年，永嘉县图书馆有馆舍建筑面积3157平方米（其中图书馆舍4层楼1740平方米，少儿图书馆4层楼1417平方米），阅览座席共362个(其中成人图书馆报刊阅览102个，地方文献参考咨询30个，电子阅览50个，盲人阅览30个，少儿阅览150个）；在用计算机81台（其中电子阅览室42台，自动化办公系统30台，共享工程支中心机房5台、读者书目查阅4台）；宽带接入电信专线接入10M，移动专线接入10M，共用温州市图书馆总分馆通借阅管理系统的采访、编目、流通、OPAC、读者管理等模块，系统数据共享、运行正常、数据备份、界面友好、数据开放，存储容量与温州市图书馆签订使用协议。

文献资源建设 永嘉县图书馆馆藏总量为374483册，电子文献与温州市图书馆签订使用协议，自2009年以后每年图书平均入藏量7260种，报刊平均入藏量810种，视听资料平均入藏量50件；地方文献资料没有专柜专架、专门目录和专门管理人员，每年有组织地开展征集工作；对重点报纸、期刊、年鉴、地方文献资料等保持连续采集，基本图书每种复本3本，工具书复本1本，每年组织读者提建议，设立藏书建设委员会，根据本地读者需求组织书刊采购；对图书报刊等文献资料按照国家标准《中图法》和《著录规则》等行业标准进行编目，并从国家、省市图书馆下载使用书目，对所采集文献资料按期完成编目并上架借阅；文献加工统一书标、登录号、馆藏章；设立机读目录查询电脑供查询，安排专人管理、维护，并提供查询书目辅导；馆藏图书采用开架借阅，并按要求进行排架，差错率控制在4%以下，有架位维护人员，有文献保护规章制度，书库配有灭火器、防盗警报器，夜间安排执勤，并定期做好图书除尘清理、书库卫生消毒、防湿通风等工作；及时修复破损图书，认真做好防火、防盗、防虫、防潮、防尘等工作；数字资源与温州市图书馆签订使用协议；馆藏中文文献书目数字化96%；对地方文献工作按要求制定计划，并完成全省课题《山水永嘉资源数据库》《永嘉乱弹资源数据库》，做好相关地方文献数据库建设工作。

少儿读者服务 永嘉少儿图书馆设立少儿图书外借、报刊阅览、少儿娱乐游戏、多功能演播厅等功能科室，年接待读者约9万余人次，成为浙江省县级少年儿童图书馆示范性文化设施。常年举办和组织少儿阅读服务活动，包括夏令营、朗读大赛、电视大奖赛、未成年人思想道德图片展、书法大赛、家长培训会、爱品格讲座等活动。2013年共举办读书活动27次，多次获温州市最佳组织奖，其中“为爱一起阅读——品格家庭亲子阅读” 主题活动获浙江省未成年人读书节优秀案例奖，馆长刘有满获先进个人奖。

（朱子正）

档案工作

概　况　2013年，永嘉县档案局（馆）馆藏有193个全宗单位，118761卷档案，其中寄存档案31891卷。开放全宗132个，开放档案13923卷。馆藏各种资料10279册。能为精减下放、山林权证、工龄、转正定级、婚姻、基建、文件史料、编志修志等方面提供翔实的历史依据。

馆藏资源建设　2013年，永嘉县档案局（馆）共接收永嘉县委组织部、县人保局、林业局、沙头镇、鹤盛乡、东皋乡、西源乡、昆阳乡等8家单位档案6815卷；接收永嘉县府办印章65枚；鉴定开放县卫生局、交通局、妇联、共青团和县人行等5家单位档案435卷。启动永嘉地籍档案数字化加工项目，同时为建设数字永嘉档案馆打好资源基础，助力提升档案服务能力。永嘉地籍档案形成于20世纪50年代初期，包括山林版图、山形图、农业税分户清册、土地房产所有证存根、户地图，其中农业税分户清册总量庞大，总计629卷，近13万页。地籍档案数字化加工包括对档案进行拆封、清查、修补、重新敲页码、扫描和数字化成果后期处理等，项目于4月公开投标，11月底完成验收。

档案信息化共享　2013年，永嘉县档案局（馆）将《永嘉进士》《楠溪诗话》《酬世诗文联语选》《乡镇记忆》等历年编研成果和农业税分户清册、土地房产证清册进行数字化加工、刻盘，分发至各镇（街道）、行政村（社区），实现档案信息共享，为永嘉县广大群众查阅档案提供便利。围绕永嘉经济社会需要，重点加强民生领域档案的收集与利用工作，积极为群众提供优质档案服务，全年共接待查阅5636人次，提供案卷19589卷次，取证7321件次。

档案登记备份　2013年，永嘉县档案局（馆）全面实施档案登记备份工作，完成了县教育局、民政局、社保局、农业局、林业局、质监局、卫生局、安监局、工商局、土地局、食品药品管理局、住建局、县交通局的登记备份工作，数据容量总计370GB。同时针对永嘉县登记备份工作现状，研究制定了档案与电子文件登记备份突发事件与灾害处置应急预案。继续做好与江苏省海安县档案局馆际备份工作，6月份在永嘉县档案馆签署了《异地登记备份协议》，并举行了第二批备份数据交接仪式（总容量623GB）。

基层档案室建设　2013年，永嘉档案局强化档案目标管理，对各机关单位、民营企业、重点工程档案室进行业务指导和监督执法，实行档案监督指导动态化，促进永嘉县基层档案室整体水平提高。2013年，永嘉县9个示范行政村（社区）通过省、市档案局验收，其中江北街道永宁社区和大若岩镇大元下村省级达标，大若岩镇埭头村、荆州村、白泉村、桐州社区和鹤盛镇蓬一村、三江街道三江社区及岩坦镇屿北村市级达标。创建12个数字化档案室，其中县国土资源局、市住房公积金管理中心永嘉分中心省级达标，县人力资源和社会保障局、县总工会、县统战部、县公共资源交易中心、县老干部局、县科技开发服务中心、县行政审批管理中心、县安全生产监督管理局、县招商局和县国税局市级达标；大若岩镇被列为浙江省社会主义新农村建设档案工作示范镇。

永嘉方言建档与宣传　2013年5月，永嘉方言语音档案正式提交省档案局方言资料库。8月，完成省局交予的制作《美丽永嘉》（方言版）专题片的任务，专题片在第二届世界浙商大会上播出。

档案文化建设　2013年，永嘉档案局（馆）充分发挥馆藏资源优势，整理和收集永嘉籍教育家、书画家、原济时中学首任校长徐石麟先生的档案资料，包括徐石麟任教上海肇和中学时的国学教案以及各时期的诗、画、书法作品等，完整再现徐石麟的教育思想和人生风采。《徐天遨集》于11月底印刷出版。

“浙江记忆”工程　“浙江记忆”工程是浙江省档案工作“十二五”期间档案文化建设的一项重要内容。2013年，永嘉档案局（馆）开展“企业记忆之窗”和“乡村记忆基地”试点创建活动。依托红蜻蜓中国鞋文化博物馆和大若岩古村落群，开展了红蜻蜓集团“企业记忆之窗”和大若岩镇“乡村记忆基地”的创建活动。

（黄雪玲）

地方志工作

概　况　2013年，永嘉县地方志编纂委员会办公室（简称永嘉县志办）深入贯彻落实科学发展观和“两提两争”主题实践活动，继续按照“一纳入、五到位”的原则和要求，认真履行工作职责，扎实推进二轮修志，认真组织地方综合年鉴的编纂，重视地方文献资料收集和旧志整理，推动方志理论研究，加强国务院《地方志工作条例》宣传，继续刊行《永嘉方志》，适时更新永嘉方志网（http://www.yjdfz.cn/）。2013年，县志办共有工作人员13人，其中在编人员6人，聘用退休老干部6人，志愿者1名（7月到期）。办公地点在永兴路原永嘉报社四楼。

编纂《永嘉县志（1991～2010）》 2013年是《永嘉县志（1991～2010）》修编的攻坚年，永嘉县志办按照"业务再培训、考核再细化、行政再推动"工作思路，扎实推进《永嘉县志（1991～2010）》编纂工作。一是抓业务再培训，在前几年专家培训的基础上，组织单位内部的业务骨干黄方波为各部门进行有针对性的培训，先后为文化局、教育局和公安局进行专题培训5次，累计受训800人次；二是完善《永嘉县地方志工作考核细则》，全面抓组稿、指导、初稿审验工作，形成拉网态势；三是加大行政推动力，多宣传、多汇报，争取县政府继续重视对二轮修志工作的领导，以强大的行政推动力确保编修进度和编写质量，推进地方志工作科学健康发展。截至12月31日，全县163家参编单位上交初稿150家，完成率92.02%，初稿审验有序进行。编辑部完成《永嘉县志（1991～2010）》凡例、大事记、自然环境、建置区划、中国共产党、人大、政府、政协、农业、水利、林业、人民武装、民政、卫生、文化、体育、财政税务、新闻传媒、科学技术等19编和审计、工商行政管理、电信、安全生产、水务集团等有关章节"初稿"编纂和审定工作。此外，搜集人物编材料约9.1万文字，整理文献编材料约6万文字。

编纂出版《永嘉年鉴（2013）》 2013年，永嘉县志办继续按照"完成初稿要快、修改加工要细、出版发行要精"的工作要求，完成《永嘉年鉴（2013年版）》编纂出版发行工作。《永嘉年鉴（2013年版）》由卷首、百科、卷尾3部分组成，按类目、分目、条目3个层次框架编排。卷首设彩页、地图、中英文目录、特载、特辑、大事记和总情，百科部分按事物属性设32个类目，卷尾设规范性文件选编和索引，由方志出版社出版发行。全书960千字，收入条目1900余条，插入彩色图片195张，其中有12组专题（楠溪江山水文化旅游节开幕式、三江商务区奠基暨三江农房集聚和瓯北大桥动工仪式、永嘉县"两会"、永嘉县首届新居民运动会、奥康国际A股上市仪式、2012中国（温州）森林旅游节开幕式、世界温商大会招商引资项目推介暨签约仪式、第三届"永嘉县十大杰出青年"颁奖典礼、永嘉县首届道德模范表彰大会、中国楠溪江（永嘉）第一届全国山地户外运动技能挑战赛、"中国长寿之乡—浙江永嘉"授牌仪式暨新闻发布会、永嘉县政府大院旧貌）照片，全面系统地反映永嘉县2012年经济社会发展情况以及重大事件。近180个行政机关和企事业单位参与组稿编写。从制订编纂方案，落实撰稿人员，完成编辑、总纂与送审，工作环环相扣。10月完成编纂，12月由方志出版社出版发行。

《永嘉方志》刊物 2013年，《永嘉方志》（季刊）继续发行，《永嘉方志》是一本立足本土的方志文化专业刊物，设有修志纪要、舆地纪实、春秋纪盛、人物纪略、民俗纪趣等栏目，刊载地情文章，交流各部门单位地方志编研工作的经验和体会，宣传永嘉丰富的历史文化底蕴，弘扬永嘉优良的方志传统。全年出版2期。

《地方志工作条例》宣传 2013年，永嘉县志办继续重视《地方志工作条例》的宣传，通过制作大型广告牌、召开座谈会等形式宣传《地方志工作条例》和最新地方志工作动态。5月17日～25日，制作3个大型广告牌，在屿山公园广场和县文化中心广场展出，祝贺《地方志工作条例》颁布7周年，宣传《地方志工作条例》内容和二轮修志工作动态。5月18日，召开纪念国务院《地方志工作条例》颁布7周年座谈会，邀请《温州市志》主编张声和、永嘉县人民政府副县长周俊武出席会议，县直属有关单位的主要领导和各相关单位的专家学者共40多人参加了座谈会。

承办温州市地方志学会年会 2013年12月19日，温州市地方志学会2013年年会暨学习培训会在永嘉举行。省志办主任助理韩锴，温州市史志办副主任魏仕阔，温州市地方志学会会长、《温州市志》主编张声和出席会议。永嘉县副县长周俊武到会并讲话。温州市各县（市）区主任、主编和部分学会理事共88人参加会议。会议由温州市史志办副主任魏仕阔主持，邀请方志出版社编审、中国时代经济出版社志鉴编校中心总编辑夏红兵作题为《审定志书质量的步骤及方法》的学术报告，邀请温州市地方志学会会长张声和作学会2013年工作报告并部署2014年工作，积极推动温州市二轮修志工作有序开展。会后，与会人员考察了永嘉县“美丽乡村”建设。

学术交流 2013年，永嘉县志办继续推行“开门修志，科学修志，和谐修志”理念，加强学术往来，学习和借鉴外地二轮修志工作的先进经验和成功做法，推进《永嘉县志(1991～2010)》编纂工作顺利开展。3月20日，浙江省人民政府地方志办公室主任潘捷军到永嘉调研指导，仔细听取永嘉县地方志工作汇报，详细了解永嘉县地方志工作“一纳入、五到位”落实情况和“一业为主、九业并举”开展情况，并指导永嘉地方志工作如何积极发挥职能，服务永嘉经济社会发展，同时希望《永嘉县志（1991～2010）》编辑部全体编辑力争将《永嘉县志（1991～2010）》编纂成精品佳志。10月，邀请省志办副研究员汤敏主讲《怎样做一名编辑》；邀请中指组办公室副主任邱新立讲授《志稿中常见问题及处理意见》。11月28日，组织全体修志人员赴泰顺交流学习，举行地方志编纂工作情况交流座谈，学习了他们先进经验和成功做法。

读志用志活动 2013年，永嘉县志办积极履行地方志“资政、存史、教化”职能，致力于服务社会、服务大众。为全县四套领导班子和所有年鉴承编单位送去《永嘉年鉴（2013）》，继续为共建社区和图书馆送去《永嘉县志》《永嘉年鉴》《永嘉金石志》《鹅塘老人回忆录》《永嘉方志》等地方志书，让广大民众共享地方文化信息资源。继续为新来的县领导和关心永嘉发展的社会各界人士提供清光绪《永嘉县志》和2003年出版发行的《永嘉县志》。10月，开展“书香十月”金秋读志用志活动。

《鹅塘老人回忆录》 2013年9月7日，《鹅塘老人回忆录》首发式举行。《鹅塘老人回忆录》又名《柯逢春先生回忆录》，由永嘉县地方志编纂委员会办公室组织编纂，历时3年完成，由中华书局出版。柯逢春（1886～1984），字怡斋，号鹅塘老人，祖籍永嘉县上塘。新中国成立后，曾任民革温州市委会筹委会召集人。该自传体回忆录系柯逢春先生在年届97岁时写成，所记包括柯氏行历、友朋聚集、读书课徒、检摄省心和耳闻目睹诸事，涉及国际大事、名人交往、地方见闻，是柯逢春先生不平凡一生的完备记录，是柯逢春先生各阶段心路历程的忠实写照，具有一定的史学价值。首发式现场举行赠书仪式，永嘉县地方志编纂委员会办公室向永嘉县档案馆、图书馆、永嘉电大、永嘉中学等单位赠书。

参与文化礼堂建设 2013年，永嘉县以开展“美丽乡村”建设为契机，深入挖掘整理地方文化，利用楠溪江中游古村落中的宗祠和古民居，改造布置了33所文化礼堂，为历史文化古镇、村落、街区文化的挖掘、传承、保护工作走出了一条可持续发展之路，成为“美丽乡村”建设的一个抓手。永嘉县因此被评为温州市唯一的“浙江省农村文化礼堂建设先进县”。永嘉县志办作为传承中华文明、发掘历史智慧的执行单位，积极参与了文化礼堂建设，多次派人员参加文化礼堂建设会议，开展送志鉴进礼堂活动，参与部分文化礼堂的策划、设计与布展，把方志文化融入到文化礼堂的展示中，共在5个文化礼堂中展出地方志内容，并全程参与了枫林文化礼堂与《清正园》的策划、设计与布展。2013年10月，枫林文化礼堂成为永嘉县33座文化礼堂集体开馆仪式的举办地，葛慧君、胡坚、胡剑谨、盛秋平、娄绍光、林小露等省市县领导光临参观并予以高度评价。

学术积累和地情研究 2013年，永嘉县志办重视地情调研，继续鼓励全体编辑积极撰写学术论文。徐逸龙的论文《浙江通志局旧址沿革考》在《浙江方志》（2013年第2期）发表并获得温州市社科论文二等奖、《东瓯国都城和永宁县城沿革辨析》在《温州通史编纂通讯》（2013年第1期）上发表、《温州织锦学堂与永嘉贫民习艺所》在《温州通史编纂通讯》（2013年第2期）上发表、《红十三军成立旧址枫林镇慧日寺考述》在2013年10月第八辑《温州文物》上发表。高远主编的《耕读清风，永嘉正气》一书2013年11月在中国对外翻译出版有限公司出版，高远的文章《鹅塘老人其人其事》在《温州都市报》（2013年5月31日）上专版发表。

（孙天永）

广播电视

概　况 2013年，永嘉广播电视台深入学习贯彻党的十八大精神和十八届三中全会精神，紧紧按照县委、县政府和县委宣传部的工作部署，自觉服从和服务于全县经济社会发展大局。以宣传工作为中心，以数字电视建设为重点，以2013年“十大重点项目”为抓手，始终坚持宣传抓导向、播出保安全、事业谋发展、服务惠民生、队伍强管理，各项工作取得新进展。外宣等工作成绩突出，被县政府通令嘉奖。2013年，永嘉广播电视台在温州市各县（市）广播电视台首次开展的目标责任制考核中获全市文化广电新闻出版工作先进集体称号。2013年，永嘉广播电视台有编制数293人，在编人员230人，其中台机关在编人员110人，乡镇站在编人员120人。

主题报道 2013年，永嘉广播电视新闻工作根据“走转改”要求，紧紧围绕十八大精神学习贯彻、“四边三化”、“美丽乡村”建设、“两提两争”主题实践活动、实体经济发展等县中心工作，进一步强化主题报道，有效发挥主流媒体的舆论引导作用。推出《学习贯彻十八大精神·深入基层看变化》《学习贯彻十八大精神·稳中求进转中求好》《中国梦·百姓梦》等专栏，全年共播出报道60多篇；推出《整治环境乱象共建美丽永嘉》《“美丽乡村”建设进行时》等专栏，并重点抓好第二届楠溪江山水旅游文化节、全省“美丽乡村”现场会等活动的报道，全年共播出相关新闻稿件300多篇；做好振兴实体经济有关宣传报道，推出《关注企业招工》《创新进行时》《中国梦永企创新梦》《稳中求进　转中求好》等专栏，全年共播出经济报道180多条。其中《永嘉3000多名干部变身‘服务员’助企业解难题》等15篇报道在《温州新闻联播》头条播出。

市民监督团 2013年，永嘉广电市民监督团共组织25次现场监督活动，播发55条监督性报道，重点关注村庄环境、黑臭河道、违章建筑、公路和溪流沿线环境、旅游项目建设进度等问题，永嘉广电市民监督团获2013年度温州广电市民监督团十佳分团称号。

媒体服务 成功承办2013“楠溪云岚”杯楠溪江旅游形象大使暨亚洲小姐全国网络大赛永嘉选拔赛，并成功承办楠溪江第二届美食节，提高了楠溪江的知名度和美誉度；根据永嘉“美丽乡村”建设工作的部署，在岩头丽水街设立美食区展位，在芙蓉村建设楠溪影视馆；配合“三改一拆”、“美丽乡村”建设、“两提两争”主题教育实践活动等工作，采编制作《强势推进环境整治　全力打造美丽乡村》《“三改一拆”势如破竹》《“两提两争”　激发干部干事创业激情》《干部沉下去　再话鱼水情》等20余个专题片；做好2013中国温州国际山地户外运动挑战赛、2013中国（温州）森林旅游节等宣传报道和录播工作；组织“党政一把手对话网民访谈”活动的现场录播和后期制作播出工作。在浙江“金牛奖”新农村建设带头人评选活动中，做好候选人推荐和宣传报道工作，完成首届‘浙江最美乡村”推广评选活动的宣传报道。11月底，全县数字电视平台全面铺开村级“三务公开”信息平台建设，工作的质量和进度均居温州市前列。

民生、对农报道 2013年，永嘉广播电视新闻工作以满足新农村建设和群众需求为目的，全力做好广播、电视对农服务节目建设。《走基层》专栏全年播出记者蹲点采访新闻30余条，民生新闻节目《左邻右舍》全年采制播出帮忙类新闻200条，为群众提供出行指南、种养殖技术、纠纷调解、法律咨询等方面服务。广播对农节目《魅力乡村》每周三播出，电视对农栏目《无名走乡村》《楠溪风》《聚焦三农》每周播出总时长达到40分钟。

“最美乡村”栏目 2013年5月起，《永嘉新闻》推出“最美乡村”系列栏目，记者遍访全县各地，借助高清摄影机、摇臂等设备，用画面充分展现永嘉乡村之美，并根据不同季节时令，相应推出“寻找最美乡村、寻找清凉夏日、寻找丰收景象、寻找古道秋景、寻找最美冬景”等，至2013年底共播出系列报道30余篇，其中在浙江卫视《浙江新闻联播》播出18篇，展示了楠溪江和永嘉美丽乡村的全新面貌。

新闻外宣 2013年，永嘉电视台新闻外宣工作在全省73个县级台中排名第四，获全省广播电视新闻协作县级电视特等奖。永嘉电视台在浙江卫视全年播出新闻335条（播出条数居全省县级台之最，比第二名多出55条）；在中央电视台播出新闻22条，其中《浙江：看十年我的乡村变美丽》《春节长假盘点：关注“舌尖上的浪费”》等6条新闻在央视《新闻联播》播出；在温州电视台《温州新闻联播》播出186条，继续获得温州电视新闻协作一等奖。永嘉人民广播电台全年在中央台播出新闻10条，在省台播出92条，在全省县级台中排名第21位，获全省广播电视新闻协作县级广播二等奖。在温州台播出366条，在全市11个县（市、区）台中排名第一，获温州广播新闻协作一等奖。

节目改版 2013年2月，改版

后的永嘉电视台全新亮相。频道包装突出地域特点，在保持电视台原有形象标志基本不变的情况下，突出“绿色生活”理念，将绿色作为频道与节目的主色调进行整体包装。按照做强新闻、做优专题、做活娱乐、做大活动的要求，改版后节目主要由新闻、专题、影视剧三大类构成，其中自办栏目7个，分别是《永嘉新闻》《左邻右舍》《热点100度》《无名走乡村》《楠溪风》《快乐童声秀》《永嘉气象》。8月，《永嘉新闻》栏目中原有的《聚焦三农》独辟专栏，成为新增的一个对农栏目。12月，FM102.2永嘉人民广播电台全新改版，新版节目突出新闻立台原则，融合微信、微博等新媒介，强化娱乐性、服务性、即时性、贴近性和互动性，为听众提供新闻、交通、娱乐、文化、旅游等内容。改版后的永嘉人民广播电台有自办栏目8个，分别为《永广新闻》《魅力乡村》《新闻早高峰》《同步新空气》《1022乐生活》《快乐102.2度》《爱尚音乐》《下一站幸福》。

数字电视网改、整转工作 2013年，永嘉县数字电视网改工程进展顺利，全县完成网改8万户，超额完成全年网改工作计划。数字电视整转工作扎实推进，到年末，完成全县整转5.39万户，机顶盒安装75808个。推出高清直播加云宽带等五大新业务。加强广电站机房改造规范化建设，完成界坑、西岙、茗岙、鹤盛、花坦、昆阳、西源、岭头8个机房改造。

“一省一网”建设 2013年，一省一网整合工作取得重大进展，《永嘉县广播电视有线网络整合发展实施方案》经县委、县政府同意通过，于8月正式发文。9月，与浙江华数广电网络股份有限公司签订合作意向书，标志着永嘉广电网络正式加入浙江华数，融入“一省一网”发展新格局。永嘉广电网络加入“一省一网”后，浙江华数将按照与杭州同城化的发展要求，统一规划建设、统一技术标准、统一集控平台、统一品牌形象、统一运行管理，建设成互联互通、管理规范、技术先进、安全高效、国内一流的广播电视网络平台和公共信息服务基础网络。同时加大投入，加强广电基础网络建设，做到无缝对接，助推永嘉“智慧山城”“智慧家庭”建设。11月，永嘉华数广电网络有限公司注册成立。

“广电低保”工程 至2013年底，永嘉县有低保户11995户，其中新增低保960户，撤销564户。在数字电视整转前，凡自愿申请安装的低保户，100%免费收看有线电视，数字电视整转地区的低保户100%继续免费收看数字电视。

经营创收 2013年，永嘉广播电视台全年网络总收入6781万元。视听费收入大幅增长，全年收费4147万元，比上年增加761万元。利用数字电视整转的有利时机，积极发展高端用户，延伸广电产业链，努力培育经营创收新的增长点。加强广告播出管理，进一步拓展业务空间。全年广告收入720万元，比2012年增加372万元。（所有收入均为不含税）

安全播出 严格落实机房值班制度，安全播出重要保障期安排技术跟班双岗制，实行零报告制度。完善《安全播出应急处理预案》等保障体系，定期检查检测播出设备。在技术上采用先进的前端监测系统，严防邪教“法轮功”等不法分子攻击和破坏广播电视网络，确保网络传输的安全、优质、畅通；所有节目信号全部接入市广电检测中心。是年继续保持广播电视安全播出零事故。

队伍建设 2013年，大力开展岗位廉政教育，增强党员干部的党性修养和反腐倡廉意识。加大专项检查力度，推动全台作风效能建设。对各广电站进行明察暗访，对不在岗、不在状态、违反相关禁令的工作人员予以查处。严格执行公务接待总额和费用季度公示备案制、中晚餐禁酒及各站零接待制度；切实落实公务接待“三严四禁”并实行按月公示。严格公车管理。加大对广电“十大工程”的监督力度，全程介入器材采购、工程管理、工程招投标各个环节。

（金　曦）

2013年度获省、部级以上先进单位与个人

先进单位或个人	荣誉称号	颁奖单位
潘可静	全省广播电视新闻协作先进个人	浙江广播电视集团
永嘉电视台	全省广播电视新闻协作县级电视特等奖	浙江广播电视集团
永嘉人民广播电台	全省广播电视新闻协作县级广播二等奖	浙江广播电视集团

新闻信息

概　况　2013年，永嘉县新闻信息中心为建设“品质报业、素质报业”而努力，创先争优，扎实苦干，超额完成年度重点目标任务，有力提升新闻宣传能力。主要任务是出版发行每周5期的《今日永嘉》报、《永嘉网》的安全运行及《永嘉手机报》的发布。全年完成出版《今日永嘉》242期1208个版面，发行《今日永嘉》22000多份；《永嘉网》日平均点击量达16万次；《永嘉手机报》发布365条，用户突破3万户。内部科室有办公室、编辑部、记者部、周末部、网络部、拓展部和瓯北记者站等7个科室；领导班子为1正3副，徐建强担任党组书记、主任。

主题报道　2013年，永嘉县新闻信息中心围绕县委、县政府中心工作，充分发挥舆论造势和推动工作的作用，策划宣传了招商、投资、环境、统筹、“两江”（三江、楠溪江）等重大主题报道，为县委中心工作宣传造势。一是突出主题报道宣传。自“两提两争”主题实践活动动员大会后，分别在《今日永嘉》重要版面和《永嘉网》醒目位置开辟“两提两争”专栏和专题，有重点、分阶段、多形式地对主题实践活动开展全方位的宣传，并保持每期有“两提两争”的重点稿件，每周有“两提两争”专题报道，每月有“两提两争”的宣传侧重点。主要以动态报道、“一把手”访谈、专题策划、言论引导、典型引路、记者直击等形式开展宣传。截至年底，刊发稿件1800多篇。二是组织开展“寻找最美乡村”“最美永嘉人”“最美教师”等系列宣传。以全省“美丽乡村”现场会在永嘉县召开为契机，充分发挥《今日永嘉》《永嘉网》《永嘉手机报》和永嘉网视频中心等媒体优势，坚持每周一工作例会上做“美丽乡村”宣传的具体安排和策划工作，开设专题、专栏进行报道。在报道工作中，坚持一手抓永嘉县各地参与“美丽乡村”建设的好做法，一手抓反面新闻，推动“美丽乡村”建设工作，充分展示永嘉县主流媒体影响力和权威性。截至年底，先后刊发稿件136篇。同时开展“最美教师”“最美永嘉人”等宣传活动，让“最美”系列成为身边美德教育和核心价值引领的活教材，聚集起社会的正能量。三是充分发挥媒体桥梁纽带作用，继续开展“千里之外”天下永嘉人巡回采访活动，并发挥《永嘉网》《永嘉手机报》的外宣优势，突出宣传招商环境建设，营造了良好的亲商、重商、安商、扶商氛围。

舆论监督　2013年，永嘉县新闻信息中心充分发挥“市民监督团”作用，实现群众监督和新闻舆论监督有机结合，围绕环境整治、项目建设等重点工作和群众关注的热点，确保每周至少开展1次市民监督活动。截至年底，共刊发监督稿件300多篇。

服务民生　2013年，永嘉县新闻信息中心关注社会民生，开辟“真情100”“年关送温暖”“采摘游”“民意留言板”“记者帮帮团”等栏目。组织开展新闻记者“四助”活动，要求每一名记者每月至少提交1篇挂钩联系镇的稿件，作为记者当月考核内容之一，以促使记者深入基层。继续开展第14个年头的“真情100”结对助学活动，全年以岩坦镇、岩头镇为主推出6期，结对贫困学生62名；策划启动“年关送温暖”活动，动员企业为山区困难群众送棉衣、棉被及慰问金等；“记者帮帮团”活动继续进行，全年刊发帮助群众解决难题稿件236篇，帮助解决难题200多个。

多元化发展　2013年，永嘉县新闻信息中心以全媒体为方向，促进多元创新发展，提升整体发展水平，着重实施了两大项目。一是拓展《永嘉手机报》用户。3月8日，举行隆重的《永嘉手机报》开通仪式，加大对领导干部、党员队伍、基层群众和在外永嘉人的推广力度，用户实现平稳增长。二是进一步延伸宣传阵地。3月，依托《永嘉网》与宣传部共同推出“中国永嘉微博”，进一步畅通民意通道。此外，依托瓯北记者站，推出《永商专刊》，促进内外永嘉人的互动和在外永嘉人回归创业。

挖掘楠溪特色文化　2013年，永嘉县新闻信息中心依托《今日永嘉》楠溪江周末版和永嘉网文化频道，策划实施文旅相融大型活动，做好“中国长寿之乡”“千年古县”以及楠溪江旅游资源的结合文章，继续开展“谢灵运山水诗之旅”和“探寻长寿基因”大型采风活动，为永嘉文化、旅游打开更多的窗口。积极参与楠溪江山水文化旅游节、森林旅游节等重大节庆活动的宣传。

队伍建设　2013年，永嘉县新闻信息中心从突破体制、创新机制、强化计划、注重学习等方面入手，探索事业单位企业化管理新思路，全力调动工作人员积极性。完善全员量化绩效考核，形成“做事先做人、质量为导向”的干事创业氛围；采取“请进来、走出去、自己讲”的方式，借“读书节”着力培养“名编辑”“名记者”，形成“比学赶超、激情跨越”的浓厚氛围，合力打造一支具有高度责任感、良好沟通力、坚定执行力和焕发精气神的“阳光团队”。

市级新闻奖 2013年，《永嘉网》入围温州市第一批文明网站。在2013年度温州新闻奖评比中，徐建强、王志书、郑万云的新闻作品《永嘉民意留言板》荣获网络作品二等奖；郑万云、叶奔奔的新闻作品《“楠溪江·谢灵运山水诗之旅”大型采风活动》荣获网络作品三等奖。

省级新闻奖 在2013年度浙江省县市区域报好新闻奖评比中，林琦采写的《港头村三兄弟夫妻平均年龄90.5岁》获消息类一等奖，厉定武、陈胜豪采写的《补上最幸福的一课》获消息类二等奖，胡艺罗采写的《人体器官捐献迎来首位残疾人》获消息类三等奖；叶琼华采写的《桥下西岙打造教玩具淘宝专业村》获通讯类二等奖，潘金花采写的《“弃婴”阿朵，有多少爱被泪淋湿》获通讯类二等奖，谷亨飞采写的《“雷锋日”续写半世纪的“扁担情”》获通讯类三等奖；潘金花采写的《“真情100”系列报道》获系列报道二等奖。

（戴益洪）

碧莲镇第二届乱弹文化节

汪雪琼／摄

体　育

综　述

2013年，永嘉县体育事业发展局（简称县体育局）深入实施《体育法》和《全民健身条例》，全面推进群众体育工作，努力提高竞技体育水平，加强体育基础设施建设，促进体育事业与社会经济的协调发展。2013年，县体育局成功承办中国·温州国际山地户外运动挑战赛（永嘉站）和2013“楠溪江杯·决战名山”全国象棋冠军挑战赛总决赛。4月18日，县体育局、永嘉新闻信息中心、永嘉县摄影家协会共同举办的“2013中国·温州国际山地户外运动挑战赛”（永嘉赛段）摄影比赛评选揭晓，共评出入围作品58幅。6月13日，县人民政府办公室印发关于开展2013年永嘉县国民体质监测的通知（永政办发〔2013〕119号），要求有关镇（街道）配合县体育局做好国民体质监测工作，县体育局为全县公民体质测试4372人，并上报省国民体质监测中心。9月25日，县体育局在县体育运动学校举行“立功运动员庆功座谈会”，表彰在各类比赛中取得优异成绩的运动员、教练员。在第十二届全运会上，永嘉籍运动员滕孙燕、金优飞获得赛艇项目铜牌，何新燕获得帆船项目铜牌，戴娟娟获得女子篮球项目第八名。另外，陈卢宁宁在第17届世界青少年帆船模型比赛中获得F5-10级冠军和F5-E级季军；徐崇峰在全国象棋少年锦标赛中获得男子甲组冠军。县人民政府对上列6位运动员和汤海斌、邹晓阳、胡网英等3位教练予以通令嘉奖。11月28日，国家象棋大师蒋川、孙勇征、洪智、赵鑫鑫和陈寒峰等到上塘城西小学进行棋艺交流。在交流活动中，蒋川和孙勇征与城西小学的29位小棋手开展“车轮战”，精彩的表演博得在场同学和家长的啧啧称赞。洪智、赵鑫鑫和陈寒峰等观摩了对战，并进行讲解。11月，永嘉正式向国家体育总局象棋运动管理中心提交了申报创建“全国象棋之乡”材料。此后，各项创建筹备工作有序推进。永嘉棋院、永嘉棋馆等文体设施相继建成并投入使用。各镇（街道）、建置村和各企事业单位普遍修建了文体馆，部分学校开设象棋课。

群众体育

概　况　2013年，县体育局认真贯彻落实《中华人民共和国体育法》《全民健身条例》，坚持以“全民健身”为主题，求真务实，开拓创新，大力开展群众体育活动，以满足广大人民群众日益增长的健身需求。开展了健身跑、篮球、足球、乒乓球、羽毛球、网球、钓鱼、象棋等一系列常规性的体育活动，并在此基础上，根据实际需求进一步扩大活动内容。2013年，东城街道申报省体育强镇（街道），桥下镇、岩头镇、沙头镇申报体育强镇复评，城东社区、城西社区、城北社区、城南社区申报创建省城市体育先进社区，报喜鸟集团申报星级职工体育俱乐部，瓯北老年大学申报省老年体育活动俱乐部，各项工作有序开展，并接受省、市检查组检查。

重大赛事　2013年，县体育局派出153人的体育代表团，参加温州市第十五届运动会大众部的太极拳（剑）、登山、定向、地掷球、气排球、门球、健身气功、篮球、围棋、象棋、公开水域游泳、钓鱼、足球、羽毛球、南拳、第九套广播体操等16个项目的比赛，获得了10金5银3铜的好成绩。2月6日，文化、科技、卫生“三下乡”集中服务活动在岩头镇苍坡村举行，县体育局组织飞镖、拔河等体育项目参加此次活动。3月9日，永嘉县少儿象棋精英邀请赛在上塘城西小学举行。本次比赛由县体育局和体育总会主办，县青少年宫承办。经过两天的比拼，获得男子2001组前三名的是：林乐彬（乌牛一小23分）、吴杭隆（实验小学20.5分）、李维政（城西小学17.5分）；男子2003组前三名是：麻京榜（城西小学12分）、邵逸民（城西小学10分）、潘浩翔（城西小学9分）；女子2001组前三名是：汤露然（城西小学）、刘柠慧（城东小学）、陈奕辰；女子2003组前三名是：吴欣阳（桥下中心）、潘悦（桥下一小）、周芝童（城西小学）。3月30日，“东瓯杯”永嘉县第十一届围棋比赛暨永嘉县围棋协会成立仪式在县外国语实验小学举行。同时，举行了首届会员代表大会，选举产生了会长、副会长、秘书长、副秘书长等。比赛由县体育局、县体育总会主办，县围棋协会协办，上塘功能区等12支代表队的55人参加比赛。经过两天角逐，瓯楠四队、瓯北城市新区管委会一队、桥头联队获得团体前三名；王江波（瓯楠四队）、何进（瓯楠四队）、蒋建华（瓯北一队）获得成年组前三名；戴璐浩（聂卫平教室）、朱天雁（聂卫平教室）、吕紫楠（聂卫平教室）获得青少年组前三名；江卓尔（瓯楠一队）、郑贺俊（瓯楠三队）、陈人豪（瓯楠一队）获得少儿组前三名。4月2日，枫林传统武术节隆重举行，全国各地300多名武术爱好者共聚一堂，互相切磋武艺，吸引了2000多名群众前来观看。5月17日，永嘉县第二届干部职工运动会在县体育场开幕。竞赛项目分足球（男）、乒乓球、羽毛球、登山、象棋、田径和趣味等7项，全县各镇（街道）、机关企事业单位的79支代表队共1908名在编干部职工参加比赛。获得本届运动会优秀组织奖的单位是：县教育局、县委组织部、县林业局、县供电局、三江商务区；获本届运动会体育道德风尚奖的单位是：沙头镇、大若岩镇、桥头镇、桥下镇、县新居民局。获羽毛球男子团体前八名的单位是：县卫生局（第一名）、县财政局（第二名）、县交通局（第三名）、县教育局（第四名）、桥下镇（第五名）、县住建局（第六名）、县质监局（第七名）、县电信分公司（第八名）；获男子足球前八名的单位是：县教育局（第一名）、永嘉移动分公司（第二名）、县公安局（第三名）、县水利局（第四名）、县卫生局（第五名）、县体育局（第六名）、县委办（第七名）、县环保局（第八名）；获乒乓球男子团体前八名的单位是：县公安局（第一名）、瓯北城市新区（第二名）、县住建局（第三名）、县教育局（第四名）、县国土资源局（第五名）、永嘉电信分公司（第六名）、县财政局（第七名）、县卫生局（第八名）；获乒乓球女子团体前八名的单位是：县卫生局（第一名）、永嘉农村合作银行（第二名）、永嘉电信分公司（第三名）、县教育局（第四名）、县财政局（第五名）、县住建局（第六名）、县供电局（第七名）、瓯北城市新区（第八名）；获象棋男子团体前八名的单位是：县教育局（第一名）、桥下镇（第二名）、县公安局（第三名）、县广播电视局（第四名）、上塘中心城区（第五名）、县工商局（第六名）、县住建局（第七名）、永嘉农村合作银行（第八名）；获田径比赛团体总分前八名的单位是：县教育局（第一名153分）、县公安局（第二名81分）、县卫生局（第三名66分）、永嘉农村合作银行（第四名31分）、县供电局（第五名23分）、鹤盛镇（第六名15分）、县财政局（第七名15分）、桥下镇（第八名14分）；获趣味比赛团体前八名的单位是：县教育局（第一名115分）、县供电局（第二名43分）、县财政局（第三名34.5分）、县司法局（第四名34分）、县经信局（第五名29分）、瓯北城市新区（第六名28分）、县公安局（第七名26分）、三江商务区（第八名24分）。团体总分名次：县教育局（第一名401分）、县卫生局（第二名175.5分）、县公安局（第三名169分）、县财政局（第四名112.5分）、县供电局（第五名82分）、永嘉农村合作银行（第六名69分）、县住建局（第七名63分）、桥下镇（第八名55分）。5月28日，温州市第十五届运动会大众体育部健身气功比赛在永嘉体校举行，各县市区的12支代表队120名运动员参加了易筋经、五禽戏、六字诀、八段锦等团体项目和个人易筋经、五禽戏的比赛。经过激烈角逐，永嘉参赛选手以8.95分的优异成绩荣获五禽戏第一名。6月17日，“中楠·时代杯”永嘉县羽毛球俱乐部联赛在县人武部羽毛球馆举行，副县长周俊武出席开幕式。比赛为期2天，设男双、混双和双打3个项目，全县11支队伍100多人参加了比赛。本次联赛由县体育局主办，温州中楠房地产开发有限公司冠名，温州波雷克体育用品有限公司和温州雅业传媒文化有限公司协办。联赛为期8个月，从2013年6月到2014年1月，每月举行一次，比赛采用同组联赛大循环积分制，联赛结束后以总积分决定名次。6月27日，由县体育局和县总工会举办的永嘉县干部职工钓鱼比赛在桥下镇梅岙村瓯龙生态渔场举行。全县34个部门单位的95名运动员参加角逐。财政局卢永新以25千克获得第一名。8月4日，县游泳协会举办的一场4000米的游泳拉练赛在楠溪江太平岩景区举行。来自仙居、平阳、乐清及县游泳协会成员等共130多人参加比赛，年龄最小13岁，最大65岁。平阳通乐冬泳游泳协会成员林如以1小时11分01秒的成绩获得冠军。8月20，温州市第十五届运动会大众体育部行业系统部钓鱼比赛在县桥下镇梅岙瓯农生态鱼塘垂钓中心举行，各县市区和有关行业系统的84名垂钓爱好者参加了竞钓。其中，大众体育部12个县市区设个人手竿（尾数）、个人手竿（重量）、个人抛竿（单尾重）、个人抛竿（重量）、总团体等5项；行业系统部10个系统设个人手竿（尾数）、个人手竿（重量）、个人抛竿（单尾重）、个人抛竿（重量）等4项。龙湾区、经济技术开发区、乐清市获得大众体育部的团体前三名，获团体第四至第八名的是瑞安、永嘉、苍南、瓯海、鹿城。11月21日，乌牛街道在东蒙工业园区举行中华武术表演与交流活动，乐清、乌牛、瓯北、上塘、岩头等地的30支代表队、200多名武术爱好者参加现场表演，年龄最大的87岁，最小的18岁。11月26日，2013“楠溪江杯·决战名山”全国象棋冠军挑战赛总决赛在楠溪江景区耕读小院开幕。国家体育总局棋牌运动管理中心副主任陈泽兰、副县长周俊武参加开幕式。

（黄中文摄影）

本次赛事由国家体育总局棋牌管理中心、浙江省体育局、温州市体育局主办，永嘉县人民政府承办。王天一在冠亚军争夺战中以一胜一和击败了赵国荣。12月1日，由县体育局、江北街道、东瓯街道、县体育总会主办，县长跑协会承办的永嘉县“楠江杯”万米长跑邀请赛在瓯北开跑，活动主题是“人人参与健身，健康快乐人生”。本次活动分男子青壮年组、男子中老年组和女子组，来自温州各县市区的42支代表队近千人参赛，决出名次如下：青年男子组前三名分别是：吴建（乐清市长跑队）、戴立皓（虹桥马拉松俱乐部）、张秀聪（瓯海登山协会）；中老年组前三名分别是：余建立（瑞安市健身跑队）、朱清道（永嘉长跑协会）、陈乃火（瑞安市健身跑队）；女子组前三名分别是：蒋晨晨（永嘉县长跑协会）、赵秀颖（虹桥马拉松俱乐部）、周海亚（上塘长跑队）。

群众体育网络建设 2013年，县体育局继续加强基层群众体育组织网络建设，加强对部门、镇（街道）体育骨干培训，努力提高他们的工作水平。11月24日，永嘉“健路乒乓球俱乐部”被省体育局命名为“浙江省青少年体育俱乐部”。该俱乐部成立以后，共有1000多名青少年参加乒乓球培训，他们多次在温州市级比赛中夺得名次。根据国家体育总局《社会体育指导员技术等级制度》的规定，县体育局分别在岩头镇、桥下镇和东城街道共举办了3期社会体育指导员培训，经理论考核，批准邹志飞等313人为国家三级社会体育指导员（永体〔2013〕40号）。是年有11人参加省一级社会体育指导员培训；有11人参加市第二期残疾人社会体育指导员培训，并获得二级社会体育指导员资格；有2人参加省初级国民体质监测社会体育指导员培训；有3人参加非奥项目排舞及二级社会体育指导员培训。

乡村体育活动 2013年6月1日，沙头镇“农合杯”第二届全民运动会举行。沙头镇各社区、村居和企事业单位共37支代表队480多名运动会参加角逐。运动会项目设置充分考虑趣味性，有篮球、拔河、乒乓球、象棋等传统项目，有贴近百姓生活的挑啤酒、爆气球、运球、袋鼠跳、飞镖、跳绳等趣味项目。9月27日，举行以“我运动、我快乐”为主题的蜘蛛王集团“庆中秋·迎国庆”职工运动会，100多名运动员参加了篮球、拔河、乒乓球、踢毽子、呼啦圈、跳绳等项目的比赛。10月27日，在县外国语学校操场举行南城街道城南社区首届全民运动会，辖区新居民代表、企业代表、社区志愿者组成的13支队伍共300余人参加了拔河、滚轮胎、门球、乒乓球、飞镖等项目的比赛。11月2日，在县实验小学操场举行东城街道城东社区首届全民运动会，该社区的居民、新居民、各企事业单位以及共建结对单位的14支代表队200多名运动员参加了此次运动会。12月7日～8日，黄田街道第三届中国象棋比赛举行，共吸引了该街道各社区50余名象棋爱好者参加。埭下队获团体冠军，珠江队获团体亚军，岭下队获团体季军，温州市交通投资集团有限公司绕城高速公路分公司队、上白岩队、外窑队分获第四名、第五名、第六名；柯永波获个人冠军，林锡敏获亚军，张建勇获季军，包启雷、陈哲利和杨建忠分获第四名、第五名、第六名。

老年体育 2013年3月，县体育局、县体育总会出台《2013年度协会工作考绩评分细则》，由协会自身建设、全民健身活动、服务管理水平3大项10小项组成，总分100分。4月12日，在枫林镇水产养殖示范场举行县离退休老干部钓鱼比赛，72名离退休干部参与竞逐。来自电信局的退休干部王胜利以11.75千克的成绩夺得冠军。6月23日，县健身舞操协会举办“庆七一、迎会庆”文艺汇演活动。会员们欢聚一堂，以吹拉弹唱、演唱戏曲等特有方式欢庆“七一”，300多名观众观看了健身舞操代表队组织编排的文艺演出。8月8日～9日，县体育局以“每天锻炼一小时、健康工作五十年、幸福生活一辈子”为主题，组织全县老年人门球队在乌牛镇举行了门球比赛。来自县老年大、大自然、晨乐山庄、瓯北、礁下等20支代表队共150多名队员参加了比赛。9月17日，全县离退休老干部象棋比赛在永嘉宾馆三楼会议室举行，此次比赛由县委老干部局、县体育局、县总工会主办，县老体协协办。全县17支代表队50多名老干部参加角逐。9月27日，在瓯北功能区老年活动中心举行江北街道老年人太极拳表演赛。14支代表队的150余名太极拳爱好者参加本次表演赛。按得分高低，评出一、二、三等奖。江北街道办事处、县体育局、县老年人体育协会、江北街道老年人体育协会等有关领导参加开幕式并讲话。10月29日，县委老干部局在沙门球场举办了永嘉县离退休老干部门球比赛，共有18支代表队100多名老干部参加，经过一天的比拼，大自然一队和浦东代表队分获冠亚军。11月22日上午，县老年人体育协会召开常务委员会议。会上，县老年人体育协会主席潘明星作年度工作报告，与会人员参与讨论交流，对协会工作提出意见或建议，会议由常务副主席李建寅主持。2013年，应广大自行车爱好者要求，经县民政局注册登记，县体育局、县体育总会批复同意成立县自行车运动协会。至此全县单项体育运动协会增加到18个，会员上万人。

残疾人运动会 2013年7月26日，永嘉县残疾人体育锦标赛在上塘举行，比赛分游泳、男女飞镖、盲人跳绳、男女智力残疾人个人跳等项目。8月21日，温州市残疾人体育锦标赛在泰顺县体育中心举行。永嘉代表团20名运动员在游泳、飞镖、盲人跳绳3个大项及50个小项的比赛中取得了11金6银5铜的好成绩，并以金牌总数11枚、团体总分130分，获大赛团体总分第二名、金牌总数第二名和组织奖。焦蒙思、谢卓凡、柯林望3人包揽盲人跳绳项目的所有金牌，金友策获游泳项目3枚金牌。

竞技体育

概　况 2013年，县体育局认真抓好全县各训练点及体校运动员的训练工作，积极组队参加市第十五届运动会的各项比赛。联合县教育局举办2013年中小学生体育节，成功承办温州市第十五届运动会跆拳道和拳击比赛，被评为市运会最佳赛区。4月8日，在县老年大学举办了门球裁判员培训班，并组织理论与实践考核，批准金伯微等40人为门球国家三级裁判员（永体〔2013〕24号）。12月12日，在永嘉体校举办了篮球裁判员培训班，并组织理论与实践考核，批准柯石磊等140人为篮球国家三级裁判员（永体〔2013〕54号）。

县内竞技 2013年3月16日～17日，县教育局和体育局在县体育场联合举行第三届中小学生足球比赛，全县各学区、直属学校、县体育运动学校共15支代表队150名运

2013中国温州国际山地户外运动挑战赛

sangelo

2013 Wenzhou

动员参赛。最终县实验小学与县体育运动学校、县实验中学分获小学组、初中组的冠军，桥下一小、黄田中学分获小学组、初中组亚军，千石小学、瓯北五中分获初中组、小学组季军。

市级竞技 2013年，永嘉共派出318名运动员参加温州市第十五届运动会（青少年部）的田径、象棋、围棋、跆拳道、拳击、举重、乒乓球、网球、皮划艇、赛艇、篮球、足球、摔跤、柔道、游泳、体操、射击、射箭等18个项目的比赛，共获得82枚金牌、58枚银牌、66枚铜牌的好成绩，金牌数全市第七名，奖牌总数和团体总分全市第六。象棋比赛于4月21日在泰顺结束，永嘉男队获得冠军，女队获第二名。跆拳道比赛于5月10日～12日在永嘉体育运动学校举行，瑞安队以117.5分获得团体总分第一名，瓯海队获得团体总分第二名，获三至六名的分别是永嘉、平阳、泰顺和龙湾。举重比赛于6月17日在鹿城举行，永嘉队获4金4银6铜，1人破纪录，并获团体第二名。

省级竞技 2013年，永嘉籍运动员36人参加浙江省青少年各项目的比赛，共获18枚金牌、8枚银牌、15枚铜牌。其中：黄林杰获“体彩杯”2013浙江省青少年拳击锦标赛男甲75公斤级第一名，夏传恒获男乙64公斤级第二名，蒋伟杰获男甲60公斤级第二名，滕彬思获女甲60公斤级第三名，缪蝶霜获女甲54公斤级第三名，胡金静获女甲60公斤级第五名，戴蓓蓓获女乙48公斤级第一名，李焕染获男丙42公斤级第三名。郑芝玲获2013年浙江省青少年田径锦标赛17岁～18岁女子1500米第一名。戴倩倩在“民泰银行杯”浙江省第十一届少年儿童田径运动会上获13岁甲组女子垒球第一名，铅球第三名；方安强获14岁甲组男子跳高第二名；邵墨涵获15岁甲组女子跳高第三名，铅球第四名；蒋浩阳获14岁甲组男子200米第四名，100米第四名；缪孙远获15岁甲组男子三级跳远第五名，跳远第五名；麻纯洁获15岁甲组女子200米第六名，400米第六名；黄博荣获15岁甲组男子铅球第六名；陈如意获12岁甲组女子铅球第六名；柯以曼获12岁甲组女子铅球第七名。潘崇杰、田忠帅在2013年浙江省皮划、赛艇锦标赛上获男子甲组1000米双人单桨第一名，2000米双人单桨第一名，6000米双人单桨第一名。潘崇杰在2013年浙江省青少年皮划艇、赛艇、帆船帆板冠军赛上获男甲赛艇3000米第三名，男甲赛艇全能第七名；陈森森获赛艇男子甲组卧拉第一名，男甲赛艇全能第一名，3000米第二名。李腾达获男丙赛艇3000米第二名，赛艇男子丙组卧拉第三名；盛燕丹获女甲赛艇卧拉第一名，1000米女子甲组单人双桨第二名，2000米单人双桨第二名，6000米单人双桨第二名，女甲赛艇全能第二名；陈森森在2013年浙江省皮划、赛艇锦标赛上获男子甲组1000米单人双桨第一名，2000米单人双桨第一名，6000米单人双桨第一名；麻思思获女子丙组2000米单人双桨第二名，4000米单人双桨第三名；蒋权、陈钊敏获男子甲组2000米双人单桨第三名，6000米双人单桨第三名，1000米双人单桨第六名；郑强、李腾达获男子丙组4000米双人双桨第四名，2000米双人双桨第五名；金燕婷获女子乙组6000米单人双桨第一名，3000米单人双桨第一名，2000米单人双桨第二名，赛艇卧拉第二名；黄桂清、林远获女子甲组200米双人皮艇第二名，500米双人皮艇第二名，2000米双人皮艇第二名。周申生在2013年浙江省青少年摔跤锦标赛上获第一名；刘来望在2013年浙江省青少年摔跤冬季锦标赛上获国际式摔跤65公斤级第一名，周申生获65公斤级第二名，朱志勇获66公斤级第三名；李斌斌在2013年浙江省青少年举重锦标赛上获男子69公斤级抓举第一名，挺举第二名，2013年浙江省青少年举重冠军赛上获男子69公斤级抓举第一名，挺举第一名，总成绩第一名；谢若兵在2013年浙江省青少年举重锦标赛上获女子48公斤级抓举第一名，挺举第一名，总成绩第一名，同时在2013年浙江省青少年举重冠军赛上获女子48公斤级抓举第一名，挺举第一名，总成绩第一名；卢恺曼、吴小树、张溶语在2013年浙江省青少年射击锦标赛上获女子丙组气手枪40发团体第一名（1085环）；陈久强获男子丙组小口径普通运动步枪3×10第二名（268环）；陈俊树、陈久强、刘海波获男子丙组小口径普通运动步枪30发卧射团体第二名（808环）；王梦瑶、任姬延获浙江省青少年女子篮球冠军赛第一名。

国家级竞技 2013年，永嘉运动员徐崇峰在河北省秦皇岛举行的全国象棋少年锦标赛中获男子甲组冠军，并晋升一级运动员，同时获得2013年全国象棋个人锦标赛参赛资格、2014年亚洲象棋少年锦标赛选拔资格。另获第六届全国象棋青年锦标赛第七名。黄林杰同学获全国少年拳击锦标赛男子75公斤级亚军。王贤赢同学获全国青年拳击锦标赛男子65公斤级第五名。在2013年全国青年田径锦标赛中，朱伟、金银鹏获4×400米接力冠军，朱伟另获4×100米接力第四名、400米第四名。在2013年全国田径锦标赛暨全运会预选赛中，朱伟获4×400米接力第四名。在2013年田径冠军赛暨大奖总决赛中，朱伟获4×400米接力第六名。在第十二届全运会上，滕孙燕、金优飞获赛艇项目3枚铜牌，何新燕获帆船比赛铜牌；戴娟娟代表浙江女篮获第八名（铜牌1枚）。郑芝玲获2013年全国少年（16岁~17岁）田径锦标赛女子少年组3000米第二名、1500米第三名；张佳莹、章燕萍、丁延洁、江梅娟、金优飞、宋文鑫、孙妙玉、滕孙燕、张亭在2013年全国春季赛艇锦标赛中获团体第一名；滕孙燕、张亭在“体彩杯”2013全国赛艇锦标赛暨第十二届全运会赛艇预选赛上获2000米女子双人单桨第二名。张佳莹、章燕萍、李洋洋、江梅娟、金优飞、宋文鑫、孙妙玉、滕孙燕、张亭在“体彩杯”2013全国赛艇锦标赛暨第十二届全运会赛艇预选赛上获2000米女子八人有舵手第五名；

国际竞技 2013年，永嘉运动员陈卢宁宁在波兰举行的世界青少年帆船模型比赛中获F5－10级冠军、F5－E级季军。

运动员成长 2013年，县体育部门向国家田径青年队输送1人（郑芝玲），省田径队转正1人（金银鹏），拳击队转试训1人（王贤赢），向上海体院输送1人（梁晓星），向上海体院拳击队输送1人（滕俊敏）。

学校体育

体育政策 2013年，县体育部门发布加强学校体育三年行动计划（2013~2015），以期改善学生体质健康状况，通过“健康促进学校”等创建载体，以加强锻炼、加强营养等方式为学生的健康添砖加瓦。体育考试成绩在中考中的比重将逐年提高，计划到2015年达到8%。行动计划明确规定，各级各类学校必须规范办学，开齐开足体育课，严格执行国家体育课程标准，保证体育课时。义务教育阶段，小学1至2年级每周必须安排4课时；小学3至6年级和初中阶段每周必须安排3课时；高中阶段(含职业学校)每周必须安排2课时；没有体育课的当天，学校必须在下午课后组织学生进行一小时集体体育锻炼。各学校要将体育课、课外体育活动、大课间活动和广播操、眼保健操等一并列入日常教学计划和课程表。体育课是学生毕业、升学的必考科目，凡体育课考核不合格者，允许补考1次，补考仍不合格者不得毕业(因身体异常和病、残、弱等特殊群体的学生免修体育课或者免除体育课考试的除外)。要把体育考试列为升入高一年级的考试门类。在课外活动中广泛开展“体育艺术2+1项目”等活动，注重发展学生的体育兴趣和特长，使学生在义务教育阶段至少能掌握2项受益终身的体育锻炼技能。健全学校体育工作奖惩机制，各地各校要把学校体育和学生体质健康水平纳入考核指标体系，作为教育部门和学校领导干部及体育教师业绩考核的重要内容，以及评先评优、职称晋升的重要依据。对学生体质健康水平持续3年下降的地区和学校，在教育工作考核和评优评先中实行“一票否决”。

田径运动会 11月15日~17日，永嘉县第三十五届中小学生田径运动会在县实验中学举行。全县78所学校80支代表队859名运动员参赛，比赛设高中组，初中甲、乙组，小学甲、乙组，运动员分别参加18个大项166个单项的角逐。永嘉中学获得高中组团体总分和金牌数的第一名；瓯北五中、实验中学分获初中甲组团体总分和金牌数的第一名；鹤盛中学获得初中乙组团体总分和金牌数的第一名；城西小学获得小学甲组团体总分和金牌数的第一名；沙头小学获得小学乙组团体总分和金牌数的第一名。

山地户外运动

2013年4月12日，中国·温州国际山地户外运动挑战赛在永嘉瓯北浦西广场隆重开幕。国家体育总局登山运动管理中心主任李致新出席仪式并宣布开幕令，县委副书记、县长娄绍光致欢迎辞。国家体育总局、省体育局有关负责人及市、县领导胡剑瑾、卓高柱、郑朝阳、夏克栋、周俊武等出席开幕式。本次赛事由国家体育总局登山运动管理中心、浙江省体育局、温州市人民政府主办，永嘉县人民政府承办。设有山地车、皮划艇、越野跑等5个项目。国内外50支运动队参赛，美国、澳大利亚、新西兰、英国、法国、德国、瑞典等国家的运动员占三分之二。

体育产业

2013年1月28日，国家体育总局局长办公会审议通过了《经营高危险性体育项目许可管理办法》，自2013年5月1日起施行。2013年6月，县体育产业管理办公室对全县的经营性体育项目进行了全面排查，对上报要求行政许可的6家经营高危险性体育项目（游泳）的场所，进行认真检查、核对，对照《经营高危险性体育项目许可管理办法》的许可条件和要求，对其中4家（瓯北东瓯游泳中心、瓯北中楠广场游泳池、乌牛泉能游泳池、桥头溪心游泳池）符合要求的场地进行了行政许可，并核发了行政许可证。2013年8月28日，由市体育局副局长邢永汉带队的温州市经营高危险性体育项目（游泳）场所监督检查组到永嘉，检查组先后对瓯北中楠国际广场游泳馆和乌牛泉能游泳池进行检查。2013年10月15日，乌牛泉能游泳池被温州市人民政府评为2009年至2012年温州市群众体育先进单位。乌牛泉能游泳池位于乌牛街道岭下村，拥有50米泳池、25米泳池、儿童泳池各一，是目前乌牛区域内唯一一座标准游泳池，曾多次承办市级游泳大赛。

体育基础设施建设

2013年，县城体育馆、游泳馆建设项目正在紧张施工中。为落实省体育小康村、市“为民办实事”工程建设，永嘉县先后建成28个篮球场、2个亮灯工程、76个健身苑点、1个体质监测点、5个健身广场（公园）、5条登山步道和3个人工草皮门球场。

（潘统平）

卫 生

综 述

2013年，永嘉县卫生部门以推进深化医药卫生体制改革为主线，以创建省级卫生强县为目标，以“两提两争”主题实践活动为抓手，突出重点，狠抓落实，较好地实现了年度卫生工作目标，卫生综合实力进一步提升，医疗卫生服务能力明显提高。全年卫生事业共投入24969.1万元(不包括城乡居民医疗经费)，占全县财政总支出的7.2%。全县共设置医疗卫生机构523家，其中综合性医院1家，中医医院1家，公共卫生机构5所（县妇幼保健院与南城街道社区卫生服务中心合署办公），卫生院27家，社区卫生服务中心15家，民营医院8家，门诊部41家，个体诊所68家，社区卫生服务站53家，村卫生室294家（其中公立91家），医务室10家。全县卫生系统在编人员2540人，高级职称132人（其中正高级职称11人），中级职称503人，执业医师（包括助理）1997人，注册护士1143人，床位1667张，按户籍人口计，每千人医师数2.07人、护士数1.19人、床位数1.73张。全年医院业务收入3.66亿元，同比增长36.1%；门诊急诊319万人次，同比增长12.7%；出院病人32700人次，同比增长41.3%。

卫生改革

2013年，按照“保基本、强基层、建机制”要求，扎实推进深化医药卫生体制改革。全县公办医疗机构全部配备使用基本药物，实行零差价销售，并延伸至非政府办的村级医疗机构，实现了全覆盖，减轻群众用药负担近6000万元。出台《永嘉县公立医院改革财政补偿办法》《永嘉县县级公立医院绩效考核奖励补助资金管理办法（试行）》《永嘉县医学重点学科建设和医学人才奖励基金管理办法（试行）》《永嘉县县级公立医院院长目标管理责任制实施办法（试行）》等配套文件，设立400万元考核基金，对2家县级公立医院实施目标管理和院长考核。县中医院与温州医科大学附属第一医院达成10年托管协议，托管合作期间由温州医科大学附属第一医院管理，并在永嘉县中医院增挂“温州医科大学附属第一医院永嘉分院”牌子。在瓯北城市新区医院开展永嘉首个事业单位法人治理结构建设试点工作。出台了永嘉县社会办医“1+11”政策文件，按照“非禁即入”的原则，鼓励社会资本参与举办医疗机构。下发《关于简化卫生系统涉及镇（街道）、社区、村居盖章事项办理程序的通知》，取消无依据盖章事项4项，优化有依据盖章事项3项。

卫生强县创建

结合“三县三城联创”活动，2012年底在全市率先启动创建省级卫生强县工作，成立由县长担任组长，分管副县长担任副组长，县卫生局、财政局等24个单位一把手为成员的“创强”领导小组。县财政安排“创强”专项经费1118万元，卫生局抽调6名工作人员专门从事“创强”工作。7月11日~12日省“创强”专家组组织到永嘉调研，11月20日省考核验收组给予高度评价，并顺利通过考核验收。2013年，创成市级卫生强镇4个，累计创成6个。

医疗卫生服务体系

基础设施建设 2013年，固定资产投资额达10521万元，完成全年任务数的106.2%。完成瓯北中心卫生院迁建工程，乌牛卫生院住院大楼建成并投入使用，县中医院医疗综合大楼施工进展顺利，启动县人民医院急诊综合楼建设项目，完成县人民医院整体迁建项目选址论证工作。完成潘坑卫生院和张溪卫生院2个续建工程及东瓯街道社区卫生服务中心、县二医、罗东服务站等8个卫生院（服务站）装修改造。

社区卫生服务机构标准化建设 2013年，成功创建2个中心镇二乙医院、1个省级规范化社区卫生服务中心、14家省级规范化预防接种门诊、5家市级规范化妇保儿保门诊，黄田街道社区卫生服务中心通过省级示范社区卫生服务中心创建评估。全县省级规范化社区卫生服务中心覆盖率达77.7%。

村卫生室建设 2013年，成功创建10个市级农村新社区示范村卫生室。347家村级医疗机构全部实行基本型一体化管理，管理率100%，其中277家实行紧密型一体化管理，管理率79.83%。联合县人力资源和社会保障局、财政局出台《永嘉县村级医疗机构实施医疗保险定点机构管理工作方案》，将村级医疗机构纳入医疗保险定点机构管理，完成第一批54家民营村卫生室“一卡通”建设，实现居民即时刷卡报销。

卫生队伍建设 2013年，深入实施卫技人员素质提升工程，开展新模式住院医师规范化培训，完成卫技人员培训3825人次。出台《永嘉县医学重点学科建设管理办法》《永嘉县名医工作建设实施办法》《永嘉县名医名院长评选管理办法》等一系列文件，启动首批8个县级医学重点学科和5个县级名医工作室建设，评出陈康乐、周渠新、金家飞、林群力、李小新、徐芳、谢东梅、吴建屏、朱益超等9人为首届永嘉县名医。新招录卫技人员178名，引进高层次和紧缺性人才17名，定向培养农村社区医生29人。新晋升正高级职称3人，副高级职称19人。通过“赛场比试、竞争上岗”“开门约荐、差额遴选”“挂牌招才、实战选贤”等方式，在卫生系统组织公开选拔5名基层医疗单位领导干部和9名后备干部。

公共卫生

公共卫生服务项目 2013年，基本公共卫生服务项目顺利完成。0～18岁中小学生、儿童体检率100%，60岁以上老年人体检率82.17%。建立城乡居民电子健康档案86余万份，规范化建档率91.26%；高血压、糖尿病规范管理率分别达84.65%、85.58%；重度精神疾病检出率3.9‰。重大公共卫生项目超额完成。增补叶酸7778人，完成率141.42%；农村妇女住院分娩补助5663人，完成率113.26%；完成9000名宫颈癌、900名乳腺癌检查任务；免费婚检率95.03%。

疾病防控 2013年，投入270万元用于疾控实验室检验能力建设，实验室A类检测项目达到90%，B类检测项目达到80%。全县传染病发病率稳中有降，无甲类传染病发病报告。免疫规划成果进一步巩固，基础免疫接种率分别为：卡介苗99.8%（应种9982/10002），脊灰糖丸98.66%（41473/41618），百白破99.66%（44913/45065），麻疹99.74%（24856/24920），乙肝99.82%（32617/32677），甲肝99.79%（10776/10799）。扎实开展消除疟疾工作，是全市首批通过消除疟疾考核评估的县（市区）。麻疹发病率控制在1/1000000以下，继续保持无脊灰状态。落实预防控制艾滋病“四免一关怀”政策。开展美沙酮药物维持治疗，全年累计参加药物维持治疗36083人次。落实结核病免费治疗政策，肺结核病人系统管理率99.24%，新涂阳病人治愈率88.3%。

妇幼保健 2013年，孕产妇系统管理率96.88%，高危孕妇住院分娩率100%，2岁以下儿童当年系统管理率97.52%，孕产妇死亡率19.6/100000，婴儿死亡率3.33‰。积极做好“三项筛查”工作，产前筛查率91.30%，新生儿听力筛查率98.58%，新生儿疾病筛查率99.08%。实施艾滋病母婴阻断工程项目，完成妇女病检查61826人，艾滋病、梅毒和乙肝检测率100%。出生医学证明当年发证率94.3%（11142/11815）。积极开展性别比综合治理工作，据卫生国统报表统计，性别比由2012年的126.51：100下降到122.13：100，下降了4.38个比值。

公共卫生应急处理 2013年，加强卫生应急体系建设，设立县卫生应急办，编制2名。举行基层防疫人员应急技术处置培训，组织开展人感染H7N9禽流感防控应急处置演习，全年未发生突发公共卫生事件。院前急救体系建设进一步加强，新建成2个站点，新购置4辆急救车，全县建成“一中心十二个急救站点”的院前急救体系。完成无偿献血6547人次，无偿献血比例100%。

卫生监督执法

2013年，共出动卫生监督执法2537人次，监督检查4341户次，立案74件，取缔无证经营单位101户次，报批罚没款67.47万元，移送公安追究刑事责任11起。共核发各类许可证件473个，其中公共场所《卫生许可证》345个、新发和延续《医疗机构执业许可证》111个、供水单位2个、母婴保健1个、放射诊疗14个。受理各类举报投诉47起，办结47起，办结率100%。开展打击非法行医专项行动、基层医疗机构整顿专项活动，437家中小医疗机构依法执业分级监管率100%，查处无证行医59家，移送法院强制执行7起，注销执业资格5人次。开展卫生用品和餐饮具集中消毒专项监督抽检工作，并在餐饮具集中消毒单位安装在线监控系统，安装完成率100%。加大公共场所卫生监管力度，旅店和游泳场所量化分级率均达100%，美容美发场所量化分级管理率79%。开展校园卫生安全健康1号、2号、3号行动，检查学校473户次，检查覆盖率100%。完成接触职业危害岗位工人体检12719人，完成职业危害因素监测和评价172家，完成电镀企业效果评价48家。

爱国卫生运动

2013年，投入237.5万元，提升生活饮用水水质卫生监测能力，开展省级生活饮用水水质卫生管理示范县创建。11月25日，省卫生厅发文命名永嘉为“浙江省生活饮用水水质卫生管理示范县”。结合美丽乡村建设，大力开展农村卫生户厕改造工作，完成卫生户厕改造2.77万户，全县卫生厕所改造率93.41%，无害化卫生厕所普及率77.47%。加强基层卫生创建工作，成功创建14个省级卫生村，58个市级卫生村，2个卫生镇。健康教育工作卓有成效，举办各类健康教育讲座462场次，发放各类健康教育资料392134份，创成市级无烟单位23个，群众健康知识知晓率达91.52%。2013年，县卫生局被省爱卫会评为全省先进单位。

医疗质量管理

2013年，以“三好一满意”活动为载体，深入实施医疗质量持续改进计划，医疗质量进一步提高。完善县医疗质量控制中心和10个专业分中心职能，将医疗质量控制网络进一步延伸至各中心镇卫生院、街道社区卫生服务中心，组织县人民医院、县中医院质量控制专家组交叉检查。实施“医疗服务阳光用药工程”，重点加强药品采购、处方点评和信息公开等关键环节的管理与监督。发文建立县域消洗中心、临床检验中心、病历检查技术指导中心等，实现优质医疗资源共建共享。下派51名高级职称申报对象分赴各对口单位开展为期4个月的支援基层医院活动。深化县人民医院与市中心医院合作，出台《永嘉县人民医院县市医院合作示范基地专项资金管理办法》，建立了9大临床医技重点合作科室，开展新技术新项目15项。完善医疗纠纷第三方调解机制，全年受理医疗纠纷调解40件，成功调处40件，调处率100%，县医疗纠纷人民调解委员会获评“2013年度全国模范调解委员会”。

中医中药

2013年，投入194万元专项经费，实施基层中医药服务能力提升工程，完成18个镇（街道）中心卫生院（社区卫生服务中心）中医科的设置和建设。县中医院与浙江中医药大学附属第三医院签署了建立浙江名中医馆永嘉分馆合作协议，并授予县中医院“浙江名中医馆永嘉分馆”牌匾。规范基层中医药适宜技术推广示范基地建设，县中医院与瓯北城市新区医院、黄田街道社区卫生服务中心、乌牛街道社区卫生服务中心、巽宅镇中心卫生院成立联合体单位，完成申报并开展了一系列中医药适宜技术推广培训。

医疗行风建设

2013年，开展“勤廉机关”创建工作，评选出2个“勤廉站所”、5名“勤廉干部”、10名“勤廉家属”。深化医德医风建设“三三行动”，开展廉政风险防控机制建设“回头看”工作，编制《廉政风险防控工作手册》，上交581廉政账户55400元，拒收“红包”55600元，对12名工作人员进行了问责。加强财务、基建、医药器材购置等重点环节监管，完成医疗器械及基建工程项目招标监督26次，对13家卫生院任期经济责任及单位业务收支进行了审计，《永嘉县沙头镇中心卫生院原院长叶会新任期经济责任及单位财务收支审计项目》被评为全市内审优秀审计项目。全面推行即办制，深化行政审批制度改革，卫生行业形象进一步提升。

（肖秀恩）

2013年中心卫生院以上医疗卫生机构基本情况

单位名称	床位数		职工人数											全年门诊人次	全年住院人次
				卫技人员											
	编制床位	实有床位	合计	小计	执业医师	执业助理	注册护士	药房人员	检验人员	其他	其他技术人员	管理人员	后勤人员		
县人民医院	340	428	563	492	118	38	232	33	19	22	34	9	30	458248	13359
县中医院	450	416	449	392	136	11	165	34	17	29	31	6	20	461542	10077
县卫生监督所	0	0	52	15	4	5	2	0	0	4	0	37	0	0	0
县疾控中心	0	0	60	43	20	4	1	0	10	8	3	7	7	0	0
县妇幼保健院	80	40	159	136	44	15	41	15	9	12	11	7	5	185332	1075
县血站	0	0	22	15	3	0	4	0	4	4	5	1	1	0	0
永嘉县120急救指挥中心	0	0	5	1	1	0	0	0	0	0	0	4	0	0	0
县二医	50	50	100	86	26	14	18	6	4	18	7	4	3	146890	148
县三医	60	96	152	136	48	17	45	10	7	9	6	3	7	232843	1256
瓯北中心卫生院	35	22	111	96	42	10	22	9	6	7	8	1	6	159314	358
沙头中心卫生院	10	0	34	27	6	2	5	4	2	8	0	3	4	35742	0
桥下中心卫生院	50	35	102	94	35	6	20	6	5	22	8	4	3	248218	709
碧莲中心卫生院	50	30	57	49	14	6	11	5	3	6	6	4	2	81930	497
巽宅中心卫生院	20	20	41	32	10	5	7	4	2	4	6	1	2	53548	43
岩坦中心卫生院	20	7	29	23	6	4	6	4	1	2	4	2	0	45835	25
枫林中心卫生院	0	0	0	33	7	6	7	6	1	6	3	2	0	72296	0
鹤盛中心卫生院	4	0	25	17	2	8	3	1	1	2	4	2	2	33752	0
大若岩中心卫生院	0	0	22	16	3	3	5	1	1	3	2	4	1	35201	0
乌牛街道社区卫生服务中心	60	50	107	88	22	9	27	5	7	18	9	5	5	10562	833
东城街道社区卫生服务中心	0	0	0	0	7	4	9	2	0	0	0	1	2	125212	0
北城街道社区卫生服务中心	0	0	8	7	2	2	0	1	0	2	0	1	0	5540	0
黄田街道社区卫生服务中心	20	8	42	33	14	3	6	5	2	4	1	5	2	51786	0
三江街道社区卫生服务中心	0	0	29	23	8	2	5	3	2	3	1	3	2	59448	0
东瓯街道社区卫生服务中心	0	0	21	18	6	3	4	3	2	2	0	2	3	20158	0

功能区 镇（街道）

上塘中心城区

2013年主要项目数据库

项 目	单 位	合 计
总面积	平方千米	232
建置村	个	114
社区	个	5
总人口	人	134804
外来居民	人	10917
生产总值	万元	377400
农业总产值	万元	15500
工业总产值	万元	225000
第三产业增加值	万元	182500
固定资产投资	万元	416000
全社会用电量	万千瓦时	25500
财税收入	万元	52800

经济发展概况 2013年，上塘中心城区实现地区生产总值37.74亿元，同比增长12.63%；人均地区生产总值32961元，同比增长12.44%；农业总产值1.55亿元，同比增长1.4%；公共财政预算收入5.28亿元，同比增长11.1%。完成固定资产投资41.6亿元，同比增长26.25%，其中限上工业性投资7.83亿元，同比增长150.5%。招商选资6.9亿元，同比增长了213.6%。按照县政府统一部署，在造纸行业改造提升的情况下，实现工业总产值约22.52亿元，其中规上工业约15.49亿元。外贸进出口总额6912.4万元，限上消费品零售总额16060万元。转而未供和供而未用土地分别完成23.6公顷、51.2公顷。完成了24.1公顷绿化任务。顺利通过“省级文明县城”验收。

城乡建设 2013年，上塘中心城区紧盯“十大重点”工程，全力推进城市建设。市政道路陆续贯通，完成了环城北路（环城西路至下堡东路段）及跨引水箱涵桥梁，并启动建设永嘉中学至中塘东路段；完成了城西路北段，启动繁华路南段及4条破损道路的建设与维修，加快临城南路、仁堂凹垃钩工程、振兴路等一批城区主干道建设。公共设施不断完善，建成上塘文化中心，完成县城一期亮化；体育两馆完成地下室工程以及部分观众席；文化两馆基本完成前期工作；综合农贸市场建成1层。各类保障房建设项目有序推进，屿门-黄屿农房点完成桩基施工及部分土方外运和冠梁；永建路北段A区完成桩基工程、支撑梁；启动了桥头村等城中村改造项目以及永建路A、C区三期项目。2013年，开展政府挂钩帮扶企业活动，和39家企业建立帮扶关系。滨江工业园区终现破冰之势，贝普、冠族、上正、天士、欧莱、固特等6家企业正式进场施工，其中上正、天士、欧莱、固特等4家企业的厂房已经结顶。河屿21家造纸厂停工改造，拆除旧厂房3.69公顷，并抓好永丰、永盾2家企业的“退二进三”工作和推进19家农业龙头企业的发展。占地2公顷的和光豆芽生产基地、占地3公顷多的仁里村奶牛养殖基地即将投产，为农业企业向规模化转型树立了样板。2013年，上塘商业步行街基本完成桩基，到位资金约1.7亿元。崇德学校与仁堂生态住宅项目分别到位资金2000万元与11420万元。上塘五星级宾馆、下塘山宾馆等招商项目基本达成投资意向；成功招商，落实了楠溪江房车服务总部和会所项目。

文明创建 2013年，上塘中心城区围绕“美丽乡村建设”、“省级文明县城创建”活动，全力推进“四边三化”“三改一拆”行动，强化城区环境综合管理。启动了污水处理厂二期工程和城区内中小河流整治工程；分片区做好城区截污纳管工作，启动6座垃圾中转站建设，已完成2座；完成2座污水泵站、4.2千米污水管道以及陡门溪、鹅浦溪、中塘溪的分期治理任务；完成乌岩山公园、绿嶂山公园绿化、游步道及诸永高速沿线四个标段、峙口高速公路出口处等绿化任务，投入资金2500万元。同时，积极联动城管、环保、交警、规划等部门科室，采取“大部队”“突击队”等形式对流动摊贩、乱停乱堆、建筑扬尘等不文明行为进行整治，重点抓好拆违工作，共出动23次，拆除各类违章建筑面积约2.9万平方米；清理卫生死角2870处，清运垃圾6.3万吨，处置建筑垃圾和装潢垃圾8360多吨。优化审批环境，处理了一批信访遗留问题，多次开展建筑工地以及燃气经营等方面的安全生产专项督查，努力创建“平安上塘”。

组织建设 2013年，上塘中心城区以“两提两争”主题实践活动为载体，扎实开展“思想解放”“价值观”大讨论活动，深化干部人事制度改革，推行周一早会，坚持“月学制”，出台了《中层干部动态管理制度》等一系列文件，受到了上级组织部门的充分肯定；主办了全县干部人事制度改革现场会，主要领导在会上作了专题经验介绍。以“勤廉上塘”建设为抓手，深入贯彻落实中央“八项规定”，深化领导干部“九联系”制度和领导干部“四千行动”，全面开展党的群众路线教育活动，改进作风，重心下移。同时，制定了科学的考绩制度、严明的监察制度、系统的组织制度、强劲的督察制度、快速的协调制度、便捷的审批制度、严格的执法制度等，通过制度加强管理，激发活力。

党建工作 2013年，上塘中心城区共发展党员10名，党员转正12名，列入考察对象10名。根据工作岗位不同设置为党政、经济、建设、规划等4个党支部，并完成各支部委员会的选举工作。同时，完成部门党支部换届扫尾工作。全区666名党员到社区报到605名，认领服务项目7项，开展志愿服务达1052人次。通过走访、座谈，加强与代表的沟通、联系，充分听取并采纳合理意见，完成了15件县政协提案、11件县人大提案的答复工作。

党风廉政建设 2013年，上塘中心城区专门研究部署了党风廉政建设和反腐败工作，建立了党风廉政建设领导小组，出台了《上塘中心城区2013年党风廉政建设和反腐败重要工作组织领导与责任分工》等一系列制度。严格规范公务接待“三严四禁”，全面实施公务卡消费制度。完善廉政风险防控机制，加强机关效能作风监督，开展党务公开，规范招投标运行体制，加大信访案件查办力度，认真开展第二个“510思廉日”和“勤廉上塘”等党风廉政活动，不断增强党风廉政执法监督力度。

荣誉录 2013年，上塘中心城区获温州市学习型领导班子、县工作绩效考核先进单位、县固定资产投资工作先进单位、县推进惩防体系建设和落实党风廉政建设责任制先进单位、县老干部工作先进集体、县“三改一拆”工作先进集体、招商选资工作二等奖等荣誉称号。

（邵赛丹）

北城街道

2013年街道数据库

项目	单位	合计
总面积	平方千米	63
耕地面积	公顷	443.57
农作物播种面积	公顷	859.73
粮食作物播种面积	公顷	590. 0
建置村	个	42
居委会	个	2
总人口	人	35756
农业总产值	万元	4629
工业总产值	万元	10990
财税收入	万元	
农民人均收入	元	

城乡统筹 2013年，北城街道超额完成固定资产投资任务，全力推进项目建设，全面提升城市功能，大力开展城区综合环境整治，落实“三改一拆”，助推省级文明县城成功创建；启动后村片“城中村”改造，前期工作平稳进行；完成三元堂村村民安置房工程总工程量的30%；鸿鑫花园商品住宅项目进场施工；完成上下线上塘至路口段拓宽工程初步设计；完成人民医院急诊综合楼工程前期政策处理；勤奋路、科研路建设及高线路地埋工程基本完成，建成阮加山、云加山、马兰坦、中垟4个村4条森林消防通道并通过验收；完成鹅浦河治理一期1.14千米工程，启动二期2.16千米工程建设；县自来水厂扩建工程已立项。完成土地流转67.67公顷，启动投资700万元、占地33公顷的路口和牛角门农业耕地开垦暨低产林改造项目，投资600多万元的山节养殖场项目完成政策处理、测量和设计等前期工作。2013年，“三分三改”进入扫尾阶段，完成中村、后村、三元堂、下湾、虞家村、陈下等6个村的股改和虞家村、陈下等2个村的地改工作，股改、地改完成率达100%。做好城乡社区优化工作，不断强化社区建设，在各社区开展“五送五创”和“双服务一认领”活动，

2013年建置村（居委会）数据库

村（居）名	书　记	主　任	村（居）民小组	人口
三元堂	叶蔓菁	叶建岳	10	1143
横　溪	谢秀平	谢秀义	9	911
水碓湾	方松波	方存多	3	422
云加山	谢金松	盛云生	1	109
中　村	柯永前	林卫周	4	552
后　村	陈光省	柯永久	3	567
下　湾	王　力	翁晓微	6	500
路　口	叶加永	曾忠友	6	446
东山下	杨方贤	杨国行	16	852
十二盘	王贤勃	廖金国	11	522
阮加埄	蒋珍康	蒋用可	12	558
牛家门	杨建国	叶进淼	4	139
柯师湾	虞绍众	廖建兴	7	959
杭　郭	廖光碎（主持）	廖爱仲	18	706
塘　山	金孝新	金云林	8	423
岭　后	徐永静	潘统吉	8	375
阮加山	施士寅	施建南	8	470
朱　岙	胡连元	胡方成	7	639
大　亨	叶永昌	叶建当	20	795
上　庵	叶林开	廖祥者	7	471
下　庵	虞大益	叶人力	4	208
江北田	廖远珍	廖远锋	3	128
岭　山	杨方忠	杨建南	4	259
虞家村	虞绍建	虞和平	8	357
中　埄	廖大宝	杨丏俊	6	197
枫树下	廖远锋	廖云国	4	262
山　节	叶会珍	叶加曹	11	531
马兰坦	叶丏开	叶祥算	8	338
金元埄	王巧慧	叶秀吉	5	244
底　寮	王恩典	王恩松	10	835
外　寮	王方星	王益春	13	871
前　坪	王启亳	王哲治	6	397
江　山	陈松汉	王贤孝	9	636
朱　寮	廖克藤	廖秀敏	12	842
八　里	钱成统	钱建克	6	541
芬　益	杨世林	杨文斌	6	367
中　心	肖丏炜	杨家叩	3	267
芬　星	温文英	温怀程	5	438
山　坪	肖士川	肖士楼	3	197
陈　下	陈建国	陈国林	5	277
银　场	肖成波	肖云华	20	1113
江　坑	杨庆梯	钱长分	3	197
城北★	盛栋梁	盛定孟		9988
城中★	汪样本	汪　祥		4186
戈田（特产场）				521

注：带★号为社区居委会，下同。

21个支部与4个社区达成“契约共建”服务模式，认领综治维稳、环境治理等各类服务项目，推进“三式一卡”服务型党组织创建活动。同时，出台社区考核管理办法，在全县镇（街道）考核中多次排名第一。

美丽乡村建设　2013年，北城街道持续投入“三改一拆”“四边三化”“双清”“青山白化治理”等行动，全力开展生态街道、生态村、卫生村、“十百”整治村创建，全面推动美丽乡村建设。全年共开展拆违专项行动22次，拆除乱搭乱建违章建筑99028平方米；全面开展环境卫生整治，清理垃圾1200多吨，洁化垃圾死角1000多处；突出抓好河道治理，完成东山下坑底溪、岭后至柯斯湾、大亨至朱岙殿、虞家村至柯师湾、十二盘溪等5条垃圾河治理；探索创新乡村环境治理长效运行机制，新建农村垃圾屋21座，初步形成了垃圾户集村收街运、网格化目标管理责任制等长效机制；强力开展青山白化治理，开展坟墓“禁新”工作，拆除坟墓126座，推行坟墓生态化“改旧”绿化坟墓90多处，建立巡查队长效管理机制，坚决杜绝新建、翻新毁绿现象；全面推进美丽乡村各项创建工作，是年先后通过“市级生态街道”“省级生态街道”验收；江北田、牛角门、中降、枫树下、金阮埄、中心、阮加山、阮加埄、八里、杭郭、朱寮、横溪、银场等13个村创成市级生态村；银场村创成省级卫生村，江山、江坑、后村、底寮、朱岙、塘山、山节、阮家埄、路口、柯师湾等10个村创成市级卫生村；云加山、阮加山、虞家村、阮加埄、中心等5个村通过省级“十百”整治村验收，江北田、枫树下、金阮埄、杭郭等4个村通过市级“十百”整治村验收。

民生事业　2013年，北城街道深入实施农民健康工程，不断完善城乡医疗卫生服务体系和城乡居民医疗保险体系，城乡居民合作医疗保险参保率达到99%以上；健全城乡居民社会养老保险制度，做好60周岁以下城乡居民社会养老保险筹资，落实60周岁以上居民社会保险金发放，新增高龄老人补助51人；完善农村五保和城乡“三无”人员集中供养，按月发放分散供养人员供养金；完善城乡最低生活保障，新增48户79人享受定额低保救济；加快推进残疾人事业发展，申报扶残助残“爱心街道”创建工作，积极开展“助残日”“爱耳日”等宣传、义诊活动，免费发放轮椅、助听器等康复器材83件；全面落实农村政策性住房保险和困难群众住房救助工作；发展老年福利服务事业，加快养老服务体系建设，建成下寮社区、城北城中社区居家养老照料服务中心并顺利通过市级考核验收。狠抓公共文化服务体系建设，上塘文化服务中心和鹅浦、下寮、城北3个社区文化服务中心相继建成，完成了城北社区文化礼堂建设，城北社区农家书屋通过省五星级验收，新增村级篮球场、健身苑点等体育设施5处；继续实施文化繁荣工程，举行"美丽北城·幸福家园"大型文艺晚会、贯彻老年人权益保障法大型文艺演出、百晓进社区文艺晚会、文化礼堂开馆仪式文艺晚会、"红七月·服务月"党员进社区文艺晚会等，组织文化下乡6场。着力解决遗留多年的戈田至岭后公路断头硬化问题，完成自来水应急工程建设，中垟、东山下、银场、牛角门、江坑、岭山、底寮、外寮、前坪等村饮用水工程竣工并投入使用；提高整体防汛抗旱能力，建立防汛应急仓库，配齐本级各类防汛责任人，完成阮加山村外垄山塘加固、银场路亭下山塘治理、底寮村水口山塘除险修复工程。努力提高计划生育服务水平，继续推行强基创优工程建设，全面落实网格化管理和"政治、经济、责任"三捆绑制度，完善利益导向机制，宣传、管理、服务并举，有效完成目标管理责任制各项指标任务，年度计生考核获全县三等奖。

综合治理 2013年，北城街道以维护社会和谐稳定、为街道经济社会发展创造良好环境为目标，广泛排查不稳定因素，着力推进社会矛盾纠纷大调解体系建设，开展"排查整治、强基促稳"专项活动。一是建立健全综治组织，健全网格化管理"一张网"模式，明确相应的职责、制度和处置流程。二是全力以赴抓好信访维稳工作，积极化解各类社会矛盾，成立了街道和社区两级人民调解委员会，共调处矛盾纠纷34起，成功34件，矛盾纠纷调处率达100%。三是完善网格信息，提高禁毒工作成效，当年在册吸毒人员62人，毒品成瘾59人，帮教对象21人，社区康复总数18人，社区戒毒总数14人，新增吸毒7人，复吸9人，办理脱毒手续10人，在服美沙酮5人。四是积极规范安置帮教和社区矫正工作，累计接管刑释解教人员116人，社区矫正人员30人。五是大力开展平安宣传活动，联合街道妇联、团委等部门在城关中学、城北小学、鹅浦公园、下寮社区等地多次开展平安、禁毒、反邪教、反家暴宣传。六是强化安全生产工作，出动安全检查424人次，累计检查生产经营单位179家次，查出安全隐患问题50条，全部整改完毕，其中县级挂牌整治重大事故隐患5条，本级重大事故隐患3条。查出无证无照加工场3家，并抄告工商部门。整治铝锁抛光加工场6家，取缔并拆除厂房1家。全年发生安全生产责任事故1起。

组织建设 2013年，北城街道按照县委"创先争优、比学赶超"和"两提两争"主题实践活动的总体部署，有效开展各项工作。一是投入干部联系群众"鱼水情"行动，设立"鱼水情"干部阳光牌、"周行程公示栏"，转变机关干部作风，领导干部带头走村居、入企业，访工程、促项目，听民声、办实事。二是推进基层党组织星级动态管理，对上年度星级评定情况进行"回头看"，在认真总结分析的基础上，重点抓好五星级党组织的"保星"和无星党组织的"晋星"工作，确定包干领导，制定了"一支一策"方案，实施动态管理。三是扎实开展农村党员先锋指数考评工作，紧抓考评后续管理，及时向全社会通报考评结果，与"两提两争"主题实践、"双服务一认领"等活动有机结合起来，做到互促互进。四是推行干部反向计分预警抄告机制，实施待岗制度、待岗预备人选制度、干部鱼水情现场问询制度等日常干部管理制度，开展机关干部夜学、夜访、夜议、夜谈等活动。五是平稳完成村级组织换届工作，严肃纪律，严把资格审核关，严格按照选举程序，顺利完成42个村、2个城市社区的党支部和村（居）委会的换届工作。

荣誉录 2013年，北城街道被命名为市级生态街道、省级生态街道、市级气象示范街道；获省级老龄工作先进集体、温州市"五好"基层关工委、市级关心下一代工作委员会先进集体等荣誉称号，计划生育工作获得县级三等奖，党风廉政建设获得县级一等奖。城北社区被命名为全国避灾示范点，获省级绿色社区、省级体育先进社区、省级敬老文明号、市级文化型社区等荣誉称号。

（滕宏鸥）

东城街道

产业发展 2013年，东城街道集中精力保增长、调结构、促转型，承载能力显著增强，产业聚集效应日益凸显，经济呈现突破性发展态势。一是农业结构稳步调整。

2013年街道数据库

项 目	单 位	合 计
总面积	平方千米	102
耕地面积	公顷	887
农作物播种面积	公顷	1465
粮食作物播种面积	公顷	1009
建置村	个	41
居委会（城市社区）	个	1
农村新社区	个	3
总人口	人	44811
外来民工	人	2715
农业总产值	万元	5506
工业总产值	万元	23302
财税收入	万元	1398

以创建绿色生态品牌和科技兴农为战略导向，全面落实农业保险等惠农政策，粮食生产扶持力度加大，早晚稻播种面积340公顷。现代化农业生产格局日趋完善，绿上、渭石长源片2个粮食生产功能区建设基本完成，陡门片粮食生产功能区进入测量设计阶段，积极创建省级“千亩”以上稻田示范基地。农产品品牌竞争力进一步提升，陡门蓝莓、梅花、生姜、番薯枣、金银花等特色农业产业化经营步伐加快。利多康食品有限公司获农业部“国家级无公害农产品”认证。二是工业转型升级。完善峙口滨江工业园区配套管理服务，抓好峙口片23家造纸业重组和技术升级工作，拆除一批违章厂房，淘汰一批落后产能小厂，积极引进高新技术型、规模效益型企业，大力推行清洁生产，节能减排取得良好成效，工业污染得到有效控制，重点工业污染排放达标率100%。三是第三产业日趋活跃。全街道服务业单位238家，交易量稳中有升，上塘街物流中心发展趋势良好，商贸服务业稳步推进。着重抓好陡门旅游景区建设，启动生态旅游景点深度开发计划，着力发展“农家乐”、乡村会所、休闲运动场所等多种形式的乡村旅游经济，提升第三产业比重和品质。

城乡统筹 2013年，东城街道“三分三改”工作深入推进，完成“股改”和“地改”各2个村，累计完成股改任务92.68%和地改任务97.30%，集体林权制度改革任务全面完成，为城乡统筹发展走好关键的一步。农房集聚改造全面铺开，以浦东旧村改造为重点，搭建农房集聚投融资平台，积极开展农房集聚改造工程，力争早日破土动工。社区规范化建设初见成效，社区运行机制进一步完善，探索社工专职化，推进社区规范化建设，把县府提出的110项全部下放到社区，村居计划生育的管理、资金的发放都

2013年建置村（社区）数据库

村（居）名	书记	主任	村（居）民小组	人口
浦口	黄天双	黄天来	8	1157
前村	汪黎接	汪祥恩	5	513
浦东	叶希涨（主持）	汤建香	6	857
嶂岙	金世宗	林海龙	7	894
渭石	孙建石	孙鹏飞	16	1984
敬仁	徐培升	陈培元	15	1806
立新	余承建	梅永取	4	488
绿峰	李炳全	徐明忠	10	1415
河底	潘建国	施渊博	3	373
绿嶂	叶宏高	陈贤平	6	758
绿上	李翠妹（主持）	谢选国（主持）	8	1071
石介下	杨云和	叶建忠	2	153
峙口	苏 文	厉育平	18	2434
焦坑	缪明周	缪春伟	3	348
塘里	陈久旺	汪庆光	4	519
河岙	郑小浦	郑元泽	12	1629
大龙山	邱杨文	金道兰	5	507
溪头	黄达汉	黄希寅	4	448
山仓	王哲忠	王云辉（主持）	15	1840
河屿	陈建华	陈华东	12	1382
长源	李仁兄	黄秀锋	8	1346
大岙坦	叶丐茂	胡念丰	3	453
高山	高祥荣	黄世忠	3	699
全安	柯华春（主持）	柯荣靖	7	947
大溪	张建新	陈招仁	8	1086
陡门	陈会德	陈翼良	13	1473
东坑	陈建华	陈昭仁	3	307
牛伦	朱启法	陈有凤	2	160
西林垟	李中有	李松飞	14	926
山溪头	高玉斌	高仁德	2	219
平坑	林秉松	林圣海	7	838
绍山	叶圣枢	叶圣博	4	390
翁山	柯永海	柯恩荣	3	350
上庄山	廖丐壮	廖克育	2	292
梅岙	陈荣区	陈继松	5	558
潘垟	陈招益	刘祥玉	6	756
茅竹坑	李忠业	李忠英	3	285
珠山	陈光委（主持）	卓登轰	8	1095
林村	林益国	林 晓	2	143
全山	陈建新	陈圣多	2	220
金竹垟	张兴有	张安龙	8	1090
城东★	叶松鹤	张志乐	50	10602

提到社区，把社区打造成村民的办事中心，实现相关办事职能的“上放下提”，真正成为群众的“连心桥”。全面推进村组织换届工作，专门成立村级组织换届工作领导小组，下设7个专项工作指导小组，制定下发村级组织换届试点工作方案，召开村级组织换届动员大会，专题研究部署，抽调相关科室人员指导督促、工作联系、资格审查，严格程序，严肃纪律，全力以赴投入村级组织换届。41个建置村和1个城市社区，全部完成党支部换届；完成41个村委会和1个城市社区换届选举，完成率100%。

城乡建设 2013年，加大固定资产投资和招商选资力度，着力推进交通、水利、电力等基础设施建设，新农村建设和社会管理实现新突破。一是重大项目民生工程迅速推进。结合“十大民生实事”，全面推进重点项目和民生工程建设。投入330万元，完成峙口片80公顷农田粮食生产功能区建设，完成陡门垃圾处理工程建设，积极筹建浦东、峙口中转站，建成垃圾收集点39个，配置垃圾箱4270个，垃圾车105辆；投资100万元，加固维修小子溪水库下游环山渠道，受益农田近170公顷，珠山村山塘水库全面竣工；投资1000万元，全面启动峙口至溪头桥梁改建工程，西林垟村、潘垟村自来水工程通过验收，新建金竹垟村稻田养鱼基地，放养5万尾田鱼苗。二是“美丽乡村”建设扎实开展。成功创建市级卫生街道、省级体育街道、省级生态街道；成功创建省级整治村1个（石介下村，待验收），县级整治村2个（绿上、峙口）；成功创建省级卫生村1个（嶂岙）、市级卫生村3个（石介下、牛伦、全安）；大力开展“春泥计划”示范村（社区）的创建活动，创建陡门、望江、峙口3个文化型幸福社区。深入开展“四边三化”“三改一拆”“青山白化整治”等专项行动，完成诸永高速两侧6.56千米绿化工程，主要道路绿化普及率达100%。全面开展环境卫生、丧葬陋习等整治，生活垃圾无害化处理率100%，生活污水集中收理率90%，共整治新修建坟墓615座，“三沿五区”范围改造绿化坟墓606座。坚决贯彻执行“违必拆”“六先拆”政策，每月通过调查摸底列出“十大违建王”，明确拆违责任人，限期整改到位，为街道大建设大发展扫清障碍。共出动机关干部、安保人员3500余人次，拆除违章建筑200多处13.19万平方米，完成全年15万平方米任务的87.9 %。三是环卫整治工作全面推进。协同上塘中心城区和41省道建设指挥部，切实做好环城东路和县前东路改造拆迁、41省道改建拓宽、峙口滨江工业园区建设、峙口至溪头大桥拆建等工程政策处理，以县前路、永建路、环城西路等主街面为重点，综合整治公共卫生秩序。完善城区16小时保洁机制，健全网格化、奖惩激励、经费保障等环境长效管理机制，41个村全部设生态保洁员，形成城区、农村“一把扫帚”网格化卫生保洁。

社会事业 2013年，社会保障体系不断完善，民政救济工作进一步加强，残疾人居家安养政策继续推行。邀请县残联和温州医学院附属眼视光医院在陡门社区开展白内障筛查义诊，为85人检查，确诊18人可以手术。走访贫困残疾人家庭，送去慰问金，举办1期残疾人实用技术培训班，受理申请居家安养19人，新增居家安养14人，发放居家安养251人次33.84万元；创建城东社区养老服务中心1个、陡门山敬老院1个，营造爱心街道氛围。共发放低保金及生活补助金193.62万元，取消不符合低保条件25人，发放春荒救济1万元，及时发放“菲特”台风救助资金6.65万元，退伍军人生活补助7.2万元，支宁人员生活补助3.15万元，发放慈善一元捐返回款66640元，城乡居民医疗保险参保人数3.57万人，医疗保险报销额1611万元，大病医疗救助78户43.83万元，临时救助54户，火灾救助17户，农村住房保险参保8468户。文教体卫事业进一步发展。全面推进素质教育，不断完善教育软硬件设施，组建了综合性多功能文化活动场所5处3100平方米。投入50多万元，创建了浦口文化礼堂，文化信息资源共享工程示范点4个，4个社区均建立五大服务中心和文化活动场所。成功举行东城街道第一届全民运动会，丰富群众文化生活，省级体育先进街道通过验收。人民武装工作成效明显，完成县定征兵工作任务，民族宗教、青年、妇女、老龄、关心下一代、统计等各项事业稳步推进，总工会、残联、妇联、侨联、商会继续发挥重要作用。

计划生育 2013年，全力以赴抓好性别比治理、社会抚养费征收、网格化管理等重点难点工作，不断加强计生服务员队伍建设，利用“强基创优”等载体完善利益导向机制，提高计生优质服务水平。街道新出生（含补报）427人，其中女孩201人，计划内380

人，计生率为88.99%，性别比降到112.44：100；打击两非3.5例，完成率116.67%；违法党员处理3例，完成率100%；孕情排摸任务完成486人，完成率97.2%；孕环检第一次3321/3465，完成95.84%，第二次3357/3501，完成95.89%；当年落实四项节育措施217例；当年征收社会抚养费481多万元，征收率70.89%，市级计生行政执法规范化街道创建工作通过验收。

平安建设 2013年，东城街道以“排查整治、强基促稳”“进村入户”等为载体，积极组织开展平安“五连创”活动，继续推行街道机关干部带片驻村（社区）的“网格化管理、组团式服务”，完善网格化管理“一张网”体系，全面开展反邪教和打击非法宗教活动，强化综治法制宣传，努力提升“平安四率”。扎实推进反邪教、社区矫正、流动人口管理等工作，有效地预防和减少各类案件发生，社会治安形势趋于平稳，将42个建置村（社区居委会）划分为4个网格社区组，42个网格小组、44个网格单元，分类分级组建服务团队40支430人，每家签订“家庭拒绝邪教”承诺卡，成功创建8个无邪教优秀村（居）、34个无邪教合格村（居），创建率100%。无发生重大刑事案件事故。以“进村入企”大走访活动为契机，全力以赴抓好信访稳控，积极化解各类社会矛盾纠纷，加强劳动纠纷调处，预防和妥善处置群体性事件。全年共排查各类矛盾纠纷47件，重复信访5件，成功调处45件，调解率达95.3%，成功化解历史遗留难题3件。十八届三中全会和美丽乡村建设现场会举行期间社会保持稳定。狠抓禁毒工作，全年强制隔离戒毒12人，社区康复应检88次，实检84次，总体尿检率95%，社区戒毒应检156人次，实检149人次，总体尿检率95.5%。新型帮教谈话41人次，落实率82%。做好安全生产工作，切实加强安全生产宣传防范、重点整治、监督检查力度，定期开展安全生产大检查，全面落实安全生产责任制，着力抓好“打非治违”专项大行动，共检查工矿贸易企业128家，查出安全隐患239处，开具行政执法指令书19份，取缔非法电镀和氨水分装厂2家、非法抛光加工坊6家，查获无证无照加工企业19家，整改安全隐患235处，整改率98.3%，安全教育培训791人次。大力整治居住出租房，改变以往“重管理、轻服务”传统模式，积极掌握外来外出人员信息，提高流动人口管理水平。加强食品药品安全管理，全力做好“菲特”台风等防灾减灾救灾工作，确保抗台防汛、森林防火工作总体平稳。

党建工作 2013年，街道党工委始终坚持“围绕发展抓党建，抓好党建促发展”的工作思路，党建工作取得显著成效。一是积极开展学习型机关建设。开展党工委理论中心组集中学习12次，全体机关干部会议专题学习17次，班子成员带队下村居、下企业座谈活动61次。突出抓好“两提两争”“互看互学”“我们的价值观”大讨论等系列主题教育活动，认真组织学习十八大、十八届三中全会精神，取得较好成效。二是领导班子和干部队伍建设不断强化。深入开展干部联系群众鱼水情行动，建立健全党政领导联系难点村、重点项目制度，不断增强班子的责任感、紧迫感。狠抓干部队伍建设，以机关作风效能建设为抓手，以“千名干部入千企进千村解千难”活动为载体，蹲点调研，推动社区、便民服务中心规范化建设。三是党员队伍不断优化。把好党员“入口关”，是年共发展预备党员40名，预备党员转正74名，街道共有党支部60个，党员1345名，其中预备党员75名，35岁以下党员362名，占26.83%，女党员222名，占16.46%，大专以上学历310人，占22.98%；扎实推进农村党员远程教育活动，用好远程教育广场，进村入户，开展科教知识讲座，寓教于乐，促使党员学科学、用科学，带动群众致富。四是基层组织建设不断完善。认真贯彻落实县委“1+N”组织设置模式，建立社区“大党委”体制，按“1357”工作法落实，实现党的工作和组织全覆盖。全力开展后进村集中整治和“基层党建工作精品示范村”创建、“双服务一认领”“两评议一承诺”“党员先锋指数”考评和“闪光言行”评选及“两新结对驻企”等工作，全面推行“网格化管理、组团式服务”工作，不断增强村级组织凝聚力与战斗力。切实加强“两新”组织党建工作，街道有“两新”党支部单独建立10个，联合建立4个。五是狠抓机关效能和党风廉政建设。坚持“一岗双责”，认真贯彻落实党风廉政责任制，全面开展“勤廉东城”创建，扎实推进惩防体系建设。强化党员干部监督力度，进一步严肃党的纪律，狠抓纪检、信访案件办理，2013年开除党员4人，组织除名1人，加大对村级集体资金的监管，清理违规费用支出，退回1.9万元，党内严重警告处分1人，通报批评1人；畅通监督渠道，加强社会监督，实行网上公开，自觉接受党员和群众的民主评议，全面推行党务、政务、财务公开，“三公”经费支出大幅下降，从源头上预防腐败，办理行政审批1364件，及时查处违反财经纪律、招投标等案件1起，责令退缴资金3360元，开展村级廉情预警机制建设，发出黄色预警6次，橙色预警1次，2人受政纪处分，推进村监会规范化建设。

荣誉录 2013年，东城街道获省第九批体育强镇（街道）、第五批生态街道，市级卫生街道、市级文明街道、市计划生育行政执法规范化建设街道、温州市扶残助残爱心街道、温州市妇女权益保障工作先进集体，全县绩效考核优秀单位、全县“学习型领导班子”先进集体、全县“三改一拆”先进集体、全县文化礼堂建设先进单位、全县殡葬改革工作优秀单位、全县招商选资考核一等奖、县人口和计划生育工作二等奖、党风廉政建设考核排名第一、卫生洁化考核排名第一等荣誉称号。

（胡贤都）

南城街道

2013年街道数据库

项目	单位	合计
总面积	平方千米	67
耕地面积	公顷	597
农作物播种面积	公顷	877
粮食作物播种面积	公顷	540
建置村	个	31
居委会（社区）	个	2
总人口	人	54237
外来民工	人	2515
农业总产值	万元	5353
工业总产值	万元	195800
财税收入	万元	2657.5

农业生产 2013年，南城街道始终把粮食生产摆在突出位置，及时出台粮食生产优惠政策。粮食作物播种面积达540公顷，其中水稻466公顷，粮食总产量3869吨，油菜种植面积109.9公顷，蔬菜种植面积168公顷。大力扶持黄屿村、李浦村等4个粮食专业合作社，努力扩大水稻种植面积。对李浦村实行低产田改造，促使肥力提升，组织进行秆秸还田，施用有机肥、复合肥，提升肥力约300多公顷。完成11个村的粮食生产功能区建设，发展稻田生态渔业，养鱼面积38.7公顷。引导农户投放优质鱼苗，努力提高经济效益。加强水产品安全管理和鱼病测报，确保水产品安全，避免重大疫病发生。加速畜禽无害化处理池的建造。切实加强对H7N9亚型禽流感的防控工作。及时组织畜牧员、防疫员到畜禽养殖场所，开展H7N9亚型禽流感疫情大排查。同时严格执行禽流感疫情日报制度，切实加强病死动物无害化处理工作。

新农村建设 2013年，南城街道加快民生工程建设，中塘溪、下塘溪河道治理、县城应急排涝、公安“三所”、三李公路、县“两馆”等工程建设进展顺利；启动乌岩山公园、中塘片路网工程和气象站建设前期工作，黄屿、栗一农房集聚与下堡、仁堂旧村改造工程顺利推进，“三改一拆”工作取得阶段性成效。重点工程的推进，加快县城建设步伐，有效改善县城环境，同时拉大县城经济发展空间。加快人居环境改造步伐，开展省级文明县城、市级生态街道创建活动，在城西、城南、龙翔、桥头、下堡等建城区开展环境卫生大整治行动，共整治“脏乱差”疤点100余处，拆除违章建筑面积12000平方米，努力抓好保洁工作，对建城区内的2个社区6个建置村实行分块包干管理，确定专人负责。开展“美丽乡村”建设和“清洁乡村”行动，推进“四边三化”环境整治行动。完成绿化造林47.7公顷，景观林补植100公顷，低产林改造27公顷。完成诸永高速沿线绿化1.8千米和楠溪江黄屿段绿化提升工程18000平方米，创建市级生态村9个。打造了一批环境优美的景观带和风景线，城乡环境卫生长效管理机制进一步完善，城乡居民环境卫生意识和生活品质明显提高。

民生事业 2013年，南城街道积极投入计划生育强基创优工程，提高人口计生工作水平。加强领导，健全组织，推行网格化管理，落实计生工作责任制，强化利益导向，转变计生观念，提升整体水平，严格“三捆绑”制度，实现管理常态化。深入实施社保扩面工程，建立健全新型社会救助和社会保障制度。规范低保审批流程，做好低保动态管理，对符合低保、重补的对象，做到应保尽保、应退尽退。为63户符合低保条件的居民办理了低保，走访慰问困难户100余户。及时发放低保、重补、居家安养、优抚、退伍安置、大病医疗救助等补助资金，发放各类资金共计

2013年建置村（居委会）数据库

村（居）名	书记	主任	村（居）民小组	人口
前一	胡志强	缪　铙	12	1532
麻山	胡金祥	胡增海	13	783
外山	尤长光	尤长崇	8	581
中联	胡成周	胡理考	10	564
中兴	陈光武（副）	胡明九	10	1705
大了埄	胡忠平	胡国荣	10	897
应山	姚建新	胡明达	11	718
桥头	柯统建	胡建文	10	1056
龙翔	金信法	胡忠建	12	1015
西前	吴振亮	李秀忠	9	1234
西后	张爱华	李海兵	8	1183
李家村	李长恩	李建士	10	903
仁堂	李本良	李春光	16	1081
栗一	胡朝献	吴国锋	5	510
金平	胡恩仁	郑彩珠	6	318
李浦	陈德义	陈景权	16	1988
前二	周寿南	周孟猛	24	1616
前三	胡文平	胡玉兴	22	1711
中西	胡旭仁	钱云棣	10	1091
溪了头	施秀仁	施秀建	4	397
郭山	施云飞	施海勇	8	605
金塘		金吉祥	5	150
下堡	南晓来	南存候	8	891
黄屿	厉秀坚	李景池	33	4133
屿门	何如亮	汤晓光	12	848
观前	何丐唐	何定康	12	682
新民	陈进友	陈敏开	24	2195
观下	李仁赖	李龙进	8	714
芦湾	陈明忠	郑芝林	6	454
东岸	陈仁忠	陈云芳	16	1610
东华	陈龙通	李小曼	10	893
城南★	黄天芬	黄建飞		7769
城西★	叶占一	柯海生		12410

46.48万元。深化殡改工作，推进青山白化治理，是年共完成249座坟墓生态化改造。重视老龄工作，领导多次带队慰问百岁老人、贫困老人和贫困残疾人。鼓励和扶持各村、社区建立爱心驿站、居家养老服务中心和邻坊中心。武装征兵工作有序进行，圆满完成征兵工作任务。工会、共青团、妇联等工作扎实有效，成绩显著。

平安建设　2013年，南城街道高度重视安全生产工作，坚持“安全第一，预防为主，综合治理”的方针，以安全生产工作结合“大排查、大整治活动”和“外协加工专项整治行动”为主题，促进各生产经营单位落实责任、健全制度、强化宣传、整治隐患，有效预防了重大事故的发生。街道安监站与相关部门紧密配合，多次牵头组织工商、安监、电业开展集中整治行动，关闭和捣毁14家不具备安全生产条件的非法加工点。检查企业69家，发现安全隐患45处，完成整改45处，发现一般隐患51处，并及时督促整改到位。广泛开展安全生产法律法规、典型事例及消防安全知识宣传，营造浓厚的社会氛围，切实增强全民安全生产意识，全年没有发生重大安全生产事故。2013年，紧紧围绕新农村建设目标，以平安创建为主线，以平安村、平安单位、平安校园的创建为基础，以群防群治为重点，坚持“打、防、管、建、教、改”为一体，强化村（社区）基层基础工作，狠抓综治、维稳、信访、禁毒等工作的贯彻落实，使各项工作齐头并进，为经济社会的快速发展提供了良好环境。

基层组织建设　2013年，南城街道全面贯彻落实党的十八大精神，加强基层组织建设，形成日常工作不放松、重点工作有创新、整体工作上台阶的工作格局。一是深入持久地推进干部联系群众“鱼水情”行动。建立健全村（社、企）联系点制度。领导干部带头联系30个难点村（社区）、17个重点企业，其他干部联系5个城乡社区、31个行政村，960多户群众，重点是困难户。二是深入开展基层党组织星级管理工作，是年共评出五星党组织6个，四星党组织14个，三星党组织29个，二星党组织10个，无星党组织1个。三是接收预备党员31名，党员转正50名，24名入党积极分子列入考察。新发展党员的素质、结构比例进一步优化。四是村级组织换届工作顺利开展，32个党支部在规定的时间内全部完成换届。

荣誉录　2013年，南城街道获省级文明街道、市级生态街道、市级学前教育达标街道和红十字工作先进单位、市三位一体农合联示范创建先进单位、理论学习先进党工委等荣誉称号。

（全朝阳）

瓯北城市新区

2013年瓯北城市新区数据库

项　目	单　位	合　计
总面积	平方千米	55.8
建置村	个	35
社区居委会	个	13
户籍人口	人	183554
规模以上工业总产值	万元	1313500
第三产业增加值	万元	239600
固定资产投资	万元	478400
全社会用电量	万千瓦时	100400
财税收入	万元	203100
外贸出口交货值	万元	69300

机构沿革　2011年5月，根据永嘉县行政机构调整撤销瓯北镇和乌牛镇，设立瓯北功能区，下设江北街道、乌牛街道、三江街道、黄田街道、东瓯街道。2011年8月，瓯北功能区更名为瓯北城市新区，设立中共瓯北城市新区委员会和瓯北城市新区管理委员会，对职能配置、内设机构和人员编制方案进行重新调整，撤销原永嘉工业园区和三江指挥部，并入瓯北城市新区管委会。2013年3月，瓯北城市新区范围调整为覆盖江北街道、黄田街道、东瓯街道行政区域。2013年9月，瓯北城市新区范围调整为覆盖江北街道、黄田街道行政区域。

经济总情　2013年，深入开展“四千”专项行动和驻企服务员工作，着力解决企业在转型升级过程中存在的困难和问题，全力推进实体经济振兴。完成规上工业总产值131.35亿元，同比增长3.5%，其中服装、皮鞋、泵阀机械产值分别实现46.1亿元、43.58亿元和19.1亿元，同比分别增长1.7%、4.9%和2.5%。完成外贸出口交货值6.93亿，同比下降7.9%。财政总收入20.31亿，同比增长1.8%。2013年，工业项目开工10家，结顶11家，办理规划设计条件书19家。完成7家企业工业项目挂牌，用地面积4.62公顷。珠岙小微企业园建设完成地块内现有企业调查和用地红线图确定，委托设计院作初步平面布局和编制低效土地二次利用规划。罗浮、塘头小微企业园建设纳入近期规划调整，委托编制近期规划调整方案。做好老工业区“退二进三”调研工作。2013年，经济服务工作扎实有效。深入开展“四千”专项行动、驻企服务员工作和规上企业走访活动，抽调机关精干干部102人结对企业213家，对424家规上企业开展“三看三问”，为企业排忧解难，树立发展信心。引导企业开展申报创建市级以上特色产业科技园、全国阀门集聚示范区，协助52家百星企业进行年度审核工作，做好工业园区清理整顿、扩容工作。完成工业企业规下转规上7家，服务业企业限下转限上企业6家。以“一月一主题”为载体，开展节能降耗宣传活动，对重点用能企业和万元产值能耗不降反升企业进行走访宣传，并督促节约用能，筛选出12家电镀企业作为年度清洁生产企业。做好普查经费预算，委托求真统计事务所依法开展第三次经济普查。2013年，品牌科技创新成效显著。分别筛选迷西仕公司等6家企业，立信阀门等7家企业，欧拉姆、星源服饰2家企业作为省、市、县著名商标培育对象。筛选科福隆、超达申报省出口名牌产品，迷西仕申报市出口名牌产品。筛选超达等6家企业申报温州市名牌产品，中创鞋业、星源服饰2家企业申报永嘉名牌产品。筛选亚龙等6家企业申请永嘉县长质量奖。筛选申报县科学计划项目企业24家，县科学技术奖励项目企业8家。申报县级技术中心企业4家，县科技（创新）型企业5家，县级研发中心企业1家。科福龙等3家企业申报浙江省装备制造业重点领域“首台套”项目。

城市建设　2013年，瓯北城市新区完成限额上固定资产投资47.8亿元，占全年任务的104.3%；完成工业性投资4.92亿元。一是狠抓招商选资工作。全年实际到位资金18.2亿元，完成全年任务的121.3%（其中实际利用外资2250万美元，完成全年任务的187.5%），共签约超市总部经济大楼、温州国际商贸中心（总部基地）、奥迪城市多功能展厅、双塔路地下人防商业街、清水埠地块城中村改造等5个项目，签约项目合同引进金额达33亿元。温州奥嘉铂尔曼酒店、红蜻蜓物流配送中心等签约项目都按计划稳步推进。二是狠抓重点项目建设。瓯北高级中学校园建设一期、瓯北镇中心卫生院迁建、县中医院住院大楼、县中医院医疗综合大楼、瓯北大桥、宁波至温州铁路永嘉段、瓯江治理工程（独流入海）等在建重点工程项目7个，完成投资4.39亿元，超额完成年度投资任务。三是狠抓市政项目建设。市政工程在建项目18个，前期项目12个，完成验收项目18个。龙桥路北段延伸工程、黄田金穗路、后周浦特教河道工程等续建项目进展顺利；罗浮大街北段延伸、康乐路等5个新开工项目已完工；新桥路南段、黄田大浦垟临时排水工程、罗浮垃圾中转站等7个新开工项目均已进场施工。做好县职工文化活动中心、瓯北便民服务大厅等项目前期工作。组织验收康乐路等18个工程项目并投入使用。

城乡统筹 一是加快农房改造集聚建设。努力破解资金等瓶颈制约，加快推进各村三产安置房建设。马岙农房改造集聚区建设工程完成桩基任务。二是加快“三改一拆”工作。码道村旧村改造、清水埠旧城改造开展多层面论证《拆迁安置补偿实施细则》工作，经县政府研究通过。旧住宅改造任务数25600平方米，完成297332.8平方米，完成年度任务984%。城中村改造任务数129200平方米，完成583434.21平方米，完成年度任务452%。旧厂区改造完成2家，共计建筑面积17382.73平方米。江北街道、黄田街道拆除违法建筑面积65.18万平方米，完成年度任务的103.5%。三是加快征(供)地拆迁工作。落实年度征地计划预安排摸底并上报46个项目，计158.6公顷。做好20个28公顷复垦指标预备项目土地利用规划核实，并完成上报件。完成温州国际商贸中心和雅林三产2个项目共6.3公顷的土地利用规划调整。土地转而未供完成率100%；供而未用开工率100%。完成龙桥路北段工程粮食车队房屋拆除，做好罗浦礁河整治等11个项目拆迁安置各项工作。完成河田五星10.7公顷地块出让，做好浦一1.45公顷地块带条件出让前期工作。初步划定江北街道72块512.9公顷、黄田37块148.32公顷作为低效土地开发对象，并进行调查摸底和土地确权，为上图入库工作做初步准备。办理花岙村等5村土地流转面积14.5公顷。

环境整治 一是做好“四边三化”工作。加快城市绿化、亮化、美化建设，启动40个绿化工程，新增塘头山公园等绿化面积24万平方米和建成城区绿道网27千米，总投资达5689万元。累计拆除“四边”区域违法建（构）筑物40多万平方米；拆除广告牌（违法无序非公路标志）面积14多万平方米；黑臭河清理淤泥7万多吨；河道保洁长度37.37千米，河道整治长度28.5千米。完成罗塘废弃矿山治理项目。加大亮丽工程投入，改造提升瓯江北岸景观带及沿线建筑照明工程。启动阳光大道候车亭改造工程。编制“城市形象系统”提升改造实施方案，对41省道店招店牌进行统一规划，完成41省道黄田段、罗浮大街店招店牌和立面改造，粉刷文化墙3万多平方米。二是做好黑臭河整治工作。制定了河道3年整治方案，力争通过3年时间基本消除瓯北范围内河道黑臭现象。辖区范围内共有垃圾河37条、黑臭河15条，垃圾河基本清理完毕，部分黑臭河正启动整治，罗浦礁河南岸整治工程完成沿河15米内拆迁安置政策处理调查工作，后垟浦新桥段河道整治工程进入招投标阶段，马岙河、白水浦、珠岙河完成生态治理方案设计，同时进行截污纳管初步设计，其余河道已经委托测绘院进行清淤方测量，即将进入清淤施工阶段。三是做好城市管理工作。加快环卫基础设施建设，强化日常卫生保洁，新建垃圾收集点40多个、黄田垃圾中转站1座，上报审批建造垃圾中转站3座，维修公厕12座，在公园和三桥路绿化带内增设2个微生物公厕。全力改善市容环境秩序，整治龙桥摊点、罗浦东路排档等乱占道路经营现象，共拆除马路违章6500余平方米，修复坑洼破损路面973处5000平方米，安装窨井盖158个，维修护栏6000米。加快公共自行车建设，一期已签施工合同，计划共设置100个点，总投资约700万元，努力实现与温州市区“通借通还”。四是做好减排工作。加强瓯北污水处理厂、污水提升泵站的监管工作，共处理污水1303万吨，COD减排2000吨，污水处理率达到84.53%。完成罗浮大街、双塔路、龙桥路等9条道路污水管网修复工程的施工图设计工作。修复污水管网2600米，完成污水管网疏通10千米；新建排污管网5525米。五星东瓯电镀废水处理设施项目通过县政府组织的联合验收，投入生产运行。罗浮三角污水泵站正式通电运行。瓯北王家圩2#污水泵站采用预制地埋式一体化污水泵站正在施工中。

行政审批 2013年，按照“流程最优、环节最少、时间最短、服务最佳”的要求，完善审批程序，节省群众办事时间，提高办事效率。是年行政审批和公共资源交易中心共收件194366件，办结192679件（其中即办件178257件）。完成交易项目82宗，总成交额达13066万元。县住建局积极对接新的审批流程办法，通过建设审批改革创新，简化了施工图审查备案手续，按时办结率达100%。县发改局共组织各部门联合踏勘4次，组织建设条件联合会审2次，共批复项目69个。县住建局共办理公建项目选址意见书14份、土地预报项目预选址意见书38份、建设用地规划许可证12个、工程许可证22个，核发规划条件通知书30份；共发放私建项目建设用地规划许可证352个，发放工程许可证470个。

基层组织建设 2013年，加强领导班子自身建设，严格按照党委建设“五个好”的目标要求，切实抓好领导班子思想作风建设。深入开展“两提两争”主题实践活动，扎实推进“四大活动、五大攻坚、六大行动”，克难攻坚，争创一流。开通“永嘉瓯北城市新区先锋”微博。开展机构编制实名制管理信息采集工作。开通公务员信息管理系统，采集公务员个人信息2000多条。大力加强党员发展工作，发展党员3名。抓好全员绩效考核，首次推行工作人员绩效考核督查工作汇报会制度。认真开展“两提两争”思想解放大讨论和“中国梦”宣传教育活动，做好机关党建、老干部、人大、政协、关工委工作。

党风廉政建设 2013年，抓住党风廉政建设的重点和难点，对党风廉政责任制进行责任分工，使领导干部和相关内设单位党风廉政建设“一岗双责”履职到位。继续开展“510思廉日”活动，完善惩防体系和党风廉政建设责任制，加强机关干部作风和党员干部执行力建设，开展每月一次的明查暗访，对违反机关工作效能行为实行效能追责。及时抓好信访和案件查处工作。健全财务管理制度，公务接待严格按照规范接待制度、接待标准、接待审批方法、接待报销程序进行操作，并实行接待公示。规范公车管理，严格实行车、人、卡、点统一加油和定点维修。

荣誉录 2013年，瓯北城市新区获永嘉县绩效考核优秀单位、永嘉县固定资产投资先进单位、永嘉县政务信息工作先进集体、永嘉县老干部工作先进集体等荣誉称号。

（高锦梁）

东瓯街道（工业园区）

2013年街道数据库

项目	单位	合计
总面积	平方千米	20
耕地面积	公顷	9
农作物播种面积	公顷	224
粮食作物播种面积	公顷	114
建置村	个	10
社区居委会	个	1
总人口	人	19050
外来民工	人	33489
农业总产值	万元	1116
工业总产值	万元	1998288
财税收入	万元	30368
农民人均收入	元	21000

2013年建置村（社区居委会）数据库

村(居)名	书记	主任	村(居)民小组	人口
河田	许建新	王文忠	12	1563
五星	潘云明	翁时章	14	2422
堡一	张国胜	张林海	21	3108
堡二	胡秀武	张雷云	16	1871
礁下	池臣森	池温武	12	1591
安丰	杨臣标	杨胜如	9	671
林垟	林国林	林松庭	8	1193
和一	叶正洲	杨小建	16	2538
和二	朱小平	朱哲新	6	1522
和三	朱巧德（副）	朱志川	20	1999
东瓯★	陈陆杰	廖微琴		572

概　况 东瓯街道位于永嘉县南部、瓯江北岸，东邻江北街道，北连黄田街道、桥下镇，西、南与温州市区隔江相望，总面积20平方千米，其中建成区面积9.9平方千米，户籍人口19050人，下辖1个城市社区、3个农村新社区和10个建置村。2013年8月，浙江永嘉工业园区管理委员会挂靠东瓯街道办事处，实行“区街合一”体制。

经济总情 2013年，实现工业总产值199.8亿元，其中规上工业产值171.9亿元，同比增长4.5%，规下工业产值27.9亿元，同比增长17.2%；固定资产投资21.59亿元；工业性投资9.89亿元；公共财政预算收入3.19亿元；服务业增加值4.03亿元；限额以上零售品总额5.6亿元，排名全县第一；外贸进出口总额3.89亿美元，排名全县第一。新增4个省级信息化项目、4个市级信息化项目；新增国家级高新企业认定4家，新增市级以上企业科技研发中心、科技型企业11家；新启动股改企业一家。浙江良精新能源股份有限公司投资2.5亿元，申报光伏产业示范区建设。积极创建“全国泵阀产业知名品牌创建示范区”，推动自主品牌建设，提升品牌价值和效应。规划建设泵阀小微创业园，共21.9公顷。大力实施“四换三名”工程，加快推进“三转一市”工作。浙江迦南科技股份有限公司投资4000万元，利用机器人进行激光焊接，实行机器换人，工作效率提高了5倍；红黄篮集团有限公司投入4亿元，建设3.7万平方米的电子商务园区，实行电商换市。工业企业“规下转规上”21家，完成率70%，在全县同类单位中排名第二。服务业企业“限下转限上”8家，完成率100%，排名全县第二。

城乡建设 2013年，加快推进重点建设项目。瓯北西段标准堤景观工程水利部分三个标段2月竣工并通过验收，瓯北高标准防洪闭合区12.2千米已建成。总投资3.23亿元的瓯北阳光大道西段延伸工程进入施工阶段。104国道温州西过境永嘉段工程完成项目建议书等12个专题的批复及特大桥工程施工监理招投标工作。7月，根据《关于完善社区设置，强化社区管理服务的通知》（永社领办〔2013〕3号）“对2万人以上且地域过大的社区要调整”的精神，东瓯街道办事处增设礁头社区管理委员会。同时，加强了社区规范化建设。张堡社区、江滨社区、礁头社区、东瓯社区均按照市城乡社区规范化建设要求进行规范化建设。其中张堡社区全面推进“融合共建模式”，倾力打造“同驻共建，乐和家园”党建品牌。该社区先后获省民主法治社区、市“五好”基层关工委、市二级社区学校、市示范社区工会、县三星级幸福社区、县基层学习型领导班子、县首批“示范儿童之家”等荣誉称号。

城市管理 2013年，狠抓“美丽乡村”建设工作。大力推进“违必拆、六先拆”“祛疤栽花”等专项行动，共拆除违章建筑25.72万平方米，完成年度任务的102.9%，清运各类垃圾12160吨。2013年度全市环境整治“互看互学”第一次专题活动现场会实地参观了东瓯街道—甬台温铁路瓯江特大桥下环境整治点。把打造五星精品村和精品线建设作为拆违工作的有力抓手，累计投入资金380万元，拆除五星大道2.8千米内影响村容村貌的破旧危房等违章建筑55处，面积38000平方米，清理垃圾7566吨。开展“拆围去丑”专项行动，拆除大型户外广告牌206处2110平方米，逐步推行通透式新型围墙。打好治水治污攻坚战，以治水为突破口打造“美丽东瓯”，出台《东瓯街道水环境综合治理实施方案》，重点拆除河道两岸一批影响行洪、排涝、水工程安全和饮用水水源安全的违法建筑物。2013年，完成罗浦礁河为中心的重点河道100米范围内违章治理4.2千米，涉水拆违面积7000平方米。率先引入主要干道市场化保洁机制，投入365万元，对城区5个村实行管保分离，通过建立垃圾中转站、配备垃圾运输车、环卫巡逻车、垃圾果壳箱等方式，实现城乡垃圾无害化处理率100%。推进截污纳管建设工程，完成园区大道、三桥路、张堡东路的管网建设。实施绿化美化家园示范工程，抓好阳光大道西段、双塔路西段、瓯北西段标准堤，东瓯泵阀小微创业园周边一批重点路段地段景观带建设，新增绿化面积58560平方米，建成示范村1个。加大青山白化“禁新改旧”力度，完成高速公路、国道两侧坟墓生态化改造任务165座。加快工业园区道路标志规范化建设，启动三桥路、东瓯大道路牌一期工程建设。

平安建设 2013年，开展“除恶治乱”“两抢一盗”等专项打击行动，刑事立案748起，同比下降11.49%；入室盗窃立案96起，同比下降25%；两抢案件立案25起，同比下降43.18%；共刑拘犯罪嫌疑人98人。刊出禁毒专栏6期，分发宣传资料12000多份，16篇禁毒宣传稿件在国家级媒体发表。信访化解工作有序推进接待信访群众5批，受理信访11件，按期结案率100%，解服率为98%。成功调处各类纠纷1049起，调处成功率100%，其中重大矛盾纠纷32起。安监、消防、新居民实行“三网合一”，536家企业输入了安全生产信息，30家企业通过市级安全生产标准化评审，26家企业直接升格A类企业诚信管理。开展安全检查160次，发安全生产责令改正指令书80份、整改情况复查意见书80份，立案处罚企业8家。检查企业消防633家，上报消防大队进行强制整改企业2家，出租房复查209家。

社会事业 2013年，街道人口出生率105.61%，性别比126∶100，计划生育率86.27%，当年一孩放环率97.11%、孕情审批率96.08%、优生检测率116%、党员干部违法生育查处率100%，两非任务完成率125%，当年社会抚养费共征收496.37万元，征收完成率85.19%、兑现率110.57%。完成市定高额征收7例，计182万元，完成率190%。2013年，计生工作月考核6次排名全县第一，获县计生红旗奖。东瓯街道被国家卫生和计划生育委员会命名为“第二批全国人口和计划生育依法行政示范乡镇（街道）”。社会保障日趋完善，扎实做好各类困难群体、残疾人和优抚对象的社会救助工作，做到应保尽保。城乡居民合作医疗保险17379人，参保率100%，全部由集体出资。农村低保人均月补差提高到214元，城镇低保人均月补差提高到320元。村集体经济用于养老保障能力进一步提升，月补200～700元/人。2013年，深入开展十八大精神主题教育系列活动，细化分解各阶段的内容，按时序完成工作任务，扎实推进每阶段的主题教育活动。举办3场十八大专题学习会，培育典型村居1个、学校1个、企业单位3个，开展了系列主题宣传文化活动和“幸福社区”创建活动，建成2个文化型社区，新增社科基地一个，投入60多万元建成堡一文化礼堂。同时，开展“文艺下村”“文化进社区”等活动，举办了庆“三·八”妇女节文艺晚会、“树婚育新风·建幸福家庭”主题文艺巡演、国庆文艺晚会等。大力发展体育事业，举行了老年人太极拳比赛、“楠江杯”万米长跑邀请赛等。圆满完成民兵训练、整组、教育、参建、征兵等工作，为部队输送优质兵员。依法管理宗教事务，加强了台属、侨眷、非公经济人士等统战工作。

基层党建 2013年，深入开展街道干部“鱼水情”行动。街道班子成员开展“七联系”，一般干部联村联户，直接联系不少于20户困难群众，开展一线走访。健全完善民情沟通分析制度。确定每周二为“民情走访日”，要求联系干部写好《民情走访日志》，每周至少1篇。同时，召开民情分析会，推行“岗位承诺”办事机制。各社区办事大厅、各岗位工作人员对工作内容、服务标准、工作时限等进行承诺，并将姓名、职务、职责及服务承诺等内容公开，接受群众监督。开展“四夜”活动。以片为单位，每两周开展一次“四夜”活动。积极做好农村先锋指数考评管理工作，按照农村党员先锋指数考评管理细则，进一步细化评分标准，明确每一等次的分值范畴，指导各村党支部通过个人自评、党员互评、组织评定、积分亮分等环节，对党员进行先锋指数评定。加强对评定工作的督促检查，做好市县各级的迎检工作，通过以评促管，层级管理，加强对农村党员的教育管理。2013年，发展党员81名，转正125名，其中，两新组织发展党员71名，转正111名。开展在职党员社区报到工作，引导在职党员积极参与社区管理服务，推动党员“创先争优”长效化常态化。2013年，排查逾期未转预备党员50名，限期转正21名；不符合条件25名（其中支部取消资格23名）；迁出4名。组织红蜻蜓、开维喜、南方等19家非公企业参加红色暖心活动，共送去慰问金38000元。深入开展“四千行动”“双百攻坚”等专项行动，全力帮助企业解决发展难题。建立驻企服务员制度，成立6个驻企服务工作小组，59名干部结对143家企业（新增），共梳理问题86个，解决问题56个。积极打造两新党建品牌，开展青春党建活动，制定青春党建专项工作实施方案，指导宣达、红蜻蜓、蜘蛛王等企业开展青春党建活动。7月5日，全县青春党建工作现场会在宣达集团召开。开展文化党建等特色党建品牌建设，包括红蜻蜓党委的文化党建、伯特利青年沙龙俱乐部、蜘蛛王党建文化墙等。开展产业链党建，伯特利产业链联合支部是县内首家通过“1+N”形式组建的产业链联合党支部，下属企业25家，入党积极分子10人，拟发展党员2名。

荣誉录 2013年，东瓯街道（工业园区）获第二批全国人口和计划生育依法行政示范乡镇（街道）、省小上规工作先进街道、市安全生产先进单位、市级法治工作示范单位、市工会财务先进单位、市妇女权益保障工作先进集体、县工作绩效考核良好单位、县级安全生产目标管理责任制考核先进单位、县信访工作先进集体、县防范和处理邪教工作先进集体等荣誉称号。

（鲍凌云）

江北街道

2013年街道数据库

项 目	单 位	合 计
总面积	平方千米	30.3
耕地面积	公顷	169.0
农作物播种面积	公顷	246.0
粮食作物播种面积	公顷	66.6
建置村	个	17
社区	个	11
总人口	人	65005
外来民工	人	56741
农业总产值	万元	2818
工业总产值	万元	1468015
财税收入	万元	169900
生产总值	万元	640544
农民人均收入	元	22658

城乡统筹 2013年，江北街道有农业龙头企业9家，2家农业专业合作社组建了农村资金互助社。城乡统筹有序推进，15个建置村完成清产核资工作，13个建置村完成“股改”，新增农村土地流转14.5公顷。28个建置村（社区）全部完成换届工作。

基础设施建设 2013年，配合瓯北城市新区，认真做好固定资产投资和水、电、路等基础设施建设

2013年建置村（社区）数据库

村(居)名	书记	主任	村(居)民小组	人口
罗浮	林武克	林建轮(主持)	38	6369
花岙	方存仁	苏志良	17	1604
龙桥	张大丰	余敬飞	28	2829
塘头	林胜伟	廖志远	20	2921
新桥	余承达	柯玉平	8	1159
蔡桥	吴金和	葛卫国	8	1176
珠岙	余章龙	范一虎	12	1722
东方	黄世忠	葛宗州	7	923
江北岭	杨显林	朱家武	2	312
浦西	郑建康	林安孝	17	3087
马岙	朱松波	陈理统	18	1417
浦一	谢新生	谢正耀	22	2087
浦二	李志定	胡鹏飞	13	1509
白水	何锦国	陈旭义	15	2080
码道	周长江	吴耀星	16	1834
前牌	余成权	余显东	8	1018
王家圩	王建巧	王建仁	8	924
清水埠★	缪年生	陈小英		2037
襟江★	金月龙	汪雪吟		1837
镇西★	张美兰	吴金旁		3397
楠江★	陈家源	李林华		2037
双塔★	胡顺清	李爱微		6973
创新★	刘关丰	陈久通		5766
金瓯★	章文忠	章乃伦		1110
江北★	谢正浩	陈晓飞		2945
永宁★	黄爱玲	黄爱玲		895
滨江★	谷美雪	胡邦送		3145
阳光★	汤光强	汤光强		1892

的政策处理，着重做好龙桥路北段延伸工程、新桥路南段道路工程、瓯北大道人行道工程、瓯北巴菲特金融大厦、商业综合体、温州国际商贸中心、瓯北翔宇中学、永嘉县职工文化中心、王家坞路北段延伸工程等基础设施建设的政策处理工作。2013年，集中力量，“拔钉破难”，做好事关城乡建设的几项重要工作。一是加速推进美丽乡村建设和“四边三化”环境整治。对永宁路两侧、三桥头高铁下等22个点398处违章建筑发放限期腾空通知书。共出动工作人员1072人次、民工4036人次、保安4055人次、挖机296台次、焊割机115台次、挂土机95台次、垃圾工具运输车226辆/天、吊机35台次，对上述地段的违章建筑进行集中拆除，总拆除面积288286平方米。分别对马岙村高铁下等17处开展环境整治和保洁工作，面积达56万平方米，清运垃圾及堆弃物38275吨。二是进行“三改一拆”。码道、王家坞旧村改造，清水埠、楠江城中村改造，尾岩头旧村改造有序推进。三是加快对转而未供、供而未用土地的处理进度。完成1999年至2010年遗留转而未供土地处理100宗59.5公顷，圆满完成上级下达的任务指标。四是有效整治市容市貌，针对“脏、乱、差”现象，雇用临时保安人员70多人次，配合瓯北城管一中队对江北街道区域内的流动摊贩进行整治。道路保洁则由温州利华保洁公司承包，确保道路路面的清洁。五是开展以黑臭河整治为切入点的水环境保护工作，根据河道污染状况及相关工作要求，推行“一河一策”整治方案，投入资金921.33万元，出动8000多人次，河道保洁长度达20.79千米，河道清淤13.95千米，清运垃圾10045吨，清运淤泥66440吨，河道沿线拆除违章建筑92处，拆除面积76112平方米，拆后清理垃圾、废弃物54473吨，拆除违法无序广告牌1881处，河岸绿化0.91千米。6条河通过市、县垃圾河整治工作验收。

平安建设 2013年，江北街道发生刑事案件1687起，同比下降42.19%。其中，“两抢”案件116起，同比下降36.61%；刑事拘留40人；破黄赌刑事案件9起，涉黄赌拘留56人；禁毒打击43人，查处吸毒人员168人，强制戒毒37人。认真开展消防、安全生产、新居民服务管理“三网合一”工作。共排查小场所4113家、出租房15057家，发现火灾隐患15000多处，发放消防隐患整改通知书13000多张，当场整改2000多处，排查整治取得良好效果。积极推进“网格化管理”，加强村（社区）社情民意的采集，输入基础信息15670条，及时化解矛盾纷争1264起，排除治安、安全隐患5412处。针对禁毒工作的各个薄弱环节，加强禁毒宣传和帮教力度，积极开展人群管控帮教工作。社区戒毒率100%、社区康复率87.89%、社区帮教率85.78%。全面启动安全生产“捆绑责任制”工作，实施安全生产网格化管理。街道出动宣传车180次，悬挂宣传横幅66条，发放安全生产宣传资料5700份、宣传纸巾盒50盒、宣传挂图800份。安全生产领域“打非治违”五大行动贯穿全年。共出动检查2078人次，排查企业5160家次，发现隐患1680条，完成整改1661条。认真做好预防和处置群体性事件，努力化解矛盾纠纷，全面推进大调解体系建设。是年共排查调解各类矛盾纠纷1264起，其中非正常死亡7件，全力维护街道辖区内社会稳定。

社会事业 2013年，上报出生人口747人（其中当年出生697人），其中计划内645例，计划外102例，计划生育率86.35%，出生婴儿性别比122∶100，征收社会抚养费137例，征收金额1131.73万元，足额征收10万元以上50例，最高额38万元。协助县计划生育综合治理办公室处理10例非法B超性别鉴定事件。加强外出和外来经商务工人员管理，与企业法人签订了流动人口计划生育管理责任书。2013年，新农合工作有序运行，参合农民42900人，参合率100%，共筹集资金429万元。办理住院报销对象2097户，共补偿2929人次，补偿金额共计16337143元，启动低保对象动态管理，取消了不再符合条件的低保对象20户。对56人实行大病救助42.7万元，救助低保家庭、重度残疾人家庭282户，救助金额161.1万元。认真搞好殡葬改革、“青山白化”治理。对山边视线内坟墓进行生态化改造，全年共改造1467座，投入资金达513.45万元，死亡火化率100%。2013年，举办2场大型广场文艺汇演，开展7次文化走亲活动。举办了象棋等体育赛事7次，浦西村老协等被温州市人民政府评为群众体育先进集体。推进文化礼堂建设和文化示范村居、廉政书屋建设，引导群众参与健康有益的文体活动。社团活动常抓不懈，瓯北读书会被温州市教育局评为2013年度“温州市优秀学习型社区居民团队”。圆满完成民兵训练、整组、教育、参建、征兵等工作，为部队输送优质兵员。做好拥军优属工作，永宁社区与县人武部成为军民共建文化示范社区。

荣誉录 2013年，江北街道获浙江省老年体育特色项目之乡、温州市学前教育先进乡镇、温州市群众体育先进单位、温州市执法规范化达标单位、温州市巾帼志愿服务工作先进集体、温州市先进学习型党组织、温州市维稳工作先进集体、温州市党管武装先进单位、永嘉县社会管理综合治理工作先进集体、永嘉县信息宣传工作先进集体、永嘉县征兵工作先进单位、永嘉县动物防疫工作先进单位、永嘉县殡葬改革先进单位、永嘉县计划生育红旗单位等荣誉称号。

（李碎秋）

黄田街道

2013年街道数据库

项目	单位	合计
总面积	平方千米	33
耕地面积	公顷	405.53
农作物播种面积	公顷	572.3
粮食作物播种面积	公顷	408.2
建置村	个	18
社区	个	3
总人口	人	27828
外来民工	人	25270
工业总产值	万元	549700
农业总产值	万元	4000
第三产业增加值	万元	73300

经济总情 2013年，工业转型升级初见成效。辖区内有生产性企业685家，其中规模上企业11家，总产值33.87亿元，同比增长7.52%；规模下企业433家，总产值21.1亿元，同比增长15.6%。全年社会固定资产投资累计完成19.33亿元，增长率43.17%。传统支柱产业加快转型。千石五金工业园区初具规模，皮鞋皮具、五金饰扣等企业不断做大做强，品牌培育成效显著。

城乡统筹 2013年，大力推进治水工作，市定的黑臭河、垃圾河

2013年建置村数据库

村名	书记	主任	村民小组	人口
千石	王圣亮	王振义	32	4429
外窑	柯益平	罗东	10	1360
下白岩	朱爱义	朱陈龙	12	1235
上白岩	夏晓忠	杨建东	19	1004
夹里	李昌道	李建	16	1632
新寿湾	李顺法	杨杰	18	1199
雅村	叶圣姆	包巨东	13	1504
浦边	陈楚	陈仁道	13	1301
江边	黄志隆	张文成	12	1155
雅林	金陈华	王小平	22	2666
池头	陈伟东	陈伯海	12	1247
岭下	李忠滔	吕建村	8	975
凤屿	郑田虎	郑春节	16	1574
东联	林考	黄信仓	16	1880
黄田岙	李忠进	许周照	11	1167
埭下	李月进	包加兴	21	1424
珠江	项建仁	项洪光	10	1155
黄浦	戴艳红	李坚	12	921

整治基本完成；启动黄田污水处理厂政策处理前期工作；瓯江治理工程黄田段完成投资9000万元；生态河道建设基本完成，上白岩、下白岩河道整治基本完成，启动了万寿浦、雅林浦、岭下村后垟浦治理。大力推进“三改一拆”工作，完成城中村改造56962平方米，完成率154%；完成旧厂房改造15149平方米，完成率66%；完成拆违22000平方米，完成率90%；启动了岭下村城中村改造项目。大力推进“四边三化”工作，基本完成公路边、铁路边、水边、山边的环境整治任务，“四边三化”总成绩排名全县第一。大力推进减排、污染整治和生态建设，成功关闭小电镀厂，2家标杆电镀企业通过验收，完成节能降耗年度任务，同时对非法电镀

进行打击，拘留嫌疑人6人。

社会事业 2013年，按照精品线路、精致节点、精细打造的要求，大力推进美丽乡村建设，完成41省道的店招店牌改造、千石立面改造等工程，完成楠溪江大桥头、绕城高速口等节点的绿化，完成新寿湾、东联村的新农村建设整治，完成东联村文化大礼堂建设，切实做好“双清”工作，城乡面貌明显改善。计划生育工作面对落后局面，奋起直追，基本完成年度任务。同时认真做好禁毒、食品药品安全、卫生、宗教、档案、人民武装等工作。

平安建设 2013年，大力推进平安建设，强化综治网络建设，切实加强平安建设宣传，严打整治成效明显，全年共发生刑事案件221起，两抢案件15起，比上年同期均有所下降，辖区治安形势总体稳定。积极开展矛盾调解活动，共受理纠纷115起，调解成功率100%，受理信访件23件（重复件11件），回复18件。同时梳理出重点信访问题3个，落实包案领导和责任干部，一批疑难信访问题得到妥善处置。安全生产常抓不懈，深入开展“打非治违”和出租房整治专项行动，是年共排查生产经营单位673家，发现隐患105处，落实整改97处，整改率达到92.3%；排查出租房1098间，发现隐患820处，督促整改560处。大力推进“青山白化”治理工作，共完成公路、铁路边坟墓生态化改造1000多座。认真做好森林消防工作，年度考核优秀。切实加强统计和经济普查工作，经济普查工作顺利推进。全面部署、大力宣传，积极创建“无毒社区”，全年尿检率达90%，全县年度考核排名第二。高度重视消防安全工作，针对“三合一”作坊、“三堆”隐患、简易出租房等重点部位、重点单位集中开展清剿整治，全年累计消除各类隐患312处。“平安黄田”创建氛围良好。“六五”普法全面铺开，全年累计举办各类宣传活动20场次，新建宣传窗10个，分发禁毒、综治、消防等宣传资料10000余份，悬挂横幅50条。

基层党建 2013年，大力加强党风廉政建设，严格执行上级关于作风建设的各项规定，认真落实公务接待“三严四禁”及外出学习参观考察管理制度。深入开展“农村基层党风廉政建设年”活动，严格执行《农村基层干部廉洁履行职责若干规定》，进一步完善“三资”管理机制，切实抓好村级“三务”管理规定。开展反腐倡廉宣传教育活动，组织开展“一把手”上廉政党课和“510思廉日”活动，推进廉政文化建设。大力加强基层组织建设，各村党支部开展“五星争创”活动，对党员进行星级评定，开展整改提升工作。精心组织村级组织换届，基本完成党支部换届，完成5个村委会换届。提升“两新”组织党建工作水平，新成立奥康网络经济党支部，开展“红色接力”等活动。切实加强领导班子和领导干部队伍管理，落实全员绩效考核，贯彻实施镇（街道）干部联系群众“鱼水情”行动和领导干部反向“计分预警、抄告提醒”等制度。积极开展机关干部驻企服务活动，街道46名干部结对132家企业，共梳理企业41个问题，帮助解决问题27个。切实加强宣传工作，搞好党委理论中心组学习，深入开展“幸福社区”建设，积极开展文化、体育等系列活动，农村精神文明建设得到加强。大力搞好统战工作，侨联进行了省级示范性基层组织创建。

荣誉录 2013年，黄田街道获县考绩优秀单位、省级文化先进县创建工作先进单位、省“春泥计划”实施工作先进乡镇（街道）、温州市群众体育先进单位、温州市抗台救灾先进集体、温州市共青团活力乡镇（街道）、温州市流动人口计划生育基本公共服务均等化示范乡镇（街道）、温州市流动人口计划生育规范化服务中心、永嘉县“四边三化”行动先进集体、“平安永嘉”建设工作先进集体、永嘉县‘十杯、十佳’竞赛平安家庭创建先进集体、永嘉县先进学习型党组织等荣誉称号。黄田街道妇联获信息宣传工作先进集体、温州市文明家庭创建先进集体荣誉称号。黄田社区被评为“温州市社区妇女维权服务站示范站点”“温州市示范儿童之家”，被温州市委社工办确定为“温州市农村新社区示范点”。

（王晓丽）

三江商务区（街道）

经济总情 2013年，实现固定资产投资260550万元，增长率107.01%，完成率104.22%。企业经营范围涉及鞋业、阀门、机械设备、五金、油漆、石油产业、印刷等多个领域，规模普遍较小。2013年，农作物播种面积1317.0公顷，其中粮食作物768.3公顷、总产量4923.3吨，油菜籽36.9公顷59.4吨，蔬菜486公顷10996.6吨；早

2013年街道数据库

项目	单位	合计
总面积	平方千米	60
耕地面积	公顷	532.5
农作物播种面积	公顷	1317
粮食作物播种面积	公顷	768.3
建置村	个	28
社区	个	3
总人口	人	29528
外来民工	人	4010
农业总产值	万元	11079
工业总产值	万元	69408
第三产业增加值	万元	25869
财税收入	万元	10129
镇企业数	个	342
年产值超2000万元企业数	个	6

2013建置村数据库

村名	书记	主任	村民小组	人口	村名	书记	主任	村民小组	人口
江头	黄统永	余圣周	12	2004	芦田	厉奇泽	徐陈生	24	3602
浦东	杨志义	陈纪顺	16	1808	芦黄	潘小华	蒋俊	13	846
宁浦	翁文良	翁圣义	9	1211	龙下	戴艳阳	夏瑞仁	6	309
后江	郭金云	林长林	14	1704	龙川	金冠廷	金新岳	10	454
仙山	余洪煊	林建春	3	362	缪北	缪相朋	缪彦策	16	718
梅园	翁显珍	胡林华	6	928	龙头	金林福	金松庭	12	852
挂彩	吴建敏	周守平	5	987	仙客	李永瑭	李永生	12	578
开垟	吴星昆	徐洁	3	454	山后	叶宝乐	叶新乐	16	709
新建	高德松	高星富	3	423	北岙	李忠植	郑元明	30	1418
长岙	吴陈杰	范晓和	6	710	行禅	叶际超	叶益周	22	1039
箬岙底	梅建河	尤清森	10	975	南岙	李有岱	程文西	6	1024
箬隆	吴捷克	吴飞荣	43	3729	半岭	李仁超	黄长生	6	549
启灶	全龙益	余建成	7	423	罗溪	吕裕伍	吕裕勇	10	795
陈家坑	何长方	徐云义	3	221	木桥	缪云宝	李永生	15	696

稻187.5公顷1026.2吨，晚稻160.8公顷1369.2吨；茶叶896公顷295.8吨。生猪存栏11652头，出栏9120头，猪肉957.6吨；家禽存栏87040羽，出栏45698羽，禽肉116.1吨，蛋产量158.4吨。

三江开发 一是完善规划体系，及时启动三江控规调整和地下空间利用规划工作，确保了招商项目的规划思路对接和项目及时落地。同时着眼于高标准和配套性，整体部署了交通优化方案规划以及市政道路、给排水、滨江景观等修建性规划和产业发展规划，充分发挥了规划的龙头作用。二是推进项目建设，诸永延伸线工程、过江通道、瓯北大桥、三李公路、燃气管道工程、标准堤塘、楠瓯大道、农房集聚改造、罗东高新科技园区等重大工程建设有序推进。三是筹集项目资金。依托项目优势，创新筹资模式，加强银企对接，有效破解资金要素制约，初步解决了12#、13#、14#安置房项目建设资金。四是抓好招商选资工作，强化对项目土地性质、规划功能、开发条件等进行深入策划分析，编制和完善项目库；加强对在谈意向项目的跟踪联络，主动做好和北京万通、上海世贸、香港嘉里的对接洽谈，促成三江生态立体城一期19.5公顷用地成功出让。全年招商选资实际到位资金13.5亿元，实际到位资金完成量居全县第一。

城乡统筹 一是农房集聚改造有序推进，12#地块1#区域1流水段地下室结构砼浇筑完成，1#楼夹层砼浇筑完成，其余区域模板安装完成，钢筋完成50%；2#区域墙柱钢筋连接完成80%，支模架搭设完成90%；3#区域2流水段地下室底板砼浇筑完成，4#楼地下室底板砼浇筑完成，6#楼地下室防水完成60%，其余区域底板钢筋完成50%；4#区域9#楼及1流水段底板钢筋施工完成，底板砼完成50%，其余区域底板钢筋完成70%；5#区域土方开挖完成40%；6#区域土方开挖完成40%。二是旧村改造有了实质性突破。新建村、梅园村旧村分别于11月13日、12月2日开始拆迁，旧村改造进入实质性阶段。此外，各村安置房建设有序推进。

社会事业 一是群众文化事业蓬勃发展，全年共投入经费175万元，在梅园村和箬隆村，创建了社区文化服务中心；建设1个文化大舞台和1个文化礼堂；三江社区和江东社区顺利通过温州市文化示范新社区验收；举办了迎春赠写对联、健舞操比赛、第三届象棋比赛、庆祝建党92周年大型文艺晚会、第三届武术表演等10次较大型文化活动和民俗节庆活动。二是美丽乡村建设卓有成效，坚持将美丽乡村建设与“三改一拆”“四边三化”“两河治理”“青山白化”整治等有机结合，强化政策处理，保障经费投入，加强垃圾清运和环境洁化的配套设施、队伍建设及机制建设，有效推进拆违、绿化和环境整治工作，使三江整体面貌明显变化，完成全省美丽乡村建设现场会各项任务。全年共出动劳务人员16326人次，拆除违法建筑物513处，面积278389平方米；拆除广告牌42处，面积10110平方米；绿化21.4千米，面积达25.4万平方米；黑臭河、垃圾河治理18条，清理淤泥4万吨；完成生态墓改造865座。三是计划生育工作常抓不懈，计划生育各项指标情况均有进步，彻底摆脱落后局面。此外，工青妇、老龄、民政、民族宗教、侨务、统计、档案等工作均取得明显进步。

平安建设 实现“四到位”，扎实开展平安建设宣传，以“进企入户”及“排查整治、强基促稳”专项活动为抓手，深化矛盾纠纷排查调处工作，排查安全隐患56起，消除56起；排查矛盾纠纷18起，化解成功18起；排查基层基础3起，解决3起。安全生产紧抓不放，深入开展安全生产“打非治违”五大专项行动，全年治理纠正违规违章行为单位30家；拆除安全生产领域违章建筑21家；无证无照整治疏导39家；规范外协加工单位3家；查处非法用电8家；排查安全隐患165条，整治隐患165条；申报“三无示范村”1家；开展联合执法6次，有效保障辖区生产安全，为三江开发建设创造了和谐的社会环境。

党建工作 一是开展“争锋创星”活动，提高干部服务水平。开展“双服务一认领”行动，共认领项目38个；开展“红七月、服务月”活动共15项；实施“驻企服务员”行动，共化解各类难题52个；加强基层党组织的星级管理，评选出五星支部7个。二是落实管理制度，加强干部队伍建设。实行反向“计分预警、抄告提醒”制度，抓机关勤廉指数；抓好以支部书记为重点的村居干部队伍建设；规范党员先锋指数考评管理，评选出先锋党员368名、警示党员32名；实行党员发展“差额遴选”，接收预备党员27名，预备党员转正33名。三是创新换届机制，开创三江换届工作新局面。创建“一张网”选情排摸方式，每名党员联系5～10名亲友，再以亲友联系亲友的方式，实现选情信息一张网排摸；建立“1十N”选情分析和“五人小组”会商制度，实行“一周一会商，一日一碰头”；实施“一员二谈三课”，严防贿选；圆满完成村级组织换届选举工作。四是加强党风廉政建设。深入开展勤廉科室、勤廉村居、勤廉干部3项创建评选活动，完善惩防体系和落实党风廉政责任制；全面开展勤廉工程建设，规范工程建设管理，扎严管理的“篱笆”，堵死管理的漏洞，筑牢廉政的基础，最大限度地降低廉政风险；积极开展“信访积案化解年”专题活动，着力化解重大疑难信访问题，全年共接待查办信访案件10件，办结率100%；以完善村级监督体系建设为重点，扎实推进农村基层党风廉政建设。

荣誉录 2013年度，三江商务区（街道）获温州市电网建设先进单位、美丽乡村建设工作先进单位、推进惩防体系建设和落实党风廉政建设责任制先进单位、“勤廉镇街”、招商选资综合考核一等奖、全县人口和计划生育工作进步奖、文化礼堂建设工作先进单位、2013年度考核良好单位、学习型领导班子、先进学习型党组织、全县政务信息工作先进集体、县“两提两争”主题实践活动先进集体、县妇联系统信息宣传工作先进集体等荣誉称号。

（李建雷）

乌牛街道

经济发展 2013年，乌牛街道坚持把发展经济放在第一位，突出招商选资、固定资产投资、工业区建设、农业两区建设等工作重点，充分挖掘辖区资源，推动经济又好又快发展。一是强化“招商选资”调度工作。借鉴先进经验，将具体目标任务分解到每位工作人员并在年底进行考核。成立乌牛商会，加强与海外商界人士的联系，激发本籍华侨的家乡感情和投资热情，吸引他们回乡投资创业。全年招商引资30822万元，完成计划任务的440%，名列全市前茅。二是抓紧抓实小微园创建工作。至年底，前期建设初步方案、领导机构、建设组织和投融资主体以及建设项目初步确定。小微园计划总投资14亿元，总用地29.66公顷，总建筑面积77万平方米，其中一期用地面积13.6公顷，建筑面积35万平方米；二期用地面积16.06公顷，建筑面积42万平方米。全力推进岭下工业园区建设。根据规划，园区承接“温州都市区的重要组成部分和先进制造业基地”的功能定位，着力打造永嘉县第五大支柱产业。园区总用地面积75.93公顷，总投资50亿元，重点引进有雄厚资金实力的温商、在外永商，全国500强、全国民营500强，上市公司，

2013年街道数据库

项　目	单　位	合　计
总面积	平方千米	76.6
耕地面积	公顷	929
农作物播种面积	公顷	1529
粮食作物播种面积	公顷	1260
建置村	个	37
社区	个	2
总人口	人	41977
外来人口	人	25632
农业总产值	万元	7095
工业总产值	万元	360867
第三产业增加值	万元	26600
财税收入	万元	19861
农民人均收入	元	10388
企业数	个	557
年产值超1亿元企业数	个	4
年产值超2000万元企业数	个	32

2013年建置村（居委会）数据库

村(居)名	书记	主任	村(居)民小组	人口
码　道	蒋志谦	蒋建胜	30	2930
西　湾	杨嗣西	叶万贤	15	1239
祥　池	叶焜荣	李新旦	39	3821
吴　岙	林晓珍	吴和清	14	1402
岭　下	戴文国	戴家多	17	1506
鸭　鹅	周建勋	管长增	12	1316
西　垟	徐锦东	林成克	18	1840
王　宅	郑正夫	王安泽	19	948
孙　宅	孙云达	孙建南	8	976
古　塘	胡理仁	陈云弟	12	1025
茅　楼	傅光弟	傅玉林	12	997
新　庄	何德宝	马明通	13	1027
横岚岙	郑建鸥	蔡其恩	8	723
大　联	陈正浦	潘忠龙	9	650
泰　庄	周作森	周建荣	8	183
荣　庄	林献琴	柯方毅	15	1023
金　合	马忠武	刘云魁	13	960
河口岙	张荣忠	张佐武	7	688
河口埭	金孝善	金　乐	6	693
项　岙	潘笑华	蔡育滔	8	345
杨家山	黄金良	黄长春	8	784
岳　田	黄德宝	吴尧坚	12	975
仁家垟	林恩光	黄爱松	16	968
洪　山	夏松林	杨小龙	15	768
水对头	叶建光	麻建素	12	859
上　叶	叶尧兵	叶立新	8	635
西　岙	夏绍清	陈宋周	36	2605
西　叶	叶建秋	孙刚强	6	610
东　樟	陈元明	陈荣海	14	1116
乌　岩	吴林益	吴振芬	6	682
青　塘	陈德仁	钱成益	8	707
十八垅	钱云海	叶晓耀	8	970
横　屿	黄祥龙	陈　扒	18	1019
上三房	陈建昆	陈德银	40	2700
马　岙	胡德国	胡增荣	16	1328
东垣头	黄仁川	黄洪宣	8	335
大　嶂	余定煊	余国胜	10	624
居委会				166

以及县外大企业、大集团，形成战略性新兴产业集聚、现代服务业配套的高新技术产业园。完成报喜鸟7.13公顷用地指标全部审批材料上报，鸭鹅、岭下增减挂钩项目上报，工业区建设返回吴岙3.07公顷三产指标压腹矿、测量定界等前期工作，工业园区详细规划控制性修编图纸初步会审工作。三是强化固定资产投资工作。围绕重点工程、工业性投资项目、房地产项目、民房改造项目和村级建设项目等5个方面工作，加快产业集聚平台建设，积极构筑具有乌牛特色的现代产业体系，不断培育和增加街道经济增长点。2013年，街道固定资产投资额达82593万元，完成全年任务104.4%，其中工业性投资27398万元，同比增长121.43%。四是强化农业基础地位，扎实推进农业“两区”建设。出台农业产业扶持政策，修改完善“两区”建设实施方案，在基地建设、产业培育、科技服务等方面落实具体有效的支持政策，集成投放涉农项目。2013年，畜牧业生产投入9763万元，“乌牛早”标准化基地建设投入356万元；加强农田基础设施建设，全年投入资金348.6万元修建山塘、加固河道；加速“沃土工程”建设，投入资金300多万元，大力推广冬绿肥、秸秆还田等技术。2013年，全街道共有农民合作社41家，种养殖大户168家，生产粮食作物8228.5吨、油料125.3吨、中药材32.2吨，种植乌牛早茶912公顷，年产成品茶叶127吨；种植蔬果127.1公顷，年产蔬菜水果2062吨；生产猪、牛、羊、兔等家畜32669头，鸡鸭鹅等家禽109355羽，畜禽产量1390.3吨，鱼类产量28.3吨。

城乡建设　2013年，以“十大建设项目”为抓手，全面推进城市化进程。一是着力于中心城区的重点亮点区块开发和建设。按照“东西联体、南北贯通、中心突破、沿河崛起”的思路，加快推进“三纵三横”城市路网框架建设并初具雏形。投资2505万元的电力路东段，完成任务的60%；投资1126万元的新安路，完成80%。投资约2亿元的乌牛商贸中心和投资约1亿元的乌牛同安医院已开工建设；永嘉华隆酒店二期和乌牛恒隆百货挂牌出让，其他相关工作有序推进。二是强势推进“三改一拆”行动，完成祥池村17＃地块城中村改造项目，所有拆迁安置户都已搬迁入住；码道村城中村改造、祥池村东垟和前寺连片改造、孙宅村永乐锦园等项目有序推进中。2013年，乌牛街道农房集聚率为7.19%，列全县第二名；旧厂区改翻建21066平方米，完成全年任务的210%；坚持“违必拆，七先拆”，全年共拆违507处计21.85万平方米。三是强化城乡环境综合治理。从整治乡村生活垃圾入手，推进“户集、村收、街道运、县处理”垃圾集中处理模式，制定《乌牛街道“美丽乡村”城乡保洁考核机制》，加大各村垃圾屋建设力度，建立城乡清洁队伍，确保乡村清洁。2013年，共投入资金50万元，建成垃圾屋16处，清理垃圾233处2262吨，有力促进农村生产生活环境的改善。结合“美丽浙南水乡”建设，积极响应“五水共治”，从“管”“建”着手，全力改善水环境。以省级工程乌牛溪(永乐河)综合治理工程建设为契机，启动乌牛溪(永乐河)沿线环境整治工作，全年共拆除沿河污染违章企业33处，计18450平方米；完成沿线绿化面积142176平方米，投入资金1371万元。启动黑臭河、垃圾河整治工作。制订《乌牛街道黑臭河、垃圾河专项整治实施方案》，确定黑臭河、垃圾河治理目标、范围、措施。与相关各村签订《乌牛街道黑臭河、垃圾河专项整治目标考核责任书》，并推行“河长制”。推进“青山白化”整治工作，保持治理的高压态势，加大对“三沿五区”白化回潮的巡查和预防，巩固整治成果。全年共治理坟墓282座。

民生事业　一是紧紧围绕“解决民生、落实民权、维护民利、构建和谐新社区”的主线，通过举办“春季服务月”活动、“5.29”计生协会活动和“关爱女孩”等一系列关爱民生活动，促进人口和计划生育政策法规深入人心，营造浓厚人口与计生的社会氛围。2013年，围绕中心指标，强化有关措施，制订了计生预警制度、计生分析会制度、周二下村督查制度。到年底，基本完成市、县下达的人口和计划生育工作指标，年度考核排名比2012年上升了4位。二是整合社会管理资源，在服务中实施管理，在管理中体现服务。紧紧围绕民政部门的中心工作，进一步健全完善助残、帮贫、扶困社会化管理服务网络。大力推进两大社区规范化建设，埭头社区和仁溪社区实现社区便民服务中心良好运行，规范化运作合作医疗保险、计划生育、综治管理、电业服务、司法援助服务等窗口。能直接办理的尽可能直接办理，不能办理的实行代办，2013年共办理6500多件，方便了社区群众的日常需求。通过“全国助残日”等活动，开展送温暖活动，对辖区内20位优抚对象发放优抚金共计50多万元。2013年共有低保户351户，保障人口累计606人，发放金额1505928元。农村合作医疗保险新参保1554人，累计参保36039人。三是强化工作力度，加快文化、教育、卫生等民生工程建设进程。总建筑面积2840.8平方米、总投资1800万元的乌牛文化中心成功结顶，正在进行附属工程建设和装修，预计2014年6月投入使用；总建筑面积12670平方米、总投资2400万元的乌牛二小一期工程竣工并投入使用；总建筑面积2359.6平方米、总投资450万元的乌牛中心小学仁浦校区教学楼工程结顶并投入使用；总建筑面积3197平方米、总投资580万元的乌牛二中教学楼及扩建工程完工并投入使用；投资20万元的荣庄文化礼堂开馆并进行多场文艺演出；总建筑面积4685平方米、总投资700万元的卫生服务中心综合大楼竣工投入使用，并成功创建温州二级乙等医院，是永嘉首家省级示范社区卫生服务中心。四是结合街道实际和广大群众的文艺爱好，积极组织街道各单位干部职工和广大群众开展丰富多彩的文体活动。举办健身舞协会庆“三八”文艺晚会；以调解工作氛围、增强身体素质为主题举办登胜美尖比赛；举办了乒乓球比赛、象棋比赛；举办了以“舞动乌牛、激情跨越”为主题的2013东蒙杯首届排舞比赛。还举办了武术大会、长跑比赛、挑啤酒比赛等活动。此外，投资86万元的人防应急指挥中心着手制订方案，民兵预备役工作上了新台阶，多名优秀青年应征入伍。全力维护妇女儿童利益，重视老年事业，积极营造尊老爱幼、老有所乐的良好氛围。认真抓好民族宗教、侨务、统计、档案、地方志等工作。成立了乌牛街道侨联工作站以及2个社区归侨侨眷联合会，积极开展系统的侨情调查工作，健全和完善侨情数据库资料。完成了永嘉县志（1990～2010）乌牛篇的编纂。

平安建设　2013年，将平安、综治、禁毒、信访、安全生产等工作纳入工作人员管理量化考核，与各村、各部门分别签订了《综治目标管理责任书》《禁毒责任书》《安全生产管理责任书》《信访工作责任书》，有步骤地开展“平安建设”工作。一是全面实施

"六五"普法和"法治乌牛"建设宣传教育工作，充分运用法制讲座、法律咨询等多种形式，大力宣传社会治安综合治理、平安创建活动的主要任务；建立健全村调委会组织机构，完善安置帮教、反邪教、维稳、国安、治安等组织及610信息员队伍。二是组织开展"排查整治、强基促稳"等专项活动，进一步完善社会稳定风险评估机制。全年全街道共发生民事纠纷94件，成功调处94件；信访件16件，办结12件。全国"两会"、党的十八届三中全会、全省美丽乡村建设现场会等重要时间节点实现零上访。三是开展反邪教等系列宣传教育活动。配备维稳、反邪教信息员38名，深化"无邪教村、学校"创建工作，分发宣传资料2000多份，杜绝邪教法轮功等邪教滋生，确保国家社会安全。四是开展"扫毒害、保平安""扫黄打非""打击防范电信网络诈骗犯罪""追逃"等专项行动。共破获各类刑事案件46起，同比上升5%；刑拘42人，同比上升11.2%。五是开展道路交通安全治理工作。深化道路交通安全宣传"五进"活动，宣传22次，发放宣传资料2000余份。开展查处酒后驾驶、"四小车"整治等严重交通违法行为专项活动，努力预防和减少重特大道路交通事故，是年共查获酒后驾驶69人，其中醉酒驾驶32人；查扣"四小车"287辆。六是加强社会管控工作，提升群众安全感。全力开展"警灯工程"，将警力摆上路面，提高群众见警率。全年共发各类刑事案件161起，同比下降17.07%，其中发生"两抢"案件7起，同比下降50%。七是巩固出租房管理模式，加强流动人口管理。2013年，共排查出在册登记暂住人口26945人，总出租房登记3227家，签订出租房责任书率100%。八是不断深化"无毒社区"创建活动，"无毒社区"覆盖面100%。组织开展禁毒系列专项行动，加大打击力度，震慑毒品违法犯罪分子，共破获贩毒案件7件，刑拘8 人；查获吸毒人员42人；准确掌握辖区帮教人员底细、动态，积极协助做好吸毒人员动态管控机制建设，社区康复总体尿检率100%；社区戒毒总体尿检率90.1%；总体帮教率83%。九是加强安全生产宣传和检查工作。结合实际，组织多个部门深入厂矿企业、公共娱乐场所等进行全方位的检查，对存在安全隐患的违章建筑和企业、场所坚决予以拆除和整改。全年共检查企业246次，查出安全隐患85条，发放整改书或限期整改书85份。

基层党建 2013年，按照"围绕发展抓党建、抓好党建促发展"的思路，采取各项工作措施，进一步推进党的建设。一是狠抓街道班子建设，规范议事决策程序，加大对领导干部的教育、监督和管理力度，增强整体工作效能。认真贯彻民主集中制和个人分工负责制，实行重大事项集体决策，具体工作分工负责，提高科学执政水平。二是进一步加强机关效能作风建设，以开展"两提两争"主题活动、干部"鱼水情"活动为契机，重新出台《乌牛街道机关内部管理制度》，严格要求干部职工按时上下班，切实履行各自的岗位职责；制定《乌牛街道干部作风建设实施方案》，着力解决"五个问题"、实现"五个明显"、建立健全"五种机制"；印发《乌牛街道干部队伍日常管理反向"计分预警、抄告提醒"制度（试行）》，及时提醒、警示、纠正干部在思想、工作、生活中存在的问题，维护干部队伍的纯洁性和良好形象。认真贯彻落实中央《八项规定》，深入查找在改进文风、会风、调查研究、厉行节约等方面存在的问题。改进公务接待，规范办公用品、公务用车的管理，开展了停止新建楼堂馆所和清理办公用房情况自查工作和精简会议活动，认真落实各项节约措施，切实降低行政成本。三是有序做好村级组织换届工作。10月29日，37个村全部完成党支部换届工作。换届后产生书记37名，其中女书记1名，书记连任23名，新当选14名，副书记4名，委员77名，其中妇女委员5名。12月31日，乌牛街道37个村全部产生新一届村民委员会，选出成员148人，其中女性36人，村主任连任15人，新当选21人，"两委"交叉兼任9人，新进村委会96人。四是深入推进干部联系群众"鱼水情"行动。领导干部带头联系村居、企业，推行"周行程公示制度"，公示每周下村入企行程，落实周二民情走访日活动，开展夜学、夜访、夜议、夜谈活动。五是严把党员入口关，强化联审，有序推进党员发展。全年发展党员54名，其中农牧渔民27名，公有经济领域1名，非公有经济领域21名，事业单位管理及技术人员2名，党政机关工作人员1名，其他2名。六是扎实推进农村党员先锋指数考评工作，开展社区化党建"双服务一认领"活动，深化两新党组织的建设和管理工作。1120名党员到社区报到，其中460名在职党员，认领37个服务项目，提高了社区的知晓率和参与度。

廉政建设 2013年，坚持“标本兼治、综合治理、惩防并举、注重预防”的方针，以责任制为主体，严格按照组织健全、责任明确、制度约束、社会监督的工作思路，全力推进党风廉政建设。一是建立健全各项规章制度。结合“中心镇”体制调整，及时调整领导小组成员，制订《2013年乌牛街道党风廉政建设和反腐败斗争责任制》。把党风廉政建设作为考核各村、各站所工作的的重要参考指标，实行一票否决，进一步增强党员干部反腐倡廉的责任意识。坚决落实党风廉政建设“三书两报告”及重大事项报告制度，抓好责任分解、责任考核和责任追究三个关键环节。对各村、各站所的党风廉政建设实行联系监管制度，要求各村监会严格监督村两委会成员执行《农村基层干部廉洁履行职责若干规定》《村主要干部重大建设项目廉政承诺制》《驻村干部“一岗双责”制度》等文件。二是积极开展主题活动，加强反腐倡廉宣传和学习。开展“510”思廉日活动，组织观看由市纪委录制的《贪欲与代价——村干部违纪违法案件警示录》。邀请县纪委领导上党风廉政课，营造“机关清廉、干部勤廉、社会崇廉”的良好氛围。加强廉政警示教育，组织学习中央关于违反《八项规定》精神典型案例的通报，坚定党风廉政建设常抓不懈的决心。积极与县检察院联系，组织领导班子和中层干部参观廉政教育基地，邀请县纪委领导、有关专家和廉政模范，开展廉政主题报告和专题讲座活动。三是加强农村集体资产监管服务和项目招投标工作。落实“阳光村务”，对村级党务、政务、财务、事务进行全面公开，接受群众监督。建立乌牛街道招投标中心，规范工程项目招投标，加强对工程建设等招投标工作的监督。对农村集体资产资源实行“台账式”动态管理，建立健全管理台账，组织有关人员定期重新核实清查数据。按照《浙江省村务监督委员会工作规程》要求，指导基层进一步明确监督职责，完善监督方式，规范监督程序，提高村、社区监督委员会成员的政治素质和履职能力。2013年，共完成西湾等12个村监委规范化建设。制定完善“廉政灶”制度，严格控制标准和陪同人数，减少不必要的开支。严格执行“四大纪律、八项要求”和领导干部廉洁从政各项规定，每月定期公示。坚决制止大吃大喝以及各种奢侈铺张浪费行为，厉行节俭，“三公”经费控制在指标范围以内。四是强化监督服务，切实维护群众合法权益。建设便民服务中心和各村便民服务工作站，落实网络电子监察软件操作系统，实现网络审批规范化全程监控。加强“一站式”管理，为群众提供事务咨询、受理、政策解答、事务办结一条龙服务，节省群众的办事时间。坚决纠正损害群众利益的不正之风，严格执行干部请销假、夜班值勤等工作纪律的监督检查，严肃机关工作纪律，大力整治“门难进、脸难看、话难听、事难办”问题。全年开展明察暗访18次，处理违规2人次；办理涉及党员信访件5件，处理党员3人。

荣誉录 2013年，乌牛街道获温州市学前教育达标单位、永嘉县先进统战集体、永嘉县森林消防工作先进单位、永嘉县党务信息工作先进集体、永嘉县农村农业政策性保险工作先进集体等荣誉称号；乌牛街道团工委被评为永嘉县先进团组织；乌牛街道侨联被评为第三批“省级示范性基层侨联”；乌牛街道新居民服务管理所获温州市新居民服务管理工作先进集体、温州市新居民服务管理所规范化建设达标单位、永嘉县新居民服务管理工作考核优秀单位等荣誉称号。

（张　雷）

桥头镇

经济建设 2013年，桥头镇大力加快产业平台建设，镇级小微企业创业园进场施工，电镀基地顺利通过验收并投入使用，与湖北理工学院签订共建创新服务平台协议，积极申报服装辅料特色产业科技园，组织钮扣拉链企业抱团参加中国国际面料及辅料（秋冬）博览会。不断加大招商选资力度，大力推进维多利广场等项目建设，实到资金3.97亿元，超额完成全年2.3亿元的目标任务。积极推进企业“四转”，新增4家规上企业、4家限上企业，完成企业股改2家，超额完成“个转企”197家。全年实现工业总产值46.5亿元，同比增长4.5%；财政总收入3.04亿元，同比增长4.57%；规模以上工业总产值23.6亿元，同比增长6.34%；累计完成全社会固定资产投资17.68亿元，同比增长41.03%，其中工业性投资3.75亿元，同比增长78.52%。

环境整治 2013年，连续开展三轮“百日攻坚”，扎实推进“三改一拆”“四边三化”“双清”等

2013年镇情数据库

项　　目	单　位	合　计
总面积	平方千米	91
耕地面积	公顷	747.04
农作物播种面积	公顷	1412.43
粮食作物播种面积	公顷	875.53
建置村	个	57
居委会	个	2
总人口	人	71907
外来民工	人	32000
农业总产值	万元	
工业总产值	万元	464971
第三产业增加值	万元	57341
财税收入	万元	30363
镇企业总数	个	859
年产值超2000万元企业数	个	39
农民人均收入	元	17853

工作，累计清理河道淤泥3290吨，清运垃圾13989吨，拆除广告牌284处，拆除违章建筑29.6万平方米，完成沿线绿化6.4千米，完成省道边线坟墓改造510座，建成生态公墓2座、在建10座，整治新建坟墓50座。积极推进美丽乡村建设，顺利完成胜丰村试点工作，建成梨村、东行2个农村文化礼堂。大力推进水环境治理，菇溪河道综合治理工程完成投资6140万元，二期工程量完成82%以上，四期顺利开工，五期正组织招投标；瓯江干堤工程进展顺利，成功打开壬田、林下2个村的工作面；碒头坑综合治理工程顺利完工；污水处理厂实现试运行，污水管网一期全线贯通，二期完成招投标。加强环境基础设施建设，坦头农贸市场完成改造并开门营业，通过了省级示范农贸市场验收；新浦垃圾中转站建成并投入使用；壬田山、庵山公园顺利完工并开放，城东公园建设加快推进。

城乡建设　2013年，继续投入“全国发展改革试点镇”试点工作和扩权强镇改革，进而申报全国重点镇和省级小城市培育试点，深入开展食品药品安全综合执法体系建设试点工作，有序推进桥头行政综合执法体制改革，梳理出涉及9个部门共计59条的行政执法权下放目录。大力推进农村改革，股改、地改完成扫尾工作，完成农村土地

2013年建置村（居委会）数据库

村(居)名	书记	主任	村（居）民小组	人口
桥头	陈芝虎	陈胜	8	1346
桥一	叶正平	陈建国	12	1854
桥西	王德存	杨云飞	7	742
窑底	季仁海	金云参	15	1936
金窑	金信槐	金永寿	9	1546
溪西	陈芝平	项文华	4	685
宋坑	李岳松	金月平	4	335
店埠	单国仙(主持)	单青云	4	577
殿前	周良理	祁华林	4	1298
井大	周云飞	叶加象	7	1436
黄堡	王金生	沙定浪	30	3086
谷联	叶正春	林海滨	12	2621
坦头	郑可明	郑孟杰	10	2120
街头	陈明仲	陈光证	4	986
外新	邹德辉	邹永义	4	576
底新	邹　云	周恩文	4	724
前下	邹旭明	邹永贵	5	474
下近	邹祖善	邹伟光	6	926
溪心	黄大考	黄大仙	18	2508
新华	叶云贵	叶爱光	14	926
龙头	王良富	王昌清	5	772
詹岙	詹正群	詹廷新	11	1270
潘罗	李长锁	李长兵	4	718
广头	潘湘阳	邹金国	3	186
将山	叶守存	潘旭善	7	1002
梨村	陈其吹	陈其敏	18	2957
大沸下	邹广星	侯建亮	9	1289
金村	金建槐	金青和	13	1870
石埠头	陈少冬	徐建雷	8	1484
前堡	高良碎	魏光二	4	616
前庄	高元成	陈道银	6	1338
东行	戴明道	戴德理	6	636
连岙	唐成肖	唐建丰	4	458
碒头	王建丕	王永毓	7	862
夏园	陈明金	陈云弟	4	451
凤山	罗进胜	罗进平	8	714
沈岗	王光松	叶清赞	16	1588
荷塘	王文灿	王章钻	8	797
董岙	王锡文	邹立忠	7	737
外岙	王其会	王锡重	5	546
黄坦	蔡钱桥	蔡必雷	8	1118
龙根	邹立松	唐洪海	6	670
白沙	董朝平	林宗本	23	3193
闹水坑	张献洪	周圣烈	9	984
林福	陈利生	单松华	25	3084
林下	陈云标	池群林	7	951
壬田	马洪康	陈永贵	10	2667
外垟头	王春贤	王胜华	7	877
石马岙	叶建荣	叶少武	8	1216
新浦	池云西	邹建华	4	477
朱涂	池　虎	孙明云	10	1808
白垟	翁云雨(主持)	翁郑光	16	1570
胜丰	黄时银	曾步三	6	645
洛溪	潘献高	程光益	12	1496
四角石	吴孙坚	林晓峰	5	517
白下	叶胜亮	梁银聪	6	643
桃湾	全显新	林炳良	5	503
万象★	金爱珍	詹继勇		1623
桥东★	叶　凯	王　琳		872

流转38.7公顷，建成152.3公顷的粮食功能区，新增农业基地2处，成功创建市级整治村2个、县级整治村1个；坦头、店埠旧村改造步伐加快；新城农房改造集聚点正在组织进场开工，农业投资公司有序运转，实现融资1.5亿元。进一步强化社区规范化建设，开展社区建设专题调研，完善社区服务内容与质量，加强社工队伍建设，打造星级“幸福社区”。

社会事业 2013年，坚持民生优先，进一步健全基础设施，学校警灯工程基本完成，白云小学操场顺利竣工，白云中学行政楼顺利结顶，实验小学迁建工程完成填方，桥头中学操场加快建设；修建灌溉渠道2660米，除险加固山塘2座。扎实推进“四镇联创”工作，顺利通过市级卫生强镇、市食品安全示范镇和药品安全示范镇创建验收，做好文化强镇创建迎检准备工作。进一步健全社会保障，完成农村劳动力转业培训200余人次，成功打造市级示范点前庄村居家养老照料服务中心，建成城关、白云社区居家养老服务中心。圆满完成2013年度新农合筹资工作，建立妇女关爱基金，积极开展无偿献血活动，普及“红十字”卫生救护知识。

平安建设 2013年，深入开展“一季一主题”和“平安四率”大提升宣传活动；继续开展“两排查一促进”和“进企入户”活动，排查化解各类不稳定因素121件，成功调解各类纠纷117起，化解率、调解率均达100%；制定处置公共安全突发事件应急方案，完成全镇监控系统总体规划，加强全镇31支群防群治队伍规范化建设，建成4个综治示范点；继续开展“四小车”专项整治，取缔非法加工“四小车”窝点1个和非法营运“四小车”651辆；刑事案件发案数、“两抢一盗”发案数均明显下降。狠抓安全生产和消防安全工作，9家县、镇级重大安全隐患挂牌整治单位成功摘牌，完成镇级6家消防安全隐患挂牌企业整改工作，安全生产事故零发生。扎实推进计划生育工作，深入开展“春季服务月”“秋冬大落实”“强基创优”等活动，实行“周排名、月预警、年考核”工作督查制，完成省级新居民计划生育服务中心规范化建设。

党的建设 2013年，以党的十八大精神为指引，以“两提两争”主题实践活动为抓手，激发干部干事创业激情。深入开展“打造宜居宜业美丽新桥头”思想解放大讨论，深入社区、农村、学校、企业开展宣讲活动，切实加强学习型组织、学习型领导班子建设。全面规范领导干部议事规则，建立班子成员“九联系”制度，不断完善机关干部日常管理制度，进一步加强机关作风效能建设，严格落实“一线工作法”，深入开展‘干群鱼水情”行动、“领导干部蹲点调研”“四千”行动等系列活动，开展蹲点调研88次，解决群众困难326件。夯实基层组织基础，完成村级组织换届选举工作，深入开展基层党组织“五星争创”活动。狠抓“两新”组织建设和规范党员发展，制定全年党员发展计划，吸收预备党员58名，转正85名。认真贯彻党风廉政建设责任制，严格落实公务接待“三严四禁”规定，成功打造6个廉政文化示范点，查处党员违法违纪案件7起，开除党籍7人。

荣誉录 2013年，桥头镇获浙江省示范文明镇、浙江省首批无邪教乡镇、温州市药品安全示范创建乡镇、温州市卫生强乡镇、温州市农贸市场改造提升工作先进集体、温州市“四边三化”工作先进集体、永嘉县人口和计划生育工作先进集体、永嘉县社会管理综合治理先进集体、永嘉县统战工作先进集体、永嘉县企业股份制改造工作先进单位、永嘉县红十字工作先进集体、永嘉县文化礼堂建设工作先进单位等荣誉称号。桥头镇关工委获全国“五好”基层关工委、永嘉县关心下一代工作先进集体等荣誉称号。桥头镇侨联获浙江省基层侨联示范性基地、温州市侨联系统先进集体、温州市侨联规范化建设镇街等荣誉称号。

（朱锋绵）

桥下镇

2013年镇情数据库

项　目	单　位	合　计
总面积	平方千米	277
耕地面积	公顷	3474
农作物播种面积	公顷	5559
粮食作物播种面积	公顷	3867
建置村	个	138
居委会	个	2
总人口	人	127538
外来民工	人	14409
农业总产值	万元	24386
工业总产值	万元	266526.5
财税收入	万元	18898.8
农民人均收入	元	8676

农　业 2013年，农业经济“一镇多品”格局初显成效。方岙、徐岙两大生猪养殖基地发展势

头良好，存栏生猪30000余头，出栏47500头。“中国兰花名镇”名不虚传，有兰花种植户600多户，兰花总产值3000多万元。西溪、昆阳、茗岙成为三大稻田养鱼基地，总面积达800公顷；西溪枇杷，茗岙茶叶，徐岙、昆阳中草药种植等传统产业不断发展壮大。

工贸经济 2013年，深化工业“一联二挂四促”活动，狠抓“四个率”建设。实行领导挂钩制度，重点项目由班子领导直接挂钩联系，实行一周一汇报、半月一分析、一月一统计制度。加强工业供地及项目管理，全镇工业供地8.65公顷，完成率50.02%，全年促开工项目27个，开工项目13个，结顶16个。完成工业性投资10.04亿元，同比增长20.7%，占总投资比重的51.69%。优化招商选资环境，举办了“桥下镇2013在外能人招商选资大会”，成功签约3个大项目的合同意向书。一批招商项目完成实质性投资，永嘉县源泉环保科技有限公司于11月挂牌出让，桥下大龙山生态休闲旅游中心进入挂牌估价程序。全年共招商选资4.1亿元，为年度任务的178%。有序开展商贸物流、旅游项目前期工作。工商企业转型升级成效显著，全镇工商在册企业户4396家，同比增长19.75%。完成工业企业规下转规上10家，完成年度任务的125%；服务业企业限下转限上3家；个转企163家，完成年度任务130.4%；完成2家有限责任公司转股份制公司。

城乡统筹 2013年，城乡统筹平稳扎实推进。一是农房集聚改造进入全面建设期。方岙口点打桩工作全部完成，农房一期融资已经到位，土地复垦全面展开，下斜点完成手续审批、政策处理和招投标，完成土地复垦工作。二是完成“三分三改”年度任务。完成流转土地2513公顷，新增面积1167公顷，储备库达530公顷以上，庆福堂综合园、油茶开发、五井茶园基地扩建等农业招商项目共14个，到位资金1.18亿元，协议利用资金2.8亿元。138个村全部完成股份经济合作社组建，股权证书全部发放到村，股份经济合作社证明书办理完毕；组建土地合作社135个，完成确权登记村（社）6个，启动58个。三是农村新社区建设全面深化。调整优化6个社区为8个，方岙口社区被评为全县唯一的市级示范社区。深化“1+3+X”社区化党建，不断完善“六联共建”活动，开展社区“主题月”活动60余次。西溪、茗岙、方岙口等社区便民服务设施进一步完善，社区可办理事项累计110项，其中直接办理14项，全年共办理28501件。开展社区化党建“双服务一认领”活动，共300余名在职党员参与各类服务项目。

环境整治 2013年，继续深化“美丽乡村”建设及环境综合整治。一是进一步加强环境基础设施建设，止驼山森林公园一期完成招投标，埠头山森林公园正在建设中。全镇建成垃圾中转站41个，在建中转场7个，“两厂两网”均开工建设，铺设污水管网3.4千米。二是完善美丽乡村及“双清”长效机制，每月对138个村进行考核排名。动员全社会共同参与美丽桥下建设，村规民约、河长制、路长制等措施进一步巩固。三是拆违、“四边三化”等工作进一步加强，全年共投入700余万元，拆违455处计35.4万平方米；拆除广告牌125处计3.63万平方米；清理垃圾941处计7.15万吨；绿化18.2千米；出动劳力2.1万余人次；洁化公路1570处14千米，保洁河道399.1千米，整治河道7.4千米。

城乡建设 2013年，完成全社会固定资产投资19.49亿元，同比增长13.51%。防洪工程一二期、永临大道一期、文化中心、休闲广场、镇前街、垃圾填埋场和防浪墙等工程均已投入使用，防洪工程三期、“两厂两网”、瓯江堤塘治理工程、天然气管道工程、韩埠和方岙口桥梁工程等进展顺利。永临大道将进场施工，茗岙小流域治理已经竣工，昆阳小流域治理已立项，康庄工程、水毁公路修建工作成效显著。资金、土地、政策处理等要素保障得到强化，全年转而未供土地28.1公顷，完成率为100%；供而未用15.6公顷，完成率为58.9%。

社会事业 2013年，教育、文化、卫生事业齐头并进。中考、高考取得良好成绩，教育投入进一步加大，尊师重教氛围浓厚，成立了“桥下情”教育基金会，共筹资188万元。成功创建省级“文化强镇”、市级“卫生镇”、“药品安全示范镇”，通过省级“体育强镇”复评，镇文化中心与文化大礼堂发挥重要作用，文化考核获全县第一名。投入20多万元，在茗岙社区举办“寻找身边最美梯田、品读千年耕读文化”系列活动，提升茗岙知名度。继续保持计生高压态势，计生考核排名前移。共青团、老龄、妇幼、红十字会、关心下一代、残疾人等工作均取得较大成效。

平安建设 2013年，落实了信访工作领导包案制，重视解决初

2013年建置村（居委会）数据库

村（居）名	书记	主任	村（居）民小组	人口
桥下	陈贤敏（副）	戚永春	28	3899
京岸	任益东	任旭东	20	1946
垟湾	卢小忠	卢旭展	8	1698
八里	陈圣春	陈胜剑	14	2147
外湾	蔡大标	蔡思滔	2	168
韩埠	葛伟永	葛建策	12	1137
方岙	章光国	卢永明	5	529
小京	邵建胜	章国权	11	1510
垟京	董益和	邵昆	5	495
西江	邵元成	董通义	5	511
桃山	卢忠贤	卢立银	8	769
陈山	章定克	章连国	4	403
上埄	谢绍春（副）	谢作塘	5	379
泰山	姚宗长	姚金林	7	559
山联	邵景慰	邵元祥	4	269
肖山	邵建胜	邵小平	10	562
金兰	吴志元	吴志闹	4	446
连村	林建策	郑久通	7	576
桥上	戚正荣	戚露加	6	616
西溪下	林少勇	胡作明	22	2185
光华	邹建斌		10	891
小旦岙	李益光	林星招	7	642
埠头	黄本聪	吴曼平	10	1474
西岙	吴国算	吴普兴	8	840
下斜	吴守权	陈茂寅	7	834
上村	董显明	董显飞	8	1228
梅岙	徐建成	徐玉旺	11	1265
东山	尤长国	黄贤开	11	1079
六岙	林克仁	叶张芳	20	1900
浦石	陈建义	肖金乐	4	512
延寿	苏建平	林国忠	6	445
叶岙	叶纯钢	叶大顺	12	698
尤山	尤森孟	尤东海	8	482
塘坑	朱春祥	朱仁弟	7	442
中央山	胡忠夫	胡贤林	9	606
霞岙	胡明拾	胡忠恩	8	652
徐山	徐伯治	徐建勇	13	611
麻坑	徐德星	徐美贤	7	367
山根	邹时南	陈笑莲	8	752
墩头	潘伟东	郑玉树	6	734
龙口	王定良	王忠宽	4	382
下徐	邹建平	邹利剑	19	2046
富垟	鲍秀晨	鲍秀书	4	420
六龙	李建珍	李光托	19	2907
龙头	李金佐	李建锋	13	1565
坦头垟	邹建家	邹步通	26	2994
吴宅	吴进潘	吴进坚	18	1615
潘宅	潘胜恩	潘统友	16	2170
下庄	李长鹏	李谊	14	1202
章一	章国兴	章寿永	7	651
呈岙	潘长江	潘光斌	6	767
罗徐	林长春	林恩光	6	648
朱坑垟	潘崇林	潘必克	5	553
前山	吴黎明	吴国和	17	1866
瓯山	吴臣村	吴海勇	16	1365
瓯渠	吴策	吴祖敢	17	1391
双进	吴清清	吴洪标	10	978
洋观	吴进福	陈增国	7	733
岭一	尤建勇	尤振谦	7	739
向阳	周巧	尤建敏	6	462
娄川	潘学漫	潘云仪	4	329
金园	吴进春	吴光有	10	965
陈岙	潘锦飞	潘松庭	7	816
湖庄	李云飞	李松定	27	2187
大阳	李德仓	李道德	3	354
黄山	李云平	罗国忠	11	749
里村	陈永飞	陈克俭	14	1271
济根	赵世蒙	赵世南	5	451
黄村	李加行	李春益	8	712
双联	李长仕	赵大仗	8	571
周山	赵章平	赵建东	4	187
阮山	陈顺发	陈继存	12	785
朱山	朱清高	朱文明	8	539
上朱山	赵长华	赵建明	4	515
茶一	季福蒙	季祥波	15	1666
茶二	赵大平	赵德秀	10	932
徐岙	胡理旺	张建仁	12	1050
桐园	陈光亮	季晓东	12	1150
金加了	陈小花	徐呈亮	11	667
宋岙	潘太平	潘锦龙	12	838
大头岙	陈道蒋	白红灯	7	636
岭根了	吴昌联	蔡福杰	6	433
黄麻垟	陈上武	陈祥前	6	304
朱硐坑	陈国华	周善榜	6	410
大平	林永登	陈统金	8	510
殿后	季久勇	季建义	3	485
朱坑	朱启捷	朱圣坚	24	1372
塘上	徐天元	徐岩成	10	1150
吴垟	郑九平	郑九永	9	834
黄川	林希千	林希奎	4	280
蒲瓜墩	徐明松	潘世忠	5	355
樟岙	邵理华	邵联勤	17	1871
杨湾	杨大本	杨长安	3	306
廿四垄	黄光荣	吴顺敬	12	601
西尖	郭新真	郑加辉	10	641
银坑	张福权	付显远	10	665
吊坑	邵云克	邵建武	9	1003
梅坑	潘素玲	潘德聪	26	2349
郑山	吴守仲	郑文林	21	1723
邵山	邵方省	邵志勇	4	627
下陇	邵连福	李昌仁	11	1107
吴山	卢苍忠	潘永照	3	273
昆岭	潘统国	潘统南	5	386
双垄	潘伯欢	潘统丰	5	308
东村	潘银德	潘向农	26	2051
南村	潘统理	潘锦想	11	1165
西村	潘云周	潘建仁	26	1961
里斜	全寿建	全岳相	5	500
双坑	刘文华	潘锦辉	11	615
赤岭	郑九旺	林太催	9	924
前山头	潘统调	潘加志	4	247
娄山	邹建平	潘教孟	5	673
金仓	麻谦军	陈孝枪	4	638
底砻	林显楚	林荣恩	6	596
外砻	林鹏	林胜益	8	740

续上表

村(居)名	书记	主任	村(居)民小组	人口
塘下砻	林永平	林建初	8	709
茗下	陈春福	胡南	9	890
茗后	胡九灯	邵建义	8	910
茗中	董周欣	胡东兴	18	1732
茗上	胡仲奇	胡忠仕	18	1410
岩山	钱芹省	钱中贵	13	1300
平川	潘国海	潘昧优	14	1061
南山	胡学林	胡步池	4	288
章岙	吴松华	胡林龙	9	1020
底岙	胡伯松	胡相云	10	990
麻岙	胡安忠	胡清夫	6	503
石坑	汤娟娟	邱宗煜	4	191
龙外	郑金文	郑建略	4	365
乾口	郑建利	郑忠强	4	354
外徐	郑玉秋	郑锡方	4	520
徐宅	徐相忠	徐永南	7	745
剩庄	徐成丰	徐宗豹	8	817
马界山	胡耀谊	胡明千	5	560
石田坑	胡伯和	吴有千	4	384
章当	潘泰合	潘呈南	8	1120
胜山	徐伯清	潘建静	6	478
光塘垟	郑伯平	潘建晓	8	846
坐凳	王忠武	郑光荣	6	480
京岸★	潘瑞弟	潘瑞弟		682
桥下★	陈贤文	陈贤文		998

信初访，坚持每半个月进行一次村居不稳定因素及矛盾纠纷排查工作。加强综治工作中心大调解体系建设，结合“进企入户”、“排查整治、强基促稳”，积极开展“平安三率”宣传大提升活动。聘请专职维稳信息员，全年共排查矛盾纠纷197起，化解率100%，信访件94件，均得到妥善处理。普法、禁毒工作也取得良好成效。严厉打击“黄赌毒”和“两抢”犯罪活动，稳步推进反邪教、社区矫正、流动人口管理等工作，加强劳动纠纷调处。深化安全生产工作和食品药品安全管理，定期开展大检查。

基层组织建设 2013年，顺利完成8大社区138个村的党支部、村民委员会、村务监督委员会和村经济合作社四套村级领导班子的换届工作。做好农村党员先锋指数考评管理和支部星级评定工作，实施“双服务一认领”项目，完善“1+3+X”社区化党建工作标准和星级社区考评细则。狠抓“两新”组织建设和规范党员发展，全年吸收预备党员92名，转正227名。扎实推进“勤廉桥下”“勤廉村居”工作，全面开展“510思廉日”专项活动。加强“三公”管理，严格执行公务接待各项规定，设置机关食堂“廉政灶”。加大信访办案力度，认真调处各类违纪违法案件。是年共处理党员干部案件21件，其中处理计生案件8件，党员违法7件，干部违纪6件，信访报结率、结案率均达100%。

荣誉录 2013年，桥下镇获中国教玩具出口基地、浙江省文化强镇、浙江省体育强镇复评合格单位、浙江省“五好”离退休干部先进党支部、浙江省农民工文化家园、浙江省“全国工会示范职工书屋”、温州市卫生强镇、温州市药品安全示范创建镇、温州市特色产业科技园、温州市示范社区（方岙口社区）、温州市助残扶残爱心镇、温州市征兵工作先进基层单位、温州市产业集聚（二类）建设评估三等奖、温州市群众体育先进单位、温州市小微企业培育检测暨乡镇企业统计工作考核优秀单位、温州市农业农村工作先进集体、温州商会联络处招商引资工作先进单位、温州市爱国卫生工作先进单位、温州市县级功能区、中心镇和市区街道先进集体、温州市扶贫开发工作先进集体、温州市第九批市级爱国主义教育基地、温州市社会科学普及示范基地、温州市“五好”离退休干部先进党支部、永嘉县（功能区、镇、街道）A类单位考绩优秀奖、省级文化先进县创建工作先进单位、文化礼堂建设工作先进单位、基层文化年公共文化服务先进集体、永嘉县信访工作先进集体、永嘉县人口和计划生育工作先进集体、永嘉县 “三改一拆”工作先进集体、永嘉县村级组织换届工作先进集体、永嘉县防范和处理邪教工作先进集体等荣誉称号。

（金崇崇）

沙头镇

2013年镇情数据库

项　目	单　位	合　计
总面积	平方千米	184
耕地面积	公顷	1156.2
农作物播种面积	公顷	2450.1
粮食作物播种面积	公顷	1783.2
建置村	个	72
居委会	个	1
总人口	人	73742
外来民工	人	458
农业总产值	万元	8606
工业总产值	万元	82282.3
财税收入	万元	4208.22

2013年建置村（居委会）数据库

村名	书记	主任	村民小组	人口
乌龙川	杨孔福	杨方智	9	990
东章	朱建华	朱家闹	13	1484
古一	刘衍政	刘志亮	12	848
古二	刘永泉	刘学芬	11	1517
罗川	朱可定	朱景忠	11	1393
新星	谢志强	谢选东	10	1434
上光	谢光洲	朱小诺	8	1026
中堡	陈三豹	陈环礼	10	1389
南川	朱忠浩	朱丏梨	11	1363
北山	金育伍	高文岳	11	1127
陈住起	陈时统	朱清闯	2	277
西垟	陈 剑	朱伯锋	8	1021
下浮林	李启标	李忠杰	2	275
上浮林	金丏送	金可显	6	962
古庙口	朱丏程	朱清平	4	519
龙益	金国林	朱清伦	6	408
响山	——	刘丏池	10	1515
阳岙	朱士际	朱 文	8	915
石埠	杨兴成	杨丏相	4	668
高浦	刘良德	林崇兴	11	1849
下浦	夏孝金	夏宗仁	6	677
龙潭下	谢用贵	叶 平	4	281
潮际	夏理尧	夏传平	7	865
渔田	叶德道	叶建善	12	987
庙活	夏南京	夏忠政	4	433
稠树	叶丏吾	林少梣	10	1101
珍溪	张松贤	张 佩	6	418
黄村	朱景桢	王兴泽	24	2099
珍岙	朱家相	夏理洲	3	425
东光	金立勇	金强有	12	1080
胡头	胡国平	胡建海	8	721
溪北	汪华川	汪德孟	12	1083
霞山	汪民业	汪小斌	17	2233
董岙底	董碎区	董治国	4	542
东川	董治国	——	21	2964
朱垟	邵敏敏	陈继宁	3	364
埄下	徐明林	王国飞	10	693
埄头山	李方平	李 忠	4	305
花一	朱景勇	潘丏送	11	788
花二	朱文星	朱启枢	8	1317
花三	朱丏多	朱景玉	7	1051
东升	朱清浩	朱送喜	10	760
繁荣	周光飞	朱利炯	12	935
廊一	朱清众	朱千明	12	1052
廊二	朱吕卓	朱则豹	7	1095
廊三	朱家熙	朱千元	10	1497
石公田	朱清爽	朱清忠	4	581
马田	袁建国	朱永华	10	747
樟树鸟	陈丏云	陈继林	4	338
廿四墁	朱清勉	朱启杰	3	296
科竹	朱海顺	朱清期	6	324
高坑	朱丏进	陈继富	5	370
架牙山	赖玉昆	郑 芬	3	200
小溪	朱黎明	朱加有	6	305
双溪	朱家忠	杨国光	7	510
水岩	林其三	林林森	6	464
渠口	叶会豹	叶小李	25	3349
珠岸山	朱河南	陈建勇	7	773
珠岸	陈康斗	陈永乾	18	2683
豫樟	胡明南	胡洪进	8	1192
石柱	王定进	王剑锋	13	2060
岭垟	胡小龙	胡向楼	3	314
坦下	陈继孟	陈步豹	6	750
岭下	王丏南	王 宣	6	961
塘湾	郑丏分	郑希联	12	1681
九丈	郑端锋	郑英权	8	703
呈坑	潘统祥	潘伯华	4	328
泰石	潘未亮	潘石坚	21	2344
霞川	黄新周	黄新周	14	1458
码砖	金定理	金显臣	8	906
下城	宁忠敏	王贤望	4	276
福利	陈丏永	潘统宽	16	1880
沙头街★	——	——	——	1203

发展概况 2013年，沙头镇深入开展“双百攻坚”大行动，全力推进经济发展，并取得良好成效。全年实现工业总产值82282万元，剔除造纸业，同比增长10.05%。其中，胶鞋业22659.43万元，增长18.16%；铸造业27617.45亿元，增长10.7%。继续深入开展工业项目“一联二挂四促”活动。全镇共有15个工业项目，其中促供地项目2个，完成2个；促进场项目6个，北山工业区6家安置企业全部进场，正在办理施工许可证等手续，完成率100%；促开工项目4个，完成2个，剩余2个正在办理施工手续；促技改项目3个，拟将5家造纸企业整合重组成3家企业，已投入资金2亿元，完成模拟审批等手续，2家企业已经投产，剩余1家将于2014年6月份投产。全年农业总产值8606万元，同比增长2.21%。完成农作物播种面积2450.1公顷。粮食作物播种面积1783.2公顷，总产量8426.1吨。其中，稻谷739.6公顷，总产量4914.2吨；小麦390.1公顷，总产量1219.2吨。加快推进粮食功能区建设，花坦社区完成100.1公顷，并通过竣工验收；沙头中心片、渠口社区共337.1公顷，涉及17个村，已完成设计图纸初稿并通过图纸会审，正处在招投标阶段。基本完成规范化农业公共服务中心创建，铁皮石斛、远鹏科技等农业招商选资项目，投资额均在1000万元以上。

招商选资 2013年，把“招商选资”作为沙头镇转型发展、赶超发展的重中之重来抓。紧紧围绕“一号工程”，主要领导亲自挂帅，排定时间表，形成倒逼机制，认真编制项目库。6月16日，成立沙头商会，推出项目推介宣传册，共有13个项目入册，激发了在外沙头人回乡投资创业的热情。是年“招商选资”任务1.2亿元，全年共签约项目10个，累计资金1.34亿元，完成率达111.8%，比2012年增长319.2%。2013年固定资产投资任务93641万元，共有50个项目，其中新增32个，实际完成固定资产投资97144万元，完成率达103.7%，同比增长26.4%。深化“项目建设攻坚年”活动，扎实推进重点工程建设。楠溪江供水工程、41省道沙头段、石埠至西垟公路工程、楠溪江金珠瀑文化休闲中心、楠溪山居酒店、九丈甸园等重点项目完成投资21193万元；中草药大棚种植基地建设，罗川、泰石等村基础设施建设，花坦小学迁建，沙头中、小学设施建设，城区景观绿化、珍溪口大桥等民生工程完成投资10697万元。县级重点项目环湖生态休闲园已委托中国美院做好方案设计，省级重点项目珍溪旅游文化综合体项目已投入2000多万元，正在进行征地、政策处理等前期工作。

环境综合治理 2013年，充分把握4月1日中国森林旅游节、9月28日第二届中国·楠溪江山水文化旅游节与11月20日全省美丽乡村现场会等时间节点，认真关注“美丽乡村精品线”建设，深入开展环境综合治理。完善垃圾收集网络体系，高浦垃圾中转站投入运行，日处理垃圾20吨；渠口中转站着手安装设备；花坦中转站在选址中。是年新增20个垃圾收集点、1000多只垃圾桶和10辆垃圾车。深化农村“双清”行动，以“治污治水”为突破口，全力抓好花坦溪和古庙溪河道治理，完成河道整治2千米、河道保洁12千米，河边绿化12.3千米，面积1.98万平方米，基本达到“三无”目标。加强农村污水治理工作，响山截污纳管工程完成土地定界，高浦污水管网完成工程施工图纸和财政预算。全面完成岭下村、廿四墩村、霞山村等村庄整治工作，九丈村美丽乡村建设项目，岭下村、石柱村和北山工业区厂房的立面改造工程。2013年上半年，掀起一场行业综合整治行动高潮，拆除水泥预制厂、花岗岩割石厂、木材厂等行业集中整治点共168处，面积达3.2万平方米。是年全镇共开展部门联合拆违大行动20余次，常规拆违80余次，拆除违章建筑475处，面积达8.54万平方米，完成率106.75%。专门成立工作组，对高速沿线开展绿化工作，以打造古庙和花坦2个精品高速口为目标，完成南岙、中堡、北山、黄村、龙潭下等5个点的绿化，绿化高速沿线23.7千米，面积达5.27万平方米。完成花坦高速口绿化，完成古庙高速口立面改造，渔田、泰石、黄村绿化项目基本完工，绿化面积1.3公顷，全部完成41省道两侧视线500米内坟墓生态化改造，共计327座。全年共投入资金3000多万元，拆除广告牌、店摊招牌、牛皮癣等241处8402平方米，清理垃圾死角429处，清理垃圾计33513吨。

社会事业 2013年，全镇有低保886户1506人，新增低保27户58人，共发放低保金316.51万元。大病医疗救助上报80例，救助54例，发放救助金52.37万元。1月，完成农村医疗保险任务，应保7.1万人，已保6.75万人，完成率95%。共有老年星光之家24家，发放运行经费28.5万元，居家养老服务照料中心1家，发放补助资金11万元。围绕“平安沙头”建设，结合“排查整治、强基促稳”专项活动，积极开展走访、宣传、排查、下访活动。全年共发放宣传资料5600余份，排查矛盾纠纷35起，化解35起，全年受理信访件104件，其中上级转来94件，报结94件，化解历史积案9件，其中省市县挂牌督办6件，信访态势明显好转。紧抓春季计生服务月等重要节点，强化优生优育、计生维权政策宣传力度，切实提高群众计划生育意识，加强“强基创优”工程建设，全面落实“三捆绑”制度，全镇计划生育符合率79.08%。顺利完成霞山、石柱等村文化礼堂建设，认真做好省体育强镇复评工作，积极举办“送戏下乡”等各类文艺演出共30多场。提前做好2013年夏秋季征兵工作，出台奖惩措施，加大宣传力度，全镇上站初检602人，通过严格体检、政审，最终确定入伍青年名单，超额完成预定任务。民族、宗教、档案、人武、工会、共青团、妇联等工作均取得可喜成绩。

作风建设 2013年，以转变干部作风为切入点，加快推进服务型政府建设。全年共开展“十八大”精神学习会10次、第二轮思想解放大讨论5次、“中国梦”主题宣讲活动20余次。深入开展“七一”党课进社区活动，全镇共计600余名党员参加学习。结合周二民情走访日和“四夜”活动，出台干部周行程“双公示”制度，真正形成监督压力，全镇上下形成争当“全科干部”的浓厚氛围。开展“鱼水情”行动民情测试活动，共开展夜学等各类活动192次。建立健全和落实岗位目标管理责任制与年度考核奖惩制，狠抓驻村指导员管理，进一步健全驻村指导员聘任制，强化周二、周四下村民情服务。完善机关效能全员考核机制，推行工作人员绩效积分制，实行积分倒扣，积分与工作性津贴发放、干部任用调整挂钩。推出沙头镇机关干部队伍日常管理反向“计分预警、抄告提醒”制度，进一步加强和完善了干部队伍的日常管理监督。建立“驻企服务员”制度，并在驻企服务员中推行“同学习、同攻坚、同管理、同责任、同考核”工作法，充分发挥政府部门职能作用和机关干部资源优势，加快推动沙头镇企业赶超发展、转型发展。

党风廉政建设 2013年，以反腐倡廉为主抓手，坚持从严治政、廉洁从政，党风廉政建设进一步巩固和加强。做好农村党员先锋指数考评管理和支部星级评定工作，实施“双服务一认领”项目，进一步做好在职党员到社区报到登记工作，健全完善“1+3+X”社区化党建工作标准和星级社区考评细则，推动基层党组织争当“服务之星”，党员争当“服务先锋”。扎实推进“勤廉沙头”建设，深入开展“农村基层党风廉政建设年”活动，深化“勤廉村居”创建工作，深化廉政风险防控机制，全面开展“510思廉日”专项活动。加强“三公”管理，严格执行公务接待“三严四禁”规定，设置机关食堂“廉政灶”。9月，以“一提升、三改善、六提高”为目标，全镇72个行政村班子都在规定期限内完成换届。村级党组织共选举产生委员156名，新当选32名，村委会选举产生委员200名，新当选35名。全年接到信访举报16起，办结16起；其中立案10起，结案10起；开除党籍3人，撤销党内职务1人，严重警告6人。狠抓“两新”组织建设和规范党员发展，制定全年党员发展计划，吸收预备党员66名，转正103名。

（王欢欢）

岩头镇

经济建设 2013年，全面落实市、县振兴实体经济系列政策，经济总体形势保持稳中有升。全镇有工商在册企业216户，实现“个转企”34户；清理转而未供土地7.72公顷、供而未用土地4.33公顷，均超额完成年度任务。大力推进固定资产投资工作，全年共完成固定资产投资6.7亿元，鲤溪鲍江大桥、五鹈红军桥、括苍山准四级旅游公路路面硬化工程、漈下溪河道治理工程、陈岙村防洪堤等一批交通水利项目全面建成，2个房地产项目顺利推进，41省道南复线、芙蓉古村给排水等工程有序推进。大力推进招商选资工作，签约重点招商项目5个，总签约资金15亿元，实际到位资金20440万元，其中国际房车露营公园顺利奠基，龙溪度假村挂牌出让，楠溪江国际艺术研究中心等一批签约项目全部启动前期工作。

城乡建设 2013年，大力推进基层服务体系建设，全面完成社区便民服务中心规范化建设，鲤溪社区便民服务中心被评为首批“省级示范服务中心”，基础设施和公共服务进一步向农村延伸。大力推进农村要素自由流转，完成土地流转118.7公顷，实现林地流转137.9公顷，成功签约五峰休闲观光园、

2013年镇情数据库

项 目	单 位	合 计
总面积	平方千米	223
耕地面积	公顷	1269.7
农作物播种面积	公顷	2739.9
粮食作物播种面积	公顷	1615.9
建置村	个	83
居委会	个	1
总人口	人	85127
外来人口	人	1392
农业总产值	万元	16300
第三产业增加值	万元	26400
财政收入	万元	15300

仙草谷铁皮石斛种植场2个农业招商选资项目，签约资金1.1亿元，到位资金1360万元。大力推进安置房建设，芙蓉村农房点二期工程全面完工，岩头村农房点工程前期工作基本完成。大力推进新农村建设，西岸村、表山村和鲤溪村创建为省级中心村，并创成省级整治村24个、市级整治村12个。同时，把“三改一拆”作为推进城乡统筹综合改革的重要举措来抓，2013年共完成拆违12.6万平方米，城中村改造698户15万平方米，旧村改造241户4万平方米，均超额完成任务。

生态建设 2013年，按照“四美、三宜、两园”目标，全力推进以“山水灵韵、桃源楠溪”为主题的美丽乡村建设，全面建成运营22个文化展馆、4个主题文化礼堂和3家特色民宿酒店以及丽水街旅游文化商业街、第三期粮食生产功能区田间机耕路等项目，建成生态停车场6个、生态公厕5个、旅游栈道2处。统筹推进“四边三化”“双清”“青山白化”治理等专项行动，建成污水管网6.8千米，改造提升下日川村、丽水街等村居污水

2013年建置村（居委会）数据库

村(居)名	书 记	主 任	村(居)民小组	人口
岩头	金小敏	金周灵	20	3378
河三	金社波	金中杰	17	1422
河二	金路德	金 杰	16	1332
河一	金永义	金国光	18	1308
协岙	郑九法	郑法琴	8	458
塆里	陈招明	陈以散	6	520
芙蓉下	陈晓芙	陈继仁	12	909
小港	金崇星	金志杰	4	327
芙蓉	金彩眉	陈建兵	16	1714
张大屋	张志强	张建明	24	1197
郑岙	徐德伍	周吉平	4	453
下园	瞿海军	瞿海有	16	866
溪南	卢丏财	卢建值	24	3272
屿根	张福海	张晓茶	12	721
里岙	陈进福	陈伟光	5	367
里户	周怀国(主持)	王碎旺	8	510
港头	李修海	李苍平	21	2258
大岙埄	吕玉平(主持)	吕王静	12	749
垄翔	周理通	李玉松	13	650
大垢田	李建东	李兴强	8	569
陈家坪	李陈广(主持)	李景荣	5	302
苍岙	叶元兴	叶祥松	2	222
潘家垟	滕青兰	李成亮	3	193
渡头	李雪鸟	——	8	1053
苍坡	李岩明	李修青	24	2668
周宅	周寿浩	周福永	12	1871
方岙	李中宣	李世梅	14	2341
上美	滕世马	滕丏兴	16	1401
中美	滕福平	滕建平	14	965
下美	滕送光(主持)	滕星平	8	1044
上岙山	周星利	周望飞	4	141
岙底	周益林	周松国	14	1106
下日川	周朋	周星跃	18	2333
西岸	金巨康	金林俊	38	3759
上烘头	邵茂杰	叶华连	8	850
下烘头	周佩忠	胡尊启	24	1828
下宅	胡秋妹	胡国秒	10	663
水西	郑明弟	郑盛理	11	1353
西下	胡理永	胡高寿	8	508
山结	张金杰	金秀银	1	85
龙潭坑	刘成林	郑秀月	3	207
五上	胡方平	胡秀荣	10	1110
杨山	陈继杰	陈招忠	6	451
五下	胡方连	胡益有	10	1291
小茅垟	周寿池	周寿吉	16	1010
水东	郑理忠	郑丏朋	9	1129
南垟	金春良	金京仙	9	804
岭根	郑寿雪	郑岩友	8	1005
里湾潭	潘宝忠	潘秀松	6	405
西川	滕海建	滕寿疆	19	1573
下龙	郑海星	郑中华	3	184
藤垄根	项少容	金宁波	6	329
林山	林宝有	林耀荣	6	519
鲤溪	李熙有	李希宗	28	2945
福佑	鲍寿水	鲍寿林	6	1227
抱岙	蒋王龙	蒋林明	10	1880
陈岙	陈鸣秀	陈丏进	18	1765
上泛	——	——	12	1223
杏岙	戴金飞	戴连国	13	1854
深固	——	陈寿满	8	772
垟头	金佰宗	金正强	9	1780
八沸垟	戴银友	戴成义	8	661
齐岙	谢选青	徐贤兴	3	432
陈坪	王益忠	陈九波	4	363
四联	李永川	戴显会	12	1137
葵坑	金贤孟	金寿高	4	411
山背	戴天油	郑利有	7	556
郑家庄	郑金利	郑端龙	8	624
高山	徐贤环	徐顺连	2	250
表山	郑英铸	郑益清	21	1628
季加山	金学行	金长松	5	559
岭外	郑庆乐	郑丏盛	6	722
岭里	郑炳陈	郑英松	5	735
张公平	林松银	郑寿贵	4	330
麻家溪	林天金	林银国	3	377
外胡	张寿西	张 金	2	148
内胡	胡 秀	胡方炉	4	224
周山	郑王平	范建国	4	379
石匣	郑庆喜	郑贤松	6	667
碎坑	刘世华	郑银平	3	352
口上	郑建平	郑顺利	4	278
中岩	郑庆岭	胡方南	4	371
祖婆山	郑庆有	陈秀德	4	320
丽水街★	金美美	——	——	2474

处理设施，完成农村卫生厕所改造400多座，完成房屋立面改造2.4万平方米，粉刷“赤膊房”40.1万平方米；整治黑臭河、垃圾河30条，治理河道2.5千米，保洁河道65.4千米，实现南崖森林公园开园，完成城区绿化12万平方米，坟墓生态化改造226座。加强历史文化古村落保护利用，编制完成岩头丽水街、苍坡古村等保护发展专项规划，完成丽水街仁道门等一批古建筑和南垟村民居等12个历史文化村落保护利用“百村千处”项目的修缮重建工作，苍坡村、丽水街荣获全市十大最美历史文化村落，下日川村荣获“十大最美村庄”，青龙湖山庄荣获“十大最美客栈”。中央电视台《乡村大世界》栏目在下日川村拍摄录制，《半月谈》以《苍坡古村走进新时代》宣传岩头镇美丽乡村建设，成功举办全省“深化千万工程、建设美丽乡村”工作现场会、全市美丽乡村建设“互看互学”专题活动、第二届中国山水诗旅游文化节开幕式等大型活动，岩头的美誉度和知名度大幅提高。

社会事业 2013年，深入推

进“四镇联创”工作，通过省级森林城镇、市级卫生强镇和市级文化强镇验收，全面做好国家级生态镇创建迎检工作；全镇共创成市级绿化示范村26个、市级及以上卫生村33个、县级及以上文化示范村10个。全面加强文教体卫重点领域建设，岩头镇中心幼儿园、岩头镇综合文化站全面建成，镇影视文化会议中心主体工程结顶，鲤溪中心小学完成装修，鲤溪社区通过居家照料中心验收，组织开展岩头镇第二届全民运动会、“三八”妇女节大合唱活动等各类群众性文体活动，大力开展爱国卫生运动。保持计划生育工作高压态势，实行“周分析、周排名、月考核、村居月度预警、落后片组村居集体约谈等制度，突出“两非”治理等工作重点，努力控制人口数量，提高人口素质。全面推进平安建设，是年受理信访件309件，办结298件，办结率96.44%，镇调解中心化解矛盾纠纷30件，查处整治安全生产隐患36处，圆满完成禁毒违反打击5%任务，重大节庆活动期间社会和谐稳定。侨联、民政、残联、森林消防、防汛防台、第三次全国经济普查等工作取得良好成绩。

基层党建 2013年，加强思想政治建设，深入开展“中国梦”主题宣教活动和思想解放大讨论活动，全年共组织理论中心组专题学习会11次、全体干部学习会19次、各类小组学习讨论会41次，班子成员及市民宣讲团开展基层党课宣讲活动83次。加强工作作风建设，严格落实中央“八项规定”等有关要求，健全反向计分警示制等多项长效机制，共开展效能监督15次，通报处理18人次。结合干部联系群众“鱼水情”等专项行动，共开展“四夜”活动156次，领导干部入户、入村、入企走访调研成为工作常态。加强基层组织建设，顺利完成全镇村级党组织换届工作，82个村完成村民委员会选举，36个村完成村务监督委员会及股份经济合作社组织换届选举。深入推进“1+3+X”社区化党建工作标准和星级社区考评工作，实行农村党员先锋指数考评与基层组织星级管理，共开展各类志愿服务活动80余次，全年发展党员63人。加强党风廉政建设，严格落实党风廉政责任制，切实增强全体领导干部的忧患意识、纪律意识、宗旨意识和责任意识，牢筑防腐拒变的思想防线。推进“勤廉机关”建设，强化“三公”监督，严格执行公务接待“三严四禁”规定。积极开展“同心教育”活动和少数民族“三进”工作，4月成立岩头商会。镇人武部超额完成征兵任务，输送兵员数连续3年全县第一。

荣誉录 2013年，岩头镇获浙江省农村公路养护管理示范镇、浙江省第四轮“不让毒品进我家”活动先进集体，温州市二星级文明镇、美丽乡村建设三等功、永嘉县考绩B类优秀单位、勤廉镇街、“百名干部激情创业”专项活动先进班组、学习型领导班子、固定资产投资工作先进单位、人口和计划生育工作先进集体、“四边三化”行动先进集体、“三改一拆”工作先进集体、党务系统信息工作先进集体、“两提两争”主题实践活动先进集体、关心下一代工作先进集体、老干部工作先进集体等荣誉称号。

（李 慧）

枫林镇

2013年镇情数据库

项 目	单 位	合 计
总面积	平方千米	74
耕地面积	公顷	738.0
农作物播种面积	公顷	1554.3
粮食作物播种面积	公顷	1011.2
建置村	个	45
居委会	个	1
总人口	人	42959
外来民工	人	199
农业总产值	万元	9134
工业总产值	万元	831
财税收入	万元	247.87
农民人均收入	元	——

经济总情 2013年，实现工农业总产值9965万元；完成粮食播种面积1011.2公顷，总产量5380吨；蔬菜播种面积269.7公顷，总产量6473.4吨。做好粮食综合直补、油菜补贴登记和资金发放工作，全年发放粮食综合直补815593元、良种补贴157207元、油菜补贴18037元。杨梅、脐橙、沙岗粉干等特色农产品产业不断壮大。加大粮食生产功能区的建设力度，新建水泥路面机耕路3553米、三面光渠道582米、泵站1座。完成土地流转面积62.5公顷，为任务数的111%。农业招商实到资金3400万元。成功创建枫林蔬菜市级特色产业科技园。充分发挥枫林的区位优势、资源优势、人文优势，乡村旅游产业基础设施初步成型。临江酒店主体工程、市消防基地训练中心主体工程顺利完工，北坑森林公园进场施工，枫林文化旅游接待中心顺利签约并注册公司，楠溪江（枫孤溪）旅游度假区政

策处理工作加速推进中。

城镇建设 2013年，共完成招商任务6120万元，包装项目20个。完成固定资产投资2.9亿元，为任务数的126%。全年共投资540万元，完善农村联网工程，养护公路约46千米，修复公路水毁塌方48处。总投资2500万元的农村集中饮用水安全项目主体工程顺利验收并投入使用；垃圾中转站主体工程、新建镇文化中心通过验收；枫林门前山公园、北坑森林公园、镇客运中心、枫四保障房、镇农贸市场、21个行政村中低产田改造等工程项目加速推进。贯彻落实全省“双清”专项活动精神，全面实现“户集、村收、镇运、县处理”的农村生活垃圾集中收运和无害化处理。镇区污水处理及综合管网着手立项，圆满完成省美丽乡村现场会有关任务，出台《枫林镇村级卫生综合治理考核办法》（试行），镇区保洁工作承包给专业公司，人居环境得到优化。全年清理高速沿线、连接线、雁楠公路等两侧垃圾、废物310处，计430吨；开展对狮溪、枫孤溪、汤岙门前溪等河道溪流的整治，清理两侧垃圾淤泥340多吨；拆除广告牌48处，面积4400平方米；完成高速公路两侧视线范围内坟墓生态化改造237座；完成高速公路两侧绿化2千米，高速公路出入口和连接线处绿化73528平方米；基本完成城镇绿化1公顷的任务。共拆除违法建（构）筑物162处面积63000平方米，完成全年任务的105%；启动枫四村旧村改造点项目；超额完成98处城中村改造；完成墙立面改造227621平方米。

社会事业 2013年，社会医疗保险参保率达到95%，投入充分就业社区（村居）创建，开发公益性岗位33个，建成充分就业规范化社区1个。落实低保户23户34人，对128户困难群众住房情况进行调查并落实救助；投入10万元，维修敬老院的有关设施。慈善工作取得重大突破，共募捐慈善款161700元，发放慈善款76820元。完成圣旨门街区内372户古民居的电路整改。枫林镇卫生院升格为中心院，后山村卫生室创成市级新农村规范化卫生室，镇卫生院新建中医馆并投入使用。成功举办枫林传统武术文化节、物资交流会、青年志愿者服务等各种形式的群众性活动。建成枫林和孤山两处文化礼堂示范点；镇文化中心顺利通过市文广新局验收，成功创建市级文化强镇；新增文化小广场2处和社区文化服务中心2个。重视发展教育事业，镇中心幼儿园连廊建设通过消防评估，枫林小学综合楼即将结顶。计划生

2013年建置村（居委会）数据库

村（居）名	书记	主任	村（居）民小组	人口
枫一	徐顺璞	徐建友	15	1793
枫二	徐献华	徐旭程	15	1860
枫三	徐成龙	徐光贤	6	891
枫四	徐益飞	徐志江	16	2350
枫五	徐岳楼	徐建针	7	1043
大门台	彭顺丏	徐贤中	12	877
后山	徐丏宝	徐丏亮	10	1130
狮溪	——	杨寿良	2	380
镜架山	徐　昭	徐珍珠	8	1198
宕垟	李顺国	李丏勇	5	637
徐家湾	——	徐李送	6	676
镬炉	黄秋书	季荣海	10	1617
新坊	季进斌	季统余	12	1783
西优	董建亮	徐顺华	8	688
东升	董国强	季统茂	2	356
陈垟	潘教俊	潘修云	5	634
孤山	潘培敏	潘齐钦	6	1289
新强	潘修俭	潘建荣	10	1020
金山头	金书林（副）	金衍聪	12	858
金南	丁国有	柯仁	8	450
大木宕	徐象灯	徐统明	2	968
乌弄	郭丏锡	郭建国	5	527
田龙	徐定爽	徐象贵	6	1177
高塘	李火标(主持)	曾青英	10	488
里龙	徐洪福	徐仙川	12	219
新村	金小微	徐标	8	205
老庵	徐永滔	戴成期	2	251
娄山	徐顺建	徐志号	5	268
陈田	吴琼	徐顺周	6	362
福田	杨端雨	李丏景	10	591
凤岙	金志平	陈文云	4	550
包岙	陈忠俨	陈文云	32	2694
内档	徐传辉	徐建滔	24	1707
外档	李友谊	周海	8	1148
外垟	金丏杰	金建芳	6	1020
朱山头	应青年	应巧亮	4	246
田东	周　巧(主持)	柯帮联	5	846
汤岙	徐森元（副）	徐　香	12	2038
金山	金志亮	金李顺	4	478
垟山	丁其伍	丁建国	6	698
下港	周志明	郭益光	6	451
兆潭	王兴地	王雪林	4	701
湖西	周碎飞	周星辉	8	1018
垟山头	周国平	周中华	16	1398
龚埠	陈　飞	陈招统	4	630
居委会★	丁圣云	徐象杰	3	750

育工作扎实推进，有望脱掉市级计生重点列管镇街的帽子。

平安建设 2013年，深入开展“抓网格、查隐患、解矛盾、保平安”和“排查整治、强基促稳”专项活动，矛盾纠纷调处率100%，受理信访38件，办结37件，化解历史积案1件，维护了镇域和谐稳定。深化社区警务建设，严厉打击违法犯罪活动，扎实推进社会治安综合治理，实现了“两升一降”的目标。共投入警力116人次参与学校巡查，提升校园见警率，从源头上遏制了涉校案件的发生。认真做好宗教工作，依法开展对违建宗教场所和民间信仰场所的调查、整治，维护正常的宗教生态。强化安全生产宣传教育工作，进一步提高广大群众的安全意识和事故防范能力。夯实普法和法律服务工作基础，深化“法治枫林”建设，枫林司法所通过市四星级司法所验收。

基层党建 2013年，顺利完成学习型领导班子、学习型党组织、学习型党员标兵创建任务；组建枫林镇“中国梦”市民宣讲团，开展“两提两争”主题实践活动思想解放大讨论，不断开阔党员干部眼界、思路和胸襟；高度重视宣传工作，努力塑造枫林良好形象，报送各类信息150余条。以枫林商会作为统战品牌建设的着力点和突破口，在文化礼堂建设中，枫林商会积极筹集资金，先后投入100多万元。继续发挥党管武装优良传统，依法征兵，为部队输送了优质兵员。积极开展基层党组织“五星争创”活动和党员先锋指数考评工作，表彰了10个五星级党支部，在湖西村开展党建示范创建活动，加强整顿3个后进党支部。注重党员结构调整，加强党员队伍建设，发展新党员81名、预备党员37名，取消党员资格2名。高度重视村级组织换届选举工作，严格落实三个100%，全面完成45个村（居）换届选举。重视远程教育，建立3个社区远教影院。狠抓领导班子建设，认真落实党委议事和民主集中制。狠抓干部队伍建设，制定枫林镇机关效能“积分警示制”，通过抓学习、严管理、创载体、常沟通等多种形式，切实增强镇干部队伍的生机和活力。

党风廉政建设 2013年，以“干部清正、政府清廉、政治清明”建设廉洁政府为总目标，以深化“勤廉枫林”建设为总抓手，扎实做好党风廉政建设和反腐败各项工作。评出4个镇级勤廉村居、5名镇级勤廉干部；处理群众来信来访28件，处理上级交办的信访件8件，处理党员11人。制定《2013年枫林镇党风廉政建设和反腐败工作的组织领导和责任分工》，与镇村和镇属部门单位签订了2013年度党风廉政建设责任书，形成“横向到边、纵向到底，一级抓一级、层层抓落实”的责任体系，切实抓好党风廉政建设责任制落实。规范公务接待工作，制订了《枫林镇落实公务接待“三严四禁”规定实施办法》和《枫林镇实行“廉政灶”制度的实施意见》，公务接待费用同比下降30%。加强监督工程招投标工作，2013年进入招投标中心共9个项目，金额606.1万元，节约资金10.1%。认真做好信息采集、信息录入和信息质量把关工作，各村三务信息均进入平台并和有线电视联网。制定《2013年农村主要干部勤廉指数（绩效）考核实施办法（试行）》，考核采用百分制形式，以分数衡量村干部工作完成情况，促进农村各项工作的顺利开展。积极开展“510思廉日”活动，利用镇短信平台和远程教育广场不定期播放廉政教育警示片和廉政警示语，营造浓厚的农村廉政文化氛围。组织人员业务培训和软件安装，推进行政服务三级联网建设和审批件入网联网工作；聘任45名村级便民服务代办员，方便群众办事。

荣誉录 2013年，枫林镇获温州市文化强镇、温州市“爱心乡镇”、温州市信用镇、永嘉县美丽乡村建设工作先进单位、永嘉县红十字应急救护培训工作先进单位、永嘉县闲置土地清理工作先进集体等荣誉称号。

（伊忠诚）

鹤盛镇

2013年镇情数据库

项目	单位	合计
总面积	平方千米	263
耕地面积	公顷	1790.3
农作物播种面积	公顷	2918.8
粮食播种面积	公顷	1907.1
建置村	个	58
总人口	人	55407
农业总产值	万元	11420
财税收入	万元	2757.02
农民人均收入	元	7617

产业发展 2013年，通过深入实施“百项千亿招商”和鹤盛人经济回归工程，累计完成招商额5443万元，完成率达136.1%。完成基础设施、旅游配套设施、房地产领域投资36558万元，完成率达

104.67%，排名全县第一。通过项目倒逼制，多个重大项目进度喜人，南陈生态农业观光休闲园二期工程累计到位资金2970万元，流转土地266.7公顷，园内已种植树苗5万余株；黄坑旅游文化村、红岩湖休闲度假中心项目稳步推进；镇综合文化中心建设已完成工程量的30%，雁楠公路永嘉段全线通车。种植业结构和品种进一步优化。土地流转面积350公顷，超额完成县定任务。发放种粮农民农资综合直补262703元。全年未发生重大森林火灾，防汛抗旱工作取得较好成绩。

城乡建设 2013年，将雁楠线的下家岙村作为整治重点，专项清理金角银边绿化空地，绿化面积3300平方米，完成率120%，5个省级待整治村超进度完成整治。扎实推进“四边三化”“三改一拆”等工作，加大“历史欠账”清理力度，强势拆除违法建（构）筑物1.7公顷，拆除广告牌73处，清理垃圾、废弃物1266吨，绿化面积0.77公顷，完成国家级生态镇申报工作。58个建置村全面完成垃圾收集房标准化建设；配备村级垃圾桶700余个。结合“双清行动”，以源头治水为出发点，以保护楠溪江原始生态为切入点，以河道及两岸绿化带的整治为关键点，完成河流分段保洁459.67千米，河道整治2510千米，河边绿化0.03千米。

社会事业 2013年，安全生产总体平稳，社会治安明显好转，建成3个县级综治示范点，解决历史遗留积案16件，化解不稳定因素174件，调处矛盾纠纷案件159件，未发生重大责任事故。帮助在外务工人员技能培训2000余人次，城乡居民医保参保率85.36%，总参保率

2013年建置村数据库

村名	书记	主任	村民小组	人口
鹤盛	谢定聚	谢品元	17	2528
鹤垟	谢纯虎	谢永平	7	911
炉山	谢美华	谢道南	8	1126
上埠	谢寿和	谢清顺	5	843
下岙	周陈亲	周振洲	6	889
霞岭根	滕世岩	李成龙	9	969
谷庄	谷建胜	谷文龙	4	352
箬袅	谢招豹	谢志林	9	1196
岩峰	谷定华	谷海兵	9	1029
大矼	龚绍港	龚祖勉	6	705
郑源	叶宝元	汪建华	6	669
黄坑	盛从领	滕朝龙	11	1504
大山头	谢晓朋	谢定东	4	549
鹤泉	谢选春	吴纪社	7	597
岩上	谢纯益	谢新青	6	783
塘村	赵德月	赵章坤	7	601
罗川	金林云	金敬道	10	1214
东皋	周碎静	周星成	18	2781
上日川	周文卫	周送	19	1956
平龙山	郑松琴	周金林	3	239
上塆	周仁平	周志山	6	738
填垟	周新华	周友贤	20	2649
西炉	周益朋	周利法	6	623
东炉	周秀良	周仙琴	9	678
大山底	谢丐领	谢飞祥	9	518
下家岙	李福有（副）	李海舟	11	889
蓬一	谢纯利	谢里一	8	1185
蓬二	谢裕众	谢修善	7	1113
蓬三	谢棒平	谢修乾	9	1210
藤家垄	李松峰	潘统勋	12	1122
梅坦	谷太昌	谷志法	19	2287
垟京	谷亨东	谷曲友	5	792
岩舟	谷建左	谷益明	6	750
西一	谷明聪	谷寿国	6	722
南岸山	王章满	周寿远	5	543
西源	谷小云	谷明林	19	1380
下庄垟	谢世杰	谢岩金	3	380
谷山	谷建新	谷建区	5	431
德岙	——	周福兴	7	687
齐山	谷岩玉	谷亨利	4	268
鹤塆	谢福德	谢定文	5	853
岭南	潘教清	潘文君	24	1920
岭北	潘荣进	潘修福	24	1545
山南	马锡宝	卓世衷	8	655
南坑	潘柏光	潘杨志寿	8	513
山根	谷文辉	谷 熙	8	502
英岙	潘统军	潘锦乾	8	509
中源	潘教华	潘善暖	13	1287
富源	潘瑞元	潘海军	15	1363
南陈	潘武杰	潘教军	15	1065
上港	潘云飞	潘统正	12	782
金墩	郑昌良	陈达米	6	339
鱼里	刘立香	刘仁云	5	489
蔡岙	潘太旺	陈天法	12	758
半山	李永文	吴志千	11	830
红枫	谢玉萍	李苍斌	6	466
小陈	陈春花	陈林荣	11	611
黄家山	李晓兵	潘太成	6	514

90%，低收入农户人均年收入提高了829元。东皋、蓬溪文化大礼堂于9月竣工，镇综合文化站和图书分管建设稳步进行。出生人口694人（含往年补报74人），合法生育率80.84%；计划生育基础信息准确率98.15%，流动人口发证率、验证率、建档率95%以上，其他各项指标均达到上级规定要求。孕前优生检测落实率达94.04%，叶酸发放率达100%。

党的建设 2013年，选举产生村党支部书记57名，委员193名，其中女委员26人，占总人数的13.5%；选举产生村委会班子成员239名，其中女性57名，占23.8%。完成党员先锋指数考评管理、“双服务一认领”、基层党组织星级管

理和“五星争创”等任务。培养入党积极分子144名，发展党员20名，其中大专以上学历9名。完善党内外监督机制，聘请5名驻镇各级人大代表、政协委员及离退休老干部、群众代表等为廉政监督员。全年共查处违法违纪案件6件，共查处违法违纪党员6名。

荣誉录 2013年，鹤盛镇获温州市抗台救灾先进集体、温州市森林防火先进单位、温州市食品药品示范创建先进单位、温州市“五好”基层关工委、温州市先进团组织、温州市文明风景旅游区、永嘉县美丽乡村建设工作先进单位、永嘉县2012年～2013年度森林消防工作先进集体、永嘉县学习型领导班子、永嘉县固定资产投资工作先进单位、永嘉县统战工作先进集体、永嘉县民族宗教场所规范化建设先进单位、永嘉县文化礼堂建设工作先进单位、永嘉县关工委先进集体、永嘉县禁毒工作先进集体等荣誉称号。

（马斐斐）

岩坦镇

2013年镇情数据库

项目	单位	合计
总面积	平方千米	554
耕地面积	公顷	1619.6
农作物播种面积	公顷	2764.34
粮食播种面积	公顷	1452.73
建置村	个	92
总人口	人	72450
农业总产值	万元	13898
工业总产值	万元	3705.34
财税收入	万元	4428.38
农民人均收入	元	7100

发展概况 2013年，深入开展“两提两争”主题实践活动，克难攻坚，积极进取，全镇经济健康稳步发展。全年实现农业生产总值1.38亿元，同比增长8%；财政收入4428.38万元；农民人均纯收入7100元，同比增长7%。招商引资工作继续走在全县前列，全年共达成招商引资意向11个，完成农业招商引资项目10个，完成2个农业示范园区招商项目，签约资金4.4亿元，完成全年目标任务183%，到位资金8162万元。固定资产投资持续增长，全年完成固定资产投资3.69亿元，同比增长26%。

城乡统筹 2013年，完成眠牛山公园一期工程、岩坦街改建工程、标准农田提升工程和三角休闲绿地景观工程等。完成镇区总体规划和控制性详细规划的编制；完成张溪林坑、岩龙、茶园坑等古村落的保护与开发规划设计工作；蛙蟆垄森林公园、岩坦农房集聚工程、镇区安全饮用水工程即将竣工；潘坑移民新村建设和罗垟村灾后重建的前期工作有序进行。

风景旅游 2013年，打好文化和生态两张牌，加强乡村旅游的吸引力，做好吃、住、行、游、购、娱等要素保障，着力打造以屿北为核心，以“屿北至林坑”为中心轴，以“岩坦至南正尖”“岩坦至岩龙、罗垟”为两翼，以林坑、暨家寨、茶园坑等中国景观村落群为主体的具有楠溪江源头特色，集生态、休闲、度假、体验、运动、养生等为一体的生态旅游产业，形成“一核一轴两翼多节点”的旅游发展格局。

特色农业 2013年，岩坦镇有毛竹、迟熟杨梅、高山蔬菜、中药材、白茶等多个特色种养殖基地，培育出岩坦索面、霄岭高山杨梅、黄南笋干等多种品牌农副产品，并通过探索分散加工、集中包装、统一销售、农超对接等方式，进一步促进农业增效、农民增收。同时，充分利用生态农业资源，发挥农业的休闲、观光、采摘等功能，通过多种方式，开发生态农业观光游、采摘游、农耕文化体验游等乡村旅游项目，促进传统农业向生态农业和观光农业转型发展。

美丽乡村建设 2013年，着力推进屿北、前溪等4个村的美丽乡村示范点建设，构建溪口社区前溪村至黄南社区上坳村的美丽乡村建设精品线路。以“四边三化”百日攻坚为抓手，不断加强环境综合整治工作。全镇拆违80300平方米，完成全年拆违任务100%，新增绿化面积34150平方米，建成区人均公共绿地面积达到15.6平方米。完成19个村居垃圾收集处理点建设，生活垃圾无害化处理率达100%，行政村污水治理覆盖率达73%，市级生态村创建数占行政村总数的80%，县级文明村创建数占行政村总数的55%，新建生活污水管网1845米。全面完成高速、41省道沿线271座坟墓改造，其中眠牛山公园坟墓的全生态化改造方式成为全市的典范。

社会事业 2013年，社区服务功能逐步完善，6个社区月均办理事项超过2000件，全年共开展送戏下乡、文化下乡、社区联欢会等各类活动35次，组织志愿者献爱心，帮扶济困活动近百次。通过努力，全镇共创成县级以上文明村51个，其中市级以上文明村13个；建成乡村学校少年宫2座和文化礼堂2座，

2013年建置村（居委会）数据库

村（居）名	书记	主任	村（居）民小组	人口
岩坦	戴显锋	戴金魁	18	2348
坦一	戴德兴	戴利民	12	1226
西塘	戴岩有	徐时光	5	446
叶坑	江国民	陈晓敏	2	235
三面山	李海亮	陈金吴	3	276
源头	戴本钗	戴秀光	8	1557
闪坑	张有德	戴智勇	16	1373
岩门	周金林	戴建敏	8	876
屿北	汪林峰	汪志义	20	1684
蛙蟆垄	戴东湖	李建勇	10	861
东岙	潘秀光	潘光琴	21	1395
庙下	戴春林	李金林	1	67
大岭	周地贵	徐贤芽	2	182
龙园	戴本定	戴成仲	4	511
张溪	张金兵	戴成平	18	2124
桧染	王建平	王苍东	1	339
金竹溪	林先方	周昌善	7	618
福山	叶建华	叶星良	5	369
深固坑	张岩青	张茂招	9	932
寺后	周兵法	周计林	5	376
石阵	李世顺	潘岩东	8	905
里上坑	陈小兵	陈绿富	4	273
毛竹	李世英	李岩连	2	181
南正	陈久荣	陈志林	9	883
黄界坑	陈明委	陈时满	2	250
小长坑	邬寿法	王祝光	3	439
上岙	徐志朝	张成松	7	805
林坑(张溪)	周文元	周福贵	7	794
江潭	陈时杰	陈有星	7	768
陈周	周海华	陈爱兵	5	574
水景	郑英平	戴王良	5	277
下潘	潘得兴	潘顺盛	5	509
黄南	潘成南	潘送福	3	415
道基	林寿岳	林西华	5	497
岭背	叶金龙	叶培海	3	264
碧油坑	陈继恩	陈九通	4	439
西山	王周德	陈金寿	4	402
王山	王彩凤	王真华	4	444
岩门下	李海罗	陈文青	4	430
上坳	毛熙美	毛天海	6	402
李庄	王建文	李送有	6	571
潘塘	潘青聪	潘金国	8	777
深龙	赵松有	陈秀法	15	1555
霄岭	周星德	周少刚	10	1081
大学	滕晓坚	戴寿银	9	1144
岙头	毛苍福	毛天东	6	315
山早	徐文海	徐建东	4	483
理只	李苍标	毛本国	2	232
林坑(黄南)	毛苍河	毛建平	4	482
潘坑	陈九安	张寅熹	15	1767
石鸟	暨建兵	戴顺道	6	326
岩龙	季春平	叶会富	9	771
佳溪	麻智荣	郑英余	16	1380
垟埄	周崇地	麻统苗	10	980
周卫	陈光明	陈光毅	8	638
田龙	张翠娇	李寿龙	10	890
陈庄	陈佰义	麻云雨	15	1129
潘二	张龙新	郑佰金	6	628
金钟	金可勇	林建忠	16	1299
八亩	张武烈	张希灿	15	1200
白岩	张强锋	张文标	13	1230
溪一	戴建民	戴建余	17	1817
溪二	戴二品	戴本迪	17	1413
陈寮	徐顺尧	郑贤满	7	750
西鸟头	戴德朝	李海峰	8	746
横路下	李西玖	周吉聪	8	561
小舟垟	李中陆	李益丰	8	962
北山	戴德泽	徐时栋	17	1106
前山	周祝勇	周海瑞	9	522
上宅岸	金传永	金海光	5	687
下坑	戴盛滨	戴子生	12	788
南岸	周送爱	周晓勇	10	827
永坦	郑端汪	郑少忠	7	462
铁坑	戴疆宝	戴瑞峰	5	572
前溪	金衍义	金淡荣	16	1243
鸟头	郑英潘	郑英明	3	259
大谢	郑一统	郑　良	14	1266
分水	郑贤聪	郑雪聪	21	1651
后坪	周海清	周官宝	4	212
到家山	李国献	李聪明	1	104
溪下	金　磊	金连宝	13	1576
黄二	王威华	应必泽	10	790
黄一	金财福	应志灵	8	674
刘山	刘云海	刘树标	15	1542
茶山	麻官清	麻佰林	6	593
陈山头	麻慧君	麻演君	5	631
罗垟	麻付春	麻培方	6	618
马上山	麻岩火	麻洪年	4	506
金山	麻西祥	麻光福	5	528
麻村	麻云乾	麻云其	4	394
邵坑	麻福财	麻美定	5	435
陈坑	金国钒	金佰林	10	902
岩坦街★		陈春波		689

其中岩坦镇中心小学少年宫被评为一类示范少年宫，屿北文化礼堂被评为全县唯一的五星级文化礼堂。

民生工作　2013年，切实做好农村低保对象的动态监督管理工作，做到应保尽保、应退尽退，共新增低保对象（含重度残疾人）202户382人，取消不符合条件的低保对象49户85人。全年上报住房困难户197户，涉及92个村，在确保公平合理分配的前提下，重点照顾刘山村和潘坑村的火灾困难户。组织开展以服务和帮扶弱势群体为重点的扶贫活动3次，发放扶贫资金10万元。认真做好防御“菲特”台风和高温抗旱工作，及时解决受灾户的灾后生产和生活困难问题。

社会管理　2013年，以“平安五连创”为动力，建立和完善“党委领导、政府负责、社会协同、公众参与”的社会管理工作新机制，采取“领导包案、干部下访、协调联动、真情感化”等措施，有效化解一般性矛盾纠纷114件，化解率100%，办结各类信访件35件，息访11件，实现国庆期间和十八届三中全会期间零上访。加大排查整治力度，保持严打高压态势，全年共开展禁毒宣传32次，查获涉毒人员3人，美沙酮治疗完成率100%，维持率100%。共侦破聚众赌博案1起，行政拘留23人。截至12月，在矫社区矫正人员143人。

自身建设 2013年，建立和完善内部管理制度，着眼于解决问题，理顺关系，提高效率，进一步完善考核机制，明确考核重点，发挥考绩效应。通过修改和完善《岩坦镇机关2013年内部管理制度》，制定出台《关于建立岩坦镇干部日常管理反向“计分预警、抄告提醒”制度的通知》《岩坦镇全员绩效考核工作方案》等制度，形成了用制度管人的良好氛围，明确奖惩，切实把工作压力传递到每位干部身上。自觉接受人大法律监督、工作监督，办好人大代表建议和提案。深入开展领导干部“九联系”“大接访”和“转作风、破难题”蹲点调研月活动，集中解决了一批热点难点问题，政府执行力得到提升。严格执行中央八项规定，全面加强“三公管理”，强化审计监察和行政监督，“勤廉岩坦”建设进一步深化。

荣誉录 2013年，岩坦镇获省级体育强镇、省级生态镇、县级文明镇、温州市未成年人思想道德建设工作先进单位、抗台救灾先进集体、招商引资工作先进单位、永嘉县招商选资年度考核一等奖、文化礼堂建设工作先进单位、维护稳定工作先进集体、防范和处理邪教工作先进集体、老干部工作先进集体等多项荣誉称号。

（谢周鹏）

大若岩镇

2013年镇情数据库

项　目	单　位	合　计
总面积	平方千米	91
耕地面积	公顷	602.2
农作物播种面积	公顷	1108.7
粮食作物播种面积	公顷	775.4
建置村	个	36
居委会	个	1
总人口	人	29755
外来民工	人	498
农业总产值	万元	4491
工业总产值	万元	3988
第三产业产值	万元	11428
财税收入	万元	106.1
农民人均收入	元	7174

农业开发 2013年，大力加强粮食生产功能区与现代农业园区建设。建成玉泉、银泉等16个村的粮食生产功能区315.7公顷，发展以埭头村楠风营地为龙头，大东、李大屋村为辐射的农业休闲观光产业基地60多公顷。加强以农田水利为重点的农业基础设施建设，完成自来水工程2个，新修山塘水库3座。加强特色产业科技园与科技富民强村建设，发展稻田养鱼基地与花木产业基地各60多公顷。创建科技产业园1个，核心区银泉村稻田养鱼基地30多公顷；以专业合作社为龙头，发展龙埠村红豆杉苗木基地，面积60多公顷，投资20万元，已通过验收。

旅游开发 2013年，创新思路，大力推进招商选资和固定资产投资步伐，以建立项目库、建立激励机制、加强对外招商、深化“回归创业”、加强履约跟踪等五大措施，开展招商选资工作，是年招商选资任务7000万元，截至11月，完成1.1亿元，完成率为157%。1月～11月，完成固定资产投资4.9亿元。投资约10亿元的“楠溪云岚”项目开工建设；“永嘉书院”项目进展顺利；抓住“大生态旅游区”建设有利时机，整合提升核心精品景区，完成小若岩山地公园开发前期政策处理、初步设计及审批工作；完成黄山游步道工程；启动大东停车场前期初步设计与政策对接；“百丈瀑”与“五星潭”开发有序推进，五星潭省级森林公园于4月1日成功开园；完成崖下库景区4期2300万元投资任务。金珠瀑文化休闲中心完成总投资额1600万元（大若岩镇占800万元）。完成银泉滩生态休闲公园手续审批并实现银泉山公园二期与陈岙公园的竣工验收。启动寺藤公路重新设计勘测及前期政策处理工作；新白泉大桥主体工程即将完工；完成九黄线黄潭口至黄潭段的政策处理及路基改建工作。

美丽乡村建设 2013年，努力调动广大村民参与美丽乡村建设的热情，全面提升村庄品位。提前2个月完成投资200万元的埭头村饮水工程，启动埭头古村保护总体规划的编修，落实修复方案，建成14.7公顷楠风营地农业生态旅游基地；大元下村投资430万元的文化中心结顶，投资460万元的墙立面改造基本完成前期工作；开辟了“黄潭口-李大屋-埭头村”的“美丽乡村”精品游线路，创建美丽乡村样板户111户。投入资金约570万

2013年建置村（居委会）数据库

村(居)名	书 记	主 任	村(居)民小组	人口
荆州	潘统爽	潘兰飞	17	2136
玉泉	陈贤诚		19	1869
黄岙	陈建军	陈久远	4	479
府岸	潘统祥	潘国好	4	239
石岙	全培森	全显清	5	300
涨岸垟	潘明涛	陈渊湖	5	340
白泉	陈光林	陈久逵	19	2003
上榴湾	李理省	李则煦	4	474
下榴湾	李启龙	李启星	4	589
陈岙	陈久好	陈继斌	4	268
李茅	叶祥兴	叶会左	4	651
钱泉	徐克兄	徐新华	5	342
九房	陈教亚	陈志标	4	518
银泉	陈荣光	陈进顺	17	1587
梧涨	张德理	杨笑秋	6	687
下岸	郑成甫	郑丐琴	4	581
舟岙	陈光仕	朱新建	4	607
桐州	陈国平	陈北平	5	1042
大东	陈苗	郑定进	4	530
小若口	陈云生	陈永枢	12	1684
埭头	陈福林	陈贤魏	11	1225
李大屋	陈盛	李志	8	849
都溪	陈龙杰	陈柏龙	3	435
都南	陈永兴	陈小海	3	310
大箬	陈连丰	李千坛	10	728
水云	陈晓初	李玉娥	13	1443
大元下	陈久定	陈国兄	15	1334
龙垟	陈建光	胡彭粘	10	758
黄潭	陈寿青	陈丽容	5	587
双岙	陈光照	陈德朋	4	301
里舍	陈道顺	王新浩	2	251
田垟	钱云标	钱忠建	8	999
藤溪	陈久山	陈久和	8	968
蒋山	杨传马	杨纯律	7	813
寺前	汪全生	汪光南	5	565
垟坑	胡浙江	叶光海	6	748
居委会★	陈时银	陈德省	1	515

元用于“三改一拆”工作，拆除违章建筑约8万平方米，拆除广告牌约2800平方米，清理垃圾、废弃物504处计7261吨，绿化里程18千米，绿化面积49450平方米。分别投资1600万元和260万元，用于水牛塘埭头段和小楠溪荆州段的河道建设与整治。完善“户集、村收、镇运”垃圾收集网格体系，全镇增加卫生保洁员20名，购置小垃圾桶500只、垃圾板车36辆，制订村规民约，与农户签订门前三包责任制。完成银泉村、桐州村的饮用水安全提升工程，投资500多万元，解决了白泉村、镇政府和云岚养生基地的饮用水问题；大箬村1.29公顷旧村改造落实指标正待审批，埭头村72间农房正在办理相关手续，九房村41省道“三产”返回用地正待审批；银泉村土地流转33公顷，已签订合同。全镇24个垃圾收集点顺利竣工。

平安建设 2013年，高度重视群众来信来访工作，落实信访工作领导包案制，对排查出来的24件重要信访事项，分别由镇班子领导包案负责化解，并切实做好县“两会”、国庆节和十八届三中全会期间信访稳控调处工作。同时，深入开展民情接待活动，重视解决群众的初信初访，深化“化纠纷、解难题、办实事”活动，有效遏制各类重复访、越级访、集体访事件发生。加强综治工作队伍和基层组织网络建设。推进重大事项社会稳定风险评估，重点突出宣传教育转化，禁毒、反邪教工作取得明显成效。切实加强“群众安全感”工作，先后召开座谈会4次，发放调查问卷100份，开展电话调查36次共2100户，针对群众提出的问题，及时归纳梳理，进行整改，明确整改时限、整改责任人，并向群众定期通报整改进度，使群众的满意度明显增强。按照“六五”普法要求，开展多种形式的普法活动，全年开展普法宣传活动15次；按照大调解的格局，积极推进矛盾纠纷排查化解工作，防止了民间矛盾的激化，维护了社会秩序的稳定。全镇各调委会共调解各类纠纷案件152起，村居调解委员会调解114起，镇调解委员会实行专职调解员坐班制度，聘请2位专职调解员每个工作日坐班接待群众，成功调处38起，案件赔偿金额2505697元。围绕打非治违五大专项行动开展工作，查处无证无照生产行为1起；拆除安全生产领域违法建筑7处；8处非法供用电断电停止生产。加强安全生产网格化建设，建成以镇为大网格、片为中网格、村居为小网格的安全生产网络体系，确保不留安全生产死角。开展消防专职队伍建设，配备消防车1辆、专职消防员8人，年内建成并形成战斗力。

社会事业 一是重视计划生育工作。在采用传统宣传方式基础上，建立网上宣传窗口；实施“强基创优工程”，明确镇、村各自责任，各村居落实了网格及责任人；全年共征收社会抚养费52例，其中超出省定上限高额征收3例，累计征收金额4328343元，完成了2例“两非”打击任务；收取农村计划生育家庭养老保险366件、储备金145件，17户二女户领取节育慰问金，5户领取放弃二胎生育慰问金，25名独生子女获升学加分。对10户计生困难户家庭和女儿户家庭开展慰问，合计金额2.5万元。全镇上报（含往年）出生299人，其中计划内出生250人，计划生育率为83.61%；排摸当年生孕336例，孕情排摸完成率94.38%。出生人口性别比（含往年补报）为121：100。全镇第二次孕环检应落实2289例，已落实2185例，落实率为95.46%。社会抚养费当年应征收67例，已征收52例，当年征收率为77.61%，当年金额兑现率为82.57%，优生检测率完成率100%。党员干部违法生育查处率100%。二是加大文化项目的投入。投资60万元，完成埭头村和白泉村文化礼堂建设，投资330万元，新建大元下村文化中心。36个行政村均配备文化宣传员和社区图书管理员。成立民间文艺团队10多支，同时投资50余万元，按照县级标准，建成白泉社区和桐州社区2个文体服务中心，建筑总面积1000多平方米。硬化篮球场1000平方米，并完善了工作台、看台等设施，添置了电脑6台、电视机2台、音响设备1套、图书4000册和各种棋类、球类等器材，全镇累计完成30个村级文化活动中心，3个社区建成农家书屋。6月，成功举办"中国梦主题宣传文艺演出暨第二届端午民俗风情节活动"，组织开展"中国梦"宣教实践活动，共宣讲50多场次。9月举办了村级文艺团队排舞培训班，有近40多名文艺骨干参与培训。三是重视民政工作。2013年，农村低保对象351户669人、农村重残补助33人。前3个季度发放生活、物价补贴1542819元，第4季度发放446340元。经常对低保家庭进行动态调查，凡不符合条件的坚决取消，是年共取消47户73人。给低保户、五保户家庭成员及时办理医疗救助，因大病导致家庭生活困难的贫困户等也纳入救助范围，共上报救助49人。给35位60周岁以上退伍军人申报补贴。对小若口–桐州桥头路段、寺前–藤溪路段视线范围内近200座坟墓进行整治。桐州山坪公墓、白泉生态公墓建成并投入使用，启动玉泉村、钱泉村生态公墓建设。

基层组织建设 2014年，认真贯彻落实党的十八大精神，统一思想、转变作风，推进"三生相融·幸福大若岩"建设。深化干部联系群众"鱼水情"行动，结合周二民情走访日和"四夜"活动，出台干部周行程"双公示"制度。扎实推进"勤廉大若岩"建设。加大考绩督查力度，实行重点工作"一月一督查一通报"，落实事故责任督考、影响执行力行为责任追究等制度措施。做好农村党员先锋指数考评管理工作，使党支部的凝聚力和战斗力提升。推广"说农话、拉农常、学农事、化农情、懂农经"的"五农"工作法，以干部心中的"五农指数"来提升群众心中的"幸福指数"。全镇36个行政村按时完成班子换届选举，新当选村两委班子成员281名，班子结构更为完善，素质明显提高；重视党的队伍建设，是年发展党员31名；健全党代表活动室，建立党代表联系党员和群众制度，听取群众意见建议，帮助群众解决问题；充分发挥工青妇等群团组织的作用，重视人民武装工作，做好民兵组织调整，增强国防观念教育。重视侨务、对台、民族、宗教等工作，进一步形成同心同德、共谋发展的良好局面。

荣誉录 2013年，大若岩镇获"发现·2013中国最美村镇""浙江省最美村镇"，永嘉县尊师重教先进集体、永嘉县村级组织换届工作先进集体、永嘉县社会管理综合治理先进集体、永嘉县闲置土地清理工作先进单位、永嘉县推进惩防体系建设和落实党风廉政建设责任制先进单位、永嘉县老干部工作先进集体、永嘉县村级组织换届工作先进集体、永嘉县"四边三化"行动先进集体、年度考绩优秀奖、县人口和计划生育工作目标管理二等奖、县"五好"基层关工委、勤廉镇街、学习型领导班子等荣誉称号。

（周　剑）

碧莲镇

2013年镇情数据库

项　目	单　位	合　计
总面积	平方千米	175
耕地面积	公顷	877.9
农作物播种面积	公顷	1731.3
粮食作物播种面积	公顷	1709.0
建置村	个	43
居委会	个	1
总人口	人	44857
农业总产值	万元	8900
工业总产值	万元	6952
第三产业产值	万元	13102
财税收入	万元	3915
农民人均收入	元	8160

效益农业 2013年，继续以打造农业强镇为目标，大力发展特色产业，做大做强生态农业。立足小楠溪生态资源和特色农业优势，加强农业品牌整合，深入实施特色品牌市场化战略，推进碧莲早香柚产

业示范区、稻鱼共生渔业产业示范区建设。投资603万元，建成284.5公顷的粮食功能产区，完成标准农田地力提升46.9公顷，通过山地开发验收38公顷。全年农作物播种面积1731.3公顷，粮食产量6140.3吨；蔬菜种植面积288.9公顷，产量5693.6吨。加强动物疫病防控，促进畜牧业生产，是年肉猪存栏6847头，出栏10001头；牛存栏1020头，出栏328头；羊存栏3490头，出栏3050头；家禽存栏52738羽，出栏185925羽；兔存栏453头，出栏351头。以工带农促增收为途径，充分发挥本地优势，安排发夹业和来料加工业，整合发夹行业资源，整体推进地方经济的发展。

城镇建设 2013年，加快招商选资步伐，凭借镇工商联和镇级融资平台，转变招商方式，加强与发达地区的合作交流，广泛争取在外经商能人志士的鼎力支持，邀请各地企业主到碧莲考察投资。是年共引进招商资金3000万元，完成年度任务的100%。围绕2013年度任务目标，以年度投资额1.53亿元的“十大建设工程”为主，全面完成碧莲高中综合楼、澄田溪河道治理工程的年度目标，并积极推进基础设施建设项目，截至11月，全镇实现全社会固定资产投资23602万元，占任务数的98.6%。深入开展两轮环境综合整治百日攻坚，全力推进“四边三化”“三改一拆”“青山白化”治理、“清洁乡村”等专项行动。在全县率先使用密封式小型垃圾集装箱，并一次性投放20只到楠溪江沿岸11个村，同时负责运输到垃圾中转场压缩处理，共运送垃圾到焚烧厂6800吨。对建成区地下排水管道进行全面体检，并对堵塞的管道进行疏通和修复。各部门严格履行职责，对辖区内各河道边“三化”任务进行摸底清查，对沿路、沿溪存在的违章建筑、非法采砂、倾倒垃圾等现象一一登记入册，并制定整改实施方案和各沿溪村庄制定村规民约。累计拆除违法建筑61000平方米。完成绿化4公顷，完成率109.1%。投入城中村改造计379户42640平方米，完工41户4790平方米；确定旧住宅区改造点1个，计42户5200平方米，完工5户620平方米。

2013年建置村（居委会）数据库

村(居)名	书记	主任	村(居)民小组	人口
上村	刘东村	刘建崇	15	2317
碧莲	徐郁群	徐林荷	20	3312
石湖	邵三勇	邵高强	24	2510
邵园	邵郑力	邵敬友	17	2186
黄岗	王建鹏	王贤仕	10	1427
缸窑	刘锡中	董晓锦	8	762
东边	杨银丰	杨鹏	4	426
东坑	刘智勇	林天国	5	384
澄田	陈久培	徐志望	21	2240
新岙	刘世云	刘世同	12	1167
石山	刘学相	刘建双	3	205
鱼仓	刘贤仕	刘建孝	5	438
地凑	廖国训	郑庆树	6	477
梧岙	潘光村	潘忠相	10	1107
下岭根	潘明理	潘光晓	6	611
梧町	麻永西	潘忠仕	4	439
山坑	胡寿基	汤光满	13	953
小巨	汤海伦	汤裕多	20	1692
新宅	董玉媚	汤瑞南	6	524
巨川	王汉亮	王贤兴	3	323
了烈	汤文武	郑庆山	7	449
郑庄	徐德和	刘昌统	10	944
驮平	刘青聪	刘继哨	9	620
槎川	----	董碎英	8	814
汤店	陈秀仁	吕华蕊	10	1008
大树垟	陈陈建	陈龙	6	580
前九埄	胡纯亮	刘良通	4	174
后九埄	郑九万	刘建鹏	4	230
应坑	陈建贺	陈永利	32	2002
应一	麻育兴	麻富南	23	1299
应二	麻浙绍	麻泰略	16	949
垅头	陈继国	陈久仟	5	363
东庄	陈国连	陈国杰	14	1154
半坑	陈洁丽	应付昌	4	326
炉熊	金建波	金月桂	16	980
章进岙	刘锡昌	叶飞玲	4	329
大岙	吕景新	吕建林	27	2642
茶岙	陈宽	陈正	27	1848
北溪	杨晓区	杨晓田	13	1207
金益	张永设	张高龄	9	666
大柏	周志相	周清判	11	947
应岙	麻云村	吕献亮	6	357
孙山	麻玉昕	麻荣胜	6	401
居委会★	刘金华	徐宣民		1068

社会事业 2013年，扎实推进邵园村美丽乡村建设。投入46.94万元，完成对邵氏大宗、永嘉郡祠、山坑石亭、杨氏宗祠维修工作。永嘉郡祠、邵氏大宗晋升为国家级文保单位。建成应界坑村和碧莲村2个文化礼堂，并于7月21日在应界坑文化礼堂举办乱弹文化节。顺利举办永嘉县第二届早香柚节。加快镇综合文化站、健身公园等基础设施建设，为全民休闲健身提供方便。深入实施教育优先发展战略，巩固省、市级教育强镇成果；

扎实推进教育基础设施建设，加强校园周边环境治理和校园安全保护工作。加强国防教育，开展拥军优属活动，认真做好兵役登记，顺利完成县定征兵任务。高度重视计生工作，狠抓重点指标落实，加大再生育过程管理、性别比综合治理、流动人口管理、社会抚养费征收等工作力度，全镇计划生育符合率84.75%。

民生工程 2013年，深入实施农民健康工程，不断完善城乡医疗卫生服务体系和城乡居民医疗保险体制，完成年度城乡居民合作医疗保险任务。健全城乡居民社会养老保险制度，新增社会养老保险587人，落实60周岁以上领取社会保险金689人。完善农村“五保”和城镇“三无”对象集中供养，完善城乡最低生活保障，全面落实2013年度88户农村困难群众住房救助任务。依托2个永嘉县“文明家庭”、2个永嘉县“学习型家庭”、1个永嘉县“健康家庭”、1个永嘉县“绿色家庭”，通过激励先进、树立典型，进一步提高全体市民的健康意识和健康素质，提高广大家庭成员的思想道德素养、科学文化素质，扩大典型示范作用和影响力，带动更多的家庭建立科学、文明、健康的生活方式，为构建社会主义和谐社会作出更大的贡献。

平安建设 2013年，认真做好信访维稳和“两排查一促进”工作，组织开展“抓网格、查隐患、解矛盾、保平安”专项活动。认真落实重点信访件包案领导责任制，加大对重点疑难信访案件的化解力度，是年共接待信访案件27起，排查矛盾纠纷42起，调处疑难矛盾纠纷127起，开展法律宣传14次，综治网格录入信息5136条。同时做好特殊人群管理工作，建立长效的帮教管理工作机制，最大限度地减少不安全、不稳定、不和谐因素，促进社会和谐稳定，辖区内有在矫服刑人员43人，归正安置帮教176人，吸毒涉毒实有人数136人，前二季度禁毒工作全县排名前列，第三季度禁毒工作全县排名第一，矫正人员无脱管漏管重新犯罪现象。深入开展安全生产领域“打非治违”和隐患排查治理工作，共查处无证无照生产行为单位1个，安全生产领域违法建筑4处，非法供用电1处。联合安监、工商所、派出所等部门对辖区内烟花爆竹、危险化学品、工矿企业等领域开展安全隐患排查治理。共出动检查组15次，检查生产经营单位116家，发现隐患69处，整改69处。

基层党建 2013年，紧扣基层组织建设工作要点，围绕县委中心工作服务大局，以“两提两争”主题实践活动为载体，深入探索、狠抓落实，各项基层党建工作取得了良好成效，切实发挥党员先进模范作用，较好完成了各项工作任务。通过开展党的十八大精神宣传教育活动、党的群众路线教育实践活动，引导党员在真学真信真懂真用上下工夫，进一步密切党群、干群关系。通过落实基层党建责任、完善党建联系点制度和工作例会制度，形成了“一级抓一级，层层抓落实”的工作格局，以党建联系点为着力点，以点带面，提升基层党建工作水平，并在例会上及时了解各基层党组织实际情况，有针对性地做好党建工作。同时推进“鱼水情”，加强干部队伍建设。

荣誉录 2013年，碧莲镇获永嘉县安全生产工作先进单位、永嘉县老干部工作先进集体、学习型领导班子等荣誉称号。汤志远被评为关心下一代工作优秀组织领导者，刘庆贵被评为固定资产投资工作先进个人、全县招商选资工作先进个人，麻光胜被评为信访工作先进个人，郑岳被评为美丽乡村建设工作先进个人，胡永相被评为优秀驻企服务员，麻永丰、胡素贞被评为省级文化先进县创建工作先进个人，董星伟被评为全县维护社会稳定工作先进个人，谷明笔被评为全县防范和处理邪教工作先进个人，董世章被评为“四边三化”行动先进个人，麻富隆被评为“百名干部激情创业”专项活动“攻坚标兵”，叶新新被评为县共青团信息工作先进个人，潘竹旺、戚胜宇、徐俊、柯才磊被评为学习型党员标兵，张丽丽被评为 “二十佳计生干部”，林郑燚被评为县红十字工作先进个人，徐才被评为全县优秀禁毒社会工作者，刘青聪被评为县“十佳最美计生人”。

（徐同昌）

巽宅镇

2013年镇情数据库

项目	单位	合计
总面积	平方千米	254
耕地面积	公顷	1231
农作物播种面积	公顷	2103
粮食作物播种面积	公顷	1298
建置村	个	56
居委会	个	1
总人口	个	44670
农业总产值	万元	5935
财税收入	万元	523.5

2013年建置村(居委会)数据库

村(居)名	书记	主任	村(居)民小组	人口
巽宅	孙春祥	孙建	19	1784
巽一	孙进华	陈忠实	18	533
小溪	董如文	董时千	26	1967
下谢	李玉鸣	李建明	5	404
金溪	刘杏娥	陈时鑫	8	356
中山	叶松寿	叶海和	6	343
三里	吴九全	尤长华	6	353
龟背	叶纪听	章志才	16	911
小坑	——	周吉林	6	560
沙埠	王九听	毛正和	6	379
进书	汤建委	汤永杰	6	481
龙前	吕建多	汤守雷	14	961
麻埠	麻天国	麻时村	12	938
岭东	章益芬	麻德华	23	1698
里山	汤启士	胡宗杰	4	255
麻庄	叶春雷	叶国芳	9	661
石垟	郑林好	郑良溪	9	648
邵川	郑志才	郑建南	5	470
许头垟	张光山	张建川	10	558
下一	陈光亲	陈仙保	16	1233
下二	陈建平	陈文彬	19	1078
山霞	胡长青	陈玉雷	15	1482
三里宅	章广东	——	13	783
外宕	胡晓吉	胡建满	6	473
石染	章长生	章胜标	16	1481
木坑口	赵珠定	赵胜龙	7	645
雷付	——	徐进国	10	761
云岩	章国通	章镇托	16	1305
茅山	林秀美	林章巢	7	757
下坑口	赵大华	董胜才	7	410
和平	汤笔听	俞剑鹏	4	577
上横	——	赵松呈	9	953
墨印	汤光荣	章国听	12	752
珠龙	陈时吉	季永楼	9	398
界坑	董军	董文广	10	736
上董	董水通	董仕林	13	1335
界鸟	杨贵益	杨进贤	5	499
盛山	应永泽	应光力	15	1445
杨庄	杨利民	杨路桥	20	1593
黄岙	金水木	金李山	8	649
美岙	杨九弟	杨汉华	8	673
兴发	金明益	汤裕挑	7	956
坑口	麻国华	麻永士	5	460
饭盘尖	陈浩	陈建图	10	787
信岙	吴长松	章少秋	13	998
西岙	董时朴	董建理	12	779
垅坑	董章克	董银袍	11	939
横彭	吕俊微	章胜利	10	860
郭坑	麻九洪	麻仙平	10	672
垅坑口	吕永连	金锡忠	6	598
川岙		金国	4	407
白石垅	麻梅法	徐海梯	6	432
柴皮	麻锡观	王丁基	15	1241
后坑	吴朱良	吴顺宇	4	356
谢山	章九树	章有明	2	226
野骨	麻海平	麻国云	2	153
居委会★	胡永武		1	968

工程建设　2013年，以工程建设为突破口，紧盯固定资产投资这条工作主线，着力推进土地、规划建设工作。为此，主要领导亲自抓、分管领导具体抓，使相关工作得以顺利开展。在抓好“十大建设工程”的同时，启动规划用地面积7.73公顷的新区建设项目并进场施工。总投资1800万、总用地0.62公顷的金溪村农房改造工程完成搬迁。截至10月，全镇共完成固定资产投资2.22亿元，完成率91.23%。

农业经济　2013年，因地制宜发展区域优势明显的水果、药材、高山蔬菜等特色产业。通过创新农用地流转并加大扶持力度，调动农民的生产积极性。铁皮石斛、早香柚、西岙生姜、界坑茭白等品种初具规模；成功签约2个农业招商选资项目，资金到位530万元。同时以农业高新技术为依托，实现传统农业向现代农业的逐步跨越。界坑社区通过市级特色产业科技园带动了高山蔬菜种植面积100公顷以上；下嵊铁皮石斛专业合作社的铁皮石斛种苗项目成功实施，全镇形成从种苗培育到规模化种植的产业链；完成了早香柚基地开发、板栗冷藏基地建设、杨梅冷藏保鲜库建设等一批产业提升项目。

城乡建设　2013年，以实施“四边三化”为契机，全面建设美丽新乡村。共组织拆违行动30多次，参与2000余人次，拆除各类违法建筑120多处，拆除面积6万余平方米。全年清理溪边垃圾共计1000多吨，拆除溪边违章建筑44处，共计2.1万平方米。镇垃圾中转场、镇区污水管网（二期）建设完成立项，计划于次年完成建设任务；污水处理点进入设计会审阶段。同时结合实际，将沙埠、盛山2个村作为重点投入建设。到年底，除盛山村的居家养老工程以外，都已如期完成。

社会事业　2013年，坚持把实现好、维护好、发展好人民群众的根本利益作为一切工作的出发点和落脚点，不折不扣地落实各项惠民政策。一是本着应保尽保的原则，新增低保对象67户109人，全镇累计851户1516人，建立健全以助医、助学、助困等相配套的救助体系。二是村庄整治进一步加强，

界坑社区茭白基地

共上报省级待整治村2个、县级1个，完成生态改厕和道路硬化两大项目。三是组织开展计生“春季服务月”活动做到“强基创优”，重新出台了《巽宅镇人口和计划生育目标管理责任制》，扎实推进人口和计划生育工作。四是文化信息资源共享，加强镇综合文化站和村文化室等重点文化惠民工程建设和综合利用，巽宅镇申报升级文化强镇通过验收。

平安建设 2013年，进一步深化“平安巽宅”建设，加大社会治安打防控力度，精心组织开展严打专项活动，严厉打击严重违法犯罪和社会黑恶势力。不断探索构建社会治安新秩序的途径和方法，加快建立多元化的“大调解”工作体系，安排专兼职调解员9人，落实调解载体，夯实综治基层基础。进一步健全信访工作机制，及时疏导和化解矛盾纠纷。大力抓好安全生产、食品药品监管、防汛防台等工作，全力维护社会稳定。安全感满意率达98%，综治平安考评获929.1分，位居全县第一。

基层党建 一是加强自身素质建设，全年召开十八大精神宣讲会7次、部署会4次，指导1815名党员系统学习了十八大精神。坚持理论中心组学习，全年学习19次。二是加强作风建设和反腐倡廉建设，村务公开机制不断完善；惩戒力度不断加大，全年共处理违纪党员9人；严格落实公务接待“三严四禁”规定，设置机关食堂“廉政灶”。三是加强基层组织建设，持续深入抓好社区党建工作，完善星级社区考评细则；建立并完善了党员信息库。三是加强干部作风建设，以“全科干部”为目标，以全员考绩为抓手，进一步健全机关工作人员“积分警示制”等制度；深入开展干部群众“鱼水情”活动，镇机关干部下村走访3164次，开展夜学、夜议、夜访、夜谈等各类活动191次。四是加强“党建带多建”工作，认真做好工青妇等群团工作，开展各类文艺慰问活动。认真做好年度征兵工作，超额完成县定任务。

荣誉录 2013年，巽宅镇获浙江省文化强镇、永嘉县文明镇、永嘉县“慈善一日捐”活动先进单位等荣誉称号，镇关工委被评为“五好班子”先进集体、老干部工作先进集体，陈国忠被评为永嘉县纪检监察先进个人。

（李芳芳）

美丽乡村现场会

義學祠

A01

荣誉录

2013年先进集体与先进个人

2013年度永嘉县十大“最美永嘉人”

姓　名	单　位	职　务
倪赛棋	武警永嘉县中队	指导员
杨云敬	古庙学校	校长
董平西	永嘉县公路管理局九丈养护站	站长
周海琴	浙江新塬实业有限公司	董事长
郑晓舞	永嘉县中医医院	护士长
叶连海、李滢夫妇	永嘉县爱婴理发纪念品有限公司	总经理、董事长
李坤武	沙头镇高浦村	新居民
魏玉献	永嘉县桥头镇中学	教师
刘　彭	温州市绿文化环保公益中心	总干事
徐娟娟	永嘉县岩坦镇山早村	村民

2013年度永嘉县“十佳勤廉干部”

姓　名	性别	单位职务
叶蔓蔓	女	县经信局行政审批服务科科长
潘李克	男	国网浙江永嘉县供电公司瓯北供电所所长
单飞杰	男	团县委副书记
虞建远	男	县社科联主席
郑志雄	男	县教育局纪检组长
叶际巨	男	县公安局法制大队副大队长
麻永梅	男	岩坦镇溪口社区书记、主任
叶晓光	男	三江商务区（街道）团工委副书记、安全生产监督管理中心副主任
陈光仲	男	大若岩镇党委副书记
李玉环	女	东瓯街道妇联主席

2013年度永嘉县“十佳最美计生人”

毛淑珍　江北街道办事处
刘晓昀　县计划生育指导站
刘青聪　碧莲镇驮平村
朱家忠　沙头镇双溪村
吴显才　县教育局
周月娥　东瓯街道办事处
陈秀芬　桥下镇政府
陈然艳　桥下镇八里村
徐　翔　岩坦镇政府
潘丐束　桥头镇政府

2012～2013年度永嘉县“十佳人民满意政法干警”

娄晓钦（永嘉县人民法院瓯北法庭）
郑黎明（永嘉县人民法院刑庭）
黄　靖（永嘉县人民检察院反贪局）
夏　如（永嘉县人民检察院公诉科）
林华东（永嘉县公安局出入境管理大队）
潘湘华（永嘉县公安局看守所监管大队）
陈鸿鹏（永嘉县公安局乌牛派出所）
郑智勇（永嘉县公安局碧莲派出所）
潘奕伟（永嘉县公安局交警大队）
胡莹莹（永嘉县司法局社区矫正和归正科）

2012～2013年度永嘉县“十佳优秀政法单位”

永嘉县人民法院民事审判第一庭

永嘉县人民法院瓯北人民法庭
永嘉县人民检察院瓯北检察室
永嘉县人民检察院侦查监督科
永嘉县公安局行政服务审批科
永嘉县公安局流管大队
永嘉县公安局特巡警大队
永嘉县公安局江北派出所
永嘉县公安局岩坦派出所
永嘉县司法局基层工作管理科

永嘉县第三届优秀中国特色社会主义事业建设者

陈继权　亚龙科技集团有限公司董事长
徐时枢　温州市贝诗雅服饰有限公司董事长
吴金龙　中美合资浙江宝龙阀门制造有限公司董事长
陈华崇　宣达实业集团浙江特种泵阀有限公司总经理
叶春年　方圆阀门集团有限公司董事长
易　淳　浙江鲍斯高服饰有限公司董事长
陈柏勋　南方投资集团有限公司总裁
徐建国　温州菲奥纳高分子材料有限公司董事长
邹德道　温州市方圆金属钮扣有限公司董事长
苏尚州　育才控股集团有限公司董事长
叶克连　温州长城拉链集团有限公司董事长
陈日蕾　浙江超雷皮具有限公司董事长
潘泰妙　永嘉县原野园林工程有限公司副总经理兼总工
金赛勇　永嘉县楠溪江云岭山白茶有限公司副总经理
谢文达　浙江绿天农业开发有限公司经理
董万利　永嘉县上光板栗专业合作社理事长
周星建　永嘉县狮子岩龙瀑仙洞旅游服务有限公司总经理

2013年固定资产投资工作先进单位和先进个人

先进单位（14个）

县发改局
县经信局
县公安局
县财政局
县统计局
41省道永嘉瓯北至沙头段改建工程指挥部
诸永高速公路温州段延伸工程永嘉县指挥部
41省道南段复线工程建设指挥部
县瓯北东片开发建设指挥部
雁楠公路永嘉段工程建设指挥部
上塘中心城区
瓯北城市新区
岩头镇
鹤盛镇

先进个人（73人）

陈炳华（上塘中心城区）
潘永福（瓯北城市新区）
黄希钦（瓯北城市新区）
黄忠理（三江商务区）
潘晓燕（桥头镇）
徐齐有（桥下镇）
刘少彭（岩头镇）
陈汉民（沙头镇）
吴介甫（枫林镇）
郑利雨（岩坦镇）
胡建岳（大若岩镇）
刘庆贵（碧莲镇）
谢清汇（巽宅镇）
胡　琼（鹤盛镇）
夏建敏（东城街道）
金巧娇（北城街道）
陈维刚（江北街道）
夏岳良（乌牛街道）
李和平（黄田街道）
叶晓孝（东瓯街道）
林晓行（县发改局）
胡　静（县发改局）
周望佐（县经信局）
孙　苗（县经信局）
金王友（县教育局）
朱昌恺（县公安局）
汪建荣（县民政局）
叶宇丰（县住建局）
朱　武（县住建局）
李溢勇（县交通运输局）
谢清华（县水利局）
叶银强（县林业局）
陈烟东（县文广新局）
徐少海（县卫生局）
李　丽（县广播电视台）
翁斌闯（县机关事务管理局）
郑新海（县水务集团）
黄颖华（国网浙江永嘉供电公司）
黄显丰（楠溪江风景旅游区）
李纯义（县重点工程建设总指挥部）
张云兴（甬台温天然气管道永嘉段工程政策处理协调办公室）
吴　谦（104国道温州西过境公路永嘉段改建工程指挥部）
卢建钦（甬台温铁路永嘉段工程建设指挥部）
郑卿顺（诸永高速公路温州段延伸工程永嘉县指挥部）
施秀顺（41省道永嘉瓯北至沙头段改建工程指挥部）
徐象俊（雁楠公路永嘉段工程建设指挥部）
吕佰相（永缙复线改建工程建设指挥部）
戴春敏（41省道南段复线工程建设指挥部）

戴恩光（104国道永嘉三江至李浦连接线工程建设指挥部）
王建策（瓯江北片防洪堤工程建设指挥部）
李　业（桥头菇溪河道整治工程建设指挥部）
戴央芬（县排涝应急工程建设指挥部）
夏有利（乌牛新闸工程建设指挥部）
谢　莉（县垃圾焚烧发电厂工程建设指挥部）
徐　俊（县瓯北东片开发建设指挥部）
李小君（县委党校及教育研训大楼工程建设指挥部）
毛时营（中瓯地产集团永嘉房地产开发有限公司）
张　磊（瓯北高级中学工程建设指挥部）
吴　麒（永嘉县中医院医疗综合大楼建设指挥部）
徐娟娟（县委办考绩办）
林剑英（县人大办财经委）
唐红专（县府办）
朱琳哲（县政协办）
吴　昊（县纪委）
杜克凡（县委组织部）
郑增勇（县委宣传部）
董建群（县委政法委）
胡兆碎（县财政局）
夏尧来（县审计局）
胡晓鹏（县统计局）
刘明华（县统计局）
周　健（县审管办）
章金统（县公共资源交易中心）

永嘉县村级组织换届工作先进集体和先进个人

先进集体（3个）
县公安局
桥下镇
大若岩镇

先进个人（15名）
林孔强（县纪委）
金豫斌（县委组织部）
金雷波（县委宣传部）
陈欧芳（县委农办（农业局））
郑胜勇（县广播电视台）
蒋　超（县公安局）
陈建炬（县民政局）
侯国省（县司法局）
胡益智（三江商务区）
吴万洲（桥头镇）
郑建国（岩坦镇）
池兴荣（鹤盛镇）
张建国（东城街道）
麻曙明（南城街道）
汪远增（东瓯街道）

2013年度驻企服务工作先进集体和先进个人

先进集体（3个）
县科技局
县金融办
江北街道

先进个人（20名）
邹增理（县委办）
黄大善（县府办）
厉天云（县公安局）
叶长达（县财政）
周宗玉（县协作办　招商局）
王金瓯（县工商局）
周天夫（县质量技术监督局）
陈民杰（县国土资源局）
叶丽华（桥头镇）
季丽丽（桥下镇）
胡永相（碧莲镇）
钱　为（东城街道）
刘超军（东瓯街道）
潘蒙蒙（县农业企业专项组）
孙益领（县服务业企业专项组）
盛雪瓯（县工业企业专项组）
黄　鸟（县商贸业企业专项组）
胡培通（县建筑业企业专项组）
虞振卯（县村社专项组）
李庆贺（县人防办）

“百名干部激情创业”专项活动“先进班组”和“攻坚标兵”

先进班组
岩头美丽乡村建设项目攻坚组

攻坚标兵（26名）
李乐乐（县府办）
朱海兵（县委农办（农业局））
刘三相（县人民法院）
叶圣甫（县教育局）
杨文斌（县教育局）
李乐峰（县住建局）
陈　剑（县住建局）
周长荣（县交通运输局）
黄志坚（县交通运输局）
黄光锋（县交通运输局）
周庆欢（县林业局）
潘齐忠（县人口与计划生育局）
汪益新（县机关事务管理局）
郑文丰（县国土资源局）
刘献丘（县国土资源局）
戴晓智（瓯北城市新区）
潘进军（瓯北城市新区）
李金杰（三江商务区）
吴林克（三江商务区）
林成丰（沙头镇）
郑海燕（沙头镇）
金洪波（岩坦镇）
麻富隆（碧莲镇）
陈耀清（巽宅镇）
张德周（乌牛街道）
戴国光（黄田街道）

2013年度综治、维稳、反邪工作先进集体和先进个人

全县社会管理综合治理先进集体

县民政局
县交通运输局
桥头镇
岩头镇
大若岩镇
黄田街道
全县社会管理综合治理先进个人
李长生（县综治办）
戴康强（县法院）
李鹏飞（县检察院）
潘　峰（县公安局）
季守浩（县司法局）
陈朝朝（县新居民服务管理局）
吴晓仙（县统计局）
徐晨曦（县安监局）
金耀旭（巽宅镇）
孙徐达（鹤盛镇）
潘森鹏（江北街道）
杨建仁（乌牛街道）

全县维护社会稳定工作先进集体
县公安局110指挥中心
县金融办
岩坦镇
江北街道
县发改局
全县维护社会稳定工作先进个人
郑鹏鹏（县府办）
王明明（县委宣传部）
刘晓节（县委维稳办）
陈九仓（县信访局）
陈　谦（县人力社保局）
滕建辉（三江商务区）
叶益林（沙头镇）
吴学龙（枫林镇）
董星伟（碧莲镇）
朱家平（东瓯街道）

全县防范和处理邪教工作先进集体
桥下镇
岩坦镇
东瓯街道
县科协
县民宗局
全县防范和处理邪教工作先进个人
汪家栋（县委610办）
叶张迪（县广播电视台）
潘忠宇（县公安局）
李伟国（三江商务区）
金妍妍（桥头镇）
陈满进（岩头镇）
谷明笔（碧莲镇）
翁锡欧（东城街道）
徐慧忠（南城街道）
徐银周（北城街道）

2013年度信访工作先进集体和先进个人

先进集体（6个）
县纪委
岩头派出所
县人力社保局
桥下镇
岩头镇
东瓯街道

先进个人（41人）
徐桂进（县纪委）
陈建泼（县委组织部）
胡建平（县委政法委）
蒋伶俐（县信访局）
林玉喜（县人民法院）
李　艳（县人民检察院）
胡建东（县发改局）
陈　剑（县经信局）
邵伯闯（县教育局）
卢蓬蓬（沙头派出所）
李永杰（县交警大队）
吴秀勤（县民政局）
林正茂（县人力社保局）
陈小飞（县住建局）
陈永锋（县交通运输局）
陈安宁（县水利局）
戴成新（县委农办　农业局）
胡培春（县林业局）
肖秀恩（县卫生局）
叶　亲（县人口和计生局）
李余朋（县环保局）
曾胡龙（县政府驻京办事处）
何国平（县国土资源局）
郑建永（三江商务区）
詹裕锡（桥头镇）
周　智（桥下镇）
盛　建（岩头镇）
叶圣远（沙头镇）
王利友（枫林镇）
陈瓯鹏（岩坦镇）
陈光仲（大若岩镇）
麻光胜（碧莲镇）
金耀旭（巽宅镇）
张光辉（鹤盛镇）
张胜汤（东城街道）
金衍松（南城街道）
麻富晓（北城街道）
杨益明（江北街道）
孙志芳（乌牛街道）
李　宵（黄田街道）
徐建峰（东瓯街道）

2013年度全县人口和计划生育工作先进集体和先进个人

先进集体（20个）
江北街道
东瓯街道
东城街道
大若岩镇
桥头镇
北城街道
岩头镇
大若岩镇
桥头镇
岩头镇
桥下镇

江北街道
东瓯街道
东城街道
北城街道
县委组织部
县委农办（农业局）
县新居民服务管理局
县纪委
县法院

先进个人（205名）
十佳党政领导
全正超（三江商务区）
廖远新（桥头镇）
董庆标（桥下镇）
廖海东（沙头镇）
徐　翔（岩坦镇）
汤森海（大若岩镇）
刘　建（巽宅镇）
尤建夏（江北街道）
李晓明（乌牛街道）
杜国平（东瓯街道）
十佳片长
周娟娓（三江商务区）
胡建洲（桥头镇）
王贤芬（岩头镇）
张仁谦（大若岩镇）
周红光（东城街道）
李建林（南城街道）
袁守谦（北城街道）
谢品东（江北街道）
吴活机（黄田街道）
金建敏（东瓯街道）
二十佳计生干部
章妙建（县人口和计生局）
黄建明（县人口和计生局）
邵淑红（县妇幼保健院）
刘晓昀（县计生指导站）
施春林（三江商务区）
金　忠（桥头镇）
林　芳（桥下镇）
李晓玲（大若岩镇）
张丽丽（碧莲镇）
夏建明（枫林镇）
刘相根（岩坦镇）
叶圣满（岩坦镇）
谢丽曼（沙头镇）
吕晓多（鹤盛镇）
潘斐斐（东城街道）
金晓艳（北城街道）
俞秀新（南城街道）
金永东（江北街道）
金建欧（江北街道）
陈华君（黄田街道）
二十佳部门干部
陈　浩（县纪委）
滕翀敏（县委组织部）
池张成（县委宣传部）
高显芳（县委农办（农业局））
胡朝俊（县法院）
邵赴明（县发改局）
朱旭东（县教育局）
陈　臻（县科学技术局）
叶培清（县公安局）
廖志杰（县民政局）
戴国承（县财政局）
董晓群（县住建局）
林长寿（县卫生局）
吴建速（县人口和计生局）
周瑜珍（县安监局）
徐　伟（县食品药品监督管理局）
周京林（县新居民服务管理局）
麻晓红（计生综治办）
朱晓东（县国土资源局）
潘春莲（国网浙江永嘉供电公司）
优秀驻村干部（77人）
三江商务区：
杨　晓（箬隆村）
董希丹（芦田村）
桥头镇：
戴文雅（前下村）
陈伟秀（溪西村）
汤秋飞（前堡村）
汪建秀（石马岙村）
叶会明（溪心村）
李　芍（闹水坑村）
桥下镇：
戴晓忠（梅岙村）
魏小燕（桥下村）
陈秋冬（西溪下、京岸居）
杨微珍（茗后村）
朱陈静（下徐村、龙口村）
李　双（黄山村）
戴益珺（吴垟村）
刘　森（石坑村、石田坑）
李　聪（东村）
陈海鸥（塘下砻、底砻）
岩头镇：
李　敏（河三村）
刘少彭（下日川村）
赖国兵（四联村、陈坪村）
李建东（杏岙村）
金海坚（溪南村）
金一伙（上烘村）
徐建静（西川村）
沙头镇：
周星微（花一村）
麻淑丽（水岩村）
王芙蓉（东川村）
陈　敏（上光、庙活村）
枫林镇：
潘永昆（外档村）
汪春豪（枫二村）
郑中芬（垟山村）
岩坦镇：
徐乐丰（庙下村）
徐文斌（罗垟村）
应永伦（闪坑村）
郑建军（黄界坑村）
金丽莉（陈庄村）
厉孙斌（山早、西山村）
胡联娟（溪一村）
大若岩镇：

金邦仕（大元下村）
王秀珍（蒋山村）
李乐华（下岸村）
碧莲镇：
陈秀苗（上村）
徐云芬（澄田村）
谢海奇（半坑、应二村）
谷祥一（孙山村）
巽宅镇：
刘秀玲（云岩村）
郑明辉（柴皮村）
孙建仁（麻庄村）
孙擎剑（杨庄村）
鹤盛镇：
邹显安（东皋村）
李　琼（英岙村）
戴文敏（炉山村）
黄　波（梅坦村）
东城街道：
陈管秋（渭石村）
徐乐钻（嶂岙村）
叶嘉岙（敬仁村）
金良云（城东社区）
南城街道：
卢仁忠（新民村）
邵西平（城西社区）
金建兵（城南社区）
黄强清（李家村）
北城街道：
潘雪燕（城北社区）
赵江峰（底寮村）
高慎城（城中社区）
郑海燕（后村）
江北街道：
叶醒菲（创新社区）
朱国敏（码道村）
李　锷（东方村）
戴晓蛟（白水村）
陈希希（罗浮村）
黄田街道：
徐芬芬（新寿湾村）
胡晓芬（黄田岙村）
廖臣锋（雅林村）
东瓯街道：
陈文波（堡一村）
朱家平（五星村）
赵飞莲（和一村）
优秀村居干部（68人）
三江商务区：
吴飞荣（箬隆村）
全龙益（启灶村）
桥头镇：
王文灿（荷塘村）
唐洪海（龙根村）
王春贤（外垟头村）
全显新（桃埼村）
桥下镇：
尤长国（东山村）
邵景慰（山联村）
尤森孟（尤山村）
陈上武（黄麻垟村）
潘小娟（墩头村）
吴　策（瓯渠村）
张福权（银坑村）
麻谦军（金仓村）
胡伸奇（茗上村）
岩头镇：
李苍平（港头村）
金中杰（河三村）
金路德（河二村）
徐顺连（高山村）
滕海建（西川村）
邵茂杰（上烘村）
沙头镇：
王定进（石柱村）
潘未亮（泰石村）
朱清众（廊一村）
林崇兴（高浦村）
枫林镇：
徐建友（枫二村）
潘教俊（陈洋村）
徐周丽（内档村）
岩坦镇：
戴东湖（蛙蟆垅村）
陈久荣（南正村）
金佰林（陈坑村）
张武烈（八亩村）
戴伟国（溪一村）
王建文（李庄村）
大若岩镇：
李理省（上榴湾村）
叶光海（洋坑村）
碧莲镇：
徐郁群（碧莲村）
麻浙邵（应二村）
王汉亮（黄岗村）
巽宅镇：
董文广（界坑村）
麻时村（麻埠村）
李宝宣（外宕村）
鹤盛镇：
李成相（下家岙村）
潘行高（齐山村）
潘统军（英岙村）
谢纯杨（炉山村）
东城街道：
汪祥恩（前村）
周元虬（峙口村）
孙建石（渭石村）
南城街道：
厉银明（黄屿村）
李龙进（观下村）
张爱华（西后村）
陈仁忠（东岸村）
北城街道：
叶林开（上庵村）
张庆忠（朱岙村）
杨家叩（中心村）
江北街道：
汤光强（阳光社区）
吴耀星（码道村）
余敬飞（龙桥村）
杨显林（江北岭村）

乌牛街道：
管长增（鸭鹅村）
杨小龙（洪山）
胡德国（马岙村）
黄田街道：
包巨东（雅村）
郑田虎（凤屿村）
罗　东（外窑村）
东瓯街道：
张雷云（堡二村）
翁建朝（五星村）

2013年度全县老干部工作先进集体和先进个人

老干部工作先进集体（10个）
县教育局
县财政局
县人力资源和社会保障局
上塘中心城区
瓯北城市新区
桥下镇
岩头镇
岩坦镇
大若岩镇
巽宅镇

重视老干部工作好领导（10人）
徐志光（县纪委）
吴肖峰（县公安局）
谢选年（县财政局）
邵秋莲（县人力社保局）
傅道碎（瓯北城市新区）
何学考（桥头镇）
汪国勇（岩头镇）
叶升川（枫林镇）
郑建国（岩坦镇）
全旭东（鹤盛镇）

老干部工作先进个人（10人）
王晓森（县委办）
朱泽峰（县人大办）
滕翀敏（县委组织部）
蒋晓雪（县委老干部局）
潘晓朋（县广播电视台）
杜　鹉（县发改局）
金干业（县公安局）
金显锋（县卫生局）
吴臣友（桥下镇）
戴振明（县人民医院）

2013年度全县安全生产工作考核先进单位、先进基层站（所）和先进个人

先进单位（14个）
县交通运输局
县林业局
县安全生产监督管理局
县食品药品监督管理局
县交警大队
县公安消防局
永嘉旅投集团
甬台温铁路永嘉段工程建设指挥部
104国道三江至李浦连接线工程建设指挥部
桥头镇人民政府
桥下镇人民政府
岩头镇人民政府
碧莲镇人民政府
东瓯街道办事处

先进基层站（所）（5个）
县公安局治安大队
县安全生产监察大队
东城街道安监中队
江北街道安监中队
黄田街道安监中队

先进个人（26人）
李奕普（县府办）
徐建静（县纪委、监察局）
胡军勇（县考绩办）
王　伦（县法院）
郑彬彬（县检察院）
金益楚（县经信局）
邹旭初（县教育局）
潘　峰（县公安局）
胡野海（县财政局）
谢建兵（县住建局）
叶洪泽（县文广新局）
夏琦辉（县安监局）
汤光漫（41省道永嘉段瓯北至沙头段改建工程指挥部）
叶家宝（县工商局）
虞显平（县质监局）
钱　江（县总工会）
叶建光（县安委办）
余继波（县交警大队）
金郁斌（县安全生产宣传教育中心）
潘斌浦（上塘中心城区）
谷春权（楠溪江风景旅游区）
杜亦游（桥下镇）
周洪海（枫林镇）
杨学领（东城街道）
金玉寿（江北街道）
李小蒙（东瓯街道）

2013年度党建工作先进单位、先进基层党组织和先进个人

县直机关党建工作先进单位
县委组织部
县委宣传部
县经济商务和信息化局
县公安局
县交通运输局
县审计局
县行政审批管理办公室
县国税局

先进镇（街道）党（工）委
三江商务区党委
岩头镇党委
大若岩镇党委
东城街道党委

黄田街道党委

先进基层党组织（48个）

北京永嘉商会党总支
县戏剧家协会党总支
上塘城北小学党支部
瓯北地税分局党支部
启灶村党支部
洛溪村党支部
桥头中学党支部
桥头镇钮扣商会党支部
八里村党支部
瓯渠村党支部
梅坑村党支部
剩庄村党支部
奇特乐集团有限公司党支部
渡头村党支部
下日川村党支部
抱岙村党支部
岭下村党支部
降头山村党支部
枫四村党支部
岩坦村党支部
田龙村党支部
小若口村党支部
后九垟村党支部
柴皮村党支部
界坑村党支部
罗川村党支部
西炉村党支部
嶂岙村党支部
银场村党支部
江北岭村党支部
保一集团有限公司党总支
洪山村党支部
中国海星海事电气集团有限公司党支部
池头村党支部
奥康集团有限公司党委
林垟村党支部
南方投资集团有限公司党委
开维喜阀门集团有限公司党支部
县文明办党支部
县检察院机关党委
县教育局机关党委
县科技局党支部
县财税局税务党支部
县人社局乌牛所党支部
县人民医院第一党支部
上塘工商分局党支部
县质监局机关党支部
市住房公积金管理中心永嘉分中心党支部

优秀共产党员（99名）

郑九省（上塘中心城区）
牟卫英（城西小学）
邵业业（瓯北城市新区）
唐海琼（罗浮中学）
戴　强（楠溪江风景旅游区）
汤裕铨（三江商务区）
李建雷（三江商务区）
吕淑平（桥头镇）
廖远泽（桥头镇城镇管理大队）
王春贤（桥头镇外洋头村）
徐建清（桥头镇董岙村）
苏尚州（育才控股集团有限公司）
徐　彻（桥下镇）
吕包琬（桥下镇）
潘伯和（桥下镇）
潘建斌（桥下镇）
王进清（桥下镇）
卢小忠（桥下镇洋湾村）
邹建平（桥下镇下徐村）
胡国统（桥下镇永临卫生院）
金显平（桥下镇华夏游乐设备有限公司）
周谢龙（岩头镇）
金周灵（岩头镇岩头村）
邵茂杰（岩头镇上烘头村）
郑卿喜（岩头镇石匣村）
金学雪（岩头中学）
朱文广（沙头镇）
陈乐凯（沙头镇）
陈继孟（沙头镇坦下村）
刘良德（沙头镇高浦村）
董碎区（沙头镇董岙底村）
徐顺谦（枫林镇）
徐传辉（枫林镇内档村）
周效忠（枫林小学）
戴琴箫（岩坦镇）
胡柏成（岩坦镇）
金晓坚（岩坦镇）
刘建光（岩坦镇）
林永送（岩坦镇）
李海朋（大若岩镇）
金建秋（大若岩镇）
陈光林（大若岩镇白泉村）
董　益（碧莲镇）
麻玉听（碧莲镇孙山村）
徐同新（碧莲中学）
肖良建（巽宅镇）
孙建仁（巽宅镇）
徐建丽（巽宅镇）
金伯虎（巽宅镇）
全旭东（鹤盛镇）
周俊雅（鹤盛镇）
胡　琼（鹤盛镇）
李志正（鹤盛镇）
张建国（东城街道）
苏　文（东城街道峙口村）
叶宏高（东城街道绿嶂村）
厉金荣（南城街道）
黄天芬（南城街道城南社区）
南晓来（南城街道下堡村）
金晓艳（北城街道）
蒋珍康（北城街道阮家垟村）
叶云山（江北街道）
林胜伟（江北街道塘头村）
陈泉铨（江北街道滨江社区）
余承唐（报喜鸟集团有限公司）
金文龙（红黄蓝集团有限公司）
陈　北（乌牛街道）

傅玉林（乌牛街道茅楼村）
孙学芬（永嘉县宏源汽车修理厂）
戴国光（黄田街道）
林　考（黄田街道东联村）
刘可行（浙江佳龙电子有限公司）
翁建朝（东瓯街道五星村）
许建新（东瓯街道河田村）
厉程盟（宣达实业集团有限公司）
谢微珍（浙东高中压阀门有限公司）
王　芳（县政协机关）
李益峰（县纪委）
蔡旭琼（县委组织部）
陈　昆（县委农办〈农业局〉）
潘晓朋（县广播电视台）
单飞杰（团县委）
詹苗芳（县侨联）
金赛群（县人民法院）
叶际群（县发改局）
谷军全（县经信局）
翁志奔（县教育局）
吕长平（县司法局）
高　政（县人口与计生局）
胡海珍（县食品药品监督管理局）
刘卫国（县体育局）
潘罗华（县体育局）
徐时良（县协作办）
董长飞（县科技开发服务中心）
金建华（瓯北自来水有限公司）
高丽英（永嘉农商银行）
郑小朋（北京永嘉商会第五党支部）
张月芬（北京永嘉商会第二党支部）
鲍旭义（杭州永嘉商会）

县优秀党务工作者（19名）
傅道碎（瓯北城市新区）
徐胜飞（桥头镇）
叶丽华（桥头镇）
谷明宝（岩头镇）
陈建静（岩坦镇）
丁晓平（大若岩镇）
刘　建（巽宅镇）
陈娉娉（东城街道）
周晓伟（乌牛街道）
陈岩斌（黄田街道）
潘朝阳（东瓯街道）
王晓森（县委办）
李　哲（县经信局）
谷晓真（县公安局）
谢选年（县财税局）
谷黎容（县住建局）
陈凤娇（县文广新局）
金显锋（县卫生局）
汪益新（县机关事务局）

贴心村（社区）支部书记（18名）
吕克腾（三江商务区三江社区）
黄时银（桥头镇胜丰村）
李松庭（桥下镇湖庄村）
张福海（岩头镇屿根村）
王定进（沙头镇石柱村）
麻永梅（岩坦镇溪口社区）
陈久荣（岩坦镇南正村）
陈福林（大若岩镇埭头村）
刘建群（碧莲镇大岙社区）
孙春祥（巽宅镇巽宅村）
潘荣进（鹤盛镇岭北村）
李炳全（东城街道绿峰村）
何如亮（南城街道屿门村）
叶加永（北城街道路口村）
缪年生（江北街道清水埠社区）
张荣忠（乌牛街道河口岙村）
叶圣姆（黄田街道雅村村）
陈陆杰（东瓯街道东瓯社区）

优秀村委会（社区）主任（20名）
吴飞荣（三江商务区箬隆村）
叶会民（桥头镇城中社区）
吴曼平（桥下镇埠头村）
戴鹏程（岩头镇岩头社区）
陈招忠（岩头镇杨山村）
潘丐送（沙头镇花一村）
徐建友（枫林镇枫一村）
季德寿（岩坦镇岩龙村）
潘　泱（大若岩镇桐州社区）
麻浙绍（碧莲镇应二村）
毛正和（巽宅镇沙埠村）
李海舟（鹤盛镇下家岙村）
李松飞（东城街道西林垟村）
尤长崇（南城街道外山村）
盛定孟（北城街道城北社区）
陈理统（江北街道马岙村）
管长增（乌牛街道鸭鹅村）
孙志芳（乌牛街道埭头社区）
李　建（黄田街道夹里村）
张林海（东瓯街道堡一村）

两新组织党建工作优秀指导员（9名）
郑　力（县工商联）
朱海峰（县经济商务和信息化局）
柯晓云（县教育局）
潘陟健（县民政局）
季丽丽（桥下镇）
周灵芬（南城街道）
诸慧珍（江北街道）
麻向华（乌牛街道）
郑倩倩（东瓯街道）

"十佳"两新组织党组织书记（10名）
李　忠（县戏剧家协会第五党支部）
林炳龙（县委外出在京党总支）
李庆贺（保一集团有限公司党总支）
邹雪云（桥头钮扣商会党支部）
刘　彭（温州市绿文化环保公益中心党支部）
陈孔亮（育才股份集团有限公司党支部）
蒋松法（乌牛个体协会党支部）
叶龙有（奇特乐集团有限公司党支部）
孙　亮（宣达实业集团有限公司党委）
黄永赞（伯特利产业链党支部）

2013年度优秀镇（街道）党（工）委书记

汤森海（大若岩镇党委书记）
何学考（桥头镇党委书记）
郑建南（岩坦镇党委书记）
胡宋孝（三江商务区党委书记、三江街道党工委书记）
董庆标（桥下镇党委书记）

2013年度平安创建“十杯·十佳”竞赛活动先进集体和先进个人名单

一、平安村居（社区）杯

（一）先进集体

桥头镇朱涂村
岩头镇下日川村
沙头镇高浦村
岩坦镇黄南村
鹤盛镇东皋村
南城街道城南社区
北城街道城北社区
江北街道创新社区
乌牛街道码道村
三江街道芦田村

（二）先进个人

黄大考（桥头镇溪心村）
邵建胜（桥下镇肖山村）
金福海（岩头镇政府）
金世宗（东城街道嶂岙村）
陈光浩（南城街道黄屿村）
盛绍福（北城街道城北社区）
许志勇（江北街道码道村）
傅玉林（乌牛街道茅楼村）
何聪聪（三江街道办事处）
李月进（黄田街道埭下村）

二、平安企业杯

（一）先进集体

中石化永嘉石油分公司
保一集团有限公司
奇特乐集团有限公司
日泰集团有限公司
浙江迷西仕服饰有限公司
浙江保罗盖帝实业有限公司
温州鹏程控股集团有限公司
温州嘉丽鞋业有限公司
温州哈顺制衣有限公司
温州市方圆金属钮扣有限公司

（二）先进个人

杨知先（浙江宏辉拉链有限公司）
朱菁洲（浙江诚大实业集团有限公司）
潘建雷（温州鹏程控股集团有限公司）
郑雄彪（浙江迦南科技股份有限公司）
刘世伟（日泰集团有限公司）
吴小安（浙江保罗盖帝实业有限公司）
刘　波（凯奇集团有限公司）
曾敬华（东蒙集团有限公司）
陈圣超（浙江超雷皮具有限公司）
胡伯龙（纳多斯集团有限公司）

三、平安单位杯

（一）先进集体

县广播电视台
县公安局
县交通运输局
县统计局
县安全生产监督管理局
桥头镇
巽宅镇
鹤盛镇
三江街道
黄田街道

（二）先进个人

李育群（县委农办（农业局））
余承宽（县教育局）
刘建信（县民政局）
陈兴兴（县新居民服务管理局）
季旭林（县公安消防局）
叶益林（沙头镇政府）
陈光仲（大若岩镇政府）
徐慧忠（南城街道办事处）
潘森鹏（江北街道办事处）
潘福强（东瓯街道办事处）

四、平安校园杯

（一）先进集体

永嘉中学
桥头镇中学
第三职业学校
永临中学
中塘小学
瓯北第一小学
岩坦镇中心小学
枫林镇中心小学
巽宅镇石染小学
瓯北中心幼儿园

（二）先进个人

郑　槐（碧莲中学）
郑俊达（城西中学）
虞孙芝（瓯北中心小学）
金炳群（大若岩镇中学）
李永考（黄田小学）
李青青（城西小学）
徐晓琼（枫林镇中心小学）
季飞虎（桥头镇白云小学）
潘国仕（鹤盛中学）
胡冰峰（机关第二幼儿园）

五、平安医院杯

（一）先进集体

县第二人民医院
县第三人民医院
县妇幼保健院
瓯北城市新区医院
桥下镇中心卫生院
碧莲镇中心卫生院
巽宅镇中心卫生院
三江街道社区卫生服务中心
黄田街道社区卫生服务中心
永嘉利民消化专科医院

（二）先进个人
胡果新（县人民医院）
郑晓兵（县第二人民医院）
杨素将（县第三人民医院）
吴族松（县中医院）
朱志强（县妇幼保健院）
徐逸帆（瓯北城市新区医院）
唐　策（桥下镇中心卫生院）
谷秀飞（黄田街道卫生服务中心）
李　芳（三江街道社区卫生服务中心）
苏立雷（苏吴氏骨伤科专科医院）

六、平安场所杯
（一）先进集体
太平岩风景旅游管理办公室
钱塘世纪大酒店
同首歌俱乐部
永嘉县日用杂品公司
桥头国际饭店
瓯北蔡桥农贸市场
金桥中楠网吧
欧雅尔山庄
桥头镇园庆寺
北城街道银场基督教堂
（二）先进个人
黄霞惜（楠溪江风景旅游管委会）
卢胜利（瓯北工商分局）
杨敬业（永嘉网吧协会）
金邦乾（山里人之居）
林成施（温州市民用爆破器材有限公司）
李鸯鸯（锦江大酒店）
徐秋艳（梦江大酒店）
程崇武（永嘉县日用杂品公司）
夏理亮（县道教协会）
张贤平（县天主教爱国会）

七、平安金融场所杯
（一）先进集体
工商银行永嘉支行
农业银行永嘉县支行
建设银行永嘉支行
中国银行永嘉县支行
永嘉农村商业银行瓯北支行
邮政储蓄银行永嘉县支行
兴业银行永嘉支行
永嘉恒升村镇银行
人民财产保险永嘉支公司
申银万国证券永嘉双塔路营业部
（二）先进个人
汪智广（人民银行永嘉县支行）
杨念明（工商银行永嘉支行）
胡　坚（农业银行永嘉县支行）
叶芊芊（建设银行永嘉支行）
徐崇义（中国银行永嘉县支行）
阮龙江（永嘉农村商业银行）
金圣光（邮政储蓄银行永嘉县支行）
黄建玲（温州银行永嘉支行）
朱　敏（交通银行永嘉支行）
章永泼（华泰证券永嘉阳光大道证券营业部）

八、平安工地杯
（一）先进集体
41省道永嘉瓯北至沙头段改建工程建设指挥部
诸永高速公路温州段延伸线工程永嘉县指挥部
41省道南段复线工程建设指挥部
桥头镇菇溪河道治理四期工程项目部
县沙头镇石埠至西垟公路工程建设指挥部
大若岩风景旅游管理所
温州源龙建设有限公司
永嘉县地方建筑工程有限公司
浙江东正建设实业集团有限公司
浙江省水电建筑安装有限公司
（二）先进个人
谷春权（楠溪江风景旅游管委会）
戴友谊（永缙复线巽宅经金溪至界坑段改建工程建设指挥部）
陈善波（诸永高速公路温州段延伸线工程永嘉县指挥部）
刘　凯（104国道永嘉三江至李浦连接线工程建设指挥部）
鲍晨晨（县沙头镇石埠至西垟公路工程建设指挥部）
陈飞达（县水利水电工程质量监督站）
周洲田（温州源龙建设有限公司）
厉秀开（浙江东正建设实业集团有限公司）
蔡金华（浙江棋克建设有限公司）
吴建刊（浙江广川工程咨询有限公司）

九、平安家庭杯
（一）先进集体
桥下镇京岸村
岩头镇上美村
沙头镇人民政府
枫林镇内档村
岩坦镇田龙村
鹤盛镇炉山村
东城街道渭石村
北城街道路口村
江北街道清水埠社区
黄田街道办事处
（二）先进个人
张小爱（桥头镇人民政府）
吴国算（桥下镇西岙村）
张翠娇（岩坦镇田龙村）
孙建琼（碧莲镇人民政府）
李　慧（鹤盛镇人民政府）
陈约来（东城街道办事处）
胡杨环（北城街道鹅浦社区）
陈小英（江北街道清水埠社区）
朱海华（黄田街道办事处）
廖微琴（东瓯街道东瓯社区）

十、平安建设志愿服务杯

（一）先进集体

县维护交通安全志愿者服务大队

县夕阳红志愿者服务队

江北街道创新社区红叶歌舞团

东瓯街道新居民志愿者服务中队

上塘治安巡逻大队

桥头镇梨村治安巡逻队

江北街道罗浮村治安巡逻队

乌牛街道西湾工业园区联防队

三江街道三江联防队

东瓯街道礁下村治安巡逻队

（二）先进个人

吴爱春（县心海心理志愿服务队）

胡方考（县维护交通安全志愿者服务大队）

虞邵莲（县夕阳红志愿者服务队）

陈其他（桥头镇梨村治安巡逻队）

黄大德（上塘治安巡逻大队）

杨焕仁（江北街道罗浮村治安巡逻队）

刘关丰（江北街道创新社区）

叶金鹏（乌牛街道西湾工业园区联防队）

杨志义（三江街道三江联防队）

朱秀清（东瓯街道礁下村治安巡逻队）

2013年永嘉县教育工作先进集体和先进个人

县尊师重教先进集体（5个）

县消防局

县交警大队

大若岩镇政府

枫林镇孤山村委会

亚龙集团

县尊师重教先进个人（10名）

谢建云（“楠溪情”教育基金）

朱俊杰（县财政局）

黄晓光（县住建局）

朱秀平（县发改局）

孙光耀（巽宅镇巽宅村委会）

徐浙忠（桥头镇政府）

谢秀杰（县资管办）

陈雷西（县纪委监察局）

刘晓丽（县编办）

叶卫光（县民政局）

县十佳校长（10名）

周丐亮（永嘉中学）

邹俊杰（永临中学）

陈荣欣（县第三职业学校）

戴德康（上塘城关中学）

韩雪锋（碧莲镇中学）

王培忠（瓯北第一中学）

刘衍光（上塘城西小学）

赵建龙（桥头镇中心小学）

陈利平（岩头镇鲤溪小学）

孙毅萍（县机关第二幼儿园）

县先进教育工作者（33名）

郑　凯（罗浮中学）

王一白（县教师进修学校）

王贤昆（上塘中学）

郑　槐（碧莲中学）

陈　远（实验小学）

蔡正勇（实验中学）

戚建东（永临中学）

郑凌云（沙头镇渠口小学）

周小锋（上塘城东小学）

谢云海（上塘城关中学）

叶海奴（上塘黄屿小学）

吕建清（上塘绿嶂小学敬仁校区）

陈倩倩（黄田小学枫埠校区）

李　舜（瓯北第二中学）

袁伟梅（瓯北第六小学）

潘秀达（瓯北第五中学）

李向东（瓯北第一中学）

徐慧芬（瓯北学区）

吴伟国（瓯北中心小学）

陈享乐（千石小学）

周贤水（乌牛一小仁浦校区）

陈采薇（桥头镇第二小学）

邹海燕（桥头镇中心小学）

戚雪淑（桥下镇中学）

吴有苗（永临学区）

潘建军（鹤盛镇岭头中学）

谷陈杰（鹤盛镇中心小学）

李建成（岩头学区）

刘永平（碧莲学区）

麻智勇（巽宅镇中心小学）

张忠辉（县教育财务核算中心）

金　桥（县教育局）

李益文（县教育局）

县优秀班主任（39名）

周显芬（罗浮中学）

陈淑珍（罗浮中学）

徐百春（上塘中学）

金肖肖（少年艺术学校）

金丰平（实验中学）

张雪玉（县第二职业学校）

王达成（永嘉二中）

鲍妙森（沙头镇花坦小学廊下校区）

徐亚芬（上塘城北小学）

邵　敏（上塘城东小学渭石校区）

李益丽（上塘东岸小学）

陈蓓蓓（上塘中塘小学）

李　燕（黄田中学）

李赛仙（罗东小学芦田校区）

邹爱伟（瓯北第二中学）

金完璧（瓯北第三小学）

杨小和（瓯北第三中学）

翁嫦娥（瓯北第四小学）

戴文杰（瓯北第五中学）

潘智源（瓯北第一中学）

夏秀正（乌牛第二小学）

胡志禹（乌牛第二中学）

徐爱霞（乌牛第一中学）

金颖颖（桥头镇第八小学）

朱丽苹（桥头镇第二小学）

叶施施（桥下镇第一小学）

吴淑芬（桥下镇瓯渠小学）
谢雪敏（朱涂小学林福校区）
林聪聪（枫林镇中学）
杨子华（岩坦镇金盾学校）
刘冬冬（岩头镇表山小学）
胡军涛（岩头镇港头学校）
徐海敏（岩头镇港头学校）
陈海霜（岩头镇鲤溪小学垟头校区）
王晓敏（岩头镇中心小学苍坡校区）
麻金月（碧莲镇山坑小学）
郑若微（碧莲镇中学）
徐碧碧（大若岩镇中心小学）
徐宗文（巽宅镇中学）

县优秀教师（95名）
郑娟娟（碧莲中学）
刘荷荷（碧莲中学）
戚淑艳（罗浮中学）
黄尚远（罗浮中学）
杨仟洋（实验小学）
朱小飞（实验中学）
郑静静（外国语实验小学）
朱玲智（县第二职业学校）
吴丽荷（县第三职业学校）
林森森（县东方外国语学校）
朱灵芝（县机关第二幼儿园）
林潘雷（县机关幼儿园）
刘素芬（县职业中学）
谢凌云（县职业中学）
朱默弦（县职业中学）
周　灿（县综合实践学校）
谷志涨（永嘉二中）
朱清雨（永嘉二中）
叶加凯（永嘉二中）
叶建忠（永嘉体校）
孙跃若（永嘉中学）
韩国双（永嘉中学）
杨　晓（永嘉中学）
潘淑芬（永嘉中学）
张　翔（永嘉中学）
虞晓华（楠江中学）
申娟辉（上塘中学）
陈　强（上塘中学）
李　坚（永临中学）
曾　珍（永临中学）
陈　芳（济时中学）
徐里相（沙头镇花坦小学石公田校区）
高素娟（沙头镇中心小学）
金巧智（沙头镇中学）
陈林建（上塘城关中学）
戴娇微（上塘城关中学）
周海鸥（上塘城西小学）
谢志富（上塘城西小学）
孙淑怀（上塘城西中学）
李　巧（上塘城西中学）
胡忠月（上塘城西中学）
洪丽芬（上塘城西中学）
高元荣（上塘峙口中学）
杨显宽（罗东小学箬岙校区）
胡碧碧（瓯北第二小学）
余月飞（瓯北第六小学）
陈晓红（瓯北第七小学）
陈忠秋（瓯北第四中学）
胡刘贤（瓯北第五小学）
金慧娉（瓯北第五中学）
金炜君（瓯北第一中学）
朱巧仙（瓯北东金幼儿园）
周琼秀（瓯北红都幼儿园）
潘丽娅（瓯北江北幼儿园）
朱娟娟（瓯北金太阳幼儿园）
夏奥妙（瓯北罗浮幼儿园）
陈晓冬（瓯北三江阳光幼儿园）
陈彬彬（瓯北太阳花幼儿园）
胡晓和（瓯北喜来登幼儿园）
麻宋玲（瓯北育才幼儿园）
邵双双（乌牛第二小学）
刘　碧（乌牛第一小学）
朱晓黎（桥头镇白云中学）
董信跃（桥头镇井大小学）
单鸳鸯（桥头镇中学）
朱云燕（桥头镇中学）
王　丽（桥下镇第七小学）
林群珍（桥下镇第一中学）
林建素（桥下镇荆源中学）
李小媚（桥下镇昆阳中学）
吴理姆（桥下镇瓯渠中学）
陈光锋（桥下镇社区学校）
吴沙萍（桥下镇西溪第一小学）
李聪雪（桥下镇西溪小学）
吴学海（桥下镇中学）
陈巧丽（枫林镇福和希望小学）
廖远强（枫林镇孤山中学）
朱萍萍（枫林镇中学）
徐陈有（鹤盛镇中学）
戴晓群（岩坦镇黄南小学）
吴　闯（岩坦镇溪口小学苍山校区）
周晓云（岩坦镇张溪学校）
金莉莉（岩坦镇张溪学校）
陈美美（岩头镇鲤溪小学）
李丽芳（岩坦镇中心小学）
陈　燕（岩头镇五漈小学）
叶　敏（岩头镇中心小学）
潘海珍（岩头镇中心小学下烘校区）
虞素丹（岩头镇中学）
刘温柔（碧莲镇应坑小学）
郑应魁（碧莲镇中学）
周瑞馥（大若岩镇中心小学桐州校区）
陈晓丽（大若岩镇中学）
陈　杰（巽宅镇石染小学）
吴彬彬（巽宅镇西岙小学）

县园丁奖（36名）
郑海燕（罗浮中学）
曾　雀（上塘中学）
叶益聪（少年艺术学校）
李林珍（实验中学）
谢丽莉（县第二职业学校）

潘亦红（县职业中学）
周晓亚（永嘉二中）
周　静（永嘉中学）
苏　娇（永临中学）
金　琼（沙头镇古庙学校）
宁晓忠（沙头镇渠口小学泰石校区）
胡东微（沙头镇中心小学西垟校区）
郑恩进（上塘城关中学）
李敏刚（上塘城关中学）
潘晓芬（上塘峙口小学）
吴源涵（黄田中学）
张虎女（瓯北第二小学）
余雪欢（瓯北第二中学）
林丽妩（瓯北第七小学）
陈贵燕（瓯北第一小学）
廖蓓蓓（瓯北中心小学）
潘建月（瓯北中心小学）
张晓红（瓯北中心幼儿园）
戴芹英（乌牛第一中学）
阮伟忠（桥头镇中心小学）
蔡云花（桥头镇朱涂小学）
金学挺（桥头镇朱涂中学）
吴晓利（桥下镇第一小学）
朱浙荷（桥下镇中心小学）
陈孝成（桥下镇中学）
金晓微（包岙小学）
吴丽苹（鹤盛镇中学）
潘秀花（岩头镇鲤溪中学）
陈江祥（岩头镇中学）
刘小仙（碧莲镇中心小学）
潘教化（大若岩镇中学）

永嘉县2012～2013年度森林消防工作先进集体和先进个人

森林消防工作先进单位
鹤盛镇人民政府
乌牛街道办事处
黄田街道办事处

森林消防扑救先进队伍
上塘镇森林消防第一中队
上塘镇森林消防第二中队
桥下镇森林消防第一中队
桥下镇森林消防第二中队
四海山林场森林消防中队张溪分队

森林消防工作先进个人
杨　晓（三江商务区管委会）
戴显浩（岩坦镇人民政府）
陈小芬（大若岩镇人民政府）
郑　岳（碧莲镇人民政府）
麻利平（鹤盛镇人民政府）
周长胜（乌牛街道办事处）
杨益亮（东城街道办事处）
胡建武（南城街道办事处）
徐建胜（北城街道办事处）
李　锷（江北街道办事处）
金陈华（黄田街道办事处）
叶天宇（东瓯街道办事处）
郑建武（县林业局）
金晓雷（县林业局）

永嘉县2012年度老龄工作先进集体和先进个人

先进集体
县人力资源和社会保障局
县体育局
巽宅镇人民政府
北城街道办事处
黄田街道办事处

先进个人
金跃微（县老龄委办）
陈胜豪（县新闻信息中心）
吴　昊（县人力资源和社会保障局）
吴　越（县民政局）
刘志铙（县体育局）
应光辉（碧莲镇大岙社区）
潘　泱（大若岩镇政府）
徐建强（东瓯街道办事处）
叶　帆（北城街道办事处）
戴雄勇（黄田街道办事处）

永嘉县2013年度“四边三化”行动先进集体和先进个人

先进集体（7个）
县国土资源局
县交通运输局
县水利局
甬台温铁路永嘉段工程建设指挥部
岩头镇
大若岩镇
黄田街道

先进个人（38个）
刘晓峰（县考绩办）
谢丽慧（县文明办）
杨百家（县民政局）
胡任鹏（县国土资源局）
叶理闯（县住房和城乡规划建设局）
叶顺河（县交通运输局）
金世烈（县交通运输局）
胡宏立（县水利局）
金　亮（县水利局）
盛晓云（县农业局）
叶银强（县林业局）
谢　霜（县卫生局）
倪明锋（县环境保护局）
胡双双（县环境保护局）
潘海峰（县“三改一拆”办）
朱立业（甬台温铁路永嘉段工程建设指挥部）
潘锦国（甬台温铁路永嘉段工程建设指挥部）
潘建国（上塘中心城区）
朱晖珊（瓯北城市新区）
邹光远（楠溪江风景旅游区）
胡晓多（三江商务区）
黄品辉（桥头镇）

谷洲威（桥下镇）
周晓金（岩头镇）
李长荣（沙头镇）
郑建勇（枫林镇）
戴建云（岩坦镇）
邵国辉（大若岩镇）
董世章（碧莲镇）
汤永放（巽宅镇）
杨镇远（鹤盛镇）
周红光（东城街道）
叶少军（南城街道）
徐建胜（北城街道）
李　鄂（江北街道）
陈　腾（乌牛街道）
周　巍（黄田街道）
胡永久（东瓯街道）

永嘉县2013年度“三改一拆”工作先进集体和先进个人

先进集体（5个）

上塘中心城区
桥下镇
岩头镇
东城街道
县农房办

先进个人（21名）

应晓勇（县经济商务和信息化局）
周康武（县国土资源局）
林永忠（县国土资源局）
黄湖南（县住房和城乡规划建设局）
徐耀武（县住房和城乡规划建设局）
杨　泽（县农房办）
李　宇（县城乡建设综合治理协调中心）
陈文新（上塘中心城区）
戴胜莲（瓯北城市新区）
刘志陆（三江商务区）
黄品辉（桥头镇）
潘进强（桥下镇）
季　臻（岩头镇）
戴光辉（枫林镇）
胡建岳（大若岩镇）
杨　帆（鹤盛镇）
夏建敏（东城街道）
叶少军（南城街道）
郑理道（江北街道）
黄秀文（乌牛街道）
章耀文（东瓯街道）

永嘉县2013年度全县闲置土地清理工作先进集体和先进个人名单

全县闲置土地清理工作先进单位（3个）

县经济商务和信息化局
大若岩镇
枫林镇

全县闲置土地清理工作先进科室（3个）

县发展和改革局行政审批服务科
县国土资源局行政审批服务科
县住房和城乡规划建设局行政审批服务科

全县闲置土地清理工作先进个人（13名）

林晓行（县发展和改革局）
赵德有（县国土资源局）
李　策（县国土资源局）
胡雷东（县经济商务和信息化局）
李立新（县住房和城乡规划建设局）
郑映雪（县住房和城乡规划建设局）
戴飞凌（县行政审批管理办公室）
郑荷宵（县城乡建设综合治理协调中心）
汤裕旺（上塘中心城区）
邵业业（瓯北城市新区）
章海鸥（岩头镇）
朱煜峰（枫林镇）
程忠义（大若岩镇）

2013年度消防安全工作先进单位和先进个人

先进单位（10个）

桥头镇人民政府
东城街道办事处
县安监局
县教育局
县民政局
县新居民服务管理局
岩头镇消防安全管理工作站
永嘉县公安局上塘派出所
永嘉县公安局枫林派出所
鹤盛镇专职消防队

先进个人（15人）

黄益锋（县府办）
潘海斌（县公安局）
戴国承（县财政局）
胡文明（县安监局）
叶海涵（县公安消防局）
周京林（县居住出租房屋综合整治工作领导小组办公室）
滕建辉（三江街道办事处）
胡龙德（江北街道办事处）
廖远杰（江北街道消防安全管理工作站）
林振士（沙头专职消防队）
麻建炯（江北派出所）
王海业（巽宅派出所）
夏民杰（东瓯派出所）
潘教明（桥下派出所）
高　雷（县实验中学）

2013年度征兵工作先进单位和先进个人

先进单位（8个）

县民政局
县人民医院
县人武部军事科
上塘派出所
桥头镇

岩头镇
大若岩镇
巽宅镇

先进个人（25名）
徐芬平（县教育局）
周　微（县民政局）
李启静（县财政局）
胡志斌（县人武部）
谢秀峰（县人武部）
叶曾雄（县人民医院）
潘齐斌（基础管理大队）
朱晓彤（岩坦镇派出所）
徐黎明（瓯北城市新区医院）
金海林（桥下镇）
金海坚（岩头镇）
金哲旺（沙头镇）
汪春豪（枫林镇）
徐　翔（岩坦镇）
潘跃忠（大若岩镇）
朱晨霞（碧莲镇）
戴显疆（鹤盛镇）
盛定忠（东城街道）
刘惠芬（南城街道）
麻富晓（北城街道）
周建敏（江北街道）
滕忠敏（乌牛街道）
戴建波（三江街道）
戚永东（黄田街道）
徐　伟（东瓯街道）

永嘉县第三轮优秀农村实用人才名单

方金成（永嘉县大若岩镇金成淡水鱼种场）
李加行（永嘉县西溪加行养殖场）
李飞燕（浙江巨农茶业有限公司）
刘顺生（永嘉县乌牛早茶饮料有限公司）
陈工农（浙江盛华畜牧有限公司）
陈志超（永嘉县益民农业专业合作社）
陈　平（永嘉县楠溪江青龙湖旅游开发有限公司）
陈昭琴（永嘉县枫林镇枫二村）
张瑞海（永嘉县西山根畜牧场）
苏立雷（永嘉苏吴氏骨伤专科医院）
吴守武（桥下镇京桥社区卫生服务站）
金荣尧（永嘉县创业生态茶有限公司）
金春友（永嘉县岭上白云人家休闲农业有限公司）
林崇波（浙江思源农业开发有限公司）
林庆业（永嘉县科兴林业苗场）
郑九长（永嘉县原野园林工程有限公司）
郑明建（温州鸡报晓食品有限公司）
周星波（永嘉县青山杨梅种植专业合作社）
周永乾（永嘉县友谊农业机械专业合作社）
周宝亮（鹤盛镇下岙村商业街6号）
姚宗福（温州以诺畜牧有限公司）
徐节欢（永嘉县徐节欢中医诊所）
徐富国（永嘉富国水果研发基地）
徐寿松（永嘉县科晟鸽业有限公司）
徐建周（永嘉县枫林镇农家乐水产品养殖场）
麻金钟（永嘉县碧莲镇应一村）
黄成唐（永嘉县东山兰花专业合作社）
董万利（永嘉县上光板栗专业合作社）
暨伯良（永嘉县源头人家农家乐和暨家寨旅游业）
潘世停（浙江五井农业开发有限公司）

2013年度永嘉县百强工业企业（企业家）和优秀企业

功勋企业及杰出企业家名单

浙江奥康鞋业股份有限公司	王振滔
浙江报喜鸟服饰股份有限公司	吴志泽
浙江红蜻蜓鞋业股份有限公司	钱金波
浙江迷西仕服饰有限公司	余强春
浙江鲍斯高服饰有限公司	易　淳
蜘蛛王集团有限公司	许承建
方圆阀门集团有限公司	叶春年
超达阀门集团股份有限公司	王汉洲
育才控股集团有限公司	苏尚州
方正阀门集团有限公司	方存正
永一阀门集团有限公司	赵春岳
伯特利阀门集团有限公司	万建国
浙江迦南科技股份有限公司	方亨志
球豹阀门有限公司	余三豹
亚龙科技集团有限公司	陈继权
奇特乐集团有限公司	章金飞
宣达实业集团有限公司	叶际宣
浙江康亨服饰有限公司	康孝祥
东蒙集团有限公司	池慧杰
大众阀门集团有限公司	金志渊

巨龙企业及优秀企业家名单

凯泉集团有限公司	林凯文
海星海事电气集团有限公司	傅文隆
南方投资集团有限公司	陈柏勋
浙江麦得机器有限公司	池联弟
开维喜阀门集团有限公司	林炳春
凯奇集团有限公司	章定长
浙江浦东电机有限公司	张锡森
浙江爱玛鞋业有限公司	周敏弟
浙东高中压阀门有限公司	潘秀仁
环球阀门集团有限公司	吴光华
斯多纳集团有限公司	蔡显静
浙江红黄蓝服饰股份有限公司	叶显东
科福龙阀门集团有限公司	余金亮
浙江欧维克阀门有限公司	邵力中
温州长城拉链集团有限公司	叶加林
良精集团有限公司	余胜者
永嘉县三虎混凝土工程有限公司	李　敏
上正阀门集团有限公司	赵　雷
永浪集团有限公司	章国权
保一集团有限公司	张晓东
日泰集团有限公司	金哲新
中泉集团有限公司	吴永旭
温州市开诚机械有限公司	瞿建银
杰豪集团有限公司	戴德利
立信阀门集团有限公司	王启耐
浙江伟峰机械有限公司	吴旭凯
楠江集团有限公司	林　锦
太平洋泵业集团有限公司	林松定
浙江罗夫罗伦服饰有限公司	陈海源
龙威（温州）新科技鞋业有限公司	徐　芬

明星企业及明星企业家名单

永嘉麦嘉达鞋业制造有限公司	赵和洲
温州美莱斯表业有限公司	叶晓光
浙江金螳螂鞋业有限公司	王龙通
浙江北溪水电开发有限公司	胡文凯
温州菲奥纳高分子材料有限公司	徐建国
永嘉县宏昌鞋业有限公司	杜明克
天工阀门集团有限公司	林海云
温州市新纪树脂有限公司	叶建国
浙江超雷皮具有限公司	陈日蕾
浙江迈利达集团有限公司	邹云省
浙江路遥鞋业有限公司	徐明达
浙江新城钮扣饰品有限公司	陈　纪
永嘉县牛公子鞋业有限公司	陈信瑞
浙江大昌金属实业有限公司	叶会林
永嘉县峰云鞋业有限公司	郑方丹
中泰阀门有限公司	王光华
永嘉县荣昌混凝土有限公司	张大丰
浙江飞马鞋业有限公司	范优火
罗浮阀门集团有限公司	葛臣信
温州荣欣五金制品有限公司	金联荣
温州国正鞋业有限公司	郑崇赛
工正集团有限公司	池泽华
浙江保罗盖帝实业有限公司	涂建兵
大亚电器集团有限公司	林海鹏
永嘉县润达铸业有限公司	陈显忠
浙江亨利来鞋业有限公司	李大江
特技阀门集团有限公司	吴显金
浙江华东游乐设备有限公司	吴建静
温州盟宇五金制品有限公司	王元明
华夏游乐有限公司	金利群
正茂阀门有限公司	林建忠
浙江巨象树脂化纤有限公司	陈光辉
温州罗亿丹尼服饰有限公司	陈成罡
浙江亚洲人鞋业有限公司	许光辉
温州市意柏朗服饰有限公司	戚国多
浙江嘉隆机械设备有限公司	吴开拓
温州嘉丽鞋业有限公司	蒋乐梅
浙江红草帽鞋业有限公司	瞿成圣
浙江人一阀门制造有限公司	陈时西
浙江流遍机械润滑有限公司	柯周列
浙江星源服饰有限公司	柯　杰
温州佳凯实业有限公司	金少华
浙江重工阀门集团有限公司	林益东
高能阀门集团有限公司	赵建勇
博能传动有限公司	林智昊
浙江维克托电力金具有限公司	郑文科
浙江佳龙电子有限公司	杨永龙
百强阀门集团有限公司	李彤彤
佰纳鞋业有限公司	林文富
天正阀门有限公司	张显超

优秀企业

1.工业企业

浙江新海阀门制造有限公司
浙江磊森拉链有限公司
浙江富豪特电器工具有限公司
浙江铸诚机械有限公司
浙江迎日阀门制造有限公司
温州登宝五金有限公司
浙江朝瑞电气有限公司
永嘉县顺建混凝土制品有限公司
双达阀门股份有限公司
温州步步鑫装饰扣有限公司
浙江东方传动机械有限公司
温州美莉达装饰扣有限公司
永嘉县康达鞋材有限公司
天胜阀门集团有限公司
浙江奥东泵业制造有限公司
浙江天成医药包装有限公司
浙江佳达鞋材有限公司
温州华江实业有限公司
浙江宏辉拉链有限公司
浙江现代泵业有限公司
浙江力德利服饰有限公司
永隆阀门有限公司
温州市利顺钮扣有限公司
正洲泵阀制造有限公司
高东阀门有限公司
浙江芙蓉印务有限公司
熊猫通用机械集团有限公司
永嘉县东大合成化工有限公司
浙江阿迪玛阀门有限公司
浙江中正阀门有限公司
浙江超众阀门制造有限公司
温州联友特种瓶盖有限公司
温州哈顺制衣有限公司
浙江三和科教仪器有限公司
浙江百禾鞋业有限公司
浙江拓新铸造有限公司
浙江大田机器有限公司
浙江新塬实业有限公司
飞龙传动有限公司
浙江鸿发纸业有限公司
浙江工力阀门铸造有限公司
上玉集团有限公司
温州南力实业有限公司
永嘉县成达毛绒制品有限公司
浙江永高阀门制造有限公司
永嘉县金鼎泰铸造有限公司
温州大观电气有限公司
浙江元新实业有限公司
浙江九晨电气有限公司
浙江剑鲨鞋业有限公司

2.其它行业

中瓯地产集团有限公司
浙江永嘉农村合作银行
永嘉科信小额贷款股份有限公司
浙江东正建设实业集团有限公司
永嘉县地方建筑工程有限公司
永嘉县瑞丰小额贷款股份有限公司
浙江永嘉恒升村镇银行股份有限公司
永嘉瑞信小额贷款股份有限公司
温州市梦江大酒店有限公司
永嘉县电力实业有限公司
永嘉县人民政府招待所（永嘉宾馆）
温州顺祺企业服务有限公司
永嘉县钱塘世纪大酒店有限公司
顺吉集团有限公司
永嘉人人国际酒店有限公司

二、2013年度永嘉县产值十强工业企业名单（按产值高低排位）

浙江红蜻蜓鞋业股份有限公司
浙江报喜鸟服饰股份有限公司
浙江奥康鞋业股份有限公司
日泰集团有限公司
蜘蛛王集团有限公司
南方投资集团有限公司
伯特利阀门集团有限公司
良精集团有限公司
大众阀门集团有限公司
超达阀门集团股份有限公司

三、2013年度永嘉县税费十强工业企业名单（按税费高低排位）

浙江奥康鞋业股份有限公司
浙江报喜鸟服饰股份有限公司
浙江红蜻蜓鞋业股份有限公司
蜘蛛王集团有限公司
超达阀门集团股份有限公司
浙江迷西仕服饰有限公司
伯特利阀门集团有限公司
亚龙科技集团有限公司
浙江迦南科技股份有限公司
浙江鲍斯高服饰有限公司

四、2013年度永嘉县亩均税费十强工业企业名单（税费总额500万元以上，按亩均税费高低排位）

浙江报喜鸟服饰股份有限公司
永嘉麦嘉达鞋业制造有限公司
浙江奥康鞋业股份有限公司
浙江迷西仕服饰有限公司
浙江鲍斯高服饰有限公司
方圆阀门集团有限公司
天工阀门集团有限公司
浙江迈利达集团有限公司
浙江路遥鞋业有限公司
浙江红蜻蜓鞋业股份有限公司

五、2013年度进位奖企业名单

（一）首次入选功勋企业（20万元）
奇特乐集团有限公司
浙江康亨服饰有限公司
（二）首次入选巨龙企业（10万元）
浙江欧维克阀门有限公司
永嘉县三虎混凝土工程有限公司
太平洋泵业集团有限公司
（三）首次入选明星企业（5万元）
永嘉县峰云鞋业有限公司
永嘉县荣昌混凝土有限公司
浙江飞马鞋业有限公司
温州国正鞋业有限公司
温州盟宇五金制品有限公司

温州罗亿丹尼服饰有限公司
温州市意柏朗服饰有限公司

六、2013年度永嘉县外贸工作先进单位

（一）外贸出口先进单位（前五名各奖励10万元，后五名各奖励5万元）
浙江迷西仕服饰有限公司
球豹阀门有限公司
浙江奥康鞋业股份有限公司
温州方正贸易有限公司
科福龙阀门集团有限公司
伯特利阀门集团有限公司
浙江爱玛鞋业有限公司
育才控股集团有限公司
龙威（温州）新科技鞋业有限公司
浙江欧维克阀门有限公司

（二）外贸进口先进单位（5万元）
温州鹏程控股集团有限公司
浙江中宏工贸有限公司
工正集团有限公司
浙江奥康鞋业股份有限公司
科福龙阀门集团有限公司

（三）浙江出口名牌企业（10万元）
超达阀门集团股份有限公司
科福龙阀门集团有限公司

（四）温州出口名牌企业（3万元）
温州佳凯实业有限公司
凯奇集团有限公司
浙江迷西仕服饰有限公司

（五）先进进出口基地
中国教玩具出口基地（奖励创建单位温州市教玩具行业协会20万元）
永嘉服装辅料出口基地（市级出口基地，奖励永嘉县桥头钮扣商会、永嘉县拉链商会各5万元）

七、2013年度永嘉县工业发展“自主创新突出贡献奖”企业

一等奖（50万元）
浙江奥康鞋业股份有限公司

二等奖（20万元）
浙江亚龙教育装备股份有限公司
志远科技有限公司

三等奖（10万元）
浙江迦南科技股份有限公司
育才控股集团有限公司
百强阀门集团有限公司

八、2013年度永嘉县工业发展“品牌管理突出贡献奖”企业

一等奖（50万元）
超达阀门集团股份有限公司

二等奖（20万元）
东蒙集团有限公司
科福龙阀门集团有限公司

三等奖（10万元）
凯奇集团有限公司
浙江迷西仕服饰有限公司
杰豪集团有限公司

九、2013年度永嘉县节能降耗示范企业（3万元）
浙江红蜻蜓鞋业股份有限公司
永嘉县成达毛绒制品有限公司
浙江元新实业有限公司
浙江宏辉拉链有限公司
温州市方圆金属钮扣有限公司
永嘉县东大合成化工有限公司
温州市开诚机械有限公司
永嘉县天虹印染厂

十、2013年度永嘉县电子商务示范企业和领军人物

（一）电子商务示范企业
奥康鞋业销售有限公司
浙江红蜻蜓电子商务有限公司
温州利幼实业有限公司
温州中环信息技术有限公司

（二）电子商务领军人物
王进权（奥康鞋业销售有限公司）
汪建斌（浙江红蜻蜓电子商务有限公司）
吴楚辞（温州利幼实业有限公司）
张家凯（温州中环信息技术有限公司、中国泵阀网）

十一、2013年度永嘉县总部企业
浙江报喜鸟股份有限公司
浙江奥康鞋业股份有限公司
浙江红蜻蜓鞋业股份有限公司

2013年度永嘉县县长质量奖

企业名称	获奖名称	是否新增	奖励金额（万元）
浙江亚龙教育装备股份有限公司	县长质量奖	是	20
浙江红黄蓝服饰股份有限公司	县长质量奖	是	20
浙江迦南科技股份有限公司	县长质量奖	是	20
小计			60

2013年度永嘉县县长质量奖提名奖

企业名称	获奖名称	是否新增	备注
育才控股集团有限公司	县长质量奖提名奖	是	只颁发证书
日泰集团有限公司	县长质量奖提名奖	是	只颁发证书

2013年度永嘉县浙江名牌产品

产品名称	商标	企业名称	是否新增	奖励金额（万元）
男西服	DONGMENG	东蒙集团有限公司	是	10
球阀		超达阀门集团股份有限公司	是	10
蝶阀		天胜阀门集团	是	10
		小计		30

2012年度永嘉县浙江著名商标

商标	注册人/所有人	类别/商品/服务	是否新增	奖励金额（万元）
BEKY+图形	百强阀门集团有限公司	6类/金属阀门（非金属零件）、金属水管阀、金属排水阱（阀）	是	10
迷西仕+拼音+图形	浙江迷西仕服饰有限公司	25类/服装、婴儿全套衣	是	10
兽王+拼音+图形	百兽鞋业有限公司	25类/皮鞋、旅游鞋	是	10
登宝+拼音	温州登宝五金有限公司	26类/鞋扣、衣服装饰扣、鞋饰品（非贵重金属）	是	2012年省名牌产品已奖励，不重复计奖
半岭早+拼音	浙江三农茶业有限公司	30类/茶、茶饮料、茶叶代用品	是	10
	小计			40

2012年度永嘉县温州名牌产品

产品名称	商标	企业名称	是否新增	奖励金额（万元）
阀门		天胜阀门集团有限公司	是	省名牌已奖励，不重复计奖
阀门	GDV	高东阀门有限公司	是	2013年市知名商标已奖励，不重复计奖
氧气截止阀	迎日	浙江迎日阀门制造有限公司	是	3
输气管道阻火安全型全焊接平板闸阀	保一	保一集团有限公司	是	2012年省著名商标已奖励，不重复计奖
阀门	KOFLOW	科福龙阀门集团有限公司	是	3
平板闸阀	F	方圆阀门集团有限公司	是	2012年省著名商标已奖励，不重复计奖
		小计		6

2013年度永嘉县温州名牌产品

产品名称	商标	企业名称	是否新增	奖励金额（万元）
球阀		超达阀门集团股份有限公司	是	省名牌产品已奖励，不重复计奖
安全阀	YOY	永一阀门集团有限公司	是	3
球阀	TEJI 特技	特技阀门集团有限公司	是	3
		小计		6

2013年度永嘉县温州知名商标

商标	注册人/所有人	类别/商品/服务	是否新增	奖励金额（万元）
图形商标	立信阀门集团有限公司	7类/阀（机器零件）；液压阀；泵（机器、发动机或马达部件）	是	3
带王+图形	浙江超雷皮具有限公司	25类/腰带；手套；鞋等	是	2011年市名牌产品已奖励，不重复计奖
vasia	华夏游乐有限公司	28类/玩具；滑梯；体育活动器械等	是	3
正图形化	正茂阀门有限公司	6类/金属阀门（非机器零件）；金属水管阀；金属管道	是	3
GDV	高东阀门有限公司	7类/阀（机器零件）；调压阀；放气阀	是	3
FYV	方圆阀门集团有限公司	6类/金属阀门（非机器零件）；金属管道配件	是	3
DONGMENG	东蒙集团有限公司	25类/服装；腰带；鞋等	是	省名牌产品已奖励，不重复计奖
OVK	浙江欧维克阀门有限公司	7类/阀（机器零件）；压力阀（机器部件）；放气阀等	是	3
永原+拼音	永嘉县原野园林工程有限公司	31类/树木；新鲜的园艺草木植物；籽苗等	是	3
楠溪九龙坞+拼音	永嘉县楠溪江云岭山白茶有限公司	30类/茶叶；茶叶代用品；茶	是	3
		小计		24

2013年度第五届温州市涉农企业（组织）商标创牌先锋

商标	注册人/所有人	类别/商品/服务	是否新增	奖励金额（万元）
永原+拼音	永嘉县原野园林工程有限公司	31类/树木；新鲜的园艺草木植物；籽苗等	是	市知名商标已奖励，不重复计奖
楠溪九龙坞+拼音	永嘉县楠溪江云岭山白茶有限公司	30类/茶叶；茶叶代用品；茶	是	市知名商标已奖励，不重复计奖
		小计		0

2012年度市级政府诚信荣誉企业

企业名称	获奖名称	是否新增	奖励金额（万元）
育才控股集团有限公司	浙江省信用管理示范企业（相当于市级政府诚信荣誉）	是	5
红蜻蜓集团有限公司	浙江省信用管理示范企业（相当于市级政府诚信荣誉）	是	5
	小计		10

2013年度市级政府诚信荣誉企业

企业名称	获奖名称	是否新增	奖励金额（万元）
浙江奥康鞋业股份有限公司	浙江省信用管理示范企业（相当于市级政府诚信荣誉）	是	5
东蒙集团有限公司	浙江省信用管理示范企业（相当于市级政府诚信荣誉）	是	5
亚龙科技集团有限公司	浙江省信用管理示范企业（相当于市级政府诚信荣誉）	是	5
杰豪集团有限公司	浙江省信用管理示范企业（相当于市级政府诚信荣誉）	是	5
凯奇集团有限公司	浙江省信用管理示范企业（相当于市级政府诚信荣誉）	是	5
小计			25

2013年度省级“守合同重信用”企业

企业名称	获奖名称	是否新增	奖励金额（万元）
红蜻蜓集团有限公司	“守合同重信用”企业	是	10
浙江亚龙教育装备股份有限公司	“守合同重信用”企业	是	10
小计			20

2013年县级农业标准化推广示范项目

项目所属行业	项目名称	承担单位	是否新增	奖励金额（万元）
农业	无公害茶叶标准化生产推广示范	浙江五井农业开发有限公司	是	2
农业	半岭红茶标准化生产推广示范	浙江三农茶业有限公司	是	2
农业	永嘉县杨梅标准化栽培技术示范推广	永嘉县乌牛岭下马溪坑种植场（普通合伙）	是	2
农业	东魁杨梅标准化种植推广示范项目	永嘉县潘坑森森农业开发有限公司	是	2
农业	无公害白枇杷标准化种植推广示范	永嘉县家豪农业专业合作社	是	2
农业	无公害肉猪标准化养殖推广示范	永嘉县东华畜牧养殖有限公司	是	2
农业	无公害肉鸽标准化养殖推广示范	永嘉县科晟鸽业有限公司	是	2
农业	铁皮石斛生产标准化推广示范	永嘉县瓯渠石柱峰铁皮石斛专业合作社	是	2
林业	无公害珍稀蛋鸡标准化养殖推广示范	永嘉县都溪生态农庄（普通合伙）	是	2
林业	立体无冬眠标准化养蛇推广示范	永嘉县鹤盛镇谷小芳养蛇场	是	2
小计				20

首届永嘉县名医（排名不分先后）

姓 名	工作单位	学 科	专业技术职务
陈康乐	永嘉县人民医院	骨科	副主任医师
周渠新	永嘉县人民医院	普外	副主任医师
金家飞	永嘉县人民医院	泌尿外科	副主任医师
林群力	永嘉县人民医院	神经内科	主任医师
李小新	永嘉县人民医院	儿科	副主任医师
徐 芬	永嘉县中医医院	内分泌科	副主任医师
谢冬梅	永嘉县中医医院	中医内科	主任中医师
吴建屏	永嘉县中医医院	中医皮肤科	副主任中医师
朱益超	永嘉县桥下镇中心卫生院	中医内科	社区主任中医师

中国共产党永嘉县第十二次代表大会代表名单

（按选举单位顺序排列 2011年）

单位	姓 名	现任职务	性别
上塘中心城区	陈秀丽	上塘中心城区办公室负责人	女
	邵肖余	上塘学区主任	男
	虞绍榜	上塘中心城区党委书记	男
	潘建永	上塘中心城区管委会主任	男
瓯北城市新区	陈荣欣	永嘉县第三职业学校校长	男
	金丏旦	县委常委、瓯北城市新区党委书记	男
	徐孟鹤	瓯北城市新区委员会副书记、主任(副县长级)	男
	唐海琼	罗浮中学党总支委员、副校长兼瓯高校长	女
工业园区	王柏青	园区管委会党委书记、主任	男
旅游区	王晓峰	永嘉楠溪江风景旅游区管委会主任、旅游局局长	男
	汤光胜	县编办主任、县委组织部副部长	男
	胡宝锋	县委常委、副县长	男
	盛颖颖	楠溪江风景旅游局办公室秘书、机关党支部委员	女
桥头镇	王其会	外岙村书记	男
	王金生	黄堡村书记	男
	卢银林	镇副书记、镇长候选人	男
	叶云贵	新华村书记	男
	邹立永	大沸下村书记	男
	邹招余	长城拉链书记	男
桥头镇	陈建良	县委常委、常务副县长，政协主席候选人	男
	单松林	朱涂村书记	男
	徐志宏	县委常委、公安局长	男
	黄大锚	桥头镇中学书记	男
	谢 琼	镇党委委员	女
	戴源涌	镇党委书记	男
桥下镇	王光华	西尖村党支部委员	男
	朱小华	湖庄村计生员	女
	刘庆贵	昆阳办事处党委书记、主任	男
	吴进春	金园村党支部书记	男
	吴进潘	吴宅村党支部书记	男
	吴志安	桥下镇党委书记、社工委书记	男
	吴建微	永临中学教师	女
	何莉平	副县长候选人	女
	张建昆	徐岙办事处党委书记、主任	男
	邵建胜	小京岙村党支部书记	男
	林克仁	六岙村党支部书记	男
	周 智	西溪办事处党委书记、主任	男
	周望欣	桥下镇党委副书记	男
	郑晓天	茗岙办事处党委书记、主任	男
	胡仲奇	茗上村党支部书记	男
	盛秋平	县委书记	男

续上表

单位	姓　名	现任职务	性别
	葛伟永	韩埠村党支部书记	女
桥下镇	董庆标	桥下镇镇长	男
	潘云周	西村党支部书记	男
	卢丐财	溪南村党支部书记	男
	刘文表	鲤溪办党委委员、副主任	男
	汤晓雅	表山办党委书记、主任	女
	李修海	港头村党支部书记	男
	李熙有	鲤溪村党支部书记	男
	何学考	岩头镇党委书记	男
	沙定锚	岩头镇党委副书记	男
	金小敏	岩头村党支部书记	男
岩头镇	金春良	南垟村党支部书记	男
	周　朋	下日川村党支部书记	男
	郑庆乐	岭外村党支部书记	男
	姜景峰	县委副书记、政法委书记	男
	戚显德	永嘉二中党支部书记、校长	男
	章寿禹	县委常委、纪委书记	男
	滕青兰	潘家垟村党支部书记	女
	戴光辉	五尺办党委书记、主任	男
	戴春光	岩头镇党委副书记、镇长	男
	朱景祯	黄村支部书记	男
	刘良德	高浦村支部书记	男
	李娇英	沙头中学工会主席	女
	陈　剑	西垟村支部书记	男
	陈丐永	福利村支部书记	男
	陈洪达	渠口办事处书记	男
沙头镇	季洪海	沙头镇镇长	男
	施秀跃	镇党委副书记	男
	徐道友	县委常委、人武部长	男
	董群策	镇党委书记	男
	潘丐送	花一村村委会主任	男
	戴晓勇	县府办主任、副县长候选人	男
	瞿晓敏	镇党委副书记	男
	叶胜杰	镇党委副书记、镇长	男
	陈卫国	县人民法院院长	男
	周国平	洋山头村支部书记	男
枫林镇	徐王凑	田东村支部书记	男
	徐象灯	大木兑村支部书记	男
	徐献华	枫二村主任	男
	潘小科	枫林中学校长	男
	戴元兴	镇党委书记	男
岩坦镇	全正超	张溪办事处主任	男

单位	姓　名	现任职务	性别
	刘祥姝	刘山村支部书记	男
	李海罗	岩门下村支部书记	男
	张仁谦	黄南办事处书记、主任	男
	陈九安	潘坑村支部书记	男
	陈久荣	南正村支部书记	男
	林建杭	镇长	男
	卓成春	溪口办事处书记、主任	女
	郑建南	镇党委书记	男
岩坦镇	郑焕东	县委办主任、副县长候选人	男
	娄绍光	县委副书记、代县长	男
	徐　翔	党委副书记（党群）	男
	廖海东	潘坑办事处书记、主任	男
	戴伟国	岩坦镇溪一村支部书记	男
	戴建方	溪下办事处书记、主任	男
	戴顺来	岩坦中学校长	男
	戴瑞琴	岩坦村支部书记	男
	戴德朝	西岙头村支部书记	男
	汤森海	镇党委书记	男
	陈久山	藤溪村支部书记	男
	陈云生	小若口村支部书记	男
大若岩镇	陈光林	白泉村支部书记	男
	林乃排	县委常委、组织部长	男
	周旭丹	镇党委副书记、镇长	女
	吕景新	碧莲镇大岙村党支书	男
	汤志远	碧莲镇党委副书记	男
	陈国忠	碧莲镇应坑办事处书记、主任	男
	邵三勇	碧莲镇石湖村党支书	男
	林小露	县委常委、宣传部长	女
	金建波	碧莲镇炉熊村党支书	男
	周寿宪	碧莲镇镇长	男
碧莲镇	郑九万	碧莲镇后九降村支部书记	男
	胡永相	碧莲镇山坑办事处书记、主任	男
	胡寿基	碧莲镇山坑村党支书	男
	徐怀乐	碧莲镇卫生院妇产科主任	女
	徐良明	碧莲镇党委书记	男
	麻云平	碧莲镇大岙办事处书记、主任	男
	谢崇福	县政协主席，人大主任候选人	男
	吕俊微	横彭村党支部书记	男
	刘　建	镇党委副书记	男
巽宅镇	汤小巧	界坑办事处主任	男
	孙春祥	巽宅村党支部书记	男
	杨贵益	界岛村党支部书记	男

荣誉录

续上表

单位	姓名	现任职务	性别
	陈志斌	县委常委、副县长	男
	金哲旺	镇党委副书记、镇长	男
	周宁国	镇党委书记	男
	郑钟南	镇纪委书记、西岙办事处主任	男
巽宅镇	胡步见	山下村党支部书记	男
	胡高丰	石染办事处主任	男
	秦　肖	副县长	男
	章双飞	石染村党员	男
	董如文	小溪村党支部书记	女
	池兴荣	岭头办事处主任	男
	全旭东	镇党群副书记	男
	李永绍	镇长	男
	李晓明	东皋办事处主任	男
	谷太昌	梅坦村党支部书记	男
鹤盛镇	林长汉	县检察院检察长	男
	周仁平	上湾村党支部书记	男
	周陈亲	下岙村党支部书记	男
	黄鹤楼	镇党委书记	男
	谢永长	西源办事处主任	男
	谢永乐	鹤盛村党支部书记	男
	潘教清	岭南村党支部书记	男
	厉建森	东城街道陡门便民服务中心主任	男
	苏　文	上塘海上天大酒店总经理、东城街道峙口村支部书记	男
东城街道	李炳全	东城街道绿峰村支部书记	男
	陈招益	东城街道潘垟村支部书记	男
	陈贤立	东城街道党工委书记	男
	黄天双	东城街道浦口村支部书记	男
	厉伯光	黄屿村党支部书记	男
	陈道轰	永盾服饰有限公司董事长	男
南城街道	胡志强	前一村党支部书记	男
	黄天芬	城南社区党支部书记	男
	蒋孔助	南城街道党工委、社工委书记	男
	叶加永	路口村支部书记	男
	叶蔓青	三元堂村支部书记	女
北城街道	肖成波	银场村支部书记	男
	邵方仕	北城街道下寮便民服务中心主任	男
	章　明	北城街道党工委书记	女
北城街道	廖大宝	中降村支部书记	男

单位	姓名	现任职务	性别
	王建巧	王家坞村书记	男
	方存仁	花岙村书记	男
	汤光强	阳光社区书记、主任	男
江北街道	李爱萍	瓯北中心幼儿园园长	女
	吴荣贵	江北街道党工委书记、社工委书记	男
	余章龙	珠岙村书记	男
	谢正浩	江北社区书记	男
	吴宝康	乌牛教育总支书记	男
	陈民杰	乌牛国土资源所所长	男
乌牛街道	金孝善	河口埭村党支部书记	男
	金翎翼	乌牛街道党工委书记	男
	郑正夫	王宅村党支部书记	男
	潘笑华	项岙村党支部书记	女
	吕裕伍	罗溪村支部书记	男
	杨　晓	三江街道林业工程师	女
三江街道	翁文良	宁浦村支部书记	男
	潘小华	芦黄村支部书记	男
	潘建胜	三江街道党工委书记	男
	王圣亮	千石村支部书记	男
	叶圣梅	雅村支部书记	男
黄田街道	朱佩珍	街道党工委书记	女
	林　考	东联村支部书记	男
	黄渊翔	奥康集团党委书记	男
	叶正洲	和一村书记	男
	池臣森	礁下村书记	男
	林国林	林垟村书记	男
东瓯街道	金　燕	南方投资集团第二支部书记	女
	胡宋孝	街道党工委书记	男
	瞿增甫	红蜻蜓集团党委书记	男
	王　琼	县委老干部局老干部活动中心副主任	女
	王中林	永嘉县机关事务管理局副局长、党支部书记	男
	王晓雄	县委办副主任	男
	王萍萍	县侨联副主席（主持工作）	女
机关党委	尤银平	县委老干部局副局长、党支部书记	女
	厉明富	县政协党组成员、政协副主席	男
	卢玲玲	县红十字会秘书长	女
	叶太琴	县委办副主任、党支部书记	男
	叶欣灿	县直机关工委纪工委书记	男

续上表

单位	姓　名	现任职务	性别
机关党委	吕庆行	县人大常委会副主任	男
	吕银显	县资管办党组书记、主任，县府办副主任	男
	朱晨霞	团县委书记	女
	朱景多	县体育局党组成员、党支部书记、体校校长	男
	刘永万	永嘉县红十字会党组书记、常务副会长	男
	刘伟都	县安监局党组成员	男
	刘超军	县府办副主任、党支部书记	男
	刘碧芳	永嘉县三江片开发建设指挥部办公室副主任	女
	孙小芬	县志办副主任	女
	李　平	县移民办党组书记、主任兼县府办副主任	男
	李　敏	县委办副主任、接待办主任	女
	李　腾	县环境监察大队大队长	男
	李乐乐	县政府行政执法投诉中心主任	女
	李圣积	县委办副主任、文明办主任、创建办主任	男
	李成良	县委办副主任	男
	李庆孟	工商联党组书记、副会长、副主席	男
	李佩瑶	县体育局党组书记、局长	男
	吴中枢	县直机关工委书记、兼县委组织部副部长	男
	谷胡方	县委党校常务副校长	男
	谷铁荣	县委宣传部副部长	男
	应海龙	县地方志编纂委员会办公室主任、党组书记	男
	汪大清	县人大常委会主任	男
	汪庆珍	永嘉县审管办党组副书记、副主任	男
	汪显华	县委宣传部常务副部长、县广播电视台台长	男
	沙定楚	北京永嘉商会党总支书记	男
	陈立新	县党史研究室主任、组织部副部长	男
	陈光銮	县计生局党组书记、局长	男
	陈时满	青年企业家协会会长、党支部书记	男
	陈建国	县委办副主任、信访局局长	男
	陈晓芬	县妇联主席、党组书记，兼县人大常委会委员	女
	陈智勇	县纪委常委	男
	邵玉平	县工商联副主席、党支部书记	女
机关党委	林雪艳	县统计局副局长	女
	季健中	县纪委副书记、监察局长，提名人大常委会副主任	男
	金　盾	县政协党组成员、政协副主席	男
	金亦山	县纪委信访室主任	男
	金美秋	县政协党组成员、政协副主席	女
	周万青	县新居民服务管理局党组书记、局长、县府办副主任	男
	周星柱	县委常委、副县长、县政协党组副书记、县委统战部部长	男
	周益国	县残联副理事长、党支部书记	男
	郑　力	县食品药品监督管理局党组副书记、副局长（主持工作）	男
	郑文杰	县直机关工委副书记、党支部书记	男
	郑玉眉	县科技开发服务中心主任兼科技局副局长、党组成员	女
	郑向明	永嘉县政协党组成员、秘书长	男
	郑秀聪	永嘉县审计局党组书记、局长	男
	郑顺益	永嘉县科技局党组书记、副局长	男
	胡兴招	审计局副局长、党组副书记、党支部书记	男
	胡克祥	永嘉县县城建设指挥部党组书记、常务副指挥	男
	胡寿旺	县纪委常委、监察局副局长	男
	胡忠杰	县科协副主席、党支部书记	男
	胡明凯	县委组织部常务副部长，提名人大常委会副主任	男
	胡明杰	人大常务会副主任	男
	莫志强	县直机关工委纪工委副书记、监察室主任	男
	夏宗明	县纪委副书记	男
	徐志光	县纪委常委	男
	徐宗仓	县人大退休干部	男
	徐学多	县委政法委副书记、县维稳办主任	男
	徐建强	县新闻信息中心党组书记、主任	男
	黄天集	县府办副主任	男
	黄振才	县环保局党组书记、局长	男
	麻久燎	县纪委常委、监察局副局长	男
	麻金钟	县戏剧家协会党总支书记	男
	麻荣妙	永嘉县档案局党组书记、局长	男
	谢永青	县民宗局党组书记、局长	男

续上表

单位	姓　名	现任职务	性别
机关党委	谢向东	县委宣传部副部长	男
	缪士毅	县委组织部副部长	男
	滕强授	县协作办党组书记、主任	男
	潘　健	县委组织部副部长（兼）、两新工委副书记	男
	潘丽川	县住房公积金中心主任、党支部书记	女
	潘洁容	县委党校副校长	女
	潘统龙	县人大常委会副主任	男
	潘宏雷	县委办副主任	男
	潘浪国	县人大常委会副主任	男
	潘教逊	县委老干部局局长、兼县委组织部副部长	男
	潘教勤	县委宣传部副部长、县文联党组书记	男
	潘微微	县委宣传部办公室主任	女
	戴银良	县司法局党组书记、局长	男
广电台	陈新浙	县广电台网络技术中心主任	男
发改局	徐红东	县粮食收储公司副经理	男
	徐霖森	县发改局党委书记、局长	男
经贸局	叶志汉	县耐火陶瓷厂厂长、支部书记	男
	冯学夫	县经济商务和信息化局党委书记、局长	男
	李　哲	县经济商务和信息化局政工科副科长	女
	陈　智	楠溪江啤酒有限公司支部书记、财务总监、工会主席	男
	林庆灯	楠江集团总经理、支部书记	男
教育局	王传旺	县教育局局长、党委书记	男
	金　乐	县机关幼儿园园长、支部书记	女
	谢建钊	县职业中学校长	男
	缪星火	县外国语实验小学校长、支部书记	男
公安局	毛秀星	县公安局刑侦大队大队长	男
	邹艳艳	县公安局政治处民警	女
	胡建平	县公安局上塘中心派出所所长	男
	谢黎明	县公安局副局长	男
财政局	胡国强	县财政局党委书记、局长	男
	翁旭彤	县财政局规费科科长	男
规划局	陈芝双	县住房和城乡规划建设局局长	男
	周洪熙	县住房和城乡规划建设局党委书记	男
	盛建峰	县规划设计院院长	男

单位	姓　名	现任职务	性别
交通局	施宏光	永嘉楠溪江风景旅游区党委书记、县交通局局长	男
	徐李喜	县公路段党支部书记、段长	男
	黄晓东	县长运公司党支部书记、经理	男
农业局	叶杰林	县农业局农教站站长	男
	徐贤博	县农业局党委书记、局长	男
林业局	金建海	县林业局防火办副主任	男
	郑文荣	县林业局党委书记、局长	男
卫生局	汪东升	县中医院院长	男
	金双双	县卫生监督所监督员	女
	周　伟	县卫生局党委书记、局长	男
供销联社	程崇武	县日杂公司经理	男
	潘贤送	县供销联社党委书记	男
农合行	叶为民	永嘉合行董事长	男
工商局	王少敏	县工商局党委书记、局长	男
	苏丏藏	县工商局企业注册科副科长兼窗口副主任	男
质监局	金家彪	县质量技术监督局党委书记、局长	男
国土局	林国初	县国土资源局党委书记、局长	男
	徐义贵	县国土资源局支部书记、科长	男
邮政局	仇斌兵	县邮政局局长	男
	胡　文	县邮政局综合办主任	男
电信局	杨武钢	中国电信永嘉分公司销售部经理	男
	周立仁	中国电信永嘉分公司总经理、党委书记	男
水务集团	王建新	县水务集团董事长、党委书记	男
法院	吴孙程	县人民法院党组副书记、机关党委书记、副院长	男
检察院	叶朝勇	县人民检察院党组副书记、副检察长	男
人事局	邵秋莲	县人力资源和社会保障局长	女
民政局	周功巨	县民政局党组书记、局长	男
水利局	戴本石	县水利局党组书记、局长	男
文广新局	胡佐光	县文化广电新闻出版局党组书记、局长	男
国税局	沈余枢	县国税局党组书记、局长	男
人武部	陈瑞亮	县人武部政治委员	男
预备役	巴新华	县预备役炮兵营营长	男
消防大队	余才福	县消防大队教导员	男
武警中队	周军利	武警永嘉县大队大队长	男

（邵海鸥）

补录：

2012年度永嘉县先进团组织、优秀团干部和优秀团员

一、先进团组织（22个）

永嘉县桥下镇团委
永嘉县碧莲镇团委
永嘉县黄田街道团工委
永嘉县黄田中学团委
永嘉县江北街道滨江社区团工委
永嘉县国税局团委
永嘉县质量技术监督局团委
永嘉县中医院团总支
永嘉县财政局岩头申报站团支部
中国电信永嘉分公司团委
永嘉县供电局团委
永嘉县邮政局团委
浙江永嘉农村合作银行团委
温州联友特种瓶盖有限公司团委
永嘉县实验中学团委
永嘉县碧莲中学团委
永嘉县第二职业学校团委
永嘉中学高三（7）班团支部
上塘中学高一（6）班团支部
永嘉县第三职业学校11财会预科团支部
永嘉县职业中学11级学前教育班团支部
永临中学高三（15）班团支部

二、优秀团员（84人）

朱琼芳　三江街道办事处
李成好　乌牛街道办事处
陈翰博　岩头镇人民政府
陈倩倩　岩头镇鲤溪社区
金锦浩　岩头镇港头学校
林郑燚　碧莲镇人民政府
潘昌万　碧莲镇大岙中学
潘文文　岩坦镇人民政府
黄海广　桥头镇中学
郑培忠　巽宅镇中学
张可可　巽宅镇界坑中学
戴艳阳　三江街道罗东社区
陈泉铨　江北街道滨江社区
叶　榕　瓯北第四中学九（1）班
滕　秋　岩头镇港头学校八（4）班
戴蒙蒙　岩头镇鲤溪中学九（1）班
周海晓　岩头镇中学九（5）班
戴锦敏　北城街道城关中学九（15）班
金小必　东城街道峙口中学八（2）班
卢钱成　黄田街道黄田中学九（10）班
金展慧　瓯北第三中学九（5）班
杨　阳　瓯北第三中学九（2）班
谢　哲　乌牛第一中学九（6）班
夏品璋　乌牛第二中学八（1）班
邵福珍　永嘉县行政审批管理办公室
许丽丹　永嘉县人民医院
胡良环　永嘉县妇幼保健院
郑鑫森　永嘉县国税局纳税服务科
高　峰　永嘉县人民医院
杨晨舒　永嘉县会计核算中心
徐　广　永嘉县邮政局
叶　帆　永嘉县地方税务局计划财务科
黄志浩　永嘉县质量技术监督局
王春飞　永嘉县人民法院
王学良　永嘉县中医院
卢小东　永嘉县邮政局
陈仕杰　永嘉县供电局调控中心
王斯佳　永嘉县电力实业有限公司
李东子　永嘉县邮政局沙头支局
康霄宇　浙江奥康鞋业股份有限公司瓯北制造基地
吴　刚　温州联友特种瓶盖有限公司
杨婕妤　永嘉县实验小学
汪晓君　永嘉县外国语实验小学
王仙华　永嘉县实验幼儿园
周丽敏　永嘉中学高三（1）班
施慧慧　永嘉中学高三（9）班
钱　达　永嘉中学高三（8）班
董阳洋　永嘉中学高二（8）班
郑雅静　永嘉中学高二（13）班
林梦瑶　永嘉中学高二（16）班
李　翊　罗浮中学高二（7）班
杨莎莎　罗浮中学高二（7）班
李彬瑜　罗浮中学高二（16）班
邵志祥　罗浮中学高二（18）班
胡慧洁　罗浮中学高二（20）班
陈俞谕　上塘中学高一（2）班
徐　潮　上塘中学高二（1）班
陈　勋　上塘中学高三（4）班
邵佳佳　永临中学高二（3）班
罗成帆　永临中学高二（10）班
陈　琳　碧莲中学高三（1）班
汤情乐　碧莲中学高三（4）班
胡思思　碧莲中学高三（12）班
陈银鑫　永嘉县职业中学黄屿基地
周丽琼　永嘉县职业中学11学前教育班
侯亦豪　永嘉县第二职业学校11超市班
周柏佐　永嘉县第二职业学校11电商（1）班
胡杨楚　永嘉县第二职业学校12机电班
周燕燕　永嘉县第三职业学校10财会预科班
胡玲玲　永嘉县实验中学9（1）班
朱志敏　永嘉县体育运动学校高三（1）班
李武超　永嘉县体育运动学校高三（1）班
杨嫦嫦　楠江中学高三（3）班
陈佩佩　楠江中学高一（5）班
麻芳芳　永嘉县第十五中学高二（2）班
陈　蒙　楠溪江职业中学11经管班
李志辰　楠溪江职业中学11烹饪班
邵伟峰　四川中学高二（1）班
傅成新　永嘉第二高级中学

高二（3）班
金珊珊　永嘉第二高级中学高二（13）班
郑月月　永嘉第二高级中学高二（14）班
邵国锋　永嘉县青年联合会
毛淳露　永嘉县志愿者协会
徐文艳　永嘉县大学生就业创业服务中心

三、优秀团干部

胡　琼　桥下镇团委
陈倩倩　碧莲镇团委
叶文文　黄田街道团工委
郑翔译　北城街道团工委
周晓伟　乌牛街道团工委
杨美丽　江北街道团工委
吴志勇　桥下镇中学团委
厉孙胜　岩头镇港头学校团委
陈晓清　瓯北第四高级中学团委
单鸳鸯　桥头镇中学团委
潘兴旺　北城街道城关中学团委
章　斌　乌牛第一高级中学团委
麻莉芳　黄田中学团委
金　丰　永嘉县瓯北第二中学团委
应琪琪　瓯北第三中学九（4）班团支部
王　敏　永嘉县行政审批管理办公室团委
汪　新　永嘉县国税局团委
柯飞容　永嘉县人民医院团委
陈文博　永嘉县质量技术监督局团委
翁金南　永嘉县人民法院团委
周凌阳　永嘉县中医院团总支
胡博瑞　永嘉县财政局团委
邹陶然　永嘉县人民检察院团支部
韩　超　永嘉县钱塘世纪大酒店团委
胡军武　永嘉县供电局团委
王　静　永嘉县邮政局团委
郑唯真　浙江永嘉农村合作银行团支部
周　彪　永嘉县金融团工委
潘高捷　中国银行永嘉县支行团支部
金乐敏　上塘中学团委
徐福龙　永临中学团委
陈志容　永嘉县体育运动学校团委
陈建朝　永嘉县第三职业学校团委
徐晓珍　上塘中学团委
金燕云　永嘉县机关幼儿园团委
刘　彭　永嘉县第十五中学团委
叶一帆　永嘉县职业中学团委
刘　婕　上塘中学高三（3）班团支部
谢姗姗　永嘉县职业中学10文艺机械团支部
黄丹弟　永嘉中学高三（12）班团支部
徐杰杰　浙江电大永嘉学院12成专电商班团支部
周琼双　楠江中学高三（2）班团支部
谢慧君　永临中学高二（14）班团支部
陈新溢　罗浮中学高二（18）班团支部
陈　威　碧莲中学高三（2）班团支部
徐蓉蓉　永嘉县实验中学九（9）班团支部
金子成　永嘉第二高级中学高三（3）班团支部
谷鹏程　永嘉第二高级中学高三（4）班团支部

人物

永嘉县百岁老人选介

汪阿叶　女，1908年9月22日出生，北城街道下寮办事处银场村人。终生未育，领养侄儿为儿子，30多岁失去丈夫。常年居住在环境优美、空气新鲜、气候凉爽的山村里。常年参与田垟劳动和家务劳动，晴天下地种粮，上山砍柴、采茶，雨天在家纺纱织布、织绸，捣米磨粉。饮食起居有规律，缮食合理，从不挑食，还会喝酒。心态平和，性格爽直乐观，处事坦然。爱清洁，讲卫生。虽然107岁高龄，仍腰不弯，背不驼，行动自如，生活自理。

董美娇　女，1909年7月20日出生，碧莲镇应坑办事处应坑村人。常年居住在生态环境优美的山村里。一生勤劳俭朴，年轻时除了料理自家家务外，还经常帮助别人喂养孩子做奶嫂。性格温和，心态乐观，心地善良，为人热情。缮食合理，不挑食，特别喜欢吃蕃薯、糯米食品、猪肉、鸡蛋等，爱吃干食。生活有规律，早睡早起，晚上天黑下来就睡觉，早上起床在7点前后，中午坚持睡午觉。讲究卫生，洗浴、洗脚时，都要在水中放点盐。讲究穿戴，注重打扮。家庭和睦，儿女孝顺。生活由儿子、儿媳照料。

陈金媛　女，1909年1月3日出生，岩头镇鲤溪办事处齐岙村（原上泛村）人。居住在环境优美、阳光充足的小山村，常年气候凉爽、空气新鲜。出生在农民家庭，从小就有参与家务劳动的习惯。结婚后，以家务劳动为主，洗衣做饭、饲养家禽家畜、打扫卫生、缝缝补补，纺纱织布、绣花样样能干。从不挑食，荤、素、粗、细都吃。性格温和，心地善良，热情好客，乐于助人。儿孙孝顺，家庭和睦，邻里关系和谐。喜欢晒太阳，一生几乎没有生过病。虽然106岁高龄，仍生活自理，自己洗衣服，打扫卫生，自己烧饭做菜。

永嘉县百岁老人名单

（时间截至2013年11月，共84人，其中女性60人，男性24人）

姓　名	性　别	出生年月	镇（街道）	村　别	备　注
金宝竹	女	1912.08.04	东城街道	溪头村	
林珠翠	女	1914.10.23	东城街道	敬　仁	
胡志程	男	1914.12.05	东城街道	城东社区	
林宝香	女	1914.01.18	东城街道	全　安	
李方媛	女	1914.03.03	东城街道	浦口村	
程年招	男	1912.01.01	南城街道	城南社区	
徐春兰	女	1914.12.08	南城街道	新民村	
陈宣翠	女	1914.07.24	南城街道	李　浦	
汪阿叶	女	1908.09.22	北城街道	银场村	肖松林母

续上表

姓 名	性 别	出生年月	镇（街道）	村 别	备 注
刘朝立	男	1913.01.05	北城街道	马兰坦	
叶阿凤	女	1913.08.09	江北街道	浦 西	
赵波妹	女	1914.01.20	江北街道	塘 头	
戴成香	女	1909.09.02	乌牛街道	横岚岙	
戴岩辉	男	1910.12.02	乌牛街道	岭下村	
吴氏妹	女	1913.02.23	三江街道	箬 隆	
蒋良英	女	1914.09.29	三江街道	南 岙	
马其妹	女	1914.03.09	三江街道	挂 彩	
陈恩母	女	1914.11.08	黄田街道	雅 村	
胡方妹	女	1914.02.08	黄田街道	雅 村	
杨岩翠	女	1914.12.13	黄田街道	下白岩	
陈臣岳	女	1910.08.19	东瓯街道	礁下村	
杨彩玉	女	1914.08.24	东瓯街道	礁 下	
陈 氏	女	1913.11.23	桥头镇	朱 涂	
徐天旺	男	1913.01.03	桥头镇	石埠头	
魏志玉	男	1914.08.24	桥头镇	桥 西	
王良欲	男	1914.06.01	桥头镇	沈 岗	
蔡昌和	男	1910.10.01	桥下镇	银坑村	
赵红娇	女	1909.12.12	桥下镇	吴宅村	
季凤娇	女	1911.10.06	桥下镇	下徐村	
赵康妹	女	1912.09.14	桥下镇	朱山村	
吴岩玉	女	1912.08.27	桥下镇	墩头村	
徐学清	男	1913.01.20	桥下镇	六 岙	
潘祥坤	男	1913.01.26	桥下镇	墩头村	
蔡香妹	女	1913.11.05	桥下镇	黄山村	
林美香	女	1914.05.26	桥下镇	桥 下	
林 氏	女	1914.02.26	桥下镇	桐 园	
林令翠	女	1914.06.24	桥下镇	樟 岙	
黄岩枢	男	1914.03.16	桥下镇	六 龙	
金学南母	女	1911.01.22	岩头镇	河二村	
麻中帛	女	1909.06.25	岩头镇	内胡村	
陈金媛	女	1909.01.03	岩头镇	上泛村	
郑英豪	男	1914.05.23	岩头镇	表 山	
徐贤洪	男	1914.09.03	岩头镇	郑家庄	
陈永花	女	1905.12.17	沙头镇	上光村	
谢松娣	女	1910.09.16	沙头镇	乌龙川	
徐 氏	女	1909.09.14	沙头镇	廊二村	朱启操母
徐茶翠	女	1913.06.02	沙头镇	新 星	
金 氏	女	1913.06.24	沙头镇	上 方	
叶 氏	女	1913.03.03	沙头镇	珠 岸	
朱红弟	女	1913.03.13	沙头镇	东 川	
袁翠姆	女	1913.08.16	沙头镇	东 升	

续上表

姓 名	性 别	出生年月	镇（街道）	村 别	备 注
朱 林	男	1913.08.28	沙头镇	廊二村	
夏宝娥	女	1913.12.24	沙头镇	廊 一	
李龙娟	女	1913.03.13	沙头镇	霞 山	
王竹花	女	1913.09.06	沙头镇	霞 山	
杨春照	男	1914.10.22	沙头镇	石 埠	
缪新林	女	1914.10.07	沙头镇	响 山	
谢圣杰	男	1914.11.24	沙头镇	新 星	
朱冬蕊	女	1914.11.13	沙头镇	新 星	
夏碎凤	女	1914.09.14	沙头镇	泰 石	
林松菊	女	1914.01.13	沙头镇	塘垮村	
卢小花	女	1914.03.01	沙头镇	东川村	
徐银叶	女	1914.11.16	沙头镇	廊 三	
周宝花	女	1911.11.25	枫林镇	枫四村	
卢珠凤	女	1912.09.22	枫林镇	汤岙村	
徐 妹	女	1913.12.27	枫林镇	兆 潭	
李世锦	男	1914.02.25	枫林镇	兆 潭	
金家年	男	1913.05.01	岩坦镇	三面山	
周汉淡	男	1912.12.26	岩坦镇	金竹溪	
周冬美	女	1914.01.02	岩坦镇	石陈村	
陈菊叶	女	1912.06.22	大若岩镇	大元下	
郑三妹	女	1914.01.13	大若岩镇	大元下	
刘山梅	男	1912.12.08	碧莲镇	上 村	
潘关妹	女	1912.11.18	碧莲镇	新岙村	
董美娇	女	1909.07.20	碧莲镇	应坑村	
陈真汉	男	1913.09.03	碧莲镇	澄 田	
麻玉蝶	女	1913.03.12	碧莲镇	应坑村	
章震然	男	1912.07.29	巽宅镇	山霞村	
英大奶	女	1912.11.29	巽宅镇	沙埠村	
李国杰母	女	1913.11.09	巽宅镇	岭 东	
周领弟	女	1907.07.21	鹤盛镇	西一村	
周蕊花	女	1913.08.15	鹤盛镇	蓬三村	
周德超	男	1914.09.29	鹤盛镇	上日川	
周方点	男	1914.07.18	鹤盛镇	西炉村	

（潘修多）

知名人士选介

金家麟 1923年生，永嘉乌牛人，浙江工商大学教授。1938年4月，在楠溪苍坡、霞美、方岙、西炉、蓬溪等地组织青年互教团，灌输革命思想，提高文化素质。1941年秋，离开温州去福建，考入福建建阳暨南大学史地系。在校期间积极参加学生民主运动，是当时校内未名文艺社创建人之一，并参加史地学会，为校内形成较进步的民主氛围作出了贡献。1943年5月，受“陈斐然事件”影响，被建阳专员公署逮捕，曾受电刑审讯，但未暴露过去在温州的党组织关系。后经学校进步同学营救，获无条件释放。出狱后不久即转学东南联大经济系。1945年夏，毕业于英士大学经济系。曾任教于温州建国高级商业学校与杭州省立高级商业学校。

新中国成立后，曾任浙江省商业厅工商行政室副主任、行政物价处副处长、浙江省委对私改造领导小组办公室副主任。1963年，重回杭州省立高级商业学校任教。1980年，杭州商学院（现为浙江工商大学）成立，即任该院商业企业管理系主任。1981年，由浙江省人民政府任命为省财贸经济专业干部业务职称评委会副主任。并在此前后，数次当选为中国商业经济学会理事兼学术委员会委员与中国价格学会理事等。1992年，经国务院审定，享受政府特殊津贴。1999年至2000年，为学校筹集奖学金基金40多万元，经学校配套支持，成立具有100多万元基金的“金家麟奖学金”，每年以基金收益颁发奖金，奖励优秀学生。长期从事经济学、商业经济学、价格学等学科的教学与研究。1948年，即在当时国内著名杂志《新中华》上发表处女作《货币数量说之基本观点的批判》。改革开放后，先后在《经济研究》《财贸经济》《价格理论与实践》《商业经济与管理》等杂志发表经济理论论文30多篇，其中《试论商业经济效果》，获浙江省社科优秀成果一等奖。2004年，以81岁的高龄获得我国价格学研究的最高奖——薛暮桥价格学研究奖。主要著作有《价格学原理》《中国商业经济学》（合作，中国商业出版社，1989），《商业价格学》（主编，中国商业出版社，1991年），《经济大辞典·价格部分》（上海辞书出版社，1992年）等。

麻林巍 男，溪下乡金山村人，清华大学研究员。1993年考上清华大学热能工程系热动本科，1998年9月被推荐直读博士研究生，进入清华大学清洁能源教育与研究中心，导师为国内著名能源领域专家、中国工程院院士倪维斗教授，2004年1月获得工学博士学位。主要从事电力设备仿真及煤气化多联产研究，在国内核心学术期刊上发表论文多篇。博士论文《以煤气化为核心的甲醇、电的多联产系统研究》是国内该领域的开创性论文。2004年获得工学博士学位后进入北京长城企业战略研究所工作，任产业咨询部部门副经理，主要专注于能源、环境领域的咨询工作，先后主持北京市工业促进局、北京市发改委的循环经济十一五规划咨询项目。2008年6月在清华大学热能工程系热能动力仿真及控制研究所工作。国家能源办“我国替代能源发展战略研究”课题副组长；中国工程院“我国能源中长期（2030/2050）发展战略研究”咨询和研究项目的节能专题执笔人；清华大学车用能源研究中心“煤基车用替代燃料发展路线图研究”课题负责人。

陈蔚天 男，永嘉县渠口乡珠岸村人。1998年考入北京大学地球物理系。2001年6月取得北大地球物理系硕士学位，2004年1月取得美国斯坦福大学地球物理硕士学位。2008年5月取得美国斯坦福大学生物医学工程博士学位。在国际学术期刊发表《关于螺旋成像的半自动非共振矫正》《基于切比雪夫逼近的快速结合阶段重建》等学术论文。2005年至2008年在国际共振第13、14、15、16届学术年会上，共有17篇学术论文参与交流。同时获得《有效的非共振修正方法和系统为更精确的螺旋成像》等5项美国专利。是国际医学共振协会会员。

徐　浩 男，1975年出生，枫林镇人。1993年清华大学特招保送入学。1998年清华大学毕业后，获赴美全额奖学金留学，现供职于美国旧金山圭谷计算机公司。2001年至2004年蝉联科技杰出奖。2004年荣膺“公司重要人物”奖牌，成为美国计算机行业冒尖新秀。

郑未媚 女，1977年11月出生，原昆阳乡郑山村人。1995年考入中国政法大学。1999年保送至本校研究生院攻读硕士，师从周士敏教授。2002年获法学硕士学位后，考入陈光中教授门下，专业为诉讼法学，主要研究证据法学、刑事诉讼法学和司法制度。2005年6月获中国政法大学法学博士学位。

朱　江 1978年5月出生，永嘉人。1996年考入浙江大学地球科学系，攻读地质遥感学，2000年获理学学士学位，同年即考入中国科学院地理科学与资源研究所，攻读地图学与地理信息系统专业（硕士博士连读）。2000年9月至2001年7月，在中国科学院研究生院接受研究生课程教育，2001年7月，在中国科学院地理信息产业发展中心从事地理信息系统技术的研究，同时在北京超图地理信息技术有限公司兼职，负责网络地理信息系统平台supermap is的研发，该产品参加国家科技部遥感中心软件测评连续四次获得表彰。其他参与研发的项目有：北京市科学技术委员会科技型中小企业技术创新基金项目；中国疾病预防控制中心的sars疫情控制与预警信息系统；国家卫生部的sars疫情信息网络发布系统。2004年3月，获北京市科技技术奖一等奖。

叶素丹 女，1979年7月出生，永嘉县上塘镇人。1997年7月考入浙江大学（原浙江省农业大学）生物科学系，国家理科基础研究与教学人才培养基地生物学点（简称理科基地）学习。2001年9月，保送进入本校生命科学学院微生物专业进一步深造，师从于“长江学者”冯明光教授，进行丝孢类杀虫真菌的应用与基础研究。2003年3月，提前攻读微生物博士，从事应用微生物的研究。

徐崇峰 男，1998年8月出生，永嘉县枫林镇枫一村人，中国象棋运动健将。2003年开始学习中国象棋，曾拜师胡网英、柳大华。2012年12月被浙江省象棋队吸收为集训队员，受到特级大师赵鑫鑫的指导。出道以来荣获诸多荣誉：2003年获温州市“华通杯”丁组第一名；2009年、2010年蝉联浙江省少年象棋锦标赛冠军；2010年获浙江省首届体育运动大会青年组第二名；2012年获“苏浙皖”城市象棋赛成人组第二名；2008年～2014年期间6次获全国象棋少年锦标赛前三名，其中2013年、2014年蝉联全国象棋少年锦标赛甲组冠军；2014年获全国象棋青年锦标赛亚军，成为温州乃至全国的棋坛新星。2014年11月28日，摘取亚洲象棋锦标赛少年组个人冠军，晋升象棋国家大师，成为温州市第六个象棋大师。

人物传

余心畴（1916～2012） 男，祖籍永嘉江北街道龙桥村，汉族，荷兰华侨，27岁时，与温籍华侨彭娇妹女士结为夫妇，生有一女四男。大女儿余丽芳留居温州，曾任鹿城区侨联副主席；大儿子余伯诚，毕业于华中工学院，在荷兰阿姆斯特丹开设“东亚酒家”；伯仲、仲光、伯荣三兄弟继承父业，共同经营“安风酒家”。

余先生2岁丧母；9岁进余氏大宗祠堂念了三年半书，后辍学上山砍柴放牛；13岁当学徒；19岁借得30银元，随同乡去台湾做工。“七七事变”后，乘英国轮船返回故里，被国民党军人所骗成了新兵，后找机会想投奔新四军，但没有介绍信，只能躲进上海英租界内做木工。期间，结识了几位经常往返新加坡的朋友，热心地替他凑足盘缠，于1941年2月到新加坡另谋生路。在新加坡，余先生参加了抗日救亡组织“同德书报协”，积极募捐支援前线。不多久，日寇占领了新加坡，余先生撤到马来西亚，加入了“马共”领导的“柔南抗日游击队”，负责财政和修理器械等工作，直到抗战胜利重回新加坡。参与组建“新加坡木器工会”与“温州同乡会(后改称温州会馆)”，任总务主任与文书。1951年，回到故乡，筹资创办了瓯北罗浮中学。1957年，余先生再度回乡探亲，倡议创办温州华侨中学。后又建议温州华侨中学开设烹饪专业、皮鞋业及外语班，既能为温州经济服务，又能为华侨子弟创造出国条件。1965年，余心畴先生移居到荷兰，在安图奋开设了“安风酒家”。同时余先生在荷兰加入“瓯海同乡会”。1989年协助同乡会扩大组织，成立“旅荷华侨总会”，历任总务组长、副会长和名誉会长。同时，他也是新加坡温州会馆的名誉会长。1984年，温州大学筹建，余先生捐资1万元，接着又为筹建“爱国楼”捐3万元。余心畴先生发动“旅荷华侨总会”的全荷侨胞专门成立“温州大学集资筹备小组”，开展“我为温大添砖瓦”活动。1989年前后，余心畴先生又分别为罗浮中心小学、罗浮中学建造爱国礼堂、瓯北五中新建校舍捐款，共捐资近20万元。每年给罗浮中心小学2000元、瓯北五中5000元，以作奖教助学资金。1996年11月瓯北镇人民政府聘请余先生为瓯北五中名誉校长，并特赠他一幅大匾额“尊师重教，名流千秋。”

余心畴先生对家乡的教育事业尽心尽力，对旅荷侨胞子弟的教育也极为关注。多年来，他每年捐助四仟荷盾支持中文母语教育，直到1980年退休。1993年9月，他又带头捐资，创办了旅荷华侨总会属下第十四所中文学校。1994年9月，旅荷华侨总会特聘余心畴先生为中文学校基金会永远名誉会长。1994年2月17日，永嘉县人民政府颁给他荣誉证书，上写：“余心畴先生为家乡公益事业捐资一百零五万五千元。特发此证，以作纪念。”2008年的汶川大地震后余老先生捐资1万元。2010年玉树地震，他再捐1万元的爱心款。2012年1月，余心畴先生与世长辞。

李成相（1954.01～2013.11） 男，1996年5月加入中国共产党，2005年起连续四届当选为永嘉县鹤盛镇下家岙村党支部书记。2009年，他患上了肺动脉高压症，因忙于新农村建设、村级组织换届、美丽乡村建设等工作而无法静养，一直没有痊愈。2013年11月13日，在全省美丽乡村建设现场会前夕，因操劳过度住院治疗，11月18日病情加重医治无效不幸去世。被永嘉县人民政府树为“红色细胞”典型，人民网等媒体刊发专门文章追记他的先进事迹。

2013年中共永嘉县委重要文件

永委发〔2013〕40号

中共永嘉县委　永嘉县人民政府关于在全县开展“两提两争”主题实践活动的实施意见

各功能区党委、管委会，各镇（街道）党（工）委、人民政府（办事处），县直属各单位：

为贯彻落实县委十二届四次全会、县“两会”精神，充分调动广大干部群众的积极性和创造性，进一步推进思想解放、开拓创新，加快推动科学发展、转型发展、跨越发展，县委、县政府决定在全县开展“两提两争”主题实践活动（即：以群众在干部心中的份量来提高干部在群众心中的份量，以干部的辛苦指数来提升群众的幸福指数；争当克难攻坚先锋，争创一流发展环境）。现提出如下实施意见：

一、目标要求

深入贯彻党的十八大精神和省市决策部署，紧紧围绕“三生相融·幸福永嘉”建设目标，按照“克难攻坚、激情跨越”的要求，扎实推进“四大活动、五大攻坚、六大行动”，争当克难攻坚先锋，争创一流发展环境，切实以群众在干部心中的份量来提高干部在群众心中的份量，以干部的辛苦指数来提升群众的幸福指数，着力营造大干快上、争先恐后的浓厚干事创业氛围，确保完成2013年各项目标任务，努力在克难攻坚中激发干部豪情，实现赶超跨越。

二、主要内容

（一）精心组织四大活动

1．学习贯彻党的十八大精神主题教育活动。结合县委十二届四次全会和县“两会”部署要求，通过各种形式和载体，迅速掀起学习热潮，推动广大干部群众深刻领会、准确把握十八大精神。坚持学以致用、用以促学，用十八大精神武装头脑，把十八大精神贯穿运用到推动我县经济社会发展之中。

2．以“两提”为主线的群众路线教育实践活动。认真学习贯彻中央关于改进工作作风、密切联系群众的“八项规定”和省委28条具体办法、“六项禁令”，围绕为民务实清廉，深化领导干部“九联系”、“进村入企”大走访等制度，组织开展镇街干部联系群众“鱼水情”行动，改进作风，重心下沉，切实提高干部在群众心目中的分量，提升群众的幸福指数，进一步密切党群、干群关系。

3．新一轮解放思想大讨论活动。针对干部群众中存在的观念陈旧、视野狭窄、创新不足等突出问题，在去年活动的基础上，开展新一轮解放思想大讨论活动。按照“出于公心、不谋私利、为了发展”和“三个有利于”的要求，通过理论中心组学习会、专家讲座等形式，进一步转变观念，拓宽视野，切实以思想的大解放推动转型发展。

4．“互看互学互比”活动。组织外出考察，学习借鉴标杆地区在推进重点难点工作方面的先进经验和做法，结合本地本单位实际，创造性开展工作。全年组织开展三轮功能区、镇（街道）“互看互学”和县直部门“互学互比”活动，并穿插进行项目建设“百日攻坚”、企业服务“百日克难”活动，通过看现场、学先进、比干劲、创业绩，切实在全县营造你追我赶、奋力争先的干事创业氛围。

（二）全力开展五大攻坚

1．招商投入大攻坚。深入实施招商选资“一号工程”和永嘉人经济回归工程，坚持以外引外、以商招商，着重抓好已签约招商项目的落地和开工建设，确保全年招商选资实际到位资金40亿元以上。全力开展“项目攻坚年”活动，强化项目建设组织协调，健全重大项目领导挂钩联系制度，完善政策处理考绩体系，加大征地拆迁和项目推进力度，确保全社会固定资产投资增长42%，限额以上投资总额达到256亿元。

2．平台建设大攻坚。坚持以大项目的引进和建设为抓手，抓紧完善规划修编，不断加快道路交通、水利、给排水、电网、燃气等基础配套设施建设，切实加大破难攻坚力度，加快推进三江商务区、永嘉高新技术产业园区、楠溪江风景旅游区、都市现代商贸集聚区、黄田现代物流区、现代农业园区等六大平台建设，确保六大平台建设取得新突破、展现新形象。

3．产业转型大攻坚。以推进三次产业融合发展为方向，进一步深化“服务企业、服务基层”专项行动，切实加强创新服务平台建设和产学研合作，积极引导企业通过自主创新、技术改造、整合重组等方式做大做强，大力培育高端装备、新材料等战略新兴产业，积极发展总部经济、研发设计、商贸物流、电子商务、会展博览等现代服务业，全力推动产业转型提升。

4．环境整治大攻坚。以国家级生态县和美丽乡村创建先进县为目标，按照全域整治的理念，继续深化“三县三城联创”，深入开展“四边三化”、“三改一拆”和“青山白化治理”等专项行动，全力抓好城乡环境综合治理，加快推进污水垃圾处理设施建设，全面完成电镀、造纸、印染、化工、合成革等行业污染整治，切实改善县域环境，努力建设美丽永嘉。

5．城乡统筹大攻坚。坚持以新型城镇化为引领，全面深化统筹城乡综合配套改革，完善城乡规划体系，创新政策机制，积极推进保障性住房项目建设，突出抓好旧村改造，深入开展要素市场化改革，加快推进土地规模流转，全面启动户改工作，大力提升中心镇和城乡社区建设水平，努力构建城乡一体化发展新格局。

（三）继续实施六大行动

1．干部环境优化行动。进一步深化干部人事制度改革，加大考绩力度，着力打造一支敢为人先、敢想敢干、敢抓敢管、敢作敢为、敢闯敢试的“九敢”干部队伍，切实激发干部队伍活力。组织开展“百名干部激情创业”专项活动，选派100名左右干部对10个左右重点建设项目、重点招商项目、重点农房改造项目，组成突击队、尖刀班进行集中攻坚，千方百计激发干部创业热情。

2．政策环境优化行动。建立健全政策优化长效机制，加大政策创新集成力度，围绕产业转型、招商投入、城乡统筹、发展环境等重点工作，深入开展调查研究，认真梳理存在问题，制定出台总部经济、优二兴三、四策合一等一系列扶持政策，切实优化经济社会发展的政策环境。

3．要素环境优化行动。加大耕地垦造和土地清理工作力度，积极向上争取土地指标，全力破解土地要素制约；切实发挥政府投融资平台作用，加大政策性银行资金引入和政银企对接力度，支持企业通过上市、发行企业债券等途径来融资，全面深化金融综合改革，利用BT、BOT等建设模式，有效破解融资难；继续实施人才引进“百人计划”，加快招院引所和招才引智步伐，为永嘉发展提供人才保障。

4．服务环境优化行动。深入推进功能区、镇（街道）、社区“五个凡是”改革，深化行政审批制度改革，实行基本建设项目现场办公、模拟审批和“三规”审批制度，切实简化审批手续，强化项目审批过程督查和责任追究力度，促进审批服务提速提效。开展建设项目全程无偿代理，扩大“直通道”审批范围。深化中介机构改革，打造中介机构“一站式服务平台”，引入竞争主体和竞争机制，建立开放、公平、有序、诚信的中介市场。加强执行力建设，从快从严查处“庸懒散慢奢”、“小鬼难缠”和“阎王懈怠”等行为，全面提升机关效能。

5．社会环境优化行动。进一步深化平安永嘉建设，完善立体化社会治安防控体系，严密防范和依法打击各类违法犯罪活动。加强和创新社会管理，完善“网格化管理、组团式服务”，促进基层管理和服务体系建设。加强和改进信访工作，完善调解工作机制，着力解决影响社会稳定的突出问题。继续深化“剿黑恶·护发展”专项行动，为项目建设营造良好的社会环境。

6．舆论环境优化行动。充分利用各类新闻媒体和平台，开辟专栏，对各地各部门的目标承诺、工作推进和完成情况进行公示，同时充分发挥市民监督团、媒体曝光台等舆论监督作用，形成立体的监督体系。创新宣传载体和方式，深入挖掘与宣传先进典型，及时曝光不作为、消极应付等现象，形成强大舆论声势。

三、实施步骤

（一）宣传发动（2013年2月上旬）

县里下发“两提两争”主题实践活动实施意见，并召开动员大会进行部署。各地各部门要按照全县“两提两争”主题实践活动的总体部署，及时召开动员大会，成立组织领导机构，制定活动实施方案，提出目标任务，明确工作职责，全面动员部署。

（二）组织实施（2013年2月下旬～2013年12月底）

本次主题实践活动的主要任务为：精心组织开展学习贯彻党的十八大精神主题教育、以“两提”为主线的群众路线教育实践、解放思想大讨论、“互看互学互比”等四大活动，全力开展“招商投入、平台建设、产业转型、环境整治、城乡统筹”五大攻坚，深入实施“干部环境优化、政策环境优化、要素环境优化、服务环境优化、社会环境优化、舆论环境优化”六大行动，切实在全县形成你追我赶、争创一流的生动局面。

（三）检查考核（2014年1月）

主要是做好活动总结及有关考绩考核工作。

四、保障措施

（一）强化组织领导。成立由县主要领导任组长的“两提两争”主题实践活动领导小组，成员由相关县领导组成，加强对主题实践活动的领导。领导小组下设办公室（设在县委办），负责活动的协调、督查、信息报送等日常工作，成员由相关单位组成（见附件1），抽调人员集中办公，所需必要经费由县财政予以保障。各地各部门要切实加强对活动的组织领导，成立相应的工作机构，保障活动顺利推进。

（二）强化责任落实。“两提两争”主题实践活动的各项任务要分解落实到各相关工作责任单位（见附件2）。建立完善县四套班子领导“九联系”制度，县领导带头深入挂钩联系的功能区、镇（街道）进行指导和督促，切实帮助协调解决存在的问题。各责任县领导要对照分解的任务，抓好职责范围内的工作。各牵头单位要及时制定工作细化方案，牵头抓好任务落实。各地各部门要对照县里确定的目标任务和自己所作的承诺，明确分管领导、责任科室，落实责任人员，确保活动取得实效。

（三）强化督查考核。将“两提两争”主题实践活动开展情况纳入县考绩法，作为各地各部门年度考绩的主要内容。建立双周一工作早餐会、月度工作推进会制度，县委、县政府主要领导每月听取各第一责任县领导的工作汇报，研究部署下步工作。各责任县领导要定期督查、定期分析，每个月底前将活动进展情况汇总到主题实践活动领导小组办公室综合协调组。加大奖优罚劣力度，对工作推进有力、成绩明显的单位及个人予以表扬、评先、嘉奖、立功等表彰奖励，并在干部选拔任用中优先考虑；对阶段性工作和全年工作推进不力、明显落后的，采取公开约谈、会议说明、通报批评、责令通过县级新闻媒体公开道歉直至组织调整等措施进行严格追责。

中共永嘉县委办公室

2013年2月8日

永委办〔2013〕26号

以党的十八届三中全会精神为引领　奋力开创永嘉经济社会发展新局面

——在县委十二届六次全体（扩大）会议上的报告

盛秋平

同志们：

这次县委全会的主要任务是，认真贯彻党的十八届三中全会、中央经济工作会议、中央城镇化工作会议、中央农村工作会议和省市委全会精神，回顾总结2013年工作，研究部署2014年任务，团结动员全县各级党组织和广大党员干部群众，进一步凝心聚力、改革创新，转变作风、狠抓落实，奋力开创永嘉经济社会发展新局面。同时，审议通过《中共永嘉县委关于认真学习贯彻党的十八届三中全会精神全面深化改革的实施意见》。

下面，我代表县委常委会向全会作报告，请大家审议。

一、2013年主要工作回顾

今年以来，面对复杂严峻的国内外经济形势，我们认真贯彻落实中央和省市的各项决策部署，全面实施“三大”战略，深入开展“两提两争”主题实践活动，扎实抓好各项工作，全县经济社会保持平稳发展态势。2013年，预计全县实现地区生产总值285.6亿元，同比增长7.3%；公共财政预算收入20.88亿元，增长13.2%；限上固定资产投资217亿元，增长23%，其中工业投资47亿元，增长39%；全社会消费品零售总额突破100亿元，增长12.5%；城镇居民人均可支配收入超过30000元，农村居民人均纯收入12600元，分别增长8.3%和9.3%。

（一）重发展质量，产业转型加快。出台实施扶工兴贸系列优惠政策，组织开展“千名干部进千村入千企解千难”活动，建立驻企服务员制度，全力服务实体经济发展。率全市之先成立网络经济服务局，全面启动省级系统流程装备产业技术创新综合试点与高新技术产业化基地创建，3家企业入选中国品牌500强，建成全省首家国家级阀门质检中心，我县获得“2013年全国县（市）科技进步考核先进县”称号。建立首家民间借贷服务中心，完成永嘉农村合作银行股改，我县金融生态环境保持良好。新启动楠溪慢城、楠溪江国际房车露营公园等一批重大旅游项目，建成开放了丽水新街、古村绿道和6个森林公园，成功举办中国（温州）森林旅游节、中国·楠溪江山水文化旅游节等节庆活动，游客接待数和旅游总收入均增长30%以上。大力发展现代农业，建成1个产业示范区、1个休闲观光园和7个精品园，新增土地流转面积2.8万亩，农业招商实到资金6.79亿元。

（二）重有效投入，发展后劲增强。深入开展“项目建设攻坚年”活动，全县11个重点工程提前完成年度投资任务，雁楠公路实现全线通车，三江吹砂回填二期工程完工，诸永高速公路温州段延伸工程、瓯北大桥、41省道南复线岩头至大若岩段、41省道上塘至沙头段等一批项目加快推进。深入实施招商选资“一号工程”，创新实行审批倒逼提速机制，总投资210亿元的三江生态立体城成功落地，奥嘉铂尔曼酒店顺利结顶，温州维多利广场、楠溪云岚养生度假中心等重大招商项目开工建设，今年共签约了永嘉世贸中心等招商项目17个，浙商回归到位资金54.45亿元，完成率居全市前列，我县获得第二届世界浙商大会“浙商回归创业创新组织奖”。

（三）重环境整治，城乡面貌改善。大力推进历史文化村落保护利用，建成20个文化展馆和33个文化礼堂。成功打造“楠溪古韵寻踪轴”精品线，圆满完成全省“深化千万工程、建设美丽乡村”现场会任务，中央电视台、光明日报、半月谈、浙江日报等国内主流媒体分别以专栏、头版和头条对此作了报道，我县获得“省级美丽乡村创建先进县”称号，被国务院农改办列为全国“一事一议”美丽乡村建设试点县。全力推进水环境治理，在全省率先开展刑事立案打击非法采砂行为，成功整治黑臭河、垃圾河73条，楠溪江被评为全省“十佳嬉水胜地”。加快一批重大水利工程建设，完成菇溪三期治理工程，首次获得全省水利“大禹杯”银杯奖。全面启动国家级生态县创建，连续开展三轮环境综合整治百日攻坚，扎实推进“四边三化”工作，今年共拆除违章建筑316.73万m2，“三改”813.05万m2，造林绿化2.45万亩，坟墓生态化改造7000余座，我县“三改一拆”、以环境整治倒逼转型做法得到省委夏宝龙书记的两次批示肯定。

（四）重民生幸福，社会和谐稳定。全力推进“平安五连创”，全县刑事案件发案数、命案发案数明显下降，一批信访积案得到有效化解。扎实推进“三县三城联创”，成功创成省级文化先进县，顺利通过省级文明县城和省级卫生强县验收。深化民办教育综合改革，成功引进江苏翔宇教育集团创办温州翔宇中学，我县今年高考再创佳绩。积极推进医药卫生体制改革，县中医院与温州附一医实现托管合作，市级标准化社区卫生服务中心实现全覆盖。加快公共文化服务体系建设，县公共文化活动中心、县城体育“两馆”等项目建设进展顺利，全省公共文化服务体系建设推进会在我县召开，成功举办2013中国·温州国际山地户外运动挑战赛、全国象棋冠军挑战赛总决赛。深化“强基创优”工程，人口计生工作稳步推进。关注关爱社会弱势群体，成功获评省级“扶残助残爱心城市”。国防动员和后备力量建设融合发展，连续三年荣膺全省征兵工作先进县。

（五）重基层基础，党的建设加强。深入开展“两提两争”主题实践活动，扎实推进“中国梦”宣教实践、领导干部蹲点调研、“百名干部激情创业”和镇街干部联系群众“鱼水情”等活动，营造了干事创业的浓厚氛围。深化干部人事制度改革立体工程，完善和落实重点中层科室督考、一般干部继续教育制度，干部活力进一步激发。深入开展基层党组织“五星争创”活动，扎实推进村级组织换届工作，基层基础进一步夯实。深入开展“农村基层党风廉政建设年”活动，“勤廉永嘉”建设取得新成效。同时，积极支持人大、政府、政协依法履行职能，不断加强统战、党管武装、工会、共青团、关心下一代、妇联、民族宗教、对台、侨务、老干部等工作，发展合力广泛凝聚。

同志们，这些成绩的取得，是省市委正确领导的结果，是全县广大干部群众团结奋进的结果。借此机会，我谨代表中共永嘉县委，向为永嘉经济社会发展做出贡献的广大干部群众和社会各界人士，表示衷心的感谢和崇高的敬意！

二、关于全面深化改革实施意见的说明

借此机会，我就《中共永嘉县委关于认真学习贯彻党的十八届三中全会精神全面深化改革的实施意见（讨论稿）》有关情况，向全会作说明。

（一）起草全面深化改革实施意见的背景及总体考虑

前段时间，中央和省市委相继出台了关于全面深化改革的决定和实施意见，又一次吹响了改革的号角，描绘了改革的新蓝图。特别是最近的市委全会，专题研究部署了全面深化改革的目标任务，认为“温州模式”的核心内涵完全符合党的十八届三中全会精神，提出要坚持和发展“温州模式”，再创体制机制新优势，做中国全面深化改革的模范生。为认真贯彻落实中央和省市委关于改革的系列决策部署，进一步明确我县全面深化改革的目标任务，不断把改革工作引向深入，县委制定了全面深化改革的实施意见。总的思路是：全面贯彻落实党的十八届三中全会、省委十三届四次全会和市委十一届五次全会精神，以经济体制改革为牵引，以温州市深入推进中国特色社会主义创新实践为契机，以实施“三大”战略、推进“三大”转型为重点，凝聚共识，全面深化经济、政治、文化、社会、生态文明和党的建设等领域改革，为实现“赶超发展、激情跨越”提供制度保障和力量源泉。总的目标是：到2015年，重要领域和关键环节改革取得实质性突破；到2017年，基本完成本意见提出的改革任务；到2020年，率先形成系统完备、科学规范、运行有效的制度体系。

在框架结构上，按条条谋篇布局，共10个部分32条，约1.2万字。可分为三个板块：第一板块是第一部分，主要阐述总体要求；第二板块是第二部分到第九部分，主要从实施“三大”战略、推进“三大”转型、建设法治永嘉、加强党的建设等方面，具体部署我县改革的主要任务和重大举措；第三板块是第十部分和结束语，主要讲全面深化改革的组织领导和保障措施。

（二）全面深化改革实施意见涉及的重点问题

1．关于完善实施“三大”战略体制机制。县第十二次党代会提出，要深入实施“三大”战略，加快推进“三大”转型，致力打造幸福永嘉。实践证明，“三大”战略完全符合中央和省市精神，符合发展规律，符合我县实际，我们必须一以贯之地抓下去。因此，县委实施意见稿针对“三大”战略实施过程中碰到的体制机制问题，提出了具体的改革意见。在完善大都市核心区建设体制机制方面，提出要破除县域经济路径依赖，以全面融入温州大都市核心区为目标，加快推进以上塘—瓯北一体化为中心、三江—乌牛和桥头—桥下为两翼的大城区建设，全力打造温州北部城市中心；创新产业集聚区、工业园区管理体制和发展机制，完善创新平台建设机制，探索小微企业园建设模式，为发展提供有力的平台支撑。在完善大生态旅游区建设体制机制方面，提出要建立健全美丽浙南水乡建设的领导、推进、投融资和督查考核机制，推行“项目制”“河长制”“包干制”等长效工作机制，加快建设美丽浙南水乡；强化“绿水青山就是金山银山”和“山水林田湖是一个生命共同体”的理念，完善国土空间开发、资源节约利用、环境治理保护体制，促进人与自然和谐发展；完善旅游开发、经营、管理体制，健全旅游招商、项目推进和营销推介机制，不断提升楠溪江旅游的知名度和美誉度。在完善大统筹示范区建设体制机制方面，提出要创新农业经营体制和农村产权制度，完善专业合作、供销合作、信用合作“三位一体”合作机制，保障农户宅基地用益物权，促进农业农村繁荣和城乡一体化发展；完善美丽乡村建设机制，全力推进美丽乡村建设提质扩面，加快创建省级美丽乡村示范县；建立健全山区经济发展规划建设、山区产业提升、沿江反哺山区发展、山区帮扶等体制机制，促进山区快速发展。

2．关于完善推进“三大”转型体制机制。推进转型发展，是现阶段我县的中心工作，其中经济转型是基础，社会转型是根本，政府转型是保障。在完善经济转型体制机制方面，实施意见稿提出要深入推进资源要素配置市场化改革，发挥市场在要素配置中的决定性作用；深入推进金融综合改革，着力优化金融生态；实施创新驱动战略，深化科技体制改革，健全产学研协调创新机制；健全完善战略型新兴产业培育发展和传统产业改造提升机制，促进企业做大做强；完善推动永商回归机制，全面优化对接机制、政策体系和服务机制，着力推进内外永商全方位良性互动；深化国有企业和国资体制改革，完善国有资产管理体制，加快国有资产整合重组。在完善社会转型体制机制方面，提出要健全就业创业、收入分配和社会保障制度，建立完善社会养老、民办教育、社会办医等体制机制，把社会事业办好、办活；大力弘扬“义利并举、敢为人先”的永嘉人精神，积极倡导和践行社会主义核心价值观；抓住影响稳定的关键环节，完善坚持正确舆论导向的体制机制、民间信仰管理体制机制和公共安全体系，促进社会和谐稳定；加大政府部分职能向社会组织转移，完善政府购买社会组织服务制度，加快构建现代社会组织体制，提高社会治理能力。在完善政府转型体制机制方面，提出要进一步理顺政府与市场、政府与社会的关系，加快形成政府提供公共服务新机制；深化行政审批制度改革，全力推进行政审批“接、放、管”工作，全面推广“政务超市”审批服务模式，深化中介机构改革，建立健全代理审批制度，努力实现简政放权；推进公共财政体制改革，建立完整统一的预算管理体系，优化财政支出结构，健全财力与事权相匹配的财政体制。

3．关于健全法治永嘉建设体制机制。中央、省委决定和市委实施意见都对法治建设提出了一系列新思想、新要求、新部署。结合我县实际，县委实施意见稿提出，要注重改进党的领导方式和执政方式，健全“一个党委”“三个党组”“多个口子”相协调的领导体制，发挥党委对同级人大、政府、政协等各种组织的领导核心作用，支持人大、政府、政协和审判机关、检察机关依照法律和章程独立负责、协调一致地开展工作；坚持和完善人民代表大会制度，健全社会主义协商民主制度，提高各领域的法治化水平。

4．关于健全党的建设体制机制。要实现永嘉“赶超发展、激情跨越”，关键取决于党的领导和党的建设。为此，县委实施意见稿提出，要加强党内民主制度建设，完善党内决策、监督、选举和党员民主制度建设，促进党内团结统一；推进干部人事制度改革，完善干部选拔任用机制，建立创先争优激励机制，激发干部队伍活力；完善党的基层组织体系，创新完善党委书记履行基层党建工作责任制，探索形成基层党组织建设新格局；落实党风廉政建设责任制，完善惩治和预防腐败体系，健全作风建设常态化制度，优化赶超发展软环境。

县委实施意见稿还就建立健全有关工作保障机制作出了部署，提出要加强全面深化改革的组织领导，成立全面深化改革工作领导小组，建立县领导牵头负责机制，健全问责追究机制。县委实施意见稿对县人大常委会、县政府、县政协分别提出了要求。同时，要求各地各部门制定实施方案和配套文件，发挥人民主体作用，加强改革政策宣传和氛围营造，努力形成深化改革的强大合力。

以上是县委全面深化改革实施意见的说明。

三、2014年工作重点任务

2014年是“十二五”发展的关键之年，是全面深化改革的开局之年，也是推进永嘉“赶超发展、激情跨越”的重要之年，做好明年工作意义十分重大。纵观全局，明年的发展既有难得机遇，又面临严峻挑战。从国际看，明年世界经济仍将延续缓慢复苏态势，但国际金融危机影响具有长期性，国际市场争夺更趋激烈，世界经济存在不稳定不确定因素。从国内看，经济运行存在下行压力，但稳中有进、稳中向好的趋势没有改变。特别是党的十八届三中全会坚定不移高举改革开放大旗，从实现中华民族伟大复兴中国梦的高度，对全面深化改革做了动员和部署，开启了新的改革征程，改革红利将进一步显现。从省市看，省委十三届四次全会、市委十一届五次全会相继提出了我省、我市全面深化改革的总体要求和目标路线，夏宝龙书记在我县考察时提出了五个方面的重要指示，这些都为我们做好明年工作指明了方向、明确了任务。

就我县来说，近年来，我们坚持抓实体、抓招商、抓环境、抓民生、抓作风，形成了良好的工作机制，取得了阶段性的工作成效，为转型发展、赶超发展打下了良好基础。但我们也要清醒看到，我县发展还存在不少困难和问题，如发展平台支撑不足、要素保障不力、产业结构不优、发展环境不佳、城乡发展不均衡、少数干部作风不正，等等，影响和制约了我县经济社会发展。我们必须牢固树立危机意识、进取意识、机遇意识、责任意识，坚持以改革创新为动力，破难攻坚，狠抓落实，全力推动我县在新一轮竞争中争先进位、赶超发展。

根据当前形势和我县实际，明年全县工作的总体思路是：认真贯彻落实党的十八届三中全会精神和中央、省市委系列决策部署，坚持稳中求进、改革创新，进一步深化“两提两争”主题实践活动，深入实施“三大”战略，全面推进政治、经济、文化、社会和生态文明建设，切实加强党的建设，努力在“赶超发展、激情跨越”上迈出坚实步伐。根据上述总体思路，建议明年全县经济社会发展的主要调控预期目标为：地区生产总值增长8%；公共财政预算收入增长10%；规上工业增加值增长7%;城镇居民人均可支配收入增长9%，农村居民人均纯收入增长10%。明年重点要做好以下五个方面的工作：

（一）以实体经济为根本，大力推进经济转型。坚持以产业转型升级为目标、创新驱动为引擎、优化环境为保障，全力促进实体经济发展、永商回归和旅游业崛起。

1．大力振兴实体经济。积极对接瓯江口产业集聚区建设，扩容提升永嘉工业园区，努力以高端平台集聚高端产业。以工业化、信息化“两化”融合为重点，加快传统产业改造提升，积极发展智能系统流程装备、教育装备等优势产业，全面推动块状经济向现代产业集群转变。以创建省级创新型县为引领，全面推进省级系统流程装备产业技术创新综合试点与高新技术产业化基地建设，加快推进全国泵阀产业知名品牌创建示范区建设，加强产学研合作，发挥好国家阀门质检中心等创新平台作用。深入实施“四换三名”工程，推动鞋服等传统产业与品牌时尚、物流、电子商务深度融合，大力发展网络经济“一号新产业”。扎实推进“三转一市”工作，深入实施龙头骨干企业提升工程和“百星企业”培育计划，加快企业上市步伐。加大工业有效投入，加快推动奥康、红蜻蜓、报喜鸟、宣达等企业工业项目建设。完善工业企业亩产效益综合评价体系，加快小微企业园建设，加大招才引智力度，继续开展系列服务企业活动，全力营造助企留企的良好发展环境。同时，要大力发展商贸物流、会展博览、信息服务、中介服务、创意服务等生产性服务业，促进产业链从生产加工环节向“微笑曲线”两端延伸。

2．全力促进永商回归。充分利用在外永商“第一资源”，深入实施招商选资“一号工程”，确保实现全年实到资金50亿元、争取60亿元，努力使我县招商选资工作继续走在全市、全省前列。坚持高端外资、央企国资、优质民资齐上，依托和发挥“一会一网两库”作用，继续实施目标群体分析法，积极开展“走出去、请进来”相结合的系列招商活动，加快引进一批能支撑我县转型发展的大项目好项目。继续实施审批倒逼提速、“一事一议”等制度，积极申报浙商回归项目高效审批试点县，不断深化“剿黑恶、护发展”专项行动，加大政策处理力度，努力为项目落地创造条件。加快推进三江生态立体城、瓯北金融大厦等项目建设，全力推动永嘉世贸中心、温州国际商贸中心、桥下智能教玩具产业科技园等项目落地，大力促进在外永商实业回归、总部回迁、资金回流。

3．加快发展生态产业。以创建楠溪江国家AAAAA级旅游区和申报第一批国家公园、世界自然与文化双遗产地为载体，加快旅游“一号服务业”发展，力争实现全年接待游客500万人次，旅游总收入超38亿元。加大旅游招商和项目服务力度，加快“三中心六酒店”和楠溪慢城、环湖生态园等重大项目建设。积极申办2014年第八十二届世界房车露营大会，全力办好2014浙江运动休闲旅游节、浙江山水文化旅游节、中国·楠溪江山水文化旅游节等节庆活动，全面打响“中国美丽乡村”“中国长寿之乡”“永远的山水诗，最美的桃花源”品牌。巩固和加强农业基础地位，严守耕地红线，确保粮食安全。不断加大强农惠农富农政策力度，依靠改革创新推进农业现代化，让农业成为有奔头的产业。以农业“两区”建设为抓手，扶持发展农业龙头企业、农民专业合作社和家庭农庄，切实提高农业产业化、规模化水平。以省级休闲观光农业和乡村旅游示范县创建为载体，深入开展农业招商，鼓励发展休闲观光农业，进一步做大茶叶、水果、有机蔬菜、花卉苗木、生态养殖等特色产业，着力提升农业效益。

（二）以加快融入温州大都市核心区为引领，大力推进城乡发展一体化。联动推进新型城市化和新农村建设，努力构筑以工促农、以城带乡、工农互惠、城乡一体的新型工农城乡关系。

1．加快打造城市发展平台。深入实施大都市核心区战略，切实加快瓯江北岸城市规划建设，促进产城联动发展，努力实现瓯江两岸城市功能互补、融合发展，推动县域经济向都市区经济转型。加大三江商务区开发建设力度，进一步完善规划设计，加快推进诸永高速公路温州段延伸工程、瓯北大桥、三江标准堤等基础设施项目建设，加大总部经济、金融服务、电子商务、设计研发、现代商贸等项目的引进和建设力度，努力把三江商务区打造成全省现代服务业集聚区和温州都市区新地标。加快上塘-瓯北一体化进程，以打通断头路为突破口，拉开城区框架；以开工建设上塘至瓯北公路、县职工活动中心、永嘉职教中心，加快实施县人民医院整体迁建、楠溪江河口大闸等工程为引领，积极推动城市功能向中间地带和关键节点集聚延伸；以加快瓯北商务中心、清水埠旧城改造、上塘商业步行街、永建路A区旧城改造等项目建设为重点，不断提升城市能级。发挥黄田片区交通区位优势，积极推进黄田现代物流园区建设，加快打造高铁新城。完善功能区、镇、街道管理体制机制，切实深化中心镇改革发展，着力推进桥头全国发展改革试点镇和桥下省级中心镇建设，并积极申报国家级重点镇，更好地发挥以城带乡的作用。

2．加快推动山区跨越发展。认真贯彻中央城镇化工作会议和中央农村工作会议精神，坚持工业反哺农业、城市支持农村，推动新型城镇化与农业现代化相辅相成。以探索完善农村土地流转和宅基地置换改革为重点，巩固深化我县农村产权制度改革成果，积极推进本地农业转移人口市民化。充分发挥山区各镇在历史人文、资源禀赋、产业基础等方面的特点，加大扶持和培育力度，加快打造一批农业大镇、旅游重镇、生态强镇和文化名镇。完善村庄规划布局，提升社区公共服务能力，推动公共服务向农村延伸。进一步壮大乡村旅游、林下经济、农家乐、民宿、来料加工等产业，努力实现生态富民。完善扶贫开发、结对帮扶和生态补偿机制，加大下山移民、劳动力转移培训力度，切实提升山区造血功能。

3．加快城乡基础设施建设。完善城乡交通、能源、市政、水利、信息、环保等基础设施，努力实现城乡基本公共服务均等化。健全完善领导干部挂钩联系重点项目制度，加强分类指导、跟踪服务和过程监管，强化土地、资金、人才等要素保障，确保完成年度固定资产投资任务。开工建设41省道沙头至福佑段改建工程，加快推进104国道温州西过境永嘉段、甬台温天然气管道永嘉段等项目建设，建成三李公路、41省道南复线岩头至大若岩段等工程，深化49省道改建、220省道巽宅至桥下段、上塘至大若岩公路的前期工作。认真做好项目谋划和包装，积极对接中央和省市重大项目盘子，做到多储备、争主动、早开工。充分发挥政府投资对民间投资的引导带动作用，积极吸引社会资金进入基础设施建设领域。

（三）以治水为突破口，大力推进美丽永嘉建设。全力打好环境综合整治“组合拳”，巩固提升美丽乡村建设成果，切实优化城乡环境。

1．突出抓好水环境治理。认真贯彻落实省市关于治水的部署要求，坚持“五水共治”，努力打造美丽浙南水乡。坚持“治水”必先“治污”、“治污”必先“控源”的理念，加大楠溪江保护和治理力度，深入推进黑臭河、垃圾河整治，不断深化电镀、造纸、印染、化工、合成革等重点行业整治提升，加快城镇污水垃圾处理设施和截污纳管建设，加大水环境违法犯罪的打击力度，有效减少水环境的污染。按照“五年任务三年完成”的目标要求，加大农村污水治理力度，争取列入全省首批农村污水治理重点县。深入实施“水乡建设百亿工程”，加快瓯江治理工程、三塘隧洞分洪应急工程、瓯北西段标准堤工程等八大重点水利项目建设，积极稳妥做好南岸水库项目前期工作，全面提升治水水平。

2．全力推进美丽乡村建设提质扩面。以创建省级美丽乡村示范县为目标，以实施全国美丽乡村“一事一议”建设试点为契机，以“点上提升、面上拓展”为要求，按照“两轴四带”美丽乡村建设规划和“全域整治、全域旅游”的标准，继续深化“十百工程”，全面提升美丽乡村建设水平。进一步加大历史文化村落保护利用力度，加快建成“六个一”工程，提升美丽乡村建设内涵。注重美丽乡村建设成果转化，精心打造和推介中国美丽乡村精品考察线路，使农村更美、农民更富，真正让美丽乡村建设成为一项惠民工程、富民工程。

3．全域推进环境综合整治。围绕创建“无违建县”目标，深入推进“三改一拆”工作，注重“拆、建、用”结合，确保完成年度拆违任务，实现视觉环境不断好转。全面落实“四策合一”和“三旧”改造的政策体系，扎实推进旧厂房、旧住宅区和城中村改造。巩固整治成果，扩大整治范围，持续推进“四边三化”行动。加大青山白化治理力度，全面推广生态化改造模式，确保重点区域100%完成整治任务。深入实施“清洁空气”专项行动，进一步改善空气质量。继续推进“三县三城联创”活动，严格按照创建时序要求，加快创成省级园林城市、国家级生态县和信用城市。

（四）以保障和改善民生为重点，大力推进社会建设。人民群众对美好生活的向往，就是我们的奋斗目标。要不断创新社会管理模式，全面提升群众幸福指数。

1．完善公共服务。继续深化民办教育综合改革，完善和升级政策体系。扎实推进教育现代化县创建，创成义务教育发展基本均衡县，促进教育公平，提高教育质量，办人民满意的教育。深化医药卫生体制改革，制定实施“1+14”系列扶持政策，大力发展社会办医，全面提升医疗卫生服务水平。落实生育调整政策，深化“强基创优”工程，加强出生人口性别比综合治理，不断提高人口计生工作水平。积极开展全民健身活动，精心筹办国际户外休闲嘉年华等体育赛事。全面落实各项帮扶政策，加大就业服务力度，健全社会保障体系，推进社会福利事业发展，大力发展养生养老产业。

2．创新社会管理。继续深化“两护两强”工程，扎实推进“平安永嘉”创建，不断提高平安建设水平。健全完善社会稳定风险评估机制，进一步落实县级领导牵头包案和下访约访机制，加大矛盾纠纷和信访积案化解力度，依法规范信访秩序，努力减少不稳定因素。坚持和发展“枫桥经验”，继续深化“网格化管理、组团式服务”，积极推进“一张网”工作模式，不断夯实基层基础。完善社会治安防控体系建设，始终保持严打高压态势，切实增强人民群众的安全感。加强新居民服务管理，努力实现减员增效。健全公共安全保障体系，认真做好安全生产、食品药品安全工作，防止出现重大安全事故和影响社会稳定的群体性事件。深入开展“让网络空间清朗起来——当战士、不当‘绅士’”学习讨论实践活动，加强对网上热点问题的应对和引导，依法严厉打击网络谣言，努力为全县赶超发展凝聚正能量。

3．重视文化建设。深化文化体制改革，加快建立有利于出精品、出人才、出效益的文化发展机制。完善县、镇（街道）、村（社区）三级公共服务平台，加快推进县公共文化活动中心、县图书馆–档案馆等项目建设，促进基本公共文化服务标准化、均等化。深入实施文化礼堂建设五年规划，加快农村、社区、民营企业文化礼堂建设，着力打造精神家园。挖掘和传承永嘉学派、耕读、红色、昆曲、瓯瓷等地域特色文化，加快文化产业发展，推进楠溪江文化园、楠溪江国际艺术中心等文化产业集聚区建设，促进文旅融合。加强文化人才队伍建设，深入实施“文化惠民”工程，着力建设文化强县。

（五）以群众路线教育实践活动为契机，大力推进党的建设。坚持党要管党、从严治党，以加强党的执政能力建设、先进性和纯洁性建设为主线，全面推进党的思想、组织、作风、反腐倡廉、制度建设。

1．在解放思想中提振干部激情。结合“中国梦”宣教实践和“两提两争”主题实践活动，深入学习党的十八大、十八届三中全会和习近平总书记系列讲话精神，全面把握中央和省市决策部署要求，切实提高干部理论水平。大力推进学习型党组织建设，通过理论学习中心组、“楠溪讲坛”等学习平台，不断开阔党员干部眼界、思路和胸襟。继续深化思想解放大讨论活动，大力弘扬“义利并举、敢为人先”的永嘉人精神，按照“出于公心、不谋私利、为了发展”和“三个有利于”的标准，促进干部破除思想懈怠，克服路径依赖，打破条条框框。建立容错免责机制，鼓励和支持改革者，宽容失败者，努力营造保护干部干事创业的宽松环境。

2．在创业创新中锤炼干部队伍。深化干部人事制度改革立体工程，切实抓好“学、清、调、改、停”工作，着力解决“唯GDP”、“唯票”取人问题，合理规范竞争性选拔的范围和规模，用好各年龄段干部，努力形成系统完备、科学规范、有效管用、简便易行的干部选拔机制。坚持德才兼备、以德为先的用人标准，大力选拔政治意识、大局意识、责任意识强的“九敢”干部，着力培养一批“狮子型”干部和“老黄牛式”干部。加强干部日常管理，从严监督干部，畅通干部“能上能下”渠道。不断完善督查考核办法，健全群众评议机制和刚性问责机制，大力营造以发展论英雄、看实绩用干部的氛围。

3．在创先争优中夯实基层基础。严格落实基层党建工作责任制，完善“县委—镇（街道）党（工）委—农村党组织—党员”线形压力传递机制，全面推行镇街“党建现场推进会”、“三级联述联评联考”制度。深入实施“五星争创”活动，全面开展“五好”服务型镇街建设。继续深化“争锋创星”工程，重点抓好新一届村级班子的建章立制、岗位培训、承诺践诺等工作，引导新班子把心思和精力投入到干事创业中去。结合党员先锋指数考评和星级管理、镇街干部联系群众“鱼水情”行动、党员发展“差额遴选”、不合格不作为党员处置和“双服务一认领”等做法，大力实施“红色细胞工程”，切实提升基层党组织的整体机能。深化两新党建示范创建，力争实现非公党建工作和组织全覆盖。

4. 在服务群众中狠抓党风廉政。深入开展党的群众路线教育实践活动，继续深化“九联系”、领导干部蹲点调研、“四千”等活动，不断密切党群、干群联系。认真贯彻落实中央和省市关于作风建设的系列部署要求，严厉查处一批违反禁令的典型案例，着力解决“四风”问题。坚持以“一分部署、九分落实”的劲头，以“踏石留印、抓铁有痕”的力度，以求真务实的作风抓落实促改革。切实深化“勤廉永嘉”建设，不断扩大勤廉创建领域，努力提高创建整体水平。深入开展“农村基层党风廉政建设年”活动，规范农村集体“三资”管理，健全完善镇街内审工作机制和村“勤廉指数”预警机制，切实维护群众根本利益。探索建立制约权力运行新机制，完善惩治和预防腐败体系建设，加大违纪违法案件的查处力度，努力实现干部清正、政府清廉、政治清明。

5. 在团结协作中发展民主政治。以贯彻落实《中央党内法规制定工作五年规划纲要（2013-2017年）》为抓手，建立完善党内法规制度体系，加快建设法治永嘉。加强县委常委会和全委会自身建设，充分发挥县委总揽全局、协调各方的领导核心作用，支持人大、政府、政协、司法机关等积极履行职责，努力为党代表、人大代表、政协委员行使职权和参政议政创造条件。不断巩固和发展最广泛的爱国统一战线，进一步加强群团组织、党管武装、老干部、老龄、关心下一代等工作，积极营造凝心聚力、共谋发展的良好氛围。

同志们，形势催人奋进，征程任重道远。让我们紧密团结在以习近平同志为总书记的党中央周围，以党的十八届三中全会精神为引领，进一步解放思想、改革创新，敢于担当、务实奋进，深入实施“三大”战略，全力推进永嘉“赶超发展、激情跨越”！

中共永嘉县委办公室

2013年12月31日

2013年永嘉县人大常委会重要文件

永人大常办〔2013〕32号

关于印发《永嘉县预算审查监督办法》的通知

《永嘉县预算审查监督办法》已经于2013年7月30日县第十五届人民代表大会常务委员会第十二次会议通过，现予印发施行。

永嘉县人大常委会办公室

2013年8月7日

永嘉县预算审查监督办法

（2013年7月30日永嘉县第十五届人大常委会第十二次会议通过）

第一章　总　则

第一条　为加强我县预算审查监督，规范预算行为，根据《中华人民共和国宪法》、《中华人民共和国预算法》、《中华人民共和国地方各级人民代表大会和地方各级人民政府组织法》、《中华人民共和国各级人民代表大会常务委员会监督法》、《中华人民共和国审计法》、省市相关规定及中共永嘉县委《关于加快推进我县公共财政预算改革的实施意见》的文件精神，结合我县实际，制定本办法。

第二条　县人民代表大会审查预算草案及预算执行情况的报告，批准预算和预算执行情况的报告。

第三条　县人民代表大会常务委员会（以下简称县人大常委会）行使下列职权：

（一）监督预算的编制和执行；

（二）审查和批准预算调整方案；

（三）审查和批准决算；

（四）监督预算、预算调整、决算的公开；

（五）撤销县人民政府关于预决算的不适当的决定、命令；撤销镇人民代表大会关于预算、预算调整、决算的不适当的决议、决定。

第四条　县人大常委会可以采取听取报告、审查文件、执法检查、视察和特定问题调查等方式，对预算进行审查监督。

县人大常委会初审预算草案前，可吸收人大代表、政协委员和社会公众共同参与预算编制的监督，对涉及民生的重大项目预算和重点部门预算举行听证，实行参与式预算，提高公众的参与度，增强预算的透明度和认可度。

第五条 县人大代表或常委会组成人员依照法律规定程序，可以就预算、决算的有关问题向县人民政府及其有关部门提出询问或者质询，被询问、质询的机关应当及时进行答复。

第六条 县人大常委会财政经济工作委员会（以下简称财经工委）在县人大常委会的领导下，负责预算草案、预算调整方案、决算草案的初审工作，承担县人大常委会监督预算执行和预算调整、决算公开的具体工作。县人大常委会相关工作机构配合做好归口部门预算的审查监督工作。

财经工委可成立预算审查咨询小组，聘请专业人员参与预算审查工作。

第七条 部门预算是财政预算的组成部分，要不断推进部门预算、执行、决算的审查监督。

第八条 县人民政府向县人民代表大会作关于预算草案和预算执行情况的报告；向县人大常委会报告县预算调整方案、决算草案及预算执行情况；向县人大常委会提出对县预算执行和其他财政收支情况的审计工作报告。

县财政部门具体组织预算的编制和执行。各部门、各单位负责本部门、本单位预算的编制和执行，并对执行结果负责。

第九条 县人民政府及财政部门必须认真贯彻预算法律法规，进一步健全财政预算管理，并努力做到：

（一）坚持先有预算，后有支出，不拨付没有预算的款项，一般不预支挂账；

（二）坚持财力保障与项目安排相匹配的原则，量力而行，项目资金安排不留缺口；

（三）坚持依法依规融资，加强政府债务管理，单独编制债务预算，债务规模要与财政承受能力相适应。

（四）加强部门预算管理，细化部门预算，增强预算的科学性、完整性和透明度；

（五）严格控制新增机构和人员，不断降低行政事业运行成本；

（六）加强专项资金、政府投资项目的规范化管理。不断完善专项资金管理办法，提高资金使用效益。加强投资项目预算、决算和竣工验收的监管。

第十条 各功能区要健全完善预决算制度，自觉接受县人大常委会监督，并报告执行结果。

第十一条 经县人民代表大会批准的预算，非经法定程序，不得改变。

第二章 预算的审查和批准

第十二条 按照“收入一个笼子、预算一个盘子、支出一个口子”的要求，编制综合预算。预算编制做到量入为出、收支平衡，合法合规。收入预算的编制应当与国民经济发展水平相适应；支出预算的编制应当统筹兼顾、确保重点，厉行勤俭节约。

第十三条 部门预算按照经费保障与事业发展相适应的原则和综合预算、零基预算、绩效预算的要求编制，细化项目预算，反映本部门的全部收支情况。

第十四条 县人民政府及其财政部门应当在县人民代表大会会议举行的三十日前，向县人大常委会报送上一年度预算执行情况、本年度预算草案的主要内容，并提供下列相关资料：

（一）预算编制的依据及说明；

（二）公共财政预算收支总表和政府性基金预算、社会保险基金预算和国有资本经营预算收支表。

（三）各部门单位的预算草案；

（四）农业、教育、科技、文化、卫生、社会保障等重点支出安排情况；

（五）政府性投资项目及其他专项资金安排情况；

（六）县级政府性债务情况和偿还机制建立情况；

（七）审查、批准预算所需的其他资料。

第十五条 县人大常委会应当对上一年度预算执行情况、本年度预算草案进行初审，重点审查下列内容：

（一）上一年度预算执行情况；

（二）当年预算编制的原则、重点，预算安排贯彻法律、法规和国家财政政策的情况；

（三）预算收支平衡的情况，包括财政债务和偿还机制建立的情况，预算收支规模与国民经济和社会发展相适应的情况；

（四）预算收入的真实性、完整性；

（五）预算支出结构的合法性、合理性，农业、教育、科技、文化、卫生、社会保障等重点支出的安排情况；

（六）政府性投资项目及其他专项资金安排情况；

（七）部门预算的总体编制

情况及列入重点审查的部门预算具体情况；

（八）预备费设置情况；

（九）为实现预算拟采取的各项措施的可行性；

（十）其他需要审查的内容。

第十六条 县人大常委会对预算草案进行初审时，可要求县人民政府负责人、财政部门负责人及其他有关部门负责人到会说明情况并回答询问。

县人大常委会对预算草案初审后，提出初审意见，并对列入重点审查的部门预算草案逐个进行表决，县人民政府及其财政部门应当认真研究处理县人大常委会的初审意见，并在七日内将预算草案的修改情况向县人大常委会报告，初审意见未被采纳的，应当说明理由。

第十七条 县人民代表大会举行会议七日前，县人民政府应当向大会提交上年度预算执行情况、本年度预算草案、列入重点审查的部门预算草案以及关于预算草案的正式报告文本。

第十八条 财经工委及相关工作机构在具体实施预算草案初步审查前，应当深入预算单位调查研究，必要时可以采取召开座谈会、论证会、听证等多种形式，广泛征求各方面意见，不断推进参与式预算管理。

第十九条 部门预算要同步编制、同步审查，结合工作力量可以采取全面审查或重点审查。需要列入县人民代表大会直接审查的部门预算，由财经工委提请县人大常委会主任会议研究确定。

部分项目预算年初不能细化的（县人民代表大会举行前），县人民政府要补充编报项目预算具体方案，其中对单项项目预算达500万元以上的（含本数），县人大常委会实行逐项审查通过。时间一般安排在大会后的第一次县人大常委会会议上。

第二十条 财经工委应当及时做好上一年度预算执行情况、本年度预算草案的初审工作，并提出初审报告。

第二十一条 在县人民代表大会的议案截止时间前，县人大代表十人以上联名可以就预算草案及部门预算草案提出修正议案。

第二十二条 县人民代表大会计划预算审查委员会应当结合县人大常委会的初步审查意见和各代表团的审议意见，对县人民政府关于上一年度预算执行情况和本年度预算草案、部门预算草案进行审查，提出审查报告和关于财政预算、部门预算草案的决议草案，提交县人民代表大会主席团审议同意后，提请县人民代表大会会议表决。

第二十三条 县财政部门应当自县人民代表大会批准预算之日起三十日内向县各部门单位批复预算。各部门单位在县财政部门批复之日起十五日内，批复所属单位预算。县财政部门应将批复的部门单位预算报送县人大常委会备案。

第三章　预算执行的监督

第二十四条 预算年度开始后，县人民代表大会批准预算前，县人民政府及其部门单位可以按照上一年同期的预算支出数额安排支出，待预算批准后，按照批准的预算执行。

第二十五条 经县人民代表大会批准的预算，县人民政府及其部门单位应当严格遵照执行。

预备费的动用方案由县财政部门提出，经县人民政府批准后报县人大常委会备案。当自然灾害救灾开支及其他难以预见的特殊开支超过预备费确需追加支出时（包括年初预算已安排未下达部门单位的机动部分），按预案处置，县人民政府应及时提出追补方案，报县人大常委会批准。

第二十六条 县人民政府应当在每年的七月至九月期间，向县人大常委会报告本年度上一阶段预算执行情况，并在预算年度终了后向县人民代表大会报告全年预算执行情况。

第二十七条 县人民政府及其财政部门应当将有关财政管理体制和财政管理方面的决定、规定、办法及规范性文件及时报送县人大常委会备案。

县财政、税务部门应当定期向财经工委报送财政预算执行情况、税收完成情况及分析预测等相关资料。

第二十八条 县人大常委会对预算执行情况审查监督的主要内容：

（一）预算收支的执行及平衡情况；

（二）政府性投资项目及其他专项资金使用情况；

（三）预算超收收入的安排和使用情况；

（四）部门预算执行情况及预算资金使用绩效情况；

（五）政府非税收入管理情况；

（六）上级财政补助资金安排情况；

（七）执行县人民代表大会关于预算决议的情况及实现预算的措施落实情况；

（八）预备费动用情况；

（九）实行政府采购和国库集中支付情况；

（十）政府债务及偿还情况；

（十一）预算执行中的其他事项。

第二十九条 经县人大常委会授权，财经工委可以对县预算执行情况、政府重大项目投资情况、专项资金使用情况等事项进行专题调查，并将调查结果向县人大常委会报告。县人大常委会认为有必要时，可以就特定事项要求县人民政府责成审计机关进行专项审计，并向县人大常委会报告审计结果。

第三十条 县财政部门应当及时将预算执行中的重大情况向财经工委通报。必要时，由县人民政府向县人大常委会报告。

第三十一条 财经工委在县人大常委会审议预算执行情况报告前进行初审，并提出初审报告。县人大常委会组织审议预算执行情况报告，形成审议意见，县政府应当将审议意见研究处理情况在三个月内，向县人大常委会提出书面报告。

第四章　预算调整的审查和批准

第三十二条 预算在执行中，因国家政策重大调整或者客观情况发生重大变化确需增加支出或者减少收入，使原批准的预算总支出超过总收入或总收入预计超出批准预算10%时，县人民政府应当编制预算调整方案，说明预算调整的原因、项目、数额及措施，调整方案应在当年10月前提请县人大常委会审查和批准。

严格控制不同预算科目之间的资金调整。预算安排的农业、教育、科技、文化、卫生、社会保障等资金需要调减的，县人民政府应当提请县人大常委会审查。

列入重点审查部门的预算调整，应当提请县人大常委会审查和批准。

第三十三条 县财政部门应当在县人大常委会举行会议审查预算调整方案的三十日前，将预算调整初步方案提交财经工委征求意见。财经工委可就预算调整方案的下列内容开展初审，并向县人大常委会提出初审报告：

（一）是否属于预算调整范围；

（二）调整的理由和依据；

（三）是否保证收支平衡；

（四）调整方案中收支结构变化的合法性和合理性。

第三十四条 预算超收收入一般应当用于增加预算结余、弥补滚存赤字、偿还政府债务。

在预算执行中，县人民政府确需动用预算超收收入安排当年支出的，应当优先安排农业、教育、科技、文化、卫生、社会保障等重点支出。县人民政府应当编制超收收入使用方案，向县人大常委会作预计超收收入安排使用情况的报告，提请县人大常委会审查和批准。

第五章　决算的审查和批准

第三十五条 县人民政府应当在每年的六月至九月期间，将上年度财政决算草案、列入重点审查的部门决算草案，提请县人大常委会审查和批准。

决算草案应当按照县人大常委会批准的预算所列科目编制，按预算数、调整或者变更数、实际执行数分别列出，并对变化情况作出说明。

第三十六条 县财政部门应当在县人大常委会举行会议审查决算的三十日前，将决算草案的主要内容送交县人大财经工委征求意见，并提交相关材料。

审计部门应当同时提交县财政预算执行和其他财政收支情况的审计工作报告。对列入重点审查的部门决算，县审计部门应优先列入年度审计计划，并报告审计结果。

第三十七条 财经工委应当在县人大常委会举行会议前，结合县审计部门提交的审计工作报告，对决算草案进行初步审查，并向县人大常委会提出决算审查报告。

第三十八条 县人民政府应当在县人大常委会举行会议的十日前，向县人大常委会提交决算草案的报告、审计工作报告，并提交下列相关材料：

（一）决算编制说明；

（二）公共财政预算收支决算总表；

（三）政府性基金、社会保险基金和国有资本经营预算收支决算表；

（四）列入重点审查的部门决算表；

（五）审查、批准决算所需要的其他材料。

第三十九条 县人大常委会对决算草案审查的主要内容：

（一）贯彻执行预算法律、法规情况，审查决算编制的完整性、真实性、合法性；

（二）县人民代表大会批准预算决议的执行情况；

（三）预算年度收支及平衡情况，预算净结余、结转情况；

（四）重点支出及绩效情况；

（五）预算超收收入的安排和使用情况；

（六）预备费使用情况；

（七）部门预算制度建立情况、部门预算执行情况；

（八）上级专项拨款、税收返还及补助资金的安排和使用情况；

（九）审计工作报告提出的问题纠正情况，对存在问题采取的措施；

（十）其他需要审查的内容。

第四十条 县人民政府在县人大常委会举行会议时，向县人大常委会作关于财政决算草案报告和上一年度预算执行和其他财政收支的审计工作报告。

第四十一条 县人大常委会在审查和批准决算的同时，听取和审议县政府提出的审计部门关于上一年度预算执行和其他财政收支的审计工作报告。县人大常委会认为必要时，可以对审计工作报告作出决议。

第四十二条 县人民政府应当根据县人大常委会有关决算的决议或者审议意见，及时制定整改措施，对有关问题和违法违纪行为进行纠正或者处理，并在三个月内将整改情况和处理结果向县人大常委会报告。

第四十三条 县审计部门制定年度预算执行审计总体方案时，应当听取县人大常委会的意见；县审计部门在审计时发现预算执行的重大问题，应当及时向县人大常委会报告。并加强跟踪监督，向县人大常委会如实报告处理结果。

第四十四条 县财政部门应当自决算批准之日起20日内向各部门单位批复决算，并报送县人大常委会备案。

第六章　预算决算公开的监督

第四十五条 经县人民代表大会及其常委会批准的预算、预算调整、决算，应当自批准之日起三十日内向社会公开。各部门单位的预算、预算调整、决算都要逐步按规定向社会公开。

县财政部门负责财政预算、预算调整、决算的公开。各部门单位负责本部门预算、预算调整、决算的公开。

第四十六条 县人民政府及各部门应当建立预算编制与预算公开相关的工作机制，细化公开内容，落实公开职责。

第四十七条 公开的预算表格应当将收入编制到目，支出按功能分类编制到项，按经济分类编制到款。项目支出应当按项目分列，因特殊情况不能细化的，在安排分配时应当向社会公开。

第四十八条 公开预算时应当同时附预算说明：包括预算编制的指导思想、基本原则、编制方法和总体思路，以及有关科目内容和解释说明。

第四十九条 预算公开应当在网络、报刊等公众知晓的媒体上刊登。

第五十条 部门预算、决算中的行政经费及其“三公经费”的支出科目应当明确列出并公开。

第五十一条 镇人民政府的预算、预算调整、决算公开的办法参照部门预算、预算调整、决算公开的有关规定执行。

第五十二条 审计部门关于上一年度预算执行和其他财政收支的审计工作报告和审计结果整改落实情况的报告应当向社会公开。

第七章　责任追究

第五十三条 县人民政府及其财政、审计等部门单位或者工作人员有下列行为之一的，县人大常委会应当责令改正，或者责成县人民政府对有关单位或者个人进行通报批评，对负有直接责任的主管人员和其他直接责任人员给予行政处分；情节严重的，县人大常委会可以对由其任命的国家机关工作人员依法决定免职：

（一）不按照规定提交预算草案、预算调整方案、决算草案、预算执行情况报告、审计工作报告以及备案材料的；

（二）不按照规定期限和要求公开预算、预算调整、决算的；

（三）未按法定程序，擅自变更或调整预算的；

（四）违反县人民代表大会及其常务委员会关于预算、预算调整、决算的决议或者决定的；

（五）对县人大常委会关于审计工作报告决议或审议意见中提出应予纠正的问题不予纠正的；

（六）其他妨碍预算、决算审查监督工作的。

第五十四条 其他违反预算法律、法规的行为，依照《中华人民共和国预算法》和有关法律、法规的规定处理。

第八章 附 则

第五十五条 部门预算审查监督的相关内容要求及程序，以上条款没有明确的，按相关法律法规执行。

第五十六条 本办法自公布之日起施行。

2013年永嘉县人民政府重要文件

永政发〔2013〕281号

永嘉县人民政府关于做好2014年度城乡居民医疗保险工作的通知

各功能区管委会，各镇（街道）人民政府（办事处），县政府直属各单位：

为进一步完善我县城乡居民医疗保险（以下简称城乡医保）制度，实现与城镇职工基本医疗保险系统整合，进一步提高广大城乡居民的医疗保障水平，切实减轻城乡居民医疗负担，根据《温州市人民政府办公室关于做好2014年城乡居民基本医疗保障工作的通知》（温政办〔2013〕127号）精神，结合我县实际，现就做好2014年度城乡医保工作有关事项通知如下：

一、参保对象

（一）凡户籍在我县的广大城乡居民均可以户为单位全家参加城乡医保（注：人员以户口簿为准，户内已参加城镇职工基本医疗保险、县外城镇居民医疗保险、县外未成年人医疗保险和县外城乡医保的人员除外）。

（二）符合参保条件的复员军人、婚嫁迁入、归正人员、大中专毕业生等人员可以在迁入关系登记之日起3个月内，到县社会保险事业管理中心（以下简称县社保中心）城乡医保窗口办理参保缴费手续，缴纳当年度的城乡居民个人筹资费用后，从次月起，享受剩余月份的城乡医保待遇。

（三）新生儿在本年度出生的，在办理户籍登记后，本年度即随父母亲自动获取参保资格（本年度其父母亲需已经参保或免为参保），不需缴纳个人筹资费用，到县社保中心城乡医保窗口办理中途参保手续，即可享受当年度城乡医保待遇。自第二年起，按规定缴纳个人筹资费用参保的，方可享受城乡医保待遇。

二、筹资标准

2014年度城乡医保总筹资标准为620元/人，其中各级财政补助490元/人，个人自筹130元/人。农村五保和城镇“三无”对象、低保户、重度残疾人生活补助对象、在乡复员军人和抚恤优待对象的个人筹资费用由县财政负责解决。

三、筹资要求

（一）筹资时间。2014年城乡医保筹资参保工作分为宣传培训、筹资登记、数据录入校对三个阶段。具体筹资参保时间为2013年11月20日至12月15日，要求在12月27日前完成数据录入工作，确保在2014年1月1日开通新年度的报销工作。

（二）登记录入。2014年度参保对象，需提供正确的身份证号码和手机号码，由镇（街道）合作医疗管理员录入城乡医保计算机报销管理系统。没有身份证号码的对象，原则上不予参保。因特殊原因未办理户籍登记，没有身份证号码的对象，需办理户籍登记后，在2014年3月31日前，到各基层人力资源和社会保障所（分局）或县社保中心城乡医保窗口补办参保手续，从次月起，享受剩余月份的城乡医保待遇。

（三）参保公示。各镇（街道）完成数据录入后，要及时按村（居）打印参保人员名册，在村（居）公示栏内公示7天，并督促群众监督核对。公示期间发现有误的，可凭村（居）证明，经镇（街道）审核后，在2014年2月28日前，由镇（街道）统一报到各基层人力资源和社会保障所（分局）或县社保中心城乡医保窗口修正错误，逾期不予受理。

四、报销待遇

2014年度城乡医保待遇报销继续实行住院（包括特殊病种门诊）报销统筹和普通门诊报销统筹相结合的方式，同时建立农村重大疾病医疗保险制度，即参加城乡医保的参保人在享受城乡医保待遇的基础上，可同时享受农村重大疾病医疗保险报销待遇。药物与诊疗项目的报销范围，分别参照《浙江省基本医疗保险、工伤保险、生育保险药品目录（2010年版）》与《浙江省基本医疗保险医疗服务项目目录（2005年版）》及上级有关规定执行。

（一）住院（包括特殊病种门诊）报销

1.报销比例和起报线。县内镇（街道)级定点医疗机构（或称定点医院，下同）住院的医疗费用起报线300元，报销85%；县内县级定点医疗机构（含县人民医院、县中医医院、县计划生育宣传技术指导站）住院的医疗费用起报线500元，报销80%；县外市内医疗机构（限于当地医保定点的二级以上医疗机构）住院的医疗费用起报线1000元，报销75%；市外医疗机构（限于当地医保定点的二级以上医疗机构）住院的医疗费用起报线1000元，报销65%。自然分娩的每次定额补助300元；剖宫产分娩的，则按规定的住院报销比例进行报销。妇女怀孕保胎、不育（孕）症、病理性流产或病理性堕胎引产而住院治疗的可以按住院报销比例给予报销。在一个年度内，住院报销的起报线采用扣差额的方式计算，即在一个年度内，参保人多次住院的，最多扣减起报线1000元。参保人住院报销年度封顶金额为8万元，其中18周岁以下的（含18周岁）参保人住院报销年度封顶金额为10万元。

2.特殊病种报销。特殊病种包括恶性肿瘤放化疗、规定项目组织器官移植后抗排异、尿毒症透析、再生障碍性贫血、系统性红斑狼疮、血友病、蛇伤、肺结核、重症精神病、儿童先天性心脏病、儿童白血病、儿童孤独症、失代偿期肝硬化、艾滋病机会感染、骨髓增生异常综合征、地中海贫血、癫痫病等17种。此类参保患者，经县社保中心城乡医保窗口备案审批后，其用于特殊病种治疗的门诊医疗费用，可按照规定的住院报销比例报销。

3.市外住院备案。（1）住院前备案：参保人因病情需要到市外医院住院（或转院，下同）治疗的，在入院前持本人身份证、本人城乡居民医疗保险卡（以下简称医保卡）或社会保障市民卡（以下简称市民卡），到县社保中心城乡医保服务窗口、镇（街道）合作医疗办公室、各基层人力资源和社会保障所（分局）等处，均可办理住院备案登记手续。（2）住院后备案：因病情紧急先行住院的，参保人可在住院后5个工作日内，将住院的医疗证明书、居民身份证、医保卡（或市民卡），直接传真或送到县社保中心城乡医保窗口、各基层人力资源和社会保障所（分局）均可办理住院备案登记手续。（3）未备案:到市外医院住院的参保人，未按规定办理外出住院备案登记的，在一个年度内首次住院的，按相应报销比例先扣减5%后给予报销；在一个年度内第二次未按照规定备案登记的，按相应报销比例先扣减10%后给予报销。（县社保中心城乡医保窗口传真号码见附件2）

4.报销时限。参保人出院后30日内，到县社保中心城乡医保窗口、镇（街道）合医办均可办理医保报销手续。2014年度参保人的住院和特殊病种门诊医疗费用报销的材料收件时间截至2015年2月20日，逾期不予办理。

5.漏保和重保。漏保户，即未整户（以户口簿为准）参保的，整户人员不予享受城乡医保报销待遇，户内有人员参加城镇职工基本医疗保险、县外城镇居民医疗保险、县外未成年人医疗保险和县外城乡医保的除外。该4类人员，不得重复参加我县城乡医保，若有重复参保的，个人缴纳的投保费不予退款，也不得享受报销待遇。

（二）普通门诊医疗费用报销

2014年度城乡医保普通门诊医疗费用报销，仅限于永嘉县内的城乡医保定点医疗机构，不包含市内医院、市内或县内社保定点药店。全县范围内，在县级定点医疗机构就医时，符合规定的门诊医疗费用（包括药物、化验、检查、治疗费等），凭身份证和医保卡（或市民卡）即时得到15%的报销；在镇（街道）级定点医疗机构就医时，符合规定的门诊医疗费用，凭身份证和医保卡（或市民卡）即时得到40%的报销。普通门诊报销金额2014年度内封顶为450元。

（三）农村重大疾病医疗保险报销

参保人超过城乡医保报销封顶线且符合规定的医疗费用，纳入农村重大疾病保险报销范围，报销比例为70%，年度报销封顶金额为8万元。实施一站式办理城乡医保报销和农村重大疾病保险报销。参保人到市外医院住院的，按照本文件第四部分关于市外住院登记备案的要求执行；未备案的，按照本文件第四部分关于市外住院未备案规定扣减报销比例。

原《永嘉县城乡居民医疗保险制度实施意见（试行）》（永政发〔2008〕176号）文件附件《2009年度永嘉县城乡居民医疗保险制度实施细则》第二十七条第三项“人工晶体、人工关节、人工喉、人工股骨头等体内置放材料和体内转换的人工器官，在1000元以上的一次性材料（含植入性材料），由个人自负20%后再按规定补偿比例结算；心脏起博器等植入性材料最高支付限制在4万元以内的按规定补偿比例结算，4万元以上的费用由个人自负”的规定，在2013年12月31日废止。2014年1月1日起，一次性材料（含植入性材料）按照《浙江省基本医疗保险医疗服务项目目录》（2005年版）及上级有关规定执行。

五、注意事项

（一）各镇（街道）、村（居）务必要把握好参保筹资时间，周密部署、细致落实城乡医保宣传、登记、筹资、数据录入等各项工作，做到参保名册、城乡医保投保单、参保缴费凭证和计算机数据录入名单一一对应，确保参保信息准确无误。并要准确核减每户已参加城镇职工基本医疗保险、县外城镇居民医疗保险、县外未成年人医疗保险和县外城乡医保4类人员，并提供可查询资料和相关证明材料，以便核对。

（二）参保人到市外医院住院，如到镇（街道）合医办登记备案的，合医办当日应将受理备案登记的患者基本信息等情况报各基层人力资源和社会保障所（分局），由该所（分局）在当日录入城乡医保系统。

（三）同时享受商业保险公司报销待遇的参保人，要先办理城乡医保报销手续后，再办理商业保险公司的报销。报销时要提供医疗费用原始票据和费用明细清单，否则不予报销。

（四）市民卡和医保卡仅限参保人本人使用，不得出借、转让、盗用和伪造。2014年1月起，城乡医保参保人所持有的市民卡将启用，并逐步取代原来的永嘉县城乡医保卡。参保人在2014年度继续参保的，原医保卡可以继续有效使用。参保人的市民卡一经使用，原医保卡立即作废。城乡医保的市民卡（医保卡），不享受县外定点医院门诊报销待遇和县内外定点药店购药报销待遇。各镇（街道）、社区、村（居）有关工作人员要及时通知参保人到各银行或市民卡服务大厅（上塘县前路106号）办理市民卡。

六、工作要求

（一）加强领导，精心组织。各镇（街道）要根据县政府的统一部署，及时召开动员大会，深入开展城乡医保宣传动员、政策知识培训和筹资登记规范培训工作，并将参保任务和要求层层分解，落实到片、到村（居）、到人，把握筹资参保登记和数据录入时间，确保按时完成全部工作。

（二）强化责任，落实奖惩。筹资工作纳入2014年度镇（街道）工作目标管理责任制考核，各镇（街道）党政“一把手”要对城乡医保工作负总责，明确具体责任人，并列入驻片驻村干部工作绩效考核，制订相应的奖罚措施。各镇（街道）要实现户籍人数达到95%以上的参保目标（具体任务数见附件1）。各镇（街道）参保率达到95%以上的，县财政按参加城乡医保的人数，每人补助3元；达到90%以上的，每人补助2元。对未完成90%参保任务的村居，一年内各单位对其提供资金、项目、技术支持及有关优惠政策要严格控制，原则上不予支持，并取消驻村干部当年各类先进、荣誉称号的评选资格，且当年年度考核不得评为优秀等次。因工作失误，参保人已缴纳保费而未将其信息录入报销系统造成严重后果的，将追究有关单位和人员的责任。

（三）分工合作，共同监管。县人力社保局、卫生局等单位要发挥职能作用，严格控制医疗费用不合理增长；要积极采取有效措施，控制住院病人不合理流向县外医疗机构；要规范基金监管措施，健全监管机制，坚持县、镇（街道）、村（居）三级的基金使用和费用报销定期公示制度，条件成熟的同步实行网上公示。县财政局要积极做好资金预算安排，定期及时拨付医保资金，并把基金全部纳入财政专户管理和核算，实行收支两条线管理。县审计局要把基金的收支和管理情况纳入年度审计计划，提前介入、全程审计。

（四）防范骗保，建立诚信。县人力社保局要加强经办机构人员队伍和制度建设，完善报销流程，加强医疗费用真实性的审核和稽核力度，防止骗保事件发生。完善定点医疗机构管理，建立健全准入和退出机制，规范和强化医保协议，实行动态管理，建立健全诚信体系。积极探索建立城乡医保协议医生制度，对违反制度造成不良后果的协议医生，要暂停或取消其协议资格，对参与骗保的就诊医生及有关工作人员，按照有关规定从严处理。县公安、检察、法院等有关部门，要积极配合县人力社保局开展工作，建立多部门联合打击骗保事件的联动机制，加大对骗保事件的查处、追缴力度，保障医保基金安全。实施黑名单制度，对存在出借、转让或冒用医保卡（或市民卡）就医，套取医保资金，情节严重的或伪造处方、病历、费用票据等，骗取医保资金等违法行为，经核查属实的，列入诚信黑名单，取消参保人和有关人员的当年度医疗保险门诊和住院报销待遇，构成犯罪的，移交县公安、司法部门，依法追究刑事责任。

（五）加大信息化建设力度。要把城乡医保参保人员逐步纳入基本医疗保险信息系统统一管理，加快推进“一卡通”工程，要在2014年1月实现市、县计算机联网，确保县域内普通门诊费用刷卡即时报销和市域内住院刷卡即时报销（外伤的除外），方便群众。要积极创造条件，利用市民卡的优势，拓展和开发市民卡的功能，方便参保人在省内医院就医刷卡即时报销。

七、本通知自下发之日起执行。本通知实施前有关文件与本通知不符的，按本通知执行。

永嘉县人民政府

2013年11月21日

永政发〔2013〕214号

永嘉县人民政府关于加快促进电子商务发展的实施意见

为进一步集聚和培育电子商务企业，提升电子商务发展水平，优化电子商务发展环境，促进我县传统产业转型升级，根据国务院和省、市人民政府关于加快电子商务发展的文件精神，结合我县实际，特制定本实施意见。

一、适用范围

在我县注册纳税，通过信息网络，以电子数据信息技术为主要手段实现经营活动的电子商务企业（平台）或电子商务服务企业。

二、设立电子商务发展专项资金

县财政每年安排不少于500万元电子商务发展专项资金，用于扶持电子商务企业（平台）或电子商务服务企业的建设与发展。

三、扶持政策

（一）开办奖励

1.对国内百强电子商务企业将注册地及纳税地迁入我县的，并承诺经营期限在5年以上的，5年内每年给予10万元的奖励，用于支持该企业的项目建设。百强电子商务企业的认定，以中国电子商务协会最近一次百强电子商务企业评选结果为主要参考依据（下同）。

2.对在我县注册登记的电子商务企业（包括本县传统企业分离成立独立的电子商务企业），注册资本在100万元以上的，按其实际到位注册资本的1%给予一次性补助，最高不超过30万元。其中对传统企业分离成立独立的电子商务企业的，在分离过程中涉及的相关税费按有关规定办理。

3.对大学生在校接受孵化并在我县落地转化的电子商务创业项目，可申请无偿创业资助，经评审给予最高不超过30万元的资助，具体评审标准由县经信局会同县财政局另行制定。

（二）经营奖励

1.对国内百强电子商务企业注册地及纳税地已在我县或将注册地及纳税地迁入我县的，且经营期限在5年以上或承诺经营期限在5年以上的，前两年给予其县级地方财政留成部分（增值税、营业税、所得税，下同）100%的奖励，后三年50%的奖励。

2.对在我县注册登记的电子商务企业（包括本县传统企业分离成立独立的电子商务企业），前两年给予其县级地方财政留成部分50%的奖励，后三年25%的奖励。

（三）电子商务平台发展奖励

1.对在我县注册的第三方电子商务平台，其实名认证的收费企业会员首次突破1000户、2000户、5000户、10000户的，分别给予5万元、10万元、20万元、40万元的一次性奖励。

2.对运营3年以上的自建第三方交易支付平台且日均资金流量超过300万元的，3年内每年给予50万元的奖励。

（四）电子商务技改项目补助

对企业电子商务技术改造项目（包括建设独立电子商务应用平台、第三方电子商务平台、电子商务公共服务平台），给予实际投资额10%的补助（实际投资额超过1000万元的部分给予15%的补助），最高不超过300万元。

（五）办公及仓储场地租金补贴

1.对实际经营1年以上的电子商务企业租赁的办公场地面积达100平方米以上的，每年给予80元/平方米补助，补助从租赁合同签订之日起计算，在租赁关系存续期间连续补助三年，累计补贴金额最高不超过20万元。

2.对实际经营1年以上的电子商务企业租赁的仓储用地面积达500平方米以上的，每年给予50元/平方米补助，补助从租赁合同签订之日起计算，在租赁关系存续期间连续补助三年，累计补贴金额最高不超过30万元。

（六）电子商务专业楼宇及园区奖励

1.电子商务专业楼宇优惠政策参照《中共永嘉县委 永嘉县人民政府关于加快总部企业、重点商务楼宇与总部经济产业园发展的若干意见》（永委发〔2013〕41号）执行。

2.电子商务园区建设和入园企业优惠政策另行制定。

（七）人才激励

1.电子商务人才享受县委、县政府制定的人才引进政策待遇，在住房、户籍、社保和配偶就业、子女入学等待遇方面按《中共永嘉县委 永嘉县人民政府关于进一步加强人才工作的若干规定》（永委发〔2010〕113号）予以落实。

2.对电子商务企业从县外引进年薪在20万元以上且聘用时间超过一年（含一年）的电子商务人才，按其个人所得税县级地方财政留成部分给予全额奖励。

3.对吸纳应届大学毕业生并签订劳动合同且缴纳社会保险的电子商务企业，合同期满一年后按每人1000元专项培训经费给予补助。

（八）示范评选及表彰奖励

对每年开展或参加“永嘉县电子商务示范企业”、“温州市电子商务示范龙头企业”、“永嘉县信用管理示范网商”、“温州市诚信电子商务企业”等评选，并获县级、市级、省级荣誉的电子商务企业分别给予2万元、5万元、10万元的一次性奖励，具体评选办法另行制定或参照上级要求。

（九）一事一议

对我县电子商务发展有重大影响的建设项目，实行“一事一议”政策。

四、政策兑现与服务

（一）企业年度获得的补助、奖励总额不得超过该企业年度县级地方财政留成部分。

（二）同一企业的同一项目或参照同一补助考核依据的项目，县级各项优惠政策不重复享受。

（三）资金使用严格执行国家有关法律法规和财务规章制度，县经信局会同县财政局等相关单位要加强对资金项目的监督和跟踪检查。

（四）奖励实行“一票否决”原则。企业和经营者不依法规范经营，发生侵权、欺诈、商业贿赂、重大安全生产责任事故等违法违规事件，不得享受补助奖励。

（五）建立永嘉县电子商务发展领导小组，负责制定全县电子商务政策与规划，做好资格认定、考核与统计评估，协调、统筹、督促整体工作开展。领导小组下设办公室（设在县经信局），负责做好日常工作，协调解决电子商务企业发展中遇到的具体困难和问题。

本实施意见涉及优惠政策的内容由2013年1月1日起计算，由县经信局会同县财政局负责解释。

永嘉县人民政府

2013年8月29日

2013年政协永嘉县委员会重要文件

永政协〔2013〕5号

政协永嘉县委员会关于印发《永嘉县政协委员履职考核暂行办法》的通知

各位委员：

《永嘉县政协委员履职考核暂行办法》已经县政协九届八次常委会议审议通过，现印发给你们，请认真贯彻执行。

政协永嘉县委员会

2013年7月15日

永嘉县政协委员履职考核暂行办法

为了加强我县政协委员队伍建设，充分发挥政协委员在政协工作中的主体作用，推进政协履行政治协商、民主监督、参政议政职能的制度化、规范化、程序化建设，根据《中共中央关于加强人民政协工作的意见》和《中国人民政治协商会议章程》等有关文件精神，结合我县实际制定本办法。

第一章　总则

第一条　永嘉县政协委员履职考核工作在县政协常委会的领导下进行。

第二条　县政协委员工委具体负责委员履职考核工作，县政协办公室和有关专委会配合协助。

第三条　考核对象为全体县政协委员。

第二章　考核内容和计分标准

第四条　县政协委员年度履职基本分值为100分，并根据下列履职标准视情况进行加分或扣分。

（一）参加全会、常委会和其他会议

1．未经请假或未被准假全程缺席县政协全会的扣50分，获准全程请假的扣20分，缺席部分议程的按比例扣分，在全会大会发言阶段入选发言的加10分，提交发言稿或即席发言的酌情加分；

2．未经请假或未被准假缺席县政协常委会的每次扣10分，获准请假缺席常委会的第一次扣2分，以后每次扣4分；

3．未经请假或未被准假缺席县政协组织的其它会议每次扣5分，获准请假的每次扣2分。

（二）提交提案

1．全年没有以个人或者以第一提案人身份提交提案且被立案的扣15分；

2. 有多件提案被立案的，从第二件起每件加5分；

3. 所提提案被确定为重要提案的加5分，经主席会议确定为重点提案的加10分，被评为优秀提案的加15分，同一件提案获得该项多个加分的取最高值；

4. 联名撰写的提案，认定为第一提案人的提案，第一提案人得该提案所获分数的50%，其他人平均分配剩余的50%；

5. 转为来信的提案每件加3分。

（三）反映社情民意信息

1. 全年未反映社情民意信息的扣5分；

2. 所反映信息被县政协采用的加5分，获得县领导批示的加10分；被市政协采用的加10分，获得市领导批示的加20分；被省政协采用的加20分，获得省领导批示的加40分；被全国政协采用的加40分，获得党和国家领导人批示的加80分。同时获得各级政协采用或各级领导批示的按照最高分值计算；

3. 联名撰写的信息，领衔人得该信息所获分数的50%，其他人平均分配剩余的50%。

（四）参加调研、视察、民主评议和学习等活动

1. 每参加一次县政协或者县政协各专委会、界别组织的调研、视察和民主评议活动加5分，未经请假或未被准假而不参加的每次扣2分，获准请假的扣1分；

2. 委员所撰写的调研报告被县政协采用的每篇得5分，获得县领导批示的每篇得15分；

3. 多人联名撰写的调研报告，领衔人得该报告所获分数的50%，其他人平均分配剩余的50%。

（五）参加社会公益活动

根据其具体捐资金额和社会影响，给予适当加分，最高不超过10分。

（六）履职先进奖励

政协委员履职受到全国、省、市和县级机关表彰的分别加40分、20分、10分和5分。同一事迹获得多级机关表彰取最高分值。

第五条 年度综合考核得分70分为达标。

第三章 考核办法

第六条 委员履职考核采取年度综合考核的办法进行。由县政协委员工委和县政协办公室组织相关人员按照考核内容，对全体委员进行综合考核。

第四章 考核结果应用

第七条 考核结果报县政协主席会议通过。

第八条 县政协将委员履职考核结果存入委员履职档案，考核结果作为委员奖惩的重要依据，并函告其本人、工作单位和推荐单位。

（一）以年度综合考核得分为依据，拟定若干名优秀委员，经县政协主席会议通过后给予表彰。

（二）对于不认真履行委员职责、违法违纪的委员，分别给予下列办法处理：

1. 通报。在一届内有下列情形之一者给予通报批评：

（1）一年不参加县政协的各类会议、界别组活动、调研、视察、民主评议和学习的；

（2）两年没有以个人或者以第一提案人身份提交提案的；

（3）两年没有提交反映社情民意信息的；

（4）当年度综合考核不达标的。

2. 告诫。在一届内有下列情形之一者给予告诫处理：

（1）两年不参加县政协各类会议、界别组活动、调研、视察、民主评议和学习等活动的；

（2）三年没有以个人或者以第一提案人身份提交提案且被立案的；

（3）三年没有反映社情民意信息的；

（4）两个年度综合考核不达标的；

（5）受到两次通报的。

3. 劝退。在一届内有下列情形之一者由县政协常委会议按相关规定程序做出“劝其辞去政协委员职务”的决定：

（1）三年不参加县政协的各种会议、界别组活动、调研、视察、民主评议和学习等活动的；

（2）四年没有以个人或者以第一提案人身份提交提案且被立案的；

（3）四年没有反映社情民意信息的；

（4）三个年度综合考核不达标的；

（5）受到两次告诫的。

4. 撤销。有下列情形之一者由县政协常委会议按相关规定程序做出“撤销其政协委员职务”的决定：

（1）受到撤职及以上的党纪政纪处分的；

（2）受到刑事处罚的；

（3）严重违反党和国家的方针、政策和《中国人民政治协商会议章程》造成恶劣影响的。

第五章 附 则

第九条 本《暂行办法》由县政协主席会议负责解释。

第十条 本《暂行办法》自发布之日起施行。

重要文件目录

2013年中共永嘉县委重要文件目录

文　　号	标　　　　题
永委〔2013〕1号	中共永嘉县委永嘉县人民政府于全面实施创新驱动发展战略 加快建设创新型县的意见
永委〔2013〕2号	中共永嘉县委关于认真学习贯彻党的十八届三中全会精神全面深化改革的实施意见
永委发〔2013〕6号	中共永嘉县委永嘉县人民政府关于全力推进海峡西岸经济区国家战略全面加强对台合作交流的实施意见
永委发〔2013〕7号	中共永嘉县委永嘉县人民政府关于表彰永嘉县首届“十佳勤廉干部”的通报
永委发〔2013〕23号	中共永嘉县委关于加强和改进调查研究工作的实施意见
永委发〔2013〕24号	中共永嘉县委关于进一步加强自身建设的决定
永委发〔2013〕27号	中共永嘉县委永嘉县人民政府关于表彰2012年度全县招商选资工作先进集体和先进个人的通报
永委发〔2013〕29号	中共永嘉县委永嘉县人民政府关于2012年全县政风行风民主评议结果的通报
永委发〔2013〕30号	中共永嘉县委关于完善县委财经领导小组组织架构主要职责和工作程序的通知
永委发〔2013〕31号	中共永嘉县委永嘉县人民政府关于印发《中共永嘉县委常委会“三重一大”事项决策程序规则（试行）》的通知
永委发〔2013〕35号	中共永嘉县委永嘉县人民政府关于2012年度考绩结果的通报
永委发〔2013〕39号	中共永嘉县委永嘉县人民政府关于建立县党政领导重大信访问题包案制度的通知
永委发〔2013〕40号	中共永嘉县委永嘉县人民政府关于在全县开展“两提两争”主题实践活动的实施意见
永委发〔2013〕41号	中共永嘉县委永嘉县人民政府关于加快总部企业、重点商务楼宇与总部经济产业园发展的若干意见
永委发〔2013〕42号	中共永嘉县委永嘉县人民政府关于印发《永嘉县保障性安居工程（四策合一）建设管理试行办法》的通知
永委发〔2013〕45号	中共永嘉县委关于进一步健全县委理论中心组学习制度的意见
永委发〔2013〕62号	中共永嘉县委永嘉县人民政府关于印发《永嘉县违法用地违法建设管理责任追究办法（试行）》的通知
永委发〔2013〕64号	中共永嘉县委永嘉县人民政府关于成立永嘉县创建省园林城市领导小组的通知
永委发〔2013〕65号	中共永嘉县委永嘉县人民政府关于表彰永嘉县第三轮优秀农村实用人才的通报
永委发〔2013〕66号	中共永嘉县委关于印发《中共永嘉县委2013年党建工作要点》的通知
永委发〔2013〕72号	中共永嘉县委永嘉县人民政府关于调整县经济责任审计工作联席会议成员的通知
永委发〔2013〕74号	中共永嘉县委永嘉县人民政府关于建立中共永嘉三江商务区委员会、纪律检查委员会和永嘉三江商务区管理委员会的通知
永委发〔2013〕76号	中共永嘉县委关于永嘉县公路管理段更名后领导职务相应更名的通知
永委发〔2013〕77号	中共永嘉县委关于2013年县委中心组理论学习的意见
永委发〔2013〕78号	中共永嘉县委永嘉县人民政府关于对县级机关单位纪检监察派驻（出）机构实行统一管理的实施意见
永委发〔2013〕79号	中共永嘉县委永嘉县人民政府关于印发《2013年度功能区、镇街考绩法》的通知
永委发〔2013〕82号	中共永嘉县委永嘉县人民政府关于印发《2013年度县直单位考绩法》的通知
永委发〔2013〕83号	中共永嘉县委永嘉县人民政府关于印发《2013年度重点工程建设指挥部考绩法》的通知
永委发〔2013〕85号	中共永嘉县委永嘉县人民政府关于加快推进公共财政预算改革的实施意见
永委发〔2013〕89号	中共永嘉县委永嘉县人民政府关于成立永嘉县“三改一拆”行动领导小组的通知

续上表

文　号	标　题
永委发〔2013〕91号	中共永嘉县委永嘉县人民政府关于表彰2011至2012年度永嘉县劳动模范和劳动模范集体的决定
永委发〔2013〕95号	中共永嘉县委永嘉县人民政府关于进一步深化“三县三城联创”活动的实施意见
永委发〔2013〕97号	中共永嘉县委永嘉县人民政府关于进一步加强镇（街道）干部队伍建设的实施意见
永委发〔2013〕101号	中共永嘉县委永嘉县人民政府关于2013年全县民主评议政风行风工作的实施意见
永委发〔2013〕106号	中共永嘉县委关于撤销中共永嘉县三江片开发建设指挥部党组、中共永嘉县三江片开发建设指挥部纪律检查组的通知
永委发〔2013〕107号	中共永嘉县委永嘉县人民政府关于加快推进社会资本举办医疗机构的实施意见
永委发〔2013〕108号	中共永嘉县委永嘉县人民政府关于建立永嘉县投资集团有限公司等七个国有投资企业决策委员会的通知
永委发〔2013〕110号	中共永嘉县委永嘉县人民政府关于加快推进社会组织培育发展的实施意见
永委发〔2013〕111号	中共永嘉县委永嘉县人民政府关于开展全县行政事业单位办公用房制度改革的意见
永委发〔2013〕114号	中共永嘉县委关于开展以“中国梦”为主题的中国特色社会主义宣传教育实践活动的实施意见
永委发〔2013〕117号	中共永嘉县委关于建立党外代表人士（党外干部）培养选拔联席会议制度的通知
永委发〔2013〕121号	中共永嘉县委永嘉县人民政府关于永嘉县加强公共文化服务体系建设的实施意见
永委发〔2013〕122号	中共永嘉县委永嘉县人民政府关于成立永嘉县城镇低效用地再开发试点工作领导小组的通知
永委发〔2013〕130号	中共永嘉县委永嘉县人民政府关于切实做好党政机关厉行节约工作的通知
永委发〔2013〕134号	中共永嘉县委关于表彰永嘉县“十大最美全科干部”的通报
永委发〔2013〕144号	中共永嘉县委永嘉县人民政府关于印发《完善2013年度县直单位考绩法的实施意见》和《完善2013年度功能区、镇街考绩法的实施意见》的通知
永委发〔2013〕150号	中共永嘉县委关于罗东科技教育产业园暨温州职业技术学院永嘉学院建设工作领导小组办公室更名后领导职务相应更名的通知
永委发〔2013〕153号	中共永嘉县委永嘉县人民政府关于加强新居民服务管理 促进人口结构优化的实施意见
永委发〔2013〕154号	中共永嘉县委关于强化管党职责 推进基层党组织“五星争创”活动的若干意见
永委发〔2013〕155号	中共永嘉县委关于建立健全基层党建工作责任制的实施意见
永委发〔2013〕156号	中共永嘉县委永嘉县人民政府关于印发《加强乡镇财政建设的实施意见》的通知
永委发〔2013〕157号	中共永嘉县委批转《关于召开永嘉县第十五届人民代表大会第三次会议的请示》的通知
永委发〔2013〕158号	中共永嘉县委永嘉县人民政府关于成立永嘉县“一事一议”财政奖补政策助推美丽乡村建设试点工作领导小组的通知
永委发〔2013〕159号	中共永嘉县委关于印发《永嘉县街道党员代表会议制度实施意见（试行）》的通知
永委发〔2013〕160号	中共永嘉县委批转《关于召开政协第九届永嘉县委员会第三次全体委员会议的请示》的通知
永委发〔2013〕162号	中共永嘉县委关于调整永嘉县社会组织党组织隶属关系的通知
永委发〔2013〕163号	中共永嘉县委永嘉县人民政府关于促进农民持续普遍较快增收的实施意见
永委发〔2013〕164号	中共永嘉县委关于贯彻落实《中共温州市委关于建设引领赶超发展干部队伍的若干意见》的意见
永委发〔2013〕165号	中共永嘉县委永嘉县人民政府关于成立永嘉县“美丽浙南水乡”建设领导小组的通知
永委发〔2013〕166号	中共永嘉县委永嘉县人民政府关于深入实施国家民办教育综合改革试点加快教育改革与发展的若干意见
永委发〔2013〕172号	中共永嘉县委永嘉县人民政府关于印发永嘉县建设美丽浙南水乡实施方案的通知
永委发〔2013〕173号	中共永嘉县委永嘉县人民政府关于印发《全面创建统分结合养老服务新模式的实施意见》的通知

续上表

文　　号	标　　　　题
永委发〔2013〕174号	中共永嘉县委永嘉县人民政府关于印发《永嘉县创建国家生态县实施方案》的通知
永委办〔2013〕1号	县委办公室县政府办公室关于成立永嘉县农村金融体制改革领导小组的通知
永委办〔2013〕14号	中共永嘉县委办公室关于印发盛秋平同志在县委十二届五次全体（扩大）会议上的报告的通知
永委办〔2013〕21号	县委办公室县政府办公室关于印发《永嘉三江商务区（街道）机构设置、职能配置和人员编制方案》的通知
永委办〔2013〕22号	县委办公室县政府办公室关于印发《永嘉县东瓯街道（工业园区）机构设置、职能配置和人员编制方案》的通知
永委办〔2013〕26号	中共永嘉县委办公室关于印发盛秋平同志在县委十二届六次全体（扩大）会议上的报告的通知
永委办发〔2013〕2号	县委办公室县政府办公室关于认真做好2013年度无偿献血工作的通知
永委办发〔2013〕4号	县委办公室县政府办公室关于举办“情暖永嘉红十字博爱公益活动”的通知
永委办发〔2013〕6号	中共永嘉县委办公室关于启用中共永嘉县委办公室新印鉴的通知
永委办发〔2013〕7号	县委办公室县政府办公室关于开展全县人口和计划生育工作“春季服务月”活动的通知
永委办发〔2013〕9号	县委办公室县政府办公室关于印发《2013世界永商新春恳谈会并世界温州人大会实施方案》的通知
永委办发〔2013〕10号	县委办公室县政府办公室关于调整《县领导及县机关单位挂钩联系功能区和镇（街道）工作方案》的通知
永委办发〔2013〕11号	县委办公室县政府办公室关于印发《永嘉县“四边三化”百日攻坚活动实施方案》的通知
永委办发〔2013〕13号	县委办公室县政府办公室关于公布永嘉县第三届涉农商标创牌先锋评选结果的通知
永委办发〔2013〕14号	县委办公室县政府办公室关于印发《永嘉县“四边三化”百日攻坚活动环境综合整治工作考核办法》的通知
永委办发〔2013〕22号	县委办公室县政府办公室转发《市委办公室 市政府办公室关于开展春节前“四边区域”洁化工作专项考核的通知》的通知
永委办发〔2013〕23号	县委办公室县政府办公室关于开展“幸福社区”创建活动的实施意见
永委办发〔2013〕26号	中共永嘉县委办公室关于印发《县委书记工作例会制度》的通知
永委办发〔2013〕28号	中共永嘉县委办公室转发《中共温州市委办公室关于印发〈关于开展创建法治乡镇（街道）工作示范单位活动的实施办法〉及〈市委创建法治乡镇（街道）工作示范单位考评细则〉的通知》的通知
永委办发〔2013〕33号	县委办公室县政府办公室关于印发《县委常委会向全委会报告干部选拔任用工作并接受民主评议办法（试行）》的通知
永委办发〔2013〕34号	县委办公室县政府办公室关于印发《县四套班子领导“九联系”制度》的通知
永委办发〔2013〕35号	县委办公室县政府办公室关于印发《县领导现场办公会制度》的通知
永委办发〔2013〕36号	中共永嘉县委办公室关于印发《中共永嘉县委书记、组织部长谈心谈话制度》的通知
永委办发〔2013〕42号	中共永嘉县委办公室关于启用中共永嘉县食品药品监督管理局党组新印鉴的通知
永委办发〔2013〕43号	县委办公室县政府办公室关于补充《永嘉县“四边三化”百日攻坚活动环境综合整治工作考核办法》有关事项的通知
永委办发〔2013〕51号	中共永嘉县委办公室关于启用永嘉县精神文明建设指导委员会办公室新印鉴的通知
永委办发〔2013〕53号	县委办公室县政府办公室关于加快推进“四边三化”百日攻坚行动工作的通知
永委办发〔2013〕54号	县委办公室县政府办公室关于评选2012年度全县党政系统优秀调研成果的通知
永委办发〔2013〕56号	县委办公室县政府办公室关于印发《永嘉县镇（街道）市容环境考核办法》的通知
永委办发〔2013〕59号	县委办公室县政府办公室关于印发《永嘉县村（居）计划生育服务员管理办法》的通知

续上表

文　号	标　题
永委办发〔2013〕62号	县委办公室县政府办公室关于印发《永嘉县创建省级文明县城实施意见》的通知
永委办发〔2013〕63号	县委办公室县政府办公室关于印发《永嘉县创建浙江省卫生强县工作实施方案》的通知
永委办发〔2013〕65号	县委办公室县政府办公室关于印发《永嘉县2013年度镇（街道）人口和计划生育目标管理责任制考核办法》的通知
永委办发〔2013〕66号	县委办公室县政府办公室关于印发《永嘉县党政部门一把手对话网民访谈活动实施方案》的通知
永委办发〔2013〕68号	县委办公室县政府办公室关于印发《2013中国（温州）森林旅游节永嘉站活动实施方案》的通知
永委办发〔2013〕74号	县委办公室县政府办公室关于印发《永嘉县2013年度功能区、县直属有关单位人口和计划生育目标管理责任制考核实施方案》的通知
永委办发〔2013〕78号	县委办公室县政府办公室关于印发《永嘉县2013年度街道工程项目政策处理工作考核办法》的通知
永委办发〔2013〕79号	县委办公室县政府办公室关于印发《永嘉县招商选资项目审批倒逼提速实施方案》的通知
永委办发〔2013〕83号	县委办公室县政府办公室关于启用永嘉三江商务区党的委员会、纪律检查委员会和管理委员会等印鉴的通知
永委办发〔2013〕84号	县委办公室县政府办公室关于印发《永嘉县2013年普法依法治理工作要点》的通知
永委办发〔2013〕85号	县委办公室县政府办公室关于印发《2013年永嘉县招商选资工作考核办法》的通知
永委办发〔2013〕86号	县委办公室县政府办公室印发《关于开展"农村基层党风廉政建设年"活动的实施方案》的通知
永委办发〔2013〕88号	县委办公室县政府办公室关于印发《2013年度永嘉县公共机构节能工作考核办法》的通知
永委办发〔2013〕89号	县委办公室县政府办公室关于印发《2013年全县作风建设工作要点》的通知
永委办发〔2013〕91号	县委办公室县政府办公室关于印发全县"两提两争"主题实践活动补充细化方案的通知
永委办发〔2013〕92号	县委办公室县政府办公室关于印发《全县美丽乡村建设暨环境综合整治第二轮百日攻坚行动实施方案》的通知
永委办发〔2013〕93号	县委办公室县政府办公室关于印发《全县美丽乡村建设暨环境综合整治第二轮百日攻坚行动考核和责任追究办法》的通知
永委办发〔2013〕94号	中共永嘉县委办公室关于印发《党（工）委（党组）书记履行干部选拔任用工作职责离任检查办法（试行）》的通知
永委办发〔2013〕95号	中共永嘉县委办公室关于建立领导干部日常管理反向"计分预警、抄告提醒"制度（试行）的通知
永委办发〔2013〕105号	县委办公室县政府办公室关于印发《2013年县领导重点调研课题》的通知
永委办发〔2013〕111号	县委办公室县政府办公室关于印发《2013年度推进惩防体系建设和落实党风廉政建设责任制考核工作方案》的通知
永委办发〔2013〕112号	县委办公室县政府办公室关于印发《永嘉县省级科技强县创建工作实施方案》的通知
永委办发〔2013〕114号	县委办公室县政府办公室关于印发《2013年度永嘉县固定资产投资工作考核办法》的通知
永委办发〔2013〕117号	县委办公室县政府办公室关于印发《永嘉县机关中层干部及一般工作人员交流实施办法（试行）》的通知
永委办发〔2013〕118号	县委办公室县政府办公室关于印发《永嘉县机关全员绩效考核实施办法》的通知
永委办发〔2013〕119号	县委办公室县政府办公室关于印发《永嘉县党政机关外出学习参观考察管理五项制度》的通知
永委办发〔2013〕120号	中共永嘉县委办公室关于印发《2013年"考绩择才"工作方案》《2012～2013年度"赛场挑才，村居选能"工作方案》的通知
永委办发〔2013〕126号	县委办公室县政府办公室关于印发《永嘉县创建省级文明县城任务分解表》的通知

续上表

文　　号	标　　　　题
永委办发〔2013〕128号	县委办公室县政府办公室关于印发《温州城市大学永嘉学院组建方案》的通知
永委办发〔2013〕130号	县委办公室县政府办公室关于公布2013年度重点中层科室督考名单及督考结果运用原则的通知
永委办发〔2013〕132号	县委办公室县政府办公室转发《2013年度温州市支持温商创业创新促进温州发展目标责任制考核奖励办法》的通知
永委办发〔2013〕137号	县委办公室县政府办公室关于印发《永嘉打击非法行医专项行动实施方案》的通知
永委办发〔2013〕140号	县委办公室县政府办公室关于进一步明确全县党政机关党团外出活动有关要求的通知
永委办发〔2013〕141号	中共永嘉县委办公室关于启用中共永嘉县国有资产管理办公室党组印鉴的通知
永委办发〔2013〕143号	县委办公室县政府办公室关于印发《全县美丽乡村建设暨环境综合整治第三轮百日攻坚行动实施方案》的通知
永委办发〔2013〕144号	县委办公室县政府办公室关于印发《永嘉县广播电视有线网络整合发展实施方案》的通知
永委办发〔2013〕147号	县委办公室县政府办公室关于印发《永嘉县重大建设项目社会稳定风险评估实施细则（试行）》的通知
永委办发〔2013〕148号	县委办公室县政府办公室关于印发《全县美丽乡村建设暨环境综合整治第三轮百日攻坚行动考核和责任追究办法》的通知
永委办发〔2013〕150号	县委办公室县政府办公室关于印发《永嘉县农村文化礼堂建设方案》的通知
永委办发〔2013〕154号	县委办公室 县政府办公室于开展县第八轮专业技术拔尖人才和优秀专业技术人才选拔工作的通知
永委办发〔2013〕155号	县委办公室县政府办公室关于推行“两代表一委员”担任特邀人民调解员参与人民调解工作的意见
永委办发〔2013〕156号	县委办公室县政府办公室关于印发《全县村级组织换届试点工作方案》的通知
永委办发〔2013〕157号	中共永嘉县委办公室关于印发《中国共产党永嘉县县镇两级党代表大会代表询问暂行办法》的通知
永委办发〔2013〕158号	中共永嘉县委办公室关于印发《中国共产党永嘉县镇代表大会常任制实施办法（试行）》的通知
永委办发〔2013〕159号	中共永嘉县委办公室关于建立县党代会代表提案和询问跟踪督办机制的通知
永委办发〔2013〕160号	县委办公室县政府办公室关于转发《浙江省党政机关停止新建楼堂馆所和清理办公用房实施办法》的通知
永委办发〔2013〕163号	县委办公室县政府办公室关于印发《2013第二届中国·楠溪江山水文化旅游节活动实施方案》的通知
永委办发〔2013〕166号	县委办公室县政府办公室关于印发《永嘉县第十届村民委员会“自荐直选”试点工作方案》的通知
永委办发〔2013〕167号	县委办公室县政府办公室转发《中共温州市委 温州市人民政府关于鼓励社会力量兴办养老机构的若干意见》的通知
永委办发〔2013〕175号	县委办公室县政府办公室关于转发《陈一新同志在全市抗灾救灾工作动员会上讲话》的通知
永委办发〔2013〕176号	县委办公室县政府办公室关于切实做好抗灾救灾工作的紧急通知
永委办发〔2013〕177号	县委办公室县府办公室关于分解落实县委十二届五次全会重要工作责任的通知
永委办发〔2013〕178号	县委办公室县政府办公室关于调整离任村主要干部定期补助标准的通知
永委办发〔2013〕180号	县委办公室县政府办公室关于进一步加强全县志愿服务工作的实施意见
永委办发〔2013〕181号	县委办公室县政府办公室关于印发《永嘉县实体经济有关指标完成情况约谈制度（试行）》的通知
永委办发〔2013〕182号	县委办公室县政府办公室关于印发《永嘉县首届旅游农产品博览会暨丽水街开街活动实施方案》的通知
永委办发〔2013〕183号	县委办公室县政府办公室关于印发《全省“深化千万工程，建设美丽乡村”现场会筹备工作方案》的通知

续上表

文　　号	标　　　　题
永委办发〔2013〕186号	县委办公室县政府办公室关于印发《永嘉县振兴实体经济工作领导小组及下设机构职责分工、组织架构》的通知
永委办发〔2013〕187号	县委办公室县政府办公室关于印发《永嘉县农村工作指导员管理办法》的通知
永委办发〔2013〕188号	县委办公室县政府办公室关于印发《国家级海峡两岸（温州）经贸合作区永嘉县对台合作农业经济特色园区建设方案》的通知
永委办发〔2013〕193号	县委办公室县政府办公室关于印发《永嘉县基本侨情调查工作实施方案》的通知
永委办发〔2013〕196号	中共永嘉县委办公室关于印发《永嘉县党的群众路线教育实践活动前期准备工作方案》的通知
永委办发〔2013〕197号	县委办公室县政府办公室关于补充调整《永嘉县产业创业创新人才引进“百人计划”实施办法（试行）》有关规定的通知
永委办发〔2013〕199号	县委办公室县政府办公室关于印发《永嘉县“一事一议”财政奖补政策助推美丽乡村建设试点工作方案》的通知
永委办发〔2013〕200号	中共永嘉县委办公室关于印发《永嘉县调整不适宜担任现职领导干部实施细则（试行）》的通知
永委办发〔2013〕201号	中共永嘉县委办公室关于印发《永嘉县领导干部诫勉谈话实施办法（试行）》的通知
永委办发〔2013〕202号	中共永嘉县委办公室关于印发《永嘉县县管后备干部培养选拔管理办法（试行）》的通知
永委办发〔2013〕203号	中共永嘉县委办公室关于印发《永嘉县退出科级领导岗位干部管理监督办法（试行）》的通知
永委办发〔2013〕204号	县委办公室县政府办公室关于建立永嘉县金融监管和金融审判联席会议制度的通知
永委办发〔2013〕205号	县委办公室县政府办公室关于印发《2013年度考绩奖实施办法》的通知
永委办发〔2013〕208号	县委办公室县政府办公室关于进一步加强基层工会建设的意见
永委办发〔2013〕209号	县委办公室县政府办公室关于印发《〈永嘉年鉴〉（2014年版）编纂工作方案》的通知
永委办发〔2013〕211号	中共永嘉县委办公室印发《关于进一步深化完善党管人才工作的若干意见》的通知
永委办发〔2013〕214号	县委办公室县政府办公室关于公布永嘉县镇街、社区、村居前置盖章事项清理目录的通知
永委办发〔2013〕217号	县委办公室县政府办公室关于印发《永嘉县台商权益保障服务工作联席会议制度》的通知
永委办发〔2013〕218号	县委办公室县政府办公室印发《关于扎实推进农村生活污水治理的实施意见》的通知

2013年永嘉县人大常委会重要文件目录

文　　号	标　　　　题
永人大常办（2013）1号	关于印发2013年永嘉县人大常委会监督工作计划及县人大常委会会议、主任会议主要议题安排的通知
永人大常办（2013）6号	关于对《中华人民共和国禁毒法》在我县实施情况开展执法检查的通知
永人大常办（2013）32号	关于印发《永嘉县预算审查监督办法》的通知
永人大常办（2013）33号	关于印发《2013年政府重大投资项目建设情况视察实施方案》的通知
永人大常办（2013）47号	预算审查咨询小组成员的通知
永人大常办（2013）53号	关于召开永嘉县第十五届人民代表大会第三次会议的通知
永人大常办（2013）57号	关于抽调县十五届人大三次会议工作人员的通知
永人大常（2013）8号	关于批准2012年财政决算的决议
永人大常（2013）9号	关于批准诸永高速公路温州段延伸工程项目融资的决定
永人大常（2013）16号	关于批准2013年地方政府债券预算调整的决议
永人大常（2013）17号	永嘉县人大常委会关于同意增加人民陪审员名额的决定
永人大常（2013）23号	关于批准2013年GDP计划目标调整的决议等
永人大常（2013）38号	关于召开永嘉县第十五届人民代表大会第三次会议的决定

2013年永嘉县人民政府重要文件目录

文　号	标　题
永政发〔2013〕23号	永嘉县人民政府关于公布永嘉县第四届文学艺术奖评选结果的通知
永政发〔2013〕26号	永嘉县人民政府关于下达2013年度森林采伐限额的通知
永政发〔2013〕32号	永嘉县人民政府关于印发永嘉县行政审批“两集中、两到位”改革工作再落实实施方案的通知
永政发〔2013〕49号	永嘉县人民政府关于推进低效利用建设用地二次开发的实施意见
永政发〔2013〕65号	永嘉县人民政府关于印发永嘉县投资项目模拟审批操作细则（试行）的通知
永政发〔2013〕67号	永嘉县人民政府关于开展安全生产打非治违五大专项行动的通知
永政发〔2013〕69号	永嘉县人民政府关于公布2013年永嘉县重点建设项目名单的通知
永政发〔2013〕70号	永嘉县人民政府关于下达永嘉县2013年度政府投资项目实施计划和预备实施计划的通知
永政发〔2013〕74号	永嘉县人民政府关于进一步推进扶工兴贸工作的实施意见
永政发〔2013〕75号	永嘉县人民政府关于进一步明确2013年永嘉县农贸市场改造提升工作有关事项的通知
永政发〔2013〕78号	永嘉县人民政府关于切实抓好2013年度粮食产销工作的通知
永政发〔2013〕84号	永嘉县人民政府关于认定永嘉县信用管理示范企业的通报
永政发〔2013〕85号	永嘉县人民政府关于印发永嘉县加快基层水利服务体系改革试点方案的通知
永政发〔2013〕95号	永嘉县人民政府关于同意永嘉县国家气象观测站等7个项目使用县级土地利用总体规划预留指标的通知
永政发〔2013〕96号	永嘉县人民政府关于同意实施桥下镇等11个生态镇（街道）建设规划的通知
永政发〔2013〕98号	永嘉县人民政府关于公布第六批县级非物质文化遗产名录的通知
永政发〔2013〕99号	永嘉县人民政府关于加快建立现代企业制度推进区域资本市场建设的指导意见
永政发〔2013〕104号	永嘉县人民政府关于印发永嘉县“三改一拆”三年行动计划的通知
永政发〔2013〕105号	永嘉县人民政府关于下达2013年永嘉县国民经济和社会发展计划的通知
永政发〔2013〕117号	永嘉县人民政府关于收回南城街道广场路与永兴路交叉口西侧地块等6宗国有土地使用权的通知
永政发〔2013〕121号	永嘉县人民政府关于印发永嘉县推进企业股份制改造工作实施方案的通知
永政发〔2013〕122号	永嘉县人民政府关于印发2013年度永嘉县金融机构支持地方经济发展业绩考评奖励办法的通知
永政发〔2013〕126号	永嘉县人民政府关于印发2013年永嘉县安全生产目标管理责任制考核办法的通知
永政发〔2013〕129号	永嘉县人民政府批转县教育局关于2013年永嘉县初中毕业生学业考试与高中招生实施方案的通知
永政发〔2013〕134号	永嘉县人民政府关于进一步加强审计整改工作的意见
永政发〔2013〕137号	永嘉县人民政府批转县教育局关于2013年义务教育阶段学校招生工作实施方案的通知
永政发〔2013〕139号	永嘉县人民政府关于印发永嘉县国民经济和社会信息化发展五年规划的通知
永政发〔2013〕147号	永嘉县人民政府关于印发永嘉县越剧团体制改革方案的通知
永政发〔2013〕150号	永嘉县人民政府关于加强电镀行业长效管理的实施意见
永政发〔2013〕157号	永嘉县人民政府关于印发第三轮楠溪江渔业资源保护实施方案的通知
永政发〔2013〕164号	永嘉县人民政府关于印发永嘉县楠溪江河道疏浚管理实施细则（试行）的通知
永政发〔2013〕179号	永嘉县人民政府关于印发支持永商创业创新促进永嘉发展三年规划的通知
永政发〔2013〕180号	永嘉县人民政府关于印发永嘉县县长质量奖评审管理办法（2013年修订）的通知
永政发〔2013〕190号	永嘉县人民政府关于做好2012年冬季退役士兵安置工作的通知
永政发〔2013〕195号	永嘉县人民政府关于印发永嘉县已定编国资营运公司工作人员薪酬管理办法（试行）的通知
永政发〔2013〕200号	永嘉县人民政府森林防火禁火令

续上表

文　号	标　　题
永政发〔2013〕214号	永嘉县人民政府关于加快促进电子商务发展的实施意见
永政发〔2013〕215号	永嘉县人民政府批转县国土资源局关于规范农村无房户危房户地质受灾户宅基地审批管理意见的通知
永政发〔2013〕218号	永嘉县人民政府关于鼓励企业整合重组的实施意见
永政发〔2013〕220号	永嘉县人民政府关于印发永嘉县农业招商选资项目扶持暂行办法的通知
永政发〔2013〕223号	永嘉县人民政府关于进一步加强全县物业管理工作的意见
永政发〔2013〕226号	永嘉县人民政府关于公布第四批拟上市企业名单的通知
永政发〔2013〕227号	永嘉县人民政府转发温州市人民政府关于进一步处置化解风险企业担保链问题的若干意见的通知
永政发〔2013〕249号	永嘉县人民政府关于印发永嘉县国有土地上房屋征收与补偿暂行办法的通知
永政发〔2013〕251号	永嘉县人民政府关于规范设施农用地管理的通知
永政发〔2013〕257号	永嘉县人民政府关于印发永嘉县农村供水安全应急预案的通知
永政发〔2013〕261号	永嘉县人民政府关于调整最低生活保障标准的通知
永政发〔2013〕264号	永嘉县人民政府关于印发永嘉县推行乡镇财政国库集中支付制度改革方案（试行）的通知
永政发〔2013〕267号	永嘉县人民政府关于推行行政规范性文件“三统一”制度的意见
永政发〔2013〕268号	永嘉县人民政府关于印发永嘉县内部审计工作规定的通知
永政发〔2013〕271号	永嘉县人民政府关于印发永嘉县农业产业化项目管理实施细则的通知
永政发〔2013〕281号	永嘉县人民政府关于做好2014年度城乡居民医疗保险工作的通知
永政发〔2013〕282号	永嘉县人民政府关于扶持分布式光伏发电的若干意见
永政发〔2013〕284号	永嘉县人民政府关于印发永嘉县创建省级科技强县规划实施方案的通知
永政发〔2013〕288号	永嘉县人民政府关于全面推进预算绩效管理的实施意见
永政发〔2013〕290号	永嘉县人民政府关于撤销鲍江等15个渡口的通知
永政发〔2013〕291号	永嘉县人民政府关于进一步加强和改进最低生活保障工作的通知
永政发〔2013〕297号	永嘉县人民政府关于印发《永嘉县系统流程装备产业发展规划（2013～2020年）》的通知
永政发〔2013〕298号	永嘉县人民政府关于加快系统流程装备产业发展的若干意见
永政发〔2013〕300号	永嘉县人民政府关于切实加强“三改一拆”行动拆违工作的通知
永政发〔2013〕311号	永嘉县人民政府关于批准实施林地保护利用规划的通知
永政发〔2013〕320号	永嘉县人民政府关于印发永嘉县瓯江治理工程土地房屋征收与补偿安置实施细则的通知
永政办发〔2013〕1号	永嘉县人民政府办公室关于开展农民工工资支付情况专项检查的通知
永政办发〔2013〕2号	永嘉县人民政府办公室关于启用永嘉县劳动人事争议仲裁委员会印鉴的通知
永政办发〔2013〕3号	永嘉县人民政府办公室关于印发永嘉县“除隐患、保安全”消防专项行动方案的通知
永政办发〔2013〕5号	永嘉县人民政府办公室关于开展农村及分散式饮用水水源安全隐患专项排查整治行动的紧急通知
永政办发〔2013〕7号	永嘉县人民政府办公室转发浙江省人民政府办公厅关于进一步加强多种形式消防队伍建设和管理的意见
永政办发〔2013〕8号	永嘉县人民政府办公室转发温州市人民政府办公室关于印发温州市行政败诉案件责任认定与追究办法的通知
永政办发〔2013〕9号	永嘉县人民政府办公室关于印发诸永高速公路沿线绿化工作实施方案的通知
永政办发〔2013〕10号	永嘉县人民政府办公室关于印发2013年度永嘉县标准农田补建项目地力提升实施方案的通知
永政办发〔2013〕12号	永嘉县人民政府办公室关于启用永嘉县鹤盛镇人民政府新印章的通知
永政办发〔2013〕14号	永嘉县人民政府办公室关于印发永嘉投资集团有限公司主要职责内设机构和员工编制规定（试行）的通知

续上表

文　　号	标　　　　题
永政办发〔2013〕15号	永嘉县人民政府办公室永嘉县高速公路沿线非公路标志（广告）专项整治实施方案
永政办发〔2013〕16号	永嘉县人民政府办公室关于建立社会资本举办医疗机构工作联席会议制度的通知
永政办发〔2013〕17号	永嘉县人民政府办公室关于印发诸永和绕城高速两侧视线内坟墓生态化改造实施方案的通知
永政办发〔2013〕18号	永嘉县人民政府办公室关于公布永嘉县第十二届名牌商标的通知
永政办发〔2013〕20号	永嘉县人民政府办公室关于启用永嘉县食品药品监督管理局等新印章的通知
永政办发〔2013〕21号	永嘉县人民政府办公室关于印发永嘉县交通投资集团有限公司主要职责内设机构和员工编制规定（试行）的通知
永政办发〔2013〕22号	永嘉县人民政府办公室关于印发永嘉县水利投资开发有限公司主要职责内设机构和员工编制规定（试行）的通知
永政办发〔2013〕25号	永嘉县人民政府办公室关于进一步加强春节期间道路交通排堵保畅工作的通知
永政办发〔2013〕26号	永嘉县人民政府办公室关于印发永嘉县人民医院县市医院合作示范基地奖励基金管理办法的通知
永政办发〔2013〕27号	永嘉县人民政府办公室关于印发2013年度永嘉县拆违工作考核办法的通知
永政办发〔2013〕28号	永嘉县人民政府办公室关于印发永嘉县推行消防安全“户籍化”管理工作方案的通知
永政办发〔2013〕29号	永嘉县人民政府办公室关于印发永嘉县消防安全“户籍化”管理办法的通知
永政办发〔2013〕30号	永嘉县人民政府办公室关于下达2013年度非公企业住房公积金扩面任务的通知
永政办发〔2013〕32号	永嘉县人民政府办公室关于印发永嘉县结核病防治规划（2012～2015年）的通知
永政办发〔2013〕33号	永嘉县人民政府办公室关于下达2013年工业性投资任务的通知
永政办发〔2013〕34号	永嘉县人民政府办公室关于印发永嘉县南岸水库项目前期工作办公室主要职责内设机构和人员编制规定的通知
永政办发〔2013〕35号	永嘉县人民政府办公室关于印发永嘉县罗东科技教育产业园办公室主要职责内设机构和人员编制规定的通知
永政办发〔2013〕36号	永嘉县人民政府办公室关于开展黑臭河垃圾河专项整治行动的通知
永政办发〔2013〕38号	永嘉县人民政府办公室关于印发永嘉县古道普查工作实施方案的通知
永政办发〔2013〕40号	永嘉县人民政府办公室关于下达2013年全县农村劳动力素质提升培训任务的通知
永政办发〔2013〕41号	永嘉县人民政府办公室关于对永嘉县岩坦镇等地的8个低产林改造暨耕地开垦项目立项的通知
永政办发〔2013〕42号	永嘉县人民政府办公室关于下达2013年全县个体经济及小微企业提升发展工作任务的通知
永政办发〔2013〕43号	永嘉县人民政府办公室关于印发永嘉县2013年造林绿化和四边绿化补充方案的通知
永政办发〔2013〕47号	永嘉县人民政府办公室关于下达2013年永嘉县农业招商选资任务的通知
永政办发〔2013〕49号	永嘉县人民政府办公室关于启用永嘉县水利局等新印鉴的通知
永政办发〔2013〕50号	永嘉县人民政府办公室关于启用永嘉县南岸水库项目前期工作办公室等印鉴的通知
永政办发〔2013〕51号	永嘉县人民政府办公室关于进一步加强我县病死动物和动物产品无害化处理工作的通知
永政办发〔2013〕54号	永嘉县人民政府办公室关于进一步扶持再生资源回收利用企业发展的通知
永政办发〔2013〕55号	永嘉县人民政府办公室关于印发2013年永嘉县法治政府建设工作要点的通知
永政办发〔2013〕57号	永嘉县人民政府办公室关于开展新一轮低收入农户和扶贫重点村调查认定工作的通知
永政办发〔2013〕60号	永嘉县人民政府办公室关于规范我县道路照明设施管理的通知
永政办发〔2013〕61号	永嘉县人民政府办公室关于启用永嘉县公路管理局印鉴的通知
永政办发〔2013〕62号	永嘉县人民政府办公室关于印发永嘉县2013年农业机械购置补贴实施方案的通知
永政办发〔2013〕65号	永嘉县人民政府办公室转发温州市人民政府办公室关于印发大力支持个体工商户转型升级为企业若干政策措施的通知
永政办发〔2013〕66号	永嘉县人民政府办公室关于印发2013年永嘉县无证无照经营行为整治规范实施方案等系列文件的通知

续上表

文　　号	标　　　　题
永政办发〔2013〕67号	永嘉县人民政府办公室关于印发2013年度永嘉县农业招商选资工作实施方案的通知
永政办发〔2013〕68号	永嘉县人民政府办公室转发浙江省人民政府办公厅关于进一步强化人感染H7N9禽流感疫情防控工作的紧急通知
永政办发〔2013〕70号	永嘉县人民政府办公室关于对永嘉县岩坦镇等地的19个低产林改造暨耕地开垦项目立项的通知
永政办发〔2013〕72号	永嘉县人民政府办公室关于印发2013年度永嘉县地质灾害防治方案的通知
永政办发〔2013〕73号	永嘉县人民政府办公室关于印发推进个体工商户转型升级为企业工作实施方案的通知
永政办发〔2013〕74号	永嘉县人民政府办公室关于印发2013年度永嘉县土地开发提速和耕地保护工作考核办法的通知
永政办发〔2013〕75号	永嘉县人民政府办公室关于印发104国道、41省道、49省道及雁楠公路(枫林镇徐家湾–鹤盛镇下家岙)两侧视线内坟墓生态化改造实施方案的通知
永政办发〔2013〕76号	永嘉县人民政府办公室关于印发2013年永嘉县主要污染物总量减排计划的通知
永政办发〔2013〕78号	永嘉县人民政府办公室关于印发永嘉县遏制与防治艾滋病行动计划（2012～2015年）的通知
永政办发〔2013〕80号	永嘉县人民政府办公室关于应对H7N9禽流感影响保护家禽业生产的紧急通知
永政办发〔2013〕81号	永嘉县人民政府办公室关于印发永嘉县2013年度应急管理工作目标考核实施方案的通知
永政办发〔2013〕82号	永嘉县人民政府办公室关于印发2013年度永嘉县政府信息公开工作考核评分细则的通知
永政办发〔2013〕83号	永嘉县人民政府办公室关于印发永嘉县自然灾害救助应急预案（修订）的通知
永政办发〔2013〕84号	永嘉县人民政府办公室关于印发2013年永嘉县污水和生活垃圾无害化处理工作考核细则的通知
永政办发〔2013〕85号	永嘉县人民政府办公室关于印发2013年永嘉县城镇绿化和城区绿道建设考核细则的通知
永政办发〔2013〕86号	永嘉县人民政府办公室关于印发2013年永嘉县大气污染防治实施方案的通知
永政办发〔2013〕87号	永嘉县人民政府办公室关于下达2013年度养老服务体系建设项目任务的通知
永政办发〔2013〕88号	永嘉县人民政府办公室关于印发永嘉县“绿篱”行动方案的通知
永政办发〔2013〕89号	永嘉县人民政府办公室关于印发永嘉县土地征收与房屋征收补偿工作奖励办法的通知
永政办发〔2013〕90号	永嘉县人民政府办公室关于印发2013年度永嘉县“四小车”整治工作考核办法的通知
永政办发〔2013〕91号	永嘉县人民政府办公室关于印发永嘉旅游投资集团有限公司主要职责内设机构和员工编制规定（试行）的通知
永政办发〔2013〕92号	永嘉县人民政府办公室关于印发永嘉县城市投资集团有限公司主要职责内设机构和员工编制规定（试行）的通知
永政办发〔2013〕95号	永嘉县人民政府办公室关于开展三级政府挂牌重大火灾隐患单位督查的通知
永政办发〔2013〕97号	永嘉县人民政府办公室关于印发永嘉县中小旅馆消防安全专项整治行动实施方案的通知
永政办发〔2013〕98号	永嘉县人民政府办公室关于印发永嘉县政府投资项目BT融资建设管理实施细则（试行）的通知
永政办发〔2013〕103号	永嘉县人民政府办公室关于印发2013年度永嘉县镇（街道）食品药品安全工作目标管理责任书的通知
永政办发〔2013〕104号	永嘉县人民政府办公室转发浙江省人民政府法制办公室关于落实重大行政强制决定备案的通知
永政办发〔2013〕105号	永嘉县人民政府办公室关于下达2013年度企业股改和挂牌任务的通知
永政办发〔2013〕106号	永嘉县人民政府办公室关于给予爱心镇（街道）等爱心系列品牌创建工作奖励的通知
永政办发〔2013〕113号	永嘉县人民政府办公室2013年永嘉县农房改造集聚建设工作考核办法
永政办发〔2013〕114号	永嘉县人民政府办公室2013年永嘉县城中村（旧住宅区）和旧村改造工作考核办法
永政办发〔2013〕115号	永嘉县人民政府办公室关于印发全县垃圾户集村收镇（功能区、街道）运资金管理补充办法的通知
永政办发〔2013〕117号	永嘉县人民政府办公室关于下达全县美丽乡村建设农村生活污水治理任务的通知
永政办发〔2013〕119号	永嘉县人民政府办公室关于开展2013年永嘉县国民体质监测的通知

续上表

文　号	标　题
永政办发〔2013〕120号	永嘉县人民政府办公室关于印发永嘉县创建浙江省园林城市实施方案的通知
永政办发〔2013〕121号	永嘉县人民政府办公室关于印发永嘉县突发公共卫生事件应急预案等预案的通知
永政办发〔2013〕122号	永嘉县人民政府办公室关于印发永嘉县餐厨垃圾处理管理实施方案的通知
永政办发〔2013〕123号	永嘉县人民政府办公室关于印发永嘉县村邮站建设和运营管理办法（试行）的通知
永政办发〔2013〕124号	永嘉县人民政府办公室关于印发永嘉县政府投资项目工程变更和概预算调整实施细则的通知
永政办发〔2013〕126号	永嘉县人民政府办公室关于印发永嘉县大气复合污染防治实施方案等系列文件的通知
永政办发〔2013〕127号	永嘉县人民政府办公室关于印发永嘉县食品安全工作考核办法(试行)的通知
永政办发〔2013〕128号	永嘉县人民政府办公室关于印发永嘉县镇（街道）食品药品安全综合执法体系建设试点工作方案的通知
永政办发〔2013〕129号	永嘉县人民政府办公室关于开展永嘉县农村农用电力线路改造移交工作的通知
永政办发〔2013〕133号	永嘉县人民政府办公室转发温州市人民政府办公室关于规范房地产顺位抵押工作的若干意见的通知
永政办发〔2013〕134号	永嘉县人民政府办公室关于建立全县拆违工作月（季）度循环考核制度的通知
永政办发〔2013〕135号	永嘉县人民政府办公室关于永嘉县三级政府挂牌重大火灾隐患单位督查情况的通报
永政办发〔2013〕136号	永嘉县人民政府办公室关于成立甬台温天然气管道永嘉段工程政策处理协调办公室的通知
永政办发〔2013〕137号	永嘉县人民政府办公室关于印发永嘉县县长质量奖评审管理实施细则的通知
永政办发〔2013〕138号	永嘉县人民政府办公室关于启用永嘉县林业局等新印鉴的通知
永政办发〔2013〕139号	永嘉县人民政府办公室关于启用永嘉县国有资产管理办公室印鉴的通知
永政办发〔2013〕140号	永嘉县人民政府办公室关于印发温州市创建国家环保模范城市（永嘉县）工作方案的通知
永政办发〔2013〕141号	永嘉县人民政府办公室关于进一步明确永嘉县质量与品牌奖励资金管理办法中政府诚信荣誉等奖项适用情况的通知
永政办发〔2013〕142号	永嘉县人民政府办公室关于做好2013年度公益性岗位进村工作的通知
永政办发〔2013〕143号	永嘉县人民政府办公室关于深刻吸取瑞安“8·8”较大火灾事故教训切实做好当前消防安全工作的通知
永政办发〔2013〕144号	永嘉县人民政府办公室关于印发江北街道社会管理网格化试点工作实施方案
永政办发〔2013〕145号	永嘉县人民政府办公室关于依托电子政务平台加强政务公开和政务服务实施意见
永政办发〔2013〕147号	永嘉县人民政府办公室关于印发永嘉县加强学校体育三年行动计划（2013～2015年）的通知
永政办发〔2013〕148号	永嘉县人民政府办公室关于印发永嘉县城市桥梁安全事故责任追究办法的通知
永政办发〔2013〕151号	永嘉县人民政府办公室关于印发政府投资小工程建设项目招标投标暂行规定的通知
永政办发〔2013〕152号	永嘉县人民政府办公室关于印发永嘉县开展涉嫌非法集资广告资讯信息排查清理活动实施方案的通知
永政办发〔2013〕155号	永嘉县人民政府办公室关于启用永嘉县港航管理局印鉴的通知
永政办发〔2013〕158号	永嘉县人民政府办公室关于印发永嘉县96345社会（社区）服务热线中心项目建设方案的通知
永政办发〔2013〕160号	永嘉县人民政府办公室关于印发政府投资项目监督管理实施办法（试行）的通知
永政办发〔2013〕161号	永嘉县人民政府办公室关于公布永嘉县首届“敬老文明号”和“十佳风采老人”评选结果的通报
永政办发〔2013〕163号	永嘉县人民政府办公室关于印发永嘉县港航管理局主要职责内设机构和人员编制规定的通知
永政办发〔2013〕164号	永嘉县人民政府办公室关于建立人感染H7N9禽流感联防联控工作联席会议制度的通知
永政办发〔2013〕165号	永嘉县人民政府办公室关于印发2013年永嘉县“三改一拆”行动考核办法的通知
永政办发〔2013〕167号	永嘉县人民政府办公室关于印发永嘉县突发公共事件物资能源应急保障行动方案的通知
永政办发〔2013〕168号	永嘉县人民政府办公室关于加快推进水库移民创业致富的实施意见
永政办发〔2013〕169号	永嘉县人民政府办公室关于进一步推进黑臭河垃圾河专项整治行动的通知

续上表

文　号	标　　题
永政办发〔2013〕171号	永嘉县人民政府办公室关于启用永嘉县经济商务和信息化局审批专用章（14）等印鉴的通知
永政办发〔2013〕172号	永嘉县人民政府办公室关于推进农村敬老院向区域性养老服务中心转型的实施意见
永政办发〔2013〕173号	永嘉县人民政府办公室关于印发永嘉县突发重大动物疫情应急预案（修订）的通知
永政办发〔2013〕174号	永嘉县人民政府办公室关于印发永嘉县城市绿线管理办法的通知
永政办发〔2013〕175号	永嘉县人民政府办公室关于印发永嘉县养老服务补贴制度实施意见的通知
永政办发〔2013〕176号	永嘉县人民政府办公室关于印发永嘉县重大（突发）气象灾害预警信息全网发布实施细则的通知
永政办发〔2013〕177号	永嘉县人民政府办公室关于印发永嘉县创建省级质量强县示范县实施方案的通知
永政办发〔2013〕178号	永嘉县人民政府办公室关于印发永嘉县农作物生物灾害应急处置预案的通知
永政办发〔2013〕180号	永嘉县人民政府办公室关于印发永嘉县规范行政机关合同管理实施办法的通知
永政办发〔2013〕181号	永嘉县人民政府办公室关于印发永嘉县金融突发公共事件应急预案的通知
永政办发〔2013〕182号	永嘉县人民政府办公室关于印发永嘉县2013-2015年“三改一拆”行动三年任务分解表的通知
永政办发〔2013〕183号	永嘉县人民政府办公室关于印发创建“无欠薪永嘉”实施方案的通知
永政办发〔2013〕184号	永嘉县人民政府办公室关于印发永嘉县小型水利工程区域化集中管理试点工作方案的通知
永政办发〔2013〕185号	永嘉县人民政府办公室关于印发永嘉县加强新居民服务管理工作方案的通知
永政办发〔2013〕186号	永嘉县人民政府办公室关于建立永嘉县GDP核算部门联席会议制度的通知
永政办发〔2013〕187号	永嘉县人民政府办公室关于印发永嘉县居住房屋出租综合整治工作实施方案的通知
永政办发〔2013〕188号	永嘉县人民政府办公室关于调整医疗救助工作有关规定的通知
永政办发〔2013〕193号	永嘉县人民政府办公室关于转发浙江永嘉农村合作银行推进“普惠金融工程三年行动计划（2013-2015年）”实施方案的通知
永政办发〔2013〕194号	永嘉县人民政府办公室关于公布永嘉县行政规范性文件清理结果的通知
永政办发〔2013〕195号	永嘉县人民政府办公室关于印发永嘉县未登记权属房屋调查认定办法的通知
永政办发〔2013〕196号	永嘉县人民政府办公室关于印发永嘉县地震应急预案的通知
永政办发〔2013〕197号	永嘉县人民政府办公室关于印发永嘉县突发公共事件科学技术应急保障行动方案的通知
永政办发〔2013〕198号	永嘉县人民政府办公室转发县国土资源局关于永嘉县2014年度土地储备计划的通知
永政办发〔2013〕199号	永嘉县人民政府办公室转发温州市人民政府办公室关于印发温州市架空管线管理办法的通知
永政办发〔2013〕200号	永嘉县人民政府办公室关于印发永嘉县数字化城市管理(智慧城管)考评办法的通知
永政办发〔2013〕201号	永嘉县人民政府办公室关于印发永嘉县农村危房改造试点工作实施方案的通知
永政办发〔2013〕202号	永嘉县人民政府办公室关于印发永嘉县处置重大水事纠纷应急预案的通知
永政办发〔2013〕204号	永嘉县人民政府办公室关于切实做好低产林改造暨耕地垦造项目林木种植管护工作的通知
永政办发〔2013〕205号	永嘉县人民政府办公室关于表彰永嘉县“十佳最美计生人”的通报
永政办发〔2013〕206号	永嘉县人民政府办公室关于印发永嘉县森林火灾应急预案的通知
永政办发〔2013〕207号	永嘉县人民政府办公室关于印发永嘉县突发公共事件人员基本生活应急保障行动方案（修订）的通知
永政办发〔2013〕210号	永嘉县人民政府办公室关于公布2013年度永嘉县科技（创新）型企业和永嘉县农业科技企业名单的通知
永政办发〔2013〕211号	永嘉县人民政府办公室关于印发《永嘉县防灾减灾行动方案》的通知
永政办发〔2013〕212号	永嘉县人民政府办公室关于印发永嘉县住房公积金贷款支持农房改造建设工作实施意见（试行）的通知
永政办发〔2013〕213号	永嘉县人民政府办公室关于印发永嘉县慢性病防治工作规划（2013～2015年）的通知
永政办发〔2013〕214号	永嘉县人民政府办公室关于印发“全国泵阀产业知名品牌创建示范区”筹建规划的通知
永政办发〔2013〕216号	永嘉县人民政府办公室关于做好政府信息依申请公开工作的通知

续上表

文　号	标　题
永政办发〔2013〕217号	永嘉县人民政府办公室关于印发永嘉县创建省级慢性病综合防控示范区工作方案的通知
永政办发〔2013〕218号	永嘉县人民政府办公室关于印发永嘉县政府投资信息化建设项目管理暂行办法的通知
永政办发〔2013〕219号	永嘉县人民政府办公室关于下达今冬明春（2013—2014）造林绿化任务的通知
永政办发〔2013〕220号	永嘉县人民政府办公室关于进一步加强永嘉县既有城市桥梁管理的通知
永政办发〔2013〕221号	永嘉县人民政府办公室关于建立县政府及县政府办公室行政规范性文件发文立项审批制度的通知
永政办发〔2013〕222号	永嘉县人民政府办公室关于永嘉县桥下镇麻岙村低产林改造暨耕地开垦项目等八个项目通过县级验收的通知
永政办发〔2013〕226号	永嘉县人民政府办公室关于印发永嘉县粮食应急预案（修订）的通知
永政办发〔2013〕227号	永嘉人民政府办公室关于印发永嘉县公立医院改革财政补偿办法等五个医改配套文件的通知
永政办发〔2013〕228号	永嘉县人民政府办公室关于印发温州市浙南公证处体制改革实施方案的通知
永政办发〔2013〕229号	永嘉县人民政府办公室关于印发永嘉县四小车集中整治实施方案的通知
永政办发〔2013〕230号	永嘉县人民政府办公室关于印发永嘉县气象灾害防御规划（2011～2020）的通知
永政办发〔2013〕231号	永嘉县人民政府办公室关于印发永嘉县气象台站探测环境保护专项规划的通知
永政办发〔2013〕232号	永嘉县人民政府办公室关于公布永嘉县第十二届优秀科学论文名单的通知
永政办发〔2013〕233号	永嘉县人民政府办公室关于印发永嘉县治理城市交通拥堵工作实施方案的通知
永政办发〔2013〕236号	永嘉县人民政府办公室关于印发永嘉县品牌酒店扶持奖励办法（试行）的通知

2013年政协永嘉县委员会重要文件目录

文　号	标　题
永政协(2013)1号	政协永嘉县委员会关于表彰2012年度提案承办先进单位的通知

索　引

本索引分表格索引、专题索引、人物索引和图索引四部分，其中人物索引为当代知名人士选介和人物类传略部分索引。

表格索引

专题图片索引

人物索引

图索引

强台风“菲特”影响